A JUSTIFICAÇÃO DA PROPRIEDADE PRIVADA NUMA DEMOCRACIA CONSTITUCIONAL

MIGUEL NOGUEIRA DE BRITO

A JUSTIFICAÇÃO DA PROPRIEDADE PRIVADA NUMA DEMOCRACIA CONSTITUCIONAL

ALMEDINA

A JUSTIFICAÇÃO DA PROPRIEDADE PRIVADA
NUMA DEMOCRACIA CONSTITUCIONAL

AUTOR
MIGUEL NOGUEIRA DE BRITO

EDITOR
EDIÇÕES ALMEDINA, SA
Avenida Fernão Magalhães, n.º 584, 5.º Andar
3000-174 Coimbra
Tel: 239 851 904
Fax: 239 851 901
www.almedina.net
editora@almedina.net

PRÉ-IMPRESSÃO • IMPRESSÃO • ACABAMENTO
G.C. GRÁFICA DE COIMBRA, LDA.
Palheira – Assafarge
3001-453 Coimbra
producao@graficadecoimbra.pt

Setembro, 2007

DEPÓSITO LEGAL
262503/07

Os dados e as opiniões inseridos na presente publicação
são da exclusiva responsabilidade do(s) seu(s) autor(es).

Toda a reprodução desta obra, por fotocópia ou outro qualquer processo,
sem prévia autorização escrita do Editor,
é ilícita e passível de procedimento judicial contra o infractor.

NOTA PRÉVIA

As páginas que seguem correspondem, com algumas alterações, à minha dissertação de doutoramento, apresentada à Faculdade de Direito de Lisboa em Junho de 2006 e discutida em Março de 2007, perante um júri composto pelos Senhores Professores Doutores António Sampaio da Nóvoa, Reitor da Universidade de Lisboa, e José Joaquim Gomes Canotilho, Fernando Alves Correia, José Barata Moura, Jorge Miranda, Marcelo Rebelo de Sousa, António Menezes Cordeiro, Fausto de Quadros e Paulo Otero. Quero agradecer aos membros do júri, e em especial aos arguentes, Professores Doutores José Joaquim Gomes Canotilho e Marcelo Rebelo de Sousa, as críticas formuladas, que estiveram na base das alterações entretanto introduzidas no texto. Um agradecimento muito especial é devido ao Senhor Professor Doutor Jorge Miranda, orientador da tese, pelo constante estímulo e incentivo na elaboração da mesma. Uma palavra de gratidão é também devida ao Tribunal Constitucional, especialmente nas pessoas da Senhora Conselheira Maria dos Prazeres Beleza e do Senhor Conselheiro Presidente José Manuel Cardoso da Costa, de quem tive a honra de ser colaborador e sem cuja amizade estas páginas provavelmente não chegariam a ser escritas. Muitos dos livros citados foram obtidos com o pronto auxílio das Bibliotecas da Faculdade de Direito de Lisboa e do Tribunal Constitucional, a quem agradeço, e muitos deles não teriam sido lidos sem a ajuda do Dr. Macaísta Malheiros e do Pedro Múrias. A este e ao António Araújo quero aqui, por último, expressar uma enorme dívida de amizade. O livro é dedicado aos meus Pais, à Cristina e às nossas filhas, Inês e Teresa.

MIGUEL NOGUEIRA DE BRITO

INTRODUÇÃO

1. O propósito das páginas subsequentes é a apresentação das várias justificações possíveis da propriedade privada, no plano filosófico, e da sua garantia constitucional, no plano jurídico-constitucional. Não estão aqui em causa quer a configuração de um regime ideal de propriedade, em que a propriedade privada surge como parte de um todo que inclui também manifestações de propriedade comum e pública, quer o desenvolvimento de uma dogmática completa da garantia constitucional da propriedade privada.

No plano da filosofia do direito e da política, do que se trata é de uma defesa da concepção moderna da propriedade privada como regime de propriedade mais apto a proteger a liberdade individual quer dos proprietários, quer dos que o não são. Isso implica, por um lado, na perspectiva aqui adoptada, delimitar as justificações modernas da propriedade privada em face das justificações que a ela se atribuíam no âmbito da cidade antiga, isto é, no âmbito daquelas concepções que estabeleciam uma conexão entre propriedade privada, sociedade doméstica e cidadania. Por outro lado, está também em causa uma delimitação da propriedade privada como base de um direito fundamental em face dos poderes públicos em contraposição à sua defesa através de argumentos utilitaristas. Uma das características mais marcantes da concepção de propriedade privada que aqui se pretende defender consiste – em clara oposição com a defesa da propriedade na cidade antiga e à luz de argumentos utilitaristas, embora por razões diferentes – na recusa da sua concepção como uma liberdade natural e na afirmação da dependência da sua justificação em relação ao reconhecimento do princípio social. Só é possível justificar um direito individual à propriedade privada, que não seja uma simples justificação instrumental, quando esse direito surja enquadrado numa ordem constitucional em que é assumido o Estado

Social. Ao mesmo tempo, a justificação da propriedade privada com base na sua conexão com a liberdade individual não deve excluir a sua consideração como domínio de actuação da responsabilidade do indivíduo proprietário pelas exigências da justiça, ainda que esse domínio tenha escassa projecção no plano do direito.

A apontada defesa da justificação moderna da propriedade privada encontra o seu contraponto natural, no âmbito de uma Constituição que consagre de modo adequado o princípio social, numa concepção unitária da garantia constitucional da propriedade. Dizer que não é possível justificar a propriedade privada sem reconhecer o princípio social impõe também que se diga que numa Constituição onde é consagrado aquele princípio a garantia da propriedade abrange, à partida, e do mesmo modo, todos os tipos de propriedade, independentemente de estarem em causa objectos da propriedade que desempenham uma função pessoal ou que, para além disso, podem ser caracterizados como meios de produção. Nesta perspectiva, isto é, na perspectiva da natural complementaridade entre uma justificação da propriedade privada que apela ao princípio social e uma garantia constitucional da propriedade que se estende a todos os tipos de propriedade, pode considerar-se exemplar a Constituição portuguesa de 1976. Com efeito, são nela extensamente consagrados, porventura sem precedentes no contexto europeu, os direitos económicos, sociais e culturais dos indivíduos.

Deste modo, deve entender-se que no contexto de uma Constituição que dê adequada expressão aos direitos fundamentais nas suas múltiplas dimensões, isto é, que consagre as diversas tipologias funcionais inspiradas, em última análise, na teoria do *status* de Jellinek[1],

---

[1] Cfr. Georg Jellinek, *System der subjektiven öffentlichen Rechte*, pp. 86 e ss.; Robert Alexy, *Theorie der Grundrechte*, pp. 229 e ss.; Jorge Miranda, *Manual de Direito Constitucional*, tomo IV, pp. 88 e ss.; Jorge Reis Novais, *As Restrições aos Direitos Fundamentais...*, pp. 126 e ss. Como salienta, Alexy, *ob. cit.*, p. 229, a vitalidade da teoria de Jellinek reside não apenas na circunstância de a teoria continuar a servir de quadro de referência, embora sujeita a críticas e reformulações, até aos dias de hoje, mas também nas construções de *status* alternativos ou suplementares. Assim, para além do *status* passivo, ou *status subjectionis*, do *status* negativo, ou *status libertatis*, do *status* positivo, ou *status civitatis*, e do *status* activo, ou da cidadania activa, haveria ainda a considerar, entre outros, o *status activus processualis* de Häberle e o *status socialis positivus* de H. P. Ipsen (sobre este último, cfr. infra, Parte III, cap. 2, ponto 2.7).

se encontram criadas as condições para uma correcta compreensão do conceito constitucional de propriedade. Por outras palavras, uma compreensão que supere as tradicionais, e pouco profícuas, distinções entre propriedade liberal clássica e propriedade pessoal, propriedade individual e propriedade social, propriedade romanista e propriedade germânica. Não existe uma concepção social da propriedade, mas apenas uma concepção social que limita a propriedade[2]. O que se pretende é, pois, evitar que através de manobras puramente conceptuais se iluda a garantia efectiva do direito fundamental de propriedade, ou os seus limites.

2. Ainda antes de se percorrerem as principais conclusões sucessivamente alcançadas, importa igualmente esclarecer o conceito de propriedade privada em face dos conceitos de propriedade comum e propriedade colectivizada ou pública. Na verdade, esse é um confronto imposto pela própria Constituição, que para além de consagrar o direito de propriedade privada, no seu artigo 62.º e 82.º, n.º 3, prevê também a propriedade pública dos meios de produção (artigo 82.º, n.º 2) e a propriedade social, compreendendo os quatro subsectores da propriedade cooperativa, da propriedade comum ou comunitária, da propriedade autogerida por trabalhadores e da propriedade sem fins lucrativos (artigo 82.º, n.º 4)[3]. Em abstracto, a propriedade privada obedece ao princípio de que as regras que disciplinam o acesso e o controlo dos objectos de propriedade se organizam com base na atribuição de cada um desses objectos a um indivíduo particular; a propriedade pública assenta no princípio de que a atribuição e uso dos meios de produção de uma sociedade devem obedecer aos interesses da sociedade como um todo, tal como estes são definidos pelo Estado; na propriedade social as regras que disciplinam o acesso e controlo de um meio de produção são organizadas em termos de o respectivo uso se encontrar disponível para cada membro da comunidade ou da entidade responsável pela gestão do recurso em causa[4]. O critério de definição dos três sectores previstos

---

[2] Cfr. Otto Kirchheimer, "Die Grenzen der Enteignung...", p. 263.
[3] Cfr. Gomes Canotilho e Vital Moreira, *Constituição da República Portuguesa Anotada*, vol. I, pp. 974 e ss.
[4] Cfr. Jeremy Waldron, *The Right to Private Property*, pp. 38-41.

na Constituição não atende apenas à propriedade, mas também à gestão, com a consequência de que os meios de produção de propriedade pública sob gestão privada ou social não integram o sector público, os meios de produção de propriedade privada sob gestão social não integram o sector privado e o sector social compreende tanto meios de produção de propriedade pública como privada[5].

Não importa aqui determinar qual o grau de combinação dos três sectores aludidos que permite qualificar uma economia como assentando essencialmente na propriedade privada. Por um lado, a simples garantia constitucional de uma economia mista sempre permitiria discutir os méritos relativos ou a justificação própria de cada tipo de propriedade; por outro lado, o reconhecimento constitucional da iniciativa económica privada (tornando carecidas de justificação as respectivas limitações) e o modelo de constituição económica da União Europeia, com uma clara opção por uma economia de mercado, favorecem uma prevalência do sector privado[6].

3. Um terceiro ponto prévio consiste em saber qual a relação entre um conceito abstracto de propriedade privada, como o que ainda há pouco se esboçou, no sentido de estabelecer a pertença de um objecto a um indivíduo em termos de permitir a este o controlo do respectivo uso e a sua alienação, com as regras que numa concreta ordem jurídica integram o aí designado direito de propriedade[7]. A este propósito, uma estratégia possível é a desenvolvida por Tony Honoré. Depois de definir provisoriamente a propriedade como "o mais amplo direito possível sobre uma coisa reconhecido por um sistema jurídico desenvolvido", Honoré afirma que *"ownership, dominium, propriété, Eigentum*, e palavras similares designam não apenas o mais amplo direito relativo a coisas em sistemas particulares,

---

[5] Cfr. Gomes Canotilho e Vital Moreira, *Constituição da República Portuguesa Anotada*, vol. I, pp. 977-978.

[6] Cfr. Gomes Canotilho e Vital Moreira, *Constituição da República Portuguesa Anotada*, vol. I, p. 986.

[7] Agradeço ao Pedro Múrias a chamada de atenção para este problema e a necessidade do seu enquadramento à luz da ideia de "conceitos essencialmente contestados" de W. B. Gallie. Cfr., deste ultimo, "Essentially Contested Concepts", *Proceedings of the Aristotelian Society*, vol. 56, 1956, pp. 167-198; Jeremy Waldron, "Is the Rule of Law an Essentially Contested Concept (in Florida)?", *Law and Philosophy*, vol. 21, n. 2, 2002, 137-164.

mas um tipo de direito com características comuns transcendendo sistemas particulares"[8]. O autor enuncia essas características comuns, ou "incidentes padrão", que integram, segundo ele, o "conceito liberal de propriedade". Nesta conformidade, a propriedade compreenderia o direito de possuir, o direito de usar, o direito de gerir (isto é, o direito de determinar como e por quem a coisa pode ser usada), o direito ao rendimento decorrente do uso da coisa, o direito ao capital (entendido como o poder de alienar a coisa e a liberdade de consumir, desperdiçar ou destruir a coisa, no todo ou em parte), o direito à segurança (isto é, o direito do proprietário a manter indefinidamente a sua posição, na medida em que o pretenda e permaneça solvente, em resultado do qual seria ilegítimo um poder irrestrito de expropriar qualquer bem para qualquer fim), o poder de transmitir a coisa aos sucessores do proprietário, a ausência de qualquer termo ou prazo, o dever de não usar o objecto da propriedade de modo a causar danos a outros, a sujeição à execução do bem em resultado de dívidas contraídas pelo proprietário, o carácter residual ou a elasticidade do direito de propriedade[9]. Através da indicação destes traços, Honoré não pretende estabelecer uma lista de condições do conceito de propriedade necessariamente comuns a todos os sistemas desenvolvidos, mas apenas sustenta que "os incidentes padrão da propriedade não variam de sistema para sistema de modo errático, como sustentam alguns autores. Pelo contrário, tais incidentes têm uma tendência para se manterem constantes de um lugar para o outro e até de uma época para a outra"[10].

Criticando este modo de ver, Jeremy Waldron entende que o mesmo não é apto a captar uma importante dimensão da variação dos traços característicos do conceito de propriedade de um sistema para outro. Uma vez que o conteúdo da propriedade é variável, torna-se possível sustentar que a ideia de propriedade prevalecente num determinado sistema é melhor do que a vigente noutros sistemas. Este ponto de vista seria melhor captado, segundo Waldron, através "do uso que os filósofos da política têm feito recentemente da ideia, introduzida por W. B. Gallie, de 'conceitos essencialmente

---

[8] Cfr. Honoré, "Ownership", in *Making Law Bind*, p. 162.
[9] Cfr. Honoré, "Ownership", in *Making Law Bind*, pp. 165 e ss.
[10] Cfr. Honoré, "Ownership", in *Making Law Bind*, p. 162.

contestados': 'conceitos cujo uso adequado envolve disputas intermináveis sobre os seus usos adequados por parte dos respectivos utilizadores'". Waldron acredita ser possível superar as controvérsias geradas por essa ideia com base na distinção entre um conceito e várias concepções desse conceito, tal como desenvolvida por John Rawls e Ronald Dworkin[11]. Em paralelo com essas distinções, Waldron sugere que a relação entre a ideia de propriedade e as regras relativas ao direito de propriedade privada de um determinado sistema jurídico deveriam ser entendidas à luz da relação entre conceitos e concepções. Assim, o conceito de propriedade privada seria, aproximadamente, a ideia abstracta que anteriormente se esboçou, aquando da distinção entre propriedade privada, propriedade pública e propriedade comum; as regras de distintos sistemas jurídicos que atribuem direitos, poderes e faculdades às pessoas em relação a bens determinados seriam concepções desse conceito abstracto. Na medida em que duas ou mais concepções se opõem entre si – por exemplo, quanto à questão de saber se a transmissão sucessória dos bens, presente num sistema e ausente em outro, integra o conceito de propriedade – essas concepções podem ser encaradas como usos contestados do mesmo conceito no sentido de Gallie[12].

Waldron sustenta ainda que a distinção entre conceitos e concepções, nos termos efectuados, explica por que motivo a proprieda-

---

[11] Assim, cfr. Rawls, *Uma Teoria da Justiça*, p. 29; Dworkin, *Taking Rights Seriously*, pp. 103 e 134-136. J. Waldron, *The Right to Private Property*, p. 51, sustenta que através da distinção entre conceitos e concepções se podem superar as dificuldades do carácter essencialmente contestável de Gallie, nomeadamente o essencialismo da sua terminologia e o seu entendimento de que aquilo que sustenta uma contestação conceptual e a identifica consiste numa referência ao acabamento de algum "exemplar" feita em comum por todas as partes contestantes. Rawls, *ob. e loc. cit.*, parece, com efeito, entender que o que distingue o conceito e as concepções de justiça consiste no acordo gerado pelo primeiro em face do desacordo patenteado na diversidade das segundas, sendo o acordo alcançado à custa de se deixarem em aberto as noções de exclusão da discriminação arbitrária e de equilíbrio adequado, que integram o conceito de justiça, por forma a que cada um as possa interpretar à luz dos princípios de justiça que aceita. De modo algo diverso, sustenta Dworkin, *ob. cit.*, p. 135, que quando alguém apela ao conceito de *fairness* esse alguém coloca uma questão moral; quando alguém expõe a sua concepção de *fairness*, procura responder a essa questão. Em *Law's Empire*, p. 71, o contraste entre conceito e concepções surge como um contraste entre níveis de abstracção na actividade interpretativa.

[12] Cfr. Jeremy Waldron, *The Right to Private Property*, p. 52.

de parece ser dispensável do ponto de vista do jurista prático. Uma vez que este se encontra imerso nas regras de um sistema jurídico determinado, não se distancia da concepção de propriedade própria desse sistema. No seu ponto de vista, essa concepção pode ser descrita exclusivamente com base nas regras que definem a posição defendida, ou sustentada, pelo jurista prático, sem qualquer referência ao conceito de propriedade. Apenas aqueles que se preocupam com questões sobre a justificação de tais regras precisam de despertar a atenção para um nível mais elevado de abstracção[13]. Mas quem são "aqueles"? É precisamente este o ponto de partida para uma crítica da distinção entre conceitos e concepções, tal como o autor a entende. O que no plano da filosofia política aparenta ser uma distinção relevante na perspectiva teórica, no sentido de apontar para uma condição inelimável dos conceitos chave da disciplina, parece transformar-se, em relação ao conceito de propriedade, num princípio de divisão de trabalho entre o filósofo e o jurista prático: este último, remetido para a caverna da concepção particular de propriedade em vigor no seu sistema jurídico, não chega a ver a luz do conceito de propriedade; só àquele, pelo contrário, é dado apreender a natureza essencialmente contestada da propriedade. Para o jurista prático, a "propriedade" surge assim como um "puro sem sentido", desempenhando, quando muito, a mesma função do que a palavra "tû-tû" em algum sistema jurídico primitivo do Pacífico Sul, isto é, a função de apresentar de modo abreviado as regras jurídicas aí em vigor[14].

Uma distinção, a propósito da propriedade, muito próxima daquela que diferencia conceito e concepção, tal como a propõe Waldron, encontra-se presente em praticamente todos os autores que reflectiram sobre o tema. Tal distinção encontra-se presente, antes de mais, no próprio estudo de Honoré atrás citado. Com efeito, este autor, como se viu, começa por apresentar uma definição provisória de propriedade, que seria "o mais amplo direito possível sobre uma coisa reconhecido por um sistema jurídico desenvolvido", para só depois avançar com uma lista de incidentes padrão que, em conjunto,

---

[13] Cfr. Waldron, *The Right to Private Property*, pp. 52-53.
[14] Cfr. Alf Ross, "Tû-tû", pp. 821-822. Waldron não concede sequer a consciência dessa função ao jurista prático.

integram o "conceito liberal de propriedade". A definição provisória e o conceito liberal equivalem, na verdade, ao conceito e concepção de propriedade. No mesmo sentido, Peter Birks analisou o carácter absoluto da propriedade romana sob os pontos de vista do conteúdo, em que a designação "absoluto" sugere que o proprietário romano não estava sujeito a restrições em relação às coisas de que era dono, e do conceito, em que a expressão "absoluto" designa qualidades que apenas são reveladas através da análise lógica (a superioridade, a unicidade e a exclusividade)[15]. Como é bom de ver, o "conteúdo" equivale à "concepção". Por último, a dogmática civilística continental distingue também o conceito de propriedade, caracterizando-a como a máxima extensão de poderes e faculdades atribuídas a um sujeito sobre uma coisa, de forma a resistir ao caso individual e às suas particularidades, e o conteúdo da propriedade, através do qual se pretende, pelo contrário, uma indicação sobre os poderes do proprietário, tal como descritos nas normas de uma determinada ordem jurídica[16].

As construções precedentes têm em comum o serem elaborações teóricas de que pode dizer-se não exceder aí a relevância do conceito de propriedade o plano da sistematização e apresentação das normas jurídicas em vigor em cada ordenamento jurídico considerado. Outros casos ocorrem, todavia, em que as disputas sobre o conceito de propriedade transcendem claramente o plano expositivo. Assim, quando J. E. Penner sustenta que a alienação não integra o conceito de propriedade[17], é difícil não reconhecer que está aí em causa a defesa de uma determinada concepção da propriedade, ou o uso de um conceito essencialmente contestado. O mesmo se passa quando se define a propriedade em sentido constitucional em termos de abranger, ou não, uma garantia do património em si mesmo considerado[18], ou determinadas posições jurídicas de direito público com conteúdo patrimonial[19]. Em todos estes casos se repete um padrão de argumentação em que, após uma definição abrangente de um deter-

---

[15] Cfr. infra, Parte I, cap. 1, ponto 1.3.
[16] Cfr. infra, Parte III, cap. 2, ponto 2.3.2.2, c).
[17] Cfr. infra, Parte II, cap. 3, ponto 3.3.3, (ii).
[18] Cfr. infra, Parte III, cap. 2, ponto 2.2.5.
[19] Cfr. infra, Parte III, cap. 2, ponto 2.4.1.2.

minado conceito, em termos susceptíveis de reunir consenso entre os membros de uma determinada comunidade de discurso, se procura restringi-lo, excluindo do seu âmbito determinadas instâncias que verdadeiramente se entende descaracterizarem o respectivo núcleo (ou, em sentido contrário, ampliar esse mesmo conceito). Este padrão de argumentação ocorre indiferenciadamente no discurso filosófico que visa a justificação de uma determinada instituição, norma ou prática social, e no discurso prático-jurídico que visa a resolução de concretos problemas através da aplicação de normas jurídicas em vigor num determinado ordenamento jurídico. Paradoxalmente, é na estrita medida em que um conceito jurídico admite entendimentos conflituantes que se pode afirmar que a sua função transcende o plano da mera exposição, com economia da linguagem, das regras jurídicas em vigor. Assim sucede com o conceito de propriedade, usado no artigo 62.º da Constituição. E assim sucede, desde logo, porque o conceito de propriedade surge como essencialmente contestado no próprio plano da filosofia política e jurídica. A função de um tal conceito é, pois, a de exigir do intérprete a elaboração de uma sua concepção, essencialmente contestada, capaz de resolver um determinado problema que ao intérprete se coloca na aplicação do conceito.

4. Os títulos das duas primeiras partes em que se divide o trabalho surgem, à primeira vista, como contra-intuitivos. Com efeito, parece fazer tão pouco sentido falar de propriedade e individualismo antes da época moderna, como associar propriedade e comunidade depois dela. Estas designações um pouco provocatórias têm dois objectivos. Em primeiro lugar, trata-se de questionar os pressupostos de uma visão estabelecida da história do direito de propriedade como traçando a evolução de um proprietário inserido na comunidade em direcção a um proprietário individualista e dela alheado. É claro que, em certa medida, essa evolução é real. O que se questiona são os pressupostos à luz dos quais ela é muitas vezes encarada, na medida em que se queira fazer resultar o moderno individualismo proprietário do nominalismo e voluntarismo filosóficos do período medieval[20].

---

[20] Neste sentido merecem especial referência as teses de Michel Villey e Paolo Grossi: cfr. infra, Parte I, cap. 3, pontos 3.1 e 3.3.

Tais pressupostos são incorrectos, uma vez que os pensadores nominalistas da Idade Média são simultaneamente, especialmente no caso de Ockham, pensadores do direito natural. A isso acresce que a evolução da compreensão jurídico-dogmática da propriedade privada fornece talvez o melhor exemplo de que a formação do conceito de direito subjectivo como categoria dogmática autónoma nada tem a ver, de relevante, com a filosofia nominalista. Em segundo lugar, pretende-se pôr em evidência a circunstância de o individualismo se pensar a partir da propriedade, no contexto das justificações pré--modernas da propriedade privada, ao contrário do que sucede no âmbito das reflexões filosóficas modernas sobre o tema, em que a propriedade pressupõe o individualismo. A principal consequência disto consiste em, no primeiro contexto, só o proprietário poder chegar a ser livre como indivíduo, enquanto no segundo contexto, ainda que a liberdade individual se projecte na liberdade de apropriação, esta não constitui a sua única manifestação. Em terceiro lugar, e de modo decisivo, o pensamento moderno caracteriza-se pelo consumar da diferenciação entre a propriedade privada, por um lado, e o tema da comunidade originária dos bens e do seu uso em condições de igualdade por todos os membros dessa comunidade, por outro. A propriedade privada deixa de estar ordenada ao uso comum dos bens, como sucede em Aristóteles e S. Tomás de Aquino, e é também superado o estádio de reflexão em que se pretende fazer derivar a propriedade de uma situação de comunidade originária, entendida como historicamente ocorrida. Isso não significa, no entanto, que sejam eliminados os desafios colocados por um igual direito de usar os recursos materiais por parte de todos os indivíduos, subjacente à ideia de comunidade de bens. Significa, no entanto, que esses desafios se tornam um encargo adicional da justificação da propriedade privada.

Em resultado do que acaba de se dizer compreende-se também o título da terceira, e última, parte: a propriedade como problema constitucional. Não existe, com efeito, um problema constitucional da propriedade privada no contexto da cidade antiga, porque só através da propriedade privada se estabelecem as bases materiais da cidadania. Mesmo as políticas de redistribuição, efectuadas através das leis agrárias, confirmavam o princípio da propriedade privada[21]. Para além disso, é ao proprietário individual que cabe promover o uso comum dos seus bens. Pelo contrário, as reflexões modernas sobre a propriedade, ao pressuporem um igual direito de apropriação para todos os indivíduos, sem que existam iguais condições de o satisfazer, não podem deixar de resolver a jusante a designada "questão social". É a premência de resolver a "questão social" que faz da propriedade um problema constitucional.

5. Na Parte I, após se aludir brevemente à construção individualista da propriedade romana (Cap. 1) e ao seu contraponto na justificação da propriedade privada em Aristóteles (Cap. 2), são abordados os pensamentos de S. Tomás e Ockham sobre a propriedade privada (Cap. 3) e o contraste, e seu significado, entre o republicanismo e o individualismo possessivo como linguagens políticas alternativas nos alvores da modernidade (Cap. 4). Merecem ser destacados nesta nota introdutória os aspectos versados nos capítulos terceiro e quarto, pela necessidade e conveniência de expor brevemente o que ali surge longamente (porventura em demasia) desenvolvido.

Começando pelo pensamento de S. Tomás e Ockham, importa salientar uma característica comum ao pensamento de ambos os filósofos medievais sobre a propriedade privada. No tempo em que escreveram, a legitimidade da propriedade privada era questionada pela ideia de comunidade originária dos bens, entendida como um preceito do direito natural e do direito divino. Ao mesmo tempo, lidar satisfatoriamente, em termos filosóficos, com a ideia de comunidade originária, o que não deixava de acarretar riscos no ambiente cultural da época, permitia estabelecer em bases seguras o direito de propriedade privada. S. Tomás e Ockham alcançam esse desiderato por duas vias: em primeiro lugar, através da distinção entre uso e propriedade; depois, pela rejeição da ideia de uma comunidade dos bens, quanto à propriedade, como parte da condição humana posterior à saída do estado de inocência e anterior à instituição positiva dos concretos direitos de propriedade. Os argumentos em que sustentam estas posições é que são muito diversos. Assim, entre o domínio

---

[21] Cfr. infra, Parte I, cap. 1, pontos 1.3 e 1.4.

próprio do estado de inocência e o domínio do direito positivo, Ockham situa um direito natural de apropriação. S. Tomás reconhece também a existência de um domínio natural no estado de inocência, distinto da propriedade privada de direito positivo. Simplesmente, em vez de um direito natural de apropriação, concebe um poder de gestão e disposição das coisas exteriores, que equivale à defesa da instituição da propriedade privada como requisito de uma vida social justa. Quais os fundamentos desta divergência quanto à justificação da propriedade privada? A solução de Ockham consiste em admitir uma ruptura, anteriormente sugerida por Duns Escoto, entre o domínio próprio do estado de inocência e o domínio exclusivo, ou propriedade, do direito humano positivo. Essa ruptura é preenchida através do direito natural de apropriação, entendido como uma emanação da liberdade individual. A outra emanação possível dessa mesma liberdade consiste, é claro, na renúncia à propriedade e na adopção do ideal de pobreza evangélico. O direito natural de apropriação surge totalmente separado do direito natural, não positivo, de usar os bens exteriores em caso de necessidade, direito esse a que nem a escolha da pobreza permite renunciar.

    Diferentemente, S. Tomás coloca entre o domínio do estado de inocência e o domínio de direito positivo, não um direito natural de apropriar, ou não, enquanto emanação da liberdade, mas o próprio princípio da propriedade privada como requisito de uma ordem social justa e, portanto, como parte do direito natural. O reconhecimento da propriedade privada como princípio de direito natural não favorece a autonomização do direito natural de usar as coisas, mas antes é a própria propriedade privada que, na linha de Aristóteles, surge ordenada ao uso comum das coisas. Do ponto de vista da sua apresentação, esta solução tinha a vantagem de não implicar uma ruptura na existência do domínio. Para além disso, encontrava apoio na combinação do conceito de *ius naturale* de Ulpiano e do conceito de *ius gentium* de Gaio. Cruzando a tripartição entre direito natural, direito das gentes e direito civil de Ulpiano com a bipartição de Gaio entre direito das gentes e direito civil, S. Tomás podia sustentar que a propriedade privada devia ser entendida como uma decorrência da razão natural e, ao mesmo tempo, como comum a todos os povos.

A importância do contraste entre o pensamento dos dois autores é fácil de entender. De um lado, a subordinação da ordem da propriedade a considerações morais; do outro, a completa autonomização da ordem da propriedade, como manifestação da liberdade individual, e a sua abertura a posteriores entendimentos economicistas. Ao mesmo tempo, está também em causa o contraste entre um modo de ver que coloca o uso comum nas mãos do proprietário, no caso de S. Tomás, e uma perspectiva à luz da qual o direito natural de usar as coisas para o sustento próprio, entendido como um direito natural individual, se autonomiza da propriedade, no caso de Ockham.

O capítulo 4 da Parte I serve sobretudo o propósito de desbravar o caminho para a exposição subsequente. Do que se trata é de questionar a pregnância das linguagens do "individualismo possessivo" e do republicanismo como chaves para a compreensão do pensamento filosófico-político da modernidade, especialmente no caso da propriedade privada. O seu contributo consiste essencialmente em pôr em causa a ideia de uma tradição ocidental homogénea de pensamento filosófico e político, embora a sua tentação seja precisamente a de se arvorarem em chaves exclusivas da compreensão desse pensamento, em manifesto prejuízo da sua complexidade[22].

6. Os três capítulos da Parte II analisam sucessivamente os pensamentos de Locke, Kant e Hegel sobre o problema da justificação da propriedade privada. A razão de se destacarem os pensamentos destes autores no âmbito das justificações modernas da propriedade privada é simples. Para além da enorme influência que exerceram na reflexão posterior sobre a matéria, é possível, ainda hoje, fazer remontar a Locke, por um lado, e Kant e Hegel, por outro, as duas principais tradições de reflexão sobre a propriedade privada: a primeira delas tende a reduzir aos direitos de propriedade todas as manifestações relevantes da liberdade pessoal; a segunda, embora assumindo uma conexão estreita entre propriedade privada e liberdade individual reconhece esta para além daquela.

---

[22] O erro, como adverte Martin Kriele, *Einführung in die Staatslehre*, p. 176, consiste em ver no individualismo possessivo o próprio fundamento do Estado constitucional, para além de uma força efectiva que actua no seu seio.

A principal inovação de Locke, na matéria que nos ocupa, consiste em entender a propriedade como uma extensão da própria pessoa. Essa inovação permite-lhe abalar decisivamente os fundamentos do conceito da comunidade originária dos bens, absolutamente central na tradição anterior do pensamento filosófico-político sobre a propriedade, ao mesmo tempo que deriva directamente o direito de propriedade da liberdade de usar os bens exteriores, anteriormente assente na ideia de comunidade. A ideia básica do seu argumento relativo à propriedade privada é a da sua justificação com base no trabalho, que adquire, todavia, uma feição diversa consoante esteja em causa a apropriação num contexto de abundância ou, pelo contrário, de escassez, este último coincidindo com o período posterior à introdução da moeda. A distinção entre duas fases históricas na justificação da apropriação natural coloca o problema central da teoria de Locke: naqueles casos em que é verdadeiramente possível a apropriação no estado de natureza, em condições de abundância e sem que ninguém se possa considerar lesado, as acções humanas adoptadas com esse propósito têm necessariamente uma dimensão produtiva e transformativa escassa; pelo contrário, a intensificação da dimensão produtiva e transformativa do trabalho humano é acompanhada pelo decréscimo das possibilidades de apropriação natural nos termos da própria lógica de desenvolvimento histórico do estado de natureza. A principal novidade do pensamento de Locke, fazer do indivíduo o sujeito proprietário (ainda sem conseguir transcender por completo a influência da dicotomia sociedade doméstica / sociedade civil, presente no pensamento político ocidental até ao final do século dezoito), surge associada à sua principal fraqueza, a confusão entre propriedade e personalidade. A importância de Locke resulta muito simplesmente de ele ser um dos principais fundadores do individualismo moderno. Nessa medida, a sua marca está presente em toda a reflexão posterior sobre a propriedade e a actividade produtiva humana, desde Marx à doutrina social da Igreja Católica, anuncia já, simultaneamente, a tendência para fazer do comportamento económico o modelo da actividade humana.

A ideia de comunidade dos bens é recuperada por Kant, na sua justificação da propriedade privada. A principal inovação de Kant consiste na clara diferenciação entre o direito inato de liberdade e a justificação da propriedade. Ainda que esta assente num argumento *a contrario*, que apresenta a proibição de adquirir propriedade como contrária à liberdade, e que a própria possibilidade de aquisição originária fundamente o dever de aceder à condição civil, isto é, de fundar o Estado, nem por isso é posta em causa a precedência do direito inato de liberdade. Essa precedência significa que a ordem da propriedade carece de legitimação pela lei num sentido mais forte do que aquele direito. Ao contrário do que sucede com o direito de liberdade, a ordem da propriedade carece da lei para a sua própria validade jurídica. O reconhecimento do carácter fundacional da liberdade e, como consequência, da igual liberdade de todos os indivíduos, não pode deixar de acarretar consequências no plano de um dever do Estado no sentido de promover o estabelecimento de condições efectivas de liberdade. É certo que estas consequências não são assumidas por Kant, mas nem por isso deixam de decorrer diretamente das premissas do seu pensamento. A leitura aqui proposta do pensamento de Kant sobre a propriedade privada – sem dúvida correctiva, em alguma medida, mas nem por isso menos conforme às premissas do seu pensamento – assume-o como um pensamento da indissociabilidade entre propriedade privada e princípio social.

A relevância actual do pensamento de Hegel sobre a propriedade privada manifesta-se na sua tentativa (em última análise falhada, diga-se desde já) de equacionar uma tensão não redutora entre os dois pólos representados pela liberdade individual e a prevalência do bem comum, manifestada na relação complexa entre as diferentes esferas da vida ética. No âmbito dessa relação é consagrado de modo inequívoco o Estado Social. Para além disso, a exposição de Hegel evidencia claramente, o que é particularmente relevante na perspectiva da configuração do conceito constitucional de propriedade, que a *proprietas rerum* constitui apenas o ponto de partida no movimento de realização de liberdade, desde logo no domínio do direito privado.

7. Na Parte III, sob o título "A Propriedade como Problema Constitucional", procura-se, no capítulo 1, antes de mais, diagnosticar o problema, isto é, investigar as razões que explicam a crise da propriedade como conceito significativo da filosofia política e, ao mesmo tempo, as dificuldades da sua superação. Por um lado, o papel da propriedade na moderna filosofia política parece ser posto em causa pelos desenvolvimentos do capitalismo, com a crescente desmaterialização da propriedade. Por outro lado, a justificação moderna da propriedade apoia-se em argumentos que a própria lógica de desenvolvimento do capitalismo se encarrega de questionar. Assim, a garantia da propriedade exprime a convergência do liberalismo económico e do liberalismo constitucional, mas essa convergência tanto pode significar a exclusão do planeamento central da economia e a opção por um funcionamento desta assente nas decisões livres das pessoas através do mercado, como a funcionalização da pessoa e dos seus direitos ao serviço do mercado, com a consequente exclusão de qualquer planeamento económico. Nesta medida, a garantia da propriedade pode ser entendida já não como uma consequência da liberdade pessoal, mas como um fim em si mesmo, sendo excluídas quaisquer correcções que do seu reconhecimento possa resultar para a liberdade dos não-proprietários e para a própria conexão entre propriedade e liberdade pessoal. Em tal caso, a propriedade e outras liberdades económicas deixam de corresponder à ideia do Estado constitucional para se tornarem uma sua perversão[23].

Impõe-se, neste contexto, analisar as causas da liquidação da propriedade privada como conceito significativo da filosofia da política e do direito. Mas impõe-se também apontar as principais críticas suscitadas pelas justificações modernas da propriedade privada, desde Marx à doutrina social da Igreja[24]. Por outro lado, as diferentes críticas da propriedade privada não impediram a sua reformulação em termos puramente economicistas, como sucede no âmbito da teoria dos "*property rights*"[25].

A crítica da propriedade privada gerada pela designada "questão social", mas também a sua radicalização economicista, deram origem a uma compreensão constitucional da propriedade oscilante entre uma visão individualista, que encara a propriedade como um fim em si mesmo, e uma visão aberta a preocupações sociais. As experiências constitucionais americana e alemã são exemplos modelares, e opostos, da combinações entre essas visões. No caso americano a combinação entre as mencionadas visões é conflitual e mutuamente exclusiva; pelo contrário, no caso alemão essa combinação passa pela

---

[23] Em sentido semelhante, cfr. Martin Kriele, *Einführung in die Staatslehre*, p. 156.
[24] Cfr. infra, Parte III, cap. 1, pontos 1.2 e 1.3.
[25] Cfr. infra, Parte III, cap. 1, ponto 1.4.

tentativa de integração das duas visões num todo[26]. Uma manifestação do carácter conflitual da jurisprudência constitucional americana consiste nas tentativas, simultaneamente ambiciosas e efémeras, de alargar a protecção da propriedade às prestações do Estado social, como demonstra o exemplo da *"New Property"*[27]. Pelo contrário, a maior complexidade da visão integrativa da experiência alemã traduz-se na dupla dimensão da protecção constitucional da propriedade, enquanto garantia individual e garantia de instituto[28].

As mesmas crítica e radicalização que há pouco se mencionaram estão também na base de várias tentativas de reabilitação parcial do conceito de propriedade que procuram preservar a conexão entre propriedade e liberdade e, ao mesmo tempo, atenuar a resistência do conceito de propriedade aos programas de justiça social levados a cabo pelo Estado[29]. A crítica que se dirige a tais propostas, que têm em comum algum tipo de distinção entre propriedade produtiva e propriedade pessoal, reside apenas no modo como se procura atingir os objectivos enunciados, que em si mesmos se julgam correctos. Não parece, com efeito, que a introdução de cisões no âmbito da propriedade, efectuadas *a priori*, em obediência a critérios pouco claros, possa introduzir progressos na perspectiva da tutela constitucional da propriedade. O que não significa, é claro, que não se possam estabelecer, *a posteriori*, diferenciações do tratamento dos diversos objectos da propriedade, consoante a sua relevância para a liberdade pessoal, não só do proprietário, mas também dos não proprietários. A regra subjacente à ponderação entre direito fundamental e margem de livre conformação democrática do legislador é, sem dúvida, a de que quanto maior o significado da liberdade para o domínio essencial da pessoa, mais forte a protecção do direito fundamental; quanto mais o cidadão se envolver patrimonialmente em contextos sociais e económicos, maior deve ser a sua a aceitação da possibilidade de o legislador limitar a sua liberdade no interesse de outros e da comunidade[30]. Simplesmente, esta é, especialmente no

---

[26] Cfr. infra, Parte III, cap. 1, ponto 1.5.1.
[27] Cfr. infra, Parte III, cap. 1, ponto 1.5.1.1.
[28] Cfr. infra, Parte III, cap. 1, ponto 1.5.1.2.
[29] Cfr. infra, Parte III, cap. 1, ponto 1.5.2.
[30] Cfr. Martin Kriele, *Einführung in die Staatslehre*, p. 176.

caso do direito fundamental de propriedade, uma questão de ponderação de bens constitucionais, não uma questão da definição do conceito constitucional de propriedade.

Merece ainda um destaque especial a tentativa levada a cabo por John Rawls de, pretendendo porventura jogar a seu favor com o "prestígio da propriedade"[31], fazer dela não tanto um direito individual como uma característica do sistema político[32]. Com efeito, depois de efectuar uma distinção, em termos próximos dos acima mencionados, entre propriedade produtiva e propriedade pessoal, Rawls defende a ideia de uma "democracia de proprietários". As dificuldades de uma democracia de proprietários sem o reconhecimento claro da propriedade são indisfarçáveis. Subjacente a tais dificuldades está, no entanto, um traço marcante da concepção liberal de Rawls: a sua tendencial negação da propriedade constitui um caso especial da persistente atitude que em tal concepção se verifica, no sentido de iludir os encargos individuais de respeitar a justiça distributiva nas escolhas da vida quotidiana[33].

Finalmente, no contexto da reflexão actual sobre o significado da propriedade como conceito relevante da filosofia política cabe ainda uma referência às propostas de introdução de um rendimento básico, atribuído a todos os cidadãos de forma incondicional[34]. É manifesta a proximidade entre essas propostas e a tese de Macpherson sustentando a configuração do direito de propriedade como um direito a uma vida humana plena, divergindo dela na medida em que preconizam a sua introdução imediata, no contexto das economias capitalistas avançadas[35]. O grande problema dessas propostas consiste no seguinte: enquanto a propriedade moderna, isto é, a propriedade como direito individual, em termos próximos da justificação desenvolvida por Kant e Hegel, se legitima pela redistribuição posterior, a

---

[31] A expressão é de Macpherson, "Human Rights as Property Rights", p. 76, que procura também capitalizar esse prestígio a favor da sua concepção de um direito a uma vida humana plena (cfr. infra, Parte I, cap. 4, ponto 4.4).

[32] Cfr. infra, Parte III, cap. 1, ponto 1.6.

[33] Quanto a esta última ilusão, cfr. G. A. Cohen, *If You Are an Egalitarian How Come You Are So Rich?*, p. 4.

[34] Cfr. infra, Parte III, cap. 1, ponto 1.6.

[35] Cfr. infra, Parte I, cap. 4, ponto 4.4.

propriedade como direito a uma determinada condição de vida carece de ser financiada previamente[36]. Assim, a configuração jurídico--constitucional de tais formas de rendimento como propriedade em sentido constitucional coloca o problema da delimitação da sua tutela, no plano constitucional, em face da tutela das formas de propriedade desenvolvidas no âmbito da ordem patrimonial privada.

A grande dificuldade, quer das propostas que acabam de ser mencionadas, quer da compreensão da propriedade privada em Rawls, consiste no seguinte: ambas procuram substituir o paradigma moderno da propriedade, assente na aquisição individual, pela recuperação de um modelo de propriedade determinado pelas categorias pré-modernas do uso e da comunidade originária dos bens[37]; ao mesmo tempo, as concepções em causa não prescindem do mercado como instrumento mais eficaz para gerir a riqueza de uma economia (o que é particularmente claro no caso de Rawls), nem resolvem de modo satisfatório o problema do financiamento das suas propostas de distribuição dos recursos (o que se torna sobretudo patente nas propostas de rendimento mínimo). O beco sem saída a que se chega torna-se evidente. Por um lado, a recuperação da categoria do uso não é acompanhada pela afirmação da responsabilidade do indivíduo pelas consequências sociais do uso dos recursos que lhe são afectados; essa responsabilidade permanece no plano da estrutura política da sociedade que decide da afectação de recursos. Por outro lado, são evidentes as dificuldades de combinar ideias tão contrárias como a comunidade dos bens e o princípio do mercado.

Ao mesmo tempo, é inegável que a justificação da propriedade como manifestação da liberdade individual de aquisição atinge o seu limite num contexto, como o actual, em que as perspectivas de colapso ambiental se inscrevem de forma indelével no horizonte.

---

[36] Assim, não causa espanto que o "único verdadeiro sistema de abonação universal actualmente existente", nas palavras de Yannick Vanderborght e Philippe Van Parijs, seja o Estado americano do Alasca, com base nas receitas do petróleo (cfr. *L'Allocation Universelle*, pp. 24-25).

[37] Sobre a importância da contraposição entre as categorias do uso e da aquisição na compreensão da evolução histórica da justificação filosófica da propriedade, cfr. infra, Parte III, cap. 1, ponto 1.1.

8. Finalmente, o cap. 2 da Parte III procura delinear, em função dos desenvolvimentos anteriores, a natureza e os limites da garantia constitucional da propriedade privada. O que está em causa é muito simplesmente saber quais as consequências para a garantia constitucional da propriedade daquele que foi já designado o magno problema filosófico da propriedade: é esta uma criação do poder político e do direito ou, pelo contrário, surge como um dado prévio que se impõe a esses mesmos poder político e direito? Deve a propriedade ser pensada à luz da categoria do uso, em cuja modelação cabe ao poder político um papel fundamental ou, pelo contrário, como uma manifestação da liberdade individual de aquisição, que o poder político deve respeitar?

O que a reflexão anterior traz como ponto de partida para a conceptualização da tutela constitucional da propriedade privada é a exclusão da possibilidade de pensar a propriedade, enquanto objecto da garantia constitucional, como uma liberdade natural. Para além deste contributo negativo, por assim dizer, aquela reflexão contribui ainda positivamente para esta tarefa ao estabelecer em bases sólidas, julga-se, o fundamento de liberdade da garantia constitucional da propriedade. Em lugar de uma visão atomista do conceito constitucional de propriedade, a que por vezes parece ceder o nosso Tribunal Constitucional, na identificação dos direitos, poderes e faculdades do proprietário que mereceriam o estatuto da natureza análoga capaz de resgatar o direito fundamental de propriedade do Título III da Constituição, mas rejeitando também construções dogmáticas que procuram retirar directamente da Constituição não só o conceito, mas também o conteúdo da propriedade, propõe-se uma visão da garantia constitucional da propriedade assente numa divisão de trabalho entre o plano da lei e o da Constituição. Ao legislador cabe determinar o conteúdo da propriedade; apenas na Constituição se podem encontrar os elementos estruturais do conceito de propriedade que permitem qualificar uma determinada posição jurídica como propriedade em sentido constitucional e atribuir-lhe a protecção que decorre dessa qualificação.

PARTE I
**Propriedade e individualismo
antes da época moderna**

CAPÍTULO 1

Individualismo proprietário na Roma antiga

1.1 Introdução. Não constitui propósito das páginas que seguem abordar em profundidade o tema da propriedade no direito romano, mas apenas discutir três aspectos: a ausência, ou escassa relevância, do conceito de direito subjectivo no pensamento dos juristas romanos constituía obstáculo a uma concepção individualista da propriedade (1.2)? Em que sentido se pode caracterizar a propriedade do direito romano como absoluta (1.3)? Faz algum sentido falar de um capitalismo antigo, propiciado pelas estruturas jurídicas da posse da terra no direito romano (1.4)? As três questões obedecem ao propósito de questionar um certo modo de ver de acordo com o qual o individualismo constitui apanágio da propriedade moderna.

1.2 *Dominium* **e** *proprietas* **na linguagem do direito romano.**
Num estudo sobre a história do conceito de direito subjectivo, Helmut Coing salientou a necessidade de separar, em qualquer investigação sobre o tema, a procura de uma resposta à questão de saber se numa determinada sociedade, e na ordem jurídica nela vigente, se conhece a ideia de propriedade privada e de um poder de disposição privado sobre os bens necessários à existência humana, por um lado, da procura de vestígios, por outro lado, nessas mesmas sociedade e ordem jurídica, da presença do conceito de direito subjectivo, enquanto elemento da respectiva ciência do direito[1]. Por outras pala-

---

[1] Cfr. Helmut Coing, "Zur Geschichte des Begriffs 'subjektives Recht'", pp. 8-9. Uma distinção paralela é a estabelecida por Menezes Cordeiro entre uma dimensão *dogmática* da propriedade enquanto direito subjectivo e uma dimensão *significativo-ideológica* da propriedade, através da qual ela "corporiza as representações políticas, históricas ou sociais que se prendem à apropriação privada da riqueza e, designadamente da riqueza produtiva" (cfr. Menezes Cordeiro, *Tratado de Direito Civil Português, I – Parte Geral*, tomo I, p. 222).

vras, Coing adverte para a necessidade de se manterem separadas a questão dogmática e a questão histórico-social e cultural e, também, a necessidade de se adoptar uma atitude prudente quanto à aplicação num desses domínios das conclusões obtidas no outro.

Este ponto de partida cauteloso permite, como se verá, a Helmut Coing chegar a conclusões diversas de Michel Villey quanto à querela sobre a origem histórica do direito subjectivo, muito embora aceite a importância diminuta do conceito no pensamento jurídico dos romanos. Villey constrói a sua teoria sobre a origem do conceito de direito subjectivo como uma instância da oposição de princípio entre antigos e modernos, perspectivada sobre a base da diferença radical entre o direito natural tal como entendido por uns e outros. Nestes termos, a teoria de Villey identifica a génese do direito subjectivo com o nascimento do individualismo filosófico, que situa sobretudo no pensamento de Ockham, como adiante se verá, e, ao mesmo tempo, procede a uma leitura da linguagem jurídica dos romanos à margem de qualquer subjectivismo, vendo-a como a concretização no domínio do direito da filosofia de Aristóteles. Inversamente, quem assuma um ponto de partida menos comprometido com a *summa divisio* entre antigos e modernos, poderá ser tentado a inferir da presença de aspectos da linguagem do direito subjectivo em sistemas jurídicos do passado o compromisso desses sistemas jurídicos com uma verdadeira filosofia dos direitos humanos, tal como a hoje a entendemos[2]. Nas páginas que seguem vai procurar-se separar a questão do individualismo nos contextos pré-modernos da cidade antiga da questão da linguagem jurídica através da qual a propriedade é compreendida nesses mesmos contextos.

Importa, pois, atentar nas teses de Villey, considerando estas duas dimensões que acabam de ser referidas, numa perspectiva essencialmente analítica, isto é, numa perspectiva que evidencie aquela que, segundo o autor, é "a própria linguagem que foi a dos jurisconsultos romanos; o próprio pensamento dos romanos e o

---

[2] Neste último sentido, cfr. Giovanni Pugliese, "Appunti per una Storia della Protezione dei Diritti Umani", pp. 619 e ss.; Tony Honoré, *Ulpian: Pioneer of Human Rights*, pp. 76-93; Fred D. Miller, Jr., *Nature, Justice, and Rights in Aristotle's* Politics, esp. pp. 87 e ss. Não deixa de ser interessante notar que a posição de Villey é criticada por alguns destes autores: cfr. Pugliese, *ob. cit.*, pp. 620-621; Fred D. Miller, Jr., *ob. cit.*, p. 92.

modo como eles se exprimiam"[3]. Quais seriam, pois, esses pensamento e modo de expressão? Segundo Villey, ao contrário dos numerosos romanistas do século dezasseis em diante, os romanos não pretendiam designar com a expressão *ius in re* qualquer realidade próxima do direito subjectivo[4]. A realidade que hoje tendemos a exprimir com a categoria do direito subjectivo não teria recebido um *nomen* abstracto na linguagem dos juristas clássicos. Assim as expressões vagas *habere, meum esse* pertencem à linguagem das fórmulas processuais; por seu turno as expressões *dominium, potestas*, ou têm um sentido mais restrito, significando um direito sobre coisas corpóreas ou sobre os membros da família, ou então evocam uma noção mais concreta, a de poder[5]. A expressão *ius*, pelo contrário, significa uma coisa e integra, nessa medida, as *res incorporales* na

---

[3] Cfr. Villey, "Du Sens de l'Expression *Jus in Re* en Droit Romain Classique", p. 27. Em outro estudo, Villey insurge-se contra a projecção da moderna noção de direito subjectivo nas exposições de direito romano (cfr. "L'Idée du Droit Subjectif et les Systèmes Juridiques Romains", p. 203 (= "Les Institutes de Gaius et l'Idée du Droit Subjectif", p. 169).

[4] Segundo Henrique Mesquita, ao *ius in re* ter-se-ia inicialmente chamado *ius in rem* "em paralelismo com denominação dada à *actio* através da qual podia ser judicialmente defendido" (cfr. *Obrigações Reais e Ónus Reais*, p. 45, nota 13); para Barry Nicholas (*An Introduction to Roman Law*, p. 141), o termo *ius in rem* é inglês, embora derivado da *actio in rem* romana, sendo a expressão *ius in re* o seu equivalente continental [sobre o assunto, embora sem pôr em causa que actualmente a expressão *ius in rem* é mais comumente usada em Inglaterra enquanto os juristas continentais preferem *ius in re*, cfr. Robert Feenstra, "*Dominium* and *ius in re aliena*: The Origins of a Civil Law Distinction", p. 111 e nota 3; H. F. Jolowicz, *Roman Foundations of Modern Law*, p. 75, Villey, "Du Sens de l'Expression *Jus in Re* en Droit Romain Classique", p. 421, nota 14, para os quais a expressão mais usual na Idade Média seria *ius in re*, sendo depois, nos séculos dezasseis e dezassete, substituída por alguns autores continentais, por *ius in rem*].

[5] Ao associar genericamente *dominium* e poder, Villey descura a distinção entre aquele e o *imperium*. Segundo Jean Gaudemet, "*Dominium-Imperium. Les Deux Pouvoirs dans la Rome Ancienne*", pp. 3 e ss., a expressão *imperium* designa, na Roma antiga, "um poder de comando militar, e por isso com dimensão política, com certos aspectos de um poder religioso" (*ob. cit.*, p. 6), e "evoca sempre uma autoridade sobre os homens, um poder pessoal, relações «políticas» de superior a inferior" (*ob. cit.*, p. 13). Diversamente, com a expressão *dominium* "do político passamos para o «doméstico», para o âmbito do casa, a *domus*" (*ob. cit.*, p. 8). Ainda segundo Gaudemet, o termo *dominium* teria aparecido apenas no século I a. C. para "marcar a oposição entre o senhorio de uma coisa (*dominium*) e uma servidão ou o usufruto da coisa, ainda designados pela perífrase «direito sobre as coisas» *iura praediorum*" (*ob. cit.*, p. 9). Esta oposição, associada ao conteúdo impreciso

conhecida distinção estabelecida por Gaius entre estas e as *res corporales*[6]. O *ius* seria, pois, uma coisa – e nunca um direito sobre uma coisa – à qual falta uma base material, e consiste numa "instituição inteiramente criada pelos juristas", em "valores repousando sobre a existência de instituições jurídicas *objectivas* determinadas"[7]. Por seu turno, a palavra *proprietas* não designaria, na época clássica, o direito subjectivo de propriedade, mas uma qualidade abstracta da coisa, a sua qualidade de ser *própria* de alguém, de ser objecto de apropriação. Nesta conformidade, a *proprietas*, embora não seja uma *res*, uma coisa corpórea particular, surge como um seu elemento indissociável e, nessa medida, contém-se na ideia de *res corporalis*. Assim se explicaria, segundo Villey, que no regime das fórmulas processuais não se reivindicasse o direito de propriedade, mas a *res* (*ream meam esse*) ou ainda que a transmissão da propriedade não

---

do *dominium* como expressão do poder do «senhor» sobre as coisas, desempenha um papel importante na tese de Villey sobre a alegada ausência do conceito de direito subjectivo no direito romano. Por agora interessa registar apenas que o termo *dominium* designa, segundo Gaudemet, "o senhorio do homem sobre as coisas (*res*), que se exerce no âmbito doméstico (*domus*)" (*ob. cit.*, p. 14), por oposição à conotação política do termo *imperium*.

[6] Cfr. *Gai Institutionum Commentarii Quattuor*, II, 12-14 (adiante citado *Gai.*): "12. Quaedam praeterea res corporales sunt, quaedam incorporales. 13. *Corporales* hae *sunt*, quae tangi possunt, velut fundus, homo, vestis, aurum, argento et denique aliae res innumerabiles. 14. Incorporales *sunt*, qua*e* tangi non possunt, qualia sunt ea, quae *in* iure consistunt, sicut hereditas, ususfructus, obligationes quoquo modo contractae. nec ad rem per*tinet, quod in hereditate res corporales con*tinentur, et fructus, qui ex fundo percipiuntur, corporales *sunt*, et id, quod ex aliqua obligatione nobis debe*tur*, plerumque corpor*ale est, veluti* fundus, homo, pecunia: nam ipsum ius successionis et ipsum ius u*ten*di fruendi et ipsum ius obligationis incorporale est. eodem numero sunt iura praediorum urbanorum et rusticorum." (= *The Institutes of Gaius*, pp. 126-129).

[7] Cfr. Villey, "Du Sens de l'Expression *Jus in Re* en Droit Romain Classique", pp. 427 e 429. Segundo Pugliese, ao usar estes conceitos, próximos da teoria institucionalista de Maurice Hauriou, o próprio Villey demonstraria a impossibilidade de tratar o direito romano sem o auxílio de conceitos nascidos fora dele (cfr. "«Res Corporales», «Res Incorporales» e il Problema del Diritto Soggettivo", pp. 242 (= *Studi in Onore di Vincenzo Arangio-Ruiz nel XLV Anno del Suo Insegnamento*, vol. III, pp. 223 e ss.). No mesmo sentido, Emilio Betti critica a Villey a orientação do seu interesse de historiador não já a entender a disciplina romana das relações da vida, mas ao particular modo de as ver e apreender por parte dos juristas romanos, isto é, do seu interesse exclusivo pela concepção dogmática desses juristas (cfr. "Falsa Impostazione della Questione Storica, Dipendente da Erronea Diagnosi Giuridica", p. 398).

incidisse sobre um direito, mas sobre a própria *res*, que conteria a *proprietas*. A expressão *ius* designaria apenas as coisas incorpóreas, aquelas que são o objecto daquilo a que hoje chamamos os diferentes direitos reais menores, como o usufruto e as servidões. Nesta sequência, compreende-se como pode um *ius* chegar a ser *in re*. Isso não significaria, segundo Villey, a existência de um direito sobre uma coisa, mas que uma coisa jurídica incorpórea se contém numa coisa corpórea[8].

Com semelhante entendimento, a argumentação de Villey coloca desde logo um problema: por que razão a *proprietas* é por ele apresentada como contida na ideia de *res corporalis*, como indissociável da *res*, mas não identificada com ela, uma vez que esta é uma simples coisa material, enquanto os *iura in re* são já apresentados como verdadeiras coisas incorpóreas? A razão, segundo ele, só pode ser compreendida à luz das já aludidas noções clássicas romanas de coisa corpórea e coisa incorpórea. A verdade, porém, é que quando Villey se refere à *proprietas* como indissociável da *res*, embora não identificada com ela, afirma o seu carácter de "valor incorpóreo"[9]. É neste ponto que se torna impossível, na própria argumentação de Villey, escapar ao tratamento do conceito de *dominium*, cuja proximidade daquilo que hoje entenderíamos como um direito subjectivo aceita expressamente[10]. Compreende-se assim por que razão a *proprietas* surge apresentada como uma espécie de *tertium genus* no

---

[8] Cfr. Villey, "Du Sens de l'Expression *Jus in Re* en Droit Romain Classique", p. 431.

[9] Cfr. Villey, "Du Sens de l'Expression *Jus in Re* en Droit Romain Classique", p. 429 ("é certamente [a *proprietas*] um valor incorpóreo; mas este valor não saberia constituir um bem distinto, «separado» da coisa; oposto à coisa; que possa pertencer a uma pessoa diferente daquela à qual pertence a coisa corpórea ou sofrer um destino diferente"), p. 430, nota 38 ("valor incorpóreo que é a *proprietas*").

[10] Cfr. Villey, "Du Sens de l'Expression *Jus in Re* en Droit Romain Classique", p. 429; idem, "L'Idée du Droit Subjectif et les Systèmes Juridiques Romains", p. 224-225 (= "Les Institutes de Gaius et l'Idée du Droit Subjectif", pp. 186-187). De resto, não é inteiramente claro o conceito de direito subjectivo tida em vista pelo autor: uma vezes refere-se-lhe como envolvendo "poderes do homem sobre as *res*" (cfr. "L'Idée...", pp. 214, 220; "Les Institutes...", pp. 179, 183), para depois o definir como "uma faculdade que pertence a um sujeito activo contra sujeitos passivos" (cfr. "Du Sens...", p. 430, nota 39; "L'Idée...", p. 214, nota 1; "Les Institutes...", p. 179, nota 2).

seio da distinção entre coisas corpóreas e coisas incorpóreas[11]: se a *res* implica a *proprietas* e esta consiste no *dominium* em sentido objectivo[12], qualificar este último (que não pode deixar de ser entendido como a *proprietas* em sentido subjectivo) como um *ius* (por sua vez identificado com as coisa incorpóreas) faria ruir a tentativa de excluir o subjectivismo da linguagem jurídica dos romanos. Mas é claro, o custo desta construção é o de fazer da *res corporalis* uma "singular mistura de matéria e direito", como advertiu Giovanni Pugliese[13]. Por outras palavras, a tese de Villey tem desde logo o efeito de tornar dogmaticamente problemática a própria distinção entre *res incorporalis* e *res corporalis*. Tal tese parece retomar a ideia, comum entre os romanistas, de que os romanos designavam por *iura in re* os direitos correspondentes a partes destacadas da propriedade por oposição ao *dominium* enquanto totalidade de todos os direitos reais[14],

---

[11] A colocação da *proprietas* e do *dominium* como um limite à distinção entre *res corporalis* e *res incorporalis* não é apenas experimentada por Villey. Também Mario Bretone, numa obra que visa igualmente salientar o carácter objectivista das categorias jurídicas dos romanos e se estrutura também sobre a contraposição entre antigos e modernos (embora sem o radicalismo de Villey), afirma que "toda a relação jurídica, que não se resolva imediatamente numa coisa corpórea susceptível de a exprimir (penso, como é óbvio no *dominium*), pode encontrar o seu lugar no esquema das *res incorporales*" (cfr. *I Fondamenti del Diritto Romano. Le Cose e la Natura*, p. 222).

[12] É o próprio Villey quem o afirma: cfr. "Du Sens de l'Expression *Jus in Re* en Droit Romain Classique", p. 430, nota 36. A diferenciação estabelecida por Villey entre *proprietas* e *dominium* encontra-se já inteiramente presente na seguinte afirmação de Vittorio Scialoja: "*Proprietas* indica principalmente o elemento de pertença da coisa de que se tem a propriedade (…). *Dominium*, por seu turno, exprime talvez antes o conceito de dominação, de explicação da vontade do proprietário, de sujeição da coisa à sua pessoa." (cfr. *Teoria della Proprietà nel Diritto Romano*, I, pp. 257-258; Max Kaser, *Eigentum und Besitz in älteren römischen Recht*, pp. 307-312; Dietmar Willoweit, "*Dominium* und *Proprietas*", pp. 138-139).

[13] Cfr. Giovanni Pugliese, " «*Res Corporales*», «*Res Incorporales*» e il Problema del Diritto Soggettivo", pp. 255 e 258.

[14] Cfr. F. C. von Savigny, *Das Recht des Besitzes*, p. 114 e nota 2; Max Kaser, *Direito Privado Romano*, p. 137; Ernst Levy, *West Roman Vulgar Law. The Law of Property*, p. 19. Isto sem prejuízo de numa época mais longíqua as servidões prediais não serem entendidas como direitos reais limitados, ou direitos reais sobre coisa alheia, mas como propriedade, ainda que funcionalmente limitada, e daí que alguns autores mencionem, para tais casos, no direito romano mais antigo, a existência de uma "propriedade funcionalmente dividida", entre o dono do prédio serviente e o titular da servidão (cfr. Max Kaser, "Über 'relatives Eigentum' in altrömischen Recht", pp. 34-36; Frank Martin Krauss, *Das geteilte Eigentum im 19. und 20. Jahrhundert*, p. 17).

com a diferença de que os primeiros não constituiriam direito em sentido subjectivo porque são *res*[15], e o segundo, na acepção mencionada, só muito tardiamente teria penetrado na linguagem jurídica dos romanos[16], constituindo de algum modo uma distorção da mesma.

O carácter particularmente polémico do entendimento de Villey resulta da circunstância de não se ter limitado a procurar demonstrar que a jurisprudência romana não elaborou o conceito de direito subjectivo, mas de ter pretendido sustentar a irrelevância de qualquer momento subjectivo, como faculdade ou poder, na linguagem jurídica dos romanos[17]. Com efeito, para os intuitos de Villey, no sentido de

---

[15] Villey afirma, com efeito, em relação ao sentido da palavra *iura*, que "ela não pode ser um direito, uma vez que é uma *res*" (cfr. "L'Idée du Droit Subjectif et les Systèmes Juridiques Romains", p. 215 (esta passagem, que não consta da posterior versão do mesmo artigo "Les Institutes de Gaius et l'Idée du Droit Subjectif", pp. 180 e ss., deu azo a que Emilio Betti acusasse o autor de incorrer em petição de princípio: cfr., deste último, "Falsa Impostazione della uestione Storica, Dipendente da Erronea Diagnosi Giuridica", p. 400; no mesmo vício incorre Villey, *La Formation de la Pensée Juridique Moderne*, p. 246, quando afirma que para os romanos o *dominium* não pode ser um direito subjectivo porque os romanos o opõe aos *jura* de que pode gozar um indivíduo – *sive dominus, sive is qui jus in re habet* –, quando é certo que para Villey tais *jura* não são também entendidos pelos romanos como direitos subjectivos, apesar de o autor se lhes referir sempre, como se acaba de ver, em termos de uma relação de apropriação).

[16] Cfr. Villey, "Du Sens de l'Expression *Jus in Re* en Droit Romain Classique", p. 424. O primeiro texto latino em que a palavra *dominium* é utilizada para designar a noção abstracta de propriedade seria uma passagem do jurisconsulto Alfenus Varus, cônsul no ano 39 a. C. (*Digesta*, 8, 3, 30): cfr. Raymond Monier, "La Date d'Apparition du *Dominium* et de la Distinction Juridique des *Res* en *Corporales* et *Incorporales*", p. 359; L. Capogrossi Colognesi, , *La Struttura della Proprietà e la Formazione dei «Iura Praediorum» nell'Età Repubblicana*, I, p. 493; A. Santos Justo, *Direito Privado Romano –. III (Direitos Reais)*, p. 15, nota 2; J. A. D'Ors, *Derecho Privado Romano*, p. 185.

[17] Cfr. Mario Bretone, *I Fondamenti del Diritto Romano. Le Cosa e la Natura*, p. 283. Criticando a posição de Villey cfr., além dos textos de Pugliese e Betti já citados, Olís Robleda, S. J., "La Idea del Derecho Subjetivo en el Ordenamiento Romano Clasico", pp. 23 e ss.; idem, "El Derecho Subjetivo en Gayo", pp. 7 e ss.; Yan Thomas, "Michel Villey, la Romanistique et le Droit Romain", esp. pp. 37-39 [num estudo anterior, este autor chegou no entanto a sustentar, em termos bem mais próximos de Villey, a impossibilidade de "pensar em termos de antítese a relação sujeito-objecto em direito romano": cfr. Yan Thomas, "*Res*, Chose et Patrimoine (Note sur le Rapport Sujet-Objet en Droit Romain)", p. 425]. Privilegiando também uma perspectiva objectiva, mas sem o radicalismo de Michel Villey, cfr. Alvaro D'Ors, "Aspectos Objetivos y Subjetivos del Concepto de «Ius»", 279 e ss. [defendendo o carácter equidistante ou intermédio do conceito de *ius*, cujo sentido apresentaria "tantos aspectos objectivos como aspectos subjectivos, sem que, por outro

encarar a linguagem jurídica dos romanos como uma instância da contraposição radical entre "o pensamento realista, de corte aristotélico"[18], dos antigos e o individualismo dos modernos[19], não bastava demonstrar que o âmbito daquela linguagem não foi elaborado o conceito de direito subjectivo, em sentido dogmático; tornava-se ainda necessário excluir o momento subjectivo, a referência ao poder do sujeito, dessa mesma linguagem. É neste ponto que importa retomar a distinção estabelecida por Helmut Coing, atrás mencionada, entre a existência numa determinada sociedade da ideia de propriedade privada e de um poder de disposição privada sobre os bens necessários à existência humana e a questão, algo diversa, de saber se nessa mesma sociedade foi elaborado o conceito dogmático de direito subjectivo.

Coing atribui a ausência de qualquer papel decisivo da ideia de direito subjectivo no direito romano clássico à ausência de uma distinção clara, nesse âmbito, entre *actio*, enquanto pretensão processual, e *ius*, enquanto direito subjectivo substantivo[20]. O mesmo autor salienta também a inexistência de qualquer definição de propriedade no direito romano[21]. Mas isso não significa, como já se teve ocasião de afirmar, que da ausência de uma definição do direito subjectivo ou

---

lado, chegasse a ser entendido como duas acepções distintas, como acontece, pelo contrário, hoje" (cfr. *ob. cit.*, p. 282)]; Carlo Gioffredi, "Osservazione sul Problema del Diritto Soggettivo nel diritto Romano", pp. 227 e ss [o qual, reconhecendo que *ius* exprime claramente o significado de uma faculdade, sustenta que falta na experiência romana um conceito autónomo e unitário de direito subjectivo, como complexo de faculdades atribuídas a um sujeito, resultantes de uma norma, e contraposto ao direito em sentido objectivo (cfr. *ob. cit.*, p. 238)]. O que se retira dos trabalhos dos autores nesta nota citados é que, por um lado, aqueles que tendem a adoptar uma perspectiva objectiva sobre o direito romano (Bretone, d'Ors, Gioffredi) reconhecem, todavia, a presença de um momento subjectivo na respectiva linguagem jurídica, por outro lado, os autores que sustentam a presença da ideia de direito subjectivo na mesma linguagem (Betti, Pugliese, Robleda, Thomas) reconhecem que essa presença não se manifesta pela palavra, mas pela clara existência de atribuições subjectivas.

[18] A expressão é de Michel Bastit, um discípulo de Villey, em "La Diversidad en las Instituciones de Gayo", p. 24, cujo intuito é o de "notar a concordância entre o mundo de Gaius e o pensamento realista, de corte aristotélico".

[19] E, como adiante se demonstrará a propósito da propriedade, afigura-se escassamente relevante a oposição entre antigos e modernos para a compreensão da categoria dogmática do direito subjectivo (neste sentido, cfr. Yan Thomas, "Le Sujet de Droit, la Personne et la Nature. Sur la Critique Contemporaine du Sujet de Droit", p. 105).

[20] Cfr. H. Coing, "Zur Geschichte des Begriffs 'subjektives Recht'", p. 11.

[21] Cfr. H. Coing, "Zur Geschichte des Begriffs 'subjektives Recht'", p. 12.

da propriedade se possam extrair conclusões quanto à existência de propriedade privada ou de um amplo poder de disposição privada sobre as coisas. Pois bem, se aqui se contrastam os entendimentos de Michel Villey e Helmut Coing quanto ao problema da origem do direito subjectivo, isso acontece por duas razões: por um lado, estes dois autores não se preocupam apenas em discutir a questão limitada da presença (ou ausência) do conceito de direito subjectivo no direito romano, mas procuram, para além disso, explicar a génese histórica do conceito; por outro lado, ambos os autores argumentam expressamente com a ausência de conteúdo técnico dos termos *dominium* e *proprietas*, a qual só teria ocorrido a partir da República tardia. Esta última argumentação não é, todavia, equivalente no pensamento dos dois autores. Assim, Villey, como se viu, faz decorrer a exclusão do *dominium* da linguagem jurídica clássica dos romanos da importância que atribui à distinção entre *res corporalis* e *res incorporalis*. Helmut Coing, por seu turno, parece fazer derivar a ausência de uma definição, quer do direito subjectivo, quer da propriedade, da estrita relação que estabelece entre o *ius* e o procedimento litigioso no direito romano[22]. Nas reflexões de Coing avulta, pois, a relevância do momento processual como característica da linguagem jurídica romana e seria essa relevância que explicaria a ausência de uma definição de propriedade, pois apesar da superação das *legis actiones* e do advento das mais modernas fórmulas processuais, no fim da República, nunca chegou a verificar-se uma evolução para uma sistematização jurídica em termos substantivos[23]. Simplesmente, como

---

[22] Cfr., no mesmo sentido, Menezes Cordeiro, *Tratado de Direito Civil Português, I – Parte Geral*, tomo I, p. 105.

[23] Subjacente a este modo de ver as coisas, que salienta a relevância do momento processual na linguagem jurídica dos romanos, não se pode deixar de mencionar a tese da "propriedade relativa" de Max Kaser. Segundo este autor, no antigo processo romano relativo à propriedade, a *legis actio sacramento in rem* (cfr. Gaio, *Inst.* IV, 16; *The Institutes of Gaius*, pp. 410-415), ambas as partes afirmavam ser proprietários, tendo o juiz de decidir qual delas é proprietário, por, em confronto com a contraparte, lhe assistir o melhor direito sobre a coisa, mas não podendo recusar a acção por nenhum deles ser proprietário. A protecção da propriedade, num contexto em que os direitos autónomos sobre coisa alheia eram ainda entendidos como uma espécie de propriedade, seria assim meramente relativa, pelo menos até ao surgimento do procedimento da *rei vindicatio* (cfr. Max Kaser, *Eigentum und Besitz...*, pp. 8 e ss., 83-86; idem, *Direito Privado Romano*, pp. 138-139; idem, "Der römische Eigentumsbegriff", pp. 20-29). Cfr., no entanto, as críticas de Luigi

adverte Coing logo no início da sua indagação, esta situa-se no plano dogmático e não pretende extrair conclusões quanto à presença de um poder de disposição privada sobre as coisas, nem sequer quanto ao individualismo que lhe estará subjacente. Na verdade, a explicação da ausência de uma definição de propriedade pelos juristas romanos, com base numa visão ainda predominantemente processual do direito, não é incompatível com o reconhecimento da natureza individualista do direito romano da propriedade. Como afirma Fritz Schulz, não foi o conceito romano de propriedade que foi construído de forma individualista, mas sim o seu regime jurídico[24].

Paradoxalmente, a natureza individualista da propriedade é a conclusão lógica, ainda que não voluntária, do próprio entendimento de Villey quanto ao modo como a propriedade foi acomodada na

---

Capogrossi Colognesi, *La Struttura della Proprietà e la Formazione dei «Iura Praediorum» nell'Età Repubblicana*, I, pp. 121 e ss., e pp. 396 e ss.; idem, "Proprietà (Diritto Romano)", pp. 167-168; e, sobretudo, Alan Watson, *The Law of Property in the Later Roman Republic*, pp. 91-96. Uma boa aproximação à tese de Kaser é a de Peter Birks, "The Roman Law Concept of Dominium and the Idea of Absolute Ownership", pp. 28-29, salientando, por um lado, como as palavras empregues nas afirmações das partes no âmbito da *legis actio*, segundo Gaio, não são necessariamente aquelas com base nas quais a questão era decidida, como parecem pressupor os críticos de Kaser, e, por outro lado, em sentido contrário, a improbabilidade de uma descontinuidade radical entre a *legis actio* e o processo formulário. Posteriormente, Max Kaser veio sustentar novamente a tese da propriedade relativa, reafirmando que o caráter relativo se refere em primeira linha à protecção processual (assim, segundo Kaser, cada sentença permanece justa ainda quando, num segundo processo, o vencedor do primeiro deva ser vencido pelo "ainda" melhor direito de um terceiro, enquanto mais tarde, com uma segunda sentença que reconheça o direito de um terceiro sobre a coisa, demonstra-se a incorrecção material da primeira sentença) e que ele não põe em causa a essência do poder sobre as coisas enquanto elemento do poder doméstico (*Hausgewalt*) que incumbe ao *paterfamilias*; de qualquer modo, Kaser afirma que mesmo na *praxis* do antigo direito romano a maioria dos bens materiais encontrava-se em regra nas mãos do melhor pretendente e, nessa medida, os casos de titularidade "relativa" constituíam a excepção (cfr. "Über 'relatives Eigentum' in altrömischen Recht", pp. 3-4, 23-24; não pode deixar de se notar como a tese da "propriedade relativa" corresponde, na sua essência, ao tratamento das questões sobre a propriedade no direito inglês, em que se procura determinar qual dos dois litigantes tem o melhor direito sobre a coisa: A. W. B. Simpson, *An Introduction to the History of the Land Law*, pp. 24-43 e 135-145).

[24] Cfr. Fritz Schulz, *Principios del Derecho Romano*, p. 174; L. Capogrossi Colognesi, *La Struttura della Proprietà e la Formazione dei «Iura Praediorum» nell'Età Repubblicana*, I, pp. 491-492, e nota 187; Vittorio Scialoja, *Teoria della Proprietà nel Diritto Romano*, I, pp. 263-264.

linguagem jurídica dos romanos. Por um lado, como se viu, Villey entende que a propriedade não designa, no direito romano clássico, um direito subjectivo, mas a qualidade abstracta da coisa de ser própria de alguém, de ser objecto de apropriação. Por outro lado, Villey afirma que os *iura* designam para os romanos, na época clássica, as coisas incorpóreas, a que hoje chamamos os direitos reais menores, e que do "*jus fundi*, essa soma das características jurídicas de uma coisa, se extraiu por análise um certo número de *jura* particular"[25]. Ora, se estes *iura* se retiram por análise das diversas utilizações jurídicas de que uma coisa é susceptível e se a totalidade dessas utilizações, a *proprietas*, é ela própria a qualidade natural da coisa de ser objecto de apropriação, a conclusão só pode ser uma: as *res incorporales* partilham com as *res corporales* a qualidade essencial de pertencerem a um sujeito. Assim, Villey, como afirma Mario Bretone, reintroduz, depois de o ter expulso, o direito subjectivo enquanto mera relação de pertença de um determinado objecto (seja ele corpóreo ou incorpóreo) a um sujeito[26]. A análise de Villey,

---

[25] Cfr. Villey, "Du Sens de l'Expression *Jus in Re* en Droit Romain Classique", p. 432.

[26] Cfr. Mario Bretone, *I Fondamenti del Diritto Romano. La Cose e la Natura*, p. 283. De resto, o próprio Villey parece admiti-lo expressamente quando afirma que "as diferentes *res*, ou realidades objectivas que têm uma existência em si, tornam-se normalmente os objectos de uma apropriação individual, os objectos de um direito subjectivo. Na verdade, nenhuma prática jurídica pode excluir por completo a ideia do direito subjectivo. Mas que diferença entre a ideia romana do direito subjectivo, vaga, informe, indiferenciada, expressa por um vocabulário pobre e impreciso, e o rico florescimento de diversos direitos subjectivos, muito exactamente definidos, que descrevem os sistemas modernos" (cfr. "L'Idée du Droit Subjectif et les Systèmes Juridiques Romains", p. 224 (= "Les Institutes de Gaius et l'Idée du Droit Subjectif", p. 186). Com afirmações destas Villey pareceria reduzir toda a sua argumentação a um mero jogo de palavras se nelas não estivesse implícito o reconhecimento do próprio princípio cuja negação está subjacente a toda a sua obra: o direito exprime relações de pertença entre objectos e sujeitos, e presta-se assim, em qualquer época, a servir como instrumento de individualismo. De modo diferente, Mario Bretone não procura negar a relevância do momento subjectivo na linguagem jurídica romana e não considera possível construir qualquer argumento com esse propósito a partir da contraposição entre as *res corporales* e as *res incorporales*. A importância que atribui a estas últimas decorre da circunstância de as mesmas não serem nada senão *notiones*. Em seu entender, "toda a *notio* é uma antecipação cognitiva que tem necessidade de um desenvolvimento. Este desenvolvimento é assegurado pela *definitio*, a qual coloca a *notio* no terreno discursivo e analítico-argumentativo. Ora, neste terreno, que é próprio da *definitio* e não da *notio*, isolam-se os diversos perfis da *res incorporalis*. Emerge, quando é necessário, o

dirigida a extrair conclusões sobre a irrelevância do momento subjectivo na linguagem jurídica dos romanos, a partir da tardia introdução

---

momento subjectivo da faculdade ou do poder. Mas permanece assente que a unificação teórica da experiência se obtém a partir da coisa e não do sujeito" (cfr. Mario Bretone, *ob. cit.*, p. 224). As expressões *definitio* e *notio* são retiradas de Cícero, *Topica*, V, 26-27 (cfr. Cícero, *De Inventione. De Optimo Genere Oratorum. Topica*, pp. 398-401; sobre esta passagem de Cícero, cfr. Mario Talamanca, "Diatribe e Paralipomeni", pp. 673-687; sobre os antecedentes da distinção entre *res corporales* e *incorporales* nas escolas filosóficas gregas e latinas, cfr. Vittorio Scialoja, *Teoria della Proprietà nel Diritto Romano*, I, pp. 21-24; Raymond Monier, "La Date d'Apparition du *Dominium* et de la Distinction Juridique des *Res* en *Corporales* et *Incorporales*", pp. 357 e ss.), que expressamente distingue duas principais classes de definições, as das coisas que existem e as das coisas que são apenas apreendidas pela mente. É em relação a estas últimas, entre as quais inclui a usucapião, a tutela, a *gens*, a agnação, que Cícero afirma não existir um corpo, mas uma compreensão impressa na mente, à qual chama uma noção, que por sua vez exige uma definição no curso da argumentação. Não pretendo tomar aqui posição sobre as complexas discussões geradas na doutrina romanista em torno da distinção entre as *res incorporales* e as *res corporales* (designadamente sobre o problema de saber se a distinção constituía uma teoria relativamente isolada, como pretendiam Max Kaser e Giovanni Pugliese, ou, pelo contrário, mais ou menos difundida entre os juristas romanos, como pretende M. Bretone; ou ainda sobre o problema de saber se o âmbito da distinção se restringia aos elementos constitutivos do património, com exclusão do direito da família e do *status* da pessoa, como sustentaram Arangio-Ruiz e G. Pugliese, ao contrário de Vittorio Scialoja; sobres estes aspectos, cfr. Giovanni Pugliese, "«*Res Corporales*» e «*Res Incorporales*» e il Problema del Diritto Soggettivo", pp. 261-263; Alberto Burdese, "«*Res Incorporales*» quale Fondamento Culturale del Diritto Romano", pp. 108-109; Mario Bretone, *ob. cit.*, pp. 281-282; Vittorio Scialoja, *ob. cit.*, pp. 20 e 24-25), o que desde logo não se compreenderia nos limites do presente trabalho, mas tão só notar a possibilidade de se questionar que a distinção efectuada por Cícero possa ser considerada um verdadeiro precedente da classificação de Gaius, uma vez que o primeiro dá como exemplos das coisas que apenas podem ser apreendidas pela mente instituições e institutos jurídicos, como a usucapião e a tutela, enquanto o segundo inclui nas *res incorporales* apenas realidades que hoje podemos designar como direitos ou bens, susceptíveis de serem elementos do património de uma pessoa (neste sentido, cfr. Giovanni Pugliese, "Dalle «res incorporales» del Diritto Romano ai Beni Immateriali di Alcuni Sistema Giuridici Odierni", pp. 1138-1139 e notas 1 e 2) ou, pelo menos, se acrescentarmos a passagem de Ulpiano que inclui nas *res incorporales* a tutela (cfr. Ulpiani, *Fragm.*, XIX, 11: "In iure cedi res etiam incorporales possunt, velut ususfructus et hereditas et tutela legitima libertae"), realidades que exprimem relações jurídicas e já não todos os conceitos que podemos apreender com o intelecto (cfr., neste sentido, Vittorio Scialoja, *ob. cit.*, pp. 24-25; esta parece também ser a posição de Raymond Monier, *ob. cit.*, pp. 362 e 364). Por outro lado, os autores que tendem a atribuir uma grande relevância à classificação de Gaius acabam por iludir a questão que se afigura fundamental e que G. Pugliese formula sensivelmente nos seguintes termos: por que razão Gaius chamava *res* às servidões, ao usufruto, ao direito de sucessão, mas não à propriedade? Segundo

das palavras *dominium* e *proprietas* no vocabulário jurídico e do significado fundamental que nessa mesma linguagem assumiria a contraposição entre *res corporalis* e *res incorporalis*, deve ser confrontada com a sua consequência inevitável. Essa consequência consiste muito simplesmente nisto: tratar os diferentes tipos de relações que as pessoas estabelecem com os bens materiais como coisas significa na verdade encarar todas elas antes de mais como objectos de pertença. Neste modo de ver, para o direito romano um homem (ou melhor, um cidadão) é dono da sua terra, dos seus escravos, do seu cavalo, mas também da sua servidão de passagem e do seu usufruto. Todos estes seriam igualmente casos de *meum esse*[27]. Este é, porventura, o modo correcto de encarar a linguagem jurídica romana; simplesmente, devemos estar conscientes que a este modo de ver não é estranha, mas antes absolutamente central, a ideia de propriedade. A circunstância do tardio aparecimento de expressões designando abstractamente a ideia de propriedade é, a este propósito, irrelevante. Com efeito, é necessário ter presente que é mais fácil, como salienta David Daube, ter a consciência de direitos menores sobre um objecto do que do direito sobre o todo. Neste último caso, como afirma o autor citado, "a luz projecta-se sobre a própria coisa: sem necessitar de uma reflexão aplicada, o dono pode pensar em ter a coisa, em vez de ter uma relação jurídica com ela. Não existe uma

---

Pugliese, quando Gaius apontava como exemplos de *res corporales* os fundos ou os escravos não pensava apenas nas coisas corpóreas em si mesmas, mas também na propriedade que sobre elas incidia, o que se coaduna afinal com a explicação aludida no texto para a tardia introdução no vocabulário jurídico das expressões *dominium* e *proprietas*. A distinção das *res* em *corporales*, de que o sujeito tinha a propriedade, e *incorporales*, designando os direitos de que era titular, dotados de valor económico e diversos da propriedade, permitiria a Gaius tratar de modo homógeneo os elementos do património (cfr. Pugliese, *ult. ob. cit.*, pp. 1140-1141). De acordo com esta lógica, muito embora Pugliese não chegue a afirmá-lo, a distinção entre *res corporales* e *res incorporales* é uma outra forma de dizer a diferença entre a propriedade, como forma imediata da apropriação de um objecto por parte de um sujeito, e outros títulos jurídicos, aos quais estariam subjacentes formas mediatas de apropriação. É, afinal, esta ideia de apropriação que o próprio Cícero considera fundamental quando define o direito civil como "aequitas constituta eis qui eiusdem civitatis sunt ad res suas obtinendas" (*Topica*, II, 9; cfr. Cícero, *ob. cit.*, pp. 388-389).

[27] Cfr. Peter Birks, "The Roman Law Concept of Dominium and the Idea of Absolute Ownership", p. 27; Michael P. Zuckert, "'Bringing Philosophy Down from the Heavens': Natural Right in the Roman Law", pp. 74-75.

tal ofuscação em relação às servidões e ao usufruto e, por isso, estes aparecerão mais facilmente como direitos sobre a coisa invadindo a posição do dono. (Pelo menos depois do período remoto em que uma servidão rústica tornava o dono do terreno dominante numa espécie de comproprietário com o seu vizinho)". Depois de ilustrar este mesmo fenómeno com outros exemplos colhidos fora do âmbito do direito (por exemplo, a ausência de uma designação inclusiva no Antigo Testamento para "cometer suicídio", em vez das expressões concretas "cair sobre a própria espada" ou "estrangular-se"; ou ainda a utilização restrita da palavra grega para o tempo, *chronos*, para os intervalos entre eventos como batalhas), Daube encontra a sua confirmação na circunstância de o próprio Justiniano classificar as servidões e o usufruto como coisas incorpóreas, ou coisas existentes no ou pelo direito, enquanto a propriedade se encontra ainda misturada com o objecto, a coisa corpórea. Seria, a este propósito, significativo que os *iura praediorum* nunca incluem o direito do dono, mas apenas as servidões ligadas aos prédios dominantes[28].

A conclusão que podemos desde logo extrair é a de que Villey, ao pretender demonstrar, não apenas a ausência da ideia de direito subjectivo, mas do próprio subjectivismo e individualismo, na linguagem jurídica romana, acaba por evidenciar na sua reconstrução dessa linguagem uma forte presença do momento subjectivo e das faculdades do indivíduo. É, com efeito, inquestionável a presença no direito romano da "ideia de propriedade privada e de um poder de disposição privado sobre os bens necessários à existência humana", como se lhe refere Coing, ou, na formulação de Menezes Cordeiro, sobre as representações nesse mesmo âmbito da "apropriação privada da riqueza". A presença de tais ideia ou representações terá o efeito, julga-se, de pelo menos restringir a utilização que se pretenda fazer da ausência da categoria do direito subjectivo na linguagem

---

[28] Cfr. David Daube, "Fashions and Idiosyncracies in the Exposition of the Roman Law of Property", pp. 38-39; Peter Birks, "The Roman Law Concept of Dominium and the Idea of Absolute Ownership", p. 27; Dietmar Willoweit, "*Dominium* und *Proprietas*", p. 140; em sentido semelhante, Luigi Capogrossi Colognesi, *La Struttura della Proprietà e la Formazione dei «Iura Praediorum» nell'Età Repubblicana*, I, p. 490, afirma que "A tendência para indicar em termos mais imediatos a pertença de um bem parece de facto um fenómeno bastante constante mesmo na nossa própria experiência".

jurídica romana tendo em vista a sobrevalorização da oposição entre antigos e modernos que caracteriza toda a argumentação de Villey. Por outro lado, quando atrás se afirmou que a ausência de uma definição jurídica de propriedade não é incompatível com a natureza individualista do respectivo regime jurídico, não se chegou, no entanto, a demonstrar em que consiste essa alegada natureza individualista. Na verdade, não pode deixar de causar perplexidade o modo como Fritz Schulz, depois de contrastar a *libertas* romana (não livre seria para os romanos "apenas quem tem um *dominus*, um amo que o domina e frente ao qual lhe falta completamente o direito de autodeterminação") com a liberdade entendida como simples "possibilidade de fazer ou deixar de fazer o que se quiser e de viver segundo o próprio capricho"[29], passa, sem solução de continuidade, a ilustrar aquela ideia de liberdade com as manifestações de um forte individualismo em todos os institutos do direito civil romano, e designadamente no direito de propriedade[30]. As razões desta perplexidade são fáceis de intuir: como pode um tão grande cuidado na distinção entre a *libertas* romana – que corresponde exactamente à ideia de liberdade republicana, ou liberdade como ausência de domínio, adiante discutida – e a noção comum de liberdade – equivalente, como se

---

[29] Cfr. Fritz Schulz, *Principios del Derecho Romano*, p. 163; cfr., ainda, Ch. Wirszubski, *Libertas as a Political Idea at Rome during the Late Republic and Early Principate*, pp. 1-3.

[30] Schulz afirma ser evidente a tendência romana a construir o direito de propriedade com a maior liberdade possível, sem prejuízo das múltiplas limitações de direito público e privado. Como manifestações dessa liberdade aponta o autor: a liberdade de alienar e dividir a propriedade, sendo praticamente desconhecidas as limitações à disposição; o desconhecimento de limitações à propriedade resultantes hoje comummente dos regimes jurídicos da caça e da pesca; o tardio aparecimento das limitações à propriedade imobiliária decorrentes do direito mineiro; o não favorecimento de encargos sobre a propriedade em virtude de negócios jurídicos; a limitação do conteúdo das servidões prediais mediante o requisito da *utilitas praedii* e a exclusão da *servitus in faciendo*; a limitação temporal do usufruto, mediante a exclusão da transmissão e da sucessão hereditária; o tardio reconhecimento, apenas na época pós-clássica, do direito de superfície e da enfiteuse; a organização individualista da tutela da propriedade, não se detendo a *rei vindicatio* perante o adquirente de boa fé; a exclusão da usucapião de coisa roubada ou apropriada indevidamente, mesmo quando a coisa haja entretanto passado para um possuidor de boa fé (Fritz Schulz, *Principios del Derecho Romano*, pp. 175-178; cfr., ainda, a clara exposição de Peter Birks, "The Roman Law Concept of Dominium and the Idea of Absolute Ownership", pp. 14-23).

terá igualmente percebido, à ideia de liberdade como simples ausência de interferência[31] – não ter correspondência num igual cuidado na definição do individualismo que surge como a manifestação da liberdade romana? Poderá este individualismo ser entendido nos moldes da modernidade, como a elevação da delimitação de uma esfera de livre actuação do indivíduo em face de qualquer poder a valor supremo da sociedade? Tais questões são tanto mais pertinentes quanto é certo que, como se viu, a ideia romana de liberdade tem sido usada justamente como instrumento de crítica do individualismo, ou pelo menos do individualismo moderno. A verdade é que a inexistência da categoria do direito subjectivo ou de uma definição abstracta de propriedade na linguagem jurídica dos romanos em nada parece prejudicar uma forte presença da ideia de propriedade privada no direito romano, a ponto de se encontrar ainda hoje no direito romano a principal fonte da moderna ideia de propriedade. Essa presença é impressivamente ilustrada pela aproximação efectuada por Schulz entre a liberdade romana e o individualismo no regime jurídico da propriedade: se a liberdade significava a ausência de um *dominus*, a propriedade era configurada como o exercício de um *dominium* cuja substância era determinada através da progressiva ocupação pela *civitas* do lugar originário das tribos na evolução política de Roma[32]. A ideia de que a substância da propriedade no

---

[31] Sobre estas noções de liberdade, cfr. infra, cap. 4, ponto 4.5.

[32] Esta aproximação entre propriedade e poder político imporia que se procurasse averiguar como chegaram os romanos a adquirir a ideia unitária de propriedade privada. Sem pretender, evidentemente, tomar posição sobre uma questão que não reúne o consenso dos próprios romanistas e que as fontes não permitirão equacionar em termos seguros [cfr. A. Santos Justo, *Direito Privado Romano – III (Direitos Reais)*, p. 21], não se deixará, no entanto, de referir a posição daqueles romanistas que explicam a evolução da ideia de propriedade procurando apoio nos modos como historicamente o *dominium* se foi substituindo ao *mancipium*. Importará, no entanto, antes de mais, atentar na polissemia do termo *mancipium*, que, como adverte P. Bonfante, pode significar: (i) a propriedade; (ii) o poder ou senhorio do marido sobre a mulher (*manus mancipium*) ou do *pater familias* sobre os descendentes legítimos (*patria potestas*); (iii) um negócio jurídico, "obscuro nas suas origens que permanece como forma solene de alienação do verdadeiro e próprio património familiar mais antigo e das pessoas da família"; (iv) num sentido mais limitado e prevalecente na época da jurisprudência clássica, um poder jurídico, análogo à *dominica potestas*, sobre uma pessoa livre emancipada por parte de quem tivesse sobre ela o direito de *patria potestas* ou de *manus* [cfr. *Gai.*, I, 135; 140; 141 (= *The Institutes of Gaius*, pp. 90-95);

direito romano encontra a sua origem em formas de supremacia do chefe da família que assumiam um cunho político projecta-se na sua

J. A. D'Ors, *Derecho Privado Romano*, p. 280] ; (v) o escravo, sendo de notar, segundo Bonfante, que na linguagem jurídica *mancipium* designa constantemente o escravo no sentido económico, como elemento do património [cfr. Pietro Bonfante, "Forme Primitive ed Evoluzione della Proprietà Romana (*res mancipi* e *res nec mancipi*)", II, pp. 88-92, com indicação das diversas fontes]. O problema, segundo António Vieira Cura, consiste em determinar o significado do termo *mancipium* na expressão *res mancipi*. Este autor aponta três orientações fundamentais: a dos romanistas que "identificam *mancipium* com propriedade, considerando ser esse o seu sentido mais antigo" (entre os quais se conta Pietro Bonfante); a dos que o entendem como "poder unitário do *pater familias*, incidente, originariamente, sobre pessoas e coisas (na esteira de Fernand De Visscher); e a daqueles para quem "*mancipium* indicou, primeiramente, o acto solene utilizado para a transferência das coisas socialmente mais importantes, e a que mais tarde se deu a designação de *mancipatio*" (entre os quais se conta o próprio autor que tenho vindo a citar, além de Luigi Capogrossi Colognesi). Ao apontar estas três orientações, o autor não põe em causa a polissemia do termo *mancipium*, antes isola os diferentes entendimentos quanto ao significado originário atribuído ao termo, com consequências no conceito de *res mancipi* e *nec mancipi* adoptado pelos defensores de cada uma daquelas orientações [cfr. António Vieira Cura, "*Fiducia cum Creditore* (Aspectos Gerais)", pp. 181-182; sobre a distinção entre as *res mancipi* e *nec mancipi*, presente, designadamente em *Gai.*, II, 14a; 15 (=*The Institutes of Gaius*, pp. 128-131), cuja antiguidade é geralmente reconhecida e que parece derivada da distinção entre *familia* e *pecunia*, cfr., por todos, A. Vieira Cura, "O Fundamento Romanístico da Eficácia Obrigacional e da Eficácia Real da Compra e Venda nos Códigos Civis Espanhol e Português", pp. 74-75, nota 83, e, sobretudo, as substanciosas considerações do mesmo autor no seu estudo "Transmissão da Propriedade e Aquisição de outros Direitos Reais (Algumas Considerações sobre a História do «Sistema do Título e do Modo»", pp. 380-381, notas 22 e 23, em que se alude ainda às razões que terão levado Justiniano a abolir a distinção]. Parecem mais convincentes os argumentos a favor da última das três teses mencionadas [de acordo com a qual, como afirma L. Capogrossi Colognesi, "*Mancipium*, para além do específico valor de escravo (e talvez numa determinada utilização um significado mais lato de objecto da *mancipatio*), não pareceria ter tido até ao final da época republicana outro significado senão aquele relativo ao negócio *per aes et libram* aquisitivo do *dominium ex iure Quiritium*": cfr. *La Struttura della Proprietà e la Formazione dei «Iura Praediorum» nell'Età Repubblicana*, I, p. 348 (cfr. ainda a formulação algo diversa do autor em *Proprietà e Signoria in Roma Antica*, I, pp. 209-210); ou ainda, segundo A. Vieira Cura, "as *res mancipi* eram as coisas socialmente mais importantes (por serem indispensáveis à organização sócio-económica romana) e para cuja alienação se exigia, nessa conformidade, o acto solene designado (inicialmente) *mancipium*; e era o emprego ou não emprego deste que fundava, juridicamente, a distinção entre essa categoria de coisas e a das *res nec mancipi*, julgadas de menor importância social": cfr. "*Fiducia cum Creditore* (Aspectos Gerais)", *cit.*, p. 190; como referem os autores citados, as *res nec mancipi* podiam, ao contrário das *res mancipi*, ser transferidas mediante simples *traditio*]. Na verdade, a inverosimilhança das restantes teses em confronto é posta em evidência por A. Vieira Cura: quanto à orientação que pretende identificar o *mancipium* com a propriedade, ela conduz a uma não demonstrada exclusão da propriedade sobre as *res nec mancipi*; por outro lado, a tese do poder unitário do *pater familias* sobre pessoas e coisas não é igualmente comprovada pelas fontes, assentando antes numa abstracção a partir da referência contida nessas mesmas fontes a *personae in mancipio* e a *res mancipi* [cfr. A. Vieira Cura, "*Fiducia cum Creditore* (Aspectos Gerais)", pp. 184-186]. No mesmo sentido afirma L. Capogrossi Colognesi que a hipótese da *manus* do *pater* como sinónimo arcaico do *dominium* não pode explicar a distinção das *res* em *mancipi* e *nec mancipi* (cfr., do autor, *Proprietà e Signoria in Roma Antica*, I, pp. 190-191). Mas neste contexto que significado atribuir ao tardio aparecimento das expressões *dominium* e *proprietas* na linguagem jurídica romana? Como interpretar o facto de o próprio Colognesi [cfr. "Proprietà (Diritto Romano)", p. 169; idem, "«*Dominium*» e «*Possessio*» nell'Italia Romana", p. 144] se referir às expressões *manus* ou *mancipium* como antecedentes do *dominium*? Para responder a estas questões importa aqui regressar, ainda que brevemente, às concepções dos autores que perspectivam a história da propriedade romana através da passagem do *mancipium*, entendido, ora como poder político (Bonfante), ora como poder «potestativo» (De Visscher), ao *dominium*, enquanto poder essencialmente de carácter «patrimonial» ou «económico» (assim, cfr. L. Capogrossi Colognesi, *La Struttura...*, cit., p. 506, nota 220). Num outro trabalho ("«*Dominium*» e «*Possessio*»...", pp. 141-142), Colognesi afirma que a hipótese dominante, por ele criticada, relativa à evolução no direito romano do poder sobre as coisas, destinado mais tarde a unificar-se no *dominium*, seria marcada por uma dúplice cisão: na idade mais antiga, uma cisão determinada por uma diversidade paralela à distinção entre *res mancipi* e *nec mancipi*, esta últimas dando expressão a um poder individual e de carácter mais imediatamente económico e as primeiras sujeitas, juntamente com os membros da família a um poder unitário do *pater familias*, cuja natureza exprimia mais a supremacia política ou potestativa deste do que o carácter de direitos subordinados aos meros interesses económicos da família; nas épocas mais avançadas, a partir do séc. III a. C., uma cisão decorrente do retalhar da *potestas* ou *mancipium* unitário do *pater* sobre os vários elementos da família e sobre as *res mancipi* em poderes distintos sobre estas diversas entidades: a *patria potestas* sobre os filhos, a *manus* sobre as mulheres casadas, o *mancipium* sobre as pessoas livres em condição semi-servil e, finalmente, o *dominium* sobre as *res mancipi* e *nec mancipi*, numa perspectiva mais economicista, em que os antigos aspectos potestativos apareceriam fortemente atenuados. As críticas que Colognesi dirige a esta hipótese é a de se basearem na ideia de uma lei de desenvolvimento que rege a passagem de formas mais simples e limitadas em direcção a formas mais complexas e desenvolvidas, quando seria talvez mais verosímil imaginar, no caso da experiência jurídica romana, que a situação de partida teria antes sido representada por uma pluralidade de elementos bastante heterogéneos, destinados apenas com o decurso do tempo a serem unificados no interior de categorias mais compreensivas [cfr. L. Capogrossi Colognesi, "Proprietà (Dir. Romano)", p. 169; idem, "«*Dominium*» e «*Possessio*»...", p. 144]. A análise de Colognesi é pois destinada a demonstrar que o tardio aparecimento das expressões *dominium* e *proprietas*, a partir do fim da idade republicana, não significa que não existisse muito antes a experiência jurídica da propriedade e a própria possibilidade linguística de a exprimir – que os romanos teriam adquirido muito

cedo, através da afirmação directa do *meum esse* –, significa apenas que a aquisição de uma terminologia de carácter abstracto assume um carácter progressivo na língua latina [cfr. L. Capogrossi Colognesi, *La Struttura* ..., I, pp. 489-509; nesse contexto o autor sustenta mesmo que o próprio termo *mancipium* só tardia, e ainda assim episodicamente, terá assumido o significado de um poder abstracto sobre as *res mancipi* (cfr. *ob. cit.*, pp. 252, 341), criticando a posição contrária de Bonfante e de De Visscher (cfr. *ob. cit.*, pp. 302 e ss.)].
Muito embora Colognesi critique as teorias que tendem a explicar a evolução da propriedade no direito romano com base na passagem do *mancipium* ao *dominium*, entendidos como expressões que denotam o mesmo grau de profundidade conceptual e abstracção terminológica (apenas variando a orientação «política» ou «potestativa» do primeiro conceito, em contraste com a orientação mais marcadamente «patrimonial» ou «económica» do segundo), o mesmo autor não deixa de reconhecer a importância dos diversos senhorios ou supremacias de carácter político existentes no direito romano, e atrás mencionados, quando procura explicar a afirmação de uma terminologia abstracta da propriedade. Assim, segundo o autor, "os romanos do fim do século II a. C. e dos inícios do século seguinte encontravam-se provavelmente perante uma série mais ou menos ampla de vocábulos, todos eles em condições de indicar de modo mais ou menos preciso um tipo de senhorio ou supremacia de carácter político; nenhum dos quais exclusivamente referido a relações de direito privado. A história da afirmação de *dominium* e *proprietas* é assim a história de uma série de opções entre diversas alternativas possíveis" (cfr. Colognesi, *La Struttura* ..., p. 479). As construções de Bonfante e de De Visscher não deverão, assim, tanto ser rejeitadas, na sua totalidade, mas antes reavaliadas [de resto, era já esse o sentido do entendimento de De Visscher, quando aceitava a teoria de Bonfante sobre o fundamento da destinação entre *res mancipi* e *nec mancipi* como a oposição entre coisas de interesse social e coisas de interesse individual, criticando embora a ideia de uma destinação essencialmente agrícola das *res mancipi* inerente à teoria de Bonfante (sobre esta ideia cfr., no entanto, as considerações deste último em "Forme Primitive...", pp. 242 e ss.), e dos próprios autores que criticam a identificação do sentido originário de *mancipium* com a propriedade: cfr. Fernand De Visscher, "*Mancipium* et *res mancipium*", pp. 266 e ss.; A. Vieira Cura, "*Fiducia cum Creditore*", p. 188; L. Capogrossi Colognesi, "Proprietà (Dir. Rom.)", pp. 169 e ss.]. Neste contexto, mantém interesse a distinção efectuada por Bonfante entre coisas de interesse social, isto é, coisas destinada a uma propriedade comum do grupo, que apenas podiam ser alienadas com a aprovação e sanção de todo o grupo, e coisas de interesse individual, cuja alienação se fazia por simples tradição, como fundamento da distinção entre *res mancipi* e *nec mancipi*.
Mantém igualmente interesse o seu entendimento de acordo com o qual, à medida que a *civitas* suplantava as *gentes*, assumindo as suas funções e talvez abolindo as prerrogativas do *patres gentium*, a propriedade das *res mancipi* e *nec mancipi* se centrava na família e no *pater familias* clássico. Ora, o processo desta evolução, como afirma Pietro Bonfante, "em que a família clássica se substituía ao grupo superior [a *gens*], e de certo a modo lhe sucedia, explica o carácter soberano que se perpetua no *dominium ex iure Quiritium*" (cfr. "Forme Primitive ed Evoluzione della Proprietà Romana...", p. 305). O mesmo, ou próximo, sentido evolutivo se detecta na construção de De Visscher, quando este autor distingue um aspecto «potestativo» nos poderes do chefe de família, exercido de forma absoluta e

modelação como uma forma de soberania de uma pessoa sobre uma coisa[33]. O *dominium ex iure Quiritium* dos membros originários da comunidade civil constituiria mesmo, segundo Donald Kelley, um arquétipo do "individualismo possessivo"[34].

exclusiva sobre a mulher, os filhos, os animais e certos limites territoriais, de um aspecto patrimonial que se estende sobre tudo o que é susceptível de apropriação e comércio jurídico; para o mesmo autor "as noções abstractas dos poderes familiares pertencem à mais antiga técnica jurídica; a dos direitos patrimoniais não se constituirão senão lenta e penosamente no decurso da época histórica" (cfr. *"Mancipium* et *res mancipi"*, pp. 320-321). Ainda que este sentido de conquista do abstracto seja passível de crítica, como se viu, não se pode deixar de reconhecer, com De Visscher, que nas épocas mais recuadas a importância do aspecto potestativo superava em muito a do estritamente patrimonial e, nessa medida, acabaria por influenciar o modo como este último acabaria por ser concebido. De resto é também este o sentido da análise de Max Weber quando afirma que "o direito doméstico (o *dominium*), que enquadra com a mesma ausência total de limites a mulher, os filhos, os escravos, o rebanho, é o embrião do conceito abstracto de propriedade" (cfr. *Economie et Société dans l'Antiquité*, p. 309; cfr., também, Max Kaser, *Eigentum und Besitz...*, pp. 1-3). Importa, por último, notar como a utilização de *dominium* em sentido patrimonial, ocorrida no final da República, como se disse, coincide *grosso modo* com a proliferação do sistema formulário, em que a condenação, no âmbito da *rei vindicatio*, era pecuniária, como sucedia na generalidade das acções (neste sentido, cfr. Peter Birks, "The Roman Law Concept of Dominium and the Idea of Absolute Ownership", p. 26).

[33] Esta analogia entre a propriedade individual do direito romano e a soberania política é posta em evidência por Scialoja, *Teoria della Proprietà nel Diritto Romano*, I, pp. 255 e 302-303. A ideia da propriedade como "uma verdadeira soberania da pessoa sobre a coisa" (cfr. *ob. cit.*, p. 303) torna ainda mais compreensível a ausência da sua definição. Esta ausência é, aliás, igualmente compreensível para os autores que actualmente sustentem serem os direitos reais relações jurídicas de domínio ou soberania entre uma pessoa e uma coisa (cfr. Manuel Henrique Mesquita, *Obrigações Reais e Ónus Reais*, pp. 74-75).

[34] Cfr. Donald R. Kelley, *The Human Measure: Social Thought in the Western Legal Tradition*, p. 51; utilizando também a expressão num contexto próximo, cfr. Realino Marra, *Capitalismo e Anticapitalismo in Max Weber: Storia di Roma e Sociologia del Diritto nella Genesi dell'Opera Weberiana*, p. 108. De resto, o próprio Villey não andaria longe de aceitar esta caracterização, quando afirma: "O mundo romano está repleto de senhorios – de *dominia*, de *manus*, de *imperia*, de *potestates*. (Não há fumo sem fogo...) Devemos mesmo reconhecer-lhe, se o compararmos com o mundo germânico, um *cachet* de individualismo. A Roma clássica não conhecia de modo algum essas comunidades de aldeias ou de vastas tribos praticada na Germânia dos primeiros séculos da nossa era. Roma é um agregado de famílias relativamente mais restritas e, na sociedade romana, cada chefe de família parece ligar-se vaidosamente ao seu *dominium*, à sua soberania sobre a casa, o pessoal e o património familiar – e quero bem crer que este *poder* foi, em princípio, absoluto. Mesmo a filosofia em curso no mundo romano atribui um amplo lugar à noção de *liberdade* de cada indivíduo" (cfr. *La Formation de la Pensée Juridique Moderne*, p. 245). É claro que para

1.3 Um conceito absoluto de propriedade? Mas em que medida faz sentido falar de individualismo no contexto da Roma antiga? A ideia de que o *dominium* era construído em moldes individualistas é normalmente expressa através da atribuição ao direito romano clássico de um conceito absoluto de propriedade. Aliás, a propriedade romana constituiria mesmo o paradigma de um conceito absoluto de propriedade. Peter Birks analisou o carácter absoluto da propriedade romana sob dois pontos de vista: em relação ao conteúdo, a designação "absoluto" sugere que o proprietário romano não estava sujeito a restrições em relação às coisas de que era dono; no que diz respeito ao conceito de propriedade, a expressão "absoluto" designa qualidades que apenas são reveladas através da análise lógica. Birks enuncia três dessas qualidades. Em primeiro lugar, a expressão significaria neste âmbito a clara separação da propriedade em relação a outras relações de superioridade, como a soberania, a jurisdição e a autoridade patriarcal. Depois, o carácter absoluto significaria que no *ius civile* a propriedade constitui, como se afirmou, a única relação entre um cidadão e uma coisa, ou, por outras palavras, o direito romano tenderia a distinguir entre diferentes objectos de *meum esse* em vez de diferentes tipos de relações ou de interesses com o mundo material. Neste sentido seria mesmo possível falar de um monopólio da propriedade na compreensão do direito. Por último, a expressão "absoluto" designaria a exclusividade da relação entre o proprietário, ou co-proprietários, e a coisa, concebida em termos de excluir quaisquer outros da possibilidade de manter uma relação semelhante com a mesma coisa[35]. A conclusão da análise de Birks é, por um lado, a de

---

Villey estes poderes não constituíam direitos, no moderno sentido, mas antes "factos extra-jurídicos" ou "liberdades naturais", conforme se disse, como se ao excluir a categoria do direito subjectivo o autor pudesse, como por magia, esconjurar também qualquer manifestação de subjectivismo ou individualismo no campo do direito.

[35] Cfr. Peter Birks, "The Roman Law Concept of Dominium and the Idea of Absolute Ownership", pp. 1, 7 e ss., 25 e ss. Birks, *ob. cit.*, pp. 1 e 29-31, salienta ainda como a ideia de exclusividade deve ser temperada pela necessidade de considerar, para além do direito civil ou quiritário, o direito pretório ou *ius honorarium*, no âmbito do qual se dava, através da *actio Publiciana*, protecção àqueles cuja situação possessória os colocava no caminho de se tornarem proprietários. A pretensão no âmbito da *actio Publiciana* podia até prevalecer sobre o titular do domínio quiritário. Com efeito, se este último não transmitisse a coisa formalmente, através de *mancipatio*, mas através de simples *traditio*, permanecia como

que a expressão "absoluto" não é apropriada se tivermos em vista o conteúdo da propriedade romana, pois muito embora as limitações da propriedade no direito romano fossem mínimas, a existência inelutável de restrições à propriedade torna impossível falar do seu carácter absoluto, em sentido estrito. Por outro lado, de um ponto de vista conceptual, a propriedade era, com efeito, absoluta, no sentido da sua diferenciação em relação a outras relações de superioridade, da sua unicidade e da sua exclusividade[36].

O interesse da distinção efectuada por Peter Birks é o de permitir compreender que quando falamos da influência, ao longo da história, da propriedade romana em múltiplas e diversas situações económicas e sociais, não está propriamente em causa o carácter absoluto do seu conteúdo, mas antes do seu conceito. Quando, logo a partir dos finais da Idade Média, como adiante se dirá, se começam a levantar vozes críticas à teoria do domínio dividido em nome da exclusividade da propriedade romana é o carácter absoluto do seu conceito que se tem em vista, não o pretenso absolutismo do seu conteúdo. Nessa medida surgem como algo deslocadas as tentativas de identificar aquelas vozes críticas com a defesa de um individualismo económico próprio do liberalismo moderno.

Peter Birks põe em causa o absolutismo e o individualismo do conteúdo da propriedade romana essencialmente com dois argumentos. Por um lado, um argumento de carácter geral: "absoluto", em sentido estrito, não é uma daquelas expressões relativamente às quais faz sentido admitir um maior ou menor grau de realização do conceito

---

proprietário. Todavia, a situação daquele que tinha a coisa no seu património (*in bonis habere*), tendo-a recebido informalmente, prevalecia, nesse caso, sobre a do proprietário quiritário. Por outro lado, para além destes casos de transmissão informal, durante os prazos de dois anos, necessário para a usucapião de fundos itálicos, ou de um ano, para os móveis, podia coexistir, em pessoas diferentes, o domínio quiritário com o domínio bonitário do possuidor de boa fé. Durante esses prazos, este último podia fazer valer o seu direito através da *actio Publiciana*, salvo contra o proprietário quiritário (cfr. Gaio, *Inst.*, II, 40 ss.; The Institutes of Gaius, pp. 140 e ss.). Gaio fala assim de um *duplex dominium*, ou seja de uma divisão da própria noção de propriedade, entre o domínio quiritário e o *habere in bonus* do direito pretório (cfr. Gaio, *Inst.*, I, 54; The Institutes of Gaius, pp. 46-47).

[36] Cfr. Peter Birks, "The Roman Law Concept of Dominium and the Idea of Absolute Ownership", p. 31. A distinção entre conceito e conteúdo da propriedade é ainda relevante na dogmática civilística actual: cfr., por exemplo, Apostoulos Georgiades, "Eigentumsbegriff und Eigentumsverhältnis", pp. 149 e ss. A esta questão regressar-se-á adiante.

que exprimem. Assim, a existência de restrições à propriedade, no direito romano como em qualquer outro, por mínimas que sejam, tornam a expressão "absoluto" pouco apropriada no que respeita à caracterização do respectivo conteúdo. Mas, por outro lado, a desadequação do termo seria ainda evidenciada, no caso romano, pela ausência de uma norma de direito positivo destinada a limitar o grau admissível de interferência do poder político em relação à propriedade privada, ou, por outras palavras, pela ausência de uma constituição escrita garantindo a autonomia privada. Na verdade, admitindo-se a existência de limites ao conteúdo da propriedade romana, designadamente limites decorrentes não apenas de relações de vizinhança, mas também limites impostos ao proprietário para a protecção de interesses públicos[37], importa também averiguar, precisamente na ausência de uma garantia constitucional da propriedade privada, em que medida essas restrições podiam ser explicadas com base no princípio individualista de que a liberdade de cada um só pode ser gozada se for restringida, ou apontavam já para uma subordinação do interesse individual ao bem comum[38]. Muito embora os autores reconheçam que as limitações à propriedade privada no direito romano não punham em causa o cunho individualista do seu conteúdo[39], base indispensável da elaboração de um conceito de cunho absoluto e individualista, o que se torna necessário explicar é o fundamento desse individualismo, na ausência consabida de uma garantia constitucional.

É conhecida a posição de total dependência do escravo em relação ao seu senhor, da mulher casada em relação ao marido (ou da mulher solteira em relação ao ascendente masculino vivo) e dos

---

[37] Sobre estas, com especial incidência em matéria de urbanismo, cfr. Wilhelm Simshäuser, "Sozialbindungen des spätrepublikanisch-klassischen römischen Privateigentums", pp. 334 e ss.; cfr., ainda, alertando de um modo especial para a necessidade de encarar a ideia de propriedade no direito romano no seu desenvolvimento histórico, Wieacker, "Entwicklungsstufen des römischen Eigentums", pp. 193-200, 204-221.

[38] Cfr. Peter Birks, "The Roman Law Concept of Dominium and the Idea of Absolute Ownership", p. 24.

[39] Cfr. Cfr. Peter Birks, "The Roman Law Concept of Dominium and the Idea of Absolute Ownership", p. 24; Wilhelm Simshäuser, "Sozialbindungen des spätrepublikanisch-klassischen römischen Privateigentums", pp. 360-361; Wieacker, "Entwicklungsstufen des römischen Eigentums", p. 191; no mesmo sentido, cfr., ainda, a opinião de outros autores já citados, como Scialoja, Bonfante e Schulz.

filhos em relação ao *pater familias*[40]. A questão que se coloca é a de saber se o cidadão proprietário se encontrava na mesma ou semelhante situação de dependência em relação à comunidade política no seu todo, problema que adquire especial acuidade no que diz respeito à expropriação. Segundo Peter Birks, o entendimento restritivo relativamente à interferência do poder político na propriedade privada expresso no século dezoito por Blackstone, essencialmente válido para os dias de hoje, independentemente do acerto da técnica jurídica através da qual se exprime, era-o também para os romanos[41]. Simplesmente, a garantia da propriedade privada em face de medidas ablativas do poder público, que hoje se assegura como uma das manifestações da tutela constitucional de uma esfera de liberdade do indivíduo em face do Estado, era obtida no direito romano pela concentração da titularidade de todas as situações jurídicas relativas à propriedade no chefe de família (e pela concomitante diminuição, ou mesmo exclusão, da capacidade jurídica de todas as outras pessoas) e pela identificação entre essa qualidade e a de cidadão. Por outras

---

[40] Cfr. L. Capogrossi Colognesi, "Poteri sulle Cose e Poteri sugli Uomini nella Famiglia Patriarcale", in idem, *Proprietà e Signoria in Roma Antica*, I, pp. 205 e ss.; Max Kaser, *Direito Privado Romano*, pp. 106 e ss., 317 e ss.; Alvaro D'Ors, *Derecho Privado Romano*, pp. 269 e ss.

[41] Cfr. William Blackstone, *Commentaries on the Laws of England* (1803), Livro I, vol. II, p. 139: "Tal é o respeito do direito pela propriedade privada, que ele não autorizará a sua menor violação; nem sequer para o bem geral da comunidade. Se uma nova estrada, por exemplo, tiver de ser feita através das terras de uma pessoa privada, esta poderá talvez ser em grande medida benéfica para o público; mas o direito não permite a nenhum homem, ou conjunto de homens, fazê-la sem o consentimento do dono da terra. Em vão será argumentado que o bem do indivíduo deve submeter-se ao da comunidade, pois seria perigoso permitir a qualquer homem privado, ou mesmo a um tribunal público, ser o juiz deste bem comum ... Neste, como em outros casos semelhantes, apenas a legislatura pode, e fá-lo frequentemente, intervir e compelir o o indivíduo a aquiescer. Mas como é que ela intervém e compele? Não despojando absolutamente o sujeito da sua propriedade de um modo arbitrário; mas dando-lhe uma plena indmenização e equivalente pela lesão suportada. O público é agora considerado como um indivíduo tratando com outro para a troca. Tudo o que a legislatura faz é obrigar o dono a alienar os seus pertences por um preço razoável". Cfr. Peter Birks, "The Roman Law Concept of Dominium and the Idea of Absolute Ownership", p. 12; no mesmo sentido, Max Kaser, *Direito Privado Romano*, p. 142; o mesmo entendimento encontra-se já, no essencial, em José Caeiro da Matta, *O Direito de Propriedade e a Utilidade Pública das Expropriações*, I, pp. 74-131, com ampla recensão das principais posições da doutrina da época.

palavras, a base da propriedade é a casa, entendida justamente como grupo proprietário e unidade económica primária, sujeita ao poder doméstico do chefe de família[42] e esta, por seu turno, é a base da cidadania. Ocorre até perguntar em que medida a importância central da casa e a sua consideração como base da cidadania dispensa a existência de uma garantia constitucional escrita da propriedade privada e confere ao titular do *dominium ex iure Quiritium* uma protecção que o indivíduo em qualquer Estado moderno apenas alcança através de uma tal garantia. Apenas essa importância da propriedade privada, assumida como base da cidade, permite explicar, na ausência daquela garantia, a afirmação de Cícero de que a razão de ser do Estado é a salvaguarda dos bens[43].

1.4 Um capitalismo antigo? O individualismo proprietário do cidadão romano coloca delicados problemas ao historiador do direito, relacionados com a explicação da evolução das formas primitivas

---

[42] Cfr. Peter Birks, "The Roman Law Concept of Dominium and the Idea of Absolute Ownership", pp. 23-24; Franz Wieacker, "Wandlungen der Eigentumsverfassung Revisited", p. 853, nota 19: "o específico carácter de poder da propriedade quiritária decorre do originário poder doméstico [*Hausgewalt*] paterno (*dominium* no sentido mais antigo) e não do comparável individualismo económico da moderna sociedade económica, (...) também a ele é estranha a ligação (característica deste último) com a liberdade (pessoal) em face do Estado". Wieacker, "Entwicklungsstufen des römischen Eigentums", pp. 200-203, distingue muito bem entre o individualismo subjacente à propriedade moderna e o poder do senhor da casa que se encontra na base da propriedade romana; mas precisamente, se se tiver presente esta circunstância, não deixa de se poder falar de um individualismo da propriedade romana, apenas se terá de ter em atenção que não está em causa o individualismo do homem isolado em face do poder do Estado, mas o individualismo do dono da casa e chefe de família que é, apenas ele, cidadão. Capogrossi Colognesi tem precisamente em mente este individualismo quando coloca a hipótese de a autonomização da figura do *pater familias* em relação à *gens* ter a sua expressão máxima na circunstância de aquele se assumir progressivamente como protagonista da exploração do *ager publicus* em substituição da *gens*, o que conduziria também à equiparação da plebe, definidos como *qui gentes non habent*, aos grupos patrícios (cfr. "Alcuni Problema di Storia Romana Arcaica: Ager Publicus, Gentes e Clienti", pp. 18, 39-40, 45, 51).

[43] Cfr. Cícero, *De Officiis*, II.73 (*Dos Deveres*, p. 107); cfr., ainda, Andrew R. Dyck, *A Commentary on Cicero*, De Officiis, p. 465; notando a similitude entre o argumento contido na passagem do *De officiis* citada e a formulação de Locke (cfr. *Second Treatise*, Cap. IX, § 124, pp. 350-351: "O grande e principal fim dos homens se unirem em comunidades, e se submeterem a eles próprios ao governo, é a preservação da sua propriedade"), cfr. A. A. Long, "Stoic Philosophers on Persons, Property-Ownership and Community", p. 18.

de apropriação comunitária da terra em direcção aos esquemas jurídicos clássicos individualistas, em particular ao modelo do *dominium*[44]. Do mesmo modo, também do ponto de vista da história económica e social a explicação da génese e desenvolvimento daquele individualismo suscita questões complexas. Nesta perspectiva, o centro das atenções não é apenas o *Corpus iuris civilis*, mas sobretudo os escritos dos agrimensores romanos. Niebuhr, logo secundado por Savigny, havia posto em evidência como o *ager publicus* não se encontrava submetido a um regime de propriedade privada, podendo apenas ser objecto de *possessio* por parte dos cidadãos[45]. Mas se existia por parte destes autores a consciência do grande significado político dos conflitos entre patrícios e plebeus tendo em vista o controlo das terras públicas, essa consciência não era acompanhada pelo reconhecimento da relação entre esse significado político e os aspectos económicos, ou seja, o papel que a terra pública podia ter na transformação da organização produtiva agrária romana no período republicano[46]. Acresce ainda que o *ius possessionis* era apenas encarado,

---

[44] Em causa estão a articulação entre o *ager gentilicius* e o *ager publicus*, isto é, a terra explorada em comum pelos membros das gentes e a terra do *populus*, não sujeita ao domínio privado, mas a que apenas tinham acesso, inicialmente, os patrícios; o significado dos *bina iugera* (medida equivalente a cerca de meio hectare) atribuídos originariamente aos cidadãos romanos na perspectiva da afirmação de uma efectiva propriedade individual nas origens de Roma (o mais importante argumento de Mommsen a favor de formas colectivas de apropriação consistia precisamente nesta diminuta extensão do *heredium*, inadequado a prover ao sustento da família: cfr. Th. Mommsen, *Histoire Romaine*, tomo primeiro, p. 231; para Jhering, *L'Esprit du Droit Romain*, I, pp. 194 e ss., pelo contrário, propriedade individual e propriedade colectiva coexistiam desde o início; sobre as posições de Niebuhr, Mommsen e Jhering no contexto da reflexão historiográfica moderna, cfr. L. Capogrossi Colognesi, *Proprietà e Signoria in Roma Antica*, I, pp. 93-139); a relação entre a plena e exclusiva legitimação, a partir do século quarto, das formas individualísticas de apropriação da terra – *dominium* sobre o *ager privatus* e *possessio* sobre o *ager publicus* –, o expansionismo territorial romano e o agudizar dos conflitos entre patrícios e plebeus [sobre todos estes aspectos, cfr. L. Capogrossi Colognesi, *ob. cit.*, pp. 1-183; Vittorio Scialoja, *Teoria della Proprietà nel Diritto Romano*, I, pp. 242 e ss.; Max Weber, *Economie et Société dans l'Antiquité*, pp. 306 e ss.; Franco Negro, *La Storia Economica e Sociale della Proprietà*, pp. 45 e ss. (criticando a tese de Mommsen e afirmando o carácter individualista da propriedade romana desde as suas origens, mas sem citar Jhering)].

[45] Cfr. Savigny, *Das Recht des Besitzes*, p. 198, citando Niebuhr.

[46] Nem mesmo em Mommsen, o qual todavia, como salienta Capogrossi Colognesi, dedica na sua *Römische Geschichte* um considerável espaço aos desenvolvimentos em

como sucede por exemplo com Savigny, enquanto regime privatístico, dando-se pouca atenção ao sistema das *possessiones* de terras públicas, concedidas aos privados pelo poder público, segundo um regime que poderíamos qualificar como sendo de direito público[47]. Por outro lado, no que toca à transmissão da propriedade quiritária, tendia a encarar-se, como se viu, a *mancipatio* como um tipo primitivo e ritualizado de compra e venda, o qual se tornaria progressivamente residual. Pois bem, estes diversos aspectos são questionados na análise inovadora de Max Weber na sua obra *Die römische Agrargeschichte*[48], no âmbito da qual é posto em evidência o significado económico, não só do sistema de ocupação do *ager publicus*, mas também, de um modo geral, da evolução da comunidade agrária em direcção à propriedade individual.

O primeiro ponto que importa realçar consiste na circunstância de Max Weber não tomar como ponto de partida da sua análise a distinção fundamental, assumida pelos juristas romanos e transmitida depois à moderna historiografia jurídica, entre *ager privatus* e *ager publicus*, mas antes contrapor a este último as terras isentas de imposto imobiliário[49]. Como salienta Capogrossi Colognesi, esta distinção permitia a Weber abranger no conceito designado pela primeira expressão tanto as terras da comunidade agrária como, sucessivamente, as terras sujeitas a propriedade individual e assim formular a

---

sentido capitalista da agricultura romana, esse reconhecimento está presente: cfr. Mommsen, *Histoire Romaine*, tomo primeiro, pp. 332-335; Capogrossi Colognesi, *Max Weber e le Economie del Mondo Antico*, p. 48.

[47] Salientando a natureza de direito público da situação jurídica do *possessor* do *ager publicus*, que estaria também na origem da enfiteuse (embora negando que essa semelhança possa significar dependência ou sucessão histórica entre as duas figuras), cfr. Adriano Vaz Serra, *A Enfiteuse no Direito Romano, Peninsular e Português*, I, pp. 27-37.

[48] Max Kaser referiu-se-lhe como "a mais genial intuição de investigador" (citado em Jürgen Deininger, "Einleitung", in Max Weber, *Die römische Agrargeschichte...*, p. 1) e Capogrossi Colognesi, *Max Weber e le Economie del Mondo Antico*, p. v, afirma a "desorientação" provocada pelo "radicalismo de muitas interpretações de institutos do direito romano bastante distantes daquelas correntemente transmitidas nos textos 'canónicos'".

[49] É, com efeito, esta distinção que subjaz aos capítulos centrais de *Die römische Agrargeschichte in ihrer Bedeutung für das Staats- und Privatrecht*, o segundo, intitulado "As terras romanas isentas de impostos e o seu significado jurídico e económico", e o terceiro, com o título "As terras públicas e tributáveis e as situações de posse de direito menor".

contraposição fundamental da sua análise em termos que permitiam salientar a convergência dos seus dois termos no sentido de uma progressiva exploração em plena propriedade privada individual[50]. Mas aquela distinção permitia também estabelecer uma correspondência entre os diferentes tipos de medição da terra e a respectiva condição jurídico-tributária. Assim, segundo Weber, só onde existisse um imposto imobiliário, isto é, onde uma determinada parcela de terreno estivesse sujeita a uma contribuição em dinheiro, espécie ou quota de produção, a administração pública teria interesse na definição pública das características da parcela. Semelhante interesse já não existiria, no entanto, nos casos em que a propriedade não fosse sujeita a um imposto imobiliário, mas a um imposto sobre o rendimento, à semelhança de qualquer outro bem patrimonial do contribuinte. Sendo este último o tipo de imposto a que se achavam sujeitos os cidadãos romanos, não interessava identificar a concreta delimitação das parcelas de terra, transcrevendo-se no *census* apenas o número de jugadas. Assim, enquanto as terras de comunidade agrária e, posteriormente, submetidas à propriedade privada individual (*ager privatus*), que constituíam a base do censo, eram objecto de medição incidente sobre o número de jugadas atribuídas a cada participante, nas terras incluídas no *ager publicus*, normalmente submetidas a imposto imobiliário, a medição incluía a representação cartográfica de cada parcela[51].

No que diz respeito às terras isentas de imposto imobiliário, Weber traça a evolução desde as mais primitivas formas de comunidade agrária em direcção à propriedade individual partindo da distinção introduzida pelos gromáticos, mas desvalorizada pelas fontes clássicas, entre *controversia de modo*, entendida como o litígio respeitante à quota de participação na comunidade de terra, e *controversia de loco*, isto é, o litígio relativo à entidade material constituída

---

[50] Cfr. L. Capogrossi Colognesi, *Max Weber e le Economie del Mondo Antico*, pp. 14-15.

[51] Cfr. Weber, *Die römische Agrargeschichte...*, pp. 122 e ss.; idem, *Economie et Société dans l'Antiquité*, pp. 332 e ss. Weber reconhece a existência de casos em que as terras do *ager privatus* eram objecto de medição evidenciando a delimitação concreta de uma determinada parcela, bem como casos de combinações entre os diferentes tipos de medições, afirmando, no entanto, que esses casos, na maior parte das vezes, resultariam de razões especiais (cfr. Weber, *Die römische Agrargeschichte...*, p. 127).

por um concreto lote de terra[52]. Admitindo que com o decurso do tempo a importância prática do litígio *de loco* devia crescer em detrimento do litígio *de modo*, Weber acentua a prevalência deste último nos primeiros tempos[53]. Na verdade, no litígio *de loco* a parte afirmava que lhe pertencia um lote determinado e pretendia a respectiva devolução, sem se referir à circunstância de não estar na posse do *modus* que lhe correspondia, mas simplesmente baseando-se no título através do qual tivesse adquirido a posse do terreno em concreto[54]. Ora, num contexto de uma sociedade agrária colectivista faz muito mais sentido admitir a alienação da quota pertencente a um membro da comunidade do que a alienação de uma concreta parcela de terreno. Mas isso não significa que não se tenha verificado uma evolução desde a alienação da quota de participação na comunidade, passando pela alienação de uma parcela de terreno segundo o *modus* – que constituía a essência da *mancipatio* – e, por último, a alienação de uma concreta parcela de terreno[55]. Weber salienta como subjacente a esta evolução está, por um lado, a necessidade de admitir uma forma de protecção do titular de um direito de participação na comunidade, cuja posse fosse perturbada, que não impusesse uma nova medição de toda a área, como se tratasse de um litígio *de modo*. Por outro lado, independentemente da protecção da posse de um titular do direito de participação na comunidade, impor-se-ia também algum

---

[52] Cfr. Weber, *Die römische Agrargeschichte*..., pp. 162-163; Capogrossi Colognesi, *Max Weber e le Economie del Mondo Antico*, p. 30.
[53] Cfr. Weber, *Die römische Agrargeschichte*..., pp. 167-168.
[54] Cfr. Weber, *Die römische Agrargeschichte*..., pp. 162-163.
[55] Cfr. Weber, *Die römische Agrargeschichte*..., p. 171. Repare-se que Weber não deixa de assinalar uma correspondência entre a concepção do litígio *de modo* como incidindo sobre a quota de participação na comunidade e a forma da *legis actio in sacramento*, em que se exigia a contra-reivindicação e em que "deve ser encontrada uma decisão positiva, eventualmente com fundamento no melhor direito relativo" (cfr. *ob. cit.*, p. 174; não pode deixar-se de notar alguma proximidade entre a formulação de Weber e a tese da "relatives Eigentum" de Max Kaser, acima mencionada; segundo afirma Kaser, *Eigentum und Besitz*..., pp. 273-276, a hipótese de Weber sobre a propriedade por quotas não é completamente impossível, mas carece de fundamento concreto nas fontes), bem como a correspondência entre a *mancipatio* como alienação de uma parcela de terreno segundo o *modus* e a circunstância, já mencionada, de a *rei vindicatio* não dar lugar, em regra, a uma nova regulação das situações de posse, mas apenas a uma condenação pecuniária (cfr. *ob. cit.*, pp. 165-166).

tipo de protecção jurídica da ocupação e, assim, também da aquisição, de parcelas concretas. É neste contexto que Weber situa o aparecimento dos interditos possessórios, através dos quais se protegia o *locus*, mas de forma apenas provisória, já que este devia consistir simplesmente na projecção do *modus agri*. Assim, o possuidor era protegido em face de terceiros, mas não em face do *dominus* segundo o direito quiritário. O desmembramento definitivo da comunidade agrária dá-se, segundo Weber, com a introdução do usucapião, que protegia o possuidor mesmo contra o proprietário quiritário, e, posteriormente, com a admissão no direito imobiliário romano, e respectiva submissão ao *census*, de terras não divididas e atribuídas segundo os critérios gromáticos romanos[56]. Sem deixar de salientar o carácter solene da *mancipatio*, conducente, em última análise, à sua abolição, Weber sustenta também que a sua importância prática consistia na possibilidade de efectuar a transmissão de propriedades "à distância", desde que se reunissem sete cidadãos romanos, e assim, graças a esta característica de abstracção, o "comércio de imóveis pôde ser concentrado de tal forma como nunca foi, antes ou depois, em qualquer outro lugar", contribuindo assim para fazer de Roma a "bolsa imobiliária do mundo"[57].

A importância da análise de Weber consiste no modo como relaciona diversos aspectos da regulação jurídica da propriedade quiritária, os quais, em conjunto, potenciam ainda mais a sua orientação individualista. Esta orientação ressalta, com efeito, mais nítida se tivermos presente o modo com o tipo de medição das terras incluídas no *ager privatus*, o qual assegurava às mesmas uma plena acessibili-

---

[56] Cfr. Weber, *Die römische Agrargeschichte...*, pp. 177-184; cfr., ainda, idem, *Economie et Société dans l'Antiquité*, p. 333: "Juridicamente, a propriedade «quiritária» dizia respeito, na sua origem, se esta hipótese for correcta, não a superfícies delimitadas, mas a uma certa quantidade de terra cultivável no interior do território. As superfícies delimitadas teriam juridicamente sido objecto de *possessio*. As duas figuras relacionam-se com objectos de natureza diferente do ponto de vista jurídico: daí provém a diferença muito clara, no direito romano, entre litígio de propriedade e litígio de posse, que se torna seguidamente incompreensível, quando a propriedade se torna a propriedade de superfícies «estimadas»". Cfr., ainda, Realino Marra, *Capitalismo e Anticapitalismo in Max Weber*, pp. 117-118.

[57] Cfr. Weber, *Die römische Agrargeschichte...*, p. 187; cfr., ainda, Capogrossi Colognesi, *Max Weber e le Economie del Mondo Antico*, pp. 32, nota 56, e 35-36; Realino Marra, *Capitalismo e Anticapitalismo in Max Weber*, p. 109.

dade, se encontrava associado à circunstância de estas serem registadas no *census*, que constituía a base das obrigações militares e tributárias e dos direitos políticos, e ainda de só elas poderem ser objecto da *mancipatio* e, originariamente, beneficiarem da protecção das acções reais. Ao mesmo tempo, aquela orientação era ainda acentuada pela circunstância de a lei das Doze Tábuas atribuir ao proprietário quiritário uma quase ilimitada liberdade testamentária, a qual associada à *patria potestas* permitia manter a autoridade do chefe de família e excluir do património hereditário, em benefício do *heres*, os outros filhos[58]. Estes últimos, integrando a classe dos *proletarii*, isto é, descendentes de um cidadão, e eles próprios cidadãos apenas porque um seu ascendente o tinha sido em razão do seu património imobiliário, exerciam uma enorme pressão com vista ao aumento das terras públicas através das guerras de conquista. A mobilidade da propriedade e a liberdade de disposição representavam, pois, uma forte alavanca da expansão militar romana[59].

Para além de pôr em evidência a evolução das formas originárias da comunidade agrária em direcção à plena propriedade individual, Weber sustenta também a importância do *ager publicus* no desenvolvimento em sentido capitalista da organização agrária romana, sobretudo no período republicano. O *ager publicus*, resultante essencialmente de conquistas militares, era posto à disposição dos cidadãos mediante o pagamento de um tributo, sendo as terras por ele abrangidas insusceptíveis de inscrição no censo e dotadas de uma protecção

---

[58] Cfr. Weber, *Die römische Agrargeschichte...*, pp. 157 e ss.; Realino Marra, *Capitalismo e Anticapitalismo in Max Weber*, p. 107. Weber, *ob. cit.*, pp. 157-158 e 187-188, salienta ainda como a configuração jurídica e tributária do *ager privatus* tornava as terras em plena propriedade quiritária aptas a serivem de garantia perante as autoridade públicas e assim utilizadas no sistema de arrendamentos de impostos públicos e outros similares (neste sentido, cfr. Mommsen, *Histoire Romaine*, tomo primeiro, p. 331). Capogrossi Colognesi, *Max Weber e le Economie del Mondo Antico*, p. 36, chama a atenção, neste contexto, para o paradoxo consistente na circunstância da terra em plena propriedade quiritária surgir como mais idónea para constituir garantia de operações de tipo financeiro e comercial do que para a obtenção dos créditos necessários ao desenvolvimento e racionalização das próprias actividades agrícolas. Uma explicação para esta situação residiria na limitada eficácia das formas de garantia imobiliária asseguradas pelo direito romano (*mancipatio fiduciae causae*, o penhor e a hipoteca), relacionada com a ausência de um sistema de publicidade [cfr. Weber, *ob. cit.*, p. 189, Capogrossi Colognesi, *ob. cit.*, p. 36, nota 65, Santos Justo, *Direito Privado Romano – III (Direitos Reais)*, p. 223].

[59] Cfr. Weber, *Die römische Agrargeschichte...*, pp. 159-160 e 204-205.

jurídica apenas através dos interditos possessórios, sem possibilidade de usucapião[60]. Segundo Weber, a possibilidade de ocupação das terras do *ager publicus*, aberta a todos os cidadãos em igualdade formal de circunstâncias, representa "o mais desenfreado capitalismo no domínio agrário, que na história alguma vez se viu"[61]. Associado a esse capitalismo, encontrava-se o conflito, expresso nas sucessivas *leges agrariae*, entre os grandes proprietários de rebanhos e escravos, com interesse na extensão de um *ager publicus* aberto à *occupatio* ou a formas de concessão pública, e os agricultores livres, interessados na distribuição das terras em propriedade privada[62].

Para Max Weber, o conceito romano de propriedade privada, que "em virtude do refinamento da sua elaboração lógica dominou e domina os conceitos da Ciência do Direito, na medida em que esta exista", constitui na verdade "o produto artificial de uma política reflectida de interesses"[63]. No caso, os interesses dos plebeus contra os patrícios, ou melhor, dos agricultores e médios proprietários rurais contra os grandes proprietários fundiários. Esses interesses incluíam a dissolução do colectivismo agrário através da atribuição do solo em plena propriedade privada, a distribuição das terras públicas aos *proletarii* em propriedade privada, e, nessa medida, a respectiva extensão através da conquista militar, e o abatimento das dívidas[64]. Todos estes aspectos apontam para uma intrínseca relação de dependência da economia nas sociedades antigas em relação à política[65].

---

[60] Cfr. Weber, *Die römische Agrargeschichte...*, p. 207; a insusceptibilidade de usucapião, desde logo por falta de *iusta causa*, pressuposta na exposição de Weber, é claramente afirmada por Santos Justo, *Direito Privado Romano – III (Direitos Reais)*, p. 141.

[61] Cfr. Weber, *Die römische Agrargeschichte...*, p. 216.

[62] Cfr. Weber, *Economie et Société dans l'Antiquité*, p. 343.

[63] Cfr. Weber, *Die römische Agrargeschichte...*, p. 205-206.

[64] Cfr. Weber, *Die römische Agrargeschichte...*, p. 204-205. O termo utilizado por Weber relativamente ao abatimento de dívidas é o grego "Seisachthie". Segundo Delfim Ferreira Leão, comentando o emprego da expressão em *A Constituição dos Atenienses*, 6.1, trata-se de "um termo metafórico que significa 'alijar o fardo' e, com ele, Sólon devia abranger as suas medidas de emergência, que visavam libertar o povo da situação de endividamento generalizado" (cfr. Aristóteles, *A Constituição dos Atenienses*, tradução introdução e notas de Delfim Ferreira Leão, p. 28, nota 21; cfr., ainda, Delfim Ferreira Leão, *Sólon. Ética e Política*, pp. 282 e ss.).

[65] Cfr. Capogrossi Colognesi, *Max Weber e le Economie del Mondo Antico*, p. 37. Os dois aspectos do capitalismo romano mencionados por Weber, isto é, o capitalismo

A este propósito é esclarecedora uma nota introduzida por Weber logo após a passagem atrás citada, recordando que numa obra recentemente encontrada de Aristóteles (no tempo em que Weber escrevia), se demonstrava como Sólon tinha procurado estabelecer um compromisso entre uma oposição de interesses semelhante à que

financeiro relacionado com o sistema de arrendamentos públicos de impostos e o capitalismo decorrente da exploração do *ager publicus* através do sistema da exploração do trabalho escravo (cfr. Colognesi, *ob. cit.*, p. 287), haviam já sido mencionados, como se indicou, por Mommsen, cabendo no entanto a Weber o mérito de relacionar esses dois aspectos com tipos diferenciados de utilização da terra. A admissão de um capitalismo na antiguidade, assente na exploração do trabalho escravo, foi objecto de crítica por parte de Marx, especificamente dirigida a Mommsen (cfr. Karl Marx, *O Capital*, Livro Primeiro, Tomo Primeiro, p. 194, nota 39). Ao contrário de Marx, Weber não limita a noção de capitalismo a formas específicas do emprego de capital relacionadas com a utilização do trabalho alheio em virtude de um contrato celebrado com o trabalhador 'livre', mas antes atribui a esta noção um conteúdo puramente económico, fazendo-o valer onde quer que objectos de pertença que sejam também objectos de circulação sejam utilizados por privados para obter um ganho no âmbito da própria circulação. Isso não significa, é claro, que Weber não esteja consciente das diferenças entre o capitalismo antigo e o moderno. Assim, desde logo, a circunstância de no capitalismo antigo não ser o trabalho, mas antes o próprio trabalhador, a ser "comprado", conduz a um menor dinamismo do sistema, resultante da necessidade de adquirir a propriedade do escravo em vez da mera distribuição do salário acompanhando a efectiva prestação do trabalho. Por outro lado, a utilização de mão de obra escrava introduz uma maior fragilidade, decorrente não apenas do desaparecimento do capital humano, mas da flutuação do seu valor, relacionada com a evolução das guerras de conquista e outros factores externos aos fenómenos económicos (cfr. Weber, *Economie et Société dans l'Antiquité*, pp. 87 e ss.; Colognesi, *ob. cit.*, pp. 179-182). A estes factores haverá ainda que acrescentar o carácter de rapina do capitalismo antigo, assente na total ausência de qualidades éticas do trabalho escravo, cuja disciplina não depende, pela própria natureza, do sentido do dever, mas apenas da imposição coactiva, a ausência de separação entre património pessoal e empresarial, e ainda a tendência dos proprietários a orientarem a sua organização produtiva em direcção a formas de percepção de rendas fundiárias, mais do que ao lucro empresarial (cfr. Colognesi, *ob. cit.*, pp. 193, 350 e 355 e esp., quanto ao último aspecto, pp. 74 e ss.). Importará ainda acrescentar que a discussão weberiana de um capitalismo antigo tem com os próprios antigos um ponto em comum que o distancia de autores modernos como Hegel e Marx: ao contrário do que acontece com estes últimos, a liberdade humana não é para Weber pensada segundo uma ideia de desenvolvimento, seguindo antes uma constante oscilação entre ela e o seu contrário (cfr. Jürgen Deininger, "Einleitung", in Weber, *Die römische Agrargeschichte...*, cit., p. 53). Estas mesmas oscilações ocorrem também na própria evolução e declínio dos elementos capitalistas da economia antiga, esboçado nas páginas finais de *Die römische Agrargeschichte* (cfr. Realino Marra, *Capitalismo e Anticapitalismo in Max Weber*, pp. 149-153; Paul Veyne, *L'Empire Gréco-Romain*, pp. 145-148).

dividia os cidadãos romanos: também em Atenas existia um partido que reclamava a distribuição de toda a terra comum[66].

Retomando uma vez mais a afirmação de Cícero, atrás mencionada, de que a razão de ser do Estado consiste na protecção da propriedade privada, é significativo que essa afirmação não seja proferida no contexto de uma condenação de medidas colectivistas dos poderes públicas[67], mas das leis agrárias. A diferença é que as medidas previstas nestas últimas afectavam sem dúvida a riqueza de alguns, mas pressupunham elas próprias o princípio da propriedade privada: como salienta Capogrossi Colognesi, os antigos não sustentam a ideia de uma redistribuição da terra mais equitativa entre ricos e pobres, mas a sua redistribuição através da atribuição em propriedade privada do *ager publicus* (e, logo, através da sua transformação em *ager privatus*) a favor de todos ou dos cidadãos mais pobres[68].

---

[66] Cfr. Weber, *Die römische Agrargeschichte...*, p. 206, nota 105. A obra tida em vista por Weber é *A Constituição dos Atenienses*, cuja edição *princeps* data justamente de 1891. Relativamente às medidas políticas tomadas por Sólon tendo em vista o compromisso mencionado por Weber, cfr. Aristóteles, *A Constituição dos Atenienses*, tradução, introdução e notas de Delfim Ferreira Leão, pp. 27 e ss. Em conexão com o que acaba de ser dito, Weber relata ainda o facto conhecido (cfr. Tito Lívio, 3,31,8) de a legislação de Sólon ter sido objecto de um exame por parte dos Romanos aquando da elaboração da Lei das Doze Tábuas.

[67] Cuja atribuição aos romanos constituiria em larga medida, aliás, um anacronismo, como salienta Peter Birks, "The Roman Law Concept of Dominium and the Idea of Absolute Ownership", p. 25.

[68] Cfr. Capogrossi Colognesi, "Alcuni Problema di Storia Romana Arcaica: Ager Publicus, Gentes e Clienti", in *Proprietà e Signoria in Roma Antica*, I, p. 7.

CAPÍTULO 2
A concepção aristotélica da propriedade privada

2.1 Introdução: entre Aristóteles e Savigny. As considerações que precedem visam apenas preparar a colocação da questão que verdadeiramente importa na perspectiva da presente trabalho: a justificação filosófica da propriedade privada individual no âmbito da cidade antiga. Essa justificação encontra a sua máxima elaboração, como se sabe, na *Política* de Aristóteles. Aí são consideradas três combinações possíveis entre a propriedade e o seu uso: (i) propriedade privada e uso comum; (ii) propriedade comum e uso privado; (iii) propriedade e uso comuns[1]. A pergunta que imediatamente ocorre é a seguinte: por que razão não menciona Aristóteles uma quarta hipótese, de acordo com a qual, quer a propriedade, quer o uso são privados? A pergunta é tanto mais pertinente quanto é razoável pensar que mesmo na época em que escreveu Aristóteles seria essa a forma mais usual de combinação, na prática, das duas realidades[2].

---

[1] Cfr. Aristóteles, *Política*, II.5, 1263a 1-8 (cfr. *Política*, tradução e notas de António Campelo Amaral e Carlos Carvalho Gomes, p. 115; consultei ainda as seguintes edições da *Política*: *Politics, Books I and II*, translated with a commentary by Trevor J. Saunders; *Politics, Books III and IV*, translated with introduction and comments by Richard Robinson, with a supplementary essay by David Keyt; *Politics, Books V and VI*, translated with a commentary by David Keyt; *Politics, Books VII and VIII*, translated with a commentary by Richard Kraut; W. L. Newman, *The Politics of Aristotle*, with an introduction, two preparatory essays and notes critical and explanatory, IV vols.; *Aristotles: Politik, Buch I*, übersetzt und erläutert von Eckart Schütrumpf; *Aristoteles: Politik, Buch II-III*, übersetzt und erläutert von Eckart Schütrumpf; *Aristoteles: Politik, Buch IV-VI*, übersetzt und eingeleitet von Eckart Schütrumpf, erläutert von Eckart Shütrumpf und Hans-Joachim Gehke).

[2] Cfr. Trevor Saunders, *Politics, Books I and II*, p. 117. De resto, não é impossível encontrar inequívocas conotações capitalistas no pensamento de alguns autores da antiguidade sobre a propriedade privada, como Cícero (neste sentido, cfr. A. A. Long, "Cicero's Politics in *De officiis*", pp. 239-240; salientando também alguma tensão entre os pressupostos

Alguns autores sustentam que a exclusão desta quarta opção se prende com a circunstância de Aristóteles não ter em vista um sistema de privatização sem restrições[3]. De acordo com outra interpretação, uma vez que para Aristóteles os actos de generosidade são abrangidos pela hipótese (i), que combina propriedade privada com o uso comum, a opção consistente em combinar o uso privado com a propriedade privada "não constitui sequer uma opção, pois constituiria um arranjo que sistematicamente exclui qualquer tipo de dádiva ou partilha da propriedade privada de cada um"[4]. Mas este argumento levaria também a excluir a hipótese (ii), que combina propriedade comum com uso privado, pois também através dela não é promovida a generosidade. Como devemos, pois, compreender o facto de Aristóteles não considerar uma quarta opção, combinando a propriedade e o uso privados? A compreensão deste facto pode talvez ser iluminada pela comparação da reflexão de Aristóteles com a análise de Savigny relativa aos modos como pode ser efectuada a distribuição entre os indivíduos, enquanto participantes no poder comum, intermediado pelo Estado, através do direito positivo, sobre a natureza. Para uma tal distribuição, sustenta Savigny, abrem-se três caminhos que não podem ser pensados numa relação de exclusão entre eles, mas antes, em certa medida, podem ser aplicados ao mesmo tempo. São eles: (i) bem comum e uso comum, situação característica de todo o património do Estado; (ii) bem comum e uso privado, situação característica do *ager publicus* do direito romano clássico e das actuais corporações; (iii) bem privado e uso privado, dependente das acções livres ou acontecimentos da natureza reconhecidos pelo direito positivo. Esta forma, predominante, é a única com a qual lida o direito privado e nela se insere "o conceito de propriedade, cujo pleno reconhecimento conduz à possibilidade da riqueza e da pobreza, ambas sem qualquer limitação"[5]. Porque razão não considera Savigny a hipótese do uso comum de um bem privado? Repare-se

---

filosóficos de Cicero e a sua defesa da propriedade privada, cfr. Julia Annas, "Cicero on Stoic Moral Philosophy and Private Property", esp. pp. 171 e ss.)

[3] Cfr.Fred D. Miller, Jr., *Nature, Justice, and Rights in Aristotle's Politics*, p. 321.

[4] Cfr. Robert Mayhew, "Aristotle on Property", p. 804.

[5] Cfr. Friedrich Karl von Savigny, *System des heutigen römischen Rechts*, vol. I, Livro II, Cap. I, § 56, pp. 368-369.

que na sua terminologia não se trata de combinar propriedade e uso, podendo ambos ser comuns ou privados, mas bens e o respectivo uso, que podem igualmente ser comuns ou privados. E só quando o bem e o seu uso são privados surge o conceito de propriedade. A hipótese preferida, como se vai ver de seguida, por Aristóteles, que consiste em combinar a propriedade privada com o uso comum, não é sequer considerada por Savigny; inversamente, a hipótese que este último privilegia não é mencionada por Aristóteles. Mais ainda, para Savigny nenhuma das combinações efectuadas por Aristóteles se reconduz verdadeiramente ao conceito de propriedade privada. É precisamente a comparação entre os dois autores, separados por mais de dois mil anos, preferindo cada um deles a combinação que o outro não se dá sequer ao trabalho de mencionar, que permite compreender a omissão que em ambos se verifica de uma quarta hipótese possível relativa à articulação entre propriedade e uso. No pensamento jurídico de Savigny não há pura e simplesmente lugar para a consideração da hipótese do uso comum de um bem privado: ela não correspondia a nenhuma realidade jurídica que lhe fosse dado observar, pela simples razão de que o carácter comum do uso de um bem privado, tal como Aristóteles o concebia, não pode ser expresso em linguagem jurídica. Por seu turno, no pensamento de Aristóteles relativo à propriedade, em que esta surge encarada como um requisito de uma vida virtuosa do cidadão, não faz sentido considerar a hipótese de uma propriedade e uso privados. Na realidade, esta não seria uma hipótese, mas antes a realidade prática em relação à qual toda a sua especulação política se levantava como alternativa crítica.

A perspectiva em que se coloca Aristóteles, de justificar a propriedade na perspectiva da política, que em última análise sustenta a sua opção por um sistema combinando propriedade privada com uso comum, leva alguns autores a desvalorizarem as suas reflexões sobre o assunto. Assim, Jonathan Barnes afirma que "é difícil ver como pode a propriedade privada ser compatível com o uso comum", o que é sem dúvida verdade se nos colocarmos na perspectiva das sociedades modernas, como já o era para Savigny, e conclui que as considerações tecidas por Aristóteles sobre a propriedade na Política "são demasiado nebulosas para resistirem a qualquer discussão crítica séria"[6]. Outro modo de encarar o tratamento da propriedade na filosofia política de Aristóteles é o de assumir como seu ponto de partida, em oposição a Platão, o exame diferenciado das diversas partes sobre as quais assenta a comunidade política no seu todo, desde as mais simples às mais complexas, culminando nesta última, isto é, desde a relação entre marido e mulher, pais e filhos, senhor e escravo, casa, aldeia, até à cidade[7]. Este exame diferenciado permitiria a Aristóteles associar os problemas da propriedade unicamente a um dos grupos sociais fundamentais, a casa, e excluí-los dos problemas da filosofia política. Assim, para Aristóteles a propriedade seria uma parte da casa[8] e não da cidade, entendida como comunidade de semelhantes que visam viver o melhor possível, segundo a virtude. Na verdade, embora a propriedade seja necessária à existência da cidade, ela não constitui uma das suas partes constitutivas. Entre aquilo sem o que uma cidade não pode existir, Aristóteles inclui a alimentação, os ofícios, armamento, um bom grau de riqueza, culto e jurisdição. Mas destes, só os elementos armado e deliberativo (aos quais se juntam as funções sacerdotais) constituem partes da cidade[9]. Com base nestes dados, Richard McKeon afirma que a propriedade ocupa um lugar subordinado na filosofia política de Aristóteles: o problema do homem político é o de organizar as relações sociais, "numa situação em que existe uma suficiência de propriedade, em que todos têm um mínimo necessário para a subsistência e a máxima possibilidade de viver bem". A propriedade surge assim encarada como a causa eficiente da cidade (sendo o homem e os grupos em que insere a causa material, o viver bem a causa final e a causa

---

[6] Cfr. Jonathan Barnes, "Aristotle and Political Liberty", p. 252.

[7] Cfr. Aristóteles, *Política*, I.1, 1252a7-13, e I.2, 1252a24-1253a39, pp. 49-57. Sobre o sentido da oposição entre Aristóteles e Platão no que toca ao conhecimento político, cfr. Trevor Saunders, *Politics, Books I and II*, pp. 56-58.

[8] Cfr. Aristóteles, *Política*, I.4, 1253b23, p. 59.

[9] Cfr. Aristóteles, *Política*, VII.8, 1328a33-1328b22, e VII.9, 1329a34-39, pp. 509-511 e 515. Nas passagens aludidas, Aristóteles efectua uma distinção entre aquilo sem o que a cidade não pode existir e as partes constitutivas da cidade. Segundo ele nem todas as condições necessárias de uma coisa constituem partes dela, mas apenas aquelas que têm algo em comum; no caso das cidades, tratar-se-á da melhor vida possível (sobre esta distinção, cfr. os comentários de Richard Kraut, *Politics, Books VII and VIII*, pp. 98-99; Newman, *The Politics of Aristotle*, vol. III, pp. 369-370).

formal uma organização social tão efectiva quanto possível) e a sua relevância enquanto tal surge claramente apenas na negativa: a sua falta conduz à dissolução da cidade ou à guerra. Segundo McKeon, muito embora os problemas relacionados com a propriedade sejam excluídos do âmbito da filosofia política por Aristóteles, este discute ainda assim com algum detalhe dois deles: o problema da aquisição da propriedade, no âmbito da sua análise da casa; o problema do uso da propriedade no seio da cidade, sendo o seu uso comum aquele que melhor se adequa ao melhor regime político[10]. Pois bem, discutir os modos de aquisição (crematística, ou arte de adquirir bens) da propriedade no contexto da casa permite a Aristóteles distinguir as formas naturais ou domésticas de aquisição, precisamente ligadas ao governo da casa, das formas artificiais ou comerciais, e excluir estas últimas. As formas artificiais de aquisição, assentes no comércio não conhecem qualquer limite, ao contrário das formas naturais, limitadas às necessidades da casa[11]. Por outro lado, a opção por um tipo de regime no âmbito do qual a propriedade seja privada, mas o seu uso comum, além de surgir como alternativa realista ao comunismo platónico, é ainda uma forma de subordinar a propriedade privada a outras considerações que devem prevalecer na cidade.

Será correcto sustentar que o tratamento filosófico da propriedade segundo Aristóteles não resiste a uma discussão crítica séria, como pretende Jonathan Barnes, ou ocupa um lugar subordinado na sua concepção política, como sugere Richard McKeon? O interesse do discurso aristotélico sobre a propriedade corre o risco de não ser correctamente apreendido à luz destas perspectivas, especialmente a primeira. Formulemos uma outra hipótese. O horizonte do discurso de Aristóteles sobre a propriedade encontra-se delimitado por dois pontos bem assentes no seu pensamento: por um lado, a aquisição ilimitada de propriedade é incompatível com o desígnio da vida virtuosa do cidadão; por outro lado, toda a análise de Aristóteles assenta no reconhecimento da casa como unidade económica primária e, portanto, no reconhecimento da propriedade. Quanto ao primeiro aspecto nenhum cidadão pode ser proprietário; no que toca ao

---

[10] Cfr. Richard McKeon, "The Development of the Concept of Property in Political Philosophy: A Study of the Background of the Constitution", pp.305-308.
[11] Cfr. Aristóteles, *Política*, I.8-11, 1256a-1259a38, pp. 71-91.

segundo aspecto, nenhum cidadão pode deixar de o ser. A sua concepção da propriedade privada move-se entre dois limites, fundados, respectivamente, na sua teleologia natural e na sua especial sensibilidade aos dados da experiência prática. A estes dois pontos soma-se ainda um terceiro, à luz do qual a propriedade não é tanto acomodada com base na concepção que dela Aristóteles tem, considerada em si mesma, como da necessidade de a distinguir da política, enquanto algo que se exerce entre homens livres e iguais, e portanto enquanto algo que se revestia de um significado diverso daquele para que apontavam as ideias de Platão, à luz das quais a política é encarada como o assunto de um só, de um rei que dirige a cidade como um pai de família governa a sua própria casa[12]. Se se perguntar por que razão a sua sensibilidade prática lhe permitia aceitar a escravatura, mas já não a aquisição ilimitada de riqueza, a resposta reside precisamente neste carácter ilimitado e, por isso, incompatível com a política entendida como um exercício de virtude. A integração da escravatura e, de um modo geral, do poder doméstico na sua concepção da propriedade reside, pelo contrário, na possibilidade de os pensar em termos políticos (e neste contexto se deve entender a sua afirmação, citada no capítulo anterior, de que o governo da casa é uma monarquia) e de os limitar politicamente, possibilidade essa que justamente não ocorre em relação aos modos de aquisição de riqueza orientados para o comércio[13]. É precisamente neste contexto que se insere a sua defesa da propriedade privada com base na circunstância de tornar possível o exercício de virtudes tais como a generosidade e a moderação, já considerada uma defesa que "deve deixar perplexos os modernos defensores da propriedade privada"[14].

---

[12] Cfr. Richard Bodéüs, "Savoir Politique et Savoir Philosophique", p. 122.

[13] É certo que Aristóteles distingue expressamente, como se verá, o domínio despótico do senhor sobre o escravo do domínio político entre cidadãos livres e iguais, mas são precisamente os termos em que estabelece essa distinção que permite falar de um paralelismo entre as relações de domínio da alma sobre o corpo, do chefe de família sobre os restantes membros da casa e dos governantes sobre os governados na *polis*, como salienta Otto Brunner, "Das 'Ganze Haus' und die alteuropäische 'Ökonomik'", in *Neue Wege der Verfassungs- und Sozialgeschichte*, pp. 112-114.

[14] Cfr. J. Grunebaum, *Private Ownership*, p. 36.

2.2 A justificação aristotélica da propriedade. São três os argumentos desenvolvidos por Aristóteles na *Política* com vista a justificar a propriedade[15]. Na *Política*, I.4-10, é apresentado um argumento que defende a propriedade na perspectiva da casa; depois, na *Política*, II.5, é discutido o sistema de propriedade, já aludido, que melhor convém à cidade; finalmente, na *Política*, VII.9-10, é estabelecida uma conexão entre propriedade e cidadania.

2.2.1 A propriedade e a casa. Na perspectiva da casa, Aristóteles apresenta uma justificação instrumental da propriedade: aquele que está à frente do governo da casa necessita da propriedade para desempenhar a sua função, a qual consiste em prover ao sustento daquela[16]. Três aspectos sobressaem no tratamento da propriedade neste âmbito da casa. Antes de mais, a propriedade é apresentada como uma relação de domínio e o seu tratamento surge na sequência de um paralelismo estabelecido, na *Política*, I.3, entre as diversas relações de domínio que integram a casa: a relação entre o senhor e o escravo (na realidade, Aristóteles refere-se ao escravo como uma "propriedade viva"[17] e é com base na escravatura que ele argumenta sobre a necessidade da propriedade para o governo da casa), o homem e a mulher, o pai e os filhos. Por outras palavras, a propriedade é um dos poderes do senhor da casa e, nesse sentido, a argumentação de Aristóteles pode ser encarada como um esforço de teorização no plano filosófico-político de uma realidade próxima do *dominium* romano[18]. O paralelismo entre os três poderes do senhor da casa, sobre a propriedade (incluindo os escravos), sobre a mulher e sobre os filhos, faz sobressair o aspecto político desses poderes. Esse aspecto consiste na sua consideração como elementos do governo da casa, que Aristóteles designa genericamente por monarquia, na medida

---

[15] De momento, deixo de lado a justificação eudemonista da propriedade contida na *Retórica*, I.5, 1360b14-17, p. 61.

[16] Cfr. *Política*, I.4, 1253b23-1254a17, pp. 59-61.

[17] Cfr. *Política*, I.4, 1253b32, p. 59.

[18] Cfr. M. I. Finley, *A Economia Antiga*, p. 19 e nota 2. Diz-se no plano filosófico-político porque precisamente, no plano estritamente jurídico, nada existe de comparável no direito de Atenas ao *dominium ex iure Quiritium* dos cidadãos romanos: cfr. A. R. W. Harrison, *The Law of Athens*, vol. I, pp. 201-202.

em que só um governa[19]. A diferença entre as relações estabelecidas entre o senhor da casa e os que se acham sujeitos ao seu poder reside nisto: em dirigir os escravos como bestas[20], a mulher como cidadã e os filhos como súbditos[21]. O segundo aspecto que importa salientar nesta justificação instrumental da propriedade é o de que ela visa apenas estabelecer o direito de propriedade do senhor da casa, não a propriedade do indivíduo enquanto tal, enquanto parte do esforço desenvolvido por Aristóteles na *Política* com vista a demonstrar que a cidade surge na sequência de comunidades básicas naturais[22]. Por último, é ainda importante realçar que Aristóteles faz seguir imediatamente a esta justificação da propriedade do dono da casa o tratamento dos modos naturais de aquisição da propriedade, referidos naturalmente àquele, e a sua crítica dos modos de aquisição que ele entende

---

[19] Cfr. *Política*, I.2, 1252b20-22, e I.7, 1255b19-20, pp. 53 e 69. Como afirma Schütrumpf, *Aristoteles: Politik, Buch I*, p. 293, a monarquia não é aqui mencionada na sua totalidade, como sucede na *Política*, I.1, mas apenas pressuposta na sua expressão doméstica, apontada como uma dos cinco tipos da monarquia na *Política*, III.14, 1285b29-31 (p. 249); não se trata de uma terceira forma de domínio junto do domínio despótico sobre os escravos e do político sobre os restantes membros da família, mas de um conceito de certo modo situado acima daqueles tipos de domínio e definido formalmente como o domínio de um só.

[20] Cfr. *Política*, I.5, 1254b16-26, pp. 63-65.

[21] Cfr. *Política*, I.12, 1259a37-1259b17, pp. 91-93. Quando Aristóteles afirma que o governo do marido sobre a mulher se faz considerando esta como cidadã, não pretende com isso dizer que esse governo se faça em condições de igualdade ou atribuir à mulher direitos políticos: cidadão é aquele que governa e é governado; a mulher no governo da casa é apenas governada. Todavia, a afirmação significa o reconhecimento à mulher de uma capacidade deliberativa, que aconselha a sua consulta no governo da casa, e representa "o mais próximo a que chega Aristóteles quanto a um tratamento da mulher em condições de igualdade em relação ao homem" (cfr.Trevor Saunders, *Aristotle: Politics, Books VII and VIII*, p. 97; Judith A. Swanson, *The Public and the Private in Aristotle's Political Philosophy*, pp. 53-54). Schütrumpf, *Aristoteles: Politik, Buch I*, pp. 364-365, nota a dificuldade decorrente de Aristóteles se referir por um lado ao governo da casa, no seu conjunto, como monárquico e, por outro lado, qualificar a relação entre marido e mulher como política, isto é, como relação de domínio estabelecida entre livres e iguais (repare-se que a dificuldade não existe em relação aos escravos, também sujeitos ao governo monárquico do dono da casa, na medida em que o poder despótico especificamente exercido sobre eles é ainda uma forma do governo monárquico, a tirania: *Política*, III.14, 1285a16-29, p. 247) e questiona-se por que razão não terá Aristóteles qualificado a relação entre marido e mulher como aristocrática, à semelhança do que sucede na *Ética a Nicómaco*, VIII.12, 1160b32 ss., pp. 236 e ss.

[22] Cfr. Fred D. Miller, Jr., *Nature, Justice, and Rights in Aristotle's* Politics, p. 316.

serem artificiais, isto é, baseados no comércio. Deste modo, Aristóteles contrasta a arte de aquisição que visa satisfazer as necessidades da casa e o carácter ilimitado das formas de aquisição próprias do comércio. O objectivo do contraste entre, por um lado, as formas naturais (ou necessárias) de aquisição, relacionadas com alimentação, e entre as quais se inclui a caça, a criação de gado, a agricultura, a guerra, em certo sentido[23], e a troca de géneros[24] e, por outro lado, as formas artificiais, relacionadas com o comércio, é, desde logo, o de estabelecer uma conexão entre o dono da casa e o político. Essa conexão consiste na auto-suficiência da aquisição de propriedade que ambos devem observar, isto é, num tipo de aquisição que visa alcançar uma vida boa e não é, em si mesmo, ilimitado[25].

Alguns autores procuram abstrair, na justificação da propriedade no âmbito da casa, da importância central que aí adquire a escravatura, salientando antes os argumentos que nesse contexto seria possível isolar no que diz respeito à "propriedade em geral"[26]. Mas este modo de proceder não é adequado a revelar o verdadeiro sentido da estrutura do argumento de Aristóteles em defesa da propriedade privada. Na verdade, poder-se-ia questionar se não existe uma contradição entre a admissão de um poder despótico do senhor sobre o escravo e a exclusão da crematística como arte de aquisição ilimitada. Todavia, para Aristóteles os escravos não respeitam, em última análise, à produção (*poiesis*), mas à acção (*praxis*)[27]. Segundo afirma na *Ética a*

---

[23] Cfr. *Política*, I.8, 1256a1-1256b39, pp. 71-77. Quanto à guerra, afirma Aristóteles que "se a natureza nada fez de imperfeito ou em vão, então necessariamente criou todos estes seres em função do homem. Eis porque a arte da guerra, de que a caça é uma parte, será, num certo sentido, um modo natural de aquisição, a ser utilizada contra as feras e mesmo contra aqueles homens que, destinados a ser governados, recusaram sê-lo, dado que este tipo de guerra é justo por natureza".
[24] Cfr. *Política*, I.9, 1257a19-28, p. 79. A troca natural, resultante do crescimento da comunidade, que passa a integrar diversas casas, reveste na realidade um estatuto ambíguo em relação à partilha (cfr. Trevor Saunders, *Aristotle: Politics, Books I and II*, p. 91).
[25] Cfr. *Política*, I.8, 1256b26-39, p. 77.
[26] Fred D. Miller, Jr., *Nature, Justice, and Rights in Aristotle's* Politics, p. 315, afirma que na *Política*, I.4-10, "o tratamento da propriedade está intimamente relacionado com a sua [de Aristóteles] altamente objectável defesa da escravatura, mas inclui argumentos relativos à propriedade em geral, que podem ser separados das suas preocupações sobre a escravatura"; de modo algo diverso, cfr. do mesmo autor, "Naturalism", p. 336.
[27] Cfr. *Política*, I.4, 1254a1-8, pp. 59-61.

Nicómaco, a produção tem um fim que a transcende, enquanto a acção é um fim em si mesma, no sentido em que agir bem não pode ter outro fim para além da própria acção[28]. É certo que a exclusão dos escravos do domínio do trabalho produtivo significa uma diminuição da sua função económica, aliás sem correspondência com a prática do tempo. Mas o motivo que leva Aristóteles a relacionar o escravo com a acção e não a com produção resulta claramente da sua afirmação de que o escravo, enquanto propriedade, é parte de outrem e, nessa medida, pertence-lhe inteiramente[29]. Ora, uma vez que o senhor se dedica à acção, empregar o seu escravo, que constitui como que uma sua extensão[30], na produção constituiria um mau uso do mesmo, excepto quando seja inevitável[31]. Deste modo, ao contrário da produção ilimitada que ele critica na crematística, a conexão, em princípio, do escravo com a acção visa limitar a tentação de usar os escravos como instrumentos de aquisição ilimitada de riqueza[32].

2.2.2 A propriedade e a cidade; em especial o argumento da generosidade. Na *Política*, II.5, o problema de Aristóteles é o de justificar a propriedade, já não no contexto da casa, mas no âmbito da cidade. Deve a propriedade (bem como as mulheres e os filhos) ser tida em comum pelos cidadãos ou em privado? É na resposta a esta questão que Aristóteles formula as três hipóteses, atrás mencio-

---

[28] Cfr. *Ética a Nicómaco*, VI.2, 1139a35-b4, e VI.5, 1140b3-8 (utilizo a edição traduzida e comentada por R. A. Gauthier e J. Y. Jolif: *L'Éthique à Nicomaque*, Tome I – Deuxième Partie, pp. 161 e 166).

[29] Cfr. *Política*, I.4, 1254a8-17, p. 61.

[30] Cfr. *Política*, I.6, 1255b11, p. 69 ("o escravo é como que uma parte do seu senhor, uma espécie de parte animada do corpo deste, mas uma parte separada"); *Política*, I.13, 1260a39-40, p. 97 ("o escravo partilha a vida do senhor").

[31] Cfr. *Política*, III.4, 1277a33, p. 199.

[32] Cfr. Schütrumpf, *Aristoteles: Politik, Buch I*, p. 241; Trevor Saunders, *Aristotle: Politics, Books I and II*, pp. 73-74; William Mathie, "Property in the Political Science of Aristotle", p. 19. Neste sentido, afirma Pierre Pellegrin que a "ligação entre senhor e escravo é muito mais estreita do que a relação entre entre patrão e trabalhador, ainda que este seja também escravo, e sem dúvida que nenhum proprietário de plantações nos estados americanos do Sul considerou os seus escravos negros como uma parte, ainda que separada, do seu próprio corpo..." [cfr. Pierre Pellegrin, "Hausverwaltung und Sklaverei (I.3-13)", pp. 41-42].

nadas, de combinação entre propriedade e uso[33]. Aristóteles justifica a sua preferência pela opção que consiste em combinar a propriedade privada e o uso comum com base nas seguintes razões[34]: (a) a propriedade comum dá origem a discussões e reclamações sobre o modo de distribuir as coisas[35]; (b) a propriedade comum favorece a negligência de cada um no tratamento das coisas de todos e, pelo contrário, a propriedade privada estimula que cada um se dedique ao que lhe é próprio[36]; (c) a propriedade privada estimula os prazeres naturais, em particular o amor próprio[37]; (d) a propriedade privada favorece a amizade, pelo prazer que constitui ajudar e obsequiar os amigos[38]; (e) a propriedade privada torna possível o exercício das virtudes, como a generosidade e a moderação[39]. Todas estas razões, com excepção da última, poderiam integrar uma defesa da propriedade privada combinada com o uso privado dos bens. E é, na realidade o argumento a favor da propriedade com base na generosidade, fonte de perplexidade para o moderno defensor da propriedade privada, como atrás se disse, que constitui o cerne do argumento de Aristóteles no que toca à sua opção pela combinação entre propriedade privada e uso comum.

O argumento da generosidade foi posto em causa por T. H. Irwin com base na ideia de que o exercício da generosidade não exige do agente um controlo exclusivo sobre determinados recursos. Segundo ele, "a minha generosidade pode ser adequadamente expressa através da minha participação em acções colectivas; ela não parece necessitar de recursos sob o meu controlo exclusivo. Mesmo

---

[33] Schütrumpf chama a atenção para o facto de a distinção entre as categorias da propriedade e do uso ocorrer já na *Política*, I.7 e 8 (cfr. 1255b32, 1256a10, pp. 71, 73), mas enquanto no Livro I o uso é somente encarado na perspectiva do proprietário, tratando-se aí de determinar o limite da propriedade como autarquia doméstica, no Livro II está em causa o problema do uso comum e com isso a contribuição da propriedade privada para a colectividade (cfr. *Aristoteles: Politik, Buch II-III*, p. 188).
[34] Cfr. Fred D. Miller, Jr., *Nature, Justice, and Rights in Aristotle's* Politics, p. 322; Richard Kraut, *Aristotle: Political Philosophy*, p. 330.
[35] Cfr. *Política*, II.5, 1263a8-21, 27-8, b23-27, pp. 115-119.
[36] Cfr. *Política*, II.3, 1261b33-8, II.5, 1263a28-9, pp. 109, 117.
[37] Cfr. *Política*, II.5, 1263a40-b5, p. 117.
[38] Cfr. *Política*, II.5, 1263b5-7, p. 119.
[39] Cfr. *Política*, II.5, 1263b7-14, p. 119.

que se pense que a prática da generosidade exige a liberdade de dispor de certos recursos segundo a minha própria iniciativa, daí não se segue que esses recursos devam estar sujeitos ao meu controlo exclusivo. O Estado pode atribuir-me esses recursos e permitir que eu disponha deles segundo a minha vontade dentro de certos limites e em certas circunstâncias; um esquema deste tipo deixaria ainda uma ampla margem para o exercício da generosidade"[40]. Terence Irwin não desconhece a objecção óbvia que pode ser contraposta a esta crítica: não estaríamos perante uma verdadeira generosidade se a acção da pessoa virtuosa não envolvesse para ela algum custo e este apenas existe quando a generosidade tem por base a propriedade privada da pessoa virtuosa. Uma tal objecção não considera, segundo Terence Irwin, a ligação da pessoa virtuosa ao bem comum. Essa pessoa há-de encarar "a distribuição dos recursos do seu amigo como um custo para si mesma, porque encara os recursos do amigo como próprios; e ela terá o mesmo ponto de vista em relação aos recursos da comunidade. Poder-se-ia objectar que uma tal identificação entre os interesses de cada um e os interesses dos outros é impossível ou indesejável; mas Aristóteles não seria facilmente persuadido por essa objecção, já que ela destruiria toda a sua abordagem da amizade"[41]. A argumentação de Terence Irwin é inaceitável,

---

[40] Cfr. T. H. Irwin, "Aristotle's Defense of Private Property", pp. 222-223. Richard Kraut, *Aristotle: Political Philosophy*, pp. 341-342, afirma que Aristóteles exagera ao pretender que a generosidade seria destruída com a abolição da propriedade privada; quando muito a sua "esfera de operação", como a designa Kraut, tornar-se-ia mais limitada. Kraut não demonstra, no entanto, em que sentido seria ainda significativa essa "esfera de operação" no caso de abolição da propriedade privada, ou que medidas restritivas dela são ainda compatíveis com a manutenção daquela "esfera" no contexto do pensamento de Aristóteles. No seu comentário aos Livros VII e VIII da Política, Kraut sustenta igualmente que a formulação "propriedade privada, uso comum" pressupõe restrições à propriedade dos particulares. Segundo ele, "não deve ser entendido que se aos cidadãos é exigido o uso dos seus recursos para o bem dos outros, isso significa que na realidade as suas 'posses' não lhes pertencem. Existe uma vasta área intermédia entre não ter bens privados e ter um controlo totalmente irrestrito sobre a sua disposição" (cfr. Kraut, *Aristotle: Politics, Books VII and VIII*, p. 113). Também aqui não é indicado o grau de restrição da propriedade que seria tolerável no contexto do pensamento de Aristóteles, o que permite desde logo formular a hipótese que as medidas efectivamente propostas por ele na *Política*, VII.9-10, adiante referidas, são compatíveis com um conceito tendencialmente absoluto de propriedade privada, e até o pressupõem, como se procurará demonstrar mais à frente.

[41] Cfr. T. H. Irwin, "Aristotle's Defense of Private Property", p. 224.

ao pressupor, sem fundamento, que é igual a relação entre uma pessoa virtuosa e um amigo e a relação daquela com a comunidade[42]. É certo que para Aristóteles a vida cívica assenta num sentimento de amizade entre os membros da comunidade política[43]. Mas a "amizade cívica" daí resultante, específica da forma de vida política e baseada na vantagem mútua, não é igual, para Aristóteles, à amizade que se estabelece entre, por exemplo, membros da mesma família[44]. Ora, a simples admissão de uma diferença entre esses dois tipos de amizade é suficiente para sustentar que ainda que uma pessoa virtuosa considere como próprios os recursos de um amigo próximo isso não significa que pense do mesmo modo em relação aos recursos da comunidade. E, deste modo, mantém inteira validade o argumento de Aristóteles segundo o qual os bens comuns tendem a ser negligenciados.

O argumento da generosidade permite-nos compreender a natureza essencial do entendimento de Aristóteles segundo o qual a propriedade deve ser, de um modo geral, privada, mas comum quanto ao seu uso. O uso comum não altera a natureza essencialmente privada da propriedade, mas antes a pressupõe. Martha Nussbaum sustentou precisamente o contrário quando afirmou que "a insistência de Aristóteles no uso comum – que deveria ser possível para uma pessoa necessitada servir-se das colheitas dos outros, sem sanções e com boa vontade – mostra que em qualquer caso ele não defendeu a propriedade privada do modo que a maioria do pensamento contemporâneo a defende". Numa nota à passagem que acaba de ser transcrita, Nussbaum sustenta que seria possível comparar a este uso comum "as políticas de habitação adoptadas em alguns países socialistas e sociais-democratas em que aos sem-abrigo são atribuídos certos direitos sobre habitação desocupada ou de luxo"[45]. A crítica

---

[42] Assim, cfr. Robert Mayhew, "Aristotle on Property", pp. 814-815, e, no mesmo sentido, Fred D. Miller, Jr., *Nature, Justice, and Rights in Aristotle's* Politics, pp. 324-325, cuja argumentação se acompanha.

[43] Cfr. John M. Cooper, "Political Animals and Civic Friendship", p. 234.

[44] Cfr. Julia Annas, "Comments on J. Cooper", p. 245; Fred D. Miller, Jr., *Nature, Justice, and Rights in Aristotle's* Politics, pp. 208-209; Trevor Saunders, *Aristotle: Politics, Books I and II*, p. 119.

[45] Cfr. Martha Nussbaum, "Aristotelian Social Democracy", p. 232 e nota 86, p. 249. Repare-se que os dois passos citados se contradizem: usar os bens dos outros na base da boa vontade do dono não corresponde certamente às políticas adoptadas nos países socialistas e sociais democratas que Nussbaum tem em mente.

que imediatamente suscita este entendimento é a de que se Aristóteles não defendeu a propriedade privada nos termos em que o faz o pensamento contemporâneo, não é menos verdade que ele também não defendeu o uso comum do modo que os actuais regimes socialistas ou sociais democratas o defendem. Como salienta Robert Mayhew a visão do uso comum como algo que não é essencialmente voluntário, mas que pode ser imposto por lei, é incompatível, por um lado, com o argumento da generosidade e, por outro lado, com a noção aristotélica de propriedade privada[46]. Para além disso, uma tal visão seria ainda incompatível com os restantes argumentos através dos quais Aristóteles justifica a propriedade privada, entre os quais se inclui, como se viu, o prazer do dono[47]. Na verdade, Nussbaum parece pressupor, como se disse, que a combinação de uso comum com a propriedade privada, significa uma divergência da concepção desta última em relação ao que hoje entendemos pela expressão. Como se verá, não é, no entanto, esse o caso, muito embora o facto de Aristóteles não definir a propriedade privada na *Política* possa facilitar interpretações como a adoptada por Nussbaum.

2.2.3 O âmbito subjectivo da propriedade. Uma vez justificada a propriedade no âmbito da cidade, torna-se ainda necessário saber quem deve ser proprietário: esse é o problema de que se ocupa Aristóteles na *Política*, VII.9-10. Como se viu, Aristóteles sustenta aí que a cidadania deve ser restrita, no contexto da melhor cidade, àqueles que têm a capacidade natural, a virtude e a disponibilidade de desempenhar as funções militares e judicial-deliberativas. Segundo Aristóteles é conveniente que as propriedades estejam nas mãos destas pessoas, pois é necessário que os cidadãos tenham uma abundância de recursos e estas pessoas (os militares e os que deliberam) são os cidadãos. As classes vulgares, dos trabalhadores manuais, não participam da cidadania. Por outro lado, a felicidade da cidade, ne-

---

[46] Cfr. Robert Mayhew, "Aristotle on Property", pp. 818-819, e, no mesmo sentido, Otfried Höffe, "Aristoteles' *Politik*: Vorgriff auf eine liberale Demokratie?", pp. 195-196; idem, *Aristotle*, p. 179; Fred D. Miller, Jr., *Nature, Justice, and Rights in Aristotle's Politics*, pp. 331, nota 50; Schütrumpf, *Aristoteles: Politik, Buch II-III*, pp. 190 e 197.

[47] Newman, *The Politics of Aristotle*, vol. I, p. 166, salienta a diferença, neste aspecto, entre Aristóteles e Platão.

cessariamente acompanhada pela virtude, deve ser extensível a todos os cidadãos e não apenas a alguns. Assim, na cidade ideal todos os cidadãos devem ser proprietários e apenas eles o devem ser, tanto mais que os membros das classes vulgares são escravos ou estrangeiros[48].

2.3 O conceito de propriedade segundo Aristóteles. Qual é a essência de cada um dos três argumentos com base nos quais Aristóteles justifica a propriedade privada? De acordo com o primeiro, ela apenas é válida quando propicia o desempenho das funções próprias do dono da casa; nos termos do segundo ela deve ser usada em comum, pois apenas esse uso é compatível com a virtude; por último, a propriedade constitui a base da cidadania. O primeiro argumento é económico, o segundo é moral, o terceiro é político. A complementaridade entre eles surge clara se atentarmos na circunstância de em todos a propriedade surgir subordinada a considerações de outra ordem, na realidade considerações de ordem política. Este modo de formular a concepção da propriedade em Aristóteles coloca, desde logo, duas questões. Em primeiro lugar, qual é, na realidade, o conceito de propriedade pressuposto por Aristóteles na análise da *Política*? Muito embora nesta obra não seja definido o conceito de propriedade, a argumentação desenvolvida com vista à sua justificação parece divergir radicalmente daquilo que hoje comummente entendemos através da expressão. Tal divergência é bem expressa pela incomensurabilidade das hipóteses de combinação entre propriedade e uso formuladas por Savigny e as combinações possíveis entre os dois fenómenos propostas por Aristóteles. Em segundo lugar, como conciliar a afirmação de que é político, em última análise, o significado dos três argumentos utilizados por Aristóteles, tendo em vista a justificação da propriedade, com a respectiva natureza económica, ética e política?

Muito embora Aristóteles não defina o conceito de propriedade na *Política*, essa definição encontra-se com razoável clareza na *Retórica*. Afirma aí Aristóteles que a propriedade consiste na possibilidade

---

[48] Cfr. *Política*, VII.9, 1329a17-28, pp. 513-515. A ideia de que se identificam a felicidade da cidade e dos seus membros e de que ambas pressupõem abundância de recursos, aqui pressuposta, é desenvolvida na *Política*, VII.1, 1323b39-1324a21, pp. 483-485 (cfr. Fred D. Miller, Jr., *Nature, Justice, and Rights in Aristotle's* Politics, p. 326).

de dispor ou alienar, entendendo por alienação a doação ou a venda. Imediatamente antes, e igualmente no contexto da sua discussão das condições que devem verificar-se para que uma pessoa possa considerar-se rica, Aristóteles menciona a segurança dos bens, entendida como a respectiva posse em lugares e condições cujo uso está nas nossas mãos[49]. Segundo Fred D. Miller, Jr., estes dois aspectos correspondem a "elementos centrais do moderno conceito de direito de propriedade anglo-americano" e, na verdade, poder-se-ia acrescentar, do moderno conceito de propriedade, *tout court*[50]. Aristóteles pressupõe, pois, um conceito de propriedade privada próximo daquele que hoje comummente adoptamos[51] e é precisamente esse conceito que torna compreensível a justificação da propriedade com base no argumento da generosidade, como atrás ficou dito[52]. Por

---

[49] Cfr. *Retórica*, I.5, 1361a21-24, p. 62.

[50] Cfr. Fred D. Miller, Jr., *Nature, Justice, and Rights in Aristotle's* Politics, pp. 310 e 312. Com base em tais elementos seria possível constituir um conceito aristotélico eficaz de propriedade privada, que Miller formula nos seguintes moldes: "X tem um direito de propriedade sobre P se, e só se, X possui P de tal modo que o uso de P cabe apenas a X e a alineação de P (doacção ou venda) cabe apenas a X". Assumindo como ponto de partida a lista de onze elementos com base nos quais Tony Honoré analisa o conceito de propriedade (o direito de possuir, de usar, de gerir, o direito ao rendimento, ao capital, à segurança, à transmissibilidade, a ausência de termo, a proibição de uso danoso, a sujeição à execução por dívidas, o carácter residual), Miller salienta como, segundo o próprio Honoré, embora todos estes elementos sejam necessários para uma definição de propriedade, em sentido liberal, nenhum deles é, por si só, uma condição necessária para designar alguém como dono de uma coisa em particular (cfr. Honoré, "Ownership", in *Making Law Bind*, pp. 165-179). Ora, para Miller, estes elementos desempenham um importante papel na definição de Aristóteles, sendo certo que atribui, na sequência de Lawrence Becker, *Property Rights: Philosophical Foundations*, p. 20, importância central ao direito ao capital, uma vez que inclui o direito a destruir, consumir e alienar a coisa, especificamente mencionado por Aristóteles.

[51] Neste sentido, para além dos trabalhos de Fred D. Miller, Jr., e Robert Mayhew, já diversas vezes citados, cfr., ainda, Lawrence Becker, *Property Rights: Philosophical Foundations*, p. 62; Jeremy Waldron, *The Right to Private Property*, pp. 6-7; Andrew Reeve, *Property*, pp. 102-103. Schütrumpf, *Aristoteles: Politik, Buch II-III*, p. 192, conclui o seu comentário genérico à *Politica*, II.5, com uma citação de Schumpeter: "Sobre a defesa da propriedade privada por Aristóteles observou Schumpeter (...): os seus argumentos 'lêem-se quase tal como os argumentos do liberalismo burguês do século dezanove'".

[52] Admitir, no entanto, que um dos argumentos com base nos quais Aristóteles justifica a propriedade privada consiste na circunstância de ela permitir o exercício de virtudes como a generosidade e a moderação, não significa, no entanto, aceitar que ele trate da

outras palavras, o conceito de propriedade privada presente na *Retórica* não é de molde a permitir a conclusão de acordo com a qual nem sequer se apresentaria como possível a Aristóteles a combinação entre propriedade privada e uso privado. Mas se a possibilidade dessa combinação no pensamento de Aristóteles não ser excluída com segurança, desde logo porque diversas passagens na *Política* relativas à crítica do comércio a pressupõem, o que pode, sem dúvida, excluir-se é a sua relevância na arquitectura da obra, na medida em que ela é incompatível com qualquer arranjo possível da cidade ideal.

É precisamente a circunstância de Aristóteles adoptar um conceito essencialmente privado de propriedade, que torna ainda mais premente a necessidade de explicar o que se deve entender pela natureza económica, moral e política de cada um dos três argumentos com base nos quais Aristóteles justifica a propriedade privada e o carácter político, em última análise, de todos eles. A relação entre política e moral no pensamento de Aristóteles é por ele explicada na *Ética a Nicómaco* nos seguintes termos: "mesmo que se pense que o bem é o mesmo para um indivíduo único e para a cidade, não deixa por isso de ser melhor e mais perfeito, isso salta aos olhos, salvaguardar o bem da cidade; com efeito, mesmo que nos pudéssemos con-

---

virtude "em termos de propriedade", como pretende Jill Frank, "Integrating Public Good and Private Right: The Virtue of Property", p. 268. Jill Frank sustenta que Aristóteles usa duas expressões que implicam a ideia de propriedade na sua definição de virtude, "posse" e "uso", como equivalentes, respectivamente, de "estado habitual" e "actividade" (cfr. *Ética a Nicómaco*, I.9, 1098b31-33; utilizo a edição traduzida e comentada por R. A. Gauthier e J. Y. Jolif: *L'Éthique à Nicomaque*, Tome I – Deuxième Partie, p. 18). Mas a circunstância de a virtude exigir em simultâneo o hábito e a acção, e de estes conceitos surgirem designados por Aristóteles, no passo citado, através de termos associados à ideia de propriedade, não sustenta a conclusão de Jill Frank. Na sua análise são esquecidos dois aspectos que se afiguram fundamentais: por um lado, como salientam Gauthier e Jolif, o emprego das expressões "posse" e "uso", em vez dos correspondentes termos próprios do vocabulário técnico de Aristóteles, é retirado da linguagem do platonismo, não denunciando qualquer intenção por parte de Aristóteles no sentido de pensar a virtude em termos de propriedade (cfr. Gauthier e Jolif, *L'Éthique à Nicomaque*, Tome II – Première Partie, p. 66); por outro lado, Jill Frank ignora a definição de propriedade dada por Aristóteles na *Retórica*. Jill Frank estabelece uma analogia entre a definição de virtude em Aristóteles e a sua combinação entre propriedade e uso, mas esta última combinação pressupõe já que as relações de propriedade sejam moldadas ao exercício da virtude. Deste modo, não é a virtude que é pensada em termos de propriedade, mas antes esta última é encarada, designadamente, como instrumento da virtude.

tentar, à falta de melhor, com alcançar e salvaguardar esse bem para um único indivíduo, quanto mais belo e mais divino não seria fazê-lo para um povo e para cidades! Uma vez que tal é o fim ao qual tende a presente disciplina, ela consiste, em certo sentido, na política"[53]. Esta passagem, conjugada com a conclusão da obra em que se insere[54], tem sido interpretada no sentido de exprimir uma ordem lógica entre as matérias tratadas na *Ética a Nicómaco* e na *Política*: a primeira, ao fixar o bem supremo que é o fim do homem, estabelece a lei moral; a segunda, faz dessa lei moral uma lei da cidade. Assim, a moral, ao determinar o bem do indivíduo, é propriamente a política, no sentido forte do termo, na medida em que dita à cidade o seu fim. A verdadeira política, no pensamento de Aristóteles, consiste, pois, na moral e toda a sua argumentação a este propósito assenta na identificação entre o bem do indivíduo e o bem da cidade. Esta identificação não significa, todavia, a subordinação do indivíduo à cidade, ou da moral à política, mas precisamente o inverso. Simplesmente, uma vez que a moral prefere assegurar o bem supremo a todos os indivíduos, em vez de a um só, decorre daí que só a política, no sentido inferior de disciplina que se ocupa das questões propriamente constitucionais e legais, pode alcançar o objectivo prático daquela[55]. Neste sentido, pode afirmar-se que na *Política*, II.5, Aristóteles se ocupa da propriedade do cidadão enquanto indivíduo, ao passo que na *Política*, VII.9-10, trata da propriedade do indivíduo enquanto cidadão. As duas perspectivas não são inconciliáveis, à luz, desde logo, da articulação entre política e moral aludida. E, todavia, com isto nem tudo fica dito sobre a articulação de ambas. Na *Política*, II.5, Aristóteles afirma que cabe ao legislador definir o modo específico de conseguir estabelecer o uso comum da propriedade privada[56]. Por outro lado, na *Política*, VII.10, é sustentada a necessidade de discutir a distribuição da terra na descrição da melhor cidade, assumindo-se como

---

[53] Cfr. *Ética a Nicómaco*, I.2, 1094b7-11, pp. 2-3.
[54] Cfr. *Ética a Nicómaco*, X.10, 1179a33 – 1180b28, pp. 312-319.
[55] Cfr. Gauthier e Jolif, *L'Éthique à Nicomaque*, Tome II – Première Partie, pp. 10-12; Richard Kraut, *Aristotle: Political Philosophy*, pp. 16-17. Sobre esta precedência da moral em relação à política no pensamento de Aristóteles, cfr. Joachim Ritter, "'Naturrecht' bei Aristoteles", esp. pp. 163-164.
[56] Cfr. *Política*, II.5, 1263a39, p. 117.

ponto de partida o princípio, já anteriormente exposto, segundo o qual a propriedade não deve ser comum, mas na prática deve ser objecto de um amistoso uso comum, e o princípio de que nenhum cidadão deve ser privado de alimento. Com base nestes pontos de partida, Aristóteles enuncia as suas ideias sobre a distribuição das terras na melhor cidade. Em primeiro lugar, adere à instituição das refeições em comum. Depois, propõe a divisão do território em duas partes: uma do domínio público, outra do domínio privado, devendo cada uma delas ser novamente dividida em duas partes. Das duas partes que integram o domínio público, uma será destinada ao culto divino, a outra às refeições comuns. Das duas partes que constituem o domínio privado, uma será localizada perto da fronteira, a outra nas imediações da cidade. Deste modo, ao serem distribuídos dois lotes por cada cidadão, todos eles participariam de ambas as partes, o que seria mais conforme à justiça e à igualdade e criaria uma atitude comum nas guerras contra os povos vizinhos. Finalmente, em terceiro lugar, os trabalhos agrícolas deveriam ser efectuados de preferência por escravos, os quais seriam propriedade do dono da terra, no caso de trabalharem nos lotes privados, ou da cidade, se trabalharem nos lotes públicos[57].

Estas propostas de Aristóteles (com exclusão, naturalmente, daquela que diz respeito ao trabalho escravo no domínio da agricultura) já foram encaradas como significando a adopção de uma concepção de propriedade privada "provisória, sujeita às exigências da necessidade"[58], ou seja, sujeita a um amplo grau de intervenção pelo poder político. Num outro extremo situam-se aquelas leituras do entendimento de Aristóteles relativo à propriedade que tendem a caracterizá-lo como próximo da concepção liberal moderna. Já anteriormente se aludiu a essas leituras e parece não existirem dúvidas quanto às

---

[57] Cfr. *Política*, VII.10, 1329b36-1330a30, pp. 519-521.

[58] Cfr. Martha Nussbaum, "Aristotelian Social Democracy", p. 205. A interpretação de Nussbaum apoia-se numa tradução dos textos questionável, como demonstra Robert Mayhew, "Aristotle on Property", pp. 822-823 e nota 52, segundo a qual "metade das terras da cidade será tida em comum" (cfr., ainda, Robert Mayhew, *Aristotle's Criticism of Plato's Republic*, pp. 109 e nota 46, p. 119; como o autor afirma, a tradução proposta por Nussbaum, de acordo com a qual a terra da cidade seria dividida em duas partes iguais, sendo cada uma delas novamente dividida em duas novas partes iguais, conduziria desde logo ao resultado absurdo de um quarto da terra da cidade ser dedicado ao culto).

substanciais afinidades entre o conceito de propriedade privada adoptado por Aristóteles e aquilo que hoje comummente entendemos através dessa expressão. Simplesmente, não é o caso que se limite a antecipar uma noção que só nas condições da modernidade foi possível realizar plenamente; muito pelo contrário, Aristóteles realizou plenamente, no seu sistema de pensamento, o arquétipo da noção de propriedade privada, que hoje incluímos num esquema de princípios constitucionais, mas que, em todo o caso, se reveste, nesse contexto, de uma força normativa inquestionavelmente menor do que aquela que lhe assiste no sistema de Aristóteles.

A força normativa da justificação aristotélica da propriedade privada advém da circunstância de nela convergirem a linguagem à luz da qual se estrutura a compreensão da propriedade e a linguagem com base na qual é abordado o poder político: ambas são formas de domínio. Na *Política*, I.5, Aristóteles estabelece um paralelismo entre as formas de domínio que se estabelecem em cada indivíduo e as formas de domínio que se estabelecem entre diversos indivíduos. Por um lado, em cada indivíduo ou ser vivo, existe um governo da alma sobre o corpo e o governo de uma parte da alma, a mente, sobre as outras partes, as paixões. Por outro lado, estas formas de domínio repetem-se nas relações entre indivíduos distintos: a relação entre o senhor e o escravo é concebida como a relação entre a alma e o corpo, a relação entre o homem e a mulher (e também, como já se viu, a relação entre o pai e os filhos) é concebida como a relação entre partes da alma. Afirma, assim, Aristóteles que "a alma governa o corpo com a autoridade do senhor, enquanto a inteligência exerce uma autoridade política ou régia sobre o apetite"[59]. O modelo da relação entre razão e paixões é, todavia, excluído quando está em causa o domínio propriamente político, que pressupõe a igualdade entre governantes e governados[60] e, como tal, a alternância no exercício da autoridade[61]. Como atrás se disse, o governo político do homem sobre a mulher não implica, para Aristóteles, igualdade nem alternância entre ambos e, precisamente por essa razão, o símile que

---

[59] Cfr. *Política*, I.5, 1254b4-6, p. 63.
[60] Cfr. *Política*, I.7, 1255b20, p. 69; II.4, 1277b7-8, p. 201.
[61] Cfr. *Política*, I.12, 1259b5-7, p. 91; III.17, 1288a12-15, p. 263.

se estabelece com a autoridade da inteligência sobre o apetite não se funda tanto no seu carácter político, quanto no específico carácter régio ou monárquico[62]. Mas o que agora importa salientar é a homogeneidade da linguagem que subjaz a estas diferentes relações de domínio e a circunstância de a relação despótica que caracteriza a propriedade encontrar apenas paralelo nas formas mais baixas das relações de domínio verificadas no próprio indivíduo (alma-corpo) e das relações de domínio político entre indivíduos distintos (tirania). O mesmo sucede, aliás, em larga medida, com os poderes para além da propriedade, isto é, o domínio do homem sobre a mulher e do pai sobre os filhos, que incumbem ao dono da casa. Aristóteles adere à ideia de que os bens se escalonam em três níveis: bens exteriores, bens do corpo e bens da alma[63]. Esta é, na realidade, uma verdadeira hierarquia, pois, no seio da alma, a razão governa as paixões, tal como a alma governa o corpo e o senhor governa a sua propriedade. É através desta hierarquia, em que os bens mais baixos se subordinam aos valores mais elevados que Aristóteles verdadeiramente justifica a propriedade privada. Ele equipara em termos conceptuais o problema da propriedade e do poder político e, ao mesmo tempo, hierarquiza-os com base na ordenação natural de formas mais baixas em relação a formas mais elevadas de domínio e na subordinação paralela dos bens mais baixos (os bens exteriores e o corpo) em relação ao bem mais elevado (a alma)[64]. Assim pode dizer-se que não há virtude sem propriedade, mas, ao mesmo tempo, que esta se destina ao exercício daquela e é nesse exercício que encontra a sua

---

[62] Cfr. Schütrumpf, *Aristoteles: Politik, Buch I*, pp. 256-257; Trevor Saunders, *Aristotle: Politics, Books I and II*, pp. 77-78.

[63] Cfr. *Política*, VII.1, 1323a21-23, p. 479.

[64] Cfr. *Política*, VII.1, 1323b15-20, p. 481: "Assim, se a alma é mais valiosa do que os bens possuídos ou o corpo, tanto em termos absolutos como para nós, necessariamente estarão na mesma relação as suas melhores disposições. Ademais, é em vista da alma que esses bens são preferíveis – e os sensatos devem preferi-los – e não a alma em vista desses bens". O eco de Platão é aqui evidente: "nada mais faço do que andar pelas ruas a persuadir-vos, jovens ou velhos, a cuidardes mais da alma que do corpo e das riquezas, de modo a que vos torneis homens excelentes. E nada mais peço do que sustentar que a excelência não vem das riquezas, mas, pelo contrário, da excelência vêm as riquezas e todos os outros bens, tanto aos homens particulares como ao estado" (cfr. *Apologia de Sócrates*, 30b, pp.85-86).

verdadeira justificação. O problema, na perspectiva da justificação da propriedade, surge quando essa ordenação natural deixa de ser aceitável e, no entanto, continuam, de algum modo, a subsistir as estruturas conceptuais a que ela estava originariamente associada.

2.4 A dimensão económica da propriedade. A fim de se compreender cabalmente o que acaba de ser dito é necessário agora avaliar a importância de que se reveste a justificação económica da propriedade no contexto de toda a análise de Aristóteles sobre o tema. É, com efeito, a deficiente avaliação dessa importância que prejudica as discussões críticas actuais da análise aristotélica da propriedade privada. Neste contexto, situa-se num extremo, como se disse, a ideia de que é possível ver em Aristóteles a defesa de um amplo grau de intervenção do poder político na propriedade privada, em termos próximos daquele tipo de intervencionismo que hoje associamos aos regimes sociais democratas, ou, de forma ainda mais radical (e por isso mais anacrónica), uma tendência para o totalitarismo[65]. No outro extremo, as leituras que tendem a aproximar a

---

[65] Cfr. Jonathan Barnes, "Aristotle and Political Liberty", p. 259. Para Barnes essa tendência revelar-se-ia, designadamente, na lista generosa de serviços administrativos que Aristóteles prevê para a cidade. De entre esses serviços, Aristóteles considera dois, designadamente, como indispensáveis: o primeiro diz respeito ao mercado, ficando a seu cargo a supervisão dos contratos e da boa ordem, o segundo é aquele que se ocupa em cuidar da propriedade pública e privada da cidade, zelando para que esteja em boas condições, em preservar e reparar os edifícios em ruínas e a rede viária e em supervisionar os limites entre as propriedades, evitando as disputas entre os cidadãos nesta matéria (cfr. *Política*, VI.8, 1321b12-14, 1321b19-21, p. 467). Em relação ao primeiro destes serviços afirma Barnes, *ob. cit.*, p. 258, que embora seja difícil conceber um Estado em que não existam compras e vendas, daí não se segue "que o Estado tenha de regular as compras e as vendas. Existem muitas relações que serão desenvolvidas entre concidadãos: a participação em jogos, a formação de clubes e sociedades, a criação de amizades. Isso não implica que o Estado tenha de – ou possa – supervisionar essas relações". Em relação ao segundo, Barnes questiona qual seja a função exercida pelos agentes dele encarregues. E apresenta várias hipóteses: "Podem eles fazer mais do que (1) ordenar a reparação da propriedade delapidada quando ponha em causa vizinhos ou transeuntes? (e. g. podem eles ordenar a reparação da minha chaminé que ameaça ruína ou a consolidação do muro do meu jardim?) Ou poderão também eles (2) regulamentar quaisquer alterações ou reparações que eu faça na minha casa e possam afectar terceiros? (e. g. podem eles exigir que eu pinte as paredes externas numa determinada cor? Podem eles proibir a construção de uma garagem inestética no meu jardim?) Ou poderão eles ainda (3) determinar o modo como eu resolvo as questões internas da

concepção da propriedade de Aristóteles da concepção liberal moderna tendem também, por vezes, a subestimar um aspecto essencial da concepção aristotélica: a justificação da propriedade não é aqui pensada em relação ao indivíduo enquanto tal, mas apenas enquanto chefe de família e senhor da casa, por um lado, e cidadão, por outro, qualidades que aliás se identificam[66]. Ambas estas leituras, embora

---

minha casa, questões que apenas afectam os seus ocupantes? (e. g. podem eles proibir-me de instalar peças eléctricas na minha banheira?...) ... Estas três possibilidades delimitam, para qualquer pensador moderno, três diferentes atitudes perante a liberdade política. A possibilidade (1) ilustra um liberalismo antiquado. A possibilidade (3) ilustra um nóvel paternalismo. Qualquer teórico que se interesse pela liberdade política deve tomar uma posição sobre estas questões. Aristóteles não toma qualquer posição" (cfr. *ob. cit.*, pp. 258-259). O pano de fundo em que se inserem estas considerações é a convicção de Barnes de que o problema fundamental da liberdade política não se prende com a questão de saber quem deve governar, que preocupou Aristóteles, mas com a questão de saber em que medida o governo deve ser tolerado (cfr. *ob. cit.*, p. 256). Estas considerações de Barnes demonstram bem em que medida uma interpelação anacrónica do pensamento de Aristóteles consegue tornar irrelevante esse pensamento. Por interpelação anacrónica entendo uma discussão que confronta esse pensamento com questões para as quais nele não se pode sequer razoavelmente esperar encontrar uma resposta. Ao questionar Aristóteles com base em ideias como a de um estado minimalista ou do totalitarismo corre-se o risco de nem sequer se chegar a compreender o sentido da sua análise. Esse sentido apenas se pode descortinar se se assumir o lugar fundamental que em tal análise ocupa a economia doméstica, sem correspondência nas sociedades modernas. Por outro lado, em relação ao papel dos serviços discutidos por Barnes, nada permite imputar a Aristóteles a adopção de um intervencionismo desmesurado, sobretudo se tiver presente a descrição moderada que desses serviços se faz na *Constituição dos Atenienses*, 50.2 e 51, pp. 101-103. Os limites à propriedade privada deles decorrentes são na realidade escassos, não revelando quaisquer indícios do paternalismo mencionado por Barnes (cfr., neste sentido, Robert Mayhew, "Aristotle on Property", p. 827; idem, *Aristotle's Criticism of Plato's* Republic, p. 111; para uma descrição dos serviços administrativos aqui mencionados, cfr. Newman, *The Politics of Aristotle*, vol. IV, pp. 550-551).

[66] Assim, Fred D. Miller, Jr., *Nature, Justice, and Rights in Aristotle's* Politics, p. 309, nota 1, afirma que os "direitos de propriedade não desempenham um papel tão central na teoria política de Aristóteles como na de Locke"; o autor considera, no entanto, necessário dedicar um capítulo à questão da propriedade, "para corrigir a visão errónea de que Aristóteles de modo algum reconhece direitos individuais de propriedade". Robert Mayhew, "Aristotle on Property", *cit.*, p. 831, diz que "embora Aristóteles não defenda direitos de propriedade absolutos, os limites ao uso da propriedade são poucos, especialmente quando considerados no seu contexto histórico. Assim, Aristóteles não é um liberal clássico – não é um lockeano – mas está muito mais perto disso do que muitos acreditam". Trevor Saunders, *Aristotle: Policitcs, Books I and II*, p. 90, sustenta que "Aristóteles nada sabe da noção de que a propriedade para além dos limites de um consumo modesto é uma garantia da autonomia

divergentes entre si, partilham uma insuficiente ponderação da circunstância de a análise de Aristóteles na *Política* tomar como ponto de partida a propriedade na perspectiva da economia da casa[67]. Não cabe aqui aprofundar a questão muito discutida do "modernismo" ou "primitivismo" da análise económica de Aristóteles, mas apenas salientar dois aspectos que se afiguram essenciais para a compreensão da sua concepção da propriedade. Em primeiro lugar, quando Aristóteles crítica a crematística enquanto arte de aquisição artificial baseada no comércio, essa crítica não exprime apenas a sua preocupação pela

---

pessoal de um homem, particularmente contra abusos do Estado". Muito embora as reflexões de todos estes autores sejam úteis para a compreensão da concepção de propriedade privada em Aristóteles, as afirmações citadas não deixam de ser surpreendentes. Em relação a Fred Miller, Jr., não pode deixar de se reconhecer que Aristóteles nunca se refere à propriedade em termos de direitos e muito menos direitos individuais [não é aqui possível analisar criticamente os trabalhos de Fred D. Miller, Jr., visando demonstrar a possibilidade de pensar a teoria política de Aristóteles como uma teoria assente na linguagem dos direitos: cfr. ainda do autor, para além da obra citada, "Aristotle on Natural Law and Justice", pp. 279 e ss.; idem, "Aristotelian Autonomy", pp. 375 e ss.; idem, "Aristotle's Theory of Political Rights", pp. 309 e ss.; para uma crítica fundada, cfr. Malcolm Schofield, "Sharing in the Constitution", pp. 353 e ss.; num outro ensaio, Fred Miller, "Naturalism", pp. 321 e ss., não alude sequer ao problema]. Por outro lado, a aproximação entre o pensamento de Aristóteles e o liberalismo afigura-se ditada por preocupações em reagir contra tentativas de fazer alinhar Aristóteles do lado de críticas actuais do liberalismo [pense-se, por exemplo, no debate entre liberais e comunitaristas, de diversas índoles e feições; para um posicionamento correcto do pensamento de Aristóteles em relação a esse debate, cfr. Otfried Höffe, "Aristoteles' *Politik*: Vorgriff auf eine liberale Demokratie?", pp. 200-203; idem, *Aristotle*, pp. 164-165, 171]. Os excessos de uma leitura liberal de Aristóteles são bem demonstrados por Roderick T. Long, o qual procurando sustentar a possibilidade de compreender o pensamento de Aristóteles à luz de uma teoria de direitos, na linha de Fred Miller, que primeiro ensaiou essa tentativa, afirma que é possível descortinar em Aristóteles a defesa de direitos pré-políticos (Fred Miller, Jr., inicialmente avesso a essa possibilidade, também a admite em "Aristotle and the Origin of Modern Rights", pp. 338-339) e diz mesmo, em relação à universalidade dos direitos, que "a maioria das teorias de direitos providenciam alguma limitação no âmbito dos direitos em relação àqueles cujas capacidades racionais se apresentam diminuídas; a principal diferença entre Aristóteles e os pensadores modernos consiste simplesmente em ele encarar muitas mais pessoas como racionalmente diminuídas do que nós" [cfr. Roderick T. Long, "Aristotle's Conception of Freedom", p. 394].

[67] A economia doméstica encontra-se, é claro, também ela subordinada à moral, ou política em sentido forte (como atrás se disse): cfr. *Ética a Nicómaco*, I.2, 1094b3, p. 2 (cfr., ainda, sobre esta subordinação da economia doméstica à moral, Otto Brunner, "Das 'Ganze Haus' und die alteuropäische 'Ökonomik'", in *Neue Wege der Verfassungs- und Sozialgeschichte*, p. 113).

invasão de todos os tipos de aquisição pelo comércio, mas sobretudo a invasão levada a cabo por este da vida política e moral no seu conjunto. Ora, esta última preocupação não pode seguramente ser apenas considerada como reaccionária ou exprimindo uma atitude primitiva perante a economia[68]. Em segundo lugar, a análise de Aristóteles, em que se encontram simultaneamente presentes na sustentação da comunidade política a importância da dádiva mútua entre membros de uma mesma comunidade, por um lado, e do desenvolvimento das necessidades de troca entre comunidades diversas[69], por outro, indica que o seu pensamento reflecte, na realidade, um processo de mudança histórica entre uma economia agrária de subsistência e um comércio de mercado nascente[70]. Aristóteles encontrava-se,

---

[68] Cfr. S. Meikle, "Aristotle and Exchange Value", , p. 167; K. Polanyi, "Aristote Découvre l'Économie", p. 96. Em sentido contrário, cfr. Carlo Natali, "Aristote et la Chrématistique", p. 318.

[69] Cfr. *Política*, I.9, 1257a26-40, p. 79; I.11, 1258a1-38, pp. 89-91.

[70] Cfr. S. Meikle, "Aristotle and Exchange Value", pp. 157, 181; K. Polanyi, "Aristote Découvre l'Économie", p. 95; Judith A. Swanson, *The Public and the Private in Aristotle's Political Philosophy*, p. 75; S. Todd Lowry, *The Archaeology of Economic Ideas: The Classic Greek Tradition*, p. 222. Ainda assim não pode simplesmente considerar-se que o pensamento económico de Aristóteles seja pobre ou de alcance limitado: como afirma Meikle, *ob. cit.*, p. 179, esse é um "juízo bizarro na apreciação de um autor que primeiro distinguiu entre os conceitos de valor de uso e valor de troca, talvez a distinção mais fundamental para a ciência económica; o autor que primeiro analisou o desenvolvimento das formas de troca; e primeiro formulou o problema do valor". Na realidade, na *Política*, I.9, 1257a5-13, p. 77, surge de modo claro a distinção entre valor de uso e valor de troca. Por seu turno, passagem contida na *Política*, I.9, 1257a28-41, p. 79, relativa ao desenvolvimento das formas de troca e à origem do dinheiro já foi considerada "a base do volume de todo o trabalho analítico no domínio do dinheiro" (cfr. Schumpeter, cit. em Trevor Saunders, *Aristotle: Politics, Books I and II*, p. 92); Marx, por exemplo, não deixa de a ter presente na sua própria análise, contida nos capítulos 3 e 4 do Livro I do *O Capital* (cfr. *O Capital*, Livro I, tomo I, pp. 177-178, nota 6). Finalmente, o problema do valor é tratado na *Ética a Nicómaco*, V.5, pp. 120 e ss., o qual não trata simplesmente da justiça, mas da questão de saber como podem os bens ser comensuráveis através de uma relação de igualdade (cfr. Meikle, *ob. cit.*, pp. 158-163 e 169). A partir daqui é, no entanto, duvidoso afirmar, como faz Judith Swanson, *ob. cit.*, p. 75, que a discussão de Aristóteles de assuntos económicos "sugere que ele seria favorável à posterior e moderna deslocação e autonomização da economia". Pelo contrário, pode até afirmar-se que a desconfiança de Aristóteles em relação ao dinheiro encontra paralelo na sua desconfiança em relação à democracia, no sentido em que o igualitarismo desta última e a sua inerente hostilidade em relação à igualdade proporcional constituem a expressão política do que são o dinheiro e o mercado na esfera económica (cfr., neste sentido, William James Booth, "Household and Market: On the Origins of Moral Economic Philosophy", p. 228).

pois, no limiar da transição entre dois sistemas económicos distintos e essa circunstância histórica, aliada ao carácter inconciliável que ele entendia existir entre o comércio e a vida política e, pelo contrário, à conexão íntima entre a casa como unidade económica e a cidade, permitia-lhe fazer assentar naturalmente a cidade sobre a propriedade auto-suficiente da casa. Por outras palavras, se a Aristóteles não era dado encarar a economia, no sentido moderno, como "subsistema diferenciado da sociedade"[71], era-lhe contudo dado presenciar o desenvolvimento do comércio e identificar uma "arte" de aquisição ilimitada de riqueza a ele associada. Mas, ao mesmo tempo, era-lhe também dado observar, por um lado, o carácter inconciliável dessa forma de aquisição ilimitada e a forma de vida política orientada para a virtude e, por outro lado, a possibilidade de submeter a esta última a arte de aquisição natural própria da economia doméstica. Uma outra razão exigia ainda a Aristóteles a integração da propriedade baseada na auto-suficiência da casa no seu esquema constitucional: trata-se das exigências cíclicas de cancelamento de dívidas e distribuição de terras, aspectos que constituíam os mais persistentes traços de desestabilização das cidades gregas[72]. Em última análise, as propostas de Aristóteles quanto à distribuição das terras entre os cidadãos e a identificação entre o cidadão, o guerreiro e o proprietário têm o seu contraponto necessário, em face daquelas exigências, no ideal de auto-suficiência com o qual apenas se pode bastar a propriedade centrada na casa.

2.5 O sentido da análise de Aristóteles: a subordinação da ordem da propriedade à ordem da política. Toda a argumentação de Aristóteles visando justificar a propriedade privada tem como ponto de partida a propriedade enquanto poder do dono da casa sobre os bens externos (incluindo, principalmente, os escravos), ne-

---

[71] Segundo a conhecida expressão de Talcott Parsons, citado no contexto a que se refere o texto em Finley, *A Economia Antiga*, p. 23.

[72] Rostovtseff nota como esses fenómenos eram muitos mais intensos nas cidades gregas do que em Roma: cfr. *Histoire Économique et Sociale de l'Empire Romain*, pp. 16-17. Cfr. ainda as referências de Aristóteles na *Constituição dos Atenienses*, 2.2, p. 22; 4.4, p. 27; 6.1-2, pp. 28-29; 9.1, p. 34; 10.1, p. 35; 11.2, pp. 35-36; 12.4, p. 37; 13.3, p. 39; 40.3, p. 85; 41.2, p. 87; e na *Política*, III.10, 1281a17-21; V.8, 1309a15-19; VI.3, 1318 a 24-26; VI.5, 1320a5-10 (pp. 223, 395, 447, 457).

cessários à respectiva auto-suficiência, que acresce aos demais poderes que lhe assistem, enquanto chefe de família, sobre a mulher e os filhos. A propriedade é, pois, um dos instrumentos necessários ao governo da casa, entendida como unidade de produção e base material do exercício da cidadania do chefe de família. Só assumindo este pressuposto na análise de Aristóteles, em vez de procurar avaliá-la critica e anacronicamente à luz de ideias modernas relativas à permeabilidade da propriedade ao intervencionismo estatal ou, pelo contrário, ao grau de imunidade que supostamente garante em face dele, se poderá compreender a estrutura e coerência da justificação aristotélica da propriedade privada. E surge agora também claro o sentido em que devemos entender a afirmação de Aristóteles, atrás mencionada, de que cabe ao legislador definir o modo específico de conseguir estabelecer o uso comum da propriedade privada. O próprio Aristóteles se encarrega de esclarecer o sentido de tal afirmação: "a cidade é uma pluralidade que deve ser convertida em comunidade e unidade através da educação"[73].

Aristóteles não se distancia de Platão por pôr em causa o desiderato de alcançar a unidade cívica entre os membros da comunidade política; simplesmente o caminho para alcançar essa unidade não passa para ele, como para Platão, pelo estabelecimento de leis forçando o comunismo, mas por uma educação pública através da qual se forma o carácter dos cidadãos e, ao mesmo tempo, se permite que os mesmos actuem com independência, designadamente através do controlo da sua propriedade[74]. Mas mesmo a educação como forma de alcançar o uso comum da propriedade privada reporta-se, como aliás o uso comum que ela visa propiciar, à descrição da melhor cidade. Este modo de ver resulta da colocação que os três argumentos elaborados na *Política* tendo em vista a justificação da propriedade privada ocupam na estrutura normativa da obra. O primeiro daqueles argumentos, relativo à propriedade como instrumento

---

[73] Cfr. *Política*, II.5, 1263b36-37, p. 121. No sentido de que a acção de legislador na definição do modo de conseguir o uso comum da propriedade privada consiste na educação dos cidadãos, cfr. Schütrumpf, *Aristoteles: Politik, Buch II-III*, pp. 198-199; Robert Mayhew, "Aristotle on Property", p. 829; idem, *Aristotle's Criticism of Plato's* Republic, pp. 112-114.

[74] Cfr. Robert Mayhew, *Aristotle's Criticism of Plato's* Republic, p. 113.

relativo ao desempenho das funções do dono da casa, diz respeito às condições necessárias para a existência de qualquer cidade e, logo, também da melhor cidade. Os outros dois argumentos – o primeiro estabelecendo o regime da "propriedade privada, uso comum", o segundo relacionando propriedade e cidadania – são ambos incluídos na descrição da melhor constituição[75]. Sucede, todavia, que a melhor constituição é aquela que deveria existir na ausência de "constrangimentos exteriores" e numa situação de "virtude provida de recursos"[76]. A sua investigação não é, aliás, a única tarefa da filosofia política[77]. A esta cabe ainda determinar a melhor constituição sob certas circunstâncias, para uma determinada população e estrutura económica[78]; determinar o sistema mais adequado ao conjunto das cidades, ou que é mais geralmente aplicável e mais desejável depois da melhor constituição[79]; estudar a instituição, a queda e a preservação de constituições determinadas[80]. Nesta última perspectiva é possível comparar Aristóteles a Maquiavel, muito embora na sua análise as considerações prudenciais nunca percam de vista o sentido moral último de toda a filosofia política[81], mas nenhuma das tarefas que atribui à filosofia política nos permite colocar Aristóteles no caminho de Siracusa ou atribuir-lhe a revelação de um programa que a história não poderia deixar de levar a cabo. Ao mesmo tempo, não deixa de ser importante observar como na base de todas estas tarefas da filosofia política, e das diversas constituições que ela investiga, se encontra a realidade económica primordial da casa, entendida como entidade natural, e a propriedade privada.

Foi atrás mencionado o entendimento de Richard Mckeon segundo o qual para Aristóteles a propriedade ocupa um lugar subordinado em relação à política. Em que sentido devemos entender esta afirmação? A razão pela qual ela é aqui retomada é a de que muito embora a mesma seja apta a exprimir correctamente o pensamento de

---

[75] Na verdade, Aristóteles afirma-o expressamente: cfr. *Política*, II.5, 1262b37-38, p. 115; VII.1, 1322a12, p. 479.
[76] Cfr. *Política*, IV.1, 1288b22-24, p. 271; IV.2, 1289a30-33, p. 275.
[77] Cfr. Charles H. Kahn, "The Normative Structure of Aristotle's 'Politics'", p. 382.
[78] Cfr. *Política*, IV.1, 1288b24-27, p. 271; IV.2, 1289b17-19, p. 277.
[79] Cfr. *Política*, IV.1, 1288b31-39, p. 273; IV.2, 1289b14-17, p. 277.
[80] Cfr. *Política*, IV.1, 1288b25-30, pp. 271-273; IV.2, 1289b22-25, p. 277.
[81] Cfr. Charles H. Kahn, "The Normative Structure of Aristotle's 'Politics'", pp. 370 e 384.

Aristóteles sobre o tema da propriedade se interpretada de uma certa forma, corre o risco de o deturpar por completo, quando interpretada num outro sentido. Hannah Arendt sustentou que Aristóteles estabelece uma separação cortante entre a política como esfera da deliberação entre livres e iguais e a casa como espaço em que a força e a violência são justificadas como meios para fazer face à necessidade. De acordo com este modo de ver, o despotismo seria o princípio organizativo da casa, enquanto a *polis* seria a esfera da liberdade[82]. Como se viu, nem todo o governo da casa está submetido ao princípio despótico e a propriedade, no contexto da economia doméstica, promove a virtude de um modo que mesmo a organização da melhor cidade não pode dispensar[83]. Além disso, Aristóteles discute as virtudes dos membros da casa, incluindo os escravos, o que não faria sentido se encarasse o seu governo como relevando da mera força[84]. De qualquer modo, é sem dúvida possível sustentar que para Aristóteles a propriedade se encontra subordinada à política, à luz da distinção que ele próprio efectua entre "condição de existência" e "parte constitutiva", atrás mencionada. A propriedade é condição necessária da existência da *polis*, mas não é parte constitutiva dela[85]. Mas precisamente por essa razão, a cidade não pode violar as vidas privadas dos cidadãos e deve respeitar a sua propriedade, sob pena de subverter as bases da sua própria existência[86].

---

[82] Cfr. Hannah Arendt, *The Human Condition*, pp. 26-31.

[83] Cfr. a crítica de Hannah Arendt levada a cabo por Judith Swanson, *The Public and the Private in Aristotle's Political Philosophy*, pp. 9 e ss.

[84] Cfr. *Política*, I.13, 1259b17ss., pp. 93 e ss.

[85] Neste sentido, cfr. Manfred Riedel, *Metaphysik und Metapolitik*, pp. 67-69. Hannah Arendt não deixa, aliás, de o reconhecer quando afirma que "sem dominar as necessidades da vida na casa nem a vida, nem a 'boa vida' são possíveis" (cfr. *The Human Condition*, p. 37). O que fica dito no texto aponta, sem dúvida, para uma leitura unitária do Livro I com os restantes livros da *Política*, como sustenta Josiah Ober, *The Athenian Revolution, Essays on Ancient Greek Democracy and Political Theory*, p. 161. Ao mesmo tempo, a distinção aristotélica evocada no texto, entre "condição necessária" e "parte constitutiva", impede precisamente uma resposta unitária ao problema de saber se para Aristóteles a *polis* inclui apenas os cidadãos, como sustenta Mogens Herman Hansen (cfr., deste último, *The Athenian Democracy in the Age of Demosthenes*, p. 81) ou ainda, para além deles, as mulheres, os escravos e os estrangeiros [cfr. J. Ober, *ob. cit.*, pp. 163 e ss.; António Manuel Martins, "A Sociedade Civil na «Política» de Aristóteles", pp. 234-243].

[86] Hannah Arendt, pondo uma vez mais em causa a sua tese do abismo entre as esferas da casa e da *polis*, não deixa também de admitir isto mesmo: cfr. *The Human*

Aquilo que verdadeiramente sobressai no pensamento de Aristóteles sobre a propriedade não é a maior ou menor utilidade das suas propostas para as condições das sociedades modernas, mas antes a estrutura do seu argumento, capaz de articular eficazmente propriedade e vida política em termos que não põem em causa a existência da primeira e não subvertem a orientação da segunda para o bem comum. O desafio que nos coloca é o de saber se seremos capazes de alcançar esse mesmo equilíbrio num contexto em que os sistemas político e económico se autonomizaram por completo e em que não é sequer pensável confiar à "propriedade viva", base de toda a argumentação de Aristóteles, o desempenho das tarefas necessárias ao sustento da vida que permitem a alguns o acesso à arena política[87]. Mas a estrutura do seu argumento é para nós igualmente perturbante pela sua recusa em suprimir a necessidade e a sorte em benefício exclusivo da justiça[88]. O lugar de cada um na sociedade não decorre para Aristóteles apenas de considerações baseadas na justiça[89], do mesmo modo que ele admite, como se viu, sem quaisquer problemas, a circunstância de o melhor regime ser apenas alcançável em condições favoráveis, em condições que em última análise dependem da sorte.

Condition, pp. 29-30. William Mathie, "Property in the Political Science of Aristotle", pp. 28-29, ao pretender estabelecer uma relação entre o tratamento aristotélico da propriedade e dos regimes políticos, afirma simultaneamente que o "governo para Aristóteles não existe para garantir a propriedade" e que "constitui para Aristóteles uma condenação de um certo tipo de governo dos muitos a possibilidade de este autorizar uma expropriação das posses dos ricos (1281a15-22)". O autor acaba por não conciliar estas duas afirmações, mas é precisamente a distinção entre "condição de existência" e "parte constitutiva" que permite compreender como elas podem ser, sem contradição, simultaneamente válidas no pensamento de Aristóteles.

[87] Neste sentido, a tragédia da especulação filosófica sobre a propriedade é bem expressa por Richard Schlatter, *Private Property*, p. 20, quando afirma: "Os filósofos, quer tenham vivido sob a benemerência dos príncipes, feudais e reais, ou de capitalistas, mais não fizeram, na maior parte dos casos, senão elaborar teorias que foram pela primeira vez escritas para uma audiência de proprietários de escravos".

[88] Cfr. Bernard Williams, *Shame and Necessity*, p. 128, chama precisamente a atenção para a circunstância de o mundo moderno, ao contrário dos gregos, exigir ou esperar (consoante a versão de modernidade que se adopte) que as considerações baseadas na justiça excluam, na medida do possível (a definição desta medida é também, largamente, uma questão de posicionamento no seio da modernidade), o jogo das forças da necessidade económica e cultural e da sorte dos indivíduos na determinação das respectivas posições no seio da sociedade.

[89] Cfr. *Política*, I.6, 1255b2-3, p. 69.

CAPÍTULO 3

S. Tomás de Aquino e Guilherme de Ockham: entre as concepções antiga e moderna da propriedade privada

3.1 O momento ockhamiano. Como atrás foi dito, o entendimento de Villey quanto à origem da categoria do direito subjectivo não se manifesta apenas na pretensa exclusão de qualquer momento subjectivo da linguagem jurídica romana, mas também na sua ideia de que "o berço do direito subjectivo foi a ordem franciscana" e entre os seus monges poderíamos chamar a Guilherme de Ockham "o pai do direito subjectivo"[1]. Villey afirma não pretender atribuir um poder mágico a Ockham, nem tão pouco a Aristóteles[2], mas a verdade é que para ele são as filosofias destes dois autores que estão subjacentes às linguagens jurídicas moderna e romana, respectivamente, e a contraposição entre estas é por ele apresentada como estruturante do pensamento jurídico, ao ponto de se poder dizer que toda a sua obra é constituída por sucessivas variações sobre o tema dessa contraposição. Do mesmo modo que o direito natural (clássico) é a palavra-chave da ciência jurídica romana, o direito subjectivo é a palavra-chave do direito moderno[3]. A expressão direito subjectivo

---

[1] Cfr. Michel Villey, "La Génese du Droit Subjectif chez Guillaume d'Occam", p. 98 (=*Seize Essais de Philosophie du Droit, Dont Un sur la Crise Universitaire*, p. 141); no mesmo sentido, cfr., ainda, Michel Villey, *Le Droit et les Droits de l'Homme*, pp. 118 e ss.; idem, *Leçons d'Histoire de la Philosophie du Droit*, pp. 240 e ss.; idem, *La Formation de la Pensée Juridique Moderne*, pp. 240 e ss.

[2] Cfr. M. Villey, "La Génese du Droit Subjectif chez Guillaume d'Occam", p. 109; idem, *La Formation de la Pensée Juridique Moderne*, p. 248.

[3] Cfr. M. Villey, "La Génese du Droit Subjectif chez Guillaume d'Occam", p. 127; idem, *La Formation de la Pensée Juridique Moderne*, p. 268.

designa aquela espécie de direito que seria em última análise retirada da própria essência do sujeito, que tem no sujeito a sua fonte primeira; em segundo lugar, quanto ao conteúdo, o direito subjectivo seria entendido como um atributo da pessoa – não um objecto, uma coisa ou vantagem que seria colocada em face do sujeito, que lhe seria outorgada do exterior, mas uma sua qualidade, uma das faculdades do sujeito, isto é, um poder do sujeito individual. A estes dois traços do direito subjectivo, isto é, a identificação da sua *fonte* com a própria essência do sujeito, e do seu *conteúdo* com um poder individual, Villey opõe as duas características do direito natural clássico: a *fonte* deste último não reside já na "natureza do homem", mas na "natureza cósmica"; o seu *conteúdo* não se reconduz a um poder do indivíduo, mas à parte que lhe cabe na justa relação objectiva cuja fixação constitui o trabalho dos juristas, os sacerdotes da justiça[4].

Pois bem, a passagem da linguagem romana para a linguagem moderna do direito pode ser encontrada, segundo Villey[5], na *Opus nonaginta dierum* de Guilherme de Ockham, a qual já foi definida como "o documento culminante num século de conflito sobre o mais marcante ideal religioso do final da Idade Média: a pobreza evangélica"[6]. Na obra do *venerabilis inceptor* encontra, pois, Villey o momento «copernicano» da história da ciência do direito, a fronteira entre dois mundos: aquele em que o pensamento jurídico se funda sobre a ordem natural e aquele em que passa a sustentar-se sobre a ideia de poder[7].

---

[4] Cfr. M. Villey, "La Génese du Droit Subjectif chez Guillaume d'Occam", pp. 100-103; idem, *La Formation de la Pensée Juridique Moderne*, pp. 242 e ss.

[5] Cfr. M. Villey, "La Génese du Droit Subjectif chez Guillaume d'Occam", p. 111; idem, *La Formation de la Pensée Juridique Moderne*, p. 251.

[6] A. S. McGrade, prefácio a *A Translation of William of Ockham's Work of Ninety Days*, vol. 1, p. v.

[7] Cfr. M. Villey, *La Formation de la Pensée Juridique Moderne*, p. 267. A tese de Villey de que as origens históricas da categoria do direito subjectivo remontam ao nominalismo e ao voluntarismo da filosofia escolástica tardo-medieval, tem sido objecto de ampla aceitação. Sobre esta aceitação, cfr. Brian Tierney, "Villey, Ockham and the Origin of Individual Rights", p. 2 e nota 5 (o mesmo estudo de Tierney foi mais tarde publicado, com alterações, no seu livro *The Idea of Natural Rights*: cfr., deste último, p. 14). Denotando a influência de Villey, cfr. Stefano Rodotà, *Il Terribile Diritto*, pp. 226-227, nota 156; Eduardo García de Enterría, *La Lengua de los Derechos: La Formación del Derecho Público Europeo tras la Revolución Francesa*, p. 49 e nota 3 (García de Enterría cita Pugliese em

São conhecidas as circunstâncias que levaram Ockham a escrever a *Opus nonaginta dierum*. Em 1322 e 1323, após longa controvérsia, o Papa João XXII, através das bulas *Ad conditorem canonum* e *Cum inter nonnullos*, respectivamente, repudiou a teoria dos franciscanos que baseava a sua pobreza, ao contrário das demais ordens religiosas, não apenas na ausência de propriedade individual, mas também na ausência de propriedade em comum[8]. Segundo os franciscanos, tudo aquilo que usavam os membros da Ordem era propriedade de outrem, quer o doador, quer a própria Igreja. Para eles era também este o sentido em que Jesus e os Apóstolos tinham sido pobres: não tinham a propriedade de nada, quer individualmente, quer em comum, apenas usando as coisas que outros permitiam que

---

apoio da tese de Villey, mas, como se mencionou, Giovanni Pugliese foi justamente um dos mais ferozes opositores da tese de Villey sobre a ausência do conceito de direito subjectivo no direito romano); Isaiah Berlin, "Two Concepts of Liberty", in idem, *Liberty*, p. 176 e nota 1; James Tully, *An Approach to Political Philosophy: Locke in Contexts*, p. 103, nota 36; Niklas Luhmann, *La Differenziazione del Diritto*, pp. 303-304 e notas 11 e 12; Louis Dumont, *Ensaios sobre o Individualismo*, p. 73 e nota 2; Massimo la Torre, *Disaventure del Diritto Soggettivo*, p. 52; Blandine Kriegel, *Philosophie de la République*, pp. 45 e 128-133; Simone Goyard-Fabre, *Les Principes Philosophiques du Droit Politique Moderne*, pp. 266-267; Michael P. Zuckert, *Natural Rights and the New Republicanism*, p. 347, nota 92; André de Muralt, *L'Unité de la Philosophie Politique de Scot, Occam et Suárez au Libéralisme Contemporain*, pp. 87 e 110; José María Lasalle Ruiz, *John Locke y los Fundamentos Modernos de la Propiedad*, pp. 26 ss. Sobre a recepção e discussão internacional do pensamento de Villey, cfr. os vários artigos em J.F. Niort e G. Vannier (eds.), *Michel Villey et le Droit Naturel en Question*, pp. 105 e ss.

[8] A diferença, a este propósito, entre os franciscanos e as demais ordens religiosas é assim expressa por Álvaro Pais, no seu *Status et Planctus Ecclesiae*, Livro II, Artigo 55º: "toda a religião pode ter próprio em comum (...), exceptuando-se a regra e estado dos Frades Menores, que não podem ter próprio mesmo em comum. De facto, na regra deles se contém: «Não tenham os irmãos a propriedade de nada, de nenhm lugar, nem coisa alguma, etc....». Diz *irmãos*, e não *irmão*, para significar *toda a comunidade* e não um *irmão especial*, porque, quanto a este, não havia dúvida, tal como também não quanto aos outros religiosos, que não têm próprio em especial" [cfr. Álvaro Pais, *Estado e Pranto da Igreja (Status et Planctus Ecclesiae)*, vol. VI, p. 279]. Sobre a querela da pobreza e os seus desenvolvimentos antes da intervenção de Ockham, cfr. ainda, Georges de Lagarde, *Naissance de l'Esprit Laïque au Déclin du Moyen Age, I – Bilan du XIIIème Siècle*, p. 68-81; Avelino Folgado, "La Controversia sobre la Pobreza Franciscana bajo el Pontificado de Juan XXII y el Concepto del Derecho Subjectivo", pp. 82-87; Paolo Grossi, "*Usus Facti* (La Nozione di Proprietà nella Inaugurazione dell'Éta Nuova", *Il Dominio e le Cose*, pp. 123-189; Giovanni Tarello, "Profili Giuridici della Questione della Povertà nel Francescanesimo Prima di Ockham", pp. 338 e ss.

eles usassem. Esta distinção entre a propriedade e o uso das coisas está na base da teoria franciscana da pobreza evangélica tal como foi definida pelo geral S. Boaventura, o qual, na sua *Apologia pauperum*, afirma, com efeito, que em relação às coisas temporais ocorre distinguir entre *dominium* e *usus*. Só este último seria irrenunciável na vida terrena; deste modo, a pobreza evangélica deveria consistir na renúncia aos bens terrenos no que respeita ao *dominium* e, no que concerne ao *usus*, poderia consistir, não na renúncia, mas apenas na limitação[9]. A mesma teoria seria depois adoptada na bula *Exiit qui seminat*, dada pelo Papa Nicolau III em 1279[10].

Através da primeira das mencionadas bulas, de Dezembro de 1322, João XXII, cuja formação era, aliás, jurídica e não teológica[11], rejeitou a teoria de acordo com a qual os bens dados aos franciscanos seriam propriedade da Igreja, não retendo aqueles senão o *simplex usus facti*, com exclusão de qualquer título jurídico, fosse ele o de um *jus utendi*, um usufruto ou a posse[12]. De futuro, esses bens seriam propriedade da própria Ordem Franciscana, o que equivalia a

---

[9] Cfr. S. Boaventura, *Apologia pauperum*, Cap. VII, § 3, cit. em Giovanni Tarello, "Profili Giuridici della Questione della Povertà nel Francescanesimo Prima di Ockham", p. 388; John Kilcullen, "The Political Writings", p. 305; Virpi Mäkinen, *Property Rights in the Late Medieval Discussion on Franciscan Poverty*, pp. 57 e ss.

[10] Cfr. Giovanni Tarello, "Profili Giuridici della Questione della Povertà nel Francescanesimo Prima di Ockham", pp. 394 e ss.; segundo Malcolm D. Lambert, *Franciscan Poverty*, p. 153, "toda a substância da exposição doutrinal da pobreza dada na *Exiit* foi tomada da *Apologia pauperum* de Boaventura". O texto em latim da bula *Exiit qui seminat* pode consultar-se com facilidade em, por exemplo, www.franciscan-archive.org/bullarium/exiit-l.html ou em www.papalencyclicals.net/Nichol03/exiit-l.html. Existem também traduções disponíveis em inglês (www.mq.edu.au/~ockham/wexiit.html, para além dos sítios previamente indicados) e espanhol (www.franciscanos.net/teologos/document/exiit e www.intratext.com/X/ESL0248.HTM).

[11] Sobre a formação de João XXII, cfr. M. D. Lambert, "The Franciscan Crisis under John XXII", pp. 125 e ss., o qual tempera a ideia generalizada de que o Papa João XXII seria um ignorante em matéria teológica, veiculada desde logo pelo próprio Ockham (que se lhe refere como "unus brigosus causidicus, theologiae facultatis omnino ignarus", no seu *Tractatus contra Benedictum*: cfr. Guillelmi de Ockham, *Opera Politica*, vol. III, ed. H. S. Offler, p. 213), sem deixar de salientar a sua formação jurídica e o seu espírito prático.

[12] De acordo com essa teoria, como afirma Álvaro Pais, *Status et Planctus Ecclesiae*, Livro II, Artigo 56º, "o simples uso de facto ou acto pode ser separado do domínio e participado e exercido em comum nas coisas consumíveis, ficando o domínio com o verdadeiro senhor" [cfr. *Estado e Pranto da Igreja (Status et Planctus Ecclesiae)*, vol. VI, p. 299].

repudiar o modo como os franciscanos entendiam o seu voto de pobreza. Na verdade, esse entendimento, assentando na ideia de que a Igreja podia ser proprietária de bens de que os franciscanos tinham um uso permanente, contrariava, por um lado, a impossibilidade de distinguir uso e propriedade relativamente aos bens consumíveis e, por outro lado, não afastava a ilicitude de todo o acto de consumo de quem não tem um título, pelo menos um *ius utendi*, sobre o bem em questão[13]. Com a bula *Cum inter nonnullos*, de Novembro de 1323, João XXII rejeitou ainda a doutrina de que Jesus e os Apóstolos não tinham o domínio de nada, quer individualmente, quer em grupo[14]. Por último, através da bula *Quia quorundam*, de Novembro de 1324, João XXII defendeu as anteriores bulas contra os críticos que sustentavam estar para além do seu poder alterar as posições firmadas por

---

[13] Cfr. Giovanni Tarello, "Profili Giuridici della Questione della Povertà nel Francescanesimo Prima di Ockham", pp. 418-419; Virpi Mäkinen, *Property Rights in the Late Medieval Discussion of Franciscan Poverty*, pp. 164 e ss.; John Kilcullen, "The Political Writings", p. 306, afirma ainda que a distinção franciscana entre *dominium* e *usus* contrariava, na argumentação da bula *Ad conditorem*, o princípio de direito romano, atrás mencionado, segundo o qual a propriedade e o usufruto não podem ser separados permanentemente, mas a verdade é que os franciscanos não aceitavam sequer a titularidade de um usufruto sobre quaisquer bens. No entanto, como de resto afirma o autor, o certo é que a propriedade separada permanentemente do uso, seja este entendido como um direito ou um simples uso de facto, seria uma propriedade "simples" ou "nua" e, nessa medida, inútil, pelo que a respectiva rejeição pelos franciscanos não seria constitutiva de pobreza. Ao modo como as doutrinas franciscanas punham decisivamente em causa as concepções jurídicas romanas regressar-se-á adiante.

[14] Álvaro Pais transcreve a bula *Cum inter nonnullos* no artigo 59º do Livro II do seu *Status et Planctus Ecclesiae*, de onde se extraiem as seguintes passagens: "Acontecendo muitas vezes entre alguns homens das escolas pôr-se em dúvida se o afirmar pertinazmente que o nosso Redentor e Senhor Jesus Cristo e seus apóstolos não tiveram algumas coisas em especial e em comum deve ser considerado herético, e sendo sobre isso várias e contraditórias as opiniões, Nós, desejando pôr fim a este debate, declaramos, com este edicto perpétuo e com o conselho dos nossos irmãos, que tal afirmação pertinaz (...) deve ser considerada errónea e herética, visto contradizer expressamente a Sagrada Escritura, que afirma em muitos lugares que eles tiveram próprio (...). Por outro lado, julgamos com o conselho dos mesmos irmãos que deve ser justamente considerada errónea e herética a pertinaz afirmação de que ao nosso Redentor e seus apóstolos não competiu o direito de usar (ou consumir) as coisas que a Sagrada Escritura atesta terem tido, nem tiveram o direito de as vender ou dar, nem com elas adquirir outras, quando a Sagrada Escritura testemunha (...) ou expressamente supõe que eles fizeram ou podiam fazer isso" [cfr. *Estado e Pranto da Igreja (Status et Planctus Ecclesiae)*, vol. VII, p. 3].

Nicolau III. Decorridos alguns anos, em 1329, João XXII emite ainda uma quarta bula, *Quia vir reprobus*, que motivou a reacção de Ockham através da *Opus nonaginta dierum*. No período de tempo decorrido entre as três primeiras bulas e a última as posições do Papa e de alguns frades menores haviam-se, com efeito, extremado. Em 1324, Guilherme de Ockham havia saído de Inglaterra com destino a Avignon, onde se encontrava na altura o Papa, a fim de defender as suas posições teológicas e filosóficas perante uma comissão nomeada para examinar a respectiva ortodoxia. Mas a sua chegada a Avignon foi seguida da chegada à corte papal, em Dezembro de 1327, do geral da Ordem Franciscana, Miguel de Cesena, o qual solicitou a Ockham o estudo das três primeiras bulas de João XXII sobre a questão da pobreza e da propriedade dos frades menores. Na noite de 26 de Maio de 1328 Ockham abandonou Avignon na companhia de Miguel de Cesena e outros franciscanos, dirigindo-se primeiro para Itália, onde se juntaram à corte de Luís da Baviera, e depois para Munique, onde Ockham haveria de permanecer o resto dos seus dias. Depois de abandonar Avignon, o geral dos franciscanos, que até aí havia mantido uma atitude prudente em relação às posições de João XXII, publicou um apelo, em que Ockham figura como signatário, submetendo essas posições a uma dura crítica e considerando-as heréticas. O Papa respondeu através da bula *Quia vir reprobus*, de 1329[15]. A *Opus nonaginta dierum*, redigida, como o seu nome indica, num período de três meses, provavelmente no início de 1332, constitui, pois, uma réplica à resposta do Papa às críticas que a este havia movido Miguel de Cesena e inaugura o período da escrita política de Ockham[16]. Nesse período, Ockham, cuja produção nos domínios da

---

[15] Para uma análise da doutrina desta bula, cfr. George Knysh, *Political Ockhamism*, pp. 309-311.

[16] Aliás, é exactamente igual o número de capítulos da *Opus nonaginta dierum*, isto é, 124, e o número de parágrafos da *Quia vir reprobus*, cada um dos quais surge reproduzido no início de cada capítulo da obra de Ockham. Cfr. John Kilcullen, "The Political Writings", p. 307; John Kilcullen e John Scott, "Introduction", vol. 1, pp. 1-4; Arthur Stephen McGrade, *The Political Thought of William of Ockham*, pp. 8 e ss.; George Knysh, *Political Ockhamism*, pp. 25 e ss.; Brian Tierney, *The Idea of Natural Rights*, pp. 93 e ss.; Rega Wood, *Ockham on the Virtues*, pp. 4-6; Jürgen Miethke, "La Théorie Politique de Guillaume d'Ockham", pp. 93 e ss.; Michel Villey, *La Formation de la Pensée Juridique Moderne*, pp. 251 e ss.; Marino Damiata, *Guglielmo d'Ockham: Povertà e Potere, I – Il Problema della Povertà Evangelica e Francescana nel Sec. XIII e XIV. Origine del Pensiero Politico di G. d'Ockham*, pp. 391 e ss.

lógica formal e da filosofia se situa quase toda anteriormente, durante a sua permanência em Oxford, escreverá ainda, com interesse para a questão que nos ocupa, o *Dialogus*, entre 1335 e 1346, e o *Breviloquium de principatu tyrannico*, entre 1341 e 1342.

Em que sentido se pode, pois, afirmar, como o faz Villey, que o pensamento de Ockham, expresso designadamente na *Opus nonaginta dierum*, representa um momento coperniciano na história do direito? A singularidade desta obra consistiria no facto de, ao discutir a bula *Quia vir reprobus*, Ockham elaborar um conjunto de definições dos termos jurídicos objecto da controvérsia relativa à pobreza e à propriedade dos franciscanos: *usus facti*; *usus juri*; *jus utendi*; *res usu consumptibiles*; *dominium*; *proprietas*. Em todas estas definições estaria presente a particularidade, cuja chave Villey afirma encontrar-se na filosofia de Ockham, de a noção de direito se encontrar no sentido de poder[17]. Assim, para Ockham *ius* significa *potestas* e um direito seria um poder lícito. A mais significativa das definições de Ockham é para Villey a do *ius utendi*, ou, como esclarece, o "poder de usar a coisa que de resto pertence também ao proprietário gozando a plena propriedade": o *jus utendi* seria um poder lícito de usar uma coisa exterior de que alguém não deve ser privado contra a sua vontade, sem culpa própria e motivo razoável, sob pena de perseguição judicial[18].

---

[17] Cfr. M. Villey, *La Formation de la Pensée Juridique Moderne*, pp. 256-257.

[18] "ius utendi est potesta licita utendi re extrinsica, qua quis sine culpa sua et absque causa rationabili privari non debet invitus; et si privatus fuerit, privantem poterit in iudicio convenire": cfr. Guillelmi de Ockham, *Opus Nonaginta Dierum*, cap. 2, 155, in *Opera Politica*, I, ed. H. S. Offler, p. 302; *A Translation of William of Ockham's Work of Ninety Days*, vol. 1, p. 61 (a citação da *Opus nonaginta dierum* será acompanhada da indicação do capítulo e da linha na edição crítica de Offler, para além da indicação da página nesta mesma edição e na tradução inglesa de John Kilcullen e John Scott). Villey não menciona, no entanto, a noção de *dominium*, em sentido estrito, apresentada por Ockham: "o domínio é um poder humano principal de reivindicar uma coisa temporal em juízo, e de a tratar de qualquer modo não proibido pelo direito natural" (cfr. Guillelmi de Ockham, *Opus Nonaginta Dierum*, cap. 2, 391-393, in *Opera Politica*, I, ed. H. S. Offler, p. 308; *A Translation of William of Ockham's Work of Ninety Days*, vol. 1, p. 70), nem tão pouco a circunstância de o conceito de *ius utendi* mencionado no texto ser o *ius utendi positivum*, ao qual Ockham opunha o *ius utendi naturale* (Guillelmi de Ockham, *Opus Nonaginta Dierum*, cap. 61, 34-45, in *Opera Politica*, II, ed. H. S. Offler, p. 559; *A Translation of William of Ockham's Work of Ninety Days*, vol. 1, p. 415): a omissão desta presença do direito natural no sistema de Ockham é um traço persistente da análise de Villey. Um resumo das definições de *ius*, *dominium*, *ius utendi*, *usus iuris*, formuladas por Ockham

Através desta definição, Ockham teria sido o primeiro a equacionar direito e poder e, assim, o primeiro a conceber a ideia de direito subjectivo.

A equação entre direito e poder teria um aproveitamento fácil de compreender no âmbito da querela da pobreza, na medida em que permitiria restituir um sentido à oposição entre direito e o «uso de facto». Esta última noção, igualmente definida por Ockham no capítulo segundo da *Opus nonaginta dierum*, reconduz-se ao acto de usar uma coisa exterior, como habitar, comer, beber ou vestir roupas[19]. Ora, não haveria qualquer renúncia por parte dos franciscanos ou de Cristo a este simples uso de facto, apenas uma renúncia ao poder[20]. Mas a ideia do simples uso de facto obrigava ainda, segundo Villey, a uma outra distinção. Na verdade, o uso de uma coisa não podia deixar de se basear numa permissão, mas sendo esta válida, argumentava João XXII, a pessoa a quem a permissão foi dada não poderia deixar de ter um direito de usar a coisa. É com vista a

---

pode ver-se em Avelino Folgado, "La Controversia sobre la Pobreza Franciscana bajo el Pontificado de Juan XXII y el Concepto del Derecho Subjectivo", pp. 99 e ss.

[19] Cfr. Guillelmi de Ockham, *Opus Nonaginta Dierum*, cap. 2, 99, in *Opera Politica*, I, ed. H. S. Offler, p. 300; *A Translation of William of Ockham's Work of Ninety Days*, vol. 1, p. 58.

[20] A afirmação é do próprio Villey: "nem os franciscanos, nem Cristo renunciaram a ele [ao uso de facto]; não renunciaram senão ao *poder*" (em itálico no original; cfr. "La Genèse du Droit Subjectif chez Guillaume d'Occam", p. 118). Mas não é inteiramente correcta: para além da definição de direito de uso em sentido estrito mencionada no texto, Ockham refere também um poder lícito genérico de usar conferido por Deus a todo o género humano ("licita potestas utendi communissima est potestas utendi, quam Deus in primis parentibus post peccatum vel ante toti humano generi dedit": cfr. *Opus Nonaginta Dierum*, cap. 4, 199-201, in *Opera Politica*, I, ed. H. S. Offler, p. 333; *A Translation of William of Ockham's Work of Ninety Days*, vol. 1, p. 105). Ora, este poder lícito genérico de usar, a que adiante voltarei a referir-me no texto, seria tão apto a fundar a licitude de um uso de facto como qualquer domínio, individual ou comum. A permissão do proprietário é igualmente apta a tornar lícito o simples uso de facto e é precisamente para contornar o argumento segundo o qual, nesse caso, o uso de facto estaria, afinal, dependente de um direito, que Ockham explora a distinção entre *ius poli* e *ius fori*, como se afirma no texto. Quer o "direito do céu", quer o "direito do foro", se incluem no sentido mais genérico de *ius*, enquanto "qualquer poder lícito" (*omni licita potestate*: cfr. *Opus Nonaginta Dierum*, cap. 6, 170, in *Opera Politica*, I, ed. H. S. Offler, p. 359; *A Translation of William of Ockham's Work of Ninety Days*, vol. 1, pp. 141-142), mas a distinção entre ambos exprime na realidade, como se verá, a distinção entre direito natural e direito positivo.

responder a esta objecção que Ockham introduz a distinção entre *jus fori* e *jus poli*. Ockham começa por argumentar que nem toda a permissão estabelece um direito. Assim, por vezes é dada uma permissão para usar determinadas coisas que pode ser livremente revogada, como sucede no caso de todos aqueles que concedem aos Frades Menores permissão para viver nos seus lugares e podem revogá-la livremente; noutros casos é dada uma permissão para usar coisas que não pode ser revogada livremente como sucede no caso das coisas emprestadas (*commodatum*) de acordo com o direito civil e canónico. Existiria assim uma razão pela qual a permissão pode, em alguns casos, ser considerada um direito e não o ser em outros: porque nalguns casos a permissão pode ser revogada livremente e em outros não[21]. Naqueles casos em que a permissão do uso de uma coisa pode ser revogada livremente pelo seu dono, apenas se pode dizer que ela estabelece um "direito do céu" (*jus poli*), mas não um "direito do foro" (*jus fori*), que permita litigar num tribunal. Seguir-se-ia que uma permissão que pelo direito do foro pode ser revogada livremente não deveria ser vista como incluída no seu âmbito[22]. Só o *dominium*, o usufruto, o *jus utendi*, ao contrário do simples uso de facto, são direitos que existem por ordenação humana e a sua essência consiste precisamente, segundo Villey, no poder de recorrer à sanção criada pelo Estado, em caso de violação[23].

---

[21] Cfr. Guillelmi de Ockham, *Opus Nonaginta Dierum*, cap. 64, 23-63, in *Opera Politica*, I, ed. H. S. Offler, pp. 571-572: "quod licentia, quae iure fori potest a concedente ad placitum revocari, est de iure fori minime reputanda"; *A Translation of William of Ockham's Work of Ninety Days*, vol. 1, pp. 433-434.

[22] Cfr. Guillelmi de Ockham, *Opus Nonaginta Dierum*, cap. 65, 69-70, in *Opera Politica*, I, ed. H. S. Offler, p. 574; *A Translation of William of Ockham's Work of Ninety Days*, vol. 1, pp. 436-437.

[23] Cfr. Michel Villey, *La Formation de la Pensée Juridique Moderne*, p. 259; idem, "La Genèse du Droit Subjectif chez Guillaume d'Occam", p. 118. A exposição de Villey ignora, no entanto, a circunstância de Ockham encarar a distinção entre *ius poli* e *ius fori* como uma instância da distinção entre direito natural e direito positivo. Na realidade, como se diz na *Opus nonaginta dierum*, "Omne ius vel est divinum vel humanum; et si humanum, vel est naturale et poli, vel est ius positivum et fori" (cfr. Guillelmi de Ockham, *Opus Nonaginta Dierum*, cap. 65, 228-230, in *Opera Politica*, II, ed. H. S. Offler, p. 578; *A Translation of William of Ockham's Work of Ninety Days*, vol. 1, pp. 443-444). Brian Tierney, *The Idea of Natural Rights*, pp. 118 e s., considera mesmo que através da distinção entre *ius poli* e *ius fori*, Ockham não se mostrava interessado em explorar a distinção formal

A fim de demonstrar que para Ockham o direito é concebido como um "sistema centrado sobre o poder do indivíduo, em que a noção fundamental é doravante a de poder", Villey procura apoio, não apenas na *Opus nonaginta dierum*, mas também no *Breviloquium de principatu tyrannico*, sobretudo nos capítulos sétimo e seguintes do respectivo livro III[24]. Nessa obra, a ordem jurídica é apresentada, para Villey, como um conjunto infra-ordenado de poderes. Centremo--nos, no entanto, na exposição de Ockham, conjugando o *Breviloquium* com a *Opus nonaginta dierum*. No topo encontra-se, sem dúvida, Deus, "ao qual todas as coisas pertencem, tanto por direito de criação como por direito de conservação, e sem a generosidade do qual todas as coisas retornariam ao nada"[25]. Através de uma concessão particular de Deus teriam sido, pois, estabelecidos um domínio comum a todo o género humano, bem como o poder de apropriação

---

entre *ius* como direito objectivo e como direito subjectivo, mas em afirmar a distinção entre direitos positivos e direitos naturais (sobre a presença do direito natural na definição ockhamiana de *ius poli*, cfr., ainda Avelino Folgado, "La Controversia sobre la Pobreza Franciscana bajo el Pontificado de Juan XXII y el Concepto del Derecho Subjectivo", pp. 104 e ss.; Annabel S. Brett, *Liberty, Right and Nature*, pp. 66-67; cfr., ainda, Luca Parisoli, *Volontarismo e Diritto Soggettivo, La Nascita Medievale di una Teoria dei Diritti nella Scolastica Franciscana*, pp. 98 e 199-207, afirmando também a essencialidade da ideia de *ius poli* no pensamento de Ockham, que aproxima da ideia contemporânea de direitos universais do homem e considera distinta de qualquer versão clássica do direito natural).

[24] Cito a partir da edição crítica de Richard Scholz, *Wilhelm von Ockham als politischer Denker und sein Breviloquium de principatu tyrannico*, pp. 125 e ss. (doravante *Breviloquium*, seguido da indicação do livro, capítulo e página, segundo a edição de Scholz), bem como das traduções francesa de Jean-Fabien Sptiz e inglesa de John Kilcullen: cfr. Guillaume d'Ockham, *Court Traité du Pouvoir Tyrannique*, pp. 206 e ss.; William of Ockham, *A Short Discourse on Tyrannical Government*, pp. 87 e ss.

[25] Cfr. Ockham, *Breviloquium*, III, 7, p. 126; *Court Traité du Pouvoir Tyrannique*, p. 208; *A Short Discourse on Tyrannical Government*, p. 89. A afirmação de Ockham citada no texto diz apenas respeito ao poder de usar e ao poder de se apropriar das coisas temporais, não abrangendo a criação de domínios exclusivos. Na *Opus nonaginta dierum* Ockham concede que num certo sentido todo o domínio foi introduzido pelo direito divino, pois como se diz na *Epístola aos Romanos*, 13, 1, *Non est potestas nisi a Deo*. Neste sentido é correcto dizer que todo o domínio procede de Deus: "Sic nullum est dominium, nisi aliquo modo a iure divino, quia a Deo est omne dominium" (cfr. Guillelmi de Ockham, *Opus Nonaginta Dierum*, cap. 88, 270-274, in *Opera Politica*, I, ed. H. S. Offler, p. 660; *A Translation of William of Ockham's Work of Ninety Days*, vol. 2, p. 560). Todavia, o sentido da sua análise, como se verá, é o de estabelecer o tipo de domínio a que chama propriedade como uma criação do direito humano.

das coisas temporais. Aquele primeiro tipo de domínio, comum a todo o género humano, foi o que existiu na idade da inocência. Trata-se de um domínio em sentido impróprio, porque designa na realidade um poder de uso, o poder de gerir as coisas temporais e de as usar para o proveito próprio[26]. Na idade da inocência não existia, no entanto, ao lado deste poder, o poder de apropriação de uma coisa temporal por uma pessoa, ou por um colégio ou por uma pluralidade de pessoas particulares, mas antes o domínio próprio do estado de inocência, isto é, o poder de dirigir e governar as coisas temporais sem a sua resistência. Este domínio próprio do estado de inocência foi substituído, em consequência da introdução do pecado, pelo poder de apropriação das coisas temporais, útil como forma de moderar os apetites imoderados e a corrupção resultantes daquela introdução. Depois do pecado, o primeiro tipo de domínio, em sentido impróprio, ou *potestas utendi*, que já vinha desde o estado de inocência, passou, pois, a coexistir com o poder de apropriação das coisas temporais[27], mas a propriedade não existiu imediatamente depois da queda[28]. A propriedade, isto é, o domínio exclusivo a que

---

[26] Na *Opus nonaginta dierum*, para além do primeiro tipo de domínio referido no *Breviloquium* é ainda mencionado um tipo de domínio que apenas teria existido na condição de inocência, como se diz a seguir no texto. Trata-se do "poder de dirigir e governar razoavelmente as coisas temporais sem a sua resistência violenta" (*dominium omnium temporalium datum primus parentibus fuit potestas rationabiliter regendi et gubernandi temporalia absque eorum resistentia violenta*): cfr. Guillelmi de Ockham, *Opus Nonaginta Dierum*, cap. 14, 73-76, in *Opera Politica*, II, ed. R. F. Bennett e H. S. Offler, p. 432; *A Translation of William of Ockham's Work of Ninety Days*, vol. 1, p. 234. A este domínio acresce ainda, antes do pecado, o poder de usar certas e determinadas coisas, dado aos nossos primeiros pais e às criaturas vivas da terra, para que pudessem usar algumas coisas e não outras (*Praeter istud dominium, fuit data ipsis et animantibus terrae potestas utendi quibusdam rebus determinatis, ita quod aliquibus uti poterant et non aliis*): cfr. Guillelmi de Ockham, *Opus Nonaginta Dierum*, cap. 14, 92-94, in *Opera Politica*, II, ed. H. S. Offler, p. 432; *A Translation of William of Ockham's Work of Ninety Days*, vol. 1, p. 235. É este o primeiro tipo de domínio, aludido no *Breviloquium*, que Ockham afirma coexistir com o poder de apropriação introduzido pelo pecado; o domínio como poder de controlar as coisas sem encontrar resistência perdeu-se com a queda.

[27] Cfr. Jürgen Miethke, *Ockhams Weg zur Sozialphilosophie*, pp. 473-474.

[28] Isto mesmo se afirma no *Breviloquium*, embora a explicação seja dada de forma mais circunstanciada na *Opus nonaginta dierum*: cfr. Ockham, *Breviloquium*, III, 7, p. 126; *Court Traité du Pouvoir Tyrannique*, p. 208; *A Short Discourse on Tyrannical Government*, p. 89; Guillelmi de Ockham, *Opus Nonaginta Dierum*, cap. 14, 361-367, in

os juristas chamam propriedade, tem uma origem exclusivamente humana[29].

Ockham, como se disse, refere-se à condição própria do género humano após a introdução do pecado, para explicar o poder de apropriação. Segundo ele, o poder de se apropriar das coisas temporais, incluindo seres racionais, como mulheres e crianças, deve ser visto como algo necessário e útil ao género humano para viver bem depois do pecado. É esta mesma razão que o leva a secundar a crítica dirigida por Aristóteles a Platão, para o qual uma cidade em que todas as coisas são comuns seria melhor constituída do que aquela em que existe apropriação privada. Para Aristóteles, afirma ele, a multidão é má e, por isso, as coisas comuns são objecto de menos cuidado e zelo do que as coisas próprias de cada um; perante tais homens a apropriação das coisas é melhor do que a comunidade[30]. Ao mesmo tempo, todavia, Ockham, tendo certamente em vista a renúncia à propriedade pelos membros de uma comunidade religiosa, ressalva o caso de uma multidão de homens perfeitos, ou de homens que procuram a perfeição com todas as suas forças, pois estes mostrariam maior zelo pelas coisas comuns do que pelas próprias. Ockham afirma igualmente que a mesma razão que levou Deus a conceder aos homens o poder de se apropriar das coisas temporais, levou-O também a conceder o poder de estabelecer governantes com jurisdição temporal, pois também esta é uma das coisas necessárias

---

Opera Politica, II, ed. H. S. Offler, p. 439; *A Translation of William of Ockham's Work of Ninety Days*, vol. 1, p. 244. Ockham distingue, nesta última obra, três períodos: na condição de inocência, existiu o domínio como poder de controlar as coisas temporais sem encontrar resistência; depois da queda, existiu o poder de dividir e apropriar-se das coisas (e se este poder pode ser chamado domínio, pode conceder-se, segundo Ockham, a existência de um domínio comum); finalmente, o terceiro tempo foi o que se iniciou com a divisão das coisas e deu origem ao domínio exclusivo a que chamamos propriedade. Com qualquer um dos domínios existentes nestes três períodos coexistiu o primeiro tipo de domínio a que alude o *Breviloquium*. Sobre a questão, cfr., ainda, Brian Tierney, *The Idea of Natural Rights*, p. 166; Jürgen Miethke, *Ockhams Weg zur Sozialphilosophie*, pp. 476-477.

[29] Cfr. *Breviloquium*, III, caps. 7, p. 126 e 9, pp. 129-130; *Court Traité du Pouvoir Tyrannique*, pp. 207 e 211-213; *A Short Discourse on Tyrannical Government*, pp. 88, 92-93 (a tradução francesa de Jean-Fabien Spitz nem sempre é fiável, particularmente quando parece identificar o poder de se apropriar das coisas temporais com o domínio exclusivo, ou propriedade).

[30] Cfr. Aristóteles, *Política*, II.1-5, 1260 b35 – 1264 b25 (pp. 103-125).

para viver bem. Ockham refere, depois, várias vezes, o "duplo poder" de apropriação das coisas temporais e de estabelecer governantes com jurisdição[31]. Este "duplo poder" não respeita, no entanto, à propriedade ou "domínio exclusivo", por um lado, e ao poder político instituído, por outro. Ockham tem, com efeito, muito clara a distinção entre o poder de apropriação das coisas temporais e o "domínio exclusivo", bem como a distinção entre jurisdição e o poder de estabelecer a jurisdição[32]. É precisamente a diferenciação clara entre os dois pares de conceitos que lhe permite argumentar no sentido da origem propriamente humana, quer da propriedade, quer da jurisdição.

Para Villey todo o sistema de Ockham se apresenta como uma "cascata de poderes", todos eles tendo origem, directa ou indirectamente, no poder absoluto de Deus. Segundo afirma, "toda a ordem social seria atribuição e distribuição de liberdades, dessas liberdades essenciais à vida moral cristã do indivíduo. *E não existe nada mais*. Os direitos subjectivos dos indivíduos preencheram o vazio resultante da

---

[31] Cfr. Ockham, *Breviloquium*, III, 7 e 8, p. 128; *Court Traité du Pouvoir Tyrannique*, pp. 209 e 210; *A Short Discourse on Tyrannical Government*, pp. 90 e 91. Na *Opus nonaginta dierum* a distinção entre o poder de estabelecer o domínio e o domínio em sentido estrito, ou propriedade, é também muito claramente afirmada: "primi parentes post peccatum non habuerunt dominio commune omnium temporalium proprie loquendo de dominio, sed habebant potestatem appropriandi sibi et etiam acquirendi commune dominium; quia quae in nullius bonis sunt, occupanti conceduntur": cfr. Guillelmi de Ockham, *Opus nonaginta dierum*, cap. 14, 188-192, in *Opera Politica*, II, ed. H. S. Offler, p. 435; *A Translation of William of Ockham's Work of Ninety Days*, vol. 1, p. 238. Do mesmo modo, no capítulo 14 da *Opus nonaginta dierum* se alude à circunstância, mencionada no trecho do *Breviloquium* a que alude o texto, de o poder de apropriação ser conforme aos ditames da razão natural na condição do homem posterior ao pecado. Afima aí Ockham, com efeito, o seguinte: "E se se perguntar de que fonte tiveram os nossos primeiros pais um tal poder de se apropriar das coisas temporais, poder esse que não tinham antes do pecado, eles dizem [os adversários de João XXII] que tinham esse poder da natureza corrupta. Pois está demonstrado pelos ditames da razão natural que é útil para aqueles que podem pecar ter também o poder de se apropriar, a menos que alguns se privem desse poder voluntariamente, por forma a que ninguém deva no começo ser compelido a prescindir dele" (cfr. Guillelmi de Ockham, *Opus nonaginta dierum*, cap. 14, 200-206, in *Opera Politica*, II, ed. H. S. Offler, p. 435; *A Translation of William of Ockham's Work of Ninety Days*, vol. 1, p. 239).

[32] Cfr. Ockham, *Breviloquium*, III, 9, pp. 129-130; *Court Traité du Pouvoir Tyrannique*, p. 211; *A Short Discourse on Tyrannical Government*, p. 92; cfr., ainda, Marino Damiata, *Guglielmo d'Ockham: Povertà e Potere, II – Il Potere como Servizio. Dal Principatus Dominativus al Principatus Ministrativus*, pp. 340-343.

perda do direito natural"[33]. Assim, o pensamento de Ockham é-nos apresentado como "resolutamente positivista"[34], reduzindo todo o sentido da ideia de direito à categoria do direito subjectivo e assentando todas as instituições jurídicas na vontade e poder de indivíduos, a começar pelo ser individual ao qual todos os homens se encontram submetidos, a pessoa divina, sem procurar a sua origem numa natureza impessoal na qual se possa descobrir uma ordem. A explicação encontrar-se-ia na filosofia nominalista de Ockham[35].

Pois bem, compreende-se o alcance prático imediato das distinções efectuadas por Ockham entre os tipos de domínio existentes antes e depois da introdução do pecado, tal como se compreende a sua necessidade de estabelecer com precisão as noções de *usus facti*, *usus juri*, *jus utendi*, *res usu consumptibiles*, *dominium* e *proprietas*, e ainda a sua distinção entre o *ius poli* e o *ius fori*. Através dessas distinções, Ockham arquitectava um sistema capaz de defender eficazmente a ideia de um uso de facto, mesmo das coisas consumíveis, separado de qualquer direito, e a ideia conexa de que Cristo e os Apóstolos não tinham a propriedade das coisas que usavam. O que importa agora apurar é se, para além desse intuito imediato, o seu pensamento "inaugura, como pretende Villey, uma verdadeira revolução coperniciana no pensamentos político e jurídico, uma mudança de orientação básica de uma visão objectiva para uma visão subjectiva de legitimidade económica, social e até ética"[36]; ou se, pelo contrário, "a compreensão de Villey do direito natural aristotélico como um ideal ao qual deveria regressar a civilização moderna", ou seja, se o "seu compromisso com uma posição filosófica particular" não o

---

[33] Cfr. Michel Villey, *La Formation de la Pensée Juridique Moderne*, pp. 266-267.

[34] Cfr. Michel Villey, "La Genèse du Droit Subjectif chez Guillaume d'Occam", p. 123.

[35] Cfr. Michel Villey, *La Formation de la Pensée Juridique Moderne*, pp. 260 e 261; idem, "La Genèse du Droit Subjectif chez Guillaume d'Occam", p. 121: "Enquanto a ciência de Aristóteles é «do geral», lança-se à procura de noções gerais, atém-se a uma ordem «cósmica» (de onde se pode inferir a noção romana de *ius*), a ciência segundo o nominalismo gravita em torno do indivíduo. O indivíduo apenas é dotado de existência real, ele é o único centro de interesse, o único objecto autêntico dos nossos conhecimentos. De modo que não pode existir mais uma ordem jurídica que não proceda da vontade individual".

[36] Cfr. Arthur Stephen McGrade, "Ockham and the Birth of Individual Rights", p. 149. Deve, desde logo, que o entendimento de McGrade não é idêntico ao de Villey, como adiante se verá.

levou a apresentar "uma versão distorcida do curso da história intelectual medieval"[37].

Antes de se avaliar a importância do pensamento de Ockham, tomando como ponto de partida a questão colocada por Villey, não se pode deixar de notar, desde logo, os termos da comparação por este efectuada entre o pensamento de Ockham e o de Marsilius de Pádua, procurando excluir este último do momento revolucionário reservado àquele. A comparação entre Guilherme de Ockham e Marsilius de Pádua, aliás Marsilius dei Mainardini (1275/80-1342/3) é, com efeito, incontornável. Companheiro de Ockham na corte de Luís da Baviera, as posições assumidas por Marsilius de Pádua no *Defensor Pacis* são por vezes mais radicais do que as de Ockham na crítica das pretensões do papa e a sua importância para o desenvolvimento da ideia de soberania popular é justamente salientada[38]. Villey separa, no entanto, Ockham de Marsilius de Pádua porque através do pensamento deste seria ainda possível afirmar que "o método do direito natural triunfava no direito público no começo do século XIV", que as conclusões de Marsilius sustentando a primazia do poder imperial seriam ainda obtidas "a partir de uma visão do mundo repousando sobre a observação da natureza"[39]. Mas Marsilius também sustentou, embora com objectivos políticos subordinados a preocupações diferentes daquelas que moviam os franciscanos, que a prática da pobreza verdadeiramente meritória implicava a renúncia a todos os direitos sobre a propriedade, que Cristo e os Apóstolos haviam praticado tal pobreza e que a Igreja do seu tempo deveria seguir esse exemplo[40]. Ora, neste contexto, a sua distinção entre domínio e simples

---

[37] Cfr. Brian Tierney, *The Idea of Natural Rights*, p. 34.

[38] Muito embora seja muito discutida a relação do seu pensamento com a filosofia política e moral de Aristóteles: considerando Marsilius como um positivista, cfr. Alan Gewirth, *Marsilius of Padua*, vol. I, pp. 132 e ss., 167 e ss. e 303 e ss.; em sentido contrário, sustentando que Marsilius adopta um conceito basicamente aristotélico da comunidade política, cfr. Janet Coleman, *A History of Political Thought, From the Middle Ages to the Renaissance*, pp. 142 e ss. Na perspectiva do texto, importa apenas salientar que essa discussão se faz completamente à margem da adopção de quaisquer princípios filosóficos nominalistas ou voluntaristas.

[39] Cfr. Michel Villey, *La Formation de la Pensée Juridique Moderne*, pp. 236-237.

[40] Cfr. Jeannine Quillet, *La Philosophie Politique de Marsile de Padoue*, pp. 203-226; Brian Tierney, *The Idea of Natural Rights*, p. 111.

uso de facto é equivalente à de Ockham e é também evidente a sua definição do *ius* e do *dominium* como um poder, tal como é evidente que esse poder nunca surge concebido em termos gerais, à semelhança de Ockham. Para Marsilius, *ius* seria, num primeiro sentido, equivalente a *lex*, humana ou divina; num segundo sentido, consistiria em todo o acto humano voluntário, poder, ou hábito adquirido, em conformidade com o *ius* tomado no primeiro sentido[41]. O *dominium*, por seu turno, consiste, no seu sentido estrito, no poder de apresentar uma pretensão em relação a algo adquirido de acordo com a lei e de excluir outros do seu gozo; o mesmo termo é também usado para designar o mencionado poder, seja apenas sobre a coisa, ou apenas sobre o uso ou usufruto da coisa, ou ainda sobre todos estes ao mesmo tempo[42]. Por último, também Marsilius sustentava a possibilidade de separar a propriedade e o uso: segundo ele, uma pessoa capaz de adquirir propriedade, por si própria ou por intermédio de outra, pode também renunciar a tal propriedade. Uma vez que essa pessoa, se o quiser, adquire simultaneamente o poder de usar a coisa e o poder de a reivindicar e impedir outros de o fazer, essa pessoa pode renunciar a este último poder sem renunciar ao primeiro. Este poder de usar cai sobre o conceito de *ius*, tomado no segundo sentido, e é por alguns designado simples uso de facto (*simplex usus facti*) sem o direito de usar (*ius utendi*), tomando aqui o direito de usar como significando *dominium* em qualquer dos sentidos acima mencionados[43].

O *dominium* é assim concebido por Marsilius como uma espécie do género *ius*, tomado no segundo sentido acima exposto, isto é, enquanto poder[44]. No *Defensor Pacis*, cuja redacção foi concluída em 24 de Junho de 1324, quase uma década antes da *Opus nonaginta dierum*, encontramos assim uma consciência porventura mais vincada da distinção entre as dimensões objectiva e subjectiva do *ius*, enquanto direito positivo, do que aquela que encontramos na obra de Ockham. Mas ao contrário deste último, a verdade é que

---

[41] Cfr. Marsilius de Pádua, *Defensor Pacis*, Discurso II, Cap. XII, 6 e 10, pp. 190-191.
[42] Cfr. Marsilius de Pádua, *Defensor Pacis*, Discurso II, Cap. XII, 13 e 14, p. 192.
[43] Cfr. Marsilius de Pádua, *Defensor Pacis*, Discurso II, Cap. XIII, 3, pp. 197-198.
[44] Cfr. Marsilius de Pádua, *Defensor Pacis*, Discurso II, Cap. XIII, 10, p. 201; Brian Tierney, *The Idea of Natural Rights*, p. 114.

Marsilius não faz qualquer referência ao direito natural e à justificação da propriedade no contexto da sua definição dos vários sentidos do *dominium* e do *ius*[45]. O positivismo e o individualismo que Villey atribui a Ockham parecem assim assentar essencialmente no seu voluntarismo e nominalismo filosóficos.

Na sequência desta breve comparação com o pensamento de Marsilius de Pádua, induzindo a ideia de que as noções jurídicas formuladas por Ockham, especialmente na *Opus nonaginta dierum*, são, por vezes, mais facilmente explicáveis com base no confronto com o pensamento dos demais autores envolvidos nas mesmas controvérsias do que como um reflexo de concepções filosóficas gerais, não é possível, logo de início, deixar de associar à leitura de Villey um segundo motivo de insatisfação. O entendimento de Villey parece ser o de que Ockham generaliza a ideia de poder subjacente aos usos concretos da expressão *dominium* e transfere-a para a noção de *ius*, funcionando como catalisador de tal transferência a sua filosofia nominalista. Se, no entanto, se abandonar este pressuposto, na verdade erigido em verdadeiro dogma, poder-se-á encarar uma outra hipótese, que porventura confere mais sentido às diversas posições em confronto na polémica sobre a pobreza dos franciscanos. Afinal, dizer que a importância de Ockham consiste na sua definição do *ius* enquanto poder não permite compreender qual o sentido da categoria do *simplex usus facti* em face do direito. Nos termos de tal hipótese, desenvolvida por autores como Maximiliane Kriechbaum e, num sentido não inteiramente coincidente, Annabel Brett, a expressão *potestas*, tal como empregue por Ockham, sem quanto a esse aspecto se desviar substancialmente da linha de argumentação desenvolvida pelo Papa João XXII, "não é de compreender no sentido de poder ou domínio, mas, sem qualquer laivo de ideologia, que Villey liga à expressão *pouvoir*, designa na mais precisa tradição escolástica a possibilidade de qualquer coisa enquanto distinta da actualização

---

[45] Cfr. Brian Tierney, *The Idea of Natural Rights*, pp. 114-118 e 120; pp. 147-152. Aliás, como salienta Alan Gewirth, *Marsilius of Padua. The Defender of Peace*, vol. I, p. 114, enquanto os defensores do papa sustentavam que *omnia papae sunt*, Marsilius aproxima-se da posição radical contrária, sustentando que *omnia principis esse possunt* (cfr. Marsilius de Pádua, *Defensor Pacis*, Discurso II, cap. XXVIII, 17, p. 386). Como se verá, a posição de Ockham quanto ao poder do imperador sobre a propriedade privada dos súbditos é muito diferente.

dessa possibilidade"[46]. Ou seja, as definições formuladas por Ockham na *Opus nonaginta dierum* devem ser encaradas, tal como a argumentação de João XXII, à luz da distinção escolástica entre *potentia* e *actus*. Segundo João XXII argumenta na bula *Ad conditorem canonum*, todo o acto de usar deve ter subjacente um direito, o que se demonstra pela circunstância de não se poder ter ou transmitir um acto de usar, mas apenas a potencialidade de um tal acto, explicado pelas noções de *concedere* e *habere actum*. Ora, através da transferência da potencialidade de um acto de usar ocorre também a aquisição de um *ius utendi*. Assim, na lógica desta argumentação, a potencialidade é identificada com o direito e o acto com o mero uso de facto[47]. Também Ockham, como se afirmou, define o *usus facti* como *actus* e o *usus iuris* como *potestas*[48]. Em conjugação com a mencionada distinção, João XXII recorre ainda a um outro argumento contra o uso de facto dos franciscanos, que consiste na distinção entre *usus iustus* e *usus non iustus*, ou *usus permissus* e *usus prohibitus*. Com base nela, João XXII pode afirmar que aos franciscanos está apenas aberta a via de um uso justo e permitido e, assim, todo o uso lícito tem de assentar numa *potesta iusta* ou *permissa*. Deste modo, todo o acto de uso tem de ser exercido a coberto de um *ius*; sem essa cobertura o simples uso de facto é injusto e imoral, não se distinguindo em última análise do furto[49]. A distinção entre uso justo/lícito e uso ilícito desempenha um papel fundamental na argumentação de João XXII: uma vez que um uso permitido é aquele a que corresponde um *ius utendi* e que mesmo para os franciscanos um acto de uso

---

[46] Cfr. Maximiliane Kriechbaum, *Actio, ius und dominium in den Rechtslehren des 13. und 14. Jahrhunderts*, p. 65; Annabel Brett, *Liberty, Right and Nature*, pp. 58 e 62.

[47] Cfr. Maximiliane Kriechbaum, *Actio, ius und dominium in den Rechtslehren des 13. und 14. Jahrhunderts*, pp. 54-55; Virpi Mäkinen, *Property Rights in the Late Medieval Discussion on Franciscan Poverty*, pp. 170-172. Ambos os autores citam a bula *Ad conditorem canonum*, transcrevendo as partes mais relevantes; uma tradução em inglês, efectuada por John Kilcullen e John Scott, pode ser consultada em www.humanities.mq.edu.au/Ockham/wadc.html.

[48] Cfr. Guillelmi de Ockham, *Opus Nonaginta Dierum*, cap. 2, 99 e 128, in *Opera Politica*, I, ed. H. S. Offler, pp. 300 e 301; cfr., ainda, Virpi Mäkinen, *Property Rights in the Late Medieval Discussion on Franciscan Poverty*, p. 177 e nota 110.

[49] Cfr. Maximiliane Kriechbaum, *Actio, ius und dominium in den Rechtslehren des 13. und 14. Jahrhunderts*, pp. 59-60; Virpi Mäkinen, *Property Rights in the Late Medieval Discussion on Franciscan Poverty*, pp. 172-173.

pode apenas ser equacionado como justo ou permitido, não pode ele consistir num simples uso de facto. Dito de outro modo, uma vez que todo o uso é justo/lícito ou injusto/ilícito, um *usus iustus* ou *licitus* será um *usus pro quo competit ius utendi* e todo o *usus facti* será por consequência um *usus iniustus*[50]. A estratégia de uma tal argumentação consiste em fazer coincidir a oposição entre "justo" e "injusto" com a oposição entre "direito" e "facto", esgotando assim o universo de acções humanas possíveis. Em face de tal estratégia, a posição dos franciscanos consiste em efectuar uma diferente delimitação entre facto e direito: *ius* seria apenas a posição à qual corresponde uma acção em juízo. As relações entre pessoas ou entre pessoas e objectos seriam assim apenas *iuris* quando possam ser feitas valer em juízo através de uma *actio*. Sem protecção por via de uma acção permanecem tais relações no plano fáctico, ainda que possam ser objecto de determinações jurídicas. Assim, como salienta Maximiliane Kriechbaum, Ockham estabelece o critério do *ius*, dispor de uma *actio*, em estreita vinculação com a oposição entre *potentia* e *actus*, e define o *dominium*, em termos válidos para outros *iura* em sentido subjectivo, como uma *potestas rem vendicandi*. Como o mesmo autor salienta, nesta perspectiva, "contrário à concepção do Papa é assim o papel da *actio* para a definição do *ius*, não a caracterização do *ius* como *potestas*"[51].

Já antes de Michel Villey, Georges de Lagarde havia sustentado que as concepções políticas de Ockham exprimem a influência das suas especulações filosóficas e teológicas. O pensamento político de Ockham seria assim uma manifestação do seu nominalismo, e o "micróbio individualista" introduzido por este "despertador do mundo moderno" iria estar de algum modo subjacente aos sucessivos movimentos eclesiásticos reformistas[52]. Como devemos, no entanto,

---

[50] Cfr. Maximiliane Kriechbaum, *Actio, ius und dominium in den Rechtslehren des 13. und 14. Jahrhunderts*, pp. 68 e 82.

[51] Cfr. Maximiliane Kriechbaum, *Actio, ius und dominium in den Rechtslehren des 13. und 14. Jahrhunderts*, p. 76.

[52] Cfr. Georges de Lagarde, *La Naissance de l'Esprit Laïque au Déclin du Moyen Age, V – Guillaume d'Ockham Critique des Structures Ecclésiales*, pp. 289, 334, 337. A edição da obra de Lagarde aqui citada é a segunda (da obra completa), mas importa salientar que a primeira edição da mesma obra continha ainda um sexto volume, na qual o autor sustentava que o individualismo como da concepção do direito segundo Ockham constituia

entender esta ideia de que Ockham é responsável pela introdução de um "micróbio individualista" no pensamento ocidental ou pelo seu despertar para a modernidade? O título da obra de Lagarde, *O Nascimento do Espírito Laico no Declínio da Idade Média*, põe, desde logo, a descoberto o seu entendimento. Depois de afirmar que a distinção entre laicos e clérigos, opondo o rebanho ao pastor e os fiéis à hierarquia, existe em quase todas as igrejas cristãs e que uma primeira forma de espírito laico se exprime através da tentativa de os fiéis tomarem, no seio da Igreja, o controlo directo do espiritual. Esta luta não seria travada, no entanto, apenas no seio da Igreja; ela irá opor Igreja e Estado, o poder espiritual e o temporal, o primeiro encarnado pelo clero e o segundo pelos príncipes e magistrados laicos. Logo que estes últimos, afectando aceitar a partilha de atribuições entre as duas ordens da vida social, começam a reivindicar da Igreja a totalidade dos seus direitos de laicos, e o fazem conscientemente, Lagarde identifica uma segunda forma de espírito laico. O movimento laico moderno confere uma nova forma a esta secular oposição entre Igreja e Estado quando não se limita a defender as atribuições reconhecidas aos laicos na economia da sociedade cristã, mas põe em causa o próprio princípio da partilha. Quando isso acontece, o espírito laico passa a exprimir uma "oposição directa a qualquer tipo de compromisso do político e do social com o religioso", bem como o "desejo de reconstruir o «espiritual» da nação fora de qualquer influência positiva de uma igreja ou um clero"[53]. É o início deste movimento que o pensamento de Ockham despoletaria de forma decisiva e é precisamente nesse pensamento que a análise de Lagarde termina. Villey, reconhecendo o carácter precursor da análise de Lagarde, ao qual, afirma, caberia o mérito de compreender o interesse da *Opus nonaginta dierum* para a história do direito, vai ainda mais longe ao atribuir ao pensamento de Ockham a importân-

---

um corolário do seu nominalismo metafísico (cfr. Georges de Lagarde, *La Naissance de l'Esprit Laïque au Déclin du Moyen Âge, VI – Ockham: La Morale et le Droit*, p. 164); na edição revista citada no texto, o autor modificou a sua posição, mantendo apenas, abertamente, a ideia de que a teoria de Ockham quanto às relações entre o poder espiritual e o poder temporal reflecte o seu nominalismo.

[53] Cfr. Georges de Lagarde, *La Naissance de l'Esprit Laïque au Déclin du Moyen Age, I – Bilan du XIIIème Siècle*, pp. VIII-X.

cia de um momento coperniciano nessa história⁵⁴. Mas vai também mais longe, como se viu, quando vê esse momento coperniciano como operando uma verdadeira ruptura entre direito natural e direitos subjectivos, entre filosofia aristotélica-tomista e filosofia positivista, entre a linguagem romana do direito e a linguagem moderna dos direitos.

Num sentido convergente com as teses de Villey, também Paolo Grossi sustentou que o pensamento dos franciscanos sobre a pobreza operou uma verdadeira ruptura no modo como os juristas medievais encaravam a propriedade⁵⁵. Grossi começa por assinalar a singularidade do pensamento dos franciscanos que, pouco atraídos pelas figuras da posse, do domínio útil, do usufruto, como poderia inculcar o exame da complexa realidade fundiária medieval em que viviam, foram, em vez disso, atraídos pelo *dominium*. Singularidade tanto maior quanto é certo que, segundo Grossi, no plano económico--jurídico, os juristas haviam desviado a sua atenção desde a propriedade a formas colaterais e tinham elaborado um sistema fundiário no qual ao *dominium* cabia um papel bem modesto e, no plano político--jurídico, os problemas relativos à autoridade e ao poder eram resolvidos com o auxílio de um aparato conceptual no qual a noção de *dominium* surgia como marginal⁵⁶. Grossi estabelece, pois, um contraste entre os juristas medievais, para os quais a multiplicação dos domínios tinha assumido o significado de "mortificação da propriedade-pertença e de subordinação do instituto propriedade aos fenómenos externos", e a perspectiva dos teólogos franciscanos, para os quais "ver em qualquer manifestação jurídica sobre as coisas uma entidade dominativa assumia o significado de surpreender os traços

---

⁵⁴ Cfr. Michel Villey, "La Genèse du Droit Subjectif chez Guillaume d'Occam", p. 111.
⁵⁵ Sobre as afinidades entre Villey e Grossi a este propósito, cfr. supra, cap. I, p. 4 e nota 9. Como aí se disse, a principal diferença entre ambos os autores, resulta de Grossi atribuir a ruptura subjectivista, não tanto a Ockham, cuja obra não chega a analisar, mas aos pensadores franciscanos que o antecederam, com destaque para S. Boaventura, Bonagratia de Bergamo e, sobretudo, Pedro Olivi (cfr. P. Grossi, "*Usus Facti* (La Nozione di Proprietà nella Inaugurazione dell'Éta Nuova", *Il Dominio e le Cose*, pp. 135 e ss.). Assim, a principal fonte do subjectivismo proprietário dos franciscanos não é, para ele, o nominalismo, mas o voluntarismo.
⁵⁶ Cfr. Paolo Grossi, "*Usus Facti* (La Nozione di Proprietà nella Inaugurazione dell'Éta Nuova", *Il Dominio e le Cose*, p. 128.

essenciais da inteira realidade à luz da dignidade e soberania indiscutível do sujeito operador"[57]. Este contraste entre juristas e teólogos é ainda assumido como um contraste entre um ponto de partida "situado na natureza cósmica ou no grupo social" e um ponto de partida que se situava "no próprio «eu», na «minha» natureza individual, e que afirmava a certeza de que no «eu» do singular se descobria a natureza do homem"[58]; como um contraste entre S. Tomás, "sustentado pela sua confiança no mundo e simultaneamente pela consciência dos valores autónomos que nele são depositados", e os franciscanos "desatentos em relação ao social mas atentos em perscrutar no céu os sinais da vontade divina"[59]. Compreende-se assim que, segundo Paolo Grossi, no instrumentário linguístico dos franciscanos desde S. Boaventura em diante se repita "até à monotonia, um termo «dominium» com uma frequência e uma pregnância que não têm contrapartida na linguagem técnica dos escolásticos precedentes". Isto aconteceria porque, tal como na teologia dos franciscanos a relação homem-Deus é configurável apenas como um *dominium* e Deus surge acima de tudo como o *dominus* na sua omnipotência, também na sua filosofia social o objectivo da revalorização da dignidade do homem, criado à imagem e semelhança de Deus, e a afirmação do seu destaque metafísico do mundo os faz pensar a relação sujeito-realidade social e sujeito-realidadade fenoménica em termos de *dominium*. O sujeito humano surge concebido "como essencialmente livre e é tal porque quer sê-lo; a sua liberdade é *facultas dominandi*, é uma capacidade de se exprimir completamente a si próprio mediante formas possessivas; uma liberdade que é *dominium* porque é superioridade, independência, exclusividade; uma liberdade que consiste – e se traduz – num domínio de si próprio e dos próprios

---

[57] Cfr. Paolo Grossi, "*Usus Facti* (La Nozione di Proprietà nella Inaugurazione dell'Éta Nuova", *Il Dominio e le Cose*, p. 153.

[58] Cfr. Paolo Grossi, "*Usus Facti* (La Nozione di Proprietà nella Inaugurazione dell'Éta Nuova", *Il Dominio e le Cose*, pp. 149-150.

[59] Cfr. Paolo Grossi, "*Usus Facti* (La Nozione di Proprietà nella Inaugurazione dell'Éta Nuova", *Il Dominio e le Cose*, p. 170; cfr., ainda, *ob. cit.*, p. 143: "O universo de Tomás tende a englobar o sujeito, a mortificá-lo na sua liberdade; o universo franciscano é simplesmente sombra do sujeito, a projecção da sua *potentia* e resolve-se no homem". Neste mesmo sentido, cfr. Jacques Attali, *Au Propre et au Figuré. Une Histoire de la Propriété*, p. 223.

actos e em uma tendência dominativa em relação ao exterior"[60]. A partir daqui Grossi atribui aos franciscanos, não obstante estes não renunciarem a um fundo de marca mística e teocrática, a façanha de porem a descoberto "todas as premissas para uma estruturação da sociedade de tipo individualístico". Nas suas teorias não se propõe ainda a passagem, que será "omnipresente nas correntes individualistas laicas de alguns séculos mais tarde" de um domínio de si em direcção a um domínio das coisas da realidade externa, mas não deixa de ser possível individualizar uma tendência para pôr em relação estes dois domínios, pelo menos na perspectiva da liberdade do sujeito[61]. Estas considerações habilitam Grossi a afirmar que através das especulações franciscanas sobre a pobreza e a propriedade "o mundo do direito distorce-se no mundo dos poderes do sujeito, e o *dominium*, como o modelo de todo o poder, torna-se o seu protagonista; só que o momento técnico--jurídico da propriedade se dilata em esquema geral interpretativo de uma sociedade que encontra no *dominium* a sua "escansão fisiológica". Nasce aqui o triunfalismo dominativo que será um traço distintivo da idade burguesa". E, assim, a partir deste "optimismo com o qual a especulação franciscana encara o homem proprietário", Grossi acaba por atribuir aos frades menores a fundação de algo muito próximo da própria tese do individualismo possessivo, sendo certo que essa sua argumentação implica amputar a tese do "individualismo possessivo" (Grossi chama-lhe "triunfalismo dominativo") do principal pressuposto que na mente de Macpherson, a quem se deve aquela expressão, lhe estava subjacente: a de que a pulsão aquisitiva apenas surge teoricamente formulada num contexto económico-social específico que não é, apesar de tudo, aquele em que se moviam os frades menores[62].

Não se ignoram as diferenças entre os pensamentos de Georges de Lagarde, Michel Villey e Paolo Grossi, mas todos eles comungam

---

[60] Cfr. Paolo Grossi, "*Usus Facti* (La Nozione di Proprietà nella Inaugurazione dell'Éta Nuova", *Il Dominio e le Cose*, pp. 146-147.
[61] Cfr. Paolo Grossi, "*Usus Facti* ...", pp. 148-149.
[62] Cfr. Paolo Grossi, "*Usus Facti* ...", pp. 186 e 189. Num trabalho que de certo modo constitui a continuação daquele que tem vindo a ser citado, a referência a Macpherson é mesmo exlícita: cfr. Grossi, "La Proprietà nel Sistema Privatistico della Seconda Scolastica", in *Il Dominio e le Cose*, pp. 301 e 362; cfr., ainda, Grossi, "La Proprietà e le Proprietà nell'Oficina dello Storico", in *Il Dominio e le Cose*, p. 651 e nota 37.

da ideia de que é possível ver no pensamento de Ockham (ou, no caso de Grossi, no pensamento dos teólogos franciscanos que o antecederam) a origem do individualismo próprio do mundo moderno. Todos estes autores comungam da ideia de que nas premissas filosóficas nominalistas voluntaristas de Ockham e alguns outros autores franciscanos e post-franciscanos, isto é, de uma filosofia contaminada pela teologia e a ela subordinada, reside a verdadeira origem do individualismo moderno. O interesse que neste contexto reveste o entendimento de Grossi é o de assumir o *dominium* como "instrumento insubstituível do voluntarismo franciscano"[63]. Segundo ele, os franciscanos teriam mesmo levado a cabo a construção de uma verdadeira "teoria pura da propriedade", em que esta surge desvinculada dos factos económicos e sociais e rigorosamente confinada no mundo da vontade. Ao contrário do que sucedia com os juristas medievais, para os quais a propriedade e o uso não podiam ser eficazmente separados, os teólogos franciscanos tendiam a encarar a relação entre *dominium* e *usus* de forma diferente consoante o modo como encaravam a relação entre o homem e as coisas. Assim, propriedade e uso podiam ser vistos como incluídos na categoria geral do *ter*, desde que este fosse entendido como o conjunto das exigências e soluções postas pela relação entre o sujeito e a *rerum natura*. Se, pelo contrário, o *ter* for entendido como a situação de contacto imediato e directo com a coisa, concretizando-se no gozo, uso ou detenção, isto é, em situações em que à coisa cabe uma contribuição activa e tangível, em tal caso a noção de *ter* não se prestaria a incluir no seu âmbito também a propriedade[64]. Surge assim uma distinção entre o *ter* geral e o *ter* específico, cuja razão de ser,

---

[63] Cfr. Paolo Grossi, "*Usus Facti* ...", *Il Dominio e le Cose*, p. 186.
[64] Cfr. Paolo Grossi, "*Usus Facti* ...", *Il Dominio e le Cose*, p. 154. Muito embora seja idêntica esta diagnose do *ter* específico por parte do jurista medieval e do teólogo franciscano, isto é, sobre a colocação do uso na realidade externa, a partir da qual atinge o sujeito, as análises de um e outro percorrem, no entanto, com base neste ponto de partida comum, direcções opostas. Segundo Grossi "enquanto o primeiro, partindo das suas premissas naturalísticas, constatará no facto a carga normativa de que era depositário, registá-la-á, talvez até dilatando-a, no território do direito e sobre ela modelará a ossatura do ordenamento, o segundo, levando avante a rígida discriminação entre mundo da vontade e mundo dos fenómenos, relegará o uso entre os fenómenos e o condenará a permanecer na fossa inerte dos factos até que uma vontade o faça seu".

segundo Grossi, consiste em permitir aos franciscanos desvincular a propriedade dos condicionamentos das coisas, operantes ao nível do *ter* específico, mantendo-a, no entanto, como problema da relação entre homem e coisa, e encará-la no interior da autonomia do sujeito. O uso significa apenas a possibilidade de conservação para as estruturas fisiológicas do agente, possibilidade de vida vegetativa e é, por isso, ao contrário do *dominium*, irrenunciável e indisponível. O *usus facti* é, em suma, a concessão mínima feitas às coisas temporais num ambiente místico e de idealismo refinado. O homem é proprietário não porque *tem* concretamente coisas em seu poder, mas porque tenciona ser proprietário delas, tem em relação a elas uma vontade apropriativa: "o *nihil habens* pode ser um «omnibus dominans» se o sustentar uma adequada vontade". Assim, se o *dominium* consiste numa vontade e se não são dele constitutivos os conteúdos factuais do *ter* específico, deixa de existir qualquer conexão necessária entre a qualidade de proprietário e o uso da coisa. À semelhança de Deus, que não é senhor do universo para obter com isso vantagens, mas apenas para afirmar a sua própria vontade, assim também acontece com o homem. Nesta conformidade, a propriedade deixa de ser instrumento de gozo, regra objectiva da realidade económica, para se tornar dimensão do sujeito. Os franciscanos transferem o instituto da propriedade da dimensão económica para a dimensão moral e a propriedade privada não é mais, nas suas mãos, um instituto do direito privado ou do direito público, antes se elevando a "supremo principio do direito". A doutrina pura da propriedade torna-se uma metafísica da propriedade[65].

É indesmentível o carácter sedutor da exposição de Paolo Grossi. A sua radicalização da visão franciscana da propriedade e da pobreza como fundadora do individualismo moderno põe, no entanto, a descoberto as fragilidades de um tipo de pensamento historicista que procura fixar num certo momento passado o entendimento correcto, julgado canónico, de um determinado problema filosófico, político ou jurídico. É justamente esta forma de proceder que Grossi, à semelhança de Villey, parece adoptar com a sua "teoria pura da

---

[65] Cfr. Paolo Grossi, "*Usus Facti* ...", *Il Dominio e le Cose*, pp. 160, 138, 156-157, 159, 176, 162.

propriedade". A circunstância de a sólida investigação histórica de Grossi incidir principalmente sobre a propriedade leva-o a exprimir aquelas fragilidades de um modo que aqui se torna especialmente relevante. Como já atrás se salientou, Grossi afirma que no contexto jurídico-político em que surgiram as especulações franciscanas sobre a pobreza e a propriedade, os problemas relativas à autoridade e ao poder eram resolvidos com um recurso apenas marginal ao conceito e ao termo de *dominium*. Ao analisar a obra do franciscano Pedro Olivi, Grossi destaca como nela se coloca no mesmo plano a posição do príncipe e a do proprietário. Acrescenta que isso seria próprio da elaboração franciscana: "o *dominium* [quer do príncipe, quer do proprietário] é sobretudo superioridade; todas estas são situações de superioridade; todas estas são *dominia*"[66]. No mesmo sentido, também Georges de Lagarde sustentou que Ockham parifica constantemente, e muitas vezes confunde, as noções distintas de propriedade e poder político, o que seria um "erro sintomático de uma época em que a querela da propriedade vai falsear tantas perspectivas"[67]. Antes mesmo de se afrontar o problema de saber em que medida é admissível atribuir ao nominalismo e ao voluntarismo a paternidade da moderna ideologia do individualismo proprietário, importa, desde logo, discutir nos seus próprios termos a ideia de que Ockham, e de um modo geral os franciscanos, confundiam propriedade e poder político.

3.2 O paralelismo entre propriedade e poder político no discurso filosófico-político medieval. A acusação dirigida ao pensamento de Ockham e, em geral, ao pensamento dos franciscanos que o antecederam, de incorrerem numa confusão entre propriedade e poder político, suscita algumas reflexões. Antes de mais, é necessário ter a clara consciência de que parificar o tratamento dos temas da propriedade e do poder político não equivale necessariamente a confundi-los. A origem da expressão *dominium* e a definição da *libertas*

---

[66] Cfr. Paolo Grossi, "*Usus Facti* ...", *Il Dominio e le Cose*, p. 167.

[67] Cfr. Georges de Lagarde, *La Naissance de l'Esprit Laïque au Déclin du Moyen Age, II – Secteur Social de la Scolastique*, p. 132; idem, *La Naissance..., IV – Guillaume d'Ockham: Défense de l'Empire*, pp. 195 e ss.

romana, como ausência de *dominium*, demonstram isso mesmo[68]. O tratamento paralelo dos problemas da origem da propriedade e do poder político constitui precisamente o modo natural de os abordar numa época, como a medieval, da qual se encontra ausente a moderna separação entre Estado e sociedade, e daí que se encontre presente nos escritos de Ockham e outros pensadores franciscanos. Mas não só neles e nem sequer neles principalmente.

Na verdade, é possível sustentar que longe de constituir um erro ou uma confusão, o acréscimo do *dominium* ao instrumentário político da canonística representa uma forma consciente de elucidação de problemas através do alargamento do horizonte de comparação, o qual nem sequer decorreria da querela da pobreza, mas da recepção aristotélica no quadro da teologia de S. Tomás[69]. Por outro lado,

---

[68] Quanto ao *dominium* romano cfr. supra, cap. 1, ponto 1.3. Também noutras línguas a expressão empregue para designar aquilo a que chamamos propriedade denota uma ambivalência entre o direito sobre as coisas e a autoridade política: assim quanto à expressão alemã *Eigentum*, cfr. Dieter Schwab, "Eigentum", pp. 66-69 e 76-77. Tendo precisamente em mente esta ambivalência, Ulrich Hösch, *Eigentum und Freiheit*, p. 81, coloca o problema de saber se, no plano constitucional, a propriedade pode ser algo mais do que mercadoria e proporcionar domínio político. Em certo sentido, a delimitação do poder sobre os homens e do poder sobre as coisas constitui o problema constitutional, por excelência, da propriedade.

[69] Assim, cfr. Sten Gagnér, "Vorbemerkungen zum Thema '*Dominium*' bei Ockham", p. 320; no mesmo sentido, cfr. Kurt Seelmann, *Die Lehre des Fernando Vazquez de Menchaca vom Dominium*, pp. 12-13, nota 48. A presença simultânea do *dominium* como propriedade e como autoridade na doutrina tomista da participação analógica, sem que essa presença acarrete qualquer "confusão" entre os dois poderes, foi posta em evidência por C. Spicq, "La Notion Analogique de *Dominium* et le Droit de Propriété", in *Revue des Sciences Philosophiques et Théologiques*, XX, 1931, pp. 52 e ss., e Jaime Brufau Prats, "La Noción Analógica del *Dominium* en Santo Tomas, Francisco de Vitoria y Domingo de Soto", in *Salmanticensis*, vol. 4, 1957, pp. 96 e ss.; cfr., ainda, Marie-France Renoux-Zagamé, *Origines Théologiques du Concept Moderne de Propriété*, pp. 47 e 72 e ss.; Kurt Seelmann, *Die Lehre des Fernando Vazquez de Menchaca vom Dominium*, pp. 76 e ss. [Anthony Parel refere também o carácter analógico da noção de *dominium* no pensamento de S. Tomás, mas tem apenas em vista o carácter indeterminado do poder designado por essa noção, poder esse que todo o homem tem em relação a actos da sua mente e vontade bem como ao uso das coisas materiais: cfr. Anthony Parel, "Aquinas' Theory of Property", p. 96]. Paolo Grossi, "*Usus Facti* ...", *Il domínio e le Cose*, pp. 143, nota 30, e 146-147, nota 43, cita os trabalhos de Spicq e J. Brufau Prats, dos quais se distancia sem, no entanto, chegar a contrariar os argumentos que deles se retiram em contrário da raíz franciscana da pretensa confusão entre poder político e propriedade. De qualquer modo, não pode deixar de suscitar alguma perplexidade a circunstância de Grossi,

atendendo especificamente ao pensamento de Ockham, é possível sustentar que ele distinguia rigorosamente as duas noções, muito

---

por um lado, salientar as afinidades entre a noção franciscana e a noção moderna de propriedade e sustentar em simultâneo que os franciscanos não separam adequadamente poder político e propriedade, e, por outro lado, afirmar, como se diz acima no texto, que "no plano político-jurídico os problemas relativos à autoridade e ao poder tinham sido resolvidos com uma terminologia e um aparato conceptual em que a noção-termo *dominium* surgia como marginal". Quanto ao primeiro aspecto, já vimos que o tratamento conjunto do *dominium* como propriedade e poder longe de relevar de um "erro" ou "confusão" dos franciscanos constituía um traço do pensamento teológico escolástico e, além disso, um dos problemas fundamentais que o tema da propriedade oferece à reflexão filosófica é justamente o da respectiva delimitação em relação ao poder político [nesta perspectiva, cfr. Morris Cohen, "Property and Sovereignty", pp. 153 e ss.]. Quanto ao segundo aspecto, Grossi, *ob. cit.*, p. 128, nota 5, louva-se na obra de Pietro Costa, *Iurisdictio. Semantica del Potere Politico nella Pubblicistica Medievale (1100-1433)*, mas esta, como o próprio autor afirma, consiste numa história da *iurisdictio* enquanto semântica da linguagem político-jurídica medieval (cfr. *ob. cit.*, p. 3), ou, como também diz, a propósito do pensamento de Ockham, cuja análise do *dominium* não aborda, o que escreve não é "a história do pensamento político medieval, *sic et simpliciter*, mas a história de uma palavra dentro daquele léxico" (cfr. *ob. cit.*, p. 295, nota 61). Para além deste aspecto, é, sem dúvida, estranho que Grossi ignore toda a discussão medieval *an princeps sit dominus rerum particularium*, isto é, se ao príncipe cabia sobre as coisas dos súbditos um poder com natureza de propriedade, ainda que fosse designado domínio eminente e pudesse coexistir com o domínio do privado. Essa discussão, como se sabe, tem talvez a sua expressão máxima no conflito muitas vezes mencionado entre Martinus e Bulgarus: enquanto o primeiro sustentava que ao príncipe cabia o *dominium*, no sentido de direito sobre as coisas, também sobre o território, o segundo distinguia entre *dominium secundum proprietatem* do indivíduo e *protectio* ou *dominium secundum imperium* do príncipe (cfr. Otto Brunner, *Land und Herrschaft*, p. 244; sobre isto cfr., ainda, Ugo Nicolini, *La Proprietà, il Principe e l'Espropriazione per Pubblica Utilità*, pp. 107-134; Bruno Paradisi, "Il Pensiero Politico dei Giuristi Medievali", pp. 327-332; Otto Gierke, *Political Theories of the Middle Age*, pp. 79-80 e 88; Ernst Landsberg, *Die Glosse des Accursius und ihre Lehre vom Eigenthum*, p. 93; R. W. e A. J. Carlyle, *A History of Mediaeval Political Theory in the West*, vol. II, pp. 72-73, e vol. V, p. 102; Kurt Seelmann, *ob. cit.*, pp. 47-48; Guillaume Leyte, *Domaine et Domanialité Publique dans la France Médiévale (XIIe – Xve Siècles*; Max Shepard, "William of Occam and the Higher Law II", pp. 28 e ss.), pp. 82-90; os termos do problema são assim fixados por Odofredus, citado por R. W. e A. J. Carlyle, *ult. loc. cit.*, p. 102, nota 2: "Dixit dominus Martinus quod imperator non solum est dominus eorum que sunt imperii: immo est dominus proprietatis omnium rerum singulorum hominum ... bene est dicendum quod imperator est dominus proprietatis omnium rerum que sunt imperii, et rerum singulorum hominum est dominus non quod proprietatem, sed quod protectionem"; a disputa entre os dois jurisconsultos de Frederico Barba-Ruiva é evocada no Cap. I do *Traité des Seigneuries* de Charles Loyseau, de 1678: cfr. *Les Oeuvres de Maistre...*, pp. 2-3). Para além disso, embora entendesse existirem aspectos comuns no tocante à origem da propriedade e da autoridade política. A análise de Ockham, partindo do reconhecimento do carácter equívoco do termo *dominium* visa precisamente delimitar as noções de poder sobre as coisas e poder sobre as pessoas[70]. O reconhecimento que as noções de propriedade e de poder político se encontram relacionadas no pensamento

---

Grossi parece ignorar os aspectos inegavelmente políticos da divisão do domínio na relação feudal [num estudo clássico sobre a teoria do domínio dividido, Edouard Meynial procurando esbater o contraste entre a concepção individualista romana e a concepção germânica da propriedade nas origens de tal teoria afirma que a soberania "não difere da propriedade senão pela natureza e extensão das restrições que ela estabelece ao direito absoluto do proprietário e não pela sua essência": cfr. "Notes sur la Formation de la Théorie du Domaine Divise (Domaine Direct et Domainde Utile) du XIIe au XIVe Siècle, Étude de Dogmatique Juridique", tomo II, p. 416]. A ideia de que o tratamento em paralelo do poder político e da propriedade releva de um erro ou confusão parece pura e simplesmente ignorar a centralidade no debate filosófico-político medieval do problema dos poderes ascendentes e descendentes, isto é, das origens populares ou divinas do poder (é esta, como se sabe, a ideia central de Walter Ullmann, expressa, por exemplo, em *Principles of Government and Politics in the Middle Ages*, pp. 19 e ss.; idem, *Historia del Pensamiento Político de la Edad Media*, pp. 14 e ss.), debate esse que respeita não apenas à autoridade política, mas também à propriedade, já que o *dominium* era commumente entendido como abrangendo ambos [cfr., neste sentido, Brian Tierney, "Public Expediency and Natural Law: A Fourteenth-Century Discussion on the Origins of Government and Property", pp. 167-168 (também publicado em Brian Tierney, *Rights, Law and Infallibility in Medieval Thought*).

[70] Assim Ockham afirma na *Opus nonaginta dierum*, cap. 2, 262-265: "isti impugnatores quid per dominium intelligi debeat, manifestant, dicentes quod huiusmodi nomina, 'dominium', 'dominus', 'dominator', 'dominari' et huiusmodi in diversis facultatibus aequivoce et variis modis accipiuntur" (cfr. *Opera Politica*, I, ed. H. S. Offler, pp. 304-305; *A Translation of William of Ockham's Work of Ninety Days*, vol. 1, p. 65). No cap. 95, 32-34, da *Opus nonaginta dierum*, Ockham diz que "Christus autem ante passionem suam nunquam habuit inquantum homo regnum temporale et dominium seu proprietatem omnium temporalium" (cfr. *Opera Politica*, II, ed. H. S. Offler, p. 716; *A Translation of William of Ockham's Work of Ninety Days*, vol. 2, p. 640), mas a aproximação entre propriedade e poder político contida nesta afirmação está já contida na bula *Quia vir reprobus* de João XXII, a que Ockham visa responder. A distinção entre o poder sobre as coisas e o poder sobre as homens é claramente estabelecida e mantida nos capítulos sétimo e seguintes do livro terceiro do *Breviloquium de principatu tyrannico*, atrás discutidos, bem como nos capítulos 21 a 25 do *Dialogus*, Parte III, Tratado II, Livro 2 (cfr. versão crítica do original e tradução para inglês em www.britac.ac.uk/pubs/dialogus/t32d2e.html e ainda, quanto ao capítulo 24, *Dialogus, Auszüge zur politischen Theorie*, pp. 166-167) . Para as diversas referências a esta distinção na obra de Ockham, cfr. George Knysh, *Political Ockhamism*, p. 171, notas 312-315.

de Ockham, como no de todos os autores medievais, não releva, pois, de uma confusão. Assim para Ockham, como adiante melhor se explicará, quer a propriedade, quer a autoridade política, se concebem como poderes e, enquanto tal, como direitos; ambos são direitos "humanos", no sentido de posteriores ao estado de inocência; o poder político é exercido em relação à propriedade e, deste modo, esta depende da jurisdição[71]; a servidão e o despotismo são entendidos como situações em que as pessoas são entendidas como coisas[72]; quer a propriedade, quer o poder político são essencialmente limitados pelas proibições do direito divino e do direito natural[73/74].

Ockham, como se viu, entendia ainda que a origem do poder político se encontrava em muitos aspectos relacionada com a origem da propriedade. O estado de inocência caracterizava-se pela existência de um domínio em certo sentido miraculoso, atrás aludido, entendido como poder de controlar as coisas temporais sem encontrar resistência. Depois da queda, o poder de escolher governantes seculares, bem como o poder de apropriação das coisas temporais, pertencem ao direito natural, num sentido que adiante se esclarecerá.

---

[71] Cfr. Ockham, *Opus nonaginta dierum*, cap. 93, 485-489: "Qui non est iudex litium saecularium nec divisor hereditatum et facultatum, non est rex in temporalibus; praedicta enim ad regis officium pertinere noscuntur. Sed Christus non fuit iudex litium saecularium nec divisor hereditatum et terrenarum facultatum; ergo Christus non fuit rex in temporalibus seu saecularibus et terrenis" (cfr. *Opera Politica*, II, ed. H. S. Offler, p. 682; *A Translation of William of Ockham's Work of Ninety Days*, vol. 2, p. 593).

[72] Cfr. Ockham, *Opus nonaginta dierum*, cap. 9, 649-652: "Qui non est in propria potestate, sed in potestate alterius, nullius rei proprietatem in speciali potest habere. Haec enim est ratio quare servus nichil possidet proprium, *quia est res domini sui*, et ita omnis res qua utitur et non est aliena est domini sui" (cfr. *Opera Politica*, II, ed. H. S. Offler, p. 397; *A Translation of William of Ockham's Work of Ninety Days*, vol. 2, p. 185; itálico acrescentado); idem, *Breviloquium de principatu tyrannico*, II, 6, p. 64 (cfr. *Court Traité du Pouvoir Tyrannique*, pp. 128-129; *A Short Discourse on Tyrannical Government*, pp. 29-30).

[73] Cfr. a definição proposta por Ockham do *dominium*, em sentido estrito, acima transcrita, como "poder humano principal de reivindicar uma coisa temporal em juízo, e de a tratar de qualquer modo não proíbido pelo direito natural"; sobre a limitação do poder pelo direito natural, quer do papa (Ockham, *Breviloquium de principatu tyrannico*, II, cap. 1, p. 54: cfr. *Court Traité du Pouvoir Tyrannique*, p. 116; *A Short Discourse on Tyrannical Government*, pp. 18-19), quer do imperador (Ockham, *Dialogus*, III Parte, Tratado II, Livro II, cap. 27: cfr. *Dialogus, Auszüge zur politischen Theorie*, selecção, tradução e posfácio de Jürgen Miethke, p. 173), cfr. Arthur Stephen McGrade, *The Political Thought of William of Ockham*, pp. 157-158, 177-178.

[74] Cfr. George Knysh, *Political Ockhamism*, pp. 171-173.

Finalmente, a propriedade e o poder político efectivamente existentes, isto é, instituídos, têm uma origem humana. Pois bem, todas estas posições de Ockham encontram de algum modo paralelo, quanto ao tratamento da propriedade, no pensamento de S. Tomás. Assim, também S. Tomás admite a existência do domínio no estado de inocência. S. Tomás começa por se referir ao modo do domínio do primeiro homem sobre as demais criaturas, afirmando a esse propósito que o domínio do homem sobre si mesmo é uma imagem do seu domínio sobre as demais criaturas. O homem tem em comum com os animais as potências sensitivas e, deste modo, tal como estas obedecem à razão também o homem tinha no estado de inocência o domínio sobre os animais, governando-os. Por outro lado, o homem tem em comum com as plantas as potências naturais e o corpo em comum com os seres inanimados. Tal como as potências naturais e o corpo não estão submetidos ao império do homem, mas ao seu uso, também no estado de inocência o homem não tinha sobre as plantas e os seres inanimados um domínio imperativo, mas um domínio consistente no seu uso[75].

A análise de S. Tomás sobre o domínio do homem no estado de inocência não se detém aqui, no entanto, como sucede com Ockham; antes avança para a investigação das condições sob as quais seria possível falar de um domínio do homem sobre o homem no estado de inocência. Essa investigação surge na sequência da distinção de dois sentidos do *dominium*, enquanto poder do homem sobre o homem: num primeiro sentido o *dominium* é contrastado com a servidão e o *dominus* é aquele que tem outra pessoa como seu servo; num segundo sentido, o *dominium* é entendido como qualquer tipo de

---

[75] Cfr. *Summa theologiae*, I, quaestio 96, articulus 2, p. 471; *ibidem*, I-II, q. 1, a. 1, p. 2 (citada segundo a edição Marietti, tendo sido ainda consultada a tradução espanhola publicada pela Biblioteca de Autores Cristianos). Sobre a ideia de *dominium* como controlo do homem sobre as suas próprias acções, cfr., ainda, John Finnis, *Aquinas, Moral, Political and Legal Theory*, pp. 20, nota 3, e 37 (importa aqui salientar que na *Opus nonaginta dierum*, cap. 2, 270-273, Ockham se refere também ao *dominium* neste mesmo sentido: "Hoc itaque nomen 'dominium' saepe in philosophia morali accipitur pro potestate, qua quis libere potest in actus contrarios; et sic dicunt quod homo est dominus et habet dominium actuum suorum; bruta autem non habent dominium actuum suorum"; cfr. *Opera Politica*, I, ed. H. S. Offler, p. 305; *A Translation of William of Ockham's Work of Ninety Days*, vol. 1, p. 65).

sujeição no âmbito da qual alguém que tem o ofício de governar e dirigir homens livres pode ser chamado *dominus*. No estado de inocência um homem não podia ter o domínio de outro no primeiro sentido, mas podia tê-lo no segundo, isto é, no sentido político. A razão é a seguinte: alguém está sob o domínio de outro, como servo ou escravo, quando o *dominus* o controla para seu benefício próprio e isso, atendendo a que todos procuram o próprio bem e evitam submeter-se às decisões de outros, pode apenas acontecer como punição aos que se acham em estado de sujeição. Pelo contrário, o *dominium* que se tem sobre um homem livre consiste em dirigir este último para o seu próprio bem ou para o bem da comunidade[76]. Em segundo lugar, S. Tomás considera também a propriedade como um desenvolvimento do direito natural feito pela razão humana (de modo algo diferente, Ockham, como se verá, afirma existirem regras de direito natural que supõe a instituição da propriedade, como a regra segunda a qual uma coisa depositada e o dinheiro emprestado devem ser restituídos)[77]. Por último, S. Tomás, à semelhança de

---

[76] Cfr. *Summa theologiae*, I, q. 96, a. 4, p. 472 e *ibidem*, II-II, q. 57, a. 3 ad 2, p. 279. No segundo passo citado, S. Tomás efectua a distinção entre dois modos de direito natural. Sem prejuízo de a esta distinção se regressar adiante, importa desde já referi-la porquanto ela evidencia uma dificuldade na sua argumentação relativa à escravatura. Para S. Tomás algo pode pertencer ao direito natural quando considerado absolutamente e em si mesmo (por exemplo, os pais adequam-se naturalmente aos filhos para nutri-los) e, neste sentido, o direito natural é comum aos homens e aos animais; se considerarmos a coisa não na sua natureza, mas em relação às suas consequências (por exemplo, a aptidão de um terreno para ser cultivado revela uma disposição para que o mesmo seja propriedade de um e não de outro), ela pertence ao direito natural no sentido de ser própria da razão natural que é própria do homem. Ora, o facto de alguém ser escravo de outro não pertence ao direito natural no primeiro modo, mas no segundo, na medida em que a escravatura pode resultar de uma utilidade consequente, por ser mais útil ao escravo ser dirigido por alguém mais sábio do que ele. Simplesmente, esta justificação da escravatura equivale exactamente à justificação do domínio político no estado da inocência e é, nesse contexto, como resulta do texto, recusada enquanto descrição da natureza da escravatura. É evidente que a escravatura é admitida pela generalidade dos autores no período de tempo em causa (e muito para além dele); o problema consiste tão só em saber em que grau a concepção de direito natural adoptada por cada autor se adequa a essa circunstância (cfr. John Finnis, *Aquinas: Moral, Political, and Legal Theory*, pp. 184-185, ignorando a dificuldade mencionada).

[77] Cfr. *Summa theologiae*, I-II, q. 94, a. 5, p. 429; *ibidem*, II-II, q. 66, a. 1, e q. 104, a. 1, pp. 324 e 491-492.

Ockham, que aliás o cita expressamente a esse propósito, sustenta que a divisão das propriedades foi introduzida pelo direito humano[78].

Com o que acaba de ser dito não se pretende, de modo algum, iludir a diferença entre o pensamento de S. Tomás e de Guilherme de Ockham sobre as origens da propriedade e do poder político e a sua relação, bem como sobre o entendimento de ambos os autores no que respeita ao direito natural. Tal diferença está bem patente na inclusão, efectuada por S. Tomás, tendo como referente teórico a politicidade aristotélica[79], do domínio político no estado de inocência, a qual não encontramos no pensamento de Ockham. Julga-se, no entanto, que essas diferenças não relevam de qualquer "confusão" específica dos dois conceitos no pensamento de Ockham, nem tão pouco da irrelevância do direito natural no contexto deste último. Adiante regressar-se-á a tais diferenças, mas importa, desde já, evidenciar aquela que se afigura a principal divergência entre S. Tomás e Ockham a propósito das relações entre propriedade e poder político. Essa divergência decorre da circunstância de o último tender a equacionar num plano horizontal a relação entre propriedade e poder político, no sentido em que ambos são encarados como manifestação de poderes diversos cujo exercício assenta numa livre decisão, enquanto o primeiro articula essas noções num plano vertical, no sentido em que o problema da propriedade assume um carácter preparatório em relação ao da vida política. De outra forma, poder-se-ia dizer que para Ockham a propriedade e a autoridade política são, enquanto "direitos", objecto de pertença e daí que a sua preocupação consista na limitação do poder associado a essa pertença[80]. Pelo contrário, no pensamento de S. Tomás tendem a diluir-se as fronteiras entre sociedade e poder político, que Ockham delimita com nitidez[81], mas ao mesmo tempo a propriedade privada e o poder político não são

---

[78] Cfr. Ockham, *Opus nonaginta dierum*, cap. 88, 281-288 (cfr. *Opera Politica*, II, ed. H. S. Offler, p. 660; *A Translation of William of Ockham's Work of Ninety Days*, vol. 2, p. 561), citando S. Tomás, *Summa theologiae*, II-II, q. 66, a. 2, p. 326.

[79] Cfr. Francisco Bertelloni, "El Tránsito de la Sociedad a la Politicidad en la *Summa Theologiae* de Tomás de Aquino", in António Manuel Martins (coord.), *Sociedade Civil. Entre Miragem e Oportunidade*, p. 265.

[80] Cfr. George Knysh, *Political Ockhamism*, pp. 171-173.

[81] Cfr. George Knysh, *Political Ockhamism*, p. 299.

simplesmente encarados como duas manifestações do poder e sim como integrando uma estrutura ordenada. Longe de se poder afirmar que o pensamento de Ockham enferma de uma confusão entre o tratamento da propriedade e o do poder político, deve, pois, aceitar--se que o paralelismo desse tratamento é uma característica marcante do pensamento político medieval, encontrando-se especialmente presente no pensamento de S. Tomás.

3.3 Excurso: nominalismo, voluntarismo e filosofia política.

Torna-se possível isolar uma atitude que tende a depreciar o pensamento político de Ockham como uma manifestação do seu nominalismo e voluntarismo, um desvio ao realismo aristotélico-tomista a que muitos atribuem uma responsabilidade directa pelos excessos do individualismo moderno. Como alternativa, pretende-se aqui encarar nos seus próprios termos o pensamento ético e político de Ockham, o que significa, por um lado, não procurar desvalorizar aspectos desse pensamento que se coadunem menos com a (pré-) compreensão dos pressupostos filosóficos nominalistas de que partiria, mas também, por outro lado, não ignorar a unidade de um pensamento que, abordando embora problemas de índole muito diversa, terá permanecido na sua essência o mesmo, isto é, um pensamento de índole teológica. Existem, com efeito, diversos autores que procuram explicar o pensamento jurídico e político de Ockham à luz das suas concepções filosóficas nominalistas e voluntaristas, não distinguindo claramente, por vezes, umas e outras[82]. Esta atitude assenta, julga-se, numa falácia

---

[82] Entre esses autores contam-se, naturalmente, Georges de Lagarde, Michel Villey e Paolo Grossi (este insistindo apenas na influência do voluntarismo dos franciscanos sobre o subjectivismo e o individualismo jurídicos, sem se referir ao nominalismo), mas também Michel Bastit, *Naissance de la Loi Moderne*, pp. 244-245; idem, "Michel Villey et les Ambiguités d'Occam", pp. 65 e ss.; André de Muralt, *L'Unité de la Philosophie Politique de Scot, Occam et Suarez au Libéralisme Contemporain*, p. 16; Jeannine Quillet, "Un Exemple de Nominalisme Politique de la Scolastique Tardive: les Doctrines de Guillaume d'Ockham", pp. 61 e ss.; Dietmar Willoweit, "*Dominium* und *Proprietas*", pp. 154-155. Neste contexto insere-se ainda Francis Oakley, pelo menos no seu artigo "Medieval Theories of Natural Law: William of Ockham and the Significance of the Voluntarist Tradition", in *Natural Law Forum*, VI, 1961, pp. 65 e ss. (também publicado na colectânea de artigos do autor intitulada *Natural Law, Conciliarism and Consent in the Late Middle Ages*), e no livro *The Political Thought of Pierre d'Ailly*, pp. 171-172. Naquele artigo,

metodológica. Antes de mais, por partir do pressuposto segundo o qual Ockham teria elaborado um sistema de pensamento que poderia

Oakley começa por afirmar que "se ignorarmos os canonistas e os civilistas e, assim, deixarmos de lado as ambiguidades e incertezas que persistiram no seu pensamento sobrer o direito natural e, uma vez feito isso, centrarmos a nossa atenção nos teólogos da Idade Média tardia, poderemos perceber, segundo creio, que a sua teorização sobre o direito natural estava quase completamente localizada no campo de atracção exercido pelos dois polos influentes das posições 'racionalista' e 'voluntarista', ou, se se preferir, 'realista' e 'nominalista' – esta última terminologia referindo-se às respectivas soluções das duas escolas quanto ao problema epistemológico básico do estatuto dos conceitos universais" (cfr. "Medieval Theories of Natural Law...", p. 65). Estas duas posições são centradas, no citado artigo de Oakley, em S. Tomás e em Ockham (cfr. *ult. loc. cit.*, pp. 65-66), à semelhança dos demais autores que adoptam a posição referida no texto. As conclusões de Oakley são as de que da insistência de Ockham na omnipotência e liberdade de Deus seguem-se o seu nominalismo, o seu voluntarismo ético e jurídico e o seu empiricismo. Para o autor, "num sistema filosófico coerente, dado um dos seguintes elementos, devemos esperar encontrar em conjugação com ele os restantes – uma epistemologia nominalista; uma abordagem empiricista da ciência natural; e, se uma concepção de Deus for admitida, uma versão voluntarista ou imposta do direito natural (científico e jurídico) e uma visão semita de Deus que salienta acima de tudo as suas completas liberdade e omnipotência" (cfr. *ult. loc. cit.*, pp. 82-83). Repare-se ainda que esta atitude teórica não é apenas adoptada por aqueles, como Michel Villey (e, embora de modo menos radical, os restantes autores citados), que pretendem contrastar a filosofia tomista do direito com o subjectivismo dos franciscanos e de Ockham, para depois fazerem desse contraste "uma bandeira polémica contra a noção actual de ordenamento jurídico", mas também por aqueles que vêm na afirmação do direito subjectivo pela escola franciscana não "uma desgraça da evolução das ideias" e sim uma "étapa iluminante do precurso de um pensamento metafísico e político voluntarista que não é de modo algum, como pelo contrário dá a entender Villey, precursor de todos os males do mundo moderno", ou o resultado da elaboração da ideia de liberdade evangélica, "primeiro germe de um pensamento constitucionalista que florescerá ao nível da prática política desde a segunda metade do século passado até aos nossos dias" (cfr. Luca Parisoli, *Volontarismo e Diritto Soggettivo, La Nascita Medievale di una Teoria dei Diritti nella Scolastica Francescana*, pp. 34, 35, 221 e ss., 262). Também neste último caso, com efeito, se assume como ponto de partida o contraste entre o naturalismo tomista e o voluntarismo ockhamista, ainda que se marginalize o problema da "opção nominalista ou realista" (cfr. *ob. cit.*, pp. 37, 186-187, 189 e ss., 264-266; com efeito, Parisoli, *ob. cit.*, p. 190, afirma que "a vicissitude da discussão teórica sobre a pobreza franciscana exerceu, em meu entender, uma influência sobre Ockham de tal maneira profunda ao ponto de tornar o direito subjectivo como o único elemento ontológico do sistema normativo, para lá de qualquer opção nominalista ou realista" (de algum modo é também esta, como se viu, a postura de Grossi, embora em tal caso o voluntarismo franciscano não revista a virtualidade "iluminante" que lhe é atribuída por Parisoli; a importância assumida pelo voluntarismo na exposição de Grossi e Parisoli compreende-se pela circunstância de ambos os autores fazerem incidir genericamente a sua

ser analisado através de uma forma dedutiva, partindo da sua metafísica, passando pela sua ética e terminando na sua política e na sua análise do direito[83]. Depois, porque desse modo se dá muitas vezes por demonstrado aquilo que haveria a demonstrar. Ou seja, uma vez que se assumem as premissas individualistas da metafísica de Ockham, torna-se secundário demonstrar o individualismo das suas teorias sobre ética, a política e o direito e assume-se que estas são contrárias à ideia de direito natural. Acresce ainda que os autores que adoptam a mencionada atitude nunca chegam a explicar como pode o nominalismo, enquanto teoria epistemológica que nega a existência de universais, estar na base de uma jurisprudência assente sobre conceitos gerais como os de "indivíduo" e "poder"[84]. Finalmente, esses mesmos autores tendem a não efectuar qualquer distinção entre as obras jurídicas de Ockham, por um lado, e as suas obras de cunho mais acentuadamente ético e político, por outro, considerando que ambas exprimem o mesmo tipo de relação entre filosofia e ciência jurídica.

Num campo oposto, é possível sustentar não existir qualquer relação necessária entre a filosofia nominalista e voluntarista de

---

análise sobre os franciscanos envolvidos na querela da pobreza, sendo certo que muitos deles não podem ser considerados como nominalistas; Grossi, aliás, não chega a analisar o pensamento de Ockham). A atitude em fazer remontar as atitudes básicas medievais sobre o direito natural à oposição entre realismo e racionalismo, por um lado, e nominalismo e voluntarismo, por outro, encontra-se já em Otto Gierke, *Political Theories of the Middle Age*, p. 173, nota 256, muito embora este autor não tenha utilizado essa oposição para imputar de um modo especial ao nominalismo e voluntarismo uma atitude de crítica e destruição da própria ideia de direito natural. Com efeito, segundo afirma, "por mais disputas que possa haver em relação à origem do direito natural e ao fundamento da sua força obrigatória, todos estavam de acordo em que existia direito natural, o qual, por um lado, radiava de um princípio que transcendia os poderes terrenos e, por outro lado, era direito verdadeiro e perfeitamente vinculativo" (cfr. O. Gierke, *ob. cit.*, p. 75; Max Shepard, "William of Occam and the Higher Law", p. 1009).

[83] Neste sentido, cfr. George Knysh, *Political Ockhamism*, p. 36, nota 58. Como o autor bem demonstra, negar que o sistema de pensamento de Ockham tivesse sido concebido segundo um esquema dedutivo, não significa, no entanto, afirmar a existência de uma fundamental mudança de perspectiva entre as suas obras sobre epistemologia e lógica, por um lado, e as suas obras políticas, por outro.

[84] Cfr. Maximiliane Kriechbaum, *Actio, ius und dominium in den Rechtslehren des 13. und 14. Jahrhunderts*, pp. 16-18.

Ockham e os seus escritos jurídicos e políticos[85]. Os riscos desta segunda atitude são os que decorrem de se estabelecer no pensamento de Ockham uma excessiva cisão entre o seu pensamento filosófico no domínio da metafísica, da epistemologia e da lógica, e o seu pensamento ético, político e jurídico, que Brian Tierney, o principal proponente desta atitude, parece assimilar aos dos canonistas medievais[86]. Neste modo de ver as coisas, o Ockham jurista e político teria

---

[85] Assim, Brian Tierney, *The Idea of Natural Rights*, pp. 32 ("Não existe na verdade nenhuma incongruência entre a filosofia de Ockham e a sua teoria política, mas não existe também qualquer conexão necessária entre ambas"), 100 ("quando se aborda a obra de Ockham considerando a relação entre os seus primeiros escritos especulativos e as suas obras polémicas tardias, é necessário considerar não apenas se existiu algum relação significativa entre as duas áreas de pensamento, mas também, se essa relação existir, que elementos do seu primeiro pensamento foram relevantes para os escritos mais tardios"), 196 ("um dos problemas mais importantes na análise do pensamento de Ockham, (...), consiste em decidir se a linguagem do nominalismo e voluntarismo associada aos seus primeiros trabalhos nos pode ajudar a compreender o seu pensamento mais tardio sobre eclesiologia e teoria política, incluindo, especialmente, o seu ensino sobre os direitos naturais"), 197 (criticando o entendimento de Bastit, acima mencionado: "enquanto uma ênfase no nominalismo de Ockham não tem simplesmente força explanatória em relação ao seu pensamento político, uma ênfase no seu voluntarismo pode conduzir a incompreensões radicais dele. (...) O ensino de Ockham sobre o poder absoluto de Deus foi simplesmente irrelevante quanto aos argumentos que desenvolveu nos seus escritos políticos"); cfr., ainda, do mesmo autor, "Natural Law and Canon Law in Ockham's *Dialogus*", in J. G. Rowe (ed.), *Aspects of Late Medieval Government and Society*, pp. 3 e ss., esp. p. 5, em que se sustenta que a compreensão do ensino de Ockham sobre o direito natural beneficia mais de uma investigação das fontes de direito canónico a que recorreu do que da procura de semelhanças entre aquele ensino e os princípios gerais da sua filosofia; idem, "Ockham, the Conciliar Theory, and the Canonists", in *Church Law and Constitutional Thought in the Middle Ages*, pp. 46 e ss., sustentando que as teorias de Ockham sobre o governo da Igreja foram antecipadas pelos canonistas.

[86] Cfr. Brian Tierney, *The Idea of Natural Rights*, pp. 76 ("Ockham apoiou-se mais nos ensinamentos da canonística que o antecederam, do que na sua própria inovativa filosofia nominalista na formulação das suas teorias sobre a propriedade e a pobreza e sobre os direitos naturais"), 103 ("Ockham não se esforçou para construir uma teoria política ou um sistema de eclesiologia num vácuo. Ele estava empenhado numa furiosa disputa com o papa. As suas próprias posições foram formadas em resposta aos argumentos, muitas vezes argumentos jurídicos, do inimigos que ele procurou vencer"), 107-108 ("Quando Ockham [...] definiu um direito como um poder lícito [...] ele não estava a introduzir no debate um conceito novo retirado da sua filosofia nominalista. Pelo contrário, o próprio Ockham notou em determinado ponto que a compreensão do *ius* como um poder lícito era uma posição que tinha sido mais cedo adoptada pelos seus adversários. É muito provável que ele tenha

deixado de ser filósofo. Ainda que se admita que os pressupostos nominalistas e voluntaristas da filosofia de Ockham no plano da metafísica, da epistemologia e da lógica não são adequados como ponto de partida da análise do seu pensamento político e jurídico, nem por isso esta análise se deve equacionar, em relação a um pensador com a estatura de Ockham, noutro plano que não seja o da filosofia, ou seja, noutro plano que não seja o de procurar apreender esse pensamento como mais uma manifestação de um espírito profundo de sistematização e especulação filosóficas. É precisamente esse o risco que corre uma orientação que privilegie, como por vezes parece suceder com Brian Tierney, uma análise das fontes canonistas medievais da teoria política de Ockham sobre a tessitura interna do seu pensamento, como se esta pudesse ser colocada no mesmo plano daquelas, sem nada lhes acrescentar em elaboração filosófica. A crítica que pode ser dirigida a esta segunda atitude é, pois, inversa daquela que a primeira suscita, ao não distinguir claramente, por vezes, dois planos que devem ser separados, isto é, o plano das fontes históricas em que um autor se baseia e o plano da elaboração filosófica a que procede esse autor, partindo de tais fontes. Isso não significa que não se reconheça o enorme valor que representa o conhecimento daquelas fontes para a compreensão desta elaboração; significa apenas que esta não se reduz àquele conhecimento[87]. A tese de Tierney é, em

---

tomado a sua definição 'nominalista' directamente de Hervaeus [Natalis], o fiel tomista"), 119 ("Os pressupostos de Ockham sobre os significados objectivo e subjectivo de *ius* eram os inteiramente convencionais da tradição jurídica precedente. Como Bonagratia de Bergamo e canonistas anteriores, Ockham sabia que a palavra podia ser usada nos dois sentidos; mas para ele o facto era auto-evidente e inteiramente não problemático; não pedia extensos comentários ou escrutínio"), 202 ("As ideias nucleares em torno das quais Ockham construiu a sua doutrina dos direitos naturais e do direito natural são genuinamente canonísticas, não invenções ou distorções ockhamistas"). Um aspecto que parece ser descurado por Tierney consiste no problema de saber em que medida se poderá falar na influência dos legistas, para além dos canonistas, na caracterização que Ockham faz do *dominium* como *potestas* humana [sobre este aspecto, cfr. Robert Feenstra, "Der Eigentumsbegriff bei Hugo Grotius im Licht einiger mittelalterlicher und späptscholastischer Quellen", p. 215 e nota 31; cfr., ainda, Maximiliane Kriechbaum, *Actio, ius und dominium in den Rechtslehren des 13. und 14. Jahrhunderts*, pp. 35, 206 e ss. e 416].

[87] A obra de Tierney é, sem dúvida, importante no que respeita ao conhecimento de tais fontes e muito embora ele pareça, por vezes, não distinguir o discurso de Ockham, situado num plano eminentemente filosófico, do discurso dos canonistas. Esta circunstância

última análise, a de que a doutrina dos direitos individuais é "um produto característico da grande época de jurisprudência criativa que, nos séculos doze e treze, estabeleceu as fundações da tradição jurídica ocidental"[88]. Este ponto de vista não permite, no entanto, abarcar todo o horizonte, um horizonte em que se movimentavam não apenas juristas, mas também filósofos e teólogos: não é simplesmente razoável pretender que a ideia moderna de direitos individuais tem como fonte principal a linguagem jurídica dos canonistas[89]. O ponto de vista de Tierney merece, sem dúvida, ser partilhado quando salienta que o pensamento filosófico de Ockham nos domínios da política e do direito tem outras fontes, mais tradicionais, do que as ideias expressas nas suas obras não-polémicas; mas já não parece legitimar uma atitude que pretenda fazer coincidir os seus pensamentos jurídico e político com o conteúdo daquelas fontes. Por outro lado, a tese de Tierney assume, sem propriamente a questionar, a possibilidade de caracterizar o discurso dogmático-jurídico coevo de Ockham com base na categoria do direito subjectivo, excluindo outras possibilidades da respectiva configuração[90].

A insuficiência das duas atitudes mencionadas aconselha, pois, uma apreciação dos pensamentos jurídico e político de Ockham nos seus próprios termos. No plano da história do direito – o que significa, em relação à obra de Ockham, escolher essencialmente como objecto de análise a *Opus nonaginta dierum*, em que se trata da questão jurídica da pobreza dos minoritas –, o que está em causa não

---

poderia encontrar a sua explicação na consideração de Maitland, citado por Tierney, *The Idea of Natural Rights*, p. 203, de que a filosofia política, na sua infância, aparece como jurisprudência sublimada. Simplesmente, como o próprio Tierney acrescenta, ao ler Ockham podemos ver a sublimação a tomar lugar. De resto, a importância Ockham no plano da filosofia política é correctamente avaliada por Tierney quando afirma que aquela importância reside "numa nova ênfase na natureza e na razão como fontes dos direitos subjectivos e numa distinção cuidadosamente sustentada entre direitos naturais e direitos positivos" (cfr. *ob. cit.*, p. 130), ou ainda quando se refere à possibilidade de se "ver o *Breviloquium* como o primeiro tratado sobre teoria política essencialmente baseado na perspectiva dos direitos" (cfr. *ibidem*, pp. 185 e 194).

[88] Cfr. Tierney, *The Idea of Natural Rights*, p. 42.
[89] Cfr. Virpi Mäkinen, *Property Rights in the Late Medieval Discussion on Franciscan Poverty*, p. 7.
[90] Cfr. Maximiliane Kriechbaum, *Actio, ius und dominium in den Rechtslehren des 13. und 14. Jahrhunderts*, p. 12.

é tanto averiguar os contributos jurídicos de filósofos que se ocupam de temas jurídicos, mas investigar o necessário emprego de noções filosóficas em obras de índole jurídica[91]. No plano da filosofia política e moral – em que sobretudo se situam obras como o *Breviloquium de principatu tyrannico* ou o *Dialogus de imperio et pontificia potestate* e em que se predominantemente se inserem as considerações subsequentes – importará adoptar uma atitude que, sem assumir os pressupostos nominalistas e voluntaristas da sua epistemologia e teologia como únicos princípios interpretativos (determinados, por seu turno, por uma certa pré-compreensão) nos domínios da ética e da política, proceda, todavia, sem estabelecer qualquer barreira entre

---

[91] Cfr. Maximiliane Kriechbaum, *Actio, ius und dominium in den Rechtslehren des 13. und 14. Jahrhunderts*, p. 23. Em sentido semelhante, sustentando não existir uma relação necessária entre o nominalismo e o voluntarismo de Ockham e o subjectivismo do seu conceito de *dominium*, cfr. Kurt Seelmann, *Die Lehre des Fernando Vazquez de Menchaca vom Dominium*, pp. 12-13; Knut Wolfgang Nörr, "Zur Frage des subjektiven Rechts in der mittelalterlichen Rechtswissenschaft", p. 195. Ainda no mesmo sentido, Sten Gagnér, "Vorbemerkungen zum Thema '*Dominium*' bei Ockham", p. 302 e ss. e 326-327, considera mesmo não ser talvez correcto falar num pensamento próprio de Ockham, a que tantas vezes seriam atribuídas teorias que na verdade ele teria encontrado nas fontes a que recorreu, sobretudo no trabalho dos canonistas, sem antes se estabelecer com rigor o conjunto das fontes que utilizou nos seus escritos polémicos. Segundo Kriechbaum, o que está em causa não é analisar a projecção de supostas concepções filosóficas sobre obras de índole mais acentuadamente jurídica, mas o uso de conceitos filosóficos necessariamente subjacentes a tais obras e comuns aos escritos dos juristas contemporâneos, como as distinções escolásticas entre *potentia-actus*, *materia-forma* e *causa-effectus*. Não se nega que os escritos de índole mais acentuadamente jurídica, como a *Opus nonaginta dierum*, recorram a noções filosóficas; nega-se apenas que se trate de uma "filosofia franciscana no sentido de Villey e Grossi, quer dizer, as exposições franciscanas sobre *ius utendi* e *dominium* não têm origem, enquanto tais, imediatamente numa concepção filosófica, mas são antes de mais argumentos num conflito, que se determina por objectivos próprios da política da Igreja" (cfr. Kriechbaum, *ob. cit.*, p. 86). Daí que careça de fundamento "conceber a argumentação de Ockham e de outros [igualmente envolvidos na polémica sobre a pobreza franciscana] como filosofia: de um modo especial não existe qualquer conexão directa com os escritos filosóficos de Ockham … é também especialmente errado conceber a argumentação jurídica de Ockham, dos franciscanos ou outros autores envolvidos como 'teoria' jurídica, filosofia do direito ou de um modo geral apenas como a exposição de uma concepção jurídica de conjunto" (cfr. Kriechbaum, *ob. cit.*, pp. 41 e 87). Tal como Kriechbaum, também Annabel Brett, *Liberty, Right and Nature*, pp. 50 e ss., investiga o uso da distinção filosófica entre *potentia* e *actus* nas ideias jurídicas de Ockham.

as várias áreas sobre as quais o seu pensamento se debruçou[92]. No modo de encarar a relação entre as concepções filosóficas de Ockham e os seus escritos polémicos deve ter-se presente a configuração das questões que se pretenda abordar: estando em causa questões especificamente jurídicas como as noções de *dominium, ius* e *usus*, são os termos da própria controvérsia em que surgem tais noções que importa antes de mais ter em mente, pouco se avançando na compreensão dos propósitos de Ockham nesse campo específico com a simples afirmação apriorística de que tais noções constituem necessariamente a aplicação a um caso particular de concepções filosóficas mais gerais; pelo contrário, se se pretender abordar a teoria de direito natural presente nos escritos de Ockham será compreensivelmente maior o relevo de tais concepções. Nestas páginas procura-se sobretudo expor, no plano da filosofia política e moral, a teoria de direito natural de Ockham e o lugar que nela ocupa a propriedade privada, ainda que não deixem de se fazer também algumas referências às definições de conceitos jurídicos, e respectivos pressupostos metodológicos, presentes na *Opus nonaginta dierum*. Este modo de proceder, se dispensa um confronto minucioso dos conceitos jurídicos empregues por Ockham com os dos juristas do seu tempo, obriga, no entanto, a precisar o que se deve entender por nominalismo e voluntarismo.

Cabe, pois, começar precisamente por esclarecer estes conceitos, cuja utilização, muitas vezes com um sentido mais pejorativo do que descritivo, tem contribuído em não fraca medida para confundir os termos do debate[93]. Na verdade, a visão do nominalismo propugnada ou aceite pelos autores que pretendem daí retirar os princípios da

---

[92] É esta, já se viu, a atitude de George Knysh no seu *Political Ockhamism*, mas é também a atitude de muitos outros autores, entre os quais cumpre destacar Philotheus Boehner, Jürgen Miethke, Arthur Stephen McGrade, Janet Coleman, Marino Damiata e John Kilcullen, adiante referidos no texto. Isto dito, não deve, no entanto, esquecer-se que "as ideias políticas de Ockham não resultam de um programa académico, como o comentário dos escritos políticos de Aristóteles". Pelo contrário, Ockham tornou-se um autor político ao tomar partido no conflito entre a sua ordem e o papa e ao fazê-lo a sua reflexão não podia deixar de ser determinada em alguma medida pelos termos já largamente definidos da controvérsia sobre a pobreza franciscana (cfr. Jürgen Miethke, "The Concept of Liberty in William of Ockham", pp. 94 e 96-97).

[93] Cfr. William J. Courtenay, "Nominalism and Late Medieval Thought: A Bibliographical Essay", p. 718.

filosofia política de Ockham é a de uma filosofia que no domínio da lógica e da ontologia não apenas definia os universais como conceitos criados pela mente, mas até como conceitos sem referentes reais e, portanto, sem significado enquanto descrição da realidade externa. O resultado é, pois, uma cisão entre pensamento e realidade. Estas premissas e o atomismo nelas implícito, já resultantes de pensadores do século doze como Pedro Abelardo, teriam sido depois desenvolvidas pelos nominalistas medievais tardios, principalmente Guilherme de Ockham e respectivos seguidores, como Pierre d'Ailly e Gabriel Biel, e servido para o ataque destes autores à metafísica, à ética e à metodologia científica, com o consequente desmantelamento das principais realizações da escolástica. Nestes ataque e desmantelamento teria desempenhado um papel fundamental o entendimento da *potentia absoluta* divina como um tipo de acção absolutista, contra a qual a ordem estabelecida não oferece quaisquer garantias de estabilidade. As ideias em torno das quais se constrói esta visão tradicional do nominalismo são, pois: (1) o atomismo, particularismo e individualismo; (2) uma excessiva ênfase na omnipotência divina; (3) o voluntarismo, no sentido da primazia da vontade sobre a razão; (4) o cepticismo; (5) o fideísmo[94]. De todos os efeitos nefastos que o nominalismo, nesta visão tradicional, teria tido, entre os quais se incluem o cepticismo epistemológico, o descrédito do método científico, pela impossibilidade de demonstrar o funcionamento do princípio da causalidade, a impossibilidade de harmonizar razão e fé, importa aqui salientar a rejeição de um sistema ético baseado no direito natural e a sua substituição por um sistema moral e jurídico positivista[95].

A que acaba de descrever-se era, pois, a visão dominante do nominalismo no começo do século vinte. A sua superação efectuou-se com base na percepção de que o nominalismo tardio "deve ser estudado nominalisticamente"[96] e foi incentivada pela publicação de edições críticas que dispensavam o trabalho moroso de constante confir-

---

[94] Cfr. William J. Courtenay, "Nominalism and Late Medieval Religion", p. 27. Paradigmática na construção e apresentação desta visão tradicional é a exposição de Maurice de Wulf, *Histoire de la Philosophie Médiévale*, tomo terceiro, pp. 31-48

[95] Cfr. Maurice de Wulf, *Histoire de la Philosophie Médiévale*, tomo terceiro, p. 42.

[96] Cfr. William J. Courtenay, "Late Medieval Nominalism Revisited: 1972-1982", in *Journal of the History of Ideas*, vol. 44, n.º 1, Janeiro-Março de 1983, p. 164.

mação dos textos manuscritos e pela crescente especialização das áreas sobre que incidiu a atenção dos estudiosos, em contraste com a visão generalista dos autores que erigiram a visão tradicional do nominalismo. Um dos resultados deste processo de superação consistiu, desde logo, na construção de uma nova perspectiva da filosofia de Ockham, entendida como nominalismo moderado, que põe decisivamente em causa as ideias em torno das quais foi construída a visão tradicional[97]. Por que vias se operou esta superação? Na impossibilidade de abordar em profundidade todos os aspectos do nominalismo sujeitos a revisão indicar-se-ão aqui as três principais linhas através das quais ela actuou: em primeiro lugar, no âmbito propriamente filosófico, essa revisão trouxe novos modos de perspectivar o problema dos universais[98], o empirismo epistemológico, a actuação

---

[97] William J. Courtenay, no seguimento de autores como Heiko Oberman, afirma a possibilidade de se construir uma teoria de três escolas, ou três movimentos, na escolástica tardia: para além da escola moderada, em que se incluem Ockham, Pierre d'Ailly e Gabriel Biel, haveria ainda a mencionar um nominalismo conservador, incluindo autores como Gregório de Rimini, e um nominalismo radical, abrangendo pensadores como Roberto Holcot, Nicolau de Autrecourt e João de Mirecourt. Entre os critérios que presidem a essa construção contam-se o número de verdades teológicas que estes diferentes pensadores aceitam como podendo ser objecto de demonstração conclusiva ou ainda a aceitação de modos de conhecimento distintos do intuitivo, para além da tendencial rejeição da *distinctio realis* de S. Tomás e da *distinctio formalis* de João Duns Escoto (cfr. William J. Courtenay, "Nominalism and Late Medieval Religion", pp. 34-35; Heiko Oberman, *The Harvest of Medieval Theology*, pp. 196 e ss., 235 e ss.; sobre os conceitos de *distinctio realis* e *distinctio formalis*, cfr. Paulo Vignaux, *O Pensar na Idade-Média*, pp. 186-187, autor que é, aliás, um dos responsáveis pela revisão da visão tradicional do nominalismo referida no texto; cfr., ainda, Marilyn McCord Adams, *William Ockham*, vol. I, pp. 16 e ss.). Exemplar do ponto de vista de tal revisão é ainda a apreciação crítica da *Histoire de la Philosophie Médiévale*, de Maurice de Wulf, feita por Ph. Boehner, "A Recent Presentation of Ockham's Philosophy", in *Collected Articles on Ockham*, pp. 136 e ss.

[98] Como salienta Paul Vincent Spade, os autores medievais tinham duas principais noções de "universal": (i) tudo aquilo que pode estar presente em muitas coisas (a) como um todo, (b) simultaneamente, ou (c) nalgum sentido constitutivo metafisicamente apropriado; (ii) tudo aquilo que é naturalmente apto a ser predicado de muitas coisas. Uma vez que Ockham admitia que alguns termos de linguagem são predicáveis de muitas coisas, ele admitia os universais no segundo sentido; o seu nominalismo consiste precisamente na negação de que algo mais, para além de nomes universais, possa ser predicado de muitas coisas e, por isso, na rejeição da primeira noção de universal [cfr. Paul Vincent Spade, "Ockham's Nominalist Metaphysics: Some Main Themes", p. 111; é precisamente esta circunstância que leva alguns autores a sustentar que Ockham deve ser considerado um

das causas segundas; em segundo lugar, num domínio mais propriamente teológico, ela actuou sobre o problema da teologia natural, a soteriologia, a visão dos sacramentos e em particular da eucaristia; em terceiro lugar, no que diz respeito à filosofias política e moral, a revisão da visão tradicional do nominalismo incidiu sobre a questão da relação entre a Igreja e o poder temporal, a visão do direito natural e a teoria dos actos indiferentes. A todas estas vias está subjacente, embora de modos diferentes, a adopção de novas perspectivas quanto ao posicionamento de Ockham em relação à dialéctica dos poderes absoluto e ordenado de Deus[99]. É esta, com efeito, uma das

---

conceptualista, ao afirmar que as naturezas comuns existem mas apenas na forma de actos de compreensão ou dos produtos de tais actos: cfr. Marilyn McCord Adams, *William Ockham*, vol. I, pp. 73 e ss.; Philotheus Boehner, "The Realistic Conceptualism of William Ockham", in *Collected Articles on Ockham*, pp. 156 e ss.]. A investigação porventura mais profunda e completa da ontologia de Ockham deve-se a Marilyn McCord Adams, a qual demonstra, por um lado, que o ataque ao realismo montado por Ockham não consegue refutá-lo por completo e, por outro lado, que são infundadas as acusações segundo as quais o seu pensamento torna a metafísica arbitrária e subjectiva (cfr. *William Ockham*, vol. I, pp. 30-31, 59 e 287 e ss.). Um exemplo do modo como o conceptualismo de Ockham pode devolver a necessária coerência ao direito de propriedade privada, em vez de ser responsável pela sua desintegração, é-nos fornecido pelo artigo de Nikolas Roos, "On Property without Properties: An Enquiry into the Metaphysical Foundations and the Coherence of Property Law", pp. 161 e ss.

[99] É precisamente a centralidade da ideia da dialéctica entre *potestas absoluta* e *ordinata*, não apenas nos domínios da teologia, da ética e da política, mas também nas áreas da metafísica, ontologia, lógica e epistemologia, que permite a Paul Vignaux definir o nominalismo de Ockham como "uma ontologia da coisa, onde uma lógica da linguagem se encontra com uma teologia da omnipotência" (cfr. *O Pensar na Idade-Média*, p. 193). Para uma visão de conjunto sobre todos os aspectos referidos no texto são fundamentais os artigos de William J. Courtenay citados nas notas anteriores (especialmente o artigo "Nominalism and Late Medieval Religion", pp. 32 e ss.) e ainda o estudo introdutório de Rega Wood em *Ockham on the Virtues*, pp. 19-39. Resumidamente, poder-se-ia dizer que a centralidade da dialéctica *de potentia Dei absoluta* na superação da visão tradicional do nominalismo de Ockham decorre fundamentalmente da circunstância de, ao lado da função religiosa clássica que esta desempenha também no seu pensamento – a de mostrar a contingência de toda a ordem instituída por Deus e a de afirmar que Ele não actuou segundo a necessidade –, exercer ainda uma função especificamente filosófica – a qual como afirma Vignaux, *Nominalisme au XIVe Siècle*, pp. 22-23, se prende com "o discernimento, no objecto de uma investigação, daquilo que pode dispensar e daquilo que não poderia perder sem deixar de ser ele próprio" (e aqui surge a ligação entre o princípio da omnipotência divina e o outro grande princípio ockhamiano, isto é, o de que a pluralidade nunca deve ser assumida sem necessidade, conhecido através da expressão "navalha de Ockham"; os dois

questões centrais no pensamento nominalista e foi ela que a visão tradicional mais distorceu.

Como já antes foi mencionado, Villey entende que para Ockham a fonte de toda a ordem jurídica é "a liberdade de Deus, a sua *potestas absoluta*"[100]. Michel Bastit que, como ele, vê na filosofia política de Ockham um reflexo do seu nominalismo, afirma que "apesar de todas as disposições morais postas por Deus, este, como resultado precisamente da sua função de legislador todo poderoso, pode abrir uma excepção a favor ou contra uma pessoa particular"[101]. A *potestas absoluta* é assim entendida como um poder imediatamente actuante de Deus, contra o qual a ordem natural, instituída *de potentia ordinata*, não oferece nenhuma garantia. Todavia, não é este, de modo algum, o entendimento de Ockham, sendo antes de registar o carácter em certa medida tradicional e conservador da sua definição e uso da distinção entre *potestas absoluta* e *ordinata*. Ockham afirma expressamente que a distinção entre *potentia absoluta* e *ordinata* não deve ser entendida como significando que em Deus existem efectivamente dois poderes ou implicando que Deus é capaz de fazer algumas coisas *ordinate* e outras *absolute*, porque Deus não pode fazer nada desordenado. A distinção deve antes ser compreendida como significando que o "poder para fazer uma coisa" encerra dois sentidos possíveis: o poder de actuar em conformidade com as leis instituídas por Deus, de *potentia ordinata*, e a capacidade de fazer tudo aquilo que não implique uma contradição, independentemente de Deus ter ordenado tal coisa, pois Deus pode fazer muitas

---

princípios constituem a estrutura do *Tractatus de Principiis Theologiae*, cuja atribuição a Ockham não é, no entanto, segura: cfr. Julian Davies, *A Compendium of Ockham's Teachings: A Translation of the* Tractatus de Principiis Theologiae, pp. 109-110) – e ainda uma função política e moral – a de salientar o valor dos pactos e promessas assumidos voluntariamente. É através destas duas últimas funções, a especificamente filosófica e a política e moral, que Ockham se afasta do uso clássico da ditinção entre *potestas absoluta* e *ordinata*, presente, por exemplo, em S. Tomás. Isso não significa, no entanto, como se verá, que mesmo no âmbito destas novas funções, Ockham chegue alguma vez a conceber a distinção como referida a dois poderes efectivos de Deus.

[100] Cfr. Villey, "La Genèse du Droit Subjectif chez Guillaume d'Occam", p. 124; cfr., ainda, André de Muralt, *L'Unité de la Philosophie Politique...*, p. 34; Alois Dempf, *Sacrum Imperium*, p. 507 ; Hans Blumenberg, *The Legitimacy of the Modern Age*, p. 154.

[101] Cfr. Michel Bastit, *Naissance de la Loi Moderne*, p. 281.

coisas que não quer fazer[102]. Assim, para Ockham, a *potestas absoluta* encara o poder em si mesmo, sem relação com a actuação e vontade divinas; a *potestas ordinata* encara o poder divino na perspectiva dos seus decretos, da sua vontade revelada[103]. Vistas as coisas deste modo, a função da distinção no pensamento de Ockham, à semelhança do que sucede com S. Tomás[104], era a de afirmar que Deus não actuou segundo a necessidade, que podia fazer as coisas diferentemente da via que escolheu. A *potentia Dei absoluta* não é pois um modelo para descrever uma intervenção divina, directa e desestabilizante, no mundo; não visa minar a possibilidade de conhecimento humano do real, nem tão pouco a estabilidade de uma ordem moral natural[105]. Mas se é certo que a distinção entre os dois poderes

---

[102] Cfr. Ockham, *Quodlibeta septem*, VI, q. 1: "Quaedam potest Deus facere de potentia ordinata e aliqua de potentia absoluta. Haec distinctio non est sic intelligenda quod in Deo sint realiter duae potentiae quarum una sit ordinata et alia absoluta, quia unica potentia est in Deo ad extra, quae omni modo est ipse Deus. Nec sic est intelligenda quod aliqua potest Deus ordinate facere, et aliqua potest absolute et non ordinate, quia Deus nihil potest facere inordinate. Sed est sic intelligenda quod 'posse [facere] aliquid' quandoque accipitur secundum leges ordinatas et institutas a Deo, et illa dicitur Deus posse facere de potentia ordinata. Aliter accipitur 'posse' pro posse facere omnue illud quod non includit contradictionem fieri, sive deus ordinavit se hoc facturum sive non, quia multa potest Deus facere quae non vult facere" (cfr. Guillelmi de Ockham, *Opera Theologica*, vol. IX, pp. 585-586; William of Ockham, *Quodlibetal Questions*, vols. 1 e 2, pp. 491-492); no mesmo sentido cfr. *Opus nonaginta dierum*, cap. 95, 375-437, esp. 410-430 (cfr. *Opera Politica*, II, ed. H. S. Offler, pp. 725-726; *A Translation of William of Ockham's Work of Ninety Days*, vol. 2, pp. 653-655); cfr., ainda, Alister E. McGrath, *Iustitia Dei, A History of the Christian Doctrine of Justification*, p. 122; e Jürgen Miethke, *Ockhams Weg zur Sozialphilosophie*, pp. 150-152, acentuando especialmente que para Ockham as duas expressões correspondem a dois modos de falar, a dois usos da linguagem, e não a dois poderes efectivamente distintos.

[103] Cfr. William J. Courtenay, "The Dialectic of Divine Omnipotence", in *Covenant and Causality in Medieval Thought*, p. 14.

[104] Cfr. S. Tomás de Aquino, *Quaestiones disputatae de potentia Dei*, q. 1, a. 5; idem, *Summa theologiae*, I, q. 25., a. 5, p. 142; idem, *Summa contra Gentiles*, L. II, cap. 23-30, pp. 134-145.

[105] Cfr. William J. Courtenay, "Nominalism and Late Medieval Religion", pp. 37-38; idem, *Capacity and Volition*, p. 120; Eugenio Randi, *Il Sovrano e l'Orologiaio*, pp. 74-75 (o qual salienta o facto de Ockham se referir expressamente a S. Tomás ao dicutir a distinção entre *potestas absoluta* e *ordinata* na *Opus nonaginta dierum*, cap. 95, 340-357: cfr. *Opera Politica*, II, ed. H. S. Offler, p. 724; *A Translation of William of Ockham's Work of Ninety Days*, vol. 2, pp. 648-649); idem, "Ockham, John XXII and the Absolute

de Deus em Ockham não consiste numa descrição da actuação divina, uma actuação normal (*de potentia ordinata*) e uma actuação ocasional e miraculosa (*de potentia absoluta*)[106], não é menos certo

---

Power of God", pp. 35 e ss.; M. T. Beonio-Brocchieri Fumagalli, "Più Cose in Cielo e in Terra", pp. 22-23 (a qual salienta a diferença radical entre Duns Scoto e Ockham a propósito da distinção em causa); Alessandro Ghisalberti, "Omnipotenza Divina e Contingenza del Mondo in Guglielmo di Ockham", pp. 33 e ss., esp. p. 49; Volker Leppin, "Does Ockham's Concept of Divine Power Threaten Man's Certainty in His Knowledge of the World?", pp. 169 e ss. (o qual responde claramente pela negativa à pergunta que constitui o título do artigo).

[106] A compreensão da distinção em termos análogos aos das distinções entre normal e ocasional, ordinário e extraordinário, regular e excepcional, é estranha ao pensamento de Ockham e insere-se no entendimento "operacionalizado" ou "jurídico" da distinção entre *potentia absoluta* e *ordinata*. Eugenio Randi, *Il Sovrano e l'Orologiaio*, pp. 54-55, contrapõe este último entendimento da distinção, com origens no pensamento de Duns Escoto, ao de Ockham com base na terminologia e na distinção *de iure / de facto* (no mesmo sentido, cfr. William J. Courtenay, "The Dialectic of Divine Omnipotence", in *Covenant and Causality in Medieval Thought*, p. 13). Enquanto Duns Escoto estabelece um paralelo entre possibilidade *de potentia absoluta* e possibilidade *de facto* e, correlativamente, entre *potentia ordinata* e *ius*, Ockham identifica o plano *de potentia ordinata* com o plano *de facto* [cfr. João Duns Escoto, *Ordinatio*, I, d. 44, q. un.: "...ideo dicunt iuristae quod aliquis hoc potest facere de facto, hoc est de potentia absoluta sua, vel de iure – hoc est de potentia ordinata secundum iura" (cfr. João Duns Escoto, *Opera Omnia*, ed. do Vaticano, vol. VI, p. 364; idem, *Duns Scotus on the Will and Morality*, selecção, tradução e introdução de Allan B. Wolter, p. 191); e Guilherme de Ockham, *Tractatus contra Benedictum*: "Et ideo, licet potentia Dei sit una tamen propter diversam locutionem dicitur quod Deus aliqua potest de potentia absoluta, quae tamen numquam faciet de potentia ordinata (hoc est, de facto numquam faciet): quemadmodum essentia et potentia, et similiter esse et posse, non sunt diversa in Deo, et tamen Deus potest multa, non obstante quod non sint illa multa, quae potest" (cfr. Guillelmi de Ockham, *Opera Politica*, vol. III, ed. H. S. Offler, p. 234)]. É esta, na verdade, a chave da profunda diversidade dos dois entendimentos, o entendimento teológico clássico, em que Ockham se insere, e o entendimento "jurídico", que teria depois larga circulação no âmbito da filosofia política, sobretudo no pensamento de Bodin e Hobbes (sobre esta, cfr. Francis Oakley, *Omnipotence, Covenant and Order*, pp. 109-110; idem, *Politics and Eternity*, pp. 321 e ss.; Eugenio Randi, "*Lex est in potestate agentis*. Note per una Storia della Idea Scotista di *potentia absoluta*", pp. 129 e ss.; William J. Courtenay, *Capacity and Volition*, pp. 92 e ss.; Luc Foisneau, *Hobbes et la Toute-Puissance de Dieu*, pp. 314-315). O estabelecimento de uma relação entre a *potestas absoluta* divina e a ideia de soberania, sobretudo em Bodin, é no entanto anterior: neste sentido, podem encontrar-se referências em José Antonio Maravall, *Teoria Española del Estado en el Siglo XVII*, pp. 192-193, Martim de Albuquerque, *Jean Bodin na Península Ibérica, Ensaio de História das Ideias Políticas e de Direito Público*, p. 66, e Dietmar Willoweit, "*Dominium* und *Proprietas*", p. 155; simplesmente, enquanto estes últimos autores tendem a perspectivar

que Ockham utiliza a distinção em contextos diferentes daqueles que ocorrem na obra de S. Tomás. Poder-se-ia dizer que Ockham utiliza um entendimento convencional da distinção entre *potestas absoluta* e *ordinata* em contextos que já não o são[107]. Com efeito, como salienta William Courtenay, depois de definir a *potentia absoluta* como a esfera da capacidade divina, distinta da volição, e de afirmar que Deus é capaz de fazer muitas coisas que não quer fazer, Ockham ilustra a sua posição através de uma analogia com o poder do Papa, dizendo existirem coisas que o Papa não pode fazer de acordo com as leis estabelecidas por ele, mas que no entanto as pode fazer absolutamente. Atendendo ao contexto em que é feita, não é simplesmente possível interpretar esta analogia como exprimindo um conceito "operacionalizado" ou "jurídico", na linha de Duns Escoto, da *potestas absoluta*. Ou seja, não é possível pretender que Ockham estaria aqui a admitir o poder efectivo do papa intervir à margem do ordenamento instituído. Pelo contrário, através dela Ockham pretendia estabelecer a vinculação do Papa pelas suas leis, uma vez instituídas. Por outras palavras, quaisquer opções inicialmente possíveis, absolutamente consideradas, deixavam de o ser, uma vez adoptadas as leis agora em vigor. Ao contrário dos canonistas que usavam a

---

essa relação como resultando de uma apropriação jurídica e política de um tema teológico, sem estabelecerem, por vezes, como sucede com Maravall, distinções no pensamento de autores com pensamentos tão diversos sobre o tema como Duns Escoto e Ockham, o que os autores primeiramente citados sustentam é precisamente o inverso: tratar-se de uma apropriação teológica de uma definição jurídica e constitucional na sua origem. Esta apropriação seria patente no caso de Duns Escoto, mas também no caso dos canonistas que sustentaram a plenitude do poder papal (cfr. Eugenio Randi, *Il Sovrano e l'Orologiaio*, pp. 88 e ss.). William J. Courtenay é elucidativo quando afirma que "com Scotus a definição jurídica e constitucional entrou na discussão teológica. A distinção *absoluta / ordinata* passou a aplicar-se a qualquer agente livre, não apenas a Deus. Ampliando uma linha de argumentação presente em Tomás e sem prestar atenção aos avisos de Henrique de Gand e Pedro de Trabibus, Escoto incorporou a analogia desenvolvida pelos canonistas: *potentia ordinata* significa actuar de acordo com o direito, *de iure*; *potentia absoluta* é a capacidade de actuar à margem da lei, *de facto*. Assim as expressões *de potentia ordinata* e *de potentia absoluta* deixaram de simplesmente caracterizar dois diferentes sentidos de *posse*; elas passaram a afirmar duas diferentes formas de acção; uma em conformidade com a lei, a outra à margem e acima da lei" (cfr. William J. Courtenay, "The Dialectic of Divine Omnipotence", *op. e loc. cit.*).

[107] Cfr., neste sentido, Francis Oakley, *Politics and Eternity, Studies in the History of Medieval and Early-Modern Political Thought*, p. 320.

ideia de *potestas absoluta* para sustentar a possibilidade presente de o Papa actuar à margem das leis, Ockham utilizava-o para sustentar o contrário[108]. O recurso à ideia de *potentia absoluta* neste contexto não significa para Ockham a admissão de um poder extraordinário de actuação do Papa, mas a aplicação ao poder deste último do carácter autovinculante da distinção entre *potestas absoluta* e *ordinata* e da ideia de pacto que lhe está subjacente[109].

---

[108] Cfr. William Courtenay, *Capacity and Volition*, pp. 121-122; Eugenio Randi, *Il Sovrano e l'Orologiaio*, pp. 88 e ss. A analogia entre *potestas absoluta* e poder do Papa referida no texto pode ver-se em Ockham, *Quodlibeta septem*, VI, q. 1: "Sicut Papa aliqua non potest secundum iura statuta ab eo, quae tamen absolute potest" (cfr. Guillelmi de Ockham, *Opera Theologica*, vol. IX, p. 586; William of Ockham, *Quodlibetal Questions*, vols. 1 e 2, p. 492). A posição sustentada no texto recebe ainda confirmação através de uma outra distinção: aquela que se efectua entre o poder que o papa e o imperador exercem regularmente (*regulariter*) e casualmente (*casualiter*): o poder que uma autoridade possui *regulariter* e o pleno poder que exerce *casualiter*, perante um caso de necessidade ou de utilidade evidente. Nestes últimos casos é possível ao papa intervir em questões civis, ao imperador intervir em questões eclesiásticas e à autoridade civil intervir nos bens dos particulares. Simplesmente, o caso de necessidade que permite, ou mesmo impõe, a tomada de uma medida excepcional, não corresponde de modo algum a um voluntarismo decisionista, mas permanece ainda abrangido pelo quadro normativo da recta razão (cfr. Jürgen Miethke, *Ockhams Weg zur Sozialphilosophie*, pp. 551-554). Neste contexto, não existe, no pensamento de Ockham, qualquer identificação entre poder absoluto e casual, por um lado, e poder ordenado e regular, por outro. Enquanto a distinção entre poder absoluto e ordenado designa dois usos possíveis da mesma realidade, a distinção entre poder regular e casual respeita ao exercício do poder nas situações normais e nos casos de necessidade, ou excepções [sobre esta última, cfr. *Dialogus*, Parte III, Tratado I, Livro I, Cap. 16; cfr., ainda, *Breviloquium de principatu tyrannico*, Livro II, caps. 11, p. 73, 20, p. 99 e 24, p. 106, e, especialmente, Livro IV, caps. 4, pp. 148-149, e 6, p. 151 (cfr. *Court Traité ...*, pp. 141, 173, 182, 241-242, 245; *A Short Discourse on Tyrannical Government*, pp. 38, 62, 69, 112-113 e 114-115)].

[109] Cfr. William Courtenay, *Capacity and Volition*, p. 122. Courtenay mostra ainda como esta mesma ideia de pacto subjacente ao uso ockhamiano da distinção entre *potestas absoluta* e *ordinata*, mas ausente do uso que S. Tomás faz da mesma distinção, se encontra na discussão da causalidade sacramental. Trata-se da questão de saber se dos sacramentos resulta a graça através da virtude inerente, como pretendia S. Tomás, ou através de um pacto de Deus que garante a graça à pessoa que recebe os sacramentos, desde que os mesmos sejam devidamente administrados e a pessoa que os recebe não coloque quaisquer obstáculos, como sustentavam Ockham e, na sua esteira, Pierre d'Ailly e Gabriel Biel. A questão merece ser aqui mencionada, uma vez que o exemplo com base no qual era discutida tinha evidentes implicações económicas. S. Tomás ilustrava, com efeito, a sua rejeição da causalidade pactícia ou *sine qua non* através do seguinte exemplo: um rei poderia decretar que qualquer pessoa que possuísse uma certa moeda de chumbo receberia 100 libras; em tal

3.4 Ockham e o direito natural. Uma vez levantada, pois, a hipoteca que a visão tradicional do nominalismo fazia impender sobre a própria possibilidade de uma teoria ockhamista do direito natural, é agora a altura de se analisar essa teoria nos seus próprios termos. E diga-se, desde logo, que o levantamento de tal hipoteca tem um efeito singular na perspectiva da articulação entre as diversas áreas da filosofia em que Ockham interveio. Com efeito, a visão tradicional do nominalismo é incompatível com uma visão coerente do direito natural, e por essa razão, atribuir aquela visão a Ockham significa, ao mesmo tempo, negar que o direito natural possa ter alguma importância própria no seu pensamento político e jurídico. Já no âmbito da revisão do nominalismo que tem vindo a ser operada, aquela incompatibilidade de princípio com a própria ideia de direito natural desaparece e, pelo contrário, a relação entre a epistemologia do nominalismo e as ideias de direito natural e de razão natural deixa de ser encarada como uma contradição nos próprios termos.

Vejamos, pois, o que entende Ockham pelo direito natural. É no capítulo sexto do livro terceiro da parte terceira, segundo tratado, do *Dialogus de imperio et pontificia potestate* que se encontra o seu mais importante texto sobre a matéria. Explicando por que razão o direito divino se estende até abranger todo o direito natural e porque todo o direito natural pode ser chamado direito divino, Ockham distingue com efeito aquilo que designa os três modos do direito natural. Num primeiro sentido, o direito natural é composto por aquilo que é conforme com a razão natural, como os preceitos "não cometer

---

caso, não seria a moeda a causar o recebimento das 100 libras, mas antes a aceitação arbitrária da moeda em causa pelo rei. S. Tomás rejeitava a solução ilustrada com este exemplo, pois ela fazia dos sacramentos nada mais do que a ocasião ou causa acidental da graça. Mas, precisamente, o incremento da actividade comercial no século treze tornava pertinente a causalidade pactícia, pelo menos no domínio económico. A conclusão de Courtenay é a de que S. Tomás se encontrava de tal forma influenciado pelas categorias aristotélicas da virtude inerente e da causalidade que se recusava a reconhecer uma causalidade baseada apenas na natureza do contrato, fosse qual fosse a área em que ocorresse (cfr. William J. Courtenay, "The King and the Leaden Coin: The Economic Background of *sine qua non* Causality", in *Covenant and Causality in Medieval Thought*, pp. 185 e ss., esp. pp. 187 e 209; Alister E. McGrath, *Iustitia Dei, A History of the Christian Doctrine of Justification*, pp. 124-128; cfr., ainda, S. Tomás, IV *Sent.*, dist. 1, q. 1, a. 4, qc. 1; idem, *Summa theologiae*, III, q. 62, a. 1, pp. 348-349; Ockham, *Sent.* IV, q. 1, C).

adultério", "não mentir", e outros semelhantes. Num segundo sentido, chama-se direito natural àquilo que deve ser observado por aqueles que usam apenas a equidade natural, sem recorrer ao costume e à legislação humanos. Este direito é "natural" porque o seu contrário se opõe ao estado de natureza tal como originariamente estabelecido, e se todos os homens vivessem de acordo com a razão natural ou o direito divino, esse contrário não seria observado ou feito. Neste segundo sentido, e não no primeiro, se diz que todas as coisas são comuns pelo direito natural, e todos os homens são livres. O direito natural tomado neste sentido não é imutável, mas antes existe uma permissibilidade para adoptar o seu contrário. Finalmente, num terceiro sentido, é chamado direito natural àquilo que se retira por razões evidentes do direito das gentes ou outro direito ou ainda de algum acto, divino ou humano, a menos que o contrário seja adoptado com o consentimento dos interessados. A este pode chamar-se direito natural *ex suppositione*. No seu âmbito, Ockham inclui, citando Isidoro de Sevilha, a restituição de uma coisa depositada ou do dinheiro emprestado ou ainda o afastamento da violência pela força. Estes não seriam preceitos de direito natural no primeiro sentido, porque não teriam existido no estado de natureza tal como originariamente estabelecido, nem no segundo sentido, porque não existiriam entre homens que, vivendo de acordo com a razão, se bastassem apenas com a equidade natural, sem qualquer costume ou legislação humana, pois entre tais homens nada seria depositado ou emprestado e não seria infligida força. São antes preceitos de direito natural *ex suppositione* porque supondo que as coisas e o dinheiro foram apropriados pelo direito das gentes ou por alguma lei humana infere-se por um raciocínio evidente que uma coisa depositada ou o dinheiro emprestado devem ser restituídos, a menos que o contrário seja decidido pelos interessados[110]. A distinção entre os três modos do direito

---

[110] Cfr. Ockham, *Dialogus*, Parte III, Tratado II, Livro III, Cap. 6, em *A Letter to the Friars Minor and Other Writings*, pp. 286-287 e, em tradução alemã, em *Dialogus, Auszüge zur politischen Theorie*, edição, tradução e posfácio de Jürgen Miethke, pp. 178-179 (para o texto latino cfr. *Opera Plurima*, vol. I, fls. 263; e ainda a edição crítica de John Kilcullen, John Scott, que pode ser consultada na internet em www.britac.ac.uk/pubs/dialogus/w32d3btx.html; o interesse da edição alemã, a cargo de Jürgen Miethke, para além das notas e posfácio da responsabilidade deste, consiste na remissão para as páginas das

natural, quanto à natureza dos seus preceitos, que acaba de se descrever encontra de algum modo paralelo numa outra distinção tripartida do direito natural efectuada por Ockham, tomando como critério o seu conhecimento, ou a possibilidade de se conhecer sem erro os seus princípios. Segundo Ockham, alguns princípios de direito natural são evidentes e em relação ao seu conhecimento nenhuma possibilidade de erro ou dúvida existe. A ignorância desses princípios procede, por isso, de negligência ou desprezo e não é desculpável. Um segundo grupo de princípios de direito natural pode ser retirado

---

edições de Trechsel, Goldast e Offler, adiante referidas, e citadas pela generalidade dos estudiosos). A edição crítica completa do original acompanhada da respectiva tradução para inglês, ambas a cargo de John Kilcullen, John Scott e George Knysh, está a ser preparada, podendo as partes do trabalho que vão sendo completadas ser consultadas em http://www.britac.ac.uk/pubs/dialogus/wtc.html . Uma versão crítica da passagem a que se refere o texto foi publicada por H. S. Offler, "The Three Modes of Natural Law in Ockham: A Revision of the Text", pp. 212-218. A importância da publicação de H. S. Offler consistiu em chamar a atenção para as deficiências contidas nas edições a que recorriam todos os estudiosos e com base nas quais formulavam as suas interpretações. Com efeito, a generalidade dos estudiosos (incluindo Georges de Lagarde, Michel Villey e Francis Oakley) baseia-se na edição de Melchior Goldast do *Dialogus*, contida no volume segundo da sua *Monarchia Sancti Romani Imperi* (publicada em 1614; em edições posteriores da mesma obra, o *Dialogus* encontra-se no volume terceiro), ou (como sucede com Arthur Stephen McCgrade) na edição de J. Trechsel da *Opera Plurima* de Ockham, contida no respectivo volume primeiro, publicada em Lyon em 1494 (da qual existe uma reimpressão em facsímile de 1962). Sucede, no entanto, que a edição de Goldast é uma mera reprodução da anterior edição de Lyon. Onde a deficiência destas edições se torna mais evidente é na definição do segundo modo do direito natural, relativamente ao qual as edições mencionadas substituiram a frase, extraída nos manuscritos, "quod ideo dicitur naturale quia contrarium est contra statum naturae institutae", pela frase incompreensível "quod ideo est naturale, quia est contra statum naturae institutae" (a edição crítica de John Kilcullen e John Scott, atrás citada, segue neste ponto a leitura dos manuscritos de H. S. Offler). Este erro das edições comumente utilizadas pelos estudiosos servia naturalmente os propósitos daqueles que tendiam a negar ou a desvalorizar a existência de uma teoria de direito natural em Ockham e o viam como um positivista e permite, ao mesmo tempo, compreender que outros autores, menos dispostos a aceitar esta caracterização como ponto de partida das suas investigações, chegassem a corrigir a passagem transcrita, como sucede com McCgrade, *The Political Thought of William of Ockham*, p. 179, ou mesmo a ignorá-la, como faz George Knysh, *Political Ockhamism*, p. 66 e nota 58. Max Shepard, "William of Occam and the Higher Law", p. 1011, indica uma definição do segundo modo de direito natural como "that which must be observed by those who employ natural equity alone, without any human custom or constitution", que se afigura substancialmente correcta, mas que não é possível encontrar no texto que cita, o *Dialogus*, Livro III, Tratado II, Livro I, cap. 10, da edição de Goldast.

directamente e sem grandes dificuldades dos anteriores e, por essa razão, a sua ignorância não é igualmente desculpável. Por último, existem princípios de direito natural que são inferidos dos primeiros por apenas poucos dos entendidos, com grande estudo, e através de muitas proposições intermédias. A ignorância deste terceiro tipo de princípios de direito natural é desculpável, salvo se for grosseira[111].

Se conjugarmos o entendimento de Ockham sobre os três modos do direito natural, atrás descritos, com a sua descrição da origem da propriedade e do poder político, também atrás feita, verificamos que ali, como aqui, é a progressiva instalação da natureza corrupta posterior à introdução do pecado a ir determinando as faculdades da razão natural. O "facto" da natureza corrupta não afecta, no entanto, do mesmo modo, todas essas faculdades. Por ele não são afectados os primeiros princípios da razão natural, equivalentes ao primeiro modo do direito natural, composto por preceitos abstractos evidentes à razão que constituem a essência da natureza humana; pelo contrário, o facto da corrupção atinge aqueles princípios incluídos no segundo modo do direito natural, princípios esses que assim surgem dotados de um carácter obrigatório reversível, isto é, que se tornam vinculativos apenas quando o "facto" da natureza humana corrupta deixa de ser operativo (e uma das circunstâncias em que isso sucede é precisamente o ideal da pobreza evangélica na perspectiva dos franciscanos); ele tem, por último, um carácter constitutivo em relação ao direito natural *ex suppositione*, porque aqui a razão natural actua num horizonte moldado pelo facto da corrupção[112]. Os três modos de direito natural correspondem a três ambientes em que opera a razão natural: a essência da natureza humana, em quaisquer condições, antes ou depois da introdução do pecado; a comunidade voluntária daqueles que escolhem viver apenas segundo a equidade natural, mesmo após a saída do estado de inocência e, de algum modo, como se esta não tivesse ocorrido; a natureza humana corrupta, após o fim do estado de inocência.

---

[111] Cfr. Ockham, *Dialogus*, Parte III, Tratado II, Livro I, Cap. 15 (cfr. *A Letter to the Friars Minor and Other Writings*, pp. 273-274; idem, *Dialogus, Auszüge zur politischen Theorie*, pp. 124-125).

[112] Cfr. George Knysh, *Political Ockhamism*, pp. 64-68.

Na exposição que antecede houve o cuidado de pôr em evidência, não apenas a relação que Ockham estabelece entre os vários modos de direito natural com as possibilidades de possuir deles um conhecimento seguro, mas também com a sua descrição da condição humana nas condições anteriores e posteriores à saída do estado de inocência. Ora, na primeira perspectiva, isto é, na perspectiva do estudo das condições em que é admissível a ignorância dos preceitos de direito natural e do seu condicionamento histórico, é flagrante o paralelismo entre o entendimento de Ockham e o de S. Tomás, quando este distingue entre princípios primários e secundários do direito natural, ou entre concepções comuns e conclusões particulares[113]. Este evidente paralelismo torna claro que para Ockham, tal como para S. Tomás, não é posto em causa, mas antes afirmado, o acesso cognoscitivo aos princípios de direito natural. Em face dele não pode pura e simplesmente ser mantida a atitude que consiste em rejeitar Ockham como um pensador do direito natural, ou sequer a atitude que consiste em pura e simplesmente contrastar o seu tratamento supostamente conservador do direito natural com o radicalismo da sua negação dos universais ou da sua refundação dos princípios do direito natural na vontade de Deus e já não no seu intelecto[114]. O que importa é precisamente avaliar o carácter e as consequências desta nova fundação teórica do direito natural. Parece, com efeito, possível estabelecer uma continuidade entre as concepções epistemológicas de Ockham e as suas posições no âmbito da política e da moral. Simplesmente, esta continuidade não é já assumida, como sucedia no quadro da visão tradicional do nominalismo, no sentido de que o seu individualismo epistemológico e metafísico conduzia Ockham a sustentar que a verdade ou falsidade de proposições no âmbito de uma teoria política e jurídica é subjectivamente determinada por indivíduos, mas no sentido em que essas proposições respeitam a indivíduos

---

[113] Cfr. *Summa theologiae*, I-II, q. 94, a. 2, 4 e 5, pp. 426-427, 428 e 429; *ibidem*, q. 100, a. 11, p. 465; cfr. Max A. Shepard, "William of Occam and the Higher Law", pp. 1009-1010 e 1017.

[114] Assim, cfr. Ernst L. Fortin, "Natural Law and Social Justice", in *Classical Christianity and the Political Order, Reflections on the Theological-Political Problem*, pp. 231-232; idem, "On the Presumed Medieval Origin of Individual Rights", in *ibidem*, pp. 245-246.

dotados de um igual acesso aos ditames da recta razão[115]. Por outro lado, na sequência do que já antes se deixou dito, não interessa agora

---

[115] Neste sentido, cfr. Arthur Stephen McGrade, "Ockham and the Birth of Individual Rights", pp. 149 e ss., esp. pp. 164-165; Janet Coleman, "The Relation Between Ockham's Intuitive Cognition and His Political Science" pp. 71 e ss., esp. pp. 87-88; idem, "Ockham's Right Reason and the Genesis of the Political as 'Absolutist'", pp. 35 e ss., esp. pp. 63-64 (também publicado, com algumas alterações, em Janet Coleman, *A History of Political Thought, From the Middle Ages to the Renaissance*, pp. 168 e ss.). Arthur S. McGrade procura sustentar que o individualismo lógico de Ockham (isto é, a sua ideia de que existe uma equivalência entre proposições contendo universais ou termos gerais e proposições que apenas contenham termos singulares, tal como a equivalência entre a proposição "todos os franciscanos vestem cinzento" e a proposição "este franciscano veste cinzento e aquele franciscano veste cinzento e o outro franciscano veste cinzento...") fornece uma explicação parcial, pelo menos, de algumas posições por si assumidas nos seus escritos políticos e, ao mesmo tempo, põe a descoberto as limitações daquelas tentativas mais ambiciosas que vêm no nominalismo de Ockham a base das modernas doutrinas dos direitos individuais (cfr. *ob. cit.*, pp. 150 e 157). Assim o individualismo lógico de Ockham poderia explicar a sua visão das comunidades políticas como correspondendo aos indivíduos que as integram, isto é, a ausência nos seus escritos polémicos de qualquer argumento sustentando uma concepção supra-individualista da comunidade, bem como a sua preocupação com a liberdade pessoal (cfr. *ibidem*, p. 158). De forma mais peremptória, Janet Coleman considera que a teoria do conhecimento de Ockham o conduz logicamente às suas teorias políticas. A teoria de Ockham de que todo o conhecimento se inicia com a intuição cognitiva de entes individuais, e os termos gerais usados nas proposições se referem a estes entes individuais, seria depois por ele aplicada como princípio de interpretação textual das Escrituras, pois esta seria "um conjunto de proposições cuja coerência depende da circunstância de qualquer leitor em qualquer momento analisar o sentido de tais proposições à luz da sua experiência individual baseado no seu conhecimento intuitivo dos termos" que as integram (cfr. J. Coleman, "The Relation Between Ockham's Intuitive Cognition and His Political Science", pp. 83-84). Daqui seguir-se-ia que todas as questões que possam ser decididas segundo a razão natural ou a experiência deveriam sê-lo segundo o famoso princípio *quod omnes tangit ab omnibus tractari debet* (cfr. *ibidem*, pp. 86-87; cfr. ainda, J. Coleman, "Ockham's Right Reason and the Genesis of the Political as 'Absolutist'", in *ob. cit.*, p. 62). A exposição de Coleman coloca um problema que ela verdadeiramente não resolve e não resolve verdadeiramente o problema de saber em que medida no sistema de pensamento de Ockham se podem encontrar as garantias de que carece a estabilidade inerente à própria ideia de razão natural. O primeiro problema consiste em saber qual é o verdadeiro alcance do princípio *quod omnes tangit ab omnibus tractari debet* no pensamento de Ockham: se esse princípio vale para todos os ditames da razão natural, a autonomia desta em relação ao consentimento de todos os interessados é posta em causa. O segundo problema consiste em saber como conciliar a insistência de Ockham na recta razão com o seu reconhecimento dos comandos de um Deus livre e omnipotente como normas morais (o primeiro a colocar o segundo problema nestes termos foi Frederick Copleston, *A History of Philosophy, Vol. 3: Ockham to Suárez*, pp. 107-108 e 115-116; cfr., ainda, Kevin McDonnell, "Does William of

saber se a sua teoria do conhecimento conduziu inevitavelmente Ockham a adoptar as suas posições políticas. Importa antes, admitindo como princípio interpretativo *prima facie* do seu pensamento a respectiva unidade, e em face da inequívoca admissão por Ockham, quer do conceito de direito natural, quer da sua cognoscibilidade, saber que garantias o seu pensamento oferecia para a ordem e estabilidade inerentes àquele conceito. A presença de uma doutrina do direito natural no sistema de pensamento de Ockham não é, assim, vista como um corpo estranho, talvez tolerado como concessão ao espírito da época, mas como um problema a resolver no contexto desse sistema. Ao mesmo tempo, este modo de ver as coisas permitirá não apenas integrar a doutrina do direito natural no sistema de pensamento de Ockham, mas até questionar se no contexto deste último aquela doutrina não adquire uma configuração própria.

A coerência da ideia de direito natural no pensamento de Ockham é assumida como um problema em virtude da dificuldade de conciliar o seu entendimento segundo o qual alguns preceitos morais podem ser conhecidos naturalmente através da recta razão, ao ponto de afirmar que a ciência moral é a mais certa que possuímos[116], com a sua insistência na dependência das normas morais em relação à vontade divina, a qual, na sua liberdade e omnipotência, não é limitada por aqueles preceitos e pode ordenar o seu contrário[117]. O que torna esta dificuldade especialmente aguda é a circunstância de Ockham adoptar uma doutrina da liberdade, quer divina, quer humana, como indiferença entre opostos[118] e inviabilizar, desse modo, a solução que

---

Ockham Have a Theory of Natural Law?", pp. 383 e ss., e, sobretudo, Marilyn McCord Adams, "The Structure of Ockham's Moral Theory", 1986, pp. 1-35). Sobre ambos os problemas se dirá alguma coisa no texto.

[116] Cfr. Ockham, *Quodilbeta septem, Quodl. II.* q. 14 (cfr. *Opera Theologica*, vol. IX, p. 178; *Quodlibetal Questions*, pp. 149-150).

[117] Cfr. Ockham, *Quaest. in IV Sent.*, q. 16 (cfr. *Opera Theologica*, vol. VII, p. 352); *De connexione virtutum*, a. 4 (cfr. *Opera Theologica*, vol. VIII, p. 391; Rega Wood, *Ockham on the Virtues*, pp. 163-165); *Quaest. in II Sent.*, q. 15 (cfr. *Opera Theologica*, vol. V, p. 352).

[118] Cfr. Ockham, *Quodlibeta septem, Quodl. I,* q. 16 (cfr. *Opera Theologica*, vol. IX, p. 88; *Quodlibetal Questions*, p. 75); *ibidem, Quodl. II*, q. 9 (cfr. *Opera Theologica*, vol. IX, pp. 154-155; *Quodlibetal Questions*, p. 130); *ibidem, Quodl. IV*, q. 1 (cfr. *Opera Theologica*, vol. IX, p. 300; *Quodlibetal Questions*, pp. 248-249). Como salienta Marilyn

consistiria em considerar as pretensões normativas da razão natural, por um lado, e dos comandos divinos, por outro, como duas condições, simultaneamente suficientes e necessárias e equivalentes, da rectidão moral dos actos humanos. Por outras palavras, se a autoridade dos comandos divinos não assentar nos mesmos fundamentos da recta razão, a própria possibilidade de uma vida boa ou virtuosa, de acordo com os ditames desta, é posta em causa[119]. Uma forma de ultrapassar esta dificuldade, proposta por Marilyn McCord Adams, consiste em atentar na distinção estabelecida por Ockham entre uma moral positiva e uma moral não positiva. Com efeito, Ockham leva a cabo uma distinção entre duas partes da moral: por um lado, a "ciência moral positiva é a ciência que contém leis humanas e divinas que obrigam a adoptar ou evitar algo que não é nem bom, nem mau, excepto porque é comandado ou proibido por um superior cujo papel consiste em estabelecer leis"; por outro lado, "a ciência moral não positiva é a ciência que dirige os actos humanos à margem de qualquer preceito de um superior, no sentido em que os princípios conhecidos, quer *per se*, quer através da experiência, os dirigem – princípios de que Aristóteles fala na sua filosofia moral, e. g., que tudo o que é certo deve ser feito e tudo o que é errado deve ser evitado, etc.". Enquanto a ciência moral positiva, na qual se incluem o direito e a teologia, não é uma ciência demonstrativa, o conhecimento moral não positivo é, para Ockham, uma ciência demonstrativa, mais certa do que muitas outras, como atrás se deixou dito[120].

McCord Adams, muito embora Ockham aceite que muitas inclinações pertencem à vontade humana em si mesma (inclinações para aquilo que é vantajoso e justo ou para querer coisas que produzem prazer), nega, no entanto que qualquer inclinação seja natural, no sentido de definir o âmbito da vontade ou no de determinar causalmente as suas acções. O âmbito da vontade divina abrange tudo aquilo que não envolva uma contradição; o das vontades criadas é delineado pelo o que o intelecto do agente pode conceber [cfr. Marilyn McCord Adams, "Ockham on Will, Nature, and Morality", pp. 255-256; cfr., ainda, Jürgen Miethke, *Ockhams Weg zur Sozialphilosophie*, p. 301; Arthur Stephen McGrade, *The Political Thought of William of Ockham*, p. 188].

[119] Assim, Copleston, *A History of Philosophy, Vol. 3: Ockham to Suárez*, p. 109, afirma que segundo Ockham a "última e suficiente razão pela qual devemos seguir a recta razão ou consciência é que Deus quer que assim seja. O autoritarismo tem a última palavra"; no mesmo sentido, cfr. Anthony J. Lisska, *Aquinas' Theory of Natural Law*, pp. 114-115.

[120] Cfr. Ockham, *Quodilbeta septem, Quodl. II*, q. 14 (cfr. *Opera Theologica*, vol. IX, p. 178; *Quodlibetal Questions*, pp. 149-150).

Tendo presente esta distinção, é possível afirmar que a autoridade dos comandos divinos assenta na recta razão no que diz respeito à esfera da moral não positiva, e só naquilo que concerne à categoria do mérito, isto é, àquela categoria do valor que relaciona uma criatura livre com o seu destino eterno e reflecte a livre coordenação das escolhas de uma criatura com aquilo que agrada a Deus e respeita, portanto, à ciência da moral positiva, a autoridade daqueles comandos se torna fundamental[121]. Pode assim dizer-se que a moral (não positiva) não assenta, para Ockham, nos comandos de Deus e que essa conclusão não é afectada pelo facto de ele afirmar que a obrigação de obedecer a Deus num determinado caso (que integra a moral positiva) prevalece sobre outras obrigações morais (não positivas)[122]. A primeira proposição é alicerçada no modo como Ockham estrutura os vários graus da acção virtuosa. Segundo ele, uma pessoa possui virtude moral do primeiro grau quando quer praticar actos justos (a) em conformidade com a recta razão, que dita o dever de os praticar, (b) de acordo com as circunstâncias exigidas para o acto e (c) mobilizado pelo valor intrínseco do acto em si mesmo. A virtude do segundo

---

[121] Cfr. Marilyn McCord Adams, "The Structure of Ockham's Moral Theory", p. 32.
[122] Cfr. John Kilcullen, "Natural Law and William Ockham", p. 882. Kilcullen chega à mesma conclusão de Marilyn McCord Adams por uma via diferente. Para ele, de entre os três princípios fundamentais do direito natural segundo Ockham (devemos fazer aquilo que sabemos ser certo pela razão de que é certo; devemos amar a Deus sobre todas as coisas; devemos querer aquilo que Deus quer que nós queiramos, isto é, devemos obedecer aos comandos de Deus) é apenas possível estabelecer uma prioridade entre os dois últimos, mas não é possível estabelecer uma relação de prioridade entre os preceitos da razão natural e os comandos divinos, no sentido em que se um comando divino pode prevalecer sobre um preceito moral isso significa que este existe apenas em virtude daquele. Segundo Kilcullen a afirmação de que se Deus é livre de ordenar o roubo e o homicídio é porque estes actos são moralmente neutros (como sustenta, por exemplo, Linwood Urban, "William of Ockham's Theological Ethics", p. 347) exprime um *non sequitur*. Estabelecendo um paralelo entre os princípios fundamentais do direito natural segundo Ockham e o intuicionismo moral de W. D. Ross, Kilcullen afirma que a circunstância de um princípio prevalecer ocasionalmente sobre o outro não impede que os dois sejam simultânea e independentemente válidos. Com efeito, de acordo com Ross existe um número de princípios intuitivos básicos, cada um dos quais estabelece uma obrigação *prima facie* em todos os casos a que se aplica, mas em alguns casos uma das obrigações pode prevalecer sobre a outra (cfr. *ob. cit.*, pp. 867-869). Seja como for, a argumentação de Kilcullen não parece incompatível com a Adams, sendo certo que o autor não deixa de recorrer também à distinção entre moral positiva e não positiva (cfr. *ob. cit.*, p. 881).

grau acrescenta a este quadro a determinação ou perseverança do agente, que actua sem se deter por causa da morte, se a recta razão ditar que a acção não deve ser abandonada nem para a evitar. A virtude do terceiro grau diferencia-se do anterior no que respeita ao fim da acção, no sentido em que aqui a acção é querida apenas porque a recta razão o determina. No quarto grau, a virtude moral diferencia-se dos segundo e terceiro porque a acção é apenas adoptada por amor a Deus (ou em obediência aos seus comandos[123]) e no quinto grau a acção é determinada por um acto da vontade formalmente imperativo, quando esse acto excede o estado comum ou é contrário à inclinação natural[124]. Ockham distingue estes cinco graus da virtude moral começando com a virtude ordinária (a virtude do primeiro e do segundo graus) até chegar à virtude heróica (a virtude do quinto grau), passando pela virtude dos filósofos (a virtude do terceiro grau) e a virtude cristã (a virtude do quarto grau). Pode dizer-se que a virtude do primeiro grau corresponde à virtude propriamente dita e a grande distinção opera-se depois entre as virtudes dos segundo e quinto graus, por um lado, as quais requerem uma fortaleza moral super-rogatória, e as virtudes dos terceiro e quarto graus, por outro lado, relativamente às quais não é suficiente perseguir um fim bom, mas este deve ser conforme à recta razão e/ou à vontade de Deus. Por outras palavras, a distinção dos graus de virtude, estruturando-se sobre a própria noção de virtude (primeiro grau) procede depois através da justaposição de dois critérios, relativos à perseverança exigida (segundo e quinto graus) e ao valor intrínseco do fim (terceiro e quarto graus)[125].

---

[123] Cfr. Ockham, *Quodlibeta septem, Quodl. III*, q. 14 (cfr. *Opera Theologica*, vol. IX, pp. 256-257; *Quodlibetal Questions*, p. 214).

[124] Cfr. Ockham, *De connexione virtutum*, a. 2 (cfr. *Opera Theologica*, vol. VIII, pp. 335 e ss.; Rega Wood, *Ockham on the Virtues*, pp. 81 e ss.).

[125] Cfr. Rega Wood, *Ockham on the Virtues*, pp. 208 e ss. Tal como afirma a autora, a virtude do quinto grau assemelha-se à virtude do segundo grau pela sua diferenciação de um grau anterior consistente na exigência de persistir na actuação virtuosa em face da adversidade. Enquanto a determinação exigida pela virtude de segundo grau é condicional, uma vez que não é necessário que exista efectivamente um perigo, mas apenas a intenção condicional de não abandonar a justiça independentemente das consequências, na virtude de quinto grau a determinação é imperativa, uma vez que a adversidade existe.

É possível que o estabelecimento da distinção obedeça ao objectivo de admitir e justificar a virtude dos pagãos. Não importa, no entanto, aqui discutir os méritos da distinção proposta por Ockham, mas apenas notar como a mesma é construída no pressuposto da coincidência entre o conteúdo dos actos correspondentes às virtudes dos terceiro e quarto graus. A diferença reside apenas na circunstância de esta última ter um duplo fim: os actos virtuosos devem ser praticados porque a recta razão os dita e por amor a Deus[126]. Os princípios subjacentes à ideia de moral não positiva, cuja expressão se manifesta no ideal da vida moral de acordo com as virtudes dos terceiro e quarto graus, não seriam pura e simplesmente possíveis sob uma legislação divina que determinasse uma actuação contrária à razão natural ou emanasse o comando de odiar a Deus[127].

A liberdade divina de adoptar tais comandos não é, sem dúvida, negada por Ockham, mas ao mesmo tempo não é possível afirmar que ele sustente serem as acções adoptadas em obediência a tais comandos positivos moralmente virtuosas; elas seriam apenas meritórias, no sentido de que seriam agradáveis a Deus e recompensadas por ele com a vida eterna[128]. Simplesmente, não nos situamos já aqui no plano da moral não positiva, mas num dos domínios da moral positiva, aquele que respeita a específicos comandos divinos[129]. Ockham ocupou grande parte da sua vida a resistir a manifestações de moral

---

[126] Cfr. Marilyn McCord Adams, "The Structure of Ockham's Moral Theory", p. 25; Peter King, "Ockham's Ethical Theory", p. 236; Taina M. Holopainen, *William Ockham's Theory of the Foundations of Ethics*, pp. 146-147 (a autora – pretendendo embora sustentar a tese de que Ockham não propõe dois sistemas éticos, um teológico e o outro natural, mas antes uma ética deontológica dos comandos divinos, assente no poder absoluto de Deus, cuja estrutura admite, no entanto, o padrão de uma moral natural – acaba, no entanto, por reconhecer, *ob. cit.*, p. 148, que o sistema de Ockham "permite na prática duas morais", esquecendo que essas duas morais correspondem a uma distinção estabelecida pelo próprio Ockham entre moral positiva e moral não positiva); cfr., no entanto, Rega Wood, *Ockham on the Virtues*, pp. 212-213.

[127] Cfr. Marilyn McCord Adams, "The Structure of Ockham's Moral Theory", p. 29.

[128] Cfr. Marilyn McCord Adams, "The Structure of Ockham's Moral Theory", p. 31.

[129] Em sentido próximo, cfr. Arthur S. McGrade, *The Political Thought of William of Ockham*, pp. 175-176, para quem "a questão da vontade de Deus em relação ao direito natural é apenas de relevância marginal no pensamento político ockhamista, uma vez que o recurso de Ockham ao *ius naturale* nos seus escritos políticos são baseados na respectiva racionalidade (em contraste explícito com o direito positivo)".

positiva que ele reputava contrárias ao direito natural, mas é claro que neste domínio dos comandos divinos essa resistência nem sequer se poderia configurar como possível. Atendendo à enorme bondade e generosidade de Deus é precisamente, pelo contrário, a efectividade de tais comandos que não ultrapassará a esfera do possível[130], ou, se se preferir, é a Sua promessa manifestada na ordem estabelecida em que se insere a razão natural que afinal constitui a garantia mais sólida da estabilidade de tal ordem[131]. Em qualquer caso, é o entendimento específico de Ockham sobre a dialéctica entre *potestas ordinata* e *potestas absoluta* que garante esta estabilidade ou aquela mera possibilidade[132].

A mesma distinção entre moral positiva e moral não positiva que constitui uma das chaves para a compreensão da teoria moral de Ockham constitui também a sua mais importante contribuição para a teoria dos direitos naturais. Quem o afirma, como já atrás se disse, é Brian Tierney, ao chamar a atenção para a circunstância de Ockham não se interessar verdadeiramente pela distinção formal entre *ius* como direito positivo em sentido objectivo e em sentido subjectivo, mas antes pela distinção entre direitos positivos e direitos naturais,

---

[130] Cfr. Marilyn McCord Adams, "The Structure of Ockham's Moral Theory", pp. 34-35.

[131] Cfr. A. S. McGrade, "Natural Law and Moral Omnipotence", p. 287.

[132] Muito embora Adams pareça assimilar o entendimento de Ockham sobre a distinção entre *potestas absoluta* e *ordinata* ao entendimento de Duns Escoto em "The Structure of Moral Theory", p. 32 – o que é questionável, como acima foi dito –, num artigo posterior, e num sentido que se afigura mais correcto, a liberdade divina de afastar os preceitos da recta razão é apresentada como uma "possibilidade lógica", que "*de facto*" não põe em causa os resultados equivalentes, no plano da acção virtuosa, dos comandos divinos e da razão natural [cfr. Marilyn McCord Adams, "Ockham on Will, Nature and Morality", p. 266]. David Clark afirma que a liberdade com base na qual Deus cria e conserva o mundo proibe os homens de fazer quaisquer juízos sobre o Seu plano futuro. A diferença entre possibilidade e facto tem de ser decidida momento a momento. Aquilo que é hoje apenas ontologicamente possível pode ser ordenado como facto amanhã (cfr. David W. Clark, "Ockham on Human and Divine Freedom", p. 151). Ou seja, vistas as coisas numa perspectiva temporal, Deus poderia ordenar amanhã, mesmo *de potentia ordinata*, aquilo que hoje nos parece contrário à razão natural. Não se encontram, no entanto, apoios textuais para esta visão, nem na sua economia parece fazer muito sentido a própria dialéctica entre *potestas absoluta* e *ordinata* (neste sentido, cfr. Eugenio Randi, *Il Sovrano e l'Orologiaio*, pp. 107, nota 2, e 110, nota 4; John Kilcullen, "Natural Law and Will in Ockham", p. 852).

entendidos ambos em sentido subjectivo. É esse, na verdade, o sentido da distinção entre *ius fori* e *ius poli*, atrás aludida[133]. Segundo Tierney, a razão pela qual Ockham desenvolveu a distinção entre direitos naturais e direitos positivos deve ser compreendida no contexto da sua polémica com João XXII. Na verdade, quando este último afirmava que Cristo e os Apóstolos tinham um *ius utendi*, este era entendido como um direito positivo, um *ius fori*, que podia ser feito valer pelos tribunais. De igual modo, quando o Papa Nicolau III se referia na *Exiit qui seminat* ao *ius utendi* a que os franciscanos haviam renunciado, tinha também em mente um direito positivo. O propósito de Ockham era assim o de sustentar que os franciscanos não tinham qualquer direito positivo sobre os bens que usavam e foi com esse objectivo, segundo Tierney, que ele elaborou, mais do que qualquer dos seus predecessores, a distinção entre direitos positivos e direitos naturais. Assim, o direito de uso a que os franciscanos, como afirmara Nicolau III, haviam renunciado era o direito de uso positivo, não o direito de uso natural[134]. Este nunca poderia ser objecto de renúncia, uma vez que o uso efectivo das coisas é necessário para o sustento da vida; em contrapartida, se o direito de uso natural é um direito que existe sempre, ele não existe para sempre, mas apenas em momentos de extrema necessidade[135]. Por outro lado, a mesma distinção servia ainda a Ockham para sustentar que a permissão do dono não conferia nenhum direito positivo de uso; ela apenas removia as restrições do direito humano que normalmente impedem os actos de uso[136]. Assim, à parte os casos de extrema necessidade, em

---

[133] Cfr. supra nota 53; cfr., ainda, Brian Tierney, *The Idea of Natural Rights*, pp. 120-130; Jürgen Miethke, *Ockhams Weg zur Sozialphilosophie*, pp. 481-483.

[134] De resto, Ockham afirma-o na *Opus nonaginta dierum*, Cap. 61, 34-35: "ius utendi est duplex. Quoddam enim est ius utendi naturale; aliud est ius utendi positivum" (cfr. Guillelmi de Ockham, *Opera Politica*, II, ed. H. S. Offler, p. 559; idem, *A Translation of William of Ockham's Work of Ninety Days*, vol. 1, p. 415).

[135] Cfr. Ockham, *Opus nonaginta dierum*, Cap. 60, 89-100; Cap. 61, 34-46, 116-122, 138-144; Cap. 65, 184-196, 244 (cfr. Guillelmi de Ockham, *Opera Politica*, II, ed. H. S. Offler, pp. 556, 559, 561-562, 577 e 579; idem, *A Translation of William of Ockham's Work of Ninety Days*, vol. 1, pp. 410, 415, 418, 419, 442, 444).

[136] Cfr. Ockham, *Opus nonaginta dierum*, Cap. 61, 89-157; Cap. 65, 197-251 (cfr. Guillelmi de Ockham, *Opera Politica*, II, ed. H. S. Offler, pp. 560-562, 577-579; idem, *A Translation of William of Ockham's Work of Ninety Days*, vol. 1, pp. 417-420, 442-444).

que também aos franciscanos assiste um direito de usar as coisas (*ius utendi*), os frades usam as coisas no seu dia a dia com base na licença do dono (*licitus usus facti* ou *licentia utendi*), não pelo direito positivo (*ius fori*), nem pelo direito natural (*ius poli*)[137].

A conclusão de Tierney é a de que "ninguém, antes de Ockham havia discriminado tão cuidadosamente entre *ius positivum* e *ius naturale*, quando a palavra *ius* era tomada em sentido subjectivo, como significando um direito"[138]. A conclusão é sem dúvida correcta, mas não pode deixar de se notar como a distinção entre *ius positivum*

Em ambas as passagens citadas, Ockham admite que os franciscanos têm uma permissão para usar coisas por um tempo que excede o tempo de extrema necessidade, mas, como ele afirma, o direito natural de uso só existe para o tempo de extrema necessidade. Assim, se a permissão se limita a remover os impedimentos ao exercício do direito natural de uso, provenientes do direito humano, e se o direito natural de uso se limita aos tempos de extrema necessidade, coloca-se a questão de saber qual o efeito da permissão em relação aos actos de uso praticados fora dos tempos de extrema necessidade. A resposta de Ockham consiste na sua distinção entre o uso de facto, assente numa permissão, livremente revogável e insusceptível de ser feito valer em juízo, e o *ius utendi*: "Quia Fratres habent licentiam utendi rebus pro alio tempore quam pro tempore necessitatis extremae; sed non habent quodcunque ius utendi nisi pro tempore necessatis extremae; ergo licentia utendi non est ius utendi" (cfr. *Opera Politica*, cit., p. 561 e também p. 578; *A Translation...*, cit., p. 419 e ainda p. 444). Quer dizer, a permissão pode abranger actos de uso (um uso de facto) fora do tempo de extrema necessidade, mas só estes últimos são legitimados por um direito natural de uso. Segundo Ockham o direito natural de uso é bloqueado pelo direito humano de propriedade, salvo nos casos de necessidade extrema: "Et ideo ista potestas communissima quasi ligata est ne possit in actum, nisi tempore necessitatis extremae" (cfr. Guillelmi de Ockham, *Opus nonaginta dierum*, Cap. 4, 250-252: *Opera Politica*, I, ed. H. S. Offler, pp. 334-335; idem, *A Translation of William of Ockham's Work of Ninety Days*, vol. 1, p. 107; no mesmo sentido, cfr. *Breviloquium de principatu tyrannico*, Livro II, cap. 24, p. 106: cfr., ainda, *Court Traité du Pouvoir Tyrannique*, p. 182; *A Short Discourse on Tyrannical Government*, p. 69). Annabel Brett, *Liberty, Right and Nature*, p. 66, sustenta que as passagens citadas manifestam uma incoerência na argumentação de Ockham, pois "se, fora da extrema necessidade, os minoritas, através da licença do dono, usam os bens de outros com base no mesmo poder com que os usariam sem licença na necessidade extrema, então um tal uso tem lugar por direito – será justificado – e não é um simples uso de facto". Simplesmente não é o mesmo poder que está em causa, pois, como anteriormente se mencionou, Ockham define o *ius* através da *actio*: só existe direito (positivo) quando se esteja perante uma posição que possa ser feita valer em juízo através de uma acção, o que não ocorre com o uso de facto.

[137] Cfr. Virpi Mäkinen, "Individual Natural Rights in the Discussion on Franciscan Poverty", pp. 55-56.

[138] Cfr. Brian Tierney, *The Idea of Natural Rights*, p. 123.

e *ius naturale* se sobrepõe exactamente à distinção entre moral positiva e não positiva. Significa isto que se Ockham desenvolveu mais do que ninguém a primeira distinção, isso não pode deixar de se dever também à circunstância de ele ter feito assentar sobre a segunda distinção toda a sua teoria moral. Ou seja, Ockham, mais do que ninguém, dispunha dos conceitos aptos para o desenvolvimento da distinção entre *ius positivum* e *ius naturale*.

A distinção entre *ius fori* e *ius poli*, ou entre direitos positivos e direitos naturais, situa-se predominantemente no plano subjectivo. Pelo contrário, os três modos do direito natural a que atrás se fez referência parecem situar-se no plano objectivo. A ligação entre estes dois aspectos da teoria do direito natural de Ockham é assegurada, desde logo, pelo próprio modo como é introduzida a ideia dos três modos do direito natural. Tal ideia é introduzida por Ockham a propósito da questão de saber se os Romanos têm o direito de eleger o mais alto pontífice em virtude do direito divino, ampliando este por forma a incluir todo o direito natural. Ora, como atrás se disse, no terceiro modo o direito natural é aquele que se retira por razões evidentes do direito das gentes ou outro direito ou ainda de algum acto, divino ou humano, "a menos que o contrário seja adoptado com o consentimento dos interessados"[139]. Pois bem, para Ockham, os romanos têm o direito de eleger o mais alto pontífice em resultado do direito natural no seu terceiro modo, pois supondo que alguém deve ser colocado acima de outras pessoas como prelado ou governante infere-se pela razão evidente, a menos que o contrário seja decidido pelos interessados, que aqueles sobre os quais esse alguém irá ser colocado têm o direito de o eleger. Segundo Ockham, o que acaba de ser dito pode ser provado por inúmeros argumentos e exemplos, entre os quais inclui o famoso princípio *quod omnes tangit, ab omnibus tractari debet*[140]. Aquilo que parece significar a

---

[139] Cfr. Ockham, *Dialogus*, Parte III, Tratado II, Livro III, Cap. 6: "Tertio modo dicitur ius naturale illud, quod ex iure gentium vel alio aut ex aliquo facto divino vel humano evidenti ratione colligitur, nisi de consensu illorum, quorum interest, contrarium statuatur" (cfr. H. S. Offler, "The Three Modes of Natural Law in Ockham: A Revision of the Text", p. 213; William of Ockham, *A Letter to the Friars Minor and Other Writtings*, p. 287; idem, *Dialogus, Auszüge zur politischen Theorie*, p. 179).

[140] Cfr. Ockham, *Dialogus*, Parte III, Tratado II, Livro III, Cap. 6 (cfr. H. S. Offler, "The Three Modes of Natural Law in Ockham: A Revision of the Text", p. 216; William of

introdução de um tipo de direito natural mutável, de acordo com a vontade dos interessados, significa na realidade uma passagem no

---

Ockham, *A Letter to the Friars Minor and Other Writtings*, pp. 290-291; idem, *Dialogus, Auszüge zur politischen Theorie*, p. 183); a mesma referência ao princípio surge na *Epistola ad fratres minores*, de 1334, em que Ockham se serve dele para concluir que as questões de fé dizem respeito tanto às mulheres como aos homens, pelo que também aquelas deveriam participar, quando necessário, nos concílios da Igreja (cfr. Ockham, *Opera Politica*, ed. de H. S. Offler, vol. III, p. 10; idem, *A Letter to the Friars Minor and Other Writtings*, p. 8; idem, *Dialogus, Auszüge zur politischen Theorie*, p. 4). A máxima *quod omnis tangit ab omnibus tractari debet* exprimia no direito romano a regra de acordo com a qual, quando vários tutores tinham uma tutela indivisa, a sua administração conjunta não podiam ser dissolvida sem o consentimento de todos (cfr. C.5, 59,5,2). Como afirma Harold J. Berman, os romanistas e canonistas dos séculos doze e treze aproximaram esta regra de várias outras que encontraram no *Digesto*, exigindo o consentimento dos diversos titulares em comum de um direito, especialmente as regras de natureza processual respeitantes aos casos em que uma acção era posta contra ou por um desses titulares, aplicando depois o princípio subjacente a todas as regras aos casos de transacções em que uma das partes era uma corporação e em que, sendo a transacção para a utilidade comum desta, seria exigido o consentimento de todos os seus membros. O princípio teria sido depois elevado ao nível de um princípio constitucional, concebido como uma limitação ao poder de os governantes, quer espirituais, quer temporais, actuarem isoladamente, sem o conselho e consentimento dos seus subordinados (cfr. Harold J. Berman, *Law and Revolution*, pp. 221 e 608, n. 54). Como nota Gaines Post, o princípio constitucional não significava, no entanto, uma expressão democrática da vontade soberana do povo, mas um consentimento procedimental que não retirava ao governante o seu poder de decisão próprio, enquanto autoridade suprema (cfr. Gaines Post, "A Romano-Canonical Maxim, *Quod omnes tangit*, in Bracton and in Early Parliaments", in *Studies in Medieval Legal Thought*, pp. 163 e ss.; cfr., ainda, Yves Congar, "Quod omnes tangit, ab omnibus tractari et approbari debet", in *Revue Historique de Droit Français et Étranger*, vol. 36, 1958, pp. 210 e ss.; Antonio Marongiu, "Il Principio della Participazione e del Consenso '*Quod omnes tangis ab omnibus approbari debet*' nel XIV Secolo", in *Studia Gratiana*, VIII, 1962, pp. 553 e ss.). Luhmann, evocando este mesmo princípio, questiona-se até que ponto pode a racionalidade da argumentação jurídica distanciar-se das perspectivas por ele oferecidas, visando criticar a teoria discursiva do direito de Habermas [cfr. Niklas Luhmann, "*Quod Omnes Tangit*, Remarks on Jürgen Habermas' Legal Theory", p. 158]. Pois bem, Ockham ao fazer resultar, provavelmente pela primeira vez na história do pensamento político, a legitimidade política do consentimento enquanto princípio do direito natural, contribui, sem dúvida, para explorar as potencialidades da máxima *Quod omnis tangit* na perspectiva da origem democrática do poder político (cfr., neste sentido, Antonio Marongiu, *ob. cit.*, p. 565; Paul E. Sigmund, *Natural Law in Political Thought*, pp. 56-57; Arthur P. Monahan, *From Personal Duties towards Personal Rights*, pp. 71-72, 87, 93, 103, 225), mas, ao mesmo tempo, a sua concepção de racionalidade não tem o efeito de estender os domínios de aplicação dessa máxima para lá de um limite a partir do ela apenas pode guardar um sentido metafórico (e é largamente esse o sentido da crítica de Luhmann a Habermas). Isto mesmo se demonstra, se pensarmos na

argumento de Ockham do direito natural em sentido objectivo em direcção ao direito natural em sentido subjectivo[141]. Mas é particularmente significativo que essa passagem ocorra especialmente no terceiro sentido do direito natural, a que Ockham apõe a cláusula "se o contrário não for decidido pelos interessados", a qual visa abranger os direitos naturais subjectivos renunciáveis. Ockham tem a preocupação de salientar como cada um dos três modos de direito natural se baseia num "instinto da natureza, quer dizer, da razão natural"[142], mas apenas no terceiro modo, cuja cognoscibilidade, como se disse, é menos evidente, o seu discurso oscila indiferenciadamente entre os sentidos objectivo e subjectivo do direito natural[143]. Essa oscilação é também, no entanto, uma irredutibilidade dos dois pólos, subjectivo e objectivo, do direito natural (demonstrando o erro de todos aqueles que pretendem a reduzir a concepção de Ockham sobre o direito natural a uma soma de direitos subjectivos individuais[144]) impressivamente expressa na *Opus nonaginta dierum*, quando aí se diz que "o direito do céu não é nada senão um poder conforme à recta razão sem um pacto; o direito do foro é um poder resultante de algum pacto, algumas vezes conforme à recta razão e algumas vezes não"[145]. O direito natural subjectivo, isto é, o *ius poli* encarado como

---

resposta do mestre ao discípulo no *Dialogus*, Parte III, Tratado II, Livro III, Cap. 5. Depois de lhe ser perguntado pelo discípulo, por que razão outros, para além dos romanos, não têm também o direito de eleger o mais alto pontífice, uma vez que este é o prelado imediato de todos e não apenas dos romanos, o mestre afirma: "A isto respondo que, de acordo com a recta razão, a eleição de alguém como governante deverá sempre, se possível, ser atribuída a alguns poucos que possam facilmente reunir-se, pois se for atribuída a muitos que não possam facilmente reunir-se, a eleição deverá ser adiada, em notável detrimento do bem comum e daqueles sobre os quais deve governar a pessoa a eleger" (cfr. William of Ockham, *A Letter to the Friars Minor and Other Writtings*, p. 285).

[141] Como nota Brian Tierney, *The Idea of Natural Rights*, p. 180.

[142] Cfr. Ockham, *Dialogus*, Parte III, Tratado II, Livro III, Cap. 6 (cfr. H. S. Offler, "The Three Modes of Natural Law in Ockham: A Revision of the Text", p. 215; William of Ockham, *A Letter to the Friars Minor and Other Writtings*, p. 289; idem, *Dialogus, Auszüge zur politischen Theorie*, pp. 181-182).

[143] Cfr. Brian Tierney, *The Idea of Natural Rights*, p. 181.

[144] Cfr. Georges de Lagarde, *La Naissance de l'Esprit Laïque au Déclin du Moyen Âge, V – Guillaume d'Ockham Critique des Structures Ecclésiales*, p. 118.

[145] Ockham, *Opus nonaginta dierum*, Cap. 65, 273-276: "Ius autem poli non est aliud quam potestas conformis rationi rectae absque pactione; ius fori est potestas ex pactione aliquando conformi rationi rectae, et aliquando discordanti" (cfr. Guillelmi de

um poder, não é concebível sem a sua conformidade à recta razão, ou seja, o direito natural objectivo; assim também o *ius fori* encarado como poder não se entende sem a sua fundação num pacto humano. A limitação de todo o poder, quer temporal, quer espiritual, pelo direito natural, sustentada por Ockham, como se viu[146], faz-nos pensar que, em última análise, é a recta razão, a razão natural – sobre a qual assentam, tanto os direitos naturais (subjectivos), como o direito natural (objectivo) – que constitui o conceito chave da sua filosofia política e moral. É certo, como atrás ficou dito, que Ockham recusa, ao contrário de S. Tomás[147] e até de João Duns Escoto[148], qualquer inclinação natural no sentido de definir o âmbito da vontade ou no sentido de determinar causalmente as suas acções. Ou seja, para ele as tendências objectivas da vontade não definem o objecto do querer como bom e o do não querer como mau; o âmbito da vontade é antes definido pelo poder de autodeterminação da vontade e pelas capacidades intelectuais do agente[149]. A esta recusa de qualquer naturalismo individual, Ockham acrescenta uma recusa de qualquer naturalismo social, isto é recusa, ao contrário de S. Tomás, de fundar a justificação

---

Ockham, *Opera Politica*, II, ed. H. S. Offler, p. 579; idem, *A Translation of William of Ockham's Work of Ninety Days*, vol. 1, p. 445). Com a palavra *pactio* refere-se também Ockham ao costume: cfr. Jürgen Miethke, *Ockhams Weg zur Sozialphilosophie*, p. 483 e nota 194.

[146] Cfr. supra, nota 87. Essa limitação de todo o poder é própria da recusa do absolutismo por parte de Ockham, não no sentido de exigir uma participação regular do povo no governo, mas no sentido de rejeitar a ideia de que o povo pudesse conferir poder absoluto a um governante (neste sentido, cfr. BrianTierney, *The Idea of Natural Rights*, pp. 182 e ss.; Janet Coleman, "Ockham's Right Reason and the Genesis of the Political as 'Absolutist'", pp. 50-51).

[147] Cfr. *Summa Theologiae*, I, q. 78, a. 1, p. 377: "O apetite natural é a inclinação natural de todo o ser em direcção a algo. Por isso toda a potência deseja com apetite natural o que lhe é próprio"; *ibidem*, q. 82, a. 1, p. 399: "a necessidade natural não é contrária à vontade. Pelo contrário, é necessário, tal como o entendimento adere necessariamente aos primeiros princípios, que também a vontade adira necessariamente ao fim último, que é a bem-aventurança" [cfr. *Suma de Teología*, I, p. 747; cfr., ainda, *Quaestiones disputatae de malo*, 6, pp. 558-560]; sobre o assunto, cfr., no entanto, Robert Pasnau, *Thomas Aquinas on Human Nature*, pp. 200 e ss., esp. p. 229.

[148] Cfr. *Ordinatio* III, dist. 17 (*Duns Scotus on the Will and Morality*, selecção, tradução e introdução de Allan B. Wolter, pp. 154 e ss.).

[149] Cfr. supra, nota 125.

do poder civil sobre uma teleologia da natureza[150], como de seguida se vai ver. Subjacente as ambas as recusas encontra-se a mesma ênfase na liberdade de escolha enquanto característica fundamental do sujeito moral e na responsabilidade daí decorrente[151]. É precisamente esta ênfase que faz sobressair a dimensão subjectiva do direito natural na teoria de Ockham, tal como os naturalismos individual e social de S. Tomás fazem sobressair a dimensão objectiva na sua abordagem do direito natural. Ainda assim deve salientar-se que Ockham se move ainda num horizonte de pensamento no âmbito de qual não se coloca a questão de uma separação radical entre as duas dimensões.

Até agora foi analisada a teoria do direito natural na perspectiva da possibilidade do seu conhecimento e não será, talvez, incorrecto concluir-se que Ockham fornece para essa possibilidade bases tão sólidas quanto S. Tomás, embora fundamentalmente diversas. A medida dessa diversidade mantém-se se encararmos as duas teorias do direito natural, já não na perspectiva da segurança do acesso cognoscitivo aos seus princípios, mas na perspectiva do modo como ambos os autores entendem a condição humana no estado de inocência e depois dele. Sobre esta segunda perspectiva já algo foi anteriormente dito[152]. Agora interessa de um modo especial salientar como em tal perspectiva a diferença principal que ocorre estabelecer entre o pensamento de S. Tomás e o de Ockham sobre o direito natural consiste

---

[150] A expressão naturalismo social é de Georges de Lagarde, *La Naissance de l'Esprit Laïque au Déclin du Moyen Âge, V – Guillaume d'Ockham Critique des Structures Ecclésiales*, p. 271.

[151] Uma vez mais, é este o ponto de vista de Brian Tierney, quando afirma que Ockham "fazia derivar, tanto os direitos naturais como o direito natural da 'recta razão', de uma visão subjacente da pessoa humana como um ser racional, livre e moralmente responsável". Mas Tierney acrescenta logo a seguir que esta é "a mesma atitude que encontrámos também em anteriores tratamentos canonísticos do *ius naturale*". Na mesma página, Tierney afirma ainda que a "ênfase persistente de Ockham nos direitos naturais como estabelecendo limites ao poder de um governante não tem um precedente claro em escritos anteriores" (cfr. *The Idea of Natural Rights*, p. 193). Parece assim que o próprio Tierney hesita quanto ao carácter inovatório das teses de Ockham em relação às suas fontes canonistas. O entendimento que o texto pretende transmitir, sem negar a influência de tais fontes, é o de que o pensamento de Ockham significa um avanço substancial em relação a elas e esse avanço só se compreende à luz dos conceitos elaborados no âmbito da sua filosofia moral.

[152] Cfr. supra, 3.2.

no facto de o primeiro incluir o poder político na sua descrição do estado de inocência, enquanto o segundo o exclui dessa mesma descrição. Este, como atrás se demonstrou, é um ponto assente, julga-se, na descrição do estado de inocência, que pode ser identificado com uma descrição do estado de natureza, por parte dos dois autores. A questão que agora se coloca é a de saber se pode uma igual conclusão ser estabelecida quanto à inclusão da propriedade no estado de inocência (ou, se se preferir, no estado de natureza) tal como o concebem S. Tomás, por um lado, e Guilherme de Ockham, por outro. Em suma, a questão que se coloca é a de saber em que medida, no pensamento de ambos os filósofos, a propriedade é abrangida pelo direito natural.

3.5 A propriedade privada em Ockham e S. Tomás. Quando atrás se estabeleceu um paralelo entre o entendimento de Ockham sobre as origens do poder político e da propriedade e o entendimento de S. Tomás sobre a mesma matéria foi mencionado, como acaba de dizer-se, que a principal diferença entre ambos consiste na circunstância de este último incluir o domínio político na sua descrição do estado de inocência. Mas ocorre ainda estabelecer uma outra divergência entre ambos os entendimentos, desta vez quanto à origem da propriedade. Ockham é muito claro, como se viu, ao distinguir, nos capítulos sétimo e seguintes do livro terceiro do *Breviloquium*, o poder de apropriação, por um lado, e a propriedade ou domínio exclusivo, por outro. Para além destes dois tipos de poder, Ockham distingue um terceiro tipo de poder sobre as coisas, equivalente ao poder de as usar. Por último Ockham refere-se ainda, na sua discussão sobre o domínio na *Opus nonaginta dierum*, ao "dominium omnium temporalium datum primis parentibus" o qual define como "potestas rationabiliter regendi et gubernandi temporalia absque eorum resistentia violenta, ita quod homini violentiam vel nocumentum inferre non poterant". Com o rigor analítico que lhe é próprio, Ockham distingue pois, no âmbito da sua polémica com João XXII, quatro noções: o domínio sobre as coisas temporais concedido por Deus aos homens no estado de inocência, o poder de usar coisas determinadas, o poder de apropriação das coisas temporais concedido aos homens após a saída do estado de inocência e a propriedade ou domínio exclusivo. Destes quatro conceitos, apenas o primeiro e o último, o "dominium omnium temporalium datum primis parentibus" e a propriedade ou domínio exclusivo, se podem verdadeiramente caracterizar, segundo Ockham, como categorias do domínio em sentido próprio, porque só aí está em causa um poder específico de apresentar uma pretensão relativamente a uma coisa temporal e de a defender e controlar. O domínio existente no estado de inocência é de direito natural, enquanto o domínio exclusivo posterior à corrupção dos homens pertence ao direito positivo[153].

Como se configuram então os outros dois poderes? Ockham afirma expressamente que o poder de usar todas as coisas temporais não equivale ao domínio conferido por Deus no estado de inocência: por um lado, este poder não terminou com a cessação daquele domínio e, por outro lado, embora em certa medida o poder de usar as coisas sobre as quais foi conferido o domínio no estado de inocência não se diferenciasse do mesmo – pois dirigir e dispor são actos de uso – nem todos os poderes de usar se reconduziam àquele tipo de domínio, como o poder de se alimentar, dado igualmente aos animais, aos quais, no entanto, não foi atribuído qualquer domínio por Deus[154]. Já se viu também como a introdução por acto humano do

---

[153] De resto, o próprio Ockham o afirma logo no capítulo 2, 310-316, da *Opus nonaginta dierum*. Aí, Ockham começa por distinguir os diversos significados do domínio (cfr. *ibidem*, 270-309): no âmbito da filosofia moral, trata-se controlo do homem sobre os seus próprios actos ou o poder de realizar livremente actos contrários ("'dominium' saepe in philosophia morali accipitur pro potestate, qua quis libere potest in actus contrarios; et sic dicunt quod homo est dominus et habet dominium actuum suorum"); no âmbito da filosofia natural, seria o poder de mudar outra coisa, como quando se diz que em toda a mistura existe um elemento predominante; finalmente, nas ciências jurídicas, o domínio consiste no poder especial de apresentar uma pretensão relativamente a uma coisa temporal e de a defender, manter e controlar ("potestate quadam speciali vendicandi rem aliquam temporalem et defendendi ac tenendi et disponendi"). Ora neste âmbito, segundo Ockham, o domínio sobre as coisas temporais pode ser divino, que não é relevante no contexto da discussão com João XXII, e humano. E este último, por seu turno, é duplo: "Um domínio pertenceu aos homens no estado de inocência por direito natural ou divino; relativamente a este domínio é dito aos nossos primeiros pais no Génesis 1[, 28]: 'Dominai os peixes do mar e as aves do céu e todas as outras criaturas vivas que se movem sobre a terra'. O outro domínio pertence aos homens por direito positivo ou por instituição humana, e este domínio é muitas vezes mencionado nos direitos civil e canónico" (cfr. Guillelmi de Ockham, *Opera Politica*, I, ed. H. S. Offler, pp. 305-306; idem, *A Translation of William of Ockham's Work of Ninety Days*, vol. 1, pp. 65-67).

[154] Cfr. *Opus nonaginta dierum*, cap. 14, 113-126 (cfr. Guillelmi de Ockham, *Opera Politica*, II, ed. H. S. Offler, p. 433; idem, *A Translation of William of Ockham's Work of Ninety Days*, vol. 1, p. 236).

domínio exclusivo, ou propriedade, não significou a perda de autonomia do poder de usar as coisas temporais. Este, com efeito, configura-se, em tal contexto, como um direito natural de usar, em momentos de extrema necessidade, que não se detém (nesses momentos) em face da propriedade de outros, e é irrenunciável.

Por seu turno, o poder de apropriação das coisas temporais é por Ockham claramente distinguido do direito de propriedade, tal como o poder de instituir governantes é claramente distinguido do poder político instituído. Segundo ele, o poder de apropriação não pode ser definido como um domínio comum, desde logo porque o domínio comum, de direito positivo, é também ele um resultado do exercício daquele poder. A distinção entre poder de apropriação e domínio permite a Ockham contrariar um específico argumento contido na bula *Quia vir reprobus* para sustentar a impossibilidade de um uso separado da propriedade. Na verdade, João XXII, partindo do pressuposto segundo o qual no estado de inocência as coisas eram comuns e só depois teriam sido divididas, afirmava que o facto da divisão não punha em causa a existência de comunidade no que toca ao domínio das coisas. Haveria, pois, uma continuidade do domínio, primeiro, logo após a saída do estado de inocência, comum a todos os homens, e depois dividido entre eles, o que significaria que nenhum uso poderia ser concebido separadamente de um domínio, fosse ele comum ou próprio. A isto Ockham contrapõe que o poder de apropriação existente após a introdução do pecado e antes da divisão das coisas não pode ser configurado como um domínio comum, com base no argumento "quae in nullius bonis sunt, occupanti conceduntur". O poder de apropriação não era, após a saída do estado de inocência, um domínio comum, tal como hoje o poder de se apropriar ou adquirir coisas tomadas no ar, na terra ou no mar não é um domínio comum, pois se o fosse ninguém deveria apropriar-se de tais coisas sem o consentimento da comunidade. A fonte deste poder de apropriação consiste na natureza corrupta do homem, pois se demonstra "por um ditame da razão natural que é útil para aqueles que podem pecar terem também o poder de se apropriar (a menos que alguns se privem voluntariamente dele, por forma a que ninguém deva ser compelido a fazê-lo)". Ockham consegue assim demonstrar que o uso de facto, mesmo das coisas consumíveis, antecede o domínio exclusivo ou propriedade, ainda que não possa ser separado do domínio dos nossos primeiros pais, entendido como poder de submeter e dirigir completamente as coisas temporais, sem a sua resistência[155].

O poder de usar as coisas, mesmo sem a autorização do dono, em casos de extrema necessidade, é qualificado por Ockham como fazendo parte do direito natural. O poder de apropriação é também por ele fundamentado num "ditame da razão natural", como acaba de ver-se. Mas como encarar ambos os poderes à luz da classificação tripartida do direito natural desenvolvida por Ockham? A resposta é fácil no que toca ao poder de apropriação. Ockham afirma que ele é uma consequência da introdução do pecado e concebe-o, como se viu, à luz da teoria dos modos naturais de aquisição do direito romano. E é por entender esse poder de apropriação como um poder de aquisição da propriedade, distinto do poder de uso das coisas sobre as quais incide a propriedade, que, em última análise, ele afirma também que tal poder de apropriação é essencialmente renunciável, excepto numa situação de necessidade[156]. O poder de apropriação é, pois, abrangido pelo terceiro modo do direito natural. Por seu turno, quanto ao direito natural de uso, o respectivo carácter irrenunciável e irreversível aponta para a sua inclusão no primeiro modo do direito

---

[155] Cfr. *Opus nonaginta dierum*, cap. 14, 187-219 (cfr. Guillelmi de Ockham, *Opera Politica*, II, ed. H. S. Offler, p. 435; idem, *A Translation of William of Ockham's Work of Ninety Days*, vol. 1, p. 238-239). A explicação da origem do poder de apropriação coincide com aquela que é desenvolvida no *Breviloquium de principatu tyrannico*, Livro III, cap. 7, atrás mencionada. Como nota H. S. Offler, *ob. e loc. cit.*, nota, a referência de Ockham ao modo de aquisição da propriedade *in nullius bonis* denota a influência de *Inst.* 2, 1, 12; *Dig.* 41, 1, 3 pr.; cfr., ainda, Jürgen Miethke, *Ockhams Weg zur Sozialphilosophie*, p. 475 e nota 161.

[156] Como se diz no capítulo oitavo do livro terceiro do *Breviloquium de principatu tyrannico*: "tal como os não crentes estão obrigados, por preceito de Deus e pelo direito natural, a honrar pai e mãe e a fazer outras coisas necessárias em relação aos seus vizinhos, assim também eles estão obrigados, segundo as circunstâncias, a fazer tal apropriação [das coisas temporais] e a instituir poderes seculares sobre eles próprios. Pois como estas coisas resultam de um preceito positivo que obriga sempre, mas não para sempre, os não crentes, tal como os crentes, estão portanto obrigados a estas coisas, não para sempre, mas apenas numa situação de necessidade. Daí que tanto os não crentes como os crentes possam renunciar ao acima mencionado duplo poder [de apropriação e de instituição de governantes] excepto numa situação de necessidade ou de uma utilidade comparável à necessidade." (cfr. p. 128; *Court Traité du Pouvoir Tyrannique*, pp. 210; *A Short Discourse on Tyrannical Government*, p. 91).

natural e essa inclusão é ainda reforçada por uma reflexão sobre o carácter do direito natural no *Dialogus*. Afirma-se aí, com efeito, que o direito natural é um comando natural e pode, por essa razão, como este, ser dividido em duas partes: alguns comandos naturais são absolutos e valem sem qualquer condição, qualificação, especificação ou determinação, enquanto outros não o são e estão sujeitos a elas. Assim aconteceria com o comando "Usa uma coisa pertencente a outro, ainda que contra a vontade do seu dono, se estiveres numa situação de extrema necessidade"[157].

Alguns autores sustentam que a originalidade do pensamento de Ockham sobre o direito natural, e da sua visão tripartida do mesmo, consiste na circunstância de esta acompanhar, como se mencionou, a condição da humanidade antes e depois da introdução do pecado, característica esta que não se encontraria no pensamento de S. Tomás[158]. Outros procuram fazer remontar ao ensinamento dos canonistas esse paralelismo entre diferentes tipos de direito natural e as várias condições da humanidade[159]. Mas a verdadeira originalidade de Ockham consiste em articular esse paralelismo com a distinção entre, por um lado, poder de apropriação e propriedade e, por outro, poder de instituir governantes e o poder instituído de governar. Ou seja, a originalidade de Ockham consiste em situar na história a origem da propriedade e do poder político, no sentido em que ambos são vistos como poderes cuja instituição em concreto assenta na liberdade humana[160]. Assim, não só aquela última distinção, inteiramente nova, equivale à distinção, fundamental para o constitucionalismo moderno, entre poder constituinte e poderes constituídos[161], e prefigura as

---

[157] Cfr. *Dialogus*, Parte III, Tratado II, Livro 1, Cap. 10 (cfr. *A Letter to the Friars Minor and Other Writtings*, p. 261).

[158] Assim, cfr. W. Kölmel, "Das Naturrecht bei Wilhelm Ockham", in *Franziskanische Studien*, vol. 35, 1953, p. 49.

[159] Cfr. Brian Tierney, *The Idea of Natural Rights*, p. 178.

[160] A historicidade do poder político e da propriedade no pensamento de Ockham é salientada por Jürgen Miethke quando afirma que para aquele filósofo "o domínio do homem sobre o homem (...), assim como a propriedade e o controlo das coisas, são, na sua forma actual, o resultado de decisões concretas do homem, de uma evolução histórica, submetida portanto às mudanças históricas e podendo ser repensada pela vontade humana" (cfr. "La Théorie Politique de Guillaume d'Ockham", p. 116).

[161] É o próprio Brian Tierney, *The Idea of Natural Rights*, p. 174, quem, uma vez mais como que em contra-mão, o salienta.

teorias do contrato, que nos tempos modernos fundam a formação e organização do poder[162], como através da primeira Ockham diferencia a propriedade, enquanto instituição de direito positivo, dos modos de aquisição natural da propriedade, prefigurando as teorias da propriedade enquanto direito natural individual[163]. Ao mesmo tempo, o carácter precursor as duas distinções resulta ainda de através delas Ockham poder pensar a propriedade e o poder político, não só com independência um do outro, como até rompendo com a tradição filosófica anterior, sobretudo centrada na discussão do poder político[164].

[162] Cfr. Jürgen Miethke, "La Théorie Politique de Guillaume d'Ockham", p. 116.

[163] Na realidade, como afirma Richard Schlatter, *Private Property*, p. 32, "não é, com certeza, exagerado afirmar que a teoria da propriedade de direito natural é um resultado da teoria dos modos naturais de aquisição dos juristas romanos". Para além do passo da *Opus nonaginta dierum*, cap. 14, 191-192, atrás citado, podem chamar-se ainda, em abono da tese de que Ockham concebe o poder de apropriação com base nos modos naturais de aquisição da propriedade, os capítulos 21 a 24 do *Dialogus*, Parte III, Tratado II, Livro 2 (cfr. versão crítica do original e tradução para inglês em www.britac.ac.uk/pubs/dialogus/t32d2e.html e ainda, quanto ao capítulo 24, *Dialogus, Auszüge zur politischen Theorie*, pp. 166-167). Aí, Ockham começa por eunciar os argumentos a favor da tese de que o imperador não é o senhor de todas as coisas temporais que não pertencem à Igreja. O primeiro desses argumentos é o de que o imperador não é o senhor daquelas coisas que não se contam entre os bens de alguém e que são atribuídas àquele que tomar posse delas (Cap. 21). Seguidamente, Ockham, após enunciar os argumentos a favor da tese contrária (Cap 22), aponta a opinião de que o imperador, embora não seja o senhor de todas as coisas temporais não pertencentes à Igreja, no sentido de poder dispor delas a seu bel-prazer, é, no entanto, em certa medida, senhor de todas essas coisas porque as pode usar e aplicar para o benefício comum, quando entende que o benefício comum é preferível ao privado (Cap. 23). Ao confrontar esta terceira opinião com o argumento atrás enunciado, Ockham admite (Cap. 24) que o imperador não pode, em princípio, impedir que um súbdito se aproprie das coisas que não estão na posse de ninguém ("res quae nullius hominis sunt occupanti"). Nem todos os autores, porém, atribuem a importância dada no texto à distinção entre o poder de apropriação de direito natural e o direito positivo de propriedade: cfr., por exemplo, Philotheus Boehner, "Ockham's Political Ideas", in *Collected Articles on Ockham*, pp. 454-458; George Knysh, *Political Ockhamism*, p. 68.

[164] Cfr. Jürgen Miethke, "La Théorie Politique de Guillaume d'Ockham", p. 112: "Se antes dele a teoria política reflectia sobre a questão da relação real dos poderes, do poder do homem sobre o homem, que importava compreender e submeter a um vínculo ético, circunscrever pelo direito, Ockham, por seu turno, coloca-se num outro plano. Ele interesse-se antes de mais pelo poder do homem sobre as coisas, sobre os bens. Com efeito, é da propriedade que está em causa na querela da pobreza, da questão de saber se é pensável para um homem, ou para um grupo, renunciar a toda a propriedade, se é praticável, sem por isso abandonar a sua dignidade de homem, e se é legítimo ver nessa renúncia a perfeição à qual

Pois bem, tal como a compreensão do acesso epistemológico ao direito natural, segundo Ockham, assenta em conceitos colhidos na sua obra filosófica, como se viu, assim também acontece, como se terá já percebido, com a compreensão substancial da sua concepção de direito natural. Com efeito, é o mesmo conceito de liberdade que simultaneamente ocupa um lugar central nos trabalhos universitários de Ockham sobre teologia e filosofia moral e constitui a chave para a compreensão dos seus escritos polémicos sobre teoria política. É o modo como naqueles trabalhos Ockham concebe a ideia de liberdade que permite compreender o modo como constrói a sua teoria política e sua concepção de direito natural. Já se viu como a sua noção da absoluta liberdade de Deus se reflecte no modo como entende a liberdade humana, enquanto indiferença entre opostos, isto é, enquanto autodeterminação da vontade à margem de quaisquer inclinações naturais, no sentido de inclinações que definem à partida o âmbito daquela. Seria, pois, de esperar que a importância atribuída

---

aspira a vida religiosa" (no mesmo sentido, cfr. Jürgen Miethke, "Ockhams Politische Theorie", in Wilhelm von Ockham, *Dialogus, Auszüge zur politischen Theorie*, p. 219). Richard Schlatter, *Private Property*, p. 68, pretende que Ockham teria adoptado a teoria de que os homens instituiram a propriedade antes mesmo de instituirem governantes políticos. Schlatter baseia-se no argumento utilizado por Ockham no final do capítulo 24 do Livro 2 do Tratado II da Parte III do *Dialogus*. Ockham, tomando como pressuposto o entendimento de que a propriedade é de direito humano, contraria aí a afirmação de Santo Agostinho de que as leis humanas são leis dos imperadores, porque muito embora no tempo de Santo Agostinho o povo houvesse transferido o poder de instituir leis para o imperador, nem sempre assim aconteceu, "porque existiram leis humanas antes de existirem leis dos imperadores" ("quia prius fuerunt humana iura quam iura imperatorum"). Assim, se é possível afirmar que a instituição da propriedade precede a instituição do poder do imperador, já não é possível dizer, de forma inequívoca, que ela precede a instituição de todo o poder político. Aliás, Ockham afirma, neste sentido e no mesmo local, que "o imperador não é o senhor de todas as coisas através da lei dos imperadores mas é, numa certa medida, senhor de tudo através da lei do povo, pela qual o povo transferiu para o imperador aquele domínio de todas as coisas que Deus concedeu aos nossos primeiros pais e à sua posteridade para que ele possa usar tais coisas para o benefício comum" [sobre a questão cfr., ainda, Jürgen Miethke, *Ockhams Weg zur Sozialphilosophie*, p. 484, bem como o cap. 88, 370-390, da *Opus nonaginta dierum* (cfr. *Opera Politica*, II, ed. H. S. Offler, p. 662; *A Translation of William of Ockham's Work of Ninety Days*, vol. 2, p. 564); de qualquer modo é sem dúvida exacto que a *potestas instituendi rectores* é pensada por Ockham em termos análogos à *potestas acquirendi dominii*, como correctamente salienta Jürgen Miethke, *Ockhams Weg zur Sozialphilosophie*, p. 549].

por Ockham à ideia de liberdade se manifestasse também nos seus escritos polémicos. Cabe, no entanto, a Jürgen Miethke o mérito de precisar como se estabelece, na base de tal ideia, a conexão entre a obra académica e a obra política de Ockham. Como salienta Miethke, foi na sua primeira obra teológica, de cerca de 1317, que Ockham, ao descrever a relação entre Criador e criatura, introduziu uma ideia que se tornaria extraordinariamente importante na sua filosofia política: Deus deu ao homem todas as capacidades naturais necessárias para o desempenho de certas actividades, tais como o intelecto para raciocinar, a vontade para os actos de volição; mas não o inspirou, ao mesmo tempo, com o poder habitual de praticar tais actos. Seria suficiente atribuir ao homem a possibilidade de adquirir tal poder habitual: *sufficit quod det sibi potestatem adquirendi sibi talia*. Assim, como salienta Miethke, os talentos humanos são concebidos como *potestas adquirendi*, uma oportunidade dada, um poder a ser realizado, mas também falhado: o indivíduo é livre e responsável pela sua prática individual; ele não se limita a pôr em prática as suas capacidades, mas preenche um espaço livre por sua conta e risco[165]. Pois bem, é precisamente esta ideia que se encontra subjacente às distinções elaboradas por Ockham, já várias vezes mencionadas, entre poder de apropriação e propriedade, por um lado, e poder de instituição

---

[165] Cfr. Jürgen Miethke, "The Concept of Liberty in William of Ockham", p. 93. A obra de Ockham citada por Miethke é o livro IV do *In libros Sententiarum*, q. 3-5 (cfr. *Opera Theologica*, vol. VII, pp. 50 e ss.). A centralidade da ideia de liberdade no pensamento de Ockham é impressivamente expressa por Miethke quando, após salientar a diminuta importância do tema no pensamento político medieval, afirma o seguinte: "Existe apenas uma excepção entre as teorias políticas do século quatorze: trata-se de Guilherme de Ockham, que infatigavelmente insiste, exige e apela à liberdade. O *pathos* da liberdade, típico dos seus escritos políticos, está profundamente enraízado na herança literária deste autor; de forma pouco usual é um tema permanente não apenas nos tratados resultantes das suas actividades universitárias em Oxford e aí compostos, mas também nos panfletos políticos que Ockham escreveu com incessante energia na corte imperial de Luís da Baviera, em Munique". Sobre a importância da noção de liberdade como chave para a compreensão do pensamento político de Ockham, cfr., ainda, Miethke, *Ockhams Weg zur Sozialphilosophie*, pp. 548-549 ("O conceito central da sua doutrina social torna-se cada vez mais o conceito de «potestas» como realização da liberdade, que corresponde à determinação antropológica da existência humana no domínio social"); Ryzard Palacz, "Libertas als eine Grundkategorie der gesellschaftlichen Philosophie bei Ockham", pp. 408 e ss.; Luis Alberto de Boni, "A Sociedade Civil em Guilherme de Ockham", pp. 286 e ss.

dos governantes e poder dos governantes instituídos, que Ockham elabora no *Breviloquium* em explícita analogia com a primeira, por outro. Através da distinção entre poder de apropriação e propriedade seria possível encarar esta como uma possibilidade cuja concretização assenta na liberdade humana e, ainda mais importante na perspectiva do ideal de pobreza defendido por Ockham, seria possível dissociar a propriedade (de direito positivo) e o direito (natural) de usar as coisas necessárias para o sustento da vida. Por outro lado, a segunda distinção, entre poder de instituir os governantes e poder instituído, permite também atribuir aos homens, isto é, ao povo, a responsabilidade pela decisão relativa a uma determinada forma de governo; ela permite, ao mesmo tempo, através do seu corolário lógico que é o poder de alterar uma forma de governo existente (*potestas variandi principatus*)[166], dissociar aquela decisão da questão relativa à melhor forma de governo[167]. Pode, sem dúvida, dizer-se que a distinção

---

[166] Cfr. *Dialogus*, Parte III, Tratado I, Livro 2, Cap. 20 (cfr. *A Letter to the Friars Minor and Other Writtings*, pp. 171 e ss.; *Dialogus, Auszüge zur politischen Theorie*, pp. 111 e ss.). É certo que Ockham discutiu, no passo citado, esta *potestas variandi principatus* em relação à constituição da Igreja, mas é possível encontrar ideias semelhantes no que toca ao poder secular no *Dialogus*, Parte III, Tratado II, Livro 1, Cap. 5 (cfr. *A Letter to the Friars Minor and Other Writtings*, pp. 250-251; de resto, Ockham chega mesmo a negar aquela *potestas* em relação à Igreja: cfr. *Dialogus*, Parte III, Tratado I, Livro 2, Cap. 27; *A Letter ...*, cit., p. 199; em sentido contrário, cfr. Alois Dempf, *Sacrum Imperium*, p. 521 e a crítica de Jürgen Miethke, *Ockhams Weg zur Sozialphilosophie*, pp. 549-550, nota 414). Por outro lado, muito embora Ockham conceba o poder secular como um *principatus dominativus*, em contraste com o *principatus ministrativus* da Igreja, a verdade é que para ele, ao contrário de muito dos seus contemporâneos (para os quais a autonomia do *regnum* secular assentava na sua base aristotélica, em face da Igreja, cujo fundamento na graça e na salvação, exigia diferentes princípios), as constituições secular e eclesiástica têm a mesma estrutura e a sua argumentação mostra uma tendência para estabelecer analogias entre os problemas do governo secular e do governo eclesiástico (cfr. Jürgen Miethke, "The Concept of Liberty in William of Ockham", p. 97; Arthur Stephen McGrade, *The Political Thought of William of Ockham*, pp. 153-154).

[167] Neste sentido, cfr. Jürgen Miethke, "The Concept of Liberty in William of Ockham", p. 96. Como o próprio Miethke admite, a possibilidade de mudar a constituição tem sobretudo em vista, para Ockham, a adaptação às exigências do caso particular, de modo algum autorizando uma leitura que pretenda ver na ideia de *potestas variandi principatus* algo de equivalente ao conceito de soberania do Estado moderno (cfr. Miethke, *Ockhams Weg zur Sozialphilosophie*, pp. 549-550 e ss. e nota 414). Para outros importantes desenvolvimentos da ideia de liberdade no pensamento político de Ockham, designadamente a sua objecção à concepção do poder do papa como *plenitude potestas* com

entre o poder de apropriação, entendido como de direito natural, e a propriedade, incluída no direito humano, servia o propósito polémico (tal como sucede com a distinção paralela entre poder de instituir o governo e poder do governo instituído) de preservar o ideal da pobreza evangélica enquanto forma de vida, correspondente ao segundo modo de direito natural. Mas Ockham dispunha dos conceitos filosóficos necessários a persegui-lo e a isolar, no mesmo passo, o direito fundamental de viver em relação à propriedade. É pois na sua compreensão filosófica da liberdade como *potestas adquirendi* que Ockham encontra os recursos necessários para aproximar o poder de apropriação da teoria dos modos naturais de aquisição da propriedade e conceber o poder de instituir os governantes como uma realidade próxima daquilo que hoje designamos por poder constituinte.

Diferentemente se passam as coisas com S. Tomás. Como se disse, também ele afirma que os arranjos efectivamente existentes da propriedade são de direito positivo. A questão torna-se, todavia, mais complicada quando pretendemos saber em que medida os diferentes sentidos de *dominium* por ele mencionados se relacionam com o direito natural. S. Tomás admite, à semelhança de Ockham, como se viu, um domínio de uso no estado de inocência e ainda, ao contrário dele, um domínio político. Ambos integram o *dominium naturale*[168] e, nessa medida, são de direito natural. Mas quando discute a extensão dos poderes do homem sobre as coisas exteriores, S. Tomás menciona ainda, para além do poder de as usar, o poder de gestão e disposição das coisas exteriores (*potestas procurandi et dispensandi*)[169]

---

base na máxima "Lex Christiana est lex libertatis", e os desenvolvimentos que dela extrai, cfr. *Dialogus*, Parte III, Tratado I, Livro 1, Caps. 5 e ss.; cfr. www.britac.ac.uk/pubs/dialogus/t31d1new.html ; *Dialogus, Auszüge zur politischen Theorie*, pp. 80 e ss.; e, ainda, Arthur Stephen McGrade, *The Political Thought of William of Ockham*, pp. 140-149; Jürgen Miethke, "The Concept of Liberty in William of Ockham", pp. 98-99; Wilhelm Kölmel, "'Freiheit – Gleichheit – Unfreiheit' in der sozialen Theorie des späten Mittelalters", pp. 401-402.

[168] Assim, quanto ao domínio de uso, cfr. Anthony Parel, "Aquinas' Theory of Property", pp. 96-98.

[169] Segundo afirma E. Mounier, *De la Propriété Capitaliste à la Propriété Humaine*, p. 395, trata-se do "poder reconhecido a cada indivíduo, sobre uma porção determinada de riqueza, de a gerir (*procuratio*) e de dispor dela ou de a afectar (*dispensatio*) por si mesmo. O poder de gerir aplica-se principalmente aos bens produtivos, o poder de dispor às riquezas circulantes".

e afirma, com base numa argumentação próxima da defesa da propriedade privada levada a cabo por Aristóteles, que em relação a este poder é lícito que o homem disponha de coisas próprias[170]. Pois bem, como deve caracterizar-se este poder: trata-se pura e simplesmente de mais uma referência à propriedade privada que o próprio S. Tomás considera de direito positivo humano? Pode ele ser identificado com o poder de apropriação concebido por Ockham? A *potestas procurandi et dispensandi* não pode ser identificada com a propriedade que S. Tomás faz resultar da convenção humana e afirma pertencer ao direito positivo, porque quando se refere a esta S. Tomás tem em mente a *distinctio possessionum*, isto é, a distinção de possessões e o termo da comunidade dos bens. Acresce ainda que o próprio S. Tomás impede este entendimento quando situa a instituição da propriedade no âmbito do *ius gentium*, isto é, naquela parte do direito positivo das comunidades humanas que simultaneamente, por ser comum a todos os povos, integra o direito natural[171]. Mas por outro lado, não pode igualmente identificar-se a *potestas procurandi et dispensandi* com o poder de apropriação de Ockham, uma vez que a argumentação do Aquinate a favor daquele poder pressupõe a necessidade da instituição da propriedade privada para uma vida social justa, para além da simples defesa dos modos naturais de aquisição da propriedade. A conclusão é a de que enquanto Ockham inclui no direito natural os modos naturais de aquisição da propriedade, S. Tomás

---

[170] Cfr. *Summa Theologiae*, II-II, q. 66, a. 2, p. 325. São três os argumentos que levam S. Tomás a sustentar que o poder de gestão e disposição das coisas exteriores é necessário à vida humana: em primeiro lugar, aquilo que é tido em comum, ou por muitas pessoas, tende a ser negligenciado, já que cada um tem tendência a deixar aos outros o cuidado do que convém a todos; em segundo lugar, a administração e gestão daquilo que é comum tende a ser confusa e ineficiente; em terceiro lugar, é mais fácil manter a concórdia e harmonia entre os homens se cada um estiver contente com o que é seu. Para a argumentação de Aristóteles a favor da propriedade privada (que é, na verdade, uma crítica da propriedade colectiva defendida por Platão), cfr. *Política*, II.5, 1263a28-29, 1263a8-21, 1263a40-b5, 1263b5-7, 1263b7-14 (cfr. *Política*, tradução e notas de António Campelo Amaral e Carlos Carvalho Gomes, pp. 115-119).

[171] Cfr. *Summa Theologiae*, I-II, q. 95, a. 4, p. 433; *ibidem*, II-II, q. 57, a. 3. Sobre o *ius gentium* em S. Tomás, no sentido referido no texto, cfr. John Finnis, *Aquinas: Moral, Political, and Legal Theory*, p. 268; Janet Coleman, *Political Thought from the Middle Ages to the Renaissance*, pp. 105-106; Paul E. Sigmund, *Natural Law in Political Thought*, p. 42; Jean-Marie Aubert, *Le Droit Romain dans l'Oeuvre de Saint Thomas*, pp. 107-108.

procede diferentemente ao considerar como pertencente ao direito natural a própria instituição da propriedade privada na sua estrutura geral, isto é, ao considerar que alguma divisão da propriedade entre grupos e indivíduos – mas já não uma divisão específica e detalhada, a qual releva do direito positivo – é um requisito moral prévio à decisão humana[172].

Em relação a este entendimento pode, no entanto, suscitar-se uma objecção. Efectivamente, como atrás se mencionou, quando Ockham sustenta a pertença ao direito natural do poder de apropriação fá-lo também com base na crítica aristotélica da propriedade comum[173]. Ora, se essa crítica leva a considerar que no pensamento de S. Tomás é o próprio princípio da propriedade privada que é abrangido pelo direito natural, por que razão não há-de ela também conduzir a idêntica conclusão no caso de Ockham? Em conjugação com o quadro geral da justificação aristotélica da propriedade, no pensamento de S. Tomás essa conclusão é ainda imposta pela expressa inclusão da instituição da propriedade no âmbito do *ius gentium* e, sobretudo, pelo modo como S. Tomás articula os dois poderes dos homens em relação aos bens exteriores. No modo como ele estabelece essa articulação não sobressai uma abordagem essencialmente histórica da origem da propriedade entendida como uma manifestação da liberdade humana, como sucede no pensamento de Ockham, mas a necessidade de dar resposta ao problema das exigências contrastantes da *potestas procurandi et dispensandi*, que conduz à propriedade privada dos bens, e do direito de uso dos mesmos, à luz do qual estes se mantêm como comuns, por forma a que cada um provenha às necessidades dos demais[174]. Não passará com certeza

---

[172] Neste sentido, cfr. Joseph Boyle, "Fairness in Holdings: A Natural Law Account of Property and Welfare Rights", p. 211, nota 7; e ainda John Finnis, *Aquinas: Moral, Political, and Legal Theory*, p. 200, nota 76; Emmanuel Mounier, *De la Propriété Capitaliste à la Propriété Humaine*, pp. 396 e ss. Em sentido contrário, considerando que para S. Tomás a propriedade privada releva do direito positivo, cfr. Damian Hecker, *Eigentum als Sachherrschaft*, p. 67, autor que não menciona, no entanto, a inclusão da propriedade privada no âmbito do *ius gentium*, ponto a que adiante se regressará.

[173] Cfr. *Breviloquium de principatu tyrannico*, Livro III, cap. 7, p. 127 (cfr. *Court Traité du Pouvoir Tyrannique*, p. 209; *A Short Discourse on Tyrannical Government*, p. 90).

[174] É precisamente nestes termos que S. Tomás formula o problema da propriedade na *Summa Theologiae*, II-II, q. 66., a. 2, p. 325, numa passagem a que já várias vezes se

desapercebido como este modo de formular o problema é tributário dos termos em que Aristóteles o colocou, na *Política*, ao afirmar que "a propriedade não deve ser comum, como defendem alguns, mas na prática deve ser objecto de um amistoso uso comum"[175]. No contexto do pensamento de Aristóteles esta concepção da propriedade privada pressupunha, como se viu, uma clara infra-ordenação da ordem da propriedade à ordem da política. Mas é também essa a perspectiva de S. Tomás quando concebe o domínio político como integrando a condição natural do homem e existente, nessa medida, no próprio estado de inocência, como se mencionou. Na verdade, não é simplesmente possível pensar um sistema de propriedade privada subordinado a um regime de uso comum se aquele sistema não constituir a base da ordem política. Neste contexto, o princípio da propriedade privada enquanto princípio moral coexiste naturalmente, ou melhor, reclama, a sua articulação com este outro princípio moral: o dever dos membros da comunidade política concorrerem individualmente para o uso comum das coisas[176]. É claro que aquela intervenção e este concurso individual seriam errada e anacronicamente compreendidos se neles víssemos uma exigência de intervenção do poder

---

aludiu no texto: "circa rem exteriorem duo competunt homini. Quorum unum est potestas procurandi et dispensandi. Et quantum ad hoc licitum est quod homo propria possideat ... [seguem-se os três argumentos, já atrás mencionados, com base nos quais S. Tomás justifica a instituição da propriedade]. Aliud vero quod competit homini circa res exteriores est usus ipsarum. Et quantum ad hoc non debet homo habere res exteriores ut proprias, sed ut communes: ut scilicet de facili aliquis ea communicet in necessitates aliorum".

[175] Cfr. *Política*, VII.10, 1329b41-1330a1; *ibidem*, II.5, 1263a26-31: "a propriedade deve ser, até certo ponto, comum, mas de um modo geral privada. Assim a separação dos interesses não conduzirá a reclamações recíprocas e alcançará melhores resultados, porque cada um se dedicará ao que lhe é próprio; por outro lado e segundo o provérbio, a virtude fará que, quanto ao uso da propriedade, 'os bens dos amigos sejam comuns'"; *ibidem*, II.5, 1263a38-40: "É claramente preferível que a propriedade seja privada, mas que a sua utilização seja comum; cabe ao legislador definir o modo específico de conseguir isso" (cfr. *Política*, tradução e notas de António Campelo Amaral e Carlos Carvalho Gomes, pp. 519 e 117). A mesma recepção do pensamento de Aristóteles pode ainda ser vista em S. Tomás, *In libros Politicorum Aristotelis expositio*, II, 4, n.º 200, p. 67: "opportet enim possessiones simpliciter esse proprias quantum ad proprietatem dominii, sed secundum aliquem modum communes ... communes secundum usum". A conexão entre S. Tomás e Aristóteles a propósito da distinção entre propriedade e uso é salientada por Carlyle, *A History of Mediaeval Political Theory in the West*, vol. V, p. 18.

[176] Cfr. *Summa Theologiae*, II-II, q. 66, a. 7, p. 329.

público, nos moldes – em que só hoje ele é concebível – abstractos e orientados para a construção efectiva de uma determinada visão da sociedade dele separada, na distribuição da riqueza económica de uma sociedade[177]. Pelo contrário, a obrigação moral de cada um submeter ao uso comum os excessos da sua parte própria é indissociável dos laços de amizade, no pensamento de Aristóteles, e fazia igualmente sentido no contexto das relações de dependência pessoal próprias das hierarquias feudais que caracterizam ainda largamente o mundo de S. Tomás[178].

---

[177] Cfr. *Summa Theologiae*, I-II, q. 105, a. 2, pp. 504-505. Aí, depois de definir, com base em Cícero, o povo como a assembleia da multidão, reunida em conformidade com o direito e com vista ao bem comum, S. Tomás afirma que ao conceito de povo pertence a mútua comunicação entre os homens, num duplo sentido: a comunicação que se realiza por autoridade dos príncipes e aquela que se efectua pela própria vontade das pessoas privadas. No âmbito da primeira, S. Tomás situa a administração da justiça e a imposição das penas aos malfeitores; no seio da segunda, estariam as propriedades, que assim se comunicam entre os privados, através de contratos de compra e venda e outros semelhantes. Seria, sem dúvida, anacrónico chamar esta definição em abono de uma concepção liberal-minimalista do Estado, tal como no texto se considerou anacrónica a concepção de que S. Tomás, ao considerar como comum o poder de usar as coisas exteriores, estaria a apelar a uma intervenção activa do poder público na sociedade. Mas ela indicia que a promoção do uso comum incumbe ao próprio indivíduo proprietário, o que S. Tomás não deixa, aliás, de afirmar expressamente: segundo ele, "posto que são muitos os que padecem de necessidade e não se pode socorrer a todos com a mesma coisa, deixa-se ao arbítrio de cada um a distribuição das coisas próprias para socorrer os que padecem de necessidade" (cfr. *Summa Theologiae*, II-II, q. 66, a. 7c, p. 329; no mesmo sentido, cfr. *ibidem*, II-II, q. 32 a.5c). Do mesmo modo, não pode deixar de se notar como na sequência da passagem citada só a divisão da propriedade privada constitui uma incumbência da comunidade, radicando o uso comum da propriedade em relações de entre-ajuda e de auxílio aos pobres. S. Tomás, a propósito da compra e venda, retoma a distinção aristotélica, atrás aludida, entre a troca natural e a troca comercial, afirmando que a primeira pertence aos senhores da casa e aos governantes da cidade, os quais têm de prover às necessidades da vida para a sua casa ou para o Estado (cfr. *Summa Theologiae*, II-II, q. 77, a. 4, p. 366). Com base nesta passagem, pretende John Finnis que para a teoria tomista "a distribuição pelos donos dos seus *superflua* é um objecto apropriado da legislação, com vista a evitar repetições, arbitrariedade e iniquidade. Também o pagamento de impostos com propósitos redistributivos constituirá uma forma básica de os proprietários se desimcubirem do seu dever de distribuição" (cfr. Finnis, *Aquinas*, p. 195). Esta leitura actualista de S. Tomás, mais do que clarificar, obscurece um aspecto central da sua teoria: o papel central que ao proprietário cabe na distribuição dos seus bens e a delimitação dessa distribuição como objecto próprio das virtudes da caridade e da justiça, adiante referida no texto.

[178] Janet Coleman, "Property and Poverty", pp. 624-625, salienta correctamente a conexão que existe no pensamento de S. Tomás entre a existência de um bom governo,

O uso comum dos bens próprios é tratado na *Summa Theologiae* a propósito da caridade e a propósito da justiça, isto é, nas questões 32 e 66 da *Secunda Secundae*, respectivamente. John Finnis critica a circunstância de o dever de pôr os bens próprios em comum para os pobres ser tratado sob estes dois títulos diversos, e propõe um esquema em que esse dever é sempre encarado como um dever de justiça, ainda que segundo um grau de exigência diverso[179]. Assim, segundo ele, para S. Tomás, "(1) *tudo* o que alguém tem é tido em comum no sentido em que está moralmente disponível, a título de direito e justiça, para *qualquer* pessoa que necessite dele para sobreviver; (2) os bens supérfluos de uma pessoa são todos tidos em comum, no sentido em que o respectivo dono tem o dever *de justiça* de dispor deles para o benefício dos pobres"[180]. Na formulação deste seu "teorema", como ele próprio o qualifica, Finnis considera correctamente a diferença entre a necessidade e a necessidade extrema, na perspectiva de quem recebe a caridade, e a diferença entre todos os bens próprios e os bens supérfluos, na perspectiva de quem a dá[181]. Assim, todos os bens são abrangidos pelo dever de pôr em comum, em caso de necessidade extrema, sendo apenas abrangidos os bens supérfluos nos casos de simples necessidade. Mas esta formulação

---

orientado para o bem comum, e a manutenção de relações justas no que toca à propriedade, mas depois acrescenta que com S. Tomás, "não estamos já numa sociedade de senhores e vassalos, mas numa de reis e súbditos onde existe a aceitação de todas as implicações da ideia de prejuízo como objecto de preocupação própria do governo real e dos seus tribunais". Existe aqui uma demasiado rígida oposição entre sociedade feudal e estado monárquico.

[179] A. J. Carlyle, "The Theory of Property in Mediaeval Theology", p. 137, afirma, em sentido semelhante, que o auxílio aos pobres é uma acção que "pertence ao amor (*Charitas*) e à misericórdia no seu carácter espiritual ou intenção, mas é também matéria de obrigação (*in praecepto*)". O que sucede é que nem todos os casos de auxílio aos necessitados são encarados como "matéria de obrigação" por S. Tomás, como se diz no texto. No sentido exactamente oposto, isto é, considerando o dever de auxílio como algo a que o direito é completamente alheio, cfr. Michel Villey, *Le Droit et les Droits de l'Homme*, pp. 115-116, que cerra assim fileiras com a posição de autores libertários, como Robert Nozick, referidos no ponto 1.5.4 do capítulo 1 da Parte II.

[180] Cfr. John Finnis, *Aquinas*, p. 191.

[181] Cfr., ainda, as distinções tomistas entre o necessário pessoal e o necessário de condição, por um lado, e o supérfluo absoluto e relativo, por outro: cfr. E. Mounier, *De la Propriété Capitaliste à la Propriété Humaine*, pp. 404 e ss.; António dos Reis Rodrigues, *Sobre o Uso da Riqueza*, pp. 37 e ss.

não exprime completamente o pensamento de S. Tomás, expresso nas questões supramencionadas da *Summa*. Duas outras distinções têm de ser consideradas a este propósito: a distinção entre acto devido e acto superrogatório, expressamente formulada por S. Tomás[182]; a distinção entre prática comissiva e omissiva do uso comum dos bens, implicitamente presente na sua construção. Quanto a este aspecto, S. Tomás afirma que é preceptivo pôr em comum o supérfluo com quem se encontre em situação de necessidade extrema[183]. Em contraste com esta formulação, a afirmação de que todos os bens são comuns em caso de necessidade extrema, surge apenas no contexto da negação do carácter de furto a alguém que toma um bem de um outro para a satisfazer[184]; pelo contrário, S. Tomás nega em princípio que alguém se deva privar do necessário em benefício de outrem, ressalvando o caso em que esse outrem se encontre em necessidade extrema, mas sublinhando que nesse caso a privação do necessário constitui um acto superrogatório[185]. Ou seja, em S. Tomás encontramos já uma antecipação da distinção entre a caridade como intervenção activa com o propósito de ajudar alguém (caso em que não se conformar com as exigências da caridade implica uma acção omissiva) e a caridade como omissão de reacção quando o dono de um bem assiste ao seu uso por alguém em necessidade (caso em que não se conformar com as exigências da caridade implica um acto positivo)[186]. Cruzando as diversas distinções mencionadas pode elaborar-se o seguinte esquema: (1) é um dever de justiça pôr os bens supérfluos em comum com aqueles que se encontrem em situação de necessidade extrema; (2) é um dever de justiça suportar que quaisquer bens próprios sejam usados por alguém em situação de extrema necessidade; (3) constitui um acto superrogatório pôr em comum, activa ou passivamente, todos os bens próprios com aqueles que se encontram em situação de extrema necessidade; (4) constitui um acto superrogatório pôr em comum, activa ou passivamente, o supérfluo

---

[182] Cfr. *Summa Theologiae*, II-II, q. 32, a. 5c, pp. 173-174.
[183] Cfr. *Summa Theologiae*, II-II, q. 32, a. 5c, p. 173.
[184] Cfr. *Summa Theologiae*, II-II, q. 32, a. 7 ad 3, p. 176, e q. 66, a. 7c, 329.
[185] Cfr. *Summa Theologiae*, II-II, q. 32, a. 6c, p. 175.
[186] A distinção é desenvolvida por Jeremy Waldron, "Welfare and the Images of Charity", pp. 232 e ss.

em relação àqueles que estão numa situação de necessidade, embora não extrema. Como se vê, a teoria de S. Tomás em relação ao problema do uso comum dos bens não permite a sua consideração como um puro problema de justiça ou, pelo contrário, como relevando inteiramente da simples caridade[187].

Em qualquer caso, as situações de uso comum surgem no pensamento de S. Tomás ligadas à ideia de que a propriedade deve ser posta em comum em tempos de necessidade. Nesta medida, através do seu pensamento, as ideias de Aristóteles sobre o regime da propriedade vêm dar uma nova consistência à concepção difundida entre os decretistas, a partir de Huguccio, de que todo o bem tem um duplo carácter – próprio e comum. Com base em tal concepção era possível legitimar a propriedade privada sem pôr em causa a vinculatividade do princípio de direito natural que estabelecia a comunidade dos bens. A apropriação e a comunidade seriam ambas fundadas no direito natural, sendo o mesmo bem simultaneamente próprio e comum: próprio porque submetido à propriedade; comum porque deve ser posto em comum em tempos de necessidade extrema[188]. Permanecia, no entanto, obscura a natureza do dever de pôr em comum o supérfluo. Ora, o pensamento de S. Tomás aperfeiçoava esta concepção ao definir o carácter próprio dos bens através da *potestas procurandi et dispensandi* e o seu carácter comum pelo dever de tornar o seu uso comum, em tempos de necessidade extrema[189].

Parece claro que as referências de Ockham a Aristóteles tendo em vista a justificação do poder de apropriação não são sequer com-

---

[187] Admitindo também a compatibilidade entre as exigências da justiça e da caridade, embora num sentido algo diverso, cfr. E. Mounier, *De la Propriété Capitaliste à la Propriété Humaine*, pp. 414 e 420; cfr., ainda, António dos Reis Rodrigues, *Sobre o Uso da Riqueza*, pp. 41, 57 e 70-73.

[188] Cfr. Gilles Couvreur, *Les Pauvres Ont-Ils des Droits?*, p. 147; Giovanni Tarello, "Profili Giuridice della Questione della Povertà nel Francescanesimo Prima di Ockham", p. 373; Brian Tierney, *The Idea of Natural Rights*, pp. 71 e ss.

[189] Cfr. Gilles Couvreur, *Les Pauvres Ont-Ils des Droits?*, p. 283. Os textos relevantes de Huguccio estão editados em Gilles Couvreur, *ob. cit.*, pp. 290 e ss.; cfr. especialmente Huguccio, *Summa, ad D.* 47, c. 8: "Quod est commune: id est tempore necessitatis aliis communicandum ... Et secundum istum intelectum omnia nostra preter necessaria dicuntur aliena, aliis scilicet in tempore necessitatis communicanda ... Et secundum hoc, idem est proprium et commune, proprium quod dominium vel potestatem dispensandi, commune quia aliis communicandum tempore necessitatis" (cfr. *ob. cit.*, p. 294).

paráveis, em importância, ao impacto do pensamento do Estagirita na obra de S. Tomás[190]. Analisando esse impacto na evolução da obra de S. Tomás de Aquino, Gilby afirma que enquanto os seus primeiros escritos mostram ainda traços da persuasão agostiniana de encarar a autoridade secular como sucedâneo da inocência perdida, os seus escritos maduros revestem um pendor mais decididamente aristotélico[191]. Ora, as referências a Aristóteles no *Breviloquium de principatu tyrannico* nunca chegam a pôr em causa, no pensamento de Ockham, aquela persuasão, ainda que lhe dêem uma nova configuração[192]. E a verdade é que Ockham dá ao problema da relação entre propriedade e uso uma solução completamente diversa, em parte na linha dos pensadores franciscanos que o precederam, mas distanciando-se deles, na perspectiva que nos ocupa, pelo nível de elaboração teórica alcançado.

A fim de melhor salientar a radical oposição, e o respectivo significado, dos termos da articulação entre domínio e uso no pensamento de S. Tomás e no pensamento de Ockham, importa aqui situá-los em face da ideia da comunidade originária dos bens enquanto preceito de direito natural. Esta ideia, com origens no estoicismo[193] e acolhida depois no *Corpus* justinianeu através da formulação de Hermogeniano[194],

---

[190] O que não significa, claro, que Ockham desconhecesse o pensamento político de Aristóteles: cfr. *Dialogus*, Parte III, Tratado I, Livro II, Caps. 3-10 [cfr. *A Letter to the Friars Minor and Other Writings*, pp. 133-148; *Dialogus, Auszüge zur politischen Theorie*, pp. 98-108 (caps. 3 a 8)].

[191] Cfr. Thomas Gilby, *Principality and Polity*, p. 148.

[192] Nesta perspectiva, é sintomático que a referência à justificação aristotélica da propriedade privada ocorra imediatamente a seguir à afirmação de que o poder de se apropriar de coisas temporais deve ser visto como algo necessário e útil para a raça humana depois do pecado (cfr. p. 127; *Court Traité du Pouvoir Tyrannique*, p. 209; *A Short Discourse on Tyrannical Government*, p. 90).

[193] Cfr. Cícero, *De officiis*, I, 21 (cfr. *Dos Deveres*, p. 22); ibidem, I, 51 (cfr. *Dos Deveres*, pp. 33-34); Séneca, *Epist.*, XIV, 2 (90), 36 ss.; idem, *De moribus*, frag. 98; cfr., ainda, quanto a Séneca, Carlyle, *A History of Mediaeval Political Theory in the West*, vol. I, pp. 23-24.

[194] Cfr. D. 1, 1, 5: "Ex hoc iure gentium introducta bella, discretae gentes, regna condita, dominia distincta, agris termini positi, aedificia colocata, commercium, emptiones, venditiones, locationes, conductiones, obligationes instituae...". Sobre esta passagem, cfr. Carlyle, *A History of Mediaeval Political Theory in the West*, vol. I, pp. 53-54; Ugo Nicolini, *La Proprietà, il Principe e l'Espropriazione per Pubblica Utilità*, pp. 9-10.

aceite posteriormente pela patrística[195], seria, por esta última via, consagrada no *Decreto* de Graciano. Aí se estabelece, com efeito, a comunidade originária como preceito do direito natural-divino[196]. Pelo contrário, a instituição humana da propriedade privada estava associada, no pensamento dos canonistas e dos Pais da Igreja, à corrupção e à saída do estado de inocência. Aliás, com o pensamento patrístico, a idade da inocência ocupava de algum modo o lugar que no pensamento dos estóicos era reservado à idade do ouro. Em ambos os casos se detecta uma discrepância entre a situação original e a situação efectivamente existente e se, em ambos os casos, não se pretende, a partir da verificação de uma tal discrepância, pôr em causa as relações de propriedade efectivamente existentes, não pode deixar de se reconhecer que, enquanto para Cícero a afirmação "sunt autem privata nulla natura" não visava criticar aquelas relações, Santo Ambrósio, pelo menos, usava-a como um argumento destinado a encorajar os ricos a contribuir para a Igreja e as suas obras de caridade[197].

---

[195] Cfr. Carlyle, *A History of Mediaeval Political Theory in the West*, vol. I, pp. 132-146; Ugo Nicolini, *La Proprietà, il Principe e l'Espropriazione per Pubblica Utilità*, pp. 13-17.

[196] Cfr., quanto ao direito natural, Graciano, *Dist*. 8, *Dictum ante*: "Differt etiam ius naturale a consuetudine et constitutione. Nam iure naturali sunt omnia omnibus ... Jure vero consuetudinis vel constitutionis hoc meum est, illud vero alterius"; quanto ao direito divino, cfr. Graciano, *Dist*. 8, *Dictum ante*, c. 1: "Iure divino omnia sunt communia omnibus, iure vero consuetudinis vel constitutionis hoc memum, illud alterius est". Cfr., ainda, *Dist*. 1, c. 7: "Ius naturale est commune omnium nationum eo quod ubique instinctu naturae non constitutione aliqua habetur, ut viri et feminae coniunctio, liberorum successio et educatio, communis omnium possessio, et omnium una libertas, acquisitio eorum quae caelo, terra, marique capiuntur, item depositae rei vel commendatae pecuniae restitutio, violentiae per vim repulsio".

[197] Cfr. Andrew R. Dyck, *A Commentary on Cicero*, De Officiis, p. 110; o radicalismo do pensamento dos Pais da Igreja é posto em evidência, em termos por vezes exagerados, por Charles Avila, *Ownership: Early Christian Teaching*, pp. 33 e ss.; Robert Gnuse, *You Shall Not Steal: Community and Property in the Biblical Tradition*, pp. 107-111; cfr. ainda, a exposição mais temperada de A. J. Carlyle, "The Theory of Property in Mediaeval Theology", p. 128 e ss.; António dos Reis Rodrigues, *Sobre o Uso da Riqueza*, pp. 25 e ss. A íntima conexão, e ao mesmo tempo a distância, entre o *De Officiis*, de Cícero, e o tratado de Santo Ambrósio com idêntico título (*De Officiis Ministrorum*), é salientada por Carlyle, *A History of Mediaeval Political Theory in the West*, vol. I, p. 137: "Santo Ambrósio ... é largamente dependente do tratado de Cícero com o mesmo nome, e podemos estar razoavelmente certos que as palavras de Cícero, 'sunt autem privata nulla natura', constituem o texto que ele procura ampliar. Não é muito fácil dar um sentido preciso à frase de Cícero: é muito

Através da sua inserção nesta tradição de pensamento, encontravam-se assim os canonistas, como já se mencionou, e, de um modo geral, os juristas medievais, na situação de reconhecerem a propriedade como contrária à natureza e ao direito natural e, todavia, defenderem a sua legitimidade no mundo em que viviam[198]. Tal defesa era imposta, desde logo, pelo carácter subversivo e herético de todas as tentativas conhecidas para pôr em prática a comunidade dos bens e pela crescente abertura ao direito romano da canonística posterior ao *Decreto*. Tornava-se, pois, necessário rever a ideia da comunidade originária dos bens[199].

Uma tal revisão operou-se, antes de mais, através da admissão da propriedade pelo direito divino, quer porque Deus não pode deixar de ser o proprietário de todas as coisas, quer porque as coisas dos Apóstolos seriam propriedade comum deles, mas não dos demais, quer ainda porque alguns preceitos do Decálogo pressupõem a propriedade. Ora, uma vez que os teólogos e os juristas identificavam, pelo menos parcialmente, o direito divino com o direito natural, daí resultava que a propriedade não poderia deixar de ser, de algum

---

mais fácil atribui-lo à de Santo Ambrósio, pois, ... no seu tempo, a teoria do estado de natureza contraposto ao estado de instituições de base convencional tinha-se tornado um lugar-comum na teoria política cristã" (cfr., ainda, Charles Avila, *Ownership: Early Christian Teaching*, pp. 63, 67, 70-76, 78; salientando a ambivalência do pensamento de Cícero entre a afirmação da comunidade dos bens e a defesa da propriedade privada, cfr. A. A. Long, "Stoic Philosophers on Persons, Property-Ownership and Community", p. 29).

[198] Carlyle, *A History of Mediaeval Political Theory in the West*, vol. II, p. 136; Brian Tierney, *The Idea of Natural Rights*, p. 60. Na verdade, a necessidade de compatibilizar o direito natural e o direito humano a propósito da propriedade era assumida como um problema teórico na medida em que se sustentava a nulidade de qualquer lei humana contrária ao direito natural: cfr. Dist. 8, Dictum post, c. 1, "quaecumque enim vel moribus recepta sunt, vel scriptis comprehensa, si naturali iure fuerint adversa, vana et irrita habenda sunt". Em última análise, é a ambiguidade da origem da propriedade privada – simultaneamente representando a queda do homem da sua primitiva inocência, a ganância e a avareza que recusavam a comunidade dos bens, mas também o método através do qual a ganância cega da natureza humana, subsequente à saída do estado de inocência, podia ser controlada –, que explica como ela podia ao mesmo tempo ser considerada como contrária à natureza e uma instituição legítima (cfr. A. J. Carlyle, "The Theory of Property in Mediaeval Theology", p. 128).

[199] Cfr. Giovanni Tarello, "Profili Giuridice della Questione della Povertà nel Francescanesimo Prima di Ockham", p. 365 e ss.

modo, de direito natural[200]. Em segundo lugar, a superação da rigidez da ideia de comunidade originária apoiou-se na distinção entre diferentes tipos de normas de direito natural, a partir de uma distinção efectuada por Rufinus, por volta de 1160. Este canonista, ao comentar o *Decreto*, afirmou que o direito natural se compõe de três aspectos: comandos (*mandata*), proibições (*prohibitiones*) e indicações (*demonstrationes*). As *demonstrationes* eram entendidas como uma descrição de um estado de coisas existentes numa idade primeva, correspondente ao estado de natureza de teorias posteriores, que teria sido superado pelo desenvolvimento do direito humano. Elas definiam assim uma área do permitido e, nessa medida, a introdução da propriedade privada, como estado de coisas contrário, mas igualmente permitido, não atentava contra o direito natural[201]. Em terceiro lugar, interpretava-se a ideia da comunidade dos bens, como aplicável apenas em situações de necessidade (é designadamente a doutrina de Huguccio, antes mencionada) e, também por esta via, a propriedade era compatibilizada com a comunidade dos bens. Por último, em quarto lugar, a legitimação da propriedade privada à luz

---

[200] Sobre a identificação entre direito natural e direito divino, cfr. S. Tomás, *Summa Theologiae*, I-II, q. 91, a. 2, 4 e 5, pp. 414 e 415-417 (a lei natural é a participação da lei eterna na criatura racional); Ockham, *Dialogus*, Parte III, Tratado II, Livro 3, Cap. 6 (toda a lei natural pode ser chamada lei divina; cfr. *A Letter to the Friars Minor and Other Writtings*, p. 290). Cfr., ainda, Gierke, *Political Theories of the Middle Age*, pp. 75-76 e 174-175, nota 258; Ugo Nicolini, *La Proprietà, il Principe e l'Espropriazione per Pubblica Utilità*, p. 26. De resto, o próprio Decreto de Graciano, na esteira de Santo Isidoro de Sevilha, parece abir a porta a esta via, quando, após distinguir as leis em divinas e humanas, prossegue nestes termos: "Fas lex divina est; ius lex humana. Transire per agrum alienum fas est, ius non est" [*Dist.* 1, c. 1; cfr. Brian Tierney, *The Idea of Natural Rights*, pp. 59, 61, segundo o qual a expressão *fas*, entendida por alguns como origem da palavra *facultas*, exprimia uma permissão (Tierney, *ob. cit.*, pp. 67 e 246, dá o exemplo de Jean Gerson; para os espanhóis Domingo de Soto e Fernando Vazquez de Menchaca a palavra *facultas* resultaria de *facilitas* e exprimiria assim, não uma simples licitude ou permissão, mas uma verdadeira soberania do sujeito: cfr. Grossi, "La Proprietà nel Sistema Privatistico della Seconda Scolastica", in *Il Dominio e le Cose*, pp. 364-365; Kurt Seelmann, *Die Lehre des Fernando Vazquez Menchaca vom Dominium*, pp. 90-92); Giovanni Tarello, "Profili Giuridice della Questione della Povertà nel Francescanesimo Prima di Ockham", p. 376 e nota 81; Ugo Nicolini, *ob. e loc. cit.*).

[201] Cfr. Brian Tierney, *The Idea of Natural Rights*, pp. 62-66; Giovanni Tarello, "Profili Giuridice della Questione della Povertà nel Francescanesimo Prima di Ockham", pp. 369-370.

do direito natural era alcançada através da doutrina, de origem romanística e não canonística, de que os acréscimos do direito natural provenientes do *ius gentium* e do *ius civile* não seriam incompatíveis com aquele[202]. Neste contexto, a distinção tripartida entre *ius naturale*, *ius gentium* e *ius civile*, adoptada por Ulpiano e outros, tendia a prevalecer sobre a dicotomia entre *ius gentium* e *ius civile* estabelecida por Gaio. Aquela distinção permitia, com efeito, ao contrário da dicotomia gaiana, interpretar numa perspectiva historicista o problema do *ius gentium*, contraposto ao direito natural da idade primeva. À luz da distinção tripartida entre *ius naturale*, *ius gentium* e *ius civile*, a propriedade podia simultaneamente ser entendida como uma decorrência da razão natural e como exigindo um certo grau de instituição da vida jurídica, ainda que inferior ao alcançado pelo *ius civile*[203]. Tornava-se pois possível escapar ao dilema que representaria a adopção da dicotomia de Gaio: considerar a existência da propriedade privada como natural e, desse modo, contrariar uma doutrina solidamente estabelecida no pensamento dos Pais da Igreja; considerá-la como tendo uma base meramente convencional e aceitar

---

[202] Giovanni Tarello, "Profili Giuridice della Questione della Povertà nel Francescanesimo Prima di Ockham", pp. 373-374.

[203] Salientando a perspectiva histórica subjacente à distinção entre *ius naturale* e *ius gentium*, cfr. Carlyle, *A History of Mediaeval Political Theory in the West*, vol. I, pp. 42 e ss., e, na sua esteira, Ugo Nicolini, *La Proprietà, il Principe e l'Espropriazione per Pubblica Utilità*, pp. 8 e ss. Nicolini, *ob. cit.*, p. 6, nota 4, começa por notar que utiliza a expressão *ius gentium* no sentido não propriamente técnico de direito comum a todos os povos e fundado sobre a *naturalis ratio*, em vez de a usar no sentido de direito válido também para os *peregrini* (de resto, questionando que a expressão *ius gentium* alguma vez tenha sido usada no sentido técnico a que se refere Nicolini, cfr. G. Lombardo, *Sul Concetto di « ius gentium»*, pp. 17-18). Mas precisamente esta opção permitiria concluir que não existe, necessariamente, qualquer perspectiva histórica subjacente, quer à dicotomia de Gaio, quer à tricotomia de Ulpiano e que essa perspectiva decorre de interpretações posteriores da obra dos dois juristas romanos. Todavia, Nicolini, *ob. cit.*, p. 12, afirma que Gaio "contrapõe por assim dizer cronologicamente o *ius gentium* ao *ius civile*, e faz do primeiro um direito natural não deliberadamente instituído como sustentavam em sentido contrário os juristas imbuídos do princípio convencionalístico estoico, os quais diferenciavam *ius naturale* e *ius gentium* e o contrapunham cronologicamente". Daqui resultaria, ainda, a correspondência entre os termos da tricotomia de Ulpiano e três momentos cronologicamente distintos, hipótese que os textos de modo algum confirmam; do mesmo modo, essa correspondência não é visível no pensamento de S. Tomás sobre o direito natural, no âmbito do qual se harmonizam as definições de Gaio e Ulpiano.

a consequência da sua desconformidade com as normas do direito natural.

Parece, desde logo, evidente que estes diferentes modos através dos quais se superou a rigidez da doutrina da comunidade originária dos bens não são incompatíveis entre si. Assim, a ideia de que a propriedade é admitida pelo direito divino concilia-se naturalmente com a restrição da comunidade dos bens aos tempos de necessidade; por seu turno, a distinção de diferentes tipos de normas de direito natural adequa-se facilmente ao entendimento de acordo com o qual o direito natural pode ser desenvolvido pelo *ius gentium* e pelo *ius civile*. Pois bem, a razão de se enunciarem aqui estas vias de revisão da doutrina da comunidade originária dos bens prende-se com a necessidade de pôr em evidência como a doutrina de S. Tomás se situava em relação a elas. Isso mesmo foi já demonstrado quanto à doutrina de Huguccio. Mas a distinção entre propriedade e uso elaborada por S. Tomás, com base em Aristóteles, fornecia ainda a base através da qual era possível atribuir o lugar próprio a (quase) todos os demais aspectos mencionados. Assim, através da sua noção analógica de domínio, isto é, da analogia entre o domínio natural de Deus sobre todas as coisas, quanto à sua natureza, e o domínio natural do homem sobre elas, quanto ao seu uso, S. Tomás integra na sua doutrina a ideia de que a propriedade é admitida pelo direito divino[204]. Por outro lado, a distinção entre propriedade e uso permite-lhe encarar a comunidade dos bens nesta dupla perspectiva: no que respeita ao uso as coisas são comuns segundo o direito natural; no que toca à *potestas dispensandi et procurandi*, o direito natural não dispõe "que as coisas devam ser possuídas em comum e que nada deva possuir-se como próprio"[205]. Finalmente, o princípio da instituição da propriedade privada, incluída no *ius gentium*, é alcançado por via de conclusões, válidas em todos os tempos e lugares, e não de aplicações, ou determinações, particulares, às quais pertencem, pelo contrário, os diferentes modos de concretizar a divisão das coisas[206].

---

[204] Cfr. *Summa Theologiae*, II-II, q. 66, a. 1, p. 324.
[205] Cfr. *Summa Theologiae*, II-II, q. 66, a. 2, p. 325.
[206] Cfr. *Summa Theologiae*, I-II, q. 94, a. 4 ad 5, pp. 428-429; *ibidem*, II-II, q. 57, a. 3, p. 279.

Na síntese que acaba de ser feita, não passará com certeza desapercebida a ausência de qualquer referência à ideia, acima referida, de que no âmbito do direito natural seria possível distinguir normas com um diferente grau de força vinculativa, isto é, entre *mandata*, *prohibitiones* e *demonstrationes*. Como também se afirmou, parece teoricamente fácil articular essa ideia com a concepção de origem romanística de que as *additiones* introduzidas pelo *ius gentium* ao direito natural não são contrárias a este último. Mas não foi essa a via seguida por S. Tomás[207]. Confrontado com o problema decorrente da necessidade de conciliar o seu aristotelismo de base com as doutrinas patrísticas[208], S. Tomás procurou resolvê-lo através da definição dos

---

[207] Ugo Nicolini, *La Proprietà, il Principe e l'Espropriazione per Pubblica Utilità*, p. 17, menciona a distinção efectuada por S. Tomás entre *prima principia* e *praecepta secundaria*, a propósito da introdução da propriedade privada, afirmando logo a seguir que a introdução desta se sobrepõe cronologicamente à *communis omnium possessio* do direito natural, mas não se lhe contrapõe logicamente. Isso só seria possível se, para S. Tomás, a comunidade dos bens e a propriedade privada fossem ambas entendidas como normas permissivas. Ora, a distinção entre *prima principia* e *praecepta secundaria* nada tem a ver com esse modo de encarar as coisas. Esta distinção, como já foi dito, relaciona-se principalmente com o problema do acesso cognoscitivo ao direito natural; quando é usada em conexão com a questão da mutabilidade do direito natural (cfr. *Summa Theologiae*, I-II, q. 94, a. 5, p. 429) visa apenas permitir uma mudança "em casos particulares e minoritários por motivos especiais", o que certamente não é o caso quando se trata da instituição da propriedade privada. Por outras palavras, o modo como S. Tomás acomodou, na sua teoria sobre o direito natural, a ideia de que este último pode ser modificado através de adições introduzidas pelo direito civil e pelo direito das gentes não se efectuou através da distinção entre *mandata*, *prohibitiones* e *demonstrationes* (que hoje designaríamos por normas preceptivas, proibitivas e permissivas). Pelo contrário, essa acomodação passava pela afirmação de uma continuidade entre direito natural, direito das gentes e direito civil, sob a forma de uma mais ou menos remota derivação dos preceitos destes últimos do preceito primário de direito natural (cfr. Giovanni Tarello, "Profili Giuridice della Questione della Povertà nel Francescanesimo Prima di Ockham", p. 438). A afirmação de uma tal continuidade através desta via, em vez da via que consistiria em distinguir normas preceptivas e permissivas no direito natural, tinha ainda a vantagem de conferir um fundamento sólido à teoria das *dispensationes* do direito divino ou natural (cfr. Tarello, *ob. e loc. cit.*; sobre esta teoria, cfr. Kurt Seelmann, *Die Lehre des Fernando Vasquez Menchaca vom Dominium*, p. 125; e genericamente, G. Le Bras, Ch. Lefebvre e J. Rambaud, *L'Âge Classique 1140-1378, Sources et Théorie du Droit*, pp. 514 e ss.). O que acaba de ser dito não significa que S. Tomás desconheça a distinção entre os efeitos preceptivos, proibitivo e permissivo da lei (cfr. *Summa Theologiae*, I-II, q. 92, a. 2, pp. 419-420), significa apenas que não foi à luz desta distinção que ele encarou o problema da pertença da propriedade privada ao direito natural.

[208] Cfr. Carlyle, *A History of Mediaeval Political Theory in the West*, vol. V, p. 20.

conceitos de direito natural e de *ius gentium*. Por um lado, a justificação aristotélica da propriedade privada levava a incluí-la, sem hesitação, no direito natural[209]. Por outro lado, a tradição patrística, acolhida no *Decreto*, apontava para a distinção entre *ius naturale*, *ius gentium* e *ius positivum*; para a inclusão do *ius gentium*, a par do *ius civile*, no âmbito do *ius positivum*; para a consideração, por último, do *dominium in communi* como *de iure naturali*. S. Tomás parece satisfazer as exigências da tradição, ao afirmar que o direito positivo se divide em direito das gentes e direito civil e que a divisão dos bens é uma introdução do direito humano[210]. Mas fechar aqui a descrição da sua posição equivaleria a deixar uma parte de fora, porventura a parte mais importante. Na verdade, o modo como S. Tomás combina a tradição patrística com as exigências do seu pensamento aristotélico, passa pela adopção simultânea do conceito de *ius naturale* de Ulpiano e do conceito de *ius gentium* de Gaio[211]. As consequências deste passo da sua argumentação são claras. Por um lado, uma vez que a propriedade privada é uma exigência do *ius gentium*, o qual é *aliquo modo naturale*, isso implica que o direito positivo e o direito natural não se excluem completamente para S. Tomás. Aí reside, aliás, a importância da sua doutrina de que quer o direito das gentes, quer o direito civil, derivam do primeiro princípio do direito natural[212], no primeiro caso por meio de conclusões e no segundo por meio de determinações particulares. Por outro lado, o passo muito citado da *quaestio* 66 da *Secunda Secundae*, em que S. Tomás afirma que o direito natural não dispõe que as coisas devam ser possuídas

---

[209] Neste sentido, cfr. A. J. Carlyle, "The Theory of Property in Mediaeval Theology", p. 135.

[210] Cfr. *Summa Theologiae*, I-II, q. 95, a. 4, p. 433: "dividitur ius positivum in ius gentium et ius civile"; *ibidem*, II-II, q. 66, a. 2, p. 326.

[211] Isso é particularmente claro num passo da *Summa Theologiae*, II-II, q. 57, a. 3, p. 279, que vale a pena citar: "segundo afirma o Jurisconsulto [isto é, Ulpiano], *do direito natural ...separa-se o direito das gentes, porque aquele é comum a todos os animais e este só aos homens entre si*. Mas considerar algo em comparação com o que dele se deriva é próprio da razão; e de aqui que isto, certamente, seja natural ao homem, devido à sua razão natural que o dita. Por isso também o jurisconsulto Gaio afirma: *o que a razão natural constituiu entre todos os homens é observado entre todos os povos, e chama-se direito das gentes*". Ora o exemplo que S. Tomás pouco antes havia dado do direito das gentes, assim entendido, é precisamente o da propriedade privada.

[212] Cfr. *Summa Theologiae*, I-II, q. 94, a. 2, p. 426.

em comum, não pode deixar de ser interpretado senão no sentido em que ele não atribui à comunidade dos bens – quanto à posse, não quanto ao uso, claro – qualquer estatuto normativo. Para S. Tomás a comunidade dos bens significa uma mera condição natural, sem qualquer força normativa[213], nem sequer a de uma norma permissiva, como acontecerá depois com os autores da segunda escolástica, e isso acontece porque ele situa a propriedade no âmbito do direito natural, no sentido do *ius gentium* de Gaio[214]. Por outras palavras, a adopção do conceito de *ius gentium* de Gaio permite a S. Tomás ignorar a via de revisão da ideia de comunidade originária dos bens consistente na distinção entre normas de direito natural preceptivas, proibitivas e permissivas, a qual seria, aliás, bem difícil de coadunar com o seu aristotelismo. Através da adopção de um tal conceito consegue ainda S. Tomás evitar a perspectiva historicista do direito natural própria da patrística, igualmente incompatível com o seu aristotelismo.

A solução que S. Tomás dá ao problema da propriedade permite ultrapassar uma dificuldade com que as diferentes vias de revisão da ideia de comunidade originária dos bens não lidavam satisfatoriamente. Na verdade, tais vias de superação não punham em causa a ideia de que o domínio comum originário era um domínio efectivamente pertencente a todos os homens. Mesmo a posição daqueles que sustentam que a comunidade dos bens, tal como a propriedade, é simplesmente permitida pelo direito natural não altera esta conclusão: se o domínio originário constitui um direito no sentido pleno do termo, resultante da intervenção divina, isso significa que os domínios particulares não podem resultar senão do acordo e da vontade de

---

[213] Neste sentido, cfr. *Summa Theologiae*, I-II, q. 94, a. 5, p. 429, em que se equipara a posse dos bens em comum à nudez do homem.

[214] Assim, precisamente, cfr. Kurt Seelmann, *Die Lehre des Fernando Vasquez Menchaca vom Dominium*, pp. 116-117; cfr., ainda, Giovanni Tarello, "Profili Giuridice della Questione della Povertà nel Francescanesimo Prima di Ockham", p. 439. Marie-France Renoux-Zagamé, *Origines Théologiques du Concept Moderne de Propriéte*, p. 275, afirma, num sentido próximo e citando o passo da *quaestio* 66 da *Secunda Secundae* referido no texto, que S. Tomás adoptava uma concepção negativa do domínio comum original. Tem, assim, razão Giovanni Tarello, *ob. cit.*, p. 434, quando afirma que em S. Tomás "a recusa da definição ulpianeia é mais disfarçada (e mesmo aparentemente não se verifica)".

todos. Ockham, como acima se mencionou, intuiu claramente o problema, quando afirmou que após a introdução do pecado não existiu domínio comum propriamente dito, mas um poder de se apropriar das coisas, como próprias ou como comuns. Ora, segundo Ockham, este poder "non fuit proprie dominium commune: sicut nec modo potestas appropriandi seu acquirendi illa, quae caelo, terra marique capiuntur, non est proprie dominium commune, quia si esset proprie commune dominium, nullus deberet sibi appropriare aliqua ipsorum absque communitatis consensu"[215]. A fim de escapar a este dificuldade, mas também movido pela polémica com João XXII sobre a pobreza, Ockham, seguindo um caminho aberto por Duns Escoto, embora por este não completamente explorado, admite, como se viu, uma solução de continuidade entre o domínio próprio do estado de inocência e o domínio exclusivo, ou propriedade, instituído pelo direito humano[216]. Essa solução de continuidade é colmatada através

---

[215] Cfr. *Opus nonaginta dierum*, cap. 14, 192-196 (cfr. Guillelmi de Ockham, *Opera Politica*, II, ed. H. S. Offler, p. 435; idem, *A Translation of William of Ockham's Work of Ninety Days*, vol. 1, p. 238).

[216] Duns Escoto sustentava, com efeito, que o preceito relativo à comunidade dos bens foi revogado com o pecado: cfr. *Ordinatio* IV, Dist. 15, q. 2 (cfr. versão do texto latino e tradução em *John Duns Scotus' Political and Economic Philosophy*, tradução, introdução e notas de Allan Wolter, pp. 29-33); *Quaestiones in Librus I-IV Sententiarum*, Dist. 15, q. 2 (citado in Kurt Seelmann, *Die Lehre des Fernando Vasquez Menchaca vom Dominium*, pp. 118-119). Sobre a continuidade entre o pensamento de Duns Escoto e Ockham a este propósito, cfr. ainda Jürgen Miethke, *Ockhams Weg zur Sozialphilosophie*, p. 474; Marie-France Renoux-Zagamé, *Les Origines Théologiques du Concept Moderne de Propriété*, pp. 124 e 272; Kurt Seelmann, *Die Lehre des Fernando Vasquez Menchaca vom Dominium*, p. 120. Segundo este autor, *ob. e loc. cit.*, existe em Duns Escoto um modelo de desenvolvimento histórico em três graus: *ius naturale*, existente no estado de inocência, de acordo com o qual todas as coisas são comuns; *revocatio* do *ius naturale*; *divisio rerum*, efectuada de acordo com o direito humano (sobre a questão, cfr., ainda, Richard Mckeon, "The Development of the Concept of Property in Political Philosophy: A Study of the Background of the Constitution", p. 326). Seelmann refere logo a seguir que "também" Ockham distingue entre a concessão divina da *potestas appropriandi* e a *divisio* enquanto tal, mas não extrai quaisquer consequências do modo como Ockham concebe aquela *potestas appropriandi*, o qual não encontra paralelo em Duns Escoto. A ideia de um modelo de desenvolvimento histórico da propriedade em três graus, muito embora revele uma continuidade entre o pensamento de Ockham e o de Duns Escoto, que primeiro a elaborou, surge mais desenvolvida no pensamento do primeiro. Em Ockham, com efeito, o segundo momento daquele modelo de desenvolvimento em três graus não é definido de forma essencialmente negativa, através da *revocatio* da comunidade originária, como sucede

do poder de apropriação, que Ockham tem todo o cuidado em separar do conceito de propriedade. Paralelamente ao domínio do estado de inocência, ao poder de apropriação existente após o pecado e à instituição da propriedade privada, ou domínio exclusivo, pelo direito positivo, Ockham admite um direito natural de usar as coisas que a instituição da propriedade tem o efeito de comprimir, por forma a que ele possa apenas ser invocado em situações de necessidade. A construção ockhamiana da origem e justificação da propriedade apresenta, pois, já foi dito, um cariz historicista que a diferencia radicalmente da concepção de S. Tomás. Todavia, apesar de tais diferenças, as duas concepções convergem em dois pontos importantes: antes de mais, a distinção radical entre uso e propriedade[217], o primeiro integrando a condição natural do homem, antes e depois do pecado, a segunda relevando do direito natural adequado à condição humana posterior à saída do estado de inocência – enquanto Ockham caracteriza o poder de apropriação privada como integrando o terceiro modo de direito natural, S. Tomás considera o princípio da propriedade privada como parte do *ius gentium*; depois, a rejeição da ideia de uma comunidade dos bens, quanto à propriedade, como parte da condição humana.

A ideia de que o fim da idade da inocência implicava uma revogação do domínio natural foi, como se disse, colhida por Ockham no pensamento de Duns Escoto. Por outro lado, a distinção radical entre propriedade e uso tem importantes antecedentes no dis-

em Duns Escoto, mas através da concessão divina de um poder adequado às condições da vida humana após a introdução do pecado.

[217] Damian Hecker, *Eigentum als Sachherrschaft*, pp. 67 e 72-73, sustenta que "para a compreensão da propriedade em Tomás é fundamental perceber que ele encara separadamente a propriedade e o gozo ou uso da coisa. A propriedade é a *potestas procurandi et dispensandi* e significa em substância uma competência de disposição que afecta aos indivíduos a ordenação e distribuição dos bens, mas não abrange na sua substância um direito absoluto de domínio. O poder de disposição não é um qualquer, no sentido de arbitrariedade, mas sim um direito de uso vinculado à lei da razão e à ética". Como decorre do passo que se acaba de transcrever, o que verdadeiramente caracteriza a interpretação de Hecker não é o entendimento, que se tem por correcto, segundo o qual S. Tomás separa as questões da propriedade e do uso, mas o entendimento – insustentável – segundo o qual S. Tomás reduz a propriedade a um direito de uso. Repare-se que o autor não se limita a sustentar que S. Tomás subordina a propriedade individual ao uso comum, como parece evidente, mas acaba por pôr em causa a própria autonomia da propriedade privada no pensamento de S. Tomás.

curso franciscano em que Ockham se inseriu[218]. Mas a ele se deve a teorização, nos termos expostos, do direito natural de uso como direito de autopreservação, e da *potestas appropriandi* que existe depois da introdução do pecado e antes do momento (ou momentos) em que o direito positivo institui a propriedade. Em relação a este direito natural de apropriação volta a colocar-se com especial acuidade o tema das normas de direito natural permissivo. Brian Tierney demonstrou que o terceiro modo de direito natural segundo Ockham, abrangendo uma área do que é permitido, e por isso, renunciável, não constitui propriamente uma novidade e já havia sido antecipado na obra dos canonistas[219]. Simplesmente, se a ideia de um direito natural permissivo apresenta problemas insuperáveis em face da tese da comunidade originária dos bens, a sua ligação a um direito natural de apropriação constitui um passo verdadeiramente revolucionário no modo de entender a ideia de direito natural. Marie-France Renoux-Zagamé reconhece isto mesmo quando afirma que os teólo-

---

[218] Para além do próprio Duns Escoto, haveria aqui que mencionar sobretudo os nomes de S. Boaventura e de Bonagratia de Bergamo: sobre estes antecessores franciscanos de Ockham, cfr. as análises exaustivas de Brian Tierney, *The Idea of Natural Rights*, pp. 36-37 e 148-157, e Giovanni Tarello, "Profili Giuridice della Questione della Povertà nel Francescanesimo Prima di Ockham", pp. 387-394, 407, 422-443. S. Boaventura, com efeito, na sua *Apologia pauperum*, de 1269, pretendia já para os franciscanos um direito de uso separado da propriedade, não baseado no direito secular mas na justiça divina, e para o efeito recorreu à distinção entre *ius fori* e *ius poli*, que seria depois desenvolvida por Ockham (cfr. Brian Tierney, *ob. cit.*, pp. 36-37 e nota 84). Bonagratia de Bergamo, por seu turno, sendo um canonista experiente como João XXII e companheiro de Ockham na fuga da corte papal, sustentou, no seu *Tractatus de Christi et apostolorum pauperum*, que o uso de facto constituía um preceito do direito natural, e como tal irrenunciável, enquanto o direito de propriedade derivava do direito positivo humano e era, portanto renunciável pelos seus titulares. Segundo Tarello, *ob. cit.*, pp. 429-430, ao referir-se ao *usus facti* como um daqueles direitos naturais (*naturalia iura*) que, estabelecidos pela providência divina, não podem ser objecto de renúncia, o discurso de Bonagratia afasta-se do direito natural objectivo e aproxima-se dos direitos naturais aos quais, com terminologia mais moderna, chamariamos subjectivos. Tierney, *ob. cit.*, p. 152-153, sustenta, no entanto, existir aqui uma leitura menos correcta do texto de Bonagratia de Bergamo, na medida em que neste terá sido usada a forma plural, *naturalia iura*, porque nele se citava, palavra por palavra, uma passagem das *Institutas* (1.2.11) em que essas palavras se referiam claramente a leis naturais e não a direitos naturais. Assim, segundo Tierney, *ob. cit.*, p. 153, "Bonagratia referiu-se à ideia de direito subjectivo apenas em relação às leis humanas e, nesse âmbito, apenas para sustentar que tais direitos podiam ser livremente renunciados".

[219] Cfr. Brian Tierney, *The Idea of Natural Rights*, pp. 54 e 180.

gos dos séculos dezassete e dezoito apenas conseguirão resolver as dificuldades colocadas pela tese do domínio comum original quando passaram a concebê-lo, não como um direito no sentido pleno do termo, mas como uma possibilidade de adquirir, como uma simples faculdade[220]. Ora, essa concepção foi primeiramente esboçada, no século quatorze, por Ockham[221] e quando os teólogos se conformaram com ela, já a mesma havia adquirido, por assim dizer, curso legal entre os jusnaturalistas modernos. Por último, é sem dúvida verdade que já antes de Ockham, Bonagratia de Bergamo, ao intervir na querela da pobreza e ao procurar salvar, perante as investidas de João XXII, a doutrina da pobreza como ausência de propriedade, viu-se constrangido a configurar essa ausência como condição necessária do direito natural. Ao fazê-lo, abria a porta ao "elemento utópico e subversivo dos espirituais na medida em que chegava obrigatoriamente à conclusão de uma sociedade cristã (isto é, de uma *ecclesia*) que repudiasse o direito humano e restaurasse na terra o direito natural"[222]. Simplesmente, a este elemento utópico, contraponto

---

[220] Cfr. M.-F. Renoux-Zagamé, *Les Origines Théologiques du Concept Moderne de Propriété*, p. 288.

[221] De resto, Renoux-Zagamé, *ob. cit.*, pp. 157, 272-273 e 304, nota 181, não deixa de o reconhecer.

[222] Cfr. Giovanni Tarello, "Profili Giuridice della Questione della Povertà nel Francescanesimo Prima di Ockham", p. 442. O autor, *ob. cit.*, p. 443, nota como a recusa de João XXII em sustentar a construção, aceite pelos seus antecessores, da ausência de propriedade dos frades menores, acabava por ter o efeito de recuperar a essência das teses defendidas pelos Espirituais no confronto com os Conventuais (sobre este confronto, ocorrido no princípio na passagem do século treze para o século quatorze, cfr. Malcolm D. Lambert, *Franciscan Poverty*, pp. 157 e ss.). Enquanto para estes últimos o voto de pobreza significa apenas a renúncia à propriedade (sustentada na distinção entre *dominium* e *usus*, nesta medida não pode negar-se uma certa artificialidade na posição dos franciscanos, como nota M. D. Lambert, *ob. cit.*, pp. 170 e ss.), para os primeiros ele implicava ainda a restrição do uso dos bens materiais por forma a suprir apenas às necessidades da vida entendidas da forma mais rigorosa (sendo certo que estes admitiam uma prudente antecipação das necessidades futuras, através da distinção entre "necessidade do momento presente" e "necessidade presente", que não excluía aquela antecipação; neste sentido cfr. Petrus Ioannis Olivi, "Quaestio de usu paupere", in *De Usu Paupere*, p. 39: "quod necessarium de presenti et necessarium pro presenti non sunt omnino idem, nam de presenti potest esse aliquid necessarium pro tempore futuro"). Todavia, na altura em Ockham escreveu a *Opus nonaginta dierum*, o confronto entre Espirituais e Conventuais havia já sido decidido a favor destes últimos (cfr. Malcolm D. Lambert, *Franciscan Poverty*, pp. 222 e ss.;

quase que inevitável de uma perspectiva historicista do direito natural, era dado um fundamento teórico sólido na concepção de Ockham, através da sua identificação com o segundo modo do direito natural.

3.6 Significado do contraste entre as concepções de Ockham e S. Tomás sobre a propriedade privada. Qual é, pois, a importância do contraste entre as teorias da propriedade de S. Tomás de Aquino e de Guilherme de Ockham? Muito simplesmente, esse contraste marca os horizontes possíveis no interior dos quais é possível pensar a propriedade como problema filosófico-político e como problema constitucional. Num certo sentido, o presente trabalho visa demonstrar o que acaba de ser dito. Mas antes de aí se regressar, importa afastar, por incorrectas, algumas possíveis interpretações do contraste estabelecido.

3.6.1 A propriedade e a origem histórica do direito subjectivo. Antes de mais, o estabelecimento de um contraste entre as teorias sobre a propriedade privada de S. Tomás e de Ockham não seria correctamente perspectivado como um modo de ilustrar a contribuição do último para o aparecimento do conceito de direito subjectivo, em contraste com o pensamento realista do primeiro. Desde logo, não parece correcto fazer coincidir a ideia de direito subjectivo com o individualismo filosófico ou a doutrina de que o indivíduo é a origem e a determinação de todo o direito; pelo contrário, a ideia de direito subjectivo não pressupõe necessariamente uma concepção de direito individualista, no sentido de que a origem e a determinação de todo o direito radicam no indivíduo, e pode ser enquadrada e valorizada no âmbito de outras interpretações do conceito de direito. Será mesmo possível, e a ciência jurídica medieval fornece porventura a ilustração disso, falar de direito subjectivo, ou pelo menos de usos subjectivos da palavra "direito", no contexto de uma ordem de direito natural objectiva[223]. Já colocando a questão no plano puramente

---

Giovanni Tarello, "Profili Giuridice della Questione della Povertà nel Francescanesimo Prima di Ockham", pp. 398-412; Paolo Grossi, "*Usus Facti* ...", *Il Dominio e le Cose*, pp. 177-183; David Burr, *Olivi and Franciscan Poverty*, pp. 38 e ss.; idem, "Introduction", in Petrus Ioannis Olivi, *De Usu Paupere*, pp. XXXVI-XXXIX).

[223] Assim, precisamente, Knut Wolfgang Nörr, "Zur Frage des subjektiven Rechts in der mittelalterlichen Rechtswissenschaft", pp. 199 e 203. O artigo de Knut Nörr visa criticar

dogmático, põe-se mesmo o problema de saber em que medida se poderá compreender adequadamente a dogmática jurídica medieval,

a tese de Villey, já várias vezes referida no texto, que resume do seguinte modo: "Antes de Ockham domina, grosso modo, o direito natural como ordem objectiva; depois de Ockham, o direito subjectivo, que desalojou aquele. Antes de Ockham não havia qualquer espaço para uma representação subjectiva do direito, porque o individualismo ainda não tinha levantado a sua cabeça" (cfr. *ob. cit.*, p. 199). Relativamente ao problema de saber se antes de Ockham ninguém ainda havia pensado numa interpretação da palavra *ius* num sentido subjectivo, afirmou E. J. H. Schrage que "Kurt Knörr disse provavelmente a última palavra sobre a tese de Villey, ao chamar a atenção para Hostiensis, cujo trabalho pode ser uma fonte historicamente mais importante para a noção de direitos subjectivos" [cfr. *"Ius in re corporali perfecte disponendi*: Property from Bartolus to the New Dutch Civil Code of 1992", pp. 55-56]. Andrea Padovani, "Prefazione", in Luca Parisoli, *Volontarismo e Diritto Soggettivo*, pp. 20-21 e notas 67 e 69, critica a posição sustentada por Nörr e insurge-se contra o seu acolhimento por autores como Schrage e Peter Stein. Segundo A. Padovani, o aspecto sublinhado pelo historiador alemão, isto é, a possibilidade de o sujeito *renuntiare* a um *ius proprium*, abordada por Hostiensis na sua *Summa aurea*, não teria qualquer significado na história do direito subjectivo. Padovani argumenta com as palavras do próprio Nörr, quando este afirma que "Hostiensis utiliza a palavra *ius*, completamente despreocupado, no duplo sentido de direito objectivo e subjectivo. Sobre isso não reflectiu ele." (cfr. Knut Nörr, *ob. cit.*, p. 194 e ainda, no mesmo sentido, p. 201). Padovani prossegue, questionando-se sobre se é possível ocorrer uma descoberta significativa para as ciências do espírito em alguém que não tem nenhuma consciência dela. E remata: "aquilo que determinou o produzir-se da noção de direito subjectivo foi uma nova consciência de si maturada pela humanidade do século treze tardio" (cfr. *ob. cit.*, p. 21), referindo-se, obviamente, às especulações dos escolásticos franciscanos. Andrea Padovani, e outros historiadores cujo trabalho se caracteriza por um irresistível pendor para a deriva metafísica, como Paolo Grossi e Michel Villey, não fazem, pois, qualquer separação entre as vicissitudes da evolução da categoria dogmática do direito subjectivo e o desenvolvimento de uma filosofia supostamente individualista e centrada no sujeito (sendo certo que Villey chega a efectuar tal sepração num dos seus primeiros trabalhos, citado na nota seguinte; Grossi, *L'Ordine Giuridico Medievale*, p. 85, nota 71, cita simultaneamente Villey, em abono da tese de que a ideia do direito subjectivo se sedimentará a partir do século catorze, e Nörr, ao qual justamente se deve a crítica mais consistente do primeiro). Julga-se, no entanto, que as palavras de Schrage correspondem rigorosamente à verdade, apenas com a ressalva de Hostiensis não ocupar na argumentação de Nörr a importância que Schrage lhe atribui. Nörr não menciona Hostiensis no seu artigo com o objectivo de sustentar que é nos seus escritos que encontramos a fonte histórica mais importante dos direitos subjectivos, mas com o propósito de ilustrar um ponto de vista metodológico sobre a questão da origem histórica destes últimos na ciência jurídica medieval. Esse ponto de vista metodológico, com antecedentes, aliás, nos trabalhos de Helmut Coing (como o próprio Nörr não deixa de salientar: cfr. *ob. cit.*, p. 195), é o de que a ideia de direito subjectivo pode fazer sentido mesmo no âmbito de um conceito de direito que não recebe daquela ideia o seu principal impulso ou a sua exclusiva legitimação. É precisamente para ilustrar esta possibilidade que Nörr recorre a

e o especial significado que aí indiscutivelmente ocupa a *actio*, se ela for perspectivada à luz das discussões do século dezanove sobre processo, pretensão e direito subjectivo[224].

Hostiensis e salienta a mudança irreflectida do seu discurso entre os sentidos objectivo e subjectivo do *ius* (neste mesmo sentido, cfr. Brian Tierney, *The Idea of Natural Rights*, p. 119 e nota 55).

[224] Cfr. Maximiliane Kriechbaum, *Actio, ius und dominium in der Rechtslehren des 13. und 14. Jahrhunderts*, p. 11. De qualquer modo, na perspectiva da história do direito, o erro em se atribuir a Ockham uma qualquer viragem copernicana, como chegou a pretender Villey, resulta também das investigações de Helmut Coing, "Zur Geschichte des Begriffs 'subjektives Recht'", pp. 13-14, o qual situa no trabalho dos glosadores as origens históricas do direito subjectivo, através da progressiva distinção entre a *actio*, enquanto pretensão, e o *Ius*, enquanto direito subjectivo material (cfr., no entanto, as observações críticas de Kriechbaum, *ob. cit.*, pp. 4-6). Com base na doutrina aristotélica das causas, o *Ius* é entendido como *causa* da *actio* [no mesmo sentido, Nikolas Roos, "On Property without Properties: An Inquiry into the Metaphysical Foundations and the Coherence of Property Law", p. 162, afirma que "o conceito de 'direito subjectivo', ao qual Villey incorrectamente atribuiu a responsabilidade pelo desenvolvimento posterior do conceito de propriedade blackstoniano, foi, na verdade, 'inventado' pelos glosadores. Todavia, isto aconteceu como resultado da aplicação das categorias aristotélicas ao direito e não como resultado de influências nominalísticas. Como se sabe, o nominalismo foi o coveiro do aristotelismo"]. Assim, segundo Coing, "a jurisprudência romanística da Idade Média, paralelamente a um sistema de acções, desenvolveu um sistema de direitos subjectivos" (cfr. *ob. cit.*, p. 14). Curiosamente, é também esta a opinião expressa pelo próprio Michel Villey, numa conferência proferida em 1947 (cfr. "Le «*jus in re*» du Droit Romain Classique au Droit Moderne", pp. 187 e ss.) e nunca retomada nos seus livros posteriores (por razões que se compreenderão de imediato). Nessa conferência, Villey escreve: "Quando e de que modos surgiram as noções de direito de usufruto, ou de propriedade, ou de direito subjectivo *tout court*? As responsabilidades são partilhadas, a meu ver, entre a época do Baixo-Império, a dos glosadores e a dos romanistas do fim do Antigo Regime". Logo a seguir, Villey explicita o seu pensamento: "O Baixo-Império trouxe uma situação nova, que postula a aparição da ideia de direito subjectivo. Talvez fosse necessário remontar, em alguns aspectos, mais além do Baixo-Império. Pois é sobretudo ao desenvolvimento do processo extraordinário que atribuiremos um papel decisivo. Neste processo novo, o juiz já não tem de apreciar se o demandante se encontra numa situação que se adapta bem a tal ou tal fórmula, mas inclina-se cada vez mais a apreciar se a pretensão do demandante se funda sobre um direito. É pelo menos uma tendência sensível no Baixo-Império, tendência a conceber em benefício de cada pessoa um conjunto de direitos subjectivos". A propósito dos glosadores, afirma Villey que os mesmos, não estando já na posse dos tratados de direito romano e tendo acesso apenas a textos truncados "chegaram a criar uma terminologia verdadeiramente nova e a elaborar toda uma série de conceitos novos correspondendo aos diferentes direitos subjectivos". Finalmente, depois de salientar a importância de Donellus [importância que, de resto, Helmut Coing, *ob. cit.*, p. 16, não deixa igualmente de salientar, quando afirma que "enquanto para a

3.6.1.1 O contributo de Ockham e dos franciscanos e o dos juristas. Não pode deixar de se reconhecer, é certo, que as discussões dos franciscanos sobre a questão da pobreza, as quais fornecem o contexto para a obra política de Ockham, ao postularem uma separação rigorosa entre uso e propriedade, infligem um golpe decisivo à concepção jurídica romanista que identifica a *proprietas* com a *res* e configura como *res* até os direitos de uso sobre as coisas[225]. As posições adoptadas pelos franciscanos punham em causa, com efeito, a ideia de que a propriedade pudesse ser concebida como inerente à coisa, em vez de mais um direito incidente sobre ela. Na realidade, não deixa de ser curioso notar que a concepção da pobreza como simples ausência de propriedade tinha até consequências mais subversivas, de um ponto de vista estritamente jurídico, do que as versões radicais do *usus pauper*, na medida em que permitia conceber a propriedade como uma escolha do sujeito, que podia a ela renunciar e adoptar, pelo contrário, a via do *simplex usus facti*[226]. Por esta via,

---

Glosa *ius* e *actio* estão ainda essencialmente equi-ordenados, em Donellus a *actio* está já infra-ordenada ao direito subjectivo"; salientando também a importância de Donellus, cfr. Robert Feenstra, "*Dominium* and *ius in re aliena*: The Origins of a Civil Law Distinction", esp. pp. 115-117; Dietmar Willoweit, "*Dominium* und *Proprietas*", p. 150], entre os romanistas modernos, Villey afirma: "Seria ainda necessário, por outro lado, atribuir o respectivo papel às influências filosóficas da era moderna, era individualista por excelência, era *subjectivista*" (cfr. *ob. cit.*, pp. 188-191). Justamente o que se põe em causa é o modo como Villey encara essa atribuição.

[225] Cfr., neste sentido, Giovanni Tarello, "Profili Giuridice della Questione della Povertà nel Francescanesimo Prima di Ockham", p. 341.

[226] Paolo Grossi afirma que o uso, no pensamento dos autores franciscanos, pertence à "galaxia dos fenómenos". Segundo ele, "tanto quanto o direito é liberdade e vontade, tanto o *usus facti* é uma situação determinada pela necessidade" [cfr. "*Usus facti* (La Nozione di Proprietà nella Inaugurazione dell'Età Nuova", *Il Dominio e le Cose*, p. 175]. Como já acima se demonstrou, o autor procura caracterizar a visão da propriedade dos antecessores franciscanos de Ockham como uma redução metafísica da propriedade ao sujeito e o seu concomitante empobrecimento pela retirada do mundo real. Grossi procede, como se viu, através da imposição de uma metafísica do sujeito, concebida em termos muito próximos daqueles em que hoje a pensaríamos, aos antecessores franciscanos de Ockham. Um dos autores que merece especial destaque na sua argumentação (cfr. *ob. cit.*, *passim*, esp. pp. 166-171) é Petrus Ioannis Olivi, com a sua *Quaestio quid ponat ius vel dominium*. Mas Grossi ignora sistematicamente como no pensamento de Olivi a identificação de *ius* e *potestas*, e portanto uma utilização do *ius* num sentido subjectivo, não põe em causa a ordem do direito natural, pensado na sua dimensão objectiva (cfr. F. Delorme, "Question de P. J. Olvi 'Quid ponat ius vel dominium' ou encore 'De signis voluntatis'", p. 324; cfr., ainda, Brian Tierney, *The Idea of Natural Rights*, p. 39).

a escolástica franciscana contribui, não tanto para a evolução do conceito de direito subjectivo[227], mas para o desmantelamento do conceito de *dominium*. Simplesmente não se trata de um contributo contracorrente: ele limita-se a alinhar no sentido do movimento geral de desmembramento do *dominium* levado a cabo pelos juristas medievais[228]. No caso especial de Ockham, com a sua definição de *dominium* como *potestas rem vendicandi*, poder-se-á até questionar em que medida fará sentido falar de uma visão do sistema jurídico assente em direitos e pretensões materiais, uma vez que a sua caracterização do *dominium* como *ius* resulta da sua ligação a uma determinada *actio*[229].

3.6.1.1.1 Dominum directum e dominium utile. Como já antes se disse, os romanos estabeleciam uma distinção entre realidades

---

[227] É esse o resultado a que conduz a análise de Paolo Grossi em *"Usus facti ..."*, *Il Dominio e le Cose*, resultado esse que o autor não deixará, no entanto, de tornar explícito: cfr. Paolo Grossi, *L'Ordine Giuridico Medievale*, p. 85.

[228] Em sentido contrário, afirma Grossi, "La Proprietà e le Proprietà nell'Oficina dello Storico", in *Il Dominio e le Cose*, p. 642, que "a concepção de que a corpulência do *dominium* seja uma simples manifestação exterior de algo que é já cumprido no interior do sujeito, já que o *dominium* na sua natureza mais directa é um *animus*, uma vontade, um acto interior, tudo isto é a intuição profunda da idade nova, em cujos primeiros arremessos é relevantíssima a reflexão franciscana, mas é de facto estranho à visão medieval das relações jurídicas homem-coisas expressivamente assumida na criação do domínio útil". O que se critica neste modo de ver as coisas é, por um lado, o facto de através dele se ofuscar a importância da criação do *dominium utile* para o desmantelamento da noção romana de *dominium*, como primeiro passo na construção dogmática da propriedade enquanto direito subjectivo, e por outro lado, o manifesto exagero na atribuição de um subjectivismo jurídico e proprietário aos franciscanos, para os quais, como se viu, conviviam as dimensões objectiva e subjectiva do direito. Acresce ainda que, ao entender-se contrariar a reflexão franciscana a teoria do domínio útil, torna-se necessário explicar qual a relação dos juristas que se afastam da tradição medieval que deu origem a essa teoria, entre os quais avulta Donellus, com aquela reflexão. A visão de Grossi parece, pois, ser a de que a propriedade moderna constitui a simples recuperação de um conceito unitário de propriedade, induzido externamente pelo voluntarismo, mais do que um processo interno de transformação da distinção entre *dominium directum* e *dominium utile* na distinção entre *dominium* e *ius in re aliena*, ou entre direito real de propriedade e direitos reais menores [a este propósito é paradigmática a descrição favorável da posição de Grossi em Thomas Kuehn, "Conceptions (Ambiguities) of Property in Early Renaissance Florence", p. 589].

[229] Cfr. Maximiliane Kriechbaum, *Actio, ius und dominium in der Rechstlehren des 13. und 14. Jahrhunderts*, pp. 86-87 e 406-407.

jurídicas correspondentes a partes destacadas da propriedade (*iura in re*) e o direito sobre o todo (*dominium*); por outro lado, este último era tendencialmente, no direito romano clássico (ou, pelo menos, na percepção que dele se tinha nas sucessivas épocas históricas), marcado pela ideia de que só podia haver um proprietário de cada imóvel, no sentido em que aquelas partes destacáveis não eram elas próprias configuráveis como propriedade, de um ponto de vista jurídico[230]. Este modo de conceber juridicamente a propriedade começou a ser posto em causa na antiguidade tardia[231], e para os juristas medievais não fazia já sentido a ideia de uma titularidade única da propriedade, ou de um carácter unitário da propriedade. A alternativa que encontraram foi a de conceber, ao lado de um *dominium plenum*, correspondente *grosso modo* ao entendimento romano, uma doutrina do domínio dividido, através da qual se pretendia enquadrar nas categorias romanas as relações de propriedade feudais e senhoriais da Europa medieval. Em Bártolo esta doutrina encontra a sua expressão mais acabada, através da distinção entre o *dominium directum* do senhor feudal, e o *dominium utile* do vassalo, do tenente ou, de um modo mais geral, daquele que explorava a terra. E, na verdade, a distinção encontrava o seu campo de aplicação não apenas no âmbito das relações feudais, mas também no caso dos censos, da *locatio conductio perpetua* e da enfiteuse[232]. Apesar de algum apoio no *Corpus Iuris Civilis* invocado pelos autores, a verdade é que não se tratava de uma

---

[230] Este pensamento encontra a sua expressão em D.13.6.5.15: "*duorum quidem in solidum dominium ... esse non posse*". Não se ignorava, é claro, no direito intermédio, que o direito romano reconhecia um duplo domínio, admitindo, ao lado da propriedade quiritária, a propriedade bonitária. Mas não se via aí um enfraquecimento do exclusivismo da ideia de propriedade no direito romano. Assim, Pothier, *Traité du Droit de Domaine de Propriété*, Parte I, Cap. I, § 3, in *Oeuvres de R.-J. Pothier Contenant les Traités de Droit Français*, tomo 5º, p. 210, nota 1, afirma: "No antigo direito romano havia, tanto em relação aos móveis como aos imóveis, duas espécies de domínio: o *dominium civile* ou *quiritarium*, e o *dominium naturale* ou *bonitarium*. Tendo Justiniano, na lei única, *Cod. de nud. jur. quir.*, abolido esta diferença, não trataremos dela". Mais tarde, Windscheid, *Lehrbuch des Pandektenrechts*, vol. 1, § 169a, p. 879-880, nota 9, viria a exprimir a ideia de que através da distinção entre domínio quiritário e domínio bonitário estava sobretudo em causa um problema de relacionamento entre duas ordens jurídicas distintas, a pretória e a civil.

[231] Cfr. Ernst Levy, *West Roman Vulgar Law: The Law of Property*, pp. 19 e 34 e ss.

[232] Cfr. Helmut Coing, *Derecho Privado Europeo*, I, p. 371; idem, "Zur Eigentumslehre des Bartolus", pp. 361 e ss.

doutrina que pudesse encontrar apoio no direito romano clássico, tal como ele era entendido[233], e daí que a mesma tenha começado a ser atacada a partir do final da Idade Média e, mais decididamente, a partir do Renascimento[234].

Em paralelo com a sua construção do domínio dividido, Bártolo formula uma definição da propriedade como *ius de re corporali perfecte disponendi nisi lege prohibeatur*[235]. Por outro lado, a proprie-

---

[233] As bases textuais invocadas eram fundamentalmente C.11.62.12, D.39.3.1.23 e D.14.5.5.1. O primeiro texto qualificava o enfiteuta como *dominus* e, com base nele, considerando a analogia entre a posição do vassalo e a do enfiteuta, era possível usá-lo para justificar a atribuição àquele de um tipo de propriedade (este texto denuncia, no entanto, a penetração do direito romano vulgar no *Corpus Iuris Civilis*; a este propósito é especialmente necessário ter em conta que no direito romano vulgar a posição jurídica do enfiteuta das terras imperais era designada como *dominium* e ele próprio como *domini*: cfr. Ernst Levy, , *West Roman Vulgar Law: The Law of Property*, pp. 45 e ss.); o segundo texto fornecia apoio para a noção de *dominium utile* através da *actio utilis in rem*, isto é, da acção destinada a proteger aquele que actua por longo tempo como titular de uma servidão; o terceiro texto qualificava o filho deserdado que recebia a herança *ex senatus consulto Trebelliano* como *effectu quodam modo heres* e, como tal, responsável pela herança, sendo a expressão "effectu quodam modo heres" interpretada pelos glosadores no sentido de um *ius utile* [sobre estes textos, cfr. Helmut Coing, "Zur Eigentumslehre des Bartolus", pp. 355-358].

[234] Sobre o debate entre romanistas e germanistas relativo à natureza e origem do direito feudal no Renascimento, cfr. John W. Cairns, "Craig, Cujas, and the Definition of *feudeum*: Is a Feu a Usufruct?", pp. 75 e ss.; J. G. A. Pocock, *The Ancient Constitution and the Feudal Law*, pp. 72 e ss., 82 e ss.

[235] Cfr. Bártolo, n. 4 a D.41.2.17. Helmut Coing, "Zur Eigentumslehre des Bartolus", pp. 352-355; Paolo Grossi, *Le Situazione Reali nell'Esperienza Giuridica Medievale*, pp. 153 e ss.; Dietmar Willoweit, "*Dominium* und *Proprietas*", pp. 144-146; Maximiliane Kriechbaum, *Actio, ius und dominium in den Rechstlehren des 13. und 14. Jahrhunderts*, pp. 395 e ss.; Kurt Seelmann, *Die Lehre des Fernando Vazquez de Menchaca vom Dominium*, pp. 59-65; Ugo Nicolini, *La Proprietà, il Principe e l'Espropriazione per Pubblica Utilità*, pp. 49 e ss.; Ferdinando Piccinelli, *Studî e Ricerche Intorno alla Definizione* Dominium est ius utendi et abutendi re sua quatenus iuris ratio patitur, pp. 43 e ss.; Damian Hecker, *Eigentum als Sachherrschaft*, pp. 38-41. É necessário salientar que o entendimento dos diversos autores aqui citados diverge em aspectos essenciais quanto à interpretação das expressões "*perfecte disponendi*" e "*nisi lege prohibeatur*" contidas na definição citada no texto. Assim, Coing, *ob. cit.*, p. 353, considerou que por *disponere* se deve entender em primeira linha a disposição através de actos jurídicos, como resultaria da discussão de Bártolo sobre D.41.2.1 (n. 6; a leitura que faz desta passagem é a seguinte: *dominium est ius disponendi vel vendendi*; Kurt Seelmann, *ob. cit.*, p. 61, nota 128, e M. Kriechbaum, *ob. cit.*, pp. 395-398, vieram corrigir esta leitura, substituindo *vendendi* por *vendicare*, o que forçosamente tem o efeito de pôr em causa a ideia de que o conceito de

dade ou *dominium plenum*, surge no pensamento de Bártolo como uma modalidade de domínio em sentido estrito, o qual pode ainda ser directo ou útil, mas em sentido amplo o domínio abrange todos os *ius in re*, incluindo o usufruto. O usufruto surge assim caracterizado simultaneamente como uma modalidade do domínio em sentido amplo (*totum universale*) e como parte, para além da nua propriedade, do *dominium plenum* (*totum integrale*), sendo assim harmonizadas as fontes que encaram o usufruto como *pars dominii* e aquelas que o contrastam com o domínio[236]. Num estudo clássico sobre a distinção

---

dominium é puramente substantivo); por seu turno, a expressão "*nisi lege prohibeatur*" recordaria a existência de limites legais ao direito de dispor do proprietário (cfr. Coing, *ob. cit.*, p. 354). Em sentido semelhante, cfr. Damian Hecker, *Eigentum als Sachherrschaft*, pp. 40-41; Willoweit, "*Dominium* und *Prorietas*", pp. 145-146; ainda na mesma linha de pensamento, Kurt Seelmann, *ob. cit.*, p. 63, sustenta que a expressão "*perfecte disponendi*" não pode ser interpretada como o reconhecimento de uma propriedade livre e absoluta, porque a expressão "*nisi lege prohibeatur*" não exprime todos os limites ao poder de disposição, mas tem especialmente em vista, no pensamento de Bártolo, os limites legais do *dominium* sobre os bens do pupilo e a proibição de infligir maus tratos aos escravos. Para Grossi, *ob. cit.*, p. 155, *perfecte disponere* não significa plenitude de poderes, na esteira do *dominium* romano, mas autonomia de poderes entre os vários *domini utiles* e de cada um deles no confronto com o *dominus directus*. Todos estes autores vieram corrigir a leitura da definição bartoliana nos termos da qual esta exprimiria um conceito livre e absoluto de propriedade. Assim, Piccinelli, *ob. cit.*, p. 43, sustentou que na definição de Bártolo se encontra a ideia de propriedade plena, ao qual ele teria mesmo atribuído, em comparação com a Glosa (que subordinaria o conceito de *dominium* à faculdade de reivindicar a coisa), um "conceito mais amplo e geral da plena propriedade, afirmando implicitamente o seu carácter ilimitado e absoluto e compreendendo em conjunto o domínio directo e útil" (cfr. *ob. cit.*, p. 45); mais adiante Piccinelli, *ob. cit.*, pp. 47-48, afirma que a expressão "*nisi lege prohibeatur*" "se associa claramente a todas aquelas limitações que circunscrevem o direito de propriedade: e como as palavras «*jus perfecte disponendi*» da definição bartoliana se referem à ideia de *não limitação* do direito de propriedade, também as sucessivas «*nisi lex prohibeatur*» tendem a pôr em relevo o carácter da sua *limitação*, reconhecendo implicitamente aquela elasticidade do domínio…". No mesmo sentido, Ugo Nicolini, *ob. cit.*, p. 57, entende que as duas expressões contidas na definição bartoliana exprimem "dois princípios diversos, mesmo opostos – o do carácter ilimitado do domínio e o da possibilidade de lhe serem apostos limites", sustentando mesmo que o reconhecimento de limites, inserido após a expressão "*perfecte disponendi*", pressupõe logicamente o carácter absolutamente ilimitado do direito de propriedade.

[236] Cfr. Helmut Coing, "Zur Eigentumslehre des Bartolus", pp. 349-352; Kurt Seelmann, *Die Lehre des Fernando Vazquez de Menchaca vom Dominium*, pp. 39-42; Ernst Landsberg, *Die Glosse des Accursius und ihre Lehre vom Eigenthum*, pp. 94-96 (salientando os antecedentes da distinção de Bártolo na distinção da Glosa entre *ususfructus formalis* e *causalis*).

entre *dominium directum* e *dominium utile*, Meynial explica como Bártolo, ao aproximá-lo constantemente do usufruto, parece degradar o *dominium utile* na escala hierárquica dos direitos. Ora, o que sucede, segundo Meynial, é precisamente o contrário: o desmembramento do *dominium* não significa para Bártolo a sua degradação, mas uma alteração do respectivo conceito. Como afirma Meynial, com Bártolo "o *dominium* deixa de ser o poder absoluto do proprietário romano, esse sequestro tão completo que o direito parece confundir-se com a coisa e não tolerar nenhum outro ao seu lado. Agora, todos reconhecem que ao lado do *dominium* mais elevado, quer dizer do *dominium directum*, existem outros que o *dominus* está obrigado a levar em conta. O *dominium*, qualquer que ele seja, não mais absorve a coisa: ele perde o seu carácter de direito corpóreo. Ele torna-se, com Bártolo, (mesmo o domínio directo), um direito incorpóreo, um direito de uso da coisa mais ou menos extenso"[237].

Num certo sentido, a história da distinção entre *dominium directum* e *dominium utile* está, desde muito cedo, marcada por tensões internas que haveriam de conduzir à sua própria superação e é, em todo o caso, nessa perspectiva que ela aqui se reveste de interesse. Diversos aspectos merecem ser realçados a esse propósito. Antes de mais, a própria construção do domínio dividido surge, no pensamento de Bártolo, enquadrada no âmbito de uma teoria do domínio em termos que implicam uma clara ruptura com a linguagem do direito romano e um modo de conceptualização que se insere já decididamente na evolução da categoria do direito subjectivo[238]. Em segundo

---

[237] Cfr. Ed. Meynial, "Notes sur la Formation de la Théorie du Domaine Divisé (Domaine Direct et Domaine Utile)...", p. 447; no mesmo sentido, cfr. Richard Tuck, *Natural Rights Theories*, p. 16; Janet Coleman, "Property and Poverty", p. 614. O valor actual do trabalho de Meynial foi reconhecido por Grossi, "Naturalismo e Formalismo nella Sistematica Medievale delle Situazione Reali", in *Il Dominio e le Cose*, p. 32, nota 26, e ainda *Le Situazione Reali nell'Esperienza Giuridica Medievale*, p. 184 e, sobretudo, por Robert Feenstra, "Les Origines du Dominium Utile chez les Glossateurs (Avec un Appendice Concernant l'Opinion des Ultramontani)", pp. 215 e ss.

[238] A exposição de Coing, "Zur Eigentumslehre des Bartolus", é particularmente elucidativa a este propósito. O autor, *ob. cit.*, p. 349, começa por afirmar que o tema do seu artigo pertence à teoria do direito e que em primeiro plano põe um problema no âmbito do qual a Idade Média contribuiu decisivamente para o desenvolvimento do direito continental: a definição dos direitos subjectivos subjacentes às acções. Nesta perspectiva, o seu tema

lugar, a teoria do domínio dividido não punha propriamente em causa, no pensamento de Bártolo, e ao contrário do que parece entender Meynial na passagem atrás transcrita, a ideia de propriedade absoluta (isto é, a ideia de um só direito de propriedade incidente sobre cada coisa), mas antes convivia com ela[239]. Com efeito, não é propriamente

---

constitui um capítulo do trabalho mais amplo que foi transformar um sistema jurídico assente em acções num sistema jurídico de direitos e pretensões materiais (neste mesmo sentido, cfr. J. E. Scholtens, "Bartolus and his Doctrine of Subjective Rights", pp. 163 e ss.). Numa nota de pé de página, Coing, de forma cautelosa, reconhecendo o carácter duvidoso da sua proposta, chega mesmo a afirmar que Bártolo, para além dos glosadores, designa cada direito como um *dominium* em sentido amplo (cfr. *ob. cit.*, p. 350, nota 5). E, na verdade, Bártolo, escreveu sobre o conceito de *dominium* (como de resto nota Meynial em nota à passagem citada no texto) o seguinte: *Et potest appellari largissime pro omni iure incorporali: ut habeo dominium obligationis ut puta ususfructus* (cfr. n. 4 a D.41.2.17, citado em Coing, *ob. cit.*, p. 349; cfr., ainda, J. E. Scholtens, *ob. cit.*, p. 164 e nota 15). Em sentido diverso, Maximiliane Kriechbaum, *Actio, ius und dominium in den Rechtslehren des 13. und 14. Jahrhunderts*, pp. 392 e ss., sustenta que Bártolo, à semelhança de todos os grandes juristas dos séculos treze e catorze, discute o problema do *dominium* sobretudo no âmbito processual. A definição bartoliana do *dominium* deveria, pois, ser entendida no contexto da *edictio actionis*: se no início de um processo não for mencionada explicitamente a acção que se pretende intentar deve-se, pelo menos, descrever os factos de um tal modo que a acção que assegura a pretensão do demandante possa ser deduzida directamente de tal descrição (cfr. Kriechbaum, *ob. cit.*, pp. 399 e ss.). Segundo Robert Feenstra, "*Dominium utile est chimaera*: Nouvelles Réflexions sur le Concept de Propriété dans le droit Savant (à Propos d'un Ouvrage Récent), pp. 382-383, esse entendimento não explicaria satisfatoriamente a inclusão no conceito bartoliano de *dominium* do *ius disponendi* para além do *ius vendicandi*, sendo certo que *disponere* é um conceito inquestionavelmente mais amplo do que *vendicare*. Ainda que se aceite a oscilação dos juristas medievais entre uma compreensão processual e uma compreensão substantiva do direito, para este autor seria exagerado pretender "fazer entrar as definições do *dominium* inteiramente no quadro da *edictio actionis*" (cfr. *ob. cit.*, p. 383).

[239] Meynial, com efeito, não chega sequer a referir-se à definição bartoliana de *dominium plenum*. Coing, *ob. cit.*, pp. 354-355, após comentar o conceito de *dominium plenum*, observa: "Encontra-se em Bártolo o princípio para a extensão da propriedade: *Semper ille qui dicit servitutem sibi competere debet hoc probare: est enim fundata intentio negantis de iure communi. Quia omne solum est liberum usque ad coelum,...* (n.º 3 a D.8.5.8.3). ... É admirável, e até quase emocionante, encontrar expressa no século treze a afirmação genuinamente latina do *solum liberum*, numa época em que dominava na Europa a vinculação dos solos; quanto tempo devia ainda levar até ela ser efectivamente posta em vigor, até que a Revolução francesa proclamasse: 'Le territoire de France, dans tout son étendu, est libre comme les personnes qui l'habitent'!". Esta alusão ao *dominium plenum et absolute liberum* não obedece, no entanto, como aconteceria mais tarde, a uma exigência de exclusão de outras formas de domínio. Isso não significa, no entanto, que não se deva

a ideia de propriedade absoluta que se mostra incompatível com o domínio dividido, mas o reconhecimento do individualismo proprietário como um dos elementos constituintes essenciais da sociedade no seu conjunto, o qual, é claro, só ocorreria muito mais tarde[240], e também uma certa visão do direito romano, sobretudo presente na pandectística alemã[241]. Por outras palavras, e retomando uma distinção anteriormente mencionada, a definição bartoliana do *dominium* não tem certamente em vista o carácter absoluto do seu conteúdo, o que não significa que não se aproxime do carácter absoluto do conceito de propriedade. Finalmente, em terceiro lugar, o problema da distinção entre *dominium directum* e *dominium utile* tem sido discutido

---

reconhecer, como afirma Robert Feenstra, "*Dominium* and *ius in re aliena*: The Origins of a Civil Law Distinction", p. 115, a existência de "uma ligação próxima entre a divisão medieval entre *dominium directum* e *utile*, por um lado, e, por outro, o conceito de 'propriedade absoluta' que se diz ser partilhado pelo direito moderno da Europa continental e pelo direito romano da Antiguidade". A mesma ideia é impressivamente expressa por Wolfgang Wiegand, "Zur theoretischen Begründung der Bodenmobilisierung in der Rechtwissenschaft: der abstrakte Eigentumsbegriff", p. 121: "Esta propriedade é então apenas considerada como *dominium plenum*, quando ambos os conteúdos, o direito de disposição e o direito de utilização, se encontram nas mãos do proprietário. Se, pelo contrário, eles forem separados, importa construir uma nova subdivisão da propriedade. O então designado *dominium minus plenum* decompõe-se, por sua vez, em *dominium directum* e *utile*"; mencionando também diversas soluções de compromisso entre a propriedade dividida e a propriedade absoluta no direito alemão anterior à pandectística, cfr. Karl Kroeschell, "Zur Lehre vom 'germanischen' Eigentumsbegriff", p. 38.

[240] Neste sentido, cfr. Kenichi Moriya, *Savignys Gedanke im* Recht des Besitzes, p. 60. A afirmação é válida para John Locke, embora com a ressalva de ele não se ter ocupado directamente de questões jurídicas, e para Hegel, mas já não para a generalidade dos autores que integram o jusnaturalismo, para os quais se mantém o convívio entre o domínio dividido e o domínio absoluto, ainda presente, por exemplo, em Kant [cfr. *Metaphysische Anfangsgründe der Rechtslehre*, pp. 381-382 (cfr. *Metafísica dos Costumes, Parte I*, pp. 79-80); cfr., ainda, Heinz Wagner, *Das geteilte Eigentum im Naturrecht und Positivismus*, pp. 41-47; cfr., ainda Christoph Ulmschneider, *Eigentum und Naturrecht im Deutschland des beginnenden 19. Jahrhunderts*, pp. 100-104, o qual põe em evidência como a oposição à teoria do domínio dividido não é, de modo algum, decisiva no direito natural moderno, mas apenas no contexto do pensamento dos fisiocratas e dos romanistas alemães].

[241] Importa, desde já, esclarecer que ainda que o reconhecimento da propriedade individual como elemento constitutivo da sociedade, por parte dos diversos entendimentos liberais, ponha em causa a teoria do domínio dividido, isso não significa que esse reconhecimento implique, ao mesmo tempo, para esses entendimentos, a adopção de uma concepção do domínio absoluto; apenas no âmbito da pandectística a rejeição do domínio dividido se fez em nome do domínio absoluto.

pelos historiadores do direito sobretudo na perspectiva das suas origens, mas a verdade é que a sua abordagem histórica é também reveladora na perspectiva das diversas vias da sua própria superação. Aliás, poder-se-á mesmo dizer que é possibilidade de isolar, na evolução histórica do direito continental europeu, dois modos fundamentalmente diversos de ultrapassar a teoria do domínio dividido (ou, também, de se superar o feudalismo) que dificulta a possibilidade de se obter um consenso quanto ao problema das suas origens. Confrontado com a necessidade de explicar o surgimento de um direito sobre a terra a favor daquele que efectivamente a explorava, isto é, do feudatário (ou, referindo realidades também incluídas no *dominium utile*, do enfiteuta ou do censuário), Meynial esclarece ter sido necessário, para chegar a essa explicação, "a pressão dos factos, o renascimento da análise jurídica, algumas concepções antigas nativas do velho direito germânico e a cumplicidade verbal de alguns textos romanos", e seria precisamente esta "dupla origem, esta colaboração de duas grandes famílias de legislações que torna a criação do domínio dividido tão curiosa e que a fez tão duradoura"[242].

Robert Feenstra sustentou ser correcta a opinião de Meynial de que o conceito de *dominium utile* teve as suas origens no quadro dos direitos do feudatário *et similes*[243]. Para outros autores, no entanto, a origem da distinção encontrar-se-ia no âmbito da controvérsia dos glosadores do século treze sobre os efeitos da prescrição dos imóveis. Na verdade, a acção, ou excepção, destinada a fazer valer a aquisição do *dominium* por efeito da prescrição de um imóvel, tinha necessariamente subjacente, para os glosadores, um direito, *effectus dominii* e, mais tarde, *dominium utile*[244]. Não cabe aqui, como é

---

[242] Cfr. Meynial, "Notes sur la Formation de la Théorie du Domaine Divisé (Domaine Direct et Domaine Utile)...", pp. 412 e 413.

[243] Cfr. Robert Feenstra, "Les Origines du Dominium Utile chez les Glossateurs (Avec un Appendice Concernant l'Opinion des Ultramontani)", pp. 250-251; idem, "*Dominium utile est chimaera*: Nouvelles Réflexions sur le Concept de Propriété dans le Droit Savant (à Propos d'un Ouvrage Récent), pp. 384 e ss. O primeiro a usar o termo terá sido Pillius, professor em Bolonha entre 1170 e 1180, cujos textos não foram conhecidos por Meynial: cfr. Feenstra, "Les Origines...", pp. 239-245; idem, "*Dominium utile est chimaera*...", p. 386; a importância de Pillius neste contexto foi primeiramente posta em destaque por E. M. Meijers, "Les Glossateurs et le Droit Féodal", pp. 261 e ss.

[244] Esta seria, segundo R. Feenstra, "Les Origines du Dominium Utile chez les Glossateurs...", pp. 216 e 221, a opinião de K. Lautz, *Entwicklungsgeschichte des*

Dominium utile, obra publicada em 1916 [a qual não me foi possível consultar; seguindo a opinião de Lautz, cfr., no entanto, Heinz Wagner, *Das geteilte Eigentum im Naturrecht und Positivismus*, pp. 10-14; Karl Kroeschell, "Zur Lehre vom 'germanischen' Eigentumsbegriff", p. 37; Dieter Strauch, "Das geteilte Eigentum in Geschichte und Gegenwart", pp. 276-277] e, portanto, desconhecida de Meynial. Este autor, embora reconhecendo a existência de uma controvérsia entre os glosadores sobre os efeitos da prescrição dos imóveis, apenas a considera sob a perspectiva de uma elaboração da noção de domínio útil (cfr. Meynial, "Notes sur la Formation de la Théorie du Domaine Divisé (Domaine Direct et Domaine Utile)...", pp. 428 e ss.; Robert Feenstra, *ob. cit.*, p. 220). Segundo Robert Feenstra, o emprego da expressão *dominium utile* no contexto da controvérsia sobre os efeitos da prescrição é posterior à sua utilização para qualificar o direito do feudatário *et similes*, tendo a expressão sido pela primeira vez empregue a propósito da interpretação e comentário dos *Libri feudorum*: cfr. Feenstra, *ob. cit.*, pp. 224-225 e 250; idem, "*Dominium utile est chimaera*...", pp. 384 e 386; no mesmo sentido, cfr. Kurt Seelmann, *Die Lehre des Fernando Vazquez Menchaca vom Dominium*, p. 58. No entanto, seria difícil ver aí uma concepção fundiária germânica cristalizada com "a cumplicidade verbal de alguns textos romanos". Para Feenstra, a cumplicidade do direito romano é mais do que verbal, como o revela o recurso à categoria do *dominium utile* no âmbito da controvérsia da prescrição, toda baseada em conceitos do direito romano (cfr. *ob. cit.*, pp. 250-251), mas não parece que a sua investigação avance muito mais do que já havia sido admitido pelo próprio Meynial, *ob. cit.*, p. 418 ("qualquer que seja a oposição doutrinal entre a teoria romana da propriedade e a do domínio dividido, não é exagero dizer que os glosadores, ao criarem esta última, não fizeram outra coisa senão seguir a via a que as circunstâncias haviam desde há muito induzido a legislação romana"), e, sobretudo, por Ernst Levy, *West Roman Vulgar Law. The Law of Property*, p. 68 ("foram a legislação do quarto e quinto século e passagens do Digesto, mais do que fontes germânicas, que serviram aos glosadores e a Bártolo como ponto de partida [para a distinção entre domínio directo e domínio útil]". Onde Feenstra, *ob. cit.*, pp. 222-223, vai mais longe é ao alargar o nosso horizonte histórico sobre as origens do *dominium utile* e ao afirmar claramente ser duvidoso que se possa sequer afirmar a existência de um "sistema" germânico do direito, como equivalente do sistema romano. Aquele teria sido, em larga medida, criado por autores alemães do século XIX, os quais, partindo de noções romanas, quiseram criar conceitos antinómicos [em sentido semelhante, cfr. Karl Kroeschell, "Zu Lehre vom 'germanischen' Eigentumsbegriff", p. 279; Theo Mayer-Maly, "Das Eigentumsverständnis der Gegenwart und die Rechtsgeschichte", pp. 149-151, põe em causa a distinção, por entender que a vinculação social não é exclusiva da concepção germanista, caracterizando também a concepção romanista da propriedade]. Seria apenas possível afirmar a existência de certas concepções sobre a relação entre os homens e a terra, mas que dificilmente podemos conhecer, uma vez que foram raramente fomuladas fora da terminologia romana. De qualquer modo, segundo Feenstra, não é certo que essas concepções fossem próprias dos povos germânicos; é mais provável que elas se encontrem em outras civilizações, incluindo a civilização romana de certas épocas, como a do chamado direito romano vulgar. Ao mesmo tempo, não pode deixar de se reconhecer como a progressiva imposição da noção romana da propriedade exclusivista teve como efeito que os

claro, desenvolver, ou sequer tomar partido sobre estas duas explicações possíveis[245], e se são aqui mencionadas isso acontece porque com elas se estabelece de algum modo uma correspondência com as duas principais vias através das quais se efectuou no direito continental a superação da teoria do domínio dividido em que se articulavam juridicamente as relações feudais. Assim, enquanto em França essa superação se efectuou pela insistência na questão de saber quem, de entre os titulares do domínio directo e do domínio útil, era o verdadeiro proprietário (leia-se: à luz da concepção romanista do *dominium*), na Alemanha foi justamente o modo como se encarou o problema da prescrição dos imóveis que acabou por pôr decididamente em causa a distinção entre domínio directo e domínio útil e contribuir para fazer soçobrar a concepção feudal da propriedade[246].

---

germanistas elaborassem eles próprios um conceito "puro" de propriedade concebido como o contrário daquela noção: assim, para Gierke, a propriedade germânica não seria abstracta, mas correspondente ao conteúdo concreto dos poderes do proprietário; ela não se oporia aos direitos reais limitados, no sentido de *iura in re aliena*, porque também eles seriam direitos sobre uma coisa própria, dentro dos respectivos limites; ela não se caracterizaria pela ideia de elasticidade e não seria, pelo menos originariamente, um mero direito privado (cfr. Karl Kroeschell, *ob. cit.*, pp. 46 e ss., esp. p. 58; poder-se-ia mesmo afirmar que a doutrina do domínio dividido acaba por ser estranha à concepção germânica da propriedade, na medida em que nos termos desta o domínio seria sempre na sua substância um domínio útil, no sentido em que só este se identifica com o aproveitamento da coisa: cfr., neste sentido, Franco Pastori, "Il Doppio Dominio dei Glossatori e la Tradizione Romanistica", p. 329). Em certo sentido, a tese de Feenstra, criticando aquela que ele considera ser uma excessiva influência da concepção germanista da propriedade na tese de Meynial, acaba por ter alguma proximidade com o entendimento já antes expresso por Ernst Landsberg. Segundo este autor, os glosadores, de modo algo contraditório, veriam, como nós, a acção como consequência natural do direito, mas, à semelhança dos romanos, iniciavam a sua argumentação a partir da acção; assim, tal como a cada *actio in rem* devia corresponder um *ius in re* e a cada *vindicatio* um *dominium*, foram também eles naturalmente levados a construir um *dominium directum* e um *dominium utile*, a partir da distinção contida no direito romano entre *vindicatio directa* e *utilis*. Deste modo, segundo Landsberg, não se encontra na Glosa, nem sequer de modo indiciário, "a posteriormente tão perigosa ilusão da propriedade útil (*Nutzungseigentum*)", não se podendo atribuir aos glosadores qualquer culpa pelo "encontro fortuito de ideias germanísticas com a expressão *utilis*" (cfr. *Die Glosse des Accursius und ihre Lehre vom Eigenthum*, pp. 82-83, 97 e 100-101).

[245] Mas não se deixará de notar que a investigação histórica de Robert Feenstra se apoia em fontes desconhecidas do primeiro e principal advogado da tese contrária, K. Lautz.

[246] Esta mesma diversidade de perspectivas entre juristas franceses e alemães no que respeita às relações feudais é posta em destaque, embora numa perspectiva algo diversa da

adoptada no texto, por James Q. Whitman, "«Les Seigneurs Descendent au Rang de Simples Créanciers»: Droit Romain, Droit Féodal et Révolution", pp. 19 e ss. Segundo o autor, *ob. cit.*, pp. 23-24, os juristas medievais desenvolveram a sua análise das relações feudais, que combinavam, ao contrário do que pressuporiam os quadros do direito romano, direitos reais e obrigacionais, de acordo com duas abordagens: uma centrada sobre o direito real e outra sobre o direito obrigacional. De acordo com esta última, o vassalo era um devedor, o senhor um credor e a dívida do primeiro era garantida pela propriedade enfeudada; nos termos da primeira, os direitos dos senhores eram encarados como servidões. É claro que nenhuma destas analogias, tiradas do direito romano, era verdadeiramente fiel aos princípios deste: a analogia real, desde logo, porque as servidões no direito romano não eram encaradas como propriedade e porque elas deviam ser passivamente suportadas, enquanto o direito feudal impunha ao vassalo uma obrigação pessoal de agir; a analogia obrigacional, por seu turno, descurava os aspectos reais do direito feudal, uma vez que os pagamentos efectuados pelo vassalo constituíam uma obrigação inerente ao bem enfeudado. James Whitman salienta ainda como os juristas franceses preferiram a analogia pessoal, enquanto os juristas alemães se inclinaram para a analogia da servidão real. A análise de Whitman centra-se nos desenvolvimentos desta analogia obrigacional pelos juristas franceses, em especial Charles Dumoulin, salientando como este concebia o pagamento do censo à luz de um "feudalismo ritualizado", a que seriam completamente estranhas as relações entre credor e devedor do direito romano. Assim, enquanto os credores ordinários se deviam apresentar, na falta de estipulação em contrário, no domicílio do devedor para receber o pagamento, os credores feudais e senhoriais tinham o direito de exigir que os seus «devedores» se deslocassem para efectuar o pagamento devido, garantindo assim àqueles o direito a uma «marque d'honneur et d'hommage» (cfr. *ob. cit.*, p. 25). Segundo Whitman, *ob. cit.*, pp. 28-29, seria mesmo possível encontrar, nas vésperas da Revolução francesa, autores sustentando a existência de uma presunção do carácter senhorial, logo submetida a um censo, de toda a propriedade imobiliária em França. E ainda que esta posição não fosse maioritária, e raras as sentenças dando ganho de causa aos senhores que reclamavam um censo não fundado num costume, nem por isso as suas consequências deixavam de constituir "uma das mais humilhantes e insultuosas experiências que tinham sido dado observar-se nos sistemas de direito moderno. Alguns franceses eram forçados a submeter-se ao pagamento de um censo que os seus predecessores nunca tinham tido de pagar, e de prestar um *cens portable*, o que significa que cada ano eles tinham de se apresentar pessoalmente na casa de algum senhor a fim de lhe prestar homenagem". A análise de Whitman centra-se nos direitos senhoriais, e se a ela acrescentarmos a tendência para considerar como verdadeiro proprietário já não o senhor, mas o vassalo ou censuário, podemos facilmente imaginar quão mais humilhante e insultuosa se tornava a experiência deste feudalismo civil, desde há muito esvaziado de qualquer função política (desenvolvendo esta ideia, com antecedentes em Tocqueville, de um feudalismo civil nas vésperas da Revolução francesa, cfr. Robert Beudant, *Droit Romain: Le Jus Italicum – Droit Français: La Transformation Juridique de la Propriété Foncière dans le Droit Intermédiaire*, pp. 125 e ss.). Refira-se, no entanto, que, ao contrário do que sucede com esta tendência para considerar como verdadeira propriedade o domínio útil, adiante referida no texto, não é absolutamente evidente que a caracterização das

3.6.1.1.2 A evolução em França até às vésperas da Revolução. Em França formou-se progressivamente a ideia de que é ao *dominium utile* que se impõe reconhecer a verdadeira natureza de propriedade. Como salienta Robert Feenstra, a opinião de acordo com a qual o domínio útil é a verdadeira propriedade, com percursores em Jacques de Révigny (professor em Toulouse no último quartel do século treze) e outros romanistas franceses, e desenvolvida por Charles Dumoulin, já no século dezasseis, é finalmente realizada pela Revolução Francesa[247]. Mesmo nas vésperas da Revolução caberia,

---

relações feudais em termos de uma relação hipotecária [isto é, a definição do "direito feudal em termos de obrigações pessoais garantidas por uma hipoteca sobre a propriedade real em causa" (cfr. *ob. cit.*, p. 23) ou a "conceptualização do mundo feudal como um mundo de hipotecas" (cfr. James Q. Whitman, *The Legacy of Roman Law in the German Romantic Era*, p. 169, nota 75)] seja susceptível da generalização proposta pelo autor. Assim, desde logo, a ritualização crescente das relações feudais, analisada por James Whitman, não pressupõe necessariamente a respectiva caracterização como uma relação obrigacional garantida por uma hipoteca. Acresce ainda que uma das razões especificamente jurídicas que presidiram à consolidação, na França do *Ancien Régime*, da ideia de que o domínio útil era a verdadeira propriedade, consistiu na generalização, a partir do século XVI, do contrato de *bail à rente*, nos termos do qual era conferido ao adquirente, não apenas o domínio útil do imóvel objecto do contrato, mas a propriedade exclusiva deste, sob reserva de um direito real de renda mantido pelo alienante sobre o imóvel. A semelhança evidente desta renda com as rendas censuais e senhoriais, levava naturalmente a considerar também como verdadeira propriedade o domínio útil do vassalo e do censuário [cfr. R. Beudant, *ob. cit.*, p. 136; Whitman, *ob. cit.*, p. 24, cita Charles Loyseau a propósito da distinção entre hipoteca e direito real de renda (*charge* ou *rente foncière*), mas precisamente Loyseau não hesita em incluir os direitos senhoriais no âmbito da segunda categoria: cfr. *Traité du Déguerpissement, et Délaissement par Hypotheque*, Livro I, Caps. III, §§ 10 e 11, p. 8, e 5, pp. 12-15, in *Les Oeuvres de Maistre* ...). A generalização da ideia de que o domínio útil constituia, em qualquer caso, a verdadeira propriedade, era também acompanhada pela difusão da ideia de que os direitos feudais perdiam a sua natureza pessoal e se tornavam ligados à terra, isto é, tornavam-se direitos reais menores ou simples desmembramentos da propriedade. A análise de Whitman tem, todavia, o interesse de salientar o anacronismo de uma concepção ritual das relações feudais num período em que elas assumiam uma expressão crescentemente pecuniária e entravam em desuso os serviços que originariamente lhes estavam subjacentes e constituiam a sua razão de ser.

[247] Cfr. R. Feenstra, "Les Origines du Dominium Utile chez les Glossateurs (Avec un Appendice Concernant l'Opinion des Ultramontani)", pp. 254-255 e 259 (neste artigo Feenstra chegou a expressar a opinião de que também Baldo teria atribuído a propriedade ao *dominus utilis*, opinião que veio a corrigir a trabalhos posteriores, designadamente naquele que a seguir é citado); idem, "*Dominium utile est chimaera*: Nouvelles Réflexions sur le Concept de Propriété dans le droit Savant (à Propos d'un Ouvrage Récent)", , p. 397; cfr.,

no entanto, a Robert-Joseph Pothiers conferir a esta ideia a sua expressão mais acabada. Na verdade, no seu *Traité du Droit de Domaine de Propriété*, publicado em 1771-72, Pothiers afirma claramente não existir "em relação aos móveis senão uma espécie de domínio, que é o domínio de propriedade. O mesmo se passa com os imóveis que estão em alódio. No que toca aos imóveis tido em feudo ou em censo, distingue-se duas espécies de domínios: o domínio directo e o domínio útil. (...) É, no que concerne aos imóveis, o domínio útil que se chama domínio de propriedade. Aquele que tem esse domínio útil, designa-se proprietário, ou senhor útil; aquele que tem o domínio directo, chama-se simplesmente senhor. Ele é sem dúvida o proprietário do seu direito de senhorio; não é ele, mas antes o senhor útil, que é propriamente o proprietário do imóvel"[248]. O passo se-

---

ainda, Kees Bezemer, *What Jacques Saw: Thirteenth Century France through the Eyes of Jacques de Revigny, Professor of Law at Orleans*, p. 106. A importância de Dumoulin neste mesmo contexto é reconhecida por Grossi cfr. "La Categorie del Dominio Utile e gli Homines Novi del Quadrivio Cinquecentesco", in *Il Dominio e le Cose*, pp. 259-260; cfr., ainda, Robert Beudant, *Droit Romain: Le Jus Italicum – Droit Français: La Transformation Juridique de la Propriété Foncière dans le Droit Intermédiaire*, pp. 137-38. Deve assim ser afastada, por incorrecta, a posição expressa por Karsten Bertram, de acordo com a qual os juristas franceses não chegaram a reconhecer, antes da Revolução Francesa, o *dominium utile* como a verdadeira propriedade (cfr. K. Bertram, *Die Gesetzgebung zur Neuregelung des Grundeigentums in der ersten Phase der Französischen Revolution (bis 1793) und deren Bedeutung für die deutsche Eigentumsdogmatik der Gegenwart*, pp. 15, 28-29; a parte final do título da obra aliás permite compreender que os propósitos do autor não são exclusivamente de ordem histórica). Não se pretende, naturalmente, com o que se diz no texto atribuir um especial relevo à evolução da doutrina do domínio dividido na afirmação da propriedade plena individual, em detrimento, por exemplo, da influência das doutrinas dos fisiocratas e das suas exigências de abolição dos entraves que o regime dominial fazia impender sobre a exploração do solo [sobre este aspecto, cfr. Ph. Sagnac, "La Propriété Foncière et les Paysans pendant la Révolution (1789-1793)", pp. 231 e ss.; Ernst Hinrichs, "Die Ablösung von Eigentumsrechten", pp. 140 e ss.; este último autor, ob. cit., pp. 147-148, salienta, aliás, uma substancial afinidade de resultados entre juristas e as teses dos fisiocratas; cfr., ainda, Warren Samuels, "The Physiocratic Theory of Property and State", p. 108].

[248] Cfr.R.-J. Pothier, *Traité du Droit de Domaine de Propriété*, Parte I, Cap. I, § 3, in *Oeuvres de R.-J. Pothier Contenant les Traités de Droit Français*, tomo 5º, p. 210. Cfr., ainda, Armand Piret, *La Rencontre chez Pothier des Conceptions Romaine et Féodale de la Propriété Foncière*, pp. 170 e ss.; Paolo Grossi, "Un Paradiso per Pothier (Robert-Joseph Pothiers e la Proprietà 'Moderna')", in *Il Dominio e le Cose*, pp. 385 e ss.; Marc Bloch, *Les Caractères Originaux de l'Histoire Rurale Française*, tomo I, p. 134; Donald Kelley, *The*

guinte será já dado pelos eventos revolucionários, quando na noite de 4 de Agosto de 1789, as plurisseculares aspirações dos concessionários-vassalos no âmbito do regime senhorial começarão finalmente a ser satisfeitas[249].

À ideia de que o domínio útil correspondia à verdadeira propriedade, liga-se ainda a própria superação da distinção entre domínio útil e domínio directo e a sua progressiva substituição pela distinção entre *dominium* e *iura in re alinea*, ou entre direito de propriedade e direitos reais menores[250]. Pois bem, em Pothier o direito de domínio

---

Human Measure, pp. 223 e 228 (salientando especialmente a continuidade entre Dumoulin e Pothier; as diferenças entre ambos os autores são assim expressas por Armand Piret, *La Rencontre chez Pothier des Conceptions Romaine et Féodale de la Propriété Foncière*, pp. 88-89: "A mais de dois séculos de distância ele [Pothier] não é mais avançado do que du Moulin, que atribuía ainda nominalmente a propriedade ao senhor directo, segundo o direito, mas reconhecia que segundo o direito costumeiro era já ao contrário. A oposição entre a concepção romana e a concepção costumeira tinha sido verificada por du Moulin, enquanto Pothier as justapõe, mais do que as opõe").

[249] É o próprio Grossi, "Un Paradiso per Pothier (Robert-Joseph Pothiers e la Proprietà 'Moderna')", *Il Dominio e le Cose*, p. 401, quem o afirma; uma descrição detalhada das diversas medidas legislativas tomadas pela Assembleia Constituinte com vista à abolição do regime feudal pode ver-se em Marcel Garaud, *Histoire Générale du Droit Privé Français (de 1789 à 1804). La Révolution et la Propriété Foncière*, esp. pp. 175 e ss.; cfr., ainda, Ph. Sagnac, "La Propriété Foncière et les Paysans pendant la Révolution (1789-1793)", pp. 237 e ss.; Robert Beudant, *Droit Romain: Le Jus Italicum – Droit Français: La Transformation Juridique de la Propriété Foncière dans le Droit Intermédiaire*, pp. 185 e ss.; Ernst Hinrichs, "Die Ablösung von Eigentumsrechten", pp. 112 e ss. ; François Furet, "Noite de 4 de Agosto", pp. 128 e ss.; Richard Schlatter, *Private Property*, pp. 220 e ss.; Stefano Rodotà, *Il Terribile Diritto*, pp. 91 e ss.

[250] Cfr. Robert Feenstra, "Der Eigentumsbegriff bei Hugo Grotius im Licht einiger mittelalterlicher und spätscholastischer Quellen", pp. 226-234; idem, "*Dominium* and *ius in re alinea*: The Origins of a Civil Law Distinction", pp. 115-122; D. P. Visser, "The 'Absolutness' of Ownership: The South African Common Law in Perspective", pp. 39-43. No primeiro dos seus trabalhos citados na presente nota, Feenstra considerou que teria sido Grócio o primeiro a encarar a propriedade à luz da distinção fundamental entre *dominium* e *ius in re aliena*. Posteriormente reconheceu, no segundo artigo atrás citado, que esse mérito cabe a Donellus (salientando já a importância de Donellus neste contexto, cfr. Adriano Vaz Serra, *A Enfiteuse no Direito Romano, Peninsular e Português*, I, pp. 142-143). Na verdade, muito embora Grócio, no seu *Inleiding tot de Hollandsche Rechts-geleertheyd*, escrito por volta de 1620 e publicado pela primeira vez em 1630, continuando a basear-se na distinção entre diferentes tipos de propriedade, chegue a definir esta última como o direito sobre uma coisa de qualquer pessoa que não tem propriedade plena (cfr. *Inleiding tot de Hollandsche Rechts-geleertheyd*, Livro II, Cap. XXXIII, § 1; cfr. *The Jurisprudence of*

ou direito de propriedade surge já encarado como o principal *jus in re* ou direito real[251]. A questão que naturalmente se coloca é a de saber qual o sentido, na obra de Pothier, da coexistência na mesma pessoa, no caso dos feudos, da qualidade de senhor útil e de proprietário. Saber, por outras palavras, por que razão, não sendo já o senhor feudal um proprietário, faz ainda sentido atribuir ao proprietário apenas um domínio útil, continuando a reconhecer-se ao senhor feudal um domínio directo. Em resposta a esta questão, tem sido discutido se Pothier pensa já a propriedade como um direito subjectivo ou se, pelo contrário, no seu pensamento predomina ainda a ideia medieval de uma pluralidade de propriedades[252]. Essa discussão deixa

---

Holland, p. 223), o certo é que não abandonou por completo os conceitos medievais inerentes à distinção entre diferentes tipos de propriedade de que parte. Assim, continua a referir-se ao usufruto e à tenência feudal como casos de *dominium utile* ou propriedade incompleta (cfr. *Inleiding tot de Hollandsche Rechts-geleertheyd*, Livro II, Cap. XXXVIII; cfr. *The Jurisprudence of Holland*, pp. 234 e ss.). Mas a importância de Grócio consiste precisamente na sua indecisão entre a configuração da propriedade à luz da distinção medieval entre diferentes tipos de domínio e a distinção entre *dominium* e *ius in re aliena*, pois ela demonstra em que medida a primeira foi preparatória da segunda, entendida como uma distinção entre direitos subjectivos. É, aliás, necessário salientar que a expressão "*ius in re aliena*" não pertence à linguagem clássica do direito romano: cfr. Alvaro D'Ors, *Derecho Privado Romano*, p. 120; Robert Feenstra, "*Dominium* and *ius in re alinea*: The Origins of a Civil Law Distinction", p. 111.

[251] Cfr. Pothier, *Traité du Droit de Domaine de Propriété*, Parte I, Cap. I, § 2, p. 209: "Existem diversas espécies de *ius in re*, que se chamam também *direitos reais*. A principal é o direito de domínio de propriedade. As outras espécies de direitos reais, que emanam deste último, e que são como que desmembramentos dele, são os direitos de domínio de superioridade, tais como as senhorias feudal ou censitiva, o direito de renda fundiária; os direitos de servidão, tanto servidões pessoais como servidões prediais; o direito de hipoteca". Neste contexto, como afirma Piret, *La Rencontre chez Pothier des Conceptions Romaine et Féodale de la Propriété Foncière*, p. 191, "Le domaine direct sembla se résorber en une simple servitude sur la propriété d'autrui, du vassal".

[252] No sentido da modernidade de Pothier, cfr. O. T. Scozzafava, "La Soluzione Proprietaria di Robert-Joseph Pothier", pp. 327 e ss.; A. J. Arnaud, *Les Origines Doctrinales du Code Civile Français*, p. 186; afirmando, pelo contrário, que Pothier constroi a propriedade sobre a noção de domínio útil, cfr. Paolo Grossi, "Un Paradiso per Pothier (Robert-Joseph Pothier e la Proprietà Moderna)", esp. pp. 426 e ss. Na visão de Grossi sobre o lugar de Pothier na história da propriedade não é suficientemente acomodada a importância deste último para a redacção do artigo 544.º do Code Civil (cfr. Donald Kelley, *The Human Measure*, p. 248; Donald Kelly e Bonnie Smith, "What Was Property? Legal Dimensions of the Social Question in France, 1789-1848", 128, 1984, p. 203; Armand Piret, *La Rencontre chez Pothier des Conceptions Romaine et Féodale de la*

no entanto de lado aquilo que se torna mais importante realçar: o carácter insustentável de uma concepção que procurava, simultaneamente, assegurar ao senhor e ao tenente a "propriedade" do direito de cada um na relação feudal e conferir a este último a verdadeira propriedade sobre a terra subjacente a essa relação. Na verdade, o pensamento de Pothier representa o culminar de uma tendência para procurar acomodar o instituto do *dominium* romano, marcado pelo carácter corpóreo do objecto da propriedade, na teoria do domínio dividido, no âmbito da qual as *maîtrises* do senhor e do vassalo se encontram ligadas originariamente em relações de natureza pessoal e apenas são pensadas como propriedade à luz de uma concepção desta em que ela não surge essencialmente definida pelo carácter corpóreo do seu objecto. Seria através da tensão entre a teoria do domínio dividido e a concepção romanista da propriedade que Pothier predispõe "perfeitamente as coisas jurídicas para uma rápida e cirúrgica eliminação das propriedades senhoriais que não eram verdadeiras propriedades"[253], sobretudo a partir do momento em que

---

Propriété Foncière, pp. 13 e 79, autor que se refere a Pothier como "artesão póstumo do *Code civil*"). De qualquer forma, discutir a importância de Pothier exclusivamente à luz do par alternativo – modernidade ou antigo regime – acaba por não esclarecer a sua verdadeira importância histórica, que uma formulação tocquevilliana poderia apresentar nos seguintes moldes: foi precisamente nos termos em que Pothier se assumiu como jurista do antigo regime que ele contribuiu decisivamente para o advento da concepção moderna de propriedade.

[253] Cfr. Albina Candian, "Propriété", in Albina Candian, Antonio Gambaro e Barbara Pozzo, *Property - Propriété - Eigentum*, p. 230. Albina Candian, *ob. cit.*, pp. 203, 220-223, 227, 234, 241-242 e ss., procura apresentar a evolução da doutrina francesa como resultante da tensão entre uma concepção germanista da propriedade e uma concepção romanista, entendida como relação de domínio ou soberania entre um sujeito e um objecto. A autora salienta como o célebre artigo 544.º do *Code Civil* começou por significar o triunfo da concepção romanística sobre os factores de tipo germanístico, ainda pretensamente subjacentes à teoria do domínio dividido, bem como, posteriormente, o choque daquela concepção com os desenvolvimentos da noção de propriedade associados ao reconhecimento do valor do trabalho e à função social da propriedade privada, por um lado, e ao movimento da sua desmaterialização, inerente designadamente à propriedade literária e à propriedade industrial, por outro. É este ambiente cultural, em que prevalece um entendimento romanístico da propriedade, que explica em parte a obra de Villey, a qual de certo modo se pode caracterizar como uma tentativa de fazer retornar aquele entendimento aos seus verdadeiros princípios, na sua maneira de ver, extirpando dele os desvios abusivamente introduzidos pela categoria do direito subjectivo (Alberta Candian, *ob. cit.*, p. 234, não deixa de o notar, quando afirma que naquele ambiente cultural "as coisas corpóreas são aquilo que Villey

as relações entre o senhor e o vassalo assumem uma natureza essencialmente pecuniária. Ao mesmo tempo que reconhecia ao domínio útil a natureza de verdadeira propriedade, pensada de acordo com as categorias do direito romano, a comunidade jurídica francesa procurava proteger o sistema da honra e da homenagem devida aos senhores contra quaisquer ameaças de infecção provenientes das regras do direito romano relativas ao devedor e ao credor[254], conferindo aos senhores um domínio de superioridade dificilmente compatível com aquele reconhecimento[255]. O que restava, pois, da velha teoria do

---

define como «*la réalité primordiale*». O homem pode apropriar-se delas na sua inteira essência corpórea, abrangendo-as inteiramente"). Alberta Candian parece encarar a desmaterialização do direito de propriedade na evolução do direito francês posterior ao *Code Civil* como resultando da ressurgência da estrutura germanística da propriedade, mas é duvidoso que as ambiguidades dessa estrutura, tantas vezes usada com objectivos ideológicos e políticos (cfr. Karl Kroeschell, "Zur Lehre vom 'germanischen' Eigentumsbegriff", p. 69), possa sustentar esse entendimento. Na verdade, não é possível encontrar uma concepção germanista da propriedade com um grau de elaboração equiparável à concepção romanista, como atrás se disse, ainda que no âmbito das relações feudais não faça sentido encarar a propriedade à luz desta última. A este propósito, não deixar-se de fazer uma referência ao conceito de *Gewere*, no âmbito do qual a situação jurídica de pertença de uma coisa não seria definida pelo bem material em si mesmo, mas pelas efectivas utilidades que ele proporcionava e pela faculdade de autodefesa em caso de perturbação do gozo dessas utilidades, caracterizando-se originariamente pela sua resistência às classificações romanistas que distinguem direitos reais e obrigacionais, por um lado, e direito público e privado, por outro [cfr. Otto Brunner, *Land und Herrschaft*, p. 252; Franco Negro, *La Storia Economica e Sociale della Proprietà*, p. 79; Heinrich Brunner e Claudius von Schwerin, *Historia del Derecho Germánico*, pp. 195 e ss.; Karl Kroeschell, "Zur Lehre vom 'germanischen' Eigentumsbegriff", in *Rechtshistorische Studien Hans Thieme zum 70. Geburtstag zugeeignet von seinen Schülern*, p. 50 e 58; idem, "Zielsetzung und Arbeitsweise der Wissenschaft vom gemeinen deutschen Privatrecht", pp. 271-276; Dieter Schwab, "Eigentum", p. 69]. É neste contexto que deve ser entendida a afirmação de Otto Brunner, *ob. cit.*, p. 245, de que na Idade Média feudal o conceito romano de *dominium* não podia ser entendido como a propriedade privada, não tendo a expressão *dominium* outro sentido senão o de *Gewere*.

[254] Cfr. James Q. Whitman, "Les Seigneurs Descendent au Rang de Simples Créanciers»: Droit Romain, Droit Féodal et Révolution", 1993, p. 29.

[255] *Domaine de supériorité* é a expressão usada por Pothier: cfr. *Traité du Droit de Domaine de Propriété*, Parte I, Cap. I, § 3, in *Oeuvres de R.-J. Pothier Contenant les Traités de Droit Français*, tomo 5º, p. 210. Cfr., ainda, Pothier, *Traité des Fiefs*, Parte I, Cap. Preliminar, § III, in *Oeuvres de R.-J. Pothier Contenant les Traités de Droit Français*, tomo 6º, p. 259: "o senhorio directo de uma coisa, na medida em que seja considerado como separado do senhorio útil, não consiste senão num senhorio de honra e no direito de se fazer

domínio dividido era uma espécie de "nu senhorio" que a crescente patrimonialização das relações feudais destituía de sentido útil. Tocqueville afirmou que o feudalismo continuou a ser a maior das instituições civis francesas, mesmo depois de acabar de ser, muito antes da Revolução, uma instituição política, e que o *Ancien Régime*, ao destruir uma parte das instituições medievais, tornou cem vezes mais odiosas aquelas que permaneceram[256]. Em certo sentido, a construção de Pothier é a expressão jurídica desta explicação das causas da Revolução Francesa[257].

---

reconhecer como senhor da sua coisa por aqueles que a possuem; o senhorio útil abrange o direito de receber toda a utilidade da coisa, de gozar, usar e dispôr dela como entender, com o encargo, todavia, de reconhecer o senhor directo". Neste contexto, a definição mais impressiva é, no entanto a de Charles Loyseau, *Du Droit des Offices*, Livro V, Cap. II (1678): "ainda que o senhorio útil não seja o mais nobre, é no entanto o mais verdadeiro senhorio, e o senhor directo é antes dito senhor da renda, do que da terra que a deve" (cfr. *Les Oeuvres de Maistre Charles Loyseau...*, p. 285).

[256] Cfr. Alexis de Tocqueville, *L'Ancien Régime et la Révolution*, Livro II, Cap. I, p. 127. Os capítulos I e XII, sobre os direitos feudais em França nas vésperas da Revolução, do livro II de *L'Ancien Régime et la Révolution*, enquadram os restantes dez capítulos do mesmo livro sobre a centralização real e a dissolução da sociedade civil e todos eles, no seu conjunto, estabelecem o contexto e os efeitos das principais causas da Revolução e reforçam a tese de Tocqueville, aparentemente paradoxal, de que esta foi precipitada pelas próprias reformas das instituições iniciadas antes dela e que a Revolução se destinaria a consumar (cfr. Robert Gannett Jr., *Tocqueville Unveiled*, pp. 39 e ss.).

[257] Importa, todavia, ter consciência da diferença entre o tom proclamatório da abolição dos direitos feudais em Agosto de 1789 e o conteúdo, mais conservador, da legislação de Março e Maio de 1790 que se lhe seguiu. A abolição pura e simples dos direitos feudais, sem qualquer indemnização, restringiu-se àqueles que, nas palavras de Merlin de Douai, um dos responsáveis pela legislação mencionada, "ne dérivent ni de contrats d'inféodation ni de contrats d'accensement, qui ne sont dus que par les personnes, indépendamment de toute possession du fonds, et qui n'ont pour base que'une usurpation enhardie par la féodalité, soutenune par la puissance seigneuriale, legitimée par la loi du plus fort" (cit. em Ernst Hinrichs, "Die Ablösung von Eigentumsrechten", p. 118). Pelo contrário, o mesmo radicalismo não foi adoptado na Assembleia Nacional em relação aos direitos associados ao *dominium directum* (cfr. Ernst Hinrichs, *ob. cit.*, pp. 118-122). São precisamente as tensões entre a abolição dos direitos feudais e o carácter conservador da legislação relativa à sua remição que irão estar na base das posteriores evoluções no âmbito da Revolução francesa (cfr. Ernst Hinrichs, *ob. cit.*, pp. 124 e ss.; O. Kirchheimer, "Die Grenze der Enteignung...", pp. 228 e ss.).

3.6.1.1.3 A evolução na Alemanha: Thibaut e Savigny. Enquanto os juristas franceses procuravam determinar, por um lado, a qual dos domínios, directo ou útil, importava reconhecer a natureza de verdadeira propriedade, sem, por outro lado, pôr em causa o domínio de superioridade dos senhores, na Alemanha foi seguida uma via diferente. Foi atrás dito que uma das explicações aventadas para a origem histórica da distinção entre domínio directo e domínio útil se relaciona com o problema da prescrição dos imóveis. O que importa aqui salientar são os efeitos verdadeiramente revolucionários que teve o direito romano da prescrição, na cultura jurídica alemã, no que respeita à superação dessa mesma distinção e à afirmação da propriedade livre e absoluta.

Bártolo constitui, uma vez mais, o ponto de partida. Um dos pontos de apoio encontrado nas fontes para a distinção entre domínio direito e útil consistia na subdivisão das acções em *actiones directae* e *utiles*. Resumidamente, pode dizer-se que o direito correspondente à *actio utile* consistia no domínio útil nos casos de enfiteuse, superfície ou do feudo, mas também no caso da *praescriptio longi temporis*. Mas, esta última hipótese tornava necessário efectuar uma subdivisão quanto ao domínio útil, na medida em que este, quando resultante da prescrição de imóveis, tinha uma natureza fundamentalmente diversa consoante fosse invocado contra o proprietário originário ou permanecesse subordinado a ele[258]. A recepção do ensinamento da Glosa, de acordo com o qual a *praescriptio longi temporis* não dava lugar a uma propriedade plena, foi desde o início sujeita a dúvidas, mas aqui cabe apenas salientar como na Alemanha, a partir dos finais do século XVI, o domínio útil resultante de prescrição aquisitiva se restringia aos casos em que o direito visado por esta se subordinava ao domínio directo[259]. A partir do momento em que foi superada a ideia de que a

---

[258] Cfr. Bártolo, n.º 6 a D.41.2.17.1: "Quaero, utrum utile dominium sit unicum vel plura? Respondeo: plura. Unum quod opponitur et contradicit vero dominium, et est illud utile quod quaeritur ex praescriptione. ... Aliud quod verum directum dominium recognoscit, et est illud quod competit emphyteutae et superficiario et similibus". Cfr., ainda, Coing "Zur Eigentumslehre des Bartolus", pp. 362-363; Heinz Wagner, *Das geteilte Eigentum im Naturrecht und Positivismus*, pp. 17-18.

[259] Assim, cfr. Wolfgang Wiegand, "Zur Theoretischen Begründung der Bodenmobilisierung in der Rechtswissenschaft: der abstrakte Eigentumsbegriff", pp. 123-124. Sobre o posicionamento de Bártolo em relação à controvérsia havida entre os glosadores sobre a prescrição aquisitiva da propriedade, cfr. Coing, "Zur Eigentumslehre

prescrição aquisitiva de imóveis não podia dar lugar a uma propriedade plena e que os direitos e deveres feudais perdiam o seu carácter pessoal e se tornavam ligados à terra, estavam criadas as condições para lhes aplicar as regras da prescrição e da posse. O alcance desta transformação, ocorrida a partir do início do século dezoito, não deve ser subestimado: conceber as obrigações feudais como resultantes de relações de propriedade, em vez do estatuto pessoal, significava que a liberdade passava a estar submetida ao regime jurídico da propriedade e podia ser adquirida através da prescrição e do não uso[260]. É neste contexto que deve entender-se o ataque dos juristas alemães à velha teoria da domínio dividido, isto é, à distinção entre *dominium directum* e *utile* e o extraordinário desenvolvimento que através deles conheceu o tema da prescrição de imóveis e da posse. A estes dois aspectos, o primeiro visando a destruição da conceptualização jurídica das estruturas agrárias feudais, o segundo pensando já decididamente a propriedade nos quadros do direito romano, importa associar os nomes de Thibaut e Savigny.

---

des Bartolus", p. 357; a controvérsia tem, aliás, início, a propósito da reforma de Justiniano em matéria de prescrição aquisitiva de imóveis, logo com dois dos primeiros glosadores, Martinus e Bulgarus, aquele sustentando que a *praescriptio longi temporis* dava lugar à aquisição do *dominium*, o segundo negando essa aquisição com base em alguns textos do Código que sublinham apenas a existência de uma *exceptio* ou de uma *actio* em caso de prescrição [cfr. Robert Feenstra, "Les Origines du Dominium Utile chez les Glossateurs (Avec un Appendice Concernant l'Opinion des Ultramontani)", pp. 224-225; idem, "*Dominium utile est chimaera*: Nouvelles Réflexions sur le Concept de Propriété dans le Droit Savant (à Propos d'un Ouvrage Récent)", p. 385; Ernst Landsberg, *Die Glosse des Accursius und ihre Lehre vom Eigenthum*, pp. 150-153]. Criticando este modo de ver, por assentar numa distinção entre as situações jurídicas correspondentes ao *dominium*, por um lado, e a possibilidade de ter ao dispor a *exceptio* e a *actio*, por outro, que constitui a projecção de construções dogmáticas do século dezanove, cfr. M. Kriechbaum, *Actio, ius und dominium in der Rechtslehren des 13. und 14. Jahrhunderts*, p. 384. Para esta autora, *ob. cit.*, p. 389, a divergência entre Martinus e Bulgarus consistiria antes na circunstância de o primeiro entender que a *rei vindicatio* pertence apenas ao *praescribens*, enquanto para o segundo tanto o *praescribens* como o *dominus* originário teriam essa acção.

[260] Cfr. James Q. Whitman, *The Legacy of Roman Law in the German Romantic Era*, pp. 174-175. O autor, *ob. cit.*, p. 78, fala mesmo numa revolução no direito de propriedade, resultante da formalização das antigas obrigações feudais e da sua vinculação à terra e já não às pessoas dos camponeses, referindo-se ainda à percepção dos juristas alemães do fim do século dezoito de que esta revolução jurídica afastava os perigos da revolução política, isto é, a Revolução francesa.

O famoso ensaio *Über dominium directum und utile*, publicado em 1801, de Anton Friederich Justus Thibaut, começa com estas palavras: "Muito embora desde há longo tempo muitos dos primeiros e mais sagazes juristas, Zazius, Duaren, Cujaz, Donell, Vultejus, e como eles muitos outros, se bem que nem todos com os mesmos fundamentos, tenham censurado a distinção entre *dominium directum* e *utile*, mostra-se contudo até aos dias de hoje a sua oposição completamente inútil"[261]. É caso para dizer que depois do ensaio de Thibaut a oposição à velha teoria do domínio dividido não mais seria inútil, o que se ficou a dever, não apenas à qualidade da sua argumentação, em que a argúcia e o sarcasmo muitas vezes se combinam, ou à circunstância histórica em que escreveu, mas também à difusão da ideia, entre os seus contemporâneos, de que existe apenas uma verdadeira propriedade, aquela que se pode retirar das fontes romanas[262]. O interesse da argumentação de Thibaut decorre, na perspectiva que nos ocupa, do modo como nela se combinam os dois aspectos atrás mencionados, quer dizer, o modo como a crítica da distinção entre domínio directo e útil tem já subjacente a importância dos problemas da prescrição de imóveis e da posse.

Depois de salientar a ausência de qualquer unidade doutrinal em relação ao conceitos de domínio directo e útil[263], e a sua falta de

---

[261] Anton Friedrich Justus Thibaut, "Über *dominium directum* und *utile*", in *Versuche über einzelne Teile der Theorie des Rechts*, pp. 67-68 (citado a partir da segunda edição, de 1817).

[262] Cfr. Wolfgang Wiegand, "Zur theoretischen Begründung der Bodenmobilisierung in der Rechtswissenschaft: der abstrakte Eigentumsbegriff", p. 138; Dieter Strauch, "Das geteilte Eigentum in Geschichte und Gegenwart", p. 282; Heinz Wagner, *Das geteilte Eigentum im Naturrecht und Positivismus*, p. 61, afirma que com o ensaio citado Thibaut desferiu um golpe tal à teoria do domínio dividido que esta não conseguiria refazer-se; cfr., ainda, Christoph Ulmschneider, *Eigentum und Naturrecht im Deutschland des beginnenden 19. Jahrhunderts*, pp. 102-103; Frank Martin Krauss, *Das geteilte Eigentum im 19. und 20. Jahrhundert*, pp. 27 e 77; Jochen Lehmann, *Sachherrschaft und Sozialbildung?*, pp. 168 e ss.

[263] Para além dos casos do direito do vassalo, do enfiteuta e do superficiário, genericamente incluídos pelos autores no âmbito do domínio útil, Thibaut, "Über *dominium directum* und *utile*", pp. 73-74, menciona ainda, num debate que ele qualifica como *bellum omnium contra omnes*, as opiniões daqueles que no domínio útil integram também o usufruto, a propriedade dos súbditos perante o domínio eminente do regente, o direito do marido aos bens dotais da mulher, o direito daquele que haja comprado uma coisa *sub lege retrovenditionis*, ou ainda daquele a quem haja sido cedida a *rei vindicatio*.

correspondência com a quase totalidade das fontes, Thibaut chega à conclusão de que "a designação: *dominium directum* e *utile* se retira apenas da conhecida divisão romana das acções em *directas* e *utiles*"[264]. Simplesmente, depois de Justiniano ter suprimido a distinção entre domínio quiritário e bonitário, teria desaparecido um considerável número das *actiones utiles*, permanecendo apenas uma *actio utilis* em alguns casos: a *actio publiciana*[265] e as pretensões do enfiteuta e do superficiário[266]. Segundo Thibaut, a ideia fundamental dos glosadores, subjacente à teoria do domínio dividido, teria sido a seguinte: toda a propriedade que a uma pessoa é concedida contra o rigor do direito civil é um domínio útil, porque apenas pode ser protegida através de uma *actio utilis*; toda a propriedade, estabelecida, pelo contrário, em estrita obediência às regras do direito civil, é, por causa da sua ligação à *vindicatio directa*, um *dominium directum*. Mas o conceito de domínio útil teria, para os glosadores, um duplo significado. Por um lado, a expressão designa uma propriedade completa que apenas na forma (através da designação da acção a ela correspondente) se distingue do *dominium directum*[267]; por outro lado, designa a propriedade concorrente imperfeita do vassalo, do enfiteuta e do superficiário[268]. O primeiro caso de domínio útil, referido à posse, seria aceitável, mas o progressivo desaparecimento da

---

[264] Cfr. Thibaut, "Über *dominium directum* und *utile*", p. 83.

[265] Sobre a qualificação da *actio Publiciana* como *actio fictícia* e sobre a inserção desta na distinção entre *acciones* directas e úteis, cfr. A. Santos Justo, *Direito Privado Romano – III (Direitos Reais)*, p. 26; idem, *Direito Privado Romano – I Parte Geral (Introdução. Relação Jurídica. Defesa dos Direitos)*, p. 254; Alan Watson, *The Law of Property in the Later Roman Republic*, pp. 104 e ss.

[266] Cfr. Thibaut, "Über *dominium directum* und *utile*", pp. 84-85.

[267] Estaria aqui em causa a aquisição da propriedade através da *praescriptio longi temporis*, ou seja, a hipótese em que o domínio útil não se assume como um domínio subalterno, mas visa desalojar o domínio directo (cfr. Wolfgang Wiegand, "Zur theoretischen Begründung der Bodenmobilisierung in der Rechtswissenschaft: der abstrakte Eigentumsbegriff", p. 136).

[268] A opinião de Thibaut sobre o sentido da distinção entre os glosadores é seguida de perto por Ernst Landsberg, *Die Glosse des Accursius und ihre Lehre vom Eigenthum*, pp. 97-98, que apresenta como exemplos do significado aceitável da expressão domínio útil o da posição da mulher, posteriormente à dissolução do casamento, em relação aos bens dotais não restituídos ou a daquele que exerce a prescrição; como exemplos de sentidos errados do domínio útil aponta também Landsberg os casos do enfiteuta, do vassalo e do superficiário, os quais seriam, na verdade, titulares de um mero *ius in re aliena*.

distinção formal entre acções directas e úteis conduziria naturalmente ao seu esquecimento; o segundo caso, pelo contrário, constitui, para Thibaut, um absurdo, resultado de um erro dos glosadores e devendo, como tal, ser banido da ciência jurídica. Em substituição desta segunda acepção do conceito de *dominium utile*, adere Thibaut decididamente à distinção entre direitos reais, que tem por conforme aos princípios do direito romano: propriedade, ou *ius in re propria*, e direitos sobre coisa de outrem, ou *iura in rem in re aliena*[269].

Para Thibaut, os direitos separados da propriedade devem resultar expressamente de contrato ou lei, existindo uma presunção a favor do verdadeiro proprietário até que o contrário seja demonstrado. Segundo ele, o que se pode dizer daqueles que invocam um domínio útil com base no costume é que são titulares de um *ius in re aliena* cuja natureza apenas se pode deduzir de determinações positivas[270]. Thibaut sustenta, por último, que se se quiser discutir o conceito de domínio útil como conceito geral, então deve escolher-se a expressão *dominium possessionis*, cuja evolução histórica traça, acabando, no entanto, por questionar que através dela se possa designar uma modalidade de direito real[271]. Muito embora Thibaut, ao exigir que os *iura in re aliena* do vassalo, do enfiteuta e do superficiário

---

[269] Cfr. Thibaut, "Über *dominium directum* und *utile*", pp. 88-91. Os direitos sobre a coisa de outrem, seriam, por seu turno, de três tipos: 1) meros direitos de uso (*Nutzungsrechte*), como as servidões pessoais e reais; 2) meros direitos de propriedade (*Proprietäts-Rechte*), como o direito do simples credor pignoratício; 3) direitos mistos de uso e propriedade, entre os quais se incluiriam os direitos do vassalo, do enfiteuta e do superficiário (cfr. *ob. cit.*, pp. 91-92). Rejeitando também o conceito de domínio útil e qualificando o direito a ele correspondente como um direito sobre coisa alheia (*ein Recht an fremder Sache*), cfr. Windscheid, *Lehrbuch des Pandektenrechts*, I, §169 a, p. 879, nota 9.

[270] Cfr. Thibaut, "Über *dominium directum* und *utile*", p. 92.

[271] Cfr. Thibaut, "Über *dominium directum* und *utile*", pp. 98-99. No aditamento à edição de "Über *dominium directum* und *utile*" de 1817, Thibaut não se limita a salientar a impraticabilidade do conceito de *dominii possessionis*, mas expressamente se apoia em Savigny para afirmar que ele não constitui uma modalidade de direito real, não podendo ser caracterizado senão como *ius possessionis* (Thibaut, *ob. cit.*, p. 99, cita a segunda edição de *Das Recht des Besitzes*, mas a afirmação mantém-se, é claro, na sétima edição, aqui citada, pp. 27 e ss.; a posse é, com efeito, designada por Savigny através da expressão *ius possessionis*, que significa o sistema de direitos resultantes da posse, e não através da expressão *ius possidendi*, entendida como direito de possuir: cfr. Kenichi Moriya, *Savignys Gedanke im Recht des Besitzes*, p. 32).

resultassem expressamente de contrato ou da lei, estivesse a abrir perspectivas para que a sua reunificação na propriedade pudesse funcionar a favor do titular do antigo domínio directo, e agora titular de um *ius in re propria*, o certo é que a sua demonstração da inexistência de fundamento para o domínio dividido no direito romano clássico constituiu o elo de ligação entre o romanismo puro da geração de Savigny e o movimento de reforma das estruturas agrárias já antes iniciado[272]. É, com efeito, inquestionável que a solução, proposta por Thibaut, consistente em identificar o domínio útil com um mero *ius in re aliena*, constituía um passo atrás em relação aos desenvolvimentos do *Landrecht*, tendentes a conferir maior poder ao proprietário útil[273], mas ela tinha também o efeito de encarar as relações entre senhores e camponeses como relações de propriedade cuja conformação à luz dos princípios do direito romano questionava necessariamente a diferença de estatuto pessoal subjacente à relações feudais. Neste contexto, era possível, sem dúvida, encarar o domínio útil como um *ius in re aliena*, mas era também possível tratar as relações feudais nos termos exactamente opostos, isto é, encarar os direitos do senhor feudal como servidões estabelecidas sobre a propriedade dos vassalos e, nessa medida, como *iura in re aliena*, susceptíveis de serem extintos contra o pagamento de uma indemnização[274].

---

[272] Cfr. James Q. Whitman, *The Legacy of Roman Law in the German Romantic Era*, p. 180; a influência de Thibaut sobre Savigny manifesta-se na circunstância de este, a partir da 5ª ed. de *Das Recht des Besitzes*, passar a encarar a enfiteuse como um *ius in re aliena* e no modo como no seu pensamento não existe já qualquer lugar para o conceito de *dominium utile* (cfr. Heinz Wagner, *Das geteilte Eigentum im Naturrecht und Positivismus*, pp. 67-68).

[273] Neste sentido, com referência expressa ao pensamento de Thibaut, cfr. Dieter Schwab, "Eigentum", p. 90; Massimo Brutti, "L'Intuizione della Proprietà nel Sistema di Savigny", pp. 86 e 73-74; cfr., ainda, Jochen Lehmann, *Sachherrschaft und Sozialbildung?*, pp. 183-184.

[274] Traçando a evolução verificada na Alemanha nesse sentido, desde os finais do século dezoito até às constituições aprovadas na sequência da Revolução de 1848, cfr. Dieter Schwab, "Eigentum", pp. 89-93; cfr., ainda, Helmut Rittstieg, *Eigentum als Verfassungsproblem*, pp. 192-202 e 205 e ss. Da análise de ambos os autores resulta claramente que o movimento de reforma da ordem feudal iniciado a partir da reformulação romanista dos quadros do direito privado não foi suficiente para conter os ímpetos revolucionários que assumiam como modelo o exemplo francês, mas também que as intervenções do poder político visando conter esses ímpetos se apoiaram na ideia de exclusividade do domínio ensejada por aquela reformulação.

Era ainda possível submeter o exercício dos direitos e deveres feudais às regras do direito romano relativas à prescrição e à posse.

É a esta última possibilidade que se refere Savigny na parte final do seu *Das Recht des Besitzes*, e muito embora Savigny tenha todo o cuidado em distinguir conceptualmente o problema da posse e o da prescrição aquisitiva, ou usucapião[275], o certo é que subjacente ao seu pensamento está sempre presente a ideia de que a posse era protegida no direito romano em razão da sua conexão com a prescrição. Depois de pôr em evidência que a posse se referia apenas, para os romanos, à propriedade e aos *iura in re*, Savigny não deixa de sublinhar como ela foi subsequentemente estendida a todos os direitos possíveis[276], incluindo os direitos feudais. Tendo em vista os direitos ligados à posse da terra, como o exercício da jurisdição episcopal e da jurisdição de certos senhores sobre os seus domínios, e ainda ónus reais como censos, dízimas e serviços, Savigny sustentou ser para todos eles admissível uma tutela do seu simples exercício, como sucede com a propriedade, e a posse de tais direitos, que seria deste modo aceite, poderia ser reduzida, nos casos mais frequentes e importantes, à posse da terra, isto é, ao exercício da propriedade. Existiam ainda,

---

[275] Distinção que tem, aliás, importantes consequências ao nível sistemático: enquanto a usucapião é uma forma de aquisição da propriedade e pertence, por esse motivo, aos direitos reais, o *ius possessionis* inclui, para Savigny, um direito pessoal a invocar os interditos possessórios e enquadra-se, por isso, no âmbito das obrigações (cfr. *Das Recht des Besitzes*, pp. 27, 51 e 190; cfr. Luigi Capogrossi Colognesi, "Nuovi Orizzonti e Antiche Radici nel 'Recht des Besitzes' di F. C. V. Savigny", in *Proprietà e Diritti Reali*, pp. 217-220).

[276] Cfr. Savigny, *Das Recht des Besitzes*, p. 504. Segundo Savigny, *ob. cit.*, p. 191, a posse consiste, em princípio, no exercício da propriedade, mas é também possível estendê-la ao exercício de um *ius in re*, concebido como parte destacada da propriedade. Essa extensão parte muito simplesmente da assimilação dos *iura in re* às coisas, através da distinção entre *res corporales* e *res incorporales*. Assim, afirma Savigny, *ob. cit.*, p.192, que "tal como a verdadeira posse consiste no exercício da propriedade, também esta *quasi possessio* consiste no exercício de um *ius in re*; e tal como na verdadeira posse possuímos o objecto (*possessio corporis*), mas não a propriedade, não deveriamos também usar o termo posse de uma servidão (*possessio juris*). Mas como não temos outra palavra com a qual possamos identificar a posse neste caso, tal como ela é identificada através do objecto no caso da propriedade, não resta outra hipótese senão a de usar a expressão imprópria acima referida. Não deve, no entanto ser esquecido que se trata de facto de uma expressão imprópria e que ela não significa nada senão o exercício de um *ius in re*, que se relaciona com o verdadeiro *ius in re* como a verdadeira posse se relaciona com a propriedade". Sobre o regime da *juris quasi possessio*, cfr. *ob. cit.*, pp. 472 e ss.

no regime feudal, direitos insusceptíveis de serem reconduzidos à posse da terra e também o respectivo exercício era configurado por Savigny como uma situação possessória, através do recurso ao conceito romano de *iuris quasi possessio*[277]. Significava isto que, numa época de acentuada decadência dos direitos feudais, o respectivo exercício podia beneficiar da tutela possessória, mas podia também o não exercício conduzir à perda da posse e até à prescrição do próprio direito[278]. A proposta de atribuir novos usos ao direito romano, designadamente o seu uso na reforma das estruturas agrárias feudais, contribuiu sem dúvida, em acréscimo ao carácter inovador da exposição sistemática adoptada por Savigny, para o enorme sucesso de *Das Recht des Besitzes*. Parece, no entanto, claro que as perspectivas de reforma de tais estruturas no pensamento de Savigny não podiam ser consideradas radicais: por um lado, os "princípios neutros" do direito romano clássico, designadamente as regras relativas à posse e à prescrição, mostravam-se aptos a favorecer tanto os interesses dos camponeses, como os dos seus senhores[279]; por outro lado, esses princípios pressupunham a exclusividade do domínio, mas não determinavam, por si sós, a sua atribuição àquele que tinha efectivamente a exploração do solo[280]. Também por estas razões o rompimento com a ordem feudal só se tornaria irreversível depois de 1848, e com a

---

[277] Cfr. Savigny, *Das Recht des Besitzes*, p. 505. Savigny questiona-se sobre qual a relação entre estas espécies de posse, relativas a direitos próprios do regime feudal, e a do direito romano; segundo ele, "não se trata de uma aplicação directa deste último direito, porque os objectos desta aplicação são estranhos ao direito romano, mas de um desenvolvimento natural e consequente dos seus princípios" (cfr. *ob. cit.*, p. 506). Cfr., ainda, Brutti, "L'Intuizione della Proprietà nel Sistema di Savigny", pp. 88-89, James Whitman, *The Legacy of Roman Law in the German Romantic Era*, pp. 183-185.

[278] Cfr. Savigny, *Das Recht des Besitzes*, pp. 328 e ss., 474-475, 481, 492, 495. No seu *System des heutigen Römischen Rechts*, 4, p. 504, sustenta Savigny que a categoria do "tempo imemorial" não tinha lugar na análise jurídica das obrigações feudais uma vez que estas fossem encaradas à luz da doutrina das servidões do direito romano, pois esta estaria inteiramente liberta de qualquer aplicação de uma prescrição imemorial. Esta circunstância teria consequências ao nível das "obrigações feudais (*germanische Reallasten*), cuja prescrição (*Verjährung*) deve em larga medida ser decidida de acordo com as regras do direito romano sobre as servidões".

[279] Cfr. James Whitman, *The Legacy of Roman Law in the German Romantic Era*, pp. 193-198.

[280] Cfr. Brutti, "L'Intuizione della Proprietà nel Sistema di Savigny", p. 91.

distinção no âmbito dos direito feudais, que a partir de então se foi estabelecendo, entre aqueles a que correspondia um valor patrimonial ou satisfaziam um interesse reconhecido pela nova ordem da propriedade e aqueles que revestiam natureza jurídico-pública, a cuja abolição não correspondia uma indemnização[281]. Entre os últimos contam-se os casos de servidão pessoal ou prestação de serviço militar. O problema dos efeitos da nova legislação sobre os direitos constituídos ao abrigo da ordem feudal da propriedade deu origem à doutrina dos direitos adquiridos, problema sobre o qual se pronunciaram autores tão significativos como Ludwig von Haller, Savigny, Ferdinand Lassalle, Georg Meyer e Lorenz von Stein. À parte a posição extrema de Haller, o qual, em consonância com a sua teoria do Estado patrimonial e a sua rejeição do princípio representativo, tendia a excluir a legislação sobre os direitos adquiridos, a generalidade dos autores admitia a possibilidade de, por via legislativa, serem modificados ou mesmo suprimidos os direitos em causa, sem prejuízo da indemnização devida, pelo menos nos casos apontados[282]. O fundamento de uma tal eficácia da legislação foi assim formulado por Lassalle: "Através da aquisição de um direito não pode o indivíduo pretender subtrair-se para sempre à acção da consciência jurídica geral. Apenas através da não aquisição seria isto pelo menos possível sem contradição lógica e apenas um indivíduo que, se tal fosse concebível, agora e para sempre não quisesse adquirir, nem exercer e ter um direito, poderia impedir essa acção sobre si... Não se permite, portanto, ao indivíduo lançar uma estaca no solo jurídico e assim declarar-se soberano para todos os tempos e contra todas as futuras leis imperativas ou proibitivas"[283]. Em certo sentido, a doutrina dos direitos adquiridos, visando a definir a competência do legislador no

---

[281] Cfr. Dieter Schwab, "Eigentum", pp. 101-103; Helmut Rittstieg, *Eigentum als Verfassungsproblem*, pp. 199-202.

[282] Cfr. Rittstieg, *Eigentum als Verfassungsproblem*, pp. 211-219; idem, "Zur Entwicklung des Grundeigentums", pp. 161-162; Otto Kirchheimer, "Die Grenzen der Enteignung...", pp. 232 e ss.

[283] Cfr. Ferdinand Lassalle, *Das System der erworbenen Rechte*, erster Teil, pp. 145-146. Savigny, *System des heutigen Römischen Rechts*, 8, p. 534, já havia sustentado ser "impossível atribuir a qualquer era o poder de, através da sua própria consciência jurídica, influenciar e cativar todos os tempos futuros".

limiar entre a velha e a nova ordem da propriedade, representa o antecedente dogmático directo da garantia constitucional da propriedade.

Vários autores salientam o conservadorismo político de Savigny, ao qual permanece em larga medida estranho o tema da liberdade política, mas esse conservadorismo não tem necessariamente como contraponto, se nos limitarmos à sua investigação sobre a posse, a respectiva abertura à ideia de uma livre determinação dos indivíduos na campo das relações económicas[284]. Aliás, a procurar-se na sua

---

[284] Cfr. Brutti, "L'Intuizione della Proprietà nel Sistema di Savigny", pp. 100-101; Helmut Rittstieg, *Eigentum als Verfassungsproblem*, p. 206; sobre o conservadorismo mencionado no texto e a oposição de Savigny à ideia "iluminista" de codificação, que tinha em Thibaut um dos seus maiores entusiastas, cfr. Franz Wieacker, *História do Direito Privado Moderno*, pp. 446-447; Helmut Coing, *Derecho Privado Europeo*, II, pp. 37-40; José Barata-Moura, *Marx e a Crítica da «Escola Histórica do Direito»*, pp. 143 e ss. O entendimento de acordo com o qual Savigny defenderia um individualismo económico de tipo capitalista dificilmente encontra apoio na sua recusa do esquema da propriedade dividida e na aplicação dos princípios do direito romano da posse e da prescrição às relações feudais. Na verdade, essas regras tanto podiam beneficiar os senhores como aqueles que tinham a exploração da terra, como se diz no texto. Aliás, segundo afirma Menezes Cordeiro, *A Posse: Perspectivas Dogmáticas Actuais*, pp. 48-49, devem ser qualificadas como *naïf* as leituras que "intentam aproximar a posse da tutela de regimes económicos, de tipo capitalista. A posse não discute os beneficiários da apropriação nem o objecto da mesma: os esquemas, por ela possibilitados, serviram sociedades escravagistas, feudais, liberais e socialistas". As coisas parecem mudar de figura se tivermos em mente a noção de propriedade adoptada por Savigny no *System des heutigen Römischen Rechts*, 1, p. 367: o "domínio (*Herrschaft*) ilimitado e exclusivo de uma pessoa sobre uma coisa"; ou a sua afirmação, em *Das Recht des Besitzes*, pp. 55-56, da protecção da posse pelo Estado como medida visando assegurar a inviolabilidade do indivíduo; a prevalência que atribui, entre os três sistemas de distribuição do domínio que distingue, com base nas diversas possibilidades de combinação entre propriedade e uso, àquele que combina propriedade privada e uso privado (cfr. *System des heutigen Römischen Rechts*, I, pp. 368-369); ou ainda, por último, a sua noção de direito patrimonial (*Vermögensrecht*), no qual se unificam direitos reais e obrigações como conjunto de coisas materiais e direitos, avaliáveis e transformáveis em dinheiro (cfr. *System des heutigen Römischen Rechts*, I, pp. 339-340). Todos estes aspectos permitem, sem dúvida, enquadrar Savigny no âmbito da visão liberal clássica, mas dificilmente resulta deles a defesa de um ideal capitalista e burguês de propriedade livre de quaisquer entraves, que visava apenas transformar o servo rural em assalariado (cfr. Jochen Lehmann, *Sachherrschaft und Sozialbildung?*, pp. 204-210; ainda que não se impute tais intenções aos romanistas alemães é possível conceber precisamente nestes termos o sentido da evolução verificada na Alemanha desde os finais do século dezoito até ao final do século dezanove: cfr. Franz Wieacker, *Die Wandlungen der Eigentumsverfassung*, pp. 51-53;

obra alguma motivação política, ela encontrar-se-ia apenas com segurança na sua defesa do papel do jurista (e mais especificamente do jurista académico), ao qual caberia dirigir a extensão da vigência do direito civil romano, por forma a obter a sua aplicação a todos os homens, independentemente do seu estatuto. A aplicação dos princípios do direito romano às relações feudais tinha certamente em vista uma sociedade de camponeses livres, mas não, nos seus próprios termos, uma sociedade capitalista[285].

3.6.1.2 Entre o direito subjectivo como categoria dogmática e o conceito filosófico de direitos naturais individuais.

A diversidade dos modos através dos quais duas culturas jurídicas com tão grande impacto histórico no direito continental europeu, como a

---

idem, *História do Direito Privado Moderno*, p. 505). Em todo o caso, prevalece a ambivalência de Savigny em relação ao liberalismo económico, como salienta Knut Wolfgang Nörr, *Eher Hegel als Kant*, p. 22.

[285] Na realidade, o propósito de Savigny e dos demais romanistas da sua época era, quanto ao aspecto em análise, o de substituir a concepção feudal de propriedade fundiária pelo direito romano de propriedade: "a justiça alemã deveria tornar-se a justiça romana e, através do foro, os camponeses alemães tornar-se-iam plebeus" (cfr. James Whitman, *The Legacy of Roman Law in German Romantic Era*, pp. 166 e 198). O que acaba de ser dito encontra ainda confirmação em dois outros aspectos dificilmente compatíveis com a defesa de uma economia capitalista de tipo moderno e que revelam antes a preocupação científica em seguir os verdadeiros princípios do direito romano, ainda quando estes fossem contrários àquela defesa. Assim, por um lado, Savigny aderia ao princípio *nihil commune habet proprietas cum possessione* (D.41,1,2,1) e adoptava o entendimento de Niebhur segundo o qual a posse constituía a única forma de apropriação das terras incluídas no *ager publicus* (cfr. *Das Recht des Besitzes*, pp. 6 e 198; Donald Kelley e Bonnie Smith, "What was Property? Legal Dimensions of the Social Question in France (1789-1848)", p. 220); por outro lado, Savigny, tal como a generalidade dos pandectistas, excluía a propriedade sobre coisas incorpóreas (cfr. Franz Wieacker, "Wandlungen der Eigentumsverfassung Revisited", p. 852; Christoph Ulmschneider, *Eigentum und Naturrecht im Deutschland des beginnenden 19. Jahrhunderts*, p. 91). A interpretação da obra de Savigny a partir da sua posição sobre a "questão agrária" permitiria descortinar na sua dogmática uma «política jurídica», uma defesa politicamente orientada do papel do jurista no seio da sociedade em que se insere [neste sentido, invocando expressamente o trabalho de James Whitman e procurando explorar, na mesma linha, outras dimensões políticas da obra de Savigny, cfr. Oliver Beaud, "Savigny et le Droit Public. Pladoyer pour une Lecture Politique de l'Oeuvre de Savigny", p. 174; idem, "Le Cas Savigny ou un Constitutionnalisme Allemand san l'État de Droit", pp. 151-152; a este propósito devem ainda ser mencionados os nomes de Carl Schmitt, "La Situation de la Science Européenne du Droit", p. 131, e Franz Wieacker, *História do Direito Privado Moderno*, pp. 438-439].

francesa e a alemã, lidaram com a teoria do domínio dividido atesta bem a complexidade do fenómeno da recepção do direito romano na Europa. Mas ela demonstra também como a compreensão desse fenómeno e das vicissitudes da evolução dos conceitos centrais da dogmática jurídica é pouco esclarecida pelo entendimento de que eles são impostos do "exterior", a partir de concepções filosóficas como o nominalismo ou o voluntarismo. Com efeito, não parece que o discurso dos franciscanos sobre a radical separação entre uso e domínio se afigure especialmente relevante para a construção jurídico-dogmática da propriedade como direito subjectivo, à luz do modelo romanista. Este último modelo, cuja formulação mais acabada se deve à pandectística alemã, era adequado às doutrinas liberais, com a sua definição da propriedade como domínio absoluto e ilimitado de uma pessoa sobre uma coisa[286]. E é, sem dúvida, admirável que esta definição da propriedade como um domínio, ou mesmo como uma soberania, tenha sido formulada num contexto em que justamente se procurava acabar com as estruturas jurídico-políticas, próprias do regime feudal, da propriedade dos privados[287]. Ao mesmo tempo, o modelo romanista não era incompatível com um outro aspecto essencial do conceito liberal de propriedade, isto é, o seu entendimento como uma emanação da própria pessoa humana; o entendimento, formulado por John Locke, de acordo com o qual a propriedade dos bens externos é vista como derivada da propriedade que cada um tem na sua pessoa e no seu trabalho[288].

---

[286] Uma definição próxima foi formulada, como se viu, por Savigny; mas ela pode considerar-se característica de uma época, como salienta Dieter Schwab ("Eigentum", pp. 75 e ss.; cfr., ainda, Damian Hecker, *Eigentum als Sachherrschaft*, pp. 204 e ss.): cfr., por exemplo, Windscheid, *Lehrbuch des Pandektenrechts*, I, §167, p. 857 e nota 3 ("A propriedade é enquanto tal ilimitada", "Ela é a negação da limitação"); Charles Aubry e Charles-Henri Rau, *Cours de Droit Civil Français d'après la Méthode de Zachariae*, II, § 190, p. 169 ("o poder jurídico mais completo de uma pessoa sobre uma coisa"); cfr. ainda, a definição de William Blackstone, *Commentaries on the Laws of England*, vol. 2, 1766 ("o único e despótico domínio que um homem afirma e exerce sobre as coisas externas do mundo, com a exclusão total do direito de qualquer outro indivíduo no universo").

[287] Assim, cfr. Dieter Schwab, "Eigentum", p. 78.

[288] Cfr. Dieter Schwab, "Eigentum", pp. 79 e ss. Segundo o autor, importa distinguir esta dimensão do conceito liberal de propriedade daquela que se encontra associada ao modelo romanista. O conceito de propriedade assente no princípio de liberdade pessoal,

A importância de Ockham consiste precisamente em antecipar aspectos importantes desta concepção da propriedade, mas num quadro conceptual fundamentalmente diverso, em que ao uso é claramente atribuída a prioridade sobre a propriedade e a apropriação. O uso, cujo estatuto conceptual as especulações dos seus antecessores franciscanos tendiam a esvaziar no plano jurídico, é por ele pensado, para além da reafirmação do uso de facto, já não como realidade jurídica de direito positivo, mas como um direito natural. Ao mesmo tempo, a sua recusa franciscana do *dominium*, levou-o a distinguir dele o poder de apropriação, igualmente concebido como um direito natural, embora renunciável. Ora, se o direito natural de usar as coisas, mesmo concebido como um direito de autopreservação, podia ainda ser entendido no âmbito de uma utilização da expressão "direito natural" em sentido objectivo, o mesmo já não se passa com o poder de apropriação. O poder de apropriação, enquanto expressão de liberdade, só pode ser concebido como um direito natural, como acima se expôs, se a expressão for usada num sentido subjectivo. Mas ao mesmo tempo, o direito subjectivo de apropriação é claramente infra-ordenado, no esquema ockhamiano dos modos de direito natural, em relação ao uso das coisas necessárias ao próprio sustento.

---

desde o seu início em Locke até à sua expressão extrema na filosofia do egoísmo de Max Stirner, "teve uma influência importante na moderna ordem jurídico-privada, se bem que ele tenha sido censurado pela pandectística por desconforme com o direito romano. Significa a realização no plano da ciência jurídica da há muito resistida transição desde a interpretação biológico-vital da natureza humana do racionalismo medieval para uma antropologia personalista. O conceito de propriedade de Locke e dos seus sucessores deu uma roupagem jurídica à representação de um originário domínio jurídico pessoal dos indivíduos, a qual nos nossos dias encontrou o seu reconhecimento em termos de direito positivo na teoria do direito geral de personalidade. O conceito de jurisprudência romanista impôs à ordem do direito privado o seu conceito restrito de propriedade real, mas sem poder de forma duradoura reprimir o direito subjectivo de personalidade" (cfr. *ob. cit.*, p. 85). É também esta situação que explica a oposição, já anteriormente notada, da pandectística à ideia de propriedade intelectual, bem como a própria presença da expressão "propriedade" na problemática dos direitos de autor. Mas se a oposição entre o conceito liberal de propriedade assente na liberdade pessoal diverge do conceito da pandectística no que toca ao objecto da propriedade (e esse é, de resto, o contexto das afirmações de Schwab atrás citadas), o mesmo não se passa já, contudo, quanto ao fundamento material de ambos os conceitos de propriedade, isto é, o domínio da natureza por parte do homem (cfr., neste sentido, Damian Hecker, *Eigentum als Sachherrschaft*, pp. 212 e ss., 220 e ss.).

Em Ockham encontramos uma razoável consistência na formulação da ideia de direitos naturais subjectivos, com algumas afinidades com aqueles a que hoje chamamos simplesmente direitos humanos ou direitos fundamentais, mas essa ideia não surge no seu pensamento dissociada de uma ordem objectiva do direito natural e, na verdade, encontra-se a ela subordinada. A formulação teórica e filosófica de uma dimensão subjectiva do direito natural em Ockham não é particularmente iluminada pelos usos da expressão *ius* em sentido subjectivo por parte dos canonistas, pois, como o próprio Brian Tierney salienta, esses usos ocorriam essencialmente em contextos de direito positivo. Mas, ao mesmo tempo, a implicação mútua das dimensões subjectiva e objectiva no pensamento de Ockham sobre o direito natural obriga a especiais cautelas na relação que se estabeleça entre o seu pensamento e as teorias dos direitos naturais individuais, nos termos em que estes viriam a ser concebidos por Hobbes ou Locke. Deve reconhecer-se, no entanto, que Ockham, Hobbes e Locke, para além de outros, fazem parte da mesma história, isto é, da história da progressiva emergência da ideia de direitos naturais individuais, e que esta não coincide exactamente com a do direito subjectivo enquanto categoria dogmático-jurídica. Existem, sem dúvida, pontos de encontro entre ambas, desde logo na obra daqueles autores, como Grócio e Puffendorf, que foram simultaneamente filósofos e juristas; elas não deixam, por isso, de ser distintas[289]. A completa imbricação

---

[289] Brian Tierney insiste, como se viu, na importância dos juristas medievais no surgimento de uma linguagem dos direitos individuais. A sua argumentação, para além dos problemas, já aflorados no texto, relacionados com a sua recusa em aceitar a enorme distância que separa a ocorrência de uma dimensão subjectiva num pensamento filosófico consistente sobre o direito natural, como sucede com Ockham, e a ocorrência da expressão *ius* em sentido subjectivo por parte dos juristas, suscita três questões. Por um lado, Tierney afirma pretender destacar a importância do contributo dos juristas medievais para a emergência da ideia de direitos naturais individuais, mas na realidade a sua investigação centra-se essencialmente na obra dos canonistas. Em segundo lugar, Tierney pretende traçar o percurso da ideia de direitos naturais individuais, mas não chega a esclarecer como se relaciona esse percurso com o da categoria dogmática do direito subjectivo. Por último, se o tema de Tierney são as origens medievais da ideia de direitos naturais individuais, fica por demonstrar a relevância para esse tema do uso da expresão *ius* em sentido subjectivo em contextos predominantemente de direito positivo, como sucede com a maioria dos autores medievais citados por Tierney (cfr., neste sentido, Ernest L. Fortin, "On the Presumed Medieval Origin of Individual Rights", p. 246). Fica assim a impressão de que também Brian Tierney,

das duas histórias levaria ainda, tomando como ponto de referência o tempo histórico em que viveu Ockham, alguns séculos a ocorrer[290].

à semelhança de alguns dos autores que critica, não resiste a tomar a parte (o contributo dos juristas medievais, seja como for que se defina esse grupo) pelo todo (a formação das teorias dos direitos naturais individuais), sem prejuízo da enorme relevância das suas análise para a compreensão das tensões internas do pensamento político e jurídico medieval e dos termos das polémicas em torno das quais esse pensamento tomou forma e ainda, especialmente, para a compreensão do horizonte em que se insere o pensamento político e jurídico de Ockham. Em artigos mais recentes, Brian Tierney tem sustentado que a ligação entre o direito natural objectivo e os direitos naturais subjectivos se faz através da ideia de direito natural permissivo, desenvolvida a partir do século doze pelos canonistas (cfr. Brian Tierney, "Natural Law and Natural Rights: Old Problems and Recent Approaches", pp. 389 e ss., esp. pp. 399 e ss.; idem, "Kant on Property: The Problem of Permissive Law" e "Permissive Natural Law and Property: Gratian to Kant", pp. 301 e ss., e 381 e ss.). Ainda que não se ponha em causa a importância da ideia de normas permissivas para a emergência do direito natural moderno, a verdade é que ela apenas se afigura relevante neste contexto quando relacionada com um conceito independente de liberdade. É precisamente isso que demonstra a análise do pensamento de Ockham sobre a propriedade, em contraste com a grande maioria dos canonistas, ainda demasiadamente presos à ideia da comunidade originária dos bens.

[290] Helmut Coing, "Zur Geschichte des Begriffs 'subjektives Recht'", p. 18, exprime a ideia referida no texto quando afirma que com Kant (no contexto alemão) a teoria dos direitos subjectivos, até aí uma parte da dogmática jusprivatista, receberia um fundamento moral e a sua proclamação um *pathos* ético. E acrescenta: " Enquanto no século dezoito, em Inglaterra e nos Estados Unidos, o conceito de direito subjectivo foi em primeira linha reconhecido e desenvolvido no seu significado político, encontrando a sua expressão na teoria dos direitos fundamentais e do homem, ele seria desenvolvido na Alemanha no domínio do direito privado, onde este seria compreendido como um sistema de direitos de liberdade". Esta mesma percepção de uma dualidade da história da dimensão subjectiva do direito, no domínio político e no domínio do direito privado, pode ser expressa em termos de uma história da propriedade. J. W. G. van der Walt, por exemplo, expressa-a nos seguintes termos: "O mundo moderno / post-moderno em que vivemos herdou dois paradigmas de propriedade da história moderna da Europa. De acordo com um deles, a propriedade é concebida como um direito privado. De acordo com o outro, a propriedade é um direito constitucional. Estas duas concepções da propriedade são o resultado de duas histórias distintas. Correndo o risco de simplicar as coisas em demasia, podemos dizer que a compreensão da propriedade como um direito constitucional é o produto da *Common Law* de Inglaterra e dos Estados Unidos e que a propriedade como um direito privado é um resultado da história do direito civil do continente europeu" 8cfr. "The Critique of Subjectivism and its Implications for Property Law – Towards a Deconstructive Republican Theory of Property", p. 115; afirmando ainda hoje a primazia da compreensão jusprivatista da propriedade, a propósito da relação entre o § 903 do BGB e o artigo 14º da Lei Fundamental alemã, cfr. Theo Mayer-Maly, "Das Eigentumsverständnis der Gegenwart und die Rechtsgeschichte", pp. 145 e ss., esp. pp. 148-149 e 158, cujo entendimento será adiante retomado).

3.6.2 Propriedade e individualismo. Em segundo lugar, mas ainda em estreita conexão com o que acaba de ser dito, não seria, do mesmo modo, correctamente expresso o sentido da oposição entre as concepções sobre a propriedade privada de S. Tomás e de Ockham, sustentando que esta última é uma concepção individualista e aquela não o é. Na realidade, quer S. Tomás, com base em Aristóteles e no direito romano, quer Ockham, a partir da sua noção de liberdade, constroem a propriedade privada em termos individualistas. No primeiro caso, o individualismo decorrente do modo de ver as coisas como sendo naturalmente destinadas à apropriação pelos membros de uma comunidade cívica, definida em termos exclusivos; no segundo caso, o individualismo assenta na experiência presente em todos os indivíduos, como criaturas de Deus, da liberdade de escolha. Simplesmente, não está aqui em causa, num caso como no outro, nada que se assemelhe ao individualismo moderno, ou a ideia de que é o indivíduo o valor supremo de uma sociedade[291], ou ao individualismo possessivo identificado por Macpherson na sua análise da teoria política inglesa do liberalismo. É essa, no entanto, precisamente, como se apontou, a opinião expressa por Paolo Grossi, a fechar o seu ensaio sobre o *usus facti*. Grossi procura aí responder a uma objecção que antecipa possa ser dirigida à sua análise: ser verdadeiramente singular que à teorização da propriedade numa base individualista tenha sido dado um contributo tão decisivo pelos teóricos da pobreza absoluta. Na resposta a esta objecção procura Grossi salientar a unidade da problemática que subjaz, no seu modo de ver, quer à propriedade, quer à pobreza. Se o *dominium* é vontade dominativa, também o é pobreza: esta seria, para aquele que a faz objecto de um voto, antes de tudo manifestação de vontade, pelo menos no seu aspecto de renúncia a si próprio, à própria superioridade sobre os fenómenos. Para Grossi, se a categoria interpretativa do *dominium* se substancia em dois momentos, o positivo, como domínio sobre o mundo, e o negativo, como domínio sobre si próprio, a pobreza, que é *dominium sui* e abdicação da própria *potestas*, parece estar nele abrangida. Seriam estas as razões subjacentes ao optimismo com base no qual a especulação franciscana encara o homem proprietário[292].

---

[291] Cfr. Louis Dumont, *Ensaios sobre o Individualismo*, p. 35.
[292] Cfr. Grossi, "Usus facti...", in *Il Dominio e le Cose*, pp. 188-189.

Mas são, há-de convir-se, razões insuficientes. Desde logo, a distinção entre domínio sobre as coisas e domínio sobre si mesmo, baseada num uso analógico do termo, é comum a toda a escolástica e encontra-se presente tanto nos franciscanos quanto, por exemplo, em S. Tomás, como se viu. Em segundo lugar, não é convincente nem do ponto de vista filosófico, nem do ponto de vista do senso comum, pretender ver, sob o manto da renúncia à propriedade, a sua mais absoluta exaltação (ou será ao contrário?). O denominador comum entre propriedade e pobreza dos franciscanos não é simplesmente a "vontade dominativa", mas a liberdade, associada ao direito natural irrenunciável de usar as coisas temporais, em tempos de necessidade. Todavia, é no plano da teoria histórica que a explicação de Grossi se afigura mais frágil. Segundo ele, a história da propriedade jurídica moderna tem um curso subterrâneo e um outro manifesto, ou, por outras palavras, uma pré-história e uma proto-história. A primeira consistiria numa análise efectuada por não-juristas (leia-se: os franciscanos e, posteriormente, os teólogos da segunda escolástica), orientada a definir um renovado modelo antropológico e psicológico, a que hoje chamamos individualismo possessivo; a segunda, com algumas antecipações já no século dezasseis, começaria a correr de forma expedita e contínua bastante mais tarde, com a grande reflexão pandectística de oitocentos[293]. O grande problema desta teoria não é apenas o de pretender aplicar o conceito de individualismo possessivo sem a sua caracterização como ideologia de uma sociedade burguesa e, desse modo utilizá-lo de forma ainda mais anacronística do que em parte sucede, como se verá no capítulo seguinte, com o próprio Macpherson. De facto, não se compreende sequer como seja possível atribuir aos frades menores dos séculos treze e quatorze algo que se assemelhe à tese do individualismo possessivo, a não ser através de uma abusiva redução do género (o individualismo) à espécie (o possessivo). Para além disso, a tese de Grossi supõe uma completa separação, o que a torna ainda mais paradoxal, entre as especulações dos minoritas e a sociedade que os envolvia. Simplesmente, essa separação é infirmada pela análise histórica da sociedade

---

[293] Cfr. Grossi, "La Proprietà e le Proprietà nell'Oficina dello Storico", in *Il Dominio e le Cose*, pp. 650-651

e economia medievais. Existe hoje um crescente consenso em torno da ideia de que, desde o século onze em diante, se desenvolveram, em algumas zonas da Europa, paralelamente a formas de propriedade alodial mais ou menos independentes, pelo menos de um ponto de vista formal, de relações de vassalagem, alterações no seio das próprias relações entre o senhor e o seu vassalo, no sentido da respectiva patrimonialização, e se desencadeou uma revolução comercial que produziu uma economia de mercado nos centros urbanos[294]. Ora, é neste contexto que se inserem, quer a crescente abertura a formas de transmissão do domínio directo e do domínio útil como formas de alienação da propriedade, quer a eclosão de novas formas de religiosidade orientadas para um envolvimento nos centros urbanos.

Quanto ao primeiro aspecto, o estudo de Meynial demonstra como a multiplicação das relações feudais incidentes sobre um mesmo espaço de terra adquiriu uma tal complexidade que a coerência da própria distinção entre domínio directo e domínio útil só podia ser mantida com base no reconhecimento do carácter essencialmente relativo dos dois conceitos[295]. Meynial, reconhecendo já o alcance das profundas transformações económicas atrás aludidas, afirma como a partir dos finais do século treze, os feudos começam a passar "às mãos dos burgueses" e é talvez à "comercialização da terra que se deve o ver-se o feudo transformar-se acima de tudo em um instrumento de lucro"[296]. Escrevendo sobre a evolução do regime jurídico

---

[294] Salientando a inexistência de qualquer fundamental antagonismo entre valores feudais-agrários e capitalistas-comerciais, cfr. Harold Berman, *Law and Revolution*, pp. 333 e ss. (p. 338); sobre as transformações aludidas no texto, cfr. a síntese de Janet Coleman"Property and Poverty", pp. 607-611.

[295] Ed. Meynial, "Notes sur la Formation de la Théorie du Domaine Divisé (Domaine Direct et Domaine Utile)...", pp. 450-451.

[296] Ed. Meynial, "Notes sur la Formation de la Théorie du Domaine Divisé (Domaine Direct et Domaine Utile)...", p. 456; Robert Feenstra, "Les Origines du Dominium Utile chez les Glossateurs (Avec un Appendice Concernant l'Opinion des Ultramontani)", pp. 251-252; cfr., ainda, Marc Bloch, *A Sociedade Feudal*, pp. 222-223 (o autor, *ob. cit.*, p. 221, salienta a importância do problema sucessório no processo que fez descer o feudo como "salário da fidelidade armada" à categoria de uma "concessão acima de tudo rendível"); F. L. Ganshof, *Que é o Feudalismo?*, pp. 184-190. Meynial, *ob. cit.*, pp. 452 e 454, demonstra como a sub-infeudação, ou concessão descendente, era tratada como alienação completa, fazendo perder ao vassalo concedente qualquer *dominium utile*. Em relação às concessões ascendentes, Meynial, *ob. cit.*, pp. 454 e ss., menciona como Jacques de

feudal na Inglaterra, Milsom chega a conclusões em grande medida coincidentes: a partir do final do século treze, a terra tende a ser reduzida a uma forma de propriedade livremente transaccionável, sendo os serviços feudais largamente encarados em termos de rendimento[297].

É claro que esta convergência no plano económico não foi obtida através de esquemas jurídicos idênticos. No direito inglês, a realidade económica que um pouco por todo o continente se manifestava na

---

Révigny, embora reconhecendo a existência de opinião contrária, começaria por negar ao novo suserano qualquer domínio, mas Johannes Faber (morto em 1340) extrai já todas as conclusões dessa opinião contrária, reconhecendo a existência de diversos *domini directi* ou *utiles* sobre a mesma coisa.

[297] Cfr. S. F. C. Milsom, *The Legal Framework of English Feudalism, The Maitland Lectures, 1972*, pp. 39 e 111-112, 182. Janet Coleman, "*Dominium* in Thirteenth and Fourteenth-Century Political Thought and its Seventeenth-Century Heirs: John of Paris and Locke", p. 91, afirma que a evolução do regime feudal traçada por Milsom evidencia o facto de as realidades económicas, a compra da terra, terem suplantado as relações feudais costumeiras. Mas é também essa percepção que segundo Meynial, "Notes sur la Formation de la Théorie du Domaine Divisé (Domaine Direct et Domaine Utile)...", p. 461, não deixaria de estar subjacente à construção de Joahnnes Faber, acentuando o carácter relativo da distinção entre domínio directo e domínio útil [contrução essa que Meynial, *ob. e loc. cit.*, afirma ser "na sua firme ordenação a última pedra do edifício" e que Feenstra, "Les Origines du Dominium Utile chez les Glossateurs (Avec un Appendice Concernant l'Opinion des Ultramontani)", p. 252, nota 226, salienta ter sido integralmente adoptada por Charles Dumoulin, e revestir-se, por essa via, de "uma grande importância para o desenvolvimento da concepção do feudo e da propriedade em França"]. Com efeito, confrontado com a objecção de que o costume, em matéria de feudos, estabelecia uma unidade do domínio directo na perspectiva das vantagens que ele podia conferir, Joahnnes Faber terá decidido que "*hoc de consuetudine; de jure tamen credo quod sit rationale quod dixi*" (citado em Meynial, *ob. e loc. cit.*), em defesa do seu entendimento de acordo com o qual o domínio podia ser directo ou útil em função da qualidade daquele em face do qual esse domínio era invocado: o mesmo homem podia ser qualificado como vassalo em face do seu soberano e como *dominus* em face do seu concessionário. A mesma ideia é assim expressa por Pothier, *Traité des Fiefs*, Parte I, Cap. Preliminar, § III, in *Oeuvres de R.-J. Pothier Contenant les Traités de Droit Français*, tomo 6º, p. 259: "repugna à verdade que haja dois senhores directos de uma mesma coisa *oppositi eodem jure et eodem respectu*; mas não repugna que haja dois, e um maior número *subordinate, diverso jure et diversis respectibus*" (cfr., ainda, Armand Piret, *La Rencontre chez Pothier des Conceptions Romaine et Féodale de la Propriété Foncière*, pp. 92 e ss.). O carácter relativo do *dominium* do senhor sobre o seu próprio feudo é também posto em evidência, embora num diferente enquadramento jurídico, por Milsom, *ob. cit.*, p. 39.

distinção entre *dominium directum* e *dominium utile*[298], era alcançada, de forma tão pouco deliberada quanto prevista, pela transferência

---

[298] F. Pollock e F. W. Maitland, *The History of English Law*, vol. II, p. 6, nota 1, afirmam que a distinção entrre *dominium directum* e *utile* é estranha ao espírito do direito inglês, uma vez que a qualidade de tenente ou vassalo em relação a um senhor não é incompatível com a de verdadeiro proprietário em relação a terceiros. No texto diz-se "um pouco por todo o continente" sem esquecer, todavia, as diferenças assinaláveis que aí ocorrem quanto à natureza do *beneficium* ou quanto à situação patrimonial do vassalo relativamente ao bem concedido pelo senhor. Em Portugal, José Mattoso sustenta que a discussão sobre o feudalismo tem sido prejudicada pelo contraste entre a posição cautelosa da historiografia tradicional e a visão radical dos partidários da interpretação marxista (cfr. *Identificação de um País, I – Oposição*, pp. 50 e ss.). Julgo que a questão ganharia em ser colocada nos exactos termos em que o fazem autores como Marc Bloch, *A Sociedade Feudal*, pp. 11-15, Ganshof, *Que é o Feudalismo?*, pp. 11-15, e sobretudo Otto Brunner, "'Feudalismus'. Ein Beitrag zur Begriffsgeschichte", in *Neue Wege der Verfassungs- und Sozialgeschichte*, pp. 128 e ss. [cfr., ainda, do mesmo autor, "Feudalismus, feudal", pp. 337 e ss.] distinguindo entre um conceito técnico-jurídico de direito feudal, correspondente a um fenómeno com uma delimitação espácio-temporal mais ou menos precisa, e um conceito cultural que visa exprimir *a posteriori* um determinado tipo de civilização, a partir do final do Antigo Regime e, sobretudo, da Revolução Francesa. A exposição de Brunner é particularmente elucidativa no modo como traça as afinidades entre este último conceito no pensamento de autores tão diversos como Marx e Lorenz von Stein, as raízes de ambos na filosofia da história de Hegel e o condicionamento deste último pela Revolução Francesa (cfr. "'Feudalismus'. Ein Beitrage ...", pp. 134 e ss. e esp. pp. 144 e ss.). Assim, segundo Brunner, "tanto a ordenação histórica e a avaliação do feudalismo nas diversas orientações do marxismo como também a interpretação clássica-liberal do feudalismo fazem-se sentir até hoje, tendo-se solidificado como um cliché no discurso político" (cfr. Brunner, "Feudalismus, feudal", p. 347). A tensão entre os dois conceitos encontrava-se já presente no pensamento de Herculano, "Da Existência ou não Existência do Feudalismo nos Reinos de Leão, Castela e Portugal", pp. 269-270 e 279, e é expressa por Albert Silbert. Este autor afirma, por um lado, que "o feudalismo verdadeiro não existiu em Portugal. O «pacto feudal que implica a cedência, em benefício, de terras a troco de serviços de carácter nobre, como é o serviço militar», nunca entrou «na economia do sistema político-social das monarquias leonesa-castelhana e portuguesa». É de regime senhorial que se trata" (sobre a distinção entre os dois conceitos, cfr. Merêa, *Introdução ao Problema do Feudalismo em Portugal*, pp. 97 e ss.). Mas, por outro lado, não deixa de reconhecer que "o uso da palavra «feudalismo» era corrente no início do século XIX na opinião hostil ao Antigo Regime", também em Portugal (cfr. Albert Silbert, "O Feudalismo Português e a sua Abolição", in *Do Portugal do Antigo Regime ao Portugal Oitocentista*, p. 89). De qualquer modo, não deixa de ser importante sublinhar como a construção jurídica do domínio dividido, constituindo o género comum de diferentes espécies de figuras jurídicas e possuindo elasticidade suficiente para enquadrar diversas realidades económicas, sociais e políticas, está também subjacente à enfiteuse, com uma longa presença no direito português [cfr. Paulo Merêa, *Exposição Sucinta da História do Direito Português*, pp. 149-169; Paolo Grossi, "La Categorie del

de jurisdição dos senhores feudais para os tribunais do rei[299]. Mas, em ambos os casos, se verifica a evolução desde uma situação em que as relações entre o senhor e o seu vassalo são mútuas e interdependentes, envolvendo terra e serviços numa complexa teia de interesses e afinidades em que se combinam aspectos políticos e económicos[300], para uma situação em que essas relações são entendidas

---

Dominio Utile e gli Homines Novi del Quadrivio Cinquecentesco", in *Il Dominio e le Cose*, pp. 261-263; Mário Júlio de Almeida Costa, *Temas de História do Direito*, pp. 79-91; Martim de Albuquerque, "Bártolo e Bartolismo na História do direito Português", in *Estudos de Cultura Portuguesa*, 1º vol., pp. 112-117)

[299] Como Milsom salienta, aquilo que começou por constituir uma intervenção da jurisdição real na jurisdição senhorial com o objectivo de reforçar o sistema feudal e impedir que os senhores feudais pudessem abusar dos seus vassalos, acabou por privar os tribunais senhoriais de qualquer poder de decisão final e, por consequência, da sua própria lei. A vida orgânica da tenência em que terra e serviços eram interdependentes conhece uma cisão provinda de um sistema exterior. A transferência da jurisdição tem assim subjacente uma cisão da relação feudal, através da qual o direito do tenente à terra e o direito do senhor aos serviços tornam-se independentes e objecto de uma transmissão igualmente independente. É neste contexto que faz sentido ver o tenente como proprietário da terra e atribuir ao senhor um *jus in re aliena* sobre ela (cfr. Milsom, *The Legal Framework of English Feudalism*, pp. 34-35, 36-39, 65-66, 112, 154; cfr., ainda, F. Pollock e F. W. Maitland, *The History of English Law*, vol. II, pp. 3 e ss.).

[300] Cfr. Otto Brunner, *Land und Herrschaft*, pp. 258 e ss.; Helmut Rittstieg, *Eigentum als Verfassungsproblem*, pp. 2-5. Rittstieg, *ob. cit.*, p. 5, depois de descrever a realização plena do feudalismo como significando que, no seu âmbito, todo o sistema de governo, incluindo as finanças, a defesa e a justiça, é parte da ordem da propriedade, esclarece que essa ordem nada tem a ver com a moderna visão da propriedade assente no mercado. A relação de posse liga-se a uma relação de confiança pessoal entre o senhor e o seu vassalo, que obriga o primeiro à segurança e defesa e o segundo à obediência e ao serviço militar. Nem sempre, no entanto, este conteúdo originário das relações senhoriais constituiu a substância efectiva da respectiva forma. Rittstieg justifica a exclusão do absolutismo do âmbito da sua investigação histórica porque no seu seio já se encontraria a génese da sociedade burguesa e do Estado moderno, como sustentou Tocqueville (cfr. *ob. cit.*, p. 1). Nesta perspectiva, a propriedade moderna encontraria o seu verdadeiro contraponto no feudalismo. Mas a estrutura jurídica do feudalismo cobriu realidades muito diversas desde a Idade Média até ao século dezoito: a intuição genial de Tocqueville tem talvez um campo mais vasto de aplicação do que a simples delimitação entre *Ancien Régime* e Revolução. Ela permite também compreender a importância que teve para a formação da propriedade moderna o progressivo esvaziamento do conteúdo político das relações feudais até um ponto em que se torna efectivamente possível afirmar que o conceito de propriedade nelas implicado adquire uma natureza jurídica essencialmente privada, natureza essa que no entanto não faria sequer sentido pretender atribuir ao domínio sobre a terra nos regimes feudais e senhoriais da Idade Média, como Otto Brunner, *ob. cit.*, pp. 123-124, 245-246 e 335, salientou.

bilateralmente, opondo duas pretensões jurídicas, com um significado essencialmente patrimonial, sobre a mesma terra. Em ambos os casos, a relação pessoal de confiança começava a ser progressivamente encarada como uma relação económica, avaliável em dinheiro[301]. O diferente enquadramento jurídico das relações senhoriais na Inglaterra, contribui talvez para explicar o especial, e precoce, desenvolvimento que aí teve a propriedade, desde uma concepção essencialmente feudal em direcção a uma concepção propriamente moderna. A conquista dos normandos fez do Rei, por direito de conquista, o primeiro dos suseranos e da Coroa a fonte de toda a propriedade fundiária. A ausência de esquemas de propriedade alodial, a dependência dos senhores feudais em relação ao rei, a proliferação de terras da coroa (à qual estava reservada grande parte da propriedade fundiária) no seio dos territórios feudais, o desenvolvimento de uma administração e de uma justiça reais efectivas junto do sistema feudal, decorrentes daquela circunstância, contribuíram desde muito cedo para propiciar a futura separação entre um domínio de soberania e um sistema puramente económico de exploração da terra[302]. Mas contribuíram também para fazer dos senhores feudais um grupo social homogéneo no confronto com o rei. Não é, pois, motivo de admiração que, para além das cartas reconhecendo liberdades à burguesia dos centros urbanos, existentes um pouco por toda a Europa, o peculiar desenvolvimento do sistema feudal inglês tenha também criado condições para uma outorga expressa dessas liberdades a favor da nobreza. E tal como sucedia com aquelas liberdades, não estava aqui em causa a atribuição de privilégios pessoais, mas o reconhecimento de direitos corporativos[303]. A expressão mais célebre deste desenvolvimento peculiar do sistema feudal inglês consiste, como é sabido, na Magna Carta outorgada em 1215 pelo Rei João aos barões ingleses no vale de Runnymede. Sem pôr em causa a percepção histórica da Magna Carta como "a mais importante carta régia de imunidade territorial e privilégio comunal (dos barões enquanto classe), mais do que como

---

[301] Cfr. Janet Coleman, "*Dominium* in Thirteenth and Fourteenth-Century Political Thought and its Seventeenth-Century Heirs: John of Paris and Locke", pp. 89-91.

[302] Cfr. H. Rittstieg, *Eigentum als Verfassungsproblem*, pp. 11-12.

[303] Cfr. H. Rittstieg, *Eigentum als Verfassungsproblem*, p. 10; Walter Ullmann, *Historia del Pensamiento Político en la Edad Media*, pp. 142 e ss.

uma declaração de direitos para os indivíduos"[304], a sua importância, sem paralelo no continente, consistiria precisamente em desencadear uma adequada cobertura político-constitucional ao movimento, comum a toda a Europa, que retira da própria lógica de evolução das relações feudais, no sentido da sua crescente patrimonialização, uma outra história de protecção das liberdades individuais[305]. O desenvolvimento daquela adequada cobertura dispensou porventura a Inglaterra do resultado último a que este movimento, sem ela, haveria de conduzir: a Revolução Francesa, através da qual o *dominium utile* é finalmente transformado na propriedade moderna[306]. Ao mesmo tempo, as vicissitudes da evolução da teoria do domínio dividido no continente, feita à margem de qualquer expressão político-constitucional de alcance equivalente ao da Magna Carta e dos documentos que se lhe sucederam, explica também a circunstância, já atrás apontada, de a garantia da propriedade se centrar em Inglaterra e, depois, nos

---

[304] Cfr. Alan Harding, "Political Liberty in the Middle Ages", in *Speculum*, 55, 1980, p. 434. Para uma leitura da Magna Carta como uma declaração de direitos individuais onde a tutela da propriedade ocupa um lugar central, cfr. Gottfried Dietze, *Magna Carta and Property*. Mas essa leitura, centrada na compreensão do documento fundador do constitucionalismo inglês na perspectiva histórica que lhe é própria, não deixa de reconhecer a evolução da Magna Carta desde uma *carta baronum* em direcção a uma *carta libertatis* (cfr. *ob. cit.*, p. 63). Por outro lado, a importância da Magna Carta, mesmo na época em que foi adoptada, não se esgota num documento visando a concessão de privilégios, excluindo os estratos mais baixos da população, como parte de uma trégua entre o rei e os barões, mas reveste-se de muitos aspectos sob os quais pode legitimamente equiparar-se aos modernos documentos constitucionais, como o reconhecimento de princípios gerais de direito e de um poder político superior nas mãos do rei e, sobretudo, a preocupação de o delimitar (cfr. Helmut Rittstieg, *Eigentum als Verfassungsproblem*, pp. 18-19).

[305] Cfr. Janet Coleman, "*Dominium* in Thirteenth and Fourteenth-Century Political Thought and its Seventeenth-Century Heirs: John of Paris and Locke", p. 92. Referindo-se também a uma patrimonialização do feudalismo, cfr. Helmut Coing, *Derecho Privado Europeo*, I, p. 458; Robert Boutruche, *Seigneurie et Féodalité, II – L'Apogée (XIe-XIIIe Siècles)*, p. 217; Armand Piret, *La Rencontre chez Pothier des Conceptions Romaine et Féodale de la Propriété Foncière*, p. 37; Ganshof fala de "numerosas manifestações da progressiva «realização» das relações feudo-vassálicas" (cfr. *O que é o Feudalismo?*, p. 196). Já Charles Loyseau, no século dezassete, se refere à circunstância de os feudos se tornarem "hereditários e patrimoniais", do mesmo modo que os ofícios dos senhores se transformaram em senhorios, isto é, de formas de administração passaram a "propriedades" (cfr. *Traité des Seigneuries*, Cap. I, p. 6, in *Les Oeuvres de Maistre Charles Loyseau...*).

[306] Cfr. Robert Feenstra, "Les Origines du Dominium Utile chez les Glossateurs (Avec un Appendice Concernant l'Opinion des Ultramontani)", p. 259.

Estados Unidos, no plano do direito constitucional, ao contrário do que sucedeu no continente europeu, onde essa garantia foi originariamente encarada sobretudo como um problema de direito privado.

O facto de a terra mudar de mãos, não tanto em razão do benefício de um senhor concedido a um vassalo em troca de serviços, mas do dinheiro, era naturalmente acompanhado pelo desenvolvimento da jurisdição real e ambos potenciavam o desenvolvimento das profissões jurídicas. Estas, juntamente com outras profissões tipicamente urbanas, como a de médico e administrador, convergiam com o desenvolvimento sem precedentes do comércio para fazer das cidades o centro de uma crescente actividade de transacções financeiras. Ora, o grande feito das ordens mendicantes foi precisamente o de criarem novas formas de expressão religiosa para o sector urbano da sociedade e das pessoas que o dominavam, incluindo uma justificação ética para as suas actividades características, através da reflexão sobre os limites dentro dos quais ganhar dinheiro podia ser considerado uma actividade cristã[307]. É neste contexto que vemos ser desenvolvido um "código escolástico para a ética económica", profundamente influenciado pelo pensamento de Aristóteles, sobretudo destinado aos comerciantes, onde a teoria do justo preço ocupa lugar de destaque, e é nele que se inserem, entre outros, S. Tomás de Aquino, mas também Petrus Joannis Olivi, cujas posições radicais sobre o *usus pauper* não evidenciam qualquer atitude de retirada do mundo ou de desconhecimento dos problemas económicos do seu tempo, como o demonstram, pelo contrário, os seus tratados sobre a compra e venda e sobre a usura[308]. Em face destes desenvolvimentos, não é pura e simplesmente possível sustentar que a concepção moderna, individualista e subjectivista, da propriedade tem as suas origens privilegiadas nas reflexões dos franciscanos sobre a pobreza, entendidas como algo separado das condições sociais e económicas do mundo em que viviam[309]. Do mesmo modo, não é possível sustentar que essas

---

[307] Cfr. Lester K. Little, *Religious Poverty and the Profit Economy in Medieval Europe*, pp. 173 e ss.

[308] Cfr. Odd Langholm, "The Medieval Schoolmen (1200-1400)", pp. 453 e 461, o qual salienta como Petrus Olivi é talvez, logo depois de S. Tomás, o mais influente autor medieval em matéria económica.

[309] A evocação do pensamento económico escolástico é importante porque ele evidencia o artificialismo, também neste domínio, das tentativas de encarar as doutrinas morais

reflexões, inseridas no seu contexto histórico, constituem a primeira
manifestação da ideia do individualismo possessivo, se com este

escolásticas à luz da contraposição entre realismo e racionalismo, por um lado, e nominalismo e voluntarismo, por outro. Na verdade, como salienta Odd Langholm, *The Legacy of Scholasticism in Economic Thought*, pp. vii-viii, toda a evolução do pensamento económico escolástico pode ser vista como "uma espécie de história literária dos comentários ao capítulo inicial do Livro III da *Ética a Nicómaco*, de Aristóteles". Todos os autores relevantes para essa história, sejam eles dominicanos ou franciscanos, tomistas, nominalistas ou voluntaristas, se definem, antes de mais, pelo horizonte aristotélico em que se movem, em que a virtude moral da justiça ocupa um lugar central na ética económica e esta é ainda entendida numa base personalizada. S. Tomás de Aquino vai mais longe do que Aristóteles na aceitação do lucro, como o demonstra, desde logo, o modo como encara o princípio *caveat emptor* [cfr. *Summa Theologiae*, II-II, q. 77, a. 3, p. 365; Odd Langholm, "The Medieval Schoolmen (1200-1400)", pp. 462-463; Anthony Parel, "Aquinas' Theory of Property", pp. 101 e ss.]. Por outro lado, alguns franciscanos, como Petrus Joannes Olivi e João Duns Escoto parecem ir mais longe do que S. Tomás, ao admitirem, no caso do empréstimo de dinheiro, uma compensação por perda de lucro decorrente do atraso no pagamento, sem admitirem, no entanto, a imposição de um juro pelo período do empréstimo. Um outro franciscano, Geraldo Odonis (c. 1290-1348) parece ter aceite a perda de liquidez durante o período do empréstimo como justificação do juro, mas sem deixar de preservar a doutrina escolástica da esterilidade do dinheiro [cfr. Odd Langholm, "The Medieval Schoolmen (1200-1400)", pp. 481-490; quanto ao entendimento de João Duns Escoto, cfr. *Ordinatio* IV, Dist. 15, q. 2; versão do texto latino e tradução em *John Duns Scotus' Political and Economic Philosophy*, tradução, introdução e notas de Allan Wolter, p. 51]. O que não pode afirmar-se, como se disse, é que as diversas posições assumidas neste contexto denotem uma qualquer especial influência de concepções nominalistas ou voluntaristas. Refira-se, aliás, que a participação de Ockham no desenvolvimento da teoria económica medieval não é particularmente relevante, pois muito embora o cap. 3 da *Opus nonaginta dierum* seja dedicado à usura, nada aí é dito de novo. Aliás, para quem pretenda fazer uma leitura "voluntarista" ou "nominalista" da *Opus nonaginta dierum*, o que aí é dito sobre a usura afigura-se particularmente decepcionante, porque Ockham, criticando o argumento de João XXII de acordo com o qual a condenação da usura se baseia no carácter consumível do dinheiro, procurou minimizar esse argumento, ao qual não faz nenhuma referência [o que é compreensível, pois, como Duns Escoto havia já intuído, a condenação da usura com base nele conduzia naturalmente à condenação da posição dos franciscanos que sustentava ser possível separar o uso da propriedade mesmo nas coisas consumíveis; na verdade, o argumento contra a usura retirado do carácter consumível do dinheiro baseava-se no pressuposto segundo o qual o uso do dinheiro, tal como o de outras coisas fungíveis, coincidia com o seu consumo e, por essa razão, o dinheiro nunca poderia ter um valor de uso autónomo: cfr. Duns Escoto, *Ordinatio* IV, Dist. 15, q. 2 (cfr. versão do texto latino e tradução em *John Duns Scotus' Political and Economic Philosophy*, tradução, introdução e notas de Allan Wolter, p. 49)], e, em vez disso, basear a condenação da usura no argumento indirecto da transferência do domínio, de acordo com o qual uma vez que o empréstimo de dinheiro implica a transferência do domínio sobre o mesmo, ao contrário do que sucede com a

conceito se quiser designar uma realidade historicamente significativa. A formação do individualismo especificamente moderno, e, na verdade, de qualquer tipo histórico de individualismo, é feita de contingências e acasos, conduzindo a resultados cujas alternativas se tornaria tão difícil excluir de antemão quanto se torna arbitrário excluir retrospectivamente determinadas influências em benefício de outras[310].

3.6.3 S. Tomás e Ockham: dois modelos para encarar a propriedade em termos filosófico-políticos.
Através do contraste entre as teorias da propriedade de S. Tomás de Aquino e de Guilherme de

---

locação de uma coisa (já que na locação, em que o uso não envolve o consumo, ao contrário do empréstimo de dinheiro, se pode configurar a separação entre uso e domínio), não deve exigir-se nada acima do valor da coisa transferida (cfr. *Opus nonaginta dierum*, cap. 3, 260-278, in *Opera Politica*, I, ed. H. S. Offler, pp. 317-318, e cap. 40, 74-81, in *Opera Politica*, II, ed. H. S. Offler, p. 521; *A Translation of William of Ockham's Work of Ninety Days*, vol. 1, pp. 83-84 e 361). Ora, no âmbito de uma concepção voluntarista seria muito mais lógico admitir a separação entre a propriedade e o uso do dinheiro num *mutuum*, como terá sido admitido por Geraldo Odonis, fora do âmbito de tal concepção (cfr. Odd Langholm, *Economics in the Medieval Schools*, pp. 508-533; Roberto Lambertini, "*Usus* and *usura*: Poverty and Usury in the Franciscans' Responses to John XXII's *Quia vir reprobus*", pp. 185-187, 208-209; Allan B. Wolter, "Introduction", in *Duns Scotus' Political and Economic Philosophy*, p. 19).

[310] Tudo quanto fica dito aponta para o anacronismo da tese de Paolo Grossi, de ver como antecessores da tese do individualismo possessivo, ou seja, da completa despersonalização das relações económicas, os defensores mais radicais do ideal religioso da pobreza, tal como seria um anacronismo imputar essa tese aos teóricos do domínio dividido. Curiosamente, não é impossível encontrar este modo de ver entre defensores de uma teoria material da cultura e da história. Assim, António Manuel Hespanha, "O Jurista e o Legislador na Construção da Propriedade Burguesa Liberal em Portugal", p. 219, afirma, numa análise com evidentes afnidades com o pensamento de Grossi, que "a concepção moderna da propriedade, elaborada a partir do século XVI pelo pensamento neo-escolástico hispânico (De Soto, Vitória, Molina, Vásquez, Suárez), a partir da mundividência filosófica do nominalismo, representa uma ruptura decisiva de perspectivas em relação à tradição doutrinal escolástico-bartolista". Antes mesmo de proferir esta afirmação, o autor, *ob. cit.*, pp. 218-219, começara por advertir que "a teoria da cultura – e, nomeadamente, a teoria materialista da cultura – está cada vez mais sensível à ideia de uma relativa autonomia da criação ideológico-cultural e dogmático-conceitual em relação à lógica dos arranjos infra-estruturais, operando-se a compatibilização entre um nível e outro por processos de rectificação *a posteriori* ou de *feed-back*, um pouco à maneira dos processos de selecção biológica". Mas o que está justamente em causa é a inviabilidade de explicações unilaterais dos processos históricos, e, designadamente da construção do individualismo moderno, sejam elas de tendência materialista, idealista ou mesmo evolucionista.

Ockham não se pretende, pois, encontrar qualquer revolução coperniciana na história de direito, consistente na emergência do direito subjectivo, nem resolver o problema das origens do individualismo moderno, mas antes delimitar dois modelos filosófico-políticos à luz dos quais o problema da propriedade pode, ainda hoje, ser encarado. Já anteriormente essa delimitação foi efectuada. Aqui interessa apenas salientar três aspectos: a) a importância dos dois modelos como únicas vias para a superação filosófica do mito da comunidade originária dos bens; b) a importância do horizonte histórico para a formulação dos dois modelos sobre a propriedade; c) a perenidade dos problemas que suscita a tensão entre eles.

Começando pelo primeiro aspecto, importa salientar que o génio filosófico, quer de S. Tomás, quer de Ockham, se revela, desde logo, nos modos como lidaram com o mito da comunidade originária dos bens. Este é um problema inultrapassável em qualquer tratamento filosófico da propriedade, mas, na Idade Média, a sua dificuldade assentava na circunstância de as respostas possíveis a esse problema se situarem necessariamente num campo delimitado por duas pressuposições: por um lado, a comunidade originária dos bens era assumida como uma condição histórica do homem no estado de inocência, e este era um dado solidamente estabelecido pela patrística; por outro lado, o reconhecimento do princípio da propriedade privada era induzido, já não enquanto elemento de uma situação originária, mas num plano propriamente filosófico e normativo, pelo horizonte aristotélico em que toda a filosofia medieval se inseria e pela permanência das estruturas de pensamento subjacentes ao direito romano. A S. Tomás e a Ockham cabe o mérito de, por vias diferentes, acomodarem formalmente o mito da comunidade originária nas suas teorias sobre a propriedade privada, sem, no entanto, lhe assinalarem qualquer importância no tratamento filosófico do tema.

S. Tomás desvaloriza a ideia comunidade dos bens, que entende como mera situação de facto do homem no estado de inocência, desprovida, enquanto tal, de valor normativo, ao mesmo tempo que encara a propriedade privada como parte do direito natural. Encarar o próprio princípio da propriedade privada e o uso comum como integrando a condição natural do homem, implica também, previamente, aceitar a sua natureza política. Este é, como se viu, um passo que S. Tomás não hesita em dar. Ockham perspectiva diferentemente os termos do problema. Também ele relega o domínio comum dos bens para a idade da inocência. Simplesmente, para Ockham, ao contrário de S. Tomás, não é a propriedade privada, ou domínio, que integra o direito natural, mas algo que logicamente a precede, isto é, o poder de apropriação. Significa isto que para Ockham, desenvolvendo uma linha de pensamento iniciada por Duns Escoto, existe uma interrupção no domínio: ao domínio comum dos bens no estado de inocência segue-se um período em que ao homem assiste o poder de apropriação privada dos bens e, finalmente, a instituição do domínio exclusivo, ou propriedade privada, por obra do direito positivo. Para S. Tomás, não existe, pelo contrário, interrupção no domínio: ao domínio comum, enquanto situação de facto, existente na idade de inocência, sucede-se o princípio da propriedade privada, após a queda, como parte do direito natural. O direito natural assume, pois, no pensamento de Ockham, uma feição histórica que o aristotelismo de S. Tomás permite contornar, ressalvada a distinção teologicamente indeclinável entre a condição do homem anterior e posterior à introdução do pecado. Mas as construções de ambos permitem também superar uma dificuldade que tornaria o problema da propriedade verdadeiramente intratável para a generalidade dos autores medievais e que, em última análise, comprometeria o pensamento político dos autores da segunda escolástica. Na realidade, aceitar a continuidade do domínio, antes e depois do estado de inocência, correspondia ao sentimento dominante no período medieval e a polémica entre João XXII e os franciscanos exprime também a impossibilidade de aceitar, numa sociedade fortemente hierarquizada, a tese contrária, cuja formulação mais consistente se deve a Ockham. Simplesmente, na interpretação dominante dessa continuidade, a que não terá sido alheia a formulação porventura propositadamente ambígua do pensamento de S. Tomás, quer o domínio comum da idade da inocência, quer o domínio exclusivo que lhe sucedeu, são vistos como condições normativas. Daí a dificuldade: como explicar a cessação da comunhão dos bens? Para além das respostas que decorrem de uma diversa formulação do problema, como a proposta por S. Tomás (a comunidade nunca existiu verdadeiramente, enquanto condição normativa) e por Ockham (a comunidade dos bens cessou com o pecado), restavam apenas, no quadro da aceitação da continuidade do domínio como condição normativa, a solução de entender a comunidade dos bens como meramente negativa ou a resultante de entender esta como um direito de cada um sobre o todo: em qualquer caso, a cessação da comunidade dependia do consentimento[311]. O carácter insatisfatório de explicar a cessação da comunidade através do consentimento explica também o interesse essencialmente histórico que hoje atribuímos à filosofia política da segunda escolástica, marcado por essas soluções[312], mas também, em boa medida, ao pensamento de autores ainda influenciados por ela, como Grócio e Pufendorf[313].

---

[311] À primeira destas duas soluções associamos, é claro, os nomes de Grócio e Pufendorf; à segunda, o pensamento de Hobbes: "a natureza deu a todos um direito sobre tudo; quer dizer, era legítimo para cada homem, no estado de natureza, ou antes daquele tempo em que os homens se comprometeram através de quaisquer pactos ou vínculos, fazer o que quisesse, e contra quem quer que ele julgasse adequado, e possuir, usar e gozar tudo o que ele quisesse ou pudesse obter. ... e é este o significado do ditado comum segundo o qual a natureza deu tudo a todos" (cfr. Hobbes, *De Cive*, Parte I, Cap. I, § 10; cfr. *On the Citizen*, p. 28). A elas haveria ainda que acrescentar uma outra, qual seja a de que a *divisio rerum* tem a sua origem no domínio atribuído por Deus ao primeiro homem criado. O defensor mais conhecido deste entendimento é, como se sabe, Robert Filmer (cfr. Marie-France Renoux-Zagamé, *Les Origines Théologiques du Concept Moderne de Propriété*, pp. 314 e ss.; Manfred Brocker, *Arbeit und Eigentum*, pp. 104-113). Simplesmente, enquanto as duas soluções referidas no texto se relacionam positivamente com o advento do conceito moderno de direito natural individual de propriedade, esta terceira solução relaciona-se negativamente com esse advento. Com efeito, são os impasses criados por aquelas soluções que propiciam o desenvolvimento da ideia lockeana de direito natural individual de propriedade e este, por seu turno, forma-se em boa medida como reacção contra a teoria do direito de Adão, que precisamente explorava aqueles impasses. Os *Two Treatises* de John Locke são um bom exemplo dessa reacção (cfr., neste sentido, James Tully, *An Approach to Political Philosophy: Locke in Contexts*, pp. 100-102).

[312] Cfr. Marie-France Renoux-Zagamé, *Les Origines Théologiques du Concept Moderne de Propriété*, pp. 287 -302; Kurt Seelmann, *Die Lehre des Fernando Vazquez de Menchaca vom Dominium*, pp. 112 e ss.; sobre o problema fundamental da *divisio rerum*, Paolo Grossi coloca a questão de saber se através dele não haveria uma recuperação do social no quadro de uma elaboração teórica individualisticamente orientada, como seria a da segunda escolástica, e refere, a propósito, o "encontro entre sugestões voluntarísticas e proposições tomistas", atribuindo a estas últimas aquela recuperação (cfr. Paolo Grossi, "La Proprietà nel Sistema Privatistico della Seconda Scolastica", in *Il Dominio e le Cose*, pp. 376-377). Mas este encontro é antes, como resulta do texto, um verdadeiro desencontro.

[313] Cfr. Marie-France Renoux-Zagamé, *Les Origines Théologiques du Concept Moderne de Propriété*, pp. 346 e ss., esp. p. 351; Richard Schlatter, *Private Property*, pp. 129-130 e 144-150; Reinhard Brandt, *Eigentumstheorie von Grotius bis Kant*, pp. 35-41; Manfred Brocker, *Arbeit und Eigentum*, pp. 70-73 e 79-83. Em alguns pontos da sua obra, Grócio parece aproximar-se de uma definição da propriedade em termos de apropriação,

Segundo Richard Mckeon, nos autores influenciados pela doutrina de Aristóteles e o seu uso dos termos, os problemas da propriedade diminuem na sua extensão e na sua relevância em relação aos da moral e da política. Seria essa a razão pela qual na *Summa Theologiae* apenas alguns artigos são dedicados à propriedade, auxiliares em relação ao tratamento do *jus* ou introdutórios ao tratamento do roubo. Por uso dos termos em Aristóteles, entende Mckeon o modo como o filósofo, procedendo através da diferenciação de grupos sociais (a casa, a aldeia, a cidade[314]), consegue definir a propriedade de modo unívoco, colocá-la no contexto de termos próximos e, assim, delimitar a aplicação do termo "propriedade", associá-la com um dos grupos sociais fundamentais, a casa, e excluir ambos os termos dos problemas da filosofia política[315]. Já atrás se fez a crítica deste enten-

---

como o produto do trabalho [cfr. *Mare Liberum*, Cap. V (publicado anonimamente em 1608; cfr. *The Freedom of the Seas*, pp. 22-25); *Inleiding tot de Hollandsche Rechtsgeleertheyd*, Livro II, Cap. III, §2 (concluído em 1620 e publicado pela primeira vez em 1631; cfr. *The Jurisprudence of Holland*, vol. I, p. 81); *De jure belli ac pacis*, Livro II, Cap. II, II, 4 (1625; cfr. *Le Droit de la Guerre et de la Paix*, pp. 181-182)], mas a ideia da comunidade originária dos bens, firmemente enraízada no seu pensamento por via dos autores da segunda escolástica (cfr. Robert Feenstra, "Der Eigentumsbegriff bei Hugo Grotius im Licht einiger mittelalterlicher und spätscholastischer Quellen", p. 229, nota 130), impediu-o de desenvolver essa definição e de extrair delas todas as consequências. Muito embora Grócio explique, no *Mare Liberum*, a origem da propriedade privada, e o termo da comunidade orginária dos bens, com base na ideia de ocupação e só posteriormente, no *De jure belli ac pacis*, desenvolva a ideia de pacto, não deverá ver-se aí qualquer inversão fundamental de perspectivas. A ideia de consenso quanto à divisão das coisas encontra-se já presente nas duas primeiras obras mencionadas, assim como a ideia de ocupação, como expressão de um acordo tácito, se encontra no *De jure belli ac pacis* [cfr. Richard Tuck, *Natural Rights Theories*, p. 77, Reinhard Brandt, *ob. cit.*, p. 37; Manfred Brocker, *ob. cit.*, p. 70; Peter Haggenmacher, "Droits Subjectifs et Système Juridique chez Grotius", in Luc Foisneau (ed.), *Politique, Droit et Théologie chez Bodin, Grotius et Hobbes*, pp. 102-103]. Pufendorf, por seu turno, muito embora elabore a noção de comunidade negativa (cfr. *De jure naturae et gentium libri octo*, Livro IV, Cap. IV, § 5, p. 537) e saliente também a importância do trabalho no processo de saída dessa originária comunidade negativa dos bens (cfr. *De jure naturae et gentium libri octo*, Livro IV, Cap. IV, § 6, pp. 539-540; sobre estes aspectos, cfr. Stephen Buckle, *Natural and the Theory of Property: Grotius to Hume*, pp. 94 e ss.), acaba também por justificar a propriedade através da ideia de pacto (cfr. *De jure naturae et gentium libri octo*, Livro IV, Cap. IV, § 9, pp. 546-547).

[314] Cfr. Aristóteles, *Política*, Livro I, 1252b-1253a (cfr. *Política*, tradução e notas de António Campelo Amaral e Carlos Carvalho Gomes, pp. 52-53).

[315] Cfr. Richard Mckeon, "The Development of the Concept of Property in Political Philosophy: A Study of the Background of the Constitution", pp.323 e 304-305.

dimento, mas ele exprime, no entanto, correctamente, a ideia de um sentido de prioridade no tratamento dos problemas na filosofia política de Aristóteles. Atingir a excelência na vida política, situada na cidade, pressupõe a resolução do problema da propriedade, encarado na perspectiva da casa. Pois bem, é esta estrutura ordenada dos problemas da propriedade e da vida política que desaparece na concepção de Ockham. Para ele, a propriedade privada passa a ser vista como uma manifestação possível dos poderes de liberdade que assistem ao indivíduo enquanto tal, e por isso como algo conceptualmente distinto do exercício do poder político. Neste sentido, a diferença entre as teorias da propriedade de S.Tomás e de Ockham exprime muito simplesmente a diferença entre uma concepção de propriedade centrada na importância da «casa» (*oikos*) e uma visão da propriedade que sem poder ainda considerar-se como moderna, antecipa um dos seus traços mais marcantes: a autonomia do homem proprietário[316].

Otto Brunner salientou como se afiguram inadequadas as modernas dicotomias do Estado e sociedade, direito público e direito privado, quando se trata de compreender a constituição política medieval[317]. Neste contexto a «casa senhorial» é reconhecida como

---

[316] A incompatibilidade de princípio entre a teoria política de Ockham e as estruturas feudais é salientada por Ryzard Palacz, "Libertas als eine Grundkategorie der gesellschaftlichen Philosophie bei Ockham", pp. 416-417.

[317] Cfr. Otto Brunner, *Land und Herrschaft*, pp. 111 e ss.; idem, "Feudalismus, feudal", p. 344; idem, "Moderner Verfassungsbegriff und mittelalterliche Verfassungsgeschichte", in Helmutt Kämpf (ed.), *Herrschaft und Staat in Mittelalter*, p. 18; Walter Schlesinger, "Herrschaft und Gefolgeschaft in der germanisch-deutschen Verfassungsgeschichte", in Helmutt Kämpf (ed.), *ob. cit.*, pp. 185, 188-189. Em substituição dos conceitos próprios da moderna teoria do Estado, pressupondo uma separação e contraposição entre Estado e sociedade, Brunner propõe-se analisar a realidade política medieval à luz dos conceitos de terra, como comunidade de direito e paz que vive segundo um direito territorial (cfr. *ob. cit.*, pp. 234-235), e senhorio, não como domínio privado do solo, mas como poder juridicamente vinculado visando a defesa e protecção da comunidade territorial (cfr. *ob. cit.*, pp. 252-253). Os resultados da sua análise foram depois utilizados por Böckenförde para avaliar criticamente a historiografia constitucional alemã do século dezanove, designadamente aqueles autores que tendem a reduzir a posição de poder dos senhores territoriais da Idade Média à esfera privada, não política (cfr. Ernst-Wolfgang Böckenförde, *La Storiografia Costituzionale Tedesca*, pp. 68 e ss., 154 e ss.; a "privatização da função pública" é ainda apresentada como um princípio do feudalismo por S. E. Finer, *The History of Government, II – The Intermediate Ages*, pp. 873 e 876) e, num sentido completamente diverso, como sugestões para a compreensão do material político-jurídico actual, e as dificuldades que dele resultam para a distinção entre Estado e sociedade, por Rogério Soares (cfr. *Direito Público e Sociedade Técnica*, pp. 135-137).

elemento base do ordenamento jurídico da Idade Média, a partir do qual seria até possível explicar o surgimento de uma ordem política superior, como o poder real[318]. A diferença entre a «casa senhorial» medieval e os conceitos de «domus» e «oikos» da antiguidade reside na imunidade característica da primeira, enquanto âmbito de exercício autónomo do senhorio no confronto com outros poderes[319], por contraposição ao entendimento dos segundos enquanto condição de exercício comum da cidadania[320]. Este ponto de vista não é necessariamente incompatível, como se afirmou, com o crescente reconhecimento de uma apropriação de natureza privada dos bens, que se insinua na evolução da compreensão da teoria do domínio dividido e até no próprio seio das relações entre o senhor e o seu vassalo.

E com isto passamos de imediato ao segundo ponto: só nas condições políticas, económicas, sociais e culturais da Idade Média podiam coexistir simultaneamente as duas teorias da propriedade ou, por outras palavras, só a Idade Média fornece o ambiente propício à formulação de duas teorias tão diversas. Uma sociedade em que o

---

[318] Cfr. Otto Brunner, *Land und Herrschaft*, pp. 254 e ss.; Ernst-Wolfgang Böckenförde, *La Storiografia Costituzionale Tedesca*, p. 63. Otto Brunner, *ob. cit.*, pp. 146 e ss., critica ainda a concepção de Estado patrimonial, de que o poder político é entendido como propriedade do senhor ou do monarca, a qual seria na realidade uma construção moderna, assente numa distinção entre Estado e sociedade desconhecida nos tempos medievais (cfr., ainda, Helmut Rittstieg, *Eigentum als Verfassungsproblem*, pp. 5-7; uma concepção desse tipo é adoptada, no que respeita a Portugal, por Paulo Merêa, *O Poder Real e as Cortes*, p. 2; cfr., ainda, Martim de Albuquerque, "Política, Moral e Direito na Construção do Conceito de *Estado* em Portugal", in *Estudos de Cultura Portuguesa*, 1º vol., pp. 140-143).

[319] Cfr. Otto Brunner, *Land und Herrschaft*, pp. 333 e ss. sobre a imunidade como traço do regime senhorial, cfr., ainda, Robert Boutruche, *Seigneurie et Féodalité, I – Le Premier Âge des Liens d'Homme à Homme*, pp. 117 e ss.; Gama Barros, *História da Administração Pública em Portugal nos Séculos XII a XV*, pp. 242 e ss. O domínio senhorial sobre a terra como complexo de direitos e deveres podia pertencer ao senhor por direito próprio (alódio) ou em resultado de uma relação feudo-vassálica (cfr. Helmut Rittsiteg, *Eigentum als Verfassungsproblem*, p. 5).

[320] O contraste referido no texto é expresso por Hannah Arendt, *The Human Condition*, p. 34, nos seguintes termos: "o senhor feudal podia administrar justiça nos limites do seu domínio, enquanto o senhor da casa antiga, muito embora pudesse exercer um domínio mais ou menos severo, não conhecia leis ou justiça fora da esfera política". É, sem dúvida, o desconhecimento desta distinção que leva James Grunebaum, *Private Ownership*, p. 46, a aproximar o conceito aristotélico de propriedade da terra do conceito feudal.

feudalismo convive com um desenvolvimento sem precedentes do comércio e com o despontar do capitalismo[321]; uma sociedade em que o poder político e o poder espiritual se confrontam, despoletando um movimento de mútua autonomização sem precedentes na história ocidental; uma sociedade em que a filosofia antiga e a teologia disputam todas as questões e todos os domínios do saber; essa é uma sociedade em que ainda faz sentido o confronto entre a ordem teleológica da natureza e o princípio da liberdade como candidatos simultâneos a uma fundamentação normativa da propriedade e do poder político. E, na verdade, quer a concepção de S. Tomás, quer a de Ockham, adequavam-se a aspectos bem visíveis da sociedade em que viviam. A doutrina de S. Tomás, com a sua ideia de uso comum dos bens, de subordinação do direito de propriedade à prossecução das virtudes da liberalidade e da justiça, fazia sentido no âmbito de uma sociedade ainda fortemente hierarquizada e assente numa estrutura económica essencialmente agrária, em que os sistemas político e económico não haviam sido objecto de uma completa despersonalização e autonomização. Por seu turno, a concepção de Ockham adaptava-se ao movimento geral de desmembramento do *dominium* romano, dava forma a novas exigências do sentimento religioso nos centros urbanos e exprimia o desenvolvimento da tendência, surgida na sequência da agudização dos conflitos entre o poder espiritual e o poder temporal (em que se insere a própria polémica entre João XXII e os franciscanos), para pensar os problemas da ordem política, já

---

[321] Quando se opõe aqui o feudalismo ao desenvolvimento do comércio nos grandes centros urbanos, têm-se em vista os fundamentos económicos do feudalismo, os quais se encontram na economia natural da casa e na posse da terra, ou seja, numa economia essencialmente agrária por oposição a uma economia assente nas relações de mercado e na circulação monetária. Simplesmente, como adverte Otto Brunner, não estava aqui em causa uma simples propriedade sobre a terra por parte de uma classe dominante, mas antes, pelo menos originariamente, o exercício de um verdadeiro "senhorio sobre a terra e sobre a gente" (cfr. Otto Brunner, "'Feudalismus'. Ein Beitrage zur Begriffsgeschichte", in *Neue Wege* ..., p. 139; desenvolvendo, no contexto germânico, estas diversas acepções do "senhorio" medieval, cfr. Walter Schlesinger, "Herrschaft und Gefolgeschaft in der germanisch-deutschen Verfassungsgeschichte", pp. 135 e ss.). Esta mesma conexão entre aspectos económicos, sociais e políticos da propriedade fundiária medieval é salientada por Dietmar Willoweit, "Geschichtliche Wandlugen der Eigentumsordnung und ihre Bedeutung für die Menschenrectsdiskussion", pp. 8-9.

não como uma ordem assente numa hierarquia natural, mas como uma ordem constitucional, assente na delimitação e separação de poderes[322].

Uma vez delineadas as duas posições sobre a propriedade propiciadas pelo horizonte filosófico medieval é possível formular os problemas fundamentais do tratamento filosófico-político da propriedade privada. Quanto à perspectiva aristotélica e tomista revela-se já hoje de escasso interesse salientar a posição inadequada que aí logra, do ponto de vista das sociedades actuais, a consagração da liberdade individual. Mais importante, desse mesmo ponto de vista, é questionar até que ponto a diferenciação de um sistema político e de um sistema económico largamente dominados por esquemas de racionalidade instrumental é consentânea com a adopção de teorias da propriedade que coloquem o acento tónico na ideia de uso comum. Além disso, é necessário questionar em que medida as recuperações actuais de teorias cívicas ou republicanas da política não se alimentam elas próprias de uma separação entre a esfera da apropriação e a esfera da política que a essas concepções era, nos seus termos, originariamente estranha e que, pelo contrário, foi introduzida por compreensões da propriedade mais próximas da modernidade. Por outro lado, a partir de Ockham, abre-se a via que consiste em justificar a propriedade nos seus próprios termos, isto é, como possibilidade de actuação do indivíduo enquanto tal e não na sua capacidade de actor político ou de senhor da casa[323], mas também se criam condições

---

[322] Cfr. Arthur P. Monahan, *From Personal Duties towards Personal Rights*, pp. 8-9 e 68, idem, *Consent Coercion, and Limit*, pp. 209 e ss.; Brian Tierney, *Religion et Droit dans le Développement de la Pensée Constitutionnelle*, pp. 51, 61 e ss. e 71 e ss.; Joseph Canning, *A History of Medieval Political Thought 300-1450*, pp. 154 e ss.

[323] Janet Coleman, "*Dominium* in Thirteenth and Fourteenth-Century Political Thought and its Seventeenth-Century Heirs: John of Paris and Locke", pp. 82-83, salienta a concepção do dominicano João de Paris, desenvolvida no seu *De potestate regia et papali*, de 1306, visando sustentar a posição do Rei de França, Filipe o Belo (1285-1314) no conflito que o opôs ao Papa Bonifácio VIII (1294-1303) (para uma análise deste conflito acompanhada de uma selecção de documentos a ele respeitantes, cfr. Brian Tierney, *The Crisis of Church and State (1050-1300)*, pp. 173-210; cfr., ainda, Joseph Canning, *A History of Medieval Political Thought, 300-1450*, pp. 137-148). Nessa obra, João de Paris desenvolve a distinção entre *dominium* e *jurisdictio* quanto ao poder do príncipe e ao poder do papa, negando que este último, ao contrário do primeiro, pudesse exercer qualquer

para uma visão crescentemente economicista da acção humana. Isto não significa, naturalmente, que os modos de concretização daquela

---

jurisdição, isto é, o direito de decidir o que é justo e injusto nas questões relativas ao *dominium*, sobre a propriedade dos leigos (cfr. *De potestate regia et papali*, cap. VIII; *On Royal and Papal Power*, p. 106). Ockham adoptaria uma concepção sensivelmente idêntica. Mas é ao justificar que nem o príncipe, nem o papa, têm o domínio sobre a propriedade dos leigos, que J. Coleman considera existirem "alguns extraordinários momentos lockeanos" na argumentação de João de Paris. Este afirma, com efeito, que a propriedade dos leigos é adquirida por indivíduos através do seu trabalho e diligência e estes, enquanto indivíduos, têm o direito e o poder sobre ela e um verdadeiro domínio; cada pessoa pode ordenar, dispor, administrar, reter ou alinear a sua propriedade como entender, uma vez que tem o domínio. Assim, nem o príncipe, nem o papa, tem o domínio ou a administração de tais propriedades (cfr. *De potestate regia et papali*, cap. VII; *On Royal and Papal Power*, p. 103). Coleman, *ob. cit.*, pp. 97 e ss., esforça-se por demonstrar que Locke conheceu, por via indirecta, a argumentação de João de Paris e ainda que tal conhecimento não seja inverosímil, ele não pode deixar de desempenhar um papel apenas secundário, para não dizer irrelevante, na génese do pensamento filosófico de Locke, tal como aquela argumentação não permite atribuir a João de Paris um pensamento filosófico consistente sobre a propriedade. Na verdade, o problema que ele pretendia resolver era o da delimitação da jurisdição do papa e do imperador e é apenas nesse contexto que surgem as suas observações, que ocupam aliás uma parcela diminuta da sua obra, sobre a propriedade (num estudo anterior, J. Coleman havia sustentado um entendimento semelhante: cfr. "Medieval Discussions of Property: *Ratio* and *dominium* according to John of Paris and Marsilius of Padua", pp. 219-220 e nota 33; muito antes de J. Coleman, já Richard Schlatter, *Private Property*, p. 66, se havia referido ao pensamento de João de Paris como "uma antecipação da teoria que John Locke e os economistas clássicos popularizaram nos tempos modernos", sem deixar, no entanto, de salientar como o objectivo de João de Paris era o de sustentar que as disputas sobre a propriedade deviam ser submetidas à jurisdição das autoridades seculares e não das eclesiásticas; criticando o simplismo de uma excessiva identificação entre a posição de João de Paris e a teoria da propriedade de Locke, cfr. Cary J. Nederman, "Nature, Sin and the Origins of Society: The Ciceronian Tradition in Medieval Political Thought", p. 18, nota 70; cfr., ainda, Manfred Brocker, *Arbeit und Eigentum*, pp. 119-120 e p. 492, nota 419; importa ainda acrescentar que a "antecipação de Locke" é substancialmente posta em causa pela circunstância de no capítulo primeiro do *De potestate regia et papali*, João de Paris expressamente aderir à tese aristotélica da natureza política do homem: cfr. *On Royal and Papal Power*, pp. 76-79). Manfred Brocker, *ob. e loc. cit.*, procede ainda a uma comparação entre a posição de João de Paris em relação à teoria lockeana da propriedade e a posição de Aristarco de Samos em relação à teoria heliocêntrica de Copérnico: tal como Aristarco foi pouco conhecido entre os seus contemporâneos e os astrónomos posteriores, também a obra de João de Paris não constituiu fonte de discussão teórica sobre a propriedade; ambos são apenas familiares à investigação moderna, porque numa análise *ex post* eles se apresentam como percursores das teorias que hoje, enquanto paradigmas, influenciam a investigação científica. O livro de Brocker pretende apresentar a teoria que justifica a propriedade

possibilidade não pressuponham uma forte intervenção do poder político, significa apenas que essa intervenção é entendida como um factor exógeno, em relação a uma esfera de liberdade que se serve do poder político para a sua estruturação, mas não abrange necessariamente a vida política como manifestação dessa esfera. É à exploração das mais importantes soluções que foram sendo propostas ao longo daquela via que vão dedicar-se os capítulos subsequentes. Mas antes disso, importa salientar que o interesse da concepção de Ockham sobre a propriedade consiste precisamente, não só nos traços que apresenta em comum com uma concepção moderna da propriedade, mas também nos aspectos em que se desvia dela. Em Ockham não encontramos nenhuma teorização sobre a justificação dos modos de aquisição da propriedade, para além de referências esparsas ao direito de ocupação baseadas no direito romano. Mas é aí que reside precisamente o interesse filosófico do seu pensamento. A sua distinção entre um poder de apropriação e a propriedade, tal como a distinção paralela entre o poder de instituir o poder político e poder político instituído, são, como se disse, desenvolvimentos do papel central que adquire a ideia de liberdade no seu pensamento filosófico e teológico, cuja importância reside na circunstância de eles se assumirem simultaneamente como propostas para a resolução de um problema constitucional de delimitação do poder.

Ora, neste contexto, é sem dúvida digno de nota que Ockham tenha conseguido impedir a ocupação do lugar da liberdade por pré--compreensões demasiado rígidas da ideia de liberdade individual, apesar de toda a sua teoria sobre a origem da propriedade visar justificar, em última análise, a visão franciscana sobre a pobreza. Isso demonstra-se, desde logo, pela extensão dos poderes de apropriação e de instituição do poder político aos pagãos. Mas para além desse

---

com base no trabalho como a resposta à crise que historicamente comprometeu a teoria anterior, que baseava, segundo ele, a propriedade na ocupação, e esta sucessão de concepções teóricas sobre a propriedade é entendida por ele à luz da explicação da evolução da história da ciência com base na substituição de paradigmas, tal como proposto por Thomas Kuhn. E é, com efeito, no *The Structure of Scientific Revolutions*, p. 75, que Brocker colhe o exemplo de Aristarco de Samos (cfr. *ob. cit.*, p. 492, nota 417). A apreciação crítica deste enquadramento teórico da evolução histórica da propriedade privada será feita no capítulo 1 da Parte II.

aspecto do seu pensamento, com um interesse que é hoje essencialmente histórico, a sua recusa de sobredeterminação da ideia de liberdade subjacente ao poder de apropriação manifesta-se em características próprias da sua teoria sobre a propriedade. Assim, o poder de apropriação é, em primeiro lugar, conciliável com a justificação aristotélica da propriedade privada, conciliação essa que Ockham, como se viu, chega a efectuar no capítulo 7 do Livro III do *Breviloquium de principatu tyrannico*. Depois, o poder de apropriação é apresentado por Ockham numa dialéctica constante com a propriedade do direito positivo, do qual resulta também o *ius eminens* que assiste ao príncipe[324]. Nesta dialéctica, sem dúvida determinada pela ideia de que a natureza corrupta do homem, após a introdução do pecado, exigia a instituição do direito positivo, reside a explicação da ausência de uma justificação dos modos de aquisição da propriedade, mas ao mesmo tempo ela impedia eficazmente que, através dessa justificação, a própria ideia de liberdade individual a ela subjacente pudesse ser subordinada à propria ideia de apropriação. Por último, se o poder de apropriação é entendido como uma manifestação da liberdade, esta manifesta-se também na renúncia a toda a propriedade como forma de atingir a perfeição evangélica[325]. Nos capítulos subse-

---

[324] Na realidade, nos capítulos 23 e 24 do *Dialogus*, Parte III, Tratado II, Livro 2 (cfr. versão crítica do original e tradução para inglês em www.britac.ac.uk/pubs/dialogus/t32d2e.html e ainda, quanto ao capítulo 24, *Dialogus, Auszüge zur politischen Theorie*, pp. 166-167), Ockham, relativamente à questão de saber qual o âmbito do poder do imperador sobre as coisas temporais, admite a coexistência entre o poder de apropriação dos súbditos sobre as *res que nullius hominis sunt occupanti* e o poder de apropriação sobre as mesmas do imperador por razões de utilidade comum, em termos que equivalem ao reconhecimento da coexistência entre *dominium privatum* dos súbditos e *ius eminens* do princípe (cfr. Dieter Schwab, "Eigentum", p. 96; Richard Mckeon, "The Development of the Concept of Property in Political Philosophy: A Study of the Background of the Constitution", pp. 332-333; Max A. Shepard, "William of Occam and the Higher Law II", pp. 26 e ss.).

[325] Assim, afirma Jürgen Miethke, *Ockhams Weg zur Sozialphilosophie*, p. 502, que a propriedade das coisas temporais fica em aberto para a liberdade dos homens como tarefa de conformação: "Cada homem pode – de acordo com as regras estabelecidas pela sociedade através de «ordinatio» e «pactio» – adquirir propriedade para si mesmo. Mas cada homem pode também, no reconhecimento do perigo que tal propriedade tem de significar para a sua própria missão neste mundo, no cumprimento dos conselhos evangélicos de Cristo, renunciar radicalmente a toda a propriedade. Aquilo a que ninguém pode renunciar é à liberdade conferida por Deus aos homens para a disposição dos bens necessários à sobrevivência; ninguém pode renunciar a recorrer a esta liberdade num caso de necessidade".

quentes ir-se-á averiguar em que medida as soluções enquadráveis na via aberta por Ockham, de encarar a justificação da propriedade privada sob a perspectiva de um direito natural individual de aquisição, são ou não aptas a salvaguardar a ideia de liberdade individual subjacente ao poder de apropriação a pré-compreensões cada vez mais abertas a captar a crescente complexidade das relações económicas.

Em face dessas novas e emergentes pré-compreensões tornar-se-á mais claro como as filosofias da propriedade de S. Tomás e de Ockham partilham, apesar de todas as diferenças que as separam, uma característica: a desconfiança em relação ao homem proprietário. Mas enquanto essa desconfiança leva S. Tomás a subordinar o tratamento da propriedade ao da estruturação da comunidade política, no seguimento de Aristóteles, Ockham, em ruptura com o pensamento deste, autonomiza a propriedade como forma de melhor realçar o valor da opção religiosa que impõe a renúncia àquela.

Para além disso, o contraste entre o pensamento de S. Tomás e Ockham sobre a propriedade é ainda importante a outro título, que se prende com o modo como relacionam o problema da aquisição e do uso. Em Ockham o poder de adquirir como base do direito de propriedade surge separado por completo do direito de usar os bens exteriores em caso de necessidade. Ambas as realidades se integram no direito natural, mas com diferentes graus de relevância. Assim, enquanto o poder de apropriação se integra no terceiro modo de direito natural, o direito de usar inclui-se, dado o seu carácter irrenunciável, no primeiro modo. Enquanto o poder de apropriação tem uma natureza claramente subjectiva, o direito de usar é antes de mais um preceito de direito natural objectivo. Diferentemente, S. Tomás, apesar de também distinguir o direito de usar os bens e a *potestas procurandi et dispensandi*, não caracteriza esta última como um simples poder de apropriação, isto é, como uma defesa dos modos naturais de aquisição, mas como envolvendo a ideia de que a própria instituição da propriedade privada, na sua estrutura geral, é um requisito moral a que se acha subordinado o direito positivo. Esta estratégia permite a S. Tomás encarar o uso em comum como assente na própria instituição da propriedade privada. Pelo contrário, para Ockham o direito de usar os bens necessários à própria existência é concebido com independência do problema da propriedade privada.

Assim, Ockham, ao mesmo tempo que liberta o homem proprietário, autonomiza também o direito de usar os bens exteriores do direito de propriedade privada. Não é difícil intuir a qual das duas concepções se podem associar mais intimamente as evoluções posteriores nesta matéria. Ao mesmo tempo, não é fácil excluir nenhuma das exigências colocadas pelo pensamento de ambos os autores a qualquer reflexão sobre a propriedade: no caso de Ockham, a ideia de que o direito do proprietário não exclui o direito de usar do não proprietário, encarado como realidade separada da propriedade; no caso de S. Tomás, a ideia de que o reconhecimento da propriedade privada não exonera o proprietário da responsabilidade moral pelas exigências da justiça, que não é assim encarada como um problema exclusivo do sistema político.

CAPÍTULO 4
A propriedade entre republicanismo e o liberalismo como linguagens políticas distintas nos alvores da modernidade

4.1 O debate entre uma concepção imobiliária e uma concepção mobiliária da propriedade na linguagem política do século dezassete. John Pocock opõe, no pensamento político do século dezassete, uma noção da propriedade que pretende servir a autoridade do poder político a uma noção que pretende ser servida por ela. Em ambos os casos, reconhece que se está perante respostas à questão de saber, no contexto histórico da erosão do poder político na Inglaterra do século dezassete, como restaurar o domínio da razão e da autoridade. Mas as respostas são muito diferentes: "dizer que o indivíduo devia preservar-se a si mesmo, empunhar a espada para o fazer, mas que a cedeu a Nimrod ou a Leviatã quando descobriu a futilidade do método, é uma maneira de definir as raízes da capacidade política; dizer que o indivíduo cuja espada estava enraizada na sua propriedade se libertava da fortuna para perseguir os bens da mente e podia agora juntar-se com outros para formar um corpo político cuja alma era a inteligência colectiva, era outra e muito diferente maneira de o fazer"[1]. Subjacentes a cada uma destas duas e opostas posições conseguimos vislumbrar o pensamento de Thomas Hobbes e James Harrington, o autor de *The Commonwealth of Oceana*, publicado em 1656, mas o intuito de Pocock em contrastá-las é mais ambicioso, na medida em que ao fazê-lo procura salientar como a visão possessivo-individualista da sociedade foi primeiramente promovida, no contexto histórico

---
[1] Cfr. J. G. A. Pocock, "Authority and Property: The Question of Liberal Origins", in *Virtue, Commerce, and History*, pp. 55-56, 63-64.

das crises da Inglaterra do século dezassete que culminaram no estabelecimento de uma Grã-Bretanha oligárquica, comercial e imperial, por uma classe dominante em vias de recuperação, mais do que por uma classe emergente que se preparava para a substituir. O que assim se pretende pôr em causa é uma visão do pensamento político inglês do século dezassete como sendo todo ele afectado pela emergente percepção da propriedade como algo que é definido pelo mercado, visão essa cuja exposição clássica se encontra na obra de C. B. Macpherson. Pelo contrário, para Pocock o pensamento político do século dezassete não pode ser sujeito a uma leitura que o veja como um todo homogéneo que tende a justificar o direito de propriedade como um direito de aquisição ilimitado e desvinculado de constrangimentos morais. A sua crítica desta leitura homogénea centra-se, antes de mais, no pensamento de James Harrington, que não consistiria numa visão da *gentry*, a que ele próprio pertencia, como classe burguesa em ascensão, mas numa explicação dos efeitos do declínio do feudalismo, implicando a passagem do controlo dos exércitos do rei e dos nobres para as mãos dos proprietários livres. Nesta perspectiva, Harrington é visto essencialmente como um historiador do feudalismo e só num sentido muito rudimentar como um observador dos processos sociais seus contemporâneos. O sentido da sua análise assentaria no contraste entre a vassalagem própria de um sistema feudal em desagregação e a predominância de um sistema de propriedade livre, e esse contraste permitia-lhe ver na doutrina, de acordo com a qual a distribuição da terra determina o poder político – porquanto determina se o soldado deve lutar como cidadão pela coisa pública ou como dependente do seu senhor –, uma explicação para os acontecimentos do seu tempo, como o convenceu de que esse tempo oferecia condições sob as quais a república em sentido clássico se tornava uma vez mais uma possibilidade prática[2]. Assim, a terra

---

[2] Cfr. J. G. A. Pocock, *The Ancient Constitution and the Feudal Law*, pp. 141-143. A ligação entre armas e liberdade denota a influência do pensamento de Maquiavel em Harrington, que este último expressamente assumia [cfr., por exemplo, *The Commonwealth of Oceana*, in Pocock (ed.), *The Political Works of James Harrington*, pp. 161-162; sobre essa influência cfr., ainda, Pocock, "Introduction", in *The Political Works of James Harrington*, pp. 43 e ss.; idem, *The Machiavellian Moment*, pp. 383 e ss.; o mesmo autor, *The Ancient Constitution and the Feudal Law*, p. 147, refere-se à obra de Harrington como "uma meditação maquiavélica sobre o feudalismo"].

ou propriedade imobiliária, uma vez superado o feudalismo, tendia a fazer dos homens cidadãos independentes, que actualizavam a sua capacidade política libertando-se das dependências próprias das relações de vassalagem. Isso mesmo explica que as críticas dirigidas a Harrington, segundo Pocock, o fossem a partir de sectores interessados em manter a posição das classes dominantes e tivessem em vista precisamente a sua doutrina de que a forma de propriedade determinante da natureza do poder político era a terra, cuja estabilidade, oposta à mobilidade do dinheiro, libertava os homens para se tornarem as criaturas políticas racionais que por natureza se destinavam a ser. À ideia base desta doutrina, de acordo com a qual o poder se baseia na propriedade e, por isso, quando exista um número suficiente de proprietários estes podem, em conjunto, passar do domínio do poder de facto ao da autoridade política, aquelas críticas opunham a ideia de que o poder inerente à propriedade só pode ser controlado por um soberano independente e absoluto, cujo poder é, aliás, semelhante àquele. Ou seja, o poder propiciado pela propriedade, isto é, a possibilidade de obrigar os outros a obedecerem ao proprietário, e o poder político são ambas expressões da força, devendo o primeiro ser controlado pelo segundo até onde for possível e este limitado pelo reconhecimento da existência daquele. Como corolário, os indivíduos no seio de uma tal sociedade são apenas movidos pelo seu interesse e é este que gera simultaneamente relações de dependência, que num contexto actual consideraríamos aptas a estabelecer uma "ideologia burguesa"[3]. O discurso político no século dezassete é assim

---

[3] Cfr. Pocock, "Introduction", in J. G. A. Pocock (ed.), *The Political Works of James Harrington*, pp. 84-89. Para Pocock, o principal opositor de Harrington não foi Hobbes, mas Matthew Wren, o autor das *Considerations upon Mr. Harrington's Commonwealth of Oceana, restricted to the First Part of the Preliminaries* (Londres, 1654). O facto é significativo, na perspectiva de Pocock: as posições de Wren, "mais hobbesiano do que o próprio Hobbes" (cfr. *ob. cit.*, p. 84), eram as posições de alguém que pretendia restaurar a posição do clero como classe dominante e, por isso, apoiar uma ideia de mobilidade da propriedade, apta a configurar as relações de dependência referidas no texto, contra as ideias de Harrington, significava ao mesmo tempo apoiar a manutenção do clero classe como dominante (cfr., ainda, Pocock, "Authority and Property: The Question of Liberal Origins", in *Virtue, Commerce, and History*, pp. 62-63, idem, *The Machiavelian Moment*, pp. 397-398). Neste ponto de vista, existiria, apesar de todas as divergências, uma afinidade entre "Hobbes e Harrington – o teórico da soberania absoluta e o teórico de uma comunidade de

apresentado como dominado pelo confronto entre uma posição em que a terra é vista como meio de acesso à cidadania enquanto condição política natural do homem, por oposição à ideia de que só a supremacia da propriedade mobiliária permite descortinar o carácter artificial dos homens, cujas paixões e apetites podem e devem ser regulados por um soberano. Mas mesmo para aqueles que advogavam a supremacia da propriedade mobiliária sobre a terra enquanto fundamento do poder político, a percepção do crédito como modo de estabelecer relações de poder (ou restabelecer em novos moldes a antiga vassalagem) terá precedido a própria percepção do mercado[4]. Uma vez instalada essa percepção, poderíamos expressar a oposição entre as duas concepções da propriedade mencionadas por Pocock nos termos em que o faz Alan Ryan: por um lado, uma concepção política que vê a propriedade da terra e das armas como uma condição da cidadania e é hostil ao dinheiro; por outro lado, uma concepção moderna, que vê a propriedade como um recurso económico, encara o dinheiro com naturalidade e as exigências do poder político como um gasto de recursos e uma ameaça ao direito dos indivíduos de actuarem de acordo com a sua vontade[5].

---

virtude participativa" (*ob. e loc. ult. cit.*): ambos sustentavam que a escolha do clero era uma escolha civil, realizada pelo soberano civil e, por essa razão, ambos foram alvos dos ataques de Wren (cfr. Pocock, "Introduction", *cit.*, pp. 77 e ss.; idem, "Authority and Property...", *cit.*, p. 62). C. B. Macpherson, *The Political Theory of Possessive Individualism*, p. 268, parece estender mais longe a influência de Hobbes sobre Harrington, afirmando que este partilhava a concepção da natureza humana adoptada pelo primeiro (este entendimento de Macpherson apoia-se numa passagem de Harrington em que este, respondendo precisamente às críticas de Wren, se declara opositor da política de Hobbes, mas afirma que o mesmo "é, e será considerado nos tempos futuros, o melhor escritor do mundo até à época; e quanto aos seus tratados sobre a natureza humana, e sobre a liberdade e a necessidade, são a maior das novas luzes, e aquelas que tenho seguido e seguirei" [cfr. J. Harrington, *The Prerrogative of Popular Government*, Livro I, Cap. VII, in J. G. A. Pocock (ed.), *The Political Works of James Harrington*, p. 423; segundo Pocock, "Introduction", in *ult. ob. cit.*, p. 89, a passagem transcrita, inserida no seu contexto, não significa mais do que a concordância de Harrington com a tese de Hobbes de que a deliberação precede a vontade: cfr. Harrington, *ob. cit.*, p. 422; Hobbes, *Leviatã*, Parte I, Cap. VI, pp. 63-64 (cfr. Hobbes, *Leviathan*, ed. de Richard Tuck, pp. 44-45)].

[4] Cfr. Pocock, "Authority and Property: The Question of Liberal Origins", in *Virtue, Commerce, and History*, pp. 68-69; idem, *The Machiavellian Moment*, pp. 386-387, 391 e 450 e ss.

[5] Cfr. Alan Ryan, *Property*, p. 35.

A tese de Pocock não é apenas, no entanto, a de que a moderna concepção capitalista de propriedade teve também origem no discurso político mesmo antes de se tornar uma realidade económica efectiva; mais do que isso, o seu entendimento é o de que o debate entre uma concepção da propriedade que sublinha a posse da terra e a virtude cívica a ela associada e uma concepção fundada nas trocas comerciais e na civilização das paixões, permanece uma chave do pensamento social do século dezoito[6]. Esse pensamento é todo ele dominado pela tensão entre estas duas doutrinas paralelas e concorrentes de "individualismo proprietário" e é no contexto dessa tensão que deve ser apreciado o impacto da Revolução Financeira de meados da década de noventa do século dezassete, com a fundação do Banco de Inglaterra e a criação de um sistema de crédito público. Na verdade, segundo Pocock, a descoberta traumática do capital na forma de títulos da dívida pública e a criação de uma nova classe de investidores e especuladores que tendiam a dominar a política, determinou o desenvolvimento da percepção da história que descreve a sociedade política como fundada no comércio: na troca de formas móveis de propriedade e em modos de consciência adequados a um mundo de objectos em movimento. Simplesmente, isso não significa que a percepção da "sociedade comercial" própria do século dezoito se baseasse numa percepção do mercado ou numa crescente importância que os valores de mercado estivessem a adquirir no pensamento político e social. Pelo contrário, as origens da ideologia comercial residem largamente na controvérsia entre "virtude" e "corrupção" e no debate associado, entretanto revitalizado pela Revolução Financeira, entre propriedade imobiliária e mobiliária, ou entre os dois ideais pós-feudais, um agrário e outro comercial, um antigo e outro moderno[7].

---

[6] Cfr. Pocock, "The Mobility of Property and the Rise of Eighteenth-Century Sociology", in *Virtue, Commerce, and History*, p. 115. Segundo Joseph Cropsey, *Polity and Economy*, p. xi e 65 e ss., a defesa do capitalismo liberal efectuada por Adam Smith decorre de uma comparação de alternativas formadas pelos sistemas da virtude e do comércio.

[7] Cfr. Pocock, "The Mobility of Property and the Rise of Eighteenth-Century Sociology", in *Virtue, Commerce, and History*, p. 109; idem, *The Machiavellian Moment*, pp. 425 e ss.; idem, "The Varieties of Whiggism from Exclusion to Reform: A History of Ideology and Discourse", in *Virtue, Commerce, and History*, pp. 230 e ss.

Pocock descreve como o contraste entre o modelo da república agrária e o modelo do homem subjacente à ideologia comercial se transforma ao longo do século dezoito no contraste, presente no pensamento de Montesquieu, Gibbon e Adam Smith, entre a "virtude", por um lado, e as "maneiras", o "refinamento", por outro. As noções de refinamento e maneiras tornam-se, com efeito, elementos cruciais na ideologia setecentista do comércio. Compreendem-se as razões desta importância: se o homem especulativo não se limitava a ser um escravo das suas paixões, tinha de as moderar e de as converter em opinião, experiência e interesse, tinha de as inserir num sistema de vínculos sociais capaz de as domesticar. Era necessário, por outro lado, demonstrar que o desenvolvimento do comércio e da cultura não havia sido precedido por um mundo de cidadãos virtuosos, mas por um mundo de barbárie. Nesse sentido concorriam os esquemas de direito natural e *jus gentium* propostos por Grócio, Pufendorf e Locke, que salientavam a emergência de uma jurisprudência civil a partir de um estado de natureza, que podia ser identificado com a barbárie; concorria também o surgimento da famosa teoria dos quatro estádios da história humana, de acordo com a qual os homens foram primeiro caçadores, depois pastores, agricultores e finalmente comerciantes[8]; concorria ainda o papel da mulher no refinamento e polimento do comportamento do homem no âmbito de uma sociedade comercial, em contraste com o "modelo alternativo dos viris e auto-suficientes patriotas clássicos"[9]. A ideologia do comércio tinha de se firmar através da demonstração de que o abandono da virtude como modo de controlar as paixões era mais do que compensada através da sua substituição, nesse mesmo papel, pelo interesse, isto é, pela

---

[8] Cfr. Istvan Hont, "The Language of Sociability and Commerce: Samuel Pufendorf and the Theoretical Foundations of the 'Four Stages Theory'", pp. 253 e ss.; sobre a importância da teoria dos quatro estádios como explicação do desenvolvimento das formas de propriedade no pensamento de Adam Smith, cfr., ainda, Andrew Reeve, *Property*, pp. 57 e ss.

[9] Cfr. Pocock, "The Mobility of Property and the Rise of Eighteenth-Century Sociology", in *Virtue, Commerce, and History*, pp. 115-118; idem, "Cambridge Paradigms and Scotch Philosophers: A Study of the Relations between the Civic Humanist and the Civil Jurisprudential Interpretation of Eighteenth-Century Political Thought", p. 242; idem, "Edward Gibbon in History: Aspects of the Text in *The History of the Decline and Fall of the Roman Empire*", pp. 306 e ss.

generalização do comércio e os seus corolários, entre os quais se contava a concepção mobiliária da propriedade e a sua principal expressão, a letra de câmbio[10].

4.2 O individualismo possessivo e a oposição entre uma linguagem republicana e uma linguagem dos direitos como chaves para a compreensão do pensamento político do século dezassete em diante. Pocock distingue, em paralelo com a já diversas vezes aludida diferenciação entre uma concepção imobiliária e mobiliária de propriedade, e de forma nem sempre clara em relação a esta última, dois paradigmas na relação entre a propriedade e o poder político: o paradigma do humanismo cívico, a que é alheia a linguagem dos direitos, e o paradigma jurisprudencial, construído sobre essa

---

[10] Cfr. Albert O. Hirschman, *The Passions and the Interests*, pp. 73 e ss. Não deixa de ser interessante notar como as expressões que Pocock encontra para exprimir a diferença entre a concepção republicana da propriedade e a concepção liberal-capitalista, isto é, a propriedade "imobiliária" ou "agrária" e a propriedade "mobiliária" foram introduzidas no discurso político pelos defensores da sociedade comercial: assim Espinosa, no seu *Tractatus Politicus*, defende a propriedade pública dos bens imóveis e a propriedade privada dos meios móveis de riqueza, necessária à difusão do comércio (cfr. *Tratado Político*, Cap. VI, § 12, p. 56, e Cap. VII, § 8, p. 73); Montesquieu, por seu turno, estabelece uma divisão da riqueza em terra (*fonds de terre*) e bens móveis (*effets mobiliers*), necessários à difusão do comércio (*De l'Esprit des Lois*, vol. II, Livro XX, Cap. XXIII, p. 17). Como nota Hirschman, *ob. cit.*, p. 76, estes autores, ao mesmo tempo que louvavam a difusão das formas móveis de riqueza, como as letras de câmbio, criticavam o recurso dos governos à emissão de títulos de dívida; a razão era, em ambos os casos, a mesma: assim como a letra de câmbio tornava menos atractivo o recurso à força, a emissão de títulos de dívida pública permitia o incremento do poder governamental. Em ambos os casos, a preocupação era, pois, a limitação do poder. É claro que este facto põe de algum modo em causa o entendimento de Pocock segundo o qual o desenvolvimento da ideologia comercial foi fomentado como expressão de poder. Pocock afirma que Harrington conhecia a existência de uma república, a Holanda, em que a riqueza dos homens consistia mais na propriedade móvel do que na terra e, nessa medida, seria natural que analisasse as relações entre o poder e a propriedade entre os holandeses, caso o sentido do seu argumento fosse, como pretende Macpherson, o de reduzir o as relações políticas entre os homens a uma espécie das relações de mercado. Não o fez, no entanto, e nem sequer saberia como fazê-lo, à semelhança da maioria dos homens do seu tempo [cfr. Pocock, "Early Modern Capitalism: The Augustan Perception", p. 67]. Isso não significa, como se vê pelo exemplo de Espinosa atrás mencionado, que a única alternativa a encarar o poder político em moldes economicistas fosse o de o fazer assentar sobre a distribuição da terra.

mesma linguagem[11]. O mesmo autor sustenta também que ao mudarmos de um paradigma para o outro a relação entre a propriedade e o poder político muda e com ela a própria definição do político. Ora, verifica-se uma relação de exclusão mútua entre a noção de propriedade própria do humanismo cívico e a noção capitalista de propriedade, mas já não necessariamente entre esta e a noção de propriedade do paradigma jurisprudencial. A jurisprudência, afirma Pocock, "com a sua preocupação pelo *meum et tuum* e com o *suum cuique*, tem sido desde os seus começos históricos a expressão fundamental do individualismo possessivo, em que o indivíduo e o seu mundo moral e social são definidos nos termos das transacções de propriedade em que se acham envolvidos"[12].

Esta última passagem convida directamente ao confronto das teses que têm vindo a ser analisadas com a teoria do individualismo possessivo de C. B. Macpherson, em relação às quais podem ser encaradas como uma alternativa de leitura da evolução do pensamento político do século dezassete em diante. Macpherson considera que as obras de Hobbes, dos Levellers, de James Harrington e de John Locke comungam todas elas dos pressupostos básicos do individualismo possessivo – de acordo com os quais o homem é livre e verdadeiramente humano em virtude da propriedade da sua própria

---

[11] Cfr. Pocock, "The Mobility of Property and the Rise of Eighteenth-Century Sociology", in *Virtue, Commerce, and History*, p. 104: "Na forma de *oikos* dentro da *polis*, a propriedade aparece como um elemento de um esquema de relações que são essencialmente políticas e se obtêm entre cidadãos libertados pela sua propriedade para a elas se dedicarem. Mas existe uma outra face da tradição Ocidental não menos importante para a compreensão da propriedade: a linguagem da jurisprudência inaugurada pelos civilistas Romanos, fortemente presente em S. Tomás de Aquino, e levada por uma sucessão de juristas e teóricos do direito natural até à época de Locke. Nesta tradição a propriedade, sem perder nenhum do seu significado para a personalidade, é definida menos como algo que faz de alguém aquilo que é, do que algo a que alguém tem direito". A falta de clareza a que se refere o texto decorre do facto de ser possível identificar a concepção imobiliária de propriedade com aquela que é articulada no contexto do paradigma do humanismo cívico, mas já o mesmo não se poderá dizer em relação à concepção mobiliária de propriedade e ao paradigma jurisprudencial: Espinosa, por exemplo, adopta uma concepção mobiliária da propriedade, mas dificilmente se poderá considerar como pertencendo a um paradigma jurisprudencial.

[12] Cfr. Pocock, "Cambridge Paradigms and Scotch Philosophers: A Study of the Relations between the Civic Humanist and the Civil Jurisprudential Interpretation of Eighteenth-Century Political Thought", in Istvan Hont e Michael Ignatieff (eds.), *Wealth and Virtue*, p. 249.

pessoa pela qual nada deve à sociedade, a sociedade é essencialmente um conjunto de relações de mercado e o poder político é um mecanismo que se justifica pela protecção da propriedade – que corresponde à realidade da sociedade de mercado do século dezassete e integra a moderna teoria liberal[13]. A divergência entre este entendimento e as teses de Pocock não resulta apenas do facto de este sustentar que o discurso político dos séculos dezassete e dezoito é marcado pela oposição entre a teoria política do individualismo possessivo e a visão clássica da política; mais do que isso, este último autor não aceita a caracterização do individualismo possessivo apenas como a teoria política de uma sociedade que se define crescentemente como capitalista. Pelo contrário, o paradigma jurisprudencial, com as suas origens no direito civil dos romanos, "apresenta-nos o individualismo possessivo numa forma que antecede em muito os começos do moderno capitalismo, e apresenta-nos uma antiga forma daquela separação e recombinação do poder político e da liberdade que os teóricos da política chamam liberalismo"[14]. Do mesmo modo, como atrás salientei, o pensamento de James Harrington não pode ser

---

[13] Cfr. Macpherson, *The Political Theory of Possessive Individualism*, pp. 270-271. Em "The Deceptive Task of Political Theory", in *Democratic Theory, Essays in Retrieval*, p. 199, Macpherson define o individualismo possessivo através de três principais características: 1) O homem, como indivíduo, é visto como o proprietário natural e absoluto das suas próprias capacidades, relativamente às quais nada deve à sociedade; a essência do homem consiste na liberdade para usar as suas capacidades na procura da respectiva satisfação; a liberdade é assim limitada apenas por um princípio de direito natural utilitário, que proíbe interferir na liberdade dos outros e, por essa razão, a liberdade é vista como um domínio sobre coisas, não um domínio sobre os homens; a forma mais clara de domínio sobre as coisas é a relação de propriedade ou posse e, por isso, a liberdade é posse; todos são livre porque todos possuem ao menos as suas próprias capacidades. 2) A sociedade é vista não como um sistema de relações de domínio e subordinação entre homens e classes mantidos por direitos e deveres recíprocos, mas como um conjunto de indivíduos iguais que se relacionam entre si através das suas posses, isto é, enquanto proprietários das suas próprias capacidades e daquilo que produziram e acumularam através do respectivo uso; nesta medida, a relação de mercado é vista como a fundamental relação social. 3) Por último, a sociedade política é vista como um mecanismo racional para a protecção da propriedade, incluindo as capacidades. O individualismo possessivo assenta assim em três concepções próprias do indivíduo, da sociedade e da sociedade política, sendo que a sociedade precede logicamente a sociedade política e o indivíduo precede logicamente a sociedade.

[14] Cfr. Pocock, "Virtues, Rights, and Manners: A Model for Historians of Political Thought", in idem, *Virtue, Commerce and History*, p. 44.

correctamente descrito, para Pocock, como a articulação das aspirações políticas de uma classe em ascensão económica, mas antes como a expressão das oportunidades de recuperação da política em sentido clássico propiciadas pela desarticulação do sistema feudal. Ainda na mesma linha de pensamento, a principal crítica de que James Harrington foi alvo na época em que escreveu teria sido levada a cabo, como atrás se expôs, em nome de um individualismo possessivo, sem dúvida, mas um individualismo assente sobre relações de poder a que o mercado era ainda em grande parte alheio.

Qual é, então, o verdadeiro significado da oposição entre os entendimentos de Pocock, por um lado, e Macpherson, por outro, quanto ao sentido do pensamento político nos séculos dezassete e dezoito? Uma leitura dessa oposição poderia consistir em ver na análise de Pocock uma crítica à visão da história do pensamento político de Macpherson na medida em que esta é construída, por assim dizer, retroactivamente, através da imposição ao passado de um modelo demasiado comprometido com as preocupações do tempo do historiador[15]. Na realidade, quando Macpherson afirma que Hobbes "falha quando não consegue ver que a sociedade de mercado gera um grau de coesão de classe que torna possível uma autoridade política viável sem um ente soberano que se autoperpetue"[16], ou

---

[15] Assim, Pocock tem provavelmente Macpherson em mente, embora não o mencione expressamente, quando afirma ser "um não-marxista interessado em encontrar as circunstâncias sob as quais a linguagem marxista pode ser empregue com validade" (cfr. "Virtues, Rights, and Manners: A Model for Historians of Political Thought", in *Virtue, Commerce, and History*, p. 44), ou quando critica a tentação do historiador para "supor que conhece uma sociedade passada melhor do que era conhecida por aqueles que nela viviam; que o que ele conhece é a realidade e aquilo que eles conheciam apenas ideologia" [cfr. "The Political Limits to Premodern Economics", p. 122].

[16] Cfr. Macpherson, *The Political Theory of Possessive Individualism*, p. 265, e ainda pp. 85 e 90-93. A inverosimilhança da suposição de que Hobbes parte da cena económica, e não da cena política, para a estruturação do seu Leviatã, é posta em evidência por Louis Dumont, *Ensaios sobre o Individualismo*, p. 90, nota 2, o qual afirma ainda que "a etiqueta do «individualismo possessivo» não convém à filosofia de Hobbes, que nada tem de especialmente possessivo e, tomada no seu conjunto, não é individualista" (Louis Dumont, *ob. cit.*, pp. 91-92, esclarece depois que a filosofia de Hobbes não é individualista, porque não postula uma sociedade em que o indivíduo surja como o valor supremo, mas não deixa de ser verdade que o indivíduo, o ser humano particular, constitui o ponto de partida da sua análise; cfr., ainda, Pasquale Pasquino, "Thomas Hobbes: La Condition Naturelle de l'Humanité", p. 295 e nota 2).

quando sustenta que Harrington "não penetrou tão fundo quanto Hobbes na natureza do homem burguês"[17], está no fundo a avaliar o pensamento destes autores na perspectiva de um conceito de classe que eles manifestamente não adoptavam, nem podiam adoptar, e a propor-lhes a resolução de problemas que eles certamente não pretendiam resolver[18]. Uma outra leitura, precisamente em sentido contrário à que antecede, consistiria em criticar Pocock por proceder a uma excessiva identificação entre as ideias republicanas de Maquiavel, Harrington e outros autores que compreendiam a política através da linguagem das virtudes e do bem comum, com o ideal clássico da *polis* grega. No fundo, a tendência de Pocock é exactamente a inversa de Macpherson: enquanto este constrói um modelo das consequências sociais e políticas de uma sociedade de mercado e procura à luz desse modelo actual avaliar retroactivamente a obra de pensadores do século dezassete[19], Pocock parece compreender à luz do ideal clássico da *polis* grega o pensamento de todos os autores que se referem a esse ideal, ainda que entre as circunstâncias históricas em que o ideal foi pela primeira vez concebido e aquelas em que foi reclamado tenham decorrido vários séculos[20]. Ao mesmo tempo, o

---

[17] Cfr. Macpherson, *The Political Theory of Possessive Individualism*, p. 268; cfr., ainda, o debate entre Macpherson e John F. H. New sobre o significado do pensamento de Harrington na perspectiva de uma ideologia burguesa, in Charles Webster (ed.), *The Intelectual Revolution of the Seventeenth Century*, pp. 23-69.

[18] Cfr. Ian Shapiro, *The Evolution of Rights in Liberal Theory*, p. 73; James Tully, "After the Macpherson Thesis", in *An Approach to Political Theory: Locke in Contexts*, esp. pp. 76 e ss. A validade desta crítica da tese de Macpherson em relação ao pensamento de Locke, provinda especialmente de James Tully, é, no entanto, sujeita a maiores reservas, como adiante se verá [cfr., neste sentido, Ian Shapiro, *The Evolution of Rights in Liberal Theory*, pp. 137 e ss.; Isaiah Berlin, "Locke and Professor Macpherson", pp. 72 e ss.; Joyce Appleby, *Economic Thought and Ideology in Seventeenth-Century England*, pp. 191 e 220 e ss., esp. p. 239].

[19] É o próprio Pocock quem o afirma: cfr. "Authority and Property: The Question of Liberal Origins", in *Virtue, Commerce, and History*, p. 59.

[20] Pocock afirma, por exemplo, que não só "Karl Marx pode ser considerado um pensador entre os moralistas ocidentais clássicos", mas "a tradição moral ocidental revela uma impressionante unidade e soladariedade na falta de à vontade e desconfiança que demonstra em relação ao dinheiro como meio de troca", sustentando ainda que "em todas as fases da tradição ocidental existe uma concepção de virtude – aristotélica, tomista, neo-maquiavélica ou marxista – para a qual o desenvolvimento das relações comerciais é visto como uma ameaça" (cfr. "The Mobility of Property and the Rise of Eighteenth-Century

sentido da sua análise parece ser o de considerar o discurso republicano sobre a política como a verdadeira resistência à ideologia comercial e como a principal fonte teórica das grandes transformações políticas dos séculos dezassete e dezoito. Uma das consequências desta leitura é, como adverte Joyce Appleby, a de colocar numa espécie de limbo conceptual os gigantes do século dezassete – Hobbes e Locke[21]. A outra consiste em ignorar a importância da religião na evolução do pensamento político ocidental[22].

A contraposição que acaba de ser efectuada entre uma visão retroactiva da evolução da teoria política do século dezassete em diante, atribuída a Macpherson, e uma perspectiva que explica essa

---

Sociology", in *Virtue, Commerce, and History*, pp. 103 e 104; criticando justamente a inclusão de todos estes momentos num paradigma republicano, cfr. Ian Shapiro, *Political Criticism*, pp. 183-184). Julgo ser a esta luz que deve compreender-se a afirmação de Pocock de que a história de que ele se ocupa não é compatível com o Marxismo convencional, mas pode ser entendida como uma "peça da história do Marxismo" [cfr. J. G. A. Pocock, "Early Modern Capitalism – The Augustan Perception", p. 83]. É claro que se poderá então perguntar como pode Pocock conciliar a sua crítica do modelo de Macpherson, quando este último vê em Harrington um ideólogo de uma burguesia emergente, com a visão de Harrington como um precursor remoto de Marx. Do mesmo modo, poder-se-á perguntar como é possível ver na relação estabelecida por Harrington entre poder político e propriedade da terra uma antecipação do materialismo histórico e, ao mesmo tempo, sublinhar a sua mentalidade pré-capitalista, como faz Luigi Loreto, "Proprietà della Terra, Costituzione ed Esercito a Roma: James Harrington e le Fine della Repubblica nella Prima Metà del II sec. a. C.", pp. 399, 401 e 424-426, mentalidade essa também afirmada por Pocock. Esta tensão será, porventura, aliviada através da tentativa de inscrever Marx num momento maquiavélico, aspecto adiante referido no texto, mas que não parece dar conta do radicalismo do seu pensamento. A mesma tensão é ainda mais atenuada, embora já ao arrepio das teses de Pocock, se se pensar que Harrington não se limita a recuperar a linguagem clássica da política, antes contribui para a sua reinvenção, ao fazê-la assentar sobre um fundamento mais propriamente material (a sua teoria do balanço da propriedade) do que moral [sobre isto, cfr. Jonathan Scott, "The Rapture of Motion: Jame's Harrington Republicanism", p. 152].

[21] Cfr. Joyce Appleby, *Liberalism and Republicanism in the Historical Imagination*, p. 132. Para exemplos desta atitude de Pocock em relação a Locke, cfr. Pocock, "Authority and Property: The Question of Liberal Origins", in *Virtue, Commerce, and History*, pp. 64-65; idem, "The Mobility of Property and the Rise of Eighteenth-Century Sociology", in *ob. cit.*, p. 108; sobre a questão, na perspectiva da tendência de Pocock em minorar a influência de Locke na Revolução Americana, cfr., ainda, Miguel Nogueira de Brito, *A Constituição Constituinte*, pp. 28, nota 77, e 59, nota 178.

[22] Cfr. David Wotton, "Introduction: The Republican Tradition: From Commonwealth to Common Sense", pp. 14-15.

evolução com base na recuperação do ideal clássico da política, atribuída a Pocock, necessita, no entanto, de ser corrigida. Na verdade, Pocock tende a conceber o paradigma republicano da política como a recuperação do ideal da *polis* grega e a identificá-lo com a filosofia política de Aristóteles, mas cabe perguntar se essa identificação não releva, afinal, de uma releitura do pensamento político de Aristóteles à luz de um modelo da política concebido actualmente[23]. Ou seja, cabe perguntar se Pocock não procede um pouco à semelhança de Macpherson, construindo um modelo da política animado pelo ideal da participação na coisa pública como forma de vida mais elevada, reinterpretando à luz desse modelo a filosofia política de Aristóteles e fazendo, depois, passar pelo seu crivo todo o discurso político posterior ao humanismo.

Segundo Pocock, a teoria da *polis* e a sua estrutura constitucional tornaram-se cruciais para os humanistas italianos porque lhes permitiram situar a reflexão sobre os valores da política num nível que escapava à alternativa aberta pela querela dos universais entre o realismo escolástico e a posição relativista de que apenas o particular pode constituir objecto de conhecimento. Com efeito, seria possível encontrar na tradição política de Atenas meios de afirmar a república como uma comunidade de todos os homens dirigida à realização de todos os valores. Vista deste modo a república era uma entidade universal, não apenas intelectual, mas real. Simplesmente, a sua afirmação como tal assentava na disponibilidade de uma teoria de acordo com a qual a república pudesse alcançar uma distribuição da autoridade de tal forma que a natureza moral de cada cidadão fosse preenchida. Sem essa distribuição, a república não seria universal, justa ou estável, sendo certo que os cidadãos não poderiam confiar no apoio de uma ordem cósmica do mesmo modo que um rei e os seus súbditos, uma vez que a república não pretendia espelhar a ordem cósmica do mesmo modo do que a monarquia. Ora, ainda segundo Pocock, a teoria disponível para o efeito era a que se encontrava na *Política* de Aristóteles, uma teoria que descrevia a vida social como uma "universalidade de participação, mais do que um universal para a contemplação"[24].

---

[23] Neste sentido, cfr. Christopher Nadon, "Aristotle and the Republican Paradigm: A Reconsideration of Pocock's *Machiavellian Moment*", pp. 685-686.

[24] Cfr. Pocock, *The Machiavellan Moment*, pp. 63 e ss., esp. pp. 66 e 75.

A visão que Pocock nos dá da teoria da cidadania de Aristóteles, ou pelo menos do modo como, segundo ele, os humanistas italianos a desenvolveram com base em Aristóteles, assenta naquilo que designa pela "politicização da virtude"[25]. A teoria da *polis* aristotélica passaria pela definição da república como a associação no âmbito da qual todas associações particulares prosseguem os seus fins próprios e perspectivaria a associação com outros, bem como a participação na actividade orientada segundo valores dessa associação, como simultaneamente um meio para um fim e um fim – ou bem – em si mesmo. Ainda de acordo com este entendimento, a participação na associação cujo fim é o bem de todas as associações particulares, e visa alcançar todos os bens particulares, é em si mesma um bem de uma muito elevada ordem, porque universal. Assim, até ao ponto em que a escolha entre acção e contemplação tivesse que ser confrontada, a mais alta forma de vida humana concebível seria a do cidadão que governa como cabeça do seu *oikos* ou lar e governa e é governado como membro de uma comunidade de cabeças iguais que tomam decisões vinculativas para todos. O cidadão tomaria parte na determinação do bem geral, gozando na sua própria pessoa os valores que a sociedade permitiria atingir ao mesmo tempo que contribuiria, pela sua actividade política, para que outros pudessem alcançar fins por si valorados. A actividade da cidadania seria assim uma actividade universal, um bem de uma ordem mais elevada do que os bens particulares que o cidadão poderia usufruir enquanto animal social. A "politicização da virtude" significa, neste contexto, que ela deixa de ser entendida como um problema do aperfeiçoamento moral e intelectual do indivíduo para passar a ser encarada no contexto da qualidade de membro de uma *polis*, ou cidadão. A virtude depende da cooperação com outros, isto é, da manutenção da *polis* num estado de perfeição perpetuamente sujeito a falhas dos homens e a variações circunstanciais[26]. O maior desafio colocado à teoria republicana da política consistiria assim em manter a universalidade da *polis* incorrupta ao longo do tempo. Por razões inerentes à consciência temporal de Atenas, Aristóteles não se teria preocupado em excesso com a imagem

---

[25] Cfr. Pocock, *The Machiavellian Moment*, pp. 75, 76, 78, 80, 211.
[26] Cfr. Pocock, *The Machiavellian Moment*, pp. 67-68, 76, 78.

do tempo como dimensão de instabilidade, como sucede com a aplicação do conceito de tempo ao pensamento político e constitucional levada a cabo por Políbio com a sua famosa teoria dos ciclos políticos. Ora é precisamente a consciencialização da acção do tempo sobre a *polis* que teria induzido a principal inovação na teoria republicana, ocorrida com a sugestão de Maquiavel de que a única forma de fazer face à corrupção, que ameaça a república pelo simples decorrer do tempo consiste na "militarização da cidadania": ao basear a república na *virtù* do cidadão armado, Maquiavel teria transformado a participação popular: em vez de um problema de conhecimento, ter-se-ia tornado num problema de vontade. Simplesmente, com este passo, a república e a sua virtude deixam de ser universais e passam a ser espacial e temporalmente finitas[27].

Quais os problemas suscitados por esta visão da teoria política de Aristóteles? Pocock tende a substituir a linguagem aristotélica que distingue entre os "poucos" e os "muitos", entre os "ricos" e os "pobres", pela linguagem que distingue entre a "diversidade da personalidade social que os cidadãos exibem como resultado das suas prioridades valorativas individuais" e a "actividade universal de tomar decisões orientadas para a distribuição do bem comum"[28]. É sem dúvida esta tendência que lhe permite descrever a teoria aristotélica da *polis* em termos de uma "politicização da virtude", em que a participação política ocupa um lugar central. Tal descrição é, com efeito, apenas possível se previamente se minimizar o alcance não--igualitário da linguagem tradicional aristotélica. Seja como for, todavia, que se interprete a distinção aristotélica entre os "poucos" e os "muitos", os "ricos" e os "pobres", a verdade é que essa distinção se encontra persistentemente presente no pensamento político de Aristóteles, independentemente de através dela se pretender atribuir ao filósofo uma concepção elitista da política ou minorar a importância que atribuía à participação política[29]. Quando Pocock interpreta o

---

[27] Cfr. Pocock, *The Machiavellian Moment*, pp. 212-213, 215.
[28] Cfr. Pocock, *The Machiavellian Moment*, p. 68.
[29] Cfr., quanto ao problema do elitismo de Aristóteles, Richard Kraut, *Aristotle: Political Philosophy*, pp. 449-451, e ainda, quanto ao problema da participação política, Christopher Nadon, "Aristotle and the Republican Paradigm: A Reconsideration of Pocock's *Machiavellian Moment*", pp. 686-687; Richard Kraut, *ob. cit.*, pp. 94-95, e nota 38.

pensamento de Aristóteles com base na ideia da "politicização da virtude" parece, na realidade, ignorar a importância atribuída por Aristóteles à vida contemplativa como forma de realizar a natureza racional do homem independente da actividade política[30] e, sobretudo, a sua recusa em identificar o homem bom com o bom cidadão, a virtude do governante e a do cidadão comum[31]. O que acaba de ser dito não significa que a participação política não seja valorada no pensamento político de Aristóteles, tal como a liberdade política a ela associada, simplesmente são-no na medida em que permitem o exercício da virtude, a realização da excelência humana. Em relação ao exercício da virtude a participação política e a liberdade surgem como secundárias[32].

Como se poderá inferir do que acaba de ser dito, a análise das divergências entre Pocock e Macpherson coloca a questão de saber se elas não esconderão, afinal, uma substancial afinidade de perspectivas: se Macpherson adopta uma análise marxista do pensamento político do século dezassete[33], Pocock procura isolar a importância que na formação desse pensamento teriam tido autores que podem ser considerados como antecessores remotos de Marx, na perspectiva da crítica da ideologia comercial[34]. Assim, apesar de Pocock sustentar,

---

Christopher Nadon tende a minimizar a importância da participação política no pensamento de Aristóteles, mas ainda que não se concorde com essa minimização, o que não parece correcto é a adopção da atitude contrária que tende a ver nela o ponto fulcral da teoria política Aristotélica.

[30] Cfr. Aristóteles, *Política*, Livro VII, 3, 1325b (pp. 491-493); Richard Kraut, *Aristotle: Political Theory*, pp. 94-95.

[31] Cfr. Aristóteles, *Política*, Livro III, 4, 1276b17-1277b32 (pp. 195-203); Livro III, 9, 1281a 3-8 (p. 221); cfr., ainda, Richard Kraut, *Aristotle: Political Theory*, pp. 362-368.

[32] Cfr. Iseult Honohan, *Civic Republicanism*, pp. 23-26.

[33] Cfr., neste sentido, Andrew Reeve, "The Theory of Property: Beyond Private versus Common Property", p. 95; Brian Barry refere-se a *The Political Theory of Possessive Individualism* como um "ensaio sobre psico-análise marxista", que pretenderia fornecer as "premissas ocultas" necessárias para tornar coerente a teoria de Hobbes. Tal reconstrução, como adverte Barry, era, desde logo, compreensível apenas num contexto em que existia um consenso entre os comentadores segundo o qual a teoria política de Hobbes seria incoerente e está destinada a fracassar pela simples demonstração de que essa teoria é, afinal, coerente [cfr. Brian Barry, "Warrender and his Critics", p. 59, nota 18].

[34] Cfr. Pocock, "The Mobility of Property and the Rise of Eighteenth-Century Sociology", in *Virtue, Commerce, and History*, p. 122: "não existe maior ou mais comum

como se viu, a existência de um individualismo possessivo próprio daquele a que chama o paradigma jurisprudencial e que antecede em muito o capitalismo moderno, o certo é que acaba por não reconhecer a esse paradigma quaisquer virtualidades capazes de promover um combate efectivo à tendência para a corrupção própria do sistema capitalista. Ao pretender compreender o pensamento político e social dos séculos dezassete e dezoito à luz da oposição entre uma concepção republicana de propriedade, que encara a terra como meio de transformar o poder de facto nas relações entre os homens numa autoridade política partilhada entre cidadãos iguais, e uma concepção de propriedade própria da sociedade comercial, assente na mobilidade, tende a marginalizar uma outra oposição de que no entanto também ele se dá conta. Trata-se da oposição que resulta do debate subordinado à seguinte questão, nos termos formulados pelo próprio Pocock: "Recebia o súbdito a sua propriedade do príncipe ou derivava o príncipe a sua autoridade dos direitos que os seus súbditos tinham à protecção da respectiva propriedade?"[35] Ora, este debate sobre a relação entre poder político e propriedade foi travado numa linguagem própria do paradigma jurisprudencial, em termos a que era alheio o discurso republicano das virtudes. A mencionada observação de Pocock vem na realidade confirmar a existência, não de um, mas de dois debates sobre a relação entre poder político e propriedade nos alvores da modernidade. Esses debates estruturam-se em torno de diversas concepções da relação entre propriedade e poder político, a que já se fez referência, mas que agora convirá rememorar: *a)* a concepção republicana dessa relação, nos termos da qual a igual distribuição da terra entre os homens neutraliza as relações de poder que tendencialmente se estabelecem entre proprietários e não-proprietários e, associada à conexão estabelecida entre a propriedade da terra e o direito e dever de usar armas, permite a sublimação dessas relações (fácticas) de poder na instituição de uma autoridade política,

---

engano na história do pensamento social daquele que consiste em pensar que a tensão [entre virtude e comércio] desapareceu, que os ideais da virtude e da unidade da personalidade foram removidos do terreno, ou que a ideologia comercial, 'liberal' ou 'burguesa' reinou imperturbada até ser desafiada pelos percursores de Marx".

[35] Cfr. Pocock, "Edward Gibbon in History: Aspects of the Text in *The History of the Decline and Fall of the Roman Empire*", p. 323.

sublimação essa que permite aos homens assumirem a sua condição política natural de cidadãos; *b)* a concepção mobiliária da propriedade, assente na valorização do dinheiro em detrimento da terra, para a qual a relação de poder entre proprietário e não proprietário não é diversa da relação entre soberano e súbdito e que historicamente terá permitido às classes dominantes da Inglaterra do século dezassete, não só reagir contra a concepção referida anteriormente, mas também assegurar a manutenção do seu estatuto em face da crescente implantação de um sistema de mercado; *c)* a concepção de que a propriedade é uma criação do poder político e lhe assinala, por isso, uma base convencional; *d)* a concepção de que o poder político encontra o seu fundamento na protecção da propriedade. Pocock, já se disse, não só apresenta o debate entre as primeiras duas concepções como determinante, mas tende ainda a considerar as terceira e quarta concepções, a que não podemos deixar de associar os nomes de Hobbes e Locke[36], respectivamente (para mencionar apenas dois dos mais importantes nomes da filosofia política moderna que com uma e outra se relacionam[37]), como modos teóricos de articulação da segunda no contexto desse mesmo debate (este seu modo de ver é, aliás, explícito em relação a Hobbes, conforme se teve já oportunidade de afirmar). A segunda concepção, articulada no contexto histórico da reacção à concepção republicana, é ilustrada por Pocock através do discurso político da época e a sua apropriação pelo individualismo possessivo do capitalismo moderno não é, segundo ele, eficazmente contrariada pelas concepções acima referidas sob as alíneas *c)* e *d)*. A ideia que fica é, pois, a de que apenas a concepção republicana da relação entre a propriedade e o poder político, por ser a única que

---

[36] Cfr. Hobbes, *Leviatã*, Parte II, Cap. XXIV, p. 204 (cfr. Hobbes, *Leviathan*, ed. de Richard Tuck, pp. 171-172; Locke, *Second Treatise*, Cap. I, § 3, p. 268 (cfr. *Ensáio sobre a Verdadeira Origem, Extensão e Fim do Gôverno Civil*, p. 3).

[37] O padrão repete-se, todavia, em outros contextos: cfr., por exemplo, a distinção salientada por Gomes Canotilho entre um discurso individualista e um discurso associacionista no seio da teoria dos direitos naturais e a sua reflexão, no contexto cultural português, no confronto entre as teses de Vicente Ferrer Neto Paiva e Joaquim Maria Rodrigues de Brito [cfr. "O Círculo e a Linha: Da «Liberdade dos Antigos» à «Liberdade dos Modernos» na Teoria Republicana dos Direitos Fundamentais (I Parte)", pp. 742-743 e nota 32; sobre o mencionado confronto, cfr. L. Cabral de Moncada, *Subsídios para uma História da Filosofia do Direito em Portugal (1772-1911)*, p. 87].

mantém presente o ideal da "unidade da personalidade", se constitui como crítica válida à concepção de propriedade mobiliária à qual se adequa o conceito de propriedade próprio da emergência do capitalismo, tal como descrito por Macpherson[38].

Do ponto de vista de Pocock, a validade do modelo de mercado de Macpherson não é tanto posta em causa quanto circunscrito o seu âmbito de aplicação: o surgimento do homem económico não implicou o desaparecimento do homem político e foi a persistência deste, sobrevivente pela força do ideal clássico, que tornou incontornável o problema da virtude da *polis* antiga, definido pela impossibilidade simultânea da sua simples recuperação e da sua completa substituição[39].

4.3 Afinidades e distâncias entre a linguagem republicana da política e a tese do individualismo possessivo. Antes de aprofundarmos estas perplexidades, não pode deixar de se reconhecer que as mesmas relevam já de preocupações que transcendem o nível descritivo e explicativo em que Pocock afirma situar a sua investigação. No âmbito dessa investigação não se trata de afirmar que a concepção republicana da propriedade é a única alternativa à propriedade capitalista, mas apenas de afirmar que aquela concepção foi efectivamente mobilizada no discurso político do século dezassete em diante na crítica do individualismo possessivo próprio do capitalismo. Admitindo, no entanto, a possibilidade de isolar completamente um discurso descritivo, atendendo desde logo ao objecto da investigação em causa,

---

[38] Cfr. C. B. Macpherson, "Capitalism and the Changing Concept of Property", pp. 105 e ss. Segundo Macpherson com a emergência do capitalismo ocorrem três mudanças fundamentais no conceito de propriedade: (a) enquanto na sociedade pré-capitalista o conceito de propriedade compreendia a propriedade comum e a propriedade privada, a emergência do capitalismo determinou que toda a propriedade fosse entendida como privada, deixando de compreender o direito dos indivíduos usarem coisas comuns e passando a identificar-se com o direito de uma pessoa natural ou artificial excluir outros do uso ou benefício de uma coisa; (b) enquanto na sociedade pré-capitalista a propriedade de um homem era geralmente vista como o direito a um rendimento, com o advento do capitalismo a propriedade passa a ser vista como um direito em ou a coisas materiais, ou até como as próprias coisas; (c) as múltiplas justificações éticas e teológicas da propriedade na sociedade pré-capitalista tendem a ser substituídas por uma justificação principal, segundo a qual a propriedade é um incentivo necessário para o trabalho exigido pela sociedade.

[39] Cfr. Pocock, "Authority and Property: The Question of Liberal Origins", in *Virtue, Commerce, and History*, pp. 70-71.

e de manter num nível meramente descritivo os usos desse tipo de discurso, nem por isso se superam as dificuldades do entendimento segundo o qual a concepção republicana da propriedade permite criticar eficazmente a teoria política do individualismo possessivo. Por outras palavras, a crítica movida pela concepção republicana da relação entre propriedade e poder político ao individualismo possessivo parece estar destinada a falhar, de acordo com os resultados do programa de investigação histórica levado a cabo pelo próprio Pocock.

Antes do mais, em relação a James Harrington, e depois de afirmar que a sua análise situa a crise política inglesa "no contexto da história europeia como um todo, desde os exércitos de cidadãos das antigas repúblicas, passando pelas legiões dos imperadores e a sua substituição por colónias de mercenários góticos transformados em senhores feudais, até à reconquista da Inglaterra pelos seus próprios proprietários com as espadas nas suas mãos e sem outra tarefa perante si para além da instituição de uma república bem ordenada", é o próprio Pocock quem avança as razões do seu fracasso como "profeta" e da sua sobrevivência apenas como "crítico do desenvolvimento histórico": por um lado, a sua ideia de que não existiria outra forma de manter uma classe militar senão através da sua fixação pela posse da terra foi infirmada pelo facto de, pouco depois da morte de Harrington, o Estado começar a desenvolver a capacidade financeira de manter exércitos permanentes; por outro lado, o seu entendimento de que o desaparecimento da sociedade feudal arrastaria consigo a aristocracia hereditária e a monarquia por ela implicada impediu-o de ver que as relações de dependência não eram exclusivas do feudalismo, mas podiam igualmente perdurar numa sociedade comercial, e que uma monarquia de corte e uma aristocracia terratenente eram tão patronais como feudais, suportando-se "em todo aquele edifício de patrão e cliente, interesse e conexão, benefício e gratidão, serviço e ofício, associação e afeição, influência e deferência, corte e aldeia, e assim por aí em diante, que haveria de manter a Inglaterra unidade e fornecer o seu cimento de valor por um longo período de tempo"[40].

---

[40] Cfr. Pocock, "Introduction", in James Harrington, *The Commonwealth of Oceana and A System of Politics*, pp. xix-xxi. A distinção entre o papel de Harrington como profeta e como crítico do desenvolvimento histórico, não deixa de sugerir um certo paralelismo com Marx, que de resto Pocock expressamente leva a cabo quando afirma a intenção de

Para além de revelar as fragilidades do pensamento de Harrington, Pocock põe igualmente a descoberto as fragilidades do paradigma republicano no que concerne à crítica dos pressupostos do individualismo possessivo. Segundo ele, a tese do individualismo possessivo é a de que o surgimento da economia e da política modernas se prendem com a passagem da *oikonomika* para a *chrematistica*, isto é, de uma situação em que "economia" significa economia doméstica ou de pequenas comunidades locais, para uma outra em que significa a gestão de um mercado nacional mantido pelo desejo incontrolado de aquisição de riqueza dos indivíduos[41]. De acordo com esta tese é o crescimento de uma economia aquisitiva e individualista que despoleta o crescimento do Estado moderno e a passagem de um mundo da natureza, em que o que importa é a justa distribuição dos bens de acordo com o direito natural, para um mundo da história, em que as relações de produção estão constantemente a transformar as nossas

---

Harrington em "mostrar o caminho de saída da história e mais próximo da liberdade ideal. Tal como Karl Marx, ele pensava que a história estava a terminar e a começar" (cfr. Pocock, *ob. cit.*, p. xxi).

[41] Cfr. Otto Brunner, "Das 'Ganze Haus' und die Alteuropäische 'Ökonomik'", in idem, *Neue Wege der Verfassungs- und Sozialgeschichte*, p. 105: "A economia como doutrina do *oikos* abrange precisamente o conjunto das relações e actividades na casa, a relação entre homem e mulher, pais e filhos, senhor da casa e criados (escravos) e a realização das tarefas atribuídas à economia da casa e da terra. Deste modo, está também já dada a orientação do comércio. Ele é necessário e lícito, na medida em que serve a autarquia da casa; ele é censurável logo que se passa a ser concebido como um fim em si mesmo, quer dizer, quando se dirige à aquisição de dinheiro em si mesma. A economia coloca-se em face da 'crematística'. Na crematística, não na economia, reside a pré-história da economia nacional e ela permanece pobre porque não dá lugar ao desenvolvimento de nenhuma teoria, entendida como reprovável, porque é apenas ocasionalmente mencionada na ética e na política, quando aí são discutidos os limites da sua licitude". É claro que estas considerações de Otto Brunner não são expendidas no contexto da descrição de um ideal de recuperação da cidade antiga, em que as situa Pocock, mas da própria concepção da economia na Europa desde a Idade Média até ao advento das economias nacionais. Importa ainda relembrar que na análise de Aristóteles a crematística pode ser entendida, de um modo geral, enquanto arte de adquirir bens (a qual inclui, para além do comércio, a aquisição directa da natureza, i. e., plantas e animais; a troca directa de bens entre duas partes, sem intervenção do dinheiro; a troca entre duas partes com intervenção do dinheiro como equivalente directo dos bens) ou ainda, especificamente, a arte de aquisição baseada no comércio, criticada por Aristóteles [cfr. S. Meikle, "Aristotle and Exchange Value", p. 163; Carlo Natali, "Aristote et la Chrématistique", p. 306 e ss.; Trevor Saunders, *Aristotle: Politics, Books I and II*, p. 88].

vidas e as nossas identidades. Há, pois, que decidir em que medida essas transformações podem ser realizadas pela acção colectiva no âmbito da estrutura do Estado, isto é, pela política na moderna acepção da palavra. Como afirma Pocock, tendo certamente em mente Macpherson, alguns dos proponentes desta tese do individualismo possessivo consideram que todo este movimento da *oikonomika* em direcção à *chrematistica* implicou uma perda de controlo sobre as nossas identidades e o modo como são formadas, uma vez que permite apenas definir as identidades individuais como sujeitos que exercem direitos ou sujeitos que maximizam necessidades e procuram satisfazê-las, e nenhuma dessas definições da identidade é adequada a exprimir a riqueza e a complexidades da vida moral e social. Mas por outro lado, sustenta que esta tese do individualismo possessivo, enquanto modelo explicativo da transição de uma economia distributiva para uma economia aquisitiva, embora sirva para descrever muito do que se passou nos últimos trezentos anos, não fornece uma história adequada de todos os modos em que as identidades pessoais foram descritas e defendidas durante esse período[42].

Já antes mencionei como Pocock considera que essa história inclui o ideal republicano clássico da *polis*. O que agora interessa salientar é o paralelismo que estabelece entre a evolução da *oikonomika* em direcção à *chrematistica* e a evolução desde a *polis* em direcção ao Estado moderno. Tal como a palavra "economia" pode hoje exprimir realidades tão diversas quanto aquelas que os gregos designavam por *oikonomika* e *chrematistika*, também a palavra "política" pode significar as actividades de uma autoridade soberana nos assuntos da justiça e nos assuntos de Estado ou ainda, tal como significava para Aristóteles, "os assuntos de cidadãos dirigindo uma comunidade de acção moral que era ao mesmo tempo uma comunidade de acção heróica". Neste último sentido, a definição da identidade pessoal é, em parte, uma definição política e terá sido precisamente essa identidade política, própria da definição do homem como sendo por natureza um animal político, que se perde na passagem para uma sociedade crematística. Ao mesmo tempo que se dá a evolução da *oikonomika* para a *chrematistika* assiste-se, pois, a uma evolução do

---

[42] Cfr. Pocock, "The Political Limits to Premodern Economics", p. 129.

sentido do termo "política": este deixa de exprimir as relações entre cidadãos iguais, definidos como portadores de armas e proprietários, para passar a significar as relações entre governantes, representantes e investidores numa economia e império capitalistas[43].

A capacidade da política constranger eficazmente a esfera económica ocorre, assim, apenas quando esta é entendida num sentido pré-moderno. Os "limites políticos à economia pré-moderna" indicam, segundo Pocock, um esquema de valores em que os ideais da *polis* antiga funcionaram primeiro na ausência da economia moderna e foram depois articulados na forma de uma crítica persistente e penetrante dos perigos que o desenvolvimento da economia moderna representava para esses ideais. Seria essa crítica que ao longo do século dezoito permitiria a consciencialização dos perigos de empobrecimento moral associados ao princípio da divisão do trabalho e a interrogação sobre se o mero exercício de direitos, a protecção da propriedade, a maximização da satisfação das necessidades de cada um, o refinamento das maneiras de estar, a própria prossecução da felicidade ou a multiplicidade aberta de escolhas aparentemente proporcionadas por uma sociedade de consumo, permitiriam afinal satisfazer a necessidade de unidade política e moral da personalidade[44]. Este entendimento pressupõe, não apenas a viabilidade de uma crítica da economia moderna em nome de um entendimento pré-moderno da política, mas a própria inexistência e inoperância crítica de um entendimento verdadeiramente moderno da política, acompanhando a irrupção da economia moderna. Repare-se que Pocock fala em "limites políticos à economia pré-moderna", mas nunca em "limites políticos à economia moderna", parecendo assim admitir a incapacidade da concepção clássica da política para desempenhar algo mais do que a simples "crítica" da economia moderna em nome de ideais que antecedem o seu surgimento. Ao mesmo tempo, o par político da economia moderna, o Estado, é apresentado por Pocock como não tendo um carácter exclusivamente moderno, podendo ser visto como um descendente histórico do *imperium*, isto é, o território sujeito à

---

[43] Cfr. Pocock, "The Political Limits to Premodern Economics", pp. 130 e 132.
[44] Cfr. Pocock, "The Political Limits to Premodern Economics", p. 138; Pocock, "Early Modern Capitalism – The Augustan Perception", p. 73, fala, com o mesmo sentido, na "plenitude moral da personalidade".

jurisdição, administração e legislação de um soberano. Assim, a crítica da economia moderna feita em nome da concepção clássica da política, seria também uma crítica do *imperium*[45].

Para além disso, quando Pocock afirma que os limites políticos à economia pré-moderna tomaram a forma de uma doutrina do indivíduo não-especializado e multicompetente, incompatível com a economia em sentido moderno, mas que perdura depois do surgimento desta, não se pode deixar de notar como, no seu modo de ver, essa doutrina procede a uma selecção de alguns aspectos do entendimento clássico da política, que se afiguram polémicos em relação a outros aspectos que integravam esse mesmo entendimento. Estão em causa, evidentemente, a ideia de que o homem, enquanto chefe da sociedade doméstica, e não a mulher, deveria ser proprietário e soldado para ser cidadão, a ideia de que o uso das armas era considerado essencial para a unidade da personalidade, a ideia de que a comunidade política assentava naturalmente na exclusão de largas camadas da população[46].

Pode agora retomar-se a afirmação atrás produzida de que existe uma substancial afinidade de perspectivas entre o sentido da análise de Pocock e o de Macpherson. Na verdade a concepção republicana da relação entre propriedade e poder político, tal como Pocock a apresenta, sustenta que a propriedade da terra e o direito de usar armas a ela associado constituem a fundação da unidade da personalidade, por oposição aos efeitos da especialização associados à propriedade capitalista. Ora, a compatibilização da propriedade com o ideal da unidade da personalidade é afinal a proposta de Macpherson. Segundo ele, a compatibilização do conceito de propriedade com a

---

[45] Cfr. Pocock, "The Political Limits to Premodern Economics", p. 139.

[46] Cfr. Pocock, "The Political Limits to Premodern Economics", p. 136. O próprio Pocock se dá conta do mal-estar provocado por esta doutrina republicana quando afirma: "revoltamo-nos contra a afirmação de que o mais alto desenvolvimento da humanidade não nos deixa nada para ser ou fazer senão tomar a palavra na assembleia e combater no campo de batalha, e que a mais poderosa moderna expositora desta tese, Hannah Arendt, fosse uma mulher parece-nos, no mínimo, estranho" (cfr. *ob. e loc. cit.*). E, se é verdade que na obra de Hannah Arendt raramente surge o tema das armas como condição da cidadania e se afirma que "viver numa *polis*, significava que tudo era decidido através das palavras e da persuasão e não através da força e da violência" (cfr. Hannah Arendt, *The Human Condition*, p. 26), é igualmente verdade que as considerações de Pocock apontam para os limites da recuperação da *polis* clássica nas condições actuais (cfr. o ponto 1.3.2 do capítulo 1 da Parte III).

democracia passa pela evolução do direito de propriedade entendido como direito de excluir outros do uso ou benefício de algo, designadamente do acesso aos meios de produção, em direcção a um direito de não ser excluído por outros. Por outro lado, uma vez que o direito de propriedade é cada vez mais visto, nas circunstâncias das sociedades capitalistas desenvolvidas, não como um direito ao uso de uma coisa, mas um direito a um rendimento, a mencionada compatibilização exige que esse direito se configure como um direito de acesso aos meios do trabalho. Todavia, na medida em que o trabalho no sentido de produção material se torna crescentemente obsoleto em virtude do desenvolvimento tecnológico, a mesma compatibilização deverá passar pela substituição do direito de propriedade como direito de acesso aos meios de trabalho pelo direito de propriedade como direito de acesso a uma vida humana plena. Isto significa, segundo Macpherson, (a) o direito a uma parte do poder político que controla os usos do capital e dos recursos naturais de uma sociedade e (b), para além disso, o direito a um tipo de sociedade, a um conjunto de relações de poder em toda a sociedade, essencial para uma vida humana plena[47]. Dir-se-ia assim que Macpherson coloca no fim da história a realização do ideal da unidade da personalidade que Pocock considera uma perda da modernidade, associada, de forma aparentemente irreversível, ao desenvolvimento do Estado moderno. Em ambos os casos, antes ou depois do Estado (entendido como o par político da economia moderna capitalista), só contra ele seria possível estruturar a relação entre poder político e propriedade sem incorrer nos perigos da especialização ou, utilizando outra linguagem, da corrupção.

As afinidades mencionadas não escondem, é certo, algumas divergências. Assim, do lado de Pocock, essa divergência, como se disse, decorre do entendimento segundo o qual todos os conceitos políticos e jurídicos articulados no âmbito da economia moderna a

---

[47] Cfr. Macpherson, "A Political Theory of Property", in *Democratic Theory*, pp. 120 e ss., esp. pp. 122-123 e 136-140. Como nota John Dunn o livro *Democratic Theory* apresenta uma versão positiva das doutrinas de Macpherson, enquanto *The Political Theory of Possessive Individualism* registaria o lado negativo das mesmas (cfr. John Dunn, "Democracy Unretrieved, Or the Political Theory of Professor Macpherson", in *Political Obligation in its Historical Context*, p. 210).

precederam historicamente, não podendo ser simplesmente entendidas como superestruturas segregadas por ela. Por seu turno, em certas análises do pensamento de Marx existe uma certa ambiguidade, na procura do fim da depreciação economicista da política, entre o "rebatimento do político sobre o económico" e a "inscrição de Marx num momento maquiavélico", no âmbito do qual se procura afirmar, uma vez mais, a natureza política do homem e assinalar como fim à política não a defesa dos direitos, mas "a realização da «politicidade» primeira, sob a forma de uma participação activa enquanto cidadão na coisa pública"[48]. Mesmo sem questionar essa ambiguidade, a pró-

---

[48] Cfr. Miguel Abensour, *La Démocratie contre l'État, Marx et le Moment Machiavélien*, pp. 3, 4, 7. Segundo Abensour, embora se observe no pensamento de Marx uma tendência para a ocultação do político sob a forma de uma naturalização, de uma inserção do político numa teoria dialéctica da totalidade social, é também possível detectar na sua obra uma orientação contrária, como se Marx não tivesse cessado de se interrogar sobre o enigma do fundamento da comunidade política, do viver em conjunto dos homens (cfr. *ob. cit.*, p. 13). Esta leitura do pensamento de Marx estrutura-se sobre diversos momentos da sua evolução, que correspondem também a diferentes momentos daquela interrogação. Num primeiro momento, situado em 1842, manifesta-se a vontade de emancipar o Estado da religião, através da criação de uma comunidade política secular, e uma vontade de destruir as formas políticas do *Ancien Régime*, assentes no privilégio, substituindo-as por uma república democrática assente na igualdade política (cfr. *ob. cit.*, p. 17). Num segundo momento, que Abensour situa a partir dos escritos de 1843-1844 e se insere já decididamente no âmbito de uma ofensiva anti-hegeliana, a crítica política tende a transformar-se em crítica da política (cfr. *ob. cit.*, p. 35), a qual opera, primeiro, através do entendimento da democracia como uma forma que supera a abstracção do Estado moderno, em que o *demos* livre, não alienado ou limitado é o princípio real da comunidade política (cfr. *ob. cit.*, p. 85), e, depois, prossegue através da identificação do *demos* com a classe do proletariado (cfr. *ob. cit.*, p. 91). A questão que Abensour coloca é a de saber se esta descoberta do proletariado, como sujeito que detém a chave da história, implica para Marx uma saída do momento maquiavélico, um desvio em relação à lógica das coisas políticas. A oposição entre democracia real e Estado político, entre auto-instituição democrática do social e formalismo do Estado moderno, implicará uma liquidação do político, uma substituição da imaterialidade da vida política pelo concretismo da produção? A resposta a esta questão não é necessariamente afirmativa, segundo Abensour, como o demonstra o conjunto de textos de Marx relativos à Comuna de Paris, particularmente a Declaração da Associação Internacional de Trabalhadores de 30 de Maio de 1871, cujo grande feito é apresentado como a criação de uma forma política, a «constituição comunal», que afronta o poder do Estado moderno (cfr. Karl Marx, *A Guerra Civil em França*, p. 241). Desta visão da Comuna como uma forma política emancipatória, retira Abensour, apesar de tudo, a hipótese de uma ambiguidade de Marx quanto ao momento maquivélico. A partir desta ambiguidade, Abensour considera possível observar em vários pensadores um movimento que os empurra, a partir de um

pria tentativa de inscrever Marx num momento maquiavélico, o qual segundo Pocock tem sempre por horizonte a república em sentido

distanciamento do marxismo, a percorrer duas vias conjuntas, a de um «retorno» de Marx a Maquiavel e a de um caminho de Maquiavel a nós, como se aquilo que se procurou em Marx fosse de repente descoberto no autor de *O Príncipe*. Na constelação destes trajectos, em que Abensour inclui os pensamentos de autores tão distintos como Merleau-Ponty, Claude Lefort e Hannah Arendt, segregar-se-ia a ressurgência de um momento maquiavélico entre nós (cfr. *ob. cit.*, p. 103). O seu significado é o de manter em aberto o conflito entre a democracia e o Estado, cujo sentido irredutível é tanto o da recusa da síntese e da ordem como o da invenção no tempo de novas formas de invenção política que ultrapassam o Estado (cfr. *ob. cit.*, p. 115). O problema, no entanto, é que o estatuto ambíguo do político no pensamento de Marx não é partilhado do mesmo modo pelos autores que Abensour integra no por si designado momento maquiavélico. Assim dificilmente se poderá encontrar maior distância do que aquela que separa Hananh Arendt, e a sua exclusão da questão social, e Claude Lefort, com a sua atribuição de uma concepção moderna da economia a Maquiavel (cfr., deste último, "Machiavel: La Dimension Économique du Politique", in *Les Formes de l'Histoire*, pp. 215 e ss., esp. p. 233). E estas diferenças no ressurgimento do momento maquiavélico decorrem afinal do posicionamento em relação a uma outra ambiguidade que se poderá atribuir a Marx e à tradição marxista: a ambiguidade, referida no texto, que decorre da visão do seu pensamento como ciência e como crítica. Próxima desta questão, está a controvérsia sobre as raízes do legado da antiguidade (sobretudo a filosofia de Aristóteles) no pensamento de Marx: alguns autores, explorando pistas que apresentam alguns pontos de convergência com o entendimento de Miguel Abensour, sustentam que essas raízes consistem na experiência política da *polis* democrática (cfr., por exemplo, Claudio Katz, "The Socialist Polis: Antiquity and Socialism in Marx's Thought", pp. 237 e ss.), enquanto outros sustentam que elas residem nas reflexões de Aristóteles sobre a economia da casa (cfr., por exemplo, William James Booth, "The New Household Economy", p. 69, segundo o qual, enquanto a pleonexia, isto é, a vida submetida à pulsão aquisitiva, ou a vida de uma pessoa consumida pela procura incessante da riqueza material, era considerada como um defeito individual no mundo antigo, ela transforma-se, segundo Marx, numa característica essencial da economia moderna, que apenas pode ser superada pela emergência de uma economia doméstica transformada em larga escala, que deixe de estar submetida ao despotismo do *pater familias*, isto é, pelo comunismo). Marx rejeitava, sem dúvida, como ambos os grupos de autores reconhecem, quer a visão da *polis* centrada na virtude, quer o despotismo do governo doméstico. O que não pode duvidar-se é que as formas de circulação de mercadorias expostas por Marx (M-D-M, transformação da mercadoria em dinheiro e retransformação do dinheiro em mercadoria, e D-M-D', transformação do dinheiro em mercadoria e retransformação da mercadoria em dinheiro valorizado) se baseiam explicitamente na *Política* de Aristóteles e que, assim, a própria conceptualização do capitalismo assenta num comentário da *Política*, I.9, em que Aristóteles distingue entre a economia, enquanto arte da gestão da casa, e a crematística, enquanto aquisição ilimitada de riqueza (cfr. Karl Marx, *O Capital*, Livro I, Tomo I, pp. 177-178, nota 6; sobre a análise aristotélica da economia doméstica, cfr., supra, cap. 2). Ora, esta convergência de Marx com

clássico, não faz inteira justiça ao radicalismo com que Marx pensa a democracia como realidade política que se reconstitui em permanência contra o poder do Estado. E assim, a linguagem republicana que Pocock e outros apresentam como crítica da sociedade burguesa e antecessora, nesse sentido, de Marx[49] é vista por este como um expediente a que aquela sociedade recorre para ocultar de si própria o conteúdo limitado das suas lutas e que rapidamente esquece uma vez alcançados os objectivos reais[50]. Por outro lado, na medida em que a linguagem republicana da política se estrutura sobre uma determinada visão da vida boa, ela não tem qualquer correspondência na concepção ideal da sociedade segundo Marx, assente numa ideia de liberdade desvinculada de uma qualquer hierarquia de formas de vida[51].

4.4 A linguagem republicana da política como crítica e como alternativa ao liberalismo. Os desencontros entre a linguagem republicana e a tradição marxista a propósito da inscrição nesta última de um momento maquiavélico e da relação daquela com a ideologia burguesa, permitem questionar a natureza da relação entre a linguagem republicana da política e a linguagem jurídico-liberal dos direitos nos alvores da modernidade. A hipótese cujo acerto Pocock procurou demonstrar é a da persistência de uma linguagem republicana, mesmo depois da emergência do liberalismo, pondo assim em causa o "controlo paradigmático" deste sobre todo o discurso político. Mas então surge inevitavelmente a questão, que atrás se deixou em suspenso, de saber como se relacionam, no seio da tradição política ocidental, as duas linguagens identificadas por Pocock, ou, formulando a mesma questão de modo diferente, em que medida a linguagem republicana é uma simples repetição da concepção clássica ou, pelo contrário, essa linguagem assume contornos próprios da modernidade. Pocock parece, por vezes, pensar as duas linguagens, repu-

---

a análise de Aristóteles (cfr. William James Booth, *ob. cit.*, p. 60; S. Meikle, "Aristotle and Exchange Value", p. 163) não tem qualquer correspondência com a sua apreciação da visão aristotélica da *polis*: sob este último ponto de vista são sobretudo as divergências que se destacam.

[49] Cfr. Jean-Fabien Spitz, *La Liberté Politique*, p. 268.
[50] Cfr. Marx, *O 18 de Brumário de Louis Bonaparte*, pp. 22-23.
[51] Cfr. Wiiliam James Booth, "The New Household Economy", p. 71.

blicana e liberal, como dois paradigmas incomensuráveis que exprimiriam a tensão entre antigo e moderno, mesmo depois da irrupção da modernidade, e, nesta medida, a sua visão da ideologia liberal parece não pôr em causa o modelo construído por Macpherson, questionando apenas o seu âmbito de aplicação[52], do mesmo modo que nem sempre é claro até que ponto a análise de Pocock compreende a linguagem republicana como uma simples sobrevivência da concepção clássica da política, como uma recusa da modernidade, ou, pelo contrário, como um repensar radical dessa concepção à luz de novos contextos, em que a república surge como um problema próprio da modernidade. Mas, ao mesmo tempo, no vocabulário cívico dos autores estudados por Pocock deixa de haver lugar, como bem nota Jean-Fabien Spitz, para a orientação do *vivere civile* em direcção a um fim ético, deixando definitivamente de estar em causa, para aqueles autores, a questão da vida boa em sentido aristotélico, a procura do melhor regime como um fim em si mesmo, ou a instauração da justiça perfeita[53].

Assim como se fala de uma ambiguidade na tradição marxista relativamente ao estatuto que o político nela ocupa, pode também falar-se de uma ambiguidade da linguagem republicana em relação à modernidade. Tal aproximação permite lidar com esta última ambiguidade através de uma distinção que a primeira contribuiu certamente para suscitar no pensamento marxista. Trata-se das distinções efectuadas no âmbito do pensamento marxista quanto ao estatuto teorético a atribuir ao próprio marxismo. Essas distinções, todas elas tendentes a questionar a atribuição de um estatuto de ciência ao marxismo, entendido como socialismo científico (oposto ao socialismo utópico e a todas as formas de socialismo vistas como assentes em prescrições políticas ou éticas impostas "de fora" às classes trabalhadoras), procuram atribuir um outro estatuto ao marxismo que tende a pôr de lado a sua caracterização como a descrição de um movimento real, um movimento através do qual a classe trabalhadora se auto-realiza, ou a ideia da existência de leis que identificam o movimento em direcção a um socialismo efectivamente existente. Assim,

---

[52] Cfr. Pocock, "Authority and Property: The Question of Liberal Origins", pp. 70-71.
[53] Cfr. Jean-Fabien Spitz, *La Liberté Politique*, pp. 242-243.

poder-se-ia distinguir do marxismo como ciência, o marxismo como crítica, que rejeita qualquer determinismo e se assume como uma filosofia da prática ou perspectiva política, ou até o marxismo como "ponto de vista", em que se procura atribuir-lhe um estatuto epistemológico influenciado pela filosofia de Wittgenstein[54]. Todas estas propostas que questionam a identificação do pensamento de Marx com uma ciência e a filosofia da história que lhe está subjacente são determinadas, no fundo, pela preocupação em pôr a descoberto a sua parcialidade ou incompletude em determinados aspectos, a sua inescapabilidade, em suma, ao pluralismo próprio das sociedades modernas. Do mesmo modo, pode detectar-se uma preocupação semelhante no pensamento de John Rawls quanto ao estatuto que haverá que atribuir à sua teoria da justiça como equidade, preocupação essa que o próprio assume. Na verdade, em *O Liberalismo Político*, Rawls afirma que a ideia de uma sociedade bem-ordenada da justiça como equidade tal como utilizada na sua obra anterior *Uma Teoria da Justiça*, isto é, enquanto doutrina abrangente, é irrealista porque inconsistente com a realização dos seus próprios princípios, mesmo sob as condições mais favoráveis. Assim Rawls apresenta a sua teoria da justiça como equidade já não como uma doutrina abrangente, entendida como doutrina, seja ela filosófica, moral ou religiosa, que aspira a um âmbito de aplicação universal e se refere a todos os valores reconhecidos num sistema, mas como uma concepção política de justiça, ou seja, como uma concepção moral desenvolvida para um objecto determinado (a estrutura básica das modernas democracias constitucionais) e em resposta a problemas práticos[55]. A importância

---

[54] Cfr. Alvin Gouldner, *The Two Marxisms*, pp. 32-63 (como afirma impressivamente o autor, *ob. cit.*, p. 34, o marxismo enquanto ciência pretende estabelecer que certas coisas irão acontecer sem o concurso racional dos homens e até independentemente dos seus esforços, pelo contrário, o marxismo enquanto política sustenta que o devir dos acontecimentos depende crucialmente dos esforços das pessoas, do seu compromisso na prossecução de certos objectivos); Jürgen Habermas, *Theorie und Praxis*, pp. 228 e ss.; Gavin Kitching, *Marxism and Science, Analysis of an Obsession*, pp. 24-25 e 133 e ss. Apesar da rejeição comum da visão do marxismo como uma ciência próxima das ciências naturais, e da crítica a ela associada dos resíduos de filosofia hegeliana da história que se acham presentes em Marx, existem profundas divergências entre estes autores, quanto à importância e estatuto que haveria a atribuir hoje ao pensamento de Marx.

[55] Cfr. Miguel Nogueira de Brito, *A Constituição Constituinte*, pp. 193 e ss.

desta evolução no pensamento de Rawls consiste no facto de alterar substancialmente os termos do problema da estabilidade de uma sociedade bem-ordenada: este não respeita já à realização de um ideal, mas é visto desde o início como um problema a resolver no âmbito de uma cultura política democrática, ou seja um problema que apenas pode ser resolvido num determinado horizonte cultural e político, definido por aquilo a que Rawls chama o facto do pluralismo razoável[56]. Não se ignora, evidentemente, que esta dualidade no modo de entender a justiça como equidade não é exactamente da mesma natureza do que a que está subjacente à ideia dos "dois marxismos", no sentido em que o estatuto teórico da justiça como equidade, mesmo quando concebida nos quadros de uma "doutrina abrangente", não corresponde ao estatuto do marxismo como ciência. Mas o que legitima, apesar de tudo, a comparação é a diminuta importância atribuída, quer pela teoria da justiça como "doutrina abrangente", quer pela visão do marxismo como ciência, à dimensão prático-política, o que é justamente questionado pelo entendimento da justiça como equidade enquanto "concepção política" e pelo marxismo como crítica.

Vêm estas considerações a propósito de determinar o exacto alcance da contraposição, efectuada por Pocock, entre um modelo republicano e um modelo liberal de propriedade. Por vezes Pocock estrutura essa contraposição reconduzindo esses dois modelos a duas linguagens políticas distintas ou até, o que tornaria essa contraposição ainda mais problemática, a dois paradigmas incomensuráveis entre si, opondo o antigo e o moderno, o clássico e o comercial. Outras vezes, a linguagem republicana é apresentada como um meio de protestar contra o sentido da história que a linguagem liberal teria atribuído ao homem[57]. Em qualquer caso, parece estar subjacente à ideia de linguagem ou paradigma republicano um certo controlo da política sobre o domínio da economia, que as condições da modernidade tornariam problemática. O próprio Pocock se debruçou, no entanto, sobre o sentido da utilização das expressões "paradigma", "discurso" ou "linguagem" pelo historiador das ideias políticas, expressões que como se sabe foram forjadas por Thomas Kuhn nos

---

[56] Cfr. John Rawls, *O Liberalismo Político*, pp. 16 e 147 e ss.
[57] Cfr. Pocock, "The Mobility of Property and the Rise of Eighteenth-Century Sociology", p. 122.

seus estudos sobre a história das ciências e a partir daí apropriadas, nem sempre com os resultados mais profícuos, para vários outros domínios da história intelectual. Pocock adverte justamente para os perigos de um entendimento segundo o qual a linguagem política se reduz aos paradigmas da comunidade política num sentido análogo àquele em que a linguagem científica consiste nos paradigmas da comunidade científica. Esses perigos decorrem da observação de que a comunidade científica pode sem grandes distorções ser pensada como organizada para um só propósito, consistente num certo tipo de investigação intelectual. Nessa medida, é previsivelmente elevado o nível de sujeição da linguagem e pensamento de uma comunidade científica aos paradigmas de um modo específico de investigação intelectual, tal como este é periodicamente redefinido. Pelo contrário, a linguagem da política não é obviamente a linguagem de um modo de investigação intelectual submetido a uma disciplina unitária, porque nela coexistem proposições de tipo muito diverso, desde afirmações de facto a juízos de valor, e diversamente interpretadas pelos seus autores e destinatários. Assim, enquanto o paradigma kuhniano pressupõe o isolamento de certos problemas e a sua solução de determinadas formas, o que implica uma determinada definição da autoridade no seio da comunidade científica, o estudante post-kuhniano do discurso político é confrontado com o irredutível carácter plural da sociedade política, com a diversidade de linguagens através das quais o pensamento político pode ser desenvolvido e a diversidade de contextos em que pode produzir efeitos políticos. Segundo Pocock, faz parte do carácter plural da sociedade política que as redes de comunicação não podem permanecer inteiramente fechadas, que as linguagens apropriadas a um nível de abstracção podem produzir efeitos noutros níveis, que os paradigmas podem migrar de contexto e desempenhar funções diferentes em virtude dessa migração. Segundo ele, "uma sociedade plural complexa falará uma linguagem plural complexa; ou, melhor, uma pluralidade de linguagens especializadas, cada uma delas com os seus próprios preconceitos quanto à definição e distribuição da autoridade, será vista como convergindo na formação de uma linguagem altamente complexa, em que muitas estruturas paradigmáticas existem simultaneamente, o debate se desenvolve entre eles, termos individuais e conceitos migram de uma estrutura para outra, alterando algumas das suas implicações e retendo outras, e em que os processos de mudança no seio da linguagem considerada como instrumento social podem ser imaginados"[58]. Estas observações exprimem correctamente os limites da apropriação do conceito de paradigma no domínio do discurso político. Mas, apesar delas, não pode deixar de se reparar como na utilização que faz da abordagem paradigmática da história do pensamento político, e que contrasta com uma abordagem que pretende testar no discurso político do passado certas pressuposições do presente[59], Pocock acaba precisamente por sobretudo salientar a resistência paradigmática de certas linguagens políticas à mudança, a explicação em termos de uma linguagem clássica da política de fenómenos usualmente associados à modernidade, como a Revolução americana. Para além do classicismo e do conservadorismo políticos inerentes à sua investigação histórica e da inerente orientação desta sobretudo para temas do pensamento político pré-moderno[60], não pode deixar de se reparar como essa investigação acaba por trair o carácter plural da sociedade política que parece presidir à abordagem paradigmática por ele proposta.

Na realidade, a distinção entre um paradigma republicano e um paradigma liberal na história do pensamento político desde o século dezasseis até ao século dezoito contribui por vezes, na investigação histórica de Pocock, mais para os isolar do que para explicar o facto surpreendente da sua coexistência e indagar da migração de termos e conceitos entre eles. E, no entanto, o pluralismo do pensamento político ocidental político ocidental constitui justamente o horizonte no qual, graças largamente à obra de Pocock, nos habituámos a pensar a evolução histórica desse pensamento. Esse pluralismo, a que Rawls chamaria o facto do pluralismo razoável, e que aliás não se verifica do mesmo modo em todas as sociedades políticas europeias do século dezasseis ao século dezoito, é próprio da modernidade[61] e, nessa

---

[58] Cfr. Pocock, "Languages and their Implications: The Transformation of the Study of Political Thought", in *Politics, Language, and Time*, p. 22.

[59] Atribuída precisamente a Macpherson: cfr. Pocock, "Languages and their Implications: The Transformation of the Study of Political Thought", in *Politics, Language, and Time*, p. 37.

[60] Cfr. "Languages and their Implications: The Transformation of the Study of Political Thought", in *Politics, Language, and Time*, p. 41.

[61] Cfr. Rawls, *O Liberalismo Político*, pp. 19 e ss.

medida, a linguagem republicana não pode, neste contexto, ser considerada uma simples sobrevivência do paradigma político clássico.

Na sequência do que acaba de ser dito, o que gostaria aqui de sustentar é que a linguagem republicana que Pocock correctamente identifica nos alvores da modernidade nunca se constituiu historicamente como alternativa ao modelo liberal (ou como "doutrina filosófica abrangente" rejeitando em bloco a filosofia do liberalismo), e apenas se pode constituir como crítica em relação àquele modelo (ou como aspecto de uma concepção política concorrente com as que no âmbito deste último sejam elaboradas), caso prescinda de equacionar a propriedade com o ideal da unidade da personalidade. A linguagem republicana apenas se constituiria como alternativa ao modelo liberal caso fosse vista como uma forma de aristotelismo, isto é, como ordenando a participação activa na vida política como um fim em si mesmo subordinado a uma definição compreensiva do bem. Pelo contrário, essa linguagem assume-se como crítica do liberalismo na medida em que a participação activa na vida política é entendida, não como um elemento de uma concepção monolítica da ética, mas como uma exigência da salvaguarda das liberdades próprias de um regime constitucional, entre as quais se incluem as liberdades não políticas[62]. Neste âmbito, a propriedade fundiária não é uma condição da vida política plena; a participação política é antes apresentada como um instrumento, entre outros, de salvaguarda das liberdades individuais, entre as quais se inclui o direito de propriedade.

A visão da linguagem republicana como crítica, e não como alternativa, do modelo liberal permite pôr em dúvida que na dialéctica entre linguagem liberal e linguagem republicana na história do pensamento político, desde o século dezasseis até ao século dezoito, a oposição entre duas concepções da relação entre propriedade e poder político atrás apontadas tenha tido o lugar de destaque que Pocock lhe atribui. E na verdade o pensamento de Harrington, que principalmente sustenta esse lugar de destaque, tem sido sujeito a interpretações que questionam a importância que nele ocupa a visão da propriedade da terra como condição de acesso à vida política activa. Além disso, é discutível se essa visão ocupa um lugar de

---

[62] Neste mesmo sentido, cfr. Rawls, *O Liberalismo Político*, pp. 203, 284; idem, *Justice as Fairness, A Restatment*, pp. 142-144.

destaque na recepção posterior do pensamento de Harrington. Independentemente de considerações desta ordem, estritamente situadas no plano da investigação histórica, pode dizer-se que a construção de um modelo republicano em torno da realização do ideal da unidade da personalidade através da conexão estabelecida entre propriedade da terra, direito e dever de usar armas e exercício do poder político pelo chefe masculino da sociedade doméstica é passível de críticas semelhantes àquelas que podem ser dirigidas ao modo como Macpherson pretende realizar esse mesmo ideal. As diferenças entre essas críticas decorrem, como se disse, do facto de a concepção republicana de propriedade imobiliária se situar antes da emergência do Estado como par político da economia moderna capitalista, enquanto a concepção de Macpherson da propriedade como poder político e como direito a um tipo de sociedade se situa no horizonte longínquo do ocaso do Estado nesse mesmo sentido. Nesta conformidade, não resulta claro em que medida se configuraria uma sociedade em que essa concepção de propriedade fosse realizada, e quais os mecanismos de transição necessários para a atingir, ou mesmo se a concepção proposta por Macpherson tem algum sentido determinado[63].

Na concepção republicana de propriedade, segundo o modelo aristotélico identificado por Pocock, a realização do ideal da unidade da personalidade assenta na exclusão das mulheres e, uma vez que o acesso à cidadania pressupõe a distribuição da propriedade da terra, assenta também na presumível exclusão de largas camadas da sociedade. Na verdade, Aristóteles afirmava existir uma inconsistência em assegurar uma distribuição igualitária da terra sem uma correspondente limitação do número de cidadãos[64]. Do mesmo modo, Harrington, ao pretender fazer coincidir a qualidade de cidadão com a qualidade de proprietário, nunca chega a esclarecer de forma satisfatória quem são os cidadãos no âmbito de uma determinada sociedade[65]. A inelutabi-

---

[63] Criticando Macpherson neste mesmo sentido, cfr. John Dunn, "Democracy Unretrieved, or the Political Theory of Professor Macpherson", in *Political Oligation in its Historical Context*, p. 206.

[64] Cfr. Aristóteles, *Política*, II.6, 1265a, p. 129.

[65] Cfr. Georges Lamoine, "Quelques Réflexions sur la Notion de Propriété dans l'Oeuvre de James Harrington", p. 200; as ambiguidades de Harrington na definição do conceito de *gentry*, umas vezes incluído na nobreza e outras identificado com o povo, são evidenciadas por Macpherson, *The Political Theory of Political Individualism*, pp. 161 e 166 e ss.

lidade da exclusão da cidadania de largas camadas sociais, pressuposta pela concepção imobiliária da propriedade de Harrington, comprova-se pela comparação entre o seu pensamento republicano, na interpretação de Pocock, e o pensamento democrático radical de Espinosa, em que o problema da assimetria entre o acesso à propriedade fundiária e o acesso ao poder político é resolvido pela proposta da abolição daquela, como atrás se referiu.

Se passarmos agora para a concepção de Macpherson, é o próprio quem afirma que a sua proposta de substituição da propriedade como direito de acesso aos meios de trabalho pela propriedade como direito de acesso a uma vida humana plena "parece fazer-nos recuar através dos séculos, para nos trazer de volta mais uma vez a ideia de que a propriedade das condições da vida (um vida 'boa') é a principal forma de propriedade, como era para os primeiros teóricos, e. g. Aristóteles, antes de a ênfase ter sido posta na propriedade na terra e no capital (os meios de produzir as condições da vida)"[66]. O resultado não será, no entanto, o mesmo, pois nas circunstâncias actuais de elevada produtividade a questão crucial não é já a de providenciar um fluxo suficiente de condições materiais de vida, mas a de assegurar a qualidade e tipos de coisas necessárias para um vida plena, o que requer a difusão da propriedade no controlo da massa dos recursos produtivos. A propriedade é assim vista como a parte do indivíduo no poder político. A justificação da propriedade com base na sua instrumentalidade para a obtenção de uma vida humana plena implica não apenas a visão da propriedade como direito a uma parte no poder político, mas também como direito ao tipo de sociedade em que se realize a vida humana plena e livre, em que o gozo das capacidades humanas de cada um aumente, na mesma proporção em que diminui a importância relativa de um fluxo suficiente de bens consumíveis, uma vez resolvidos os problemas de escassez material. A proposta de Macpherson pressupõe, como se vê, a resolução dos problemas de escassez material, mas não identifica alternativas à ideologia capitalista ou mecanismos de transição que permitam às sociedades ocidentais, em que essa ideologia persiste, rejeitar o conceito da essência humana própria do mercado, no âmbito dos quais

---

[66] Cfr. Macpherson, "A Political Theory of Property", in *Democratic Theory, Essays in Retrieval*, p. 137.

aqueles problemas de escassez sejam resolvidos[67]. Na verdade, da sua análise parece até resultar que os problemas de escassez económica só podem ser resolvidos no contexto das sociedades capitalistas avançadas, só nestas sendo criadas condições para uma transição para uma concepção da propriedade como acesso a uma vida humana plena. E isto não obstante a concepção da propriedade como acesso aos meios de trabalho, que historicamente a antecede, pressupor que estes sejam objecto de uma apropriação social[68]. Ora, a passagem para uma concepção da propriedade como acesso a uma vida humana plena depende de os avanços tecnológicos tornarem o trabalho menos necessário e tais avanços têm apenas lugar, de acordo com o próprio Macpherson, nos países capitalistas mais desenvolvidos, onde aquela apropriação social não ocorreu. Segundo o autor, "por razões técnicas económicas, bem como em resultado de pressões sociais e políticas, os países capitalistas mais avançados começam a orientar-se no sentido de atribuírem um 'rendimento annual garantido' ou de estabelecerem um 'imposto de rendimento negativo'. O efeito de tais medidas é o de dar a todos um rendimento (ainda que este possa a princípio ser pequeno) não relacionado com o trabalho. Se a quantia de um tal rendimento se tornar substancial, o direito de ganhar um rendimento iria certamente diminuir em importância enquanto forma de propriedade. É ainda cedo para dizer se, ou quando, futuros aumentos da produtividade das sociedades modernas diminuirão de tal modo a quantidade de trabalho humano socialmente exigido que o rendimento possa ser inteiramente desligado do trabalho efectuado. Mas podemos dizer que, na medida em que isso aconteça, será uma vez mais alterada a natureza da propriedade enquanto direito individual importante"[69]. Trata-se, é claro, da alteração consistente em a propriedade deixar de ser um direito de acesso aos meios do trabalho para passar a ser um direito de acesso a uma vida humana plena.

Se a crítica do homem económico moderno em nome de um entendimento pré-moderno da política se apresenta problemática, nos

---

[67] Cfr. John Dunn, "Democracy Unretrieved, or the Political Theory of Professor Macpherson", in *Political Oligation in its Historical Context*, p. 212-215.
[68] Cfr. Macpherson, "A Political Theory of Property", p. 136.
[69] Cfr. Macpherson, "A Political Theory of Property", p. 137.

termos da análise levada a cabo pelo próprio Pocock, isso é, só por si, motivo para duvidar que ela alguma vez tenha sido estruturada como ele o pretende ou que ela tenha tido o lugar central que parece, apesar de tudo, disposto a atribuir-lhe. É duvidoso, por outras palavras, que a linguagem republicana tenha, de forma consistente e persistente, preconizado uma concepção imobiliária de propriedade como base do poder político em alternativa a uma concepção mobiliária própria da ideologia do comércio. Isso não significa que essa linguagem republicana não tenha existido desde o início da modernidade política ocidental, mas apenas, como se disse, que ela se assumiu como crítica do liberalismo e não como alternativa. Ou se se preferir, utilizando a terminologia de John Rawls, que ela raramente se exprimiu historicamente como uma doutrina filosófica abrangente incompatível com uma concepção política da justiça, mas como uma forma que esta última pode assumir e, por isso, compatível com o liberalismo político.

A distinção entre estas duas perspectivas da linguagem republicana – a primeira designando uma pretensa forma de aristotelismo que rejeita o liberalismo em nome de uma participação activa na política, entendida como fim em si mesmo, e a segunda uma valorização da participação política como meio de salvaguarda de todas as liberdades individuais – perspectivas essas que Rawls nomeia através das expressões "humanismo cívico" e "republicanismo clássico"[70], respectivamente, tem sido posta em relevo pelo trabalho de autores como Quentin Skinner e Philip Pettit. É graças às investigações de Pocock que é possível pôr em causa a visão do pensamento político ocidental moderno em que todo ele surge dominado por uma certa visão do liberalismo e compreendemos a diversidade de origens intelectuais desse pensamento e as tensões internas a que se acha sujeito. Todavia, o modo como na sua obra nos é apresentada a linguagem republicana surge talvez excessivamente conotado com a ideia clássica da *polis* grega, ou, talvez melhor, com um certo entendimento dessa ideia. Talvez essa excessiva conotação releve de uma necessidade táctica, como o próprio Pocock parece admitir[71], destinada a evitar as conotações porventura mais excessivas levadas a cabo pela síntese

---

[70] Cfr. John Rawls, *Justice as Fairness, A Restatment*, p. 142, nota 8.
[71] Cfr. Pocock, *The Machiavellian Moment*, p. 424.

liberal dominante, na altura em que lançou o seu programa de investigação histórica, de todo o pensamento político ocidental com a ideologia do capitalismo. Uma vez superada essa fase inicial torna-se necessário adquirir uma outra perspectiva sobre as diferentes linhas de força do pensamento político ocidental. Os trabalhos dos autores atrás mencionados contribuem precisamente para questionar as distorções do discurso e pensamento político resultantes da excessiva conotação de todo ele com a ideologia do mercado, ou de parte com uma certa visão da *polis* clássica que procura protestar contra essa ideologia, e pensar a linguagem republicana utilizada no discurso político a partir do século dezasseis não como uma simples recuperação de temas clássicos, ou a tentativa da criação de condições em que a política em sentido clássico se torne uma vez mais uma possibilidade, mas como a selecção desses temas para a resolução de novos problemas, próprios da modernidade.

4.5 O conceito republicano de liberdade entre a liberdade positiva e a liberdade negativa. Segundo Quentin Skinner, a linguagem republicana usada por Maquiavel nos seus *Discorsi Sopra la Prima Deca di Tito Livio* não surge articulada no contexto de um conceito positivo de liberdade, mas antes no âmbito de um conceito negativo de liberdade. A distinção entre liberdade em sentido positivo e negativo foi tornada clássica por um justamente famoso artigo de Isaiah Berlin em que a primeira surge associada à auto-realização política dos membros de uma comunidade e a segunda à área de não interferência do poder político que a cada um desses membros seja reconhecida[72]. Skinner, numa primeira formulação do seu pensamento, sustentou que quando Maquiavel exaltava a participação política e as virtude cívicas não as entendia como um fim em si mesmo, como uma forma de realizar a natureza política própria do homem, mas antes como um meio necessário para assegurar a liberdade em sentido negativo, num sentido próximo da definição proposta por Berlin. No fundo, a linguagem republicana utilizada por Maquiavel não diverge da ideia de liberdade própria da tradição liberal quanto ao respectivo significado, mas apenas quanto às condições necessárias

---

[72] Cfr. Isaiah Berlin, "Two Concepts of Liberty", in idem, *Liberty*, esp. pp. 168 e ss.

para a sua realização. Ou seja, a ideia de liberdade como área de não interferência do poder político na vida de cada um, difundida a partir do *Leviatã* de Hobbes[73], não é propriamente questionada, apenas se discute que essa área de não interferência possa manter-se sem o empenhamento dos membros de uma comunidade política na coisa pública. Seria, assim, possível sustentar no âmbito de um conceito negativo de liberdade, sem incoerência, a ideia de que apenas somos

---

[73] Cfr. Hobbes, *Leviatã*, Parte II, Cap. XXI, pp. 175 e ss., esp. 175-176, 177, 181 (*Leviathan*, ed. de Richard Tuck, pp. 145 e ss., esp. pp. 145-146, 147 e 152). Segundo Hobbes, a "*liberdade* significa, em sentido próprio, a ausência de oposição (entendendo por oposição os impedimentos externo do movimento); e não se aplica menos às criaturas irracionais e inanimadas do que às racionais"; assim, "conformemente a este significado próprio e geralmente aceite da palavra, um *homem livre é aquele que, naquelas coisas que graças à sua força e engenho é capaz de fazer, não é impedido de fazer o que tem vontade de fazer*". Para além desta "*liberdade* natural que é a única propriamente chamada *liberdade*", Hobbes fala-nos ainda da "*liberdade dos súbditos*", isto é, aquela que decorre da circunstância de os homens tal como, "tendo em vista conseguir a paz, e através disso a sua própria conservação, criaram um homem artificial, ao qual chamamos Estado, assim também criaram correntes artificiais, chamadas *leis civis*, as quais eles mesmos, mediante pactos mútuos, prenderam numa das pontes à boca daquele homem ou assembleia a quem confiaram o poder soberano, e na outra ponta aos seus próprios ouvidos. Embora esses laços sejam fracos pela sua própria natureza, eles podem ser mantidos pelo perigo, ainda que não pela dificuldade, de os romper". Esta *liberdade dos súbditos* é uma "liberdade no sentido de isenção das leis". Sobre o conceito de liberdade em Hobbes, cfr. Quentin Skinner, "Hobbes on the Proper Signification of Liberty", in *Visions of Politics, Volume 3: Hobbes and Civil Science*, pp. 209 e ss., o qual (cfr. *ob. cit.*, pp. 219-225) chama a atenção para uma "distinção cardinal", efectuada por Hobbes nas passagens anteriormente citadas, entre a liberdade natural, ou liberdade dos homens no estado de natureza, e a liberdade dos súbditos, isto é, a liberdade de todos aqueles que se acham submetidos às "correntes artificiais" da lei. Assim, um súbdito restringido pela lei e, nessa medida, afectado na sua liberdade enquanto tal, mantém, no entanto, a sua liberdade natural enquanto não for fisicamente constrangido a, ou proibido de, actuar num certo sentido. O propósito de Skinner ao chamar a atenção para esta distinção é de salientar a coerência da teoria de Hobbes sobre a liberdade e a crescente importância que lhe atribui na sua obra, bem como as concretas motivações políticas que lhe estão subjacentes no contexto em que escreveu, tendo em vista a crítica da teoria republicana da liberdade, cujos efeitos sediciosos o levam a afirmar que "jamais uma coisa foi paga tão caro como estas partes ocidentais pagaram o aprendizado das línguas grega e latina" [cfr. Hobbes, *Leviatã*, Parte II, Cap. XXI, p. 179 (= *Leviathan*, ed. de Richard Tuck, p. 150)]. Ao contrário desta última, a teoria de Hobbes permitia-lhe afirmar não só que a liberdade se mantém a mesma numa monarquia ou numa democracia, mas até que ela não é necessariamente afectada em caso de conquista [cfr. Hobbes, *Leviatã*, Parte II, Cap. XXI, pp. 178, 183 (= *Leviathan*, ed. de Richard Tuck, pp. 149, 154)].

livres numa comunidade que se governa a si mesma e mesmo a ideia de que podemos ser forçados a ser livres, na medida em que a prossecução de certas acções (aquelas que vão implicadas nas virtudes cívicas) é necessária à liberdade[74]. O alcance e manutenção da liberdade de cada um implica uma preocupação com a liberdade de todos e, por essa razão, uma atitude de subalternização dos deveres de cada um para com a comunidade aos direitos em face dela e dos outros pode conduzir ao desaparecimento destes últimos[75]. Deste modo, a defesa do empenhamento na coisa pública escapa ao "monismo metafísico" dos gregos e adequa-se à "descoberta moderna da subjectividade dos fins e da impossibilidade da respectiva diferenciação qualitativa em função da sua adequação a uma hipotética «essência do homem»"[76].

Este entendimento do modo como a linguagem republicana se relaciona com o conceito de liberdade foi criticado por Jean-Fabien Spitz por assentar em postulados que em última análise tornam problemática a própria possibilidade de diferenciar uma linguagem republicana da ética política e uma linguagem liberal dos direitos. O primeiro de tais postulados, segundo Spitz, consiste em ver a liberdade, não como um valor, mas como um dado. Nessa medida, a liberdade política é entendida como um meio da liberdade individual definida como a aptidão para prosseguir sem entraves fins perfeitamente indiferentes em si mesmos. Mas, questiona Spitz, se o fim é indiferente como pode o meio não o ser, desde que aquele seja alcançado? O segundo postulado de que parte Skinner, ainda segundo Spitz, é o de que os membros de uma comunidade política, ou os cidadãos de uma república, não partilham uma mesma concepção do bem, mas apenas uma regra de coexistência: a sua única finalidade comum é a de viver numa sociedade que lhes permite não terem uma finalidade

---

[74] Cfr. Quentin Skinner, "The Republican Idea of Political Liberty", pp. 294-295, 296, 298 e ss. É importante realçar que Skinner não tem aqui em vista o paradoxo segundo o qual a lei nos pode forçar a ser livres (neste sentido, cfr. Skinner, *Liberty before Liberalism*, p. 83 e nota 54), mas apenas a ideia de que a liberdade impõe deveres ao mesmo tempo que se configura como um direito.

[75] Cfr. Quentin Skinner, "The Republican Idea of Political Liberty", p. 308; Jean-Fabien Spitz, *La Liberté Politique*, p. 167.

[76] Cfr. Jean-Fabien Spitz, *La Liberté Politique*, pp. 131 e 150.

comum. Romper com os postulados da ética aristotélica acaba por aprisionar a liberdade no paradigma liberal da solidão, desvalorizando, do mesmo passo, o entendimento da autonomia pessoal como uma verdadeira e comum concepção do bem. Só neste último caso se pode excluir de forma coerente o uso da autonomia para escolher a heteronomia. Por último, na tese de Skinner a virtude nunca é espontânea, mas resulta de uma imposição da lei, que funciona assim como uma espécie de sucedâneo de uma racionalidade enfraquecida. Ora, a imposição da lei pode servir como sucedâneo de uma racionalidade meramente instrumental, mas nunca de uma racionalidade intrínseca. Por outras palavras, a lei pode remediar o nosso defeito de cálculo, mas não pode, por si só, incutir-nos as razões que justificam ser a liberdade desejável em si mesma. Todavia, não faz sentido pensar nas virtudes cívicas como meros instrumentos de uma ideia de liberdade vazia e indiferente aos fins que através dela se pretendam alcançar. A visão de Skinner sobre a linguagem republicana de Maquiavel acaba assim por reduzir a liberdade a um desejo natural e desiste de fazer dela uma finalidade que é indispensável submeter à razão[77].

As ideias de Skinner influenciaram decididamente o pensamento de Philip Pettit sobre a ideia republicana de liberdade e as reflexões deste, por seu turno, cuja obra não se situa já essencialmente no campo da investigação histórica, como a daquele, mas no âmbito da filosofia política, acabaram por marcar o pensamento mais recente de Quentin Skinner[78]. Segundo Pettit, embora seja correcto afirmar, que a linguagem republicana usada por Maquiavel e outros autores posteriores, como James Harrington e Algernon Sydney, não se baseia na identificação entre liberdade e participação política, não se pode, no entanto, pretender que a sua ideia de liberdade seja entendida nos mesmos moldes em que a pensaram Hobbes, e outros que depois dele integram o que se convencionou designar o liberalismo clássico. Na verdade, enquanto estes assumem um conceito de liberdade negativa,

---

[77] Cfr. Jean-Fabien Spitz, *La Liberté Politique*, pp. 167-177.
[78] Cfr. Quentin Skinner, *Liberty Before Liberalism*, pp. xi, 22-23, 37, nota 114, 70, nota 27; idem, "Un Troisième Concept de Liberté audelà d'Isaiah Berlin et du Libéralisme Anglais", pp. 15 e ss., esp. 34 e ss.; idem, "Classical Liberty and the Coming of the English Civil War", p. 25.

em que a liberdade surge como ausência de interferência ou ausência de coacção, para os primeiros a liberdade significa ausência de domínio e, por essa razão, no modo como constroem a ideia de liberdade ocupa lugar de relevo o tema da oposição entre a liberdade e a escravidão. Um escravo pode ser livre no sentido de não sofrer, de facto, qualquer interferência na sua acção por parte do seu senhor, mas não deixa por isso de estar menos sujeito ao domínio deste último[79]. A liberdade não é já pensada como uma situação de facto, mas como um estatuto jurídico. Isso mesmo explica que um outro tema que surge destacado no discurso republicano seja o da cidadania, entendida como um estatuto que existe sob um regime ao qual corresponda um estado de direito. Neste sentido, a liberdade equivale à cidadania e são as leis que criam a liberdade partilhada pelos cidadãos[80]. Jean-Fabien Spitz sintetiza de modo impressivo o alcance da análise de Pettit sobre a concepção republicana da liberdade quando afirma que no seu âmbito a liberdade adquire um estatuto de juridicidade por oposição à mera factualidade do entendimento liberal tradicional da liberdade negativa. Essa juridicidade significa, por um lado, que a liberdade deixa de poder ser concebida sem a garantia de que os outros não podem impedir o desenvolvimento das nossas acções e de que a lei impedirá qualquer tentativa nesse sentido, ou seja, qualquer tentativa que não tenha justamente fundamento na lei a que todos se submetem de igual modo. Por outras palavras, enquanto uma liberdade simplesmente factual não permite ao indivíduo agir senão na medida em que as suas acções não desagradem àqueles que têm os meios materiais de as entravar, a liberdade como juridicidade torna possível ao agente colocar-se num plano menos permeável à actuação de meros poderes de facto.

Por outro lado, para Jean-Fabien Spitz a análise de Pettit modifica radicalmente o significado da liberdade republicana proposto por Skinner. Com efeito, a liberdade republicana deixa agora de ser entendida como um simples meio de alcançar fins indiferentes em si mesmos, obrigando a integrar a consideração da natureza dos fins

---

[79] Cfr. Philip Pettit, *Republicanism, A Theory of Freedom and Government*, pp. 27 e ss.
[80] Cfr. Philip Pettit, *Republicanism, A Theory of Freedom and Government*, p. 36; Maurizio Viroli, "Machiavelli and the Republican Idea of Politics", p. 149; idem, *Repubblicanesimo*, p. 33.

perseguidos por cada um na própria definição da liberdade[81]. Para Philip Pettit a liberdade republicana não se identifica nem com a liberdade positiva, nem com a liberdade negativa, tal como estas surgem caracterizadas na distinção efectuada por Isaiah Berlin, antes devendo ser entendida como uma terceira concepção de liberdade[82].

De que modo o entendimento da concepção republicana de liberdade, cujos traços principais aqui reproduzi, afecta a compreensão da relação entre o paradigma republicano da política e o paradigma liberal? Já atrás se referiu como o paradigma republicano se centra essencialmente, na análise de Pocock, no modelo da *polis* grega. Pelo contrário, Quentin Skinner e Philip Pettit realçam a importância da concepção romana da *libertas* na construção da linguagem republicana no advento da modernidade, em detrimento da importância tradicionalmente atribuída à redescoberta de Aristóteles no despontar do renascimento italiano[83]. Esta diferente genealogia histórica da linguagem republicana tem importantes consequências, pois ela determina que essa linguagem deixa de ser articulada no âmbito de uma concepção positiva de liberdade, como sucederá se o ideal republicano for inspirado na *polis* grega. É precisamente neste contexto que faz sentido falar da linguagem republicana como crítica da linguagem liberal e já não como alternativa a esta última, ou, se se preferir, como parte de uma "concepção política de justiça" e já não como "doutrina filosófica abrangente". E é também neste contexto que deixa de fazer sentido identificar a linguagem republicana com uma concepção imobiliária da propriedade, como atrás salientei. Aliás, a aptidão crítica da linguagem republicana em relação ao modelo aquisitivo da propriedade liberal passa precisamente pela sua capacidade em superar a ligação entre posse da terra e acesso à cidadania, na medida em que esta ligação pressupõe *ab initio* uma desigualdade social que aquele modelo questiona.

---

[81] Cfr. Jean-Fabien Spitz, *La Liberté Politique*, pp. 215-216.

[82] Cfr. Pettit, *Republicanism*, pp. 19, 21 e ss.

[83] Cfr. Skinner, *Liberty Before Liberalism*, pp. 38-46; idem, "The Rediscovery of Republican Values", in *Visions of Politics, Volume 2: Renaissance Virtues*, pp. 13 e ss.; idem, "The Idea of Negative Liberty: Machiavellian and Modern Perspectives", in ult. ob. cit., pp. 196 e ss.; idem, "Classical Liberty, Renaissance Translation and the English Civil War", in *ult. ob. cit.*, pp. 312 e ss. Cfr., ainda, Philip Pettit, *Republicanism*, cit., pp. 27 e ss.; idem, *A Theory of Freedom*, pp. 144 e ss.

A ideia de que a linguagem republicana não se identifica com um conceito positivo de liberdade não deixa, no entanto, de suscitar algumas perplexidades. Em primeiro lugar, coloca-se o problema de saber como interpretar o pensamento de James Harrington, o qual ocupa, como se viu, um lugar central na construção do modelo republicano de Pocock e na oposição por ele proposta entre uma concepção fundiária republicana e uma concepção liberal mobiliária da propriedade. Em segundo lugar, torna-se necessário averiguar como se operou e foi possível a evolução de uma concepção de liberdade republicana entendida como ausência de domínio para uma concepção de liberdade (negativa) entendida como ausência de interferência. É que enquanto aquela concepção é reclamada pela linguagem republicana da política, como atrás foi dito, esta última surge associada a visões liberais próximas do utilitarismo, difundidas a partir da segunda metade do século dezoito[84]. Para além da explicação desta evolução, surge ainda o problema, com ele intimamente ligado, do posicionamento de certos autores no seu contexto. Locke é obviamente o primeiro nome que cumpre mencionar. Em terceiro lugar, ocorre ainda questionar em que medida a linguagem republicana comunga dos pressupostos filosóficos próprios do liberalismo e em que medida os repudia. Na realidade, se a análise de Pocock estabelece uma separação demasiado rígida entre as duas linguagens do pensamento político, as investigações de Skinner e Pettit parecem às vezes conduzir a uma incapacidade para as distinguir em termos relevantes. Por último, e mais importante, torna-se necessário averiguar qual o conceito de propriedade pressuposto numa concepção republicana da liberdade que recusa a respectiva assimilação a qualquer tradição de liberdade positiva, como aquela que Isaiah Berlin tinha em mente.

As primeiras três questões suscitadas podem ser encaradas como prévias ao esclarecimento desta última, que é a que verdadeiramente

---

[84] Assim, Philip Pettit, *Republicanism*, cit., pp. 41 e ss. alinha entre os defensores do conceito de liberdade negativa como ausência de interferência os nomes evidentes de Hobbes e Robert Filmer, ainda no século dezassete, e, mais tarde, o grupo de autores que se opuseram à causa da independência americana. A difusão decisiva desse conceito, entendido agora como advogando as causas da democracia e da liberdade, ocorre já no final do século dezoito, com pensadores utilitaristas como Jeremy Bentham e William Paley (cfr., ainda, Philip Pettit, *A Theory of Freedom*, pp. 145 e ss.).

importa na perspectiva do tema abordado. Mas todas elas irão ser aqui tratadas apenas na medida em que tal se revele necessário para explicitar o pressuposto, já atrás mencionado, segundo o qual a linguagem republicana moderna não se sustenta sobre uma concepção imobiliária de propriedade, como aquela que atrás foi exposta, nem em qualquer outra concepção específica, antes se apresentando como linguagem crítica de concepções de propriedade elaboradas em outros contextos.

Foi atrás referido como Pocock apresenta James Harrington mais como um historiador do feudalismo do que como um descritor dos processos sociais seus contemporâneos. Mas, se assim é, a linguagem republicana que utiliza, e particularmente a ligação que estabelece entre propriedade da terra e cidadania, deve poder ser explicada em função dessa caracterização, tanto quanto em função da transmissão atlântica do pensamento republicano de Maquiavel. Harrington introduz na equação entre cidadania e milícia, proposta por Maquiavel, um terceiro elemento, a propriedade da terra. A introdução deste terceiro elemento visava sobretudo, no entanto, dar resposta às dificuldades políticas do momento e essa resposta, tal como Harrington a concebia, situava-se nas antípodas daquelas que para as mesmas dificuldades eram oferecidas pelo pensamento de Hobbes. A principal obra de Harrington, *Oceana*, constitui, numa determinada perspectiva, uma reacção às posições políticas de Hobbes e uma defesa dos princípios republicanos e do governo misto que aquele havia atacado. Mas o pensamento de Hobbes possuía uma envergadura filosófica que transcendia em muito o plano histórico e político em que essencialmente se situava a análise de Harrington e a cujo poder era, por isso, difícil escapar por completo. Neste contexto, é possível pensar a introdução da propriedade fundiária na equação republicana entre cidadania e milícia como uma resposta ao problema específico da crise aberta pelo declínio do feudalismo e, simultaneamente, à necessidade de acomodar o cepticismo filosófico de Hobbes quanto às funções das paixões e dos instintos no seio da linguagem republicana da virtude e da razão[85]. A grande descoberta de Harrington consiste

---

[85] Cfr. Blair Worden, "James Harrington and 'The Commonwealth of Oceana', 1656", p. 91.

assim na "doutrina do balanceamento", balanceamento do poder económico (pensado, no âmbito da saída do feudalismo, como poder fundiário), que se reflecte no balanceamento do poder político e balanceamento, também, das diferentes forças sociais no seio de uma complexa maquinaria constitucional[86]. Simplesmente, através dessa doutrina procura-se uma objectivação da virtude, através da qual esta tende a ser considerada uma função do funcionamento das instituições, mais do que uma disposição individual[87]. A concepção imobiliária da propriedade presente na obra de Harrington surge como o resultado paradoxal de duas influências contraditórias, a influência de Aristóteles quanto ao conceito de propriedade e a influência de Hobbes quanto à necessidade de considerar o interesse individual na institucionalização da república. Paradoxal porque permitia a Harrington questionar a posição teórica da noção de propriedade no pensamento de Hobbes, em que esta surge como um acto do poder constitutivo da paz civil, em troca do abandono ao soberano dos direitos de cada indivíduo, e, ao mesmo tempo, reter algo da concepção da natureza humana de Hobbes, através do apelo ao interesse individual contido na ideia de "balance of property". Tal como sucede no pensamento de Aristóteles, Harrington não se preocupa com a justificação da propriedade em si mesma, mas com a sua consideração como base da cidadania[88]. Ao mesmo tempo, a consciência da história e a necessidade de dar conta dos interesses privados no funcionamento da constituição levam Harrington a descobrir o princípio fundamental do balanceamento da propriedade, o qual lhe permite dar conta da história dos Estados (a classe que governa é aquela que tem acesso à propriedade da terra e, deste modo, o sistema de governo é determinado pelo sistema da distribuição da propriedade) e a forjar um modelo de sociedade ideal[89]. Neste sentido, e como

---

[86] Cfr. James Harrington, *The Commonwealth of Oceana*; idem, *The Prerrogative of Popular Government*, Livro I, Caps. III e XI, in J. G. A. Pocock (ed.), *The Political Works of James Harrington*, pp. 163-165, 404 e ss. e 458 e ss. Cfr., ainda, Blair Worden, "English Republicanism", p. 451.

[87] Cfr. Jonathan Scott, "The Rapture of Motion: James Harrington's Republicanism", p. 139 e ss.

[88] Salientando esta influência de Aristóteles, cfr. Georges Lamoine, "Quelques Réflexions sur la Notion de Propriété dans l'Oeuvre de James Harrington", pp. 204-205.

[89] Cfr. Yves Charles Zarka, *Philosophie et Politique a l'Âge Classique*, p. 145; Richard Schlatter, *Private Property*, p. 143.

Pocock profundamente intuiu, é possível estabelecer um paralelismo entre Marx e Harrington enquanto críticos e profetas da história, mas essa crítica, no caso de Harrington, não visava o direito de propriedade como direito de aquisição ilimitada ou uma concepção mobiliária de propriedade, cuja percepção seria de resto problemática em Harrington, mas visava antes combater a ideia de que o fortalecimento do poder monárquico constituía a solução mais acertada para a crise aberta pelo declínio do feudalismo. Simplesmente, se era esse o propósito de Harrington, não pode deixar-se de salientar como aquilo que avulta na sua recuperação da linguagem clássica da política, não é tanto o entendimento da liberdade como participação política activa[90], quanto o fundamento da cidadania na propriedade.

A segunda questão atrás referida prende-se com a explicação da transição de uma concepção republicana da liberdade, entendida como ausência de domínio, para uma concepção de liberdade negativa entendida como ausência de interferência, associada por Pettit ao entendimento preponderante do liberalismo a partir do século dezanove. A explicação dessa transição é importante uma vez que a consciencialização da existência histórica, nos alvores da modernidade, de uma concepção republicana de liberdade distinta da concepção de liberdade negativa subjacente ao ideário liberal reinante constitui um desafio ao princípio fundamental deste último. Na realidade, como salienta Maurizio Viroli, na sua longa história o liberalismo tem sido criticado em nome da justiça, da tradição, de ideais de perfeição e renovação moral, de ideias comunitários ou de uma mais ampla participação no poder político, mas nunca, ou raramente, em nome da liberdade, ainda que essa liberdade seja muitas vezes desvalorizada como meramente formal[91].

Segundo Philip Pettit, o primeiro autor a identificar a liberdade, não com a ausência de domínio, como sucedia na tradição republicana, mas com a ausência de interferência, isto é, com a ausência de coacção física ou coacção através de ameaças, foi Thomas Hobbes. Um outro autor que seguiu Hobbes neste ponto foi, segundo Pettit, Robert Filmer. Philip Pettit refere-se a estes dois escritores como autoritários,

---

[90] Jonathan Scott, "The Rapture of Motion: James Harrington's Republicanism", p. 151, fala a este propósito da abolição da base participatória da cidadania clássica.

[91] Cfr. Viroli, *Repubblicanesimo*, pp. 43-44.

defensores de um poder monárquico forte e, por essa razão, com interesse em sustentar que toda a lei constituía uma imposição à liberdade individual, qualquer que fosse o regime político em vigor. Mais tarde, já nos finais do século dezoito, a concepção da liberdade negativa como ausência de interferência surge defendida pelos autores que se opuseram à causa da independência Americana e, em particular, à retórica republicana em que essa causa foi articulada[92]. Se no primeiro momento, a concepção negativa da liberdade como ausência de coacção surge defendida por autores com posições políticas autoritárias, o mesmo se não poderá dizer, no entanto, do pensamento com base no qual essa concepção se tornou corrente. Tal pensamento, como afirma Pettit, foi o de Jeremy Bentham e, muito embora as suas ideias tenham influenciado alguns dos autores que se opuseram à independência Americana, a que ele próprio também se começou por opor[93], o certo é que a concepção negativa da liberdade como ausência de interferência não surge agora associada a posições autoritárias, mas à causa da democracia e da liberdade. A mudança do contexto político e, bem assim, a reduzida influência da noção de liberdade defendida por Hobbes antes do século dezoito, explicam o facto de Bentham considerar a noção de liberdade negativa, enquanto ausência de interferência ou coacção, como uma descoberta sua[94].

---

[92] Cfr. Pettit, *Republicanism*, cit., pp. 37 e ss., esp. pp. 41-42.

[93] Pettit menciona o facto citando Herbert Hart, "The United States of America", in *Essays on Bentham*, pp. 53 e ss. Mas como demonstra Hart, a oposição inicial de Bentham à Revolução Americana, como de resto à Revolução Francesa, baseava-se na sua rejeição filosófica da doutrina dos direitos naturais e inalienáveis do homem e não tinha a ver com a linguagem republicana que em ambos os contextos foi também usada. O que importa aqui reter é a íntima relação estabelecida entre a linguagem republicana e a linguagem dos direitos no contexto das duas revoluções.

[94] Cfr. Pettit, *Republicanism*, cit., p. 44. A obra fundamental sobre o conceito de liberdade em Bentham, em que Pettit se baseia, é a de Douglas Long, *Bentham on Liberty: Jeremy Bentham's Idea of Liberty in Relation to His Utilitarianism*. Pettit chama Douglas Long em abono do seu entendimento sobre a importância de Bentham no triunfo de um conceito negativo de liberdade (cfr. Pettit, *ob. cit.*, pp. 44, 45 e 47). Simplesmente, muito embora seja inegável o facto de o próprio Bentham qualificar a ideia de liberdade como meramente negativa (cfr. carta de Bentham a John Lind, de Abril de 1776, cit. por Douglas Long, *ob. cit.*, p. 54), a verdade é que ele foi mais longe do que Pettit parece admitir na relação que estabelece entre lei e liberdade. Pettit, *ob. cit*, p. 45, cita Douglas Long quando este afirma que "Bentham sustentaria que havia um sentido em que um soberano poderia

Mas como explicar o triunfo da noção negativa de liberdade enquanto ausência de coacção sobre a concepção republicana, que até então fora preponderante? Pettit não se detém sequer na enorme influência de Bentham na difusão do constitucionalismo em todo o mundo ocidental, e designadamente em Portugal[95], avançando uma razão mais substancial para explicar aquele triunfo. Segundo ele a densidade exigida pelo ideal republicano da liberdade como ausência de domínio, e não como simples ausência fáctica de coacção, não constituía um problema para o pensamento republicano pré-moderno (ou anterior às grandes revoluções do século dezoito), pois nesse contexto a realização do ideal visava apenas uma "pequena elite masculina". Pelo contrário, a densidade do ideal republicano de liberdade, deve ter sido encarada como um problema, a partir do momento em que no século dezoito, o século do Iluminismo, se difundiu a ideia de que todos os seres humanos são iguais e devem ser igualmente servidos pelas suas instituições políticas e sociais. A partir desse momento começou a ser crescentemente insustentável, desde logo de um ponto de vista filosófico, a ideia de que o destino natural de largas camadas da sociedade era a servidão e a dependência. Ora, neste contexto, o ideal de estabelecer um estatuto jurídico de independência ou ausência de domínio para todos os adultos deveria surgir como irrealista ou fantasioso. Mais fácil e realista seria reconhecer a igualdade natural de todos os seres humanos através da "maior felicidade do maior número" e da ideia conexa de liberdade como ausência de coacção,

---

aumentar as liberdades dos súbditos pelos seus actos de regulação, mas ele nunca perderia de vista o facto de que todo o acto de regulação emanando de um soberano era destrutivo da liberdade". Long, no entanto, completa esta afirmação dizendo que a liberdade assim destruída é a "tomada num sentido puramente quantitativo" (cfr. Long, ob. cit., pp. 42-43). Long salienta depois a distinção efectuada por Bentham entre "liberdade inteira" e "liberdade na perfeição" para através dela marcar a diferença entre o conceito de liberdade de Hobbes e o desenvolvido por Bentham. Nestes termos, "a principal diferença entre Hobbes e Bentham sobre a 'liberdade do súbdito' parece ser que Hobbes apenas discutiu aquela 'liberdade inteira', não qualificada, que possa existir no interstícios da rede de legislação, enquanto Bentham, como mais tarde exploraremos em detalhe, examinou também as circunscritas, reduzidas, mas seguras e disfrutáveis liberdades efectivamente garantidas pelas regulações do soberano" (cfr. ob. e loc. cit.).

[95] Cfr. Maria Helena Carvalho dos Santos, "«A maior felicidade do maior número.» Bentham e a Constituição Portuguesa de 1822", pp. 91 e ss.

a qual podia ser reconhecida e proclamada reduzindo muitas formas de interferência, mas sem exigir necessariamente a total exclusão da sujeição à vontade arbitrária de outrem[96].

O singular efeito desta visão da concorrência entre as duas concepções, negativa e republicana, da liberdade é o de aproximar desta última o pensamento de todos aqueles autores que ocupam o período histórico delimitado pela adopção de um conceito de liberdade negativa por parte de Hobbes e de Robert Filmer e a sua posterior "reinvenção" e difusão pelas concepções utilitaristas. De entre esses autores aquele que aqui mais nos importa salientar é, evidentemente John Locke, o qual, segundo Pettit, se encontra claramente do lado de Harrington no debate sobre o direito e a liberdade[97]. Aliás, Pettit expressamente aproxima a tradição *Whig*, ou da *commonwealth*, em que Locke se insere, da tradição republicana, no sentido em que ambas teriam contribuído para instaurar a ideia de uma constituição, da vigência de direitos do povo ao abrigo do direito, e ainda no sentido em que ambas conduziram à revolução Americana. No fundo, essas duas tradições estariam ligadas pela importância que atribuíam ao direito como mecanismo de defesa contra o poder absoluto[98]. E, na verdade, quando Locke afirma que "o fim do direito não é o de abolir ou restringir, mas o de preservar e alargar a liberdade" e que "onde não

---

[96] Cfr. Pettit, *Republicanism*, cit., pp. 48-49.

[97] Cfr. Pettit, *Republicanism*, cit., p. 40.

[98] Cfr. Pettit, *Republicanism*, cit., pp. 21, 39 e 101. Em "Republican Freedom and Contestatory Democratization", p. 166, Pettit vai ainda mais longe, quando define a tradição republicana como aquela "ampla tradição associada com Cícero no tempo da república romana; com Machiavelli – 'o divino Maquiavel' dos Discursos – e vários outros autores das repúblicas italianas da Renascença; com James Harrington, Algernon Sydney, e até com 'velhos liberais' como John Locke, durante e após o período da guerra civil e da república inglesas; e com muitos teóricos da república ou *commonwealth* – os *commonwealthmen*, como eram muitas vezes chamados – na Inglaterra, América e França do século dezoito" (no mesmo sentido, cfr. ainda Pettit, *A Theory of Freedom*, cit., p. 144). Pettit cita em abono desta visão ampla da tradição republicana, entre outros, John Pocock, mas é duvidoso que Pocock aceitasse tal amplitude e é, em qualquer caso, problemático atribuir em tal caso um sentido útil à própria distinção entre uma tradição republicana e uma tradição liberal (Pettit, *ult. ob. cit.*, p. 145, considera ser possível incluir na visão republicana não apenas Rousseau, mas também Montesquieu e até Kant), a não ser que se admita, como se faz no texto, a existência de uma pluralidade de correntes no seio das duas tradições, algumas das quais bastantes próximas entre si.

há direito não há liberdade"[99], não é possível deixar de associar a ideia de liberdade assim expressa àquela que Pettit reivindica para a tradição republicana. Mas é claro que assim se torna difícil compreender em que medida faz sentido ainda distinguir entre uma tradição republicana e uma tradição liberal[100]. Pocock, pelo contrário, como se viu, extrema as duas tradições e, por essa razão, procura explicar o movimento de ideias que conduziu à revolução Americana um pouco à margem da influência exercida pelo "paradigma lockeano", afirmando mesmo que a grandeza de Locke no pensamento do século dezoito reside na eclesiologia e na liberdade religiosa, mais do que na teoria política e na economia política e designadamente na relação entre propriedade e poder[101].

A emergência, primeiro, e o triunfo, depois, da concepção negativa da liberdade como ausência de coacção não obedecem, nos próprios termos em que Philip Pettit a dá, a propósitos idênticos. Com efeito, enquanto a emergência daquela concepção tinha subjacente a crítica da concepção republicana da liberdade motivada pela defesa de um poder monárquico forte, o seu triunfo visava claramente fazer avançar a causa da democracia e do constitucionalismo. Ora, esta aparente assimetria esconde, na realidade, uma sime-

---

[99] Cfr. Locke, *The Second Treatise*, Cap. VI, § 57, p. 306 (cfr. Locke, *Ensaio sobre a Verdadeira Origem, Extensão e Fim do Governo Civil*, p.); sobre este aspecto, cfr. Charles Larmore, *The Morals of Modernity*, pp. 124-125. Viroli, *Reppublicanesimo*, p. 36, resolve o problema colocado, à distinção entre republicanismo e liberalismo, pelo facto de autores de credenciais liberais tão intocáveis como Locke adoptarem um conceito de liberdade idêntico ao conceito republicano, afirmando que esse conceito "passou dos livros dos teóricos republicanos aos dos fundadores do liberalismo" e apresentando como prova a passagem citada. Estratégia diferente é a adoptada por Jean-Fabien Spitz, *La Liberté Politique*, p. 145, nota 35, o qual com base na mesma passagem de Locke acusa os negativistas de não meditarem suficientemente sobre ela.

[100] Assim, Ian Carter, *A Measure of Freedom*, p. 244, afirma que as diferenças expressas por Skinner e Pettit entre as visões liberal e republicana são, no que diz respeito à relação entre lei e liberdade, puramente retóricas; no mesmo sentido, cfr. Matthew H. Kramer, *The Quality of Freedom*, p. 149.

[101] Cfr. J. G. A. Pocock, "Negative and Positive Aspects of Locke's Place in Eighteenth-Century Discourse", p. 45-61. Sobre a posição de princípio de Pocock, tendente a atenuar a importância de Locke no discurso político subjacente à revolução Americana, relativamente à qual chega a afirmar ter sido menos o primeiro acto político do iluminismo revolucionário do que o último grande acto do Renascimento, cfr. Miguel Nogueira de Brito, *A Constituição Constituinte*, p. 59, nota 178.

tria profunda, na medida em que quando Hobbes, no século dezassete, e Bentham, no século dezoito, defendiam um conceito de liberdade negativa como ausência de coacção pretendiam ambos, através dessa defesa, ocupar um espaço para a liberdade individual que a linguagem republicana não conseguia manter. Pettit, como atrás mencionei, reconhece-o em relação a Bentham; mas o confronto das posições fundamentais de Harrington, quando faz depender o poder político da propriedade, quando apela à ideia de uma aristocracia natural e a uma ideia de interesse comum que escapa parcialmente à razão individual, com as posições inversas de Hobbes, para o qual a existência da propriedade decorre sempre de um acto do poder político, o poder político assenta na vontade dos indivíduos e a razão política não transcende a razão individual, não permitem grandes dúvidas quanto à maior influência deste último relativamente às fundações daquilo que hoje entendemos por uma comunidade política[102]. Neste contexto, a questão já não é apenas a de saber em que medida a linguagem republicana se autonomiza da linguagem liberal; mais do que isso, a questão que se coloca é a de saber se é sequer possível pensar hoje o discurso republicano à margem do património liberal.

Algumas das considerações atrás tecidas introduzem-nos já no âmbito da terceira questão atrás elencada, a de saber em que medida a linguagem republicana comunga dos pressupostos filosóficos próprios do liberalismo e em que medida os repudia. Se a diferenciação excessiva efectuada por Pocock entre um paradigma liberal e um paradigma republicano tem o efeito de aproximar demasiado este último do modelo clássico da *polis*, a linguagem republicana tal como ela é concebida por Skinner e Pettit tem o efeito inverso, como se viu, de tornar problemática a sua própria autonomização no seio do liberalismo. Charles Taylor chama a atenção para um aspecto

---

[102] É este o entendimento expresso por Yves Charles Zarka, *Philosophie et Politique à l'Âge Classique*, pp. 135 e ss., mas é também o entendimento que decorre necessariamente do facto de Hobbes interessar ainda hoje a teóricos e filósofos da política, enquanto Harrington desperta actualmente interesse sobretudo na perspectiva da história do pensamento político e até na perspectiva da leitura de Harrington da história republicana romana (cfr., quanto a este último aspecto, Luigi Loreto, "Proprietà della Terra, Costituzione ed Esercito a Roma: James Harrington e le Fine della Repubblica nella Prima Metà del II sec. a. C.", p. 397).

singular da distinção entre os conceitos positivo e negativo de liberdade, ou pelo menos da distinção tal como ela tem sido entendida a partir de Isaiah Berlin. Através dessa distinção, aqueles que se opõem ao conceito positivo de liberdade procuram, com efeito, apresentar uma versão extrema dessa ideia, no âmbito da qual se pode ser forçado a ser livre, mas simultaneamente os mesmos oponentes do conceito positivo adoptam uma versão igualmente extrema do conceito negativo, que corresponde à versão de Hobbes[103]. Compreende-se que aqueles que se opõem ao conceito positivo de liberdade procurem apresentá-lo nas suas versões mais inaceitáveis; o que se torna já mais difícil de compreender é a razão que os leva a proceder de modo idêntico no que toca ao conceito negativo de liberdade, por eles adoptado. Charles Taylor pensa que esta circunstância se deve a razões estratégicas de combate à ameaça totalitária, no sentido em que seria mais fácil entrar nessa luta munido de um conceito de liberdade entendido como oportunidade (em que ser livre equivale àquilo que se pode fazer, às opções que nos estão abertas, independentemente daquilo que fazemos para exercer tais opções) do que com um conceito de liberdade entendido como exercício (de acordo com o qual alguém é livre apenas na medida em que se tenha determinado a si próprio e ao sentido da sua vida). E isto pela razão de que se aceitamos encarar um conceito de liberdade como exercício, teremos também de aceitar a luta pela distinção entre os conceitos desse tipo que são aceitáveis e aqueles que já não o são; por exemplo, teremos de lutar por um conceito de liberdade-exercício entendido como auto-realização individual contra um conceito de liberdade-exercício que seja já entendido como auto-realização colectiva de uma nação, de uma classe ou de uma raça. Parece mais fácil, com efeito, cortar o mal pela raiz e declarar todos os tipos de auto-realização como sendo destituídos de sentido e apelando a conceitos metafísicos inaceitáveis[104]. Mas se o trabalho filosófico de esclarecimento dos conceitos se despojar destes receios, sem dúvida próprios de tempos sombrios que teimam em não passar, o resultado será a percepção de que na escala cujos extremos são ocupados pelo conceito negativo de liberdade como ausência de coacção física, por um

---

[103] Cfr. Charles Taylor, "What's Wrong with Negative Liberty?", p. 143.
[104] Cfr. Charles Taylor, "What's Wrong with Negative Liberty?", p. 145.

lado, e o conceito positivo entendido enquanto autogoverno colectivo da vida política comum, por outro, existe lugar para uma grande variedade de outras versões dos conceitos positivos e negativos de liberdade. Nessa grande variedade é possível pensar em versões do conceito negativo de liberdade para as quais nem todas as restrições à actuação de alguém são encaradas como envolvendo uma perda de liberdade (tal como sucede com a concepção republicana atrás explanada), assim como também é possível pensar em versões do conceito positivo para as quais a auto-realização do agente se faz à margem do domínio político[105].

Em última análise, a questão que se coloca é a de saber qual o lugar que ocupam o autogoverno e a virtude que o acompanha na noção republicana de liberdade. Essa questão não encontra, todavia, uma resposta uniforme por parte dos autores que advogam a liberdade republicana. Assim, enquanto Philip Pettit considera a participação democrática como importante no âmbito da tradição republicana, mas afirma que a principal preocupação desta consiste em evitar os perigos associados à interferência, através da ligação estabelecida entre a liberdade e a cidadania como estatuto jurídico, Jean-Fabien Spitz, pelo contrário, entende que a participação política e as virtudes cívicas não devem ser encaradas como instrumentos da liberdade, mas como a sua própria forma, isto é, como o modo de vida cívico que permite aos homens permanecer realmente senhores da qualidade das relações que os unem, de zelar para que essas relações não tomem a forma do domínio e da concorrência[106]. O mesmo autor

---

[105] Assim, Charles Taylor, "What's Wrong with Negative Liberty?", pp. 146 e 162, para o valor que assume a auto-realização individual na civilização post-romântica, auto-realização essa que não se exprime necessariamente no domínio da vida política.

[106] Cfr. Jean-Fabien Spitz, *La Liberté Politique*, p. 223. Esta recusa da instrumentalidade da liberdade política em relação às outras liberdades eventuais é afirmada várias vezes pelo autor: cfr., por exemplo, *ob. cit.*, pp. 243 e 246 ("o *vivere civile* não é um simples auxiliar da liberdade: é a sua própria substância"; "para eles [os cidadãos], a cidade não é um instrumento mas a própria realidade da sua aspiração à liberdade"). Todavia, em outros pontos da mesma obra, o autor citado afirma que o *vivere civile* "não é, propriamente, uma finalidade em si mesma; não é senão um meio de se permanecer activo e senhor do seu destino" (cfr. *ob. cit.*, p. 243), ou que a liberdade republicana não procura demonstrar que "certas finalidades são em si mesmas superiores a outras, porque são racionais, reflexivas, dignas de serem perseguidas pelos homens" (cfr. *ob. cit.*, p. 244). Julgo que entre as passagens citadas existe uma contradição insanável, conforme procuro explicar no texto.

sustenta ainda que a liberdade republicana, tal como a compreende, não reclama a superioridade de certas finalidades humanas em relação a outras e, desse modo, na medida em que reconhece a pluralidade de valores sem procurar hierarquizá-los numa escala única, o republicanismo ou o humanismo cívico comunga dos pressupostos da filosofia moderna[107].

A partir do momento em que se admite que a liberdade republicana reconhece a pluralidade de aspirações e de finalidades e procura uma forma de sociedade política que permita a manifestação e expressão de todas essas aspirações e finalidades, não se compreende como possa ser possível considerar a participação política como a própria forma da liberdade. Spitz procura distanciar a importância que adquire o ideal da participação política no seu conceito de liberdade republicana do monismo ético aristotélico, segundo ele o designa, afirmando que a essência do homem não radica na sua capacidade de procurar e instaurar com os seus semelhantes uma ordem justa, mas antes se prende com a liberdade definida como estatuto de um sujeito que escolhe ele mesmo os seus fins. Simplesmente, a definição da liberdade como estatuto jurídico de independência não exige o estabelecimento de uma qualquer conexão entre participação política e a natureza humana. Estas ambiguidades no pensamento de Spitz sobre a liberdade republicana radicam, em última análise, no seu esforço em se distanciar da ideia de que a tradição republicana vê as liberdades políticas como simples instrumentos de defesa das demais liberdades individuais, visão esta que ele considera como incapaz de operar uma autonomização relevante entre aquela tradição e o liberalismo político. E, por essa razão, acaba por contrariar o seu propósito de não estabelecer nenhuma hierarquia entre as diferentes liberdades e por correr o risco, contrário à incapacidade de estabelecer uma distinção válida entre tradição republicana e tradição liberal – risco esse que vimos também ser corrido por Pocock –, que consiste em ceder aos encantos heróicos da noção de liberdade positiva como auto-realização política colectiva (encantos esse a que justamente Aristóteles não cedeu, como atrás procurei demonstrar). E nesta medida poderíamos dizer que no paradoxo notado por Taylor quanto ao

---

[107] Cfr. Jean-Fabien Spitz, *La Liberté Politique*, p. 244.

uso da distinção entre liberdade positiva e negativa, consistente em esses conceitos serem diferenciados com base nas suas versões extremas, tendem a incorrer não apenas aqueles que defendem um conceito negativo de liberdade, mas também alguns daqueles que pretendem rejeitá-lo.

Pois bem, as preocupações com a pureza da tradição republicana e com as pretensas desvalorizações instrumentais da liberdade política só se ultrapassam através da consciencialização de que nas condições da modernidade a virtude cívica deixa de se identificar com a participação política ou de ter nela a sua manifestação privilegiada[108]. E esta consciencialização, por seu turno, só é possível se pensarmos as liberdades políticas e a virtude cívica não no quadro da bipartição entre sociedade política e estado de natureza, corrente no início da modernidade, mas no quadro da progressiva autonomização da sociedade civil, quer em relação ao poder político do Estado, quer em relação ao estado de natureza. A partir do momento em que no discurso e no pensamento políticos se criam condições para uma autonomização da sociedade civil como esfera distinta do poder político, mas não inteiramente identificada com o atomismo de um estado de natureza unicamente fundado na ideia de autopreservação, no egoísmo individual, e pensado como modelo das relações económicas, criam-se também condições para repensar a importância das virtudes cívicas, sem que essa importância acarrete qualquer identificação necessária com a participação política, enquanto reveladora de uma pretensa natureza humana ou implique por princípio a subalternização das liberdades políticas às demais liberdades individuais[109]. Com efeito, se pensarmos a sociedade civil como o conjunto de actividades privadas desenvolvidas fora da família, não limitadas à condição

---

[108] Trata-se de considerar a possibilidade de que a adaptação linguística do republicanismo aos efeitos da modernidade envolveu o seu efectivo abandono como um projecto, tal como afirma Iain Hampsher-Monk, "From Virtue to Politeness", p. 86.

[109] Também Jean-Fabien Spitz parece estar ciente da importância da ideia de sociedade civil para a ideia moderna de liberdade quando afirma que devemos à época de Hobbes e Locke o mérito da demonstração de que "a associação política e o governo têm a sua origem, não na natureza do homem, mas na diversidade das actividades sociais dos indivíduos" (cfr. *La Liberté Politique*, p. 31), ou ainda quando salienta a originalidade da ideia de comunidade pré-política em Locke (cfr. Spitz, *John Locke et les Fondements de la Liberté Moderne*, pp. 13 e ss. e 16 e ss.).

do indivíduo enquanto simples *homo oeconomicus*, mas não assimiladas pelo Estado, adquirem aí a máxima importância as virtudes cívicas ou a civilidade, entendida como a predisposição para actuar com base em valores que tornam possível a permanência da pluralidade ou, se se preferir, em linguagem rawlsiana, a predisposição para honrar os limites da razão pública. A sociedade civil constitui o elo de ligação entre a diversidade própria do individualismo do estado de natureza e a unidade pressuposta pela comunidade política do Estado. O Estado adopta as leis que permitem o respeito dos direitos e liberdades no âmbito da sociedade civil, mas esta, por seu turno, desenvolve, através da civilidade, o apego dos cidadãos às instituições do Estado[110]. A autonomização da sociedade civil significa o reconhecimento de que a autonomia individual não se realiza no isolamento do estado de natureza, antes exige a interacção e essa interacção, por sua vez, pressupõe a protecção propiciada pelo estatuto de cidadania. Ora, neste contexto, reconhecer o carácter instrumental das liberdades políticas e da participação política em relação à protecção das demais liberdades individuais não implica a subalternização das primeiras em relação às segundas, implica apenas o reconhecimento de que a sobrevivência destas pode exigir o exercício daquelas (como um ónus) e exige, em qualquer caso, a actuação de acordo com a civilidade (como um dever político e não jurídico, diria Rawls, ou como uma virtude). Esta ideia de civilidade não constitui, no entanto, apenas património de autores que se reclamam da tradição republicana da liberdade, mas de autores liberais como John Rawls[111].

A hipótese que assim se pode colocar é a de que não faz sentido falar do republicanismo como uma tradição homogénea no pensamento da política, tal como não faz sentido pensar o liberalismo nesses termos. O republicanismo constitui-se como crítica válida de certas correntes liberais, designadamente aquelas correntes que poderíamos designar como libertárias, mas nem todas as suas propostas

---

[110] Sobre o conceito de civilidade e a sua relação com a noção de sociedade civil, cfr. Miguel Nogueira de Brito, "O Patriotismo como Civilidade: Egas Moniz, Maquiavel e as Nações Europeias", esp. pp. 888 e ss.

[111] Cfr. Philip Pettit, *Republicanism*, pp. 245 e ss.; John Rawls, *O Liberalismo Político*, p. 213; idem, *Justice as Fairness*, p. 90.

são inconciliáveis com as de outras correntes que integram a vasta família política do liberalismo[112].

4.6 A liberdade republicana e a propriedade privada. Em que medida a tradição da *libertas* republicana como ausência de domínio se apresenta como compatível com o individualismo próprio do jusnaturalismo moderno e, ao mesmo tempo, como um correctivo dos seus excessos? Philip Pettit fornece interessantes pistas para a resposta a este problema quando afirma que a linguagem republicana da liberdade como ausência de domínio é apta a desempenhar em simultâneo duas funções: por um lado, essa linguagem recorre apenas a conceitos e distinções que ninguém numa determinada comunidade tem razões para rejeitar; por outro lado, e ao mesmo tempo, essa linguagem oferece, a todos os membros e grupos de uma comunidade, um meios para articular satisfatoriamente as suas queixas e objectivos particulares. Por outras palavras, a linguagem republicana da liberdade como ausência de domínio surge como uma língua franca que, ao mesmo tempo, responde ao facto da diferença e assenta numa base de ideias comuns. Isso significa que a linguagem da ausência de domínio tem a capacidade de penetrar, ao contrário da linguagem da ausência de coacção, em sectores de opinião e de interesse diversos daqueles ao qual se encontre historicamente associada num determinado momento. Uma vez que a liberdade como ausência de domínio implica a atribuição de um estatuto jurídico igual aos membros de uma comunidade política, superando assim a

---

[112] Assim, Philip Pettit afirma que Rawls adere a um conceito de liberdade negativa entendido como ausência de interferência, na sequência de Hobbes e de Bentham, quando escreve que a liberdade pode apenas ser restringida em nome da liberdade, o que pressuporia que a lei representa sempre uma restrição da liberdade, mas admite que outros pontos da obra de Rawls permitam uma interpretação diversa (cfr. Philip Pettit, *Republicanism*, cit., p. 50 e nota 9; Spitz, *La Liberté Politique*, pp. 142, nota 33, e 145, é mais radical na identificação do pensamento de Rawls com um conceito de liberdade negativa como ausência de coacção). Ao mesmo tempo, Jean-Fabien Spitz, que se inspira confessadamente na análise de Pettit sobre a definição da liberdade republicana como ausência de domínio, distancia-se dela pelo ênfase que coloca na participação política como condição de legitimidade da lei. Por outras palavras, para Spitz a liberdade republicana é ainda, à semelhança de Pocock e ao contrário de Skinner e Pettit, uma liberdade positiva (cfr. Spitz, *ob. cit.*, pp. 180, nota 1, 208, nota 43, 216-220).

mera base fáctica que vimos ser própria da liberdade como ausência de coacção, ela não pode deixar também de estender a atribuição desse estatuto a todos aqueles que possam razoavelmente reclamá-lo[113]. É claro que se poderá sustentar que foi o conceito de liberdade negativa como não-interferência que permitiu superar a limitação do círculo dos titulares de um estatuto jurídico que originariamente tendia a caracterizar a liberdade republicana, através da mais fácil promoção da liberdade como mera ausência fáctica de coacção. E, de resto, essa ideia é inculcada pela argumentação do próprio Pettit sobre a prevalência do conceito negativo de liberdade a partir de Bentham, atrás mencionada.

Como quer que seja, o certo é que a linguagem da liberdade republicana como ausência de domínio se apresenta, segundo Pettit, como apta a transcender as suas origens, a ser significativa para além das comunidades ou grupos de pessoas que a ela começaram por apelar, num sentido em que o não é a liberdade negativa como ausência de coacção. Pettit apresenta como exemplos desta qualidade da linguagem republicana a sua capacidade de advogar causas como o ambientalismo, o feminismo, o socialismo e o multiculturalismo[114]. Mas, ao mesmo tempo, entende que a linguagem republicana da liberdade se mostra também apelativa para todos aqueles sectores conservadores tradicionalmente associados ao ideal liberal clássico. Assim, segundo ele, a justificação da propriedade privada por parte daqueles sectores seria mais plausível no âmbito do conceito republicano de liberdade como ausência de domínio do que no seio do ideal da ausência de coacção, atendendo ao facto de que a própria instituição da propriedade implica sempre uma forma de interferência na liberdade natural das pessoas. Para este último, as instituições da

---

[113] Cfr. Philip Pettit, *Republicanism*, cit., pp. 131-132.

[114] Pettit sustenta a possibilidade de o feminismo, o ambientalismo, o socialismo e o multiculturalismo serem articulados como causas republicanas, mas isso não significa que as pessoas que lutaram por essas causas o tenham feito, historicamente, no âmbito de uma ideia republicana de liberdade, ou sequer que as tenham pensado nesse âmbito [nesta perspectiva, cfr., quanto ao feminismo, Patricia Springborg, "Republicanism, Freedom from Domination, and the Cambridge Contextual Historians", p. 870; cfr., ainda, Judith A. Veja, "Feminist Republicanism and the Political Perception of Gender", pp. 157 e ss.]. Pettit não demonstra assim a existência de qualquer conexão interna entre a teoria republicana da liberdade e as mencionadas causas.

propriedade privada são justificadas porque permitem às pessoas evitarem a interferência num grau superior àquele em que elas próprias exigiriam a interferência do Estado, ou então, de forma ainda menos convincente, segundo Pettit, o argumento para justificar a propriedade privada passaria por sustentar que a medida em que as respectivas instituições facilitam a extensão da escolha-não-sujeita-a-interferência é tão vasta que compensa, através de uma ponderação intuitiva entre extensão e intensidade, a interferência directa do Estado que essas instituições exigem. Pelo contrário, no âmbito da liberdade republicana entendida como ausência de domínio, o próprio estabelecimento ou desenvolvimento da propriedade privada é entendido como uma "interferência não dominativa" por parte do poder político, a qual reduzindo embora num aspecto a extensão da escolha livre (no sentido de não dominada) pelas pessoas em geral, compensaria essa redução pelo aumento da extensão da escolha livre em outros aspectos. Assim, o estabelecimento da propriedade privada tornaria acessíveis escolhas e modos de actuação – por exemplo, a compra e venda, a doação, a propriedade de certos tipos de bens – que de outro modo não existiriam sequer como possibilidades[115].

A compreensão do que acaba de certo dito requer, no entanto, o esclarecimento de alguns conceitos usados por Pettit, e a que já antes se fez alusão. Trata-se da distinção entre interferência e domínio, e bem assim, da distinção entre não interferência e ausência de domínio. Assim, para Pettit, o domínio pode ocorrer sem a interferência, porque exige apenas que uma pessoa tenha o poder de interferir arbitrariamente nos assuntos de outra, sem que seja sequer necessária uma efectiva interferência; inversamente, a interferência pode ocorrer sem o domínio, uma vez que a interferência não necessita de envolver o exercício do poder de interferência arbitrária, apenas o exercício de um poder não-arbitrário e, por isso, de um poder essencialmente constrangido. Nesta medida, o poder do senhor benevolente sobre o seu escravo é ainda um modelo de poder entendido como domínio sem interferência, enquanto o poder da lei coerciva sobre os cidadãos – isto é, de uma lei que respeita satisfatoriamente os interesses e as ideias comuns dos membros de comunidade, ou, se se preferir de

---

[115] Cfr. Philip Pettit, *Republicanism*, p. 135.

uma lei que não pode ser considerada por esses membros como o instrumento da vontade arbitrária de um indivíduo ou de um grupo determinado – é já um modelo de poder como interferência sem domínio[116]. É esta insistência na interferência não dominativa da lei constitucional, ou numa concepção da lei que não é entendida como uma simples restrição, que explica o apelo recorrente dos autores republicanos à célebre frase de Aristóteles, retomada por James Harrington, de acordo com a qual o governo é um império de leis e não de homens[117].

---

[116] Cfr. Pettit, *Republicanism*, cit., pp. 23, 35-36, 51-66. A este propósito, Pettit estabelece uma diferença entre a sua visão da liberdade republicana e aquela que seria sustentada por Quentin Skinner, nos seus trabalhos mais recentes. Assim, Skinner, *Liberty before Liberalism*, pp. 68-69, afirma que os indivíduos podem ver a sua liberdade atingida por duas vias: por um lado, se o poder do Estado é usado para forçar alguém a executar, ou abster-se de o fazer, uma acção não imposta ou proibida pela lei; por outro lado, segundo ele, "não é necessário sofrer esta forma de coacção assumida para se perder a própria liberdade civil. É igualmente possível perder a liberdade caindo-se numa condição de sujeição ou dependência política". Segundo Pettit, enquanto para ele a liberdade republicana é entendida como a não-dominação, isto é, a não dependência da vontade de outrem, mesmo que seja uma boa vontade, Skinner parece sugerir, diferentemente, que os autores neo-romanos repudiam de igual forma todas as formas de dominação e todas as forma de interferência, incluindo a interferência não-arbitrária de uma norma jurídica. Assim, enquanto Skinner proporia um antónimo horizontalmente complexo para a liberdade republicana, isto é, dominação e interferência, à teoria de Pettit estaria subjacente um antónimo verticalmente complexo: em primeiro lugar, dominação; em segundo lugar, e subordinadamente, factores condicionantes que incluem interferência. Na prática, a diferença entre as duas versões da liberdade republicana consistiria no seguinte: para a versão da liberdade republicana proposta por Skinner não haveria razões para preferir um regime em que existe interferência sem dominação a um regime em que existe dominação sem interferência; para Pettit existe uma razão para preferir o primeiro regime, uma vez que ele envolve o mal menor da interferência, ao contrário do segundo, que envolve o mal maior da dominação. Segundo Pettit, não estaria aqui em causa a evocação dos conhecidos paradoxos de que a lei nos pode forçar a ser livres [Pettit tem aqui porventura em vista a célebre afirmação de Rousseau, *Du Contrat Social*, Livro I, Cap. VII, p. 186: "quem recusar obedecer à vontade geral, será constrangido a fazê-lo por todo o corpo: o que não significa outra coisa senão que essa pessoa será forçada a ser livre"; os receios que esta fórmula rousseauniana parece inspirar a Pettit são, no entanto, convenientemente dissipados se ela for situada no seu contexto: cfr., sobre isto, John Hope Mason, "'Forced to be Free'", pp. 120 e ss.; Blaise Bachofen, *La Condition de la Liberté: Rousseau, Critique des Raisons Politiques*, pp. 187 e ss.; Jean-Fabien Spitz, *La Liberté Politique*, pp. 406-409] , mas apenas a recusa de equiparar a restrição arbitrária da liberdade com aquela que resulta da lei (cfr. Pettit, *Republicanism*, cit., pp. 300-302). A questão, que Skinner e Pettit igualmente iludem, é a de saber se pode uma teoria republicana da liberdade prescindir de tratar esses paradoxos.

[117] Cfr. James Harrington, *The Commonwealth of Oceana*, in J. G. A. Pocock (ed.), *The Political Works of James Harrington*, p. 161.

Segundo Pettit, como se viu, no âmbito do conceito de liberdade como ausência de coacção, a propriedade privada justifica-se na medida em que permite às pessoas evitar a interferência de outros em maior grau do que a interferência que essas pessoas exigiriam do Estado na sua ausência. Pelo contrário, no âmbito da conceito republicano de liberdade como ausência de domínio, a propriedade é apresentada como o resultado de uma interferência não dominativa do Estado. Parece assim que a justificação da propriedade privada se faz, no primeiro caso, atendendo aos indivíduos isoladamente considerados, que comparam o grau de interferência que ela envolve com o grau de interferência que teriam de exigir, na sua ausência, do Estado e, concluindo que essa interferência seria maior, nesta última hipótese, preferem exigir do Estado a protecção da propriedade privada, por exigir um menor grau de interferência. No segundo caso, a justificação da propriedade assume-a directamente como uma criatura do poder político, que através do seu estabelecimento cria novas possibilidades de actuação. Em primeiro lugar, a contraposição entre liberdade negativa como não interferência, por um lado, e como ausência de domínio, por outro, afigura-se algo emprobecedora. Na realidade, os dois entendimentos não se excluem, antes devem ser integrados numa compreensão abrangente da liberdade. Isso mesmo é demonstrado pela teoria do *status* de Georg Jellinek, no sentido em que aí são acomodadas não só as liberdades envolvidas nos actos juridicamente irrelevantes, mas também as liberdades relativas a possibilidades de acção que o indivíduo não possui por natureza, sendo criadas pela ordem jurídica[118]. Não pode deixar-se de notar como estão aqui presentes aspectos de teorias da propriedade a que já atrás se fez referência, isto é, a concepção de que a propriedade é uma criação do poder político e lhe assinala, por isso, uma base convencional e a concepção de que o poder político encontra o seu fundamento na protecção da propriedade. O que aqui importa salientar é que a concepção da propriedade como criatura do poder político, que Pettit de algum modo invoca quando alude à justificação da propriedade no âmbito do conceito republicano de liberdade, foi primeiramente sustentada precisamente por Hobbes, que advogava um conceito de

---

[118] Cfr. Georg Jellinek, *System der subjektiven öffentlichen Rechte*, pp. 46-47.

liberdade negativa como ausência de coacção. Por seu turno, a concepção para a qual a protecção da propriedade é o fundamento do poder político, que Philip Pettit parece associar à justificação da propriedade privada no contexto do entendimento da liberdade negativa como não interferência, foi desenvolvida por Locke, o qual se distancia, como se viu, deste entendimento da liberdade negativa. O que acaba de ser dito confirma a pluralidade de correntes de pensamento no seio do liberalismo, umas mais próximas, outras mais distantes dos valores republicanos. Mas, mais importante ainda, a linguagem republicana da política, nos termos em que a entendem autores como Quentin Skinner e Philip Pettit, é irrelevante na perspectiva de uma fundação filosófica da propriedade na ideia da liberdade. Essa fundação encontra-se no pensamento de autores usualmente incluídos no cânone liberal como Locke, Kant e Hegel.

PARTE II
Comunidade e propriedade
na idade moderna

CAPÍTULO 1
Locke e o despertar da visão economicista da propriedade

1.1 Os contextos do argumento de John Locke e o problema a que ele visa responder. Quando no capítulo anterior se estabeleceu um contraste entre as concepções de propriedade nos pensamentos de Ockham e S. Tomás não se pretendeu significar que esse contraste exprimisse a oposição entre a propriedade antiga e a moderna. Em alguns aspectos um tal contraste tem exactamente este significado, como se disse, mas a presença do aspecto religioso no pensamento de Ockham sobre o direito natural impede que se tenha essa visão. Não se trata apenas de reconhecer a fundação religiosa daquele pensamento: sob este ponto de vista não existem assinaláveis diferenças entre Ockham e os principais teóricos do direito natural moderno, incluindo sobretudo John Locke, como se terá oportunidade de demonstrar. Para além dessa fundação, o aspecto religioso tem ainda em Ockham uma presença marcante, decorrente de o segundo modo do direito natural ser concebido como destinado a comunidades religiosas que visam atingir a perfeição da vida evangélica. Imaginemos, no entanto, que mesmo sem pôr em causa a fundação religiosa de todo o direito natural, ele deixa de ser teoricamente concebido de forma a ajustar a vida das comunidades religiosas como aquela em que se integrava Ockham. Essa necessidade de ajustamento desaparece em grande medida, como se sabe, nas condições da Reforma. Como integrar, nesse caso, o património próprio do segundo modo de direito natural segundo Ockham (a liberdade e a comunidade dos bens) numa visão integrada do direito natural? Precisamente porque não necessitava de responder a essa pergunta, Ockham podia resolver os problemas colocados pela liberdade e pela comunidade originária dos bens, no âmbito da sua distinção entre os três modos do direito natural e podia, ainda, pensar em termos aristotélicos a justificação da propriedade privada no mundo corrupto. Num certo sentido pode até afirmar-se que a história do direito natural moderno é a história da tentativa de articular num modelo integrado os princípios dos diversos modos do direito natural segundo Ockham.

A primeira dificuldade colocada por esse modelo integrado é, claro, a do estatuto da comunidade originária dos bens. Já atrás se aludiu a essas dificuldades no pensamento de autores desde a segunda escolástica até Grócio e Pufendorf, bem como à circunstância de Robert Filmer se ter aproveitado das fragilidades resultantes da ideia de comunidade originária na formulação do seu argumento da propriedade fundada no direito de Adão. Pois bem, é este o primeiro e mais importante contexto à luz do qual importa compreender o pensamento de Locke sobre a propriedade privada. A este propósito, a primeira observação que há a fazer não é a de ele estruturar o seu argumento sobre a desvalorização da comunidade originária dos bens, como puderam fazer, a partir de pontos de vista sem dúvida distintos, S. Tomás e Ockham. A teoria da propriedade de John Locke não resulta da recusa ou desvalorização da ideia de comunidade originária, antes a assume como ponto de partida indeclinável. Ao procurar, no entanto, ultrapassar as dificuldades que a ideia colocava à tradição do pensamento do direito natural, John Locke alterou radicalmente os termos do problema da justificação da propriedade privada.

Antes, porém, de se analisar os termos em que Locke equacionou e procurou resolver o problema da justificação da propriedade privada, importará ter a clara consciência, para além do contexto teórico da linguagem do direito natural do século dezoito, da existência de premissas teológicas na base da sua argumentação, bem como, ainda antes disso, da inserção desta última no seu contexto político mais imediato. Podem, com efeito, apontar-se fundamentalmente três contextos na argumentação lockeana relativa à justificação da propriedade privada. Em primeiro lugar, o contexto prático mais imediato, no âmbito do qual os *Two Treatises* se inserem no combate político levado a cabo pelos *Whigs*, movimento de que Locke fazia parte, que se uniam na oposição à sucessão ao trono de Inglaterra na pessoa do católico Duque de York, por um lado, e, por outro, no apoio ao desenvolvimento do comércio e do poder do parlamento contra o poder real e a excessiva influência do clero e da grande aristocracia terratenente[1]. Depois, temos o contexto religioso: John Dunn afirmou, a propósito de Locke, que "Jesus Cristo (e S. Paulo) podem não aparecer em pessoa no texto dos *Two Treatises*, mas a sua presença passará dificilmente desapercebida quando nos confrontamos com a igualdade normativa, própria de criaturas, de todos os homens em virtude da sua qualidade partilhada de membros da mesma espécie"[2]. Em termos ainda mais sugestivos, Alasdair Macintyre terá observado que os argumentos de John Locke relativos à igualdade e aos direitos individuais nos *Two Treatises* se encontram de tal modo imbuídos de conteúdo religioso que não seriam aptos, de um ponto de vista constitucional, a ser ensinados nas escolas públicas dos Estados Unidos da América[3]. E, na verdade, se as consequências do reconhecimento da fundação religiosa da filosofia política de Locke são objecto de discussão, sobretudo na perspectiva da sua relevância actual, o mesmo não se passa com esse reconhecimento em si mesmo[4]. Finalmente,

---

[1] Cfr. Richard Ashcraft, *Revolutionary Politics and Locke's* Two Treatises of Government, pp. 266-285.

[2] Cfr. John Dunn, *La Pensée Politique de John Locke*, p. 108.

[3] O episódio é relatado por Jeremy Waldron, *The Right to Private Property*, p. 141; idem, *God, Locke, and Equality: Christian Foundations of Locke's Political Thought*, p. 44.

[4] Cfr. James Tully, *Locke. Droit Naturel et Propriété*, p. 66: "A filosofia política de Locke assenta sobre esta ligação «unilateral» de dependência que submete o homem ao seu Criador; desta ligação decorrem todas as obrigações naturais às quais o homem se encontra sujeito"; as fundações religiosas, ou melhor, cristãs, da filosofia política de Locke, e particularmente do seu compromisso com a igualdade, são postas em relevo, para além de John Dunn, por Jeremy Waldron, *God, Locke, and Equality: Christian Foundations of Locke's Political Thought*, esp. pp. 44 e ss.; cfr., ainda, Jeremy Waldron, *The Right to Private Property*, pp. 141 e ss.; A. John Simmons, *The Lockean Theory of Rights*, pp. 14 e ss., 236 e ss.; Alan Ryan, *Property and Political Theory*, p. 23; Matthew H. Kramer, *John Locke and the Origins of Private Property*, pp. x-xi, 38 e ss., 94 e ss.; Gopal Sreenivasan, *The Limits of Lockean Rights in Property*, pp. 6-7, 62 e ss., 69 e ss.; Kirstie M. McClure, *Judging Rights: Lockean Politics and the Limits of Consent*, pp. 62, 84 e ss., 96, 124, 287 e 290-291; Richard Ashcraft, *Locke's Two Treatises of Government*, pp. 35 e ss.; John Marshall, *John Locke: Resistance, Religion and Responsibility*, p. xviii e passim; Reinhard Brandt, *Eigentumstheorien von Grotius bis Kant*, pp. 70-74; idem, "Menshenrechte und Güterlehre. Zur Geschichte und Begründung des Rechts auf Leben, Freiheit und Eigentum", p. 25; Wolfgang Schild, "Begründungen des Eigentums in der politischen Philosophie des Bürgertums. Locke – Kant – Hegel", pp. 33, 38 e ss.; G. A. J. Rogers, "John Locke, God and the Law of Nature", pp. 549 e ss.; Ian Shapiro, "Resources, Capacities, and Ownership", pp. 22-24; Ian Shapiro, *The Evolution of Rights in Liberal Theory*, pp. 107-108.

em terceiro lugar, a compreensão do pensamento de Locke sobre a propriedade privada impõe, como se disse, a sua colocação no contexto teórico fornecido pela linguagem do direito natural, que constituía, no século dezoito, a matriz intelectual à luz da qual se desenvolve o discurso lockeano[5]. Importa desde já salientar que reduzir o contexto teórico do pensamento de Locke sobre a propriedade privada ao discurso do direito natural seria extremamente redutor: são igualmente importantes para a compreensão desse pensamento a concepção lockeana do conhecimento humano em face da natureza[6], bem como as suas concepções económicas, expressas, por exemplo, em *Some Considerations of the Consequences of the Lowering of Interest and Raising the Value of Money*, surgido em 1692[7]. A valorização de cada um destes contextos, em detrimento dos restantes, na conformação do pensamento político de Locke pode, sem dúvida, explicar posições mais radicais na respectiva interpretação[8]. Mas em todos

---

[5] Como salienta James Tully, *Locke. Droit Naturel et Propriété*, p. 13; idem, *An Approach to Political Philosophy: Locke in Contexts*, pp. 99-100.

[6] Cfr. Reinhard Brandt, *Eigentumstheorien von Grotius bis Kant*, pp. 74 e ss.; James Tully, *Locke. Droit Naturel et Propriété*, pp. 23 e ss., esp. p. 61; A. John Simmons, *The Lockean Theory of Rights*, p. 7; José María Lasalle Ruiz, *John Locke y los Fundamentos Modernos de la Propiedad*, pp. 75 e ss.

[7] Cfr. Karen Iversen Vaughn, "The Economic Background to Locke's *Two Treatises*", pp. 120 e ss.; Neal Wood, *John Locke and Agrarian Capitalism*, pp. 31 e ss.; Joyce Appleby, "Locke, Liberalism, and the Natural Law of Money", in *Liberalism and Republicanism in the Historical Imagination*, pp. 58 e ss.; idem, *Economic Thought and Ideology in Seventeenth-Century England*, pp. 199 e ss.

[8] Posições, aliás, nem sempre aceitáveis. Autores que aprofundaram o contexto prático, ou o contexto político imediato, do pensamento político de Locke tendem a salientar o radicalismo das suas posições políticas, que estariam até próximo das defendidas pelos Niveladores, como sustenta Richard Ashcraft, *Revolutionary Politics*, pp. 164-165, 579, 581 e 584 [cfr., no entanto, a crítica de J. Marshall, *John Locke: Resistance, Religion and Responsibility*, pp. 262, 270-272; David McNally, "Locke, Levellers and Liberty: Property and Democracy in the Thought of the First Whigs", pp. 23-24, bem como o confronto entre o pensamento de Locke e as ideias dos Niveladores, no sentido contrário ao propugnado por Ashcraft, em Ellen Meiksins Wood e Neal Wood, *A Trumpet of Sedition*, pp. 119 e ss.; cfr., por último, a exposição de David Wooton, "Introduction", in idem (ed.), *Divine Right and Democracy*, pp. 50-52]. Não falta mesmo quem sustente, em tal contexto, que os *Two Treatises* devem ser lidos como uma obra mais política do que filosófica (cfr. R. Ashcraft, *Locke's Two Treatises*, p. 303). Dificilmente aceitável é a posição de Peter Laslett, para quem o argumento político de Locke nada tem a ver com a sua filosofia, expressa, por exemplo, em *An Essay Concerning Human Understanding* (cfr. Peter Laslett,

eles se encontram os termos do problema a que Locke procurou dar resposta: como conciliar o ensinamento das Escrituras de que toda a propriedade foi originariamente dada à humanidade em comum com a justificação dos direitos de propriedade individual[9]. Tais são, de resto, os termos em que o próprio Locke equaciona, logo no início do Capítulo V, intitulado "Da Propriedade", do *Second Treatise*, o problema que aí se propõe resolver: "Procurarei demonstrar como podem os homens chegar a ter a propriedade em diversas partes daquilo que Deus deu à humanidade em comum, e isso sem qualquer pacto expresso de todos os comuns"[10]. Depois de, no *First Treatise*,

---

"Introduction", in John Locke, *Two Treatises of Government*, pp. 81 e ss.; cfr. a crítica de Jeremy Waldron, *God, Locke, and Equality*, pp. 50-51, 190-191). Igualmente criticável é também o entendimento de John Dunn, o qual a partir do reconhecimento das fundações teológicas da argumentação político-filosófica de Locke sustenta a sua irrelevância para os dias de hoje (cfr. John Dunn, *La Pensée Politique de John Locke*, esp. pp. 6 e 264-268). Dunn, *ob. cit.*, p. 6, chegou mesmo a afirmar que é simplesmente impossível "conceber a construção da análise de qualquer questão da teoria política contemporânea em torno da afirmação ou negação de qualquer das proposições de Locke sobre matérias políticas", afirmação de que viria mais tarde, e compreensivelmente, a retratar-se: cfr. J. Dunn, "What is Living and What is Dead in the Political Theory of John Locke?", pp. 9 e ss.. Excessivo parece ser ainda o juízo de Reinhard Brandt, "Menschenrechte und Güterlehre. Zur Geschichte und Begründung des Rechts auf Leben, Freiheit und Eigentum", p. 25, de acordo com o qual "a premissa teológica é fundamental para a teoria de Locke da *life*, *liberty* e *estate* e esta mesma premissa baseia-se num raciocínio falso". O entendimento de John Dunn é dificilmente sustentável por duas ordens de razões: por um lado, Dunn não exclui por completo a possibilidade de substituir as premissas teológicas da argumentação de Locke por equivalentes seculares (cfr. Gopal Sreenivasan, *The Limits of Lockean Rights in Property*, pp. 6-7; Jeremy Waldron, *ob. cit.*, pp. 15 e 241); por outro lado, não pode ser liminarmente afastada a hipótese de não ser possível erigir uma adequada concepção de igualdade sem o apelo a uma fundação de natureza religiosa (cfr., em sentido semelhante, Jeremy Waldron, *ob. cit.*, pp. 13-14). Por último, também a sobrevalorização da importância do contexto teórico aludido no texto pode conduzir a interpretações menos correctas do pensamento de Locke sobre a propriedade (é o que sucede, como se verá, com algumas das leituras propostas por James Tully).

[9] Cfr. James Tully, *Locke. Droit Naturel et Propriété*, p. 23; Richard Ashcraft, *Revolutionary Politics*, p. 251; Gopal Sreenivasan, *The Limits of Lockean Rights in Property*, p. 25.

[10] Cfr. John Locke, *Second Treatise*, Cap. V, § 25, p. 286 ; *Ensáio sôbre a Verdadeira Origem, Extensão e Fim do Govêrno Civil*, p. 24 (a tradução acaba de citar, efectuada por João Oliveira de Carvalho e publicada em Londres em 1833, restringe-se ao *Second Treatise*, podendo ser substituída com vantagem pela excelente tradução de Miguel Morgado, precedida de uma muito útil introdução: John Locke, *Dois Tratados do Governo Civil*; infelizmente não foi já possível fazer uso dela no presente trabalho. Todas as traduções de Locke são da responsabilidade do autor).

Locke ter procedido a uma "desconstrução" sistemática das confusões entre as três noções de poder político, propriedade e autoridade paternal[11], trata-se agora de estabelecer em novas bases a propriedade[12].

1.2 Leituras de Locke. Antes de se avançar na reconstrução crítica da resposta fornecida por Locke a esse problema, é conveniente esboçar um mapa das principais leituras a que tem sido sujeito o seu pensamento político e esclarecer assim, desde logo, por aproximação ou distanciamento em relação a essas leituras, as pré-compreensões implicadas naquela reconstrução. James Tully distingue quatro principais interpretações dos *Two Treatises* desde a data da sua publicação, em 1690, até à actualidade[13]: a obra teria adquirido um papel importante, pela primeira vez, no pensamento socialista inglês do século dezanove[14]; seguidamente terá sido estabelecida, por volta de 1930, uma interpretação liberal do pensamento de Locke[15]; as obras de Leo Strauss e Macpherson dariam depois origem a uma terceira

---

[11] Cfr. Étienne Balibar, "Le Renversement de l'Individualisme Possessif", p. 17.

[12] Este modo de ver é posto em causa por John Rawls, *Lectures on the History of Political Philosophy*, p. 138, que afirma, surpreendentemente: "it is not Locke's concern to justify private property. This is because in the audience he is adressing there is no dispute about it". Esta afirmação de Rawls deve ser analisada em dois planos: por um lado, a sua compreensão da justificação da propriedade privada em Locke é decisivamente influenciada pelas teses de James Tully, determinadas, por seu turno, pela tentativa de desvalorizar a importância da propriedade no contexto do pensamento político de Locke; por outro lado, a preocupação de Rawls não é tanto a de expor o pensamento de Locke quanto a de estabelecer pontos de contacto entre esse pensamento e a sua própria teoria política, em cujo âmbito, como se verá, é o diminuto relevo da propriedade (cfr. infra, Parte III, cap. 1, ponto 1.6).

[13] Cfr. James Tully, *An Approach to Political Philosophy: Locke in Contexts*, pp. 96-97.

[14] Cfr. P. Larkin, *Property in the Eighteenth Century with Special Reference to England and Locke*, pp. 128 e ss.; R. Schlatter, *Private Property*, pp. 270 e ss. Os autores salientam a influência de Locke, não apenas no pensamento radical inglês do século dezanove, mas também no pensamento dos socialistas franceses.

[15] Muito embora Tully não especifique o que entende por "liberal" neste contexto, a circunstância de apontar Paschal Larkin como um dos proponentes desta interpretação permite pensar que a expressão visa aqui significar aquela que Larkin considera a principal preocupação de Locke: "proteger a propriedade individual contra a interferência arbitrária do Estado" (cfr. P. Larkin, *Property in the Eighteenth Century with Special Reference to England and Locke*, pp. 80 e 83). Em Larkin *ob. cit.*, p. 80-81, nota-se também já a tendência que Tully, *An Approach to Political Philosophy*, p. 97, no âmbito da interpretação liberal, atribui a Peter Laslett: a de considerar que "a análise de Locke é confusa e superficial" (cfr. ainda Laslett, "Introduction", in John Locke, *Two Treatises of Government*, pp. 93-122).

interpretação, a do "Locke iliberal", defendendo a acumulação ilimitada de riqueza e a desvinculação da propriedade de quaisquer obrigações sociais; finalmente, ainda segundo Tully, tornar-se-ia actualmente mais comum uma quarta interpretação, de acordo com a qual "Locke deixa aos governos a definição mais adequada da propriedade".

Não deixa de causar uma certa perplexidade este modo de encarar as possíveis interpretações do pensamento político de John Locke, mesmo sem pôr em causa que essas interpretações ocorreram efectivamente. Situar no século dezanove o momento em que esse pensamento se tornou primeiramente relevante para um movimento político inglês, o socialismo "não-científico", equivale a aceitar a escassa relevância dos *Two Treatises* no discurso político dos séculos dezassete e dezoito, especialmente na preparação da Revolução americana[16]. Por outro lado, a interpretação que Tully considera integrar a ortodoxia recente, sublinhando a completa descontinuidade entre a propriedade natural e a propriedade instituída pelas sociedades políticas, suscita na realidade acusações de inconsistência ao pensamento de Locke e, de resto, tem vindo a ser abandonada[17]. No meio ficam as interpreta-

---

[16] Essa escassa relevância foi sobretudo afirmada por Pocock, como se mencionou anteriormente (Parte I, cap. 4, ponto 4.2). A perplexidade é, neste ponto, tanto maior, quanto é certo que James Tully não deixa de se distanciar em alguns aspectos do lugar atribuído por Pocock a Locke no discurso político do século dezoito, salientando correctamente a existência de aspectos comuns (a visão do auto-governo e da propriedade no estado de natureza; a percepção da história social do desenvolvimento das formas de governo e da propriedade; a formação das sociedades políticas como formas "civilizadas"; o sentido da limitação do governo moderno) à linguagem do direito natural em que se exprimem os *Two Treatises* e ao discurso republicano, bem como o papel central do pensamento político de Locke na justificação da Revolução americana (cfr. Tully, "Placing the *Two Treatises*", pp. 254 e ss. e 266 e ss.). De qualquer modo, Tully mantém-se próximo das posições de Pocock ao sustentar que o pensamento de Locke é estranho aos termos do debate intelectual que visava justificar a aquisição ilimitada de riqueza (cfr. Tully, *An Approach to Political Philosophy*, p. 117).

[17] Essa interpretação, expressa por exemplo, em Tully, *Locke. Droit Naturel et Propriété*, pp. 101, 145-147, 213-217 e 230 ss., foi, na medida em que pode ser atribuída a Locke, objecto de crítica por Nozick. Com efeito, de acordo com essa interpretação, e segundo afirma este autor, "Locke muda ilegitimamente da posição de alguém pretender que a sociedade proteja e defenda a sua propriedade para a sua admissão da completa jurisdição da sociedade sobre aquela" (cfr. Robert Nozick, *Anarchy, State, and Utopia*, p. 350, nota 9). A crítica de Nozick não tem em devida conta a distinção entre jurisdição e propriedade, como adiante se verá. De qualquer modo, mesmo aqueles autores que admitem uma base convencional da propriedade civil (cfr. Karl Olivecrona, "Locke´s Theory of Appropriation", p. 338;

ções liberal e iliberal: a primeira salientando o carácter pouco inovador da sua tese, enquanto asserção dos direitos individuais contra o poder do Estado, e a sua manifesta insuficiência na perspectiva dos deveres e responsabilidades tradicionalmente associados à ideia de propriedade[18]; a segunda, sublinhando a sua coerência apenas para melhor denunciar a respectiva iniquidade.

Em substituição deste panorama pouco animador, ignorando quase por completo tudo o que se escreveu na Europa continental e continuamente infirmado pelo manancial inabarcável de publicações sobre a teoria da propriedade em Locke, apresentam-se aqui outras três propostas de leitura: (i) a primeira estabelece uma relação entre a doutrina lockeana da propriedade e o capitalismo[19]; (ii) a segunda

---

Thomas Scanlon, "Nozick on Rights, Liberty, and Property", pp. 23-24; Karen Iversen Vaughn, "The Economic Background to Locke's *Two Treatises*", pp. 139 e 147, nota 125), não subscrevem a interpretação de Tully segundo a qual a propriedade civil "não se justifica senão enquanto simples meio para o poder público efectuar a sua justa distribuição, no respeito rigoroso do direito natural de cada um ao produto do seu trabalho e dos três direitos naturais inclusivos fundamentais" (cfr. Tully, *ob. cit.*, p. 236; os três direitos naturais inclusivos, segundo Tully, *ob. cit.*, pp. 99-100, são o direito de conservar a própria vida, o direito de assegurar a vida dos outros e o direito de aos meios necessários à sua própria conservação; a esta questão regressar-se-á adiante). A interpretação referida, a que Tully se refere como a mais "recente ortodoxia" ou "abordagem standard" (cfr. Tully, *An Approach to Political Philosophy...*, pp. 97, nota 11, e 119), já hoje, pelo menos, não pode assim ser caracterizada, largamente em resultado da crítica generalizada à interpretação do pensamento de Locke por ele levada a cabo: cfr. A. John Simmons, *The Lockean Theory of Rights*, pp. 304-305, nota 207, e 309 e ss.; Jeremy Waldron, *The Right to Private Property*, pp. 232-241; Gopal Sreenivasan, *The Limits of Lockean Rights in Property*, p. 91 e nota 66; Matthew Kramer, *John Locke and the Origins of Private Property*, pp. 215 e ss.; Kirstie M. McClure, *Judging Rights: Lockean Politics and the Limits of Consent*, pp. 223, 252-253; Manfred Brocker, *Arbeit und Eigentum*, pp. 249-250; Wolfgang Kersting, "Eigentum, Vertrag und Staat bei Kant und Locke", pp. 133. Ao assunto regressar-se-á adiante.

[18] Cfr. P. Larkin, *Property in the Eighteenth Century with Special Reference to England and Locke*, pp. 79-80.

[19] No âmbito desta primeira proposta haverá ainda que efectuar algumas distinções. Assim, autores como Leo Strauss (cfr. *Natural Right and History*, esp. pp. 240 e ss.) e Macpherson (cfr. *The Political Theory of Possessive Individualism*, esp. pp. 203 e ss.), embora com base em perspectivas diversas (o primeiro a partir da filosofia clássica, o segundo adoptando uma visão marxista), encaram a filosofia política de Locke como burguesa, enquanto expressão de um sistema capitalista definido atemporalmente. Pelo contrário, outros autores, de forma mais moderada, sustentam que o pensamento de Locke concebia as relações sociais de produção de um modo essencialmente compatível com uma visão capitalista embrionária da economia (cfr., neste sentido, Neal Wood, *John Locke and Agrarian Capitalism*, p. 92; Ellen Meiksins Wood e Neal Wood, *A Trumpet of Sedition*, pp. x e 129-130).

considera, pelo contrário, que o argumento de Locke não é simplesmente compreensível à luz da acumulação capitalista, nem faz sentido entendê-lo como legitimando o capitalismo, podendo apenas ser compreendido no contexto do discurso do direito natural em que se integram autores como S. Tomás, Francisco Suárez, Grócio e Pufendorf[20]; (iii) a terceira proposta de leitura pretende encarar esse pensamento como significando a emergência de um novo paradigma na teoria da propriedade, que passaria a dominar toda a reflexão posterior sobre o tema[21]. Nenhuma destas propostas, todas elas assen-

---

[20] É esta, como se facilmente se depreende, na sequência do que já foi dito, a leitura proposta por James Tully. James Tully não é o único a salientar a importância de determinados aspectos do horizonte histórico em que escreveu Locke na perspectiva da compreensão do seu pensamento. Assim, John Dunn, como se viu, sustenta que as premissas teológicas de parte Locke condicionam todo o seu argumento; por seu turno, Richard Ashcraft pôs em evidência a importância do contexto político imediato em que escreveu Locke. A razão de se salientar aqui o nome de Tully decorre de ele pretender reinterpretar (senão mesmo reescrever) todo o pensamento de Locke à luz do contexto em que o situa e de essa reinterpretação, historicamente condicionada, acabar por pretender redimir o pensamento de Locke numa perspectiva actual.

[21] Neste sentido, cfr. Manfred Brocker, *Arbeit und Eigentum: Der Paradigmenwechsel in der neuzeitlichen Eigentumstheorie*. O problema fundamental colocado pela análise de Brocker é o de uma demasiado rígida compreensão da evolução histórica das teorias da propriedade à luz do conceito de paradigma desenvolvido por Thomas Kuhn. Nessa base, Brocker acaba por efectuar uma distinção algo artificial entre teoria da ocupação, que dominaria a reflexão sobre a propriedade desde os antigos até Locke, e uma teoria da propriedade assente no trabalho, inaugurada por este último e dominante desde então. Nas palavras do próprio Brocker, "enquanto antes de Locke a teoria da ocupação determinava o trabalho inserido na 'ciência normal' dos teóricos do direito natural e constituía a base de todas as suas reflexões sobre o direito de propriedade, depois de Locke esta função foi assumida pela teoria do trabalho, a qual desde o século dezoito se tornou paradigmática na investigação da ciência do direito (natural)" (cfr. Brocker, *ob. cit.*, p. IX). Uma concepção deste tipo pode ser sujeita a quatro tipos de críticas. Em primeiro lugar, ainda que fosse correcto atribuir à teoria do trabalho de Locke o controlo paradigmático da reflexão sobre a propriedade a partir do século dezoito que Brocker pretende atribuir-lhe, sempre seria errado fazer assentar exclusivamente a reflexão anterior sobre a noção de ocupação. As noções de ocupação e trabalho respeitam à aquisição da propriedade. Ora, como bem salientou Richard McKeon, as discussões da propriedade em Platão e Aristóteles encontravam-se orientadas para os problemas da aquisição e do uso, os pensadores medievais trataram essencialmente do problema do uso e só na modernidade, a partir do século dezassete, a questão da propriedade é identificada com o problema da aquisição (cfr. R. McKeon, "The Development of the Concept of Private Property in Political Philosophy: A Study of the Background of the Constitution", p. 344) ou, talvez mais correctamente, o problema do uso

tes em determinadas pré-compreensões, pode ser aceite. Elas equivalem, na verdade, à recusa de avaliar criticamente, com base nos seus méritos próprios, o pensamento de Locke relativo à justificação filosófica da propriedade privada e o significado que ele pode ter na

---

é encarado a propósito da aquisição. A orientação de Brocker leva-o a excluir o problema do uso, o que explica sem dúvida a sua completa omissão do tratamento do pensamento de autores tão relevantes como Aristóteles e Ockham na sua investigação histórica. Em segundo lugar, é duvidoso que se possa estabelecer uma distinção cortante entre aquisição com base na ocupação e aquisição com base no trabalho. Dieter Schwab afirma a este propósito que "Locke incluiu na expressão 'labour' toda a actividade humana, e portanto também a actividade da ocupação, como por exemplo a colheita de frutos" (cfr. D. Schwab, "Eigentum", p. 81, nota 86). Como nota Jeremy Waldron, *The Right to Private Property*, p. 173, se é verdade que a teoria de Locke é mais ou menos coincidente com os resultados de uma teoria da ocupação no que respeita à apropriação dos frutos e dos animais, o contraste entre as duas é importante no que toca à terra. Neste último caso, enquanto a teoria da ocupação é tradicionalmente entendida como envolvendo a demarcação de uma parcela de terra, isso não é suficiente para a teoria de John Locke. O indivíduo tem de trabalhar a terra para apropriar-se dela: "A propriedade de um homem será tanta quanta a terra que ele lavrar, plantar, melhorar, cultivar e cujos produtos ele puder usar. Pelo seu trabalho ele separa-a do que está em comum" (cfr. *Second Treatise*, Cap. V, § 32, pp. 290-291; *Ensáio sôbre a Verdadeira Origem...*, p. 29; cfr., ainda, R. Schlatter, *Private Property*, p. 155; Alan Ryan, *Property and Political Theory*, p. 33). Em terceiro lugar, de um ponto de vista histórico, é duvidoso que a teoria de Locke tenha o controlo paradigmático sobre a reflexão posterior relativa à propriedade que Brocker reivindica. Christoph Ulmschneider pôs decididamente em causa a importância atribuída por Brocker à teoria de Locke na Alemanha a partir do século dezoito, salientando ainda a compatibilidade, no pensamento de diversos autores alemães dos séculos dezoito e dezanove, entre a teoria da ocupação e a teoria da aquisição da propriedade com base no trabalho (cfr. C. Ulmschneider, *Eigentum und Naturrecht im Deutschland...*, pp. 40-55). Sob este último ponto de vista, poder-se-ia apontar em Portugal o exemplo do Visconde de Seabra, o qual afirma que "a *ocupação*, que geralmente se considera como o primeiro modo natural e legítimo de adquirir, é já um efeito da actividade humana, o resultado de um trabalho", ou ainda que "só poderemos admitir a *ocupação* unicamente como prova aparente de um trabalho" (cfr. *A Propriedade*, pp. 62 e 63). Em quarto e último lugar, de um ponto de vista metodológico, não parece que o recurso ao conceito kuhniano de paradigma seja o modo mais profícuo de compreender a evolução da ideia de propriedade. As razões que justificam este entendimento foram afloradas no ponto 4.4 do capítulo 4, Parte I, deste trabalho e prendem-se essencialmente com a impossibilidade de considerar isoladamente a linguagem da política, abstraindo da sua interacção com expressões linguísticas provindas de outros domínios e da sua inserção em horizontes históricos que se interpenetram. Não é possível, em suma, sustentar uma neutralidade recíproca de «paradigmas» teóricos no domínio da política (cfr. Manfred Riedel, *Metaphysik und Metapolitik*, pp. 24-26).

perspectiva da sua justificação actual[22]. É no âmbito deste último modo de abordar o pensamento de John Locke que irei procurar situar as reflexões subsequentes, sem prejuízo de também aí serem considerados os contributos de autores que adoptam qualquer uma das leituras mencionadas.

A fim de facilitar a compreensão da exposição subsequente, é conveniente explicitar, desde logo, a divisão das partes que a integram. Assim, num primeiro momento, procura clarificar-se o uso da expressão "propriedade" no pensamento de Locke (pontos 1.3.1 a 1.3.3 e 1.3.5), bem como o seu posicionamento em relação ao conceito de comunidade originária dos bens, que integra a tradição do pensamento jusnaturalista sobre a matéria (ponto 1.3.4). É sabido que Locke usa a expressão "propriedade" num sentido amplo, abrangendo todos os direitos da pessoa, e num sentido restrito, designando os direitos de propriedade sobre os bens exteriores. Mas o que verdadeiramente importa reter a este propósito é a circunstância de esse carácter plurissignificativo da propriedade constituir, na realidade, mero reflexo da principal inovação de Locke: entender a propriedade como uma extensão da própria pessoa. Por outro lado, em relação ao conceito de comunidade dos bens, absolutamente central na tradição anterior do pensamento filosófico-político sobre a propriedade, a importância de Locke reside em ser o seu principal coveiro. Seguidamente, num segundo momento, expõe-se o argumento relativo à justificação da propriedade privada desenvolvido por Locke no Cap. V do *Second Treatise* (ponto 1.4). A ideia básica é a de a que a teoria da justificação da propriedade com base no trabalho adquire uma feição diversa, no pensamento de Locke, consoante esteja em causa a apropriação num contexto de abundância ou, pelo contrário, de escassez, este último coincidindo com o período posterior à introdução da moeda. A distinção entre duas fases históricas na justificação da apropriação natural coloca o problema central da teoria de Locke: naqueles casos em que é verdadeiramente possível a apropriação no estado de natureza, em condições de abundância e sem que ninguém

---

[22] Neste âmbito podem indicar-se as obras de autores como Reinhard Brandt, Jeremy Waldron, A. John Simmons, Gopal Sreenivasan, Matthew Kramer, G. A. Cohen e outros, adiante discutidas.

se possa considerar lesado, as acções humanas adoptadas com esse propósito têm necessariamente uma dimensão produtiva e transformativa escassa; pelo contrário, a intensificação da dimensão produtiva e transformativa do trabalho humano é acompanhada pelo decréscimo das possibilidades de apropriação natural nos termos da própria lógica de desenvolvimento histórico do estado de natureza. Por último, num terceiro momento, é feita a apreciação crítica da teoria de Locke (ponto 1.5). A principal novidade do pensamento de Locke, fazer do indivíduo o sujeito proprietário (ainda sem conseguir transcender por completo a influência da dicotomia sociedade doméstica / sociedade civil, presente no pensamento político ocidental até ao final do século dezoito), surge associada à sua principal fraqueza, a confusão entre propriedade e personalidade. A importância de Locke resulta muito simplesmente de ele ser um dos principais fundadores do individualismo moderno. Nessa medida, a sua marca está presente em toda a reflexão posterior sobre a propriedade e a actividade produtiva humana, desde Marx à doutrina social da Igreja Católica[23]. Ao mesmo tempo, o seu pensamento anuncia já a tendência para fazer do comportamento económico o modelo da actividade humana.

1.3 Os conceitos de propriedade e comunidade originária dos bens em Locke.

1.3.1 Ambiguidades da expressão *"property"* no *Second Treatise*. Ao longo de todo o Capítulo V do *Second Treatise*, dedicado à propriedade, esta expressão surge mais ou menos consistentemente empregue como respeitando às coisas externas objecto do direito de propriedade ou a este direito em si mesmo considerado[24]. Em muitos outros lugares do *Second Treatise*, Locke afirma que o principal objectivo que leva os homens a unirem-se em comunidades políticas consiste na "mútua preservação das suas vidas, liberdades e

---

[23] Cfr. infra, Parte III, cap. 1, pontos 1.2, 1.3.1 e 1.3.3.

[24] Digo mais ou menos consistente porquanto, como adiante melhor se verá, o próprio argumento expendido no Capítulo V não seria compreensível sem o conceito mais amplo de propriedade indicado a seguir no texto: cfr., por exemplo, o § 44, *Second Treatise*, p. 298 (cfr. *Ensáio sôbre a Verdadeira Origem...*, p. 41).

bens, que eu designo pela expressão geral *propriedade*"[25]. Finalmente, Locke reivindica um uso consistente da expressão: "Por propriedade devo ser aqui entendido, à semelhança de em outros lugares, como significando aquela propriedade que os homens têm nas suas pessoas, tal como nos seus bens"[26].

Existe, desde logo, uma ambiguidade no uso da expressão propriedade em Locke que não deve preocupar-nos: trata-se da ambiguidade, já aludida, resultante de a expressão ser usada no Cap. V do *Second Treatise* como designando umas vezes o objecto de um direito, as coisas materiais sobre que ele pode incidir, e outras vezes o direito de propriedade em si mesmo. Com efeito, esse é um simples reflexo do uso vulgar da expressão, sem consequências na coerência da argumentação, e Locke não deixaria de estar consciente dessa ambiguidade, decorrente do próprio termo "propriedade", como em geral da expressão "direito"[27]. Mais importante, é a ambiguidade resultante

---

[25] Cfr., a título meramente exemplificativo, *Second Treatise*, Cap. IX, § 123, p. 350, e ainda, *ibidem*, Cap. VII, § 87, p. 323 (cfr. *Ensáio sôbre a Verdadeira Origem...*, pp. 113 e 77, respectivamente).

[26] Cfr. *Second Treatise*, Cap. XV, § 173, p. 383 (cfr. *Ensáio sôbre a Verdadeira Origem...*, p. 162).

[27] Salientando a inconsistência decorrente da equivocidade do termo, cfr. Karl Olivecrona, "Appropriation in the State of Nature: Locke on the Origin of Property", p. 315; idem, "The Term 'Property' in Locke's Two Treatises", in *ARSP*, 1975, vol. LXI, 1, p. 109; Paschal Larkin, *Property in the Eighteenth Century...*, p. 65. Desvalorizando a aceitação do carácter ambíguo do termo por parte de Locke, com os argumentos referidos no texto, cfr. A. John Simmons, *The Lockean Theory of Rights*, p. 226, nota 13; James Tully, *Locke. Droit Naturel et Propriété*, p. 98. C. B. Macpherson considera, de um modo geral, que o uso da expressão "propriedade" como designando uma coisa e não um direito decorre "meramente de um mau uso popular da palavra: ele não acarreta necessariamente uma incompreensão, embora possa ser tomado como um sinal de uma compreensão limitada do que é a propriedade" (cfr. C. B. Macpherson, "The Meaning of Property", p. 2). Essa compreensão seria limitada uma vez que, por um lado, a utilização popular da expressão "propriedade" como designando a coisa tornaria o conceito indistinto da posse precária e, por outro lado, essa utilização popular teria apenas cabimento no contexto do desenvolvimento da economia capitalista, a partir do século dezassete, em que fazia ainda sentido pensar serem as próprias coisas, e não os direitos, objecto de troca no mercado. Na verdade, segundo Macpherson, o que esse desenvolvimento significava era a substituição de direitos limitados e nem sempre alienáveis *sobre coisas* por direitos *a coisas* virtualmente ilimitados e alienáveis, sendo certo que a própria evolução dos mecanismos de mercado tornou rapidamente irrealista essa visão popular: a importância crescente dos valores mobiliários nos mercados transforma a propriedade num direito a um rendimento (cfr. *ob. cit.*, pp. 3 e 7-8).

de ele usar a expressão "propriedade" num sentido restrito de direito de propriedade, mas também num sentido amplo, em que ela parece surgir como abrangendo qualquer direito.

1.3.2 A teoria dos dois sentidos e a propriedade como o *suum*.
Nesta sequência, e não obstante a afirmação atrás reproduzida de Locke, reivindicando um uso consistente do termo, diversos autores foram tentados a efectuar uma distinção entre dois conceitos de propriedade no seu pensamento, isto é, um sentido restrito de propriedade como direito incidente sobre bens móveis e imóveis, e um sentido amplo em que a expressão se identifica com todos os direitos dos homens[28]. Em sentido contrário, Karl Olivecrona, procurando levar a sério a aludida afirmação de Locke e o facto de ele mencionar sempre a vida da pessoa e a sua liberdade, antes dos objectos materiais, quando enumera aquilo que entende estar abrangido pela ideia de propriedade, sustentou que o sentido geral da expressão corresponde sempre a "aquilo que pertence a uma pessoa", em consonância, aliás, com a etimologia de *proprietas*. O uso da expressão vernácula "property" no discurso de Locke tem em vista sensivelmente os mesmos bens que são incluídos por Grócio e Pufendorf na expressão latina *suum*: a vida, o corpo, a reputação, a honra e as acções próprias e, por último, através de uma extensão do âmbito do *suum* efectuada pela vontade humana, os bens exteriores adquiridos com base em pactos ou, depois do estabelecimento da sociedade política, no direito civil[29]. Voltar-se-á em breve a esta enumeração daquilo que pode ser abrangido pelo *suum*. Para já interessa dar conta de uma divergência essencial entre Grócio e Pufendorf quanto à doutrina do *suum* e à respectiva extensão, que de resto Olivecrona não deixa também de

---

[28] Cfr. Peter Laslett, "Introduction, in John Locke, *Two Treatises of Government*, pp. 102 e 105, afirmando que Locke nos dá uma "definição dual" do conceito de propriedade; cfr., ainda, C. B. Macpherson, "Locke on Capitalist Appropriation", pp. 267-269; idem, "The Social Bearing of Locke's Political theory", pp. 293-294; idem, *The Political Theory of Possessive Individualism*, pp. 198, 220, 247 e ss.

[29] Cfr. Karl Olivecrona, "The Term 'Property' in Locke's Two Treatises", p. 112; no mesmo sentido, cfr. ainda, James Tully, *Locke. Droit Naturel et Propriété*, pp. 167-168; Wolfgang Schild, "Begründung des Eigentums in der politischen Philosophie des Bürgertums. Locke – Kant – Hegel", p. 34; Stephen Buckle, *Natural Law and the Theory of Property*, pp. 169-174.

notar. Segundo Grócio, os meios de subsistência podiam ser objecto de apropriação no estado de natureza sem a precedência de qualquer pacto. Ora, este direito universal de usar e consumir as coisas necessárias ao sustento da vida substituiria a posição da propriedade, pois aquilo que alguém usasse com esse propósito não lhe poderia ser tirado sem injustiça[30]. Grócio reconhecia, no entanto, pelo menos no *De jure belli ac pacis*, que este primeiro domínio não correspondia verdadeiramente à propriedade em sentido actual, com a possibilidade de excluir outros do uso da coisa, a qual apenas pode resultar de uma convenção expressa ou tácita. Grócio reconhece assim uma verdadeira faculdade de usar as coisas necessárias ao sustento da vida, mas recusa-lhe a natureza de propriedade[31]. Pufendorf, pelo contrário, sustenta que nenhuma faculdade, mesmo a de usar as coisas necessárias ao sustento da vida, pode existir sem uma convenção prévia: "uma vez que as coisas não têm utilidade para os homens, a não ser que pelo menos os seus frutos possam ser objecto de apropriação, e isto é impossível se os outros puderem também tomar aquilo que tivermos antes escolhido por um acto nosso para os nossos usos, segue-se que a primeira convenção entre os homens estabeleceu que qualquer coisa deixada para todos, bem como os respectivos frutos, tomada por um homem, com a intenção de a usar, não lhe pode ser tirada por um outro ... Dito brevemente, pressupondo uma igual faculdade primeva dos homens sobre as coisas, é impossível conceber como o mero acto corpóreo de uma pessoa pode prejudicar as faculdades de outros, sem que o seu consentimento seja dado"[32]. Do mesmo modo, também a propriedade pressuporia um acordo, expresso ou tácito, entre os homens[33].

---

[30] Cfr. Grócio, *De jure belli ac pacis*, Livro II, Cap. II, II, 1 (*Le Droit de la Guerre et de la Paix*, p. 179).

[31] Cfr. K. Olivecrona, "Appropriation in the State of Nature: Locke on the Origin of Property", p. 311; Brian Tierney, *The Idea of Natural Rights*, pp. 331-332; e, sobretudo, Damian Hecker, *Eigentum als Sachherrschaft*, pp. 123-124 e 130-131.

[32] Cfr. Pufendorf, *De jure naturae et gentium libri octo*, Livro IV, Cap. IV, § 5, pp. 537 e 539; *ibidem*, § 13, pp. 553-554.

[33] Cfr. Pufendorf, *De jure naturae et gentium libri octo*, Livro IV, Cap. IV, § 4, pp. 536-537; cfr., ainda, K. Olivecrona, "Appropriation in the State of Nature: Locke on the Origin of Property", pp. 312-313; Damian Hecker, *Eigentum als Sachherrschaft*, pp. 124-126 e 131.

Pode agora voltar-se à definição do *suum*, com base na qual Olivecrona afirma que Locke partilha no essencial as doutrinas de Grócio e Pufendorf sobre o estado de natureza[34]. Deve fazer-se quanto a essa definição uma distinção essencial, da qual Olivecrona parece não se dar conta. Quer Grócio, quer, mais decididamente, Pufendorf, distinguem, como elementos do *suum*, por um lado, a vida, a liberdade, a reputação, a honra e as acções próprias e, por outro lado, aqueles aspectos do *suum* que resultam da vontade humana, em que se inclui o domínio sobre os bens exteriores (ou direito de propriedade) adquirido com base em pactos ou, depois do estabelecimento da sociedade política, no direito civil. No *suum*, entendido como aquilo que por natureza pertence ao homem, não se inclui, quer para Grócio, quer para Pufendorf, a propriedade, precisamente porque esta tem uma base convencional[35]. Compreende-se bem a razão de ser desta diferença: a inclusão no *suum* da vida, liberdade e honra de um homem não prejudicam a protecção desses mesmos aspectos em relação a qualquer outro homem; pelo contrário, a inclusão no *suum* do direito de propriedade de alguém sobre um bem exterior conduz necessariamente à negação do direito sobre esse bem em relação a todos os outros. Adam Smith intui bem esta diferença quando afirma que a fundação "da maior parte daqueles que são chamados direitos naturais (ou aqueles que incumbem ao homem apenas enquanto homem) não carece de ser explicada. Que um homem sofreu um dano quando foi ferido de algum modo é evidente à razão, sem qualquer explicação; e o mesmo pode ser dito do dano que é infligido a alguém quando a sua liberdade é de algum modo restringida ... O único caso em que a origem dos direitos naturais não é imediatamente clara é o da propriedade. Não parece evidente à primeira vista que e. g. qualquer coisa que pode servir um outro tão bem ou até melhor do que me serve a mim, deva pertencer-me com exclusão de quaisquer outros apenas porque a tenho sob o meu poder"[36]. Pois bem, esta distinção desaparece no pensamento de Locke: também para ele a

---

[34] Cfr. Karl Olivecrona, "The Term 'Property' in Locke's Two Treatises", p. 113.

[35] Cfr. Grócio, *De jure belli ac pacis*, Livro II, Cap. XVII, II, 1 (*Le Droit de la Guerre et de la Paix*, p. 416); Pufendorf, *De jure naturae et gentium libri octo*, Livro III, Cap. I, § 1, p. 314.

[36] Cfr. Adam Smith, *Lectures on Jurisprudence*, p. 13.

propriedade existe no estado de natureza, sem que a sua origem assente na conclusão de pactos prévios[37]. Ao contrário do que sucede com Grócio, o direito de usar as coisas necessárias ao sustento da vida não antecede a posição da propriedade, mas constitui a base directa e imediata desta última. A inclusão no *suum*, como extensão da personalidade, dos próprios bens exteriores necessários à vida constitui uma inovação no pensamento de Locke em relação a Grócio e a Pufendorf, embora ela constitua, de algum modo, o desenvolvimento das posições destes autores.

Para A. John Simmons, a circunstância de Locke em diferentes lugares usar o termo "propriedade" para designar todos os nossos direitos, os direitos sobre todos os bens externos e os direitos sobre a terra, não constituiria em si uma dificuldade lógica, uma vez que todos esses direitos se incluem igualmente no seu conceito de propriedade, salvo por ter dado azo a "sérias confusões entre os intérpretes de Locke"[38]. O projecto lockeano de abranger num conceito único de propriedade realidades tão diversas, como se viu, explica em parte essas confusões. Isso não significa, naturalmente, que as confusões dos intérpretes assentem na confusão do próprio argumento de Locke sobre a propriedade privada.

---

[37] Salientando este aspecto, cfr. Damian Hecker, *Eigentum als Sachherrschaft*, p. 134: "Com excepção de John Locke, ninguém, até ao final do século dezoito, inclui a propriedade entre os direitos subjectivos existentes no estado de natureza"; cfr., ainda, Helmut Coing, "Der Rechtsbegriff der menschlichen Person und die Theorien der Menschenrechte", pp. 61 e 67.

[38] Cfr. A. John Simmons, *The Lockean Theory of Rights*, pp. 228-229. Na exposição subsequente não irá ser desenvolvida a primeira confusão decorrente das diversas extensões com que o termo "propriedade" surge no *Second Treatise*: aquela que supostamente consiste na circunstância de elas tornarem confuso o próprio argumento de Locke, tal como afirmado por Peter Laslett, "Introduction", p. 105. A conclusão de Laslett é a de que "a doutrina da propriedade de Locke era incompleta, confusa em não pequena medida e inadequada ao problema tal como ele tem sido analisado desde o seu tempo, sem a humanidade e o sentido de cooperação social encontrado nos canonistas que o precederam" (cfr. *ob. cit.*, p. 107). O que sucede é a que a exposição de Laslett não fundamenta minimamente esta afirmação; ela apenas poderia encontrar suporte enquanto corolário de desenvolvimentos bem mais profundos do que aqueles a que se abalança.

1.3.3 Dois erros de interpretação.

1.3.3.1 Macpherson e a tese da propriedade burguesa. Uma das confusões mencionadas é a que se pode encontrar na interpretação da teoria da propriedade privada em Locke levada a cabo por Macpherson. Segundo este autor, o uso do termo "propriedade" não é congruente ao longo do *Second Treatise*. A confusão de Locke sobre a definição de propriedade, "algumas vezes incluindo vida e liberdade e algumas vezes não, pode ser imputada à confusão na sua mente entre um remanescente dos valores tradicionais e os novos valores burgueses"[39]. Macpherson retira desta pretensa confusão uma importante consequência: no argumento crucial do *Second Treatise* relativo à "limitação do poder dos governos"[40], o termo "propriedade" seria usado "no sentido mais usual de terras e bens (ou direitos sobre terras e bens), tal como sucede ao longo do capítulo 'Da Propriedade'"[41]. Aqui residiria a inconsistência: uma vez que a propriedade, para cuja protecção os homens se obrigam através da sociedade política, é uma vezes definida como sendo a vida, a liberdade e os bens[42], e outras vezes como designando apenas os bens e a terra, seguir-se-ia que os homens sem propriedade, neste último sentido, estão simultaneamente dentro e fora da sociedade política[43]. O direito de controlar o governo é apenas dado aos homens com propriedade, no sentido estrito ou usual do termo: é a eles que é dada a voz decisiva sobre a tributação, sem a qual nenhum governo pode susbsistir. Pelo contrário, a obrigação de se subordinar à lei e submeter ao governo é estabelecida para todos os homens, tenham eles, ou não, propriedade no sentido estrito[44]. Assim, os homens sem propriedade neste sentido pertencem à comunidade política, porque estão

---

[39] Cfr. C. B. Macpherson, *The Political Theory of Possessive Individualism*, p. 220.
[40] Macpherson cita o *Second Treatise*, Cap. XI, §§ 138-139, pp. 360-362 (cfr. *Ensáio sôbre a Verdadeira Origem...*, pp. 128-130).
[41] Cfr. C. B. Macpherson, *The Political Theory of Possessive Individualism*, p. 198.
[42] Macpherson cita, a propósito, o *Second Treatise*, Cap. IX, §§ 123 e 131, pp. 350 e 353; *ibidem*, Cap. XI, § 137, pp. 359-360 (cfr. *Ensáio sôbre a Verdadeira Origem...*, pp. 113, 117 e 126-127).
[43] Cfr. C. B. Macpherson, *The Political Theory of Possessive Individualism*, pp. 247-248.
[44] Cfr. C. B. Macpherson, *The Political Theory of Possessive Individualism*, p. 249.

vinculados por ela, mas ao mesmo tempo não lhe pertencem, porque não lhes assiste o direito de "controlar o governo". A conclusão é a de que o poder político é um instrumento nas mãos de uma classe, os proprietários em sentido estrito, para subjugar uma outra classe, a dos trabalhadores desapossados.

São muitas as considerações que suscita esta tese de Macpherson. Muitas delas prendem-se com a sua concepção mais geral da teoria política de Locke como uma legitimação do capitalismo, de que esta tese é apenas um aspecto a considerar. A tese de Macpherson parece ser infirmada pelo texto do *Second Treatise* e, em qualquer caso, pela sua interpretação mais correcta. Repare-se que a própria formulação dessa tese não é isenta de incongruências: como se viu, Macpherson começa por afirmar que quando trata da "limitação do poder dos governos", Locke tem em mente um conceito restrito de propriedade, e aponta como exemplos os §§ 138 e 139 do *Second Treatise*, para depois reconhecer que a "limitação do poder dos governos", com a qual se relaciona a propriedade em sentido restrito, é afinal apenas a que se prende com o consentimento dos impostos. Ora, o consentimento da tributação, previsto nos aludidos parágrafos do Capítulo X é apenas um dos casos de "limitação do poder dos governos", mais precisamente do poder legislativo, previstos naquele capítulo. Para além deste caso, Locke trata também aí destas outras limitações: o poder legislativo deve "governar através de leis estabelecidas e promulgadas, que não devem variar em função de casos particulares, mas conter uma só regra para ricos e pobres, para os favoritos na corte e o homem do campo que trabalha a terra"; essas leis também não devem "ser concebidas para nenhum outro fim que não o do bem do povo"[45]. Em ambos os casos, não está apenas em causa o conceito restrito de propriedade, mas o conceito amplo, que envolve todos os direitos dos homens, como resulta claramente das passagens do *Second Treatise* em que estes limites ao poder legislativo são desenvolvidos[46]. Macpherson parece, no entanto, ter igualmente em vista o conceito restrito de propriedade, quando

---

[45] Cfr. *Second Treatise*, Cap. X, § 142, p. 363 (cfr. *Ensáio sôbre a Verdadeira Origem...*, p. 132).

[46] Cfr. *Second Treatise*, Cap. X, § 135, p. 357; *ibidem*, § 137, p. 359 (cfr. *Ensáio sôbre a Verdadeira Origem...*, pp. 123-124 e 126-127).

nega à "classe trabalhadora" o direito de rebelião[47]. Ou seja, o "povo" a quem Locke confere o direito de rebelião não pode ser toda a população, mas deve apenas consistir nas "classes proprietárias". Também quanto a este aspecto a tese de Macpherson não encontra apoio no texto do *Second Treatise*[48].

O aspecto apelativo da interpretação da tese de Macpherson, para leitores habituados a identificar os representantes que exprimem o consentimento aos impostos com os membros eleitos de um parlamento a quem incumbe em exclusivo o exercício do poder legislativo, perde-se se pensarmos, não só que seria algo anacrónico exigir de Locke uma defesa do sufrágio universal[49], mas também que, para ele, estar representado não equivale necessariamente a ter votado[50]. Uma assembleia permanente ou um monarca incluem-se também no seu conceito de poder legislativo[51]. Por outro lado, quando Macpherson se fundamenta na doutrina do consentimento tácito para sustentar uma extensão da obrigação de obediência a todos aqueles que não têm propriedade em sentido restrito, esquece como essa doutrina é apenas pensada por Locke para aqueles que se encontram sujeitos à leis de uma comunidade política, em virtude de conexões pontualmente estabelecidas com elas, sem nada ter a ver com a questão da qualidade de membro dessa comunidade[52]. O consentimento tácito explica como um estrangeiro possa estar obrigado pelas leis de

---

[47] Cfr. *The Political Theory of Possessive Individualism*, p. 224. No passo citado, depois de se reconhecer a insistência de Locke no direito à rebelião da maioria, afirma-se, no entanto, que "não deve ter passado pela sua cabeça" que a "classe trabalhadora poderia ter o direito de fazer uma revolução". O passo é bem ilustrativo do tipo de argumentação de Macpherson, ao avaliar o pensamento dos autores não tanto com base naquilo que eles afirmaram, mas com base naquilo que eles deveriam ter pensado tendo em vista os propósitos de justificação do capitalismo que Macpherson lhes atribui.

[48] Cfr. Alan Ryan, "Locke and the Dictatorship of the Bourgeoisie", p. 423; criticando igualmente Macpherson quanto aos diversos aspectos referidos no texto, cfr. Helmut Rittstieg, *Eigentum als Verfassungproblem*, pp. 81-83.

[49] Como com razão afirma Rawls, *Lectures on the History of Political Philosophy*, p. 140.

[50] Cfr. Alan Ryan, "Locke and the Dictatorship of the Bourgeoisie", p. 431; Helmut Rittstieg, *Eigentum als Verfassungproblem*, p. 82.

[51] Cfr. *Second Treatise*, Cap. XI, § 138, p. 361 (cfr. *Ensáio sôbre a Verdadeira Origem...*, p. 129).

[52] Cfr. Stanley Cavell, *Cities of Words*, p. 63; cfr., ainda, Miguel Nogueira de Brito, *A Constituição Constituinte*, p. 187.

uma comunidade em que voluntariamente dá entrada; explica igualmente como alguém possa estar sujeito às leis de uma comunidade que tutelam a sua propriedade em sentido restrito[53]. Tal doutrina não explica, no entanto, seguramente, a extensão da qualidade de membro de uma comunidade aos nativos sem propriedade (em sentido restrito). Para além da circunstância de pura e simplesmente não encontrar suporte no texto do *Second Treatise*, a tese de Macpherson contradiz aquela que parece ser a sua interpretação mais correcta: não se pretende aí, em primeira linha, dar voz a uma classe de proprietários burgueses na subjugação de uma classe de proletários desapossados, mas exprimir um interesse comum de proprietários em qualquer dos sentidos do termo, amplo ou restrito, contra o poder absoluto do monarca[54]. Quando Locke afirma que o propósito a que obedece a instituição dos governos consiste na protecção da propriedade, a única interpretação correcta de tal afirmação é, pois, aquela segundo a qual a expressão "propriedade" é entendida num sentido que abrange, além dos bens, a vida e a liberdade[55].

1.3.3.2 James Tully e a negação do carácter natural da propriedade privada em Locke. Os problemas de interpretação levantados pelo uso do termo "propriedade" no *Second Treatise* não decorrem apenas, todavia, da adopção da "teoria dos dois sentidos". James Tully criticou expressamente essa teoria e aderiu ao entendimento contrário, adoptado por Karl Olivecrona, como se viu, o qual considera, no entanto, ter sido já explicitado por Barbeyrac, no prefácio à tradução francesa, publicada em 1712, do *De Jure Naturae et Gentium* de Samuel Pufendorf: "Locke entende pela palavra «propriedade» não só aquele direito que cada um tem sobre os seus bens e posses, mas também o que respeita às suas acções, à sua liberdade, à sua vida, ao seu corpo; numa palavra, todos os tipos de direitos"[56]. Simplesmente,

---

[53] Cfr. *Second Treatise*, Cap. VIII, §§ 119-122, pp. 347-349 (cfr. *Ensáio sôbre a Verdadeira Origem...*, pp. 109-112).

[54] Cfr. Alan Ryan, "Locke and the Dictatorship of the Bourgeoisie", pp. 434-435; W. von Leiden, *Hobbes and Locke*, pp. 107-108; Diogo Freitas do Amaral, "Nota sobre o Conceito de Propriedade em Locke", pp. 795-799; Rawls, *Lectures on the History of Political Philosophy*, pp. 150-151.

[55] Cfr. Ramon M. Lemos, "Locke's Theory of Property", p. 344.

[56] Cfr. J. Tully, *Locke. Droit Naturel et Propriété*, pp. 28 e 168.

Tully atribui a Locke "a ideia capital segundo a qual a propriedade, uma vez instituída a sociedade política, é uma criação desta sociedade"[57]. Não importa aqui analisar os argumentos textuais com base nos quais Tully atribui esta posição surpreendente a Locke, uma vez que eles foram já objecto de crítica convincente[58]. Tendo presente a distinção, por um lado, entre recursos naturais objecto de apropriação antes da instituição da sociedade civil e recursos que ainda o não foram e, por outro lado, a distinção entre direito de propriedade e jurisdição territorial, é possível, com efeito, atribuir às passagens do *Second Treatise* em que Tully se baseia um sentido diverso daquele que aponta para uma base inteiramente convencional das relações de propriedade na sociedade política. Ainda que à comunidade política seja atribuído um amplo poder de intervenção na distribuição dos recursos que não foram ainda objecto de apropriação aquando da sua instituição e que, após ela, a jurisdição territorial se sobreponha à propriedade fundiária dos particulares, isso não significa que não devam por ela ser respeitados os princípios da propriedade natural.

A objecção mais importante à construção de Tully é, no entanto, outra. Segundo Locke, "sempre que um homem se incorpora numa qualquer sociedade política, pelo simples facto de se lhe associar, anexa-lhe e submete-lhe também todas as posses que tem ou há-de adquirir, que não pertençam já a um outro governo"[59]. Tully interpreta esta passagem como significando que "tudo aquilo que um homem possui no estado de natureza, ou que ele virá a adquirir como membro de um Estado, tornar-se-á posse da comunidade"[60]. Todavia, na continuação da passagem atrás citada, Locke não se limita a afirmar a submissão das posses de cada um à comunidade política: "Pelo mesmo acto, portanto, através do qual alguém une a sua pessoa, que era antes livre, a uma comunidade; pelo mesmo acto ele une as suas

---

[57] Cfr. Tully, *Locke. Droit Naturel et Propriété*, p. 145; no mesmo sentido, cfr. Rawls, *Lectures on the History of Political Philosophy*, p. 149.

[58] Cfr. Jeremy Waldron, *The Right to Private Property*, pp. 233-240; idem, "Locke, Tully, and the Regulation of Property" *Political Studies*, 32, 1984, pp. 98 e ss.; A. John Simmons, *The Lockean Theory of Rights*, pp. 313-318; José María Lasalle Ruiz, *John Locke y los Fundamentos Modernos de la Propriedad*, pp. 352 e ss.

[59] Cfr. *Second Treatise*, Cap. VIII, § 120, p. 348 (cfr. *Ensáio sôbre a Verdadeira Origem...*, p. 110).

[60] Cfr. James Tully, *Locke. Droit Naturel et Propriété*, p. 231.

posses, que antes eram livres, a essa comunidade; e tornam-se ambas, pessoa e posses, sujeitas ao governo e domínio dessa comunidade, enquanto ela tiver existência"[61]. Os críticos de Tully sustentam que com esta afirmação Locke não pode pretender que as pessoas se dêem elas próprias à comunidade política. Jeremy Waldron observa que Locke sugere aqui que a medida da submissão da propriedade e da pessoa à comunidade é exactamente a mesma e uma das condições da legitimidade dessa submissão é a de que as leis da comunidade não podem tirar "de qualquer homem qualquer parte da sua propriedade, sem o seu próprio consentimento"[62]. Aliás, nem sequer o consentimento poderia, no pensamento de Locke, sustentar uma situação em que a pessoa se tornasse ela própria uma posse da comunidade. Locke di-lo, aliás, muito claramente: "Um homem, não tendo poder sobre a sua própria vida, não pode, por contrato, ou pelo seu consentimento, escravizar-se ele próprio, nem colocar-se sob o poder absoluto e arbitrário de outrem"[63]. Mas tal como a pessoa humana não pode ser dada por inteiro à comunidade política, também a propriedade o não pode, na medida em que ela seja entendida como uma extensão da pessoa. Em ambos os casos, a medida daquilo que prescindimos aquando da instituição da comunidade política é apenas a medida do que se torna necessário para tornar possível um governo efectivo[64].

Simplesmente, a crítica à interpretação de James Tully que acaba de ser delineada não faz inteira justiça ao radicalismo à luz do qual este re-equaciona o conceito de propriedade no Capítulo V do *Second Treatise*. A crítica pressupõe, com efeito, que a propriedade privada obtida no estado de natureza seria abolida com a instituição da comunidade política, à qual caberia proceder depois à distribuição

---

[61] Cfr. *Second Treatise*, Cap. VIII, § 120, p. 348 (cfr. *Ensáio sôbre a Verdadeira Origem...*, p. 110).

[62] Cfr. *Second Treatise*, Cap. XI, § 138, p. 360 (cfr. *Ensáio sôbre a Verdadeira Origem...*, p. 128); Jeremy Waldron, *The Right to Private Property*, p. 240; idem, "Locke, Tully, and the Regulation of Property", p. 105.

[63] Cfr. *Second Treatise*, Cap. IV, § 23, p. 284 (cfr. *Ensáio sôbre a Verdadeira Origem...*, p. 22).

[64] Cfr. *Second Treatise*, Cap. VIII, § 99, p. 333, *ibidem*, Cap. IX, § 129, pp. 352-353; *ibidem*, Cap. XIII, § 153, pp. 369-370 (cfr. *Ensáio sôbre a Verdadeira Origem...*, pp. 90, 116 e 140-141); cfr. A. John Simmons, *The Lockean Theory of Rights*, p. 310.

dos bens entre os respectivos membros. Mas, na realidade, na concepção de Tully, não existe verdadeiramente propriedade privada antes da instituição da comunidade política e, por isso, não existe também qualquer expectativa fundada quanto aos termos em que ela venha a existir depois[65]. Uma análise mais detalhada das teses de Tully, verdadeiramente inovadoras na interpretação do pensamento de Locke mas, em última análise, infundadas, tem o interesse de permitir um aprofundamento do conceito de propriedade naquele pensamento, sobretudo o modo como ele se posiciona em relação ao conceito de comunidade originária dos bens.

Para James Tully, nos *Two Treatises*, Locke, "longe de oferecer uma apologia da propriedade privada, fez-se o defensor do regime das terras comuns da Inglaterra" e a sua teoria seria, na verdade, uma "defesa explícita dos direitos dos proprietários co-indivisos contra o movimento dos emparcelamentos dos senhores fundiários"[66]. Neste peculiar modo de ver, o termo "property" no Capítulo V do *Second Treatise* não designa um direito de propriedade privada que ponha necessariamente termo a uma situação de comunidade. Pelo contrário, está aí em causa um "direito exclusivo de propriedade que actualiza e realiza o direito natural de todo o homem aos recursos que lhe são necessários, por forma a permitir-lhe satisfazer a obrigação de prover à sua conservação e bem estar e, na medida das suas possibilidades, à dos outros". Tal direito exclusivo "é um direito de uso que se exerce sobre todos os produtos da actividade humana: com efeito, esse direito não é senão a actualização, sob a forma de posse, do direito geral de utilizar os bens fabricados pelos homens. Esta construção teórica única conduz directamente ao ponto ideológico nodal de todo o discurso de Locke sobre a propriedade: a propriedade exclusiva sobre a terra não tem qualquer fundamento natural. E não pode ser de outra maneira, pois os direitos inclusivos e os direitos exclusivos complementares e naturais são, os primeiros, expressão de um crédito, os segundos, expressão de um poder actual sobre os produtos do trabalho. O que significa que a propriedade comum

---

[65] Cfr. G. A. Cohen, "Marx and Locke on Land and Labour", in *Self-Ownership, Freedom, and Equality*, p. 188.

[66] Cfr. Tully, *Locke. Droit Naturel et Propriété*, pp. 186 e 216.

mantém-se comum, enquanto os homens são apenas utilizadores indivisos"[67]. Em suma, Locke estabelece um direito "à apropriação dos bens a título exclusivo no próprio interior da comunidade positiva"[68]. A utilização do termo "propriedade" como individuação ou realização da propriedade comum constituiria assim "um conceito de propriedade diferente de uma teoria em que a propriedade privada e a comum são construídas como sendo mutuamente exclusivas" e esta análise basear-se-ia precisamente na utilização do termo "propriedade" em sentido amplo[69]. Com Tully assistimos, pois, à passagem de uma leitura da expressão "propriedade", no *Second Treatise*, em que ela se refere a todos os direitos, incluindo o direito de propriedade privada, para uma leitura de acordo com a qual a expressão designa todos os direitos, menos o direito de propriedade privada.

Como pôde Tully chegar a caracterizar Locke como o "único autor que defende arduamente a ideia de propriedade comum"[70]? Os pontos de apoio da sua construção, quanto ao aspecto que agora nos ocupa, parecem ser três: em primeiro lugar, Tully apoia-se na distinção entre direitos inclusivos e direitos exclusivos, tal como desenvolvida, segundo ele próprio reconhece, por Macpherson[71]; em segundo lugar, Tully imputa a Locke a "reactivação", ou "retoma", do conceito tomista de propriedade comum, contra a redução do conceito de propriedade à propriedade privada, efectuada por Grócio, Filmer e Pufendorf[72]; por último, Tully apoia-se na ideia segundo a qual o

---

[67] Cfr. Tully, *Locke. Droit Naturel et Propriété*, p. 176; no mesmo sentido, cfr. Rawls, *Lectures on the History of Political Philosophy*, p. 145.
[68] Cfr. Tully, *Locke. Droit Naturel et Propriété*, p. 179.
[69] Cfr. Tully, *An Approach to Political Philosophy...*, pp. 114-115.
[70] Cfr. Tully, *Locke. Droit Naturel et Propriété*, p. 121.
[71] Cfr. Tully, *Locke. Droit Naturel et Propriété*, pp. 97-98; idem, *An Approach to Political Philosophy...*, p. 106 e nota 41.
[72] Cfr. Tully, *Locke. Droit Naturel et Propriété*, pp. 102 ("não só Locke conhece perfeitamente a obra do Doutor Angélico, mas também o segue fielmente no seu discurso sobre a propriedade comum"), 103 (S. Tomás ... introduz – para de imediato os distinguir – dois conceitos de propriedade: a propriedade a título inclusivo e a propriedade a título exclusivo. Esta distinção será explicitamente retomada por Locke"), 107 ("Locke reactivará o conceito neo-tomista de propriedade comum, em refutação da teoria «adamita» de Filmer, que este último tinha elaborado contra a teoria «anti-adamita» de Suárez"), 109 ("A concepção tomista (retomada por Locke) de que o mundo pertence à humanidade em comum, antes mesmo de qualquer apropriação, é esquecida [por Grócio] a favor de uma teoria que não

termo vernáculo inglês "property" teria um campo de aplicação mais amplo do que o termo latino *"proprietas"*, significando tudo aquilo que, sob o ponto de vista de qualquer relação, pertence a qualquer um[73]. Todos estes pontos de apoio convergem no sentido de substituir, quanto ao entendimento da propriedade, "o conceito tradicional negativo de abstenção em relação a um bem de outro", pelo seu entendimento como direito (inclusivo) de uso dos bens necessários à subsistência, realizado pelo direito (exclusivo) de apropriação individual do produto do próprio trabalho[74]. O propósito de tal substituição é o de permitir a conciliação da propriedade, nos termos revistos que acabam de ser mencionados, com a ideia de propriedade comum, cuja "defesa árdua" já se viu ser atribuída a Locke por Tully.

Na interpretação de Tully, Locke não é, todavia, simplesmente encarado como um defensor da propriedade comum. Mais do que isso ele é visto como um defensor da comunidade positiva dos bens[75]

---

reconhece senão o direito de propriedade resultante de uma posse efectiva"), 111 ("Para Suárez e Locke, qualquer um pode fazer valer o seu direito a não ser excluído, e portanto a exigir um lugar que todos os outros têm o dever positivo de lhes assegurar"), 115 ("Pufendorf admite com Grócio que o mundo pertence originariamente a ninguém e que, portanto, se encontra à disposição de todos. Esta ideia fundamental, que distingue o sistema de Pufendorf dos de Suárez e de Locke, decorre directamente da concepção grociana da propriedade, à qual Pufendorf se junta"), 117 ("Para Suárez e Locke, todos os homens têm, enquanto tais, um direito de possuir certos bens; dito de outra forma, eles podem fazer valer um «direito a» (*right to*) certas coisas, àquilo que lhes é devido"), 121 ("Duas concepções de propriedade vieram, pois, à luz, em relação às quais se dividem os autores do Século XVII. A primeira reduz a propriedade à propriedade privada: é a teoria de Grócio, Filmer e Pufendorf. A segunda, mais ampla, encontra lugar para a propriedade comum como para a propriedade privada (Selden) ou então abrange as duas noções possíveis de «direito a» (*right to*) e de «direito sobre» (*right in*), como é o caso de Suárez e Locke"), 173 ("A distinção entre estes dois tipos de propriedade, a propriedade em comum e a sua ultimação na posse individual resultante da actividade racional, aparece pela primeira vez em S. Tomás. Vimos como este último parte da mesma concepção de Locke quanto à inclusividade dos direitos (ainda que não expressa em termos de direitos subjectivos) e que ele recusa, igualmente como Locke, a ideia de que a propriedade individual seja co-natural ao homem enquanto tal"), 215 ("Seria pelo menos paradoxal supor que Locke tenha querido reduzir a nada a estrutura jusnaturalista tomista que subjaz a todo o seu discurso"); idem, *An Approach to Political Philosophy...*, pp. 103, 109. Ao ler estas passagens fica-se, por vezes, com a impressão que Locke frequentou teologia em Coimbra, em vez de ter leccionado em Oxford.

[73] Cfr. Tully, *Locke. Droit Naturel et Propriété*, p. 164.
[74] Cfr. Tully, *Locke. Droit Naturel et Propriété*, pp. 98 e 185.
[75] Cfr. Tully, *Locke. Droit Naturel et Propriété*, pp. 144, 180-185 e 213-215.

e é precisamente nesse sentido que apontam, segundo Tully, os três pontos de apoio atrás enunciados. O primeiro deles sustenta, sem dúvida, a construção de James Tully. Macpherson afirma que a propriedade é normalmente identificada com a propriedade privada, entendida como o direito de um indivíduo (ou uma entidade colectiva) excluir outros de algum uso ou benefício em relação a alguma coisa. Neste sentido, a propriedade privada é incompatível com a propriedade comum. Macpherson não questiona a ideia segundo a qual a propriedade, como algo que se distingue da mera posse ou detenção, consiste na ideia de uma pretensão realizável, de forma duradoura, relativa ao uso ou benefício de alguma coisa. Mas daí não decorre, segundo ele, que a propriedade de um indivíduo esteja confinada ao seu direito de excluir outros, uma vez que aquela pretensão inclui igualmente o direito de um indivíduo a não ser excluído do uso ou benefício de alguma coisa que a sociedade ou o Estado declarem estar destinada ao uso comum[76]. Ao lado da dimensão exclusiva, própria da propriedade privada, seria assim possível isolar uma dimensão inclusiva do direito de propriedade, a única que Macpherson considera compatível com uma democracia real e que determina, segundo a visão da evolução histórica que ele propõe, a extensão do respectivo objecto desde o acesso aos recursos produtivos de uma sociedade ao acesso aos meios que possibilitam uma vida humana plena. A crítica deste entendimento já foi feita[77]. Mas é a distinção entre propriedade como direito de excluir outros e como direito a não ser excluído que fornece a base analítica para a distinção, estabelecida por James Tully, entre direitos naturais inclusivos e direitos naturais exclusivos, à luz da qual ele procede depois à compatibilização entre

---

[76] Cfr. Macpherson, *Democratic Theory*, pp. 123-124; idem, "Human Rights as Property Rights", p. 77. Cfr. J. Tully, *Locke. Droit Naturel et Propriété*, p. 97: "A propriedade privada diz-se exclusiva, porque consiste no direito que tem todo o proprietário de excluir do exercício desse direito todos os outros, sem prejuízo dos demais direitos morais ou jurídicos que lhe confere o objecto («referente») ao qual se aplica esse direito. Inversamente, a propriedade comum é designada «direito inclusivo», uma vez que ela supõe que ninguém pode ser «excluído» do seu exercício, que cada um tem o direito de ser «incluído» no número daqueles que podem legitimamente pretender usar o objecto a que se refere esse direito, igualmente sem prejuízo de outras prerrogativas morais ou jurídicas dos proprietários indivisos sobre o objecto a que se reporta o direito inclusivo".

[77] Cfr. supra Parte I, cap. 4, ponto 4.3.

o uso do termo "property" no *Second Treatise* e a ideia de comunidade positiva originária dos bens. Se encararmos a propriedade como um direito exclusivo, então pode sem dúvida ser harmonizada com uma ideia de comunidade originária dos bens em sentido negativo, isto é, uma ideia segundo a qual os bens são comuns porque não existe, numa situação inicial, propriedade privada. Pelo contrário, se a propriedade for entendida como um direito inclusivo, então pressupõe uma ideia de comunidade positiva, como resulta da argumentação de Macpherson. Em tal caso, a propriedade não pode ser identificada com a propriedade privada, mas apenas com um direito de uso (inclusivo).

No conceito de propriedade de Locke, segundo James Tully, estão abrangidos os direitos naturais inclusivos de todos os homens à preservação, a preservar a própria vida e a dos outros e ainda o direito aos meios necessários à sua própria conservação[78]. Mas a propriedade inclui também os dois direitos naturais exclusivos que cada um tem sobre a própria pessoa e sobre as suas acções[79], bem como o direito exclusivo de cada um sobre o produto do seu próprio trabalho, desenvolvido no Capítulo V do *Second Treatise*. Qual a relação que se estabelece entre estes direitos? Antes de mais, no que toca aos direitos naturais inclusivos de preservar a própria vida e a dos outros, eles derivam, segundo Locke, da lei fundamental da natureza, segundo a qual a humanidade deve ser preservada. Tais direitos têm assim um fundamento objectivo que impede a sua caracterização como meras liberdades; pelo contrário, o seu exercício corresponde ao exercício de um dever natural de preservação[80]. Por essa mesma razão, os dois primeiros direitos naturais inclusivos, não podem deixar de ser acompanhados por um terceiro direito, que permita a sua realização. Esse terceiro direito é precisamente a propriedade em comum a que aludem as Escrituras[81], isto é, o direito aos meios necessários à conservação da vida. Aliás, uma vez que Deus é

---

[78] Cfr. Tully, *Locke. Droit Naturel et Propriété*, pp. 99-100. Cfr. *Second Treatise*, Cap. II, §6; Cap. III, §16; Cap. V, § 25, pp. 270-271, 278-279, 285.

[79] Cfr. Tully, *Locke. Droit Naturel et Propriété*, pp. 153-154. Cfr. *Second Treatise*, Cap. V, §§ 27 e 44, pp. 287 e 298.

[80] Cfr. Tully, *An Approach to Political Philosophy...*, pp. 111-112.

[81] Cfr. *First Treatise*, Cap. IX, § 86, pp. 204-205.

o criador do mundo e, portanto, seu proprietário, a propriedade dos homens não pode consistir senão num direito de uso, assim como aos homens não é lícito o suicídio ou a escravidão voluntária[82]. Se considerarmos agora os direitos naturais exclusivos, também em relação a eles se pode afirmar que os direitos desse tipo que cada um tem na sua própria pessoa e nas suas acções necessitam de ser acompanhado por um direito que possibilite a sua realização. A dedução desse direito faz-se segundo os mesmos moldes do "modelo da obra" (*workmanship model*) que presidem ao estabelecimento dos direitos inclusivos que nos assistem enquanto criaturas de Deus. Com efeito, o homem tem sobre o produto do seu trabalho direitos naturais que são análogos aos de Deus, enquanto criador, sobre o mundo; a mesma relação necessária de causa a efeito que liga o homem ao seu Criador une o trabalhador ao produto do seu trabalho[83]. Assim, o direito natural inclusivo aos meios necessários à conservação, que assiste a todos os homens enquanto tais, é actualizado pelo direito exclusivo de cada homem ao produto do seu trabalho. Precisamente por esta via se obtém a relação entre direitos inclusivos e exclusivos, no que diz respeito à propriedade sobre os bens externos: estes últimos são direitos ao produto resultante do exercício dos primeiros. Locke obteria assim, segundo a construção de Tully, uma teoria em que os direitos exclusivos se autolimitam[84].

Perguntar-se-á por que razão afirma Tully, no âmbito desta concepção em que a propriedade não chega nunca a ser configurada como privada, que ela é inteiramente submetida à comunidade política, após a saída do estado de natureza. Esta posição parece contraditória: se a convenção em que se funda a comunidade política procede à distribuição da propriedade no respeito da lei da natureza e dos direitos subjectivos naturais[85], por que razão não há-de ela respeitar a propriedade adquirida, no estado de natureza, à luz dessa mesma lei e desses direitos? Existe, no entanto, na argumentação de Locke, um factor perturbador para a construção de Tully e que, em última análise, conduz este último a sustentar a tese que consiste em a instituição da

---

[82] Cfr. Tully, *Locke. Droit Naturel et Propriété*, pp. 72-73, 98-99.
[83] Cfr. Tully, *Locke. Droit Naturel et Propriété*, pp. 139, 173, 199.
[84] Cfr. Tully, *An Approach to Political Philosophy...*, pp. 115-116.
[85] Cfr. Tully, *Locke. Droit Naturel et Propriété*, pp. 186, 233.

sociedade política implicar a transferência dos bens individuais para esta última. Com efeito, no § 36 do Capítulo V, Locke afirma que "a mesma regra da propriedade, segundo a qual cada homem deveria ter tanto quanto pudesse usar, manter-se-ia ainda válida, sem forçar ninguém, uma vez que existe terra bastante no mundo para satisfazer o dobro dos seus habitantes, se a invenção do dinheiro, e o acordo tácito dos homens para lhe reconhecerem um valor, não tivesse introduzido (por consentimento), maiores posses e um direito sobre elas"[86]. O carácter "autolimitativo" do direito exclusivo sobre o produto do próprio trabalho, ou, se se preferir, a compatibilidade entre propriedade, como direito de uso, e comunidade dos bens, é aqui explicitamente negada por Locke. Daí, pois, a necessidade de Tully fazer tábua rasa da aquisição da propriedade no estado de natureza, em conformidade com a lei natural e os direitos naturais, aquando da instituição da sociedade política. É neste ponto que está em jogo, sem dúvida, o sucesso ou insucesso de toda a construção de Tully. Para já, interessa apenas determinar qual o conceito de propriedade utilizado por Locke. Mas não pode deixar-se de salientar que se afigura improcedente o argumento usado por Tully, com base na passagem atrás citada do § 36, de que, uma vez que a aquisição da propriedade no estado de natureza, antes da introdução do dinheiro, não "força ninguém", isso significaria que aquela introdução teria o efeito oposto, isto é, ela seria susceptível de lesar direitos. As regras respeitantes à aquisição de propriedade no estado de natureza teriam, pois, ser abandonadas com a introdução do dinheiro, através da instituição da sociedade política[87]. Simplesmente, Locke não afirma que a introdução do dinheiro tenha necessariamente o efeito de lesar os direitos naturais; existem, pelo contrário, razões fortes que levam a pensar que ele diz exactamente o oposto[88]. E é precisamente porque a introdução do dinheiro levanta os limites previamente existentes à aquisição da propriedade que James Tully concebe a instituição do poder político como uma ruptura na ordem da propriedade. Igual-

---

[86] Cfr. *Second Treatise*, Cap. V, § 36, p. 293 (cfr. *Ensáio sôbre a Verdadeira Origem...*, p. 33).
[87] Cfr. James Tully, *Locke. Droit Naturel et Propriété*, p. 215.
[88] Cfr., por exemplo, o passo contido no § 46, Cap. V, do *Second Treatise*, p. 300 (cfr. *Ensáio sôbre a Verdadeira Origem...*, p. 43), que adiante será retomado.

mente improcedente se afigura o argumento de que pensar que a introdução do dinheiro, ao superar o princípio da aquisição baseado no uso efectivo, não impõe a adopção de novas regras, através da comunidade política, visando restabelecer os princípios distributivos iniciais, seria "supor que Locke tenha podido querer reduzir a nada a estrutura jusnaturalista tomista que subjaz a todo o seu discurso"[89]. Na verdade, é justamente essa estrutura tomista que seria necessário demonstrar, não sendo por isso válido afirmar que aspectos da argumentação de Locke dificilmente conciliáveis com ela devem ser afastados apenas porque a contrariam.

Com isto entramos já no segundo ponto de apoio da tese de Tully relativa à ruptura entre a propriedade natural e a civil. Está aqui em causa, como se viu, a ideia de que Locke retoma, contra Filmer, mas também contra Grócio e Pufendorf, a concepção da propriedade comum supostamente elaborada por S. Tomás e, depois, já com a presença da categoria dos direitos subjectivos, por Francisco Suárez. O problema, em relação a pensadores desta envergadura, não reside propriamente em encontrar traços das suas ideias na obra de autores posteriores, muito embora se afigure excessivo caracterizar Locke como um pensador tomista. O problema reside, ainda antes disso, na circunstância de S. Tomás, por um lado, atribuir um valor muito reduzido à ideia de comunidade originária dos bens, que nunca concebe como uma comunidade em sentido normativo, e, por outro lado, afirmar o carácter natural da propriedade privada individual, ao contrário do que pretende Tully. A interpretação deste último assenta numa compreensão deficiente do pensamento de S. Tomás, para quem o uso comum não implica a negação da propriedade privada, enquanto pertencente ao direito natural, mas antes convive com ela[90]. Reconhecendo que S. Tomás não expressa o seu pensamento relativo à propriedade privada com recurso à noção de direito subjectivo, Tully

---

[89] Cfr. James Tully, *Locke. Droit Naturel et Propriété*, p. 215.
[90] Cfr. supra, Parte I, cap. 3, ponto 3.5. James Tully, *Locke. Droit Naturel et Propriété*, p. 174, reconhece que "o objectivo de S. Tomás, contrariamente ao de Locke, é o de justificar as formas estabelecidas da propriedade; é por essa razão que a sua teoria inclui a propriedade individual plena e completa, o que não sucede com o inglês". Fica, no entanto, por saber como poderia S. Tomás lograr esse objectivo, a partir da negação (que Tully, *ob. cit.*, p. 173, lhe atribui) de que a propriedade privada seja co-natural ao homem.

recorre ao pensamento de Suárez: caberia a este reconstruir em termos de direitos subjectivos "o conceito de propriedade segundo S. Tomás, propriedade natural e comum"[91]. Estaria assim feita a ponte entre o pensamento realista de S. Tomás sobre a propriedade comum e Locke, o teórico dos direitos naturais subjectivos: o Locke de James Tully partilha com Francisco Suárez uma concepção de direito natural em que se harmonizam as dimensões objectiva e subjectiva. Todavia, para além de a propriedade privada em S. Tomás ser de direito natural, como se disse, é aqui deixado de fora um importante aspecto do sistema de Suárez. Este último não se limita a complementar o direito natural objectivo de S. Tomás, acrescentando-lhe a ideia de direitos subjectivos. É verdade, sem dúvida, que Suárez utiliza o conceito de *ius ad rem* para exprimir a ideia de um direito subjectivo (que ele designa «direito dominativo») de usar as coisas comuns, tal como James Tully não deixa de afirmar[92]. Tal direito pressupõe um estado de coisas em que não foi introduzida a propriedade privada e prevalece ainda a comunidade dos bens. Simplesmente, a comunidade dos bens é um preceito de direito natural (objectivo) em sentido negativo, ou, se se preferir, um preceito de direito natural permissivo. Enquanto se mantiver a situação originária de comunidade dos bens, permitida pelo direito natural, essa permissão é acompanhada por um outro preceito de direito natural positivo de acordo com o qual não pode proibir-se ou impedir-se o uso necessário das coisas comuns. Este preceito, por sua vez, é ainda acompanhado pelo direito natural subjectivo atrás mencionado. Todavia, uma vez introduzida a divisão da propriedade comum, que Suárez considera como mais conveniente no estado de natureza caída, ou posterior à idade de inocência, o direito natural proíbe o furto ou a apropriação indevida do alheio[93]. Assim, ao complexo definido pela permissão da comunidade, pelo preceito de direito natural positivo de que não pode proibir-se o uso necessário das coisas comuns e pelo direito subjectivo de as usar, vigente na idade da inocência, sucede o complexo normativo definido pela permissão da propriedade, pela proibição do furto e pelo direito

---

[91] Cfr. James Tully, *Locke. Droit Naturel et Propriété*, p. 107.
[92] Cfr. James Tully, *Locke. Droit Naturel et Propriété*, p. 107.
[93] Cfr. Francisco Suárez, *De Legibus ac Deo Legislatore*, Livro II, Cap. XIV, §§ 13, 16 e 17 (cfr. *Tratado de las Leyes y de Dios Legislador*, vol. I, pp. 158-160).

subjectivo de propriedade privada, vigente a partir da saída do estado de inocência.

Segundo Suárez, os homens podem mudar o direito natural dominativo (*ius naturae dominativum*), ou sujectivo, mas não o direito natural preceptivo, ou objectivo, que se ajusta à permissão, quer da comunidade dos bens, quer da propriedade privada, no primeiro caso impondo o acesso de todos ao uso comum, no segundo proibindo o furto. No estado de natureza caído deixa, pois, de fazer sentido falar de um direito (*ius ad rem*) de usar as coisas comuns, pela simples razão de que cessou a comunidade e foi introduzida a propriedade privada. Suárez limita-se a admitir aí, após a queda, sem grandes desenvolvimentos e sobretudo sem qualquer inovação em relação ao discurso tradicional, que os bens superflúos são comuns em caso de necessidade[94]. Na análise de Tully é, pois, marginalizado um aspecto essencial do pensamento de Suárez, que consiste no desenvolvimento que este último dá à ideia de permissão e na sua aplicação à conceptualização do direito natural[95]. Ora, esse aspecto do pensamento de Suárez, não impede, sem dúvida, que lhe seja atribuída a ideia de um direito inclusivo de cada um ao uso dos bens necessários ao sustento da vida numa situação original de comunidade[96], mas o

---

[94] Cfr. Brian Tierney, *The Idea of Natural Rights*, pp. 307-308.

[95] Sobre estes aspectos do pensamento de Suárez, cfr. Brian Tierney, "Permissive Natural Law and Property: Gratian to Kant", pp. 391 e ss. A tese de Suárez é a de que a permissão envolve uma promessa de garantia oferecida pela lei, à qual corresponde a obrigação dos outros sujeitos de respeitar ou efectivar a permissão atribuída. Deste modo, Suárez reconduz o efeito permissivo da lei a uma obrigação (cfr. Jacob Schmutz, "Toute Puissance Divine et Loi Permissive. Enquête sur un Paradigme Théologico-Juridique Oublié", p. 233).

[96] Cfr. James Tully, *Locke. Droit Naturel et Propriété*, p. 111. Mesmo no estado de natureza, Suárez faz, aliás, uma distinção que Tully não menciona: a diferenciação entre o direito de propriedade de bens móveis e de imóveis. Suárez admite a apropriação individual no estado de natureza em relação aos primeiros, mas já não, do mesmo modo, em relação aos segundos. Segundo Suárez, "os bens móveis estão antes sujeitos a uma divisão, pois eles pertencem a quem os tomar. E parece que este direito foi também necessário no estado de inocência. Pois aquele que colher os frutos das árvores para os comer, adquire assim um direito particular sobre eles, de os usar livremente, que não pode ser-lhe retirado sem injustiça. Na verdade, quanto aos bens imóveis não é necessária uma semelhante divisão ... Para além disso, é de considerar que os homens possam no estado de natureza trabalhar a terra e porventura semear parte dela. Daí segue-se necessariamente a consequência que se alguém semeou parte da terra, esta não pode com justiça ser usada por outro e é, por assim

respectivo alcance normativo numa situação de propriedade privada é menor do que aquele que Tully parece disposto a atribuir-lhe.

Tully sustenta, por último, como se disse, a sua tese na circunstância de o termo vernáculo inglês "property" significar tudo o que pertence a alguém, sendo, por isso, compatível com um direito de uso que pressupõe a comunidade dos bens. Mas a circunstância de, no seu uso vernacular, o termo "property", ao contrário do que sucede como termo latino "proprietas", significar não apenas o direito absoluto sobre uma coisa, mas um direito comum de usar, nada permite concluir em termos definitivos quanto ao carácter positivo ou negativo da comunidade dos bens[97].

A tese de Tully de que Locke advoga no *Second Treatise* uma concepção de comunidade positiva enquadra-se no seu esforço de contrariar a interpretação, então prevalecente, de Macpherson, para quem Locke visava justificar a aquisição ilimitada de terra por parte de uma classe burguesa em ascensão[98]. Ora, se era esse o propósito de Locke, "ele ter-se-ia decerto associado à ideia de comunidade negativa (defendida por Grócio e Pufendorf), em vez de à ideia de comunidade positiva (com Cumberland)"[99]. Ao ler o livro de James

---

dizer, posse daquele, quer em virtude da razão natural, quer em resultado da ordem conveniente. Poderiam assim ser introduzidos usos, de acordo com os quais aquele que semeia terras particulares as possui como próprias enquanto as não abandonar; e o mesmo se diga de terras particulares destinadas à habitação e domicílio. No entanto, por aqui quase nada é de levar em conta e, por isso, é de negar absolutamente a divisão dos bens no estado de natureza. Além de que também podem existir vários costumes numa matéra resultante do arbítrio dos homens; e por isso nada de certo se pode a este propósito dizer" (cfr. Suárez, *De opere sex dierum*, lib. V, cap. VII, n. 18, p. 418; cfr. António Ferreiro, "La Naturaleza de la Propiedad Privada en las Doctrinas de Suárez", pp. 471-473). Ainda assim, a proximidade entre este passo e as teses de Locke parece bem maior do que a resultante da ideia de um "direito inclusivo", como a formula Tully.

[97] Assim, por exemplo, Istvan Hont e Michael Ignatieff, "Needs and Justice in the *Wealth of Nations*: An Introductory Essay", pp. 35-36, sem pôr em causa o uso vernacular do termo "property" referido no texto, afirmam, no entanto, que a comunidade originária dos bens era, para Locke, uma comunidade negativa, e que o mesmo recusava, simultaneamente, a ideia do domínio privado de Adão, sustentada por Robert Filmer, e a ideia de uma comunidade positiva.

[98] É também esse o propósito de Rawls, *Lectures on the History of Political Philosophy*, p. 155, cuja interpretação do pensamento de Locke sobre a propriedade é claramente influenciada por Tully, como se afirmou já anteriormente.

[99] Cfr. James Tully, *Locke. Droit Naturel et Propriété*, p. 215.

Tully fica-se por vezes com a impressão, como sucede no passo citado, de nele se dar por demonstrado aquilo que importaria precisamente demonstrar. E não deixa de ser surpreendente que a crítica aí movida à tese do individualismo possessivo como chave interpretativa do pensamento de Locke tenha por base o modelo de análise, isto é, a distinção entre propriedade como direito exclusivo e como direito inclusivo, aplicado pelo próprio Macpherson à crítica da propriedade capitalista, que atingiria em Locke a sua teorização mais completa. Macpherson afirma que a propriedade foi entendida desde Aristóteles até ao século dezassete como incluindo o direito de excluir outros do uso de alguma coisa e também o direito (inclusivo) de não ser excluído do gozo das coisas declaradas de uso comum pela sociedade, sendo depois restringido à primeira dimensão[100]. O propósito de Tully é o de demonstrar que Locke não se inclui neste processo de restrição e, ao fazê-lo, reivindica para ele o projecto que Macpherson propõe com vista a "tornar o conceito de propriedade consistente com uma sociedade democrática"[101]. A descoberta de um novo Locke, revelado pela luz do contexto histórico que Tully procurou fazer incidir sobre ele, acaba assim por ser conseguida à custa da atribuição de intenções distributivas próprias de um Estado de bem estar[102], bem como da extensão do direito de voto a todos os adultos do sexo masculino[103], que dificilmente se poderiam encontrar nele, sobretudo à luz de uma contextualização histórica do seu pensamento.

Em última análise, a interpretação do pensamento de Locke levada a cabo por Tully é ensejada por um traço persistente daquele, ou seja, a equiparação que estabelece entre o uso das coisas necessárias ao sustento da vida e a propriedade privada. Locke não distingue,

---

[100] Cfr. Macpherson, "Human Rights as Property Rights", p. 77.

[101] Cfr. Macpherson, "Human Rights as Property Rights", p. 76. O mesmo autor, *ob. cit.*, p. 84, questiona-se por que razão se há-de conceber ainda como um direito de propriedade o direito inclusivo a uma qualidade de vida, o direito a uma vida humana plena. A resposta, segundo ele, assenta na seguinte consideração: se o direito a uma vida humana plena for considerado como um direito humano distinto do direito de propriedade, "todo o prestígio da propriedade jogará contra ele em vez de a seu favor".

[102] Neste sentido, G. A. Cohen, "Marx and Locke on Land and Labour", in *Self-Ownership, Freedom, and Equality*, pp. 188-191, afirma que Tully atribui a Locke "welfarist intentions" que não se encontram nele.

[103] Cfr. James Tully, *Locke. Droit Naturel et Propriété*, p. 242.

com efeito, na argumentação desenvolvida no Cap. V do *Second Treatise*, entre o problema do uso e o da propriedade. Simplesmente, enquanto Tully pretende reconduzir esta última àquele, o que sucede é exactamente o inverso, como adiante se procurará demonstrar.

1.3.4 O conceito de comunidade originária dos bens. Sem prejuízo do que acaba de ser dito, um dos muitos méritos das teses de Tully sobre a propriedade em Locke consiste precisamente na circunstância de pôr em causa a ideia, mais ou menos estabelecida, segundo a qual Locke concebe a comunidade originária dos bens como negativa[104]. Seria plausível ver em Locke um defensor da ideia de comunidade originária negativa dos bens, atendendo aos próprios termos em que a distinção foi estabelecida por Pufendorf. Segundo este, a comunidade positiva dos bens partilha com a propriedade a qualidade de excluir outros da coisa que se diz ser comum ou própria[105]. Ora, a comunidade originária nunca poderia ser uma comunidade positiva, no sentido que acaba de ser mencionado, mas uma comunidade meramente negativa, entendida como uma situação em que todas as coisas não pertencem a alguém mais do que a outro[106]. Se a comunidade originária fosse uma comunidade positiva ela não poderia abranger todos os homens, porque assim deixaria de assentar na exclusão de terceiros. Na verdade, uma comunidade positiva pode apenas ser instituída e mantida por um grupo pequeno de pessoas[107].

---

[104] Cfr. Richard Schlatter, *Private Property*, p. 153; John Dunn, *La Pensée Politique de John Locke*, p. 76; John C. Winfrey, "Charity versus Justice in Locke's Theory of Property", p. 392; e, sobretudo, Stephen Buckle, *Natural Law and the Theory of Property*, pp. 152, nota 85, 165, 175 e 187-188; cfr., ainda, embora com algumas restrições, Alan Ryan, *Property and Political Theory*, p. 30; Jeremy Waldron, *The Right to Private Properrty*, p. 155; cfr., por último, implicitamente, Richard McKeon, "The Development of the Concept of Private Property in Political Philosophy: A Study of the Background of the Constitution", p. 345; Paschal Larkin, *Property in the Eighteenth Century...*, p. 62.

[105] Cfr. Pufendorf, *De jure naturae et gentium libri octo*, Livro IV, Cap. IV, § 3, p. 535.

[106] Cfr. Pufendorf, *De jure naturae et gentium libri octo*, Livro IV, Cap. IV, § 5, p. 537.

[107] Cfr. Pufendorf, *De jure naturae et gentium libri octo*, Livro IV, Cap. IV, § 9, p. 546. Pufendorf, começando embora por concordar com a descrição da comunidade originária de Grócio, que entende reconduzir-se no essencial à sua ideia de comunidade negativa, acusa todavia este último de confundir comunidade positiva e negativa, quando afirma que a comunidade originária se teria mantido se os homens tivessem mantido entre eles a prática de uma afeição mútua e uma simplicidade de costumes [cfr. Grócio, *De jure*

Assim, para Pufendorf, as coisas não foram criadas como próprias ou comuns, no sentido de comunidade positiva, tendo estas distinções sido antes criadas pelos homens no curso da história e em resultado de convenções estabelecidas entre eles[108]. Locke, aliás, chega a ter em vista o conceito de comunidade positiva de Pufendorf, no modo como caracteriza os terrenos da Inglaterra do seu tempo que ficaram comuns "por convenção", afirmando que, em clara oposição a estes tipos de comunidade positiva, "no princípio e primeira povoação do grande comum do mundo, este era completamente diferente"[109]. E, na realidade, consolidou-se a ideia no pensamento jusnaturalista segundo a qual a comunidade positiva se opõe à primitiva: "na comunhão positiva compreende-se que os associados tenham domínio, pois que excluem os não associados; mas na primitiva... aquilo que pertence a todos não pertence verdadeiramente a ninguém"[110].

Assim, uma vez que a comunidade originária em Locke não pode ser uma comunidade positiva no sentido de Pufendorf, o mais plausível é considerá-la uma forma de comunidade negativa. Mas como definir a ideia de comunidade negativa? Pufendorf entendia-a simplesmente como a ausência de qualquer forma de apropriação, privada ou comum (no sentido de comunidade positiva), ou, se se

---

belli ac pacis, Livro II, Cap. II, II, 1 (*Le Droit de la Guerre et de la Paix*, p. 179)]. Ora, segundo Pufendorf, essa afeição mútua e simplicidade de costumes é apenas possível encontrar entre grupos pequenos e nunca entre todos os homens, como sucede com a comunidade originária dos bens.

[108] Cfr. Pufendorf, *De jure naturae et gentium libri octo*, Livro IV, Cap. IV, § 4, p. 536-537. Cfr., ainda, S. Buckle, *Natural Law and the Theory of Property*, p. 183. Tendo em vista a noção de comunidade positiva de Pufendorf, Buckle salienta ainda a estranheza decorrente de da situação em que se veria Locke caso caracterizasse a comunidade originária como positiva, e logo introduzida através do consentimento, em face da sua intenção expressa em explicar a origem da propriedade privada a partir da comunidade originária sem recorrer ao consentimento.

[109] Cfr. *Second Treatise*, Cap. V, § 35, p. 292 (cfr. *Ensáio sôbre a Verdadeira Origem...*, p. 31).

[110] Cfr. Luigi Taparelli, *Saggio Teoretico di Diritto Naturale*, I, p. 195. Cfr., ainda, Gottfried Achenwall e Johann Stephan Pütter, *Anfangsgründe des Naturrechts (Elementa iuris naturae)*, §§ 276 e 279, pp. 92-95. A ideia segundo a qual a comunidade originária é necessariamente uma comunidade negativa, isto é, uma condição caracterizada pela ausência de direitos de propriedade, é ainda o pressuposto geralmente assumido pelas tentativas hodiernas de justificar o direito de propriedade com base num princípio de justiça da aquisição inicial (cfr. Leif Wenar, "Original Acquisition of Private Property", pp. 802-806).

preferir, como significando que as coisas são *nullius*[111]. A comunidade dos bens esgota-se numa mera potencialidade, numa possibilidade de ordenação, no âmbito da qual os bens não sendo *nullius iuris*, são no entanto *nullius domini*[112]. Stephen Buckle sustenta que a comunidade negativa dos bens é, de Grócio a Locke, aquela que pode cessar sem a necessidade de um acordo expresso de todos os envolvidos, ao contrário do que sucede com a comunidade positiva, isto é, uma situação em que as coisas não pertencem a ninguém em particular[113]. Por último, podemos ainda definir a comunidade negativa como aquela em que todas as pessoas têm a liberdade de usar o mundo e os seus produtos, mas nenhuma delas tem uma liberdade protegida ou um direito exclusivo sobre qualquer coisa[114]. Seja qual for a defi-

---

[111] Cfr. Marie-France Renoux-Zagamé, *Origines Théologiques du Concept Moderne de Propriété*, p. 356.
[112] Cfr. Bruno Schmidlin, "Eigentum und Teilungsvertrag. Zu Kants Begründung des Eigentumsrechts", p. 51.
[113] Buckle, *Natural Law and the Theory of Property*, pp. 164-165 e esp. p. 188.
[114] Cfr. A. John Simmons, *The Lockean Theory of Rights*, p. 238. Importa salientar que A. J. Simmons não partilha o entendimento segundo o qual Locke entende a comunidade originária como negativa; a sua definição deste conceito surge no contexto da enumeração dos vários entendimentos relativos à ideia de comunidade original de todas as coisas em Locke. Assim, para além da ideia de comunidade negativa, Simmons enuncia ainda outros três entendimentos. Em primeiro lugar, a interpretação da comunidade originária como uma comunidade positiva no sentido de compropriedade (*joint positive community*); trata-se do conceito de comunidade positiva tido em vista por Pufendorf, embora por ele não aplicado à ideia de comunidade originária, e que, ainda segundo Pufendorf, Grócio terá por vezes incorrectamente considerado como elemento caracterizador de tal ideia. Em segundo lugar, a ideia de comunidade positiva inclusiva (*inclusive positive community*), nos termos da qual cada pessoa tem um direito inclusivo de uso dos bens comuns, isto é, aquilo que é comum pertence a todos apenas no sentido de cada um ter um direito protegido ao uso dos bens comunitários tendo em vista o seu próprio sustento; trata-se do conceito de comunidade que é possível atribuir a Suárez e que Tully pretende atribuir a Locke. Por último, a ideia de comunidade positiva divisível (*divisible positive community*), no âmbito da qual cada um tem um direito protegido a uma parte da terra e dos seus produtos igual ao de qualquer outra pessoa; cada pessoa pode tomar uma parte igual independentemente das decisões dos outros membros da comunidade e cada um tem propriedade no sentido de pretensão a uma parte igual, mas já não no sentido de posse efectiva sobre uma parte individualizada ou de pretensão em relação a ela. Este último entendimento é aquele que o próprio Simmons, *ob. cit.*, pp. 240 e 281, parece adoptar. Importa aqui desde já salientar que os quatros entendimentos relativo à comunidade originária enunciados por Simmons são estruturados com base nos diferentes tipos de direitos estabelecidos por Hohfeld. Assim, cada membro da

nição que se entenda adoptar, existem obstáculos sérios à atribuição de uma concepção negativa da comunidade originária a Locke.

Na verdade, Locke aceita a existência de alguma propriedade individual original, isto é, como consequência directa da criação e doação do mundo aos homens efectuada por Deus: a propriedade de cada um na sua pessoa e no seu trabalho[115]. Por outro lado, da ideia de comunidade negativa, por si só, não resultam limites ao tipo de apropriação permitido, enquanto Locke estabelece claramente limites à apropriação, os limites da suficiência e da deterioração, e ainda o limite decorrente do princípio da caridade, como adiante mais detalhadamente se verá[116]. Acresce que o propósito de Locke não é simples-

---

comunidade negativa tem um mero direito de liberdade de usar os bens comuns, isto é, um direito que não é protegido por deveres correlativos. Em todos os entendimentos da comunidade originária como positiva, aos membros da comunidade são atribuídos direitos protegidos (*claim rights*), mas com um conteúdo diverso: na comunidade positiva no sentido de compropriedade, esses direitos são aproximadamente aqueles que integram o instituto da compropriedade; na comunidade positiva inlusiva, está fundamentalmente em causa um direito comum de uso; na comunidade positiva divisível, está em causa o direito a uma parte igual dos meios de produção não humanos. É ainda possível diferenciar os diversos entendimentos da comunidade originária com base na distinção, já diversas vezes aludida, entre direitos exclusivos e direitos inclusivos. No âmbito da comunidade negativa, em que cada um tem um mero direito de liberdade ao uso dos bens comuns, não existe qualquer direito exclusivo ou inclusivo; no seio da comunidade positiva no sentido de compropriedade, existe um direito exclusivo dos membros da comunidade em relação aos que não estão nela incluídos e, por essa razão não existe, qualquer direito inclusivo geral; quanto à comunidade positiva inclusiva, existe um direito inclusivo geral ao uso dos bens comuns, o qual está na base de um direito exclusivo de cada um ao produto do próprio trabalho; por último, quanto à comunidade positiva divisível, existe um direito inclusivo a uma parte igual que é simultaneamente um poder moral de criar propriedade, dentro dos limites da parte de cada um.

[115] Cfr. *Second Treatise*, Cap. V, § 27, pp. 287-288 (cfr. *Ensáio sôbre a Verdadeira Origem...*, p. 25).

[116] Cfr. A. John Simmons, *The Lockean Theory of Rights*, pp. 239-240; Jeremy Waldron, *The Right to Private Property*, p. 155. Como refere este último autor, Locke não concebe a comunidade originária como um simples "vácuo de direitos aguardando os actos de aquisição que estabeleceriam os direitos exclusivos". O limite da suficiência, também designado por *"Lockean proviso"*, "cláusula *as good as enough*", ou *"no harm requirement"*, acha-se formulado no *Second Treatise*, Cap. V, § 27, p. 288 (cfr. *Ensáio sôbre a Verdadeira Origem...*, p. 26): "este trabalho sendo propriedade inquestionável do trabalhador, nenhum homem senão ele pode ter um direito sobre aquilo que com ele está misturado, pelo menos quando é deixado bastante e tão bom em comum para os outros". O limite da deterioração, *"spoilage limit"*, *"spoliation limit"* ou *"nonwaste limit"*, é definido no *Second Treatise*, Cap. V, § 31. Depois de aí afirmar que a propriedade é apenas dada ao

mente o de demonstrar que a comunidade inicial pode ser reconciliada com a emergência de direitos de propriedade individual, mas, de forma mais ambiciosa, demonstrar que isso pode ser feito sem a mediação de qualquer tipo de consentimento[117]. O problema de saber que tipo de comunidade original Locke tinha em mente é ainda agravado se pensarmos que o modo como ele se posiciona em relação a esse problema se define largamente pelos termos da crítica que Robert Filmer efectuou às teorias de Grócio. Com efeito, criticando o modo como este último se propunha explicar a introdução da propriedade privada a partir da comunidade original, com base na ideia de consentimento, Filmer aduziu dois argumentos: por um lado, o consentimento, para ser vinculativo, deve ser unânime, o que não é historicamente plausível; por outro lado, ainda que fosse obtida uma tal unanimidade, o consentimento não poderia vincular as gerações futuras, mas apenas aquela que o deu[118]. Alguns autores sustentam

---

homem para gozar, Locke prossegue: "Tanto quanto alguém possa usar ou retirar qualquer vantagem para a vida antes que se estrague; nesse tanto pode esse alguém pelo seu trabalho firmar uma propriedade. Tudo aquilo que for para além disso, é mais do que a sua parte e pertence a outros. Nada foi feito por Deus para o homem estragar ou destruir" (cfr. *ob. cit.*, p. 290; cfr. *Ensáio sôbre a Verdadeira Origem...*, p. 29). A estes dois limites haverá ainda que acrescentar aquele que resulta do princípio da caridade, adiante discutido.

[117] Cfr. Gopal Sreenivasan, *The Limits of Lockean Rights in Property*, p. 25.

[118] Cfr. Robert Filmer, *Observations Concerning the Originall of Government, Upon Mr Hobs 'Leviathan', Mr Milton Against Salmasius, H. Grotius 'De Jure Belli'*, in Johann P. Sommerville (ed.), *Patriarcha and Other Writings*, p. 234: "Seria certamente uma rara felicidade que todos os homens no mundo num instante de tempo acordassem como uma só mente em mudar a comunidade natural de todas as coisas para a propriedade privada. Pois sem um tal consentimento unânime não seria possível alterar a comunidade. Pois se um só homem no mundo dissentisse, a alteração seria injusta, pois esse homem pela lei natural tinha um direito ao uso comum de todas as coisas no mundo, de modo que dar a propriedade de qualquer coisa a qualquer outro seria roubar-lhe esse direito ao uso comum de todas as coisas. ...Se os nossos primeiros pais, ou alguns dos nossos antepassados, introduziram voluntariamente a propriedade dos bens e a sujeição aos governantes, e estava no seu poder fazê-lo ou deixar de o fazer, ou tendo-o feito tivessem mudado de opinião e restaurado a primeira condição de comunidade e liberdade, que razão pode ser alegada para que os homens que vivem hoje não tenham o mesmo poder?". A pertinência actual da crítica de Filmer relativa à dificuldade que o problema das gerações futuras coloca a qualquer tentativa de fazer derivar o direito de propriedade a partir do consentimento universal é demonstrada pela exposição de Leif Wenar, "Original Acquisition of Private Property", p. 805 (em que Filmer não é, no entanto, mencionado).

que as críticas de Filmer não são bem sucedidas, na medida em que pressupõem erradamente que Grócio teria adoptado uma doutrina da comunidade original positiva. Só em tal caso seria necessário exigir a unanimidade para a saída da comunidade, assim como só um entendimento da comunidade originária como positiva justifica que essa comunidade pudesse ser entendida em sentido permanente[119]. Mas, independentemente da questão de saber se Filmer incorreu realmente num erro grosseiro na interpretação do pensamento de Grócio, o certo é que Locke escolheu não denunciar esse erro e assumir o desafio de encontrar uma via alternativa para lidar com o problema da comunidade originária. Em face deste quadro, já se disse que James Tully retoma a ideia de comunidade positiva, atribuindo a Locke uma "definição nova" dessa mesma ideia, nos termos expostos[120]. O grande problema da tese de Tully, quanto ao conceito de comunidade positiva, é o de marginalizar um aspecto desse conceito, essencial para que seja útil a própria distinção entre comunidade positiva e negativa. O sentido desta oposição é exprimir o contraste entre uma situação em que não há qualquer direito de propriedade e uma situação em que há uma propriedade comum. A comunidade originária de Locke define-se, todavia, por ser uma situação diversa de qualquer uma das

---

[119] Cfr. Tully, *Locke. Droit Naturel et Propriété*, p. 143; Buckle, *Natural Law and the Theory of Property*, pp. 162-167.
[120] Cfr. Tully, *Locke. Droit Naturel et Propriété*, p. 182; em sentido semelhante, cfr. Thomas A. Horne, *Property Rights and Poverty*, pp. 49-50. Também Gopal Sreenivasan, *The Limits of Lockean Rights in Property*, pp. 140-141, atribui a Locke uma concepção de comunidade positiva, no estado de natureza; simplesmente, Sreenivasan parte da ideia, correcta como se verá, de acordo com a qual Locke aceita o desafio de superar as exigências mais fortes colocadas pelo concepção de comunidade positiva (o consentimento universal) para o estabelecimento dos direitos individuais de propriedade, para estabelecer a premissa historicamente errada, de acordo com a qual Locke e Grócio, antes dele, teriam adoptado uma tal concepção positiva. No mesmo sentido, Fred D. Miller, Jr., "The Natural Right to Private Property", p. 283, parece pressupor que Locke tem em vista precisamente a existência de uma propriedade originária comum (e, portanto, de um comunidade positiva), quando afirma que "Locke *presume*, numa base religiosa, que os recursos naturais eram originariamente *bens comuns* (*common assets*), e que princípios normativos impõem que esses recursos sejam usados para estimular o benefício comum da humanidade"; ou ainda quando sustenta que para Locke a questão de saber se a propriedade privada viola os direitos dos outros "surge porque a propriedade a ser apropriada pertence a um *bem colectivo* (*collective asset*) em relação ao qual todos têm um direito".

antecedentes: não existe, por um lado, um direito de propriedade, individual ou comum, sobre qualquer bem em concreto, mas existe, por outro, um direito de propriedade de cada homem sobre a sua própria pessoa e as suas acções[121]. A propriedade privada não encontra a sua base no consentimento, mas na extensão legítima dessa propriedade individual de cada um na sua pessoa e nas suas acções. A construção de Locke parece, assim, assentar na ideia de que explicar a origem do *dominium* no estado de natureza, como faculdade moral de excluir outros do gozo de um bem particularizado, só é possível através do consentimento e, nessa medida, tornear as dificuldades do consentimento implica também explicar a origem da propriedade através de uma outra categoria que não o *dominium*[122]. Essa categoria é precisamente a extensão da personalidade de forma a abranger o direito de propriedade sobre um bem concreto. Tal construção procura, pois, unir o poder de se apropriar e o direito de propriedade exclusivo sobre um bem particularizado. Locke procura estabelecer o fundamento filosófico dessa união no trabalho. Por outras palavras, seria o trabalho que permitiria transformar uma mera liberdade de apropriação num direito de propriedade. Neste contexto, o trabalho surge como uma condição de legitimidade da apropriação e, nessa medida, enquanto sucedâneo do consentimento de todos exigido pelas anteriores doutrinas da comunidade dos bens.

Não faz, deste modo, muito sentido procurar atribuir a Locke uma concepção positiva ou negativa da comunidade originária. O sentido geral da sua visão da comunidade originária dos bens parece aproximar-se da noção de comunidade negativa desenvolvida por Grócio e, sobretudo, Pufendorf, na medida em que a sua posição consiste em pensar a comunidade primeva na perspectiva da sua superação; ao mesmo tempo, ele afasta-se daquela noção ao definir a situação inicial não como uma ausência de direitos de propriedade, mas através da ideia de um direito natural de propriedade que cada homem tem sobre a sua própria pessoa e as suas acções e, consequentemente, sobre o produto destas últimas. Tal redefinição tem três

---

[121] Cfr. A. John Simmons, *The Lockean Theory of Rights*, p. 240.

[122] Karl Olivecrona, "Appropriation in the State of Nature: Locke on the Origin of Property", pp. 318-319, salienta precisamente isto a propósito da comparação entre o pensamento de Locke e o de Grócio e Pufendorf.

consequências fundamentais numa perspectiva de filosofia política e jurídica: (i) a utilização "retórica" do conceito de comunidade originária dos bens, que deixa de ser entendido como um conceito jurídico; (ii) a tendencial abolição da ideia do soberano como titular de um domínio eminente sobre todos os solos, incluindo sobre aqueles que se encontram submetidos à propriedade privada, e o levantamento das bases para a sua substituição pelo conceito de expropriação; (iii) em resultado dos dois pontos anteriores, a eliminação do conceito de comunidade originária dos bens como conceito significativo da filosofia política e jurídica, na perspectiva da justificação da propriedade privada.

(i) Wolfgang Kersting salienta a primeira das aludidas consequências, nos seguintes termos: com a eliminação, na teoria da propriedade, da tradição de pensamento relativa ao consentimento perde também o conceito de comunidade, em Locke, as suas implicações jurídicas. As dificuldades do conceito de comunidade dos bens passam a ser encaradas como um problema de distribuição económica. O coabitante da terra deixa de ser o parceiro numa comunidade jurídica, expressa na figura da comunidade dos bens, para passar a ser apenas aquele que através do direito de propriedade não deve ser lesado no seu direito de subsistência[123]. Ou seja, o conceito de comunidade originária dos bens deixa de ser entendido como um conceito de direito natural, para passar a exprimir uma mera situação de facto[124]. Ao mesmo tempo, no entanto, o conceito de comunidade persiste como problema: trata-se agora já não de uma comunidade de terra, mas da comunidade de pessoas livres e iguais com os mesmos direitos de participação no uso dos recursos materiais.

(ii) Partindo de uma distinção clara entre soberania (*imperium*) e propriedade (*dominium privatum*)[125], Grócio admite, todavia, uma

---

[123] Cfr. Wolfgang Kersting, "Eigentum, Vertrag un Staat bei Kant und Locke", pp. 125-126; idem, "Transzendentalphilosophische und naturrechtliche Eigentumsbegründung", p. 167; cfr., ainda, Manfred Brocker, *Arbeit und Eigentum*, pp. 169, 171.
[124] Cfr. Manfred Brocker, *Arbeit und Eigentum*, p. 172.
[125] Cfr. *De jure belli ac pacis*, Livro II, Cap. III, IV, 2 (1625; cfr. *Le Droit de la Guerre et de la Paix*, pp. 198-199).

dependência das propriedades privadas individuais em relação à propriedade geral do soberano, cujo grau resulta, em última análise, dos termos em que haja sido efectuada a distribuição de propriedades a partir da situação inicial de comunidade[126]. Em sentido semelhante, Pufendorf contrapunha o domínio eminente do Estado aos domínios privados dos seus súbditos e também fazia depender o direito do soberano sobre as propriedades privadas do modo como houvesse sido instituído o direito de propriedade a partir da comunidade originária[127]. Independentemente de saber se estas posições põem em causa a própria distinção entre direitos de soberania e direito de propriedade, ou se no seu âmbito o domínio eminente é apenas concebido como parte do *ius imperium*, isto é, como um poder de expropriação sujeito ao dever de indmenização[128], o certo é que delas resulta a admissão, por princípio, de um poder sobre a propriedade dos particulares que é claramente afastada por Locke. A ideia de uma dependência da propriedade privada em relação ao *imperium* é decididamente posta em causa quando o objectivo único dos membros da sociedade civil ao entrarem no pacto social consiste, como afirma Locke, na protecção da sua propriedade. Com base na sua

---

[126] Cfr. *De jure belli ac pacis*, Livro II, Cap. III, XIX, 1-2 (1625; cfr. *Le Droit de la Guerre et de la Paix*, pp. 208-209).

[127] Cfr. Pufendorf, *De jure naturae et gentium libri octo*, Livro IV, Cap. IV, § 2, p. 533-534; *ibidem*, Livro VIII, Cap. V, §§ 1 e 2, pp. 1274-1276.

[128] No primeiro sentido, cfr. Dieter Schwab, "Eigentum", p. 96; no segundo, cfr. Ugo Nicolini, *La Proprietà, il Principe e l'Espropriazione per Pubblica Utilità*, p. 127, o qual contrapõe à sua interpretação o que "afirmará um posterior publicista alemão [não identificado por Nicolini] que chega a consequências aberrantes e falseia de todo o conceito de domínio eminente de Grócio". Em relação ao primeiro entendimento, importa salientar que a distinção *dominum eminens* do princípe e domínios privados dos súbditos surge claramente diferenciada, nos pensamentos de Grócio e Pufendorf, da questão de saber se ao soberano assiste, enquanto tal, um direito de propriedade verdadeiro e próprio sobre os bens dos cidadãos. A admissão de um tal direito depende, para Grócio e Pufendorf, do modo como historicamente haja sido instituído o direito de propriedade privada, ou seja, depende, em última instância, de saber se o soberano criou os seus próprios súbditos e foi o primeiro a adquirir o domínio sobre todas as coisas incluídas nos limites do seu Estado, ou se, pelo contrário, o soberano é antes uma criação dos seus súbditos, os quais não recebem dele o seu direito de propriedade. Só neste segundo caso faz sentido falar de domínio eminente. Em relação ao segundo entendimento, é necessário esclarecer que o dever de indemnizar decorrente do exercício do domínio eminente do soberano estava sujeito, para Grócio e Pufendorf, a uma condição de possibilidade, como se esclarece na nota seguinte.

teoria da propriedade como direito natural individual, pré-político, estão lançadas as bases da concepção liberal de expropriação, no âmbito da qual esta passa a ser concebida como um direito "anómalo" do Estado e inclui como seu elemento necessário o dever de indemnizar[129]. Associado a isto está também a caracterização da propriedade privada como direito sagrado e inviolável, presente em várias constituições liberais, e afirmado, na sequência de Locke e sob a sua influência, por Rousseau e Adam Smith[130].

(iii) Se colocarmos Locke perante os autores que o antecederam, e que delinearam os termos do problema que ele se propunha resolver, será talvez possível falar mesmo em abolição do conceito de comunidade. Foi atrás mencionada a opinião de alguns autores para os quais a crítica de Filmer ao pensamento de Grócio releva de um erro de interpretação, quanto à definição que este último dava da comunidade dos bens. Mas Filmer não se limitou a criticar Grócio com base nas dificuldades com que se defronta a introdução da propriedade privada a partir de uma situação originária de comunidade, com base na eventual necessidade de um consentimento unânime para sair dela. Uma outra dificuldade, bem mais importante, foi apon-

---

[129] Cfr. Dieter Schwab, "Eigentum", pp. 98-99. Como salienta o autor, certamente que o dever de indemnizar se achava já previsto no âmbito da doutrina do *ius eminens*, mais assumia aí uma configuração completamente diversa, uma vez que se encontrava sujeito a uma condição de possibilidade (neste sentido, cfr. Grócio, *De jure belli ac pacis*, Livro II, Cap. XIV, VII; *Le Droit de la Guerre et de la Paix*, p. 372; Pufendorf, *De jure naturae et gentium libri octo*, Livro VIII, Cap. V, § 7, p. 1286). Naqueles casos em que os bens dos cidadãos não dependem, quanto à sua origem, do soberano, Pufendorf enuncia dois poderes deste último em relação àqueles, para além do domínio eminente: o poder de adoptar leis temperando o uso da propriedade em vista do bem comum; o poder de estabelecer impostos sobre a propriedade.

[130] Cfr. Rousseau, *Émile*, Livro V, p. 841: "Si c'est sur le droit de propriété qu'est fondée l'autorité souveraine, ce droit est celui qu'elle doit le plus respecter; il est inviolable et sacré pour elle tant qu'il demeure un droit particulier et individuel"; idem, *Discours sur l'Economie Politique*, p. 85: "le droit de propriété est le plus sacré de tous les droits des citoyens, et plus important à certains égards que la liberté même"; Adam Smith, *An Inquiry into the Nature and Causes of the Wealth of Nations*, vol. I, Livro I, Cap. X, p. 138: "The property every man has in his own labour, as it is the original foundation of all other property, so it is the most sacred and inviolable"; idem, *ibidem*, Livro I, Cap. XI, p. 188: "the sacred rights of private property".

tada por ele à doutrina da comunidade originária, uma dificuldade a que era indiferente a sua construção em termos positivos ou negativos. Filmer afirmou, com efeito, o seguinte: "Parece estranho que Grócio possa manter que a comunidade de todas as coisas deva existir pela lei da natureza, da qual Deus é o autor, e no entanto essa comunidade não seja capaz de continuar. Não constitui uma derrogação da providência de Deus Todo-Poderoso ordenar uma comunidade que não pode continuar? O acto dos nossos antepassados, consistente na ab-rogação da lei natural da comunidade através da introdução da relativa à propriedade, não constitui um pecado de grande presunção?"[131] Repare-se que a crítica não se dirige aqui ao modo de saída da comunidade originária, mas ao próprio facto da saída em si mesmo. Em última análise, a resposta encontrada para estas questões pela generalidade dos teóricos da comunidade originária dos bens, consistia em relacionar o estabelecimento da propriedade privada com a saída do estado de inocência e a introdução do pecado. Mas esta resposta tornava-se insuficiente num contexto em que a saída do estado de inocência e a instituição da propriedade eram simultaneamente equacionadas com a formação de uma *recta ratio* que torna os homens responsáveis pela sua própria condição[132].

Robert Filmer podia explorar as dificuldades que as ideias de liberdade e igualdade natural colocavam ao modelo da comunidade originária, porque a sua teoria política assentava na negação de tais ideias. Locke, pelo contrário, não podia deixar de levar a sério a crítica de Filmer, uma vez que o seu pensamento político assenta nas premissas da liberdade e igualdade entre os homens. Estes têm, por um lado, "um direito igual ao uso das criaturas inferiores, para a preservação confortável da sua existência"[133]. Por outro lado, como se afirma logo no início do *Second Treatise*, "para compreender correctamente o poder político, e derivá-lo da sua origem, devemos considerar qual o estado em que todos os homens se encontram naturalmente, quer dizer, um estado de perfeita liberdade... Um estado, portanto, de igualdade, em que todo o poder e jurisdição é recíproco,

---

[131] Robert Filmer, *Observations Concerning the Originall of Government, Upon Mr Hobs 'Leviathan', Mr Milton Against Salmasius, H. Grotius 'De Jure Belli'*, p. 218.
[132] Cfr. Niklas Luhmann, *Gesellschaftsstruktur und Semantik*, vol. 3, pp. 30-31.
[133] Cfr. *First Treatise*, Cap. IX, § 87, p. 206.

ninguém tendo mais do que os outros"[134]. Deste modo, todo o argumento sobre o poder de apropriação contido no Cap. V do *Second Treatise* pode ser encarado como uma resposta aos desafios lançados por Robert Filmer[135]. Não se trata de uma resposta que se limita a procurar salvar os argumentos anteriores relativos à ideia de comunidade originária das inconsistências apontadas por Filmer. Trata-se, verdadeiramente, de uma resposta determinada pela preocupação com a igualdade, à luz da qual se revela indiferente a caracterização da comunidade como positiva ou negativa. Se a comunidade for negativa, isto é, se não existir no estado de natureza nenhum direito de propriedade, aquela preocupação limita o direito de apropriação em resultado dos iguais direitos que assistem aos outros; mas se a comunidade for positiva, isto é, se existir algum tipo de propriedade comum, a mesma preocupação fundamenta e simultaneamente limita a respectiva divisão que cada um, com base no seu igual direito de extensão da personalidade, pode promover[136]. Conceber a comunidade originária como a situação em que cada um goza de um igual direito exclusivo sobre as suas pessoa e acções projectado num igual poder de apropriação dos recursos naturais (pelo menos na situação inicial) torna secundário saber se o exercício justo e legítimo desse poder dá origem a direitos de propriedade onde eles não existiam previamente ou permite pôr termo a uma propriedade comum anterior.

Significa isto que, para Locke, não seria já inteiramente correcto explicar, como fizeram ainda Grócio e Pufendorf, a origem da propriedade privada com base na famosa analogia do teatro, usada por Cícero, Séneca e outros? Nos termos desta analogia, assim como o teatro é algo comum, é também correcto dizer que o lugar ocupado por cada pessoa é próprio dela; isso significa porém, ao mesmo tempo,

---

[134] Cfr. *Second Treatise*, Cap. II, § 4, p. 269 (cfr. *Ensáio sôbre a Verdadeira Origem...*, p. 4).

[135] Cfr. Jeremy Waldron, *God, Locke, and Equality*, pp. 153-154.

[136] Cfr. A. John Simmons, *The Lockean Theory of Rights*, pp. 279-281. Afirma o autor, *ob. cit.*, p. 281, que, "quer a comunidade original seja positiva, quer seja negativa, contudo, a apropriação deve ser limitada à parte justa de cada um por forma a evitar injustiças em relação aos outros". Como se depreende a perspectiva adoptada no texto difere da expendida por Simmons na medida em que a ênfase é colocada, não na parte que cabe a cada um, mas na igualdade do direito exclusivo de cada um sobre a sua pessoa e acções que cada homem detém no estado de natureza.

que se todos os lugares estiveram ocupados, aqueles que chegam depois não podem desalojar os primeiros[137]. Adiante procurar-se-á demonstrar em que medida a analogia do teatro se mostra ainda adequada, apesar de tudo, a ilustrar a justificação da propriedade privada segundo Locke. De qualquer modo, o simples facto de a propriedade surgir encarada sob o prisma da extensão de um igual direito de exclusivo sobre a própria pessoa e as suas acções, que a cada homem é atribuído à nascença, põe decididamente em causa, no pensamento de Locke, os fundamentos tradicionais da ideia de comunidade dos bens.

O posicionamento de Locke em relação ao problema da comunidade originária dos bens é o de aprofundar o movimento da tentativa de superação do seu carácter paradoxal, iniciado por Grócio e Pufendorf. Nos termos da doutrina medieval da comunidade originária, Deus deu a terra aos homens para que estes a usassem em comum, o que significa, desde logo, a inclusão de todos de acordo com a vontade divina. Ora, para uma interpretação jurídica desta ideia, aquela inclusão significa contudo que todos têm um direito que é necessariamente violado pela apropriação unilateral de qualquer um. Por essa razão, a *communitas prima* do estado de natureza mostra-se como paradoxal, na medida em que a criação dada em comum aos homens para o seu sustento se revela incapaz de promovê-lo, ao poder ser interpretada quer como uma comunidade de uso, quer como envolvendo o direito de todos sobre tudo e o conflito permanente daí resultante, evidenciado pelas teorias de Hobbes[138]. A formulação de um conceito de comunidade negativa constitui um primeiro momento da tentativa de superação do carácter paradoxal

---

[137] Cfr. Grócio, *De jure belli ac pacis*, Livro II, Cap. II, II, 1 (*Le Droit de la Guerre et de la Paix*, p. 179)]; Pufendorf, *De jure naturae et gentium libri octo*, Livro IV, Cap. IV, § 2, pp. 535 e 548. Cfr., ainda, Karl Olivecrona, "Appropriation in the State of Nature: Locke on the Origin of Property", p. 321; Thomas L. Pangle, *The Spirit of Modern Republicanism*, p. 159; Tully, *Locke. Droit Naturel et Propriété*, pp. 110-111; Jeremy Waldron, *The Right to Private Property*, pp. 154-155. Estes dois últimos autores atribuem o exemplo do teatro a Cícero (cfr. *De finibus*, Livro III, Cap. XX, § 67; *Des Termes Extrêmes des Biens et des Maux*, tomo II, p. 45), mas também Crísipo e Séneca se lhe referem: cfr. A. A. Long, "Stoic Philosophers on Persons, Property-Ownership and Community", pp. 24 e ss.; Julia Annas "Cicero on Stoic Moral Philosophy and Private Property", p. 167.

[138] Cfr. Niklas Luhmann, *Gesellschaftsstruktur und Semantik*, vol. 3, p. 24.

mencionado, uma vez que numa situação caracterizada pela ausência do direito de propriedade é possível a apropriação individual sem lesar o direito de ninguém. A definição da comunidade originária como uma comunidade negativa significa que ela não corresponde ainda a uma ordem jurídica, mas tem como função possibilitar ou facilitar a apropriação legítima, ou seja, desfazer o paradoxo do direito na situação originária[139]. A construção de Locke, a quem se deve a formulação clara do paradoxo em causa[140], constitui uma outra tentativa da sua superação e insere-se no mesmo tipo de pensamento, que procura atribuir à propriedade privada individual um "começo não culposo"[141]. Essa procura caracteriza-se muitas vezes pela tentação de encontrar uma comunidade negativa – e assim mais facilmente justificar o estabelecimento da propriedade privada – onde verdadeiramente existe uma comunidade positiva, como por vezes tende a suceder com a formulação do problema designado através da expressão *"tragedy of the commons"*[142]. Em Locke esse movimento não actua já através da formulação de um conceito de comunidade negativa, mas através da inserção da propriedade, como extensão da personalidade, através do trabalho, na doutrina do *suum* e da equiparação da propriedade ao direito de usar as coisas necessárias ao sustento da vida. Simplesmente, ao pretender superar o carácter paradoxal do conceito de comunidade originária, Locke contribui para a sua eliminação como conceito significativo da filosofia política, uma vez que

---

[139] Cfr. Niklas Luhmann, *Gesellschaftsstruktur und Semantik*, vol. 3, p. 26.

[140] Cfr. *Second Treatise*, Cap. V, § 28, p. 288 (cfr. *Ensáio sôbre a Verdadeira Origem...*, p. 26): "E é evidente que se pela acção de colher se não fizeram propriedade sua, muito menos se farão de outra qualquer maneira; aquele trabalho pôs uma distinção entre elas e o comum, juntou-lhes alguma coisa mais do que a natureza, a mãe comum de todos, tinha feito. E dirá alguém, que não tinha direito algum àquelas bolotas ou maçãs, aquele que assim se apropriou delas, por não ter o consentimento de todo o género humano para se apropriar? Acaso foi um roubo ter-se assumido desta maneira aquilo que pertencia a todos em comum? *Se um tal consentimento tivesse sido necessário, o homem teria perecido à fome, não obstante a abundância que Deus lhe tinha dado*" (itálico acrescentado). A passagem em itálico corresponde àquele que Sreenivasan designa como o "paradoxo da abundância" (cfr. Sreenivasan, *The Limits of Lockean Rights in Property*, pp. 28-29) e não é, surpreendentemente, citada por Luhmann.

[141] Cfr. Niklas Luhmann, *Gesellschaftsstruktur und Semantik*, vol. 3, p. 33.

[142] Cfr. Garrett Hardin, "The Tragedy of the Commons", pp. 132 e ss.; Matt Ridley, *The Origins of Virtue*, pp. 231 e ss.; cfr., ainda, infra, ponto 1.5.3.5.

o dissocia da ideia de consentimento de todos os membros da comunidade. Por outro lado, à ideia de um consentimento cuja expressão jurídica não podia deixar de ser insatisfatória, substitui-se a ideia de uma igual liberdade de apropriação, que necessariamente transfere o problema da comunidade de um passado remoto para um futuro não menos remoto, mas aparentemente mais permeável à acção humana.

1.3.5 A trilogia *"lifes, liberties and estates"*. Foi atrás mencionado que a interpretação correcta do termo "property" em Locke é aquela que o faz abranger a vida, a liberdade e os bens externos. Isso não significa, como bem notou Karl Olivecrona, que quando a vida e a liberdade estão incluídas na propriedade de uma pessoa, tal resulte de uma ampliação do termo; significa precisamente, pelo contrário, que a vida e a liberdade são desde o início propriedade de uma pessoa e é a extensão desta esfera de propriedade, que assiste a qualquer um, que explica como pode surgir a propriedade em bens materiais[143]. A ideia de que a propriedade significa a pertença exclusiva que cada um tem no *suum* e nas suas extensões pode, sem dúvida, ser interpretada como "algo semelhante a um lugar comum – uma interpretação, partilhada por contemporâneos, de uma doutrina central dos mais importantes jusnaturalistas europeus"[144]. Porém, como já se disse, a interpretação que Locke dá da doutrina do *suum* é radicalmente diferente da dos seus antecessores. A perspectiva que salienta a continuidade histórica entre Locke e a tradição do pensamento jusnaturalista não responde cabalmente à questão de saber por que razão Locke identifica propriedade com direitos, nem permite compreender o alcance das alterações por ele introduzidas. Para responder a estas questões afigura-se necessário situar num contexto histórico mais amplo a trilogia *life, liberty* e *estate* que subjaz a toda a filosofia política de Locke. Reinhard Brandt traça um paralelo entre a trilogia lockeana, que depois se tornaria corrente nas primeiras declarações dos direitos do homem e do cidadão, e a estruturação dos bens humanos na trilogia alma-corpo-bens exteriores. Esta última, como o

---

[143] Cfr. Karl Olivecrona, "Appropriation in the State of Nature: Locke on the Origin of Property", p. 315.
[144] Cfr. Stephen Buckle, *Natural Law and the Theory of Property*, p. 173.

próprio afirma, configura um dos "mais poderosos modelos conceptuais da história da filosofia"[145]. Não pode aqui acompanhar-se Brandt em todos os ricos desenvolvimentos que traça dessa trilogia, mas algumas referências a ela nas filosofias de Platão e Aristóteles, ajudam a compreender o significado da fórmula *life, liberty* e *estate* no pensamento de Locke.

Já no capítulo anterior se aludiu ao uso da trilogia alma-corpo-bens exteriores no pensamento de Platão e Aristóteles[146]. O interesse da análise de Brandt consiste em salientar que através de Platão, cujo uso da ideia das três esferas de bens humanos atravessa toda a sua obra, designadamente na distinção das três ordens de membros da *polis* efectuada na *República*, a trilogia adquire uma influência constante na tradição filosófica até ao final do século dezanove[147]. Logo em Aristóteles essa influência é sujeita a importantes reformulações, porque a trilogia obedeceria a uma formação teleológica, em cujo âmbito os bens inferiores têm uma indispensável função de serviço

---

[145] Cfr. Reinhard Brandt, "Menschenrechte und Güterlehre", p. 79.

[146] Cfr. supra, Parte I, cap. 2, ponto 2.3.

[147] Brandt menciona, designadamente, a presença da trilogia no pensamento de David Hume e de Kant (cfr. "Menschenrechte und Güterlehre", pp. 81, 83-84). Interessa-nos especialmente a sua presença no pensamento de Hume, uma vez que ela é aí discutida a propósito da propriedade. Como Brandt não deixa de salientar (*ob. cit.*, p. 83), Hume afirma, no *Treatise of Human Nature* (1739), o seguinte: "Há três espécies diferentes de bens que possuímos: a satisfação interior do espírito, as vantagens exteriores do corpo e o gozo dos bens que adquirimos pelo nosso trabalho e boa sorte" (cfr. *Tratado da Natureza Humana*, Livro III, Parte II, Secção II, p. 562). Brandt não cita as frases imediatamente subsequentes: "Estamos perfeitamente seguros de desfrutar a primeira. As segundas podem ser-nos arrebatadas, mas não podem dar nenhuma vantagem a quem no-las tira. Só os últimos tanto podem estar expostos à violência de outros, como podem transferir-se sem sofrer perda nem alteração; e, ao mesmo tempo, não há um número suficiente delas para corresponder aos desejos e necessidades de cada um. Portanto, assim como a melhoria destes bens é a principal vantagem da sociedade, assim também a instabilidade da sua posse, juntamente com a sua escassez, é o principal obstáculo" (cfr. David Hume, *ob. cit.*, p. 563). E, no entanto, estas últimas frases dão bem a medida da diferença que separa o uso humeano da trilogia daquele que lhe dá Platão. Para David Hume, o problema da justiça coloca-se sobretudo a propósito da violência a que está sujeito o gozo dos bens exteriores. Mas como demonstra Brandt (*ob. cit.*, p. 83), para Platão a injustiça destrói o bem da alma, tal como a doença o bem do corpo e a pobreza a propriedade (cfr.Platão, *Górgias*, 477c-478b, pp. 102-106). Para Platão é melhor sofrer uma injustiça do que cometê-la, porque no segundo caso, ao contrário de no primeiro, prevalece o mal (cfr. *Górgias*, 475c, pp. 93-94).

em relação aos bens superiores, mas permanecem deles separados. Brandt conclui, em sentido aliás coincidente com o que se disse no capítulo anterior, que é justamente esta concepção teleológica da trilogia que está na base da recusa aristotélica da ideia da comunidade dos bens presente na *República*, na medida em que os homens necessitam dos bens exteriores para a realização dos valores morais: "a propriedade privada é ordenada à virtude"[148]. É, no entanto, possível estabelecer uma distinção fundamental entre a trilogia clássica e a trilogia equivalente, unindo *life*, *liberty* e *estate*, desenvolvida na Inglaterra na primeira metade do século dezassete e à qual Locke deu a sua formulação mais acabada. Enquanto a primeira tem um acentuado pendor ético, a moderna reveste natureza jurídica. Uma lesão exterior, constitutiva para a trilogia da *life*, *liberty* e *estate*, não é sequer tida em vista pela trilogia antiga, no sentido em que na sua origem não reside qualquer preocupação com essa lesão. O conceito que preside a esta trilogia não é o de direito, mas o de bem[149]. Assim, enquanto a trilogia antiga designa aspectos da vida individual, que cada um pode preencher ou descuidar, a trilogia moderna da *life*, *liberty* e *estate* marca aquilo que me é próprio, aquilo sobre que tenho um direito susceptível de ser lesado pelos outros[150]. É possível, sem dúvida, ler a fórmula "property in his own person" que caracteriza qualquer homem em termos de "Lives, Liberties, and Estates", não como uma simples enumeração de bens, mas como a mesma progressão da apropriação legítima, o movimento da vida que desce sobre as coisas ou as assimila[151]. Ora, é precisamente através deste movimento descendente que Locke inverte os termos do problema subjacente à trilogia clássica, caracterizada por um movimento ascendente do corpo em direcção à alma e da propriedade em direcção à cidade.

No pensamento de Locke a trilogia *life*, *liberty* e *estate* é utilizada de modo consistente, ao longo do *Second Treatise* exprimindo os direitos individuais sobre a vida, a liberdade e os bens exteriores

---

[148] Cfr. Reinhard Brandt, "Menschenrechte und Güterlehre", p. 84.
[149] Cfr. Reinhard Brandt, "Menschenrechte und Güterlehre", pp. 79, 83 e 87.
[150] Cfr. Reinhard Brandt, "Menschenrechte und Güterlehre. Zur Geschichte und Begründung des Rechts auf *Leben*, *Freiheit* und *Eigentum*", p. 24.
[151] Cfr. Etiénne Balibar, "Le Renversement de l'Individualisme Possessif", p. 18.

(adquiridos através do exercício do poder de apropriação que define a comunidade originária), mas não resulta claramente do texto qual a razão de estarem aí em causa precisamente estes direitos e não outros. Todavia, segundo Brandt, se se procurar a génese desta trilogia moderna é fácil compreender a sua evidência e completude: o aspecto sob o qual ela é formulada consiste na ameaça externa, especialmente a ameaça proveniente dos governantes, que toma as formas extremas da morte, da escravidão e do roubo ou confisco dos bens externos. O contexto político da formulação da trilogia lockeana consiste pois na ameaça do exercício de um poder *legibus solutus*, muito presente nas pretensões absolutistas monárquicas da época em que Locke escreveu[152]. Locke tomou, pois, a trilogia *life*, *liberty* e *estate* dos termos do intenso debate político ensejado por essas pretensões, mas transformou-a no próprio fundamento da sua filosofia política, dando-lhe um alcance que até aí não possuía. E, na verdade, o *Second Treatise*, depois de uma introdução programática (Cap. I), e depois de apresentar o estado de natureza como a origem sistemática e histórica de todos os direitos entre os homens (Cap. II), faz em grande medida corresponder cada um dos capítulos subsequentes a um dos elementos da trilogia: "Of the State of War" (Cap. III), "Of Slavery" (Cap. IV), "Of Property" (Cap. V). Como adverte Reinhard Brandt, a combinação destes três temas pode parecer arbitrária, mas só enquanto não se ponderar que a discussão sobre a guerra trata de um "sedate settled Design, upon another Mans Life", a relativa à escravidão trata

---

[152] Sobre essas pretensões, com especial destaque para o uso da trilogia *life*, *liberty* e *estate* no âmbito dos debates ocasionados pelos conflitos entre o poder real e o parlamento na Inglaterra do século dezassete, cfr. R. Brandt, "Menschenrechte und Güterlehre", pp. 87-92; idem, "Menschenrechte und Güterlehre. Zur Geschichte und Begründung des Rechts auf *Leben, Freiheit* und *Eigentum*", pp. 20-22. Importa ainda salientar que a trilogia *life, liberty* e *estate* não adquire nos escritos políticos da época a coerência que em relação a ela se verifica no pensamento de Locke; tal coerência, através da designação de todos os elementos da trilogia através do termo "property", pode, aliás, ser também encarada como uma tentativa de superar as tensões que alguns daqueles escritos exprimem entre o problema da extensão do sufrágio e os interesses dos proprietários [a este propósito são elucidativas opiniões expressas nos *Putney Debates*, de 1647: cfr. David Wootton (ed.), *Divine Right and Democracy*, pp. 288 e ss.]. Se a propriedade designa todos os termos da trilogia, isso significa que todos, e não apenas os donos de *estates*, têm, independentemente da questão do sufrágio, um interesse comum em face de um poder político absoluto.

da "Natural Liberty of Man" e, finalmente, aquela que incide sobre a propriedade procura estabelecer o fundamento natural do *estate*[153]. É claro que com estes desenvolvimentos o termo "propriedade" não pode considerar-se um mero equivalente do *suum* de Grócio e Pufendorf, na medida em que aquele exprime sobretudo a ideia de uma esfera de imunidade, antes de mais perante o poder político absoluto[154]. Mas, mesmo por essa razão, isto é, porque a própria formulação da trilogia sob a forma de direitos individuais se encontra fortemente determinada pela ameaça do poder do príncipe absoluto, aqueles direitos são pensados como direitos *sobre* bens inatos ou adquiridos naturalmente e não como direitos *a* alguma coisa[155].

A compreensão da trilogia *life*, *liberty* e *estate* não apenas à luz do *suum* jusnaturalista, mas também à luz da sua comparação com a antiga trilogia dos bens da alma, do corpo e exteriores, contribui para explicar por que razão Locke não adoptou a noção de *dominium* na sua abordagem da origem da propriedade e, em vez disso, explorou a ideia de apropriação como extensão da personalidade, isto é, a ideia de que a aquisição dos bens exteriores resulta da extensão daquilo que está também subjacente aos restantes bens incluídos na trilogia. Karl Olivecrona põe em evidência a co-implicação entre o *dominium* e o consentimento na explicação da origem da propriedade nas teorias de Grócio e Pufendorf. Se a propriedade é entendida como *dominium*, então consiste na faculdade moral que o dono de

---

[153] Cfr. Brandt, "Menschenrechte und Güterlehre", p. 93; cfr., ainda, *Second Treatise*, Cap. III, § 16, p. 278; *ibidem*, Cap. IV, § 22, p. 283 (cfr. *Ensáio sôbre a Verdadeira Origem...*, pp. 15 e 21).

[154] A coexistência do *suum* e do absolutismo político nas teorias de Suárez, Grócio e Hobbes e ainda, de algum modo, no pensamento de Pufendorf (em relação a todos estes autores se pode afirmar que o reconhecimento de direitos não confere uma garantia, ou pelo menos uma garantia completa, contra a servidão pessoal e a autoridade política; sobre o assunto, cfr. Quentin Skinner, *The Foundations of Modern Political Thought*, II, pp. 184 e 347; Richard Tuck, *Natural Rights Theories*, pp. 56, 63-64, 77-79, 161-162; Knud Haakonssen, *Natural Law and Moral Philosophy*, p. 30; J. B. Schneewind, *The Invention of Autonomy*, pp. 80-81), é claramente repudiada por Locke.

[155] Cfr. Brandt, "Menschenrechte und Güterlehre. Zur Geschichte und Begründung des Rechts auf *Leben*, *Freiheit* und *Eigentum*", p. 26. Como nota esta autor, só com a Revolução americana se dá esta evolução de uma ideia de direito *sobre* algo a uma ideia de direito *a* algo, através do complemento da trilogia com a expressão "pursuit of happiness", ou com a substituição do "estate" por essa expressão.

uma coisa tem no sentido de excluir todos os outros do seu uso e de ser reintegrado na respectiva posse caso alguém, sem o seu consentimento, desrespeite essa exclusão. Simplesmente, nenhuma faculdade moral que alguém pudesse opor a todos os homens poderia ser estabelecida sem o consentimento deles. Ora, precisamente, como já se afirmou, Locke não recorre ao conceito de *dominium* no seu argumento sobre a origem da propriedade, mantendo apenas que os objectos exteriores são incluídos, através da apropriação, na esfera da personalidade[156].

Na sua estrutura formal, a trilogia lockeana da vida, liberdade e património parece aproximar-se mais da trilogia antiga do que da doutrina do *suum* dos jusnaturalistas. Ela implica, no entanto, uma inovação em relação a qualquer uma delas sob um outro aspecto. Como se viu, a trilogia antiga abrange o corpo e a doutrina jusnaturalista do *suum* inclui entre os bens pertencentes ao indivíduo o corpo e os membros[157]. Locke, todavia, nunca utiliza o termo "propriedade" para designar um direito sobre o corpo, dizendo, em vez disso, que "todo o homem tem uma propriedade na sua própria pessoa" (*Second Treatise*, Cap. V, § 27). A utilização do termo "pessoa", com um sentido próprio na filosofia de Locke, como se verá, permite-lhe escapar à reflexividade da ideia de propriedade de si mesmo. Por outro lado, parece mais fácil estabelecer uma relação estreita entre a acção humana e a pessoa do que entre aquela e o corpo[158]. Na verdade é possível sustentar, na esteira de Reinhard Brandt, a existência de um paralelo entre a teoria da propriedade de Locke e a sua teoria sobre a identidade pessoal. No *Ensaio sobre o Entendimento Humano*, Locke afirma que "Como a concebo, pessoa é o nome para este eu. Onde quer que um homem encontre o que ele denomina como ele próprio, aí na minha opinião, um outro homem pode dizer que é a mesma pessoa. É um termo forense, tornando apropriadas as acções e o seu mérito e, portanto, pertence apenas aos

---

[156] Cfr. Karl Olivecrona, "Appropriation in the State of Nature: Locke on the Origin of Property", pp. 318-319.

[157] Cfr. Grócio, *De jure belli ac pacis*, Livro I, Cap. II, I, 5; *ibidem*, Livro II, Cap. XVII, II, 1 (*Le Droit de la Guerre et de la Paix*, pp. 52 e 416)]; Pufendorf, *De jure naturae et gentium libri octo*, Livro III, Cap. I, § 1, p. 314.

[158] Cfr., neste sentido, Jeremy Waldron, *The Right to Private Property*, pp. 180-181.

seres inteligentes, capazes de uma lei e da felicidade e do sofrimento. Esta personalidade estende-se para além do momento presente ao que é passado unicamente através da consciência, (...) E, assim, quaisquer acções passadas que não consiga reconciliar ou tornar apropriadas para esse eu presente através da consciência, não mais o poderão preocupar, como se tais acções nunca tivessem sido realizadas"[159]. Assim como o acto da consciência efectua a síntese do eu anterior e dos seus actos com o eu actual, assim também a exteriorização do eu sobre um objecto através do trabalho provoca uma síntese entre ambos. Nos dois casos, aquilo de que me aproprio através da respectiva síntese é já de certa maneira meu; num deles trata-se da minha acção anterior e no outro de um bem natural, enquadrado numa comunidade de bens de que tenho de fazer parte, para poder levar a cabo a apropriação. Em ambos os casos se trata de uma apropriação juridicamente relevante: a relação monológica, que eu tenho comigo mesmo ou com bens exteriores, é constitutiva para as outras pessoas nas suas relações jurídicas comigo[160].

1.4 O argumento do Cap. V do *Second Treatise*.

1.4.1 A estrutura do argumento. Segundo Karl Olivecrona, o Cap. V do *Second Treatise* divide-se em três partes principais: na primeira, que ocupa os §§ 26 a 39, é exposta a teoria da apropriação; na segunda, em que se incluem os §§ 40 a 43, contém-se a chamada teoria do valor do trabalho; na terceira parte, contida nos §§ 45 a 50, são feitas algumas observações sobre os direitos de propriedade depois da introdução do dinheiro. A estas três partes essenciais, que Olivecrona designa por secções A, B e C, respectivamente, acresceriam ainda três parágrafos: o § 25, introdutório; o § 44, que segundo o autor se encontra isolado entre as secções B e C; o § 51, com um carácter conclusivo. Num certo sentido, as propostas de leitura de Olivecrona são úteis e devem ser aceites, na medida em que as identificadas secções A, B e C abordam efectivamente os temas indicados. O autor

---

[159] Cfr. Locke, *Ensaio sobre o Entendimento Humano*, Livro II, Cap. XXVII, § 28, vol. I, p. 459 (tradução alterada).

[160] Cfr. Reinhard Brandt, "Zu Lockes Lehre vom Privateigentum", p. 431.

pretende ainda que, para além de abordarem temas distintos, as três secções referem-se a períodos diferentes da história, que ele designa pelas expressões "idade da abundância" e "idade da escassez". Assim, a secção A contém uma teoria da apropriação dos bens nas primeiras idades do mundo, em que prevalecia o estado de natureza, e em que a quantidade da terra e dos produtos do solo excedia as necessidades dos homens. Pelo contrário, a secção B consiste numa discussão do valor no mundo contemporâneo e a secção C descreve a idade da escassez. Com base nesta sua leitura, Olivecrona é levado a estabelecer duas conclusões algo surpreendentes. Em primeiro lugar, o § 44, inserido entre as secções B e C, significa um regresso à teoria da apropriação e, nessa medida, relaciona-se mais facilmente com o final da secção A[161]. Por outro lado, a secção B deveria surgir apenas depois da C, ou seja, a discussão do valor do trabalho no mundo contemporâneo deveria ter lugar depois de se descrever a transição para a idade da escassez e a regulação dos direitos de propriedade através de acordos e da legislação[162].

Simplesmente, é possível sustentar que a teoria do valor do trabalho se destina apenas a realçar o contributo deste último, em comparação com o da natureza, no estabelecimento do direito de propriedade[163]. Em tal caso, faz todo o sentido a inserção do § 44 no final da secção B, bem como a sua colocação antes da secção C, o que resulta ainda da circunstância de esta, como aquela, descreverem estádios progressivamente mais evoluídos do estado de natureza. Por outro lado, a leitura de Olivecrona pressupõe uma identificação total

---

[161] Cfr. *Second Treatise*, Cap. V, § 44, p. 298-299 (cfr. *Ensáio sôbre a Verdadeira Origem...*, p. 41): "De tudo isto resulta evidente que apesar de as coisas da natureza serem dadas em comum, no entanto o homem (por ser senhor de si próprio, e proprietário da sua mesma pessoa, e as acções ou trabalho dela) tem ainda assim nele próprio a grande fundação da propriedade; e a grande parte daquilo que aplicou para o sustento ou conforto do seu ser, quando a invenção e as artes melhoraram as conveniências da vida, era perfeitamente dele mesmo e não pertencia em comum a outros".

[162] Cfr. Karl Olivecrona, "Locke´s Theory of Appropriation", pp. 327 e 341.

[163] Assim, precisamente, Gopal Sreenivasan, *The Limits of Lockean Rights to Property*, pp. 55-56; pondo também em causa a autonomia das passagens relativas à importância relativa do valor do trabalho e dos recursos naturais no estabelecimento da propriedade em relação às passagens antecedentes, embora com argumentos diversos dos de Sreenivasan, cfr. A. John Simmons, *The Lockean Theory of Rights*, pp. 248-250.

entre a introdução do dinheiro, a idade da escassez e o estabelecimento de comunidades políticas para a qual se não encontra suporte no texto. Assumamos, pois, como hipótese inicial de leitura, que os dois períodos históricos fundamentais considerados por Locke na sua explicação da origem da propriedade são, como ele expressamente afirma, os separados pela introdução do dinheiro e que esta não determina por si só o fim do estado de natureza. Ou seja, assumamos como hipótese de trabalho aquela que parece mais conforme com a própria sequência do texto, isto é, que a estrutura do argumento do Cap. V corresponde às partes identificadas por Olivecrona, sem considerar, no entanto, as alterações a essa estrutura que ele introduziu com base na sua própria pré-compreensão do argumento.

1.4.2 Preservação e trabalho. A ideia segundo a qual Locke baseia a propriedade no trabalho constitui, simultaneamente, como sucede com quase todos os chavões com o auxílio dos quais procuramos inventariar o contributo dos grandes pensadores para a compreensão de um determinado problema, uma barreira e uma abertura para a avaliação correcta da sua teoria da propriedade. E, na verdade, embora uma caracterização genérica do pensamento de Locke relativo à propriedade se preste àquele rótulo, a sua compreensão mais profunda apenas pode ser feita através da análise dos argumentos com base nos quais o texto do Cap. V o sustentam. O primeiro desses argumentos consiste na ideia de autopreservação, ou, se se preferir, na ideia de satisfação das necessidades humanas, enquanto expressão da vontade de Deus.

Logo no início do § 25 do *Second Treatise*, o primeiro do Cap. V, Locke afirma que os "homens, quando nascem, têm um direito à sua preservação, e consequentemente à comida e à bebida e a todas as outras coisas que a natureza fornece para a sua subsistência". Por outro lado, é também aí dito que Deus deu a terra aos homens em comum[164]. Logo depois de estabelecer estes dois pontos de partida, Locke passa a considerar a dificuldade que consiste em explicar a origem da propriedade com bases neles. E, na verdade, a comunidade

---

[164] Cfr. *Second Treatise*, Cap. V, § 25, pp. 285-286 (cfr. *Ensáio sôbre a Verdadeira Origem...*, p. 24).

contradiz a propriedade individual, e o direito de autopreservação parece não a exigir necessariamente, na medida em que poderia ser igualmente satisfeito através de um sistema de direitos de uso dos bens necessários à preservação. A via usualmente percorrida para explicar a origem da propriedade, isto é, o consentimento dos comuns, é arredada por Locke, aceitando como boa, quanto a este aspecto como se viu, a crítica de Robert Filmer acima mencionada: se o consentimento "de toda a humanidade" fosse exigido para estabelecer a propriedade, o "homem teria morrido, não obstante a abundância que Deus lhe tinha dado"[165]. Mas uma outra via se mostra aberta: uma vez que os frutos da terra "foram dados para o uso dos homens, deve necessariamente existir um meio de se apropriar deles de alguma forma para que possam ser de algum uso ou de todo benéficos para qualquer homem particular". Para ilustrar esta asserção, que à partida parece ser simplesmente falsa, pois como atrás se disse a preservação não seria incompatível com um simples direito de uso, Locke formula o caso básico da sua teoria: "O fruto ou caça que sustenta o índio selvagem, que não conhece marco ou limite algum, e é ainda um possuidor em comum, tem de ser seu, e o é na verdade, *i. e.* é uma parte dele, a que nenhum outro pode mais ter um direito, enquanto lhe puder servir de sustento para a vida"[166]. Não existe, pois, preservação sem apropriação. Mas, através da ideia da preservação, Locke não demonstra como se faz a apropriação nem em que termos ela estabelece um direito de propriedade sobre bens particulares.

O argumento da preservação é, pois, um argumento incompleto quanto à explicação da origem da propriedade privada. Ainda que a justificação última da propriedade resida nas necessidades humanas, a satisfação dessas necessidades não fornece ainda uma justificação específica para o trabalho servir como fundamento da propriedade[167]. Simplesmente, a preservação não é apenas um direito dos homens; é também a expressão da vontade divina: "Deus, ao dar o mundo em comum aos homens, deu-lhes também razão para fazerem uso dele e

---

[165] Cfr. *Second Treatise*, Cap. V, § 28, p. 288 (cfr. *Ensáio sôbre a Verdadeira Origem...*, p. 26).
[166] Cfr. *Second Treatise*, Cap. V, § 26, p. 287 (cfr. *Ensáio sôbre a Verdadeira Origem...*, p. 25).
[167] Cfr. A. John Simmons, *The Lockean Theory of Rights*, p. 244.

procurarem os melhores meios de viver"[168]. Ora, a vontade divina que quer a preservação dos homens ordena também que ela se faça através do trabalho: "Deus, quando deu o mundo em comum a toda a humanidade, ordenou também ao homem o trabalho, e a penúria da sua condição assim o exigiu dele. Deus e a razão do homem ordenavam-lhe que dominasse a terra, *i. e.* que a melhorasse para o benefício da vida e empregasse para esse fim alguma coisa propriamente sua, o seu trabalho"[169]. A questão que então se coloca é a de saber por que razão o poder de apropriação envolvido na própria ideia de preservação se manifesta no trabalho.

É possível encontrar três razões para explicar a identificação do poder de apropriação com o trabalho[170]. Uma delas foi já avançada: Deus quer a preservação dos homens e quer que ela se faça através do trabalho. Esta razão é explicitamente afirmada por Locke, como se viu, mas ela não permite, como igualmente se disse, superar a incompletude do argumento que pretende justificar a propriedade privada através do trabalho a partir da ideia de preservação: o facto de existir um dever de trabalhar e uma necessidade de bens exteriores para a nossa preservação não permite justificar, por si só, a existência de um direito sobre os produtos do nosso trabalho. Por outras palavras, a ideia de preservação não estabelece, em si mesma, qualquer relação necessária entre o trabalho de uma pessoa e um direito que ela possa ter sobre o produto do seu trabalho. Além disso, o trabalho não dá origem à propriedade apenas em relação aos bens necessários para a preservação, mas também em relação aos bens relativos ao "conforto da vida"[171].

Do que necessitamos é, pois, de encontrar um argumento que nos permita estabelecer uma conexão entre a preservação, o trabalho

---

[168] Cfr. *Second Treatise*, Cap. V, § 26, p. 286 (cfr. *Ensáio sôbre a Verdadeira Origem...*, p. 25).

[169] Cfr. *Second Treatise*, Cap. V, § 32, p. 291 (cfr. *Ensáio sôbre a Verdadeira Origem...*, pp. 29-30). A questão de saber como se transforma o dever de trabalhar, estabelecido pela passagem citada, e o direito de propriedade resultante do trabalho, passa pela própria ideia de preservação como fundamento da propriedade (A. John Simmons, *The Lockean Theory of Rights*, p. 245).

[170] Cfr. A. John Simmons, *The Lockean Theory of Rights*, pp. 245-247.

[171] Cfr. *Second Treatise*, Cap. V, § 41, p. 296 (cfr. *Ensáio sôbre a Verdadeira Origem...*, p. 38); cfr., ainda, A. John Simmons, *The Lockean Theory of Rights*, p. 245.

e a propriedade dos produtos dele resultantes que seja capaz de captar o sentido da exposição de Locke no Cap. V. Duas teses têm sido avançadas pelos autores com esse propósito: a primeira delas consiste na designada teoria do merecimento, ou seja, a ideia de que Locke pretende sugerir que "a razão de se ter propriedade privada consiste em premiar o esforço"[172]; a segunda, na ideia de que o reconhecimento do direito de propriedade privada fundada no trabalho é a que melhor se adequa ao preceito básico da lei natural. Podemos, desde logo, afastar a primeira tese: não capta o sentido da argumentação de Locke, nem sequer é consistente com ele, uma vez que não tem qualquer relação com a ideia de preservação do homem[173]. Pelo contrário, a segunda tese mencionada tem como ponto de partida justamente o direito, que é simultaneamente um dever, de cada um à sua própria preservação.

Disse-se que uma das premissas da argumentação de Locke relativa à justificação da propriedade consiste no direito de cada um à sua própria preservação. E Locke refere-se, na verdade, à autopreservação como uma "lei fundamental, sagrada e inalterável"[174]. A preservação de cada homem é um preceito da vontade divina e constitui, para Locke, simultaneamente um direito e um dever. Mas o princípio da vontade divina não é o de que os homens se devem

---

[172] Cfr. Alan Ryan, *Property and Political Theory*, p. 44; cfr., ainda, Lawrence Becker, *Property Rights*, pp. 49 e ss.

[173] Acresce ainda que a tese do merecimento tem dificuldade em lidar com os seguintes aspectos: em primeiro lugar, não permite explicar por que razão o trabalho de uma pessoa deve ser premiado exactamente com os produtos do trabalho concretamente desenvolvido por essa pessoa; depois, a teoria do merecimento não tem lugar para o papel que a sorte desempenha necessariamente na origem da propriedade segundo Locke (duas pessoas podem ter o mesmo trabalho no cultivo de campos de dimensões iguais e, no entanto, retirar desse cultivo proveitos muito diversos em função, por exemplo, do bom ou mau tempo que faça); em terceiro lugar, uma teoria plausível do merecimento, uma vez que considere apenas o mérito intrínseco do trabalho, não pode discriminar entre o primeiro trabalho desenvolvido sobre um determinado recurso e o trabalho subsequente, tal como o faz a teoria de Locke; por último, seria sem dúvida estranho invocar uma teoria do merecimento em todos aqueles casos em que os esforços do trabalhador não beneficiam ninguém para além dele próprio (cfr. Jeremy Waldron, *The Right to Private Property*, pp. 201-207; A. John Simmons, *The Lockean Theory of Rights*, pp. 246-247; L. Becker, *Property Rights*, p. 55).

[174] Cfr. *Second Treatise*, Cap. XIII, § 149, p. 367 (cfr. *Ensáio sôbre a Verdadeira Origem...*, p. 138); cfr., ainda, *First Treatise*, Cap. IX, § 86, pp. 204-205.

preservar a si próprios, é antes o de que a humanidade como um todo deve ser preservada, preservação essa que é várias vezes mencionada no *Second Treatise* como a "lei fundamental da natureza"[175]. Se a preservação da humanidade como um todo constitui a lei fundamental da natureza, pode perguntar-se em conformidade com que regras poderá a humanidade ser mais bem preservada e é justamente na resposta a esta questão que surge a ideia de que é o trabalho que torna a terra e os seus produtos úteis para a nossa preservação. Incentivar a propriedade sobre o produto do trabalho significa incentivar este último e, desse modo, tornar efectiva a lei fundamental da natureza. Assim, como afirma A. John Simmons, um raciocínio consequencialista de regras (*rule-consequentialist*) estabelecido com base no princípio essencial de que a humanidade deve ser preservada parece conduzir naturalmente à conclusão de que aqueles que trabalham se apropriem dos produtos do respectivo trabalho[176]. Poderia pensar-se que esta forma de estruturar o argumento resultante da preservação e da vontade de Deus, embora apta a exprimir de forma mais adequada o sentido geral do pensamento de Locke não logra, no entanto, obter no texto do Cap. V tanta correspondência verbal como a que resulta de se entender que o trabalho é simplesmente um comando divino positivo. A verdade, porém, é que Locke chega a exprimir a ideia de que a apropiação pelo trabalho constitui a forma mais adequada de desenvolver a lei fundamental da preservação. Com efeito, afirma que "a lei a que o homem estava sujeito [no estado de natureza] era especialmente para apropriar-se. Deus mandou, e a necessidade o obrigou ao trabalho: isso era propriedade sua, que não lhe podia ser tirada onde quer que a fixasse: e daqui vemos que sujeitar ou cultivar a terra são duas coisas anexas: uma deu direito à outra: de maneira que Deus, pelo acto de mandar cultivá-la, deu autoridade para dela se apropriar; e a condição da vida humana,

---

[175] Cfr. *Second Treatise*, Cap. II, §§ 7 e 16, pp. 271 e 278-279; *ibidem*, Cap. XI, §§ 134 e 135, pp. 356 e 358; *ibidem*, Cap. XIV, § 159, p. 375; *ibidem*, Cap. XV, § 171, p. 382; *ibidem*, Cap. XVI, § 183, p. 391 (cfr. *Ensáio sôbre a Verdadeira Origem...*, pp. 7, 15, 121-124, 149, 159-160, 172); cfr., ainda, A. John Simmons, *The Lockean Theory of Rights*, pp. 47 e ss.; James Tully, *Locke. Droit Naturel et Propriété*, pp. 99 e ss.

[176] Cfr. A. John Simmons, *The Lockean Theory of Rights*, pp. 248-249.

que requer trabalho e materiais com que trabalhe, necessariamente introduz possessões particulares"[177].

1.4.3 A junção do trabalho aos recursos da natureza.

Um outro argumento usado por Locke com vista a justificar a propriedade privada através do trabalho é o comummente designado "argumento da junção" ou "mistura" (*mixing argument*). As passagens centrais do Cap. V em que surge desenvolvido o argumento da mistura constam dos respectivos §§ 27 e 28. De acordo com a interpretação tradicional, ou corrente, do argumento, Locke parte do pressuposto de que cada um tem a propriedade de si mesmo e do seu trabalho para a partir daí estabelecer que o trabalho fundamenta a apropriação, uma vez que implica uma mistura irreversível de um objecto com algo de que o trabalhador é já proprietário, isto é, o seu trabalho. O argumento da mistura compõe-se, na realidade de duas partes: primeiro Locke sustenta a sua teoria da "propriedade de si mesmo" (*self-ownership*), isto é, a ideia de cada homem tem a propriedade exclusiva da sua pessoa, das suas acções e do seu trabalho; depois, Locke argumenta com a força expansiva deste direito de propriedade, que é assim transferido para os recursos apropriados, e é aqui que reside verdadeiramente o argumento da mistura[178]. É possível ainda sustentar que esta segunda parte abrange também, por sua vez, duas ideias distintas, embora tendo ambas que ver com a ideia mais genérica de tornar algo externo uma parte de uma esfera pessoal (privada) protegida. Na realidade, os §§ 27 e 28 parecem ter em vista dois sentidos inversos do processo de junção. No primeiro, depois de afirmar que cada homem tem uma propriedade na sua própria pessoa, bem como no labor do seu corpo e no trabalho das suas mãos, Locke sustenta que tudo aquilo que o homem tira do estado de natureza, empregando para isso o seu trabalho e juntando-lhe algo que é dele próprio, faz esse objecto propriedade sua[179]. No segundo, Locke procede, por assim dizer, retroactivamente. Começa por afir-

---

[177] Cfr. *Second Treatise*, Cap. V, § 35, p. 292 (cfr. *Ensáio sôbre a Verdadeira Origem...*, p. 32).

[178] Cfr. Jeremy Waldron, *The Right to Private Property*, p. 177.

[179] Cfr. Second Treatise, Cap. V, § 27, pp. 287-288 (cfr. *Ensáio sôbre a Verdadeira Origem...*, p. 25-26).

mar ninguém poder negar que aquele que se alimenta das bolotas ou das maçãs que apanhou se apropriou delas, para logo depois questionar quando se iniciou essa propriedade: quando as digeriu, quando as comeu, quando as cozinhou, quando as trouxe para casa, ou logo que as colheu? Locke responde que se este último acto não estabeleceu uma propriedade, nenhum outro seria capaz de o fazer. Assim, estabelece um contínuo entre a colheita e o momento (a ingestão) em que não faz sentido negar a propriedade, para tornar evidente a inexistência de qualquer ponto intermédio em que faça igualmente sentido negá-la[180]. Deste modo, enquanto no § 27 a junção opera através de uma fusão ou de uma acessão, no § 28 resulta de uma incorporação física. A verdade, no entanto, é que esta segunda linha de ilustrar o processo de junção não pode deixar de se sustentar na primeira. Por um lado, a colheita, na qual Locke localiza a apropriação, apenas dá origem à propriedade se entendermos o argumento da mistura no primeiro sentido. Por outro lado, é bizarro discutir a existência de uma propriedade sobre um objecto com base num acto (a ingestão) que determina necessariamente a sua perda de identidade, e é simplesmente falso que nenhum dos actos intermédios entre a ingestão e a colheita possa dar origem a uma propriedade[181]. Locke, todavia, não pode deixar de considerar os dois processos na sua teoria, e eles são até exigidos pelo princípio básico do autor, que consiste na inclusão da propriedade no *suum*. É este o denominador comum dos processos descritos nos §§ 27 e 28. Assim como neste último caso essa inclusão se faz por via da incorporação, em que a propriedade não se distingue do simples uso dos bens necessários à própria preservação, naquele opera através de uma extensão do *suum*. Os dois processos podem corresponder a momentos diversos do desenvolvimento do estado de natureza sob uma perspectiva económica (economia de subsistência e economia agrária), mas é em direcção ao primeiro que aponta a própria teleologia do trabalho, enquanto processo através do qual se trocam continuamente os lugares do sujeito, o *self* e o *own*[182]. A "propriedade de si mesmo" encontra

---

[180] Cfr. *Second Treatise*, Cap. V, § 28, p. 288 (cfr. *Ensáio sôbre a Verdadeira Origem...*, p. 26).
[181] Cfr. A. John Simmons, *The Lockean Theory of Rights*, pp. 255-256 e 265-266.
[182] Cfr. Étienne Balibar, "Le Renversement de l'Individualisme Possessif", p. 18.

assim dois círculos concêntricos que a sustentam: no primeiro, o menor, encontra-se a apropriação dos bens necessários ao sustento da vida (repare-se que a apropriação é aqui equiparada ao direito de uso que a tradição anterior incluía na comunidade originária); no segundo, incluem-se os bens capazes de sustentar uma vida autónoma, envolvendo já uma actuação sobre a natureza. A distinção entre os dois círculos a que se aludiu, e a que correspondem os processos descritos nos §§ 27 e 28, é mencionada por Locke no primeiro deles, quando aí refere "o trabalho do nosso corpo e a obra das nossas mãos"[183], expressão que, por sua vez, como nota Hannah Arendt, evoca a distinção antiga entre o artifíce e aqueles que, como escravos e animais domésticos, "prestam ambos auxílio ao corpo na medida das nossas necessidades"[184]. A diferença, claro, é que Locke não estaria disposto a aceitar a associação entre trabalho e servidão.

O argumento da mistura tem sido submetido a múltiplas críticas. Para já, no entanto, importa apenas mencionar aquelas que de alguma forma determinaram uma reinterpretação do argumento, nos termos aproximados em que ele foi aqui exposto. Com este propósito, devem de um modo especial ser apontadas duas críticas formuladas ao argumento da mistura, uma delas dirigida à primeira parte do argumento (ou à sua premissa), isto é, à ideia de propriedade de si mesmo, a outra visando a segunda parte do argumento, ou seja, a ideia de mistura.

A primeira crítica consiste no carácter aparentemente contraditório entre a ideia de propriedade de si mesmo e a afirmação de Locke segundo a qual os homens são "obra de um Criador omnipotente e inifinitamente sábio" e, assim, "são sua propriedade, visto que são sua obra, feitos para durar segundo o seu prazer, e não segundo o prazer uns dos outros"[185]. Seria, pois, contraditório sustentar que os homens são propriedade de si mesmos e, simultaneamente, que eles

---

[183] Cfr. *Second Treatise*, Cap. V, § 27, p. 2 (a tradução portuguesa que tenho vindo a citar não capta a distinção: cfr. *Ensáio sôbre a Verdadeira Origem...*, p. 25; cfr., no entanto a tradução de Miguel Morgado, John Locke, *Dois Tratados do Governo Civil*, p. 251).

[184] Cfr. Hannah Arendt, *The Human Condition*, p. 80, citando Aristóteles, *Política*, I, 5, 1254a25, p. 65.

[185] Cfr. *Second Treatise*, Cap. II, § 6, p. 271 (cfr. *Ensáio sôbre a Verdadeira Origem...*, p. 6); cfr., ainda, *First Treatise*, Cap. VI, § 53, p. 179.

são propriedade de Deus[186]. A segunda crítica diz simplesmente que o argumento da mistura assenta num *non sequitur*. Tal como a formulou Robert Nozick, "porque é que juntar uma coisa de que sou dono, com uma de que não sou, não constitui uma forma de perder a primeira, em vez de uma forma de ganhar a segunda?" Não deveria o direito de propriedade exclusivo assim adquirido limitar-se ao valor acrescido produzido pelo trabalho, em vez de abranger todo o objecto?[187]

Foi, em parte, para responder a estas críticas que James Tully elaborou a interpretação do argumento agora em causa segundo o designado "modelo da obra" (*workmanship model*), a que já antes se aludiu[188]. A interpretação da "junção" como "criação", isto é, como actividade que reflecte o acto divino criativo ou a concebe em analogia com ele, foi depois adoptada por outros autores[189]. Nos termos

---

[186] Cfr. Jeremy Waldron, *The Right to Private Property*, p. 177; A. John Simmons, *The Lockean Theory of Rights*, p. 256.

[187] Cfr. Robert Nozick, *Anarchy, State, and Utopia*, pp. 174-175. Como se verá, a substância do argumento de Nozick encontra-se já presente em Kant: cfr. *Rechtslehre*, § 17, p. 380 (*Metafísica dos Costumes*, p. 106).

[188] Cfr. James Tully, *Locke. Droit Naturel et Propriété*, pp. 25, 65 e ss., 154 e ss. e 168 e ss.

[189] Cfr. Stephen Buckle, *Natural Law and the Theory of Property*, p. 151 e nota 84; Sreenivasan, *The Limits of Lockean Rights in Property*, pp. 62 e ss. e 142-43; Ian Shapiro, *The Evolution of Rights in Liberal Theory*, p. 96; idem "Resources, Capacities, and Ownership", pp. 21-24 e 33-35; Richard Ashcraft, *Revolutionary Politics*, pp. 258-259; Neal Wood, *John Locke and Agrarian Capitalism*, p. 53; Dominique Weber, "Propriété Commune Primitive, Appropriation Exclusive Naturelle et Propriété Privée Instituée dans la Pensée de John Locke", pp. 136 e 146. De forma independente de James Tully e, na verdade, ainda antes dele, embora com um alcance diverso, Reinhard Brandt, *Eigentumstheorien von Grotius bis Kant*, pp. 72 e ss., esp. pp. 73 e 82, estabeleceu uma analogia entre a criação e a força produtiva do trabalho. Brandt não procura todavia explicar o direito de propriedade dos homens sobre os bens exteriores como um direito do criador sobre a sua obra, como fazem Tully e Sreenivasan, recorrendo à analogia mencionada apenas para explicar a evolução intelectual de Locke (salientando especialmente a influência das ideias de Bacon) que o levou a prescindir do consentimento como única origem possível da propriedade privada (uma analogia entre o trabalho e a criação divina, enquanto algo distinto da analogia entre o direito de Deus sobre o mundo e o direito dos homens sobre os bens exteriores, pode ver-se em António Luiz de Seabra, *A Propriedade*, p. 71). Existe uma diferença considerável entre estabelecer uma analogia entre o trabalho humano e a criação divina, a qual é inegável no pensamento de Locke, e estabelecer uma analogia entre a propriedade dos homens sobre as coisas e o domínio de Deus sobre toda a criação, como pretendem Tully e os demais autores citados. É certo que esta última analogia pressupõe de algum modo a primeira, mas vai muito para além dela, ao excluir casos de apropriação claramente contemplados por Locke, como se diz no texto.

desta interpretação é fundamental a distinção estabelecida por Locke entre homem e pessoa: a mesma vida faz a unidade do homem, enquanto a identidade pessoal pode apenas ser encontrada na consciência[190]. O homem pertence a Deus porque é obra sua; mas é também, enquanto ser responsável e livre, o criador da sua própria pessoa e das suas acções e é precisamente por essa razão que o homem se pode dizer proprietário delas (a sua pessoa e acções). A circunstância de estar em causa um acto de "criação" no caso da obra de Deus e apenas um "fazer" ou "agir" no que toca à obra dos homens não impede obviamente a analogia entre ambas: ela exprime precisamente a diferença entre a criação divina como o acto de fazer *ex nihilo* e o acto humano de fazer que começa sempre com materiais preexistentes[191]. Esta diferença específica entre o criar divino e o fazer humano encontraria apoio na discussão das causas contida no *Ensaio sobre o Entendimento Humano*, em que Locke afirma ainda que que o acto divino de criação é análogo ao movimento corpóreo do homem que age deliberadamente em vista de uma acção particular[192]. Assim, segundo Tully, considerando esta analogia entre o criar divino e o fazer humano "tudo o que é verdade para um será, *ceteris paribus*, verdadeiro para o outro. Uma vez que a ideia de relação (do Criador com a sua obra) explica o domínio de Deus sobre o homem e as razões que fazem deste último a Sua propriedade, ela explica também por que razão o homem é senhor e proprietário das suas obras"[193]. Pode assim afirmar-se que somos simultaneamente propriedade de Deus e de nós mesmos, bem como da extensão das nossas pessoas,

---

[190] Cfr. Locke, *Ensaio sobre o Entendimento Humano*, Livro II, Cap. xxvii, 22, vol. I, p. 453; cfr., ainda, Udo Thiel, "Locke's Concept of Person", pp.181 e ss.; Sreenivasan, *The Limits of Lockean Rights in Property*, p. 66.

[191] Cfr. Sreenivasan, *The Limits of Lockean Rights in Property*, p. 64. Locke utiliza, no entanto, as mais das vezes o verbo "fazer" para designar a criação divina.

[192] Cfr. Locke, *Ensaio sobre o Entendimento Humano*, Livro II, Cap. xxvi, 2, vol. I, p. 428; *ibidem*, Livro IV, Cap. x, 19, vol. II, pp. 872-873; James Tully, *Locke. Droit Naturel et Propriété*, pp. 66-67 e 68.

[193] Cfr. Tully, *Locke. Droit Naturel et Propriété*, p. 68; Sreenivasan, *The Limits of Lockean Rights in Property*, p. 63. Tully, *ob. cit.*, p. 67, afirma que o modelo da obra pressupõe que seja admitida a existência de um Deus criador do homem; Sreenivasan, *ob. e loc. cit.*, pensa, pelo contrário, que a estrutura lógica da analogia é tal que a sua conclusão – ou seja, que os homens têm um direito de propriedade sobre os produtos do seu fazer – se sustenta independentemente da existência de Deus.

sem incoerência. Usando a nossa propriedade sobre as nossas pessoas e acções, transformamos os recursos naturais com o nosso trabalho, fazendo novas coisas a partir deles[194]. O "modelo da obra" permitiria assim responder à primeira crítica atrás mencionada.

Com base nesse mesmo modelo, seria também possível superar a segunda crítica a que se fez referência. De acordo com a interpretação da junção enquanto criação, a pessoa não se limita a juntar o seu trabalho com uma entidade que preexiste à sua intervenção e subsiste ao longo da actividade laborativa. Pelo contrário, o trabalhador cria um objecto novo a partir da matéria dada por Deus, sobre o qual, sendo obra sua, ele adquire a propriedade exclusiva. A acção do homem assemelha-se àquela através da qual Deus afeiçoou o mundo a partir de uma matéria primordial criada por ele[195].

O que pensar da reinterpretação do argumento da junção à luz do "modelo da obra"? Desde logo, a primeira crítica atrás mencionada, isto é, a observação de que seria contraditório sustentar, como faz Locke, que o homem é simultaneamente propriedade de Deus e proprietário da sua pessoa e do seu trabalho, pode ser ultrapassada sem o apoio do "modelo da obra". Na verdade, como afirma Jeremy Waldron, Locke distingue claramente entre os direitos de propriedade que existem entre os homens e a propriedade em relação a Deus e, além disso, a crítica ignora a distinção, acima mencionada, entre homem (propriedade de Deus) e pessoa (propriedade do homem)[196]. O que nos importa agora averiguar, no entanto, é se, independentemente de tais críticas, o modelo da obra, ou a ideia de que a produtividade humana, a partir da analogia com o acto de criação divina, constitui o fundamento da propriedade, consiste na leitura mais adequada do argumento da mistura. As principais objecções a uma resposta afirmativa a esta questão parecem ser as seguintes: (i) em primeiro

---

[194] Cfr. Tully, *Locke. Droit Naturel et Propriété*, pp. 154-155, 158-159; Waldron, *The Right to Private Property*, p. 179; Simmons, *The Lockean Theory of Rights*, pp. 256-257.

[195] Cfr. Tully, *Locke. Droit Naturel et Propriété*, p. 168.

[196] Cfr. *First Treatise*, Cap. IV, § 39, p. 168: "pois ainda que, nas relações entre eles, aos homens seja permitido ter propriedade nas suas distintas porções das criaturas; no entanto em relação a Deus, o criador do céu e da terra, que é o único senhor e proprietário de todo o mundo, a propriedade do homem sobre as criaturas não é nada senão aquela liberdade de as usar, que Deus permitiu, e assim a propriedade do homem pode ser alargada e alterada". Cfr. Waldron, *The Right to Private Property*, pp. 177-178.

lugar, os direitos do criador são direitos absolutos, desprovidos de quaisquer limites, pelo que seria difícil explicar a introdução das cláusulas da deterioração e da suficiência caso os direitos de propriedade fossem entendidos como direitos do criador[197]; (ii) o apelo a um direito de criação, ou a uma analogia entre o fazer humano e o criar divino, não explica na verdade em que consistem os direitos dos criadores e não explica também a caracterização como direito de propriedade quer do direito de Deus sobre a sua criação, quer do homem sobre a sua pessoa, o seu trabalho e os respectivos produtos[198]; (iii) não é simplesmente possível confirmar a tese do "modelo da criação" no texto dos *Two Treatises*, sendo certo que existem numerosos exemplos de apropriação no Cap. V, como a caça e a colheita, que não criam ou fazem, nem transformam, os objectos do trabalho[199]. Importa, desde logo, reconhecer que é diverso o alcance de cada uma destas objecções para a avaliação do bem fundado da teoria do "modelo da obra". A primeira respeita apenas a uma possível consequência da teoria; a simples demonstração de que essa consequência não é necessária e é mesmo impossível nos termos da correcta compreensão da teoria, faz desaparecer a objecção. A terceira objecção resolve-se nos termos da melhor interpretação do argumento de Locke, expresso no *Second Treatise* e esclarecido por outros pontos da sua obra. Com a segunda objecção é que verdadeiramente está em jogo a consistência filosófica do "modelo da obra". Deixemo-la para o fim.

A ideia de que o "modelo da obra" deve ser abandonado, porque conceber o direito de propriedade à luz dos direitos do criador sobre a sua obra equivale a atribuir-lhes um carácter absoluto incompatível com a teoria de Locke no seu conjunto, assenta num erro de interpretação. Na verdade, ainda que se possa sustentar que os direitos

---

[197] Cfr. Jeremy Waldron, *The Right to Private Property*, pp. 198-199; idem, *God, Locke, and Equality*, p. 163.

[198] Cfr. Andrew Reeve, Property, p. 126; A. John Simmons, *The Lockean Theory of Rights*, p. 257; Robert Nozick, *Anarchy, State, and Utopia*, p. 288; Manfred Brocker; *Arbeit und Eigentum*, pp. 362-367.

[199] Cfr. Jeremy Waldron, *The Right to Private Property*, pp. 199-200; Alan Ryan, *Property and Political Theory*, pp. 28-29; A. John Simmons, *The Lockean Theory of Rights*, pp. 258-259.

do criador são direitos absolutos[200] não decorre daí que o sejam também os direitos do homem sobre o seu trabalho. Essa decorrência ignora a distinção preconizada pelo "modelo da obra" entre os actos de criação divina e os actos do fazer humano. Precisamente porque os homens não "criam" (*ex nihilo*), mas apenas "fazem", os direitos que podem pretender nessa base não revestem carácter absoluto. Enquanto a criação é uma condição suficiente da propriedade de Deus sobre os homens, o fazer é uma condição apenas necessária da propriedade sobre os produtos do trabalho, a qual depende ainda da satisfação da cláusula da suficiência[201].

Se pensarmos agora no problema de saber se o "modelo da obra" constitui a melhor interpretação do argumento da junção, tal como Locke o desenvolve no Cap. V do *Second Treatise*, as dificuldades aumentam. Não se discute que Locke estabelece nos *Two Treatises* um direito de propriedade de Deus sobre o homem e o mundo com base em ser Ele o seu criador[202]. O que importa é determinar se a analogia entre o criar divino e o fazer humano é usada por Locke para estabelecer o direito de propriedade dos homens sobre os bens externos. Gopal Sreenivasan é talvez o autor que de forma mais consistente procurou demonstrar isso mesmo. Todavia, diga-se desde já, sem sucesso. São fundamentalmente dois os passos em que Sreenivasan sustenta o "modelo da obra" na obra de Locke. O primeiro deles consiste num manuscrito de 1677-78 (anterior, portanto, aos *Two Treatises*), em que Locke afirma o seguinte: "O homem não se fez a si mesmo, nem fez qualquer outro homem. O homem não fez o mundo, que encontrou feito à sua nascença. Consequentemente, nenhum homem pode à nascença pretender, mais que qualquer outro

---

[200] Cfr. Jeremy Waldron, *The Right to Private Property*, p. 198. Waldron tem aí em vista o contraste entre o direito do criador divino "de destruir a sua própria obra" (cfr. *First Treatise*, Cap. VI, §53, p. 179) e a propriedade dos homens que apenas inclui "o direito de destruir qualquer coisa pelo seu uso" (cfr. *First Treatise*, Cap. IV, § 39, p. 167). Mas precisamente este contraste não é posto em causa pelo modelo da obra, como se diz no texto.

[201] Cfr. Sreenivasan, *The Limits of Lockean Rights in Property*, pp. 75 e 82.

[202] Para além dos passos do *First Treatise*, § 53, e do *Second Treatise*, § 6, já citados, cfr., ainda, *Essays on the Law of Nature*, "VI – Are Men Bound by the Law of Nature? Yes", p. 117; *Ensaio sobre o Entendimento Humano*, Livro I, Cap. III, § 13, vol. I, p. 88; *ibidem*, Livro II, Cap. XXVIII, § 8, vol. I, p. 467; *ibidem*, Livro IV, Cap. III, § 18, vol. II, p. 755; *ibidem*, Livro IV, Cap. XIII, § 4, vol. II, p. 903.

homem, um direito sobre qualquer coisa no mundo"[203]. Segundo Sreenivasan este texto é um caso claro de aplicação do "modelo da obra" especificamente ao homem: Locke teria aqui em vista o "fazer" humano, em vez de utilizar o verbo "fazer" como sinónimo do "criar" divino, pois se assim fosse a conclusão não poderia ser "nenhum homem pode *à nascença* pretender ... um direito sobre qualquer coisa no mundo", mas apenas "nenhum homem pode *jamais* pretender ... um direito sobre qualquer coisa no mundo". E, assim, a circunstância de nenhum homem poder ter um direito à nascença não exclui manifestamente a possibilidade de o vir a ter no decurso da sua vida[204]. O argumento, não pode deixar-se de reconhecer, é engenhoso. Mas Sreenivasan omite a parte do manuscrito imediatamente subsequente, em que Locke retira, da inexistência de direitos de propriedade "à nascença", a conclusão de que os homens devem gozar todas as coisas em comum, ou determinar os seus direitos de propriedade através de pactos. Se nas passagens anteriores Locke tivesse em vista o "fazer" humano como fundamento da propriedade privada, seria sem dúvida estranho que logo depois resolvesse o problema da sua origem pela via tradicional do estabelecimento de convénios e pactos entre os homens, expediente que justamente o "modelo da obra" permitiria evitar. Por outro lado, nas passagens atrás transcritas a doutrina do direito do fazedor não é aplicada ao homem, apenas se nega aí que ele se possa arrogar os direitos do criador divino. O segundo texto em que Sreenivasan sustenta a doutrina do direito do fazedor consiste no § 52 do *First Treatise*, em que Locke refuta o entendimento de Robert Filmer de que "os pais, ao procriá-los, adquirem um poder absoluto sobre os seus filhos", uma vez que essa refutação assentaria na ideia de que o "modelo da obra" se aplica ao homem. O raciocínio, algo sinuoso, de Sreenivasan parece

---

[203] Cfr. Sreenivasan, *The Limits of Lockean Rights in Property*, p. 76. Sreenivasan cita o texto em causa incompletamente; imediatamente a seguir à passagem transcrita no texto, Locke prossegue: "Os homens devem portanto, ou gozar todas as coisas em comum, ou determinar os seus direitos através de pactos. Se todas as coisas forem deixadas em comum, a necessidade, o roubo e a força serão a consequência inevitável; neste estado é manifesto que a felicidade não pode ser conseguida, uma vez que não pode existir sem abundância e segurança" (cfr. Locke, "Morality", p. 268; citando igualmente o manuscrito em causa, cfr. R. Brandt, *Eigentumstheorien von Grotius bis Kant*, p. 72).

ser o de que ao refutar o argumento de Filmer, Locke acabaria por aceitar, a benefício da discussão, a premissa de que este parte, ou seja, aquela segundo a qual alguém que faz algo adquire o domínio sobre esse algo. Essa premissa equivaleria pura e simplesmente à doutrina do direito do fazedor ou do modelo da obra[205]. Mas não equivale, ou pelo menos só equivale se ela for entendida como aplicada ao direito do criador divino, com o poder absoluto inerente. O modelo da obra que Filmer adopta implica um poder absoluto sem paralelo na propriedade humana, segundo Locke. E assim chegamos à conclusão de que os textos em que Sreenivasan pretende sustentar a aplicação da doutrina do direito do fazedor, ou do modelo da obra, ao homem, são ainda, na realidade, exemplos da aplicação dessa doutrina apenas aos actos de criação divina.

A objecção mais importante que se pode extrair dos textos de Locke contra a reinterpretação do argumento da junção nos termos do "modelo da obra" ou do direito do fazedor é, no entanto, outra. Tal reinterpretação não consegue pura e simplesmente explicar os casos de propriedade privada sobre coisas naturais, como os animais e os frutos espontâneos da terra, manifestamente visados por Locke no Cap. V do *Second Treatise*[206]. Sreenivasan procura explicar esta evidente dificuldade atribuindo-a, não a uma deficiência da doutrina do direito do fazedor, mas à circunstância de Locke atribuir direitos de propriedade sobre bens naturais prematuramente, isto é, antes da sua identificação como algo artificial poder plausivelmente ser efectuada[207]. Esta estranha forma de lidar com a dificuldade em causa apenas evidencia ainda mais o carácter insustentável, em última análise, da doutrina do direito do fazedor: se o que caracteriza o fazer humano é a circunstância de este incidir sobre materiais preexistentes, não deve sobre esses materiais existir já uma propriedade antes que

---

[204] Cfr. Sreenivasan, *The Limits of Lockean Rights in Property*, pp. 76-77.
[205] Cfr. Sreenivasan, *The Limits of Lockean Rights in Property*, p. 78.
[206] Cfr. *Second Treatise*, Cap. V, §§ 28-32, pp. 288-290 (cfr. *Ensáio sôbre a Verdadeira Origem...*, pp. 26-30). Neste sentido, cfr., ainda a crítica de Karl Olivecrona, "Locke's Theory of Appropriation", p. 333.
[207] Cfr. Sreenivasan, *The Limits of Lockean Rights in Property*, p. 86.

sobre eles possam licitamente incidir quaisquer actos transformativos do homem?[208]

E com isto passamos já à principal objecção: compreender a propriedade dos homens sobre os bens exteriores à luz da propriedade de Deus sobre o homem e o mundo, equivale na verdade a renunciar compreender quer uma, quer a outra das realidades em causa. A ideia de que Deus, criador do mundo e do homem, tem o domínio de todas as coisas não era nova, quando Locke escreveu, remontando pelo menos à patrística e a S. Tomás[209], e se era ela que Locke tinha realmente em vista não fazia muito sentido elaborar uma nova teoria quanto à justificação da propriedade[210]. Para além disso, é certamente bizarro explicar o poder de Deus sobre a criação como um direito, tal como o é pretender explicar um direito sobre coisas à luz de um domínio que envolvia simultaneamente um poder sobre os homens e sobre as coisas.

Como se disse, não é necessário recorrer à doutrina do direito do criador (ou fazedor) para explicar a circunstância de Locke simultaneamente afirmar que cada homem tem uma propriedade na sua pessoa e que ele é propriedade de Deus. Locke distingue muito claramente entre a propriedade que os homens podem pretender nas relações que estabelecem entre eles e a propriedade em relação a Deus. Esta diferença de perspectiva é claramente estabelecida por

---

[208] Cfr. Manfred Brocker, *Arbeit und Eigentum*, p. 364. A crítica corresponde, na essência, ao argumento kantiano contra a teoria que vê no trabalho o fundamento da propriedade: cfr. Kant, *Rechtslehre*, § 15, p. 376 (cfr. *Metafísica dos Costumes*, pp. 98-100) e pode considerar-se a partir daí adquirida na discussão filosófica da propriedade privada. António Luiz de Seabra afirma, por exemplo, que "a indústria e o trabalho pressupõem uma propriedade anterior em que se possa empregar essa indústria e trabalho" (cfr. *A Propriedade*, p. 34), ainda que não tenha especificamente em vista o "modelo da obra". Como nota Johannes-Michael Scholz, "Eigentumstheorie als Strategie Portugiesischen Bürgertums von 1850", pp. 380 e nota 144 e 397, parece existir uma contradição entre a afirmação citada de Seabra e o facto de ele mesmo dizer também, mais adiante na mesma obra, que o trabalho "é o único modo natural que lhe assiste [ao homem] para adquirir a propriedade" (cfr. Seabra, *ob. cit.*, p. 62 e 71-72). Simplesmente, a recusa do trabalho como origem da propriedade vale, no primeiro caso, apenas no contexto de uma deficiente fundamentação do direito natural, que é superada, no segundo caso, ao basear-se a propriedade no trabalho produtor enquanto condição prévia da existência humana e concretização da vontade de Deus.

[209] Cfr. supra, Parte I, cap. 3, pontos 3.2 e 3.5.
[210] Cfr. Manfred Brocker, *Arbeit und Eigentum*, p. 128.

Locke em relação à propriedade sobre os bens exteriores, no *First Treatise*, Cap. IV, § 39, atrás citado. Vista em relação a Deus, a propriedade dos homens sobre os bens exteriores é uma simples liberdade de usar, por Ele permitida (a propriedade é, neste sentido, uma dádiva de Deus à espécie humana); apenas nas relações entre eles a propriedade pode ser entendida como decorrente de uma pretensão mais forte de liberdade de acção conducente a um direito exclusivo sobre o uso e disposição de uma coisa, observados que sejam os limites à propriedade descritos por Locke. A mesma diferença de perspectiva pode ser pensada no que diz respeito à propriedade que os homens têm nas suas pessoas e sobre as suas acções: vista em relação a Deus ela consiste numa simples decorrência, como sucede no caso da propriedade sobre os bens exteriores, do direito e dever de preservação; nas relações entre os homens, ela significa um direito de autonomia, em que cada um é "senhor de si mesmo"[211]. O denominador comum entre a propriedade de si mesmo e a propriedade dos bens exteriores consiste na liberdade pessoal dos homens, e o argumento da mistura constitui afinal a explicação do trânsito entre a propriedade de si mesmo como esfera de autonomia de cada um para a propriedade dos bens exteriores que assegura essa esfera. A junção significa, pois, a extensão da pessoa humana no mundo através do trabalho[212]. Ela não implica necessariamente a transformação física dos bens externos, uma vez que a simples circunstância de estes serem adequados ao uso humano, em qualquer estado que se apresentem, determina a susceptibilidade de serem atingidos por essa extensão. A explicação da junção como extensão da personalidade é a decorrência natural de se levar a sério o uso do termo "propriedade" como significando algo equivalente ao *suum*, em vez de se admitir que Locke utiliza um conceito amplo (equivalente a quaisquer direitos incluídos na trilogia) e restrito (equivalente ao direito exclusivo de propriedade) do termo, para depois se explicar o argumento do Cap. V unicamente com base neste último.

---

[211] Cfr. Second Treatise, Cap. V, § 44, p. 298 (cfr. *Ensáio sôbre a Verdadeira Origem...*, p. 41).

[212] Cfr. Karl Olivecrona, "Locke's Theory of Appropriation", pp. 331-334; A. John Simmons, *The Lockean Theory of Rights*, pp. 260-264; E. J. Hundert, "The Making of *Homo Faber*: John Locke between Ideology and History", p. 442.

Deve ainda ser considerada uma outra hipótese antes de poder adoptar-se este entendimento. Assim como o "modelo da obra", ou doutrina do direito do fazedor, interpreta toda a teoria da propriedade de Locke à luz da dimensão criativa do trabalho, é também possível proceder inversamente. Ou seja, é possível separar na argumentação de Locke uma teoria da apropriação, respeitante ao fundamento da propriedade, e uma teoria do trabalho, que não visa tanto fundamentar a propriedade, quanto justificar a desigualdade na distribuição da propriedade verificada nas sociedades actuais. Os casos deixados de fora pelo "modelo da obra", e em relação aos quais faz pouco sentido falar de uma dimensão produtiva ou criativa do trabalho humano, como a recolha de frutos espontâneos ou a caça, seriam precisamente os assumidos como determinantes na teoria da apropriação de Locke. É esta a proposta de leitura de Damian Hecker, em cujos termos a teoria da apropriação de Locke se situa no horizonte da tradição jusnaturalista de Grócio e Pufendorf – ainda que com alterações significativas, no sentido de entender a propriedade como um direito de personalidade – e a teoria do trabalho não visa fundamentar substancialmente a propriedade[213].

Segundo Hecker, a grande novidade de Locke, do ponto de vista da teoria da apropriação, consiste em equiparar o uso das coisas no estado de natureza, necessário para a preservação e o sustento da vida, com a propriedade privada, sem no entanto fundamentar adequadamente de onde provém o carácter duradouro do controlo sobre um bem que este último assegura, ao contrário do que sucede com o direito de uso[214]. Enquanto Grócio, como se viu, limita o direito de usar as coisas necessário para o sustento da vida, atribuído a todos os homens na comunidade originária, à duração da sua exploração com esse propósito, Locke funda sobre ele o direito de propriedade. Por seu turno, Pufendorf, como igualmente se afirmou, distanciou-se de Grócio ao sustentar que mesmo a faculdade de usar as coisas necessárias à preservação não podia deixar de pressupor o consentimento dos homens. Foi certamente tendo em vista esta exigência que Locke formulou a sua conhecida objecção: "se um tal consentimento tivesse

---

[213] Cfr. Damian Hecker, *Eigentum als Sachherrschaft*, pp. 167-168.
[214] Cfr. Damian Hecker, *Eigentum als Sachherrschaft*, p. 175.

sido necessário, o homem teria perecido à fome, não obstante a abundância que Deus lhe tinha dado"[215]. A solução consiste, pois, em incluir a propriedade sobre os bens exteriores na esfera daquilo que é próprio, através de uma ampliação da doutrina do *suum* da tradição jusnaturalista. Essa ampliação tem o seu ponto crítico na identificação entre as acções próprias, incluídas no *suum*, e o trabalho[216]. Simplesmente, com a noção de que a junção do trabalho às coisas fundamenta a propriedade, Locke não tem em vista a propriedade sobre os produtos mais ou menos elaborados do fazer humano, como sustentam os partidários das teorias do "modelo da obra"; pelo contrário, ela visa essencialmente a apropriação de animais e dos frutos espontâneos da terra. Uma vez que as coisas necessárias ao sustento da vida tenham sido apropriadas através da acção de alguém, elas não podem ser tomadas por nenhum outro sem violação do *suum* do primeiro. A argumentação de Locke incorreria, todavia, numa petição de princípio: Locke pressupõe, por um lado, um direito de uso dado por Deus a todos os homens que exige, para o seu exercício, um direito pessoal de propriedade; por outro lado, deriva este último do direito de uso outorgado, ao mesmo tempo que equipara o direito de uso originário e o direito de propriedade, como se disse[217]. Sucede, porém, que o direito de propriedade não pode, por natureza, ter o mesmo número de titulares que o direito de uso, por um lado, e, por outro, inclui faculdades que a este são alheias. De qualquer modo, segundo Hecker, o trabalho em conexão com a explicação da origem da propriedade deve ser compreendido como correspondendo ao acto de tomar posse, ao acto de se apropriar, não sendo apresentado por Locke como constituindo em si mesmo, isto é, enquanto acto produtivo, um verdadeiro fundamento da propriedade.

---

[215] Cfr. *Second Treatise*, Cap. V, § 28, p. 288 (cfr. *Ensáio sôbre a Verdadeira Origem...*, p. 26).

[216] Cfr. *Second Treatise*, Cap. V, § 44, p. 298 (cfr. *Ensáio sôbre a Verdadeira Origem...*, p.): "Man (by being Master of himself, and Proprietor of his own Person, and the Actions or Labour of it) had still in himself the great Foundation of Property".

[217] Cfr. Damian Hecker, *Eigentum als Sachherrschaft*, p. 177. Como adiante se verá, também o pensamento de Hegel sobre a proprieade, que todavia o autor considera constituir a expressão filosófica do conceito moderno de propriedade, não está isento de dificuldades no que toca à delimitação do problema do uso.

A discussão do trabalho obedeceria, na verdade, de acordo com este entendimento, a um outro propósito na argumentação de Locke, mas que surge já desligado do problema da fundação da propriedade: trata-se da justificação da desigualdade na distribuição de recursos que se verifica na sociedade actual. Enquanto na explicação da origem da propriedade é visível o diálogo com as teses de Grócio e Pufendorf, agora, na discussão do trabalho tendo em vista a justificação da desigualdade na sociedade actual, está presente a influência de Bacon, quer no modo como o trabalho deixa de ser meramente encarado como um meio de fazer face à necessidade, quer na compreensão da natureza como constituindo essencialmente matéria destituída de valor[218]. Hecker põe decididamente em causa a doutrina dos direitos do criador ao salientar como elas não conseguem enquadrar devidamente os casos mais simples de apropriação, mas decisivos nas primeiras fases do estado de natureza, e ao mostrar que esses casos não diferem qualitativamente daqueles que seriam incluídos num simples uso dos bens necessário à preservação da vida[219]. Mas, por outro lado, Hecker estabelece uma cisão demasiado rígida entre a inclusão da propriedade no *suum*, como direito natural da personalidade humana, e o lugar do trabalho na argumentação de Locke. Ainda que os casos de apropriação ocorridos nas primeiras fases do estado de natureza, e em relação aos quais a dimensão transformativa do trabalho humano é quase nula, tenham de ser incluídos numa correcta interpretação do pensamento de Locke, eles não serão certamente os únicos a ser considerados em tal âmbito: com a cisão operada por Hecker entre teoria da apropriação e teoria do trabalho, acabam por ser também marginalizados alguns casos importantes de apropriação, designadamente os relativos ao cultivo da terra. Em conclusão, a correcta compreensão do argumento da junção do trabalho só pode ser alcançada se se tiver presente que ele representa a ligação de duas tradições de pensamento diversas. Por um lado, a tradição representada pela doutrina do *suum*, presente em Grócio e Pufendorf; por outro, a tradição representada pelo pensamento de Francis Bacon, preconizando a submissão da natureza através do trabalho e

---

[218] Cfr. Damian Hecker, *Eigentum als Sachherrschaft*, pp. 167-168 e 172-183.
[219] Cfr. Damian Hecker, *Eigentum als Sachherrschaft*, pp. 175 e 178-179.

da técnica[220]. À primeira tradição falta a compreensão da terra como um potencial meio de produção, enquanto à segunda falta a representação de uma tomada de posse individual dos recursos naturais[221]. É a integração destas duas tradições de pensamento que explica a circunstância de Locke alterar a doutrina jusnaturalista do *suum* e incluir no seu âmbito, como direito individual existente no estado de natureza independentemente de quaisquer pactos ou convénios, a propriedade sobre bens externos.

Não obstante, afigura-se essencialmente correcta a intuição subjacente à interpretação de Hecker: naqueles casos em que é verdadeiramente possível a apropriação no estado de natureza, sem que ninguém se possa considerar lesado, as acções humanas adoptadas com esse propósito têm necessariamente uma dimensão produtiva e transformativa escassa (basta pensar nos casos de apropriação considerados nos parágrafos iniciais do Cap. V); por outro lado, a intensificação da dimensão produtiva e transformativa do trabalho humano é acompanhada pelo decréscimo das possibilidades de apropriação natural nos termos da própria lógica de desenvolvimento histórico do estado de natureza, pressuposta por Locke, desde uma economia de subsistência em direcção a uma economia agrária. Existe, assim, como se verá mais detalhadamente na exposição subsequente, uma assimetria estrutural entre condições naturais de apropriação e valorização do trabalho na argumentação de Locke.

---

[220] Sobre a influência decisiva de Bacon, designadamente a sua equiparação entre conhecimento e domínio da natureza, no pensamento de Locke, cfr. R. Brandt, *Eigentumstheorie von Grotius bis Kant*, pp. 75-81; James Tully, *Locke. Droit Naturel et Propriété*, pp. 27 e 34; D. Hecker, *Eigentum als Sachherrschaft*, pp. 161 e ss.; Neal Wood, *John Locke and Agrarian Capitalism*, pp. 23 e ss. Com efeito, Bacon articulou pela primeira vez de forma coerente uma nova visão do conhecimento orientada para o domínio da natureza e apelativa para o homem prático: "For man is but the servant and interpreter of nature: what he does and what he knows is only what he has observed of nature's order in fact or in thought; beyond this he knows nothing and can do nothing. For the chain of causes cannot by any force be loosed or broken, nor can nature be commanded except by being obeyed. And so those twin objects, human Knowledge and human Power, do really meet in one; and it is from ignorance of causes that operation fails" (cfr. Francis Bacon, *The Great Instauration*, p. 253; idem, *Novum Organum*, pp. 259 e 300; cfr., ainda, Christopher Hill, *Intelectual Origins of the English Revolution – Revisited*, pp. 78 e ss.; H. Blumenberg, *The Legitimacy of the Modern Age*, pp. 383-390).

[221] Cfr. R. Brandt, *Eigentumstheorie von Grotius bis Kant*, p. 77.

Tal como se não afigura correcto compreender a apropriação apenas através da dimensão criativa do trabalho, segundo preconiza o "modelo da obra", não é também acertado excluir pura e simplesmente o trabalho produtivo da explicação da origem da propriedade segundo Locke. Importa antes atentar no carácter abrangente da noção de trabalho por ele pressuposta, desde a mera recolha de frutos à produção de bens com base em matérias primas. Nos termos desta noção, não é o homem que se encontra submetido ao jugo do trabalho, mas é antes a natureza que se submete ao domínio humano através do trabalho e da técnica. O trabalho não visa simplesmente assegurar a sobrevivência, mas melhorar o nível de vida[222]. É este carácter abrangente que permite integrar as duas tradições de pensamento atrás mencionadas, mas é também a ambiguidade a ele associada que contribui, em não parca medida, como adiante melhor se dirá, para obscurecer o facto de ser impossível fazer acompanhar a intensificação da dimensão produtiva do trabalho humano da manutenção, para todos os que o levam a cabo, de condições efectivas de apropriação. Ao mesmo tempo, esta noção abrangente e teleológica do trabalho enquanto expressão de humanidade permite dissipar algumas críticas menos sofisticadas ao argumento da mistura. Questiona-se por vezes, com efeito, porque não há-de o trabalho posterior efectuado sobre um objecto dar origem a um direito de propriedade, tal como sucede com o trabalho anterior[223]. Esta crítica esquece muito simplesmente que o trabalho em si mesmo não estabelece um direito, à semelhança do que sucede com o acto de procriação para Filmer, mas apenas tem esse efeito quando respeita determinadas condições, decorrentes dos limites da suficiência e do não desperdício[224]. Além disso, a objecção ignora que o que está verdadeiramente em causa no argumento da mistura, como se disse, é a protecção da esfera da autonomia de cada um, o que significa que só é possível estabelecer um direito de

---

[222] Cfr. Helmut Holzhey, "Lockes Begründung des Privateigentums in der Arbeit", p. 31.

[223] Cfr. John Plamenatz, *Man and Society*, vol. I, pp. 371-374. A crítica de Plamenatz, embora analiticamente incorrecta, tem na sua base uma intuição substancialmente acertada, uma vez que não é possível fazer equiparar, no pensamento de Locke, trabalho produtivo e apropriação. Esta impossibilidade, como se verá, constitui um dos principais motivos de crítica àquele pensamento.

[224] Cfr. Reinhard Brandt, *Eigentumstheorien von Grotius bis Kant*, p. 83.

propriedade através do trabalho sobre algo que não constitua já parte do trabalho de alguém. Não é igualmente correcto pretender-se nada justificar que o trabalho dê origem a um direito de propriedade plena, em vez de um mero direito de uso, uma vez que a propriedade não visa tanto a autopreservação, quanto a protecção de uma esfera de autonomia individual[225].

1.4.4 O valor do trabalho. Nos parágrafos 40 a 43 do Cap. V, a secção B na proposta de sistematização de Karl Olivecrona, Locke desenvolve a chamada teoria do valor do trabalho. A ideia central é a de que o valor das coisas resulta quase inteiramente do trabalho usado para as produzir, pouco ou nada podendo ser atribuído aos recursos naturais sobre os quais aquele trabalho incidiu. É o trabalho "que faz a diferença do valor em todas as coisas", afirma Locke, não deixando de estimar essa diferença: "Julgo que será uma computação muito limitada dizer-se, que dos produtos da terra cultivada para as necessidades do homem 9/10 são os efeitos do trabalho; ou antes, se nós avaliarmos justamente as coisas segundo o seu préstimo e tivermos em conta as várias despesas que se fazem com elas, examinando tudo que é devido puramente à natureza, e aquilo que é devido ao trabalho, acharemos que na maior parte delas 99/100 competem somente ao trabalho"[226].

Qual o significado destas passagens? Antes de se responder a esta questão, importa determinar que tipo de valor Locke tem em vista. Se pensarmos na generalidade das teorias do valor do trabalho, de Adam Smith a Marx, o que está em causa é o valor de troca, isto é, a medida em que uma coisa pode ser objecto de troca por outras no mercado. No pensamento de Locke está já presente a distinção entre valor de troca e valor de uso, designados pelas expressões "valor de mercado" (*marketable value*) e "valor intrínseco"[227]. No § 37

---

[225] Cfr. A. John Simmons, *The Lockean Theory of Rights*, p. 275.
[226] Cfr. *Second Treatise*, Cap. V, § 40, p. 296 (cfr. *Ensáio sôbre a Verdadeira Origem...*, pp. 37-38)
[227] Cfr. Locke, *Some Considerations of the Consequences of the Lowering of Interest and the Raising the Value of Money*, p. 22: "the Intrinsick Natural worth of any Thing, consists in its fittness to supply the Necessities or serve the Conveniences of human Life; and the more necessary it is to our Being, or the more it contributes to our Well-being the

do Cap. V ele refere-se ao "valor intrínseco das coisas, que depende apenas da sua utilidade para a vida do homem"[228]. Com base nesta distinção, alguns autores sustentam que, nos parágrafos 40 a 43 do Cap. V, Locke pretende afirmar que o trabalho é responsável por quase todo o valor de uso dos bens de que os seres humanos necessitam, enquanto aos recursos naturais não é imputável quase nenhum valor (de uso)[229]. Locke parece, no entanto, não ter apenas em vista o valor de uso, mas também o valor de troca, quando afirma que "uma jeira de terra que aqui dá vinte alqueires de trigo e outra na América, que com a mesma cultura produzisse o mesmo, são sem dúvida do mesmo valor natural intrínseco: todavia, o benefício que os homens recebem de uma num ano valerá cinco moedas, e da outra quase não vale um vintém, se todo o proveito que um índio recebeu daí fosse avaliado, e vendido aqui; posso mesmo dizer, nem sequer 1/1000"[230]. A verdade é que se, por um lado, a origem ou fonte do valor resulta, para Locke, da sua teoria do direito de propriedade e visa explicar como o trabalho produz quase todo o valor das coisas úteis, por outro lado, quando se ocupa mais especificamente da determinação do valor nas transacções económicas, Locke parece abandonar a teoria do valor do trabalho e antes adoptar aquela que se poderá uma teoria da oferta e da procura[231].

Qual é, no entanto, o significado da teoria do valor do trabalho no contexto do Cap. V? Atribui-se muitas vezes a Locke, a partir da ideia por ele expressa de que o trabalho cria quase todo o valor das

---

greater it is worth (...) there is no such Intrinsick Natural settled value in any Thing, as to make any assign'd quantity of it, constantly worth any assigned quantity of another (...) the Marketable value of any assign'd quantities of two or more Commodities, are pro hic & nunc, equal, when they will Exchange one for another".

[228] Cfr. *Second Treatise*, Cap. V, § 37, p. 294 (cfr. *Ensáio sôbre a Verdadeira Origem...*, p. 34); *Some Considerations...*, pp.

[229] Cfr. G. A. Cohen, "Marx and Locke on Land and Labour", pp. 175 e 178; Jeremy Waldron, *The Right to Private Property*, p. 192.

[230] Cfr. *Second Treatise*, Cap. V, § 43, p. 298 (cfr. *Ensáio sôbre a Verdadeira Origem...*, p. 40); neste mesmo sentido, cfr. Ellen Meiksins Wood, *The Origin of Capitalism*, p. 111; Ellen Meiksins Wood e Neal Wood, *A Trumpet of Sedition*, p. 131.

[231] Cfr. Locke, *Some Considerations of the Consequences of the Lowering of Interest and the Raising the Value of Money*, p. 22, citado, supra, na nota 223; cfr. ainda, Karen Iversen Vaughn, "The Economic Background to Locke's *Two Treatises*", p. 122; Peter C. Dooley, "The Labour Theory of Value: Economics or Ethics?", p. 4.

coisas, a conclusão de que ninguém deve objectar muito seriamente à desigualdade actualmente existente, uma vez que ela resulta em grande medida do exercício dos poderes sobre os quais cada homem tem uma propriedade. Nesta medida, as considerações sobre o valor do trabalho visam justificar, não tanto a apropriação inicial no estado de natureza, mas a desigualdade actualmente existente entre os homens. Uma vez que o valor das terras cultivadas assenta essencialmente no trabalho, e que o seu valor inicial, no estado de natureza, era negligenciável, pode sustentar-se que nem o actual proprietário, nem os seus antecessores, aos quais ele tenha adquirido o direito de um modo legítimo, lesaram os direitos dos comuns[232]. Ao mesmo tempo, a ideia de que o valor da terra resulta quase na totalidade do trabalho nela aplicado era também adequada a justificar a espoliação dos indígenas americanos e, nessa medida, o leitor actual do Cap. V do *Second Treatise* não pode deixar de estar consciente do contexto colonial em que ele foi escrito[233].

Segundo afirma Locke, "Nem é de admirar, como talvez parecerá à primeira vista, que a propriedade do trabalho fosse capaz de sobrepujar a comunidade da terra; pois é na realidade o trabalho que faz a diferença do valor em todas as coisas"[234]. A teoria do valor do trabalho constitui um modo de dirimir o conflito entre o direito do indivíduo ao produto do seu próprio trabalho e o direito comum de todos os homens sobre a terra[235]. Mas será correcto sustentar que a teoria do valor do trabalho visa apenas justificar a desigualdade actual quanto à distribuição da propriedade?

A fim de responder a esta questão, torna-se importante realçar que a ideia da força produtiva do trabalho subjacente aos parágrafos 40 a 43 parece estar igualmente subjacente a outras passagens do Cap. V. No § 37, Locke diz que "aquele que apropria terreno por

---

[232] Cfr. G. A. Cohen, "Marx and Locke on Land and Labour", pp. 176-178; K. Olivecrona, "Locke's Theory of Appropriation", p. 341.

[233] Cfr. Neal Wood, *John Locke and Agrarian Capitalism*, p. 66; James Tully, "Rediscovering America: The *Two Treatises* and Aboriginal Rights", pp. 137 e ss.; idem, "Aboriginal Property and Western Theory: Recovering a Middle Ground", p. 158-162; Jeremy Waldron, *God, Locke and Equality*, pp. 164 e ss.

[234] Cfr. *Second Treatise*, Cap. V, § 40, p. 296 (cfr. *Ensáio sôbre a Verdadeira Origem...*, p. 37).

[235] Cfr. Karl Olivecrona, "Locke's Theory of Appropriation", p. 340.

meio do seu trabalho, não diminui, mas antes aumenta o fornecimento comum dos homens ... aquele que tapa terreno e tem de dez jeiras de terra maior abundância das comodidades da vida, do que poderia haver de cem jeiras deixadas sem cultura, pode dizer-se verdadeiramente que dá ao género humano noventa; porque o seu trabalho fornece-lhe provisões produzidas em dez geiras, que não eram senão o produto de cem geiras baldias"[236]. Uma interpretação possível desta passagem é a de que o direito individual ao produto do trabalho não se limita a prevalecer sobre o direito comum dos homens, mas o seu exercício contribui positivamente para o fundo comum, na medida em que em resultado da produtividade das dez jeiras que privatiza ele liberta noventa para o uso do resto da humanidade. Ainda que aquele que apropriou terra para si próprio guarde para si todo o produto da terra, ainda assim ele reduz a pressão sobre os recursos comuns, porque se alimenta de uma parcela de terra muito menor do que aquela que o sustentava numa situação de comunidade. Aqueles que continuam a usar a terra comum têm mais terra *per capita* do que aquela que tinham antes da apropriação individual[237]. Deste modo, a produtividade do trabalho serve para justificar a apropriação de terra em condições de abundância, ao contrário do que sucederia com as passagens dos parágrafos 40 a 43, que visam justificar a desigualdade em condições de escassez. De acordo com uma outra leitura, é a incomparavelmente maior produtividade da menor parcela de terra apropriada, em relação à menor produtividade do remanescente comum, que constitui verdadeiramente aquilo que é acrescentado pela apropriação à provisão comum dos homens. A terra apropriada pode sustentar mais pessoas do que poderia sustentar se permanecesse em comum[238]. Esta leitura, que procura ainda realçar a circunstância

---

[236] Cfr. *Second Treatise*, Cap. V, § 37, p. 294 (cfr. *Ensáio sôbre a Verdadeira Origem...*, p. 34).

[237] Cfr. G. A. Cohen, "Marx and Locke on Land and Labour", pp. 187-188; Jeremy Waldron, *The Right to Private Property*, p. 170.

[238] Aquilo que de acordo com o § 37 aumenta o fundo comum não é a menor pressão populacional sobre a terra comum, mas o aumento de produtividade da terra apropriada. Que Locke tem também isto em vista parece ser confirmado pela passagem do § 36 em que afirma que os habitantes de Espanha "se julgam obrigados àquele que, por meio da sua indústria em terreno desprezado, e por consequência desperdiçado, aumentou a quantia do grão que lhes faltava" (cfr. *Second Treatise*, Cap. V, § 36, p. 293; *Ensáio sôbre a Verdadeira Origem...*, p. 33).

de a passagem do § 37 do Cap. V atrás citada surgir logo depois de uma reafirmação do limite da suficiência, apoia-se ainda na semelhança com a argumentação expendida nos parágrafos 40 a 43, retirando daí que a teoria do valor do trabalho visa apenas demonstrar que a apropriação natural satisfaz o limite da suficiência, isto é, o limite consistente em deixar em comum para os outros, "bastante e tão bom", mesmo em condições de escassez de terra, se não for posto em causa o direito aos meios de preservação que assiste a cada um, que poderá ser exercido através do trabalho na terra de outrem[239]. É, no entanto, possível argumentar em contrário, sem pôr em causa a continuidade entre as passagens dos parágrafos 37 e 40 a 43, que o aumento de produtividade da terra não constitui tanto um meio de satisfazer o limite da suficiência em condições de escassez de terra, quanto um sucedâneo dele nessas mesmas condições. Aqui estão já em causa problemas relativos ao modo como Locke concebe o limite da suficiência (o "bastante e tão bom", que deve ser deixado em comum, deve ser da mesma espécie do objecto de apropriação ou pode ser diferente?), a seguir abordado. De qualquer forma, as duas leituras não parecem incompatíveis: o valor acrescentado pelo trabalho liberta recursos naturais num período em que a terra não está ainda completamente apropriada e gera um excedente capaz de melhorar a situação dos comuns mesmo depois daquele período.

Antes disso, importa, por último, salientar um outro aspecto intimamente ligado à teoria do valor do trabalho. No parágrafo 42 do Cap. V, Locke afirma: "Isto mostra o quanto se devem preferir o número dos homens à grandeza dos domínios, que na exploração das terras (*increase of lands*)[240] e no seu bom emprego é que consiste a grande arte de governar"[241]. Reinhardt Brandt salienta o contraste

---

[239] Cfr. Sreenivasan, *The Limits of Lockean Rights in Property*, pp. 56-58.

[240] Como decorre do contexto, "increase of lands" não significa aqui um alargamento extensivo, mas uma utilização intensiva: neste sentido Reinhard Brandt, *Eigentumstheorien von Grotius bis Kant*, p. 87. Como nota Charles Taylor, a compreensão da sociedade moderna, presente em Locke, como essencialmente uma sociedade comercial era entendida como tendo levado a cabo a pacífica interna dos Estados modernos. A sociedade comercial "destronou a guerra como a mais alta actividade humana e colocou a produção no seu lugar. Era hostil aos antigos códigos de honra de guerra e tendia para um certo nivelamento" (cfr. *Modern Social Imaginaries*, p. 81).

[241] Cfr. *Second Treatise*, Cap. V, § 42, p. 297 (cfr. *Ensáio sôbre a Verdadeira Origem...*, p. 39).

entre este modo de ver e a concepção tradicional, em que uma situação de necessidade quanto aos meios de subsistência era geralmente sentida como uma necessidade de terra, isto é, de extensão do território de uma comunidade política com recurso à guerra. Para Locke, pelo contrário, abre-se a possibilidade de, através um cultivo mais intensivo da terra, produzir naquela que já existe a riqueza necessária e, por meio dela, adquirir também os bens que não seja possível produzir; daí que não lhe interesse o *ius belli*, mas o comércio externo com os seus aspectos de política económica e financeira[242].

1.4.5 Os limites da deterioração e da suficiência. Pufendorf afirmou que "assumindo uma igual faculdade original dos homens sobre as coisas, é impossível conceber como pode o mero acto corporal de uma pessoa prejudicar as faculdades dos outros sem que o seu consentimento seja dado, quer dizer, sem a intervenção de um pacto"[243]. Os limites da deterioração e da suficiência visam precisamente demonstrar que nenhum prejuízo existe para os outros em resultado da apropriação natural de cada um assente no trabalho e, por essa razão, nenhum consentimento é exigido.

O limite da suficiência é mencionado por Locke logo no § 27 do Cap. V. Afirma aí Locke que "sendo o trabalho uma propriedade inquestionável do trabalhador, nenhum outro homem pode ter direito àquilo com que tiver sido misturado o seu trabalho, pelo menos onde há bastante e tão bom, deixado em comum para os outros"[244]. O limite da deterioração, por seu turno, surge pela primeira vez mencionado no § 31. Respondendo aí à questão de saber quais os limites da apropriação natural, Locke afirma: "tanto quanto qualquer um o puder empregar em benefício da vida antes de se corromper; eis de quanto

---

[242] Cfr. Reinhard Brandt, *Eigentumstheorien von Grotius bis Kant*, p. 88. Ilustando a concepção tradicional, Brandt transcreve o seguinte passo de *A República* de Platão: "Portanto, não teremos de ir tirar à terra dos nossos vizinhos, se queremos ter o suficiente para as pastagens e lavoura, e aqueles, por sua vez, de tirar à nossa, se também eles se abandonarem ao desejo da posse ilimitada de riquezas, ultrapassando a fronteira do necessário?" (cfr. *A República*, 373d, pp. 80-81).

[243] Cfr. Pufendorf, *De jure naturae et gentium libri octo*, Livro IV, Cap. IV, § 5, p. 539.

[244] Cfr. *Second Treatise*, Cap. V, § 27, p. 288 (cfr. *Ensáio sôbre a Verdadeira Origem...*, p. 26).

uma pessoa por meio do seu trabalho pode apropriar-se, e tudo o que exceder isto é mais do que o seu quinhão e pertence aos outros"[245].

A grande questão colocada aos intérpretes de Locke pela afirmação destes dois limites é a de saber qual a sua importância relativa enquanto restrições efectivas à apropriação natural com base no trabalho. Para se compreender a diversidade de posições adoptadas quanto a esta questão, é necessário ter presentes alguns aspectos relativos ao modo como Locke consagrou ambos os limites no Cap. V. Assim, o limite da suficiência surge apenas na secção A do capítulo em causa (§§ 26 a 39), respeitante à idade da abundância na terminologia de Olivecrona, em que o limite da deterioração é também, e mais extensamente, tratado; na secção B (§§ 40 a 43), respeitante à teoria do valor do trabalho, nenhum dos dois limites é mencionado; na secção C (§§ 45 a 50), relativa à idade da escassez posterior à introdução do dinheiro, apenas o limite da deterioração é objecto de tratamento. Em segundo lugar, é importante ter presente que, contrariamente ao que porventura seria de esperar, só o limite da deterioração é expressamente discutido em conexão com o problema do roubo: assim sucede no § 31, atrás citado, mas também na parte final do § 37[246]. Deve ainda notar-se que o limite da deterioração é o que recebe maior atenção de Locke.

Tendo presentes estes aspectos, é possível distinguir as seguintes teses quanto à importância relativa dos dois limites no pensamento de Locke sobre a propriedade: (i) apenas o limite da suficiência adquire importância enquanto restrição efectiva da propriedade; (ii) ambos os limites são entendidos como restrições efectivas à apropriação natural, mas apenas em condições de abundância; (iii) só o limite da deterioração restringe o direito de propriedade, quer no estado de natureza, quer em condições de escassez, enquanto o limite da suficiência corresponde, na verdade, a uma mera condição suficiente da apropriação natural em condições de abundância; (iv) é a impossibilidade de assegurar o cumprimento do limite da suficiência, após a introdução de dinheiro, que determina a ilegitimidade da apropriação

---

[245] Cfr. *Second Treatise*, Cap. V, § 31, p. 290 (cfr. *Ensáio sôbre a Verdadeira Origem...*, pp. 28-29).

[246] Cfr. *Second Treatise*, Cap. V, § 37, linhas 30-41, pp. 294-295 (cfr. *Ensáio sôbre a Verdadeira Origem...*, p. 35).

natural e a necessidade da instituição da comunidade política; (v) quer o limite da deterioração, quer o da suficiência, constituem restrições de direito natural à apropriação, mas este último, ao contrário do primeiro, conhece uma alteração com a entrada na idade da escassez, uma vez que após esse momento ele não necessita de ser satisfeito em espécie; (vi) Locke pretendeu que ambos os limites fossem encarados como restrições efectivas à apropriação, antes e depois da introdução do dinheiro, em condições de abundância de recursos ou de escassez dos mesmos; e ainda que o limite do desperdício possa ser infirmado pela possibilidade de acumulação do dinheiro, o mesmo não pode suceder com o limite da suficiência.

Pois bem, a primeira das teses mencionadas é claramente sustentada por Robert Nozick, quando afirma que o limite da suficiência pretende "assegurar que a situação dos outros não fique pior" e questiona se, satisfeito esse limite, faz algum sentido assegurar também o limite da deterioração ou não-desperdício[247]. Pode, com efeito, argumentar-se que não faz sentido uma preocupação com o limite do não-desperdício se o limite da suficiência for satisfeito, mas isso não significa que seja esse o sentido do pensamento de Locke no Cap. V, em que avulta a presença do limite da deterioração, como se disse. De facto, pretender que o limite da suficiência é o mais importante na teoria de Locke sobre a propriedade equivale a não compreender o seu sentido profundo. De qualquer modo, irá começar-se por analisar criticamente as teorias que assinalam uma função importante ao limite da suficiência na teoria de Locke, pelo menos igual à que aí é atribuída, sem margem para dúvidas, ao limite da deterioração. Ou seja, começar-se-á por analisar as teorias acima identificadas sob os números (iv), (v) e (vi), por esta ordem, uma vez que elas partilham, no fundo, do pressuposto de que parte Nozick: a existência de restrições efectivas à apropriação está dependente da consistência do limite da

---

[247] Cfr. R. Nozick, *Anarchy, State, and Utopia*, pp. 175-176. Ramos Lemos, "Locke's Theory of Property", p. 340, sustenta o mesmo ponto de vista quando afirma que o limite da deterioração "deve ser definido em termos do segundo limite [da suficiência]: uma coisa deteriora-se se, e só se, ela não for usada pelo seu possuidor antes de apodrecer, ou ser destruída de outro modo, sendo certo que poderia e seria usada por outra pessoa, não fosse o facto de a primeira pessoa a possuir".

[248] Cfr. R. Nozick, *Anarchy, State, and Utopia*, p. 175.

suficiência, uma vez que "o ponto crucial consiste em saber se a apropriação de um objecto não pretencente a ninguém deixa pior a situação dos outros"[248].

James Tully sustenta que a teoria de Locke não tem aplicação quando não seja possível satisfazer o limite da suficiência, ou seja, quando toda a terra esteja apropriada, e, mais do que isso, pretende que essa inaplicabilidade determina a ilegitimidade da apropriação individual natural e a instituição da comunidade política, fundada no consentimento[249]. Poder-se-ia perguntar se a condição da suficiência, mesmo em condições de escassez, não poderia ser satisfeita de outros modos, designadamente através de uma situação em que é assegurado àqueles que não encontram terra livre o direito a trabalhar na terra que tenha já sido objecto de apropriação. Tully sustenta, no entanto, que a relação entre patrão e empregado pressupõe, para Locke, a liberdade de o empregado se poder eximir a ela, isto é, a existência de uma alternativa, a qual consiste, segundo ele, na "possibilidade de dispor dos frutos espontâneos da natureza e de ter acesso às Terras comuns de Inglaterra"[250]. Os dois pressupostos gerais da análise de Tully, isto é, que Locke não chega verdadeiramente a elaborar uma defesa da propriedade privada e que, desde logo por essa mesma razão, o poder político instituído persegue políticas de justiça redistributiva próprias de um estado social, são, como se viu, falsos. Mas são também falsos os argumentos com que sustenta que só é legítima, em Locke, a relação entre patrão e empregado quando a este último assista a alternativa de aceder às terras comuns. Tully, com base numa passagem do § 42 do *First Treatise*[251], sustenta que para Locke a relação entre patrão e empregado é ilegítima se for baseada na necessidade deste último. Mas o que está em causa no § 42 é um

---

[249] Cfr. James Tully, *Locke. Droit Naturel et Propriété*, p. 185; a primeira parte da teoria de Tully, isto é, a inaplicabilidade da teoria de Locke em condições de escassez de recursos, mas já não a segunda, havia sido anteriormente adoptada por J. L. Mackie, *Ethics*, p. 176.

[250] Cfr. James Tully, *Locke. Droit Naturel et Propriété*, p. 195.

[251] Cfr. *First Treatise*, Cap. IV, § 42, p. 170: "Um homem não pode com mais justiça fazer uso da necessidade de outro, para o forçar a tornar-se seu vassalo, negando-lhe a ajuda que Deus lhe exige no sentido de prover às carências do seu irmão, do que aquele que tem mais força pode tomar o mais fraco, submetê-lo à sua obediência e com um punhal na garganta oferecer-lhe morte ou escravidão".

poder despótico e, além disso, é constitutiva da necessidade que faz desencadear o dever de caridade, como se diz no mesmo parágrafo, a circunstância de não existir um "meio de subsistir de outro modo"[252]. Nada impede que esse meio seja precisamente o trabalho ao serviço de um patrão.

Perguntar-se-á então se não poderá o limite da suficiência, em condições de escassez, ser satisfeito através do trabalho em terra já adquirida por outro. É este, precisamente, o sentido da tese proposta por Gopal Sreenivasan quando afirma que não existe qualquer razão para pensar que "Locke sustentou que o exercício do direito de cada um aos meios de preservação, através do trabalho na terra de outrem, exige, como condição de legitimidade, que esteja disponível em alternativa terra de que ainda ninguém se apropriou. Segue-se daí que trabalhar na terra de outrem constitui em si mesmo, e de forma independente, um meio legítimo de exercer este direito natural. Isto, por seu turno, seria suficiente para estabelecer que a propriedade fundiária não é uma condição necessária do exercício deste direito aos meios de preservação. Não existe, portanto, um direito natural à terra em Locke"[253]. De acordo com este entendimento, o "bastante e tão bom", que deve ser deixado em comum, aquando de cada apropriação natural não carece de ser da mesma espécie do objecto sobre que incide essa apropriação. Ou seja, "aquilo que deve ser deixado aos outros não necessita de ser deixado em espécie"[254]. Mas é claro que a posição de um indivíduo A, a quem foi dado apropriar-se de terra, não é semelhante à do indivíduo B que, por não ter já essa oportunidade, tem de exercer o seu direito aos meios de preservação trabalhando nas terras de A. O rendimento que A tira da terra de que se apropriou inclui o salário de B e a parte remanescente, após dedução dos custos de produção, será naturalmente superior ao montante daquele salário. Por outras palavras, a igualdade que se verifica entre A e B numa situação de comunidade, do ponto de vista do seu acesso aos produtos da terra, não é susceptível de ser reconstituída numa situação de escassez de terra, determinada pela progressiva e

---

[252] Cfr. Jeremy Waldron, *The Right to Private Property*, p. 228.
[253] Cfr. Sreenivasan, *The Limits of Lockean Rights in Property*, p. 53; é também esta, como se viu já, a opinião de James Tully, *Locke. Droit Naturel et Propriété*, p. 176.
[254] Cfr. Sreenivasan, *The Limits of Lockean Rights in Property*, p. 55.

completa apropriação natural da mesma, se o limite da suficiência puder ser satisfeito por um mero direito ao emprego, mesmo sem levar em linha de conta a desvantagem para B, em relação à situação de comunidade, consistente em se achar agora sujeito às ordens de A. Sreenivasan acaba por reconhecer isto mesmo, quando afirma que a apropriação da terra pode efectuar-se nos termos descritos por Locke, "com a ressalva de que a propriedade lockeana que os apropriantes adquirem está sujeita à condição suplementar de a dimensão da propriedade original poder ser modificada, caso se venha a demonstrar que ela não é universalizável. Os comuns que se encontrem eles próprios sem terra num contexto de escassez da mesma, têm a legítima pretensão a serem acomodados com base na parte excedente de terra apropriada através daquela modificação. Esta função pode, manifestamente, ser desempenhada apenas por um estado civil"[255]. A tese de Sreenivasan quanto à compreensão do limite da suficiência descura um aspecto fundamental da teoria política de Locke, já várias vezes mencionado, que consiste na sua compreensão dos direitos como esferas de imunidade em face do poder político. Como tal, essa tese não pode ser encarada como interpretação do pensamento de Locke, independentemente dos seus méritos próprios enquanto teoria da propriedade nele inspirada.

Como poderão os limites à apropriação ser definidos de forma constante no estado de natureza, isto é, em condições de abundância ou escassez de terra, antes ou depois da introdução do dinheiro? Existe uma possibilidade ainda não analisada, para que aponta a tese (vi) acima aludida, e que consiste em definir os limites da deterioração e da suficiência como os limites interno e externo, respectivamente (a deterioração surgiria como limite interno, na medida em que restringe a apropriação individual isoladamente considerada; a suficiência seria um limite externo porque compara a posição daquele que apropria com a dos demais), da quota-parte de cada um na comunidade original dos bens, segundo propõe A. John Simmons[256]. Como afirma o autor – e não é difícil, neste ponto, concordar com ele – é relativamente incontroverso o que diz Locke sobre o limite da deterioração

---

[255] Cfr. Sreenivasan, *The Limits of Lockean Rights in Property*, p. 117.
[256] Cfr. A. John Simmons, *The Lockean Theory of Rights*, pp. 283 e ss.

ou não-desperdício. O limite em causa não respeita, por um lado, apenas aos bens de que necessitamos, mas igualmente aos bens adequados ao nosso conforto e conveniência, e, por outro lado, a preocupação de Locke parece ser a do uso produtivo dos recursos naturais, mesmo daqueles que por natureza não se deterioram. As verdadeiras dificuldades suscitam-se, como se teve já oportunidade de salientar, a propósito do limite da suficiência, isto é, da delimitação externa da "justa parte" de cada um. Simmons caracteriza o limite da suficiência como o limite da justa quota-parte (*fair share limit*) de cada um na comunidade de bens. Os passos através dos quais ele procede a esta construção são essencialmente os seguintes: primeiro, Simmons distingue o limite da justa quota-parte do direito de caridade; em segundo lugar, posiciona a sua concepção do limite em face das versões "forte" e "fraca", segundo a terminologia de Robert Nozick, do limite da suficiência; finalmente, Simmons propõe o seu entendimento sobre quem são os "outros" aos quais deve ser deixado "tanto e tão bom" em comum.

Como se viu, na argumentação relativa à sua versão do limite da suficiência, Simmons começa por distingui-lo do direito de caridade, quanto à função que desempenham. Segundo o autor, enquanto o direito de caridade visa assegurar a cada um os recursos necessários à satisfação das suas necessidade básicas, a função do limite da justa parte consiste, para além disso, em assegurar a cada um uma oportunidade de independência e autogoverno, não apenas autopreservação. Ao fazer esta distinção, o propósito de Simmons parece ser o de contrariar a ideia de que a argumentação de Locke não necessita verdadeiramente do limite da suficiência, uma vez que o princípio da caridade desempenharia a mesma função e constituiria, em si mesmo, uma restrição mais intensa, ainda que menos extensa, à apropriação[257]. Mas Jeremy Waldron, visado expressamente pelas considerações de Simmons atrás reproduzidas, afirma apenas que o limite da suficiência, entendido como condição de um direito geral de se apropriar, pode pôr em causa a sobrevivência de outros. Assim, o limite da suficiência poderia inibir a apropriação natural e prolongar a situação de comunidade originária; mas a apropriação individual é susceptível

---

[257] Cfr. Simmons, *The Lockean Theory of Rights*, p. 291.

de aumentar o produto social em relação àquele que decorreria de uma situação de comunidade, segundo vimos Locke sustentar nos §§ 36 e 37 do *Second Treatise*. Nestes moldes, o limite da suficiência seria susceptível de pôr em causa a lei fundamental da preservação[258]. Ao insistir, pelo contrário, nas condições de uma vida plena e autónoma que o limite da suficiência seria chamado a preservar, começa a tornar-se claro que a concepção daquele limite advogada por Simmons pressupõe a atribuição a Locke de uma teoria em que está em causa a satisfação de um direito igual *à* propriedade, mais do que a defesa de um direito *sobre a* propriedade, adquirida em virtude do exercício legítimo do poder de se apropriar.

Segundo Robert Nozick, o limite da suficiência visa assegurar que a situação dos outros não é prejudicada em resultado de uma apropriação individual. Alguém pode ser desfavorecido, em resultado da apropriação de um outro, de dois modos: em primeiro lugar, ao perder a oportunidade de melhorar a sua situação através de uma apropriação particular ou qualquer uma; em segundo lugar, ao deixar de ser capaz de usar livremente (sem apropriação) algo que previamente podia usar. Pois bem, uma versão "forte" do limite da suficiência exclui o primeiro modo, se não houver nada que contrabalance a diminuição de oportunidade de deixar pior a situação de alguém em virtude da apropriação de um outro, bem como o segundo. Uma versão "fraca" do limite exclui o segundo modo, mas já não o primeiro. Nozick admite que Locke tenha tido em vista a versão "forte" do limite, mas expressa a sua preferência pela versão "fraca"[259]. Simmons sustenta não ser necessário optar entre as duas versões, uma vez que "a verdadeira posição de Locke sobre o limite da justa parte posiciona-se no meio e é mais plausível do que qualquer uma destas versões

---

[258] Cfr. Waldron, *The Right to Private Property*, p. 217.

[259] Cfr. R. Nozick, *Anarchy, State, and Utopia*, pp. 176 e 178; G. A. Cohen, "Self-Ownership, World-Ownership, and Equality", p. 83, afirma que Nozick transforma aquilo que ele entende constituir o limite lockeano da suficiência de dois modos, um legítimo e o outro não. O modo legítimo consiste em permitir que não seja deixado "enough and as good" se for atribuída uma compensação adequada; o modo ilegítimo consiste em enfraquecer o limite, tomando em consideração, não o que poderia acontecer se não houvesse a apropriação efectuada, mas apenas o que poderia acontecer caso permanecesse a situação de comunidade originária.

extremas"²⁶⁰. Essa "verdadeira posição" consiste em conceber o limite da suficiência como um limite da parte justa de cada um que visa garantir a oportunidade de uma vida independente e autónoma. Ela seria mais plausível do que a versão "forte", uma vez que não exige, para cada apropriação, que todos os outros possam também apropriar-se de terra ou outros recursos naturais; seria também mais plausível do que a versão "fraca", porque não se limita a exigir que, na sequência da apropriação de um, só o nível de bem-estar material dos demais não sofra uma diminuição em relação ao que existiria caso permanecesse a situação de comunidade, exigindo ainda que a cada um dos demais seja assegurada independência e oportunidade de uma vida autónoma. Antes da introdução do dinheiro, o limite da justa parte é satisfeito através do acesso a uma quota-parte justa ou igual dos bens comuns; o consentimento do uso do dinheiro, envolvendo um consentimento da posse desigual de bens da natureza, transforma o limite da parte justa, que passa agora a ser satisfeito pelo acesso a uma vida independente²⁶¹.

Finalmente, Simmons sustenta que aqueles a quem deve ser deixado "tanto e tão bom" na sequência de uma apropriação individual, ou seja, aqueles a quem deve também ser dada a oportunidade de adquirir as suas partes justas dos bens comuns, podem ser: (a) as pessoas existentes no momento da apropriação individual; (b) as pessoas que nesse momento pretendem algo do objecto de apropriação tendo em vista a aquisição da sua própria justa parte; (c) todas as pessoas que alguma vez existirão. Muito embora admita que Locke nunca menciona as gerações futuras como devendo ser tomadas em conta na apropriação presente, Simmons entende que a definição do limite da suficiência como um limite da justa parte nos recursos naturais não pode deixar de conduzir ao reconhecimento dos direitos das gerações futuras, os quais, por sua vez, apenas podem ser assegurados com a intervenção do poder político²⁶².

O ponto fundamental na construção de Simmons, como se viu já suceder com a de Sreenivasan, consiste na admissão, ainda que implícita, de uma transformação estrutural da própria noção do limite

---

[260] Cfr. A. John Simmons, *The Lockean Theory of Rights*, p. 293.
[261] Cfr. A. John Simmons, *The Lockean Theory of Rights*, pp. 293-294.
[262] Cfr. A. John Simmons, *The Lockean Theory of Rights*, pp. 295-298.

da suficiência. Antes da introdução do dinheiro, no estado de natureza, o limite da suficiência é satisfeito através do acesso a uma quota-parte justa ou igual dos bens comuns; depois daquele momento, passa a ser satisfeito pelo acesso a uma vida independente. Uma primeira observação que pode ser feita ao modo como Simmons encara o limite da suficiência, em qualquer dos dois momentos indicados, consiste na circunstância de para ele esse limite não visar simplesmente assegurar aos outros a possibilidade de se apropriarem, a concretização de um *direito sobre* bens, mas sim assegurar, em cada apropriação, a satisfação de um *direito a* uma parte justa por parte de todos os restantes. Em condições de abundância, esse direito a uma parte justa é um direito geral a ter propriedade que, posteriormente, com a introdução do dinheiro, é transformado por forma a assegurar um direito a uma vida independente e autónoma, que já não pressupõe a apropriação de bens naturais. Independentemente desta transformação, a satisfação dos direitos dos comuns exigida pelo limite da suficiência, segundo a concepção de Simmons, é pura e simplesmente insusceptível de ser assegurada nas condições do estado de natureza. Pelo contrário, essa transformação, operada com a introdução do dinheiro, implica, para a satisfação do limite da suficiência, uma intervenção do poder político incompatível com o propósito fundamental da teoria política de Locke.

O problema da tese de Simmons relativa ao limite da suficiência reside na circunstância de o autor o encarar como uma forma de efectivar a concepção de comunidade originária de bens que atribui a Locke. Como atrás se mencionou, Simmons entende que o conceito de comunidade originária em Locke é mais bem apreendido através da ideia de comunidade positiva divisível, em que a cada um assiste um igual direito aos produtos da terra, cabendo assim ao limite da suficiência assegurar que cada um não excede a "parte justa" que lhe cabe. Isso equivale a entender que o limite da suficiência impõe à apropriação levada a cabo por cada indivíduo no estado de natureza uma estrutura igualitária, isto é, cada indivíduo que se apropria deve deixar a cada um dos restantes indivíduos incluídos na comunidade a possibilidade de se apropriarem de uma parte igual à que ele tirou. O limite da suficiência, assim entendido, coloca, como se viu, dificuldades acrescidas quanto a saber quem deve fazer parte da comunidade, designadamente se devem, ou não, ser incluídas as gerações futuras. Mas não é este o sentido mais correcto do limite da suficiência, tal como Locke o entendeu. Segundo ele afirma, "Ninguém se pode considerar lesado pela bebida de outrem, ainda que ele bebesse muito, tendo um rio inteiro de mesma água para saciar a sua sede: e o caso da terra e da água, onde há bastante de uma e outra, é perfeitamente o mesmo"[263]. O que parece verdadeiramente estar em causa é a possibilidade de, após qualquer apropriação individual, cada um dos restantes indivíduos poder apropriar-se nas mesmas condições em que o podia fazer antes. Ou seja, cada apropriação individual tem de ser indiferente do ponto de vista do poder de apropriação que assiste a cada um dos restantes membros da comunidade. Se o meu poder de apropriação não é afectado por qualquer apropriação individual efectivamente levada a cabo, parece claro que esta última não excedeu a "justa parte" dos recursos que lhe cabe, na interpretação de Simmons, mas o inverso não é verdadeiro[264]. O limite da suficiência articula iguais poderes subjectivos de apropriação, não pretende assegurar que esses poderes se exerçam objectivamente sobre partes iguais, o que seria, desde logo, difícil de conceber nas condições do estado de natureza. É claro que, nestas condições, a satisfação do limite da suficiência só pode ocorrer porque existe uma abundância de recursos, e nessas condições esse limite opera automaticamente.

O que acaba de ser dito permite talvez pensar que apenas é plausível, enquanto interpretação do pensamento de Locke, a tese (ii) atrás mencionada. Ou seja, a tese segundo a qual os limites da deterioração e da suficiência actuam apenas em condições de abundância, deixando de operar após a introdução do dinheiro. Esta é a tese sustentada por Macpherson, em consonância com a sua concepção de que a teoria da propriedade de Locke constitui, na realidade, um argumento visando justificar a acumulação capitalista ilimitada[265].

---

[263] Cfr. *Second Treatise*, Cap. V, § 33, p. 291 (cfr. *Ensáio sôbre a Verdadeira Origem...*, p. 30).

[264] Neste sentido, cfr. G. A. Cohen, "Self-ownership, World-ownership, and Equality", p. 77 e nota 20.

[265] Cfr. Macpherson, *The Political Theory of Possessive Individualism*, pp. 203 e ss.; cfr., ainda, Neal Wood, *John Locke and Agrarian Capitalism*, pp. 55-56; Ellen Meiksins Wood e Neal Wood, *A Trumpet of Sedition*, pp. 124-125.

Em relação ao limite da deterioração, Macpherson sustenta que Locke "pretende demonstrar que o dinheiro [introduzido no estado de natureza, como correctamente adverte Macpherson, uma vez que o consentimento que está na sua base é distinto daquele que estabelece a sociedade civil] torna possível, e justo, que um homem acumule mais terra do que aquela cuja produção pode usar antes que esta se deteriore. É contrário ao direito natural alguém apropriar-se de uma quantidade de produção (ou de quaisquer outras coisas que sejam obtidas por troca dessa produção) que possa deteriorar-se antes de poder ser consumida. E é ainda contrário ao direito natural alguém apropriar-se de uma quantidade de terra se alguma da sua produção (ou de coisas obtidas por troca com ela) se deteriorar antes de poder ser consumida. Mas, com a introdução do dinheiro, tornando-se possível trocar qualquer quantidade de produção por um bem que nunca se estraga, não é injusto nem irrazoável acumular qualquer extensão de terra para com ela produzir um excedente que pode ser convertido em dinheiro e usado como capital. O limite da deterioração imposto pelo direito natural tornou-se ineficaz em relação à acumulação de terra e capital. Locke justificou a apropriação especificamente capitalista da terra e do dinheiro"[266]. O elo fraco do raciocínio de Macpherson consiste em afirmar que o excedente decorrente da acumulação de terra "pode" ser convertido em dinheiro e usado como capital. É que nos termos da argumentação de Locke, esse excedente não "pode", mas "tem de", ser convertido em dinheiro antes que a produção da terra se deteriore ou que esta jaza inaproveitada. Caso assim não suceda, não existe pura e simplesmente uma apropriação legítima. Jeremy Waldron dá o exemplo sugestivo, retirado do romance *As Vinhas da Ira*, de John Steinbeck, em que um grupo de homens armados guarda um amontoado de laranjas podres, que os respectivos donos deixam destruir com o propósito de manter o preço de mercado. Em tal hipótese existe, sem dúvida, uma violação do limite da deterioração. Ainda que este perca o carácter de delimitação quantitativa da extensão de terra apropriável que lhe está associado no contexto de modos de produção menos evoluídos, ele não se torna por essa razão ineficaz. O desenvolvimento de uma economia

---

[266] Cfr. Macpherson, *The Political Theory of Possessive Individualism*, p. 208.

assente na moeda torna possível a apropriação de extensões de terra superiores àquela que o respectivo dono poderia, por si só, cultivar, mas torna também possível o recurso ao trabalho assalariado. O que em qualquer caso não seria legítimo, nos termos da argumentação lockeana, seria o desperdício da produção retirada da terra, fosse qual fosse a sua extensão[267].

Macpherson sustenta igualmente que a superação do limite da suficiência e, consequentemente, "a apropriação de terra em excesso daquilo que deixaria tanto e igualmente bom para os outros é justificada, quer pelo consentimento tácito das necessárias consequências da introdução do dinheiro, quer pela asserção de que os padrões de vida daqueles que não têm terra, quando de toda ela houve apropriação e e toda ela é usada, são maiores do que os daqueles que vivem numa situação em que não houve genericamente apropriação"[268]. Parece evidente, antes de mais, que esta afirmação só poderia ser aceite no caso de não se sustentar simultaneamente, como se viu Macpherson sustentar, a ineficácia do limite da deterioração ou não--desperdício. Mas, para além disso, é verdade que as observações suscitadas por este modo de ver são diversas daquelas que há pouco se expenderam. O problema não reside tanto em negar a actuação do limite da suficiência nas condições de escassez de terra posteriores à introdução do dinheiro, mas em aceitar que, não actuando ele nessas condições, possa verdadeiramente ser respeitado em quaisquer outras. Robert Nozick afirma existir um argumento conducente à conclusão de que, se o limite da suficiência já não actua, nas condições actuais, então nunca pode ter actuado de forma a dar origem a direitos de propriedade permanentes e transmissíveis. Consideremos a pessoa Z, em relação à qual já não existe tanto e igualmente bom para apropriar--se. A última pessoa Y a apropriar-se deixou Z sem a sua liberdade prévia de actuar sobre um objecto, e assim tornou pior a situação de Z. Deste modo, a apropriação de Y não é permitida ao abrigo do limite da suficiência. Em consequência, a pessoa X que se apropriou antes de Y deixou esta última numa situação pior, uma vez quer o acto de X pôs termo à apropriação admissível. Em consequência, a

---

[267] Cfr. Jeremy Waldron, *The Right to Private Property*, pp. 208-209.
[268] Cfr. Macpherson, *The Political Theory of Possessive Individualism*, p. 213.

apropriação de X não foi admissível. Mas então aquele que se apropriou antes de X, W, terminou a apropriação admissível e assim, uma vez que deixou pior a situação de X, não era também admissível a sua apropriação. E assim sucessivamente até à primeira pessoa A que se apropria[269]. Mas conduz necessariamente a argumentação de Macpherson a esta conclusão[270]? A resposta só seria afirmativa se Macpherson entendesse o limite da suficiência como legitimando a apropriação de recursos naturais (especialmente a terra), quando estiverem disponíveis recursos naturais da mesma espécie para que os outros possam exercer nas mesmas condições o direito natural de preservação[271]. Simplesmente, Macpherson admite também que o limite possa ser satisfeito se uma apropriação não puser em causa a possibilidade de todos os outros proverem às necessidades da vida[272]. A construção deste autor suscita, então, duas outras críticas: em primeiro lugar, é duvidoso que, concebido como uma exigência de deixar aos outros tantos e tão bons recursos aos outros quantos os que existiam antes da apropriação, o limite da suficiência funcione efectivamente como uma restrição, em condições de abundância, do direito natural de propriedade; em segundo lugar, configurá-lo, em condições de escassez, como a exigência de uma apropriação não pôr em causa a capacidade de os outros proverem às necessidades da vida equivale a extrair do limite da suficiência um direito que não chega a ser claramente diferenciado do direito decorrente do princípio da caridade, por um lado, e, por outro, de um direito dos comuns a certas condições de vida.

Resta-nos, pois, analisar a tese (iii), nos termos da qual só o limite da deterioração restringe o direito de propriedade, quer no estado de natureza, quer em condições de escassez, enquanto o limite da suficiência corresponde, na verdade, a uma mera condição suficiente da apropriação natural em condições de abundância. Nos

---

[269] Cfr. Nozick, *Anarchy, State, and Utopia*, p. 176.
[270] Como parece pretender Waldron, *The Right to Private Property*, p. 214.
[271] Aliás, é na sequência desta objecção que Nozick formula as versões "fraca" e "forte" do limite da suficiência, dando a entender que só no segundo caso negar a relevância actual do limite equivale a negar que alguma vez tenha sido possível constituir direitos de propriedade capazes de o satisfazer.
[272] Cfr. *The Political Theory of Possessive Individualism*, pp. 212-213.

termos em que acaba de ser formulada, a tese exprime o pensamento de Jeremy Waldron e visa salientar que não existe nenhuma dificuldade com a aquisição unilateral (que satisfaça o limite da deterioração e as exigências do princípio da caridade) em condições de abundância, deixando em aberto a possibilidade de um outro princípio ter de ser encontrado para regular a apropriação em condições de escassez[273]. Este entendimento seria confirmado pela circunstância de, após a formulação inicial do limite da suficiência no § 27, todas as demais passagens do Cap. V que se lhe referem afirmarem positivamente que a apropriação natural em condições de abundância não causa prejuízo aos demais, uma vez que lhes é deixado bastante e igualmente bom[274]. Ao contrário do que sucede com as passagens, mais abundantes, relativas ao limite da deterioração, estabelecendo imperativamente um limite cuja transgressão equivale ao roubo, as que se reportam à condição da suficiência afirmam o seu carácter intransgredível. A circunstância de numa situação de abundância a condição da suficiência ser automaticamente cumprida por qualquer apropriação resulta ainda claramente de uma passagem do § 35, em que Locke contrasta a apropriação unilateral de uma parcela incluída numa comunidade positiva com a de uma terra que integrava a comu-

---

[273] Cfr. Waldron, *The Right to Private Property*, pp. 209 e ss. e 280-283; idem, *God, Locke, and Equality*, p. 172. Negando, também, que a condição da suficiência constitua verdadeiramente um limite da apropriação natural, cfr. Manfred Brocker, *Arbeit und Eigentum*, pp. 197-202, que, no entanto, vai longe demais quando afirma que a condição da suficiência é um elemento da teoria tradicional da propriedade que Locke integra na sua argumentação, fazendo-a perder o seu significado e função originários (cfr. *ob. cit.*, p. 201). Quais sejam esses significado e função é coisa que o autor não esclarece.

[274] Cfr. *Second Treatise*, Cap. V, § 33, p. 291 ("Nem constituiu esta apropriação de qualquer parcela de terra, pelo seu melhoramento, um prejuízo para qualquer outro homem, uma vez que foi deixado ainda tanto, e igualmente bom"); *ibidem* ("Pois aquele que deixa tanto quanto um outro pode usar, actua como se nada tirasse"); *ibidem*, § 34, p. 291 ("Aquele a quem foi deixado igualmente bom, para o seu melhoramento, quanto foi já tomado, não carecia de se queixar"); *ibidem*, § 36, p. 292 ("era impossível para qualquer homem, deste modo, interferir no direito de outro, ou adquirir, para si próprio, uma propriedade, com prejuízo para o seu vizinho, que teria sempre espaço, para uma possessão igualmente boa e extensa (depois de o outro lhe ter tomado a sua), como antes de ela ser apropriada"); *ibidem*, § 37, p. 294 ("isto não podia ser muito, nem com prejuízo para os outros, onde a mesma abundância foi ainda deixada, para aqueles que quisessem usar da mesma indústria"); cfr., ainda, *Ensáio sôbre a Verdadeira Origem...*, pp. 30, 31, 32, 34. Cfr. M. Brocker, *Arbeit und Eigentum*, pp. 199-200.

nidade original dos bens. No primeiro caso, o remanescente "não seria tão bom para o resto dos comuns como era o todo, quando todos podiam fazer uso dele; enquanto no começo, no primeiro povoamento do grande comum do mundo, tudo se passava de modo diferente. A lei sob a qual o homem se encontrava era antes para apropriar-se"[275].

Será correcto, no entanto, afirmar que são diferentes os princípios que regulam a apropriação em condições de abundância e em condições de escassez? Em ambos os casos é a realização do mesmo objectivo, isto é, a conservação da existência e a exigência do bem estar dos homens que confere ao trabalho força jurídica e, em ambos os casos, ele perde essa força quando é aplicado de forma anti--económica, isto é quando os bens adquiridos pela força apropriativa do trabalho sejam desperdiçados ou possam, pela sua dimensão, prejudicar outros. Em última instância é a mesma razão que determina a irrevogabilidade do limite da deterioração e a revogabilidade da condição da suficiência: é sempre anti-económico desperdiçar bens, mas pode ser mais económico alguém apropriar-se de bens em condições de escassez e, portanto, sem satisfazer automaticamente a cláusula "bastante e tão bom", do que deixar de o fazer. A demonstração disto mesmo está a cargo da secção B do Cap. V, isto é, da designada teoria do valor do trabalho, atrás exposta, bem como da afirmação de Locke de que a apropriação pelo trabalho aumenta a provisão comum da humanidade (§ 37). O levantamento, em conformidade com o direito natural, da cláusula "bastante e tão bom" encontra a sua justificação precisamente no mesmo princípio que, antes da introdução do dinheiro, fundamentava a sua existência[276]. Assim, tal como em condições de abundância, a cláusula "bastante e tão bom" funciona automaticamente, também, em condições de escassez, o valor do trabalho, funcionando como um sucedâneo daquela cláusula, assegura naturalmente a preservação da vida humana.

As duas versões do limite da suficiência diferenciadas por Nozick operam automaticamente em diferentes estádios do desenvolvimento natural das sociedades: a versão "forte" em condições de

---

[275] Cfr. *Second Treatise*, Cap. V, § 35, p. 292 (cfr. *Ensáio sôbre a Verdadeira Origem...*, p. 31).

[276] Cfr. R. Brandt, *Eigentumstheorien von Grotius bis Kant*, pp. 85-86.

abundância; a versão "fraca", após a introdução do dinheiro, em condições de escassez. Mas elas apenas operam automaticamente se em ambas as condições for respeitado o limite da deterioração. O que acaba de ser dito permite compreender, contra Nozick, a importância atribuída por Locke ao limite da deterioração em relação ao limite da suficiência[277]. É o cumprimento estrito do primeiro que assegura o funcionamento automático da cláusula "bastante e tão bom" em condições de abundância, e cria condições para que esse funcionamento se prolongue o mais possível no tempo. É também o cumprimento do limite da deterioração, em condições de escassez, que estimula, através da valorização do trabalho, o aumento do produto social.

1.4.6 A relação entre o patrão e o empregado. Macpherson, e outros na sua esteira, questionam se não existirá um terceiro limite à apropriação individual, decorrente de a medida desta consistir nos objectos a que tenha sido junto o próprio trabalho. Mas, apesar da formulação do § 27, "Locke tomou como assente, ao longo da sua justificação do direito natural de propriedade, que o trabalho era naturalmente uma mercadoria e que a relação de trabalho assalariado, que me dá o direito de me apropriar do produto do trabalho de outrem, fazia parte da ordem natural". Assim, a limitação da apropriação individual consistente no carácter pessoal do trabalho nunca esteve presente na mente de Locke e pôde apenas ser atribuída à sua teoria por aqueles que a abordam na perspectiva da tradição moderna do liberalismo humanista[278]. Na realidade, não existe qualquer limite à apropriação assente na natureza pessoal do trabalho, no sentido do § 27, nem Locke alguma vez o menciona. Quando Locke afirma que "tudo aquilo que ele cultivou e colheu, guardou e usou, antes de estar estragado, isso era o seu direito particular; tudo o que ele tapou, e

---

[277] Importa, todavia, reconhecer que o próprio Nozick não deixa de reconhecer essa importância quando, depois de diferenciar as versões "forte" e "fraca" do limite da suficiência, afirma: "Pode sustentar-se que ninguém pode legitimamente queixar-se se a condição fraca for satisfeita. No entanto, uma vez que isto é menos claro do que no caso da condição mais forte, Locke pode ter tido em vista com a exigência de deixar «bastante e tão bom» a versão forte, e talvez ele pretendesse que a condição do não desperdício atrasasse o ponto para além do qual o argumento da suficiência questiona retroactivamente as apropriações anteriormente efectuadas" (cfr. *Anarchy, State, and Utopia*, p. 176).

[278] Cfr. Macpherson, *The Political Theory of Possessive Individualism*, p. 220.

o gado que nutriu ou criou, e usou, era igualmente dele, bem como o seu produto"[279], não pensa naturalmente que "ele" seja uma pessoa individual isolada, como sucede no § 27, mas o *pater familias* enquanto chefe da casa; neste contexto, o trabalho pode ser feito por animais, filhos, servos ou jornaleiros[280]. Simplesmente, o que está aí em causa não é, em primeira linha, a apropriação do produto do trabalho de outrem nos termos de uma relação de trabalho assalariado própria de uma economia capitalista, mas a apropriação do produto do trabalho executado no âmbito da sociedade doméstica como unidade económica. O estado de natureza dos indivíduos livres e iguais não é apenas povoado pelo indivíduo isolado enquanto agente económico nuclear, uma vez que nele ocupa ainda um lugar de relevo a sociedade doméstica[281]. Neste sentido, é correcto afirmar que os conceitos de Locke são ainda, em larga medida, os da tradição pré-moderna[282]. Por outro lado, não é correcto, como salienta Reinhard Brandt, pretender que a relação de trabalho assalariado seja especialmente ensejada pela teoria do trabalho de Locke, ou seja, que a tese de que o homem tem a propriedade do seu trabalho constitua a "fundação moral da apropriação burguesa"[283]; pelo contrário, Locke aceita a relação de trabalho assalariado independentemente da sua teoria e na linha da tradição jusnaturalista, à luz da qual os homens são por natureza livres de porem à disposição de outrem os seus serviços (e não o seu trabalho), seja no estado de natureza, seja no estado civil. A este propósito é, sem dúvida, significativo que a relação entre patrão e empregado não seja analisada por Locke no Cap. V do *Second Treatise*, mas no § 85 do Cap. VII, com o título *Da Sociedade Civil ou Política*. É também significativo que o que Locke aí afirma não divirja substancialmente do que antes dele afirmaram sobre o mesmo assunto autores como Hobbes e Pufendorf [284].

---

[279] Cfr. *Second Treatise*, Cap. V, § 38, p. 295 (cfr. *Ensáio sôbre a Verdadeira Origem...*, pp. 35-36).
[280] Cfr. R. Brandt, *Eigentumstheorien von Grotius bis Kant*, pp. 85 e 241, nota 57, salientando ser esse o entendimento comum, presente, por exemplo, em Pufendorf e Kant.
[281] Cfr. Daniela Gobetti, *Private and Public*, p. 100.
[282] Cfr. Hannah Arendt, *The Human Condition*, p. 115.
[283] Cfr. Macpherson, *The Political Theory of Possessive Individualism*, p. 221.
[284] Cfr. Brandt, *Eigentumstheorien von Grotius bis Kant*, pp. 85 e 241, nota 60. No § 85 mencionado no texto, Locke afirma o seguinte: "Senhor e criado são nomes antigos como a

Nada do que acaba de ser dito, todavia, infirma a impossibilidade de os trabalhadores, que no objecto do seu trabalho imprimem algo que é deles próprios, poderem, o mais das vezes, pretender ter sobre esse objecto uma propriedade, ou sequer reconhecê-la. Afirma Locke: "a erva que o meu cavalo comeu, as turfas que o meu criado cortou, e o metal que eu cavei em qualquer lugar, onde tenho direito a eles em comum com os outros, fazem-se propriedade minha sem a atribuição ou consentimento de pessoa alguma. O trabalho, que foi meu, tirando-os do estado comum em que se achavam, fixou neles a minha propriedade"[285]. A este propósito, não é verdadeiramente importante, nos termos da argumentação de Locke, saber se é o trabalho, ou apenas o produto do trabalho, de uma pessoa que se pode tornar propriedade de outra. O importante é que a propriedade que o trabalhador tem na sua própria pessoa e nas suas acções se possa exteriorizar e que nessa exteriorização ele o possa ainda reconhecer como exprimindo a sua própria pessoa[286]. Todavia, a dinâmica de desenvolvimento do estado de natureza não é determinada por essa possibilidade,

---

história, mas dados a pessoas de muito diferente condição; pois um homem livre faz-se a si próprio criado de um outro, vendendo-lhe, por um certo tempo, o serviço que ele se compromete a fazer, em troca do vencimento que receberá: e muito embora isto o coloque comummente na família do seu senhor, e sob a sua disciplina, no entanto isso dá ao senhor apenas um poder temporário sobre ele e não maior do que aquele que resulta do contrato celebrado entre eles" (cfr. *Second Treatise*, Cap. VII, § 85, p. 322; *Ensáio sôbre a Verdadeira Origem...*, p. 75). Pufendorf, no seu *De officio hominis et civilis*, Livro II, Cap. 4, § 2, diz: "A um assalariado temporário é devido um vencimento combinado com o seu senhor e a este é devido por aquele em contrapartida um serviço. Neste contrato o senhor tem a posição superior; e assim um assistente deste tipo está obrigado a mostrar respeito para com o senhor em proporção com a dignidade deste último; ele está sujeito a ser punido quando desempenha o seu trabalho mal ou negligentemente, mas a punição não deve chegar ao ponto de infligir danos físicos graves e muito menos a morte sob a autoridade do senhor" (cfr. *On the Duty of Man and Citizen*, p. 129). Hobbes, por seu turno, afirma no *Leviatã* que "o trabalho de um homem é também um bem que pode ser trocado por benefícios, tal como qualquer outra coisa" (cfr. *Leviathan*, Cap. XXIV, p.171). Comparando estes textos, resulta evidente que, na perspectiva de Macpherson, Locke peca por defeito em relação a Hobbes (cfr. *The Political Theory of Political Individualism*, pp. 219-220). Mas então é toda a ideia de que a propriedade do trabalho constitui a fundação moral da apropriação burguesa a ser posta em causa.

[285] Cfr. *Second Treatise*, Cap. V, § 28, p. 289 (cfr. *Ensáio sôbre a Verdadeira Origem...*, p. 27).

[286] Cfr. Étienne Balibar, "Le Renversement de l'Individualisme Possessif", pp. 18-19.

tal como impossibilita que se assegure – para além, eventualmente, da situação inicial caracterizada pela abundância – a coincidência entre o trabalho efectivo e a apropriação. A propriedade adquirida inicialmente consolida-se enquanto tal em face do trabalho posteriormente desenvolvido, mas é este que é responsável pela riqueza produzida com base nele. Por outras palavras, nas condições da escassez torna-se impossível estabelecer a conexão, através do trabalho, entre a propriedade como direito natural e o trabalho como produtor de riqueza. A possibilidade de aquele que desenvolve este último ser titular do primeiro reduz-se drasticamente no decurso dos desenvolvimentos do estado de natureza pressupostos por Locke[287]. Mas precisamente na sequência desses desenvolvimentos o trabalho intensifica a sua dimensão produtiva, em termos que não podem verificar-se nas primeiras fases do estado de natureza.

Isto não equivale, no entanto, a estabelecer que a fundação lockeana da propriedade no trabalho vise a justificação da apropriação capitalista ilimitada. E muito menos equivale, como pretende igualmente Macpherson, a demonstrar que Locke "também justifique como natural um diferencial de classe em matéria de direitos e racionalidade, e ao fazê-lo forneça uma base moral positiva para a sociedade capitalista"[288]. A argumentação de Macpherson a este propósito tem de ser considerada em dois aspectos: por um lado, para o autor, Locke atribui diferentes níveis de racionalidade a membros de classes diferentes e, consequentemente, diferentes direitos políticos; por outro lado, Macpherson sustenta que apenas esta diferenciação pode salvar a teoria de Locke relativa à propriedade de manifesta inconsistência[289]. Quanto ao primeiro aspecto, Macpherson sustenta que Locke pressupunha na sua própria sociedade um diferencial de classe em matéria de racionalidade que deixava a classe trabalhadora incapaz para uma vida plenamente racional, ou seja, os membros

---

[287] Cfr. Reinhard Brandt, *Eigentumstheorien von Grotius bis Kant*, p. 89; Jeremy Waldron, *The Right to Private Property*, pp. 231-232; Pierre Manent, *Histoire Intellectuelle du Libéralisme*, pp. 99-101.

[288] Cfr. Macpherson, *The Political Theory of Possessive Individualism*, p. 221. Cfr., ainda, no mesmo sentido, José María Lasalle Ruiz, *John Locke y los Fundamentos Modernos de la Propiedad*, p. 256.

[289] Cfr. Jeremy Waldron, *God, Locke, and Equality*, p. 173.

dessa classe seriam incapazes de ordenar as suas vidas segundo a lei da natureza ou a razão[290]. Macpherson cita a este propósito vários textos de Locke em que pretende sustentar a sua interpretação, mas, como nota Jeremy Waldron, esquece um, que se afigura decisivo. No *Ensaio sobre o Entendimento Humano*, Locke reconhece a situação desfavorável, do ponto de vista da possibilidade do conhecimento, da "maior parte da humanidade que está entregue ao trabalho e escravizada à necessidade da sua condição, cuja vida se gasta na exigência de procurar os meios de subsistir"[291]. Mas mesmo em relação a esses, que formam a maior parte da humanidade, a posição de Locke quanto às respectivas possibilidades de conhecimento não é a que inere a uma racionalidade diminuída: "Nenhum homem está tão empenhado na procura dos meios de subsistência que não tenha nenhum tempo livre para pensar na sua alma e instruir-se em assuntos de religião. Se os homens estivessem tão empenhados nisto como estão nas coisas de menor importância, não haveria nenhumas pessoas tão escravizadas às necessidades da vida que não encontrassem muitas horas livres que poderiam ser aproveitadas para se aperfeiçoarem nesses conhecimentos"[292]. Aliás, a posição destes é melhor do que a daqueles "cuja amplitude da sorte (facilidade de meios materiais) lhes bastaria para adquirirem livros e outros requisitos necessários para remover as suas dúvidas e descobrir a verdade; mas estão estreitamente restringidos pelas leis dos seus países e pela rigorosa vigilância dos que têm interesse em mantê-los na ignorância, com receio de que, se souberem mais, acreditem menos neles. Estes estão mais longe da liberdade e das oportunidades de uma franca investigação do que aqueles pobres e desgraçados jornaleiros de quem falámos anteriormente; e, por mais exaltados e poderosos que pareçam, estão confinados à estreiteza de pensamento e escravizados naquela parte que deveria ser a mais livre do homem – o seu entendimento"[293]. A diferença entre estas passagens e as citadas por

---

[290] Cfr. Macpherson, *The Political Theory of Possessive Individualism*, p. 232.

[291] Cfr. John Locke, *Ensaio sobre o Entendimento Humano*, Livro IV, Cap. XX, § 2, vol. II, p. 982.

[292] Cfr. John Locke, *Ensaio sobre o Entendimento Humano*, Livro IV, Cap. XX, § 3, vol. II, p. 983.

[293] Cfr. John Locke, *Ensaio sobre o Entendimento Humano*, Livro IV, Cap. XX, § 4, vol. II, pp. 983-984.

Macpherson é a de afirmarem explicitamente o entendimento contrário àquele que implicitamente, com base nelas, o autor procura confirmar no pensamento de Locke[294].

O segundo aspecto atrás mencionado prende-se com o seguinte: com a introdução do dinheiro em qualquer território, levada a cabo ainda no estado de natureza, passam a existir condições para que toda a terra aí existente seja rapidamente objecto de apropriação, deixando um largo número de pessoas sem qualquer terra. Ora, aqueles que são deixados sem terra no estado de natureza, no momento posterior à introdução do dinheiro, não podem ser industriosos e racionais em sentido próprio, isto é, nas condições existentes antes daquele momento, uma vez que não podem apropriar-se da terra e melhorá-la para seu próprio benefício, comportamento esse que constituía originariamente a essência do comportamento racional[295]. E, na realidade, segundo Locke, "Deus deu o mundo igualmente a todos os homens; mas uma vez que lho deu para seu benefício, e para tirarem dele todos os meios e confortos da vida que puderem, não se pode supor que a sua intenção fosse que o mundo permanecesse sempre comum e sem cultura. Deu-o para o uso dos industriosos e racionais que por meio do seu trabalho adquirissem direito a ele"[296]. A essência da tese de Macpherson reconduz-se, pois, à seguinte proposição: "Foi porque Locke sempre assumiu que o comportamento plenamente racional era o comportamento acumulativo que ele pôde, no momento em que trabalhar e apropriar-se se tornaram separáveis, sustentar que a plena racionalidade consistia em apropriar-se e não em trabalhar". Não se discute que a dissociação entre a apropriação e

---

[294] Cfr. Macpherson, *The Political Theory of Possessive Individualism*, pp. 224-225. Locke afirma, em *The Reasonableness of Christianity*, p. 209, pretender recuperar o Cristianismo como uma "religião adequada a capacidades vulgares; e ao estado da humanidade neste mundo, destinada a trabalhar e a viajar". Poder-se-ia pensar, esclarece Macpherson, que com este seu escrito Locke pretende defender "uma religião ética e racionalista simples, para substituir as disputas dos teólogos". Mas não. O seu verdadeiro propósito, revela-nos, é de o afirmar que "sem sanções sobrenaturais a classe trabalhadora é incapaz de seguir uma ética racionalista"... Para uma crítica mais completa, cfr. Waldron, *God, Locke, and Equality*, pp. 86-88.

[295] Cfr. Macpherson, *The Political Theory of Possessive Individualism*, pp. 233-234.

[296] Cfr. *Second Treatise*, Cap. V, § 34, p. 291 (cfr. *Ensáio sôbre a Verdadeira Origem...*, p. 30).

o trabalho constitui um sério problema para a teoria de Locke relativa à propriedade, como atrás se mencionou. O que se discute é que essa dissociação se sustente, para Locke, numa diferenciação de racionalidade entre os proprietários e os trabalhadores, tanto mais que aquela dissociação é largamente decorrente do simples posicionamento temporal de cada pessoa numa ou outra fase do desenvolvimento do estado de natureza, uma vez que a Locke é completamente alheio o problema da justiça intergeracional. Na realidade, nada no texto do *Second Treatise* permite atribuir a Locke o entendimento de Macpherson. A dissociação entre trabalho e apropriação não é incompatível com a associação entre trabalho e racionalidade[297].

Se a tentativa de fundar no trabalho a propriedade privada não ilude o facto de não ser possível fazer coincidir, nos termos do próprio pensamento de Locke, trabalho produtivo e apropriação, isso não deve fazer-nos esquecer que a ele largamente se deve, em paralelo com a libertação da propriedade – isto é, com a sua separação de quaisquer vínculos de natureza políticos – também a libertação do trabalho humano, no sentido de este ser pensado como o fundamento da existência de todos os homens e, como tal, incompatível com relações de servidão.

1.4.7 A introdução do dinheiro. Locke associa o consentimento dos homens no uso do dinheiro ao seu consentimento em "uma desproporcionada e desigual posse da terra"[298]. Esta associação constitui, sem dúvida, um dos problemas fundamentais da argumentação de Locke relativa à origem da propriedade.

O dinheiro inaugura uma segunda fase na descrição do estado de natureza, em que a cláusula "bastante e tão bom" deixa de se aplicar, como se viu, e o limite da deterioração deixa de se reportar às possibilidades de uso dos recursos naturais no contexto de uma economia doméstica, para passar a ser enquadrado no âmbito de uma economia assente no uso da moeda. A acumulação da moeda, ao contrário das coisas consumíveis, não viola o limite da deterioração: se alguém "desse as suas nozes por um pedaço de metal, agradado

---

[297] Cfr. Waldron, *God, Locke, and Equality*, pp. 175-177.
[298] Cfr. *Second Treatise*, Cap. V, § 50, pp. 301-302 (cfr. *Ensáio sôbre a Verdadeira Origem...*, p. 45).

com a sua cor, ou trocasse as suas ovelhas por conchas, ou lã por uma pedra reluzente ou diamante, e as guardasse para si toda a vida, não usurparia o direito dos outros; porquanto o excesso dos limites da sua justa propriedade não consiste na grandeza da sua possessão, mas sim em perecerem as coisas inutilmente na sua mão"[299]. Locke explica a introdução do dinheiro como resultando naturalmente da troca. A maior parte dos bens necessários à preservação da vida são perecíveis e uma vez que não podemos desperdiçar aquilo de que nos apropriamos, a troca surge como a única forma de alargar a propriedade. É interessante comparar a análise da origem do dinheiro efectuada por Locke com a desenvolvida por Aristóteles. Ambos situam essa origem no desenvolvimento natural da troca de bens, mas enquanto para este último está em causa uma necessidade decorrente da intensificação das trocas destinadas a suprir as lacunas na auto-suficiência natural[300], Locke coloca o problema unicamente na perspectiva da extensão legítima da propriedade[301]. A invenção do dinheiro constitui uma "oportunidade de continuar e alargar"[302] as possessões dos homens e tem, simultaneamente, o efeito de tornar escassos os recursos, designadamente a terra. O propósito de Aristóteles é o de justificar a propriedade dos senhores da casa que são simultaneamente membros de um corpo político; Locke pretende justificar a propriedade como esfera de autonomia em face de um poder político absoluto. Tal como Aristóteles exclui as formas de aquisição de propriedade assentes no comércio, porque o seu carácter ilimitado é incompatível com a prossecução dos fins próprios da cidade, Locke exalta a extensão da propriedade propiciada pelo comércio a dinheiro com base na sua autonomia, segundo pensava, em relação ao poder político.

A importância que o dinheiro assume na argumentação de Locke é bem demonstrada pela sua participação na controvérsia ocorrida

---

[299] Cfr. *Second Treatise*, Cap. V, § 46, p. 300 (cfr. *Ensáio sôbre a Verdadeira Origem...*, p. 43).

[300] Cfr. *Política*, I.9, 1257a27-40, p. 79.

[301] Cfr. Karen Iversen Vaughn, "The Economic Background to Locke's *Two Treatises*", pp. 137-138.

[302] Cfr. *Second Treatise*, Cap. V, § 48, p. 301 (cfr. *Ensáio sôbre a Verdadeira Origem...*, p. 44).

em Inglaterra no final do século dezassete sobre a recunhagem da moeda de prata[303]. Locke sustentou, tendo as suas propostas sido acolhidas na altura, que o valor nominal da moeda não podia ser alterado, uma vez que tinha a sua raíz na própria natureza. A humanidade teria consentido em atribuir um valor imaginário ao ouro e à prata e seria esse valor único e imaginário que teria criado a possibilidade de trocas com base no dinheiro. Existiria, assim, apenas uma fonte do valor da moeda e essa fonte consistiria, segundo Locke, no seu conteúdo de metal precioso[304]. Deste modo, qualquer alteração do valor nominal da moeda seria inútil e a sua prepetração pelo governo uma fraude. Está hoje assente que a posição de Locke é insustentável: as pessoas não trocam bens por quantidades de metal precioso, mas por quantidades de moeda e esta, sendo separável do ouro ou da prata, tem um diferente valor de mercado. Assim, enquanto Locke sustentava que o apreço da humanidade pelo outro e

---

[303] Os termos da controvérsia podem aqui apenas ser brevemente apresentados. Na Inglaterra do final do século dezassete, muito embora o dinheiro usual fosse a prata, eram também cunhadas moedas de ouro, as quais, ao contrário das primeiras, podiam ser trocadas pela moeda de prata de acordo com a cotação do mercado. Por outro lado, o valor facial da moeda de prata era baixo e o da moeda de outro era alto. Isto criava um incentivo para fundir a moeda de prata e exportá-la em barras para a Europa continental onde recebia um preço superior, o que resultava num decréscimo da moeda de prata. Um outro processo, com resultados fortemente inflacionários, consistia em cercear a moeda e fundir as aparas obtidas, que eram também exportadas. Surgiu assim uma proposta no sentido de efectuar uma recunhagem, com menos prata em cada moeda, com o propósito de evitar a exportação da prata inglesa. Foi a esta proposta que Locke se opôs, como se diz no texto: sobre o assunto, cfr. Joyce Appleby, "Locke, Liberalism, and the Natural Law of Money", in *Liberalism and Republicanism in the Historical Imagination*, pp. 58 e ss.; idem, *Economic Thought and Ideology in Seventeenth-Century England*, pp. 199 e ss.

[304] Cfr. Locke, *Some Considerations of the Consequences of the Lowering of Interest and the Raising the Value of Money*, p. 11: "For Mankind, having consented to put an imaginary Value upon Gold and Silver by reason of their Durableness, Scarcity, and not being very liable to be Counterfeited, have made them by general consent the common Pledges, whereby Men are assured, in Exchange for them to receive equally valuable things to those they parted with for any quantity of these Metals. By which means it come to pass, that the intrinsick Value regarded in these Metals made the common Barter, is nothing but the quantity which Men give or receive of them. For they having as Money no other Value, but as Pledges to procure, what one wants or desires; and they procuring what we want or desire, only by their quantity, 'tis evident, that the intrinsick Value of Silver or Gold used in Commerce is nothing but their Quantity".

prata era responsável pela criação do valor do dinheiro, os seus oponentes, já no século dezassete, sustentavam precisamente o contrário, afirmando que era a utilidade de existir um meio uniforme de troca que desencadeou o uso, e consequentemente o valor, do ouro e da prata. Ou seja, a ênfase era colocada na função do ouro e da prata como dinheiro, mais do que como mercadorias. Consequentemente, eles tendiam também a aceitar a influência, firmemente rejeitada por Locke, da política governamental no valor do dinheiro[305]. Mas o que verdadeiramente importa realçar, na recusa de Locke em aceitar o valor extrínseco do dinheiro, é a integração da sua teoria monetária e da sua filosofia dos direitos naturais. O que sustenta a posição de Locke sobre a recunhagem da moeda é, em última análise, a sua recusa em aceitar que o poder político pudesse influenciar a criação da propriedade. A chave para se compreender a sua intervenção na controvérsia reside, assim, na sua teoria da origem da propriedade, exposta no Cap. V do *Second Treatise*. A esta luz compreende-se que ele não pudesse deixar de recusar ao dinheiro um valor extrínseco, resultante da intervenção da autoridade pública[306].

Ocorre perguntar se a introdução do dinheiro constitui uma inevitabilidade no desenvolvimento do estado de natureza que determina a instituição da sociedade civil, pela impossibilidade de assegurar as condições de apropriação individual numa situação de abundância de recursos, ou, pelo contrário, constitui o próprio fim para que tende toda a argumentação de Locke. A pergunta, neste ponto da exposição, assume uma dimensão quase retórica, mas é ainda assim justificada pela necessidade de dar conta das posições de alguns autores que

---

[305] Cfr. Joyce Appleby, "Locke, Liberalism, and the Natural Law of Money", in *Liberalism and Republicanism in the Historical Imagination*, pp. 65-67; idem, *Economic Thought and Ideology in Seventeenth-Century England*, pp. 222-224. Como salienta a autora, a adopção dos pontos de vista de Locke (em 1696, o Parlamento determinou que as moedas cerceadas fossem recunhadas por forma a reflectir o antigo padrão; assim, a moeda de prata inglesa, com um valor facial de cerca de 4 milhões de libras, foi reduzido para metade) teve consequências desastrosas: grande parte das novas moedas foram fundidas, para exportação em barra, enquanto a nova cunhagem não acompanhava as necessidades de moeda, ocorrendo assim uma drástica deflação (cfr. J. Appleby, *primeira ob. cit.*, p. 78).

[306] Cfr. Joyce Appleby, "Locke, Liberalism, and the Natural Law of Money", in *Liberalism and Republicanism in the Historical Imagination*, pp. 82-85; Karen Iversen Vaughn, "The Economic Background to Locke's *Two Treatises*", p. 141.

procuram reconstruir a argumentação lockeana relativa à propriedade eliminando, ou pelo menos minorando, a importância fundamental que assume o dinheiro nessa argumentação. No primeiro caso, encontra-se a construção de James Tully, que entende que o dinheiro é, para Locke, um elemento constitutivo do Estado, não ocorrendo ainda no seu pensamento uma diferenciação clara entre a esfera económica e a esfera política[307]. Este modo de interpretar o pensamento de Locke resulta, como se disse, de uma completa e injustificada desconsideração da dimensão económica que integra aquele pensamento. Na segunda situação, isto é, visando minorar os efeitos que a introdução do dinheiro acarreta para os limites da apropriação, encontra-se a tese de Simmons. Segundo este autor, o dinheiro pode levantar o limite "interno" (que impede a deterioração) da propriedade, uma vez que não se coloca um problema de desperdício quando está em causa a acumulação do dinheiro, mas não pode destituir de carácter vinculativo o limite "externo" (da suficiência), uma vez que a todos deve ainda ser permitido o acesso à sua parte justa do comum, enquanto necessária à autopreservação e a uma vida independente. Simmons reconhece que "Locke parece, mesmo nos seus melhores momentos, apenas vagamente consciente destas consequências dos seus próprios princípios básicos", para concluir que é para a resolução de certos problemas morais criados pela introdução do dinheiro – problemas quanto à incerteza do título e problemas quanto a garantir a todos o acesso aos recursos – que o governo intervém na argumentação de Locke relativa aos direitos de propriedade[308]. Constitui, na melhor das hipóteses, um anacronismo pretender que o governo possa servir, no pensamento de Locke, para garantir o acesso de todos aos recursos naturais. Pode até aceitar-se que para Locke, nas formas mais evoluídas do estado de natureza, posteriores à introdução do dinheiro, se afigura essencial que sejam asseguradas condições para uma vida independente a todos aqueles a quem é vedada a

---

[307] Cfr. Tully, *Locke. Droit Naturel et Propriété*, pp. 210, 223, 227. No primeiro dos locais citados, contém-se a única referência de Tully à obra de Locke *Some Considerations of the Consequences of the Lowering of Interest and the Raising the Value of Money*, afirmando Tully tratar-se de "uma simples carta de aconselhamento e não uma exposição teórica relativa à moeda".

[308] Cfr. Simmons, *The Lockean Theory of Rights*, p. 306.

apropriação de terra. Mas isso não equivale a atribui-lhe a concepção de um direito a essas condições de vida que ao poder político incumbisse garantir; tais condições seriam antes asseguradas pelo funcionamento natural da economia, independentemente do poder político.

A introdução do dinheiro constitui, pois, o culminar de toda a construção de Locke. Através dele, como expressão máxima da riqueza, é assegurada àqueles que não podem já ser proprietários de terra, em virtude precisamente da introdução do dinheiro, a possibilidade de trabalhar e adquirir melhores condições de vida do que aquelas que existiriam numa situação de comunidade. O solo não é, pois, entendido como uma planície pre-existente susceptível de ser dividida geometricamente, mas antes encarado por Locke à semelhança do espaço na filosofia teorética: trata-se de uma capacidade de acolher qualquer coisa[309]. O argumento de Locke relativo à introdução do dinheiro permite compreender o carácter eminentemente historicista da sua concepção de estado de natureza e, simultaneamente, a circunstância de para ele a evolução representada por aquela introdução ser essencialmente apresentada como benéfica para a humanidade: na realidade, o contraste entre as economias desenvolvidas assentes nas trocas monetárias e as economias de subsistência é uma constante ao longo do Cap. V do *Second Treatise*[310]. Esse contraste não significa que para Locke a introdução do dinheiro acarrete uma suspensão dos preceitos do direito natural, uma vez que é ao dinheiro que se deve a extensão do sentido do trabalho produtivo para além dos limites de subsistência[311]. Por outras palavras, ainda que o dinheiro acarrete uma desigualdade no que toca à distribuição

---

[309] Cfr. Reinhard Brandt, *Eigentumstheorien von Grotius bis Kant*, p. 87. A analogia estabelecida por Brandt enquadra-se no âmbito do paralelismo por si estabelecido entre a teoria do conhecimento de Locke e a sua teoria da propriedade: tal como aquele não nos é dado sob a forma de ideias inatas, mas deve ser construído a partir do material posto à nossa disposição, também esta não pode ser adquirida através da divisão ou da *prima occupatio*, mas apenas em resultado do trabalho (cfr. Reinhard Brandt, *ob. cit.*, p. 78; James Tully, *Locke. Droit Naturel et Propriété*, pp. 47 e ss.; cfr., ainda, Locke, *Ensaio sobre o Entendimento Humano*, Livro I, Cap. III, § 12, vol. I, p. 87; *ibidem*, Livro II, Cap. XIII, § 3, vol. I, p. 208). Esta compreensão do poder de apropriação tem evidentes semelhanças com aquela que está subjacente ao pensamento de Ockham (cfr. Cap. II, 7, supra).

[310] Cfr. R. Ashcraft, *Locke's Two Treatises of Government*, pp. 145-146.

[311] Cfr. Richard Ashcraft, "The Politics of Locke's *Two Treatises of Government*", p. 39.

dos direitos individuais de propriedade, o tipo de economia que lhe está associado assegura a lei natural fundamental da preservação de uma forma mais eficiente do que aquela inerente às economias de subsistência próprias do estado de natureza anterior ao dinheiro. Em última análise, é esta crença consistente de Locke na lei fundamental da preservação da humanidade que permite conciliar a importância que o dinheiro adquire na sua teoria da propriedade com as críticas por ele dirigidas à sua acumulação em outros pontos da sua obra[312].

Feitos estes esclarecimentos sobre a importância do dinheiro na argumentação de Locke, importa retomar a associação por ele estabelecida entre o consentimento do dinheiro e o consentimento de "uma desproporcionada e desigual possessão da terra". Desde logo, é necessário salientar que o consentimento agora em causa não é uma simples recuperação do tipo de consentimento que Locke, no início do Cap. V, afirmou pretender superar. Seria, na realidade, pouco coerente justificar a introdução do dinheiro com base no consentimento e insistir que a apropriação inicial não o requer: certamente as dificuldades que levaram a afastá-lo neste último caso verificam-se também naquele. Mas trata-se, na realidade, de situações distintas. A superação do consentimento aquando da fundação de propriedade assenta no reconhecimento de uma impossibilidade: "se um tal consentimento tivesse sido necessário, o homem teria perecido à fome, não obstante a abundância que Deus lhe tinha dado"[313]. Esse problema

---

[312] Assim, no § 111 do *Second Treatise*, Locke deplora o *amor sceleratus habendi* posterior à idade do ouro (que não é difícil identificar com os primeiros estádios da condição natural (cfr. *Second Treatise*, Cap. VIII, § 111, p. 342; *Ensáio sôbre a Verdadeira Origem...*, p. 102). Além disso, no oitavo ensaio sobre a lei natural, Locke nega veementemente que o interesse próprio possa constituir o fundamento do direito natural e critica de forma expressa o desejo de acumulação de riqueza (Locke, "Is Every Man's Own Interest the Basis of the Law of Nature? No", *Essays on the Law of Nature*, pp. 131-132: "Whenever either the desire or the need of property increases among men, there is no extension, then and there of the world's limits. Victuals, clothes, adornments, riches, and all other good things of this life are provided for common use. And so when any man snatches for himself as much as he can, he takes away from another man's heap the amount he adds to his own, and it is impossible for anyone to grow rich except at the expense of someone else"; cfr., ainda, Reinhard Brandt, *Eigentumstheorien von Grotius bis Kant*, pp. 86-87: "A legitimidade da maior aquisição de alguns é garantida através do benefício de todos").

[313] Cfr. *Second Treatise*, Cap. V, § 28, p. 288 (cfr. *Ensáio sôbre a Verdadeira Origem...*, p. 26). A passagem citada corresponde àquele que Sreenivasan designa como o

não se coloca uma vez que exista a propriedade individual: o consentimento pode aí ser obtido individualmente, com o desenvolvimento das trocas[314]. Uma vez que o dinheiro existe apenas porque aceitamos empregá-lo nas nossas trocas, devemos também aceitar as suas consequências, entre as quais se encontra a desigualdade decorrente da extensão, sem violação do limite da deterioração, da possibilidade de apropriação. Mas se não é difícil admitir a obtenção desse consentimento por parte de um proprietário fundiário que troca o excesso da sua produção por uma determinada quantia em dinheiro, o caso muda completamente de figura quando nos encontramos perante um trabalhador nascido num mundo em que lhe está vedado o acesso à terra e que não tem outra hipótese, para se sustentar, senão vender os seus serviços, ou o seu trabalho, ao proprietário que o quiser empregar ou admitir ao seu serviço[315]. Do mesmo modo, é igualmente estranho falar do consentimento ao uso do dinheiro por parte daqueles que não efectuaram qualquer apropriação de terra, limitando-se a retirar da natureza os bens necessários ao seu sustento. Esses são acima de tudo prejudicados pelas crescentes apropriações propiciadas pela introdução do dinheiro. Para estes dois casos, que podem ser identificados, no tempo em que Locke viveu, com o do jornaleiro em Inglaterra e o do índio na América colonial, é inaceitável o argumento de que a desigualdade actualmente existente no que toca à distribuição da propriedade tenha o seu fundamento no consentimento do uso do dinheiro. Aqueles que são beneficiados por essa desigualdade devem ter consentido na introdução do dinheiro que a tornou possível; os que são prejudicados, ou não tomaram parte em qualquer convenção relativa à introdução do dinheiro, ou tomaram em condições de necessidade que certamente são insusceptíveis de dar origem a qualquer consentimento legítimo[316].

"paradoxo da abundância", o qual não constitui em si mesmo um modo de superar o consentimento, mas apenas a demonstração de que ele pode e tem de ser superado (cfr. Sreenivasan, *The Limits of Lockean Rights in Property*, pp. 28-29.

[314] Cfr. Alan Ryan, *Property and Political Theory*, p. 40; Brandt, "Zu Lockes Lehre vom Privateigentum", pp. 434-435, nota a novidade de esse consentimento não envolver o reconhecimento do carácter artificial do dinheiro, mas a atribuição de um valor inalterável ao ouro e à prata e o reconhecimento da desigualdade quanto à propriedade.

[315] Cfr. Alan Ryan, *Property and Political Theory*, p. 40.

[316] Cfr. Jeremy Waldron, *The Right to Private Property*, p. 224; idem, *God, Locke, and Equality*, p. 176.

Tendo certamente em vista estas situações, Locke formula ainda um outro argumento tendente a justificar a desigualdade decorrente da introdução do dinheiro, a que já se aludiu. O argumento consiste em afirmar que o mais pobre participante numa economia agrícola, como a inglesa, em que existe desigualdade na perspectiva da distribuição da propriedade fundiária, se encontra em melhor situação do que o melhor participante numa economia de subsistência como as dos nativos americanos. Segundo Locke, "Não pode haver demonstração mais clara a este respeito do que a que é dada por algumas nações dos americanos, os quais são ricos em terra e pobres em todos os confortos da vida; porquanto, tendo sido dotados pela natureza, tão liberalmente quanto qualquer outro povo, com os materiais da abundância, i. e. um terreno fértil apto para produzir em abundância tudo o que pode servir para sustento, vestido e prazer, ainda assim, eles, por falta de o terem melhorado por meio do trabalho, não têm uma centésima parte das conveniências de que nós gozamos, e aí um rei de um extenso e fértil território sustenta-se, reside e anda mais mal vestido que um jornaleiro entre nós"[317]. Alguns autores têm sustentado que este argumento assume alguma semelhança com a regra *maximin* formulada por John Rawls e corresponderia até a uma versão "forte" da mesma. Aquela regra é satisfeita por um determinado sistema económico apenas se aqueles que são menos favorecidos por ele não se encontram em pior situação do que os menos favorecidos em qualquer sistema alternativo[318]. Ora, se um jornaleiro numa economia agrícola tem melhores condições de vida do que o mais favorecido membro de uma economia de subsistência, aquelas condições de vida são também superiores às do menos favorecido membro desta economia[319]. Locke não admite, no entanto, que o estatuto social e os gostos do chefe nativo, em contraposição com as melhores condições materiais de vida do jornaleiro, possam inverter a comparação entre ambos a favor do primeiro. Por outro lado, existe um aspecto decisivo na formulação do princípio da diferença que não é

---

[317] Cfr. *Second Treatise*, Cap. V, § 41, pp. 296-297 (cfr. *Ensáio sôbre a Verdadeira Origem...*, p. 38).
[318] Cfr. John Rawls, *Uma Teoria da Justiça*, p. 132.
[319] Cfr. Alan Ryan, *Property and Political Theory*, pp. 40-41; Jeremy Waldron, *God, Locke, and Equality*, p. 175.

considerado no argumento de Locke. A comparação subjacente ao princípio da diferença estabelece-se entre a posição do menos favorecido num determinado sistema económico e a posição do menos favorecido em *qualquer* outra alternativa. Locke limita-se a defender a desigualdade inerente a uma economia agrícola, comparando esta *apenas* com a situação de pobreza de uma economia de subsistência da qual o dinheiro se encontra ausente[320].

O argumento desenvolvido por Locke no § 41 do Cap. 5, atrás citado, não reveste assim semelhanças relevantes com o princípio da diferença de Rawls. Em contrapartida, esse argumento aproxima-se substancialmente da condição que, segundo Nozick, deve estar contida numa adequada teoria da justiça nas aquisições de propriedade, condição essa que seria similar à versão "fraca" da condição lockeana do "bastante e tão bom". Nos termos dessa condição, um processo que normalmente dê origem a um direito de propriedade permanente e transmissível num bem previamente sem dono não conduzirá a este resultado "se a posição dos outros doravante sem liberdade de usar a coisa é desfavorecida". Segundo Nozick se apressa a esclarecer, não são abrangidos por esta formulação os casos de desfavorecimento decorrentes de mais limitadas oportunidades de apropriação (o que corresponderia à versão "forte" da cláusula "bastante e tão bom"), nem inclui o desfavorecimento da posição de um vendedor decorrente da apropriação de materiais por uma outra pessoa, tendo em vista a produção de um bem semelhante e a posterior competição entre ambos. A (única) violação clara da condição estabelecida por Nozick à justiça de uma apropriação inicial parece consistir na circunstância de alguém se apropriar da oferta total de um bem necessário à vida, como sucederia se alguém se apropriasse de toda a água potável no mundo[321].

1.4.8 Caridade. Existem duas questões importantes, na perspectiva da compreensão da teoria da propriedade de Locke, que não são abordadas no Cap. V do *Second Treatise*. Consistem elas na transmissão sucessória da propriedade e na perspectiva adoptada por

---

[320] Cfr. Alan Ryan, *Property and Political Theory*, p. 42.
[321] Cfr. Nozick, *Anarchy, State, and Utopia*, pp. 178-179; Jonathan Wolff, *Robert Nozick*, p. 110.

Locke em relação ao problema da caridade, isto é, o problema da medida e natureza da cedência de recursos pelos proprietários para a satisfação das necessidades dos pobres, quando estes não possam sobreviver sem essa cedência. O primeiro problema é conceptualmente distinto de uma teoria da propriedade, ainda que apresente evidentes conexões com ela; o segundo, pelo contrário, constitui um limite interno dessa teoria[322]. Por essa mesma razão, mas também por limites de tempo e espaço, será aqui apenas abordado o segundo[323].

O limite à propriedade decorrente das exigências da caridade não é abordado, como se disse, no Cap. V do *Second Treatise*; ele surge, no entanto, mencionado no § 42 do *First Treatise*: Locke afirma que Deus "não deu a nenhum dos seus filhos uma tal propriedade [que deixasse um homem à mercê de um outro, de modo a que este pudesse fazê-lo morrer à fome se assim o quisesse], na sua

---

[322] É claro que se pode argumentar que o direito de os filhos herdarem os bens dos pais, uma vez que seja fundado no direito de preservação (como efectivamente é, no pensamento de Locke), constitui um limite ao direito de propriedade dos pais, tanto como os direitos eventualmente decorrentes do princípio da caridade (assim, cfr. Sreenivasan, *The Limits of Lockean Rights in Property*, p. 105). Mas existe, apesar de tudo, uma diferença relevante quanto ao alcance da afectação da propriedade por estas duas limitações: só no caso do princípio da caridade, à semelhança do que sucede com os limites da suficiência e do não desperdício, nos encontramos perante um limite à própria aquisição e acumulação da propriedade.

[323] Os problemas que a propósito da transmissão sucessória da propriedade se colocam no pensamento de Locke consistem, por um lado, no seu fundamento e, por outro, na hierarquização da sucessão testamentária em relação à legitimária. Tais problemas podem ser sintetizados na seguinte questão: tem o direito do proprietário à livre transmissão dos seus bens, através da liberdade testamentária, prioridade, em Locke, sobre o direito de preservação dos seus dependentes, ou, pelo contrário, adquire prioridade este último, projectado num direito de sucessão legitimária? Optando pelo primeiro termo da alternativa, cfr. Leo Strauss, *Natural Right and History*, p. 247 e nota 125; Neal Wood, *John Locke and Agrarian Capitalism*, pp. 79-80; Thomas L. Pangle, *The Spirit of Modern Republicanism*, p. 233; optando pelo segundo termo da alternativa, no contexto de um entendimento extremo que concebe a propriedade como essencialmente familiar, cfr. James Tully, *Locke. Droit Naturel et Propriété*, pp. 189-192; entendendo, pelo contrário, no sentido que se afigura correcto, existir apoio textual nos dois *Treatises* para ambas as alternativas, e procurando conciliar ambas, no sentido de admitir a liberdade testamentária apenas quando não esteja em causa o direito dos filhos, não apenas à subsistência, mas também às conveniências e confortos da vida, nos termos em que as condições dos pais as possam suportar, cfr. Jeremy Waldron, *The Right to Private Property*, pp. 246-247; A. John Simmons, *The Lockean Theory of Rights*, pp. 208-209.

particular porção das coisas deste mundo; mas deu ao seu irmão necessitado um direito ao excesso dos seus bens; de tal modo que não lhe possa ser negado, quando as suas necessidades extremas o exigem. (...) Tal como a justiça dá a cada homem um título para o produto da sua indústria honesta e das justas aquisições dos seus antepassados; também a caridade dá a cada homem um título àquela quantidade da abundância de outrem que o mantenha fora da necessidade extrema, quando ele não tenha meios de subsistir de outra forma"[324]. Em face da ausência de qualquer referência ao princípio da caridade no contexto em que ela faria mais sentido, isto é, na discussão da propriedade, e sobretudo na justificação da desigualdade quanto a ela existente após a introdução do dinheiro, alguns autores têm sustentado que Locke pura e simplesmente se desinteressa dos direitos e deveres relacionados com a caridade[325]. Um segundo grupo de autores entende, invocando sobretudo a passagem do *First Treatise* atrás citada, que para Locke o dever de caridade é um dever natural e salienta a similitude entre a sua argumentação na referida passagem e a posição de S. Tomás sobre questão da caridade[326]. Sublinhar esta similitude serve, no entanto propósitos diversos para os autores que o fazem. Assim, James Tully salienta-a com o objectivo de fazer sobressair a importância da função social da propriedade[327]. Todavia,

---

[324] Cfr. *First Treatise*, Cap. IV, § 42, p. 170. No *Second Treatise* não existem referências explícitas às exigências da caridade, embora algumas passagens as tenham certamente em vista: cfr. *Second Treatise*, Cap. II, § 6, p. 271 ("when is own Preservation comes not in competition, ought he, as much as he can, to preserve the rest of Mankind"); Cap. VI, § 70 ("relief and support to the Distressed").

[325] Cfr. Leo Strauss, *Natural Right and History*, p. 239 ("Appropriation without concern for the need of others is simply justified because it is justified whether men lived in a state of plenty or a state of penury"), 242 ("For the emancipation of acquisitiveness is not merely compatible with general plenty but is the cause of it. Unlimited appropriation without concern for the needs of others is true charity") e 248 ("in his thematic discussion of property, he is silent about any duties of charity"); Macpherson, *The Political Theory of Possessive Individualism*, p. 221; Thomas Pangle, *The Spirit of Modern Republicanism*, pp. 143-144, 161 e 306-307.

[326] Cfr. James Tully, *Locke. Droit Naturel et Propriété*, p. 188; salientando também a semelhança entre a visão de S. Tomás e a de Locke relativa ao problema da caridade, embora com um alcance diferente do pretendido por James Tully, como se verá, cfr. John Dunn, "Justice and the Interpretation of Locke's Political Theory", p. 51.

[327] Cfr. James Tully, *Locke. Droit Naturel et Propriété*, p. 146: "Para Locke, com efeito, não apenas a propriedade está ligada à função social desempenhada pelo seu detentor,

não existe para Locke qualquer função social da propriedade em geral, isto é, fora dos casos em que não se verifique que uma pessoa tenha um excesso de bens, para além do que precisa para prover à sua preservação e às conveniências e confortos da vida, e outra pessoa se encontre numa situação de necessidade extrema. Locke afirma muito claramente o contrário: segundo ele, a "propriedade ... é para benefício e serve apenas a vantagem do proprietário"[328]. Em contraste com esta visão social-democrata do pensamento de Locke, John Dunn visa, de modo mais realista, salientar a continuidade entre ele e as concepções medievais das exigências da caridade e, assim, com base nessa continuidade, pôr a descoberto as incoerências das leituras do pensamento de Locke levadas a cabo por Strauss e Macpherson. Finalmente, um terceiro grupo de autores procura encarar as exigências do princípio da caridade como um genuíno terceiro limite ao direito de apropriação na teoria de Locke: do que se trata é agora de acomodar esse princípio no contexto da argumentação do Cap. V[329]. Ou seja, trata-se de encontrar os fundamentos que permitam "importar a doutrina da caridade do *First Treatise* para a teoria da propriedade do *Second Treatise*"[330].

Uma vez que mesmo este último grupo de autores não deixa de mencionar a ausência de originalidade de Locke quanto ao modo como formula a doutrina da caridade no § 42 do *First Treatise* e a proximidade entre ela e a concepção tomista[331], é precisamente essa proximidade que importa começar por determinar. Tal como se encontra consagrada no § 42, a doutrina da caridade significa a atribuição de um direito, sujeito à verificação de determinadas condições:

---

mas também ela só se justifica na medida em que contribua para a prossecução de uma função social que consiste na preservação do género humano". Tully, *ob. cit.*, pp. 195-196, pretende ainda, como se disse, que para Locke existe automaticamente um direito à ajuda caritativa quando não se ofereça a alguém a alternativa de trabalhar para si mesmo ou de vender o seu trabalho a alguém.

[328] Cfr. *First Treatise*, Cap. IX, § 92, p. 209; cfr., ainda, J. Waldron, *God, Locke, and Equality*, p. 185, nota 75.

[329] Cfr. A. John Simmons, *The Lockean Theory of Rights*, pp. 327-336; Jeremy Waldron, *God, Locke, and Equality*, pp. 177-187.

[330] Cfr. Jeremy Waldron, *God, Locke, and Equality*, p. 184.

[331] Cfr. A. John Simmons, *The Lockean Theory of Rights*, p. 328; Jeremy Waldron, *God, Locke, and Equality*, p. 177.

(1) aqueles a quem esse direito é reconhecido não têm meios para subsistir de outro modo, o que parece desde logo excluir todos aqueles que tenham capacidade para trabalhar[332]; (2) o direito é apenas atribuído àqueles que se encontrem numa situação de extrema necessidade; (3) a caridade confere apenas direito à abundância que alguém possua, o que corresponde sensivelmente aos bens supérfluos de que fala S. Tomás. Se agora se tiver presente a doutrina da caridade deste último, a que se aludiu no capítulo anterior, ressaltam diferenças significativas, não obstante a semelhança de algumas expressões usadas. Assim, para S. Tomás o cumprimento dos deveres de assistência aos pobres releva da caridade ou da justiça, consoante esteja em causa um acto super-rogatório ou, para além disso, um verdadeiro dever moral. Por outro lado, o seu tratamento da caridade não abrange apenas os bens supérfluos do que a presta, nem tão pouco se limita à necessidade extrema de quem a recebe. Em contrapartida, muito embora Locke estabeleça uma distinção entre direitos de caridade e direitos de justiça, o modo como concebe a caridade no § 42 do *First Treatise* conduz necessariamente a considerar os direitos e deveres a ela associados como verdadeiras questões de justiça e não como relevando de um simples dever moral de esmola, a que não corresponde qualquer direito[333]. Esta conclusão não assenta apenas na circunstância de Locke restringir os casos incluídos na sua doutrina da caridade àqueles que S. Tomás trata como verdadeiros deveres de justiça. Ela assenta principalmente no facto de Locke se referir ao "direito" que um homem em situação de extrema necessidade tem

---

[332] Este é, de resto, o pressuposto de que parte Locke no seu *An Essay on the Poor Law*, p. 184: "Could all the able hands in England be brought to work, the greatest part of the burden that lies upon the industrious for maintaining the poor would immediately cease".

[333] Isso não significa que Locke não conceba a caridade precisamente nestes termos noutros pontos da sua obra. Assim, no manuscrito "Venditio", p. 340, afirma o seguinte: "A man will not sell the same wheat this year under 10s per bushel which the last year he sold for 5s. This is no extortion by the above said rule [a venda pelo preço de mercado no lugar da venda] because it is this year the market price, and if he should sell under that rate he would not do a beneficial thing to the consumers, because others then would buy up his corn at his low rate and sell it again to others at the market rate and so the[y] make profit of his weakness and share a part of his money. If to prevent this he will sell his wheat only to the poor at this under rate, this indeed is charity but not what strict justice requires".

aos bens em excesso de um outro, ao "título" que advém da caridade em paralelo com o título que a justiça assegura sobre o produto do trabalho e os bens legitimamente transmitidos[334].

Partindo do pressuposto, aqui igualmente adoptado, de que a doutrina da caridade expressa por Locke no § 42 do *First Treatise* é na realidade encarada pelo autor como envolvendo o reconhecimento aos necessitados de um verdadeiro direito, nas condições descritas, e do correspondente dever, A. John Simmons sustenta que uma teoria lockeana dos direitos (a "melhor posição lockeana", segundo ele) deve incluir um direito à caridade mais forte do que o literalmente descrito por Locke. Segundo o autor, do dever de preservar a humanidade, correspondente, segundo Locke, ao princípio fundamental do direito natural, decorre que apenas aquilo de que necessitamos para a nossa própria preservação é em princípio imune às pretensões decorrentes das necessidades dos outros. Por outro lado, Simmons entende que a posição de Locke parece exigir alguma forma de um programa de "bem-estar social", atendendo à insuficiência da dádiva individual privada[335]. Esta reconstrução da doutrina lockeana da caridade torna-a completamente inoperacional no estado de natureza, em

---

[334] Cfr. J. Waldron, *God, Locke, and Equality*, p. 180. A completa separação entre as exigências da caridade, situadas num plano puramente moral, e da justiça, com consequências propriamente jurídicas, é enfatizada pelos libertários. Assim, David Friedman afirma que os libertários rejeitam a ideia de que "as pessoas tenham pretensões legítimas sobre as outras, em relação a algo mais do que a serem deixadas em paz. Uma sociedade libertária não teria programas sociais, nem sistema de segurança social. As pessoas que pretendessem ajudar os outros fá-lo-iam voluntariamente através da caridade privada" (cfr. *The Machinery of Freedom*, p. xvii). No mesmo sentido, Nozick salienta que apenas as vias coercivas que conduzem a esses objectivos se encontram excluídas, enquanto as voluntárias permanecem (cfr. *Anarchy, State, and Utopia*, p. ix). Nozick, *ob. cit.*, pp. 287-288, produz uma curiosa justificação para a circunstância de Locke incluir a doutrina da caridade apenas no *First Treatise*. Para ele, os direitos de propriedade sobre aquilo que alguém faz parecem constituir uma decorrência da teoria da propriedade de Locke. Consequentemente, Locke teria um problema real se Deus, que fez e é dono do mundo, desse a Adão a propriedade única sobre ele. Em tal caso, todas as pessoas precisariam da permissão de Adão para usar a sua propriedade e encontrar-se-iam assim submetidas ao seu poder. Seria a consideração dessa hipótese que explicaria a discussão da doutrina da caridade nos §§ 41 e 42 do *First Treatise*. Os desafios que os parágrafos mencionados colocam à interpretação da teoria da propriedade de Locke não merecem, no entanto, qualquer outra referência a Nozick.

[335] Cfr. A. John Simmons, *The Lockean Theory of Rights*, pp. 332-333.

condições de escassez, e, por essa razão, insusceptível de ser harmonizada com a teoria da propriedade desenvolvida no Cap. V.

A posição de Simmons não merece, no entanto, qualquer censura quando aponta o princípio fundamental, para Locke, do direito natural, isto é, o princípio de que a humanidade deve ser preservada, como a base simultânea da sua doutrina da caridade e da sua teoria da propriedade[336]. Ainda que este dever de preservar a humanidade seja muitas vezes discutido por Locke como envolvendo apenas deveres negativos de não agressão, ele é certamente compatível, mesmo nas condições do estado de natureza, com um dever dos proprietários não resistirem ao exercício do direito aos seus bens excedentários, por aqueles que se encontram em situação de extrema necessidade. Não se trata aqui da caridade como envolvendo um dever positivo de auxílio, mas apenas um dever negativo de não impedir o exercício do direito dos necessitados[337]. Tal como se torna necessário afastar o consentimento de todos os comuns para a apropriação dos bens necessários à preservação, pois "se um tal consentimento tivesse sido necessário, o homem teria perecido à fome, não obstante a abundância que Deus lhe tinha dado" (§ 28 do Cap. V), também a perspectiva de morrer à fome afasta a necessidade de obter o assentimento do proprietário ao uso dos seus bens supérfluos por parte daquele que se encontra em situação de necessidade extrema. A doutrina da caridade fornece a justificação desse afastamento[338]. Uma vez que se reconhece ao direito à caridade o carácter de um dever natural, pelo menos na versão passiva atrás mencionada, a que corresponde um verdadeiro direito natural, é razoável supor que a comunidade política o torne eficaz, uma vez que a ela incumbe principalmente a função de proteger os direitos naturais[339].

---

[336] Cfr. A. John Simmons, *The Lockean Theory of Rights*, p. 330; Waldron, *God, Locke, and Equality*, p. 184.

[337] A distinção, como se disse anteriormente, é aprofundada por Jeremy Waldron, "Welfare and the Images of Charity", pp. 232 e ss.

[338] Cfr. Waldron, *God, Locke, and Equality*, pp. 185-186.

[339] Cfr. Jeremy Waldron, *The Right to Private Property*, p. 241; no mesmo sentido, cfr. G. A. Cohen "Marx and Locke on Land and Labour", pp. 189 e 191. De resto, no seu *An Essay on the Poor Law*, pp. 184, 189 e 198, Locke expressamente assume a existência de um direito à subsistência dos pobres, ainda que o seu propósito seja demonstrar que o verdadeiro auxílio consiste em encontrar trabalho para eles.

1.5 Crítica do argumento de Locke relativo à propriedade privada. No número anterior, procurou reconstituir-se o argumento de Locke sobre a propriedade privada, tal como ele o desenvolve sobretudo no Cap. V do *Second Treatise*, sem deixar de se mencionar criticamente as diversas interpretações que esse argumento tem suscitado; nas páginas que seguem, o objecto da crítica será o próprio argumento de Locke. Algumas dessas críticas podem já adivinhar-se na exposição que antecede, mas serão agora formuladas mais aprofundadamente.

Não passará, com certeza, despercebida, na exposição feita do argumento de Locke, a ausência de uma definição expressa do direito de propriedade. Uma explicação simples para essa ausência consiste na circunstância, já apontada, de Locke encarar, por um lado, a propriedade sobre os bens como uma extensão da personalidade (ou seja, da propriedade que cada um tem da sua própria pessoa) e, por outro, identificar propriedade com todos os direitos de que alguém possa ser titular. É o conceito central de apropriação de bens externos como extensão da personalidade que lhe interessa desenvolver no Cap. V do *Second Treatise*, mais do que a sua concreta manifestação, isto é, o direito sobre os bens e o respectivo conteúdo. Não existem razões para julgar que Locke acreditasse ter a dizer algo de inovador sobre o conteúdo da propriedade. Sob este ponto de vista, parece seguro atribuir-lhe a ideia de que o direito de propriedade envolve o direito de usar e consumir a coisa[340], o direito de excluir outros[341] e o direito de alienar a coisa ou, noutra terminologia, o próprio direito de propriedade[342]. Estes aspectos do conteúdo do direito de propriedade têm, no entanto, de ser harmonizados com três importantes exigências: em primeiro lugar, os bens não podem ser objecto de destruição negligente[343]; depois, pelo menos os bens supérfluos estão submeti-

---

[340] Cfr. *First Treatise*, Cap. IV, § 39, p. 168; *ibidem*, Cap. IX, § 92, p. 209.

[341] Cfr. *First Treatise*, Cap. IX, § 92, p. 209 ("Property ... is for the benefit and sole Advantage of the Proprietor") e, sobretudo, *First Treatise*, Cap. IV, § 24, p. 157 ("That by this Grant God gave him not Private Dominion over the Inferior Creatures, but right in common with all Mankind"), e *Second Treatise*, Cap. V, § 26, p. 286 ("no body has originally a private Dominion, exclusive of the rest of Mankind").

[342] Cfr. *Second Treatise*, Cap. V, § 46, p. 300; *ibidem*, Cap. VIII, § 116, p. 346.

[343] Isto decorre não apenas do limite da deterioração ou não desperdício, acima discutido, mas é também afirmado por Locke, pelo menos implicitamente. Assim, no

dos à obrigação de prover àqueles que se encontram em situação de necessidade extrema; finalmente, Locke afirma que a propriedade não existe apenas para o proprietário, mas também para a sua família[344].

1.5.1 A propriedade entre a liberdade de apropriar-se e o direito sobre o objecto apropriado. É precisamente a articulação entre a propriedade como extensão da personalidade individual e o reconhecimento ao proprietário do controlo exclusivo de um bem exterior que constitui o primeiro motivo de crítica ao tipo de argumentação desenvolvido por Locke. A crítica que aqui se tem em vista toma como ponto de partida a caracterização, sugerida por Waldron, do direito de propriedade privada em Locke como um direito especial e contingente, em contraposição a um direito geral e necessário, contraposição essa que poderíamos brevemente definir como estabelecendo a diferença entre um igual direito *a* ter propriedade (direito geral) e um direito *sobre* a propriedade legitimamente adquirida (direito especial)[345]. O que se pretende verdadeiramente demonstrar é que no pensamento de Locke relativo à propriedade privada se misturam argumentos relativos a direitos de carácter geral

---

First Treatise, Cap. IX, § 92, p. 209, afirma-se que o proprietário pode até "destroy the thing that he has property in by his use of it, where need requires".

[344] Cfr. *First Treatise*, Cap. IX, §§ 87-90, pp. 206-208; *Second Treatise*, Cap. XVI, §§ 182-183, pp. 389-391. Cfr., ainda, J. Waldron, *The Right to Private Property*, pp. 161-162. O que se afirma no texto não significa, no entanto, que seja possível afirmar ser a propriedade, para Locke, não um direito individual, mas um direito exercido por toda a família, como pretende James Tully, *Locke. Droit Naturel et Propriété*, p. 190. Família, evidentemente, deve ser entendido com o alcance que o termo teria nas sociedades europeias do século dezasete.

[345] A distinção entre direitos gerais e especiais foi formulada por Hart, "Are There Any Natural Rights?", pp. 84 e ss., sendo depois usada na discussão da propriedade por Jeremy Waldron, *The Right to Private Property*, esp. pp. 106-124; A. John Simmons, *The Lockean Theory of Rights*, pp. 79 e ss.; Wolfgang Kersting, "Eigentum, Vertrag und Staat bei Kant und Locke", p. 110. Segundo nota este último autor, *ob. e loc. cit.*, o direito de propriedade concebido como direito geral e necessário pode ser representado através do seguinte esquema silogístico: (1) as pessoas têm objectivos, de cuja prossecução não devem ser desviadas, e determinação morais, cujo livre desenvolvimento é de promover; (2) a propriedade é para os homens em sociedade um meio absolutamente necessário para alcançar esses objectivos e determinações; (3) portanto, todos devem ter propriedade. Por seu turno, a propriedade como direito especial e contingente pode ser representada através do seguinte esquema: X tem um direito de propriedade sobre Y porque fez A a respeito de Y.

e necessário com argumentos relativos a direitos de carácter especial e contingente, argumentos que são incompatíveis entre si.

A propriedade será configurada como um direito geral e necessário quando a todo o homem seja reconhecido *ab initio* um direito à propriedade, sendo configurada como um direito especial e contingente quando o direito de propriedade surge na sequência de um determinado evento, sem a ocorrência do qual o direito não existiria e que pode até não ter lugar. De um modo geral, constituem direitos gerais e necessários os que cabem às pessoas em virtude de uma qualidade não contingente. Hart, que primeiro estabeleceu a distinção, embora sem ter em vista o caso da propriedade, aponta os exemplos da liberdade de expressão e de culto[346]. Como exemplos mais óbvios de direitos especiais, costumam indicar-se os resultantes de uma promessa ou de um contrato. Estes distinguir-se-iam do direito de propriedade enquanto direito especial, em virtude do seu carácter relativo: ao direito do promissário ou de um dos contratantes corresponde o dever do promitente e do outro contratante; já a propriedade reveste um carácter absoluto. Para além disso, existe uma diferença estrutural entre considerar como especial o direito decorrente de uma promessa, por um lado, e o direito de propriedade, por outro: aquele pode ser transformado num direito geral sujeito à condição da efectiva realização de uma promessa, sem que a formulação do direito sob um aspecto ou outro acarrete quaisquer alterações quanto à possibilidade objectiva de o mesmo se tornar efectivo; pelo contrário, pensar o direito de propriedade como especial e contingente e procurar, depois, dar-lhe a formulação de um direito geral sujeito à condição da prática de um acto apropriativo não ilude a circunstância de as possibilidades objectivas de apropriação poderem não corresponder à formulação do direito em termos gerais. Entre a compreensão da propriedade como um direito geral ou especial existe uma divergência substancial quanto ao respectivo fundamento na ideia de justiça. A importância de uma determinada teoria quanto ao direito de propriedade privada sustentar o seu carácter de direito geral e necessário ou, pelo contrário, especial e contingente, reside, como é bom de ver, na circunstância de aquele ter implicações distributivas que são

---

[346] Cfr. Hart, "Are There Any Natural Rights?", p. 87.

alheias a este[347]. Em virtude disso, o desenvolvimento de uma teoria do direito de propriedade como direito especial contingente torna necessária a inclusão nessa teoria de um conceito de apropriação originária e, consequentemente, prescinde de se orientar por um conceito estrutural de justiça quanto ao problema da distribuição dos bens; inversamente, uma filosofia da propriedade que a apresente como um direito geral e necessário não terá qualquer interesse sistemático no problema da aquisição originária dos bens e recusará como insuficiente uma perspectiva meramente histórica da justiça distributiva[348]. O que acaba de ser dito permite concluir que a distinção entre a compreensão da propriedade como direito geral ou especial releva não tanto do conteúdo e estrutura do direito de propriedade, quanto do conceito de justiça a que o mesmo se encontre associado[349].

Ante o exposto, parece evidente que o direito de propriedade privada constitui, para Locke, um direito especial e contingente, na medida em que apenas pode ter origem no evento que consiste em alguém juntar o seu trabalho a um determinado bem. Em face da distinção entre direitos gerais e necessários, por um lado, e especiais e contingentes, por outro, dir-se-ia não existir, para Locke, um direito geral à propriedade, mas apenas direitos de propriedades, na sequência de um processo de apropriação consistente em alguém juntar o seu trabalho com recursos ainda abrangidos por uma situação da comunidade. Assim, dir-se-ia também, não existe para Locke um direito geral de apropriar-se, nem de ter uma oportunidade para o efeito; existe apenas, nos termos da argumentação por ele desenvolvida, um direito geral a ver garantida a própria subsistência, reconhecido a todos aqueles que não a possam garantir por si mesmos[350]. Simplesmente, a caracterização do direito natural de propriedade segundo Locke como um direito especial e contingente parece incompleta.

Quando se diz que Locke caracteriza o direito de propriedade como sendo um direito especial e contingente qual é, exactamente, o aspecto da sua argumentação que se tem em vista? Segundo Jeremy Waldron essa caracterização assenta no seguinte: "ao trabalhar sobre

---

[347] Cfr. J. Waldron, *The Right to Private Property*, pp. 117 e 444.
[348] Cfr. Wolfgang Kersting, "Eigentum, Vertrag und Staat bei Kant und Locke", p. 112.
[349] Cfr. J. E. Penner, *The Idea of Property in Law*, pp. 103 e 105.
[350] Cfr. Jeremy Waldron, *The Right to Private Property*, p. 251.

recursos no estado de natureza um homem adquire um direito sobre eles que é suficientemente importante de um ponto de vista moral de forma a sustentar a proposição de que os outros (incluindo os governos) têm o dever de não lhe tirarem esses recursos sem o seu consentimento"[351]. Sucede, porém, que estão imiscuídas na argumentação de Locke – e este é um traço marcante de toda a sua argumentação – realidades diversas: o direito comum de os homens usarem as coisas necessárias ao sustento da vida; o direito exclusivo de cada um sobre a sua pessoa e sobre as suas acções (ou trabalho); o direito de propriedade como direito absoluto sobre um bem em concreto. Ora, este último direito surge na sequência do exercício legítimo do segundo, no sentido em que a propriedade sobre as coisas é uma extensão da propriedade que os homens têm nas suas pessoas e no seu trabalho. Por seu turno, o direito de propriedade é equiparado ao direito de usar as coisas dado em comum aos homens, através do paradoxo da abundância, formulado no § 28 do *Second Treatise*. Através dele, Locke visa expressamente superar a necessidade do consentimento para a apropriação de um bem em situação de comunidade, na medida em que "se um tal consentimento tivesse sido necessário, o homem teria perecido à fome, não obstante a abundância que Deus lhe tinha dado". Ao mesmo tempo, Locke desvaloriza a circunstância de a permanência do bem na situação de comunidade, em condições de abundância, não obstar ao respectivo uso sem qualquer consentimento, pelo menos se esse uso se restringir ao tempo exigido para a satisfação de necessidades. Através deste artifício, Locke atribui ao direito de propriedade a função que o tradicional direito de usar as coisas necessárias ao sustento da vida teria desempenhado. Sucede, porém, como já se mencionou, que o direito de propriedade não pode, por natureza, ter o mesmo número de titulares que o direito de uso, por um lado, e, por outro, inclui faculdades que a este são alheias.

O direito de usar as coisas necessárias ao sustento da vida é, evidentemente, um direito geral e necessário. De igual modo, a propriedade de si mesmo, ou o direito que cada homem tem sobre a sua própria pessoa e sobre as suas acções, só pode também ser caracteri-

---

[351] Cfr. Jeremy Waldron, *The Right to Private Property*, p. 251.

zada, de forma coerente, como um direito geral e necessário. Simplesmente, não é apenas esse direito em si mesmo considerado que a instituição da comunidade política é chamada a preservar (e muito menos o direito de usar as coisas necessárias ao sustento da vida), mas os direitos especiais de propriedade sobre bens em concreto a que o exercício dele tenha dado lugar, na sequência de actos de apropriação contingentes[352]. A circunstância de o exercício do direito geral de cada um sobre a sua própria pessoa e as suas acções, isto é, a extensão da própria pessoa, dar origem a direitos de propriedade sobre bens exteriores concretos é simplesmente função da fase de desenvolvimento do estado de natureza em que se encontre o agente. Quando, com a introdução do dinheiro e a situação de escassez de recursos naturais daí adveniente, as condições do estado de natureza deixam de assegurar automaticamente que o exercício do direito geral de extensão da personalidade dê origem a direitos de propriedade, o que sucede não é propriamente que a teoria de Locke deixe de ter aplicação[353], mas antes que passam a ser diversas as bases encontradas para a justificação da propriedade, embora com o objectivo comum de assegurar o respeito da lei fundamental da natureza que consiste na preservação. A partir do momento em que ocorre, no estado de natureza, a introdução do dinheiro e a escassez de recursos naturais a propriedade passa a ser justificada com base no consentimento dado ao uso do dinheiro e em considerações de ordem consequencialista, uma vez que o aumento das dimensões das propriedades de alguns beneficia aqueles a quem é dada desse modo uma oportunidade de trabalho, possibilitando a sua preservação e melhorando a sua posi-

---

[352] Em sentido semelhante, cfr. A. John Simmons, *The Lockean Theory of Rights*, p. 87. Simmons, todavia, entende existir uma articulação entre direitos gerais e direitos especiais (que ele obtém através do modo como concebe o conceito de comunidade originária e os limites da apropriação, em termos que foram já objecto de crítica) cuja ausência o texto visa precisamente demonstrar.

[353] Assim, precisamente, J. L. Mackie, *Ethics*, p. 176. É claro que Mackie não pretende ser essa a posição efectivamente expressa por Locke, mas apenas aquela que resultaria do reconhecimento do direito exclusivo de cada um sobre a sua própria pessoa e sobre o produto do seu trabalho e do limite da suficiência, se estes funcionassem de acordo com um princípio de justiça intertemporal, isto é, se o reconhecimento daquele direito e o funcionamento efectivo deste limite beneficiasse todas as pessoas, independentemente do momento por elas ocupado nas diversas fases de desenvolvimento do estado de natureza.

ção, se se tomar como termo de comparação aquela que ocupavam na situação de comunidade anterior[354]. Por outras palavras, a argumentação de Locke relativa à propriedade privada é ainda rigorosamente abrangida pela analogia do teatro, atrás mencionada: apesar de este ser tido em comum por todos, o lugar ocupado por cada um é seu e aqueles que chegam mais tarde não podem desalojar os primeiros. A única diferença reside talvez na circunstância de aqueles que não encontram lugar no teatro montado por Locke poderem ter motivos acrescidos de descontentamento, uma vez que existem poucas possibilidades de o trabalho, que à partida lhe asseguraria um lugar, e que não podem, de qualquer modo, deixar de realizar, ter sido efectivamente desempenhado por aqueles que o ocupam[355].

Com efeito, nos termos da argumentação de Locke, o direito exclusivo de cada um sobre a sua pessoa e as suas acções não se efectiva em termos apropriativos necessariamente através do trabalho produtivo; inversamente, nas condições económicas e sociais que pressupõem a dimensão transformativa e produtiva do trabalho, já poderá não ser possível o exercício daquele direito exclusivo em termos apropriativos. Nas condições iniciais de abundância, em que existe uma economia de subsistência, o direito exclusivo de cada um sobre a sua pessoa e sobre o seu trabalho dá origem a um direito de propriedade sobre bens exteriores numa situação em que o acto de apropriação não se distingue de uma simples ocupação de um bem previamente não sujeito a qualquer direito de propriedade, ou seja, não se distingue de uma situação em que o direito de propriedade é adquirido com base na ocupação de um bem em situação de comunidade negativa, tal como a entendia Pufendorf. Mas o que verdadeiramente justifica, para Locke, a natureza apropriativa desse simples acto de ocupação é a circunstância de ele ser uma instância daquela extensão da personalidade que o trabalho humano actualiza de forma mais perfeita. Porém, à medida que as condições sociais tornam cada vez mais significativo o trabalho humano, as condições naturais que permitiam que o direito geral de exclusivo sobre a pessoa e as suas

---

[354] Cfr. S. B. Drury, "Locke and Nozick on Property", p. 502.
[355] Para Séneca, *De benef.*, Livro VII, Cap. XII (cfr. *Des Bienfaits*, tomo II, p. 89), por exemplo, o teatro estava reservado aos cavaleiros e a ocupação era o título de entrada de cada um.

acções fosse exercido em termos de apropriação tornam-se praticamente inexistentes. Existe, pois, uma relação de proporcionalidade inversa entre a possibilidade de se verificar uma dimensão produtiva e transformativa do trabalho humano e a possibilidade de exercer em termos apropriativos o direito geral de cada um sobre a sua pessoa. No entanto, o que justifica o reconhecimento deste último é precisamente a dimensão produtiva do trabalho humano. A argumentação de Locke apenas justifica a desigualdade na distribuição do direito de propriedade nas condições das sociedades actuais se o seu fundamento deixar de consistir na protecção do direito natural que cada um tem em controlar a sua própria pessoa e as suas acções e do seu exercício em termos apropriativos, para passar a consistir na protecção do resultado desse exercício, traduzido em direitos de propriedade sobre bens concretos, por parte de alguns, completado por considerações de ordem consequencialista em relação aos restantes – a preservação daqueles que ficam excluídos. A desigualdade daí decorrente contraria directamente o fundamento da sua teoria, que consiste precisamente na igualdade a todos reconhecida quanto ao direito de cada um sobre as suas pessoas e as suas acções, isto é, o seu trabalho[356]. O exercício desse direito dá lugar, para alguns, à apropriação e constituição de direitos de propriedade sobre bens concretos e, para os restantes, à mera preservação através do trabalho desempenhado para outros e sob a sua orientação[357].

O problema com a argumentação de Locke consiste, em última análise, na circunstância de ele não se limitar a situar no estado de natureza um direito individual de apropriação pelo trabalho, encarado

---

[356] Cfr. Lawrence Becker, *Property Rights*, pp. 39-43.

[357] Esta mesma distinção está na base daquela que, nas obras dos jurisconsultos franceses posteriores a 1789, se pressupõe entre o reconhecimento da propriedade de todos os homens sobre o seu trabalho e o estatuto de proprietário, simultaneamente jurídico e moral, apenas reconhecido àqueles que tinham a propriedade de bens materiais (cfr. Mikhaïl Xifaras, *La Propriété*, p. 82; os antagonismos decorrentes da dissociação entre as duas propriedades estão bem presentes na discussão de Seabra, *A Propriedade*, pp. 89 e ss., obra que se insere simultaneamente na tradição liberal que remonta a Locke e na tradição jurídica relativa à ordem da propriedade contida no *Code civil* francês de 1804, como salienta Johannes-Michael Scholz, "Eigentumstheorie als Strategie Portugiesischen Bürgertums von 1850", pp. 351-352). A mesma distinção está ainda subjacente ao princípio da independência formulado por Kant (cfr., infra, cap. 2, ponto 2.3).

como uma extensão da personalidade, pelo tempo necessário ao uso dos bens de que a pessoa se apropria para o sustento da vida, relegando o estabelecimento do direito sobre o produto da apropriação, e o controlo exclusivo inerente, para o estado civil. O problema reside, por outras palavras, na circunstância de ele pretender identificar um direito natural de usar as coisas necessárias ao sustento da vida, um direito natural de apropriar-se, entendido como extensão da própria pessoa, e um direito natural sobre o produto da apropriação. Como se verá de seguida, também o trânsito entre estas realidades, para além da impossibilidade de obter uma justaposição entre elas, não se apresenta isento de dificuldades.

1.5.2 A propriedade e o trabalho entre o sujeito e o objecto.
É a tentativa de estabelecer o direito de propriedade sobre a protecção da personalidade, sobre o *suum*, que verdadeiramente caracteriza o pensamento de Locke. O termo *"property"* delimita para ele, como se disse, o conjunto dos direitos naturais do homem, em cujo âmbito a propriedade sobre as coisas forma apenas uma espécie que deriva dos direitos pessoais e, por isso, participa da tutela que a eles é destinada. É precisamente este o sentido da trilogia *"lives, liberties, and estates"*. Esta trilogia, que constitui a base de toda a filosofia política de Locke, como se afirmou, é também a base dos dois princípios fundamentais da ideologia liberal relativa à propriedade: a fundamentação da propriedade sobre os bens exteriores na liberdade pessoal dos homens; o dever de protecção do Estado também, e sobretudo, para a propriedade, sempre que a liberdade individual deva ser objecto de protecção. É nela, por último, que se encontra o principal fundamento histórico da inclusão da garantia da propriedade privada nos primeiros textos constitucionais[358]. Ao mesmo tempo, a tentativa de encontrar a justificação da propriedade privada na personalidade humana, através do trabalho, legou à filosofia política o conceito ambíguo, e em última análise insustentável, de "propriedade de si mesmo" (*self-ownership*). É certo que Locke não inventou o conceito e procurou até, com a sua concepção dele, através da

---

[358] Assim, precisamente, D. Schwab, "Eigentum", p. 80; Damian Hecker, *Eigentum als Sachherrschaft*, p. 166. Cfr., ainda, R. Schlatter, *Private Property*, pp. 190 e ss.

ideia da propriedade de cada um sobre a sua própria pessoa, evitar as consequências radicais que lhe estão associadas nos pensamentos de Hobbes e Grócio, para os quais um poder completo de cada um sobre si mesmo serve sobretudo o propósito de justificar a respectiva transferência para um governo absoluto ou mesmo, no caso de Grócio, a constituição voluntária da servidão pessoal[359]. A dificuldade do conceito de "propriedade de si mesmo" no pensamento de Locke releva antes da circunstância de através dele se procurar fundar directamente na liberdade pessoal de cada um a propriedade sobre os bens exteriores, ou seja, releva de se procurar assimilar o tratamento do direito de propriedade aos dos restantes direitos pessoais incluídos na trilogia "*lives, liberties, and estates*". O problema, como é bom de ver, resulta de esses direitos terem uma natureza completamente diversa.

Segundo Locke, "cada homem (sendo senhor de si mesmo e proprietário da sua própria pessoa e das suas acções ou trabalho) tem ainda em si mesmo a grande fundação da propriedade" (§ 44 do *Second Treatise*). A propriedade de alguém sobre as respectivas acções pode significar que esse alguém assume a responsabilidade pelas acções[360]. Já se mencionou que a teoria da propriedade de Locke assenta num paralelo com a sua teoria da personalidade: assim como esta visa explicar a identidade pessoal através da apropriação das acções passadas pelo eu actual, aquela tornaria possível a autonomia da pessoa através da apropriação de bens exteriores. Simplesmente, esse paralelo não é suficiente para conferir à extensão da personalidade a força normativa necessária a estabelecer uma relação de propriedade. O único sentido admissível da ideia de propriedade de si mesmo e das respectivas acções é o de que ela equivale a um direito de liberdade pessoal, tal como os direitos à vida e liberdade incluídos na trilogia *life*, *liberty* e *estate*. Com esse fundamento na liberdade, os direitos de controlo que a pessoa pode pretender em relação a si própria são direitos de controlo sobre si enquanto sujeito, não enquanto objecto, e, por isso, não podem ser caracterizados

---

[359] Cfr. Alan Ryan, "Self-Ownership, Autonomy, and Property Rights", pp. 246 e 249.
[360] Cfr. Jeremy Waldron, *The Right to Private Property*, p. 181.

como direitos de propriedade[361]. Se a propriedade de si mesmo equivale a um direito de liberdade pessoal, poderá daí retirar-se um direito de se apropriar de um objecto e de trabalhá-lo pelo tempo necessário ao seu uso tendo em vista prover aos confortos e necessidades da vida, mas não, seguramente, um direito de tratar como propriedade o objecto da apropriação e do trabalho, ou de excluir de forma duradoura todas as outras pessoas do seu uso. Ou seja, a propriedade de si mesmo e do trabalho desenvolvido pelo sujeito não é apta a transformar a mera detenção de um objecto trabalhado, ainda que para o usar tendo em vista a satisfação das necessidades da vida, numa relação jurídica de propriedade[362]. O conceito de "propriedade de si mesmo" (*self-ownership*) não parece, pois, apto a fundamentar o conceito de propriedade de bens no mundo (*world-ownership*), pela simples razão de que o trabalho como actividade humana é uma realidade distinta do trabalho concretizado num objecto. Acresce que ainda que hoje se possa discutir a inclusão no conceito de "propriedade de si mesmo" de alguns direitos que podemos tratar como direitos de propriedade (*v. g.*, o direito de vender sangue ou sémen)[363],

---

[361] Cfr. Daniel Attias, *Liberty, Property, and Markets*, p. 50; cfr., ainda, a crítica da retórica da ideia de propriedade de si mesmo feita por J. W. Harris, *Property and Justice*, pp. 184-197. O autor, *ob. cit.*, p. 196, salienta o *non sequitur* inerente ao argumento da propriedade de si mesmo: do facto de eu não ser propriedade de ninguém, no caso de não ser um escravo, não se segue que seja proprietário de mim mesmo. Segue-se apenas que ninguém pode ser proprietário de mim, nem mesmo eu. É necessário salientar que ao contrário de alguma retórica moderna da ideia, Locke não se refere à propriedade do corpo, mas à propriedade da pessoa.

[362] Cfr. W. Kersting, "Eigentum, Vertrag und Staat bei Kant und Locke", p. 125; Manfred Brocker, *Arbeit und Eigentum*, p. 384; Kiyoshi Shimokawa, "Locke's Concept of Property", p. 21; John Christman, *The Myth of Property*, p. 60; Daniel Attias, *Liberty, Property, and Markets*, p. 68. Este parece também ser o sentido da crítica de Matthew Kramer, *John Locke and the Origins of Private Property*, pp. 146-150, ao argumento da junção. Ao contrário do que parece acreditar este último autor, a crítica referida no texto não é nova: no seu *Institutes of Natural Law*, de 1754, Thomas Rutherforth afirmou que o trabalho de alguém "may mean either the personal act of working, or the effect which is produced by that act. In the first sense, it must be allowed that a man's labour is properly his own, ... but it does not follow ... that the effect of his labouring ... must likewise be properly his own" (cit. in Paschal Larkin, *Property in the Eighteenth Century*, p. 102).

[363] Cfr. N. Roos, "On Properties without Properties: An Inquiry into the Metaphysical Foundations and the Coherence of Private Law", p. 209. Repare-se que ainda que se admita um direito de propriedade em tais casos, isso não significa necessariamente que ele releva da ideia de propriedade de si mesmo, enquanto direito de liberdade pessoal: cfr. Daniel Attias, *Liberty, Property, and Markets*, p. 69.

o que seguramente não sucedia no tempo em que escreveu Locke, a maioria dos direitos aí certamente incluídos são direitos pessoais como o direito à vida, à integridade física, o direito a não ser privado da liberdade sem uma justa causa, a liberdade de expressão ou a liberdade de exercer uma profissão[364].

1.5.3 Ambiguidades da argumentação de Locke

1.5.3.1 A inalienabilidade dos direitos. A argumentação de Locke relativa à justificação do direito de propriedade privada assenta, pois, em dois pressupostos dificilmente aceitáveis: por um lado, o tratamento do direito de propriedade como uma espécie do género representado pelas liberdades pessoais, tratamento esse que subjaz à própria formulação da trilogia *life, liberty* e *estate*; por outro, a ausência de uma distinção clara na sua argumentação entre o direito de se apropriar de bens exteriores, submetendo-os ao seu trabalho, para efeitos de os usar tendo em vista a satisfação das suas necessidades, que poderia ainda ser assimilado a uma liberdade pessoal no estado de natureza, e o direito de propriedade sobre os bens em relação aos quais haja sido exercida essa liberdade pessoal. Esta última indiferenciação torna especialmente problemática no seu pensamento a discussão do tema da inalienabilidade da propriedade. De acordo com um certo modo de ver, Locke utiliza o termo *"property"* para exprimir o carácter inalienável de um certo número de direitos, entre os quais o direito à vida e à liberdade, mas também o direito de usar os bens necessários ao conforto da vida e à subsistência[365]. Nos termos de outra interpretação, embora não possamos, segundo Locke, alienar as nossas personalidades ou parte delas, podemos sem dúvida alienar os bens com os quais decidimos juntá-las, desde que essa alienação decorra do nosso consentimento[366]. O que explica esta

---

[364] Cfr. Stephen R. Munzer, *A Theory of Property*, p. 57; Alan Ryan, "Self-Ownership, Autonomy, and Property Rights", pp. 254-255.
[365] Cfr. James Tully, *Locke. Droit Naturel et Propriété*, pp. 164-165 e 98.
[366] Cfr. Peter Laslett, "Introduction", p. 103 e nota *; no mesmo sentido, cfr. A. John Simmons, *The Lockean Theory of Rights*, pp. 231-233; idem, *On the Edge of Anarchy*, pp. 117-118.

diversidade de opiniões é, sem dúvida, a conexão estabelecida por Locke entre os direitos naturais da vida e da liberdade e o conceito de propriedade[367]. Ora, desde logo, é duvidoso que faça sentido falar de inalienabilidade para Locke mesmo quando estão em causa os direitos naturais pessoais da vida e da liberdade. Na verdade, quando Locke nega, em sentido contrário do que havia sido aceite pelos seus antecessores jusnaturalistas, que alguém possa voluntariamente submeter-se à escravatura, o seu argumento não consiste em afirmar o carácter inalienável do direito à liberdade, mas simplesmente a ausência de um direito a destruir ou pôr em perigo a própria vida. Segundo ele próprio afirma, "Ninguém pode dar mais poder [direitos] do que tem; e quem não pode tirar a própria vida não pode dar a outrem poder sobre ela"[368]. Quando se pergunta se é possível retirar do *Second Treatise* um argumento semelhante em relação à propriedade privada, ressurgem as dificuldades associadas à justaposição, no pensamento de Locke, entre o direito de usar os bens necessários à preservação da vida, o direito de apropriação como extensão da personalidade e o direito de propriedade propriamente dito[369]. Para responder a esta questão, importa colocar a argumentação desenvolvida por Locke a propósito da inalienabilidade dos direitos naturais no seu contexto histórico. Antes de Locke, era genericamente reconhecido, largamente em resultado do pensamento de Grócio, que os homens eram totalmente livres no estado de natureza e, por essa razão, podiam logicamente proceder como entendessem em relação à sua liberdade, incluindo a submissão voluntária à escravatura ou ao

---

[367] Neste sentido, cfr. R. Schlatter, *Private Property*, p. 159.

[368] Cfr. *Second Treatise*, Cap. IV, § 23, p. 284 (cfr. *Ensáio sôbre a Verdadeira Origem* ..., p. 22). Cfr., ainda, A. John Simmons, *On the Edge of Anarchy*, p. 115.

[369] A. John Simmons, *On the Edge of Anarchy*, pp. 113 e 117-118, afirma que "disse muitas vezes que Locke acreditou ser o direito de propriedade, pelo menos quando compreendido como o direito de fazer propriedade (em vez de um específico direito de propriedade sobre bens externos), um direito inalienável", mas conclui apenas que os direitos específicos de propriedade sobre bens externos são alienáveis, o que ninguém pode seriamente contestar. Numa outra obra, Simmons afirma que todos os direitos que temos sobre nós próprios podem ser alienados, mas o problema que não é aí explicado suficientemente consiste em saber quais os direitos que temos sobre nós próprios e quais as partes das nossas personalidades sobre as quais não podemos reclamar nenhum direito (cfr. *The Lockean Theory of Rights*, p. 232, nota 32).

poder de um governo absoluto[370]. Sustentava-se, pois, que todos os direitos eram alienáveis, embora se admitisse não ser verosímil que alguns direitos tivessem efectivamente sido alienados pelos homens, designadamente os direitos de viver e prover à própria preservação[371]. Em face desta tradição de pensamento, a estratégia de Locke consiste, por um lado, como se viu, em sustentar a impossibilidade lógica, com base na proibição do suicídio, de alguém consentir na sua própria submissão à escravatura e afirmar assim a permanência do direito, que é simultaneamente um dever, de autopreservação. Por outro lado, essa estratégia consiste em excluir o absolutismo e afirmar que o soberano não pode em quaisquer circunstâncias actuar de forma arbitrária para com os seus súbditos, atendendo à base contratual do poder político e, sobretudo, à definição clara dos direitos naturais que os homens têm antes da constituição da sociedade civil. Estes dois aspectos da sua estratégia argumentativa combinam-se na medida em que Locke pura e simplesmente exclui a existência de um direito individual alienável quando esteja em causa a lei fundamental da natureza, isto é, a preservação da vida humana[372]. Assim, muito embora o direito de propriedade sobre concretos bens exteriores seja um direito alienável, com base no consentimento, o que dizer da propriedade sobre as nossas pessoas e respectivas acções? O que dizer dos direitos especificados pelo princípio da caridade?

É a justaposição na teoria lockeana dos direitos de realidades com uma diferente estrutura (direitos gerais de propriedade sobre a própria pessoa ou direitos de personalidade incluídos no *suum*, por um lado, e direitos especiais de propriedade sobre bens particulares, por outro) que explica a articulação difícil, no seu âmbito, entre o disponível e o indisponível, o alienável e o inalienável, capaz de afectar, em última análise, o significado da própria liberdade. A *pro-*

---

[370] Cfr. *De juri belli ac pacis*, Livro I, Cap. III, VII, 1 (*Le Droit de la Guerre et de la Paix*, p. 99).

[371] Cfr. Richard Tuck, *Natural Rights Theories*, pp. 143-155.

[372] Quanto aos dois aspectos da estratégia argumentativa de Locke mencionados no texto, cfr. R. Tuck, *Natural Rights Theories*, pp. 172-173; ao contrário do que afirma Tuck, no entanto, não parece, possível afirmar que o argumento retirado da proibição do suicídio possa ser desvalorizado, uma vez que decorre da importância central que adquire a lei natural da preservação.

priedade constituída é sem dúvida alienável, mas o que dizer da *propriedade constituinte*, isto é, da própria individualidade? O problema adquire a sua maior complexidade na configuração do trabalho não apropriativo, quer dizer, do trabalho desempenhado em condições de escassez de recursos, visando a autopreservação. No trabalho que dá origem a um direito de propriedade sobre bens externos, pode dizer-se que o sujeito está nos efeitos como na causa, na interioridade como na exterioridade, mas o que sucede com o trabalho prestado a outrem? Locke parece ter em vista um esquema em que a força de trabalho se projecta inteiramente nas acções da pessoa desenvolvidas com um fim produtivo. Nestas condições, é possível, como se verá, fundar na sua própria noção de propriedade de si mesmo a crítica desenvolvida por Marx ao trabalho assalariado industrial, visando demonstrar a alienação nele implicada[373].

1.5.3.2 A propriedade entre o contrato e o domínio fáctico de uma coisa. A conexão problemática estabelecida por Locke entre a ideia de "propriedade de si mesmo" e a propriedade sobre os bens exteriores é, em última análise, responsável pela possibilidade de se interpretar o seu pensamento à luz exclusivamente daquela ideia ou encará-lo, em termos exactamente opostos, como a tentativa de fundamentar a propriedade numa relação imediata entre pessoas e coisas. Assim, optando pelo primeiro termo da alternativa, J. E. Penner sustentou que o interesse da ideia de propriedade de si mesmo é o de pôr em destaque o direito de cada um escolher se e como actuar, ou trabalhar, e assim produzir valor. Qualquer coacção exercida sobre uma pessoa no sentido de a forçar a trabalhar interfere no exercício deste direito e é, por essa razão, injustificável. Nesta medida, a propriedade de si mesmo aproxima-se da propriedade em sentido próprio, uma vez que, à semelhança do direito de uso exclusivo, o direito de escolher como actuar pode ser redefinido como o direito de determinar como lidar com as próprias capacidades para agir. A riqueza de uma pessoa, segundo Locke, corresponderia à corporização das suas acções livres, à materialização do seu carácter industrioso. A acumulação dessas riquezas é admissível porque o limite da deterioração é

---

[373] Cfr. Étienne Balibar, "Le Renversement de l'Individualisme Possessif", pp. 16-19.

evitado através do comércio. O comércio, por sua vez, é apenas possível quando exista a consciência de que o valor de uma coisa não escassa é somente o valor do trabalho despendido com ela e, por essa razão, lidar com o valor do trabalho implica lidar com o agente desse trabalho enquanto pessoa a quem cabe dispor dele. O argumento de Locke, nesta leitura, não visaria assim justificar a propriedade, mas a distribuição contratual, ou assente no funcionamento do mercado, do produto do trabalho. Para Locke a propriedade seria transformada no contrato. Todavia, esta análise da teoria de Locke que segundo Penner visa expô-la à luz mais favorável possível, não deixa também, segundo o mesmo autor, de salientar o seu insucesso, decorrente da circunstância de nela se misturar propriedade e "propriedade de si mesmo" de um modo que é escassamente persuasivo se considerarmos que o direito de propriedade, enquanto direito de uso exclusivo de uma coisa, não se encontra intrinsecamente ligado com o direito sobre o próprio trabalho ou o direito de estabelecer contratos[374].

Pelo contrário, optando pela segundo termo da alternativa atrás mencionada, Manfred Brocker sustenta que a teoria da propriedade de Locke entende esta como uma relação imediata entre pessoas e coisas, e não como uma relação entre pessoas, na medida em que a circunstância de o trabalho humano dar por si só origem à propriedade tornaria supérfluo obter o consentimento de terceiros para o estabelecimento de direitos de propriedade[375], e é precisamente esta tentativa de retirar um direito de propriedade de uma relação fáctica unilateral entre uma pessoa e uma coisa um dos motivos da crítica atrás desenvolvida e, simultaneamente, uma das vias que suscitaram a reflexão posterior sobre o tema da propriedade.

O interesse em se confrontarem aqui as leituras de Penner e Brocker consiste em elas adoptarem concepções contrastantes em relação ao direito de propriedade. Penner critica Locke em nome da concepção do direito de propriedade que defende, a cuja luz este não é um direito interpessoal, mas um direito sobre uma coisa, e a propriedade é definida como uma "prática impessoal"[376]. Pelo contrário,

---

[374] Cfr. J. E. Penner, *The Idea of Property in Law*, pp. 198-200.
[375] Cfr. Manfred Brocker, *Arbeit und Eigentum*, p. 388.
[376] Cfr. J. E. Penner, *The Idea of Property*, pp. 2-5, 23-31 e 105-107.

Brocker critica Locke precisamente na perspectiva de uma concepção da propriedade como relação entre pessoas, isto é, como um feixe de, por assim dizer, relações jurídicas, que apenas podem ser estabelecidas entre pessoas, e não entre pessoas e coisas ou entre coisas. Para Brocker, as relações de propriedade não existem entre pessoas e coisas, mas entre o proprietário e outras pessoas, alterando necessariamente as posições normativas de terceiros[377]. Nesta conformidade, Brocker desenvolve o conceito de direito de propriedade à luz do modelo do "feixe de direitos" (*bundle of rights*), na esteira de autores como Hohfeld, Tony Honoré e Lawrence Becker[378]. Não é agora o momento de apreciar criticamente estas concepções opostas sobre a natureza da propriedade – apreciação essa, aliás, apenas relevante na perspectiva do presente trabalho na medida em que esclareça a configuração da tutela constitucional da propriedade –, mas não pode deixar de se notar como a simples possibilidade de o pensamento de Locke as suscitar é, por si só, reveladora das dificuldades que acarreta a compreensão do seu significado histórico.

A verdade é que ambas as posições contrastadas se podem integrar numa adequada compreensão do pensamento de Locke sobre a propriedade. Para Locke "o *dominium* não é antes de mais o direito de excluir todos os outros do uso de uma coisa, mas o *dominium* efectivamente exercido sobre a própria coisa através do trabalho de cultivo, ao qual só depois se segue o direito de excluir. Aqui se torna claro como a nova fundação do *dominium*, com a influência de Bacon, necessariamente elimina a teoria contratual"[379]. No entanto, se o contrato em que a doutrina tradicional fazia assentar o direito de propriedade é eliminado na explicação da respectiva origem[380], ele

---

[377] Cfr. M. Brocker, *Arbeit und Eigentum*, p. 390; Jeremy Waldron, *The Right to Private Property*, p. 267.

[378] Cfr. Manfred Brocker, *Arbeit und Eigentum*, p. 395: "A 'propriedade' não é senão *a soma das condições* sob as quais as pessoas jurídicas se permitem mutuamente o uso dos bens – e manifesta-se com isso não enquanto instituto jurídico 'natural' e monolítico, mas enquanto um '*feixe*' de direitos *positivos* (e deveres)"; cfr. Tony Honoré, "Ownership", pp. 165 e ss.; L. Becker, *Property Rights*, pp. 18-21.

[379] Cfr. R. Brandt, *Eigentumstheorien von Grotius bis Kant*, p. 77; Helmut Holzhey, "Lockes Begründung des Privateigentums in der Arbeit", p. 31.

[380] Na verdade, a teoria da ocupação é ainda uma teoria assente no contrato: a este propósito é particularmente elucidativa a exposição de Manfred Brocker, *Arbeit und Eigentum*, pp. 127 e ss.

passa a ser encarado como um factor de agilização desta última, cujo fundamento consiste na própria personalidade humana. Ora, como se demonstrou, a fundação por Locke de um direito exclusivo de propriedade sobre a personalidade está votada ao insucesso e, nessa medida, J. E. Penner tem sem dúvida razão quando afirma que a melhor leitura de Locke é a de que o seu pensamento opera, na realidade, uma transformação da propriedade no contrato. A "propriedade de si mesmo" não é apta a explicar a "propriedade no mundo", como se disse, mas é, sem dúvida, um dos factores determinantes na génese do indivíduo moderno, que se relaciona com os seus semelhantes determinando ele próprio, e só ele, como lidar com as próprias capacidades para agir.

1.5.3.3 Locke e o capitalismo. O problema da relação entre o pensamento político de Locke e o capitalismo foi pela primeira vez colocado, como se sabe, por C. B. Macpherson. Todavia, para além de estabelecer tal relação, Macpherson interpretou aquele pensamento como uma pura expressão do capitalismo. O pensamento de Locke visaria, em todos os seus aspectos, a justificação do capitalismo, encarado como modelo conceptual, quer dizer, independentemente da realidade histórica e das suas mutações[381]. Posteriormente, têm surgido leituras em que Locke exprimiria certas alterações sociais básicas ocorridas na Inglaterra do seu tempo, no sentido de uma transição para as primeiras fases do capitalismo, isto é, para um capitalismo agrário, definido como uma situação em que uma larga quantidade da terra é pertença de latifundiários e trabalhada por rendeiros, não sendo as rendas fixadas por lei ou pelo costume, mas em função das condições de mercado. Nestas propostas de leitura, o capitalismo, na sua versão agrária, baseia-se também no desapossamento dos produtores directos, que são livres de um ponto de vista jurídico, mas forçados a viver ao nível da mera subsistência em resultado da apropriação económica da mais valia representada pelo seu trabalho. O mercado deixa assim de constituir, para os produtores directos, uma oportunidade para se tornar um imperativo. O pensamento de Locke constituiria a legitimação deste estado de coisas,

---

[381] Cfr. Neal Wood, *John Locke and Agrarian Capitalism*, pp. 7-9.

através da justificação da apropriação individual das terras comuns, da teoria do valor do trabalho e da justificação do alargamento das propriedades com base no comércio[382].

Em face do exposto, não resulta claro em que medida são verdadeiramente alterados os pressupostos da análise de Macpherson – o pensamento de Locke encarna um modelo abstracto da sociedade de mercado, e todo esse pensamento é exclusivamente avaliado à luz da sua conformidade com o modelo em causa. Na verdade, o entendimento de que Locke articula uma teoria da propriedade apta a justificar as relações económicas no âmbito de um capitalismo agrário limita-se a redefinir o modelo de sociedade de mercado que serve depois para demonstrar a conformidade daquela teoria com ele. Independentemente da consistência do modelo em causa, surge como imensamente redutora a análise do pensamento filosófico de Locke sobre a propriedade assim efectuada.

Sem prejuízo do que acaba de ser dito, surge também como completamente desajustada a concepção que atribui a Locke uma indiferenciação entre a esfera económica e a esfera política[383]. Pelo contrário, a autonomia da esfera económica é precisamente um dos aspectos centrais na construção da nova noção de ordem moral inerente ao "imaginário social moderno", como o designa Charles Taylor, que evidencia também o papel fundamental desempenhado por Locke naquela construção[384]. A teoria de Locke sobre a propriedade pressupõe, com efeito, como se viu nas páginas antecedentes, que a actividade económica (quer dizer, produtiva, mas também ordenada e pacífica) se torne o modelo do comportamento humano e a chave para a paz entre os homens (e esta é, como se sabe, uma ideia que exerce uma influência constante no pensamento do século dezoito, até ao projecto de paz perpétua de Kant)[385]. Em contraste com as

---

[382] Cfr. Neal Wood, *John Locke and Agrarian Capitalism*, pp. 16-18, 40-45, 92 e 113-114; Ellen Meiksins Wood e Neal Wood, *A Trumpet of Sedition*, pp. 123-137; Ellen Meiksins Wood, *The Origin of Capitalism*, pp. 52-53, 95 e ss., 109 e ss.; Ulrich Duchrow e Franz J. Hinkelammert, *Property for People, Not for Profit*, p. 64.

[383] Cfr. James Tully, *Locke. Droit Naturel et Propriété*, pp. 223 e 227.

[384] Taylor encara a "teoria da ordem moral de Grócio e Locke" como a fundação desse imaginário: cfr. *Modern Social Imaginaries*, pp. 3 e ss.

[385] É na medida em que institui a actividade económica como modelo do comportamento humano que a teoria de Locke pode ser qualificada como anti-individualista, ou pelo

teorias da complementaridade hierárquica de Platão ou Aristóteles, a sociedade é encarada como uma zona de concórdia e serviço mútuo, não na medida em que transcendamos os nossos propósitos e objectivos usuais, mas, pelo contrário, no processo de os levar a cabo de acordo com o desígnio de Deus[386]. Este contraste adquire uma das suas expressões mais claras na diferenciação entre a trilogia antiga da alma, corpo e bens e a trilogia lockeana da vida, liberdade e propriedade, a que se aludiu[387]. A recuperação, em parte, das propostas de Macpherson e outros significará, todavia, a admissão de que a economia como esfera autónoma do poder político constitui uma forma crucial de compreensão da sociedade moderna, em cuja conformação Locke ocupa um lugar fundamental? A resposta, decididamente, é negativa. Sem dúvida que uma perspectiva materialista, evidenciando a aquisição de poder pelas classes comerciantes e a emergência de novas estruturas fundiárias, ocupa um lugar na explicação do surgimento da ordem moral moderna e, em particular, da teoria da propriedade de Locke. Mas essa explicação carece de ser completada por outros factores, de ordem política e espiritual[388].

---

menos como empobrecedora na perspectiva da vida espiritual do indivíduo. Matthew Kramer, *John Locke and the Origins of Private Property*, pp. ix-x, procurou sustentar o anti-individualismo de Locke, e aquilo que designa pelo seu comunitarismo, através da atribuição a este de uma posição filosófica relativa à propriedade privada caracterizada pela prioridade das necessidades colectivas em relação às individuais. Segundo o autor, uma vez que o argumento da junção é improcedente (por razões semelhantes a algumas das que foram atrás expendidas), resta apenas encarar a fundamentação da propriedade através do argumento da preservação (cfr. *ob. cit.*, p. 242), que Kramer interpreta apenas no sentido "comunitário" de que a humanidade como um todo deve ser preservada (cfr. *ob. cit.*, p. 251). A reconstrução da teoria de Locke com base num dos seus argumentos, em detrimento do outro (e independentemente das críticas que esses argumentos possam suscitar) constitui um exercício filosófico de duvidoso interesse, pelo menos como interpretação do pensamento de Locke. Além disso, a visão comunitarista da teoria de Locke sobre a propriedade privada adoptada por Kramer condu-lo a conclusões surpreendentes, como a exclusão do princípio da caridade ou a ideia de que existe uma obrigação de não desviar recursos para sustentar pessoas deficientes e improdutivas em circunstâncias de especial escassez: cfr. *ob. cit.*, pp. 257-259 e 281-282; cfr., ainda, Sreenivasan, "Review of M. H. Kramer...", pp. 129 e ss., bem como Kramer, "Locke on Private Property: A Reply to Sreenivasan", pp. 179 e ss.

[386] Cfr. Charles Taylor, *Modern Social Imaginaries*, p. 15.

[387] Cfr. supra, ponto 1.3.5, deste capítulo.

[388] Aliás, mesmo no seu âmbito, as teses materialistas necessitam de ser completadas por uma referência às novas exigências do poder estatal, na medida da consciencialização

Quanto a estes últimos, afigura-se ainda hoje válido o modelo explicativo proposto por Max Weber, na *Ética Protestante e o Espírito do Capitalismo*, sem prejuízo das correcções de que necessite[389]. Em síntese, o que está em causa, contra as teses que pretendem atribuir a Locke a defesa de um diferencial de racionalidade entre as classes proprietárias e as classes trabalhadoras, é precisamente a prossecução, no contexto da Reforma, do ideal de que a vida cristã não é vivida de modo mais perfeito através do seguimento de vocações mais elevadas, como a monástica, sendo antes compatível com qualquer vocação e devendo realizar-se no seio de uma vida comum, a vida do trabalho e da família[390]. Para além da importância que estes factores de ordem espiritual tiveram na promoção gradual da ordem económica enquanto pilar da modernidade, esta foi também ensejada por factores políticos. Através destes, procurava evidenciar-se, já não a importância da vida económica para a salvação individual, mas antes a ideia de que o desenvolvimento do comércio constituía um modo de evitar a ruína da sociedade, permanentemente ameaçada na altura devido aos equilíbrios precários em que assentava a ordem interna e externa[391]. Como se afirmou, constitui um traço permanente do pensamento do século dezoito a ideia de que o comércio e a actividade económica constituem a base para uma existência ordeira e pacífica. A promoção da economia como uma ordem natural, em que os homens seriam livres de perseguir os seus interesses comerciais, era vista como a melhor forma de inibir as paixões dos poderosos e o recurso à guerra. Acreditava-se, assim, que a autonomização da economia era uma arma contra o despotismo[392].

Permanece, no entanto, a questão: qual a relação entre Locke e o capitalismo? É necessário ter presente, antes de mais, que aquilo

---

das elites de governo de que o favorecimento do comércio constituía uma condição do poder político e militar: cfr., neste sentido, Charles Taylor, *Modern Social Imaginaries*, pp. 72-73, e ainda a crítica de Pocock às teses de Macpherson, abordadas no cap. 4, ponto 4.1, da Parte I.

[389] Cfr. Wolfgang Schluchter "'Wie Ideen in der Geschichte wirken': Exemplarisches in der Studie über den asketischen Protestantismus", pp. 49 e ss.

[390] Cfr. Charles Taylor, *Modern Social Imaginaries*, pp. 73-74. A presença deste ideal no pensamento de Locke foi posta em evidência no ponto 1.4.6 supra.

[391] Cfr. Albert O. Hirschman, *The Passions and the Interests*, p. 130.

[392] Cfr. Albert O. Hirschman, *The Passions and the Interests*, pp. 73 e ss.; Charles Taylor, *Modern Social Imaginaries*, pp. 74-76.

que ele parece advogar é, não a apropriação ilimitada, mas o trabalho produtivo, não a apropriação capitalista tendo em vista o benefício individual, mas a riqueza nacional alcançada através do comércio externo. Ou seja, a perspectiva adoptada por Locke parece ser ainda a do mercantilismo e não a do capitalismo[393]. Ao mesmo tempo, não pode deixar de se registar, a este propósito, uma certa ambivalência na posição de Locke, resultante do confronto da sua doutrina da caridade com o trabalho assalariado. Por um lado, a existência de uma situação de necessidade extrema reactualiza a comunidade originária dos bens e não pode conduzir a situações de poder despótico entre os homens. Ninguém pode ser forçado a trabalhar, porque a pessoa em tais condições seria um escravo. Por outro lado, parece ter sido assumido por Locke que não existe uma situação de necessidade quando é proporcionado trabalho e um ganho a alguém, mesmo que esse ganho mantenha o trabalhador ao nível da mera subsistência[394]. A sua posição é, assim, em certa medida, paradoxal[395].

Aliás, o carácter paradoxal da posição de Locke em relação ao capitalismo não se esgota no papel atribuído à caridade, antes caracterizando transversalmente todo o seu pensamento. Assim, ao lado do entendimento da propriedade como uma extensão da personalidade de cada um, da consideração da actividade produtiva como modelo da actividade humana e da autonomização da actividade económica como reacção contra o poder político absoluto, surgem ainda no pensamento de Locke a ideia de que o empregado se integra na sociedade doméstica, a vinculação entre a propriedade e a família e, sobretudo, a inscrição da sociedade doméstica no estado de natureza[396].

---

[393] Cfr. Richard Ashcraft, "The Politics of Locke's *Two Treatises of Government*", p. 39; Joyce Appleby, "Locke, Liberalism, and the Natural Law of Money", in *Liberalism and Republicanism in the Historical Imagination*, p. 75.

[394] Richard Ashcraft, "Lockean Ideas, Poverty, and the Development of Liberal Political Theory", p. 50.

[395] Cfr. Niklas Luhmann, *Gesellschaftsstruktur und Semantik*, vol. 3, pp. 37-38.

[396] Cfr. Daniela Gobetti, *Private and Public*, pp. 75 e ss. Como a autora, *ob. cit.*, pp. 97-98, salienta, ao contrário de Pufendorf e outros jusnaturalistas, que expressamente assumiam ser a comunidade política instituída pelos chefes das famílias, Locke não apresenta uma semelhante descrição explícita da transição do estado de natureza para a comunidade política, reconhecendo simultaneamente a igualdade entre todos os adultos como pessoas autónomas no estado de natureza e a sua inserção natural no âmbito da sociedade doméstica.

1.5.3.4 O fundamento teológico. No início do presente capítulo, foi já posta em evidência a importância que assume a fundação teológica no pensamento político de Locke e, em particular, do seu pensamento sobre a justificação da propriedade privada. Por outro lado, ao longo da exposição antecedente ficou bem assente, julga-se, que essa fundação funciona como "premissa e constrangimento" da sua teoria da propriedade[397]. A ideia de que os homens foram criados por Deus como iguais, enquanto base de toda a filosofia política de Locke, impõe, até, que se adopte uma visão unitária do seu argumento relativo à justificação da propriedade privada. Por conveniência de exposição, distinguiu-se anteriormente uma linha de argumentação assente na importância da preservação humana, enquanto mandado divino, e uma linha de argumentação que se baseia na mistura do trabalho com os recursos da natureza. Esta segunda linha de argumentação salienta o direito exclusivo de cada um sobre a sua pessoa e o seu trabalho, enquanto a primeira recorre à noção das necessidades humanas e à ordem que deve ser estabelecida tendo em vista a melhor preservação da espécie humana. Ora parece evidente que os limites à apropriação estabelecidos em nome do princípio da igualdade fazem sobretudo sentido no contexto desta última linha de argumentação, o mesmo sucedendo com as exigências do princípio da caridade. Mas, por outro lado, só o significado do trabalho no plano de Deus para a prosperidade dos seres humanos permite superar as críticas de Nozick, segundo o qual não é possível explicar por que razão a junção do trabalho com os recursos da natureza não significa a perda do trabalho em vez da apropriação desses recursos. A superação desta objecção implica uma densificação da ideia de trabalho em que necessariamente têm lugar a abordagem baseada na preservação e o princípio da caridade[398].

Surge então a questão, já anteriormente aludida, de saber que relevância pode ter hoje, no plano da filosofia política, um pensamento que assume a sua fundação teológica. Sem pretender dar aqui uma resposta cabal a essa questão, há, no entanto, alguns aspectos que, em função das considerações anteriores, devem ser mencionados.

---

[397] A expressão é de Jeremy Waldron, *God, Locke, and Equality*, pp. 152 e 240.
[398] Neste sentido, cfr. J. Waldron, *God, Locke, and Equality*, p. 184.

Em primeiro lugar, não é possível excluir a possibilidade de encontrar equivalentes seculares para as premissas teológicas assumidas por Locke, como aliás o próprio não deixou de salientar[399]. A este propósito não pode deixar de se notar como são diferentes as elaborações actuais do argumento de Locke relativo à justificação da propriedade privada consoante prescindam, ou não, de tais equivalentes. Com efeito, Nozick retoma a teoria de Locke, mas exclui qualquer consideração baseada no mandado divino da preservação ou nas suas implicações igualitárias; pelo contrário, autores como James Tully, Gopal Sreenivasan e A. John Simmons levam a sério essas implicações, mesmo para além da fundação teológica que Locke lhes atribui. Ora, mesmo que as teses propostas por estes autores falhem no plano da interpretação histórica, como se procurou demonstrar, isso não acontece, necessariamente, no plano da fundamentação normativa; pelo contrário, a concepção defendida por Nozick apresenta sérias deficiências nos dois planos, como se verá.

Em segundo lugar, muito embora nos pareça hoje ser possível uma noção puramente secular da igualdade humana, essa circunstância não nos deve fazer esquecer que, numa perspectiva histórica, uma tal noção foi largamente formada sobre a base da religião[400]. Não está aqui em causa a simples transposição de conceitos teológicos para contextos seculares, mas verdadeiramente as exigências que

---

[399] Cfr. *Second Treatise*, Cap. V, § 25, pp. 285-286 (cfr. *Ensáio sôbre a Verdadeira Origem* ..., p. 24); cfr., ainda a sua admissão explícita de que "'Tis no diminishing to Revelation, that Reason gives Suffrage too to the Truths Revelation has discovered" (*The Reasonableness of Christianity*, p. 200). Sobre a inexistência de uma oposição irredutível entre a apresentação teológica do princípio da igualdade e uma apresentação secular, cfr. Heinz-Gerd Schmitz, "... Created Equal: Lockes negatives Argument zur Begründung der Menschenrechte", esp. pp. 45-46. Este autor afirma que a igualdade como pressuposto do direito dos homens à liberdade é fundamentada por Locke (Schmitz, *ob. cit.*, pp. 43 e 45, tem especialmente em vista o § 4 do *Second Treatise*, p. 269) com a ajuda de um argumento negativo, o qual, muito embora apresentado em termos teológicos, não depende dessa apresentação, uma vez que para a sua validade é indiferente dizer que Deus não nos deu nenhum motivo para estabelecer uma hierarquia entre os homens com base nas suas distintas qualidades, ou que a razão, pese embora a desigualdade de facto entre os homens, não pode passar de proposições descritivas para proposições valorativas sem acrescentar premissas valorativas não identificadas. Deste modo, faltando um fundamento normativo para a desigualdade, torna-se necessário incluir uma ficção de igualdade na base de cada reflexão teórica sobre a política.

[400] Cfr. Jeremy Waldron, *God, Locke, and Equality*, p. 242.

também nestes contextos são feitas por uma posição teísta que se assuma como tal. A diferença entre as duas atitudes é bem expressa pela diversidade das posições teológicas subjacentes aos pensamentos de Hobbes, por um lado, e Locke, por outro. O primeiro salienta o carácter todo-poderoso de Deus, em face de quem o homem se revela impotente. Com base numa analogia com esta situação do homem perante o poder absoluto de Deus, afirma-se também a impotência do cidadão perante o Leviatã[401]. Para o segundo, a posição de Deus não é antes de mais definida pelo poder absoluto, mas pelo acto de criação[402], e este não visa moldar relações de poder entre os homens, antes se destina a salientar a igualdade das criaturas da mesma espécie e o seu igual direito às vantagens da natureza. Ao contrário do que sucede com a analogia fundada no poder absoluto de Deus, resulta, no entanto, claro que Locke não afirma um direito absoluto do homem sobre aquilo que produz.

Um último aspecto da fundação teológica do pensamento de Locke merece ser aqui mencionado. Com esta fundação, Locke associava ao abandono do teocentrismo a aceitação de uma concepção do agir humano racional puramente interna e o assentar de todos os direitos e deveres dos homens sobre as contingências da opinião[403]. Ora ainda que a defesa do teocentrismo se afigure hoje distante da discussão sobre a deliberação e acção racionais, o propósito de através dessa defesa preservar precisamente o domínio da razão não pode, seguramente, ser considerado distante das nossas preocupações[404].

---

[401] Cfr. Hobbes, *Leviathan*, Cap. XXXI, p. 246 (*Leviatã*, p. 280): "O direito de natureza, pelo qual Deus reina sobre os homens, e pune aqueles que violam as suas leis, deve ser derivado, não do facto de os ter criado, como se exigisse obediência por gratidão pelos seus benefícios, mas sim do seu *poder irresistível*".

[402] Cfr. R. Brandt, *Eigentumstheorien von Grotius bis Kant*, p. 73.

[403] Cfr. John Dunn, "From Applied Theology to Social Analysis: The Break Between John Locke and the Scottish Enlightenment", p. 134. A atitude referida no texto encontra-se expressa, por exemplo, em *The Reasonableness of Christianity*, pp. 198-201.

[404] Cfr. John Dunn, "From Applied Theology to Social Analysis: The Break Between John Locke and the Scottish Enlightenment", p. 135; Jeremy Waldron, *God, Locke, and Equality*, p. 243. A importância da religião no quadro de um Estado constitucional para a estabilização e desenvolvimento de uma cultura política liberal é posta em evidência por Habermas, *Zwischen Naturalismus und Religion*, pp. 115-116 e 130; Habermas, *ob. cit.*, p. 154, salienta ainda, muito justamente, a importância da reflexão de Rawls sobre o papel político da religião, que determina em larga medida o sentido da evolução da sua concepção política de *Uma Teoria da Justiça* para *Liberalismo Político*.

1.5.3.5 A tragédia da *tragedy of the commons*. Como anteriormente se afirmou, na esteira de Luhmann, a justificação da propriedade em Locke insere-se num tipo de pensamento que procura atribuir-lhe um "começo não culposo"[405]. Se essa procura havia consistido, anteriormente, na formulação de um conceito de comunidade negativa, Locke dá um passo decisivo com a formulação do seu "paradoxo da abundância": "se um tal consentimento tivesse sido necessário [para a apropriação individual dos bens na situação inicial de comunidade], o homem teria perecido à fome não obstante a abundância que Deus lhe havia dado"[406]. A mesma "desculpabilização" da propriedade prossegue após a introdução do dinheiro, quando Locke afirma que o mais pobre participante numa economia agrícola, como a Inglaterra do seu tempo, se encontra em melhor situação do que o melhor participante numa economia de subsistência, como a dos nativos americanos: "um rei de um extenso e fértil território [na América] sustenta-se, reside e anda mais mal vestido do que um jornaleiro entre nós"[407]. Finalmente, através da teoria do valor do trabalho, Locke sustentava que "aquele que apropria terreno por meio do seu trabalho, não diminui, mas antes aumenta o fornecimento comum dos homens"[408].

É impossível não encontrar neste tipo de pensamento uma grande proximidade em relação à formulação do problema conhecido como tragédia dos comuns. Garrett Hardin formulou-o nos seguintes termos: "Imagine-se um pasto aberto a todos. É de esperar que cada pastor tentará manter o maior número de gado possível nos pastos comuns. O esquema funcionará de forma razoavelmente satisfatória durante séculos uma vez que em resultado de guerras tribais, roubos e doenças os números de homens e bestas manterse-ão muito abaixo da capacidade da terra. O dia do Juízo Final chega finalmente, quer dizer, o dia em que o há muito desejado objectivo de estabilidade se

---

[405] Cfr. supra, ponto 1.3.4, (iii),
[406] Cfr. *Second Treatise*, Cap. V, § 28, p. 288 (cfr. *Ensáio sôbre a Verdadeira Origem...*, p. 26).
[407] Cfr. *Second Treatise*, Cap. V, § 41, pp. 296-297 (cfr. *Ensáio sôbre a Verdadeira Origem...*, p. 38).
[408] Cfr. *Second Treatise*, Cap. V, § 40, p. 296 (cfr. *Ensáio sôbre a Verdadeira Origem...*, pp. 37-38).

torna uma realidade. Neste ponto, a lógica inerente dos comuns dá lugar, sem remorsos, a uma tragédia". A tragédia resulta muito simplesmente de o pastor racional ser levado, pela própria lógica de desenvolvimento de utilidades, a acrescentar sempre mais um animal ao seu rebanho. Com efeito, a utilidade positiva de mais um animal é próxima de +1, uma vez que o pastor recebe todos os ganhos decorrentes da venda do animal, enquanto a utilidade negativa da sobrecarga do pasto é apenas uma fracção de -1, já que os custos dessa sobrecarga atingem de igual modo todos os comuneiros. Simplesmente, como afirma Hardin, esta é uma conclusão a que chegam todos os pastores racionais que partilham um pasto comum: "Daí a tragédia. Cada homem está fechado num sistema que o compele a aumentar o seu rebanho sem limite – num mundo que é limitado. A ruína é o destino para que todos se precipitam, cada um perseguindo o seu próprio melhor interesse numa sociedade que acredita na liberdade dos comuns. A liberdade num bem comum traz a ruína a todos"[409].

Tal como em Locke a existência de um bem comum se torna um obstáculo à eficiência e à produtividade que só a propriedade privada pode introduzir, também agora, em situações de escassez e aumento da população, a própria persistência da situação de comunidade é apresentada como ruinosa. Em ambos os casos prevalece uma visão distorcida da vida comunitária[410], tendencialmente identificada com uma comunidade negativa vulnerável ao fenómeno do *free-riding*. Em ambos os casos a defesa da propriedade privada insinua-se na redução quase maniqueísta de toda a vida social aos pólos formados pelo indivíduo e pelo Estado.

1.5.4 O legado de Locke. Ao compreender a propriedade em termos de extensão da personalidade e ao transformar a personalidade na própria fundação da propriedade sobre os bens externos, Locke logra inclui-la entre os direitos existentes no estado de natureza, para além dos tradicionais direitos sobre a vida e a liberdade. Assim, num certo sentido, a sua concepção da propriedade, ancorada na

---

[409] Cfr. Garrett Hardin, "The Tragedy of the Commons", p. 133; cfr., ainda, Harold Demsetz, "Towards a Theory of Property Rights", pp. 347 e ss.
[410] Cfr. Matt Ridley, *The Origins of Virtue*, p. 233.

personalidade, constitui o reverso da concepção de Grócio, para quem os direitos sobre a vida, corpo e liberdade eram baseados na justiça expletiva, que por sua vez era modelada na restituição da propriedade sobre um bem externo[411]. Enquanto Locke funda a propriedade no *suum* natural, Grócio trata as outras faculdades aí incluídas à luz do modelo do domínio. Ao mesmo tempo, a circunstância de, para Locke, a propriedade aparecer como a noção fundamental à luz da qual a justiça é definida aproxima-o da tradição jusnaturalista[412].

A íntima conexão, no pensamento de Locke, entre personalidade, propriedade e justiça, e a própria ambiguidade com que é formulada, fundando, por um lado, a propriedade na igual liberdade pessoal de todos no estado de natureza e, por outro, fazendo assentar a sua origem num evento contingente cuja ocorrência não é possível assegurar a todos aos quais se reconhece aquela liberdade pessoal, explica que se possa fazer remontar ao seu pensamento duas tradições de reflexão sobre a propriedade privada profundamente diversas e até opostas. Assim, por um lado, a via, aberta por Locke, de fundar a propriedade na personalidade constitui um dos fundamentos do constitucionalismo e um dos aspectos centrais da reflexão moderna sobre a filosofia política e jurídica[413]. Num outro sentido, o modo como Locke faz colapsar as possibilidades de extensão da personalidade em função das oportunidades limitadas de apropriação existentes

---

[411] Cfr. Grócio, *De jure belli ac pacis*, Livro I, Cap. I, V-VIII; *ibidem*, Livro II, Cap. XVII, II (*Le Droit de la Guerre et de la Paix*, pp. 35-36 e 416). Cfr. Hiroshi Matsuo, "Historical and Theoretical Intimacy Between the Concepts of Rights and Property", p. 78.

[412] Assim, Locke afirma que a injustiça consiste em "tirar aos outros, sem o seu consentimento, o que a sua indústria honesta lhes fez ganhar" (cfr. *Ensaio sobre o Entendimento Humano*, Livro IV, Cap. IV, § 9, vol. II, p. 780), ou ainda que "«Onde não houver propriedade não haverá injustiça», é uma proposição tão certa como uma demonstração de Euclides; pois sendo a ideia de propriedade a de um direito a uma certa coisa, e a ideia que se designa pelo nome de «injustiça» a invasão ou violação desse direito, é evidente que estas ideias, assim estabelecidas, com estes nomes ligados a elas, permitem-me saber com tanta certeza que esta proposição é verdadeira, como sei que um triângulo tem três ângulos iguais a dois rectos" (cfr. *ob. cit.*, Livro IV, Cap. III, § 18, vol. II, p. 755).

[413] Quanto a este último aspecto, basta pensar no pensamento de Hegel, elaborando também a relação entre propriedade e personalidade, ainda que em termos diversos dos propostos por Locke: cfr., neste sentido, D. Schwab, "Eigentum", pp. 81-82; Hiroshi Matsuo, "Historical and Theoretical Intimacy Between the Concepts of Rights and Property", p. 76.

no estado de natureza e justifica o estado actual de distribuição da riqueza com base num conceito essencialmente histórico de justiça na transferência da propriedade, motivou o seu aproveitamento por alguns dos autores proponentes das chamadas teses libertárias. Uma vez que esses autores reclamam a herança de Locke, como esteio da sua tentativa de fazer do direito de propriedade a base de todos os direitos humanos, importa aqui analisá-la. A outra tradição de pensamento inclui nomes como Kant e Hegel. Locke é um elo, ainda que inicial, na cadeia constituída por esta tradição de reflexão filosófica sobre a propriedade, mas permanece como o horizonte único em que se movem as elocubrações de grande parte das teses libertárias. Isto contribui certamente para explicar algumas deficiências dessas elocubrações, em comparação, desde logo, com o alcance do pensamento do próprio Locke.

O denominador comum de todas as teses libertárias é a defesa da liberdade de mercado e a abolição de políticas distributivas por parte do Estado. Aqui interessam-nos apenas tais teses na medida em que sustentem que aquela liberdade decorre de ser o direito de propriedade a base de todos os restantes direitos humanos e o façam com base no pensamento de Locke. Com efeito, as propostas dos autores susceptíveis de enquadramento na defesa do libertarismo são diversas entre si, sendo questionável que se possa falar num conjunto de teses que todos eles estejam dispostos a subscrever, para além do denominador comum mencionado[414]. Importa aqui discutir apenas os seguintes aspectos: (i) a ausência de uma teoria justificativa relativa à origem do direito de propriedade; (ii) a tendencial redução de todos os direitos humanos a direitos de propriedade; (iii) a concepção da justiça ou injustiça na distribuição dos recursos, não em termos das características estruturais dos resultados de uma determinada distribuição, mas em termos dos procedimentos através dos quais esses resultados foram alcançados.

---

[414] São conhecidas, por exemplo, as divergências entre Nozick e Murray Rothbard quanto à legitimidade do papel do Estado: cfr. Hans-Hermann Hoppe, "Introduction", pp. xxii e ss. Por outro lado, embora todos os autores libertários atribuam um papel central aos direitos de propriedade, nem todos tomam como base as teses de Locke ou atribuem uma importância central à ideia de "propriedade de si mesmo", como fazem Nozick e Rothbard, embora a partir de pontos de vista nem sempre coincidentes (sobre a diversidade das teses libertárias, cfr. Will Kymlicka, *Contemporary Political Philosophy*, pp. 95 e ss.; Daniel Attias, *Liberty, Property, and Markets*, pp. 1-2).

Uma das poucas excepções ao primeiro dos aspectos mencionados consiste na teoria de Ayn Rand segundo a qual o direito de propriedade resulta do direito à vida, entendido como "a liberdade de adoptar todas as acções exigidas pela natureza de um ser racional para o sustento, desenvolvimento, realização e gozo da sua própria vida". Sem o direito de propriedade este direito fundamental não seria possível, pois "uma vez que o homem tem de sustentar a sua vida pelo próprio esforço, o homem que não tem direito ao produto do seu esforço não tem meio de sustentar a sua vida. O homem que produz enquanto outros dispõem do seu produto é um escravo"[415]. Segundo Nozick, o direito à vida não pode fornecer a fundação de uma teoria do direito de propriedade como proposta por Ayn Rand. O direito à vida não é um direito a quaisquer bens de que alguém precise para viver, uma vez que outras pessoas podem já ter direitos sobre esses bens; quando muito, o direito à vida seria o direito de ter tudo aquilo que é necessário à vida, desde que desse modo não sejam violados os direitos dos outros. Nos termos desta definição, proposta por Nozick, a aplicação de um suposto direito à vida pressupõe uma teoria do direito de propriedade[416]. Repare-se que Nozick não se limita a sustentar que o direito à vida não fundamenta a propriedade porque a sua satisfação não pressupõe necessariamente esta última, como fizeram todos os autores antes de Locke, nem tão pouco procura de algum modo equiparar o direito de usar as coisas necessárias à preservação da vida ao direito de propriedade, como fez este. Em vez disso, Nozick afirma que a apropriação das coisas necessárias à vida não pode violar os direitos de propriedade dos outros e, por isso, este último direito é pressuposto pela afirmação de um direito à vida. Nozick é, aliás, suficientemente explícito a este propósito ao afirmar que "a maior objecção a falar-se de todos terem um direito *a* várias coisas, como igualdade de oportunidades, vida, e por aí fora, e tornar esse direito efectivo, consiste em estes «direitos» exigirem uma substrutura de coisas, materiais e acções; e *outras pessoas podem ter direitos sobre estes*"[417]. A objecção de Nozick parece fundamentalmente correcta na perspectiva dos libertários, na

---

[415] Cfr. Ayn Rand, "Man's Rights", p. 110.
[416] Cfr. Robert Nozick, *Anarchy, State and Utopia*, p. 179, nota *.
[417] Cfr. Robert Nozick, *Anarchy, State and Utopia*, p. 238.

medida em que a satisfação do direito à vida de uma pessoa não pode significar a desapropriação de uma outra[418]. Na perspectiva do pensamento de Locke, o direito de usar as coisas necessárias à preservação da vida é equiparado, nas condições iniciais do estado de natureza, a um direito de propriedade, mas nem por isso aquele direito originário de uso desaparece por completo, subsistindo como uma especificação do princípio da caridade. Em Nozick, pelo contrário, o direito de usar as coisas necessárias ao sustento da vida é eliminado. Esta eliminação decorre, sem dúvida, da circunstância de Nozick se aperceber de que a equiparação do direito de usar as coisas para prover às necessidade da vida a um direito de propriedade faz incorrer Locke – como antes foi apontado – na objecção inversa daquela que ele aponta a Rand: se a satisfação de um direito à vida não pode fundamentar o direito de propriedade, porque os bens necessários ao sustento da vida podem já ter sido objecto de apropriação, também a equiparação de ambos os direitos é susceptível de pôr em causa a preservação daqueles a quem não seja dada a oportunidade de se apropriarem[419]. Todavia, na perspectiva filosófica

---

[418] Fred D. Miller, Jr., "The Natural Right to Private Property", pp. 60-62, estabelece uma ligação entre a teoria de Ayn Rand e a que ele considera a tradição dos direitos naturais, iniciada especialmente por Aristóteles (para uma crítica deste entendimento, cfr. supra, cap. 2, ponto 2.4). A ligação estabelecida por Fred Miller talvez explique, mas de modo algum justifica, que ele se permita passar directamente do princípio segundo o qual cada pessoa tem um "título exclusivo sobre os seus talentos naturais" para o princípio base da propriedade privada, segundo o qual "cada indivíduo tem um título incondicional sobre um conjunto particular de recursos não-humanos".

[419] Hans-Hermann Hoppe, "The Ethics and Economics of Private Property", p. 4, apresenta, como parte da sua "prova" de que a apropriação originária e a propriedade privada constituem a solução do problema da ordem social, aquilo que ele designa, na esteira de Murray Rothbard, como a "impossibilidade praxeológica do comunismo universal". Segundo ele, "Every action of a person requires the use of some scarce means (at least of the person's body and its standing room), but if all goods were co-owned by everyone, then no one, at no time and no place, would be allowed to do anything unless he had previously secured every other co-owner's consent to do so. Yet how could anyone grant such consent were he not the exclusive owner of his own body (including his vocal chords) by which means his consent must be expressed? Indeed, he would first need another's consent in order to be allowed to express his own, but these others could not give their consent without having first his, and so it would go on". Muito embora Hoppe não o mencione, este argumento constitui, na sua essência, uma mera reformulação do paradoxo da abundância formulado por Locke no § 28 do *Second Treatise*. Simplesmente, como antes

que Nozick pretende sustentar seria absolutamente necessária, precisamente em função do que acaba de ser dito, a formulação de uma teoria da propriedade. Mas Nozick não a formula; em vez disso, limita-se a criticar a teoria da apropriação de Locke, nos termos que foram já mencionados, sem no entanto prescindir dela[420].

O que explica, paradoxalmente, este desinteresse dos libertários pela formulação de uma teoria da propriedade é talvez o segundo aspecto mencionado: para eles, todos os direitos humanos são direitos

---

se afirmou (cfr. supra, ponto 1.5.1), com tal paradoxo Locke ilude a circunstância de a permanência do bem na situação de comunidade, em condições de abundância, não obstar ao respectivo uso sem qualquer consentimento, pelo menos se esse uso se restringir ao tempo exigido para a satisfação de necessidades. O argumento de Hoppe, tal como o de Locke, implica uma abusiva identificação entre uso e propriedade, para além de se encontrar também sujeito à crítica geral dirigida a este último, anteriormente esboçada, de uma abusiva identificação entre propriedade do sujeito e do objecto, e dos direitos que a uma e outra se acham associados (cfr. supra, 1.5.1 e 1.5.2).

[420] Na obra de outros autores libertários este, desinteresse, quase desprezo, pela formulação de uma teoria da propriedade reveste proporções verdadeiramente surpreendentes. Assim, David Friedman, depois de criticar Locke por este não conseguir explicar por que razão, quando alguém junta o seu trabalho a um pedaço de terra, esse alguém não adquire apenas o valor acrescentado pelo seu trabalho, em vez da propriedade sobre a terra, afirma que "ninguém, pelo que sei, apresentou qualquer razão convincente explicando por que é que, se a terra começa por pertencer igualmente a todos, eu de algum modo perco o meu direito de andar sobre ela em resultado de tu anunciares publicamente que ela é tua". O autor concede que "a base da propriedade em recursos não produzidos, tal como a terra, é frágil", mas afirma que "isso não tem grande importância, uma vez que apenas uma pequena fracção do rendimento numa sociedade moderna deriva de tais recursos" (cfr. *The Machinery of Freedom*, pp. 170-171). A demonstração disto consiste em alinhavar alguns dados relativos à percentagem ínfima que as rendas supostamente ocupam no rendimento de um país como os Estados Unidos da América. A maior parte dessas rendas respeita "ao valor dos edifícios, que são criados pelo esforço humano, e assim não colocam qualquer problema em relação à definição dos direitos de propriedade; o total da renda sobre a terra, que coloca um tal problema, constitui assim uma fracção diminuta do rendimento total" (cfr. *ob. cit.*, p. xviii). O autor parece assim aderir às doutrinas do direito do criador ou fazedor, mas nem se dá ao trabalho de o explicitar. Murray Rothbard, por seu turno, parece aderir explicitamente ao "modelo da obra", sem no entanto se preocupar em rebater as críticas que este último suscita (cfr. *The Ethics of Liberty*, p. 49). E, todavia, Hans-Hermann Hoppe, "The Ethics and Economics of Private Property", p. 11, permite-se afirmar, em relação à por ele designada "teoria clássica da propriedade privada", em que inclui surpreendente e erradamente Aristóteles e S. Tomás de Aquino como antecessores de Locke, que "from the height of its influence in the eighteenth century until quite recently, with the advance of the Rothbardian movement, the classic theory had slipped into oblivion".

de propriedade ou assentam em direitos de propriedade. Murray Rothbard é bastante conclusivo a este propósito quando afirma: "uma pessoa não tem o «direito à liberdade de expressão»; o que tem é o direito de arrendar uma sala e dirigir-se àqueles que entram nela. Uma pessoa não tem o «direito à liberdade de imprensa»; o que tem é o direito de escrever ou publicar um panfleto e de o vender àqueles que o queiram comprar (ou de o dar aos que o queiram aceitar). Assim, o que uma pessoa tem em cada um destes casos são direitos de propriedade, incluindo o direito de celebrar contratos e a transmissibilidade que faz parte de tais direitos de propriedade. Não existem um «direito à liberdade de expressão» ou uma liberdade de imprensa suplementares, para além dos direitos de propriedade que uma pessoa possa ter em qualquer caso determinado"[421]. A dedução dos direitos humanos a partir dos direitos de propriedade assenta, por seu turno, na ideia pretensamente lockeana de "propriedade de si mesmo".

Os libertários de raiz lockeana lidam com a noção de "propriedade de si mesmo" sensivelmente nos seguintes termos: por um lado, adoptam tal noção sem grandes preocupações quanto a saber se ela exprime um sentido preciso de propriedade e parecendo ter sobretudo em vista a ideia de que os poderes naturais e os talentos de cada pessoa são próprios dela e só a ela cabe a decisão de como usá-los; esta concepção proprietária do sujeito é depois completada, no plano dos bens exteriores, pela ideia de que estes são essencialmente resultado dos poderes criativos das pessoas. Assim, o livre jogo das forças de mercado seria imposto pelo exercício livre dos poderes de que cada pessoa é proprietária. Nozick elabora estas noções, reconhecendo, por um lado, que a "propriedade de si mesmo" exprime o princípio kantiano de que "os indivíduos são fins e não apenas meios, não podem ser sacrificados ou usados para a prossecução de outros fins sem o seu consentimento"[422]. Por outro lado, reconhece também que

---

[421] Cfr. Murray Rothbard, *The Ethics of Liberty*, pp. 113-114.

[422] Cfr. *Anarchy, State, and Utopia*, pp. 30-31. As incongruências do tratamento do princípio kantiano da autonomia por parte de Nozick são evidenciadas por A. John Simmons, *The Lockean Theory of Rights*, pp. 325-326. A inviolabilidade da pessoa humana pressuposta pelo princípio não implica apenas direitos negativos de não interferência, mas também direitos positivos de ajuda. Nozick admite os primeiros e exclui os segundos,

as transacções de mercado não envolvem apenas o exercício dos poderes da própria pessoa, ou seja, que a validade dos direitos de propriedade depende da validade dos direitos de propriedade prévios, percorrendo assim a cadeia de transferências de propriedade até ao princípio. Simplesmente, no princípio não estão apenas, como Nozick reconhece e resulta da sua crítica ao argumento da junção de Locke, os poderes e talentos próprios de alguém, mas os recursos naturais em si mesmos. A questão que então se coloca é a de saber se Nozick consegue conciliar a ideia de "propriedade de si mesmo", enquanto expressão do princípio igualitário kantiano de tratar as pessoas como fins, e um princípio de justiça nas aquisições iniciais, que permita excluir rectificações distributivas aquando das transferências posteriores de propriedade que se mostrem conformes com aquelas exigências iniciais[423].

Com isto, entramos já na análise do terceiro aspecto mencionado. Segundo Nozick, as "coisas surgem no mundo já ligadas a pessoas que têm direitos sobre elas"[424]. Ao mesmo tempo, como o demonstra a sua discussão da teoria da propriedade de Locke, não deixa de reconhecer que em todas as coisas submetidas à propriedade existe um elemento que não surgiu no mundo já sob a forma de propriedade privada[425]. O sistema actual de direitos de propriedade tem, pois,

---

apelando, no entanto, a uma fundamentação que estabelece o valor de ambos. A crítica desenvolvida no texto visa apenas, no entanto, demonstrar que o seu princípio de justiça na aquisição inicial não é compatível com o princípio da autonomia, mesmo entendido apenas como implicando direitos negativos de não interferência. Muito embora Nozick pretenda basear a ideia de propriedade de si mesmo no princípio kantiano de as pessoas serem fins e não apenas meios, a verdade é que este último princípio implica uma atitude de uma pessoa em relação a outra, completamente ausente daquela ideia, nos termos em que Nozick parece entendê-la. A propriedade de si mesmo significa apenas para Nozick que nenhuma pessoa tem obrigações para com as outras relativamente ao uso dos seus poderes, a não ser com base no seu consentimento efectivo, tal como a propriedade de um bem não implica tais obrigações para o proprietário em relação ao respectivo uso (cfr. G. A. Cohen, "Self-Ownership: Assessing the Thesis", p. 240).

[423] Alguns autores que professam o libertarismo, como James Buchanan e David Gauthier, põem em causa o sucesso da tentativa, não por discordarem das posições de Nozick quanto à crítica do intervencionismo do Estado, mas por entenderem que elas não podem ser alcançadas a partir da interpretação kantiana da ideia de "propriedade de si mesmo": cfr. Will Kimlicka, *Contemporary Political Philosophy*, p. 125 e ss.

[424] Cfr. *Anarchy, State, and Utopia*, p. 160.

[425] Cfr. Will Kimlicka, *Contemporary Political Philosophy*, p. 108.

de assentar em princípios de aquisição e transferência cuja violação determina necessariamente a respectiva rectificação[426]. Qual é, pois, segundo Nozick, o princípio de justiça na aquisição inicial de um bem externo, sobre que assenta a legitimidade de todos os títulos posteriores? Nozick não especifica completamente em que consiste um princípio de justiça na aquisição, limitando-se a criticar a teoria da apropriação de Locke, e acrescenta pressupor que "qualquer teoria adequada da justiça na aquisição conterá uma cláusula semelhante à mais fraca das duas que atribuímos a Locke"[427]. Esta cláusula, já mencionada, equivale, como se viu, ao sucedâneo do limite da suficiência na fase do estado de natureza posterior à introdução do dinheiro, em que passa a existir uma escassez de recursos[428]. Nessa fase, a apropriação de um bem não previamente submetido à propriedade justifica-se na medida em que a situação dos outros, doravante sem liberdade de usar o bem em causa, não seja desfavorecida em relação ao que era antes da apropriação. O "índio" que caça na terra aberta não se pode queixar aquando do seu emparcelamento e apropriação, se com isso lhe for possível transformar-se em jornaleiro e assim vestir e residir melhor, segundo as palavras de Locke (*Second Treatise*, § 41); para Nozick, são os benefícios dos mecanismos capitalistas de distribuição que compensam a perda de liberdade de acesso aos recursos objecto de apropriação privada[429]. Simplesmente, a existência de tais benefícios é uma questão empírica, o que não exclui a possibilidade de a teoria de Nozick poder ter como consequência a existência de situações de necessidade extrema que apenas seriam remediadas através do recurso à caridade privada[430]. Esta é uma consequência dificilmente aceitável de uma teoria da justiça que se reclame como tal. Para além disso, a troca forçada de

---

[426] Cfr. Nozick, *Anarchy, State, and Utopia*, pp. 150-153 e 230-231.
[427] Cfr. Nozick, *Anarchy, State, and Utopia*, p. 178.
[428] Cfr. supra, ponto 1.4.5.
[429] Cfr. Nozick, *Anarchy, State, and Utopia*, pp. 177 e 182; Jonathan Wolff, *Robert Nozick*, pp. 110-111. Por outras palavras, aqueles que não se apropriam devem contentar-se com os aspectos do seu bem-estar não baseados na liberdade, aspectos esses que não são sequer uma consequência da concreta apropriação que diminui a sua liberdade de uso, mas antes são atribuídos à eficiência do sistema no seu todo (cfr., neste sentido, Daniel Attias, *Liberty, Property, and Markets*, p. 112).
[430] Cfr. Jonathan Wolff, *Robert Nozick*, p. 111.

um estatuto social por condições materiais contraria directamente o princípio de autonomia que subjaz à formulação kantiana, aparentemente adoptada por Nozick, da ideia de "propriedade de si mesmo"[431]. Note-se, aliás, que a posição de Nozick nem sequer encontra apoio na fundamentação teológica do princípio da preservação, como vimos suceder com Locke. A adopção de uma versão "fraca" do limite da suficiência, nos termos da qual um acto de apropriação não deve tornar a situação das outras pessoas pior do que era quando o bem era usado em comum[432], ignora injustificadamente outras alternativas. Importaria não apenas comparar a situação decorrente da apropriação privada de um bem com a situação prévia de comunidade de uso, em que o bem em causa não estava submetido à propriedade, mas também com a situação em que o bem está sujeito a um regime de propriedade colectiva ou pública, isto é, uma situação em que o bem pertence à comunidade, competindo a esta definir o seu uso[433]. Repare-se que esta exclusão de outras alternativas caracterizava também o pensamento de Locke, na medida em que considera a apropriação privada no horizonte da comunidade originária, entendida como situação definida pela ausência de direitos de propriedade sobre bens, sem considerar a alternativa consistente na constituição de uma situação de comunidade positiva[434]. A diferença de Locke

---

[431] É este o sentido da crítica formulada por Jacob Levy, *The Multiculturalism of Fear*, p. 214, à teoria da propriedade de Locke, mas o desrespeito pelo princípio da autonomia está também subjacente à formulação do limite da suficiência na versão "fraca" proposta por Nozick (cfr., neste sentido, Cohen, "Self-Ownership, World-Ownership, and Equality", pp. 80 e 89; Will Kymlicka, *Contemporary Political Philosophy*, pp. 112-113, autores que imputam uma atitude paternalista a Nozick, na medida em que a sua versão "fraca" do limite da suficiência, ainde que actue em benefício dos que não se apropriam, fá-lo muito possivelmente contra a sua vontade).

[432] Esta versão "fraca" equivale, na verdade, ou aspira equivaler, ao preenchimento do critério de Pareto, nos termos do qual se pode falar de um aumento do bem-estar social se uma dada modificação aumenta o bem-estar individual de ao menos uma pessoa, sem piorar a situação de ninguém (cfr. Hans-Hermann Hoppe, "The Ethics and Economics of Private Property", p. 9).

[433] Cfr. G. A. Cohen, "Self-Ownership, World-ownership, and Equality", pp. 78, 82, 87; James Grunebaum, *Private Ownership*, pp. 173-174; John Roemer, "A Challenge to Neo-Lockeanism", pp. 219 e ss.; Will Kymlicka, *Contemporary Political Philosophy*, pp. 114-117.

[434] A. John Simmons, "Original-Acquisition Justifications of Property", p. 81, sustenta que Locke tem em vista a alternativa da comunidade positiva, mas apenas porque – erradamente, como se viu – sustenta que Locke define a comunidade originária como

em relação a Nozick decorre de o primeiro reservar um lugar ao princípio da caridade que não encontra qualquer paralelo no pensamento do segundo. Neste contexto, é particularmente grave que Nozick não tenha considerado a alternativa da apropriação colectiva de um bem exterior, ou qualquer outro regime de propriedade possível, na sua abordagem da legitimidade de uma aquisição inicial, tanto mais que o autor expressamente admite que alguém cuja apropriação viole o limite da suficiência, na sua versão "fraca", pode ainda assim apropriar-se se compensar os outros por forma a não tornar a sua posição mais desfavorável[435]. Se Nozick toma como ponto de partida a ideia de "propriedade de si mesmo" – entendida como espaço de não interferência e, consequentemente, como implicando a inexigibilidade de prestar auxílio a quem quer que seja –, então a consideração de outras alternativas à apropriação privada na construção da sua versão do limite da suficiência não põe necessariamente em causa aquele ponto de partida[436]. Tratar-se-ia de uma situação intermédia entre os extremos correspondentes, por um lado, à posição que consiste em defender uma abordagem igualitária, quer em relação aos recursos naturais, quer em relação ao trabalho humano, negando a ideia de "propriedade de si mesmo"[437], e, por outro

---

positiva. John Roemer, "A Challenge to Neo-Lockeanism", p. 223, define a propriedade colectiva de um bem duradouro (como a terra), como um sistema que coordena o seu uso pelos membros da comunidade, em contraste com a anarquia do uso do mesmo numa situação de comunidade. É patente a correspondência destes conceitos com os de comunidade positiva e negativa formulados por Pufendorf, acima mencionados. Aquilo que hoje definimos como uma situação de propriedade colectiva corresponderia, na época em que escreveu Locke, a uma situação de comunidade positiva. Simplesmente, o conceito de comunidade positiva era aí pensado como possível apenas em relação a pequenos grupos de pessoas.

[435] Cfr. Nozick, *Anarchy, State, and Utopia*, p. 178; é patente a proximidade com o critério de eficiência segundo Kaldor-Hicks. Sobre as dificuldades colocadas pela ideia de compensação à teoria de Nozick, cfr. Leif Wenar, "Original Acquisition of Private Property", pp. 813-816; G. A. Cohen, "Self-Ownership, World-Ownership, and Equality", p. 85.

[436] Cfr. G. A. Cohen, "Marx and Locke on Land and Labour", pp. 165-166.

[437] É o que sucede com as posições de John Rawls e Ronald Dworkin, para os quais os talentos humanos relevam eles próprios de uma ideia de comunidade originária, embora esvaziada de qualquer sentido histórico. Segundo Rawls, *Uma Teoria da Justiça*, p. 96, "... o princípio da diferença representa, na verdade, um acordo para encarar a distribuição de talentos naturais como, sob certos aspectos, um bem comum ... Os naturalmente beneficiados não devem ganhar apenas porque são mais bem dotados, mas apenas para cobrir os custos de treino e educação e para usar os seus dotes de formas que ajudem também os

lado, à posição defendida por Nozick, que se opõe ao igualitarismo quer da capacidade produtiva humana, quer dos recursos naturais[438].

Em última análise, a questão suscitada pelas teses de Nozick é a de saber se o princípio kantiano da autonomia pode ser identificado com uma visão proprietária da pessoa ou se, pelo contrário, postula uma posição igualitária cujo objectivo é o de impedir que através da propriedade se estabeleçam relações de poder não legitimadas politicamente entre as pessoas[439]. A objecção persistente de Nozick quanto a esta posição igualitária consiste na circunstância de ela, através da concretização de um conceito de justiça distributiva a que apela, pôr necessariamente em causa direitos de propriedade já constituídos. Mas esta objecção só seria procedente se Nozick conseguisse formular um princípio de justiça na aquisição em completa harmonia com o princípio da autonomia, ainda que entendido apenas na sua dimensão negativa de uma esfera de imunidade (mesmo prescindindo da dimensão positiva da oportunidade de dar substância a essa esfera de imunidade), o que se viu não ser o caso.

A tentativa feita por Locke (e, ainda menos, a sua recuperação por Nozick) de encarar a tutela da propriedade como um direito de liberdade pessoal (é esse, em última análise, o sentido da sua inclusão

---

menos afortunados. Ninguém merece a sua maior capacidade natural nem merece um ponto de partida mais favorável na sociedade"; cfr., ainda, Dworkin, *Sovereign Virtue*, pp. 73 e ss., esp. pp. 80-81. Em ambos os casos, a ideia de "propriedade de si mesmo" é posta em causa pela construção de um mecanismo em que as pessoas são privadas do conhecimento de certas características pessoais, conhecimento esse que poderia determinar as suas opiniões quanto à distribuição de recursos numa perspectiva moral (no caso de Rawls, esse mecanismo consiste no véu de ignorância; no caso de Dworkin consiste na instituição de um esquema compulsório de seguros contra riscos hipotéticos).

[438] Cfr. Barbara H. Fried, "Left-Libertarianism: A Review Essay", p. 67. Tais posições intermédias, admitindo a ideia de propriedade de si mesmo e uma distribuição igualitária dos recursos naturais, caracterizam, com efeito, as propostas do "libertarismo de esquerda": cfr. Philippe Van Parijs, "Real-Libertarianism", pp. 122 e ss.; Michael Otsuka, "Self-Ownership and Equality: A Lockean Reconciliation", pp. 149 e ss (para uma discussão destas, cfr. Barbara Fried, *ob. cit.*, pp. 66 e ss.; Peter Vallentyne, Hillel Steiner e Michael Otsuka, "Why Left-Libertarianism Is Not Incoherent, Indeterminate or Irrelevant: A Reply to Fried"). Nesse âmbito intermédio poderíamos incluir também as propostas de interpretação do pensamento de Locke de James Tully, Gopal Sreenivasan e A. John Simmons quanto ao limites da suficiência, atrás discutidas (cfr. supra, ponto 1.4.5).

[439] Cfr. Morris Cohen, "Property and Sovereignty", p. 159.

na trilogia "vida, liberdade e património") está pois votada ao insucesso. Mas daí retira-se também a impossibilidade de tratar a propriedade como um direito natural individual, no mesmo plano que os restantes direitos incluídos na sua trilogia. Isso em nada diminui a enorme importância do seu pensamento sobre a propriedade, em que esta surge encarada num contexto constitucional de delimitação de poderes e, sobretudo, em que avulta a consciência da necessidade de utilizar uma concepção de propriedade adequada a esse contexto. Que essa concepção deixe de se mostrar adequada num contexto político histórico já não determinado pela presença do absolutismo político é apenas natural.

Em última análise, as críticas anteriormente formuladas à justificação da propriedade privada segundo Locke são reforçadas pela circunstância de o autor parecer assumir que a apropriação privada é moralmente exigida, no sentido em que o sistema de propriedade privada por si concebido é entendido como moralmente superior a quaisquer sistemas de propriedade alternativos. É possível, sem dúvida, sustentar que para justificar um sistema de propriedade privada será suficiente demonstrar que ele se situa no âmbito daquilo que é moralmente aceitável, prescindindo de estabelecer o seu carácter óptimo sob todos os aspectos de que se compõe. Esta parece ser a posição de Pufendorf, para quem "a lei da natureza aprova todas as convenções [com base nas quais os homens instituem a propriedade privada ou comum, em comunidade positiva] que foram introduzidas sobre as coisas pelos homens, desde que elas não envolvam contradição ou causem a ruína da sociedade"[440]. A exclusão do consentimento na justificação da origem da propriedade torna impossível atribuir uma

---

[440] Cfr. Pufendorf, *De jure naturae et gentium libri octo*, Livro IV, Cap. IV, § 4, p. 537; cfr., ainda, Pufendorf, *ob. cit.*, Livro IV, Cap. IV, § 10, p. 547: "a comunidade primitiva não significa um mero usufruto, com exclusão da propriedade, mas podia através de uma convenção dar lugar tanto à propriedade como à comunidade positiva". Também Locke parece reconhecer, como se disse anteriormente, a impossibilidade de apropriação individual da terra que tenha sido deixada em comum (comunidade positiva) através de pactos, isto é, com base na lei de uma determinada comunidade (cfr. *Second Treatise*, Cap. V, § 35, p. 292); de qualquer forma este reconhecimento tem um significado apenas marginal no seu pensamento.

posição semelhante a Locke[441]. Mas é necessário ir mais longe: não é apenas a circunstância de Locke apresentar a apropriação individual como moralmente exigida que agudiza o sentido das críticas desenvolvidas, mas também, e sobretudo, a circunstância de o comportamento económico subjacente àquela apropriação ser entendido como o comportamento "natural" e, nessa medida, nivelador de toda a existência humana. Para Locke, o trabalho produtivo surge como o modelo da actividade humana, e é esse o ponto de partida comum de toda a reflexão posterior sobre a propriedade, quer negando-a, quer afirmando-a. Não pode, assim, deixar de se reconhecer o carácter relativo da importância da teoria da propriedade de Locke nas discussões filosófico-políticas e jusconstitucionalistas actuais, sobretudo quando comparada com o enorme aproveitamento que tem suscitado a dimensão economicista do seu pensamento, muitas vezes distorcendo-o.

---

[441] Cfr. A. John Simmons, "Original-Acquisition Justifications of Private Property", pp. 70-73, a quem se deve a distinção a que se alude no texto entre justificações moralmente exigidas e meramente aceitáveis da propriedade privada, adopta a posição inversa, mas reconhece que a posição de Locke é insustentável na medida em que pretenda defender que a actuação apropriativa é moralmente exigida, nas condições por ele descritas.

CAPÍTULO 2

A recuperação das ideias de comunidade de bens e consentimento no pensamento de Kant

2.1 Introdução. Como se viu, uma das dificuldades essenciais do argumento de Locke relativo à justificação da propriedade privada consiste na unilateralidade segundo a qual concebe a apropriação individual, ou se se preferir, no modo como põe em causa a ideia de consentimento, dominante no pensamento de Grócio e Pufendorf, na saída da comunidade dos bens. Mas a ideia do consentimento na explicação da origem da propriedade privada a partir de uma situação inicial de comunidade sobrevive ao pensamento de Locke. Na verdade, um dos fundamentos do pensamento crítico de Kant relativo à justificação da propriedade privada consiste precisamente na recuperação da ideia de consentimento, ainda que se trate, algo paradoxalmente, de um "consentimento não contratual", ao contrário do que sucedia com Grócio e Pufendorf[1]. Nas páginas que seguem pre-

---

[1] A expressão é de Wolfgang Kersting, "Politics, Freedom, and Order: Kant's Political Philosophy", p. 350; idem, *Kant über Recht*, p. 69; Marc Schattenmann, *Wohlgeordnete Welt*, p. 149. No mesmo sentido, afirma Kenneth Baynes, "Kant on Property and the Social Contract", p. 434, que "to a certain degree, Kant's rejection of Locke's theory represents a return to the natural law conception that a person can acquire a right to an object – and hence the authority to prohibit other from its use – only on the basis of their consent. However, unlike natural law theorists, Kant does not assume that this consent actually took place in the past". A recuperação, em novos moldes, da ideia de consentimento insere-se, aliás, na crítica efectuada por Kant à teoria da apropriação com base no trabalho, que ele próprio havia adoptado como solução do problema da aquisição originária, numa fase pré-crítica do seu pensamento (cfr. R. Brandt, *Eigentumstheorien von Grotius bis Kant*, pp. 172-176; M. Brocker, *Arbeit und Eigentum*, p. 307; no mesmo sentido, Mary Gregor, "Kant's Theory of Property", pp. 782-783; Kenneth Baynes, *ob. cit.*, pp. 435 e 442; a distância entre a teoria racional da propriedade proposta por Kant na *Metafísica dos Costumes* e a argumentação de Locke é também posta em evidência por Viriato Soromenho-Marques, *Razão e Progresso na Filosofia de Kant*, pp. 389-392).

tende-se, não tanto expor em toda a sua complexidade a teoria da propriedade de Kant, designadamente na perspectiva da sua relação com o resto da sua filosofia e com o pensamento jusnaturalista anterior, quanto destacar a sua relevância para uma compreensão actual da propriedade[2]. Desde logo, não interessa na perspectiva aqui adoptada, averiguar em profundidade o problema de saber se a teoria da propriedade de Kant cumpre o desígnio de se apresentar como um sistema *a priori*, desenvolvido exclusivamente com base em conceitos da razão e sem contradições internas[3], mas antes determinar qual é o sentido que o seu pensamento imprime ao conceito de propriedade, do ponto de vista da filosofia política.

Kant substitui a comunidade primeva dos bens e o consentimento como base da propriedade do jusnaturalismo pelas condições *a*

---

[2] Sobre a primeira questão, cfr. R. Brandt, *Eigentumstheorien von Grotius bis Kant*, pp. 167 e ss.; idem, "Das Erlaubnisgesetz, oder: Vernunft und Geschichte in Kants Rechtslehre", pp. 233 e ss.; W. Kersting, *Wohlgeordnete Freiheit*, pp. 113 e ss.; idem, "Politics, Freedom, and Order: Kant's Political Philosophy", pp. 342 e ss.; idem, "Eigentum, Vertrag und Staat bei Kant und Locke", pp. 109 e ss.; idem, *Kant über Recht*, pp. 58 e ss.; Kristian Kühl, *Eigentumsordnung als Freiheitsordnung*, pp. 39 e ss.; Manfred Brocker, *Kants Besitzlehre*, esp. pp. 61 e ss.; Bernd Ludwig, *Kants Rechtslehre*, pp. 106-133 e 179-186; Otfried Höffe, *Introduction à la Philosophie Pratique de Kant*, pp. 200-210; Simone Goyard-Fabre, *La Philosophie du Droit de Kant*, pp. 85 e ss., 120 e ss.; Susan Meld Shell, *The Rights of Reason*, pp. 127 e ss.; Allen D. Rosen, *Kant's Theory of Justice*, pp. 15 e ss., 173 e ss.; Richard Saage, *Eigentum, Staat und Gesellschaft bei Immanuel Kant*; Gerhard Luf, *Freiheit und Gleichheit. Die Aktualität im politischen Denken Kants*, pp. 70 e ss.; Franco Zotta, *Immanuel Kant: Legitimität und Recht*, pp. 20-144; Rainer Friedrich, *Eigentum und Staatsbegründnug in Kants* Metaphysik der Sitten, pp. 88 e ss.; Norberto Bobbio, *Diritto e Stato nel Pensiero de Imanuele Kant*, pp. 141 e ss.; Elisabeth Ellis, *Kant's Politics*, pp. 120-131; Peter Unruh, "Die vernunftrechtliche Eigentumsbegründung bei Kant", pp. 133 e ss.; Marc Schattenmann, *Wohlgeordnete Welt*, pp. 66 e ss. e 123 e ss. Quanto ao segundo aspecto, cfr., em especial, R. Brandt, "Menshenrechte und Güterlehre. Zur Geschichte und Begründung des Rechts auf Leben, Freiheit und Eigentum", pp. 27-31; Wolfgang Schild, "Begründungen des Eigentums in der politischen Philosophie des Bürgertums. Locke – Kant – Hegel", pp. 42-52; Bruno Schmidlin, "Eigentum und Teilungsvertrag. Zu Kants Begründung des Eigentumsrechts", pp. 47 e ss.; Ralf Dreier, "Eigentum in rechtsphilosophischer Sicht", pp. 161-169; Paul Guyer, *Kant on Freedom, Law, and Happiness*, pp. 239-258, 262 e ss.; Alexander Kaufman, *Welfare in the Kantian State*, pp. 142 e ss.; Gerhard Luf, *ob. cit.*, pp. 133 e ss.; Kristian Kühl, *ob. cit.*, pp. 225 e ss.; Elisabeth Ellis, *ob. cit.*, pp. 181 e ss.; Manfred Brocker, *Kant über Rechtsstaat und Demokratie*, pp. 13-39.

[3] Cfr. Hans-Georg Deggau, *Die Aporien der Rechtslehre Kants*, pp. 61 e ss.

priori da comunidade originária dos bens e a vontade reunida de todos no estabelecimento da propriedade privada. Por outro lado, no seu pensamento a propriedade surge associada à liberdade e nela fundada[4]. Através desta última associação, Kant justifica a instituição do princípio da propriedade privada, enquanto as mencionadas condições *a priori* visam dar resposta ao problema da origem da propriedade sobre objectos concretos[5]. Como se depreende já do que fica dito, a grande novidade do pensamento de Kant consiste na circunstância de a sua argumentação relativa à justificação da propriedade privada se situar num nível puramente racional, prescindindo de quaisquer considerações de tipo empírico, antropológico ou teológico. O conceito de direito é concebido por Kant não como uma abstracção efectuada a partir de objectivos reais dos seres humanos ou da situação existencial, mas como uma realidade própria da razão prática[6]. Antes de se desenvolver essa argumentação, importa, pois, com base na afirmação que acaba de ser feita, diferenciar o pensamento de Kant da tradição jusnaturalista.

À semelhança da generalidade dos autores que o antecedem, com excepção de Hobbes, Kant parte da ideia de uma comunidade originária dos bens com base na qual é necessário explicar a origem da propriedade privada. Tal comunidade deixa, no entanto, de ser entendida como um conceito empírico: a "comunidade originária da terra e, com ela, das coisas que nela se encontram (*communio fundi originaria*) é uma ideia que possui realidade objectiva (juridicamente prática) e que é inteiramente e radicalmente distinta da comunidade primitiva (*communio primaeva*), que constitui uma ficção: pois que esta teria de ser uma comunidade instituída e haveria de ter resultado de um contrato mediante o qual todos tivessem operado a renúncia à posse privada e convertido numa posse comum, unindo a sua posse com os demais, e disto ter-nos-ia a História que dar prova"[7]. Na sequência de Grócio e Pufendorf, a sua teoria assume, contra Locke, a necessidade do consentimento para legitimar a exclusão inerente à

---

[4] Cfr. Bruno Schmidlin, "Eigentum und Teilungsvertrag. Zu Kants Begründung des Eigentumsrechts", pp. 53-54; Damian Hecker, *Eigentum als Sachherrschaft*, p. 184.
[5] Cfr. Otfried Höffe, *Introduction à la Philosophie Pratique de Kant*, p. 206.
[6] Cfr. R. Brandt, *Eigentumstheorien von Grotius bis Kant*, p. 181.
[7] Cfr. Kant, *Rechtslehre*, § 6, pp. 359-360 (cfr. *Metafísica dos Costumes*, pp. 77-78).

propriedade privada[8]. Ainda na linha de pensamento de Grócio e Pufendorf, o "modo" privilegiado de aquisição originária consiste para Kant na ocupação, embora o "título" dessa aquisição não assente já, como sucede com aqueles autores, numa base contratual[9]. Na verdade, à semelhança de Locke e contra Grócio e Pufendorf, Kant defende um princípio de apropriação individual, no sentido de excluir uma efectiva base pactícia ou contratual, expressa ou tácita, da propriedade privada[10]. Por outro lado, a apropriação individual surge no pensamento de Kant ligada à ideia de permissão, tal como havia sustentado Achenwall, autor que Kant seguia no seu ensino sobre o direito natural, mas essa ideia de permissão é dissociada de qualquer direito natural dos homens à preservação e conservação da vida e surge antes entendida como uma extensão da razão prática[11]. Finalmente, na esteira de Rousseau e Hobbes, Kant estabelece uma estreita conexão entre a propriedade e o Estado; simplesmente, a transição entre o estado de natureza, em que a propriedade reveste um carácter apenas precário, e o estado civil não assenta num sentimento de insegurança, mas numa exigência da própria razão[12]. Este breve confronto com os principais autores que o antecederam mostra bem, por um lado, como no pensamento de Kant sobre a propriedade privada se combinam numa nova síntese traços que nas obras daqueles autores pareciam ser irreconciliáveis e, por outro lado, como essa nova síntese se baseia numa radical diferença quanto ao modo de equacionar os

---

[8] Cfr. R. Brandt, *Eigentumstheorien von Grotius bis Kant*, p. 191; W. Kersting, "Politics, Freedom, and Order: Kant's Political Philosophy", p. 350.

[9] Cfr. Bruno Schmidlin, "Eigentum und Teilungsvertrag. Zu Kants Begründung des Eigentumsrechts", p. 53.

[10] Cfr. Wolfgang Kersting, "Transzendentalphilosophische und naturrechtliche Eigentumsbegründung", p. 164.

[11] Cfr. Tierney, "Permissive Natural Law and Property: Gratian to Kant", pp. 396-397; J. Hruschka, "The Permissive Law of Practical Reason...", pp. 56 e ss.; Rainer Friedrich, *Eigentum und Staatsbegründung...*, pp. 77-78 e 110 e ss.; Kenneth Baynes, "Kant on Property Rights and the Social Contract", pp. 436-438; R. Brandt, "Das Erlaubnisgesetz...", pp. 241 e ss. e p. 277, nota 14; idem, *Eigentumstheorien von Grotius bis Kant*, pp. 181 e 256, nota 5 (a este último autor se deve, aliás, a chamada de atenção para a importância do conceito de norma permissiva na compreensão da *Rechtslehre*).

[12] Cfr. Rousseau, *Du Contrat Social*, Livro I, Cap. VI, p. 182; R. Friedrich, *Eigentum und Staatsbegründung...*, pp. 165 e 168 e ss.; W. Kersting, *Kant über Recht*, p. 79; R. Brandt, *Eigentumstheorien von Grotius bis Kant*, p. 181.

problemas. A medida dessa diferença radical dá-se no desaparecimento, em Kant, de um direito natural de os homens usarem as coisas exteriores para a sua conservação e sustento, a partir do qual seria possível deduzir o direito de propriedade privada e, por outro lado, no reconhecimento do papel do Estado na conformação e limitação da propriedade, sem prescindir do reconhecimento de um poder de apropriação no estado de natureza.

Se se quiser, todavia, designar o autor que de modo mais completo delimitou os problemas a que Kant procurou responder com a sua teoria da propriedade, ter-se-á forçosamente de indicar Rousseau. Kant rejeita, sem dúvida, quer a teoria do trabalho como base da propriedade[13], quer a ideia da possibilidade de redimir directamente a desigualdade social através da vontade geral, em resultado de uma concepção do contrato social como reunião efectiva da vontade de todos os cidadãos, portanto, como princípio de organização do domínio político[14], adoptadas por Rousseau[15]. No entanto, o seu próprio argumento sobre a justificação da propriedade privada corresponde a uma posição situada de modo equidistante entre os extremos representados por aquelas duas ideias, no sentido em que pretende conciliar o reconhecimento da apropriação individual com o da afectação da liberdade de todos que essa apropriação necessariamente implica.

---

[13] Cfr. Rousseau, *Du Contrat Social*, Livro I, Cap. IX, p. 188; cfr., ainda, *Émile*, Livro II, pp. 166-167, que corresponde, segundo Robert Derathé, à "théorie de Locke mise «à la portée de l'enfant»" (cfr. *Du Contrat Social*, p. 447). A influência de Locke é ainda perceptível no *Discours sur l'Économie Politique*, pp. 85, 91-92, bem como no *Discours sur l'Origine et les Fondements de l'Inégalité...*, 2ª parte, pp. 103-104; sobre a relação problemática entre o pensamento de Locke e o de Rousseau sobre a propriedade, cfr. Robert Derathé, *Jean-Jacques Rousseau et la Science Politique de son Temps*, pp. 113 e ss.; Blaise Bachofen, *La Condition de la Liberté*, pp. 105 e ss.; Reinhard Brandt, "Rousseau und Kant", p. 111. Importa ainda salientar que muito provavelmente o conhecimento, por parte de Kant, da teoria da propriedade assente no trabalho resulta da leitura de Rousseau e não de Locke: cfr., nesse sentido, R. Brandt, *Eigentumstheorien von Grotius bis Kant*, p. 254, nota 7; idem, "Das Erlaubnisgesetz...", pp. 283-294, nota 54; M. Brocker, *Arbeit und Eigentum*, p. 308).

[14] Cfr. Rousseau, *Du Contrat Social*, Livro I, Cap. IX, p. 189; *ibidem*, Livro II, Cap. XI, pp. 213-214; idem, *Fragments Politiques*, pp. 306-307; cfr., ainda, Reinhard Brandt, "Rousseau und Kant", pp. 112-113; Hans Ryffel, "Eigentum und Ungleichheit. Rousseaus Eigentumslehre", esp. pp. 40-42.

[15] Cfr. a combinação das duas teorias mencionadas no texto em Rousseau, *Émile*, Livro V, p. 841.

Nessa conciliação nem a apropriação individual assenta já no trabalho, nem a presença de todos opera através da reunião efectiva de todos os cidadãos.

2.2 O argumento de Kant.

2.2.1 O direito inato de liberdade. Qual a via proposta por Kant para a dedução da propriedade privada? Quais os argumentos que o defensor da propriedade privada pode esgrimir contra o comunista? O ponto de partida de Kant na *Rechtslehre* é aquele que ele próprio define como a lei universal do direito: "age exteriormente de tal modo que o uso livre do teu arbítrio possa coexistir com a liberdade de cada um segundo uma lei universal"[16]. Esta definição implica o

---

[16] Cfr. Kant, *Rechtslehre*, § C, pp. 337-338 (cfr. *Metafísica dos Costumes*, pp. 42-44). Torna-se aqui necessário aludir, ainda que brevemente, ao conceito de liberdade tido em vista por Kant na *Rechtslehre*. A definição do conceito de direito segundo Kant estrutura-se em três elementos: "na medida em que se refere a uma obrigação que lhe corresponde (quer dizer, o conceito moral de direito), diz respeito [o conceito de direito], em primeiro lugar, apenas à relação externa e, precisamente, prática de uma pessoa com outra, na medida em que as suas acções possam, como *facta*, ter influência (directa ou indirectamente) umas sobre as outras. Mas, em segundo lugar, não significa a relação do arbítrio com o desejo do outro (portanto com a simples necessidade) como, por exemplo, nas acções beneficientes ou cruéis, mas, pura e simplesmente, com o arbítrio do outro. Em terceiro lugar, nesta relação recíproca de arbítrios não se atende, de todo em todo, à matéria do arbítrio, quer dizer, ao fim que cada qual se propõe; por exemplo, não se pergunta se alguém pode ou não retirar benefícios da mercadoria que me compra para o seu próprio negócio, mas pergunta-se apenas pela forma na relação entre os arbítrios de ambas as partes, na medida em que eles são considerados simplesmente como livres, e se, com isso, a acção de cada um se pode conciliar com a liberdade do outro segundo uma lei universal" (cfr. *Rechtslehre*, § B, p. 337; *Metafísica dos Costumes*, pp. 42-43). A primeira determinação do conceito de direito a que alude esta passagem respeita à relação prática entre pessoas na medida em que estas se influenciam através de acções livres e responsáveis, isto é, na medida em que estas se afectam reciprocamente na sua liberdade exterior. A imputabilidade de uma acção surge assim como condição suficiente e necessária do direito e, nessa medida, o direito pode contentar-se com o conceito negativo de liberdade, ou seja, a liberdade como independência da determinação do arbítrio em relação aos impulsos sensíveis (neste sentido, cfr. Mary Gregor, "Kant's Theory of Property", p. 766; R. Friedrich, *Eigentum und Staatsbegründung...*, p. 50). Na verdade, tendo em vista a especificação da natureza das leis externas o que se exige é também o conceito de livre arbítrio (como o próprio Kant afirma em nota ao texto da *Rechtslehre* em que distingue os dois tipos de legislação abrangidos na *Metafísica dos*

reconhecimento de um direito de liberdade, insusceptível de ser adquirido ou alienado, e que consiste na liberdade de cada um (indepen-

---

Costumes: cfr. *Rechtslehre*, p. 323; *Metafísica dos Costumes*, p. 26), o qual é concebido, negativamente, como a capacidade para se determinar a si mesmo à acção através de algum incentivo que não as próprias inclinações e, positivamente, como a "faculdade da razão pura de ser por si mesma prática" (cfr. *Rechtslehre*, p. 318; *Metafísica dos Costumes*, p. 19). Miguel Galvão Teles sustentou existir um *non sequitur* no início da *Rechtslehre*, uma vez que o conceito de liberdade usado por Kant para definir o conceito de direito seria o conceito de liberdade exterior e não o conceito de liberdade prática estabelecido pelo imperativo categórico, nem sequer na sua versão negativa. Aliás, o conceito em que se baseia a doutrina kantiana do direito não seria sequer o de liberdade exterior, mas o de direito de liberdade, baseado naquele mas nele não contido. Assim, contrariamente ao propósito expressamente assumido por Kant, que apresenta a doutrina do direito como sendo analítica, pelo menos no seu início, esta deveria ser configurada toda ela como sintética (cfr. "State of Nature, Pure Republic and Legal Duty of Obedience", p. 165; concebendo também a liberdade exterior como o conceito base da doutrina kantiana do direito, cfr. N. Bobbio, *Diritto e Stato nel Pensiero di Emanuele Kant*, pp. 97 e 123; Otfried Höffe, *Introduction à la Philosophie Pratique de Kant*, p. 179; Julius Ebbinghaus, "Kant und das 20. Jahrhundert", p. 114). Ainda que seja questionável atribuir a Kant a apresentação da doutrina do direito como analítica, é sem dúvida verdade que ele afirma ser analítico o princípio do direito (cfr. *Tugendlehre*, p. 527; *Metafísica dos Costumes*, p. 308). O carácter analítico do princípio do direito tornaria redundante qualquer sua derivação do imperativo categórico, uma vez que Kant considera como sintéticas quaisquer formulações do princípio da moral (cfr. *Grundlegung zur Metaphysik der Sitten*, p. 82; *Fundamentação da Metafísica dos Costumes*, p. 94) e não faria sentido pretender derivar uma proposição analítica a partir de uma sintética (cfr. Allen Wood, "Kant's Doctrine of Right: Introduction", p. 35). Assim, o sentido da afirmação do carácter analítico do princípio do direito parece ser, segundo o próprio Kant, o de que não necessitamos de ir para além do conceito de liberdade para o compreender (cfr. *Tugendlehre*, p. 527; *Metafísica dos Costumes*, p. 308; cfr., ainda, *Rechtslehre*, pp. 337-340; *Metafísica dos Costumes*, pp. 44-47), o que não representa qualquer contradição com a afirmação do desenvolvimento do conceito de direito a partir do imperativo categórico (cfr. Marc Schattenmann, *Wohlgeordnete Welt*, pp. 74-75). Por outro lado, a circunstância dos conceitos de liberdade exterior e de direito de liberdade não surgirem senão no âmbito da *Rechtslehre* tem a ver precisamente com o propósito que eles servem, de distinguir os âmbitos da moral e do direito (cfr. Elisabeth Ellis, *Kant's Politics*, p. 34; Marc Schattenmann, *ob. cit.*, pp. 29 e 61-62). Mas a distinção entre moral e direito não põe em causa, no pensamento de Kant, a essencial unidade da sua filosofia prática: "só conhecemos a nossa própria liberdade (da qual procedem todas as leis morais e, portanto, também todos os direitos e todos os deveres) através do imperativo moral, que é uma proposição que prescreve o dever e a partir da qual pode, subsequentemente, desenvolver-se a faculdade de obrigar outrem, quer dizer, o conceito de direito" (cfr. *Rechtslehre*, p. 347; *Metafísica dos Costumes*, p. 60). A ideia de liberdade exterior não opera uma alteração do conceito de liberdade na filosofia prática de Kant, mas indica apenas a sua projecção no

dência do arbítrio constritivo de outrem), compatível com a liberdade de qualquer outro (ou numa relação recíproca de arbítrios) segundo leis universais. A liberdade, ou o "meu interior"[17], é pois um direito inato ou originário: é o "direito único, originário, que corresponde a todo o homem em virtude da sua humanidade"[18]. Como salienta Wolfgang Kersting, o conceito de humanidade tido em vista por Kant pertence à filosofia prática e não à antropologia; isso significa que não é enquanto membro de uma espécie biológica, mas com fundamento na sua racionalidade – não compreensível em termos biológicos – e na dignidade sobre ela assente que cada homem possui um direito inato de liberdade[19]. O direito inato de liberdade constitui, por assim dizer, o lado jurídico-subjectivo da própria lei universal do direito, ou, por outras palavras, ele corresponde "ao princípio objectivo do direito sob uma perspectiva jurídico-subjectiva"[20]. A questão que, com base na lei universal do direito, e no reconhecimento de um direito inato de liberdade, ou "meu interior", Kant coloca é a de saber "como são possíveis um meu e um teu exteriores"[21]. Kant afirma que, contrariamente ao "meu interior", ou inato, o exterior é sempre adquirido[22], mas pressupõe contudo um direito do homem a ter propriedade, isto é, um direito inato a adquirir propriedade por sua

---

âmbito do direito, enquanto legislação externa. Neste âmbito, o que está directamente em causa é a liberdade exterior, enquanto liberdade afirmada em face dos outros. Podemos dizer que o princípio universal do direito é também um princípio de liberdade exterior, sem deixar de se basear num princípio de liberdade transcendental (cfr. W. Kersting, *Kant über Recht*, p. 28 e 41; M. Brocker, *Kants Besitzlehre*, p. 50). O direito obedeceria assim à exigência de cada um limitar a sua liberdade de actuar segundo o seu próprio arbítrio por forma a não limitar a verdadeira liberdade, isto é, a liberdade moral, de todos (cfr. Larenz, "Die rechtsphilosophische Problematik des Eigentums", p. 30). Neste modo de ver, dir-se-ia ser correcto afirmar que os conceitos de liberdade exterior e de liberdade transcendental não se situam no mesmo plano, o que não significa, no entanto, que sejam incompatíveis.

[17] Cfr. Kant, *Rechtslehre*, § 6, p. 358 (cfr. *Metafísica dos Costumes*, p. 75).
[18] Cfr. Kant, *Rechtslehre*, pp. 345 (cfr. *Metafísica dos Costumes*, p. 56).
[19] Cfr. Wolfgang Kersting, *Kant über Recht*, p. 49; Rainer Friedrich, *Eigentum und Staatsbegründung...*, p. 81.
[20] Cfr. Wolfgang Kersting, *Wohlgeordnete Freiheit*, p. 95 (num contexto próximo, o mesmo autor, *ob. cit.*, p. 99, caracteriza "o direito fundamental do homem como o direito subjectivo *a priori* correspondente ao princípio do direito objectivo"); Rainer Friedrich, *Eigentum und Staatsbegründung...*, pp. 78-79.
[21] Cfr. Kant, *Rechtslehre*, § 6, p. 358 (cfr. *Metafísica dos Costumes*, p. 75).
[22] Cfr. Kant, *Rechtslehre*, p. 345 (cfr. *Metafísica dos Costumes*, p. 56).

própria iniciativa. Os direitos de propriedade são direitos adquiridos, embora o direito de os adquirir seja parte do direito natural de liberdade[23].

2.2.2 A possibilidade da propriedade privada. Com efeito, Kant apresenta uma hipotética proibição de adquirir propriedade como contrária à liberdade. A sua justificação do princípio da propriedade privada assenta numa prova *a contrario*, através da *reductio ad absurdum* da hipótese inversa, segundo a qual a propriedade seria impossível[24]. A demonstração é feita sob a égide do postulado jurídico da razão prática, segundo o qual "é uma pressuposição *a priori* da razão prática considerar e tratar qualquer objecto do meu arbítrio como um meu e teu objectivamente possíveis"[25]. Uma vez que os objectos externos não têm uma vontade livre que fundamente uma

---

[23] Cfr. R. Brandt, "Menshenrechte und Güterlehre. Zur Geschichte und Begründung des Rechts auf Leben, Freiheit und Eigentum", p. 27; Christoph Ulmschneider, *Eigentum und Naturrecht im Deutschland...*, p. 60; Paul Guyer, *Kant on Freedom, Law, and Happiness*, p. 244; Peter Unruh, "Die vernunftrechtliche Eigentumsbegründung bei Kant", pp. 134-135.

[24] Cfr. Otfried Höffe, *Introduction à la Philosophie Pratique de Kant*, p. 204; Allen D. Rosen, *Kant's Theory of Justice*, p. 19; Mary Gregor, "Kant's Theory of Property", p. 775; Marc Schattenmann, *Wohlgeordnete Welt*, p. 136. É atendendo precisamente a esta estrutura do argumento de Kant que se torna possível afirmar que o seu propósito é, não propriamente justificar a propriedade privada em si, mas antes responder à questão de saber como é possível pensar a propriedade enquanto domínio das coisas garantido pela ordem jurídica (neste sentido, cfr. Karl Larenz, "Die rechtsphilosophische Problematik des Eigentums", p. 30; Damian Hecker, *Eigentum als Sachherrschaft*, p. 189).

[25] Cfr. Kant, *Rechtslehre*, § 2, p. 354 (cfr. *Metafísica dos Costumes*, p. 70); idem, *Vorarbeiten zu Metaphysik der Sitten*, pp. 212-213. Segundo Bernd Ludwig, "Der Platz des rechtlichen Postulats...", p. 219, o § 2 deveria figurar após os três primeiros parágrafos do § 6, uma vez que a questão neste último colocada – «como é possível uma posse meramente jurídica (inteligível)?», ou «como é possível uma proposição sintética jurídica *a priori*?» – é efectivamente respondida no § 2; cfr., ainda, do mesmo autor, *Kants Rechtslehre*, pp. 61-62. Em sentido contrário, é possível entender, sem pôr em causa que a proposição jurídica sintética *a priori* a que se refere o § 6 corresponde ao postulado do § 2, que a fundamentação deste último não se relaciona, no § 2, com a sua qualidade de proposição sintética *a priori*, como sucede no § 6, mas visa apenas demonstrar que o postulado é a única possível legislação da razão prática pura para o uso de objectos exteriores da vontade de acordo com leis de liberdade; a validade do postulado deve poder ser pressuposta aquando da "Dedução do conceito de posse meramente jurídica de um objecto exterior (*possessio noumenon*)" no § 6 (neste sentido, cfr. Rainer Friedrich, *Eigentum und Staatsbegründung...*, p. 104 e nota 384).

obrigação das pessoas em relação a eles, seria contrário à razão negar o uso de tais objectos. Repare-se que não está em causa o simples uso de um objecto que está fisicamente em meu poder, mas o uso de algo que não está fisicamente em meu poder, ou seja, um uso meramente negativo, concebido como a exclusão do uso de um objecto (que não está fisicamente em meu poder) por quaisquer outros[26]. Se alguém age sobre uma coisa a que estou fisicamente ligado (se alguém me tira a maçã da mão, segundo o exemplo de Kant) ocorre uma violação do meu direito inato de liberdade, do meu interior, mas não está em causa uma específica e autónoma violação da propriedade, do meu exterior. Por outras palavras, nos termos do argumento de Kant, não está em causa negar a simples posse sensível, mas negar uma posse inteligível, isto é, uma posse sem detenção, a qual consiste, não numa relação imediata entre uma pessoa e um objecto, mas numa relação entre pessoas, no âmbito da qual todos aqueles que poderiam pretender o controlo de um objecto consentem no seu controlo por uma pessoa em particular[27]. Kant exprime a irracionalidade da negação de uma tal posse afirmando que negar a possibilidade de a ela submeter um objecto, em termos compatíveis com a liberdade de qualquer outro segundo uma lei universal, teria como consequência que "a liberdade privar-se-ia a si mesma de usar o seu arbítrio em relação a um objecto do mesmo, ao impossibilitar o uso de objectos utilizáveis"[28]. Assim, "é contrária ao

---

[26] Elisabeth Ellis, *Kant's Politics*, p. 124, afirma que o argumento de Kant procede "por subtracção", no sentido de que Kant remove todos os elementos empíricos do conceito de posse.

[27] Kant estabelece esta distinção logo no § 1 da *Rechtslehre*, p. 353 (cfr. *Metafísica dos Costumes*, pp. 67-68); enquanto a proposição relativa à posse sensível – aquele que usar uma coisa, à qual estou fisicamente ligado, sem o meu consentimento lesa-me –, é uma proposição jurídica analítica, que não sai do âmbito do direito de uma pessoa atendendo a si própria, quer dizer, à sua liberdade enquanto meu interior, a proposição relativa à posse inteligível – aquele que usar, sem o meu consentimento, uma coisa que é minha, sem que eu a detenha fisicamente, lesa-me – é uma proposição jurídica sintética. A questão do direito privado – saber como é possível uma posse meramente jurídica – resolve-se para Kant na questão de saber como é possível uma proposição jurídica sintética *a priori* (cfr. Kant, *Rechtslehre*, § 6, pp. 358-359; *Metafísica dos Costumes*, pp. 75-76; Manfred Brocker, *Kants Besitzlehre*, pp. 96 e ss.; Paul Guyer, *Kant on Freedom, Law, and Happiness*, pp. 244-245).

[28] Cfr. Kant, *Rechtslehre*, § 2, p. 354 (cfr. *Metafísica dos Costumes*, p. 69).

direito uma máxima segundo a qual, se esta se convertesse em lei, um objecto do arbítrio devesse tornar-se em si (objectivamente) sem dono (*res nullius*)"[29]. Por outras palavras, segundo Kant, qualquer

---

[29] Cfr. Kant, *Rechtslehre*, § 2, p. 354 (cfr. *Metafísica dos Costumes*, p. 69). Segundo R. Brandt, a parte explicativa do postulado, citada no texto, diz respeito apenas à propriedade em sentido estrito, isto é, a propriedade de coisas corpóreas, muito embora a formulação do postulado em si mesma ["É possível ter como meu um qualquer objecto exterior do meu arbítrio": cfr. Kant, *ob. e loc. cit.* (cfr. *Metafísica dos Costumes*, p.68)], pareça referir-se a todos os possíveis objectos exteriores do arbítrio, os quais, para além de "uma coisa (corpórea) fora de mim", isto é, a propriedade, podem ainda consistir no "arbítrio de outrem em relação a um determinado acto (*praestatio*)" e no "estado de outrem em relação a mim" (cfr. Kant, *Rechtslehre*, § 4, p. 355; *Metafísica dos Costumes*, pp. 70-71). Estes três objectos exteriores possíveis do meu arbítrio correspondem, respectivamente, aos conceitos jurídicos de direito real (§§ 11 a 17 da *Rechtslehre*), direito pessoal (§§ 18 a 21) e direito pessoal de carácter real (§§ 22 a 30). Ora, nem o arbítrio, nem o estado de uma pessoa podem ser *res nullius*, mas antes integram o *meum internum* da pessoa em questão (cfr. Brandt, "Menshenrechte und Güterlehre. Zur Geschichte und Begründung des Rechts auf Leben, Freiheit und Eigentum", p. 27 e nota 20; idem, "Das Erlaubnisgesetz...", p. 260). Em sentido contrário, J. Hruschka "The Permissive Law of Practical Reason...", p. 63, nota 48, sustenta que a "*res*" na expressão "*res nullius*" deve ser traduzida como "objecto" e não como "coisa" e que, portanto, o postulado é igualmente válido para os três objectos possíveis do arbítrio, não podendo ser limitado à propriedade das coisas corpóreas. É inegável, no entanto, que o postulado da razão prática, enquanto permissão de restrição da liberdade dos outros, reveste especial relevância no âmbito da *proprietas rerum*; além disso, o próprio Hruschka reconhece que o problema da aquisição originária é discutido por Kant apenas no contexto da primeira ocupação da terra. Mesmo sem levar em conta a circunstância de Hruschka colocar no mesmo plano a afectação de terceiros pela constituição de um direito real e de um direito pessoal (cfr. *ob. cit.*, p. 69 e nota 78, com expressa menção do problema da interferência de terceiros nas relações contratuais), parece inegável que a aquisição de um objecto consistente no arbítrio ou no estado de um outro é sempre derivada do seu interior; assim, a questão da aquisição originária não respeita ao direito pessoal, ou ao direito pessoal de carácter real, mas apenas pode referir-se aos objectos corpóreos (cfr. R. Friedrich, *Eigentum und Staatsbegründung...*, p. 135). Por outro lado, nos casos do direito pessoal (dos contratos) e mesmo do direito pessoal de carácter real (da sociedade doméstica), a união das vontades individuais sobre o uso de um objecto realiza-se imediatamente através do contrato e não carece de nenhuma determinação ulterior através de uma instância legislativa exterior àquelas vontades; pelo contrário, o estado civil constitui para a propriedade (para além da função geral de protecção do Estado em relação a todos os direitos) o fundamento da sua própria vinculatividade, ainda que ele apenas represente a ideia da vontade reunida. Os deveres relacionados, quer com direito pessoal, quer com o *sui generis* direito pessoal de carácter real, não necessitam do Estado para o serem (ainda que necessitem dele para a sua determinação ou positivização); apenas o dever que as relações de propriedade estabelecem surge acompanhado do dever de constituir uma vontade geral (cfr. Bernd Ludwig, *Kants Rechtslehre*, pp. 185-186).

regulação jurídica que organizasse o domínio da vontade sobre as coisas numa base empírica seria contrária à razão, ao direito e à liberdade. Para além de estabelecer que todos os objectos no mundo estão submetidos ao livre arbítrio, o argumento de Kant estabelece ainda que este último, por seu turno, apenas se submete às leis formais da razão jurídica: nos termos da primeira parte do argumento as coisas não são em si sem dono ou juridicamente independentes; de acordo com a segunda parte, seria contrário ao conceito de direito que as pessoas se limitassem segundo condições empíricas no que diz respeito ao uso das coisas[30]. Se a circunstância de um objecto deixar de estar na minha posse física implicasse que ele não poderia ser juridicamente meu, isso significaria que a liberdade de usar as coisas exteriores se limitaria, não apenas pelas leis formais da razão jurídica, que visam compatibilizar diferentes arbítrios segundo leis universais, mas ainda pela condição física de uma posse meramente empírica[31]. Deste modo, o domínio da vontade racional sobre os objectos, que constitui a base do argumento de Kant, transformar-se-ia no domínio dos objectos sobre o direito[32]. Esta argumentação afasta igualmente uma regulação comunitária da propriedade, nos termos da qual se limitasse a liberdade da vontade de usar as coisas à duração da posse empírica ou sensível das mesmas[33/34].

---

[30] Cfr. Kersting, "Eigentum, Vertrag und Staat bei Kant und Locke", p. 117; Manfred Brocker, *Kants Besitzlehre*, pp. 93-94. As duas partes do argumento são assim sumariadas por Paul Guyer: "as condições para uma pretensão jurídica em relação à propriedade incluem não apenas a falta de qualquer pretensão de direitos por parte dos mesmos objectos, mas também a possibilidade de uma vontade universal ou acordo em relação ao uso de um tal objecto por um indivíduo por parte dos outros que de outro modo seriam capazes de o usar" (cfr. *Kant on Freedom, Law, and Happiness*, pp. 247 e 248).

[31] Cfr. Kant, *Vorarbeiten zu Metaphysik der Sitten*, p. 230.

[32] Cfr. Manfred Brocker, *Kants Besitzlehre*, p. 95.

[33] Cfr. Kersting, "Politics, Freedom, and Order: Kant's Political Philosophy", p. 349; Allen D. Rosen sustenta que o argumento de Kant enferma de uma confusão entre direitos de propriedade e direitos de uso, no sentido em que a rejeição dos primeiros não envolve necessariamente a rejeição dos segundos, e que, por outro lado, ainda que o argumento estabelecesse a necessidade de algum tipo de propriedade, ele não estabeleceria a necessidade da propriedade privada, em oposição a uma propriedade comum, colectiva ou pública (cfr. Allen D. Rosen, *Kant's Theory of Justice*, p. 20, nota 59; cfr., em sentido semelhante, Elisabeth Ellis, *Kant's Politics*, pp. 33-34). Mas estas críticas não atingem a essência do argumento de Kant: quanto ao primeiro aspecto, o que está em causa é a justificação da

A demonstração da possibilidade da propriedade privada, ou do meu e teu exteriores, não resulta assim imediatamente da lei universal do direito, mas do postulado da razão jurídica prática. É este postulado que autoriza, entendido como lei permissiva, a limitação da vontade de outras pessoas em relação ao uso de um objecto externo da minha vontade. O postulado da razão prática jurídica, entendido como lei permissiva (e Kant refere-se-lhe expressamente enquanto tal, como se verá de seguida) não consiste, pois, num mero conceito jurídico, uma vez que não se contém analiticamente no con-

---

propriedade e se a negação desta, ainda que não envolva também a negação do simples uso, contraria a liberdade, a objecção falha simplesmente o alvo; quanto ao segundo aspecto, Rosen parece ignorar que o que está em causa é o direito *individual* de *adquirir* propriedade. Além disso, a propriedade pública é, também ela, propriedade individual.

[34] Para além do argumento relativo à demonstração da possibilidade da propriedade privada e ao afastamento do comunismo contido no § 2 da *Rechtslehre*, Wolfgang Kersting aponta ainda um outro, retirado da refutação do idealismo na segunda edição da *Crítica da Razão Pura*, B 275, em que se afirma que "mesmo a nossa experiência interna, indubitável para Descartes, só é possível mediante o pressuposto da experiência externa", e a que se alude nos *Vorarbeiten zu Metaphysik der Sitten*, pp. 309-310. Nos termos deste argumento, também aqueles que apenas aceitam uma posse empírica, e professam um idealismo dogmático em relação à possibilidade de um meu e teu exteriores, têm de reconhecer que o meu interior e inato, implicado na posse física, pressupõe um meu e teu exteriores, independentes daquela posse, sob pena de introduzirem uma inadmissível divisão no conceito de liberdade. A consciência das actividades mentais é indissociável da consciência da existência das coisas exteriores; do mesmo modo, se não for juridicamente possível estender para além do domínio da posse física a competência para excluir todos os outros do uso de um objecto da vontade, isso conduz ao resultado contraditório de uma destruição da liberdade segundo conceitos jurídicos (cfr. W. Kersting, *Wohlgeordnete Freiheit*, pp. 124-125; idem, "Eigentum, Vertrag und Staat bei Kant und Locke", pp. 115-116; idem, *Kant über Recht*, pp. 64-65; ainda antes de Kersting, já Reinhard Brandt, *Eigentumstheorien von Grotius bis Kant*, p. 188, havia exprimido o mesmo ponto de vista, nos seguintes termos: "Segundo os princípios kantianos, ao «jogo» do idealista nas coisas jurídicas, como ao do idealista a respeito do mundo exterior, responde-se pagando na mesma moeda: a liberdade de actuação deixa-se apenas realizar através de acções com objectos exteriores e o uso dos solos que eu não possuo fisicamente neste momento; se outros se puderem apoderar arbitrariamente destas coisas na sua posse física, eles terão a possibilidade jurídica de aniquilar a liberdade de uma pessoa – a qual deve contudo ser mantida"; cfr., ainda, R. Friedrich, *Eigentum und Staatsbegründung...*, pp. 109-110 e nota 395). Segundo Kersting, uma argumentação deste tipo implica aceitar a fundação da propriedade, ou meu exterior, sobre o direito inato de liberdade, ou meu interior – ou seja, aceitar uma concepção da propriedade como direito geral e necessário – o que conduziria a algum tipo de política distributiva por parte do Estado.

ceito de direito[35], mas baseia-se numa proposição sintética *a priori*. A permissão da razão prática jurídica legitima, juntamente com as ideias de comunidade originária e de vontade reunida de todos, a aquisição originária[36]. As três ideias estão na base da caracterização da justificação kantiana da propriedade privada através de um "consentimento não contratual", na expressão de Wolfgang Kersting atrás citada. Elas traduzem a recusa do princípio sobre o qual assenta a teoria lockeana da propriedade: a pretensão de derivar os direitos de propriedade analiticamente a partir do conceito de liberdade ou autodeterminação, isto é, a possibilidade de estender o *suum* interno por forma a abranger objectos externos através da respectiva modificação por um acto da vontade, manifestado no trabalho[37].

2.2.3 A aquisição originária. Nos termos expostos, Kant legitima a possibilidade de instituição da propriedade privada, daí extraindo três consequências: (i) todas as coisas podem em princípio ser submetidas à propriedade privada; (ii) a todos é permitido tomar coisas sem dono e possuí-las juridicamente, quer dizer, excluir todos os outros do seu uso; (iii) todos são obrigados a agir em relação a outros "de tal modo que o exterior (útil) possa ser igualmente seu para qualquer outro"[38], ou seja, de tal modo que possam ser constituídos direitos de propriedade e ser estabelecida uma ordem de propriedade privada[39]. A demonstração da possibilidade da propriedade privada implica, como se disse, a autorização da aquisição originária da propriedade. Na verdade, Kant afirma que pode chamar-se ao postulado jurídico da razão prática "uma lei permissiva (*lex permissiva*) da razão prática, que nos confere a faculdade, faculdade essa que não poderíamos fazer decorrer de meros conceitos do Direito em geral, a saber, de impor a todos os demais uma obrigação que, de outro

---

[35] Cfr. Kant, *Rechtslehre*, Einleitung, § B, p. 337 (cfr. *Metafísica dos Costumes*, p. 43): "conjunto de condições sob as quais o arbítrio de um pode conciliar-se com o arbítrio de outrem, segundo uma lei universal de liberdade".

[36] Cfr. Rainer Friedrich, *Eigentum und Staatsbegründung...*, pp. 110-111.

[37] Cfr. Kenneth Baynes, "Kant on Property Rights and the Social Contract", p. 435.

[38] Cfr. Kant, *Rechtslehre*, § 6, p. 361 (cfr. *Metafísica dos Costumes*, p. 80).

[39] Cfr. Kersting, "Eigentum, Vertrag und Staat bei Kant und Locke", p. 119; idem, "Politics, Freedom, and Order: Kant's Political Philosophy", p. 350; idem, *Kant über Recht*, pp. 67-68.

modo, não teriam, a obrigação de se absterem de usar certos objectos do nosso arbítrio, pois que os tomámos com anterioridade na nossa posse"[40]. Pois bem, a lei permissiva da razão prática fundamenta a possibilidade de se instituir uma ordem da propriedade, mas é necessário ainda saber qual o fundamento dessa possibilidade, como se chega a estabelecer a realidade de uma tal ordem e qual o título racional que verdadeiramente fundamenta a sua legitimidade[41].

Na resposta à questão de saber o que é um direito real, Kant afirma consistir ele no "direito ao uso privativo da coisa, em cuja posse comum (originária ou instituída) estou investido com todos os demais". E acrescenta ser esta "a única condição mediante a qual é possível que eu exclua qualquer outro possuidor do uso privativo da coisa (...), uma vez que é incompreensível, sem pressupor uma tal posse comum, como é que eu, que não estou ainda investido na posse da coisa, posso ser lesado por outros que o estão e usam a coisa". Assim, em sentido próprio, "não há qualquer direito (directo) sobre uma coisa, mas designa-se por tal o que cabe a alguém face a uma pessoa, que está investida numa posse em comum com todos os outros (no estado civil)"[42]. O conceito de comunidade originária não

---

[40] Cfr. Kant, *Rechtslehre*, § 2, p. 355 (cfr. *Metafísica dos Costumes*, p. 70).

[41] O conceito de lei permissiva é central não só na filosofia jurídica, mas também no pensamento político de Kant (cfr. Reinhard Brandt, "Das Erlaubnisgesetz...", pp. 246 e 249 e ss.; Kenneth Baynes, "Kant on Property Rights and the Social Contract", p. 438). As considerações de Kant sobre as normas permissivas tiveram como razão próxima as discussões suas contemporâneas sobre os efeitos da Revolução francesa e a possibilidade de reforma constitucional na Prússia. Contra o estabelecimento revolucionário, e, portanto, através de meios imorais, de uma constituição republicana, Kant sustentava a existência de "leis permissivas da razão que admitem a permanência de uma condição de direito público, ainda que afectada por injustiças, até por si mesmo estar madura para uma transformação plena ou se aproximar da sua maturação por meios pacíficos; pois qualquer constituição jurídica, embora só em grau mínimo seja conforme ao direito, é melhor do que nenhuma e o destino de uma reforma prematura seria a anarquia" (cfr. Kant, *Zum ewigen Frieden*, p. 234, nota; *A Paz Perpétua*, p. 155, nota 14). Tal como uma lei permissiva da razão admite a permanência de um estado jurídico afectado por elementos de injustiça, no pressuposto de que esses elementos serão gradualmente removidos, também uma lei permissiva da razão permite a exclusão de terceiros do uso de um objecto exterior de que me apropriei primeiro, no pressuposto de que estou disposto a entrar com eles num estado civil, no âmbito do qual o meu direito tem de ser articulado com o dos demais (cfr., ainda, Kant, *Zum ewigen Frieden*, p. 201-202, nota; *A Paz Perpétua*, p. 125-126, nota 2).

[42] Cfr. Kant, *Rechtslehre*, § 11, pp. 371-372 (cfr. *Metafísica dos Costumes*, pp. 92-93).

se identifica, quer com o conceito de posse inteligível[43], quer com o de posse empírica, mas antes corresponde a "um conceito prático da razão que contém *a priori* o princípio segundo o qual somente os homens podem fazer uso de uma coisa em conformidade com leis jurídicas do lugar que ocupam sobre a terra"[44]. O fundamento da possibilidade da aquisição originária consiste, pois, na comunidade originária do solo. O que transforma esta possibilidade numa realidade é o apossamento, que se torna ocupação, sob condição da prioridade quanto ao tempo, de harmonia com o princípio "*prior tempore, potior jure*"[45].

A tomada de posse ou ocupação corresponde apenas ao "título empírico" da aquisição e à partida torna-se difícil compreender como pode chegar a ser legítima uma aquisição originária da propriedade, pois um acto empírico de apropriação não pode constituir qualquer direito e um acto unilateral da vontade não pode fazer nascer qualquer obrigação junto de outros[46]. Precisamente para fazer face a essa dificuldade, Kant recorre à ideia de uma determinação e consentimento abrangentes através da vontade de todos. Assim, justamente a propósito da aquisição originária, afirma ele que "o título racional da aquisição só pode residir na ideia de uma vontade de todos unificada *a priori* (que há que necessariamente unificar), que aqui se pressupõe tacitamente como condição indispensável (*condicio sine qua non*); pois que por intermédio de uma vontade unilateral não pode impor-se aos demais uma obrigação que de outro modo sobre eles não impenderia"[47]. Em face deste título racional, o trabalho surge apenas como "um sinal exterior de tomada de posse, que pode ser substituído por muitos outros sinais que requerem menos esforço", como sucede com a ocupação[48]. Na verdade, "é em si tão evidente

---

[43] Cfr. R. Friedrich, *Eigentum und Staatsbegründung...*, pp. 145-146.
[44] Cfr. Kant, *Rechtslehre*, § 13, p. 373 (cfr. *Metafísica dos Costumes*, p. 95).
[45] Cfr. Kant, *Rechtslehre*, § 14, p. 373 (cfr. *Metafísica dos Costumes*, pp. 95-96); J. Hruschka, "The Permissive Law of Practical Reason...", pp. 67-68.
[46] Cfr. Kant, *Vorarbeiten zu Metaphysik der Sitten*, pp. 308-309.
[47] Cfr. Kant, *Rechtslehre*, § 15, p. 375 (cfr. *Metafísica dos Costumes*, p. 97).
[48] Cfr. Kant, *Rechtslehre*, §§ 14 e 15, pp. 374 e 376 (cfr. *Metafísica dos Costumes*, pp. 96 e 100); cfr., ainda, Wolfgang Kersting, "Transzendentalphilosophische und naturrechtliche Eigentumsbegründung", p. 168; Christoph Ulmschneider, *Eigentum und Naturrecht im Deutschland...*, pp. 62-63.

que aquele que empenhou a sua diligência num terreno que não era já de antemão seu perdeu o seu esforço e labor face ao primeiro possuidor, que é difícil atribuir aquela opinião tão antiga e em larga escala difundida a outra causa que não seja a ilusão que sub-repticiamente prevalece de personificar as coisas e de imaginar um direito directamente sobre essas coisas, como se alguém que nelas empregue o seu trabalho as pudesse obrigar a estar ao serviço de qualquer outra pessoa senão de si próprio"[49]. Isto significa, no entanto, que a vontade geral de uma determinada comunidade política consiste na realização daquela ideia do direito privado – isto é, a ideia de uma vontade de todos unificada *a priori* – no seu seio, uma vez que "o estado de uma vontade realmente unificada de modo universal, em vista da legislação, é o estado civil". A aquisição originária é necessariamente provisória, isto é, tendo em vista o estabelecimento do estado civil, mas efectuada antes desse estabelecimento. No âmbito do direito privado é, pois, já formulada a condição necessária e suficiente da constituição do estado civil[50]. A vontade geral não constitui apenas princípio do direito público, como sucede com Rousseau, mas também do direito privado, ou, por outras palavras, aquele princípio não é apenas pressuposto pela ordem da propriedade peremptória no estado civil, mas também pela aquisição provisória no estado de natureza, como de resto expressamente se diz no § 14 da *Rechtslehre*[51]. Para além disso, Kant afirma constituir "um princípio do direito privado, segundo o qual cada um está autorizado a exercer aquela coacção que possibilite sair do estado de natureza e ingressar no estado civil, que é o único que pode tornar peremptória qualquer aquisição"[52]. Quase nos mesmos termos, afirma no § 44, na parte relativa ao direito do Estado, que se no estado de natureza também não houvesse provisoriamente um meu e um teu exteriores, haveria "tão-pouco deveres jurídicos a eles respeitantes, e, por conseguinte, não existiria injunção alguma para sair do estado de natureza"[53].

---

[49] Cfr. Kant, *Rechtslehre*, § 17, p. 380 (cfr. *Metafísica dos Costumes*, p. 106).

[50] Cfr. R. Brandt, "Menshenrechte und Güterlehre. Zur Geschichte und Begründung des Rechts auf Leben, Freiheit und Eigentum", p. 30.

[51] Cfr. Kant, *Rechtslehre*, § 14, p. 374 (cfr. *Metafísica dos Costumes*, p. 96); W. Kersting, *Kant über Recht*, p. 85; R. Friedrich, *Eigentum und Staatsbegründung...*, p. 149.

[52] Cfr. Kant, *Rechtslehre*, § 15, p. 375 (cfr. *Metafísica dos Costumes*, p. 98).

[53] Cfr. Kant, *Rechtslehre*, § 44, p. 431 (cfr. *Metafísica dos Costumes*, p. 178).

A vontade geral da comunidade política é, portanto, a vontade de todos os habitantes de um território que através da pretensão de uma propriedade são limitados na sua liberdade em resultado de um acto individual de apropriação e que devem não obstante transformar a obrigação provisória de respeitar essa propriedade numa *obligatio a se ipsis contracta*[54]. Através das duas ideias da razão, isto é, a ideia da comunidade originária dos bens e a ideia da vontade reunida *a priori* de todos, torna-se possível interpretar a ocupação empírica de um pedaço de terra como um acto de apropriação por parte da vontade universal do possuidor colectivo ideal de tudo o que pode ser adquirido em geral e assim fundamentar uma obrigação indissolúvel de todos aqueles, cuja liberdade de acção é afectada pelo acto de apropriação, de nele consentirem, tendo em vista a instauração de uma condição jurídica e o estabelecimento de um sistema público de legislação e direitos[55]. O consentimento de todos num acto de apropriação empírica funda o direito de propriedade daquele que apropria mas também exprime o direito à ordem jurídica de todo aquele de quem se assume o consentimento[56].

2.3 Princípios do estado civil. Como acima se mencionou, cada pessoa tem um direito inato, ou natural, à liberdade, enquanto independência do arbítrio de uma outra pessoa; com este direito é dado analiticamente um direito de igualdade[57] e dele resulta ainda, como também se viu, um direito de adquirir propriedade, embora este não seja já retirado analiticamente dos conceitos gerais do direito. Mas se assim sucede no estado de natureza, também no estado civil Kant afirma a existência de um direito à propriedade, no sentido de direito de adquirir e ter propriedade, junto dos direitos de liberdade e igualdade, sob a designação de "independência", a qual consiste em "dever

---

[54] Cfr. R. Brandt, "Menshenrechte und Güterlehre. Zur Geschichte und Begründung des Rechts auf Leben, Freiheit und Eigentum", pp. 29-30. Sobre a ideia de que a aquisição da propriedade, sendo uma limitação da liberdade exterior, consiste numa limitação assumida por aqueles que se lhe submetem (*omnis obligatio est contracta*), cfr. Kant, *Vorarbeiten zu Metaphysik der Sitten*, pp. 219, 220 e 235-236.

[55] Cfr. W. Kersting, "Politics, Freedom, and Order: Kant's Political Philosophy", p. 351.

[56] Cfr. Wolfgang Schild, "Begründungen des Eigentums...", p. 49.

[57] Cfr. Kant, *Rechtslehre*, p. 345 (cfr. *Metafísica dos Costumes*, p. 56); cfr. Rainer Friedrich, *Eigentum und Staatsbegründung...*, pp. 81 e ss.

a sua própria existência e conservação não ao arbítrio de outro no povo, mas aos seus próprios direitos e capacidades como membro da comunidade"[58]. Seria possível interpretar este conceito como exprimindo um direito de cada um a ser independente, quer enquanto privado, quer na qualidade de membro de uma comunidade política, o que implicaria desde logo um direito a ver garantidas por parte do Estado condições de vida compatíveis com o exercício daquela qualidade.

Uma tal interpretação depara, no entanto, com sérios obstáculos. Antes de mais, Kant distingue, como se afirmou, uma justificação do princípio da propriedade privada, enquanto emanação da liberdade, e uma concepção da origem da propriedade sobre bens concretos, isto é, da aquisição originária, através de actos individuais de apropriação. Enquanto no primeiro caso, o direito a ter propriedade poderia ser entendido como um direito geral, no segundo caso, o direito de propriedade sobre bens concretos surge como um direito especial-contingente[59]. Significa isto que a concepção da propriedade em Kant se presta às críticas que vimos suscitar o pensamento de Locke sobre a matéria, na medida em que mesmo quando a ideia de "propriedade de si mesmo" deste último for entendida como um direito geral de liberdade, esse direito funda, através do trabalho, unilateral, e por isso ilegitimamente, um direito sobre bens concretos? Também para Kant, perguntar-se-á, poderá a justificação da propriedade com base no direito inato de liberdade, isto é, poderá um direito geral a ter propriedade, enquanto parte do direito natural de liberdade, ser comprometido pelo carácter especial e contingente da explicação da origem dos direitos de propriedade sobre bens concretos? Sem prejuízo de só mais adiante se poder ensaiar uma resposta mais completa para esta questão, importa desde já salientar que para Kant, ao contrário de Locke, a apropriação individual originária é meramente empírica.

---

[58] Cfr. Kant, *Rechtslehre*, § 46, p. 432 (cfr. *Metafísica dos Costumes*, pp. 179-180); também no opúsculo *Über den Gemeinspruch*, pp. 145 e ss. (cfr. *Sobre a Expressão Corrente*, pp. 75 e ss.), o estado civil é apresentado como assente nos três princípios *a priori* da liberdade, igualdade e independência. Cfr., ainda, R. Brandt, "Menschenrechte und Güterlehre. Zur Geschichte und Begründung des Rechts auf Leben, Freiheit und Eigentum", p. 28.

[59] Cfr. W. Kersting, "Eigentum, Vertrag und Staat bei Kant und Locke", p. 120; idem, *Kant über Recht*, p. 68.

Para além disso, um acto de vontade unilateral não pode estabelecer uma obrigação de terceiros, a não ser provisoriamente[60]. A possibilidade de uma propriedade peremptória assenta na constituição do estado civil. Nesta perspectiva, é possível afirmar não alcançarem o verdadeiro sentido da teoria da propriedade de Kant todas aquelas leituras que vêm no seu tratamento da *prima occupatio* uma alternativa à teoria do trabalho de Locke[61]. Utilizando os conceitos de Kant, pode dizer-se que para Locke a apropriação no estado de natureza estabelece uma posse peremptória; para Kant a *occupatio*, que apenas sob a ideia da vontade reunida de todos tem carácter jurídico, é de natureza provisória e apenas se torna peremptória com a plena realização de uma vontade geral no Estado[62]. Para Locke, não seria

---

[60] É necessário esclarecer que as distinções entre posse sensível ou empírica e racional ou inteligível, por um lado, e posse provisória e peremptória, por outro, não são coincidentes. Assim, no estado de natureza existirá uma posse meramente sensível, dependente do controlo físico do objecto por parte do sujeito; em todas as sociedades efectivamente existentes há uma posse inteligível, mas apenas provisória, uma vez que ela não depende já do controlo físico de um objecto, mas também não se integra num sistema jurídico justo, tal como delineado na imagem kantiana de uma república ideal; apenas no âmbito desta última se poderá falar num direito de propriedade simultaneamente racional e peremptório (cfr. Elisabeth Ellis, *Kant's Politics*, pp. 121-122 e 130-133). No pensamento de Kant parece, pois, haver lugar para uma terceira condição entre o estado de natureza puro e a condição jurídica, correspondente aos Estados que têm sistemas de direito, mas não um respeito promulgado pelo direito *a priori*. O estado de natureza incluiria assim o Estado arbitrário, mas ordenado, e a condição em que não existem quaisquer regras comuns (cfr. E. Ellis, *ob. cit.*, p. 131).

[61] Como salienta W. Kersting, "Eigentum, Vertrag und Staat bei Kant und Locke", pp. 127-128; idem, *Kant über Recht*, p. 75. Kersting tem em vista, entre outros, Lawrence Becker, *Property Rights*, p. 28, quando este afirma que Kant "argued that an act of will in approprianting a thing creates a property right in that thing if the act satisfies the moral law and if anyone else's subsequent use or possession of it would injure the appropriator". Segundo Becker, *ob. cit.*, p. 29, o argumento de Kant "establishes a liberty right to appropriate but not a claim right to keep"; o autor desconsidera assim a distinção entre posse provisória e peremptória estabelecida por Kant. Valorizando também excessivamente a importância da ocupação na teoria da propriedade de Kant, cfr. Richard Saage, *Eigentum, Staat und Gesellschaft bei Immanuel Kant*, pp. 26-27; Ulrich Scheuner, "Die Garantie des Eigentums in der Geschichte der Grund- und Freiheitrechte", p. 23.

[62] Cfr. R. Brandt, *Eigentumstheorien von Grotius bis Kant*, p. 192; Wolfgang Kersting, "Transzendentalphilosophische und naturrechtliche Eigentumsbegründung", p. 173; idem, *Wohlgeordnete Freiheit*, pp. 164-171 e 205-208; Peter Unruh, "Die vernunftrechtliche Eigentumsbegründung bei Kant", pp. 143-144.

completamente verdadeira a afirmação de Kant segundo a qual "uma pessoa que estivesse sozinha sobre a terra não poderia em bom rigor ter como seu ou adquirir qualquer objecto exterior, pois que entre essa pessoa, enquanto sujeito, e todas as outras coisas exteriores, enquanto objectos não existe qualquer relação de obrigação"[63]. A diferença entre as teorias da apropriação de Kant e de Locke é particularmente visível se tivermos presente que a teoria deste último legitimava a apropriação da terra dos nativos americanos pelos colonos europeus, que o primeiro expressamente rejeitou[64].

Mas com isto levanta-se uma outra dificuldade: em que medida é lícito no estado civil actuar sobre as relações de propriedade provisoriamente constituídas com a superação do estado de natureza? A resposta de Kant a esta questão, no seguimento da passagem do § 46 da *Rechtslehre* anteriormente citado, afigura-se insatisfatória, desde logo na medida em que constrói a vontade geral da comunidade política tendo por base o modelo da vontade do proprietário[65]. Princípios *a priori* do *status naturalis* segundo Kant são, como se disse, o direito inato de liberdade e igualdade e ainda, como parte dele, o direito de adquirir propriedade; no estado civil, como igualmente se disse, junto dos direitos de liberdade e igualdade, surge ainda como terceiro princípio político *a priori* a independência "daquele que, no povo, não quer ser meramente parte da comunidade, mas também um membro dela, quer dizer, uma parte da comunidade que age segundo o seu próprio arbítrio em conjugação com os outros". Esta independência, enquanto atributo da cidadania, é entendida por Kant como caracterizando apenas os proprietários e conduz à distinção entre cidadãos activos e passivos, que ele próprio admite parecer estar em contradição com a definição do conceito de cidadão em

---

[63] Cfr. Kant, *Rechtslehre*, § 11, p. 371 (cfr. *Metafísica dos Costumes*, p. 93).
[64] Cfr. Kant, *Rechtslehre*, § 15, p. 377 (cfr. *Metafísica dos Costumes*, pp. 101-102); cfr., ainda, Jeremy Waldron, *The Dignity of Legislation*, pp. 47-48 e 174, nota 29; Jacob T. Levy, *The Multiculturalism of Fear*, pp. 201 e 214; cfr., ainda, Kristian Kühl, *Eigentumsordnung als Freiheitsordnung*, pp. 217-218; idem, "Von der Art, etwas Äusseres zu erwerben...", p. 124.
[65] Cfr. R. Brandt, "Menshenrechte und Güterlehre. Zur Geschichte und Begründung des Rechts auf Leben, Freiheit und Eigentum", p. 30.

geral[66]. E, na verdade, este entendimento parece estar em contradição com os princípios da filosofia de Kant, ao transformar o estado racional, que faz cidadãos de todos os seres humanos, num estado de proprietários[67]. Ou seja, em contradição com o objectivo professo de estabelecer uma fundação crítica e racional para o direito e a política, à margem de quaisquer características empíricas, Kant eleva um factor económico contingente à categoria de um princípio *a priori* de justificação[68].

Como nota Wolfgang Kersting, a concepção de independência adoptada por Kant exprime uma tensão entre duas realidades sociais inconciliáveis, ou, de outro modo, exprime um momento histórico sujeito a uma mudança sócio-económica estrutural. Por um lado, os exemplos por ele apontados de dependência (a mulher, os filhos, os criados) integram-se todos no âmbito da sociedade doméstica; por outro lado, a circunstância de a independência do cidadão se basear no critério da propriedade, parece desligar aquela independência da unidade económico-política da sociedade doméstica e situá-la na sociedade de mercado que então se começava a implantar. Os protagonistas desta última, o comerciante e o industrial, tomam o lugar do déspota da sociedade doméstica e recebem dele o privilégio da participação política. Assim, a substituição da independência económico-política do chefe da sociedade doméstica pela independência económica e assente no direito privado do proprietário, permitem a Kant

---

[66] Cfr. Kant, *Rechtslehre*, § 46, pp. 432-433 (cfr. *Metafísica dos Costumes*, p. 180). Já no opúsculo *Über den Gemeinspruch...*, p. 151, Kant havia afirmado que para ser cidadão se exige a qualidade de "ser o seu próprio senhor", ou seja, "possuir alguma propriedade" (cfr. *Sobre a Expressão Corrente*, p. 80).

[67] A posição de Kant integra-se assim na tradição liberal saída da Revolução francesa (a expressão *citoyen actif*, cujo conceito está presente no § 46 da *Rechtslehre*, encontra-se na Constituição francesa de 1791, Título III, Cap. I, Secção II; do mesmo modo todas as constituições portuguesas liberais, de 1822 a 1911, estabelecem restrições ao sufrágio com base em critérios que em última análise relevam da independência económica). Para Kant, todo aquele que tem de colocar à disposição de um outro a sua força de trabalho, contra o pagamento de um vencimento, deixa de fazer parte dos politicamente emancipados, uma vez que não pode empregar aquela força de trabalho na sua propriedade e assim ser "o seu próprio senhor" (cfr. D. Schwab, "Eigentum", p. 84; para uma abordagem da importância do princípio da independência ao tempo da Revolução francesa, cfr. A. Fantin-Desodoards, *Histoire Philosophique de la Révolution de France*, tomo segundo, pp. 51-72, obra cuja primeira edição é de 1797).

estabelecer uma concordância entre o conceito de independência, por um lado, e os princípios da igualdade e da liberdade, por outro, na medida em que estes constituem o fundamento jurídico de uma sociedade baseada na liberdade de circulação e na liberdade de contratar. Todavia, Kant não consegue explicar por que razão a ligação entre independência e participação política, que tinha o seu lugar no mundo da ordem corporativa, deve permanecer no mundo da sociedade de aquisição, avesso às corporações e caracterizado pela liberdade e igualdade jurídicas[69]. Neste contexto, é importante salientar que a independência permanece na teoria política de Kant porque o seu conceito de cidadão é ainda, em larga medida, modelado à luz do cidadão de Aristóteles. A localização sistemática do princípio da independência na *Rechtslehre* é o direito da sociedade doméstica, tratado por Kant na secção respeitante ao direito pessoal de carácter real[70]. Resulta assim clara a ambivalência da teoria de Kant: ela reduz *a posteriori* na sua base, a propriedade, o mesmo conceito de independência, que havia erigido enquanto princípio *a priori*, segundo o modelo aristotélico. Ao mesmo tempo, a mera substituição da qualidade de dono da casa, definível em termos não puramente económicos, pela circunstância, essencialmente contingente, de "possuir alguma propriedade", segundo a expressão do próprio Kant, acentua

---

[68] Cfr. W. Kersting, "Politics, Freedom, and Order: Kant's Political Philosophy", p. 357; idem, "Kant's Concept of the State", pp. 153-154; idem, *Kant über Recht*, pp. 133-134; Wolfgang Schild, "Begründungen des Eigentums...", p. 52; Manfred Brocker, *Kants Besitzlehre*, p. 149. O problema não consiste, pois, simplesmente na dificuldade, que o próprio Kant admite, em "determinar os requisitos para se poder ter a pretensão ao estado de um homem que é o seu próprio senhor" (cfr. Kant, *Über den Gemeinspruch...*, p. 151, nota; *Sobre a Expressão Corrente*, p. 81).

[69] Cfr. W. Kersting, *Kant über Recht*, pp. 132-133.

[70] Cfr. Manfred Riedel, "Herrschaft und Gesellschaft...", pp. 140-142; Gerhard Luf, *Freiheit und Gleichheit*, pp. 160-161; Reinhard Brandt, *Eigentumstheorien von Grotius bis Kant*, p. 263, nota 16; Concha Roldán, "Acerca del Derecho Personal de Carácter Real. Implicaciones Éticas", pp. 212-213 e 217-220; Susan Meld Shell, *The Rights of Reason*, p. 158; Kersting, *ob. cit.*, p. 93, afirma mesmo que a terceira modalidade de direito privado, isto é, o direito pessoal de carácter real, consiste, na sua essência, num "desmentido aristotélico da moderna igualdade jurídica dos direitos humanos". O horizonte aristotélico em que se enquadra o princípio da independência é bem evidenciado, ao tempo em que escrevia Kant, por Antoine Fantin-Desodoards, *Histoire Philosophique de la Révolution de France*, tomo segundo, p. 56.

o formalismo do contrato social e dá assim cobertura a novas desigualdades[71].

Precisamente com base no carácter algo espúrio do privilégio político dos proprietários no contexto da argumentação de Kant, é possível sustentar que o terceiro princípio político *a priori* não pode consistir numa exigência de independência que exclui da participação política todos aqueles que não têm propriedade, mas antes deve ser o potencial da propriedade para afectar todos. Aqui reside, com efeito, o ponto fulcral de toda a teoria da propriedade de Kant: o direito inato de liberdade de cada um é afectado pelas pretensões de propriedade e, por essa razão, deve ser reconhecida a igual participação de todos na legislação pública que concretiza o direito de propriedade[72]. Ao mesmo tempo, uma vez que Kant considera a independência como pressuposto da entrada na condição civil, seria problemático simplesmente prescindir dela e limitar os princípios do estado civil à liberdade e igualdade[73]. A independência consiste numa certa articulação entre os princípios da liberdade e da igualdade, no sentido em

---

[71] Cfr. M. Riedel, "Herrschaft und Gesellschaft...", pp. 143-144; Kersting, *Kant über Recht*, pp. 133-134; idem, *Wohlgeordnete Freiheit*, pp. 251 e ss.; Gerhard Luf, *Freiheit und Glechheit*, pp. 153-157 e 163-164; recusando também o carácter *a priori* da independência, cfr. Wolfgang Schild, "Freiheit – Gleichheit – 'Selbstäntidgkeit' (Kant): Strukturmomente der Freiheit", pp. 140-142. Em sentido contrário, Julius Ebbinghaus procurou defender o carácter *a priori* do princípio da independência, junto dos princípios da liberdade e da igualdade, sustentando que só através do princípio da independência seria possível obter a igualdade da participação política. Tal princípio exigiria uma "participação condicional dos dependentes na legislação" por forma a obter um equilíbrio de poder político entre independentes e dependentes. Todavia, este singular requisito, para além de ser contrário à construção kantiana, assenta necessariamente em factores empíricos e não permite, por isso, a caracterização da inpdendência como princípio *a priori* da sociedade civil (cfr. J. Ebbinghaus, "Das Kantische System der Rechte des Menschen und Bürgers...", pp. 189 e 190; em sentido crítico, cfr. M. Riedel, *ob. cit.*, p. 148, nota 36; Luf, *ob. cit.*, pp. 155-157).

[72] Cfr. R. Brandt, "Menshenrechte und Güterlehre. Zur Geschichte und Begründung des Rechts auf Leben, Freiheit und Eigentum", p. 31: "A vontade geral é portanto a vontade do habitante, não apenas enquanto livre e igual, mas como cidadão, afectado pela propriedade, de um Estado. A terceira característica [da cidadania] junto da liberdade e da igualdade deve correspondentemente ser, não a independência, mas a afectação pela propriedade (*Eigentumsbetroffenheit*)"; cfr., ainda, na esteira de Brandt, W. Kersting, "Politics, Freedom, and Order: Kant's Political Philosophy", pp. 357-358 e 366, nota 12.

[73] Cfr. Wolfgang Schild, "Freiheit – Gleichheit – 'Selbstäntidgkeit' (Kant): Strukturmomente der Freiheit", p. 143.

que o exercício da liberdade pressupõe um certo nível de igualdade, na perspectiva da propriedade, entre os membros do corpo político. Se a sua caracterização como princípio *a priori* não é correcta e não são adequados ao nosso tempo os pressupostos histórico-sociais que estão na base da sua teorização por parte de Kant, nem por isso seria correcto deixar de encarar os desafios que a ideia de independência coloca à compreensão da liberdade e da igualdade.

2.4 Kant e os problemas do bem-estar social e da propriedade dos meios de produção. Pode assim dizer-se que o direito do homem a ter propriedade (no estado de natureza) se mantém, no estado civil, como direito do cidadão, na medida em que ninguém pode ser impedido da possibilidade, no estado de natureza e por isso também no âmbito do direito positivo, de adquirir e manter propriedade. Mas com isto não se respondeu ainda à questão atrás formulada, de saber em que medida é lícito no estado civil actuar sobre as relações de propriedade provisoriamente constituídas no estado de natureza. Do mesmo modo, não se formulou ainda um juízo sobre a questão de saber em que medida o princípio político relativo à independência dos cidadãos pode ser equacionado como um direito a condições de vida compatíveis com o exercício da cidadania. Julgo que na resposta a estes problemas se ganha em tomar como ponto de partida a tensão interna que se verifica entre as duas partes, atrás mencionadas, do argumento de Kant relativo à possibilidade do princípio da propriedade privada. As duas partes desse argumento, importa recordar, consistem em afirmar, por um lado, a consistência da apropriação privada com a natureza dos objectos, desprovidos de vontade, e, por outro lado, a consistência dessa apropriação, unilateralmente efectuada por uma vontade, com a vontade de todos os seres racionais afectados por ela. Pois bem, a dinâmica própria de cada uma das duas partes do argumento aponta para desenvolvimentos diversos e até dificilmente conciliáveis. Assim, enquanto a parte do argumento que salienta a contraposição entre a vontade racional do homem e a natureza dos objectos conduz à possibilidade da aquisição originária, a parte relativa à afectação das vontades de todos pelos actos unilaterais de apropriação conduz à afirmação do carácter provisório da propriedade, antes da constituição do estado civil. Não é, pois, de estranhar que uma diversa ponderação das duas partes do argumento kantiano relativo à justificação da propriedade privada possa conduzir a respostas diversas aos problemas atrás mencionados.

A fim de ilustrar o que acaba de ser dito, atente-se, por exemplo, no primeiro princípio da justiça de John Rawls, de acordo com o qual "cada pessoa deve ter um direito igual ao mais extenso sistema de liberdades básicas que seja compatível com um sistema de liberdades idêntico para as outras"[74]. Como nota Paul Guyer, esta definição é "virtualmente idêntica" à do princípio universal do direito formulado por Kant: "uma acção é conforme ao direito quando permite, ou quando a sua máxima permite, fazer coexistir a liberdade do arbítrio de cada um com a liberdade de todos, segundo uma lei universal"[75]. Rawls pretende mesmo que os seus dois princípios da justiça "manifestam na estrutura básica da sociedade o desejo dos homens se tratarem uns aos outros, não como meios, mas apenas como fins em si mesmos", evocando a conhecida fórmula kantiana[76]. Todavia, se, como se viu, o primeiro princípio da justiça segundo Rawls é idêntico ao princípio universal do direito de Kant, existe uma considerável distância entre o princípio da diferença daquele autor e o desenvolvimento, levado a cabo por este último, da justificação da propriedade no sentido de uma teoria da aquisição originária. Rawls não pretende expor o pensamento de Kant, mas antes explorar os pontos comuns entre a sua teoria da justiça e este pensamento. Na verdade, na definição dos princípios de uma sociedade justa segundo Rawls, a propriedade não ocupa qualquer lugar de relevo e daí que o tratamento kantiano da propriedade não lhe mereça qualquer referência. É igualmente sintomático que outras afirmações da relevância actual do pensamento de Kant que abordam especificamente o seu tratamento da propriedade, destaquem sobretudo a sua ideia de que uma ordem da propriedade deve ser aceitável para todos os membros da comuni-

---

[74] Cfr. *Uma Teoria da Justiça*, p. 68.

[75] Cfr. Kant, *Rechtslehre*, § C, p. 337 (cfr. *Metafísica dos Costumes*, p. 43); Paul Guyer, *Kant on Freedom, Law, and Happiness*, p. 277.

[76] Cfr. John Rawls, *Uma Teoria da Justiça*, p. 150; Kant, *Grundlegung zur Metaphysik der Sitten*, pp. 59-60 (cfr. *Fundamentação da Metafísica dos Costumes*, pp. 66-67); idem, *Kritik der praktischen Vernunft*, p. 210 (cfr. *Crítica da Razão Prática*, p. 103).

dade política[77], ou, quando mencionam a sua teoria da aquisição originária, reconheçam que o sentido actual das ideias da vontade reunida de todos e da comunidade originária não se esgota em serem princípios *a priori* que possibilitam aquela aquisição, mas precisamente em constituírem princípios que limitam a apropriação privada em resultado da sua afectação da liberdade de todos[78].

Mas será possível ir mais longe, e sustentar directamente na teoria da propriedade de Kant um dever do Estado proporcionar o acesso à propriedade por parte de todos os cidadãos, mesmo entendendo esse acesso como significando um nível mínimo de condições de vida? Uma interpretação da teoria da propriedade de Kant, apoiada sobre a mencionada segunda parte da argumentação do § 2 da *Rechtslehre*, que a apresenta como um "argumento para a dimensão 'New Deal' do liberalismo" é a que desenvolve Paul Guyer[79]. Segundo este autor, é possível encontrar apoio na teoria da propriedade de Kant para "a premissa fundamental do liberalismo do *New Deal*, segundo a qual dizer que o Estado, enquanto instância do povo como um todo, tem o direito e o dever de providenciar um certo nível de oportunidade de adquirir propriedade ou meios equivalentes para o sustento da existência dos seus membros mais pobres, não é uma intromissão num qualquer direito natural de propriedade ou a politização de um princípio moral de caridade que deveria permanecer no âmbito das instituições voluntárias e privadas. É uma condição necessária da existência legítima de qualquer forma de propriedade para além da posse comum indivisa de toda a terra e de tudo o que existe sobre ela, com todas as inconveniências desta condição"[80]. Guyer reconhece que, ao fazer depender a possibilidade de uma propriedade peremptória na ideia *a priori* da vontade reunida de todos, Kant não chega a afirmar que um sistema de direitos de pro-

---

[77] Assim, segundo Werner Maihofer, "Prinzipien freiheitlicher Demokratie", pp. 455-456 e nota 61, os princípios da universalidade e reciprocidade, na concepção republicana de Kant, implicam a oportunidade para cada um de adquirir propriedade, em igualdade de condições, e a obrigação de respeitar a propriedade adquirida por outros.
[78] Cfr. Bruno Schmidlin, "Eigentum und Teilungsvertrag. Zu Kants Begründung des Eigentumsrechts", pp. 56 e ss.
[79] Cfr. Paul Guyer, *Kant on Freedom, Law, and Happiness*, p. 246.
[80] Cfr. Paul Guyer, *Kant on Freedom, Law, and Happiness*, p. 258.

priedade pode ser livremente consentido por seres racionais apenas se for adequadamente equitativo. Reconhece igualmente que ainda que Kant chegue a afirmar que "ninguém pode adquirir através de uma vontade unilateral (embora possa através de uma actuação unilateral), mas apenas através da vontade reunida de todos em relação aos quais a aquisição cria uma obrigação e que contratam reciprocamente"[81], o certo é que não chega a definir as condições suficientes de reciprocidade, isto é, não chega a precisar o que poderia ser considerado um sistema de direitos de propriedade suficientemente equitativo por forma a poder ser aceite livremente, em vez de imposto pela força.

Em face desta persistente recusa de Kant em definir o que poderiam constituir condições justas mínimas, na base da reciprocidade subjacente à vontade reunida de todos, Guyer procura encontrá-las no conceito de posse comum originária, entendido, segundo Kant, não empiricamente, mas como um "conceito prático da razão, que contém *a priori* o princípio de que somente os homens podem fazer uso em conformidade com leis jurídicas do lugar que ocupam sobre a terra"[82]. Compreendido de forma normativa e não histórica, seria possível retirar, do argumento relativo à posse comum originária, condições mínimas de justiça na perspectiva de um sistema legítimo de direitos de propriedade. Tal como o apresenta Paul Guyer, o argumento estrutura-se numa premissa factual básica, a que acrescem duas premissas morais. A premissa factual consiste na ocupação pelos seres humanos da superfície não dividida de uma esfera: a posse dos homens sobre o solo "é uma posse comum, dada a unidade de todos os lugares da superfície terrestre, enquanto superfície esférica: pois que se a terra fosse uma superfície plana infinita, os homens poderiam disseminar-se de tal modo que jamais chegariam a comunidade alguma entre si, e, portanto, esta não seria uma consequência necessária da sua existência sobre a terra"[83]. A primeira premissa normativa, embora não seja enunciada na *Rechtslehre*, achar-se-ia expressa na

---

[81] Cfr. Kant, *Vorarbeiten zu Metaphysik der Sitten*, p. 219; Guyer, *Kant on Freedom, Law, and Happiness*, p. 251, cita esta passagem, mas omite o parêntesis, o que não é irrelevante, como se verá.

[82] Cfr. Kant, *Rechtslehre*, § 13, p. 373 (cfr. *Metafísica dos Costumes*, p. 95).

[83] Cfr. Kant, *Rechtslehre*, § 13, p. 373 (cfr. *Metafísica dos Costumes*, p. 95).

seguinte passagem dos *Vorarbeiten*: "a *communio originaria* não é empiricamente fundada enquanto *factum* ou acontecimento, mas é um direito sobre o solo sem o qual nenhum homem pode existir e que resulta ele próprio da liberdade no uso das coisas"[84]. A segunda premissa normativa consistiria em qualquer direito de propriedade sobre uma parte específica da superfície indivisa da terra apenas poder ser concebido como uma transferência livre para um indivíduo de um direito de todos sobre todos os lugares: "o esquematismo do meu e teu exteriores depende do acordo de todos sobre princípios universais *a priori* da divisão das coisas no espaço em que tem lugar um meu ou teu: o que pressupõe consequentemente uma posse comum originária"[85]. A partir destas premissas, Guyer retira a conclusão segundo a qual a análise da propriedade de Kant implica que a oportunidade de cada pessoa manter a sua própria existência em termos pelo menos equivalentes àqueles que lhe seriam proporcionados na posse comum originária da terra constitui uma condição necessária da racionalidade de um acordo livre dado a qualquer sistema de propriedade e assim uma condição necessária da legitimidade da propriedade. Tratar-se-ia da única condição sob a qual um agente racional pode livremente consentir na existência da propriedade

---

[84] Cfr. Kant, *Vorarbeiten zu Metaphysik der Sitten*, p. 241.

[85] Cfr. Kant, *Vorarbeiten zu Metaphysik der Sitten*, p. 273. É importante acentuar que o conceito de esquematismo não se encontra na *Metafísica dos Costumes*, mas apenas nos *Vorarbeiten*. O esquema é definido na *Crítica da Razão Pura*, A 140/B 179, como uma representação de um processo geral da imaginação para dar a um conceito a sua imagem. Em clara analogia com isto, Kant afirma nos *Vorarbeiten* que "todo o meu e teu exterior pressupõe uma posse inteligível, mas a apropriação pressupõe uma posse física, que é o esquema da intelectual e que subsume o caso do meu e do teu à lei" (cfr. Kant, *ob. cit.*, p. 262). Kant parece aqui significar que a "posse física", que se inicia através da ocupação e que apenas através da determinação transcendental temporal da prioridade se subsume ao princípio geral do direito, constitui esquema da "posse inteligível". Por um lado, a liberdade e o direito, como conceitos puros da razão não podem ser sujeitos a um esquematismo; por outro lado, todo o acto da vontade, portanto também em resultado de uma possível determinação segundo a liberdade, tem sempre o seu "esquema físico" (cfr. Kant, *ob. cit.*, p. 275) através das categorias teoréticas da substância e da causalidade. Assim, nenhum esquematismo pode corresponder à posse inteligível, enquanto conceito jurídico (cfr. W. Kersting, *Wohlgeordnete Freiheit*, pp. 140-144; Manfred Brocker, *Kants Besitzlehre*, pp. 129-134; R. Friedrich, *Eigentum und Staatsbegründung...*, pp. 127-129). É precisamente esta separação entre o aspecto empírico da propriedade e o seu aspecto propriamente jurídico que a construção de Guyer parece não observar.

privada, em alternativa à posse comum de toda a superfície da terra[86]. Dir-se-ia que Guyer introduz na concepção de Kant algo semelhante ao limite da suficiência de Locke e Nozick, ao pretender aferir a legitimidade de um sistema de propriedade através da comparação entre a posição de cada pessoa afectada por esse sistema e a posição em que ela se encontraria numa situação de posse comum de toda a superfície da terra[87]. Para além da dificuldade de sequer conceber os termos dessa comparação, por forma a com base nela se poder criticar um dado sistema de direitos de propriedade (desde logo porque a ideia de comunidade originária não corresponde a qualquer realidade empírica), a verdade é que não parece que Kant tenha concebido as figuras da posse comum originária e da vontade reunida de todos como modelos de justiça distributiva com base nos quais seria possível aferir a legitimidade de uma ordem da propriedade, mas antes como partes de um modelo de uma justiça procedimental à luz da qual deve ser formada a ordem positiva da propriedade[88]. Por outro lado, a ideia de que a legitimidade de um sistema de propriedade deve ser aferido pela comparação com a posição que teriam, aqueles que são afectados por esse sistema, numa situação de comunidade, pressupõe a existência de um direito natural de usar em comum a terra, o que é incompatível com o sentido geral da teoria de Kant, como se diz mais à frente.

A dificuldade em determinar a posição de Kant em relação ao papel do Estado a respeito das apropriações efectuadas antes da sua instituição, parece ser assumida pelo próprio: "A indeterminação a respeito da quantidade e qualidade do objecto exterior a adquirir torna este problema (o da aquisição exterior originária singular) o mais

---

[86] Cfr. Guyer, *Kant on Freedom, Law, and Happiness*, pp. 251-254.

[87] Em sentido semelhante ao proposto por Guyer, cfr. J. Waldron, *The Right to Private Property*, pp. 280-283; idem, *The Dignity of Legislation*, pp. 48 e 174, nota 31. Segundo Waldron, a lógica do limite da suficiência de Locke aplica-se a "qualquer teoria da aquisição unilateral", mas é incompleta e insatisfatória a caracterização da teoria de Kant enquanto tal, como se viu, e, na medida em que faça sentido essa caracterização, aquela lógica é explicitamente afastada por Kant: cfr. *Rechtslehre*, § 15, pp. 375-376 (cfr. *Metafísica dos Costumes*, pp. 99-100).

[88] Cfr. W. Kersting, "Eigentum, Vertrag und Staat bei Kant und Locke", pp. 133-134; Ralf Dreier, "Eigentum in rechtsphilosophischer Sicht", p. 168.

difícil de resolver entre todos"[89]. Na determinação da relação entre aquisição originária, estado de natureza e estado civil deparamos, no pensamento de Kant, com duas posições dificilmente conciliáveis. Por um lado, "a constituição civil é unicamente o estado jurídico através do qual se assegura a cada um o que é seu, mas que, na verdade, não o fixa nem o determina"[90]. Por outras palavras, o Estado esgotar-se-ia na sua função (formal) de protecção de um direito à propriedade previamente concretizado. Daí a proposição de "que é possível adquirir com base na ocupação e que é injusto a alguém em geral não conceder este título da aquisição"[91]. Mas, por outro lado, só o Estado realiza a condição de validade de toda a propriedade; só através da vontade reunida de todos, que se forma e articula no Estado, "se determin[a] legalmente e se lhe atribu[i], por meio de um poder suficiente (que não seja o seu próprio, mas exterior), o que deve ser reconhecido como seu"[92]. É patente, pois, a oscilação do papel do Estado entre a redistribuição e a mera garantia da propriedade provisoriamente adquirida no estado de natureza[93]. Essa oscilação, e consequente ambiguidade, da posição de Kant em relação ao papel do Estado aumenta se tivermos presentes algumas passagens dos *Vorarbeiten*, em que se afirma, por exemplo, que "a possibilidade da posse meramente jurídica é dada *a priori*, porém a sua determinação jurídica não é possível através da vontade própria de cada um, mas apenas através de leis positivas exteriores, portanto apenas no estado civil"[94] e se admite até que a vontade reunida de todos se possa exprimir através de uma *lex agraria*[95], isto é, de uma redistribuição do solo entre os cidadãos ou da sua socialização. A possibilidade de

---

[89] Cfr. Kant, *Rechtslehre*, § 15, p. 377 (cfr. *Metafísica dos Costumes*, p. 102); idem, *Vorarbeiten zu Metaphysik der Sitten*, p. 278: "Portanto cada um tem um direito sobre a terra enquanto primeiro possuidor ... Vem apenas depois a questão de saber sobre quanta terra".
[90] Cfr. Kant, *Rechtslehre*, § 9, p. 366 (cfr. *Metafísica dos Costumes*, p. 86).
[91] Cfr. Kant, *Vorarbeiten zu Metaphysik der Sitten*, p. 305.
[92] Cfr. Kant, *Rechtslehre*, § 44, p. 430 (cfr. *Metafísica dos Costumes*, p. 177).
[93] Cfr. Manfred Brocker, *Kants Besitzlehre*, pp. 139-140; R. Brandt, *Eigentumstheorien von Grotius bis Kant*, pp. 192-193; Peter Unruh, "Die vernunftrechtliche Eigentumsbegründung bei Kant", pp. 145-146.
[94] Cfr. Kant, *Vorarbeiten zu Metaphysik der Sitten*, p. 288.
[95] Cfr. Kant, *Vorarbeiten zu Metaphysik der Sitten*, p. 281.

uma *lex agraria*, apenas aflorada nos *Vorarbeiten*, é afastada no texto impresso da *Rechtslehre*; interessa todavia averiguar da sua compatibilidade com os respectivos princípios. A hipótese de uma *lex agraria* conducente a uma política de socialização ou colectivização do solo deve ser, em princípio, arredada, na medida em que do Estado "pode dizer-se que não possui nada (como seu), para além da sua própria pessoa"[96]; a admissão da possibilidade de uma redistribuição do solo entre os cidadãos envolveria o reconhecimento de que ao Estado cabe criar condições materiais de independência dos mesmos. É precisamente esta a questão que agora está em jogo. De qualquer modo, o que parece, para já, inegável é a circunstância de, segundo Kant, a propriedade poder ser configurada de modo diferente no estado de natureza, através da aquisição originária, e no estado civil. Segundo Reinhard Brandt, "se o legislador estabelecer que apenas uma determinada medida da propriedade do solo é compatível com a realização de determinados elementos do direito público e privado, então apenas pertence ao possível peremptório Meu e Teu uma propriedade que se situe dentro dos limites fixados"[97]. Em Kant, como se disse, não encontramos determinações mais precisas sobre o que deva entender-se por uma intervenção legítima do Estado na propriedade dos cidadãos. É possível explicar esta ausência atribuindo a Kant a concepção liberal de um Estado com meras funções de polícia[98]. Mas é possível também sustentar que uma tal ausência

---

[96] Cfr. Kant, *Rechtslehre*, Allgemeine Anmerkung... B, p. 444 (cfr. *Metafísica dos Costumes*, p. 196); cfr., ainda, R. Brandt, *Eigentumstheorien von Grotius bis Kant*, p. 193; Manfred Brocker, *Kants Besitzlehre*, p. 140.

[97] Cfr. R. Brandt, *Eigentumstheorien von Grotius bis Kant*, p. 193; no mesmo sentido, cfr. Wolfgang Kersting, *Wohlgeordnete Freiheit*, pp. 211-212; M. Brocker, *Kants Besitzlehre*, p. 140; Kristian Kühl, *Eigentumsordnung als Freiheitsordnung*, p. 209.

[98] Cfr. Wolfgang Schild, "Begründungen des Eigentums in der politischen Philosophie des Bürgertums. Locke – Kant – Hegel", p. 51; cfr., ainda, mais extensamente, Richard Saage, *Eigentum, Staat und Gesellschaft bei Immanuel Kant*, pp. 16 e ss., interpretando o pensamento de Kant sobre a propriedade como uma instância do individualismo possessivo (Saage, *ob. cit.*, p. 39, afirma que Kant acentua sob o aspecto da «aquisição» "o momento individualista possessivo da disposição privada sobre a propriedade"; no mesmo sentido, cfr. Franco Zotta, *Immanuel Kant. Legitimität und Recht*, pp. 104-105). Sobre a interpretação liberal clássica de Kant, nas leituras de Humboldt e Hayek, cfr. A. Kaufman, *Welfare in the Kantian State*, pp. 6, 37, 41 e ss. Num sentido igualmente divergente do aqui adoptado, Manfred Brocker caracteriza, numa obra recente, a filosofia política de Kant como

radica na adopção por Kant, como já se deu a entender, de um concepção procedimental de justiça.

Neste contexto, não se pode afirmar que as tarefas do Estado sejam concebidas por Kant como um simples assegurar passivo das relações de propriedade previamente constituídas, mas apenas que nos termos do seu pensamento a protecção dessas relações e a intervenção sobre elas não são encaradas como alternativas igualmente possíveis de uma política do Estado, devendo antes ser articuladas nos termos de uma concepção em que a intervenção visa tornar efectiva a protecção. Manfred Brocker traça um quadro das medidas de direito positivo admitidas por Kant que demonstra o que acaba de ser dito[99]. Segundo ele, importa distinguir, por um lado, aqueles casos em que ao Estado cabe regular o tráfico jurídico comum dos seus cidadãos, através da adopção de normas de direito privado, as quais – tendo em vista a protecção da propriedade – implicam intervenções sobre ela, como sucede com as regras sobre a prescrição, a sucessão ou a transmissão da propriedade[100]. Por outro lado, para além dos casos de intervenção na propriedade dos cidadãos que visa directamente a respectiva protecção, importa ainda mencionar os exemplos apontados por Kant de intervenção do Estado tendo em vista a sua própria (do Estado) protecção. Entre estes contam-se o direito de "lançar impostos sobre os proprietários privados da terra, quer dizer, de exigir contribuições por via de impostos fundiários, taxas sobre o consumo, taxas alfandegárias ou requerer a prestação de serviços". Além disso, e mais importante na perspectiva do direito de propriedade, Kant afirma que "não pode haver no Estado nenhuma corporação, estado ou ordem que, na qualidade de proprietário, possa transmitir a terra às gerações seguintes (até ao infinito) para seu exclusivo usufruto, de acordo com certos estatutos". O Estado pode abolir tais estatutos, contra o pagamento de uma indemnização, o que decorre da sua qualidade de proprietário supremo e da circunstância de essas corporações e ordens deverem a sua existência apenas

---

relevando de um princípio de justiça histórico-genética, à semelhança de Robert Nozick (cfr. M. Brocker, *Kant über Rechtsstaat und Demokratie*, p. 30).

[99] Cfr. Manfred Brocker, *Kants Besitzlehre*, pp. 141-146.

[100] Cfr. Kant, *Rechtslehre*, §§ 33, 34, 36 e 39, pp. 406, 409, 412 e 418-419 (cfr. *Metafísica dos Costumes*, pp. 146-147, 148-149, 153, 162-163).

à opinião popular. Por último, ao governo de um Estado cabe ainda, enquanto responsável do dever do povo, "o direito de lançar sobre este certos impostos para a sua (do povo) própria conservação, tais como os que visam prover à assistência aos pobres, aos orfanatos e à igreja, instituições estas também chamadas de caridade ou pias". Neste âmbito cabe ao Estado, enquanto reunião da vontade geral do povo, conservar aqueles que são incapazes de por si mesmos se manterem[101].

O que sobressai nos exemplos que acabam de ser apontados é a circunstância de eles pressuporem um papel do Estado, na conformação das relações de propriedade, que excede a simples garantia da propriedade provisória. Ao mesmo tempo, a questão da legitimidade de tal papel não assenta num critério definido de antemão, isto é, num critério substancial de justiça; são antes as próprias condições procedimentais da legislação que definem tal critério, ainda que não tornem possível qualquer critério[102]. É este, com efeito, o sentido prático da ideia de pacto social, o de "obrigar todo o legislador a fornecer as suas leis como se elas pudessem emanar da vontade colectiva de um povo inteiro, e a considerar todo o súbdito, enquanto quer ser cidadão, como se ele tivesse assentido pelo seu sufrágio a semelhante vontade"[103]. Não estão aqui directamente em causa condições procedimentais efectivas, mas o Estado ou a vontade reunida de todos segundo o princípio do direito como ideia da razão, como princípio regulativo, ao mesmo tempo capaz de constranger os indivíduos no estado de natureza a formarem o estado civil, como se disse, e o próprio soberano a adequar progressivamente a constituição política à ideia do contrato originário[104]. Ora, é precisamente neste contexto que adquire toda a importância a definição do princípio político relativo à independência dos cidadãos. Já atrás se afirmou que esse princípio não pode ser entendido como simplesmente exprimindo a exigência de ser "o seu próprio senhor" para ser cidadão, ou

---

[101] Cfr. Kant, *Rechtslehre*, pp. 443-446 (cfr. *Metafísica dos Costumes*, pp. 196-200).
[102] Cfr. W. Kersting, "Transzendentalphilosophisches und naturrechtliche Eigentumbegründung", p. 169; Ralf Dreier, "Eigentum in rechtsphilosophischer Sicht", p. 168; K. A. Schachtschneider, "Das Recht am und das Recht auf Eigentum", p. 763.
[103] Cfr. Kant, *Über den Gemeinspruch...*, p. 153; *Sobre a Expressão Corrente*, p. 83.
[104] Cfr. Kant, *Rechtslehre*, § 52, pp. 463-464 (cfr. *Metafísica dos Costumes*, pp. 223-224).

seja, como exprimindo a qualidade contingente de ser proprietário para poder participar na formação da vontade geral, mas antes a qualidade de poder ser afectado por uma pretensão de propriedade. Neste sentido, o princípio da independência significa o direito de poder ser proprietário em igualdade de circunstâncias. A este propósito são particularmente relevantes algumas formulações do princípio da igualdade, segundo Kant, enquanto proibição do privilégio. Tais formulações pressupõem, na verdade, a abertura da ordem da propriedade a todos os cidadãos: "da ideia da igualdade dos homens num corpo comum como súbditos decorre também esta fórmula: cada membro desse corpo deve poder chegar a todo o grau de uma condição (que pode advir a um súbdito) a que o possam levar o seu talento, a sua actividade e a sua sorte; e é preciso que os seus co-súbditos não surjam como obstáculo no seu caminho, em virtude de uma prerrogativa hereditária (como privilegiados numa certa condição) para o manterem eternamente a ele e à sua descendência numa categoria inferior à deles"; mais especificamente no que concerne à propriedade, a igualdade significa que todo o súbdito "pode transmitir tudo o que é coisa (não concernente à personalidade) e que se pode adquirir como propriedade e também ser por ele alienado, e assim suscitar numa linhagem de descendentes uma desigualdade considerável dos meios de fortuna entre os membros de um corpo comum (soldadeiro e empregador, proprietário fundiário e trabalhadores agrícolas); só não pode é impedir estes, se o seu talento, a sua actividade e a sua sorte o tornarem possível, de subir a condições semelhantes"[105]. A abertura da ordem da propriedade, no sentido de um dever de criar igualdade de oportunidades, significa que ninguém pode ser impedido de adquirir e manter propriedade; saber, para além disso, em que medida se deve ter propriedade para se poder ser caracterizado como independente, é uma questão irrelevante do ponto de vista da doutrina do direito[106]. Por outras palavras, as medidas que o Estado pode tomar em relação à propriedade visam somente a efectivação de direitos iguais e não o bem estar e a felicidade dos

---

[105] Cfr. Kant, *Über den Gemeinspruch...*, pp. 147 e 148-149; *Sobre a Expressão Corrente*, pp. 77 e 78; idem, *Vorarbeiten zu Metaphysik der Sitten*, p. 292.

[106] Cfr. R. Brandt, "Menschenrechte und Güterlehre. Zur Geschichte und Begründung des Rechts auf Leben, Freiheit und Eigentum", p. 31.

cidadãos. Segundo afirma Reinhard Brandt, constitui um princípio constante da doutrina do direito kantiana não ter o Estado o poder de criar cidadãos independentes[107]. A legitimação jurídica de um comité de salvação pública significa um desvio do princípio do direito, isto é, a liberdade, em nome da felicidade e do bem-estar. Do Estado não são de esperar medidas positivas (materiais) tendo em vista a felici-

---

[107] Cfr. R. Brandt, *Eigentumstheorien von Grotius bis Kant*, p. 193; A. Kaufman, *Welfare in the Kantian State*, pp. 36-61. São múltiplas as expressões deste princípio na obra de Kant: "as máximas políticas não devem derivar do bem-estar ou da felicidade de cada Estado, aguardadas como consequência da sua aplicação, por conseguinte não derivam do fim que cada Estado para si estabelece como objecto (do querer), como princípio supremo (mas empírico) da sabedoria política, mas do puro conceito do dever jurídico (da obrigação moral, cujo princípio *a priori* é dado pela razão pura), sejam quais forem as consequências físicas que se pretendam" (cfr. *Zum ewigen Frieden*, p. 242; *A Paz Perpétua*, p. 162); "Um governo que se erigisse sobre o princípio da benevolência para com o povo à maneira de um pai relativamente aos seus filhos, isto é, um governo paternal (*imperium paternale*), onde, por conseguinte, os súbditos, como crianças menores que ainda não podem distinguir o que lhes é verdadeiramente útil ou prejudicial, são obrigados a comportar-se apenas de modo passivo, a fim de esperarem somente do juízo do chefe do Estado a maneira como devem ser felizes, e apenas da sua bondade que ele também o queira – um tal governo é o maior despotismo que pensar se pode" (cfr. *Über den Gemeinspruch...*, p. 146; *Sobre a Expressão Corrente*, p. 75); "o bem-estar não tem princípio algum, nem para quem o recebe, nem para aquele que o reparte (um põe o bem-estar nisto, outro naquilo); porque se trata do [elemento] material da vontade, que é empírico e, por isso, insusceptível da universalidade de uma regra (cfr. *Der Streit der Fakultäten*, p. 360; *O Conflito das Faculdades*, p. 104); "A melhor forma de governo não é aquela em que é mais cómodo viver (eudemonismo), mas aquela em que ao cidadão é geralmente assegurado o seu direito" (cfr. *Vorarbeiten zu Metaphysik der Sitten*, p. 257). Allen D. Rosen, *Kant's Theory of Justice*, pp. 182-183, procurou retirar do princípio da publicidade um argumento contra a interpretação minimalista sobre o papel do Estado em Kant. Rosen baseia-se num passo do escrito *A Paz Perpétua* em que Kant afirma que as máximas que satisfazem o princípio da publicidade serão aquelas que se adequam "ao fim próprio do público (a felicidade), e a tarefa própria da política é a consonância com esse fim (fazer que o público esteja contente com a sua situação)" (cfr. *Zum ewigen Frieden*, p. 250; *A Paz Perpétua*, p. 171). Rosen acusa os defensores da interpretação minimalista de não atentarem nesta passagem, mas ele próprio parece não atentar na continuação da passagem por si citada: "O ulterior desenvolvimento e explicação deste princípio devo deixá-los para outra ocasião; digo apenas que é uma forma transcendental e que se deve depreender a partir da eliminação de todas as condições empíricas (da teoria da felicidade) enquanto matéria da lei, e partir da simples consideração da forma da legalidade em geral". Como nota Kaufman, *ob. cit.*, p. 54, a crítica de Kant dirige-se à legislação que estabeleça medidas de bem estar assentes num princípio de felicidade, mas já não à legislação estabelecendo essas mesmas medidas, se elas forem assentes num princípio formal, visando a efectivação dos princípios metafísicos do direito.

dade do povo, mas apenas o impedimento negativo de todos os obstáculos à liberdade, decorrentes de privilégios, fideicomissos e monopólios[108]. Esta formulação, ainda que exprima adequadamente o pensamento de Kant, na medida em que nele não surge expressamente tratado o problema das condições empíricas da realização da liberdade, não é talvez aquela que capta mais profundamente os princípios que lhe subjazem. Na verdade, se atentarmos que a igualdade se contém no direito inato de liberdade, teremos de concluir que ela visa precisar o conteúdo desta última, no sentido de significar liberdade para todos, na medida em que o exercício da liberdade por parte de um não contrarie a actividade livre dos outros de acordo com uma lei geral. Neste contexto, não está apenas em causa – negativamente – a eliminação de privilégios que impeçam a liberdade, mas também – positivamente – a criação de condições de realização da liberdade no espaço social, especialmente no económico[109]. De resto, não deixa de ser possível retirar dos escritos de Kant algum apoio, ainda que elíptico, para uma interpretação deste tipo.

No escrito *Sobre a Expressão Corrente...*, Kant, ao tratar o princípio da independência dos cidadãos, aflora a questão de saber como foi possível a alguns "caber a propriedade de mais terra do que a que podem explorar com as suas mãos (...), e como foi possível que muitos homens, que de outro modo no seu conjunto teriam podido adquirir um estado persistente de propriedade, se viram assim constrangidos a pôr-se ao serviço daqueles para poderem viver"[110]. A questão, que se prende com o problema da relação entre propriedade e poder e a dialéctica da génese, manutenção e agravamento da desigualdade, é sistematicamente excluída da *Rechtslehre*, como nota Reinhard Brandt. Isso não significa, todavia, como afirma o mesmo autor, que a essa problemática seja inteiramente alheia a doutrina kantiana do direito. Na verdade, depois de efectuar a distinção já aludida entre cidadãos activos e passivos, Kant salienta que essa distinção releva apenas da qualidade da independência, mas não das restantes qualidades naturais que subjazem a toda a comunidade

---

[108] Assim precisamente cfr. Manfred Brocker, *Kants Besitzlehre*, p. 150.
[109] Cfr. Kristian Kühl, "Von der Art, etwas Äusseres zu erwerben...", pp. 130-131.
[110] Cfr. Kant, *Über den Gemeinspruch...*, pp. 151-152; *Sobre a Expressão Corrente*, p. 81.

política (ou princípios *a priori* do direito constitucional baseado na razão), isto é, a liberdade e a igualdade. Com base nestas qualidades inatas podem os cidadãos passivos "exigir ser tratados por todos os demais (...) de acordo com as leis da liberdade natural e da igualdade" e daí se deduz que "seja qual for o tipo de leis positivas que votem, estas não hão-de ser contrárias às leis naturais da liberdade e da igualdade, que lhe é correspondente, de todos no povo poderem elevar-se deste estado passivo ao activo"[111]. Por outras palavras, "vale como regra *a priori* para a legislação sobre a propriedade o ela dever limitar e determinar os respectivos *quantum* e *quale* por forma a não dar origem, com base numa acumulação de terra (quer dizer, da propriedade de meios de produção) por uma parte do povo, a uma impossibilidade fáctica das restantes partes virem a adquirir determinadas capacidades ou um determinado nível de propriedade e com isso a qualidade de cidadão independente"[112]. A liberdade não é afectada por uma "desigualdade considerável dos meios de fortuna entre os membros de um corpo comum" apenas quando a ninguém se torne impossível "subir a condições semelhantes"[113]. Significa isto, como salienta Wolfgang Kersting, que importa ter sempre presente, na discussão da doutrina kantiana do direito e da justiça, a distinção entre o plano da justificação jurídico-normativa e o plano da justificação político-instrumental: o Estado social, em si mesmo, não integra a doutrina kantiana do direito, mas antes constitui um instrumento prudente e orientado para a realidade do exercício do direito[114]. Ao mesmo tempo, como o autor mencionado não deixa de reconhecer, não seria correcto afirmar ser impensável qualquer conexão sistemática entre a filosofia do direito de Kant e o princípio do estado

---

[111] Cfr. Kant, *Rechtslehre*, § 46, pp. 433-434 (cfr. *Metafísica dos Costumes*, pp. 181-182).

[112] Cfr. R. Brandt, *Eigentumstheorien von Grotius bis Kant*, pp. 200-201; no mesmo sentido, cfr. K. Kühl, *Eigentumsordnung als Freiheitsordnung*, p. 282; Gerhard Luf, *Freiheit und Gleichheit*, p. 152.

[113] Neste sentido, com recurso à formulação do próprio Kant em *Über den Gemeinspruch...*, atrás citada, cfr. Manfred Brocker, *Kants Besitzlehre*, p. 151.

[114] Cfr. Wolfgang Kersting, *Wohlgeordnete Freiheit*, pp. 240 e ss., esp. pp. 245 e 248; idem, "Kant's Concept of the State", pp. 153 e 164, nota 7; idem, "Der Sozialstaat zwischen Freiheit und Gleichheit", pp. 39 e 43; idem, *Kant über Recht*, p. 129; Manfred Brocker, *Kants Besitzlehre*, pp. 151-152.

social[115]. Assim, pode afirmar-se que na estrutura da metafísica da justiça kantiana existe um lugar para a defesa instrumental da necessidade jurídica de uma política de bem-estar tendo em vista a realização da justiça, caso a desigualdade económica ameace corroer a estabilidade da própria ordem jurídica[116]. Simplesmente, as prestações próprias de um Estado social de bem-estar a que então haja lugar não relevam de um direito de subsistência dos indivíduos, mas de um direito de subsistência da própria ordem jurídica, que é unicamente expressão institucional de um princípio de liberdade[117]. Neste contexto, o princípio do Estado social não pode ser equiparado ao princípio universal do direito formulado por Kant, mas apenas entendido como princípio secundário, que se enquadra no contexto da aplicação histórica das normas de liberdade da razão jurídica e aí, instruído pela experiência, reage contra os efeitos da desigualdade económica e social que contrariam a liberdade, sem com isso perder de vista a fundamental orientação da ordem jurídica para a liberdade[118].

---

[115] Cfr. W. Kersting, *Kant über Recht*, p. 130.

[116] Cfr. Kersting, *Kant über Recht*, p. 130.

[117] Cfr. Kersting, "Der Sozialstaat zwischen Freiheit und Gleichheit", p. 41; é também este o sentido da opinião expressa por Larenz, "Die rechtsphilosophische Problematik des Eigentums", p. 31. Como nota Kaufman, *Welfare in the Kantian State*, p. 29, o que está em causa não é a subsistência ou manutenção da mera existência empírica da sociedade civil, mas a manutenção nela da condição jurídica, entendida como "aquela relação das pessoas entre si que contém as condições sob as quais é possível a cada um gozar os seus direitos" (cfr. *Rechtslehre*, pp. 305-306).

[118] Cfr. W. Kersting, *Kant über Recht*, p. 131; essencialmente no mesmo sentido apontam também as considerações expendidas por R. Friedrich, *Eigentum und Staatsbegründung...*, pp. 52-53. A posição mais recente de Kersting, expressa na obra citada, revê, de algum modo, a sua anterior afirmação segundo a qual "uma política de Estado social não pode quanto à sua legitimação recorrer a Kant" (cfr. *Wohlgeordnete Freiheit*, p. 248). Kersting profere esta afirmação no contexto da crítica do entendimento adoptado por Gerhard Luf, o qual procuraria "conceder a dignidade da razão jurídica kantiana à tarefa constitucional da igual distribuição de oportunidades enquanto instrumento normativo tendo em vista assegurar a autonomia de cada um" (cfr. Kersting, *ob. e loc. cit.*). É sem dúvida verdade que o entendimento de Luf, *Freiheit und Gleichheit*, p. 147, se afigura algo excessivo quando afirma que o alcance limitado de consequências implicadas pelo princípio da igualdade em matéria de Estado social para Kant resulta essencialmente "das suas próprias perspectivas sociais, não dos pressupostos teoréticos". Com efeito, os limites da actuação legítima do Estado social do ponto de vista do pensamento de Kant não são seguramente apenas os resultantes das suas perspectivas sociais, historicamente condicionadas.

Nesta perspectiva, os direitos sociais surgem como condições de realização dos direitos de liberdade e não como seus concorrentes na prossecução de uma ordem social justa; eles visam não tanto a instituição de um Estado de bem-estar quanto a de um "Estado social em função da liberdade"[119].

Em que sentido se podem considerar relevantes sob as condições actuais os princípios da razão que enformam a teoria do direito de Kant? Por outras palavras, em que sentido se podem esses princípios concretizar com relevância para a solução dos problemas actuais da propriedade? Na verdade, as concretizações dos princípios respeitantes à doutrina kantiana da propriedade, atrás mencionados, tinham em vista uma sociedade ainda fortemente marcada por relações jurídicas feudais, como era a Prússia do final do século dezoito. A esta luz se compreende, desde logo, a afirmação de Kant de que o objecto da propriedade "só pode ser uma coisa corpórea (em relação à qual não se tem qualquer obrigação) e que, consequentemente, uma pessoa pode ser senhora de si própria (*sui iuris*), mas não proprietária de si mesmo (*sui dominus*), e muito menos, bem entendido, de outras pessoas, dado que é responsável pela humanidade na sua própria pessoa"[120]. No rescaldo de uma ordem feudal esta delimitação do poder sobre as coisas e do poder sobre os homens e a exclusão deste último do âmbito da propriedade, tinha todo o sentido. Importa, no entanto, questionar se essas delimitação e exclusão têm, hoje, o significado meramente histórico de uma denúncia da escravatura e da servidão, ou, pelo contrário, se poderão os princípios que lhe subjazem impedir também que, nas sociedades actuais, a propriedade sobre os meios de produção possa conferir ao proprietário, para além de um

---

Em qualquer caso, julgo não existir uma divergência substancial entre a posição dos autores mencionados, na medida em que todos eles estariam em condições de suscrever a seguinte afirmação de Luf: "Não está em causa a alternativa: liberdade ou igualdade, mas antes a realização de uma mais igual liberdade no sistema político. (...) É apenas justo aquele grau de igualdade que pode corresponder às condições de realização da liberdade. A igualdade tem portanto como objectivo servir a realização da liberdade e é determinada e limitada através desta tarefa" (cfr. *Freiheit und Gleichheit*, p. 153; Kühl, *ob. cit.*, p. 272, nota 58).

[119] Cfr. Otfried Höffe, "Die Menschenrechte als Legitimation und kritischer Masstab der Demokratie", p. 255; Kristian Kühl, "Von der Art, etwas Äusseres zu erwerben...", pp. 126 e 128-131.

[120] Cfr. Kant, *Rechtslehre*, § 17, pp. 381-382 (cfr. *Metafísica dos Costumes*, p. 107).

poder de disposição sobre as coisas, um verdadeiro domínio sobre os homens[121]. É precisamente tendo em vista o carácter distinto que a propriedade privada dos meios de produção e a acumulação de capital conferem ao problema da propriedade nas modernas sociedades industriais, em relação a uma realidade proprietária – preponderante no tempo em que Kant escreveu – ainda fortemente assente sobre a economia doméstica da casa e cuja abertura ao comércio era também determinada pela recusa do absolutismo, que Kristian Kühl procura salientar a relevância do princípio da liberdade subjacente à teoria da propriedade da Kant para as actuais questões de política social. Os pontos em torno dos quais Kühl estrutura a relevância actual da teoria da propriedade de Kant são essencialmente os seguintes: (i) unidade do conceito de propriedade; (ii) limitação das posições de poder social; (iii) o problema da articulação entre liberdade e igualdade; (iv) acumulação patrimonial e possibilidade de aquisição de propriedade para todos; (v) distribuição de lucros e co-gestão; (vi) propriedade e domínio; (vii) propriedade colectiva e doutrina kantiana do direito privado[122]. Seguindo de perto a sua exposição, procurar-se-á evidenciar as questões fundamentais que aí são tratadas.

(i) A alienação da força de trabalho e a sua utilização por proprietários de meios de produção deu, sem dúvida, origem a uma modalidade de propriedade que se distancia do conceito clássico de propriedade fundiária tido em vista por Kant, mas essa modalidade pode ainda ser enquadrada à luz dos princípios da sua teoria. Nestes termos, a proibição da propriedade privada de meios de produção só pode considerar-se justificada quando ela implique a aniquilação da liberdade dos outros. É assim possível falar de uma indivisibilidade da legitimação da propriedade na teoria de Kant, significando que também o emprego das coisas em fins produtivos deve caber aos particulares, desde que seja compatível com a liberdade de outros segundo leis universais. Esta unidade da garantia da propriedade não é, no entanto, incompatível com uma diferenciação do tratamento dos

---

[121] Cfr. Kristian Kühl, *Eigentumsordnung als Freiheitsordnung*, pp. 223-224; idem, "Von der Art, etwas Äusseres zu erwerben...", pp. 121.

[122] Cfr. Kristian Kühl, *Eigentumsordnung als Freiheit ordnung*, pp. 247-315.

diversos objectos da propriedade. Quando a liberdade do proprietário deve coexistir com a liberdade de qualquer outro segundo leis universais, isso tem como consequência que protecção da liberdade dos outros, ameaçada pelo proprietário, deve ser tanto mais forte quanto mais intensiva for a ameaça da liberdade através de uma determinada forma de propriedade. Não está, pois, excluído o tratamento diferenciado, pelo legislador, de determinadas formas de propriedade como, por exemplo, a propriedade de equipamentos industriais, a propriedade de solos urbanos, ou ainda a propriedade de meios de comunicação social. Esse tratamento diferenciado não implica, no entanto, a legitimidade da socialização ou nacionalização da propriedade privada dos meios de produção. À perspectiva kantiana é impossível deixar de associar uma atitude céptica em relação a quaisquer formas de socialização da propriedade sem, ao mesmo tempo, cair na atitude oposta extrema de advogar uma completa subtracção da esfera económica aos princípios do direito.

(ii) O direito inato de liberdade não limita apenas o poder do Estado, mas vincula também o Estado a proteger cada indivíduo na sua esfera de liberdade em face do poder dos outros, na medida em que esse poder não seja coberto por leis universais. Sob este ponto de vista é possível criticar a fórmula kantiana, uma vez que esta, entendida como a adequação da liberdade (jurídica) de cada um com a liberdade (jurídica) dos outros, não introduz a questão da efectividade dessa liberdade. Em alternativa à fórmula kantiana, Böckenförde propõe que à extensão da liberdade e ao uso da liberdade através dos indivíduos ou das organizações seja fixado um limite por forma a que a realização e o aproveitamento da liberdade jurídica por parte de alguns seja compatível com a possibilidade de realização dessa liberdade por parte de outros[123]. Simplesmente, na medida em que a resposta ao problema da efectividade da liberdade não consista em eliminar por completo a desigualdade social, nem tão pouco em eliminar a liberdade daqueles que são detentores de poder social, mas antes "em restringir ou vincular a possível extensão da liberdade

---

[123] Cfr. Ernst-Wolfgang Böckenförde, "Freiheitssicherung gegenüber gesellschaftlicher Macht. Aufriss eines Problems", p. 342.

e o possível uso da liberdade para todos, e não apenas para os socialmente poderosos, por forma e na medida em que a possibilidade de realizar a liberdade seja criada ou preservada para todos, particularmente os que são socialmente impotentes"[124], não existe um verdadeiro distanciamento desta em relação à fórmula kantiana, tal como Kristian Kühl a entende[125]. Este entendimento, como Kühl não deixa de salientar, corresponde afinal à interpretação da teoria kantiana da propriedade adoptada por Karl Larenz, nos termos da qual "uma ordem social em que em princípio apenas a alguns, e não a outros, fosse permitido ter propriedade, não seria uma ordem jurídica, mas, de acordo com o conceito de direito de Kant, uma ordem arbitrária"[126].

(iii) A doutrina kantiana do direito parte da liberdade exterior (entendida como independência em relação ao arbítrio constritivo de outrem) enquanto direito pertencente a cada homem em virtude da sua humanidade. Ora, a liberdade exterior de cada qual não significa senão a igualdade de todos os homens em relação à liberdade enquanto direito irrenunciável e, por conseguinte, pode dizer-se que a fórmula kantiana exprime o princípio da identidade originária entre liberdade e igualdade. Uma vez que a liberdade e igualdade não existem enquanto princípios autónomos e mutuamente desvinculados, nem tão pouco enquanto ideias concorrentes, não pode a igualdade ser entendida como igualdade da condição proprietária de cada um, pois nesse caso a liberdade em relação às coisas teria de ser excluída, quando conduzisse à modificação de tal condição proprietária. Assim, a igualdade tem de relacionar-se com o conceito de liberdade e precisar o seu conteúdo, no sentido de ela significar liberdade para todos, na medida em que o exercício dessa liberdade por parte de uns não contrarie a liberdade dos outros segundo leis universais. Neste âmbito incluem-se, não apenas, negativamente, a eliminação de privilégios, mas também, positivamente, a criação de condições de exercício da liberdade na sociedade, especialmente no domínio da economia. E com isto introduz-se uma proposição que é sem dúvida controversa

---

[124] Cfr. Ernst-Wolfgang Böckenförde, "Freiheitssicherung gegenüber gesellschaftlicher Macht. Aufriss eines Problems", p. 343.
[125] Cfr. K. Kühl, *Eigentumsordnung als Freiheitsordnung*, pp. 269-270.
[126] Cfr. Karl Larenz, "Die rechtsphilosophische Problematik des Eigentums", p. 31.

na interpretação da doutrina kantiana do direito, uma vez que o seu princípio constitutivo da liberdade, quando precisado pela ideia de igualdade, nos termos apontados, não está limitado à igualdade jurídica formal, mas reclama também a produção de uma igualdade de oportunidades[127]. Uma tal proposição não significa necessariamente, no entanto, que a razão prática disponha de um conceito de felicidade genericamente válido, uma vez que a igualdade de oportunidade deixa a cada um a realização da sua ideia de felicidade. Por um lado, a igualdade de oportunidades concretiza-se não apenas no plano das possibilidades jurídicas, mas também no plano das possibilidades de facto. Mas, por outro lado, ela permanece como uma possibilidade, que pode ou não ser aproveitada[128]. Nesta perspectiva, a igualdade segundo a doutrina kantiana do direito deve ser entendida como limitação da desigualdade, sendo as correcções sociais de quaisquer exercícios da liberdade apenas passíveis de ser justificadas com o objectivo de criar liberdade enquanto oportunidade para cada um. Isso significa, desde logo, que se se pretender manter o princípio da liberdade, devem em certa medida ser aceites uma diversidade de resultados da liberdade e a inerente desigual distribuição de posições patrimoniais, bem como se deve também aceitar a impossibilidade de a igualdade material ser conjugada com o princípio da liberdade[129]. Ao mesmo tempo, não pode deixar de se reconhecer a existência de um ponto para além do qual o direito, que reconhece por princípio a propriedade privada, não pode deixar de intervir no livre desenvolvimento da ordem da propriedade. Esse ponto é alcançado quando a desigualdade social se transforma em falta de liberdade social, segundo a expressão de Böckenförde[130]. Esse ponto é atingido, por outras palavras, quando não existem condições efectivas numa sociedade para assegurar que todos os seus membros possam realizar a sua humanidade, entendida como a aptidão para determinar a si pró-

---

[127] Cfr. K. Kühl, *Eigentumsordnung als Freiheitsordnung*, p. 273; K. A. Schachtschneider, "Das Recht am und das Recht auf Eigentum", p. 769.

[128] Sobre a importância da escolha individual na ideia de igualdade de oportunidades à luz de um modelo kantiano, cfr. Alexander Kaufman, *Welfare in the Kantian State*, pp. 151-153, 155 e 162.

[129] Cfr. Alexander Kaufman, *Welfare in the Kantian State*, p. 147.

[130] Cfr. Ernst-Wolfgang Böckenförde, "Freiheitssicherung gegenüber gesellschaftlicher Macht. Aufriss eines Problems", p. 339.

prio fins pela razão[131]. Por forma a evitar uma tal situação, a constituição de uma sociedade bem ordenada deve ser tal que, embora não eliminando toda a desigualdade, evite uma distribuição da propriedade que ceda aos mais beneficiados o poder de coagir os mais desfavorecidos e impeça a realização, por parte destes últimos, da sua humanidade. Em particular, essa constituição deve evitar condições intrinsecamente coercivas tais que os indivíduos mais desfavorecidos: (i) possam não ser "obrigado[s] por outros a mais do que, reciprocamente, os [podem] obrigar"[132]; (ii) careçam de qualquer esperança razoável de "poderem elevar-se [do] estado passivo ao estado activo"[133]. Na concretização de um princípio distributivo kantiano não é de excluir a previsão de formas de atribuição de rendimento com vista à satisfação de necessidades básicas, sem se perder de vista, no entanto, que o que está em causa, à luz de tal princípio, é o acesso às aptidões necessárias a uma igualdade de oportunidades efectiva, ou seja, a realização da humanidade de cada um, e não a efectivação de um determinado nível de bem estar[134].

---

[131] Cfr. Kant, *Crítica da Faculdade do Juízo*, § 17, p. 124.
[132] Cfr. Kant, *Rechtslehre*, p. 345 (cfr. *Metafísica dos Costumes*, p. 56).
[133] Cfr. Kant, *Rechtslehre*, § 46, pp. 433-434 (cfr. *Metafísica dos Costumes*, p. 182). Cfr., ainda, Alexander Kaufman, *Welfare in the Kantian State*, pp. 147-148 e 155.
[134] Cfr., neste sentido, Alexander Kaufman, *Welfare in the Kantian State*, p. 156-160. Segundo Kaufman, *ob. cit.*, pp. 156-157, se as aptidões constituem o valor fundamental a ser promovido pelas intervenções de uma política social de bem estar, poderia à primeira vista parecer que as "intervenções compensatórias", incluindo educação, formação profissional e emprego subsidiado, deveriam ser preferidas em relação à atribuição de rendimento. O autor afirma, no entanto, que os dados empíricos sugerem que a atribuição de rendimento e a "intervenção compensatória" servem as necessidades de diferentes membros da população de baixos rendimentos. Assim, a atribuição de rendimento define as condições de vida dos menos capazes de se sustentarem a si próprios: crianças, deficientes e mães de crianças em idade pré-escolar; as "intervenções compensatórias" servem as necessidades dos pobres que podem trabalhar, isto é, adultos não deficientes ou com crianças em idade pré-escolar a seu cargo. O autor, *ob. cit.*, p. 159, sugere um equilíbrio entre medidas tendentes à atribuição de rendimento e a formas de "intervenção compensatória" com base nas seguintes proposições: em primeiro lugar, a atribuição de rendimento é necessária quando constitui a única fonte de recursos essenciais; em segundo lugar, a atribuição de rendimento é apenas uma condição prévia da aquisição de aptidões e não uma solução para o problema da pobreza; em último lugar, acima de um determinado nível de rendimento, os fundos gastos com a atribuição de rendimento têm uma utilidade marginal decrescente em relação aos fundos gastos com "intervenções compensatórias".

(iv) Tal como sucede em relação a toda a liberdade, também para a liberdade de aquisição de propriedade, de acumulação de capital, se forma o limite da universalidade e da reciprocidade. Neste contexto, não se mostra legítima, no que toca à actuação respeitante à aquisição da propriedade de meios de produção, uma máxima com o seguinte conteúdo: sempre que eu quiser adquirir a propriedade de meios de produção fá-lo-ei, ainda que outros, através de tal aquisição, sejam impossibilitados de o fazer contra a sua vontade. Caso esta máxima fosse pensada como lei universal, não se poderia manter a característica da sua universalidade, uma vez que nem todos poderiam actuar em conformidade com uma tal lei. Apenas a máxima que possibilite uma tal aquisição a todos os que a pretendam se pode tornar, sem contradição, numa lei universal e justificar as acções a ela conformes. Daí segue-se, para além da exigência da limitação de grandes patrimónios, ainda a exigência de uma remuneração que assegure ao trabalhador não apenas a reprodução da sua força de trabalho, mas também lhe possibilite a aquisição de propriedade, mesmo de meios de produção[135]. Pois bem, a este propósito pode, sem dúvida, desmascarar-se a esperança de Kant de, através da eliminação de privilégios e da abertura do direito à aquisição de propriedade a todos, difundir a liberdade e propriedade, mas com isso não se demonstra ainda a limitação do seu princípio de liberdade à mera criação da liberdade jurídica de aquisição. A ideia de independência, como princípio constitutivo da sociedade política, a que atrás se fez referência, permite demonstrar isto mesmo. Embora a distinção entre cidadãos activos e passivos se mostre hoje ultrapassada, o certo é que Kant não deixa de reconhecer que "seja qual for o tipo de leis positivas que eles votem [os cidadãos activos], não deverão ser contrárias às leis naturais da liberdade, e da igualdade a ela adequada, de todos no povo, a saber, poder abrir caminho pelo seu trabalho da condição passiva para a activa" (cfr. § 46 da *Rechtslehre*). Por outras palavras, está aqui implícito o reconhecimento de que os princípios naturais da liberdade e da igualdade implicam também a criação de condições de independência para todos e, por isso, a extensão de reais oportunidades a todos de adquirirem propriedade[136]. Deste modo,

---

[135] Cfr. K. Kühl, *Eigentumsordnung als Freiheitsordnung*, pp. 282-283 e 287-288.
[136] Cfr. K. A. Schachtschneider, "Das Recht am und das Recht auf Eigentum", pp. 776-777.

muito embora Kant não tenha antevisto o processo de acumulação de capital, e as suas consequências do ponto de vista de uma efectiva liberdade, isso não torna ultrapassados os seus princípios para as leis relativas à propriedade, apenas abre a estes princípios um novo campo de aplicação, isto é, aquele que respeita à acumulação de capital. Problemas concretos que podem ser discutidos nestes âmbito são, por exemplo, os respeitantes à transmissão sucessória de empresas, bem como os problemas de concorrência.

(v) A co-gestão e a distribuição de lucros devem aqui ser compreendidas como propostas para a solução do problema da concentração de empresas: a co-gestão no domínio empresarial procede através da participação nas decisões relativas ao desenvolvimento do sistema económico contra a concentração do poder de disposição; a distribuição de lucros visa, através da participação nos ganhos do património produtivo, corrigir a concentração patrimonial a favor da igualdade[137]. Para além da sua limitada eficácia, não pode excluir-se a hipótese de, em reacção contra ela, estes instrumentos serem configurados de forma a que sistemas económicos descentralizados e baseados na propriedade se aproximem de sistemas assentes na propriedade colectiva.

(vi) A questão que a propósito da delimitação entre propriedade e domínio político se coloca é a de saber se a admissão da propriedade privada de meios de produção não conduz necessariamente à falta de liberdade dos não-proprietários e se em vez do mero domínio sobre as coisas não intervém assim o domínio sobre as pessoas. O problema é, uma vez mais, o de saber se o direito não se mostra afinal impotente em face da economia e se a sua incapacidade de reconhecer a sua dependência em relação a ela, actuando como se esta não existisse, não releva afinal da mera ideologia. Mas precisamente, como acima se disse, a distinção entre poder sobre as coisas e poder sobre os homens constitui o ponto de partida da teoria da propriedade de Kant (como de todas as teorias da propriedade do direito natural

---

[137] Cfr. K. Kühl, *Eigentumsordnung als Freiheitsordnung*, pp. 292 e ss.; K. A. Schachtschneider, "Das Recht am und das Recht auf Eigentum", p. 780; Michael Köhler, "Dimensionen rechtlicher Solidarität", pp. 135-137.

moderno). O direito que exige a conservação da liberdade para todos não se opõe à conclusão de um contrato de trabalho e à dependência, daí resultante, do trabalhador em relação a ordens e instruções. Simplesmente, um tal contrato é apenas legítimo quando seja compatível com o princípio universal do direito, no sentido em que ambas as partes no contrato devem permanecer juridicamente livres. Isso significa, desde logo, que o poder de ordenar do empregador deve permanecer funcionalmente limitado à obtenção de um determinado objectivo económico, não podendo jamais transformar-se em domínio sobre outras pessoas. A dissociação do poder de direcção do empregador em relação à propriedade e a sua fundamentação no contrato individual de trabalho permite naturalmente pressupor que este contrato não é passível de um qualquer conteúdo e deve conservar a liberdade de ambas as partes.

(vii) Os dois problemas anteriormente aflorados, isto é, a questão de saber em que a medida um sistema de propriedade privada de meios de produção, ao propiciar processos de concentração de capital, não carece de ser corrigido por esquemas de co-gestão e de distribuição de lucros, por um lado, e, por outro, a necessidade de salvaguardar a liberdade do trabalhador no âmbito de um tal sistema, colocam necessariamente o problema da compatibilidade entre o socialismo – entendido como a supressão da propriedade privada de meios de produção – e a doutrina kantiana do direito. A estratégia argumentativa desenvolvida por Kristian Kühl a este propósito consiste em começar por reafirmar a prioridade da liberdade sobre a privatização dos meios de produção, mas também sobre a respectiva socialização[138]. Neste contexto, apenas na hipótese de as medidas, antes mencionadas, tendentes à compatibilização da propriedade privada dos meios de produção com a liberdade de cada um, fracassarem, poderia a exclusão dessa propriedade ser legitimada. Mas, precisamente, a possibilidade de se falar num fracasso a este propósito surge como problemática, pese embora todas as dificuldades e deficiências legis-

---

[138] É precisamente a consciência desta prioridade que falha na leitura proposta por Harry van der Linden, *Kantian Ethics and Socialism*, p. 205, quando afirma que a "resocialização da propriedade privada produtiva é ... exigida pela plena realização do ideal republicano".

lativas que é possível apontar aos sistemas económicos assentes na propriedade privada. Antes de mais, a opção por um sistema económico assente numa tendencial exclusão da apropriação privada dos meios de produção não resolve por si só a questão de saber que formas de apropriação comum ou colectiva poderiam, com vantagem, assegurar uma efectiva liberdade para todos. Neste contexto, a simples transferência da propriedade privada existente para uma propriedade comum não eliminaria a actual concentração de empresas e poderia provocar o perigo de suprimir os efeitos de descentralização e divisão de poder obtidos através de uma pluralidade de centros de decisão privada. Sem prejuízo das dificuldades decorrentes da concentração da propriedade na perspectiva do exercício da liberdade, é, ainda assim, possível afirmar que o reconhecimento de um poder de disposição privado sobre as grandes empresas cria pressupostos mais favoráveis para a liberdade de todos no domínio económico do que o estabelecimento de uma propriedade comum centralizada. Assim, o efeito de descentralização de centros económicos de decisão que é possível obter no âmbito de uma economia de mercado e os perigos de um poder absoluto do Estado no âmbito de um sistema assente no planeamento central da economia, conduzem à exclusão deste último como alternativa válida do ponto de vista do objectivo de assegurar um princípio de liberdade efectiva, tal como entende a doutrina kantiana do direito. Por outro lado, modelos de propriedade comum intermédios, que pretendam assegurar a manutenção de uma descentralização de níveis de decisão, deparam-se com a dificuldade de compatibilizar essa descentralização com a eficácia do planeamento. A tudo isto acresce que a inevitabilidade da manutenção da divisão do trabalho nas modernas sociedades industriais limita ainda mais as possibilidades de pôr em prática esquemas de autodeterminação e co-gestão para os trabalhadores.

Todavia, o significado de todas estas considerações não é o de afirmar, de um modo geral, que sem liberdade económica, especialmente sem a liberdade de submeter os meios de produção à propriedade privada, seria perdida a liberdade no seu conjunto. O que se pretende é, antes de mais, indicar as dificuldades de um modelo socialista no desenvolvimento do princípio da liberdade e, ao mesmo tempo, sustentar que a tentativa de solucionar as dificuldades a esse desenvolvimento sob as condições da propriedade privada dos meios de produção encontra apoio na teoria kantiana do direito. Até que ponto isso possa ser possível deve ser decidido, no âmbito de uma constituição democrática, pelo legislador. Ao legislador democraticamente legitimado, a teoria kantiana da propriedade e do direito estabelece, todavia, segundo Kristian Kühl, um limite jurídico: todo o modelo de socialização, que estabeleça uma propriedade comum, deve submeter-se a um exame, relativo a saber se não falha necessariamente do ponto de vista de uma reunião de liberdades visada por uma lei universal. Um tal veredicto recairá necessariamente sobre todos aqueles modelos de propriedade comum que tomem a liberdade entendida como arbítrio para a restituírem como "liberdade" vinculada e doseada quanto ao seu conteúdo. É certo que também uma economia assente no mercado e na concorrência não pode prescindir de controlos públicos sobre o poder económico, na medida em que se pretenda assumir como um sistema de liberdade instituído de forma duradoura, mas tais controlos deixam a cada um a liberdade no domínio das decisões económicas desde que os seus efeitos possam ser compatibilizados com a liberdade dos outros. Assim, objectivos mais ambiciosos, do ponto de vista do conteúdo, do que a conservação ou a criação da liberdade para todos são alheios a um Estado orientado pelo princípio kantiano do direito. À luz deste princípio, a intervenção do legislador não visa orientar uma liberdade que, sem essa intervenção, se pode considerar como economicamente irracional, mas apenas o respectivo exercício de forma a ameaçar a liberdade dos outros. E tal como a liberdade de cada um deve ser limitada pelo poder público quando ameace a liberdade dos outros, também a intervenção desse poder deve ser limitada à conservação ou criação da liberdade para todos, aí se incluindo as condições de realização de uma tal liberdade.

A concepção lockeana da propriedade encontra-se determinada, mas também limitada, pela sua reacção contra o absolutismo político; a sua capacidade de lidar com os problemas de um absolutismo económico, próprios de uma sociedade industrial, é limitada, desde logo, porque os processos que desencadearam aquele absolutismo económico eram ainda encarados essencialmente como uma reacção positiva ao poder político absoluto. O interesse dos princípios racionais da teoria de Kant sobre a propriedade e o Estado consiste também, precisamente, na capacidade de resposta àqueles problemas[139], ainda que também ele partilhasse a crença liberal na capacidade de uma economia de mercado produzir uma condição social justa pelo seu simples funcionamento imperturbado[140]. Com efeito, os princípios sobre os quais Kant faz assentar a sociedade política, bem como a intervenção do legislador na conformação das relações de propriedade, apontam, num sentido que transcende a função do princípio da caridade na teoria de Locke, para o reconhecimento de um princípio social que não se esgota na assistência à pobreza, mas visa fazer participar todas as pessoas na materialização da ordem da propriedade[141].

2.5 Duas divergências de interpretação. Na exposição que antecede procurou-se expor o pensamento de Kant relativo à propriedade dando conta das divergências de interpretação sem prejudicar a unidade da exposição, isto é, procurou-se integrar as várias leituras daquele pensamento na estrutura argumentativa seguida pelo próprio Kant. Há, no entanto, dois aspectos relativamente aos quais esse princípio de unidade expositiva não pode ser mantido: trata-se do sentido da comunidade originária dos bens e do papel da propriedade na fundamentação do Estado. Em relação a eles, a leitura do pensamento de Kant que for adoptada comprometerá o respectivo sentido geral em termos incompatíveis com outras interpretações possíveis. No que diz respeito ao primeiro aspecto atrás mencionado, o que está em causa é muito simplesmente saber se a comunidade originária comporta algum momento empírico, ou deve, pelo contrário, ser apenas encarada como conceito da razão prática jurídica; no que toca ao segundo, trata-se de saber se a necessidade jurídica do Estado decorre da propriedade ou tem uma fundação independente desta última. É igualmente fácil apontar as consequências de cada

---

[139] A necessidade de uma teoria da propriedade adaptada aos problemas do absolutismo económico é assim expressa por Morris Cohen: "The subordination of everything to the single aim of monetary profit leads industrial government to take the form of absolute monarchy. Monarchy has a certain simplicity and convenience; but in the long run it is seldom the best for all concerned. Sooner or later it leads to insurrections. It is short-sighted to assume that an employer cannot possibly run is business without the absolute right to hire and fire his employers whenever he feels like doing so. (...) May not democratic or limited constitutional government in industry have some human advantages over unlimited monarchy?" (cfr. "Property and Sovereignty", pp. 173-174).

uma destas duas opções. Na primeira hipótese, a comunidade originária faz derivar a propriedade de um antecedente direito natural de usar as coisas em comum, o que implica um défice de legitimação dela em relação a este direito. Quanto ao segundo aspecto, o que está em causa é saber se a propriedade constitui o fundamento do Estado ou, dito de outro modo, se o Estado, segundo Kant, se apresenta como sendo dos proprietários.

2.5.1 O sentido da comunidade originária dos bens. Kant encara, como se disse, a ideia de uma vontade reunida de todos *a priori* como o título do direito de propriedade, enquanto fundamento jurídico da possibilidade de obrigar outros a respeitar o uso exclusivo de um objecto apropriado[142]. Por outro lado, afirma também que o fundamento jurídico (*titulus possessionis*) da apropriação consiste na posse comum originária[143]. Importa agora aprofundar o sentido do conceito de comunidade originária no pensamento de Kant e sua relação com a ideia da vontade reunida de todos *a priori*. É precisamente a co-implicação destas duas ideias que diferencia a utilização da ideia de comunidade dos bens em Kant e nos autores que o antecedem. A compreensão da especificidade da utilização da ideia de comunidade de bens em Kant tem sido prejudicada por três tipos de (falsas) representações: (i) em primeiro lugar, a ideia de que a comunidade originária desempenha em Kant o mesmo papel de "começo não culposo" da propriedade, segundo a expressão de Niklas Luhmann atrás citada, que vimos desempenhar em Grócio, Pufendorf e Locke; (ii) em segundo lugar, a ideia de que o conceito de posse comum originária visa justificar e legitimar a distribuição da propriedade actualmente existente[144]; (iii) por último, a ideia de que a comunidade originária exprime também um direito natural dos homens sobre as

---

[140] Cfr. Jürgen Habermas, "Publizität als Prinzip der Vermittlung von Politik und Moral (Kant)", p. 183.
[141] Cfr. K. A. Schachtschneider, "Das Recht am und das Recht auf Eigentum", pp. 761-762.
[142] Cfr. Kant, *Rechtslehre*, § 15, p. 375 (cfr. *Metafísica dos Costumes*, pp. 97-98).
[143] Cfr. Kant, *Rechtslehre*, § 6, pp. 360 (cfr. *Metafísica dos Costumes*, p. 79).
[144] Cfr. Howard Williams, *Kant's Political Philosophy*, p. 93; Franco Zotta, *Immanuel Kant. Legitimität und Recht*, pp. 76-77.

coisas do mundo, entendido como uma consequência necessária da existência dos homens sobre a terra e concretizado num direito de usar as coisas necessárias ao sustento da vida[145].

As duas primeiras falsas representações são facilmente demonstráveis, desde logo em função da exposição anterior relativa ao conceito de justiça na doutrina kantiana do direito. A aquisição originária não pressupõe em Kant uma situação de comunidade negativa, mas o seu contrário; o objecto de uma tal aquisição não é uma *res nullius*, mas uma *res omnium*[146]. Quando muito, poder-se-ia afirmar que a comunidade originária é uma comunidade negativa enquanto conceito empírico, mas necessariamente uma comunidade positiva enquanto conceito inteligível. Ela exprime um "começo culposo" da propriedade em comparação com a função que se viu desempenhar a ideia de comunidade dos bens em Locke[147]. É igualmente de afastar o entendimento de que o propósito da ideia *a priori* da comunidade originária é o de justificar a distribuição actualmente existente da propriedade. Howard Williams exprime esse entendimento nos seguintes termos: "temos de imaginar que a terra nos pertenceu em tempos em comum e que subsequentemente decidimos partilhar esta herança comum. Mas os dois pontos de vista contradizem-se claramente. Podemos supor que os indivíduos concordaram na distribuição existente da propriedade baseados na sua comunidade anterior, e não teriam portanto de ser forçados em direcção a um tal estado; podemos também supor que os indivíduos se opuseram a uma tal distribuição de propriedade e tiveram de ser forçados a aceitá-la. É impossível partir do pressuposto de que os mesmos indivíduos aceitaram e recusaram a distribuição existente da propriedade"[148]. Esta interpretação é pura e simplesmente incompatível com a ideia da comunidade originária como conceito da razão prática, sem qualquer

---

[145] Damian Hecker, *Eigentum als Sachherrschaft*, pp. 189-190; parece ser também este o pressuposto da construção de Paul Guyer, atrás mencionada.

[146] Cfr. W. Kersting, "Transzendentalphilosophisches und naturrechtliche Eigentumbegründung", p. 163; idem, *Wohlgeordnete Freiheit*, p. 152; no mesmo sentido, M. Brocker, *Kants Besitzlehre*, p. 106.

[147] Cfr. W. Kersting, "Eigentum, Vertrag und Staat bei Kant und Locke", p. 130; idem, *Kant über Recht*, p. 77.

[148] Cfr. Howard Williams, *Kant's Political Philosophy*, p. 93.

realidade histórica ou empírica, e corresponde claramente a uma concepção pré-crítica do conceito de comunidade.

Mais complexo é o afastamento da interpretação da comunidade originária como exprimindo um direito natural dos homens sobre as coisas do mundo. Segundo Damian Hecker, mesmo sem retomar a noção de uma concessão divina, Kant pressuporia um direito natural dos homens sobre as coisas do mundo. De acordo com o seu modo de ver, a comunidade dos bens e a vontade reunida de todos não são apenas exigências da razão, mas também consequências necessárias da existência dos homens sobre a terra[149]. Antes de Hecker, já Wolfgang Kersting havia chamado a atenção para a circunstância de a construção kantiana da comunidade originária se sustentar sobre uma fundamental condição natural da existência humana, o ter de viver com os seus semelhantes numa superfície limitada. A comunidade originária teria assim uma dupla natureza, empírica e inteligível, resultante da justaposição entre um momento empírico-natural e um momento normativo-jurídico na respectiva concepção[150]. E, na verdade, Kant parece induzir uma interpretação deste tipo quando afirma que "todos os homens estão originariamente (isto é, antes de qualquer acto jurídico do arbítrio) investidos na posse legítima da terra, quer dizer, têm o direito a estar onde os colocou a natureza ou o acaso (sem o concurso da sua vontade)"; tal posse é "comum, dada a unidade de todos os lugares sobre a superfície terrestre, enquanto superfície esférica: pois que, se a terra fosse uma superfície plana infinita, os homens poderiam disseminar-se de tal jeito que jamais chegariam a comunidade alguma entre si e, portanto, esta não seria uma consequência necessária da sua existência sobre a terra"[151]. Isto não significa, no entanto, como parece pretender Damian Hecker, que se tenha de interpretar a função do conceito de comunidade originária no pensamento de Kant como exprimindo a pressuposição de um direito natural dos homens, em comum, sobre natureza. A terra, enquanto superfície esférica, tornar-se-ia assim não apenas numa condição natural do direito de propriedade, mas no fundamento

---

[149] Cfr. Damian Hecker, *Eigentum als Sachherrschaft*, p. 190.
[150] Cfr. W. Kersting, *Wohlgeordnete Freiheit*, p. 150.
[151] Cfr. Kant, *Rechtslehre*, § 13, p. 373 (cfr. *Metafísica dos Costumes*, pp. 94-95); no mesmo sentido, cfr. *Vorarbeiten zu Metaphysik der Sitten*, p. 320.

de um direito natural da espécie humana sobre a terra. Simplesmente, como nota Manfred Brocker, isso constituiria uma *contradictio in adjecto* com os pressupostos jurídico-transcendentais assumidos por Kant, para quem um conceito da razão prática é um conceito que tem realidade prática, mas que os sentidos não podem representar. Assim, a ideia da razão prático-jurídica da comunidade originária seria, quando Kant fala da terra como superfície esférica, apresentada não esquemática, mas simbolicamente: tratar-se-ia de uma "sensificação simbólica", isto é, "submetida a um conceito, que somente a razão pode pensar e ao qual nenhuma intuição sensível pode ser adequada"[152]. Nestes termos a superfície esférica da terra é uma apresentação da ideia da razão prática da comunidade, mas não esta em si mesma. O que está em jogo é nada mais do que a própria caracterização da filosofia do direito de Kant: caso se encare a superfície esférica da terra como uma condição empírica da comunidade originária, através da qual esta se exprime também como um direito natural de posse que assiste a todos em virtude do seu nascimento[153], ter-se-á igualmente de encarar Kant como um pensador do direito natural tradicional, pré-crítico, em contradição com o seu projecto filosófico[154].

A ideia da comunidade originária no pensamento de Kant surge, pois, sem qualquer momento empírico, como uma decorrência da ideia da vontade reunida de todos: é porque, de acordo com esta última ideia, todas as pessoas devem poder dar o seu consentimento à distribuição dos objectos exteriores que todas devem ser pensadas como estando na sua posse comum. Kant di-lo, aliás, expressamente: na "união de todos sob princípios universais *a priori* da divisão das

---

[152] Cfr. Kant, *Kritik der Urteilskraft*, § 59, p. 459; *Crítica da Faculdade do Juízo*, p. 260.

[153] Quando Kant afirma que todos os homens têm um direito a existir onde a natureza os colocou, entende Manfred Brocker que essa afirmação não pode ser tomada literalmente, uma vez que a natureza não fundamenta nenhum direito, mas apenas interpretada como pretendendo significar que a natureza nos dá "por assim dizer" um direito sobre a terra, onde ela nos colocou (cfr. Brocker, *Kants Besitzlehre*, p. 194, nota 14; cfr., ainda a interpretação de Kersting, *Wohlgeordnete Freiheit*, p. 152, bem como a crítica de Brocker, *ob. cit.*, p. 194, nota 215).

[154] Cfr. Manfred Brocker, *Kants Besitzlehre*, pp. 108-110; Kristian Kühl, "Von der Art, etwas Äusseres zu erwerben...", p. 123. Sobre a importância da faculdade do juízo na construção da teoria político-jurídica kantiana, cfr. Alexander Kaufman, *Welfare in the Kantian State*, ppp. 62 e ss., esp. pp. 112 e ss.

coisas no espaço ocorre um meu ou teu: consequentemente pressupõe uma posse comum originária"[155].

As implicações do que acaba de ser dito não são irrelevantes na perspectiva que nos ocupa. Desde logo, a consideração de um momento empírico na ideia de comunidade originária, isto é, a consideração de um direito natural a um lugar na superfície da terra, independente de qualquer acto jurídico, suscita dificuldades insuperáveis. Na verdade, tal direito geral seria dificilmente conciliável com o carácter finito dos recursos naturais e conduziria necessariamente a uma desigualdade na distribuição da propriedade[155], como se viu suceder com a construção de Locke. Existe uma assimetria necessária entre um direito natural a um lugar na superfície da terra, como direito geral, e o direito de adquirir propriedade, como direito especial e contingente[157]. Por outro lado, a consideração daquele momento empírico, e a consequente atribuição a Kant da pressuposição de um direito natural dos homens sobre as coisas da terra, permite, segundo Damian Hecker, enquadrar a sua teoria da propriedade num tipo de pensamento que efectua uma distinção entre o direito de usar as coisas como direito natural dos homens e o direito de propriedade em sentido estrito. Característica deste tipo de pensamento seria a fundação da propriedade, em sentido relacional, isto é, como relação entre pessoas e ainda não como uma relação entre uma pessoa e uma coisa, sobre o direito natural de usar as coisas exteriores. Enquanto com Grócio e Pufendorf essa fundação se efectua através de pactos, em Locke e Kant a base pactícia é substituída por actos individuais de apropriação. Uma tal evolução determinaria também uma progressiva aproximação entre o título e o modo da aquisição – o primeiro significando a fundamentação material da aquisição do direito de propriedade, o segundo a respectiva fundamentação formal –, ao ponto de a ocupação, um entre outros "modos" de aquisição, se tornar também "título" da mesma, no decurso do século dezoito, em substituição do pacto[158].

---

[155] Cfr. Kant, *Vorarbeiten zu Metaphysik der Sitten*, p. 273.
[156] Cfr. Hans-Georg Deggau, *Die Aporien der Rechtslehre Kants*, pp. 104-106.
[157] Cfr. W. Kersting, "Eigentum, Vertrag und Staat bei Kant und Locke", pp. 119-120; idem, "Politics, Freedom, and Order: Kant's Political Philosophy", p. 349; idem, *Kant über Recht*, p. 68.
[158] Cfr. Damian Hecker, *Eigentum als Sachherrschaft*, pp. 194-196 e 198.

Este modo de encarar a posição de Kant na evolução do pensamento relativo à justificação da propriedade privada é insatisfatório. Isso resulta não apenas de ser também insatisfatório o próprio modelo de evolução traçado por Damian Hecker, como se viu, e de não ser sustentável o seu entendimento sobre uma suposta convergência entre o título e o modo da aquisição da propriedade[159], mas pura e simplesmente de não haver lugar no sistema crítico de Kant para um direito natural de usar as coisas exteriores.

Com base na insistência de Kant na dimensão intersubjectiva de todo o direito – e, portanto, também do direito de propriedade –, Hecker pretende distanciá-lo do conceito moderno de propriedade, que se encontra na base da pandectística, enquanto domínio absoluto de uma pessoa sobre uma coisa[160]. Simplesmente, esse distanciamento, ensejado pela dimensão propriamente jurídica do postulado da razão prática jurídica, isto é, a impossibilidade de fundar unilateralmente a obrigação de respeitar o uso de um objecto por um indivíduo em relação aos outros que de outro modo seriam capazes de o usar, deixa de lado uma outra dimensão daquele postulado, não menos importante, que exprime a pretensão de domínio da razão sobre a natureza. Esta última dimensão constitui, aliás, uma presença constante do pensamento de Kant: o homem, "enquanto único ser na terra que possui entendimento, por conseguinte uma faculdade de voluntariamente colocar a si mesmo fins, (...) é correctamente denominado senhor da natureza", ou "fim terminal da criação"[161]. As duas dimensões do postulado estão presentes na ideia de propriedade segundo Kant: a primeira, exprimindo a relação entre a vontade e os objectos

---

[159] Cfr. Christoph Ulmschneider, *Eigentum und Naturrecht im Deutschland...*, pp. 55-57. A ideia de uma convergência entre o título e o modo da aquisição da propriedade poderia apenas fazer algum sentido no pensamento de Locke, mas precisamente aí a ausência da distinção (como, em geral, o afastamento em relação à feição mais propriamente jurídica do discurso continental do direito natural) torna desapropriado falar em convergência dos respectivos termos.

[160] Pondo em causa esse distanciamento, em relação a Savigny, cfr. Hans Kiefner, "Der Einfluss Kants auf Theorie und Praxis des Zivilrechts im 19. Jahrhundert", pp. 59 e ss., esp. 72-73. As diferenças entre as concepções do direito de Kant e Savigny são expostas por Knut Wolfgang Nörr, *Eher Hegel als Kant*, pp. 22-24.

[161] Cfr. Kant, *Kritik der Urteilskraft*, §§ 83 e 84, pp. 553 e 559; *Crítica da Faculdade do Juízo*, pp. 360 e 365.

exteriores, quando o meu exterior surge definido com recurso à noção do "uso discricionário" de um objecto[162], ou quando se afirma que o proprietário pode "dispor segundo o seu arbítrio" sobre a coisa[163]; a segunda, exprimindo a relação entre diferentes arbítrios a propósito de um objecto exterior, é que verdadeiramente caracteriza a posse inteligível e fundamenta a específica qualidade prático-jurídica de uma posse[164]. Neste sentido, é sem dúvida possível afirmar que Kant não pretende tanto justificar a propriedade em si, enquanto domínio de um sujeito dotado de vontade livre sobre um objecto desprovido de vontade, como fará Hegel, quanto estabelecer as condições de possibilidade da garantia desse domínio por uma ordem jurídica. Alain Renaut pretende que as duas questões centrais da *Rechstlehre* consistem em saber, por um lado, o que é ser livre em face das coisas e, por outro, como podem as diversas liberdades individuais concordar entre si, isto é, autolimitar-se. A primeira questão funda a teoria da propriedade e, mais geralmente, do direito privado; a segunda funda a teoria do direito público[165]. A verdade, porém, é que a resposta à primeira questão é dada por Kant em estreita conexão com a resposta à segunda. Essa estreita conexão no pensamento de Kant, entre o problema do "meu" e do "teu" e o postulado do direito público ("deves, numa relação de coexistência inevitável com todos os outros, sair do estado de natureza para entrar num estado jurídico, quer dizer, num estado de justiça distributiva"[166]), exprime a influência de Rousseau e permite encarar o Estado não como uma aliança defensiva do *beati possidentis*, mas como um sistema de justiça pública[167], nos termos expostos. O carácter tendencialmente universal da relação jurídica de propriedade não resulta, pois, da sua compreensão como realidade de direito privado, mas da sua projecção como

---

[162] Cfr. Kant, *Rechtslehre*, § 5, p. 357 (cfr. *Metafísica dos Costumes*, p. 73).
[163] Cfr. Kant, *Rechtslehre*, § 17, p. 381 (cfr. *Metafísica dos Costumes*, p. 107).
[164] Cfr. Damian Hecker, *Eigentum als Sachherrschaft*, p. 194, afirma que "o direito de liberdade em face de outros é limitado através da lei da liberdade, mas não o direito da vontade em face dos objectos exteriores". Simplesmente, neste último caso não pode falar-se em direito; trata-se antes do domínio da vontade livre sobre os objectos exteriores que é assegurado pelo direito, e designadamente pelo direito público.
[165] Cfr. Alain Renaut, *Kant Aujourd'hui*, p. 319.
[166] Cfr. Kant, *Rechtslehre*, § 42, p. 424 (cfr. *Metafísica dos Costumes*, p. 170).
[167] Cfr. Wolfgang Kersting, *Kant über Recht*, p. 79.

problema de direito público, isto é, da consciência que a propriedade afecta a liberdade de todos os membros de uma comunidade política.

2.5.2 A propriedade na fundamentação do Estado em Kant.

Na sequência directa do que acaba de dizer-se, importa aqui discutir uma última questão, a de saber se o Estado surge em Kant como uma mera função da necessidade prática de se poder ter como seus objectos exteriores da vontade. Trata-se de saber se o Estado resulta da propriedade, ou, pelo contrário, a sua fundamentação pode ser deduzida independentemente desta. A este propósito é possível falar de uma tensão não resolvida na *Metafísica dos Costumes* entre a fundamentação do Estado centrada na propriedade e uma argumentação orientada para o direito inato[168]. Todavia, a coexistência destes dois tipos de argumentação não constitui em si um problema, o problema reside antes no modo como algumas tentativas de desligar a fundamentação do Estado e da propriedade no pensamento de Kant incorrem em representações menos correctas da especificidade desse pensamento, particularmente do ponto de vista da sua resposta àquele que podemos considerar o problema jurídico-filosófico da propriedade privada por excelência, isto é o problema de saber se ela consiste num produto da mais conveniente instituição da sociedade ou é, pelo contrário, em alguma medida, exigida pela natureza humana[169].

A especificidade da resposta kantiana a esse problema consiste precisamente em constituir-se como um "*tertium datur* filosófico--transcendental"[170] também em relação às duas alternativas mencionadas, que tradicionalmente definem um tal problema. No lugar do Estado independente da propriedade de Hobbes e de Rousseau, por um lado, e da propriedade independente do Estado de Locke, por outro, surge em Kant um cruzamento teórico do Estado e da propriedade, em que ambos os conceitos se colocam numa relação de dependência recíproca e sistemática[171]. No entanto, ao lado de um

---

[168] Cfr. R. Friedrich, *Eigentum und Staatsbegründung*..., p. 149.
[169] Tal como o formula Karl Larenz, "Die rechtsphilosophische Problematik des Eigentums", p. 22.
[170] A expressão é de Reinhard Brandt, "Das Erlaubnisgesetz...", p. 237.
[171] Assim, precisamente, W. Kersting, *Kant über Recht*, p. 113; idem, *Wohlgeordnete Freiheit*, p. 212; cfr., ainda, Marc Schattenmann, *Wohlgeordnete Welt*, pp. 133 e ss.

argumento que funda a necessidade jurídica do Estado na transição da relações provisórias de propriedade no estado de natureza para as relações peremptórias no estado civil, é sem dúvida possível indicar um outro argumento, já não específico do direito privado. Este último funda-se na consideração de que não só o meu e o teu exteriores necessitam de determinação legislativa, mas também o meu e o teu interiores[172]. Muito embora Kant estabeleça uma estreita conexão entre o "postulado do direito público" e a aporética do direito privado no estado de natureza, não é contudo possível encarar a argumentação que dele se retira para a fundação do Estado como exclusiva do direito privado[173]. O "postulado do direito público" retira-se imediatamente do princípio universal do direito no estado de natureza, isto é, a mediação jurídica do meu e teu interiores pode apenas ser obtida, em condições de liberdade, através da vontade reunida de todos numa legislação pública. Neste sentido, o direito inato de liberdade é também um direito ao Estado, dele se retirando ainda o dever de aceder à condição civil.

A questão que então se coloca é a de saber se estes dois fundamentos do Estado são independentes um do outro, ainda que entre eles se estabeleça alguma relação de precedência fundacional, ou se, pelo contrário, existe entre os dois fundamentos uma relação de derivação no âmbito do sistema da *Rechtslehre*. Rainer Friedrich procurou recentemente argumentar, na linha de Julius Ebbinghaus, que o direito inato de liberdade constitui princípio, não apenas do contrato social, mas também de todos os direitos dos homens, incluindo os direitos privados. Deste modo, o meu e o teu exteriores, especialmente a propriedade, dependem, quanto à sua eficácia, do Estado, não sendo este, por seu turno, deduzido a partir deles[174]. Friedrich pretende reagir a afirmações de Reinhard Brandt, segundo as quais o postulado da razão prática jurídica "é segundo Kant um possível e o único possível fundamento de uma doutrina do direito"[175] e a "passagem do *status naturalis* para o *status civilis* é sustentada pelo postulado

---

[172] Cfr. Kant, *Rechtslehre*, § 44, p. 430 (cfr. *Metafísica dos Costumes*, pp. 176-177).
[173] Cfr. W. Kersting, *Kant über Recht*, p. 111.
[174] Cfr. Julius Ebbinghaus, "Die Idee des Rechts", pp. 298-299; R. Friedrich, *Eigentum und Staatsbegründung...*, p. 7.
[175] Cfr. R. Brandt, *Eigentumstheorien von Grotius bis Kant*, p. 187.

ou lei permissiva do § 2 [da *Rechtslehre*]"[176]. No mesmo sentido, também Wolfgang Kersting sustenta, como se viu, a existência de um cruzamento teorético entre o Estado e a propriedade, chegando mesmo a apresentar o Estado como "elemento constitutivo, na perspectiva teorética e da validade, do conceito jurídico completo da propriedade"[177]. Mas Brandt e Kersting não deixam de reconhecer que do direito inato de liberdade se retira já o dever de aceder à condição civil[178]. De resto, nos seus trabalhos mais recentes, Kersting, como se mencionou, distingue expressamente dois tipos de argumentação desenvolvidos por Kant tendo em vista a fundamentação da necessidade jurídica do Estado: o argumento da positivação, que vale do mesmo modo para o princípio universal do direito e para o direito privado, e o argumento da validade, o qual se apresenta como específico do direito privado e visa superar a precariedade jurídica da aquisição originária nas condições do estado de natureza[179]. O primeiro funda a necessidade do Estado sobre a necessidade de dirimir os conflitos que ocorrem no estado de natureza, quer em virtude do exercício do direito de adquirir propriedade originariamente, quer em virtude do direito que a cada um assiste de determinar os limites toleráveis de violação do direito inato de liberdade. A necessidade de, através do Estado, positivar o conteúdo desses direitos decorre da indeterminação dos princípios *a priori* da razão prática jurídica. Através do segundo argumento, é a própria validade da aquisição da propriedade sobre as coisas, nas condições do estado de natureza, que está em causa. Rainer Friedrich pretende, no entanto, ir mais

---

[176] Cfr. R. Brandt, "Das Erlaubnigesetz...", p. 234.

[177] Cfr. W. Kersting, *Wohlgeordnete Freiheit*, p. 206. Cfr., ainda, Bernd Ludwig, *Kants Rechtslehre*, pp. 185-186, sustentando que "a entrada no *status civilis* kantiano é em última instância provocada pela propriedade sobre as coisas", uma vez que "só o dever de instituir relações de propriedade se identifica com o dever relativo à constituição de uma vontade de âmbito geral, isto é, o dever do «exeundem esse»". Assim, "o Estado constitui um dever enquanto Estado da propriedade". Este entendimento afastado do que é adoptado, quer por Brandt, quer por Kersting, ao não prever qualquer espaço para o argumento que funda o Estado directamente sobre o direito inato de liberdade.

[178] Como o próprio Friedrich, *Eigentum und Staatsbegründung...*, pp. 13-14 e 16, admite, sustentando todavia que esse reconhecimento equivale a uma relativização da posição de ambos os autores.

[179] Cfr. Kersting, *Kant über Recht*, p. 109.

longe e estabelecer que o postulado jurídico da razão prática assume um carácter meramente derivado em relação ao argumento que funda a necessidade do Estado no direito inato de liberdade. Segundo Friedrich, a permissão de forçar os outros, com quem tenho uma disputa relativa à pertença de um objecto exterior da vontade, a entrar comigo num estado civil[180], decorre do postulado jurídico da razão prática formulado no § 2 da *Rechtslehre*, mas apenas sob o pressuposto do axioma do direito, isto é, do princípio universal do direito. O fundamento moral dessa permissão, de obrigar os outros a entrar numa condição jurídica, consiste na circunstância de eles *a priori*, quer dizer, através do princípio universal do direito, se encontrarem já submetidos a uma tal obrigação. Assim, pode afirmar-se que o corolário do § 8 da *Rechtslehre* ("se for juridicamente possível ter um objecto exterior como seu, então o sujeito há-de estar também autorizado a compelir qualquer outro, com quem entre em conflito sobre o meu e o teu acerca de semelhante objecto, a entrar com ele numa Constituição civil"), constitui apenas uma afirmação, para o caso especial do meu e teu exteriores, daquilo que vale em geral para todo o meu e teu[181]. Esta demonstração é, sem dúvida, válida se se tiver em vista aquele que se designou, na esteira de Wolfgang Kersting, como o argumento da positivação relativo à necessidade jurídica da fundação do Estado. Neste contexto, faz sentido afirmar-se que a relação entre o direito inato e o Estado é analítica, na medida em que o dever de aceder à condição jurídica não decorre de qualquer actividade jurídica dos sujeitos, e portanto também não da aquisição de um qualquer direito[182]. É possível, em tal contexto, atendendo à precedência sistemática do meu interior perante o meu exterior, da pessoa perante as relações jurídicas de propriedade, afirmar também a precedência sistemática do dever de fundar o Estado

---

[180] Cfr. Kant, *Rechtslehre*, § 8, p. 366 (cfr. *Metafísica dos Costumes*, p. 86).

[181] Cfr. Friedrich, *Eigentum und Staatsbegründung*..., p. 180; já antes, a mesma posição, no essencial, havia sido expressa por Kristian Kühl, "Von der Art, etwas Äusseres zu erwerben...", p. 128.

[182] Cfr. Friedrich, *Eigentum und Staatsbegründung*..., p. 177; cfr., ainda, *ob. cit.*, p. 180: "esta permissão [que cada um tem no estado de natureza de forçar qualquer outro a entrar com ele numa condição jurídica] está analiticamente relacionada com o direito subjectivo do indivíduo. O direito subjectivo é inato ou adquirido. A permissão, de obrigar outros, existe naturalmente em relação a ambos os direitos".

fundado sobre o direito inato de liberdade[183]. Mas o que está em causa na relação entre propriedade e Estado que constitui o cerne da *Rechstlehre* é precisamente a discussão das condições sob as quais é possível a validade de um direito adquirido no estado de natureza, ainda antes da entrada na condição jurídica. Ora, esta discussão, em que se integra precisamente o argumento da validade, segundo a designação de Wolfgang Kersting, não opera através da dedução analítica do dever de aceder à condição jurídica a partir dos conceitos do direito em geral, mas estrutura-se sobre uma proposição jurídica sintética *a priori*, que consiste no postulado do § 2. A permissão por ele ensejada não visa apenas obrigar todos os outros a entrar comigo numa condição jurídica, mas, ainda antes disso, embora tendo em vista uma tal condição, obrigá-los a absterem-se de usar certos objectos do nosso arbítrio, porque deles previamente nos apossámos. Assim, quando se afirma que a permissão de obrigar outros a entrar numa constituição civil existe quer para o direito inato, quer para os direitos adquiridos, não pode ignorar-se que em relação a estes últimos, ao contrário dos primeiros, é necessário ainda estabelecer as condições da sua validade no próprio estado de natureza. É necessário estabelecer as próprias condições de possibilidade do direito de propriedade, tarefa que o direito inato evidentemente dispensa.

Podemos assim dizer que o postulado do direito público se acha analiticamente contido no princípio universal do direito, e que o direito inato é, em si mesmo, um direito à república[184], mas o postulado da razão prática, formulado no § 2 da *Rechstlehre*, é necessário para estabelecer a própria possibilidade do direito de propriedade no estado de natureza e ao fazê-lo estabelece também a necessidade de aceder à condição jurídica. Ao contrário do que sucede com o direito inato de liberdade, a simples existência da propriedade depende do acesso à condição civil. Em face do conceito de propriedade como o *suum* na filosofia de Locke, não seria correcto afirmar que o Estado cumpre aí apenas a função de proteger a propriedade unilateralmente adquirida no estado de natureza, ainda que esta última se imponha como limite ao poder do Estado. Para Kant, o Estado visa também

---

[183] Cfr. Kersting, *Kant über Recht*, p. 51.
[184] Como, de resto, o próprio Kersting afirma: cfr. *Kant über Recht*, pp. 52 e 53.

proteger o meu e teu interiores, como desde logo o demonstra o direito penal, e não só o meu e teu exteriores. Ou seja, usando a linguagem de Locke, o Estado nasce para tutelar todos os bens incluídos na trilogia da *life*, *liberty* e *estate* e não apenas a propriedade neste último sentido. Onde Kant se distancia claramente de Locke é no levar em conta o Estado na própria aquisição da propriedade no estado de natureza, não apenas com vista à respectiva segurança, mas também visando a sua própria completude jurídica.

Não seria, sem dúvida, correcto afirmar que o Estado é mera função da propriedade no pensamento de Kant, mas não é também correcto pretender que a propriedade seja alheia à sua fundação. Qualquer uma destas duas alternativas assume uma exclusão mútua entre a derivação da necessidade jurídica do Estado a partir do direito inato ou do postulado jurídico da razão prática, como princípio do meu e teu exteriores, que não se mostra adequada à construção de Kant. O reconhecimento de que do simples direito inato no estado de natureza se retira já o dever de aceder à condição civil, não nos deve fazer esquecer que a propriedade é assumida por Kant como o cerne da sua filosofia do direito e do Estado[185]. Ao assumi-la como tal, limitou-se, aliás, a procurar responder aos desafios que o seu próprio tempo lhe colocava. Ao mesmo tempo, a sua construção exprime a diferença estrutural entre o direito de propriedade e o direito inato de liberdade e as faculdades nele contidas, como por exemplo as liberdades de consciência e de expressão, na medida em que a atribuição deste último a uma pessoa não implica necessariamente a sua negação a uma outra pessoa, ao contrário do que sucede com o direito de propriedade[186]. Não é, pois, simplesmente possível pôr em causa a existência, no pensamento de Kant, de um argumento que faz assentar a fundação do Estado directamente na tutela do direito inato de liberdade. Mas o reconhecimento da existência desse argumento não elimina a necessidade de explicar o carácter central que assume no

---

[185] Mary Gregor, "Kant's Theory of Property", pp. 760 e 761, atribui mesmo a dificuldade do argumento da *Rechtslehre* e a sensação com que fica o leitor de as suas diversas partes nem sempre se sucederem com base numa ordem lógica, à "impaciência" de Kant em expor a sua teoria da propriedade, a qual "constitui a parte mais original do 'Direito Privado' e a mais extensa".

[186] Sobre esta diferença, cfr. Laura Underkuffler, *The Idea of Property*, pp. 140-141.

desenvolvimento da *Rechtslehre* o argumento que estabelece um cruzamento entre a fundação do Estado e a propriedade. Esse carácter central não tem apenas uma explicação semelhante à da importância atribuída por Kant a outras partes controversas e actualmente contestadas da sua doutrina, como o princípio *a priori* da independência e a singular categoria do direito pessoal de carácter real. Todos estes aspectos revelam, é certo, a determinação do pensamento político de Kant pelo modelo aristotélico da cidadania e a sua base proprietária. E não deixa de ser em certa medida irónico que uma construção que se pretende erigida exclusivamente sobre os princípios da razão acabe por evidenciar essa pré-compreensão da sociedade civil, enquanto reunião dos chefes das sociedades domésticas, de um modo muito mais notório do que a construção de Locke, confessadamente assente em pressupostos teológicos. Todavia, não se faria inteira justiça à envergadura filosófica do pensamento de Kant caso não se reconhecesse também que o carácter central do direito de propriedade no seu argumento relativo à fundação do Estado decorre da sua consciência muito nítida da afectação da liberdade de todos os membros de uma comunidade jurídica que esse direito especialmente implica. Se a impossibilidade jurídica de submeter um objecto exterior à propriedade é contrária à liberdade, não o é menos a impossibilidade fáctica de aceder à propriedade por parte de um qualquer indivíduo[187].

A existência de dois argumentos quanto à função do Estado no pensamento de Kant faz incidir uma nova luz sobre o que atrás se disse quanto à questão de saber se a propriedade pode, ou deve, ser caracterizada como um direito geral, ou como um direito especial. Como se afirmou em relação ao pensamento de Locke, a questão não é aí correctamente colocada em termos de uma alternativa, mas antes em termos de saber quais as dimensões que, na estrutura do seu argumento relativo à justificação da propriedade privada, relevam de um direito de natureza geral e quais as que resultam de um direito especial[188]. No pensamento de Kant são claramente autonomizadas da propriedade, através do direito inato de liberdade, as dimensões que na estrutura da argumentação relativa à sua justificação tenderiam a apresentá-lo como um direito geral.

---

[187] Em sentido próximo, cfr. Alexander Kaufman, *Welfare in the Kantian State*, p. 32.
[188] Cfr. supra, cap. 1, ponto 1.5.1.

CAPÍTULO 3

Hegel e a recuperação do ideal clássico da relação entre a ordem da propriedade e a ordem da política no horizonte das economias nacionais

3.1 Introdução. Nas páginas anteriores procurou expor-se o entendimento de que a ordem da propriedade se constitui em obediência a princípios em relação aos quais é alheio o poder político (Locke), procurou expor-se, em seguida, o entendimento contrário, de que na constituição da ordem da propriedade estão já presentes os princípios que presidem à fundação do corpo político (Kant). Cabe ainda explorar a hipótese de que não cabe ao poder político definir o que seja a propriedade, sem que isso implique, todavia, que esta, enquanto expressão da liberdade do indivíduo, não deva submeter-se àquele, enquanto expressão mais completa da ideia de liberdade. Cabe, pois, analisar o pensamento de Hegel relativo à propriedade, precisamente na perspectiva mencionada. O ponto de partida de Hegel, como se sabe, é o de que o indivíduo se afirma como pessoa na medida em que tem o direito de pôr a sua vontade em toda a coisa e, assim, nessa qualidade, relaciona-se com outras pessoas, também enquanto proprietárias[1]. A propriedade limita-se, no entanto, às relações entre pessoas, através de coisas, no âmbito do direito privado, e do seu tratamento Hegel exclui expressamente o problema social da propriedade. Assim, saber o quê e o quanto se possui é uma "contingência jurídica" e saber se os homens devem ter o suficiente para as suas necessidades é algo distinto da propriedade e pertence a "outra esfera, a da sociedade civil"[2]. A questão fundamental que assim coloca o

---
[1] Cfr. Hegel, *Grundlinien der Philosophie des Rechts*, §§ 40 e 44, pp. 98 e 106.
[2] Cfr. Hegel, *Grundlinien der Philosophie des Rechts*, § 49, pp. 112 e 113.

pensamento de Hegel nesta matéria é, pois, como salienta Joachim Ritter, a de saber que significado tem esta separação dos problemas sociais, que preocupavam as teorias filosóficas e políticas da sua época, e a respectiva concentração na teoria jurídica da propriedade e nas respectivas categorias da "tomada de posse", "uso da coisa", "alienação" e "contrato"[3].

A fim de se poder responder a esta questão, importa começar por colocar o tratamento da propriedade no contexto da filosofia do direito hegeliana. Segundo Hegel, a "base do direito é, em geral, o espiritual e o seu lugar mais exacto e ponto de partida é a vontade, que é livre, de tal modo que a liberdade constitui a substância e determinação do direito, e o sistema do direito é o reino da liberdade realizada, o mundo do espírito produzido a partir de si mesmo como uma segunda natureza"[4]. O direito não é, assim, limitação da liberdade, como sucederia com Kant, mas a sua realização; o direito é a "liberdade enquanto Ideia"[5], o que significa que a liberdade não é para Hegel um postulado (uma "ideia" no sentido kantiano[6]), mas a realidade, algo efectivamente dado no mundo histórico-social e não apenas algo que necessita ainda de ser alcançado[7].

A correcta compreensão do lugar que a propriedade ocupa no movimento de realização da liberdade impõe uma referência, ainda que breve, a alguns conceitos próprios da linguagem filosófica de Hegel[8]. Antes de mais, importa esclarecer que a filosofia do direito

---

[3] Cfr. Joachim Ritter, "Person und Eigentum...", p. 258.

[4] Cfr. Hegel, *Grundlinien der Philosophie des Rechts*, § 4, p. 46.

[5] Cfr. Hegel, *Grundlinien der Philosophie des Rechts*, § 29, p. 80; cfr., ainda, Peter Landau, "Hegels Begründung des Vertragsrechts", p. 177; J. Ritter, "Person und Eigentum...", pp. 258 e ss.

[6] Importa aqui salientar que a Ideia, segundo Hegel, inclui sempre o conceito e a sua realização: cfr. Rudolf Meyer, "Das Verhältnis von «Person» und «Eigentum» in Hegels Philosophie des Rechts", p. 79; cfr., ainda, num contexto mais amplo, Allen Wood, *Hegel's Ethical Thought*, pp. 4, 9-10, 77, 199 e 219. De resto, Hegel, logo no início das *Grundlinien*, esclarece o seu ponto de partida: "A ciência filosófica do direito tem por objecto a Ideia do direito, o conceito do direito e a sua realização" (cfr. *Grundlinien der Philosophie des Rechts*, § 1, p. 29).

[7] Cfr. Manfred Riedel, "Nature and Freedom in Hegel's *Philosophy of Right*", p. 144; Vittorio Hösle, *Hegels System*, pp. 462 e 490.

[8] Como afirma Vittorio Hösle, *Hegels System*, p. 685, a filosofia de Hegel só pode ser compreendida enquanto sistema; se se pode compreender os *Two Treatises* de Locke

integra-se sistematicamente na dialéctica do espírito, na categoria do espírito objectivo, quer dizer, naquela "unidade da vontade racional com a vontade individual, a qual é o elemento imediato e próprio da actuação da primeira", unidade essa que "constitui a simples realidade da liberdade"[9]. Ao mesmo tempo, o desenvolvimento dialéctico do espírito objectivo no "direito abstracto", na "moralidade" e na "ética", isto é, as partes das *Grundlinien* correspondentes à divisão do espírito objectivo na *Enzyklopädie*, alude a pressupostos que devem ser procurados na teoria do espírito subjectivo, mais precisamente no tratamento da psicologia individual (inteligência, vontade)[10]. E estes pressupostos, por seu turno, devem ser tidos em mente pelo leitor dos complexos parágrafos da Introdução das *Grundlinien* quando depara com o conceito fundamental da "vontade livre em si e para si"[11]. Quando analisamos o pensamento de Hegel, expresso em tais parágrafos, deve-se, pois, ter sempre presente que para ele uma actuação livre existe apenas no contexto de uma forma de vida social que sustenta e protege essa liberdade[12].

Como há pouco se disse, o ponto de partida da análise do direito hegeliana é a vontade livre e é precisamente a sua caracterização que importa agora ter presente. Segundo Hegel, a vontade é a união da universalidade, da particularidade e da individualidade. Uma vez que a vontade livre pode retirar-se de qualquer propósito particular, necessidade ou impulso, ela pode isolar-se do mundo, não tem nenhum carácter determinado para além da mera possibilidade de querer e, nessa medida, é universal. A vontade torna-se assim o puro pensa-

---

sem conhecimento do *Essay*, é simplesmente inútil pretender penetrar na filosofia do direito de Hegel sem estar familiarizado com a sua teoria do absoluto. Cfr., ainda, Cabral de Moncada, *Filosofia do Direito e do Estado*, vol. I, pp. 279 e ss.

[9] Cfr. Hegel, *Enzyklopädie der Philosophischen Wissenschaften*, III, § 485, p. 303 (cfr. *Enciclopédia das Ciências Filosóficas*, III, p. 104); cfr., ainda, Rudolf Meyer, "Das Verhältnis von «Person» und «Eigentum»...", p. 75; Robert Pippin, "Hegel, Freedom, the Will", p. 39; Allen W. Wood, *Hegel's Ethical Thought*, p. 20; Klaus Hartmann, "Towards a New Systematic Reading of Hegel's Philosophy of Right", p. 117.

[10] Cfr. Rudolf Meyer, "Das Verhältnis von «Person» und «Eigentum»...", p. 76; Vittorio Hösle, *Hegels System*, p. 486.

[11] Cfr. Hegel, *Grundlinien der Philosophie des Rechts*, § 34, p. 92; cfr. Rudolf Meyer, "Das Verhältnis von «Person» und «Eigentum»...", p. 76.

[12] Cfr. Dudley Knowles, *Hegel and the Philosophy of Right*, p. 26; João Lopes Alves, *O Estado da Razão*, p. 94.

mento de si mesma, abstraindo de qualquer conteúdo[13]. É esta capacidade para a abstracção que consubstancia aquele elemento da vontade ao qual é inerente que eu seja capaz de me libertar de tudo, renunciar a todos os fins e abstrair de tudo. A vontade assim caracterizada conduz à liberdade negativa, que Hegel considera ocorrer frequentemente na história: assim sucederia com algumas expressões religiosas de pura contemplação, no âmbito do hinduísmo, mas também no período do Terror da Revolução francesa, em que se pretendia romper com todas as diferenças de talentos e de autoridade e destruir todas as instituições que o próprio povo havia criado, por serem incompatíveis com a autoconsciência abstracta da igualdade[14]. Por outro lado, a vontade tem também a característica de se identificar com um conteúdo determinado, dado pela natureza ou gerado pelo conceito do espírito. Nesta perspectiva, a vontade tem um carácter particular ou determinado[15]. Mas se o momento universal da vontade está na base do conceito de liberdade negativa de Hegel (em oposição às filosofias de Kant e Fichte, que critica por apresentarem o sujeito abstracto como algo positivo, não conseguindo assim apreender o dualismo da infinitude e da finitude), o momento particular "pertence à liberdade, mas não constitui o todo da liberdade"[16]. Com efeito, a vontade não pode identificar o eu com uma inclinação particular, que antes opera como um limite à sua liberdade. A vontade individual resulta, pois, da união destes dois momentos: como individual, a vontade não toma parte na sua particularidade em todas as outras; universalidade e particularidade formam agora uma unidade no âmbito da qual a vontade universal se particulariza a si mesma[17]. Logo nesta dedução do conceito de vontade se verifica que Hegel pressupõe uma vontade universal supra-individual e anterior aos indivíduos e descreve a vontade do sujeito sem atribuir qualquer relevo significativo à intersubjectividade[18].

---

[13] Cfr. Hegel, *Grundlinien der Philosophie des Rechts*, § 5, p. 49.
[14] Cfr. Hegel, *Grundlinien der Philosophie des Rechts*, § 5 Zusatz, pp. 51-52.
[15] Cfr. Hegel, *Grundlinien der Philosophie des Rechts*, § 6, p. 52.
[16] Cfr. Hegel, *Grundlinien der Philosophie des Rechts*, § 6 Zusatz, p. 54.
[17] Cfr. Hegel, *Grundlinien der Philosophie des Rechts*, § 7, pp. 54-57.
[18] Cfr. Vittorio Hösle, Hegels System, p. 487; Michael Theunissen, "Die verdrängte Intersubjektivität in Hegels Philosophie des Rechts", p. 332.

É neste contexto que deve ser compreendido o conceito da vontade que é livre "em si" e que, além disso, é também "para si", enquanto integração das capacidades abstractas do sujeito volitivo com as suas actividades concretas e particulares. A vontade é livre "em si" enquanto capacidade de escolha de uma inclinação particular e, portanto, de recusa das demais, ou enquanto livre arbítrio; quando se assume como "inteligência pensante" que se eleva sobre os impulsos e inclinações, ela é ainda livre "para si", tomando-se a si própria como objecto e fazendo da vontade livre o último propósito do seu próprio exercício[19]. Assim, Hegel afirma que "o conceito abstracto da Ideia da vontade é em geral a vontade livre que quer a vontade livre"[20]. A vontade livre, enquanto vontade arbitrária, poderia querer a vontade não livre: nessa medida, ela seria livre "em si", ao decidir-se por uma opção entre um conjunto de alternativas; mas não seria livre "para si", porque cada uma das opções entre as alternativas seria determinada[21].

Estamos agora em condições de compreender a importância central do conceito de "vontade livre em si e para si" na filosofia do direito hegeliana: a análise filosófica do direito é a análise dos modos pelos quais a vontade livre "para si" se realiza nas relações humanas. O direito diz respeito aos modos segundo os quais as pessoas, que podem fazer escolhas livres, podem fazer da liberdade o objectivo de tais escolhas[22]. Segundo Hegel, o direito é algo sagrado porque é a existência do conceito absoluto, da liberdade autoconsciente. O seu formalismo manifesta-se nos diferentes estádios do desenvolvimento do conceito de liberdade[23]. Entre esses estádios conta-se, antes de mais, aquele que respeita às exigências formais de agentes individuais que se vêm a si mesmos como pessoas e exprimem aquelas exigências como pretensões juridicamente sancionáveis (direito abstracto). Tais

---

[19] Cfr. Hegel, *Grundlinien der Philosophie des Rechts*, § 10 e § 10 Zusatz, pp. 60 e 61-62; ibidem, § 21, pp. 71-73; Dudley Knowles, *Hegel and the Philosophy of Right*, pp. 37-38 e 47.

[20] Cfr. Hegel, *Grundlinien der Philosophie des Rechts*, § 27, p. 49.

[21] Cfr. Vitorio Hösle, *Hegels System*, p. 488; Dudley Knowles, *Hegel and the Philosophy of Right*, p. 54; John Rawls, *Lectures on the History of Moral Philosophy*, pp. 337-338; João Lopes Alves, *O Estado da Razão*, pp. 92-93.

[22] Cfr. J. E. Penner, *The Idea of Property in Law*, p. 172.

[23] Cfr. Hegel, *Grundlinien der Philosophie des Rechts*, § 30, p. 83.

exigências não são, no entanto, no plano do "direito abstracto", subjectiva ou institucionalmente sancionadas; do que se trata aí é essencialmente de delimitar as relações das pessoas com a objectividade natural das coisas. Na formulação expressiva de Michael Theunissen, a "base do direito abstracto é formada pela força contra as coisas"[24]. Depois, temos os aspectos relativos ao lado subjectivo da acção, no âmbito dos quais os sujeitos morais autónomos se podem reconhecer como obrigando-se a si mesmos independentemente de qualquer autoridade externa (moral). Finalmente, a esfera no âmbito da qual é possível às pessoas actuar de forma unida enquanto membros das famílias, actuar independente e interdependentemente enquanto agentes económicos submetidos à lei e, finalmente, actuar enquanto cidadãos no âmbito de um Estado cujas instituições políticas estabelecem regras que tornam possíveis todos estes estádios de desenvolvimento da liberdade e as integram num sistema articulado ao qual cabe dirimir colisões entre as várias regras e conflitos de direitos (ética). Neste ponto atingimos a mais alta esfera do direito, simultaneamente a mais rica de conteúdo e a mais verdadeiramente universal[25]. A eticidade apresenta-se como a unidade da objectividade do "direito abstracto" e da subjectividade da "moral" e no seu âmbito a liberdade não se apresenta como um conceito pré-social, como sucede com o individualismo da filosofia moral moderna, mas como realizada nas instituições de uma comunidade. Em face da objectividade do direito abstracto e da subjectividade da moral, poderia entender-se que o princípio implícito da vida ética seria o da intersubjectividade[26].

---

[24] Cfr. Michael Theunissen, "Die verdrängte Intersubjektivität in Hegels Philosophie des Rechts", p. 341.

[25] Cfr. Hegel, *Grundlinien der Philosophie des Rechts*, § 30, p. 83; cfr., ainda, Vittorio Hösle, *Hegels System*, pp. 490-491; Dudley Knowles, *Hegel and the Philosophy of Right*, pp. 54 e ss.; Rudolf Meyer, "Das Verhältnis von «Person» und «Eigentum»...", p. 80; J. Ritter, "Person und Eigentum...", pp. 264-265, João Lopes Alves, *O Estado da Razão*, pp. 96-97.

[26] Cfr. Vittorio Hösle, *Hegels System*, pp. 463-467; Axel Honneth, *Leiden an Unbestimmtheit*, pp. 17-35; Michael Theunissen, "Die verdrängte Intersubjektivität in Hegels Philosophie des Rechts", pp. 319-320. Como afirma este último autor, Hegel coloca a questão de saber "se a liberdade dos indivíduos é aquilo que é independentemente das relações em que estes tomam parte, ou se ela se realiza antes de mais nas interacções" e opta por esta última alternativa.

Essa pareceria ser, em certo modo de ver, pelo menos, a promessa da filosofia do direito de Hegel na sua crítica ao individualismo moderno, ainda que seja, largamente, uma promessa não cumprida, ou mesmo nem sequer formulada.

As considerações que precedem visam, como se disse, situar no seu devido contexto o pensamento de Hegel sobre a propriedade e, ao mesmo tempo, evidenciar o carácter inovador da sua perspectiva na filosofia jurídica e política. A tal carácter inovador aludiu o próprio Hegel quando afirmou pretender reagir contra "a opinião essencialmente difundida desde Rousseau, segundo a qual o fundamento primário e substancial deve ser, não a vontade enquanto vontade racional que é em si e para si ou o espírito enquanto verdadeiro espírito, mas enquanto indivíduo particular, como vontade do indivíduo no seu arbítrio próprio"[27]. Esta afirmação coloca, antes de mais, o problema de saber se a filosofia do direito hegeliana deve ser interpretada como envolvendo um carácter colectivista ou, pelo contrário, como uma afirmação da liberdade individual. Além disso, surge ainda a questão da relação dessa filosofia com as construções jusnaturalistas que a precedem. Sem prejuízo de a estas duas questões se retornar adiante, importa desde já, previamente à exposição da concepção da propriedade no "direito abstracto", e tendo em vista a sua correcta compreensão, tomar posição sobre elas.

Quanto ao primeiro aspecto, pode dizer-se que o ponto de partida de Hegel é individualista e que ele encara o direito como a autorealização do indivíduo. Na verdade, se para Hegel a liberdade alcança apenas a sua plena realização na esfera da "ética", isto é, na família, na sociedade civil e no Estado, não é menos verdade que, para ele, em tais domínios a individualidade pessoal e os seus interesses particulares devem encontrar "o seu pleno desenvolvimento e o reconhecimento do seu direito"[28]. É precisamente este princípio da liberdade individual que explica a colocação no começo da sua construção do "direito abstracto", ou seja, de uma análise do direito do indivíduo, enquanto momento dialéctico do conceito de direito, sem consideração do Estado e da sociedade. A determinação do direito enquanto

---

[27] Cfr. Hegel, *Grundlinien der Philosophie des Rechts*, § 29, pp. 80-81.
[28] Cfr. Hegel, *Grundlinien der Philosophie des Rechts*, § 260, p. 406.

Ideia da liberdade tem para Hegel a consequência de que o reconhecimento da capacidade jurídica de cada um não está arbitrariamente na disposição da sociedade; pode igualmente afirmar-se que é também essa determinação que está na base da distinção entre o domínio do direito abstracto e a necessidade económica[29]. Assim, ainda que a liberdade alcance a sua plena realização nas esferas da sociedade civil e do Estado, o seu conceito alcança existência com a liberdade abstracta da propriedade e é na base desse conceito que as ordens ético-espirituais substanciais da liberdade acedem também à existência[30]. Ao mesmo tempo, não pode deixar de se reconhecer que a intersubjectividade presente nas instituições da vida ética não constitui a última categoria do sistema hegeliano, em virtude da orientação da filosofia do espírito objectivo (cuja manifestação mais elevada se identifica precisamente com a vida ética) em direcção ao espírito absoluto[31]. Em vez da intersubjectividade, as categorias fundamentais da filosofia de Hegel são as de "substância" e "sujeito". E, na verdade, como nota Vittorio Hösle, ao conformar a "vida ética" como esfera mais elevada do que a "moral", isto é, como esfera que supera a subjectividade própria desta última, Hegel recorre à categoria da substância, a qual está assim mais profundamente presente na sua filosofia do que a subjectividade. Em face da substância ética de um povo os indivíduos surgem como acidentes, cuja existência lhe é indiferente[32]. Hegel parece não conceber mesmo uma alternativa à

---

[29] Cfr. Peter Landau, "Hegels Begründung des Vertragsrechts", p. 178. Landau chama também a atenção para o facto de este carácter central da liberdade individual constituir um traço distintivo entre o pensamento expresso nas *Grundlinien* e as concepções do jovem Hegel, a que adiante se ferá referência.

[30] Cfr. Ritter, "Person und Eigentum...", p. 267.

[31] Cfr. Michael Theunissen, "Die verdrängte Intersubjektivität in Hegels Philosophie des Rechts", pp. 324-325 e 328. Os efeitos destrutivos da intersubjectividade na base da realidade ética decorrentes desta orientação estão bem presentes logo nos escritos do período de Jena, quando Hegel afirma que na eticidade não é o espírito individual que age, mas o espírito universal absoluto (cfr. *System der Sittlichkeit*, p. 64).

[32] Cfr. Hegel, *Grundlinien der Philosophie des Rechts*, §§ 145 e 156, pp. 294 e 305; Vittorio Hösle, *Hegels System*, p. 474; julgo que é falta de consciência desta "supressão" da intersubjectividade nas diversas esferas da vida ética que explica a posição de Seyla Benhabib, segundo a qual o ponto de partida da teoria hegeliana da propriedade "não é um indivíduo isolado, apropriando uma natureza igualmente isolado ou um mundo externo" (cfr. "Obligation, Contract and Exchange: On the Significance of Hegel's Abstract Right", p. 172).

primazia da substância ética em relação aos indivíduos, quando se pretenda evitar o individualismo subjacente às filosofias de Kant e Fichte. Como ele próprio afirma, no domínio da ética "existem sempre apenas duas perspectivas possíveis: ou se parte da substancialidade, ou se procede atomisticamente, subindo da individualidade enquanto base. Esta última perspectiva exclui o espírito, porque conduz apenas a uma agregação, enquanto o espírito não é algo individual, mas a união do individual e do universal"[33]. Pode procurar-se na crítica de Hegel ao individualismo, que não exclui o princípio da liberdade individual, como se verá, a terceira via, centrada na categoria da intersubjectividade, para lá das duas alternativas atrás mencionadas, isto é, a substancialidade e o atomismo individualista. Nesta perspectiva, a base da filosofia do direito hegeliana não seriam certamente os indivíduos isolados, mas também não o todo que os contém; essa base consistiria antes nas relações sociais através das quais os indivíduos se tornam eles próprios. E, na verdade, na filosofia de Hegel não é o indivíduo enquanto tal, na sua naturalidade, que constitui o objecto e ponto de partida da doutrina do direito, mas o indivíduo enquanto ser racional[34]. A "vontade individual em si de um sujeito" não tem de modo algum o significado do arbítrio individual fortuito de cada um, de cuja limitação recíproca surge o direito enquanto conceito de uma vontade geral[35], mas não deixa de ter o indivíduo como ponto de referência. Simplesmente, como salienta Michael Theunissen, a intersubjectividade é removida do desenvolvimento da vida ética e não parecem erguer-se outras perspectivas para a compreensão do substancialismo da doutrina da eticidade para além da "restauração do pensamento clássico da ordem"[36]. Como o mesmo

---

[33] Cfr. Hegel, *Grundlinien der Philosophie des Rechts*, § 156 Zusatz, p. 305.

[34] Cfr. Michael Theunissen, "Die verdrängte Intersubjektivität in Hegels Philosophie des Rechts", p. 319; Manfred Riedel, "Nature and Freedom in Hegel's *Philosophy of Right*", p. 144.

[35] Cfr. Hegel, *Grundlinien der Philosophie des Rechts*, § 34, p. 92 ; Rudolf Meyer, "Das Verhältnis von «Person» und «Eigentum»...", p. 77.

[36] Cfr. Michael Theunissen, "Die verdrängte Intersubjektivität in Hegels Philosophie des Rechts", p. 336 ; Habermas, "Trabalho e Interacção. Notas sobre a Filosofia do Espírito de Hegel em Iena", pp. 35 e ss. Cfr. a crítica de Edmundo Balsemão Pires, *Povo, Eticidade e Razão*, vol. I, pp. 431 e ss. Segundo este autor, *ob. cit.*, p. 434, Hegel não pretendeu sequer "fundamentar a sua teoria da Eticidade como uma doutrina sobre o vínculo social,

autor afirma, na conformação hegeliana da vida ética, "a relação entre pessoas é comutada numa relação da substância com estas pessoas", a qual é por sua vez interpretada como uma relação da substância consigo mesmo, em que as concretas relações intersubjectivas são asfixiadas. Neste contexto, na descrição da vida ética não se trata da realização do bem na vida do sujeito finito, mas de uma situação em que os indivíduos têm a sua própria autoconsciência nas instituições em que a substância ética se torna concreta[37]. A distinção fundamental entre o ponto de vista da moral, assente na subjectividade, e o ponto de vista da ética, construído sobre as instituições que precedem o sujeito e no âmbito das quais a liberdade deste chega a ser real, coloca difíceis problemas quanto à respectiva articulação. Na verdade, o ponto de vista ético não é apenas definido por Hegel nos termos em que acaba de o ser, mas também como a eticidade própria de uma cultura arcaica não reflexiva. Ambos os sentidos estão presentes na filosofia hegeliana do direito, mas só o primeiro é susceptível de ser colocado num plano mais elevado do que o da moral[38].

Quanto ao segundo aspecto, importa desde logo salientar a complexa relação da filosofia hegeliana do direito com o jusnaturalismo. Poderia à primeira vista parecer que a não consideração do Estado e da sociedade no plano do "direito abstracto" aproxima Hegel das

---

baseado na intersubjectividade". Não se põe em causa que a intersubjectividade não tenha estado no horizonte do pensamento de Hegel. Simplesmente, atendendo desde logo à dicotomia estabelecida no aditamento ao § 156 das *Grundlinien*, citado no texto, não se vislumbram outras hipóteses para a compreensão da eticidade em Hegel.

[37] Cfr. Michael Theunissen, "Die verdrängte Intersubjektivität in Hegels Philosophie des Rechts", p. 328; no mesmo sentido, cfr. Vittorio Hösle, *Hegels System*, pp. 474-475, o qual, no entanto, chama correctamente a atenção para a circunstância de as instituições não serem de antemão em Hegel meras relações intersubjectivas: por um lado elas apenas existem nos sujeitos que actuam em conformidade com elas; por outro lado, a estes sujeitos é primeiro atribuída existência através delas.

[38] Cfr. Vittorio Hösle, *Hegels System*, pp. 476-481, o qual ilustra esta dificuldade com recurso ao exemplo, aludido pelo próprio Hegel, do conflito entre a "eticidade de Atenas" e a "moral socrática". O sentido trágico de um tal conflito adviria da circunstância de a eticidade do povo estar incondicionalmente, de um ponto de vista formal, acima da moral do indivíduo, enquanto que, do ponto de vista do conteúdo, o princípio defendido pela moral de Sócrates ser mais profundo e verdadeiro do que o da eticidade não reflectida.

doutrinas do direito natural[39]. Por outro lado, a sua crítica persistente destas doutrinas, bem como a inegável combinação de uma teoria normativa e descritiva nas *Grundlinien*, levaram alguns autores a sustentar o pendor sociológico desta obra ou a sua caracterização como uma "fenomenologia da consciência da liberdade"[40]. Procurando dar conta da mencionada complexidade, Norberto Bobbio afirmou, num sentido que se afigura mais correcto, que, em relação à tradição do direito natural, a filosofia de Hegel é, simultaneamente, "dissolução e cumprimento"[41]. A "dissolução" do jusnaturalismo tem lugar logo na afirmação do jovem Hegel segundo a qual a "absoluta totalidade ética não é outra coisa senão um povo"[42]. Como nota Bobbio, a adopção deste novo ponto de vista tem efeitos corrosivos sobre os pressupostos nos quais se fundavam os sistemas de direito natural. Assim, na totalidade ética o todo vem antes das partes, isto é, o Estado vem antes do indivíduo, ao contrário da construção do Estado a partir do indivíduo isolado própria das teorias do direito natural. Em segundo lugar, não só o todo vem antes das partes, como na totalidade ética o todo é superior às partes de que é composto, e é precisamente este o ponto de partida da crítica hegeliana do contrato social. Em terceiro lugar, na medida em que se identifica com a vida de um povo, a totalidade ética é um momento da história universal, isto é, um evento histórico e não uma simples construção do intelecto, como sucede com o conceito de estado de natureza. Por último, a "totalidade ética" implica a introdução de uma nova dimensão da vida prática, a eticidade, desconhecida das teorias do direito natural[43].

---

[39] Assim, Norberto Bobbio afirma que, apesar das críticas de Hegel ao estado de natureza, o seu sistema inicia-se com a vontade do indivíduo nas suas relações com as coisas e os outros indivíduos, isto é, com o direito que se manifesta e realiza num estado de natureza entendido como estado pré-político (cfr. Bobbio, "Hegel e il Giusnaturalismo", p. 26). Todavia, o "direito abstracto" não é apresentado como o resultado de uma construção da sua génese originária, ou dedutivamente da natureza humana, mas enquanto captação do presente, parte das relações estabelecidas no direito civil (cfr. J. Ritter, "Person und Eigentum...", p. 266; Damian Hecker, *Eigentum als Sachherrschaft*, p. 237).

[40] No primeiro sentido, cfr. Alan Ryan, *Property and Political Theory*, pp. 119-121; no segundo, cfr. K.-H. Ilting, "Rechtsphilosophie als Phänomenologie des Bewusstseins der Freiheit", pp. 225 e ss.

[41] Cfr. Bobbio, "Hegel e il Giusnaturalismo", p. 3.

[42] Cfr. Hegel, *Über die wissenschaftlichen Behandlungsarten des Naturrechts*, p. 150.

[43] Cfr. Bobbio, "Hegel e il Giusnaturalismo", pp. 10, 12, 14 e 15.

Mas Hegel reconhece também que o "direito de liberdade subjectiva constitui o ponto central e o momento de transição na diferença entre a antiguidade e a idade moderna"[44]. Além disso, ao mesmo tempo que critica as construções abstractas do direito natural, Hegel sujeita também a duros ataques a escola histórica do direito[45]. Esta aparente contradição pode apenas ser resolvida se se tiver presente, segundo nota Vittorio Hösle, como Hegel na argumentação do § 3 das *Grundlinien*, distingue três modalidades de normas: a) normas que são um resultado categórico da razão – segundo ele, o direito romano da família e da escravatura "não satisfaz mesmo as mais modestas exigências da razão"[46]; b) normas compatíveis com a razão que se tornam necessárias em certas condições históricas ou para a determinação de objectos dados empiricamente, mas cuja validade fica dependente de tais condições, sendo que a respectiva génese histórica não só não contribui para a sua legitimação na actualidade, mas é antes indício do seu carácter supérfluo e inapropriado[47]; c) normas cujo conteúdo nem sequer é racionalmente dedutível a partir de condições empíricas e históricas, mas que ainda assim correspondem a uma necessidade prática de tomar decisões[48]. A concepção tripartida a que se acaba de aludir permitiria superar, quer as abstracções do direito natural, quer a neutralidade valorativa de um juspositivismo decisionista[49].

---

[44] Cfr. Hegel, *Grundlinien der Philosophie des Rechts*, § 124, p. 233.
[45] Cfr. Hegel, *Grundlinien der Philosophie des Rechts*, §§ 3 e 211, pp. 35 e ss. e 363.
[46] Cfr. Hegel, *Grundlinien der Philosophie des Rechts*, § 3, p. 41.
[47] Cfr. Hegel, *Grundlinien der Philosophie des Rechts*, § 3, p. 37; tais normas são aquelas a que se reportam os pontos a) e b) do § 3.
[48] Cfr. Hegel, *Grundlinien der Philosophie des Rechts*, § 3, p. 34, ponto g). Como nota Hösle, *Hegels System*, p. 485, esta modalidade de normas não é objecto de tratamento no âmbito do "direito abstracto", mas na parte relativa à sociedade civil, mais propriamente no capítulo "O direito como lei" (§§ 211 e ss.).
[49] Cfr. Vittorio Hösle, *Hegels System*, p. 486. Como nota o autor, os três tipos de normas que é possível distinguir no § 3 correspondem aos três elementos constitutivos da ideia de direito segundo G. Radbruch: justiça, finalidade e segurança jurídica (cfr. *Filosofia do Direito*, pp. 124 e 159 e ss.).

3.2 A propriedade no "direito abstracto": a exposição de Hegel nos §§ 41 a 71 das *Grundlinien der Philosophie des Rechts*.

Hegel caracteriza, como se disse, a primeira esfera da realização da vontade livre como "direito abstracto" que se mostra na formação da vontade pessoal enquanto propriedade e contrato, e ainda no injusto e no delito. No domínio do direito abstracto é, antes de mais, estabelecido por Hegel que todo o homem é uma "pessoa", ou seja, todo o homem é dotado de capacidade jurídica e daí que o imperativo jurídico seja: "sê uma pessoa e respeita a todos os demais como pessoas"[50]. Através do reconhecimento como pessoa não são atribuídos direitos especiais ou privilégios aos indivíduos, mas apenas a capacidade jurídica e o direito de adquirir propriedade, que Hegel exprime através da concepção segundo a qual uma pessoa tem de ter uma esfera exterior da sua liberdade para existir como Ideia[51]. Esta relação entre a personalidade e a esfera exterior das coisas, em que consiste a propriedade, é compreendida em termos da vontade livre. Na verdade, a propriedade é compreendida por Hegel como a primeira articulação institucional da vontade livre. Neste sentido, a propriedade deve ser compreendida como exprimindo (i) a vontade livre das pessoas[52], (ii) a ausência de vontade nas coisas da natureza[53] e, consequentemente, (iii) enquanto direito da pessoa a pôr a sua vontade em toda e qualquer coisa, ou direito absoluto de apropriação dos homens sobre todas as coisas[54].

---

[50] Cfr. Hegel, *Grundlinien der Philosophie des Rechts*, § 36, p. 95.

[51] Cfr. Hegel, *Grundlinien der Philosophie des Rechts*, § 41, p. 102; Peter Landau, "Hegels Begründung des Vertragsrechts", p. 179.

[52] Cfr. Hegel, *Grundlinien der Philosophie des Rechts*, § 41, p. 102: "Uma vez que a pessoa é a vontade infinita em si e para si, nesta primeira e ainda completamente abstracta determinação, assim também esta esfera dela distinta, que pode constituir a esfera da sua liberdade, é igualmente determinada como imediatamente distinta e separável dela".

[53] Cfr. Hegel, *Grundlinien der Philosophie des Rechts*, § 42, p. 103: "O que é imediatamente distinto do espírito livre é para ele e em si o exterior em geral – uma coisa, algo não livre, não pessoal e destituído de direitos"; cfr., ainda, ibidem, § 61, p. 130: "a substância da coisa para si, que é minha propriedade, é a sua exterioridade, isto é, a sua não-substancialidade".

[54] Cfr. Hegel, *Grundlinien der Philosophie des Rechts*, § 44, p. 106: "A pessoa tem o direito de pôr a sua vontade em qualquer coisa, a qual se torna assim o meu e adquire a minha vontade como o seu fim substancial, uma vez que não tem qualquer fim em si própria, a sua determinação e a sua alma – direito absoluto de apropriação dos homens sobre todas as coisas". Cfr. J. E. Penner, *The Idea of Property in Law*, p. 173.

A importância da vontade livre na compreensão da propriedade não se dá apenas no seu confronto com as coisas não livres da natureza, mas também no modo como essa compreensão assente na liberdade se diferencia radicalmente de uma compreensão da propriedade assente na necessidade. Hegel afirma-o claramente: "Que eu tenha algo no meu poder exterior constitui a *posse* e assim o aspecto particular que consiste em eu fazer de algo o meu a partir de necessidades naturais, impulsos e do arbítrio é o interesse particular da posse. Mas a circunstância de eu, enquanto vontade livre, ser um objecto de mim mesmo naquilo que possuo e apenas desse modo me tornar uma vontade real constitui o elemento genuíno e jurídico da posse, a determinação da *propriedade*". E na nota a este parágrafo esclarece-se que "ter propriedade surge, na perspectiva das necessidades, quando estas são o elemento primário, como um meio; mas a verdadeira posição é, do ponto de vista da liberdade, a de que a propriedade, como primeira existência da liberdade, é o fim essencial para si mesma"[55]. É portanto enquanto vontade livre que eu tenho o direito a ter propriedade e em relação a essa "verdadeira posição" são simplesmente estranhas as minhas necessidades e a satisfação dos meus desejos. Por isso mesmo Hegel afirma que em relação às coisas externas o aspecto racional consiste em eu ter propriedade e apenas o aspecto particular inclui aspectos subjectivos, necessidades, arbítrio, talentos, circunstâncias externas, etc. Como acima se mencionou, as questões relativas a saber o quê e o quanto se possui são uma contingência jurídica, na perspectiva do "direito abstracto"[56].

Vimos anteriormente (i) que a propriedade surge enquanto projecção da vontade na esfera externa das coisas, ou seja, como à vontade é dada existência através da propriedade, e (ii) como o que está aí em causa é a determinação da vontade livre, enquanto elemento racional da propriedade, distinto dos seus aspectos particulares, relativos às necessidades e aos impulsos naturais subjacentes à apropriação. É ainda necessário averiguar (iii) em que medida a propriedade surge como privada e se estende às nossas próprias

---

[55] Cfr. Hegel, *Grundlinien der Philosophie des Rechts*, § 45, p. 107; cfr. ibidem, § 41 Zusatz, p. 102: "O aspecto racional da propriedade não consiste na satisfação das necessidades, mas na superação da mera subjectividade da personalidade".

[56] Cfr. Hegel, *Grundlinien der Philosophie des Rechts*, § 49, p. 112.

vidas[57]. Quanto a este último aspecto, uma vez que a vontade pessoal, enquanto vontade de um indivíduo, se torna objectiva na propriedade, esta toma necessariamente o carácter de propriedade privada[58]; a propriedade comum, pelo contrário, que pode por natureza ser de vários indivíduos, é a determinação de uma comunidade em si dissolúvel na qual a minha permanência é para si matéria de arbítrio[59]. Por outro lado, e partindo da mesma base, isto é, do carácter individual da pessoa, cada um tem a sua vida e o seu corpo, tal como outras coisas, apenas e na medida em que isso corresponda à sua vontade. É, pois, necessário que eu tome posse do meu corpo, a fim de que este possa ser instrumento da minha pessoa, mas para os outros eu sou essencialmente um ser livre no meu corpo, na medida em que o tenho imediatamente. A propriedade é, deste modo, um exercício da personalidade e a proibição de ter qualquer propriedade é configurada como uma violação dos direitos da personalidade, tal como o é a privação do corpo. A diferença entre uma injúria pessoal, sobre o meu corpo, e a violação da minha propriedade externa consiste em a minha vontade não ter neste último caso presença imediata e actualidade[60].

A "coisificação" da natureza e a liberdade da pessoa apresentam assim uma íntima conexão no pensamento de Hegel relativo à propriedade privada. É verdadeiramente nestas duas noções que se encontra a fundamentação material da propriedade segundo Hegel[61]. No seu pensamento surge claramente a distinção entre os fundamentos material e formal da propriedade, na linha da tradicional distinção entre "título" e "modo" de aquisição da propriedade[62]. Aquele reside na

---

[57] Quanto a esta caracterização tripartida da propriedade segundo Hegel, cfr. John Rawls, *Lectures on the History of Moral Philosophy*, pp. 341-343.

[58] Cfr. Hegel, *Grundlinien der Philosophie des Rechts*, § 46, pp. 107-108 ; J. Ritter, "Person und Eigentum...", p. 275.

[59] Cfr. Hegel, *Grundlinien der Philosophie des Rechts*, § 46, p. 108.

[60] Cfr. Hegel, *Grundlinien der Philosophie des Rechts*, §§ 47 e 48, pp. 110-112.

[61] Cfr. Damian Hecker, *Eigentum als Sachherrschaft*, p. 239.

[62] Cfr. Christoph Ulmschneider, *Eigentum und Naturrecht im Deutschland...*, p. 57; Damian Hecker, *Eigentum als Sachherrschaft*, p. 240. Este último autor não fornece qualquer explicação para o "ressurgimento" em Hegel da distinção entre os fundamentos material e formal na discussão da propriedade, após a suposta tendência no sentido da aproximação entre o "título" e o "modo" da aquisição, ocorrida, segundo sustenta Hecker, no decurso do

objectivação da vontade nas coisas da natureza[63]; este consiste nos diferentes modos de tomada de posse, isto é, a apropriação física ou ocupação, a elaboração e a demarcação[64].

De um modo geral as determinações precisas da propriedade, segundo Hegel, encontram-se na relação da vontade com a coisa. Isso acontece, como acabou de se ver, com a sua explanação dos modos de tomada de posse, mas também com as restantes determinações da propriedade, isto é, o uso e a alienação da coisa, segundo a sistematização apresentada no § 53 das *Grundlinien*[65]. Através do uso de uma coisa a vontade realiza-se externamente nela. A minha necessidade, enquanto particularidade de uma vontade, é o aspecto positivo que encontra satisfação e a coisa, como negativa em si

---

século dezoito. Na verdade, não se trata de um "ressurgimento", mas de uma continuidade entre o pensamento de Hegel e a tradição anterior, quanto a este aspecto, em relação à qual se coloca apenas à margem a teoria da propriedade de Locke (cfr. supra, ponto 2.5.1).

[63] Além do que anteriormente ficou dito, cfr., ainda, Hegel, *Grundlinien der Philosophie des Rechts*, §§ 50 a 52, pp. 114-117, em que a tomada de posse surge como a consequência da propriedade como existência da personalidade e do facto de a matéria das coisas não ser em si delas próprias. Assim, "Que a pessoa ponha sua vontade numa coisa corresponde, antes de mais, ao conceito de propriedade e o que se segue é precisamente a realização de tal conceito" (cfr. Hegel, *ob. cit.*, § 51 Zusatz, p. 115).

[64] Segundo Hegel logo esclarece no § 54 das *Grundlinien*, p. 119, a tomada de posse (*Besitznahme*) consiste em parte na imediata apropriação física (*körperliche Ergreifung*), em parte na elaboração (*Formierung*) e em parte na mera demarcação (*Bezeichnung*). A apropriação física é simultaneamente o mais completo, mas também, enquanto puramente subjectivo e limitado ao tempo e espaço da apropriação, o mais limitado modo da tomada de posse. Neste âmbito, a propriedade acaba, se não ocorrer um caso de demarcação, com o fim da posse física (cfr. Hegel, *ob. cit.*, § 55, pp. 119-120). A elaboração é uma forma superior de tomada de posse, na verdade "a tomada de posse mais conforme à Ideia", porque nela se reunem o subjectivo da vontade e o objectivo da formação exterior. Com a elaboração, a alteração no carácter da coisa pode ser permanente e ela reflecte a minha vontade esteja eu, ou não, em associação física com a coisa (cfr. Hegel, *ob. cit.*, § 56, p. 121). A demarcação é, por sua vez, superior à elaboração, na medida em que exprime directamente a vontade e que os outros modos de aquisição têm mais ou menos implícito o efeito da marca, mas, por outro lado, é insatisfatória na medida em que é uma mera representação da vontade e, nessa medida, uma fraca determinação dela (cfr. Hegel, *ob. cit.*, § 58, p. 126). Sobre os modos de tomada de posse em Hegel, cfr. Damian Hecker, *Eigentum als Sachherrschaft*, pp. 240-241; J. E. Penner, *The Idea of Property in Law*, p. 174; Dudley Knowles, *Hegel and the Philosophy of Right*, pp. 130-132; Rudolf Meyer, "Das Verhältnis von «Person» und «Eigentum»…", pp. 84-85.

[65] Cfr. Hegel, *Grundlinien der Philosophie des Rechts*, § 53, pp. 117-118.

mesma, existe apenas para a minha necessidade e serve-a. O uso é a realização da minha necessidade através da alteração, destruição ou consumo da coisa, cuja natureza de não ser para si mesma é assim revelada e que assim satisfaz o seu destino[66]. A compreensão do uso como relação da vontade com a coisa explica a completa rejeição da teoria do domínio dividido por parte de Hegel. Segundo ele, é possível atribuir a uma pessoa o uso temporário ou parcial da coisa e a propriedade da mesma a outra. Todavia, considerar que o alcance total do uso da coisa me cabe a mim, enquanto a propriedade abstracta é de um outro, significaria aceitar simultaneamente que a coisa seria, quanto ao primeiro aspecto, inteiramente penetrada pela minha vontade e que ela conteria, quanto ao segundo aspecto, algo impenetrável pela minha vontade, isto é, a vontade, na verdade vazia, de um outro. No domínio dividido, a vontade é, e não é, simultaneamente, objectiva para si mesma na coisa, o que configura uma relação de absoluta contradição. Assim, a propriedade é essencialmente propriedade livre e completa[67]. O uso constitui, pois, a manifestação da presença da vontade na coisa; essa manifestação localiza-se no tempo e o não uso significa a retirada da vontade da coisa. É esse o funda-

---

[66] Cfr. Hegel, *Grundlinien der Philosophie des Rechts*, § 59, p.128.

[67] Cfr. Hegel, *Grundlinien der Philosophie des Rechts*, § 62, pp. 131-132; cfr., ainda, Damian Hecker, *Eigentum als Sachherrschaft*, p. 242; Dudley Knowles, *Hegel and the Philosophy of Right*, p. 133. Hegel acrescenta mesmo que no domínio dividido existe uma propriedade vazia que poderia ser chamada "loucura da personalidade", uma vez que o termo "meu", enquanto aplicado a um único objecto, teria de significar simultaneamente a minha vontade individual exclusiva e a vontade individual exclusiva de um outro, sem mediação entre ambas. A negação clara do domínio dividido por parte de Hegel não encontra paralelo em Kant [cfr. *Rechtslehre*, § 17, pp. 381-382 (cfr. *Metafísica dos Costumes*, pp. 107-108)], o qual se limita a afirmar que o domínio dividido não implica um meu e teu comum, mas apenas uma posse comum daquilo que é pertença de um só. As referências de Kant sobre a matéria têm, no entanto, suscitado apreciações contrárias por parte dos autores: Heinz Wagner, *Das geteilte Eigentum im Naturrecht und Positivismus*, p. 46, afirma que Kant toma posição sobre o domínio dividido no sentido de, partindo do conceito do liberdade na determinação da propriedade, admitir como possível um tal domínio na base de uma reflexão mais empírica; Damian Hecker, *Eigentum als Sachherrschaft*, pp. 86, nota 30, e 192, nota 266, considera que Kant se limita a este propósito a aceitar a teoria do domínio dividido, na esteira de Achenwall; em sentido contrário, e mais próximo da posição expressa por Wagner, M. Brocker, *Kants Besitzlehre*, p. 193, nota 209, salienta que "a propriedade em Kant está sempre ordenada a uma pessoa".

mento da aquisição da propriedade através de prescrição[68], e é também a possibilidade de retirar a vontade de uma coisa que está na base da alienação da propriedade.

A possibilidade que cada um tem de alienar a sua propriedade decorre de ela ser sua apenas enquanto lhe puser a sua vontade. Assim, "eu posso abandonar como *res nullius* qualquer coisa que tenho e cedê-la à vontade de um outro enquanto sua posse – mas apenas na medida em que a coisa seja externa segundo a sua natureza"[69]. Esta limitação à alienação, consistente em ela apenas poder incidir sobre coisas externas, é naturalmente acompanhada pelo carácter inalienável de tudo aquilo que integra a minha personalidade, sendo também imprescritível o correspondente direito[70]. Uma vez mais, é a concepção da propriedade como resultando da sobreposição da vontade livre da pessoa às coisas não livres da natureza e, consequentemente, a "coisificação" desta última por oposição à insusceptibilidade de "coisificação" da pessoa, que explica a inalienabilidade e imprescritibilidade dos direitos de personalidade. Mas é também ela que explica a susceptibilidade que eu tenho de alienar a alguém, tendo em vista o respectivo uso por um período de tempo limitado, os produtos individuais das minhas habilidades físicas e mentais particulares, porquanto, submetidos a esta limitação, tais produtos adquirem uma relação externa com a minha totalidade e universalidade. Pelo contrário, a alienação de todo o meu tempo, tornado concreto através do meu trabalho, e da totalidade da minha produção, faria da minha personalidade a propriedade de outrem[71]. Do mesmo modo, é também na possibilidade de configurar a produção intelectual numa relação externa com a minha personalidade que se encontra a medida da sua submissão à propriedade[72]. Inversamente, é, uma vez mais, a impossibilidade de configurar a totalidade da actividade externa, a vida, como algo exterior à personalidade, que exclui um direito de sacrificar aquela[73].

---

[68] Cfr. Hegel, *Grundlinien der Philosophie des Rechts*, § 64, p. 138.
[69] Cfr. Hegel, *Grundlinien der Philosophie des Rechts*, § 65, p. 140.
[70] Cfr. Hegel, *Grundlinien der Philosophie des Rechts*, § 66, pp. 141-142.
[71] Cfr. Hegel, *Grundlinien der Philosophie des Rechts*, § 67, pp. 144-145.
[72] Cfr. Hegel, *Grundlinien der Philosophie des Rechts*, §§ 68 e 69, pp. 145 e 146-147.
[73] Cfr. Hegel, *Grundlinien der Philosophie des Rechts*, § 70, p. 151. Dudley Knowles, *Hegel and the Philosophy of Right*, p. 136, considera falacioso o argumento de

A alienação representa, no pensamento de Hegel, o elemento de ligação e a progressão natural entre a propriedade e o contrato. Do ponto de partida de Hegel, de que a pessoa apenas se pode realizar enquanto proprietária no mundo exterior, segue-se o reconhecimento da pessoa através do contrato, que é também o reconhecimento mútuo dos proprietários no seu direito de propriedade. Consequentemente, o tráfico jurídico é apenas possível entre proprietários e o contrato é uma relação entre proprietários. Em contrapartida, como se viu, o conceito hegeliano de propriedade é configurado, em termos mais amplos que os admitidos pelo direito romano, por forma a abranger tudo aquilo que pode ser alienado, incluindo actividades individualizadas da pessoa[74]. Para que dois proprietários possam ser reconhecidos como tais através do contrato, é necessário que ambos alienem, isto é, que ambos percam a propriedade sobre uma coisa, a adquiram sobre uma outra e permaneçam proprietários em relação ao valor do objecto trocado[75]. A troca é, pois, para Hegel o modelo do direito dos contratos e é neste âmbito que a propriedade se realiza e que os proprietários se reconhecem enquanto tais[76].

Hegel a este propósito, nos seguintes termos: "Se um proprietário pode eliminar o seu estatuto enquanto proprietário, dando todos os seus bens aos pobres, porque não pode uma pessoa eliminar o seu estatuto como pessoa, tornando-se um cadáver?". A comparação não é muito feliz, pois não é líquido que segundo Hegel seja lícito ao proprietário eliminar o seu estatuto enquanto tal: "a pessoa tem de ter uma esfera exterior da sua liberdade para existir como Ideia", segundo a formulação do § 41. A dificuldade reside antes em conciliar a doutrina deste § 70 com a do § 47, em que é dito que "enquanto pessoa eu tenho ao mesmo tempo a minha vida e o meu corpo, como outras coisas, apenas na medida em que eu assim o quero". Como resulta da anotação a este parágrafo, não está aí propriamente em causa a atribuição de um direito, mas uma possibilidade que define o ser humano: "Eu tenho estes membros, a vida, apenas e na medida em que assim o quero; o animal não se pode destruir ou mutilar a si mesmo, apenas o homem" (cfr. Hegel, *ob. cit.*, § 47, pp. 110-111).
[74] Cfr. Peter Landau, "Hegels Begründung des Vertragsrechts", pp. 180-181.
[75] Cfr. Hegel, *Grundlinien der Philosophie des Rechts*, § 74, p. 157.
[76] Cfr. Hegel, *Grundlinien der Philosophie des Rechts*, § 76, p. 159. Como salienta Peter Landau, "Hegels Begründung des Vertragsrechts", p. 181, a ideia de que a propriedade se realiza através da troca encontra-se já nos escritos de juventude. Com efeito, no *System der Sittlichkeit*, p. 36, de 1802, Hegel afirma que "a propriedade apresenta-se na realidade na maioria das vezes através da troca em que as pessoas envolvidas se reconhecem mutuamente enquanto tais". De igual modo, na *Jenaer Realphilosophie*, de 1805/06, p. 237, Hegel diz que "a propriedade é o movimento das coisas na troca".

3.3 A propriedade no "direito abstracto": seu sentido. Em que medida se torna agora possível responder à questão formulada no início, relativa ao significado da exclusão da questão social no tratamento hegeliano do direito de propriedade? Uma resposta tão curta quanto insatisfatória consistiria em simplesmente afirmar que no âmbito do "direito abstracto", atendendo à sua colocação sistemática na filosofia do direito hegeliana, se prescinde necessariamente de considerações respeitantes à mencionada questão. O próprio Hegel afirma, como se disse, que o problema das necessidades pertence à esfera da sociedade civil. Importa, pois, determinar qual o sentido da concepção da propriedade privada expressa no "direito abstracto", por um lado, e, por outro, averiguar em que medida essa concepção é dinamizada pela inserção da propriedade nas estruturas da vida ética, isto é, a família, a sociedade civil e o Estado.

Começando pelo primeiro aspecto, pode afirmar-se que o traço distintivo do tratamento da propriedade no âmbito do "direito abstracto" consiste em limitar-se a encará-la como expressão formal da liberdade. Todas as considerações, relativas às vantagens da propriedade na perspectiva da sociedade como um todo ou dos indivíduos que a compõem, à sua aptidão para satisfazer necessidades psicológicas dos indivíduos enquanto cidadãos livres ou simplesmente as necessidades naturais das pessoas, são assim excluídas desse âmbito[77].

3.3.1 A propriedade como domínio ou soberania sobre a coisa. O que está em causa, nesta fase, é, antes de mais, o comportamento da vontade livre perante as coisas da natureza não livre. A liberdade apenas existe historicamente quando o homem deixa atrás de si o estado de natureza e deixa de se ver como um ser natural em relação com uma natureza que tem poder sobre ele. A existência da liberdade está, para Hegel, ligada à libertação do poder da natureza[78]. Neste sentido, na filosofia hegeliana do direito alcança expressão filosófica completa o conceito de propriedade absoluta subjacente à civilística moderna, a que se aludiu no capítulo anterior. Nas palavras de Damian

---

[77] Cfr. John Rawls, *Lectures on the History of Moral Philosophy*, p. 343; Dudley Knowles, *Hegel and the Philosophy of Right*, p. 111

[78] Cfr. J. Ritter, "Person und Eigentum...", p. 273; Vittorio Hösle, *Hegels System*, p. 493.

Hecker, "é a vontade livre que se impõe em face da natureza não livre e desprovida de razão e a partir deste facto deriva o direito enquanto expressão da sua natureza de espírito. A vontade livre coloca a sua liberdade na propriedade enquanto existência exterior dessa sua liberdade". Segundo o mesmo autor, na concepção hegeliana da propriedade obtém expressão filosófica a ideia, ainda hoje persistente, da propriedade como direito de domínio sobre a coisa[79]. Na verdade, esta ideia corresponderia apenas à apresentação da propriedade na esfera do "direito abstracto", consistindo, nessa medida, num primeiro elemento do todo. A propriedade carece ainda de positividade, isto é, de reconhecimento geral e de tutela judicial, as quais são apenas obtidas na mais alta esfera do direito, no "organismo racional do Estado"[80]. Todavia, independentemente do que acaba de ser dito, o certo é que para Hegel estaríamos já, na esfera do "direito abstracto", perante a propriedade e não somente em face da relação de domínio de facto da posse[81]. Nesta perspectiva, Hegel fundamenta a propriedade exclusivamente no direito da vontade livre de se apoderar de todas as coisas, enquanto direito em face delas e não em relação com as outras pessoas. Haveria assim uma fundação ontológica da propriedade na competência da vontade da pessoa em face da natureza destituída de direitos e irracional. Retomando a questão de saber se Adão teria propriedade, enquanto única pessoa no mundo, a resposta de Hegel, ao contrário da de Kant, mas à semelhança de Locke, seria claramente afirmativa[82]. Nesta conformidade, a propriedade não surge como um domínio jurídico sobre a coisa, oposta à posse, entendida enquanto domínio de facto. Na verdade, Hegel, segundo se disse, caracteriza como posse o ter algo no seu poder exterior, em resultado das necessidades, impulsos ou interesses especiais do agente, enquanto a essência da propriedade reside, não na susceptibilidade de compor juridicamente a posse, no sentido apontado, mas em eu,

---

[79] Cfr. Damian Hecker, *Eigentum als Sachherrschaft*, pp. 235 e 242; Jochen Lehmann, *Sachherrschaft und Sozialbildung?*, p. 197. Sobre os antecedentes do pensamento de Hegel nas obras dos jusnaturalistas e fisiocratas alemães na passagem do século dezassete para o século dezoito, cfr. Hecker, *ob. cit.*, pp. 222-228.
[80] Cfr. Hegel, *Grundlinien der Philosophie des Rechts*, §§ 46 e 217 Zusatz, pp. 108 e 371.
[81] Cfr. Damian Hecker, *Eigentum als Sachherrschaft*, p. 237.
[82] Cfr. Damian Hecker, *Eigentum als Sachherrschaft*, p. 241.

enquanto vontade livre, me tornar um objecto de mim mesmo naquilo que possuo e apenas assim me tornar uma vontade efectiva, o que se torna merecedor de tutela[83]. E, certamente, o direito dos homens sobre a natureza enquanto expressão da sua liberdade, e a propriedade enquanto forma desta liberdade, pertence ao núcleo das convicções mais geralmente defendidas no seio do liberalismo[84].

Uma das objecções que hoje, numa época em que o ambiente é objecto de tutela constitucional, mais imediatamente suscita esta concepção da propriedade enquanto expressão de um domínio absoluto do sujeito sobre a natureza, consiste na consideração desta última como mera coisa, desprovida de razão, e portanto submetida, à partida, a uma utilização sem quaisquer limites. Todavia, independentemente das questões que a tutela constitucional do ambiente possa colocar a uma concepção da propriedade privada como domínio sobre a coisa, o certo é que o sistema de Hegel é virtualmente capaz de enquadrar aquela objecção. Para além de se poder argumentar com a existência de um dever de preservação da espécie, que implica a preservação do ambiente em vista das gerações futuras, pode afirmar-se que o espírito reconhece a natureza como imagem da Ideia, o que implica a sua preservação e não apenas a sua utilização para a satisfação de necessidades físicas[85].

3.3.2 Propriedade de si mesmo. Ainda que a concepção hegeliana da propriedade constitua a expressão filosófica mais acabada da ideia de propriedade como domínio absoluto sobre a coisa, ela seria incompletamente caracterizada se o fosse apenas nesses termos. Através de uma tal caracterização, sobressai a propriedade como relação entre a vontade livre e as coisas da natureza destituídas de vontade. Mas Hegel inclui ainda no tratamento da propriedade, e na verdade a propósito do modo de tomada de posse consistente na "elaboração", talvez a mais lockeana da suas determinações da propriedade, a ideia de que só através do desenvolvimento do seu próprio

---

[83] Cfr. Hegel, *Grundlinien der Philosophie des Rechts*, § 45, p. 107; Damian Hecker, *Eigentum als Sachherrschaft*, p. 242; R. Meyer, "Das Verhältnis von «Person» und «Eigentum»...", p. 84.
[84] Damian Hecker, *Eigentum als Sachherrschaft*, p. 243.
[85] Cfr. Vittorio Hösle, *Hegels System*, p. 494.

corpo e espírito, essencialmente por intermédio da sua consciência de si mesmo compreendendo-se a si mesma como livre, é que o ser humano toma posse de si e se torna propriedade de si mesmo em face dos outros[86].

A este propósito importa ler conjuntamente os §§ 48, 57, 66 e 70 das *Grundlinien*, atendendo, desde logo, à sua colocação sistemática. O primeiro dos mencionados parágrafos, surge na imediata sequência da determinação da propriedade como privada, enquanto objectivação de uma vontade individual (§ 46), e da apresentação da vida e do corpo como objectos da vontade livre (§ 47). Hegel sustenta, no § 48, que antes de o corpo poder ser o órgão volitivo do espírito, este tem que tomar posse dele; para os outros na sua relação comigo não existe, no entanto, este desdobramento entre a vontade e o corpo (que possibilita, designadamente, a liberdade negativa, segundo Hegel a entende), na medida em que eu sou para eles no meu corpo. Perante os outros, qualquer violência por eles feita ao meu corpo é uma violência feita a mim mesmo. No parágrafo a que se acabou de aludir, contém-se uma referência explícita ao § 57, em que Hegel desenvolve a ideia de propriedade de si mesmo e rejeita a escravatura. O ponto de vista da vontade livre em si e para si é incompatível com escravatura, a qual assenta sobre os falsos pontos de vista da consideração do ser humano como ser natural e como algo apenas livre em si, em ambos os casos susceptível de ser escravizado. Do ponto de vista da vontade livre em si e para si, na medida que o escravo desenvolve a consciência de ser uma pessoa com direitos, ele põe em causa o domínio do senhor, uma vez que a simples pretensão de um estatuto moral, ao refutar a validade daquele domínio, mina o próprio fundamento da escravatura[87]. Não por acaso, como se mencionou, estas considerações sobre a propriedade de si mesmo e a rejeição da escravatura, salientando de um modo especial o carácter histórico da compreensão de si mesmo como livre, situam-se no âmbito do modo de tomada de posse consistente na "elaboração", "a mais conforme à Ideia", nas palavras de Hegel, porque reúne o subjectivo da vontade com o objectivo da formação exterior

---

[86] Cfr. Hegel, *Grundlinien der Philosophie des Rechts*, § 57, p. 122.
[87] Cfr. Hegel, *Grundlinien der Philosophie des Rechts*, § 57, pp. 123-124.

em que ela se projecta[88]. A negação da escravatura não assenta, deste modo, na simples afirmação da liberdade natural do homem, como sucede com aquelas doutrinas do direito natural que partindo de tal princípio, justificam depois a sua introdução recorrendo aos argumentos da preservação da vida como alternativa à morte em caso de guerra ou ao consentimento do escravo; pelo contrário, a liberdade do homem não resulta da natureza e por isso a necessidade histórica da escravatura apenas pode ser superada pelo próprio trabalho do homem, encarado como processo histórico no desenvolvimento do qual ele pode chegar a ser livre[89]. O § 66, incluído na secção relativa à alienação da propriedade, qualifica como inalienáveis os bens que constituem a minha própria pessoa e a essência universal da minha autoconsciência, entre os quais se incluem a personalidade em geral, a liberdade universal da vontade, a eticidade e a religião. O fundamento da inalienabilidade desses bens, e a concomitante rejeição da escravatura e outras formas de servidão, incluindo a desqualificação para ser proprietário, consiste na circunstância de eles, quando chegam a ser adquiridos pela pessoa, não existirem como algo exterior a ela[90]. Por último, o § 70, igualmente inserido no tratamento da alienação da propriedade, exclui, como se viu, o suicídio, com base no argumento de que a vida, enquanto totalidade compreensiva da actividade externa, não é algo externo à personalidade.

3.3.3 Apreciação crítica. Resulta, pois, claro como Hegel, à semelhança do que vimos suceder com Locke, combina no seu pensamento a "propriedade de si mesmo" com a "propriedade do mundo". E, na verdade, resulta igualmente evidente a consanguinidade dos pensamentos de Locke e de Hegel sobre a matéria[91], uma vez

---

[88] Cfr. Hegel, *Grundlinien der Philosophie des Rechts*, § 56, p. 121.
[89] Cfr. Vittorio Hösle, *Hegels System*, p. 497.
[90] Cfr. Hegel, *Grundlinien der Philosophie des Rechts*, § 66, pp. 141-143.
[91] Cfr. K.-H. Ilting, "The Structure of Hegel's 'Philosophy of Right'", p. 107, nota 45; Allen W. Wood, *Hegel's Ethical Thought*, pp. 22 e 96; João Lopes Alves, *O Estado da Razão*, p. 108. Segundo este último autor, a congenialidade a que se refere o texto é bem mais importante para a compreensão do pensamento de Hegel do que a influência das categorias do direito romano. No entanto, a interpretação hegeliana dessas categorias torna-as bem menos distantes do espírito da aludida congenialidade do que à primeira vista se poderia supor (neste sentido, considerando o próprio conceito do "direito abstracto" como

que em ambos se procura uma fundação teórica para a soberania do indivíduo sobre coisas de que ele se apropria isoladamente[92]. Simplesmente, Locke mostra-se ainda incapaz de formular um princípio unitário subjacente a todos os casos de apropriação por ele tidos em vista, responsável, em última análise, pela insusceptibilidade, acima mencionada[93], de o "modelo da obra" servir como princípio heurístico da sua teoria da propriedade. Esta deficiência parece ser superada no pensamento de Hegel, em que surge uma clara distinção entre o título, ou fundamento material, da apropriação e os respectivos modos de concretização. Em tal contexto, a força apropriativa do trabalho produtivo, manifestada na "elaboração", é consistentemente integrada numa teoria geral da apropriação, subordinada de forma coerente ao princípio da objectivação da vontade livre nas coisas da natureza. A teoria de Hegel apresenta-se, pois, como uma expressão mais acabada, em relação a Locke, da rejeição da ideia do direito de propriedade enquanto resultado da aptidão das coisas para satisfazer necessidades humanas e da insistência, pelo contrário, na sua exclusiva dedução a partir da demonstração de que o homem cria as condições da sua liberdade no mundo exterior através da propriedade[94].

Por outro lado, sem prejuízo da unilateralidade com base na qual Hegel concebe a apropriação, à semelhança do que sucede com Locke, a perspectiva do outro é por ele considerada, de modo mais

---

estranho ao direito romano, cfr. Michel Villey, "Die römische Recht in Hegels Rechtsphilosophie", p. 144; a tendência para interpretar o direito romano em termos formalistas, a ponto de, nos seus escritos de juventude, Hegel considerar que o princípio da igualdade dos homens enquanto pessoas privadas, consagrado pelo direito romano, seria responsável pela "abstracção" das diferentes classes da cidade antiga, é salientada também por M. Riedel, "Die Rezeption der Nationalökonomie", p. 84). Por outro lado, existe um aspecto sob o qual a influência do direito romano se revela decisiva, por oposição à concepção lockena de propriedade, ainda marcada pela sobreposição entre uso e propriedade. Como sublinha Karl Larenz, "Die rechtsphilosophische Problematik des Eigentums", p. 33, Hegel aceitou, em contradição com o anterior direito natural, a concepção de propriedade subjacente ao direito romano, reconhecendo um amplo poder da vontade e, nessa conformidade, uma possibilidade de disposição fáctica e jurídica.

[92] Cfr. Alan Brudner, *The Unity of Common Law*, p. 41.
[93] Cfr. supra, cap. 1, ponto 1.4.3.
[94] Cfr. K.-H. Ilting, "The Structure of Hegel's 'Philosophy of Right'", p. 93; no mesmo sentido, cfr. João Lopes Alves, *O Estado da Razão*, p. 108; cfr., ainda, Dieter Schwab, "Arbeit und Eigentum", p. 519.

consistente em relação a este último, através da articulação entre propriedade e contrato e da inserção da propriedade nas esferas da sociedade civil e do Estado, sem as dificuldades decorrentes, desde logo, da necessidade de integrar na aquisição unilateral os seus próprios limites, como acontece com os problemas associados à configuração do limite da suficiência no pensamento de Locke.

Por último, também a ideia de "propriedade de si mesmo" apresenta em Hegel uma expressão mais consistente enquanto limite à "coisificação" de todas as relações entre pessoas, ao mesmo tempo que o processo de construção da "propriedade de si mesmo" não surge no seu pensamento como um dado adquirido, tal como em Locke, mas enquanto resultado de um processo em que a educação desempenha um papel crucial[95]. Na verdade, enquanto Locke procura explicar a propriedade das coisas no mundo a partir da propriedade de si mesmo, dada como adquirida, Hegel constrói as duas manifestações da ideia de propriedade a partir da vontade livre do sujeito.

Estes três aspectos, em relação aos quais a concepção da propriedade de Hegel, fundada, como a de Locke, na oposição entre a pessoa humana livre e a natureza a ela submetida[96], se apresenta

---

[95] Cfr. Peter Stillman, "Person, Property, and Civil Society in the *Philosophy of Right*", p. 105; idem, "Property, Freedom, and Individuality in Hegel's and Marx's Political Thought", pp. 140-141; idem, "Property, Contract, and Ethical Life in Hegel's *Philosophy of Right*", p. 210.

[96] Esta mesma oposição se dá no pensamento do Visconde de Seabra, através da distinção entre aquelas que designa como a "primeira Propriedade", isto é, a personalidade enquanto "propriedade coeva com a existência do indivíduo", ou liberdade, e a "segunda Propriedade", relativa aos meios necessários à manutenção da vida ou que contribuem para o bem estar do indivíduo. A diferença entre ambas "consiste em que a primeira Propriedade nasce com o indivíduo, e não depende de acto algum seu. O sujeito e o objecto, o proprietário e a propriedade se confundem na mesma pessoa: o que não sucede na segunda que só pode existir pelo facto do indivíduo que a assume e une a si. Antes deste facto não há propriedade individual, mas somente o Direito geral de apropriação, comum a toda a espécie, e resultante das leis gerais da Natureza, como uma necessidade, uma condição da existência. Mas, praticado o facto de apropriação pelo ministério das nossas faculdades, ou propriedades orgânicas, os meios adquiridos revestem a mesma natureza e recebem por isso, na linguagem vulgar, a mesma denominação, como se fossem partes integrantes do mesmo todo; pois que sem elas a nossa existência seria incompleta e até mesmo impossível" (cfr. *A Propriedade*, pp. 11-13). Segundo afirma Seabra, *ob. cit.*, p. 37, a sua doutrina, no sentido de considerar a propriedade como resultando da personalidade, coincide com a de Ahrens, discípulo de Krause, por sua vez o principal difusor do pensamento idealista

como um aperfeiçoamento dessa mesma perspectiva fundacional, são, no entanto, motivo de igual número de observações críticas. Antes ainda de se alinharem tais observações, importa salientar o fundamental contraste entre as teorias de Locke e Hegel relativas à propriedade, atendendo precisamente àquilo que as parece aproximar, isto é, o papel que o trabalho desempenha em cada uma delas. Como se disse, Locke procura fundar directamente no trabalho humano a sua teoria da apropriação; para Hegel, pelo contrário, a vontade livre constitui o fundamento material da sua teoria da apropriação, enquanto o trabalho surge relacionado com um dos modos dessa apropriação. Mas esta diferença de perspectiva permite atribuir ao trabalho humano um lugar central na teoria de Hegel, que Locke, por seu turno, não chega a formular de forma coerente. O que está em causa não é simplesmente pretender que o trabalho desenvolvido sobre um recurso dá origem a um direito natural de propriedade no contexto de uma liberdade meramente negativa, mas antes que o trabalho é ele próprio uma manifestação da liberdade positiva da vontade racional[97]. É esse o sentido da luta pelo reconhecimento na famosa dialéctica do senhor e do escravo.

(i) Quanto ao primeiro aspecto, isto é, a compreensão da propriedade enquanto auto-realização da pessoa, coloca-se, desde logo, o problema de saber em que medida o concretizar daquela compreensão não equivale, na verdade, a um estreitamento desta auto-realização. Já se viu como Hegel, por um lado, sustenta ser racional que toda a pessoa tenha propriedade, ao mesmo tempo que afirma, por outro lado, constituir uma contingência jurídica saber o quê e o quanto da propriedade que cada um tem[98]. Mas a questão que se coloca é precisamente a de saber se não deveria já ao nível do "direito abstracto"

---

alemão no domínio da filosofia jurídica na península ibérica (cfr. Helmut Coing, "Der Rechtsbegriff der menschlichen Person und die Theorie der Menschenrechte", p. 71; Cabral de Moncada, *Subsídios para a História da Filosofia do Direito em Portugal*, pp. 43-44 e notas 1 e 2).

[97] Cfr. Margaret Jane Radin, *Reinterpreting Property*, pp. 37-38 e 206, nota 4; quanto a esta caracterização da noção de liberdade em Hegel como positiva, cfr. Paulo Franco, *Hegel's Philosophy of Freedom*, pp. 178-187.

[98] Cfr. Hegel, *Grundlinien der Philosophie des Rechts*, § 49, p. 112: "Em relação às coisas externas, o aspecto racional é que eu tenha propriedade".

ser reconhecido ao indivíduo um mínimo de propriedade, uma vez que esta é reconhecida como o fundamento indispensável da realização da pessoa[99]. Hegel fornece um princípio de resposta a esta questão no aditamento ao parágrafo 49, que vale a pena citar na íntegra: "A igualdade que se poderia querer introduzir em relação à distribuição dos bens seria, em qualquer caso, destruída novamente num curto espaço de tempo, uma vez que todos os recursos dependem da diligência. Aquilo que não é praticável não deve também ser posto em prática. Pois se os homens são certamente iguais, eles são-no apenas enquanto pessoas, quer dizer em relação à fonte das suas posses. Deste modo, todos deveriam ter propriedade. Se se quiser falar de igualdade, é esta igualdade que deve ser tida em vista. Mas esta igualdade é distinta da determinação da particularidade, da questão de quanto eu possuo. Aqui é falsa a afirmação segundo a qual a justiça exige que seja igual a propriedade de cada um, pois ela apenas exige que cada um deve ter propriedade. A particularidade é onde encontra lugar a desigualdade e aí seria injusta a igualdade. É perfeitamente correcto afirmar que os homens frequentemente obtêm o gozo dos bens dos outros; mas é precisamente isto que é contrário ao direito, uma vez que este é o que permanece indiferente à particularidade"[100]. Na passagem que se acaba de transcrever a ideia de uma distribuição igualitária de recursos é certamente afastada. Para além disso, na anotação ao mesmo parágrafo 49, a exigência de igualdade na distribuição de terra ou outros recursos é também afastada como estranha ao plano da igualdade entre pessoas abstractas, que enquanto tal exclui tudo aquilo que é relativo à dimensão das posses de cada um, reconhecendo-se embora que todos devem ter os meios para prover às respectivas necessidades. Mas esta questão, relativa às necessidades, e nessa medida diversa da propriedade, é remetida para a esfera da sociedade civil[101]. Parece, pois, inegável que a questão da distribuição dos recursos é excluída por Hegel do tratamento abstracto da propriedade. No plano do "direito abstracto" apenas a possibilidade da propriedade privada é atribuída a todos ou, dito de outro modo, a

---

[99] Cfr. Peter Landau, "Hegels Begründung des Vertragsrechts", p. 179.
[100] Cfr. Hegel, *Grundlinien der Philosophie des Rechts*, § 49 Zusatz, p. 114.
[101] Cfr. Hegel, *Grundlinien der Philosophie des Rechts*, § 49, p. 113.

desigualdade entre aquilo que cada um tem é consistente com a igual capacidade de cada pessoa para a propriedade[102].

A compreensão do que acaba de ser dito pode ainda ser procurada à luz da distinção, já anteriormente aflorada, entre a propriedade como direito especial e contingente, por um lado, e direito geral e necessário, por outro. E, na verdade, Jeremy Waldron, o autor dessa distinção, ou, pelo menos, da respectiva aplicação na perspectiva da propriedade, expressamente afirma que a concepção hegeliana da propriedade "nos dá o melhor exemplo que temos de um argumento sustentado a favor da propriedade privada com o carácter de um direito geral"[103]. Com base essencialmente na afirmação contida no § 49, atrás citado, segundo a qual todos têm de ter propriedade, Waldron atribui a Hegel uma concepção da propriedade privada como direito geral e procura depois avaliar essa concepção à luz de tal atribuição. As deficiências deste entendimento são, pois, evidentes, ao dar por demonstrado precisamente aquilo que seria necessário demonstrar. Com efeito, a extensa discussão da concepção da propriedade de Hegel levada a cabo por Waldron constitui mais uma crítica do insucesso daquele em vir ao encontro, de forma consistente, do modelo da propriedade como direito geral por este proposto, do que uma tentativa de compreensão dos próprios termos do pensamento hegeliano. A presença de uma teoria da primeira aquisição no pensamento hegeliano da propriedade, bem como a exclusão de considerações de justiça distributiva do âmbito do "direito abstracto", prejudicam decisivamente a respectiva caracterização como um direito geral[104].

---

[102] Cfr. K.-H. Ilting, "The Structure of Hegel's 'Philosophy of Right'", p. 93; Peter Benson, "The Priority of Abstract Right and Constructivism in Hegel's Legal Philosophy", p. 189; Dudley Knowles, *Hegel and the Philosophy of Right*, pp. 125-126.

[103] Cfr. Jeremy Waldron, *The Right to Private Property*, p. 343 e, ainda, pp. 3 e 290.

[104] Criticando também Waldron, cfr. Peter Benson, "The Priority of Abstract Right and Constructivism in Hegel's Legal Philosophy", p. 201, nota 24; Paul Franco, *Hegel's Philosophy of Freedom*, pp. 202 e 371, notas 12 e 13. A incapacidade de Waldron, na sua análise da concepção hegeliana da propriedade, dar conta da distinção entre os planos do "direito abstracto", da "moral" e da "vida ética" é igualmente evidenciada por Alan Brudner, *The Unity of Common Law*, p. 299, nota 32. J. W. Harris, *Property and Justice*, pp. 233-234, critica ainda Waldron por este interpretar a teoria hegeliana da propriedade como procurando justificar esta última à luz das necessidades de desenvolvimento psicológico dos indivíduos, quando é certo que o argumento de Hegel não se baseia na personalidade, nesse sentido, mas na liberdade.

Quando muito, poder-se-á afirmar que também no pensamento de Hegel, como vimos suceder com a teoria da propriedade segundo Locke[105], se misturam argumentos nos termos dos quais a propriedade tenderia a ser caracterizada como um direito geral, com argumentos que apontam no sentido contrário. No pensamento de Locke, a concretização da propriedade num direito especial e contingente faz ainda sentido se tivermos em mente o carácter essencialmente unilateral da apropriação. Ainda que o carácter unilateral da apropriação esteja também presente no pensamento de Hegel, a discussão da harmonização dos argumentos baseados no carácter geral ou especial do direito de propriedade no sistema hegeliano tem de ser perspectivada à luz da integração desse direito nas esferas da vida ética, isto é, a família, a sociedade civil e o Estado, que adiante será abordada. Para já, importa apenas salientar que Hegel, como é bem sabido, rejeita a construção dos princípios filosóficos do direito da família e do direito do Estado sobre uma base contratual[106]. Ora, seria precisamente essa construção, no caso do Estado, conjugada com a afirmação da prioridade da propriedade consentida por todos os cidadãos, organizados no seio do Estado, sobre as aquisições anteriores dos indivíduos, que mais facilmente induziria a caracterização da propriedade como um direito geral. Diferentemente do que sucede com Locke, é esse, como se viu, o caso de Rousseau e é também essa, de forma ainda mais paradigmática, a solução oferecida por Fichte: "Cada um possui a sua propriedade apenas enquanto, e sob condição de que, todos os cidadãos possam viver do que é deles; ela cessa de ser a sua propriedade se estes não puderem viver e torna-se a propriedade destes últimos"[107].

Ainda na esfera própria do "direito abstracto", importa agora discutir um outro ponto sensível da concepção hegeliana da propriedade, aliás relacionado com o anterior. Hegel caracteriza o uso como o aspecto real e a actualidade da propriedade[108], identificando ainda

---

[105] Cfr. supra, cap. 1, ponto 1.5.1.
[106] Cfr. Hegel, *Grundlinien der Philosophie des Rechts*, § 75, p. 157.
[107] Cfr. J. G. Fichte, *Grundlage des Naturrechts*, p. 23; cfr. Karl Larenz, "Die rechtsphilosophische Problematik des Eigentums", pp. 31-32. Fichte não é, no entanto, discutido por Waldron a propósito da caracterização da propriedade como um direito de carácter geral.
[108] Cfr. Hegel, *Grundlinien der Philosophie des Rechts*, § 59, p. 128.

proprietário e aquele que usa a coisa em toda a sua extensão[109]; por outro lado, ele sustenta que a vontade do dono é o fundamento substancial da propriedade, sendo subordinada a ela a determinação posterior do uso[110], isto é, o uso pressupõe a propriedade. Assim, a realização da pessoa não é primariamente determinada através do uso, mas através do direito de propriedade, que é originariamente constituído com base na vontade subjectiva, concretizada na aquisição originária. Se é certo que o uso surge como uma concretização posterior da propriedade, não é menos verdade que a sua presença revela uma ambiguidade na análise de Hegel, na medida em que o uso, presente na fundamentação do anterior direito natural[111], parece ser afastado da compreensão hegeliana da propriedade, assente apenas na personalidade, para depois surgir na sua caracterização[112]. O problema que se coloca, como é bom de ver, consiste no seguinte: na medida em que o uso assegure uma efectiva liberdade da pessoa (mesmo abrangendo o uso exclusivo, mas limitado ao tempo necessário a este fim), é forçoso admitir a possibilidade de um sistema de propriedade que não exclui formas de apropriação comuns ou colectivas[113].

(ii) Através do contrato, as partes reconhecem-se mutuamente como pessoas e proprietários[114]. Assim, pode dizer-se que a perfeição da propriedade ocorre no contrato, em que as pessoas se reconhecem mutuamente como proprietárias num sentido mais directo do que aquele que consiste em simplesmente não interferirem com a propriedade dos outros. Mas a propósito desta aproximação entre

---

[109] Cfr. Hegel, *Grundlinien der Philosophie des Rechts*, § 61, p. 130.

[110] Cfr. Hegel, *Grundlinien der Philosophie des Rechts*, § 59, p. 128.

[111] E de um modo especial em Fichte, para o qual o indivíduo recebe o direito de propriedade apenas em vista de um determinado uso (cfr. *Grundlage des Naturrechts*, p. 20); cfr. Karl Larenz, "Die rechtsphilosophische Problematik des Eigentums", p. 33.

[112] Cfr. Peter Landau, "Hegels Begründung des Vertragsrechts", pp. 179-180. Importa aqui salientar que Damian Hecker, para o qual Hegel exprime filosoficamente o conceito moderno de propriedade, considera precisamente como traço marcante das construções filosóficas precedentes, designadamente em Locke e Kant, a ausência de uma completa distinção entre o direito natural de usar as coisas exteriores necessárias ao sustento da vida e o direito de propriedade (cfr. supra, cap. 1, ponto 1.4.3, e cap. 2, ponto 2.5.1). Hecker não reserva qualquer lugar ao uso na sua discussão da propriedade em Hegel.

[113] Em sentido semelhante, cfr. Alan Patten, *Hegel's Idea of Freedom*, p. 162.

[114] Cfr. Hegel, *Grundlinien der Philosophie des Rechts*, § 71, p. 153.

propriedade e contrato, pode discutir-se se não se estará a pôr em causa a própria possibilidade de uma distinção clara entre as duas realidades. J. E. Penner sustentou que através da íntima conexão que Hegel estabelece entre a propriedade e o contrato, perde-se qualquer perspectiva de uma distinção substancial entre os direitos *in re* e os direitos *in personam*, torna-se impossível delimitar os interesses que as pessoas têm nas coisas em relação a outros interesses, e faz-se pouca justiça ao contrato, considerado sempre como um caso de alienação mútua de propriedade. Em poucas palavras, a filosofia do direito hegeliana não permitiria uma correcta compreensão da diferença entre a propriedade e o contrato[115].

Penner explica esta confusão, no seu entender, entre os planos da propriedade e do contrato, através de duas premissas que segundo ele estruturam a concepção hegeliana da propriedade. Por um lado, essa concepção assenta numa certa ideia de coisa, como tudo aquilo que existe sem uma vontade livre e, pode, por essa razão, ser tido como propriedade por uma pessoa. Particularmente significativo a este propósito seria a circunstância de Hegel encarar os próprios direitos emergentes de um contrato como direitos de propriedade. Com efeito, Hegel afirma que "apenas a personalidade confere um direito sobre as coisas e consequentemente o direito pessoal é um direito das coisas". Para além disso, depois de aludir ao conceito de direito pessoal segundo Kant ("os direitos emergentes de um contrato, em virtude dos quais eu entrego alguma coisa ou presto um serviço – no direito romano, o *ius ad rem*, que resulta de uma *obligatio*"), Hegel reconhece que "apenas uma pessoa pode ser obrigada a cumprir as cláusulas de um contrato, tal como só uma pessoa adquire o direito a tal cumprimento". Simplesmente, conclui Hegel, "nem por isso um tal direito pode ser designado como pessoal; todos os tipos de direitos podem apenas pertencer a uma pessoa, e objectivamente um direito baseado num contrato não é um direito sobre uma pessoa, mas apenas sobre algo exterior à pessoa ou que ela pode alienar, em qualquer caso uma coisa"[116]. A crítica que este modo de ver suscita a Penner é a de, através dele, se cometer o erro inverso subjacente à

---

[115] Cfr. J. E. Penner, *The Idea of Property in Law*, p. 175.
[116] Cfr. Hegel, *Grundlinien der Philosophie des Rechts*, § 40, pp. 99-100.

distinção entre direitos pessoais e direitos reais proposta por Hohfeld. Para ambos, a distinção seria apenas formal, mas enquanto para Hohfeld todos os direitos reais seriam apenas feixes de direitos pessoais[117], Hegel conclui que todos os direitos pessoais são na realidade direitos sobre coisas. O problema residiria na identificação entre "algo exterior à personalidade" e "coisa" e, consequentemente, os direitos e deveres contratuais manifestariam para ele uma relação que não é mais pessoal do que a relação entre o proprietário e todos os sujeitos que respeitam a sua propriedade e não violam o seu direito.

A segunda premissa da argumentação de Hegel consistiria em considerar o contrato como a verdadeira base da propriedade. Antes do contrato, o direito de propriedade é perspectivado apenas "como uma relação entre o dono e a coisa, ainda que a sua teoria implique que os outros têm um dever de não interferência por causa da presença da vontade do dono na sua propriedade"[118]. Como salienta Penner, são notavelmente poucos os casos em que é mencionado o dever geral de não interferência resultante do direito de propriedade[119]. Ora, uma vez que Hegel não discute a natureza do reconhecimento do dono enquanto proprietário, por parte de todos aqueles que cumprem o dever de não interferir na sua propriedade, seria plausível, aquando da transição da propriedade para o contrato, tratar o reconhecimento da outra parte, que tem lugar em tal transição, enquanto primeira instância do reconhecimento do outro como proprietário. Esta hipótese seria até confirmada pela circunstância de Hegel, ao descrever as várias partes do "direito abstracto" se referir à propriedade como exprimindo a liberdade da "vontade abstracta em geral ou a de uma só pessoa relacionada apenas consigo mesmo"[120]. A crítica que o desenvolvimento desta segunda premissa suscita a Penner é a de que a essencialidade do exclusivo ao conceito de propriedade

---

[117] Cfr. Hohfeld, *Fundamental Legal Conceptions*, pp. 72 e ss.

[118] Cfr. J. E. Penner, *The Idea of Property in Law*, p. 178.

[119] Cfr. Hegel, *Grundlinien der Philosophie des Rechts*, §§ 48, 50 e 51, pp. 111, 114 e 115, mencionando, respectivamente, o respeito que me é devido pelos outros enquanto sou uma entidade livre num corpo, a evidência da primeira ocupação enquanto resultante da impossibilidade de tomar posse daquilo que é já propriedade de um outro e, por último, a existência à qual acede a vontade através da tomada de posse como incluindo a susceptibilidade do reconhecimento dos outros.

[120] Cfr. Hegel, *Grundlinien der Philosophie des Rechts*, § 40, p. 98.

conduz necessariamente à prioridade conceptual do exclusivo e do dever de não interferência, enquanto elemento essencial da propriedade, em relação à respectiva alienação contratual. Por outras palavras, o contrato exprime o dever de não interferência em relação à propriedade, não porque lhe confere existência, mas porque a pressupõe[121]. Para além disso, a concepção de Hegel conduz a considerar que o contrato traz à existência os mais verdadeiros exemplos de propriedade. O problema com a concepção de Hegel consistiria, pois, em através dela, se colocar injustificadamente a alienação num plano superior em relação às outras características fundamentais da propriedade, isto é, a exclusividade e o uso. Ao proceder-se deste modo estar-se-ia a pôr em causa uma distinção substancial, e não meramente formal, entre as duas formas de autonomia que consistem na propriedade e no contrato, isto é, a forma de autonomia que consiste em atribuir um direito de uso exclusivo de uma coisa, o direito de determinar o uso das coisas, e a forma de autonomia que consiste na liberdade das pessoas celebrarem acordos entre si[122].

Sem prejuízo da sua visão crítica, Penner reconhece, todavia, que a noção de "colocar" a vontade na coisa atribui sentido ao direito de uso exclusivo. A colocação da vontade do dono na coisa determina aquilo que será feito com ela, na medida em que a mera exclusão dos outros, a exclusão das suas vontades em relação à mesma coisa, o possa fazer. A justificação hegeliana da propriedade é, pois, no entender de Penner, essencialmente correcta: as pessoas são categoricamente diferentes das coisas, em virtude da sua personalidade, da qual é um aspecto constitutivo a sua vontade livre, e, por essa razão, elas podem determinar o uso das coisas. Ao mesmo tempo, a teoria de Hegel integra correctamente a percepção de que a prática da propriedade, sendo em alguma medida básica ou funda-

---

[121] Cfr. Penner, *The Idea of Property in Law*, p. 179: "It is simple a matter of conceptual priority that, before two persons can exchange what they own, their ownership of the things to be exchanged must be recognized; the prospective traders must recognize that each other's property must not be interfered with as a matter of right. If that were not the case, there would be no basis for the exchange".

[122] Segundo Penner, *The Idea of Property in Law*, p. 181, dada a concepção de Hegel sobre o contrato e a propriedade, "it is difficult to maintain a distinction between my temporary use of a beast of burden and my contractual right to the services of another person".

mental, não implica qualquer prioridade no raciocínio moral, no sentido em que a exigências morais decorrentes das necessidades dos outros, da vida no seio de um Estado, da constituição de uma família, podem, em última análise, prevalecer[123].

A análise da teoria hegeliana da propriedade levada a cabo por Penner inclui, como objecto de crítica, a teoria do direito de propriedade desenvolvida por Alan Brudner. Antes de mais, importa salientar que a teoria de Alan Brudner não pretende ser, em primeira linha, uma exposição crítica, tal como sucede com Penner, da teoria hegeliana da propriedade privada, ainda que a tome como (principal) ponto de apoio. Com efeito, o propósito de Brudner é o de apresentar a unidade interna do direito de propriedade na *common law* enquanto prática jurídica moralmente justificada. A sua análise procura evidenciar como os vários momentos do sistema hegeliano, o "direito abstracto", a "moral" e a "vida ética", se reflectem, respectivamente, na doutrina da *common law* relativa à propriedade, nas doutrinas da equidade e na afectação dos direitos de propriedade decorrentes da expropriação ou da protecção pelo Estado de outros interesses vitais das pessoas, como os inquilinos no arrendamento para habitação ou os trabalhadores. A preocupação subjacente a tal análise é a de encontrar no sistema da *common law* uma "reconciliação conceptualmente coerente das fundações comunitárias e atomistas do direito" e é, nessa medida, que ela envolve uma interpretação da filosofia jurídica de Hegel[124].

Tomando como ponto de partida o tratamento da propriedade no "direito abstracto", Brudner sustenta poder entender-se a propriedade como a pretensão objectivamente realizada da pessoa a ser um fim absoluto. Sem dúvida que a aquisição da propriedade é mediada por necessidades e desejos subjectivos, mas estes nunca podem justificar a propriedade, uma vez que as inclinações de um indivíduo não têm o poder moral de vincular os outros. Assim, o significado objectivo e universal da propriedade consiste em ela corporizar o estatuto de fim que assiste à personalidade. Uma vez que o eu se considera a

---

[123] Cfr. Penner, *The Idea of Property in Law*, p. 181.
[124] Cfr. Alan Brudner, *The Unity of Common Law*, pp. 18-19. Naturalmente, não se reveste de interesse, na perspectiva do presente trabalho, saber em que medida o modelo desenhado por Brudner capta a unidade interna da *common law*.

si mesmo a única realidade essencial, os objectos que não são um eu são, nesta perspectiva, nada em si mesmos, alcançando a sua realidade apenas como instrumentos. Pelo contrário, a personalidade tem o direito de se apropriar de todas as coisas, apropriação essa que não é vista como uma violência feita às coisas *ab extra*, mas é antes compreendida como o preenchimento da sua própria natureza imanente[125]. Neste contexto, a propriedade é privada, uma vez que consiste na "corporização do eu do indivíduo atomista, exterior e indiferente aos outros. Neste estádio, o fim presumível das coisas é o eu singular, o eu do indivíduo separado, um eu que exclui o eu dos outros indivíduos. A realização deste eu como fim absoluto é a propriedade privada". Por outro lado, o direito atribuído à pessoa consiste na "liberdade de se apropriar, de dar corpo ao estatuto de fim da pessoa através do controlo das coisas, e os deveres jurídicos são correspondentemente limitados aos deveres negativos de não interferência na liberdade e na propriedade". Não existem a este nível quaisquer considerações distributivas, uma vez que não existe uma compreensão do bem estar enquanto satisfação das necessidades da liberdade[126].

Se a propriedade consiste na realidade objectiva do estatuto da pessoa enquanto fim, compreendemos a propriedade quando compreendermos todas as condições para a realização do fim. Uma vez que estas condições são as necessárias e conjuntamente suficientes para um domínio objectivamente válido das coisas, elas estão umas para as outras, não enquanto "varas" de um "feixe", mas enquanto elementos co-essenciais de uma totalidade. Formam os "incidentes" da propriedade ou os direitos particulares envolvidos na noção de propriedade. Tais condições são parcialmente constitutivas da propriedade, mas, ao mesmo tempo, cada uma delas objectiva de um modo progressivamente mais adequado o estatuto de fim pretendido pela pessoa em face das coisas. Por essa razão será possível distinguir entre uma propriedade perfeita e uma propriedade imperfeita, no âmbito da qual é possível desmembrar por períodos delimitados alguns dos elementos constituintes da propriedade, mantendo intacta a sua noção atemporal e tornando assim possíveis as ideias de um

---

[125] Cfr. Alan Brudner, *The Unity of Common Law*, p. 43, com referência aos §§ 44 e 45 das *Grundlinien*.
[126] Cfr. Alan Brudner, *The Unity of Common Law*, pp. 43-44.

remanescente e de uma reversão, ou em termos mais técnicos, as ideias de uma nua propriedade e da elasticidade do direito de propriedade[127]. Brudner deriva os elementos da propriedade na esteira de Hegel, relacionando-os com a *common law*: a posse, o uso e a alienação. Mas, claramente, a identidade com a exposição dos parágrafos 54 e seguintes das *Grundlinien* é, pelo menos em parte, apenas formal. Por um lado, nos parágrafos 54 a 58 Hegel trata, como se viu, da tomada de posse enquanto aquisição da propriedade, ao passo que Brudner ocupa-se da posse enquanto instituto diverso da propriedade ou enquanto incidente da propriedade; por outro lado, e por essa mesma razão, a ideia de uma progressiva adequação dos sucessivos elementos da propriedade ao estatuto de fim pretendido pela pessoa tem apenas parcial correspondência na concepção desenvolvida por Hegel[128]. Segundo Brudner, a propriedade, tal como manifestada nas determinações da posse e do uso, mostra-se deficiente na medida em que estas dependem da continuidade de uma ligação física com a coisa e não transpõem por completo a distância entre o facto e o direito. Com efeito, a posse e o uso são actos unilaterais que excluem outras pessoas do controlo de um objecto e, nessa medida, mostram-se mais como afirmações de poder do que como fontes de direitos[129]. Estas deficiências seriam superadas através da alienação, concebida segundo o modelo da troca: "Na troca, eu reconheço a propriedade do outro ao esperar pela sua decisão de alienar e ao dar-lhe um valor igual em troca; todavia, eu não excluo as minhas oportunidades para a aquisição ilimitada, pois reconheço o direito do outro sobre a coisa apenas na medida em que ele se torna disponível para mim (apenas na medida em que ele cessa de ser o dono), enquanto ele reconhece o meu direito sob a mesma condição (§§ 72-74). Assim, as nossas propriedades acabam por consistir, não nas coisas físicas que possuímos, mas nos seus valores metafísicos realizados através da troca. Além disso, ao alienar a minha posse, eu resolvo a contradição entre o meu domínio pretendido sobre a coisa e a minha efectiva dependência dela; pois eu agora demonstro a sua

---

[127] Cfr. Alan Brudner, *The Unity of Common Law*, pp. 45-46.
[128] Esta ideia de progressividade é, no entanto, aceite por Penner, *The Idea of Property in Law*, pp. 174 e 180, sem discussão.
[129] Cfr. Alan Brudner, *The Unity of Common Law*, p. 54.

não existência em relação à minha vontade ao abandoná-la desdenhosamente. Ao livrar-me da coisa, eu mostro conclusivamente que ela me pertence em vez de eu lhe pertencer a ela". Esta concepção da propriedade revela a sua íntima conexão com o contrato; só no âmbito da alienação a propriedade atinge um estádio de desenvolvimento adequado à sua natureza intelectual. Aquela conexão demonstra, segundo Brudner, que "o contrato não consiste na transferência arbitrária de uma propriedade juridicamente acabada antes da troca, mas antes consiste nos perpetuamente restabelecidos acabamento e legitimação da propriedade"[130]. Assim, sem a alienação a propriedade não estaria acabada, uma vez que a objectivação da vontade na coisa depende da efectiva ligação física com ela; não estaria, além disso, legitimada, pois, uma vez que "um acto unilateral de apropriação nega o igual direito de todas as outras pessoas a uma acumulação infinita, ele falha como uma conquista objectivamente válida da coisa"[131].

Independentemente dos seus méritos como exposição visando revelar a unidade interna da *common law*, que aqui não cabe apreciar, a análise de Brudner falha enquanto interpretação da concepção de propriedade de Hegel, no âmbito do "direito abstracto". Desde logo, como se afirmou, não é possível imputar a Hegel um entendimento da posse, do uso e da alienação como elementos progressivamente mais adequados[132], por esta ordem, da propriedade ao estatuto de fim da pessoa, porquanto a posse tida em vista por Brudner não consiste na mesma realidade que Hegel aborda nos parágrafos 54 a 58 das *Grundlinien*. O que em tais parágrafos está em causa são os modos de aquisição da propriedade e não o instituto jurídico da posse. Por outro lado, não é possível afirmar que a propriedade apenas se completa e legitima através do contrato. Quanto ao primeiro aspecto, é inegável que a propriedade, e não a simples posse ou um direito de uso, existe para Hegel antes do contrato, como acima se mencionou[133].

---

[130] Cfr. Alan Brudner, *The Unity of Common Law*, pp. 56-57.
[131] Cfr. Alan Brudner, *The Unity of Common Law*, p. 55.
[132] Na realidade, como salienta Vittorio Hösle, *Hegels System*, p. 497, a divisão da secção relativa à propriedade entre tomada de posse, uso e alienação é tricotómica, mas não dialéctica.
[133] Cfr. Michael Theunissen, "Die verdrängte Intersubjektivität in Hegels Philosophie des Rechts", p. 351; Seyla Benhabib, "Obligation, Contract and Exchange: On the Significance of Hegel's Abstract Right", p. 163.

O que a propriedade aí exprime é a liberdade da pessoa em face das coisas da natureza, no duplo sentido de libertação do poder da natureza e de submissão desta aos seus fins. Neste sentido, a propriedade é perspectivada como um direito de domínio sobre a coisa e não como um direito de exclusão de terceiros. O direito de exclusão de terceiros e o poder efectivo de dispor da coisa situam-se em planos diversos[134]. Ambos têm, no entanto, como adiante se verá, o seu lugar próprio numa compreensão adequada da propriedade. Não é igualmente correcto sustentar que para Hegel a propriedade se legitima através do contrato. Os termos em que Brudner sustenta que essa legitimação opera passam por uma reformulação do limite lockeano da suficiência: "uma apropriação unilateral torna-se propriedade se, e só se, ela for consistente com os direitos dos outros a uma acumulação ilimitada"[135]. Por outras palavras, a alienabilidade da propriedade serviria para superar o problema do limite lockeano da suficiência. Não se compreende, no entanto, em que medida a possibilidade de se adquirir qualquer bem é susceptível de justificar a quantidade de bens sobre os quais alguém possa ter um direito de propriedade, justificação essa que o limite da suficiência pretende servir[136]. Com a singular pretensão de o contrato legitimar a propriedade, Brudner acaba por imiscuir no âmbito do "direito abstracto" considerações que Hegel expressamente exclui dele, como acima se disse, quando afirmou constituírem uma "contingência jurídica" as questões relativas a saber o quê e o quanto se possui.

    O afastamento da interpretação proposta por Brudner da concepção hegeliana da propriedade, implica também não poder aceitar-se integralmente a crítica que a esta é dirigida por J. E. Penner. O que está em causa é, por um lado, a ideia de que só no contrato a propriedade se constitui verdadeiramente como tal, que Penner considera ser uma das premissas da argumentação de Hegel relativa à propriedade e que Brudner adopta na sua própria reformulação daquela teoria, e, por outro lado, a ideia de que Hegel não estabelece uma distinção satisfatória entre o problema da propriedade e o problema do contrato. Quanto ao primeiro aspecto, e muito embora a

---

[134] Cfr. Damian Hecker, *Eigentum als Sachherrschaft*, pp. 256-257.
[135] Cfr. Alan Brudner, *The Unity of Common Law*, p. 56.
[136] Cfr. J. E. Penner, *The Idea of Property in Law*, p. 186.

relação entre contrato e propriedade preconizada por Hegel se afaste em muitos aspectos do sistema pandectístico subjacente ao Código Civil alemão de 1896[137], a verdade é que a sua concepção de propriedade constitui, como se disse, a expressão filosófica mais acabada da propriedade absoluta incluída naquele sistema. O projecto de Penner consiste em apresentar a propriedade como um direito sobre uma coisa[138]. Ora, precisamente, o entendimento da propriedade como um domínio da pessoa sobre a coisa, isto é, como uma relação directa entre uma pessoa e uma coisa, só pode ser conceptualizado, nos termos em que o fez Hegel, num plano filosófico e não num plano estritamente jurídico[139]. Nos termos dessa conceptualização o indivíduo isolado é proprietário por si. No que toca ao segundo aspecto mencionado, é sem dúvida verdade que a análise do contrato efectuada por Hegel parece demasiado presa ao direito de propriedade[140], mas a eventual deficiência que isso implique em termos de dogmática civilística, e que aqui não está em causa, tem o seu contraponto na enorme abertura de perspectivas a que dá lugar no domínio da filosofia jurídica e política. Só nesse âmbito, através de uma visão integrada dos diversos aspectos do sistema hegeliano, alcança o seu pleno significado a unidade subjacente à tripla dimensão da propriedade enquanto liberdade do indivíduo em face das coisas, enquanto "coisificação" de todas as relações entre pessoas, que Joachim Ritter muito acertadamente chama o "outro lado" da propriedade[141], e o

---

[137] Cfr. Peter Landau, "Hegels Begründung des Vertragsrechts", pp. 185-186 e 188-189, referindo-se, respectivamente, ao instituto da *laesio enormis*, que Hegel considera não como regra especial da compra e venda, mas como algo resultante do próprio conceito de contrato (cfr. Hegel, *Grundlinien der Philosophie des Rechts*, § 77, p. 160), e ao desconhecimento por parte de Hegel, quer da distinção entre *titulus* e *modus*, no sentido do *usus modernus* (sem prejuízo de no seu pensamento se estabelecer uma nítida distinção entre os fundamentos material e formal da aquisição originária da propriedade, como se mencionou), quer do contrato formal de transferência da propriedade que viria a ser consagrado no § 873 do BGB (cfr. Hegel, *Grundlinien der Philosophie des Rechts*, § 79, p. 162; cfr., ainda, V. Hösle, *Hegels System*, p. 502).

[138] Cfr. J. E. Penner, *The Idea of Property in Law*, p. 2.

[139] Neste sentido, cfr. Damian Hecker, *Eigentum als Sachherrschaft*, p. 254. À questão regressar-se-á adiante.

[140] Exprimindo, aliás, uma concepção corrente na época: cfr. J. de Sousa Ribeiro, *O Problema do Contrato*, p. 29, nota 31.

[141] Cfr. Joachim Ritter, "Person und Eigentum...", p. 273; Rudolf Meyer, "Das Verhältnis von «Person» und «Eigentum»...", p. 85.

direito geral de personalidade como limite a essa mesma "coisificação", expresso na rejeição da escravatura e outras formas de servidão. É precisamente a consciência desta unidade que permite a Joachim Ritter afirmar que Hegel concebe em última análise o direito real como direito pessoal, uma vez que através dele se reconhece "o direito da personalidade enquanto tal" (§ 40)[142]. A crítica que Penner move à concepção hegeliana da propriedade não tem na devida conta a circunstância de esta abranger não apenas a "propriedade no mundo", mas também a "propriedade de si mesmo", aquela definida pela alienabilidade de todas as coisas, esta pela inalienabilidade dos bens da personalidade, incluindo as opções éticas e religiosas.

Tal como se pode criticar em Hegel uma insuficiente distinção entre o problema do contrato e o problema da propriedade, também se pode censurar o seu pensamento, até com mais argumentos, por não destrinçar com clareza as questões relativas à personalidade daquelas que respeitam à propriedade. Mas antes de se avançar para essa questão, importa ainda discutir um outro ponto que verdadeiramente se encontra subjacente às dificuldades que têm vindo a ser discutidas. Trata-se do seguinte: a fundamentação da propriedade é levada a cabo por Hegel sem qualquer consideração dos outros sujeitos. Para Hegel, ao contrário de Kant, mas à semelhança de Locke, o proprietário é encarado como se estivesse sozinho no mundo. Não se trata apenas de uma concepção individualista da propriedade, mas de uma concepção verdadeiramente solipsista[143]. É precisamente a problematização deste carácter solipsista do tratamento da propriedade nos §§ 41 a 71 das *Grundlinien* que se deve adoptar como ponto de partida para a discussão da relação entre propriedade e contrato no

---

[142] Cfr. Joachim Ritter, "Person und Eigentum...", p. 280; Helmut Coing, "Der Rechtsbegriff der menschlichen Person und die Theorie der Menschenrechte", p. 69; quanto à citação de Hegel, cfr. *Grundlinien der Philosophie des Rechts*, § 40, p. 99; no mesmo sentido, afirma-se no § 66 constituirem exemplos de alienação da personalidade, não apenas a escravatura e a servidão, mas também a incapacidade para ter propriedade e as restrições à liberdade de propriedade (cfr. Hegel, *ob. cit.*, p. 142).

[143] Cfr. Michael Theunissen, "Die verdrängte Intersubjektivität in Hegels Philosophie des Rechts", p. 351; no mesmo sentido, cfr. K.-H. Ilting, "Rechtsphilosophie als Phänomenologie des Bewusstseins der Freiheit", pp. 232-234; Ludwig Siep, "Intersubjektivität, Recht und Staat in Hegels «Grundlinien der Philosophie des Rechts»", pp. 255-256 e 264-265; Vittorio Hösle, *Hegels System*, pp. 494-495.

pensamento de Hegel e não da afirmação de que ele parte da premissa segundo a qual a segunda instituição é a verdadeira base da primeira, como fazem Penner e Brudner, o primeiro rejeitando e o segundo aceitando tal premissa.

No § 71, relativo à passagem da propriedade para o contrato, Hegel afirma que através da propriedade, tratada nos parágrafos antecedentes, é-se proprietário "apenas mediante uma coisa e a minha vontade subjectiva"; pelo contrário, na aquisição de propriedade com base no contrato, uma pessoa torna-se proprietária "também mediante a vontade de um outro"[144]. À luz destas afirmações, dir-se-ia que a instituição do contrato é para Hegel um progresso em face da instituição da mera propriedade privada, uma vez que no contrato a propriedade teria o seu fundamento já não apenas na vontade do respectivo proprietário, mas na vontade comum de dois proprietários. Simplesmente, na anotação ao mesmo parágrafo, Hegel afirma que o "contrato pressupõe que as partes se reconheçam mutuamente como pessoas e proprietárias; e uma vez que ele é uma relação do espírito objectivo, o momento do reconhecimento está nele já contido e pressuposto"[145]. Mas se assim é, quer dizer, se as partes num contrato já se reconhecem como pessoas e proprietárias e esse é um dos pressupostos que tornam possível o contrato, não é correcto dizer-se que a propriedade na primeira secção do "direito abstracto" tem existência "apenas mediante uma coisa e a minha vontade subjectiva". Consequentemente, não se compreende também em que medida possa ser um progresso na efectivação da liberdade que a propriedade decorrente do contrato tenha o seu fundamento numa vontade comum (distinta da vontade universal). Tal progresso apenas ocorre quando o acordo entre aqueles que se reconhecem como pessoas e proprietários é por eles compreendido como uma acção com consequências jurídicas[146]. Este modo de ver, sustentado sobre a oposição entre o mero reconhecimento fáctico, comum às instituições da propriedade e do contrato, e o reconhecimento proporcionado, já não pela vontade individual do proprietário, nem pela vontade comum das partes, mas pela vontade

---

[144] Cfr. Hegel, *Grundlinien der Philosophie des Rechts*, § 71, p. 152.
[145] Cfr. Hegel, *Grundlinien der Philosophie des Rechts*, § 71, p. 153.
[146] Cfr. K.H. Ilting, "Rechtsphilosophie als Phänomenologie des Bewusstseins der Freiheit", pp. 235-236.

universal, ausente do plano do "direito abstracto", não capta a especificidade de cada uma das instituições. O direito da vontade individual em face das coisas destituídas de vontade permanece um momento necessário da relação de propriedade, como acima se mencionou. Neste contexto, a propriedade manifesta o domínio do espírito sobre a natureza. Sem um tal momento, a propriedade seria apenas fundada no contrato, o que para Hegel significaria: dependente do acaso e da mera opinião das partes contratantes. Ora, a propriedade enquanto instituição necessita tão pouco de ser fundada no contrato quanto a família ou o Estado[147]. Mas se a existência da propriedade não depende de um contrato, ela leva apenas implícita o reconhecimento do outro como potencial proprietário e por isso o contrato significa no "direito abstracto" a realização, em termos de reciprocidade, da relação de reconhecimento, isto é, a sua confirmação, concretização e objectivação[148]. De qualquer forma, a aproximação entre contrato e propriedade no pensamento de Hegel não releva tanto de a primeira instituição ser a verdadeira base da segunda, mas antes de o contrato surgir como uma "função dependente da propriedade privada"[149].

Qual é, pois, o significado da tendencial exclusão da intersubjectividade do tratamento da propriedade no âmbito do "direito abstracto"? Certamente que mesmo a relação sujeito-objecto da propriedade tem lugar no contexto de relações intersubjectivas, como o próprio Hegel não deixa de admitir[150] e, em todo o caso, se terá de admitir, para além de Hegel, tendo em vista uma compreensão filosófica adequada

---

[147] Cfr., quanto a estas últimas instituições, isto é, a família e o Estado, Hegel, *Grundlinien*, §§ 75, 100, 163 e 258, pp. 157, 191, 313, 399-401. Cfr. L. Siep, "Intersubjektivität, Recht und Staat in Hegels «Grundlinien der Philosophie des Rechts»", p. 266; Michael Theunissen, "Die verdrängte Intersubjektivität in Hegels Philosophie des Rechts", p. 352. Como afirma este último autor, Hegel "estiliza a relação negativa, exclusiva e indiferente entre os proprietários privados numa completa ausência de relação, por forma a evidenciar o mais possível que as partes num contrato nem sequer reunem os pressupostos para a fundação do Estado".

[148] Cfr. L. Siep, "Intersubjektivität, Recht und Staat in Hegels «Grundlinien der Philosophie des Rechts»", p. 266; Vittorio Hösle, *Hegels System*, pp. 500-501.

[149] Cfr. Michael Theunissen, "Die verdrängte Intersubjektivität in Hegels Philosophie des Rechts", p. 350.

[150] Cfr. Hegel, *Grundlinien der Philosophie des Rechts*, §§ 50 e 51, pp. 114 e 115; cfr., ainda, de forma mais explícita, Hegel, *Anhang zur Jenaer Realphilosophie. Ausarbeitungen zur Geistesphilosophie von 1803/04*, pp. 334-335.

do direito de propriedade. Aquela tendencial exclusão insere-se, como afirma Vittorio Hösle, na clara opção de Hegel pela propriedade privada como a mais elevada forma da propriedade. E essa opção, por sua vez, como o mesmo autor salienta, é inteiramente consistente com a filosofia do sujeito de Hegel: "Uma vez que a minha vontade, enquanto pessoal e, como tal, enquanto vontade de um indivíduo, se torna objectiva na propriedade, esta toma o carácter de propriedade privada"[151]. Uma tal opção pela propriedade privada, com exclusão de quaisquer outras formas de propriedade, não pode, no entanto, ser mantida nos âmbitos da moral e da eticidade. De resto, o próprio Hegel reconhece, na esfera da moral, a existência de um direito de necessidade que prevalece sobre o direito de propriedade de alguém, em caso de perigo extremo, bem como o carácter comum da propriedade na esfera da família[152].

(iii) Como se afirmou, também Hegel inclui no seu tratamento da propriedade a ideia de "propriedade de si mesmo", à semelhança do que sucede com Locke, embora com as importantes diferenças já antes assinaladas. Sem prejuízo de tais diferenças, é possível questionar, tal como em relação a Locke, se a discussão da personalidade e da relação da pessoa com a sua vida e o seu corpo, não seria porventura mais clara sem o uso em tal contexto da linguagem da propriedade, exprimindo-se apenas em termos de consciência de si mesmo e reconhecimento. As metáforas que rodeiam o conceito de "propriedade de si mesmo" parecem obscurecer a inadmissibilidade da escravatura, através da importação dos direitos de propriedade para um domínio em que eles são inapropriados, isto é, o das pessoas. Em tal domínio deve surgir como uma evidência o reconhecimento mútuo das pessoas no seu estatuto de titulares de direitos que inviabiliza a instituição da escravatura[153]. E, na realidade, desde muito cedo se entendeu não ser aceitável a divisão tripartida do "direito abstracto"

---

[151] Cfr. Hegel, *Grundlinien der Philosophie des Rechts*, § 46, p. 107; Vittorio Hösle, *Hegels System*, p. 496.
[152] Cfr. Hegel, *Grundlinien der Philosophie des Rechts*, §§ 127 e 170, pp. 239-240 e 323.
[153] Assim, cfr. Dudley Knowles, *Hegel and the Philosophy of Right*, pp. 122-123.

em propriedade, contrato e injusto e delito[154]. Sem pôr em causa o bem fundado, numa perspectiva actual, deste carácter inaceitável, não pode, todavia, deixar-se de ter em conta o modo como, com base na linguagem da propriedade, Hegel estabelece uma distinção incisiva entre a alienabilidade de todos as coisas e a inalienabilidade da pessoa, à qual é reconhecida a capacidade de ter para si, em termos intangíveis pela sociedade, o seu próprio ser. É certo que hoje não exprimimos essa ideia de intangibilidade da pessoa com base na linguagem da propriedade, mas, por um lado, em Hegel, a linguagem da propriedade é também uma linguagem da personalidade e, por outro lado, no tempo em que escreveu Hegel os princípios da alienabilidade das coisas e da inalienabilidade da pessoa não se encontravam ainda firmemente estabelecidos. Quanto ao princípio da alienabilidade das coisas, o conceito formal e abstracto de propriedade encontrava ainda oposição por parte do conceito de propriedade ligado às estruturas feudais, com expressão jurídica na teoria do domínio dividido, que Hegel rejeita expressamente, como se disse. De acordo com este conceito, a propriedade encontrava-se ligada a qualidades pessoais, muitas vezes encarada como inerente a determinados títulos políticos ou religiosos, e, nessa medida, nem todos podiam ser donos de tudo e nem tudo podia ser objecto de propriedade[155]. Quanto ao princípio da inalienabilidade das pessoas, é também em oposição aos vínculos pessoais e religiosos ainda presentes nos ordenamentos jurí-

---

[154] Cfr. Vittorio Hösle, *Hegels System*, p. 492: "É por isso certamente um progresso que Rosenkranz no seu sistema (1850) tenha estruturado o por ele designado «direito singular» por forma a conter o injusto na segunda secção, a que se segue uma terceira, relativa às penas. Na primeira secção abrange Rosenkranz aquilo que é tratado por Hegel nos capítulos relativos à propriedade e ao contrato, mas recorrendo a uma tripartição entre «liberdade pessoal», «propriedade» e «contrato». Esta divisão – semelhante à que se encontra na *Enziklopädie* de Heidelberga de Hegel (§§ 402 ss.) – é de facto convincente: em primeiro lugar ela é dialéctica; em segundo lugar são aqui distinguidas a pessoa e a propriedade, que Hegel desajeitadamente reúne – o seu conceito de propriedade abrange prestações, vida, corpo e liberdade (cfr. *Grundlinien*, § 43, pp. 104 e ss.), a tal ponto que o problema do suicídio é por ele discutido em conexão com a alienação da propriedade (*Grundlinien*, §70, p. 151)."

[155] Cfr. Bernhard Schlink, "The Inherent Rationality of the State in Hegel's *Philosophy of Right*", pp. 349-350; sobre a tardia implantação do conceito moderno de propriedade na Alemanha, cfr. Helmut Rittstieg, *Eigentum als Verfassungsproblem*, pp. 191 e ss.; Franz Wieacker, *Wandlungen der Eigentumsverfassung*, pp. 53 e ss.

dicos do seu tempo, que Hegel converte em bens próprios inalienáveis, sendo imprescritíveis os direitos a eles correspondentes, aqueles que "constituem a minha própria pessoa e a essência universal da minha autoconsciência, tais como a minha personalidade em geral, a universal liberdade da minha vontade, a eticidade, a religião"[156]. Por outras palavras, é, em parte, a circunstância de os ordenamentos jurídicos pré-modernos não delimitarem claramente o estatuto dos bens e o estatuto das pessoas que favorece o recurso à linguagem da propriedade para esse efeito. É igualmente neste contexto que se compreende a afirmação de Hegel de que a liberdade da propriedade é o princípio através do qual a liberdade cristã alcança existência[157], uma vez que ao limitar-se às relações de coisas, mediadas pela propriedade, entre as pessoas, a sociedade liberta o indivíduo enquanto personalidade para se tornar sujeito de tudo o que constitui quer a riqueza, quer a profundidade do ser espiritual e ético, não afectado neste caso por qualquer "coisificação"[158]. Ao mesmo tempo, não pode deixar de se reconhecer que uma razão estrutural, atrás mencionada, está também na base da proximidade entre propriedade e personalidade: trata-se justamente do isolamento em que é concebida a apropriação individual, como realização da pessoa. E subjacente a essa razão está ainda a oposição de princípio, e ao mesmo tempo excludente de outras possíveis determinações conceptuais, que estrutura toda a filosofia política de Hegel: a oposição entre o princípio moderno da liberdade subjectiva e o princípio da eticidade. É, em larga medida, porque aquele princípio é sempre perspectivado no contraste com este último que ele surge caracterizado com base na categoria da propriedade.

3.4 Propriedade e sociedade civil. Até ao momento foi analisada a propriedade tal como ela é apresentada na esfera do "direito abstracto". Importa agora averiguar em que termos ela se relaciona com as restantes partes do sistema hegeliano. A fim de compreender os termos dessa relação é necessário ter presente que através dela

---

[156] Cfr. Hegel, *Grundlinien der Philosophie des Rechts*, § 66, p. 141.
[157] Cfr. Hegel, *Grundlinien der Philosophie des Rechts*, §§ 62 e 185, pp. 133 e 342.
[158] Cfr. Joachim Ritter, "Person und Eigentum…", p. 277.

não se pretende transformar o significado que a propriedade assume no "direito abstracto", mas precisamente afirmar a manutenção desse significado, e a relativa autonomia que dele resulta em relação aos estádios mais concretos de realização da liberdade. No âmbito do "direito abstracto" a propriedade é deficiente na medida em que não envolve um suficiente reconhecimento do outro e por isso exige outros passos (o contrato, desde logo), levando à família, a qual, por seu turno, requer a introdução da sociedade civil e esta, por sua vez, conduz ao Estado. Nos termos da lógica dialéctica hegeliana, a incompletude de cada estádio apela a um outro, mais perfeito e completo; o estádio final é aquele que atinge um grau de perfeição e completude tais que o colocam na posição de não carecer de qualquer outro[159]. O método filosófico subjacente à sistematização da filosofia hegeliana do direito não é, no entanto, isento de dificuldades. Por um lado, a sucessão das várias existências da liberdade é ordenada em obediência ao desenvolvimento dialéctico do conceito de liberdade, procedendo do mais abstracto para o mais concreto. Assim, o "direito abstracto" e a "moral" não podem existir de forma independente, mas antes têm a "vida ética" como seu suporte e fundação[160]. O mesmo sucede com a transição da sociedade civil para o Estado. Segundo afirma Hegel, o Estado é o factor primário, no âmbito do qual a família se desenvolve na sociedade civil e é a ideia do Estado que se divide nestes dois momentos[161]. Assim, ainda que surja subsequentemente aos momentos da família e da sociedade civil, em termos do desenvolvimento conceptual do sistema no seu todo, o Estado consiste na verdade concreta desses momentos[162]. Mas, precisamente em função do que acaba de ser dito resulta também claro que Hegel é forçado na sua exposição a partir de premissas cuja justificação pura e simplesmente não tem lugar no momento em que elas surgem. Isso acontece, desde logo, porque Hegel procura desenvolver uma teoria do Estado moderno unindo na mesma exposição duas tarefas filosóficas distintas. O indivíduo torna-se consciente

---

[159] Cfr. Klaus Hartmann, "Toward a Systematic Reading of Hegel's Philosophy of Right", p. 118.
[160] Cfr. Hegel, *Grundlinien der Philosophie des Rechts*, § 141 Zusatz, p. 291.
[161] Cfr. Hegel, *Grundlinien der Philosophie des Rechts*, § 256, p. 398.
[162] Cfr. Paul Franco, *Hegel's Philosophy of Freedom*, pp. 191-192.

da sua liberdade quando adquire consciência das fundações institucionais dessa mesma liberdade, que por essa razão emergem no final da exposição da filosofia hegeliana do direito; por outro lado, aquelas fundações institucionais constituem pressuposto dos estádios mais abstractos da existência da liberdade. Karl-Heinz Ilting ilustra de modo particularmente claro o que acaba de ser dito a propósito do direito de propriedade. Segundo Ilting, Hegel parte do pressuposto de que uma sociedade capitalista apenas se pode desenvolver quando o Estado institui um sistema jurídico eficaz para a protecção da propriedade privada e estabelece, por outro lado, uma conexão explícita entre o problema da pobreza e um tal sistema, ao afirmar que o aumento infinito da dependência e da carência é confrontado com uma matéria que oferece resistência permanente, isto é, com meios exteriores cuja particular característica consiste em serem propriedade da vontade livre de outros[163]. Mas ao descrever o sistema de protecção da propriedade privada, ele afirma apenas que é no seu âmbito que o "direito abstracto" alcança validade e efectividade objectiva, deixando de ser apenas "em si"[164]. Enquanto na exposição de Kant é absolutamente claro que o direito de propriedade, com validade provisória no estado de natureza, apenas no Estado se torna peremptório, a exposição de Hegel parece apenas obscurecer o assunto. Todavia, se aquilo que se pretende evidenciar é a circunstância de apenas com o surgimento da sociedade civil ocorrerem as condições históricas sob as quais pode alcançar existência a ideia de uma igualdade de direitos, é também evidente que o Estado moderno se torna o primeiro requisito para esta alteração[165].

Com estas considerações sobre a compreensão do desenvolvimento do conceito de liberdade, pode agora retomar-se a análise da projecção da propriedade nos momentos seguintes. Com a transição da propriedade para o contrato, não está já em causa a relação da vontade com a coisa, mas a relação da vontade com outra vontade. Por outras palavras, na esfera do contrato ocorre uma mediação nos termos da qual "se tem propriedade, não mais apenas mediante uma

---

[163] Cfr. Hegel, *Grundlinien der Philosophie des Rechts*, § 195, p. 351.
[164] Cfr. Hegel, *Grundlinien der Philosophie des Rechts*, §§ 208 e 209, p. 360; Paul Franco, *Hegel's Philosophy of Freedom*, p. 262.
[165] Cfr. K.-H. Ilting, "The Dialectic of Civil Society", pp. 217-218.

coisa e a minha vontade subjectiva, mas também mediante uma outra vontade, e assim no contexto de uma vontade comum"[166]. Esta "vontade comum" em que se baseia o contrato é constituída, no entanto, pelas vontades pessoais das partes, ou seja, pelas suas vontades arbitrárias, e não deve, por essa razão, ser confundida com uma genuína "vontade geral"[167]. Através do contrato, as pessoas têm "existência para o outro" apenas através das coisas, ou seja, como proprietárias[168]. Como se disse já, é esta configuração da relação contratual que a torna inaplicável às identidades éticas, como a família e o Estado. Ao mesmo tempo, tal configuração, envolvendo a "coisificação" de todas as relações de pessoa a pessoa, constitui o princípio da sociedade civil[169]. A "coisificação" de todas as relações entre pessoas, e a sua redução ao tráfico delimitado pela compra, venda, aquisição, alienação e comércio, separa a existência social dos indivíduos de todo o vínculo ético substancial e coloca como único princípio social geral o princípio egoísta, em conformidade com o qual cada um é fim para si mesmo e os outros são nada[170]. Com a emergência da sociedade

---

[166] Cfr. Hegel, *Grundlinien der Philosophie des Rechts*, § 71, p. 152.

[167] Cfr. Hegel, *Grundlinien der Philosophie des Rechts*, §§ 75 ("Uma vez que as duas partes contratantes se relacionam enquanto pessoas imediatamente auto-suficientes, segue-se que a) o contrato é o produto da vontade arbitrária; b) a vontade idêntica que se torna existente através do contrato é apenas uma vontade posta pelas partes, portanto uma vontade comum e não uma vontade universal em si e para si; g) o objecto do contrato é uma coisa exterior individual, pois apenas coisas deste tipo são sujeitas à vontade puramente arbitrária das partes no sentido de as alienar") e 113 ("o acordo concluído no âmbito daquele [o contrato] é baseado na arbitrariedade; e a sua essencial referência à vontade do outro é juridicamente negativa, na medida em que eu retenho a minha propriedade (quanto ao seu valor) e deixo ao outro a sua"), pp. 157 e 211-212; cfr., ainda, Michael Theunissen, "Die verdrängte Intersubjektivität in Hegels Philosophie des Rechts", pp. 347-350; P. Franco, Hegel's Philosophy of Freedom, p. 202; W. Schild, "Begründungen des Eigentums in der politischen Philosophie des Bürgertums. Locke – Kant – Hegel", pp. 54-55.

[168] Cfr. Hegel, *Grundlinien der Philosophie des Rechts*, § 40, p. 98.

[169] Cfr. J. Ritter, "Person und Eigentum…", p. 274.

[170] Cfr. Hegel, *Grundlinien der Philosophie des Rechts*, § 182 Zusatz, p. 339; cfr. J. Ritter, "Person und Eigentum…", pp. 274-275. Na verdade, Hegel menciona dois princípios da sociedade civil, estando o egoísmo presente em ambos: o fim egoísta do indivíduo na sua realização e a relação nessa base com outros indivíduos, na qual cada um se afirma a si mesmo e se satisfaz através dos outros e ao mesmo tempo através da mediação exclusiva da forma da universalidade, dando assim origem a um sistema de dependência multilateral (cfr. Hegel, *ob. cit.*, §§ 182 e 183, pp. 339-340). Os efeitos desse sistema na perspectiva do

civil, isto é, uma esfera autónoma de interesse individual, independente em face da família e do Estado, alcança existência o princípio da liberdade individual, mas oferece-se também "o espectáculo da libertinagem e da miséria, com a corrupção física e ética que é comum a ambas"[171].

A noção de que no seio da sociedade civil alcança existência o direito de propriedade privada, enquanto realização histórica da liberdade geral do direito civil, tem, pois, uma quádrupla dimensão. Já atrás foram referidas três dessas dimensões, as quais, todavia, só agora, na esfera da sociedade civil, são realizadas. Trata-se, antes de mais, da ideia de propriedade como libertação do poder da natureza, isto é, da ideia de que a liberdade é apenas possível quando a natureza é "coisificada", tornando-se propriedade do homem enquanto objecto à sua disposição. Esta ideia exprime a convicção, partilhada por Marx, pese embora a sua crítica à propriedade privada[172], de que a liberdade humana está indissoluvelmente ligada à sociedade moderna e ao seu domínio racional sobre a natureza[173]. A este propósito é particularmente elucidativa a crítica dirigida por Hegel à "noção de que, em relação às suas necessidades, o homem viveu num assim

---

empobrecimento da personalidade são reconhecidos por Hegel, na esteira de Adam Smith: "A particularização do trabalho aumenta a quantidade da produção; numa manufactura inglesa trabalham 18 pessoas na produção de uma agulha; cada uma tem a seu cargo apenas um lado especial do trabalho; um só indivíduo não poderia produzir 120 agulhas, nem sequer uma; ... Mas na mesma proporção em que aumenta a quantidade produzida, diminui o valor do trabalho. ... O trabalho torna-se cada vez mais absolutamente morto, torna-se trabalho maquinal, a habilidade do trabalhador torna-se infinitamente mais limitada e a sua consciência é reduzida a um estado de apatia; ... e a conexão entre a forma particular de trabalho e a quantidade infinita de necessidades torna-se imperceptível e uma dependência cega, em termos de uma operação remota frequentemente impedir de modo repentino o trabalho de uma inteira classe de pessoas, que através dele satisfazem as suas necessidades, tornando-o supérfluo e inutilizável" (cfr. Hegel, *Anhang zur Jenaer Realphilosophie. Ausarbeitungen zur Geistesphilosophie von 1803/04*, pp. 333-334).

[171] Cfr. Hegel, *Grundlinien der Philosophie des Rechts*, § 185, p. 341.
[172] Cfr. Marx, *Das Kapital, Buch III*, p. 828: "a liberdade ... só pode existir onde o homem socializado, os produtores associados, regulam racionalmente o seu metabolismo com a natureza, colocando-a sob o seu controlo comum, em vez de serem governados por ela como pelas forças cegas da Natureza; e realizam isto com o menor gasto possível de energia e sob as condições mais favoráveis e dignas da sua natureza humana"; cfr., ainda, Paul Vogel, *Hegels Gesellschaftsbegriff*, pp. 219 e ss.
[173] Cfr. J. Ritter, "Person und Eigentum...", p. 273.

designado estado de natureza, em que tinha apenas pretensas necessidades naturais simples, para cuja satisfação empregava apenas os meios que a natureza contingente de forma imediata colocava à sua disposição". Não só esta concepção, que facilmente se deixa identificar com o pensamento de Rousseau, ignora "o momento de libertação que está presente no trabalho", como é ainda incorrecta, "porque as necessidades naturais enquanto tais e a sua imediata satisfação seriam apenas a condição do espírito imerso na natureza e, por isso, a condição da brutalidade e da não liberdade"[174]. Mas a libertação da natureza concretizada na propriedade efectua-se, através da propriedade privada, na relação entre pessoas limitada a coisas e da insusceptibilidade de a ela reduzir a pessoa – e estas constituem as segunda e terceira dimensões atrás aludidas. Com elas a propriedade não significa apenas libertação da natureza, mas também liberdade individual. Esta liberdade individual exprime-se, não apenas na inalienabilidade da pessoa no seu todo, mas também na coisificação das relações de trabalho, enquanto partes destacáveis desse todo, princípio sobre que assenta a distinção entre o escravo e o trabalhador moderno. É este, segundo afirma Ritter, o sentido racional das modernas relações laborais, com elas impõe-se a liberdade de todos, ainda que, num primeiro momento, sob a forma da miséria[175]. A estas dimensões da propriedade privada, já implícitas na análise do "direito abstracto", a esfera da sociedade civil põe a descoberto uma outra. Trata-se da propriedade privada como realização do interesse próprio, a qual tem o seu lado reverso na sociedade civil como espectáculo de miséria que conduz à criação da "plebe", isto é, dos excluídos sociais que existem ao mais baixo nível de subsistência[176]. Este é um aspecto inovador e de extrema importância no pensamento de Hegel, para quem "a importante questão de saber como possa a pobreza ser remediada aflige especialmente as sociedades modernas"[177]. Ao lado da concepção tradicional da pobreza como um problema criado pelos próprios pobres, os quais devem por isso ser compelidos a resolvê-lo,

---

[174] Cfr. Hegel, *Grundlinien der Philosophie des Rechts*, § 194, p. 350.
[175] Cfr. J. Ritter, "Person und Eigentum...", p. 278.
[176] Cfr. Hegel, *Grundlinien der Philosophie des Rechts*, § 244, p. 389.
[177] Cfr. Hegel, *Grundlinien der Philosophie des Rechts*, § 244 Zusatz, p. 390.

sendo para isso forçados a trabalhar[178], Hegel admite a existência de uma pobreza resultante de um desemprego estrutural, portanto de uma pobreza que decorre de "condições externas" e não pode ser imputada ao pobre[179]. A análise da sociedade civil levada a cabo por Hegel põe assim a descoberto a existência de relações de domínio no seu seio, toleradas por um princípio de igualdade formal, e que consistem na exploração de outros homens permitida pelas relações de propriedade.

Em face destas relações de domínio, é possível sustentar-se ser necessário atentar na possível diferença entre o direito à propriedade que assiste a todos os homens enquanto pessoas jurídicas e a concreta conformação das relações de propriedade na sociedade civil. Com base em tal diferença, seria possível regular e determinar estas últimas no seio da constituição do Estado, por forma a tornar efectiva a liberdade de todos. O direito à propriedade seria assim reconhecido como um direito constitucional, mas precisamente enquanto direito de liberdade, que apenas justifica ou permite aquelas relações de propriedade que são compatíveis com a liberdade de todos. Deste modo, a tensão que se encontra no pensamento de Kant entre a propriedade provisória e a peremptória, encontraria expressão no pensamento de Hegel na diferença e conexão entre a sociedade civil e o Estado racional[180]. Esta leitura do pensamento de Hegel sobre a

---

[178] Cfr. Hegel, *Grundlinien der Philosophie des Rechts*, § 240, p. 387.

[179] Cfr. Hegel, *Grundlinien der Philosophie des Rechts*, § 241, pp. 387-388. A consciência de que os indivíduos se encontram à mercê das alterações arbitrárias da actividade económica é adquirida desde muito cedo por Hegel ; assim, já na *Realphilosophie* do período de Jena ele afirmava que "ramos da indústria, que sustentavam uma larga classe de pessoas, fecham de vez por causa de alterações da moda ou queda dos preços devido a invenções em outros países etc., e [esta] muita gente é abandonada a uma pobreza que não pode ajudar-se a si própria" [cfr. Hegel, *Jenaer Realphilosphie (1805/06)*, p. 251]. Hegel encontra-se assim já num contexto em que a questão social não consiste na "incorporação do vagabundo no processo social de produção, a transformação do pedinte num trabalhador", como sucede ainda largamente com Locke, mas antes se reconduz ao próprio destino do trabalhador (cfr. Karl Renner, *The Institutions of Private Law*, p. 92).

[180] Esta parece ser a proposta de W. Schild, "Begründungen des Eigentums in der politischen Philosophie des Bürgertums. Locke – Kant – Hegel", pp. 57-58. De modo mais radical, Margaret Jane Radin pretende, não apenas que com a passagem para o Estado há lugar a uma reconfiguração da propriedade abstracta, mas que a teoria hegeliana do Estado "carrega as sementes da destruição de todos os direitos liberais vinculados a indivíduos

propriedade é, no entanto, questionável. Com efeito, ainda que se admita que o "direito abstracto" é uma forma de direito racional, mas apenas provisória em relação a uma condição de legislação pública[181], o ponto de partida de Hegel, isto é, a consideração da propriedade do indivíduo isolado, leva-o a colocar um especial relevo na afirmação da propriedade "livre e plena"[182], de um modo que a perspectiva intersubjectiva de Kant não implica necessariamente. Sem dúvida que o Estado hegeliano é aquela esfera mais elevada que "reivindica a vida e a propriedade dos indivíduos e exige o seu sacrifício"[183]. Mas, precisamente, sacrifício não significa transformação da propriedade. Para Hegel, como para Locke, existe apenas a expropriação como alternativa à propriedade privada plena; qualquer terceira alternativa é dificilmente pensável no contexto da sua teoria da propriedade[184]. Uma outra leitura consiste em sustentar que Hegel simplesmente pensava não existir solução para o problema da pobreza crónica gerada pelas sociedades modernas[185]. Finalmente, perante a necessidade de explicar por que razão não é a sociedade civil a última

---

(porque no Estado a vontade particular arbitrária passa a um nível superior que consiste em querer o universal). Consequentemente existe na teoria de Hegel uma base para a pretensão comunitária segundo a qual cada comunidade é uma entidade orgânica em que a propriedade privada não faz sentido. Hegel não articula esta pretensão, talvez porque ele se encontra demasiadamente enraízado no seu tempo" (cfr. Margaret Jane Radin, *Reinterpreting Property*, pp. 46-47). A verdadeira razão pela qual Hegel não articula tal pretensão consiste antes em que para ele a comunidade que reduz o indivíduo é inadequada à ideia de comunidade enquanto bem comum de indivíduos; a comunidade reconhece o indivíduo como um momento permanente do seu próprio desenvolvimento (neste sentido, cfr. Alan Brudner, *The Unity of Common Law*, p. 310, nota 121). Radin caracteriza a concepção de Hegel através de um movimento entre um momento kantiano (a pessoa abstracta, o indivíduo autónomo) e um momento comunitário (em última instância o Estado) que não dá conta do modo como esses dois momentos se encontram presentes na complexidade do sistema da vida ética.

[181] Neste sentido, Ludwig Siep, "Constitution, Fundamental Rights, and Social Welfare in Hegel's *Philosophy of Right*", p. 278.
[182] Cfr. Hegel, *Grundlinien der Philosophie des Rechts*, § 62, p. 132.
[183] Cfr. Hegel, *Grundlinien der Philosophie des Rechts*, § 100, p. 191.
[184] Cfr. Vittorio Hösle, *Hegels System*, p. 497.
[185] Cfr. Rolf-Peter Horstmann, "Hegels Theorie der bürgerlichen Gesellschaft", p. 210; Shlomo Avineri, *Hegel's Theory of the Modern State*, p. 154; John Rawls, *Lectures on the History of Moral Philosophy*, p. 348; Allen Wood, *Hegel's Ethical Thought*, pp. 247 e ss.; Jerry Z. Muller, *The Mind and the Market*, p. 161.

categoria da filosofia social, poder-se-ia ainda combinar, de algum modo, as duas respostas anteriores. A "resposta exotérica" de Hegel seria que a sociedade não pode lidar consigo própria, que ela produz uma "polarização entre pobreza e riqueza, pauperização e colonialismo". A sua "resposta esotérica" é que deve haver "uma estrutura categorial mais elevada, uma estrutura com uma relação mais afirmativa da relação de todos com cada um do que aquela que resulta dos antagonismos típicos da sociedade". Nos termos desta resposta, a sociedade não é ainda universal, mas apenas "regula as actividades dos muitos imersos no seu atomismo", visando somente a protecção do indivíduo e da sua propriedade (como é próprio da sociedade política de Locke) ou procura "acomodar interesses particulares, i. e., de grupos". O Estado poderia superar as deficiências da sociedade civil na medida em que não é uma "instância da rivalidade social", mas existe como esfera com a qual todos se podem identificar, isto é, enquanto comunidade universal[186].

3.5 Sociedade civil e Estado. Antes de se tomar posição sobre estas leituras da resposta de Hegel aos dilemas colocados pela sociedade civil, importa atentar neste conceito, sobretudo na perspectiva da sua relação com o Estado. Com efeito, pode afirmar-se que a chave para a compreensão das intenções da teoria política hegeliana reside na adequada interpretação da relação entre Estado e sociedade civil[187]. Aqui não nos interessa aprofundar essa interpretação senão na medida em que ela esclareça a concepção hegeliana da propriedade, ou seja por ela esclarecida. Ao mesmo tempo, julga-se que a propriedade ocupa um lugar essencial na mediação da diferença entre Estado e sociedade civil ou, em última análise, na explicação do insucesso dessa mediação.

---

[186] Cfr. Klaus Hartmann, "Toward a Systenatic Reading of Hegel's Philosophy of Right", p. 120. A "resposta esotérica" de Hartmann é também seguida, embora não assumida por este autor como tal, por Garbis Kortian, "Subjectivity and Civil Society", p. 205.

[187] Cfr. Rolf-Peter Hostmann, "Über die Rolle der bürgerlichen Gesellschaft in Hegels politischer Philosophie", p. 279.

3.5.1 A novidade do conceito hegeliano de sociedade civil e a tradição política europeia.

Cabe a Karl Löwith o mérito de, pela primeira vez, apresentar a sociedade civil hegeliana num âmbito mais amplo, em que a distinção entre ela e o Estado surge interpretada em termos do dualismo entre a *polis* clássica e a liberdade moderna do cristianismo[188]. Este modo de ver procede inversamente daquele que foi adoptado desde muito cedo pela generalidade dos intérpretes de Hegel, que tendem a ler o conceito de sociedade civil no sentido da nova sociologia, como expressão da emancipação da burguesia, ou como exposição conceptual da moderna sociedade do trabalho. Com efeito, mesmo sem pôr em causa estas leituras, ao interpretar a relação entre a sociedade civil e o Estado hegelianos em termos do dualismo entre o princípio da liberdade política clássica e o princípio da liberdade individual moderna, pergunta-se antes de mais pela relação do conceito com o seu uso antigo (poder-se-ia mesmo dizer – pré-hegeliano) da expressão, tal como surge, por exemplo, em Locke e Kant[189]. Desta forma, consegue-se compreender o conteúdo histórico do conceito hegeliano, comparando-o com a tradição política europeia, contribuindo-se, do mesmo passo, para a compreensão do sentido da relação entre a sociedade civil e o Estado na filosofia política hegeliana e do lugar que a propriedade nela ocupa.

Na tradição europeia anterior a Hegel, que remonta à filosofia antiga e, em particular, a Aristóteles, Estado e sociedade civil são expressões que designam a mesma realidade. No contexto dessa tradição, a identidade de sentido das duas expressões decorre da circunstância de ambas designarem a ideia de união ou comunidade e assim o qualificativo «civil» exprimir simplesmente o carácter político

---

[188] Cfr. Karl Löwith, *From Hegel to Nietzsche*, p. 241; neste sentido, cfr. Manfred Ridel, "Der Begriff der «Bürgerlichen Gesellschaft» und das Problem seines geschichtlichen Ursprung", p. 137.

[189] Cfr. Manfred Riedel, "Der Begriff der «Bürgerlichen Gesellschaft» und das Problem seines geschichtlichen Ursprung", p. 138; Ernst-Wolfgang Böckenförde, "Die Sozialen und politischen Ordnungsideen der Französischen Revolution", pp. 11 e ss. Como Riedel não deixa de notar, são relevantes a este propósito – isto é, da importância da leitura do moderno conceito de sociedade do ponto de vista da tradição jurídico-política e do mundo pré-revolucionário tendo em vista a correcta compreensão do seu significado – as considerações de Otto Brunner (cfr. Riedel, *ob. cit.*, p. 146, nota 19; cfr., ainda, supra, Parte I, cap. 3, ponto 3.6.3).

de uma sociedade, que resulta naturalmente da associação entre diversas sociedades domésticas, as quais, por sua vez, resultam, também elas naturalmente, dos laços familiares, abrangendo os servos e criados. A conceptualização deste modelo, construído sobre a oposição entre sociedade doméstica e sociedade civil ou Estado, encontra-se na *Política* de Aristóteles, influenciando toda a filosofia política posterior até finais do século dezoito. Assim, em 1725, Christian Thomasius podia ainda formular a contraposição política clássica entre *societas civilis* e *societas domestica* nos seguintes termos: "A sociedade dos homens em si mesma não é nem civil, nem doméstica. Esta é a base daquela, porque a sociedade civil não significa aqui outra coisa senão uma união de muitas sociedades domésticas e das pessoas que em elas vivem"[190]. A identidade entre sociedade civil, como comunidade política e Estado, ocorre, como se viu, em Locke e Kant. Mas ocorre também em ambos os autores, como igualmente se viu, a distinção entre Estado ou sociedade civil, por um lado, e a sociedade doméstica, por outro, em relação à qual o tratamento da propriedade, por seu turno, não chega a ser plenamente autonomizado. Na verdade, é essa ausência de uma autonomia completa entre a propriedade e a sociedade doméstica que explica o mencionado carácter paradoxal da posição de Locke em relação ao capitalismo[191], como explica também a singular modalidade de direito pessoal de carácter real, que Kant se orgulhava de apresentar como novidade na sua proposta de sistematização do direito privado[192].

---

[190] Cfr. Chr. Thomasius, *Kurtzer Entwurf der politischen Klugheit*, cit. em M. Riedel, "Tradition und Revolution in Hegels «Philosophie des Rechts»", p. 128; idem, "Der Begriff der «Bürgerlichen Gesellschaft»...", p. 144; cfr., ainda, Daniela Gobetti, *Private and Public*, p. 16.

[191] Cfr. supra, ponto 1.5.3.3.

[192] Kant questionou-se, com efeito, se o conceito de direito pessoal de carácter real, enquanto "«fenómeno novo no firmamento jurídico», é uma *stella mirabilis* (uma estrela que cresce até se converter numa estrela de primeira grandeza, antes nunca vista, mas que volta paulatinamente a desaparecer, retornando porventura de uma outra vez) ou apenas uma estrela cadente", acabando por concluir: "Tudo isto para aclaração e defesa de um título jurídico estranho, que foi recentemente feito acrescentar à doutrina da lei natural, se bem que dele sempre se tenha feito uso, pese embora de modo tácito" [cfr. Kant, *Rechtslehre*, pp. 482 e 485 (cfr. *Metafísica dos Costumes*, pp. 250 e 254); cfr., ainda, supra, nota 443 e ponto 2.3].

Se é possível afirmar em geral, dos pensadores do direito natural moderno, que se ligam formalmente à tradição clássica identificando Estado e sociedade civil, já não é, no entanto, possível atribuir-lhes, em bloco, uma determinada relação substancial com essa tradição. São conhecidas as considerações tecidas por Hobbes sobre a liberdade política dos antigos. Na mesma linha, a sociedade civil ou política de Locke visa apenas a protecção do indivíduo e da sua propriedade, sem exigir dele qualquer sentido de identificação com a vida política da cidade. Esse sentido é, todavia, recuperado por Rousseau. Mas mesmo Rousseau não deixava de reconhecer a dificuldade de aplicar conceitos antigos como "cidadão" e "pátria" nas condições da modernidade[193]. Muito menos controversa, ainda que mais implícita, surge a relação dos autores do moderno direito natural com o conceito de sociedade doméstica que igualmente integrava a tradição política ocidental. Para a generalidade dos autores, as relações próprias da sociedade doméstica, entre marido e mulher, pais e filhos, senhores e criados, são consideradas como "naturalmente" reguladas e excluídas da esfera política, uma vez que, embora sejam objecto de transacção, elas não são encaradas como dando azo a conflitos potencialmente letais[194]. Kant exprime essa identificação tendencial entre sociedade doméstica e estado de natureza quando afirma que "ao estado de natureza não se opõe o estado social, mas o civil: naquele pode, de facto, haver sociedade, só que não civil (que assegura o meu e o teu

---

[193] Cfr. Rousseau, *Émile ou de l'Éducation*, p. 86: "L'institution publique n'existe plus, et ne peut plus exister; parce qu'ou il n'y a plus de patrie il ne peut plus y avoir de citoyens. Ces deux mots, patrie et citoyen doivent être effacés des langues modernes".

[194] Cfr. Daniela Gobetti, *Private and Public*, pp. 76-77. A autora salienta como é pouco usual os escritores do direito natural averiguarem em profundidade o potencial para o conflito inerente às relações que estruturam a sociedade doméstica: "Only in passing do writers mention that husband/wife, parent/child, and master/servant relationships may generate lethal struggle. They may admit it indirectly, as Hobbes and Pufendorf do in contending that man and woman may go to war with each other; or, as Tyrrel does, in granting, in opposition to Filmer, that children are entitled to defend themselves from their father's violence. But more often they sidestep the issue, by presenting these relationships as inherently peaceful and naturally regulated. This is far from being a marginal theme, for the description of a peaceful state of nature hinges precisely on the description of family relations. The very same relations that are, by definition, excluded from being politically relevant. Locke is the thinker who most insists, against Filmer, that conflict can be ruled out from the household, so that the need for political regulation will not arise".

por meio de leis públicas); daí que o direito no primeiro caso se chame direito privado"[195].

É neste horizonte que deve ser compreendida a radical inovação representada pelo conceito de sociedade civil em Hegel. Com efeito, manter a dicotomia clássica entre sociedade civil e sociedade doméstica, no contexto do individualismo próprio do direito natural moderno, conduz a resultados inaceitáveis para Hegel. Na perspectiva da configuração da sociedade civil, tal manutenção conduz, na linha de Locke, a um esvaziamento da diferenciação do Estado em relação à mera tutela da propriedade ou, na esteira de Rousseau, a fazer assentar o Estado racional na vontade individual de cada um, ou, por outras palavras, a considerar a vontade geral da comunidade política como o resultado da agregação das vontades individuais. Ora, mesmo esta última via é inaceitável para Hegel: se ele reconhece constituir mérito de Rousseau avançar com a vontade como princípio do Estado, critica-o por ter considerado a vontade apenas na forma determinada da vontade individual e encarar a vontade universal, não como a racionalidade da vontade em si e para si, mas apenas como o elemento comum resultante da vontade individual enquanto vontade consciente. Isto equivale, aos olhos de Hegel, a fazer da união dos indivíduos no Estado um contrato, baseado nas respectivas vontades arbitrárias e opiniões. Conferir poder a estas abstracções equivale a um conceito puramente negativo da liberdade, cujas consequências negativas estavam bem patentes para Hegel no período do Terror, subsequente à Revolução francesa[196]. Por seu turno, na perspectiva da sociedade doméstica, a mesma manutenção da dicotomia clássica no contexto do pressuposto individualista do direito natural moderno conduz à contratualização da família, que Hegel critica especialmente em Kant[197], bem como, paradoxalmente, à incapacidade para compreender a crescente separação entre a propriedade e a família, ainda entendida no sentido da sociedade doméstica da tradição aristotélica, como abrangendo as relações entre marido e mulher, pais e filhos e senhor e criados.

---

[195] Cfr. Kant, *Rechtslehre*, Einleitung, p. 350 (cfr. *Metafísica dos Costumes*, p. 64).
[196] Cfr. Hegel, *Grundlinien der Philosophie des Rechts*, §§ 258 e 5, pp. 401 e 52.
[197] Cfr. Hegel, *Grundlinien der Philosophie des Rechts*, § 75, p. 157.

Pois bem, a identificação entre o Estado e mera tutela da propriedade na sociedade civil é incompatível com a ideia de Estado que Hegel assume como paradigma da vida ética. A vida ética significa para Hegel a identificação do indivíduo com os "poderes éticos" e as "relações necessárias" de um determinado povo e Estado[198]. Para ele, como se mencionou, são apenas possíveis duas perspectivas na ética: aquela que parte da substancialidade e aquela que procede atomisticamente e toma a individualidade como ponto de partida. Por isso mesmo, a identificação do Estado com a vontade geral só pode ser harmonizada com o espírito se for interpretada de acordo com o pensamento de Aristóteles, para quem o todo (a vontade geral) existe por natureza antes das suas partes constitutivas (as vontades individuais)[199]. Segundo Hegel, "se o Estado é representado como uma unidade de diferentes pessoas, como uma unidade que é meramente

---

[198] Cfr. Hegel, *Grundlinien der Philosophie des Rechts*, §§ 145 e 148, pp. 294 e 297; Manfred Riedel, "Tradition und Revolution in Hegels «Philosophie des Rechts»", p. 115.

[199] Cfr. M. Riedel, "Hegels Kritik des Naturrechts", pp. 48-49 e 65; idem, *Bürgerliche Gesellschaft und Staat bei Hegel*, p. 69; Vittorio Hösle, *Hegels System*, p. 558 [cfr. Aristóteles, *Política*, I.2, 1253a18–29 (p. 55)]. Esta ideia é expressa logo nos primeiros escritos do período de Iena (cfr. Hegel, *Über die wissenschaftlichen Behandlungsarten des Naturrechts*, p. 175; *System der Sittlichkeit*, p. 71; *Jenaer Realphilosophie (1805/06)*, p. 263, mas encontra-se também presente na filosofia do direito de 1821, como decorre, quer do parágrafo citado na nota anterior, quer, por exemplo, da afirmação segundo a qual "em oposição ao princípio da vontade individual, devemos recordar o conceito fundamental segundo o qual a vontade objectiva é racional em si, no seu *conceito*, quer ela seja reconhecida pelos indivíduos e querida por estes no seu arbítrio, quer não" (Cfr. Hegel, *Grundlinien der Philosophie des Rechts*, § 258, p. 401). A diferença está em que nos primeiros escritos, não é apenas afirmada a precedência ética do universal sobre o individual, mas é a própria concepção da vida ética que é concebida à luz de uma combinação do conceito de substância de Espinosa com a doutrina aristotélica da comunidade política, no âmbito da qual lei natural e lei moral se identificam (cfr., neste sentido, K.-H. Ilting, "Hegels Auseinandersetzung mit der aristotelischen Politik", pp. 764-766). As questões em torno das quais se verifica uma evolução do pensamento de Hegel nesta matéria prendem-se essencialmente, por um lado, com uma visão da relação entre liberdade e natureza no âmbito da qual a liberdade deixa de ser entendida como realizada na natureza para passar a ser entendida como realizando-se, na história, em face da natureza e, por outro lado, com a progressiva afirmação do princípio da liberdade individual como limite às concepções éticas da antiguidade, ao mesmo tempo que esse princípio surge entendido como uma autoreflexão do espírito (sobre as diferentes fases do pensamento de Hegel no domínio da filosofia jurídica e política, cfr. Riedel, *ob. cit.*, pp. 64-65 e 72; Habermas, "Trabalho e Interacção. Notas sobre a Filosofia do Espírito de Hegel em Iena", pp. 39-40).

uma comunidade de interesses, isso aplica-se apenas à determinação da sociedade civil. Muitos dos modernos exponentes do direito constitucional mostraram-se incapazes de oferecer qualquer perspectiva do Estado para além desta. Na sociedade civil cada indivíduo é o seu próprio fim e o resto é nada para ele. Mas sem relação com os outros ele não pode alcançar os seus fins em toda a sua extensão; estes outros são assim meios para o fim do indivíduo"[200]. Por outro lado, a família não é entendida por Hegel como uma "sociedade", constituída com base num contrato, mas como uma pessoa permanente e universal em cuja realidade externa a propriedade abstracta, que contém o momento arbitrário da necessidade particular do mero indivíduo, é transformada em cuidado e aquisição para um fim comum, quer dizer, é transformada numa qualidade ética[201]. Se a realidade externa da família, enquanto pessoa jurídica, consiste numa propriedade, essa propriedade não surge, no entanto, associada à casa como unidade económica primária. Hegel não trata, como fez Kant, do direito da sociedade doméstica, mas refere-se apenas à família, "na figura do seu conceito imediato, como matrimónio", na sua "existência exterior, como a propriedade e bens da família e sua administração" e na "educação dos filhos e a dissolução da família"[202]. No pensamento de Hegel adquire assim expressão a desvinculação entre a família e o estado de natureza construído sobre o pressuposto individualista e, simultaneamente, a substituição da velha noção de família, no sentido da sociedade doméstica, como unidade económica primária, pelo conceito "sentimental" de família do final do século dezoito[203].

---

[200] Cfr. Hegel, *Grundlinien der Philosophie des Rechts*, § 182, Zusatz, pp. 339-340.
[201] Cfr. Hegel, *Grundlinien der Philosophie des Rechts*, § 170, p. 323.
[202] Cfr. Hegel, *Grundlinien der Philosophie des Rechts*, § 160, p. 309.
[203] Cfr. M. Riedel, , "Der Begriff der «Bürgerlichen Gesellschaft»...", p. 163; idem "Tradition und Revolution in Hegels «Philosophie des Rechts»", p. 129 e nota 45 (Riedel tem aqui presente a exposição de Otto Brunner, ao contrastar o conceito de família próprio da sociedade doméstica, submetida ao *oikodespotes* helenístico, ao *pater familias* do direito romano e ao *senhor da casa* da idade média e dos começos da modernidade, e o conceito "sentimental", em que a família surge crescentemente concebida como a união de pais e filhos assente em laços afectivos, com início no século dezoito: cfr. "Das 'Ganze Haus' und die alteuropäische 'Ökonomik'", *cit.*, p. 112); cfr., ainda, Siegfried Blasche, "Natürliche Sittlichkeit und bürgerliche Gesellschaft. Hegels Konstruktion der Familie als sittliche Intimität im entsittlichten Leben", pp. 318 e 325.

Isto significa, todavia, que a contraposição entre o Estado e a família, entendidos como realidades éticas, isto é, realidades em que o todo não se esgota na soma das partes, mas antes as precede, tem de ser completada pela atribuição de um espaço próprio à actuação do indivíduo, movido pelo seu interesse próprio, enquanto agente económico primário. Um tal espaço era reclamado pela importância que desde cedo assume no pensamento de Hegel, em resultado da sua familiaridade com os escritos de autores como James Steuart e Adam Smith[204], a consciencialização de que os processos económicos deixam de estar centrados na sociedade doméstica e passam a ter o seu lugar próprio na sociedade no seu conjunto (a sociedade civil), com o advento das economias nacionais[205]. E essa consciencialização é acompanhada pelo reconhecimento da economia política como "uma das ciências que surge na idade moderna e tem nela a sua base" e visa "explicar movimentos e relações das massas nas suas determinação e complexidade qualitativa e quantitativa"[206].

A construção de Hegel substitui assim a velha dicotomia assente na separação entre sociedade civil e sociedade doméstica, esta última mais ou menos difusamente integrada no estado de natureza, por uma nova tricotomia que distingue o Estado, a sociedade civil e a família. Tal substituição é, sem dúvida, determinada pela crítica persistente do individualismo do direito natural moderno e da sua inca-

---

[204] Cfr. G. Lukács, *Der junge Hegel*, pp. 228 e ss., 403 e ss.; M. Riedel, "Die Rezeption der Nationalekönomie", pp. 76 e ss.; Paul Chamley, "La Doctrine Économique de Hegel d'aprés les Notes de Cours de Berlin", pp. 132 e ss.; Raymond Plant, "Economic and Social Integration in Hegel's Political Philosophy", pp. 64 e ss.; Laurence Dickey, *Hegel: Religion, Economics, and the Politics of Spirit, 1770-1807*, pp. 186 e ss.

[205] Cfr. M. Riedel, "Tradition und Revolution in Hegels «Philosophie des Rechts»", pp. 129-130. Vários autores apontam a influência em Hegel do *Essay on the History of Civil Society* (1767), de Adam Ferguson, a par de James Steuart e Adam Smith, para a compreensão da sociedade civil não já na dimensão da organização política, mas na da civilização material de uma sociedade (cfr., por exemplo, Jean L. Cohen e Andrew Arato, *Civil Society and Political Theory*, pp. 90 e 92, questionando até a originalidade Hegel quanto ao uso do conceito de sociedade civil ; em sentido contrário, cfr. Manfred Riedel, *ob. cit.*, p. 121, e nota 28).

[206] Cfr. Hegel, *Grundlinien der Philosophie des Rechts*, § 189, p. 346. Cfr. J. Ritter, "Hegel und die französische Revolution", p. 221: "Hegel adopta a teoria da economia política e relaciona-a pela primeira vez com a filosofia, e não apenas para a Alemanha"; no mesmo sentido, cfr. G. Lukács, *Der junge Hegel*, p. 28.

pacidade de encarar a realidade ética do Estado e da família. Na verdade, como salienta Rolf-Peter Horstmann, o direito natural moderno desenvolve a base teórica da sua dedução de todas as relações políticas e sociais, isto é, éticas, como as designa Hegel, a partir do conceito do indivíduo isolado. O direito natural proporciona os meios que permitem transformar directamente o singular no universal, segundo a terminologia hegeliana, sem deixar qualquer espaço para a ideia de uma vida ética universal, tal como Hegel a concebe. Mas, ao mesmo tempo, como igualmente afirma o mencionado autor, Hegel vê muito claramente que o individualismo do moderno direito natural, com o seu princípio formal de transformar o singular no universal, reflecte adequadamente as condições específicas sob as quais se desenvolveu a realidade social da idade moderna[207]. No sistema de Hegel são integradas a tradição clássica da filosofia política, de Aristóteles a Bodin, assente na dicotomia entre família / sociedade doméstica e sociedade civil / Estado, por um lado, e a tradição do direito natural moderno, com início em Hobbes, estruturada sobre a

---

[207] Cfr. Rolf-Peter Horstmann, "Über die Rolle der bürgerlichen Gesellschaft in Hegels politischer Philosophie", pp. 286-287; cfr., ainda, M. Riedel, "Hegels Kritik des Naturrechts", pp. 64 e ss. A crítica hegeliana do direito natural moderno é efectuada desde logo no escrito sobre o direito natural de 1802-1803, em que este é apresentado como pressupondo, em todas as suas modalidades, "o ser do indivíduo como aquilo que é primário e supremo" (cfr. Hegel, *Über die wissenschaftlichen Behandlungsarten des Naturrechts*, p. 124). Hegel distingue aí o direito natural empírico do formal. O primeiro, caracterizando o pensamento de autores como Grócio, Hobbes, Locke, Pufendorf e Rousseau, toma como ponto de partida uma determinada caracterização da natureza humana, assente, por exemplo, no impulso para a autopreservação ou na sociabilidade, e propõe, nessa base, uma organização racional da vida em sociedade; o segundo, de que são exemplos as construções de Kant e Fichte, em vez de partir de uma caracterização da natureza humana, toma por base um conceito transcendental da razão prática, em que a consciência moral do sujeito pensante é esvaziada de toda a determinação empírica e os requisitos da natureza humana se encontram na reflexão do eu sobre si mesmo. Em ambos os casos, como se disse, quer considerando como natural e moralmente relevante apenas os comportamentos dos indivíduos isolados, quer considerando os actos morais como resultando de um exercício da razão purificado de quaisquer inclinações empíricas, prevalece o atomismo, sendo a união ética entre as pessoas vista como algo imposto de fora (cfr. *Über die wissenschaftlichen Behandlungsarten des Naturrechts*, pp. 110 e ss.; cfr. M. Riedel, *ob. cit.*, pp. 43-44; Axel Honneth, *The Struggle for Recognition*, p. 12; Bernard Bourgeois, *Le Droit Naturel de Hegel*, pp. 99 e ss., 151 e ss.).

dicotomia estado de natureza/Estado[208]. A primeira tradição está presente em Hegel, na medida em que, ao configurar o Estado como o momento final e englobante dos momentos precedentes, reproduz a ideia de integração da sociedade doméstica na sociedade civil[209]; da segunda tradição, no âmbito da qual foi elaborado um conceito de liberdade individual que vincula o poder político[210], retira Hegel, pelo contrário, a separação entre sociedade civil e Estado.

A sociedade civil, tal como a moral (como conceito distinto da vida ética), é uma aquisição da modernidade e daí que tenha o seu lugar próprio no sistema de Hegel: a sociedade civil consiste na negação da vida ética; pelo contrário, "casamento, Estado – são as únicas grandes totalidades éticas – as substâncias"[211]. Pode, no entanto, afirmar-se que ao separar o Estado da sociedade civil e ao criticar o individualismo desta última em nome de uma totalidade ética inicialmente inspirada no modelo da *polis* clássica, torna-se possível aplicar a Hegel a reflexão que Leo Strauss formulou em relação ao pensamento de Rousseau: também aqui a crítica da modernidade tem o efeito paradoxal de fazer avançar a própria modernidade[212]. Esse avanço consiste desde logo no desmantelamento da sociedade doméstica, na autonomização completa da propriedade em relação a ela, em consequência de tal desmantelamento, e no reconhecimento da esfera da economia assente na divisão do trabalho como princípio motor da sociedade civil[213]. Nas expressivas palavras de Hegel, a "sociedade civil arranca o indivíduo dos laços familiares, torna os membros da família estranhos uns em relação aos outros e reconhece-os

---

[208] Cfr. Bobbio, "La Filosofia Giuridica di Hegel nel Decennio 1960-70", p. 182.

[209] Assim, tal como no âmbito da tradição clássica apenas ao chefe da sociedade doméstica está aberto o acesso à sociedade civil, também para Hegel a mulher esgota a sua vocação na esfera da família e apenas ao marido é dado percorrer o desenvolvimento da substancialidade ética desde a família em direcção ao Estado: cfr. Hegel, *Grundlinien der Philosophie des Rechts*, § 166, pp. 318-319; Michael Theunissen, "Die verdrängte Intersubjektivität in Hegels Philosophie des Rechts", pp. 327-328.

[210] Cfr. Balsemão Pires, "Entre o Facto da Separação e a Exigência da Unidade: A Sociedade Civil Hegeliana", p. 174.

[211] Cfr. Hegel, *Grundlinien der Philosophie des Rechts*, § 142 Zusatz, p. 293; cfr., ainda, Vittorio Hösle, *Hegels System*, p. 529.

[212] Cfr. Leo Strauss, *Natural Right and History*, p. 252.

[213] Cfr. Manfred Riedel, "Der Begriff der «Bürgerlichen Gesellschaft»...", pp. 156 e ss.

como pessoas auto-suficientes. Além disso, substitui pelos seus próprios a natureza inorgânica exterior e o solo paternal, em que os indivíduos tinham a sua subsistência, e submete a existência de toda a própria família à dependência da sociedade civil e à contingência. Assim, o indivíduo torna-se um filho da sociedade civil, a qual tem tantas pretensões sobre aquele, quanto aquele direitos sobre esta"[214]. Ao mesmo tempo que é autonomizada em relação à sociedade doméstica, que por seu turno desaparece como conceito significativo da filosofia política, a propriedade deixa de ser entendida, no pensamento de Hegel, como condição de acesso à vida política, no sentido ainda pressuposto pela ideia de independência, que Kant sustentava constituir um princípio político *a priori* da condição civil, nos termos atrás expostos[215]. Com efeito, Hegel critica explicitamente as propostas tendentes a fazer da propriedade um critério de atribuição do direito de participação política. A sua crítica reveste alguma semelhança com aquela a que atrás se submeteu a ideia kantiana de independência como princípio *a priori* da comunidade política, ao considerar a propriedade como uma qualidade que apenas diz respeito ao indivíduo de forma contingente. O seu propósito não consiste, no entanto, em estabelecer que a propriedade, enquanto contingência económica, não pode servir como critério de restrição do direito de participação política, mas antes em afirmar que esse direito apenas pode ter por base características constitutivas da ordem civil, como o desempenho de um cargo público ou a pertença a uma classe. Por outras palavras, a propriedade não serve como critério de atribuição do direito de participação política, porque ela releva mais do princípio individualista (próprio da sociedade civil) do que do princípio de uma ordem social orgânica que é próprio do Estado[216]. Simplesmente, ainda que se questione o modo como Hegel concebe o direito de voto, é inquestionável que a sua concepção abala decisivamente os fundamentos da concepção partilhada por autores tão distantes entre si como Aristóteles, Locke e Kant, no sentido de considerar a vida

---

[214] Cfr. Hegel, *Grundlinien der Philosophie des Rechts*, § 238, p. 386.
[215] Cfr. supra, ponto 2.3 e texto acompanhando nota 476 e seguintes.
[216] Cfr. Hegel, *Verhandlung in der Versammlung der Landstände des Königreichs Württemberg im Jahre 1815 und 1816*, p. 176. Como se verá, Hegel acaba, no entanto, por atribuir, de forma contraditória, um significado político especial à propriedade privada.

política como subsequente à vida privada e a propriedade como a "corrente de transmissão" entre as duas esferas. A superação da contraposição entre sociedade civil e sociedade doméstica tem também o efeito de pôr termo, definitivamente, não tanto à ideia da participação política como privilégio da propriedade como à ideia de ordenação da propriedade à participação política. De resto, o princípio kantiano da independência que afirmava ainda a primeira ideia, se o fazia em termos dificilmente conciliáveis com os fundamentos da construção política de Kant, como se viu, constituía também o último resquício da segunda ideia.

Na verdade, o papel central atribuído à propriedade, como corrente de transmissão entre a esfera privada e a esfera pública, num contexto social ainda estruturado sobre a dicotomia entre sociedade civil e sociedade doméstica, é substituído em Hegel pelo papel central atribuído ao trabalho humano e à divisão do trabalho[217]. O trabalho moderno, submetido na sociedade civil a um processo de coisificação, alcança, através desse processo, como se disse, a superação do trabalho escravo. Isso significa que não é já possível compreender a propriedade nos termos de uma relação política de domínio, como o era no contexto da distinção entre sociedade doméstica e sociedade civil, em que originariamente o poder do chefe da casa é concebido, segundo Aristóteles, com base nas categorias do déspota ou do monarca[218]. A especificidade da sociedade civil, no confronto com as esferas da família e do Estado, como sistema integrado de necessidades que articula oferta e procura no âmbito de uma economia de escala nacional, não afasta a existência de subsistemas de produção e administração, que Hegel distingue enquanto diferentes estamentos, os quais agrupam aqueles que vivem da terra (o estamento substancial), dos ofícios ou do comércio (o estamento reflexivo ou formal) e do serviço público (o estamento universal)[219]. São estas diferentes

---

[217] Cfr. Raymond Plant, "Hegel on Identity and Legitimation", p. 234.
[218] Cfr. supra, Cap. II, texto acompanhando notas 67 e seguintes.
[219] Cfr. Hegel, *Grundlinien der Philosophie des Rechts*, §§ 201 ss., pp. 354 e ss. Traduz-se aqui a palavra *Stand* por estamento, uma vez que Hegel não tem em vista,ao contrário de Marx, as classes sociais, enquanto funções das relações das pessoas com as forças de produção, como capitalistas ou trabalhadores assalariados, mas segmentos verticias da sociedade civil que reunem todos os que ganham a sua vida na agricultura, no comércio ou no serviço público (cfr. Dudley Knowles, *Hegel and the Philosophy of Right*, pp. 270-271; Vittorio Hösle, *Hegels System*, pp. 544-46 ; Raymond Plant, "Hegel on Identity and Legitimation", p. 237).

formações da sociedade, que reflectem as diferentes esferas da vida ética e assentam na divisão do trabalho, que determinam a estrutura do Estado e explicam, neste âmbito, a rejeição do sufrágio universal a favor da representação por estamentos[220]. Assim como Hegel não pensa já a propriedade (pelo menos na esfera da sociedade civil) segundo categorias políticas, recusa-se também a pensar o Estado segundo o princípio individualista que caracteriza as relações de propriedade.

O que acaba de dizer-se permite compreender que a sociedade civil não exprime apenas a nova conceptualização da separação entre sociedade e Estado na sequência da Revolução francesa, mas também a tentativa de delimitar a força substancial do princípio individualista a ela subjacente através de estruturas antigas[221]. Como nota Manfred Riedel, tais estruturas encontram-se presentes na articulação interna da sociedade civil através da polícia e da corporação, que asseguram a articulação político-ética daquela na estrutura do Estado[222]. Assim, a polícia, no sentido actual de administração, designa a mediação entre a sociedade despolitizada e o Estado político e exprimia, na linguagem anterior a Hegel, a arte do governo da sociedade civil. A polícia não corresponde, assim, à moderna força policial, mas à autoridade pública encarregada das tarefas necessárias à operação efectiva da economia e da administração da justiça. Neste sentido, a polícia exprime a presença do antigo no novo conceito de sociedade civil[223]. Ora, tal como a polícia constitui, no seio do novo conceito de sociedade civil, a forma reduzida da política clássica, também a corporação recorda, nesse âmbito, a antiga associação do *oikos*, a sociedade doméstica[224]. Na época moderna, os membros da sociedade doméstica são arrancados dela para se converterem, como se disse, em "filhos da sociedade civil". É precisamente neste contexto

---

[220] Cfr. K.-H. Ilting, "The Structure of Hegel's 'Philosophy of Righ'", p. 108.
[221] Cfr. Manfred Riedel, "Der Begriff der «Bürgerlichen Gesellschaft»...", pp. 165-166.
[222] Cfr. Hegel, *Grundlinien der Philosophie des Rechts*, §§ 230-256, pp. 382-398.
[223] Esta ligação entre polícia e política é assumida pelo próprio Hegel ao afirmar que a "polícia – derivada de *politeia*, vida pública e governo, a actuação do próprio todo – está agora reduzida à actuação do todo na segurança pública de todo o tipo, supervisão das empresas para evitar o engano" (cfr. *Jenaer Realphilosophie (1805/06)*, p. 276).
[224] Cfr. Manfred Riedel, "Der Begriff der «Bürgerlichen Gesellschaft»...", pp. 162-163; idem, *Bürgerliche Gesellschaft und Staat bei Hegel*, p. 64.

que a corporação, cujo modelo consiste numa associação de pessoas que trabalha no mesmo ofício ou profissão, desempenha o papel de "segunda família" para os seus membros, protegendo-os contra contingências particulares, para as quais o isolamento dos indivíduos na sociedade civil não oferece remédio[225]. É aqui que reside o "fundamento ético" da corporação e simultaneamente o seu papel como articulação entre a família e o Estado. Aquilo que a mesma sociedade civil não pode ser, deve a corporação providenciar, isto é, a sua integração no Estado: "Para além da família, constitui a corporação a segunda raiz ética do Estado, fundada na sociedade civil"[226]. Esta dupla configuração da sociedade civil, como exprimindo a separação da sociedade e do Estado e, simultaneamente, a mediação dessa separação através da recuperação das antigas estruturas, decorre do já mencionado diferente posicionamento de Hegel em relação às teorias políticas da Revolução francesa, designadamente a de Rousseau, e à economia política. As primeiras, ao proceder dedutivamente, visando o estabelecimento de novas formas políticas com base em princípios, têm o efeito de tornar possível a emancipação revolucionária das instituições históricas existentes, através da respectiva destruição, mas, precisamente em função dela, não ultrapassam esta negatividade a cujo serviço se dedicam. Pelo contrário, a economia política actua como uma teoria indutiva de uma realidade social já existente e historicamente constituída, procurando extrair dessa realidade princípios que a determinam[227]. A sociedade civil, enquanto expressão da separação da sociedade e do Estado, exprime, pois, a conceptualização que a economia política faz dos indivíduos enquanto agentes de produção e consumo, em obediência a um princípio de satisfação de necessidades. Por seu turno, a necessidade de enquadrar a actividade dos indivíduos neste último âmbito impõe, em face da inadequação

---

[225] Cfr. Hegel, *Grundlinien der Philosophie des Rechts*, § 252, p. 394. É importante aqui salientar que Hegel apresenta as corporações como especialmente características do estado dos ofícios e da indústria. Com efeito, o estado agricultor, em resultado da substancialidade da sua vida natural e familiar, tem em si mesmo, de forma imediata, o universal concreto em que vive; o estado universal tem, por definição, o universal como base e fim da sua actividade (cfr. Hegel, *ob. cit.*, § 250, p. 393).

[226] Cfr. Hegel, *Grundlinien der Philosophie des Rechts*, § 255, p. 396; cfr., ainda, M. Riedel, *Bürgerliche Gesellschaft und Staat bei Hegel*, pp. 67-68.

[227] Cfr. J. Ritter, "Hegel und die französische Revolution", p. 220.

das teorias políticas revolucionárias, a recuperação dos conceitos políticos tradicionais. Esta dupla consideração da sociedade civil assenta na cisão entre tradição e revolução própria das sociedades modernas, posta a descoberto de forma dramática na Revolução francesa[228]. Aqui importa atentar num aspecto especial desta cisão: aquela que se estabelece entre a liberdade cristã e a sua evolução histórica em direcção à liberdade de propriedade, por um lado, e a noção de uma totalidade ética substancial como limite à libertação revolucionária do indivíduo em relação aos poderes éticos, identificada por Hegel com o ideal da *polis* antiga, por outro. No modo como Hegel concebe estes dois termos da cisão, a mediação entre eles não pode ser alcançada através da respectiva configuração interna: as relações éticas não podem ser concebidas segundo o princípio individualista que subjaz às relações de propriedade e, inversamente, a propriedade não é já susceptível de ser assimilada ao domínio político do chefe da sociedade doméstica, como sucede com Aristóteles. A incomensurabilidade entre os dois aspectos é ainda agravada pela circunstância de Hegel, à semelhança de Locke, abranger no tratamento da propriedade aspectos que hoje incluiríamos no âmbito de protecção de outros direitos fundamentais.

3.5.2 A tensão entre liberdade individual e substância ética nos escritos do jovem Hegel. As dificuldades inerentes à mediação entre o princípio individualista subjacente às relações de propriedade e o modelo substancialista da vida ética, projectado, na construção da filosofia do direito de 1821, no problema da supressão das diferenças entre sociedade civil e Estado, estão presentes desde os primeiros esboços de filosofia política elaborados por Hegel. Numa primeira fase do seu pensamento, expressa nos escritos *Über die wissenschaftlichen Behandlungsarten des Naturrechts* e *System der Sittlichkeit*, de 1802, é patente o contraste entre o ideal clássico do Estado e o atomismo que encontra expressão numa esfera – designada por "sistema da realidade", ou "sistema de propriedade e direito", mas essencialmente correspondente ao conceito posterior de "socie-

---

[228] Cfr. J. Ritter, "Hegel und die französische Revolution", pp. 212 e ss.; M. Riedel, "Tradition und Revolution in Hegels «Philosophie des Rechts»", pp. 113 e ss.

dade civil"[229] – separada do Estado e orientada para a prossecução dos fins egoístas dos indivíduos. O que caracteriza esta primeira fase é, na verdade, a radicalização do contraste entre o "sistema da propriedade e direito", já concebido como um sistema de satisfação de necessidade segundos os princípios da moderna economia política, e o sistema da vida ética, orientado para o modelo da *polis* clássica. Efectivamente, aquele surge como a esfera do negativo em relação à vida ética do Estado, ao qual incumbe limitar as actividades levadas a cabo no âmbito do "sistema da propriedade e direito", aceitando-o ao mesmo tempo como esfera da "realidade", justificada através do reconhecimento da sua necessidade[230]. Ao contraste entre as duas formas da vida ética é dada uma aparência concreta através da respectiva identificação com dois estamentos, o dos livres e o dos não livres. A simples identificação das duas esferas da vida ética, a negativa e a positiva, com dois estamentos confirma a influência do modelo clássico nesta primeira fase do pensamento de Hegel, a qual é de resto por ele explicitamente assumida. Segundo afirma, ao estamento dos livres "destinava Aristóteles aquilo a que os gregos designavam *politeuein*, o que quer dizer viver em, com e para o povo, conduzir uma vida universal inteiramente orientada para o interesse público – ou para o filosofar; Platão, com o seu superior sentido da vida, não quer separar estas ocupações, mas ligá-las entre si". O estamento dos não livres, por seu turno, "tem a sua existência na diferenciação da necessidade e do trabalho e no direito e justiça da posse e da propriedade; o seu trabalho incide sobre particularidades e consequentemente não acarreta o perigo da morte"[231].

O que surpreende, nesta primeira fase do pensamento político de Hegel, é a tentativa de integrar num sistema que concebe a vida ética segundo o modelo clássico, estruturado sobre a subordinação da esfera económica à esfera da política através da hierarquização

---

[229] Cfr. Hegel, *Über die wissenschaftlichen Behandlungsarten des Naturrechts*, pp. 156, 162; cfr. Rolf-Peter Horstmann, "Über die Rolle der bürgerlichen Gesellschaft in Hegels politischer Philosophie", p. 281.

[230] Cfr. Hegel, *Über die wissenschaftlichen Behandlungsarten des Naturrechts*, pp. 152-153.

[231] Cfr. Hegel, *Über die wissenschaftlichen Behandlungsarten des Naturrechts*, p. 159. Hegel distingue ainda um terceiro estamento, correspondente ao estamento natural das *Grundlinien*, e que segundo ele se destina a reforçar o estamento dos livres; cfr., ainda, Hegel, *System der Sittlichkeit*, pp. 72-77.

entre estamentos dedicados a cada uma dessas esferas, os princípios da moderna economia política, que pressupõe, pelo contrário, a autonomia entre as duas esferas e a superação da limitação do sistema da interdependência recíproca, no que respeita às necessidades e ao trabalho, a um estamento particular[232]. As dificuldades desta integração, no âmbito da qual a integração do princípio individualista nas estruturas da vida ética se faz através da ideia de sacrifício que esta última presta à sua natureza inorgânica[233], levam Hegel a procurar distinguir a vida ética absoluta, situada acima de todas as formas particulares de vida ética, em relação a estas últimas. Assim, no *System der Sittlichkeit*, o "governo absoluto", que Hegel caracteriza em termos platónicos como um governo de anciãos e sacerdotes[234], é interpretado como um poder absoluto que existe acima de todos os estamentos ou formas particulares da vida ética, mas é ele mesmo, simultaneamente, uma dessas formas particulares. Ora, enquanto forma particular não pode consistir na totalidade ética. O que passa a preocupar Hegel é, não tanto expor as motivações substantivas da sua filosofia política, mas resolver o problema lógico de determinar a relação entre o Estado e a vida ética absoluta, por um lado, e as formas particulares da vida ética, ou estamentos, por outro[235]. Os termos da resolução de um tal problema passam pela introdução de um novo quadro lógico-metafísico, em conformidade com o qual a totalidade ética é encarada como "unidade da individualidade e da universalidade"[236]. Neste contexto, o governo e o Estado surgem

---

[232] K.-H. Ilting, "Hegels Auseinandersetzung mit der aristotelischen Politik", p. 772; M. Riedel, "Die Rezeption der Nationalökonomie", pp. 86-87.

[233] Cfr. Hegel, *Über die wissenschaftlichen Behandlungsarten des Naturrechts*, p. 164. O inorgânico consiste no domínio da necessidade física, por oposição à dimensão orgânica da vida ética. O entendimento de Hegel é o de que o inorgânico se relaciona com as necessidades físicas do homem e o orgânico com as suas necessidades espirituais, por um lado, e, por outro, que a vida ética absoluta abrange ambos (cfr. L. Dickey, *Hegel: Religion, Economics, and the Politics of Spirit, 1770-1807*, p. 213). Esta ideia do sacrifício da vida ética ao inorgânico é integrada por Hegel na sua descrição do conflito entre a vida política e a vida quotidiana do burguês como a tragédia e a comédia da vida ética (cfr. Hegel, *ob. cit.*, pp. 164-168; Lukács, *Der junge Hegel*, pp. 500 e ss.; Seyla Benhabib, "Obligation, Contract and Exchange: On the Significance of Hegel's Abstract Right", p. 161).

[234] Cfr. Hegel, *System der Sittlichkeit*, pp. 81-82.

[235] Cfr. Rolf-Peter Horstmann, "Über die Rolle der bürgerlichen Gesellschaft in Hegels politischer Philosophie", p. 290.

[236] Cfr. Hegel, *Jenaer Realphilosophie (1805/06)*, p. 266.

determinados como o universal, mas como o universal na forma da individualidade[237]. Semelhante evolução no pensamento de Hegel coincide com um abandono de uma concepção política substancialmente orientada para a vida ética da *polis* clássica e com a afirmação do "conhecimento absoluto de si mesmo da individualidade", da liberdade individual, como o "mais alto princípio da idade moderna", desconhecido dos clássicos[238]. A concepção da vida ética e das condições da sua justificação filosófica resultante das alterações mencionadas manter-se-á, no essencial, nas posteriores elaborações do pensamento de Hegel e designadamente na filosofia do direito de 1821[239]. E com efeito, nas *Grundlinien* surgem muito claramente expressos os dois aspectos mencionados, quando Hegel afirma que "Nos estados da antiguidade clássica, a universalidade encontra-se já presente, mas a particularidade não foi ainda libertada e reconduzida à universalidade, isto é, ao fim universal do todo. A essência do Estado moderno é a de que o universal seja ligado à completa liberdade da particularidade e à prosperidade dos indivíduos, que o interesse da família e da sociedade civil se devem portanto reunir no Estado; mas a universalidade do fim não pode progredir sem o conhecimento próprio e a vontade dos indivíduos, que devem manter os seus direitos"[240].

3.5.3 Diferença e mediação entre sociedade civil e Estado na filosofia do direito de 1821.
O problema da mediação entre a sociedade civil e o Estado na filosofia do direito de 1821 representa, pois, a forma mais elaborada da composição do conflito entre os dois princípios opostos da moderna liberdade individual e da prioridade das relações éticas substanciais em relação ao indivíduo isolado. Mas nem por isso as dificuldades da mediação entre os dois princípios são

---

[237] Como nota Rolf-Peter Horstmann, "Über die Rolle der bürgerlichen Gesellschaft in Hegels politischer Philosophie", pp. 291 e 306, nota 51, esta ideia envolve dois aspectos: por um lado, explica como o Estado pode surgir enquanto esfera própria diferenciada de outras formas organizadas da vida ética; por outro, fornece uma justificação da monarquia hereditária enquanto forma de governo apropriada à ideia da vida ética.

[238] Cfr. Hegel, *Jenaer Realphilosophie (1805/06)*, pp. 268-269; M. Riedel, "Hegels Kritik des Naturrechts", p. 65.

[239] Cfr. Rolf-Peter Horstmann, "Hegels Theorie der bürgerlichen Gesellschaft", p. 203.

[240] Cfr. Hegel, *Grundlinien der Philosophie des Rechts*, § 260, p. 407.

plenamente superadas. Entre a sociedade civil – base concreta do direito abstracto (§§ 209 e ss.), campo de actuação da moral subjectiva, na esfera da pobreza (§ 242), sistema de eticidade "perdido nos seus extremos" (§ 184) – e o Estado, Hegel apresenta, antes de mais, como elementos de mediação, os poderes que integram o executivo: o sistema judicial e a polícia, aos quais cabe, atendendo à sua imediata relação com os assuntos particulares da sociedade civil, fazer valer o interesse universal em face desses fins particulares[241]. Todavia, reconhece também que a mediação através destas instituições não é susceptível, por si só, de conduzir à superação da situação de conflito entre o particular e o universal no seio do Estado: "Assim como a sociedade civil é o campo de batalha do interesse privado individual de todos contra todos, também aqui tem o seu lugar o conflito entre o interesse privado individual e os assuntos comuns particulares, por um lado, e, por outro, entre estes em conjunto e os pontos de vista mais elevados e as determinações do Estado"[242]. A tais conflitos procura Hegel obviar através de uma relação entre o poder executivo e o autogoverno das corporações, na medida em que as respectivas "autoridades, supervisores, administradores e semelhantes" são em parte livremente escolhidos pelos seus pares, mas noutra parte requerem também uma "mais elevada confirmação e determinação". Deste modo, obtém-se uma articulação entre a propriedade e o interesse privados destas esferas e a sua subordinação aos interesses superiores do Estado[243]. Hegel confere assim às corporações um sentido que excede em muito a orientação da sociedade civil para o trabalho (§ 251) e que conduz em última análise a uma convergência da organização do Estado e da organização da sociedade civil em corporações, por forma a evitar os conflitos entre ambas[244]. Esta mesma presença da particularidade na organização do Estado encontra-se no poder legislativo, na medida em que no seio dos Estados, enquanto elemento daquele poder, o estamento privado adquire significado político. Os Estados, enquanto órgão de mediação, situam-se entre, por um lado, o governo em geral e, por outro, o povo na sua divisão em

---

[241] Cfr. Hegel, *Grundlinien der Philosophie des Rechts*, § 287, p. 457.
[242] Cfr. Hegel, *Grundlinien der Philosophie des Rechts*, § 289, p. 458.
[243] Cfr. Hegel, *Grundlinien der Philosophie des Rechts*, § 288, p. 458.
[244] Cfr. Manfred Riedel, *Bürgerliche Gesellschaft und Staat bei Hegel*, p. 73.

esferas particulares e indivíduos. Também os Estados partilham a função de mediação do poder organizado do executivo, ao assegurar, através do princípio da representação estamental, que o poder do soberano, por um lado, e os interesses particulares das comunidades, corporações e indivíduos, por outro, não surgem como extremos isolados[245]. Mas também aqui, como sucede com as corporações, se pode dizer que o próprio elemento a que Hegel recorre tendo em vista a mediação entre a sociedade civil e o Estado exprime, ao mesmo tempo, o carácter irredutível da diferença entre ambos. No âmbito dos Estados, tal como acontece no seio das corporações, a relação entre extremos não é superada, mas apenas reproduzida em novos moldes[246]. O mencionado carácter irredutível é tanto mais evidente quanto é certo que Hegel apresenta os estamentos como "sistemas particulares de necessidades", isto é, como subsistemas do sistema de necessidades, cuja razão de ser é, por conseguinte, económico--privada e já não enquanto formas de organização do Estado, como sucedia no período de Iena[247]. Em relação ao estado privado, Hegel afirma que o mesmo adquire significado político e surge no âmbito do poder legislativo (isto é, os Estados, no sentido de assembleia legislativa, nos quais se incluem o estamento substancial, compondo a câmara alta, e o estamento formal, integrando a câmara baixa) como "aquilo que já é"[248].

---

[245] Cfr. Hegel, *Grundlinien der Philosophie des Rechts*, §§ 302 e 303, pp. 471 e 473.

[246] Cfr. Manfred Riedel, *Bürgerliche Gesellschaft und Staat bei Hegel*, pp. 74 e 75. Este aspecto havia já sido apontado por Marx, quando afirmou: "A esfera privada não se transforma em esfera política, mas é enquanto esfera privada que ela adquire uma importância e uma eficácia políticas. Ela não tem em si mesmo uma importância e eficácia políticas. A sua importância e eficácia políticas consistem na eficácia e na importância políticas da esfera privada enquanto esfera privada. Por conseguinte, a esfera privada não pode aceder à esfera política senão na medida em que ela é determinada pelas diferenças de classe da sociedade civil. A diferenciação de classes da sociedade civil torna-se uma diferenciação política" [cfr. Marx, *Zur Kritik der Hegelschen Rechtsphilosophie*, pp. 274-275].

[247] O que se diz no texto é válido em relação ao próprio estamento universal, cujo interesse privado encontra satisfação no trabalho para o universal: cfr. Hegel, *Grundlinien der Philosophie des Rechts*, §§ 201 e 205, pp. 354 e 357; Manfred Riedel, *Bürgerliche Gesellschaft und Staat bei Hegel*, p. 75 e nota 126, p. 91.

[248] Cfr. Hegel, *Grundlinien der Philosophie des Rechts*, § 303, p. 473. De igual modo, em relação à segunda secção dos Estados, ou câmara baixa, que integra o estamento formal, ou dos ofícios e comércio, Hegel afirma que a sociedade civil, ao eleger os deputados que a compõem, "actua como aquilo que é" (cfr. *ob. cit.*, § 308, p. 476).

Hegel é forçado a eliminar certos momentos liberais presentes na sua teoria da sociedade civil com vista a alcançar uma mediação bem sucedida no âmbito da teoria do Estado. Exemplo disto é a introdução da propriedade inalienável adquirida por herança, através do morgadio, que Hegel pensa ser essencial para o correcto desempenho do papel político do estamento natural, isto é, ser o elemento integrante da câmara alta, não electiva, ou primeira secção dos Estados. Enquanto a propriedade, através da introdução da exigência da inalienabilidade, cai fora do âmbito da sociedade civil, o proprietário, através do morgadio, é chamado a integrar o poder legislativo[249]. Não só a atribuição de uma função política à propriedade é levada a cabo através da negação das suas características essenciais no âmbito da sociedade civil, como o papel político atribuído à propriedade fundiária, enquanto base da vida familiar, contradiz o princípio espiritual subjacente a esta última que o próprio Hegel lhe havia antes atribuído[250]. Na articulação dos princípios da liberdade individual e

---

[249] Cfr. Hegel, *Grundlinien der Philosophie des Rechts*, §§ 306 e 307, pp. 475-476; M. Riedel, *Bürgerliche Gesellschaft und Staat bei Hegel*, p. 76 e nota 130, p. 91; Joachim Ritter, "Person und Eigentum", pp. 278-279, nota 12; Shlomo Avineri, *O Pensamento Político e Social de Karl Marx*, pp. 62 e 64; Edmundo Balsemão Pires, "Entre o Facto da Separação e a Exigência da Unidade: A Sociedade Civil Hegeliana", p. 180 e nota 76. Como salientam os autores que acabam de ser citados, esta contradição entre o tratamento da propriedade na esfera da sociedade civil e na esfera do Estado, foi objecto da crítica penetrante de Marx: cfr. *Zur Kritik der Hegelschen Rechtsphilosophie*, pp. 305-307 (para uma crítica dessa crítica, que não incide, no entanto, sobre os aspectos que aqui se têm em vista, cfr. K.-H. Ilting, "Hegel's Concept of the State and Marx's Early Critique", pp. 104 e ss.). Nas palavras incisivas de Marx, *ob. cit.*, p. 307, através do morgadio Hegel atribui à "propriedade privada um duplo significado, perante o tribunal do direito privado e outro, em sentido oposto, no céu do Estado político".

[250] Como Karl Marx bem evidenciou: "No § 305 Hegel havia explicado a aptidão do estamento da propriedade fundiária para desempenhar este papel político por ela ter como «base» a «vida familiar». Mas ele próprio declarou (§ 158) que o «amor» é a base, o pincípio, o espírito da vida familiar. À classe que tem por base a vida familiar falta assim a base mesma da vida familiar: o amor enquanto princípio real, eficaz e determinante. Trata-se de uma vida familiar em que o espírito está ausente; uma ilusão da vida familiar. No momento do seu desenvolvimento, o princípio da propriedade privada contradiz o princípio da família. Contrariamente ao que se passa na classe da «ética natural» e da «vida familiar», é apenas na sociedade civil que a vida familiar se torna uma verdadeira vida familiar, uma vida de amor. Aquela é antes a barbárie que a propriedade privada opõe à vida familiar" (cfr. Marx, *Zur Kritik des Hegelschen Rechtsphilosophie*, pp. 303-304; cfr., ainda, Arnold Künzli, "Das Eigentum als eschatologische Potenz", p. 91; Shlomo Avineri, *O Pensamento Político e Social de Karl Marx*, p. 63).

da substancialidade ética, Hegel não consegue evitar atribuir à propriedade privada um papel político, na constituição do Estado, que ele próprio se esforça por excluir no âmbito da sociedade civil. Por outro lado, quanto à segunda secção dos Estados, aquela que integra o elemento móvel da sociedade civil, isto é, o estamento dos ofícios e comércio, é composta por deputados, os quais são eleitos pelas várias corporações, por forma a obviar a abstracções e noções atomísticas da sociedade. O conceito de representação que aqui está em causa não é, pois, aquele em que ocorre a substituição de um indivíduo por um outro, mas antes o conceito feudal que visa exprimir a actualidade das esferas representadas e dos seus interesses no acto da representação. Uma vez mais, a mediação da diferença entre a sociedade civil e o Estado tende a operar através de um processo em que a elevação das categorias daquela à existência política parece simplesmente contradizer a separação entre as duas esferas[251].

Marx soube muito bem diagnosticar a contradição interna da mediação da diferença entre sociedade civil e Estado, ao pôr em evidência que a forma de mediação proposta por Hegel equivale, na verdade, a uma negação daquela diferença. Ao comentar o § 303 das *Grundlinien*, em que Hegel afirma que a língua alemã, ao servir-se da mesma palavra "Stand" para designar os "estados" da sociedade civil e os "Estados" no sentido político do termo, manteve a união que existia entre as duas realidades nos tempos mais antigos, Marx afirma: "O pico da identidade hegeliana [da vida civil e da vida política] era, como ele próprio admite, a Idade Média. Aí as classes da sociedade civil e os estados no sentido político do termo eram idênticos. Pode exprimir-se o espírito da Idade Média com a seguinte fórmula: as classes da sociedade civil e os estados políticos eram idênticos porque a sociedade civil era a sociedade política: porque o princípio orgânico da sociedade civil era o princípio do Estado". Todavia, continua Marx, "Hegel parte da separação da «sociedade civil» e do «Estado político», como dois termos cerradamente opostos, como duas esferas realmente diferentes"[252]. Marx põe a desco-

---

[251] Cfr. Hegel, *Grundlinien der Philosophie des Rechts*, §§ 308 e 311, pp. 476 e 480-481; M. Riedel, *Bürgerliche Gesellschaft und Staat bei Hegel*, pp. 78-79.
[252] Cfr. Marx, *Zur Kritik der Hegelschen Rechtsphilosophie*, p. 275.

berto o modo como Hegel, ao configurar a propriedade do estamento natural em termos diametralmente opostos àqueles que a caracterizam no seio da sociedade civil, e ao atribuir à propriedade assim configurada uma função política, acaba por trair a promessa de todo o seu sistema, assente na possibilidade de diferenciar a liberdade individual do homem, consubstanciada na propriedade privada, e a liberdade política do cidadão e subordinar a primeira à segunda[253].

A superação hegeliana da tradicional identificação entre Estado e sociedade não resolve, assim, o problema político da relação entre ambos. Como nota Rolf-Peter Horstmann, a solução proposta por Hegel para tal problema pode ser encarada como resultando de uma falsa inferência: Hegel imagina poder apresentar o ideal da vida ética universal, na forma de uma monarquia hereditária e de uma constituição articulada segundo estamentos, como a manifestação da razão, apenas porque demonstrou o potencial irracional inerente à sociedade civil. Simplesmente, da irracionalidade de uma coisa, não se segue que uma outra seja inevitavelmente racional[254]. Por outro lado, se a esfera da sociedade civil encerra em si um potencial de irracionalidade, não é menos verdade que o estatuto do cidadão é definido unicamente em relação ao universal supra-ordenado do Estado, de cuja doutrina são eliminados quaisquer vestígios de intersubjectividade. Os cidadãos não são concebidos como pessoas sociais formadas na interacção com outros indivíduos que podem, do mesmo modo, conhecer-se a si próprios como cidadãos, mas antes a consciência de cada um como cidadão resulta de uma relação reflexiva do sujeito com uma totalidade ética que antecede a subjectividade do seu eu isolado, é certo, mas nem por isso deixa de ser uma relação levada a cabo por cada sujeito isoladamente[255].

3.6 Hegel e o princípio do Estado Social. Pode agora retomar-se a questão anteriormente deixada em aberto, isto é, a tomada de posição

---

[253] Cfr. Edmundo Balsemão Pires, *Povo, Eticidade e Razão*, vol. II, pp. 270 e ss.

[254] Cfr. Rolf-Peter Horstmann, "Über die Rolle der bürgerlichen Gesellschaft in Hegels politischer Philosophie", p. 302; idem, "Hegels Theorie der bürgerlichen Gesellschaft", p. 215.

[255] Cfr. Michael Theunissen, "Die verdrängte Intersubjektivität in Hegels Philosophie des Rechts", pp. 380-381; Axel Honneth, *The Struggle for Recognition*, pp. 59-61.

em relação à questão de saber em que medida a concepção hegeliana da diferença e conexão entre sociedade civil e Estado permite dar resposta às aporias das economias modernas, mais concretamente ao problema social da propriedade e designadamente aos problemas da criação da plebe, isto é, os excluídos, na sociedade civil e da pobreza crónica a ela associada.

Tal como os povos bárbaros e os servos, jornaleiros e trabalhadores manuais integrados na sociedade doméstica se situavam fora da sociedade civil no sentido tradicional, também a plebe diz respeito aos excluídos da sociedade civil no sentido hegeliano. Mas, precisamente, esta exclusão não é já um limite positivo da sociedade civil, antes decorre da sua dinâmica própria de funcionamento, como nota Manfred Riedel[256]. Assim, a existência da plebe exige que o funcionamento irrestrito da sociedade civil seja limitado através da polícia, enquanto "ordem exterior visando a protecção e segurança das massas em relação a fins e interesses particulares" (§ 249), bem como a respectiva integração no seio da sociedade civil. Com vista a essa integração, Hegel propõe dois caminhos, para além da actividade da polícia, incapaz, por si só, de resolver o problema, atendendo às suas limitadas funções de controlo em relação à economia[257]. Um desses caminhos é imanente ao funcionamento da própria sociedade civil, ao procurar obviar às contradições económicas existentes no seu seio através do comércio externo (§ 246) e da colonização (§ 248), transferindo dessa forma a dialéctica do processo de reprodução económica, sem no entanto a superar. Do que se trata aqui é apenas de transferir o problema, exportando a pobreza. O outro desses caminhos, que transcende o funcionamento interno da sociedade civil e por isso encerra a secção a ela destinada nas *Grundlinien*, centra-se na respectiva eticização através das corporações[258]. Como atrás se mencionou, as corporações, não no sentido de grupos sociais ou estamentos na sua constituição política, nem no sentido de comuni-

---

[256] Cfr. M. Riedel, *Bürgerliche Gesellschaft und Staat bei Hegel*, p. 63.
[257] Cfr. Vittorio Hösle, *Hegels System*, p. 550.
[258] Cfr. M. Riedel, *Bürgerliche Gesellschaft und Staat bei Hegel*, pp. 63-64; idem, "Tradition und Revolution in Hegels «Philosophie des Rechts»", pp. 124-125; Vittorio Hösle, *Hegels System*, p. 552; Raymond Plant, "Hegel on Identity and Legitimation", pp. 238-241; Dudley Knowles, *Hegel and the Philosophy of Right*, p. 291.

dades ou associações políticas ou religiosas, incluindo o Estado ou a Igreja, mas no sentido de formas de organização do trabalho na sociedade civil que visam superar o isolamento, no seu seio, do indivíduo com os seus fins particulares, constituem para este uma "segunda família" (§ 252). E tal como a "primeira" família, também a corporação se aproxima da substância ética do Estado: "a santidade do matrimónio e a honra na corporação são os dois momentos em torno dos quais gira a desorganização da sociedade civil"[259]. Parece, no entanto, evidente que, quer actuação da polícia, quer a superação do "individualismo possessivo" através da associação solidária de interesses nas corporações, não se afiguram suficientes para fazer face ao potencial de conflito, inequivocamente reconhecido por Hegel, produzido pela sociedade civil. Aliás, se nos colocarmos na perspectiva da conceptualização da sociedade civil como ruptura com a tradição política europeia, podemos encarar a polícia e as corporações como as barreiras que a partir de tal tradição são colocadas à configuração da sociedade civil como puro sistema de necessidades, no sentido da moderna sociedade económica[260].

Sem prejuízo do que acaba de dizer-se, deve, no entanto, afirmar-se que a análise da sociedade civil levada a cabo por Hegel conduz naturalmente à admissão do princípio do Estado Social, ainda que este não seja por ele explicitamente formulado. Essa admissão, de que constituem indícios a afirmação da existência de direitos do indivíduo em face da sociedade civil e do dever de esta o alimentar[261], ou a sua confiança muito limitada no poder de auto-regeneração dos mercados[262], decorre sobretudo do modo como no seu pensamento se combinam a admissão de um espaço de livre funcionamento da sociedade civil com o reconhecimento das contradições em que esta

---

[259] Cfr. Hegel, *Grundlinien der Philosophie des Rechts*, § 255, p. 396.

[260] Cfr. M. Riedel, "Der Begriff der «Bürgerlichen Gesellschaft»...", pp. 165-166; idem, *Bürgerliche Gesellschaft und Staat bei Hegel*, pp. 67-68.

[261] Cfr. Hegel, *Grundlinien der Philosophie des Rechts*, §§ 238 Zusatz e 240 Zusatz, pp. 386-387.

[262] Hegel descreve o sistema das necessidades como um "sistema de comunidade e dependência mútua, uma vida em movimento dos mortos, que na sua movimentação cega e elementar necessita, como um animal selvagem, de direcção e controlo permanentes" (cfr. *Anhang zur Jenaer Realphilosophie. Ausarbeitungen zur Geistesphilosophie von 1803/04*, p. 334); Vittorio Hösle, *Hegels System*, pp. 553-554.

incorre sem as correcções do Estado[263]. Hegel não encara o problema da propriedade na passagem da sociedade civil para o Estado à luz de uma concepção da relação entre ambos nos termos da qual seria possível, na esfera do Estado, uma amplíssima margem de conformação do direito de propriedade, como sucede com a concepção protosocialista de Fichte[264]. Mas isso não significa que não haja espaço na sua teoria, tal como se viu suceder com Kant, para a passagem de um direito de propriedade formalmente reconhecido a todos, mas materialmente potenciador de desigualdades, em direcção a uma situação em que é fomentada a difusão do acesso à propriedade como condição de uma liberdade efectiva. Simplesmente, essa passagem tem de ser entendida no quadro de uma relação entre sociedade e Estado que não é apenas "integrativa" – no sentido em que a primeira é superada pelo segundo –, mas também "estratificante" – na medida em que a sociedade deve existir por si mesma como espaço de liberdade individual. Ora, é precisamente a tensão entre estes dois aspectos, isto é, o reconhecimento simultâneo da existência de instituições na sociedade que não podem ser completamente absorvidas pelo Estado e da impossibilidade de este se alhear por completo do respectivo funcionamento, que caracteriza a diferenciação categorial das esferas da vida ética[265]. O sentido da argumentação desenvolvida por Hegel em relação ao problema da desigualdade necessariamente gerada no seio da sociedade civil é assim fundamentalmente diverso daquele para que aponta a argumentação contratualista de Rousseau, Fichte e Kant, sem prejuízo das grandes divergências entre estes. A consideração da propriedade sob uma perspectiva relacional, própria do argumento contratualista, permite encarar a propriedade como um direito provisório ou condicional, enquanto realidade essencialmente sujeita

---

[263] Cfr. Vittorio Hösle, Hegels System, p. 556; K. Hartmann, "Towards a Systematic Reading of Hegel's Philosophy of Right", p. 133; Shlomo Avineri, *Hegel's Theory of the Modern State*, p. 101; Raymond Plant, "Hegel on Identity and Legitimation", pp. 242-243; Edmundo Balsemão Pires, *Povo, Eticidade e Razão*, vol. I, pp. 454-457.

[264] Cfr. Ludwig Siep, "Constitution, Fundamental Rights, and Social Welfare in Hegel's Philosophy of Right", pp. 281-282.

[265] Cfr. K. Hartmann, "Towards a Systematic Reading of Hegel's Philosophy of Right", p. 131; Vittorio Hösle, *Hegels System*, p. 529. Hartmann enquadra este duplo aspecto da estratificação e da integração entre as esferas da vida ética através do princípio da subsidariedade.

a uma determinação pelo poder político. A recusa veemente do contratualismo político por parte de Hegel e a sua consideração da propriedade como relevando originariamente de uma afirmação isolada da personalidade impõem uma diferente articulação entre a liberdade individual e o interesse comum. Nos termos da argumentação contratualista, a liberdade individual é restringida em virtude da efectivação do contrato social, mas não deixa de constituir o fim último da comunidade política. Pelo contrário, na argumentação de Hegel o fim último do Estado não se identifica com a protecção da liberdade individual e, ao mesmo tempo, a integração desta última na universalidade do Estado não procede pela via da sua consideração "reflexiva" e progressivamente alargada. No primeiro caso, a propriedade surge como essencialmente modelável pela acção do contrato social, mas a liberdade individual que lhe está subjacente permanece o fim último do Estado constituído nessa base contratual; nos termos da argumentação desenvolvida por Hegel, a propriedade surge, enquanto expressão dessa liberdade individual, como algo fixo que deve ser respeitado pelo Estado, sem que a este caiba a determinação do seu conceito, ao mesmo tempo que o princípio do Estado se define à margem da liberdade individual concretizada na propriedade e prevalece sobre ela. A recusa do contratualismo como justificação do Estado assenta na consideração de que aquele faz depender o bem comum de interesses puramente privados[266]. Em última análise, é esta tendencial indistinção qualitativa entre interesse público e interesse privado que explica a rejeição hegeliana da liberdade política e o seu retorno a uma concepção feudal do Estado[267]. Ela explica também a sua proposta de encarar a relação entre sociedade e Estado através do mencionado modelo dualista da "estratificação" e da "integração". Neste contexto, a combinação ideal entre o funcionamento livre da sociedade e a sua submissão à influência política do Estado não releva certamente de uma "progressão categorial", mas

---

[266] Segundo Hegel, o contratualismo transfere as "características da propriedade privada para uma esfera de natureza completamente diversa e mais elevada" (cfr. Hegel, *Grundlinien der Philosophie des Rechts*, § 75, p. 158).

[267] Cfr. Ludwig Siep, "Constitution, Fundamental Rights, and Social Welfare in Hegel's Philosophy of Right", p. 286.

apenas da evolução histórica[268]. Resta saber, no entanto, em que medida as virtualidades deste modelo não acabam por ser postas em causa pela rejeição da liberdade política que constitui, no sistema de Hegel, um dos seus pressupostos.

É precisamente a este propósito que adquire todo o sentido a conexão entre o pensamento de Hegel e o de Lorenz von Stein, a ponto de se poder afirmar que este último se estrutura sobre a relação entre sociedade e Estado nos termos do modelo dualista à pouco aludido, embora transpondo-o do plano da filosofia da substância e da subjectividade para o plano sociológico e da liberdade efectiva do indivíduo[269]. É talvez esta passagem da "filosofia" hegeliana à "sociologia" de Stein que explica a clara afirmação, por parte deste último, de que "se é verdade que a propriedade e a aquisição de bens materiais e intelectuais encerra a realização da ideia de personalidade, em parte como sua condição e em parte como seu conteúdo, devem ser concebíveis condições sob as quais, apesar de todas as imperfeições, este ideal da vida pessoal exterior é aproximativamente, pelo menos, atingido"[270]. Tomando como ponto de partida uma forte afirmação e defesa da propriedade privada como princípio subjacente à sociedade, que aliás formula numa linguagem próxima de Hegel[271], Lorenz von Stein tem a consciência da desigualdade que decorre da realização daquele princípio e da necessidade da sua correcção pela intervenção do Estado. É ao Estado, com efeito, que cabe manter a efectividade da liberdade e igualdade dos indivíduos em face da lei. O que está

---

[268] Cfr. Klaus Hartmann, "Towards a Systematic Reading of Hegel's Philosophy of Right", p. 134.

[269] Cfr. Vittorio Hösle, *Hegels System*, pp. 554-555; Paul Vogel, *Hegels Gesellschaftsbegriff*, pp. 200-207; E..-W. Böckenförde, "Lorenz von Stein als Theoretiker der Bewegung von Staat und Gesellschaft zum Sozialstaat", pp. 157 e 178, nota 45; Francesco de Sanctis, "Proprietà Privata e Società Moderna: Hegel e Stein", pp. 120 e ss.; Norbert Waszek, "L'État de Droit Social chez Lorenz von Stein", pp. 208 e ss.; Klaus Hartmann, "Towards a Systematic Reading of Hegel's Philosophy of Right", p. 294, nota 21; Stefan Koslowski, *Die Geburt des Sozialstaats aus dem Geist des Deutschen Idealismus*, pp. 151-152; G. Salomon, "Vorwort des Herausgebers", in L. von Stein, *Geschichte der sozialen Bewegung in Frankreich von 1789 bis auf unsere Tage*, vol. I, p. XL.

[270] Cfr. Lorenz von Stein, *Geschichte der sozialen Bewegung in Frankreich von 1789 bis auf unsere Tage*, vol. I, pp. 131-132.

[271] Cfr. Lorenz von Stein, *Geschichte der sozialen Bewegung...*, vol. I, pp. 40 e ss.; cfr. Paul Vogel, *Hegels Gesellschaftsbegriff*, p. 138.

em causa não é, pois, a simples afirmação da liberdade, mas a sua efectivação: "A liberdade é real apenas naquele que possui as condições para ela, isto é, a posse de bens materiais e espirituais enquanto pressupostos da autodeterminação"[272]. O reconhecimento inequívoco do estabelecimento de condições efectivas de liberdade como tarefa do Estado é acompanhado por uma concepção deste nos termos da qual, ainda que representando a personalidade da comunidade, a "realização da ideia ética" e a verdadeira liberdade[273], o Estado é encarado, já não como princípio do espírito objectivo, mas também como realidade com uma existência própria que visa servir a liberdade de cada pessoa individual[274]. Daí que possa ser encarado como instrumento na luta pelo poder entre a classe dos proprietários e as classes proletárias, destituídas de propriedade, sendo que o conceito de classe, ao contrário de Hegel e em clara antecipação de Marx, surge já essencialmente determinado pela posição dos respectivos membros no processo produtivo, como detentores de capital ou trabalhadores[275]. É a inelutabilidade deste conflito que torna também inevitável a reforma social, como única forma de pôr termo a uma situação de não-liberdade, isto é, aquela situação que ocorre quando "o poder do Estado é forçado a servir um interesse social determinado"[276].

No pensamento de Lorenz von Stein torna-se claro, como salienta Ernst-Wolfgang Böckenförde, que o "aumento na actividade social do Estado, particularmente a prestação de serviços sociais vitais pelo Estado e a respectiva intervenção nos processos sociais, não é, em si,

---

[272] Cfr. L. von Stein, *Geschichte der sozialen Bewegung...*, vol. III, p. 104; ibidem, vol. I, pp. 84-85.

[273] Cfr. Lorenz von Stein, *Geschichte der sozialen Bewegung...*, pp. 34 e ss., 46 e 66; Knut Wolfgang Nörr, *Eher Hegel als Kant*, pp. 34-35.

[274] Cfr. Stefan Koslowski, *Die Geburt des Sozialstaats aus dem Geist des Deutschen Idealismus*, pp. 82 e 88 e ss. Sobre as duas dimensões do Estado mencionadas no texto – a ideia de Estado e o Estado efectivo – cfr. Paul Vogel, *ob. cit.*, pp. 187 e ss., 191 e ss.

[275] Cfr. Lorenz von Stein, *Geschichte der sozialen Bewegung...*, vol. I, pp. 49 e ss., 126 e ss.; cfr., ainda, Paul Vogel, *Hegels Gesellschaftsbegriff*, p. 146; E.-W. Böckenförde, "Lorenz von Stein als Theoretiker der Bewegung von Staat und Gesellschaft zum Sozialstaat", pp. 166 e ss.; Francesco de Sanctis, "Proprietà Privata e Società Moderna: Hegel e Stein", pp. 159-160; Norbert Waszek, "L'État de Droit Social chez Lorenz von Stein", pp. 212 e ss.; Stefan Koslowski, *Die Geburt des Sozialstaats aus dem Geist des Deutschen Idealismus*, pp. 114 e ss.

[276] Cfr. Lorenz von Stein, *Geschichte der sozialen Bewegung...*, vol. I, p. 68.

um contra-princípio ao da separação do Estado e da sociedade, mas relaciona-se objectiva e sistematicamente com ele"[277]. Se o princípio social se encontra intrinsecamente ligado ao princípio liberal da separação entre a sociedade e o Estado, não pode, no entanto, deixar de se reconhecer que a sua estruturação tem uma feição diversa, na argumentação de Hegel e na de Lorenz von Stein, daquela que assumia no desenvolvimento dos princípios kantianos do direito, atrás mencionado. Na argumentação susceptível de ser desenvolvida a partir do pensamento de Kant torna-se possível uma conformação legislativa, em termos gerais e abstractos, do direito de propriedade que se encontra excluída, em princípio, do sistema hegeliano. Por outro lado, Hegel assume, ao contrário de Kant (mas na sequência de Rousseau), a existência de uma conexão entre direito e bem estar[278] que se encontra também presente na solidariedade da família, da corporação, enquanto "segunda família", e na actuação do Estado "visando a protecção e segurança das massas em relação a fins e interesses particulares" (§ 249), o que implica todavia que não estamos aqui em face de pretensões que podem ser judicialmente exigidas"[279]. É também no desenvolvimento destas ideias que se compreende a afirmação de Lorenz von Stein segundo a qual "para aliviar a dependência das classes inferiores, o Estado, em primeiro lugar, garantirá na Constituição a igualdade de direito público como princípio supremo do direito", acrescentado imediatamente que este princípio formal deve ser completado por uma dimensão substancial: "na Administração o Estado fará da elevação das classes inferiores o objecto essencial da sua actividade"[280]. Sem pôr em causa a possibilidade (ou até a necessidade) de conciliar os dois tipos de argumentação mencionados, é certamente na esfera administrativa que se encontram as propostas reformistas de Stein, abrangendo a tributação pro-

---

[277] Cfr. E.-W. Böckenförde, "Die Bedeutung der Unterscheidung von Staat und Gesellschaft im demokratischen Sozialstaat der Gegenwart", p. 204; cfr., ainda, Stefan Koslowski, *Die Geburt des Sozialstaats aus dem Geist des Deutschen Idealismus*, pp. 176-178.
[278] Cfr. Hegel, *Grundlinien der Philosophie des Rechts*, § 123 e Zusatz, pp. 230 e 232.
[279] Cfr. Ludwig Siep, "Constitution, Fundamental Rights, and Social Welfare in Hegel's Philosophy of Right", pp. 282-283.
[280] Cfr. Lorenz von Stein, *Geschichte der sozialen Bewegung...*, vol. I, p. 48.

gressiva, a educação pública aberta a todas as classes e o apoio ao trabalho por parte do Estado, através da abertura de oportunidades de aquisição de capital[281].

Assim como explicita o princípio social latente na filosofia política hegeliana, também a conexão entre propriedade e trabalho é desenvolvida por Stein, aliás em estreita conexão com aquela explicitação, com base em ideias já de algum modo contidas no pensamento de Hegel. Segundo Stein, "Se se considerar a natureza do capital e do trabalho, parece fora de dúvida que a divisão da sociedade em proprietários e trabalhadores, e a dependência dos últimos em relação aos primeiros, não está em contradição com o conceito de personalidade ou de liberdade pessoal, enquanto o capital for o resultado do trabalho (...) O conteúdo da questão social e da reforma social é assim claramente dado na sociedade actual. O problema é o de saber se é possível, na sociedade aquisitiva, organizar o trabalho e rodeá-lo das instituições necessárias por forma a que possa, por si só, levar à aquisição de propriedade adequada à sua quantidade e qualidade"[282]. Stein concebe a relação entre propriedade e trabalho em distintos planos[283]. Num plano abstracto, o trabalho constitui, de acordo com o seu próprio conceito, a base da propriedade, uma vez que toda a riqueza surge através do trabalho; nesta medida, as relações no âmbito das quais o trabalho de alguém se submete ao capital de outrem, em termos de a propriedade não caber ao trabalhador, mas ao proprietário, estão em contradição com a natureza do trabalho[284]. Stein assume assim abertamente uma das críticas fundamentais que suscita a tentativa de justificar a propriedade através do trabalho, conforme se teve oportunidade de salientar a propósito da discussão do pensamento de Locke. Simplesmente, Stein não retira daí a inadmissibilidade da propriedade privada dos meios de produção; no seu modo de ver é inerente ao trabalho o esforço de chegar

---

[281] Cfr. Lorenz von Stein, *Geschichte der sozialen Bewegung...*, vol. I, pp. 85 e ss., 110, 124, 135-138; *ibidem*, vol. III, pp. 197-198; cfr., ainda, Norbert Waszek, "L'État de Droit Social chez Lorenz von Stein", pp. 215-217.

[282] Cfr. Lorenz von Stein, *Geschichte der sozialen Bewegung...*, vol. I, pp. 135-136; cfr., ainda, Paul Vogel, *Hegels Gesellschaftsbegriff*, pp. 136-137.

[283] Cfr. Dieter Schwab, "Arbeit und Eigentum...", pp. 547-548.

[284] Cfr. Lorenz von Stein, *Geschichte der sozialen Bewegung...*, vol. I, p. 117.

ao capital. O trabalho é apenas um meio tendo em vista a formação de capital e é em função do seu sucesso em alcançar tal resultado que ele interessa à personalidade livre. Daí que se possa mesmo dizer que a obtenção de um rendimento sem trabalho constitui a ambição de todos os homens[285]. O trabalho e o capital, ou o trabalho e a propriedade constituem assim, num segundo plano, os fenómenos estruturantes da sociedade. A formulação da questão social como o propósito de dotar o trabalho da capacidade de chegar ao capital e levar à aquisição de propriedade por parte do trabalhador, não está necessariamente em contradição com o designado "rendimento sem trabalho". Ponto é que sejam removidos os mecanismos que asseguram ao capitalista a totalidade dos ganhos, isto é, que mantêm o salário do trabalhador ao nível dos respectivos custos de subsistência[286]. O equilíbrio entre as exigências contrastantes do capital e do trabalho constitui uma tarefa indeclinável do Estado. Segundo Stein, o futuro da Europa dependia do reconhecimento desse princípio de equilíbrio e da capacidade de o pôr em prática[287].

3.7 O legado de Hegel para a compreensão filosófica actual da propriedade privada. Nos termos da distinção entre sociedade civil e Estado pressupostos ao longo da precedente discussão esta é fundamentalmente encarada como exprimindo a diferença entre uma economia de mercado e as formas de organização do trabalho nela desenvolvido, por um lado, e as instituições da constituição política, por outro. Este modo de ver, no âmbito do qual a sociedade civil é encarada como palco daquele individualismo possessivo que Macpherson procurou encontrar na filosofia política do liberalismo inglês, já foi caracterizado como correspondendo a um empobrecimento do conceito hegeliano, consistente em reduzi-lo ao sistema das necessidades em detrimento da sua dimensão de reino do direito e das liberdades individuais[288]. O ponto gira em torno da interpretação

---

[285] Cfr. Lorenz von Stein, *Geschichte der sozialen Bewegung...*, vol. I, p. 90.
[286] Cfr. Dieter Schwab, "Arbeit und Eigentum...", p. 548. Na esteira de Paul Vogel, *Hegels Gesellschaftsbegriff*, p. 137, pode dizer-se que "Stein vê questões marxianas, às quais ele no entanto responde hegelianamente".
[287] Cfr. Lorenz von Stein, *Geschichte der sozialen Bewegung...*, vol. III, pp. 208-209.
[288] Cfr. Norberto Bobbio, "La Filosofia Giuridica di Hegel nel Decennio 1960-70", pp. 162-163.

do § 190 das *Grundlinien*: "No direito, o objecto é a pessoa; na moral, o sujeito; na família, o membro da família; na sociedade civil em geral, o cidadão [*Bürger*] (no sentido de *bourgeois*) – aqui, na perspectiva das necessidades (cfr. § 123, nota), está o elemento concreto da representação a que se chama homem; é, portanto, primeiro aqui, e também propriamente apenas aqui, que falaremos de homem neste sentido"[289]. Karl Löwith afirma, com base nestas palavras, que "a única entidade definida pela noção de 'homem', em sentido estrito, é o burguês, o sujeito das necessidades, uma mera particularidade em comparação com a respectiva universalidade"[290]. Norberto Bobbio, pelo contrário, sustenta que equacionar a distinção entre sociedade civil e Estado como uma distinção entre sociedade económica e sociedade política é obra de Marx e não de Hegel. Mas esta crítica da redução da sociedade civil a um sistema de necessidades ignora o modo como a articulação entre sociedade civil e Estado exprime a compatibilização, cuja procura está presente em todos os momentos da evolução da filosofia hegeliana, entre os princípios da liberdade individual, por um lado, e da substancialidade ética, por outro. Ainda que Hegel procure pensar este último princípio para além do horizonte histórico definido pelo modelo da *polis* clássica, o primeiro é sempre entendido como um produto do cristianismo. Para Hegel, como se disse, a liberdade da propriedade é o último elo de uma evolução histórica iniciada com a liberdade individual propiciada pelo cristianismo. Baseado nesta compreensão histórica, Hegel opõe o princípio moderno da liberdade individual, consubstanciado na propriedade privada, à ideia de substância ética que domina o mundo dos gregos (§ 185). A sociedade civil é o campo de actuação desta liberdade individual, mas ela não corresponde à liberdade concreta, apenas susceptível de ser alcançada nas realidades éticas substanciais

---

[289] Cfr. Hegel, *Grundlinien der Philosophie des Rechts*, § 255, p. 348.
[290] Cfr. Karl Löwith, *From Hegel to Nietzsche*, p. 309; cfr., ainda, em sentido semelhante, M. Riedel, "Der Begriff der «Bürgerlichen Gesellschaft»...", pp. 148-149; Edmundo Balsemão Pires, *Povo, Eticidade e Razão*, vol. I, pp. 451-452. J. Ritter, "Hegel und die französische Revolution", p. 228, salienta que é precisamente na limitação da sociedade à esfera natural da existência humana, à satisfação das necessidades, que ocorre a libertação das relações da vida que não são redutíveis à natureza do homem enquanto ser de necessidades.

como são a família e o Estado. Toda a exposição efectuada por Hegel do "direito abstracto", da "moralidade" e da sociedade civil corresponde a uma demonstração, integrada na sua crítica persistente do atomismo do direito natural moderno, da respectiva incapacidade para dar corpo a essa liberdade concreta apenas realizada nas relações éticas substanciais. Assim, a leitura da sociedade civil como sistema de necessidades é, de facto, aquela que mais se adequa à diferença entre sociedade civil e Estado enquanto exprimindo a relação entre uma economia de mercado e as associações privadas que organizam o trabalho no seu âmbito, por um lado, e as instituições dotadas de autoridade que precedem o indivíduo e das quais este retira o seu próprio sentido de identidade, por outro[291]. Outra forma de enunciar aquela diferença consiste em afirmar que ela exprime a relação entre indivíduos que se relacionam procurando a satisfação do seu interesse próprio e indivíduos que actuam procurando promover a sua liberdade concreta como partes de uma totalidade ética. A mesma diferença exprime ainda duas concepções diversas do Estado: a concepção contratualista, que faz do Estado uma parte da sociedade civil e um meio instrumentalizado pelos indivíduos com vista a atingir os seus próprios fins, e a concepção hegeliana do Estado como totalidade ética em que o indivíduo realiza a sua liberdade. Os dois termos da distinção não seriam adequadamente caracterizados como estabelecendo a contraposição entre duas concepções rivais do Estado[292], uma vez que a filosofia política hegeliana visa precisamente a

---

[291] Isso não significa, é claro, que não se reconheça que a sociedade civil "implica, também momentos reguladores que não extraem a sua razão de ser directamente do sistema de mercado", como afirma Edmundo Balsemão Pires, *Povo, Eticidade e Razão*, vol. I, p. 456, tendo certamente em vista as esferas de integração da sociedade civil no Estado.

[292] Como pretende Alan Patten, *Hegel's Idea of Freedom*, p. 175. Procurando, todavia, encarar a teoria política de Hegel à luz da tensão entre duas dimensões, a da liberdade do cidadão no seio do Estado e a da liberdade do Estado, que permaneceriam irreconciliadas, cfr. Jean Cohen e Andrew Arato, *Civil Society and Political Theory*, pp. 112-116 (os autores apoiam-se na hipótese desenvolvida por K.-H. Ilting, "Hegel's Concept of the State and Marx's Early Critique", pp. 94-104, nos termos da qual, entre as lições proferidas por Hegel em 1818-1819 e as *Grundlinien der Philosophie des Rechts*, se terá registado uma evolução entre uma concepção republicana e uma concepção autoritária do Estado, motivada essencialmente pela necessidade sentida por Hegel de aceitar o princípio monárquico nos tempos da restauração. O interesse da leitura de Ilting, que aqui não pode ser aprofundada, consiste em sugerir que é essa evolução a responsável, em última

conciliação entre os dois princípios que lhes estão subjacentes. Já se viu que essa tentativa de conciliação falha: a mediação da diferença entre sociedade civil e Estado conduz a uma mera reprodução dessa diferença. O que torna difícil a exposição hegeliana é a circunstância de o segundo termo da distinção apontada, na diversas formulações aludidas, ser expresso por Hegel através de uma linguagem metafísica que visa desvendar o devir do Espírito e de que acaba por ser excluída qualquer ideia de intersubjectividade[293], e de o primeiro ser expresso como uma crítica que pretende em última análise demonstrar a insusceptibilidade de o princípio individualista fundar verdadeiramente a liberdade. O resultado paradoxal dessa exposição consiste no insucesso em estabelecer uma noção de liberdade substancial que vá para além daquela que subjaz ao princípio individualista, o que constitui todavia o propósito último de toda a filosofia de Hegel, e, inversamente, em criar novas bases para este princípio, designadamente no que diz respeito à justificação filosófica da propriedade, cujo carácter subalterno e deficiente o sistema hegeliano procura, no entanto, pôr a descoberto.

A liberdade concreta que Hegel coloca acima da liberdade económica circunscrita à esfera da sociedade civil não corresponde, na realidade, a uma liberdade política do cidadão, mas à identificação do cidadão com a vida da comunidade e as suas instituições políticas. A dialéctica do universal e do particular conduziu Hegel, com a sua rejeição da aniquilação da voz particular pela vontade geral de uma democracia directa maioritária, motivada pela experiência destrutiva da liberdade meramente negativa do terror jacobino, a uma concepção política nos termos da qual a vontade geral não se constitui sobre a vontade dos indivíduos, mas antes é independente deles.

---

análise, pela incapacidade de Hegel basear as instituições do Estado na Ideia da actualização da liberdade e assegurar uma mediação bem sucedida das diferenças entre sociedade civil e Estado).

[293] Cfr. Charles Taylor, "Hegel's Ambiguous Legacy for Modern Liberalism", p. 76. O ponto de vista do Espírito – que Rawls define, recorrendo às características do mais elevado bem segundo Aristóteles, como o ponto de vista do conhecimento absoluto alcançado pela filosofia no seu mais alto e último estádio de desenvolvimento e não por qualquer indivíduo, grupo ou nação (cfr. *Lectures on the History of Moral Philosophy*, pp. 370-371) – não pode pura e simplesmente servir de modelo para a sociedade política depois do advento do princípio da liberdade individual com o cristianismo.

Neste contexto, em face da consumpção da liberdade do *citoyen* pelo espírito objectivo, a liberdade económica do *bourgeois* torna-se, na prática, a única expressão significativa da liberdade[294].

O sentido da passagem da sociedade civil para o Estado não consiste em permitir definitivamente resolver o problema social da propriedade através da respectiva colocação no âmbito da comunidade universal do Estado. Esse sentido revela-se antes na consideração de que o princípio moderno da liberdade individual não pode constituir a única base de uma comunidade política, mas antes deve ser articulado com a ideia da prioridade ética do bem comum. Ainda que os termos concretos dessa articulação na filosofia hegeliana do direito e do Estado não sejam hoje aceitáveis, na sua demanda de "sínteses superiores"[295], a exigência dela num sentido que oscila entre a recusa da supressão do princípio individualista e a recusa da sua consideração como única base do edifício social e político constitui a sua contribuição fundamental para o pensamento político. No plano da propriedade, que para Hegel constitui a manifestação daquele princípio de liberdade individual, tal articulação pode ser sintetizada com recurso à fórmula proposta por Alan Brudner: o bem comum prevalece sobre a propriedade, mas não define aquilo que ela é[296]. Esta exigência de articulação põe em causa, não apenas certas versões clássicas do liberalismo e as modernas teorias libertárias[297], mas também certas teorias do direito constitucional que procuram encontrar directamente no ideal participativo da tradição republicana a base da mediação entre interesses individuais e colectivos[298].

---

[294] Cfr. J. W. G. van der Walt, "The Critique of Subjectivism and its Implications for Property Law...", pp. 146-148; M. Riedel, "Die Rezeption der Nationalökonomie", pp. 98-99; Seyla Benhabib, "Obligation, Contract and Exchange: On the Significance of Hegel's Abstract Right", pp. 176-177.

[295] Cfr. Gomes Canotilho, "A Teoria da Constituição e as Insinuações do Hegelianismo Democrático", p. 419: segundo o autor, em vez de sacrificar o princípio democrático no altar das "sínteses superiores", o "caminho estará em suspender a construção do sistema da democracia nas antíteses".

[296] Cfr. Alan Brudner, *The Unity of Common Law*, p. 82.

[297] Cfr. John Rawls, *Political Liberalism*, pp. 286-288; Charles Taylor, "Hegel's Ambiguous Legacy for Modern Liberalism", pp. 70-75.

[298] Essa exigência coloca também desafios ao pensamento de Hannah Arendt, uma das fontes de renovação do republicanismo clássico como filosofia política, na medida em que a sua crítica da modernidade como inversão da ordem hierárquica da vida activa, através

A coerência e o sentido da tradição filosófica moderna de reflexão sobre a propriedade que culmina em Hegel podem ser aferidas através da distinção entre as concepções da propriedade como um direito geral ou um direito especial, a que já se aludiu. Como então se disse, não é pura e simplesmente possível caracterizar o pensamento de Locke como propugnando uma concepção da propriedade como direito especial e contingente e o de Hegel como admitindo, pelo contrário, a sua estruturação em termos de um direito geral e necessário. Na argumentação de qualquer destes filósofos relativa à justificação do direito de propriedade privada encontram-se simultânea e necessariamente presentes argumentos nos termos dos quais a propriedade tende a ser caracterizada como um direito geral e necessário e argumentos que apontam no sentido de ser caracterizada como um direito especial e contingente. Entre os primeiros, conta-se a consideração da propriedade como uma exigência da própria liberdade da pessoa individual; entre os segundos, a presença de uma teoria da primeira aquisição quer em Locke, quer em Kant, quer ainda em Hegel. Os dois aspectos são, no entanto, indissociáveis: porque a propriedade é uma exigência da liberdade, a cada pessoa assiste um igual direito de aquisição. Ao mesmo tempo, uma vez que na natureza não existem condições que permitam a todos a satisfação deste direito originário de aquisição, esta não pode deixar de ser "provisória", na formulação de Kant[299]. O sentido da evolução da tradição consiste, pois, em autonomizar progressivamente os argumentos que tenderiam a justificar a propriedade como um direito geral daqueles que a caracterizam como um direito especial e contingente, a partir da situação inicial de confusão dos dois tipos de argumentos que caracteriza o penamento de Locke. Neste contexto adquirem especial importância o conceito kantiano de direito inato de liberdade, isto é, na formulação do próprio Kant o "direito único, originário, que corresponde a todo o homem em virtude da sua humanidade"[300], e a ideia hegeliana

---

da primazia do trabalho sobre as suas demais dimensões, com o consequente empobrecimento da acção humana (cfr. *The Human Condition*, pp. 294 e ss.), se faz à margem da consideração das condições de uma efectiva liberdade individual no contexto da ordem hierárquica da vida activa própria do mundo antigo.

[299] Cfr. Michael Köhler, "Dimensionen rechtlicher Solidarität", p. 135.
[300] Cfr. supra, cap. 2, ponto 2.2.1.

de tensão não redutora entre princípio individual e subordinação ao bem comum, manifestada na relação complexa entre as diferentes esferas da vida ética[301]. Na primeira ideia podemos filiar o reconhecimento, pacífico no constitucionalismo europeu, da dignidade da pessoa humana como fundação do direito constitucional[302]; na segunda, a construção da garantia constitucional da propriedade privada entre o reconhecimento da íntima conexão entre propriedade e liberdade pessoal, por um lado, e princípio social, por outro[303]. A justificação da propriedade não pode, pois, deixar de ser completada por mecanismos que permitam suprir as deficiências no exercício daquele direito de igual aquisição que existiriam na ausência de tais mecanismos. A tradição liberal da justificação da propriedade privada aponta naturalmente para o princípio do Estado social[304]. Ao mesmo tempo, este reconhecimento não postula qualquer divisão na justificação da propriedade privada, no sentido de excluir dela, à partida, certos tipos de objectos.

---

[301] Cfr. supra, ponto 3.6.

[302] Cfr. artigo 1.º da Declaração Universal dos Direitos do Homem ("Todos os seres humanos nascem livres e iguais em dignidade e em direitos..."); artigo 1.º, n.º 1, da Lei Fundamental alemã de 1949 ("A dignidade da pessoa humana é inviolável. Todas as autoridades públicas têm o dever de a respeitar e proteger"); artigo 1.º da Constituição Portuguesa ("Portugal é uma república soberana, baseada na dignidade da pessoa humana...").

[303] Cfr. Ernst-Wolfgang Böckenförde, "Eigentum, Sozialbildung des Eigentums, Enteignung", p. 320. Como se verá adiante, os dois princípios encontram expressão directa na redacção quer do artigo 153.º da Constituição de Weimar, quer no artigo 14.º da Lei Fundamental alemã.

[304] K. A. Schatchtschneider, "Das Recht am und das Recht auf Eigentum", p. 757, exprime esta ideia nos seguintes termos: "Quem reconhece a igualdade das pessoas na sua liberdade, não pode negar o princípio social".

PARTE III
A propriedade como problema constitucional

CAPÍTULO 1

A liquidação da propriedade privada como conceito significativo da filosofia jurídico-política e a sua recuperação

1.1 Introdução; a convergência entre a concepção da propriedade como domínio absoluto sobre a coisa e o princípio da propriedade de si mesmo. Caso se pretendesse adoptar um critério para a diferenciação das diferentes justificações filosóficas da propriedade privada, o mesmo encontrar-se-ia sem dificuldade na diversa relevância que essas justificações atribuem aos problemas do uso e da aquisição[1]. Assim, em traços largos, pode afirmar-se que Aristóteles, no seu tratamento da propriedade, se ocupa igualmente da aquisição e do uso: a primeira, subordinada às necessidades do chefe da casa e tendo em vista a sua libertação para os assuntos da cidade; o segundo, assegurando a subordinação do interesse individual ao interesse da comunidade. Os objectivos consistem na exclusão da crematística

---

[1] Cfr. R. McKeon, "The Development of the Concept of Private Property in Political Philosophy: A Study of the Background of the Constitution", p. 344. A mesma contraposição é estabelecida por Hannah Arendt, em considerações que vale a pena reproduzir na íntegra: "Categorias da propriedade: uso – aquisição, o uso justo contra a justa aquisição = mentalidade do «consumer» contra a do «producer». Além disso: é a propriedade νόμῳ [nomo] ou φύσει [physis]? No caso de νόμῳ: O «Estado» primeiro cria a propriedade, depende dos proprietários; não pode reconhecer alguém como cidadão, que não seja proprietário. No caso de φύσει: o Estado protege o proprietário, ou melhor, protege a aquisição de propriedade. No caso de a propriedade ser considerada de acordo com o seu uso, é νόμῳ e estática (antiguidade), fundada no νέμειν [distribuir] da πόλις [polis], não na aquisição. No caso de a propriedade ser considerada de acordo com a aquisição, é fundada no trabalho – também a conquista é um modo de trabalho. Ao Estado incumbe aqui tornar possível o trabalho no sentido de produção. Assim que a produção é encarada como uma qualidade essencial das pessoas, a propriedade é φύσει." (cfr. Hannah Arendt, *Denktagebuch. 1950 bis 1973*, volume primeiro, pp. 305-306).

do âmbito da justificação da propriedade privada e na ordenação desta à virtude[2]. Os pensadores medievais, por seu turno, concentram-se no problema do uso. Através da exigência do uso comum dos bens próprios, S. Tomás de Aquino abre a justificação aristotélica da propriedade privada às exigências da caridade cristã; Guilherme de Ockham, subordinando igualmente a propriedade privada ao direito natural de usar os bens necessários ao sustento da vida, recorre à categoria do mero uso de facto como via possível de rejeição da propriedade e base de uma vida religiosa perfeita[3]. Ao mesmo tempo, Ockham prefigura já a atitude que consiste em encarar a propriedade na perspectiva da aquisição. O advento da modernidade é marcado pela tentativa de fazer derivar o direito de propriedade privada do direito natural de usar em comum os bens exteriores e, depois, pela identificação do problema da propriedade com o problema da sua aquisição e a consequente marginalização da categoria do uso dos bens[4]. Talvez melhor, o direito natural de usar os bens para prover ao sustento próprio é, a partir de então, desligado do problema da propriedade. É a partir desse momento, com a teoria de Locke, que a propriedade surge encarada como uma instituição a justificar em si mesma e já não em termos instrumentais, isto é, em função do papel que é chamada a desempenhar com vista a garantir a independência do cidadão.

Qual o sentido desta diferente relevância dos problemas do uso e da aquisição nas várias teorias da propriedade privada abordadas? Por um lado, a subordinação da questão da aquisição à questão do uso aponta para uma subordinação da ordem da propriedade à ordem da política, tal como a marginalização da questão do uso aponta para a autonomia da ordem da propriedade privada enquanto realização da liberdade, particularmente visível nos pensamentos de Locke e Hegel[5]. Por outro lado, a mesma preeminência do uso indicia uma

---

[2] Cfr. supra, Parte I, cap. 2, pontos 2.1, 2.2.1, 2.2.2 e 2.4.
[3] Cfr. supra, Parte I, cap. 3, pontos 3.4, 3.5 e 3.6.3.
[4] Cfr. supra, Parte II, cap. 1, pontos 1.3.2 e 1.3.4, cap. 2, ponto 2.1, e cap. 3, ponto 3.2.
[5] Sem que, de resto, essa marginalização do problema do uso no tratamento da propriedade privada por parte dos dois filósofos se possa considerar isenta de dificuldades: cfr. supra, Parte II, cap. 1, ponto 1.5.1, quanto a Locke; cap. 3, ponto 3.3.3, em relação a Hegel.

subalternização do valor do trabalho, tal como a preponderância da aquisição no tratamento da propriedade privada implica a sua valorização. A dimensão do abismo que se abre entre as concepções antiga e moderna da propriedade privada, revelado nas duas contraposições mencionadas, pode mais sinteticamente ser assim caracterizada: a concepção antiga, ou cívica, interioriza no proprietário a dimensão comunitária; a concepção moderna considera-o como agente da sua liberdade individual. O problema reside na impossibilidade histórica de substituir "proprietário" por "indivíduo" ou "pessoa" na primeira concepção e na circunstância de, na segunda concepção, só subordinada ou mesmo inconscientemente o proprietário individual actuar em prol do interesse comum, que carece de lhe ser imposto "de fora", para além da persistente distância entre o reconhecimento da liberdade individual subjacente à tutela da propriedade privada e as condições efectivas da sua realização. Hegel, melhor do que qualquer outro, comprova a dificuldade em transpor o abismo entre as duas concepções, pela manifesta contradição entre a afirmação da propriedade livre, no seio da sociedade civil, e a sua proposta de manutenção do morgadio para o estamento natural, na teoria do Estado[6].

Em última análise, o problema filosófico actual da propriedade consiste em averiguar da possibilidade de articulação das duas concepções. Nas páginas que seguem, procurar-se-á, antes de mais, demonstrar como as concepções modernas da propriedade privada, tendentes a abordar a respectiva justificação sob o prisma da protecção da liberdade do sujeito no respectivo confronto com os bens exteriores, perdem a sua pregnância no contexto da evolução das economias capitalistas industriais; um tal contexto, por seu turno, impõe a recuperação de aspectos das concepções cívicas da propriedade, ainda que num horizonte substancialmente diverso. Antes de se proceder a tal demonstração, importa salientar uma vez mais a convergência entre a concepção moderna da propriedade privada como uma emanação da liberdade da pessoa e a noção da propriedade como direito de domínio sobre a coisa, presente na pandectística alemã, mas também na já citada definição da propriedade segundo Blackstone, como "aquele único e despótico domínio que um homem afirma e

---

[6] Cfr. supra, Parte II, cap. 3, ponto 3.5.3.

exerce sobre as coisas exteriores do mundo, com a total exclusão do direito de qualquer outro indivíduo no universo"[7]. A ideia base daquela concepção, isto é, a afirmação da vontade livre no confronto com a natureza não livre, encontra também expressão modelar em Savigny: "cada homem tem como destino o domínio sobre a natureza não livre"[8]. Quando adiante se discutir a progressiva desadequação da concepção moderna de propriedade na perspectiva das sociedades actuais tem-se em vista a concepção definida pela convergência da concepção da propriedade privada como emanação da liberdade e o modelo romanista do domínio sobre a coisa, que alcança em Hegel a sua formulação filosófica, ainda que o pensamento de Hegel sobre a propriedade não se esgote em tal formulação[9].

1.2 A contradição entre a concepção moderna da propriedade e a lógica de desenvolvimento do capitalismo. Thomas Grey sustentou que "a substituição de uma concepção da propriedade assente no domínio da coisa (*thing-ownership*) por uma concepção baseada na

---

[7] Cfr. Blackstone, *Commentaries on the Laws of England*, 2.º vol., 1766, pp. 37-38.

[8] Cfr. Savigny, *System des heutigen Römischen Rechts*, 1, § 57, p. 367.

[9] Cfr. supra, Parte II, cap. 3, pontos 3.2, 3.3.1, 3.3.2, 3.3.3. N. Roos, "On Properties without Properties: An Inquiry into the Metaphysical Foundations and the Coherence of Private Law", pp. 172-174, sustenta também a existência de uma conexão entre a concepção da propriedade como extensão da personalidade e o conceito absoluto de propriedade, colhido na definição de Blackstone. Segundo Roos, Blackstone, ao defender o carácter absoluto e ilimitado da propriedade, projecta características próprias do direito do sujeito sobre si próprio (o sujeito pode fazer o que quiser consigo próprio), isto é, de um direito de personalidade, para o direito sobre o objecto exterior, isto é, a propriedade. Mais do que afirmar uma convergência, quanto a alguns aspectos, entre a concepção da propriedade como emanação da personalidade e o modelo romanista do domínio absoluto sobre a coisa, o que se afigura correcto, Roos pretende, no entanto, sustentar que este último tem a sua origem no primeiro. O grande problema desta interpretação é o de não tomar em consideração, por um lado, que as teorias da propriedade como extensão da personalidade negam o carácter absoluto da ideia de propriedade de si mesmo, como claramente resulta dos pensamentos de Locke e Hegel; por outro lado, o modelo romanista da propriedade absoluta restringe a propriedade aos bens exteriores, o que não sucede necessariamente com as teorias personalistas, ainda que estas tenham precisamente na sua base a justificação da propriedade exterior. De qualquer modo, é sem dúvida correcta a intuição de Roos, de que o apelo da ideia de propriedade como domínio absoluto sobre a coisa decorre da confusão do direito do sujeito sobre si próprio e o direito do sujeito sobre as coisas exteriores; como se viu, essa confusão constitui, aliás, um dos principais motivos de crítica da teoria de Locke.

ideia do feixe-de-direitos (*bundle-of-rights*) tem como consequência última que a propriedade deixa de ser uma categoria importante nas teorias do direito e da política"[10]. A dissolução de um conceito robusto de propriedade, entendido como direito sobre uma coisa, e a emergência da análise da propriedade como um agregado complexo de direitos, privilégios, poderes e imunidades, difundida (no contexto anglo-saxónico) a partir da sua articulação por Wesley Newcomb Hohfeld, acompanha, segundo Thomas Grey, o movimento de crescente desmaterialização da propriedade nas modernas economias capitalistas. Na verdade, "a maior parte da propriedade numa economia capitalista moderna é intangível (...): acções de capital em empresas, obrigações, vários tipos de papel comercial, contas bancárias, apólices de seguro – já para não falar de intangíveis mais arcanos como marcas, patentes, direitos de autor, franquias e *goodwill* de empresas"[11].

É necessário distinguir dois aspectos na tese da desintegração da propriedade defendida por Thomas Grey. Por um lado, o autor sustenta que a lógica interna de desenvolvimento das economias capitalistas determina a substituição do entendimento da propriedade como direito sobre uma coisa pela teoria do *bundle-of-rights*; por outro lado, considera que, com esta última, a propriedade deixa de ser uma categoria coerente ou sequer importante no nosso esquema conceptual jurídico e político. Este segundo aspecto será objecto de análise mais detalhada adiante; para já interessa-nos sobretudo a parte descritiva da teoria.

É fácil compreender o apelo da teoria da propriedade como direito sobre uma coisa para o liberalismo clássico: em primeiro lugar, essa compreensão da propriedade ajustava-se à realidade das economias pré-industriais, não apenas por a riqueza assentar aí largamente na terra, mas se estruturar ainda em torno da casa como unidade económica relevante; em segundo lugar, a concepção da propriedade

---

[10] Cfr. Thomas Grey, "The Disintegration of Property", p. 81.

[11] Cfr. Thomas Grey, "The Disintegration of Property", p. 70; num sentido semelhante, também Bruce Ackerman, *Private Property and the Constitution*, pp. 166-167, salienta a incapacidade de a compreensão da propriedade como um direito sobre uma coisa dar conta das profundas transformações da propriedade ocorridas no decurso do século vinte; cfr., ainda, Jennifer Nedelsky, "American Constitutionalism and the Paradox of Private Property", pp. 251-252; idem, *Private Property and the Limits of American Constitutionalism*, pp. 231-240.

como domínio sobre a coisa desempenhava uma importante função ideológica no ataque ao feudalismo; por último, a ideia de um direito sobre as coisas adequava-se às principais justificações filosóficas da propriedade, isto é, à ideia de que a propriedade constituía uma extensão da personalidade, presente em Locke e Hegel, sem prejuízo das diferenças entre os pensamentos de ambos[12].

A partir desta breve descrição da adequação da ideia de propriedade blackstoniana – mas que poderíamos estender à noção de domínio da pandectística alemã – ao pensamento político e jurídico do liberalismo clássico, o propósito de Grey consiste em (i) demonstrar que o estabelecimento de uma economia industrial torna limitativo o conceito de propriedade como o domínio de uma coisa por um indivíduo e (ii) descrever o significado político deste desenvolvimento.

Quanto a (i), o estabelecimento de uma economia industrial faz-se através da progressiva exploração da divisão do trabalho e das economias de escala e estes desenvolvimentos, por seu turno, podem ser caracterizados como ocorrendo através de transacções económicas livres em relação às quais o Estado assume a sua neutralidade classicamente liberal. Segundo Grey, "com muito poucas excepções, todas as instituições de direito privado do capitalismo maduro podem ser imaginadas como decorrendo das decomposições e recombinações voluntárias de elementos da propriedade simples, sob um regime em que aos proprietários é permitido dividir e transferir os seus direitos como entenderem"[13]. Ora, neste contexto, aos agentes económicos deve ser dada a oportunidade de adoptar novas formas de financiamento e controlo das empresas, adequadas a aproveitar todas as vantagens das economias de escala e da divisão do trabalho,

---

[12] Cfr. Thomas Grey, "The Disintegration of Property", pp. 73-74.
[13] Cfr. Thomas Grey, "The Disintegration of Property", p. 75. Segundo o autor, *ob. e loc. cit.*, um dos poucos aspectos em relação aos quais as modernas economias capitalistas requerem a actuação do Estado, para além da garantia dos negócios privados, consiste "nas mais novas formas de direitos intangíveis originariamente adquiridos, tais como patentes, direitos de autores e marcas registadas". Estes direitos intangíveis teriam um "significado não trivial mas relativamente periférico para o funcionamento do capitalismo maduro". O carácter altamente duvidoso desta afirmação pode ser desprezado se se tiver em linha de conta que os "direitos intangíveis" em causa confirmam a tendência de desmaterialização da propriedade e constituem uma das mais poderosas formas de garantia dos livres acordos entre privados que o autor considera como o cerne de uma economia capitalista.

as quais fraccionam a propriedade tradicional e criam direitos distanciados de objectos tangíveis. Isto significa, por outro lado, que "os tribunais se terão de libertar de estereótipos em relação às formas apropriadas de controlo sobre os recursos económicos de uma comunidade, estereótipos fundados numa economia de artesãos, comerciantes e quintas familiares"[14].

Mas é em relação a (ii) que as considerações de Grey se revelam mais interessantes. Nos termos da concepção do direito de propriedade como um direito de domínio sobre a coisa, o que está em causa é uma relação vertical de poder entre os indivíduos e as coisas de que são donos, completada por uma relação horizontal de independência mútua entre todos os indivíduos, que apenas se relacionam juridicamente nos termos de acordos voluntários[15]. Os dois princípios básicos da ordem jurídica do capitalismo são assim a propriedade como domínio do indivíduo sobre a coisa e a liberdade pessoal. O significado ideológico desta caracterização da sociedade civil consiste no não reconhecimento do poder económico privado. A única relação de poder admitida é o *dominium* ou propriedade, isto é, o poder das pessoas sobre as coisas; entre as pessoas, existem apenas relações de poder, e a consequente restrição da liberdade pessoal, com a introdução do Estado e o *imperium*[16]. Pois bem, este quadro seria significativamente alterado com a substituição do conceito de propriedade como domínio sobre a coisa pela teoria do "feixe de direitos", no âmbito da qual a propriedade é assumida como estabelecendo relações de poder entre pessoas e já não simplesmente entre pessoas e coisas. Com esta substituição "torna-se uma questão sujeita a debate saber de onde resultam as maiores ameaças para a liberdade pessoal, se dos centros de poder privado de uma economia capitalista não regulada, por um lado, ou da maior complexidade do Estado de um sistema socialista ou misto, por outro lado". A sugestão de Grey é a de que o desenvolvimento natural do capitalismo industrial aponta

---

[14] Cfr. Thomas Grey, "The Disintegration of Property", p. 76.

[15] Esta é a razão da estreita conexão entre propriedade e contrato nos pensamentos de Locke e Hegel: cfr. supra, Parte II, cap. 1, ponto 1.5.3.2, quanto ao primeiro, e cap. 3, ponto 3.3.3, (ii), quanto ao segundo.

[16] Estão aqui presentes os principais traços do individualismo possessivo, tal como Macpherson o define: cfr. *Democratic Theory...*, p. 199.

para uma economia mista, o que ao mesmo tempo põe em causa o marxismo tradicional: "a propriedade privada não precisa de ser abolida pela revolução se ela tende a dissolver-se com o desenvolvimento do capitalismo maduro"[17]. A questão da propriedade dos meios de produção não seria assim uma questão de tudo ou nada, extremando capitalismo e socialismo como formas de organização social e económica mutuamente exclusivas, mas admitiria várias gradações, a partir do momento em que é abandonado o pressuposto do "único dono", inerente à noção da propriedade como domínio sobre a coisa. Esta aproximação entre capitalismo e socialismo revelar-se-ia nas "semelhanças estruturais" entre os múltiplos controlos institucionais das modernas empresas capitalistas e os mecanismos muitas vezes sugeridos para o controlo das empresas socialistas[18].

Compreende-se assim o alcance da tese da desintegração: no contexto das modernas economias capitalistas, a manutenção da concepção da propriedade como domínio individual sobre a coisa, em conjugação com o princípio da liberdade pessoal, além de ser desmentida pela realidade económica, serve para mascarar situações de poder económico estabelecidas entre os indivíduos. Dito de outro modo, a circunstância de a propriedade não ser já apenas, ou mesmo principalmente, um direito sobre uma coisa concreta, mas se caracterizar pela sua convertibilidade num valor em dinheiro possibilita a criação de um poder económico, isto é, a criação de um poder sobre

---

[17] Cfr. Thomas Grey, "The Disintegration of Property", p. 79.

[18] No âmbito dos primeiros, e para além da questão muito debatida da separação entre titularidade do capital e controlo da gestão das grandes empresas, com base na conhecida análise de Berle e Means, *The Modern Corporation and Private Property*, esp. pp. 8-9 (sobre o impacto desta obra, cfr. Gregory Alexander, *Commodity and Propriety*, pp. 342 e ss.), estaria aqui sobretudo em causa "a dispersão do poder jurídico sobre os recursos envolvidos na empresa moderna. Não apenas gestores e accionistas, mas também classes especiais de accionistas, directores, titulares de obrigações, credores, grandes fornecedores e clientes (por via contratual), seguradoras, entidades reguladoras, autoridades fiscais e sindicatos – todos podem ter alguns dos poderes jurídicos que estariam concentrados no ideal do único proprietário da coisa da teoria clássica da propriedade" (cfr. Grey, "The Disintegration of Property", p. 80). Quanto aos segundos, Grey, *ob. e loc. cit.*, menciona os "conselhos de trabalhadores, gestores especializados e compradores, cada um com influência, nenhum com algo que possa ser designado poder total".

os homens e as instituições[19]. Pelo contrário, a adopção da concepção do "feixe de direitos" desmascararia essas relações de poder pela simples remoção da ilusão representada pela concepção tradicional. Thomas Grey acredita que essa remoção conceptual, e a consequente desintegração da concepção tradicional da propriedade privada, criam condições para a evolução das economias capitalistas em direcção a economias mistas. Ao mesmo tempo critica o marxismo tradicional por não criar condições conceptuais para uma evolução semelhante do "outro lado da barreira", por assim dizer.

A tese de Thomas Grey inspira-se confessadamente na teoria do direito privado capitalista desenvolvida por Karl Renner[20], em relação à qual o seu próprio argumento se assume como uma "interpretação livre"[21]. Mas na perspectiva marxista em que se coloca Renner, à concepção da propriedade privada como domínio e à ideia de liberdade pessoal, enquanto os dois elementos básicos de qualquer ordem jurídica capitalista, associa-se um terceiro aspecto na caracterização da ordem económica que lhe está subjacente: a lei do valor do modo capitalista de produção, nos termos da qual a função de produção da propriedade depende do trabalhador, enquanto a função de distribuição é exclusivamente atribuída ao proprietário[22]. Em relação a este terceiro aspecto é absolutamente indiferente a remoção da concepção da propriedade como direito de domínio sobre a coisa e a sua mera substituição pela teoria do "feixe de direitos". Em vez dessa teoria, restrita a uma dimensão puramente analítica, Karl Renner procura explicar a desintegração do modelo da propriedade como direito de domínio através da ideia de "instituições complementares". Segundo Renner, as funções sociais da propriedade são assumidas, no contexto das economias capitalistas, por instituições conexas ou complementares, como sucede com o arrendamento urbano, com o direito do trabalho ou ainda com diferentes formas de regulação próprias

---

[19] Cfr. Karl Larenz, "Die rechtsphilosophische Problematik des Eigentums", pp. 40-41. Larenz, *ob. cit.*, pp. 24 e 40-41, reconhece como a problemática jurídico-filosófica específica da propriedade, revelada na vinculação da coisa ao seu proprietário, não é idêntica à do património, no âmbito do qual não está em causa o controlo de um bem determinado, mas a convertibilidade num valor em dinheiro de todo o direito de propriedade.
[20] Cfr. *The Institutions of Private Law*, pp. 81-95.
[21] Cfr. Thomas Grey, "The Disintegration of Property", p. 84, nota 31.
[22] Cfr. Karl Renner, *The Institutions of Private Law*, pp. 83, 85, 123, 197, 200 e 269-270.

do Estado social[23]. Esta alteração funcional equivale, na verdade, a um movimento através do qual as instituições de direito público tendem a ocupar parte do espaço anteriormente reservado às instituições de direito privado e especialmente à propriedade privada. O que importa é, pois, libertar estas instituições complementares ou suplementares – que Renner salienta terem sido apenas introduzidas após a morte de Marx – das "correntes da propriedade tradicional" e elevá-las a instituições principais[24]. Um tal processo tem, no entanto, um limite, consistente na liberdade individual. À esfera dessa liberdade pertencem necessariamente bens materiais, "não apenas retratos de família e outros artigos de valor sentimental, mas também o conjunto de bens destinados ao consumo, utensílios domésticos, talvez a própria casa. Existirá sempre um '*suum*' privado, uma esfera do 'juridicamente próprio', mesmo relativamente a direitos *in rem*, seja qual for a ordem social que os homens se dêem a si próprios"[25].

A tese da desintegração da propriedade deve, no seu aspecto descritivo – deixando, como se disse, para mais tarde a apreciação da questão de saber em que medida a teoria do "feixe de direitos", ou a intuição que lhe está subjacente, é susceptível de conferir à propriedade um sentido coerente e relevante nos nossos esquemas conceptuais políticos e jurídicos –, ser apreciada em dois aspectos, correspondentes aos dois lados da convergência da propriedade como domínio sobre a coisa e da propriedade como emanação da personalidade. Assim, quanto à ideia de propriedade como domínio sobre a coisa, parece evidente a sua desadequação a uma realidade em que a casa deixou de ser a unidade económica primordial, nem sequer se podendo considerar especialmente inovadora a análise de Grey a tal

---

[23] Cfr. Karl Renner, *The Institutions of Private Law*, pp. 155-156, 231-233, 290 e 294 e ss.

[24] Cfr. Karl Renner, *The Institutions of Private Law*, p. 298.

[25] Cfr. Karl Renner, *The Institutions of Private Law*, p. 296. O conceito de "instituições complementares" permite a Renner sustentar a alteração funcional do conteúdo de normas jurídicas que permanecem inalteradas, interpretando assim a relação entre realidade social e estrutura jurídica sem recorrer a uma leitura mecanística da dialéctica entre infra- e superestrutura (cfr. William E. Scheuerman, *Between the Norm and the Exception*, pp. 46-47; sobre o conceito de "instituições complementares", cfr., ainda, Carl Schmitt, "Feiheitsrechte und institutionelle Garantien der Reichverfassung", p. 168; idem, "Grundrechte und Grundpflichten", p. 210, nota 77).

propósito[26]. Aliás, tal análise não só não se pode considerar inovadora, como até se terá de entender, em parte, como ultrapassada.

Um tipo de análise como a que acaba de descrever-se, postulando a evolução das economias capitalistas em direcção a economias mistas, situa-se no horizonte do designado "capitalismo social", cuja vigência é hoje cada vez mais posta em causa. Com efeito, o "capitalismo social", isto é, o capitalismo institucionalizado, assente na existência de grandes empresas com uma pesada estrutura burocrática e sindicatos fortes, correspondente ao modelo weberiano da militarização da sociedade civil, tem vindo a ser substituído por um novo capitalismo, baseado em empresas com uma estrutura menos pesada (mas nem por isso menos centralizada), caracterizadas pela tendência para a substituição do poder dos gestores pelo poder dos investidores (muitas vezes com intuitos puramente especulativos) e pela subordinação à exigência de resultados a curto prazo, avaliados em termos de preço de acções, mais do que em lucros, bem como no desenvolvimento tecnológico[27]. Este novo capitalismo é ainda caracterizado por uma crescente substituição dos mercados geográficos pelo ciberespaço, de um comércio que tem por objecto bens físicos por um comércio em que as principais mercadorias passam a ser o próprio tempo humano e as experiências de vida. Trata-se de um capitalismo baseado já não tanto na propriedade a longo prazo, mas no acesso a curto prazo à própria existência[28]. Trata-se, em suma, de um capitalismo em que desaparece o pressuposto da divisão da sociedade entre proprietários e trabalhadores, em que autores como Lorenz von Stein basearam a sua visão do Estado Social[29], sem que desapareçam, muito pelo contrário, largas camadas de desapossados sem quaisquer hipóteses de acesso ao trabalho ou ao capital.

---

[26] Para além da análise de Karl Renner, cfr., por exemplo, as considerações de Arnold Gehlen, "Soziologische Aspekte des Eigentumsproblems in der Industrie-Gesellschaft", pp. 166 e ss., salientando a importância crescente do Estado como garante das condições materiais de vida dos cidadãos (e não apenas através de prestações sociais, mas por intermédio de serviços básicos como o saneamento, o fornecimento de electricidade, água e gás), antes considerado como função da propriedade, e a dissociação entre propriedade e decisão nas grandes empresas. No mesmo sentido, cfr. Dieter Schwab, "Eigentum", p. 104.
[27] Cfr. Richard Sennett, *The Culture of the New Capitalism*, pp. 27 e ss.
[28] Cfr. Jeremy Rifkin, *The Age of Acess*, pp. 12 e ss., 57, 97 e ss., 137 e ss.
[29] Cfr. supra, Parte II, cap. 3, ponto 3.6.

Seja como for, as críticas à tese da desintegração em nome da defesa da concepção da propriedade como domínio sobre a coisa, fazem-se, na verdade, em nome da conexão que é estabelecida em tais críticas entre esta concepção e a ideia de propriedade de si mesmo[30]. É, na verdade, em relação ao problema da justificação da propriedade como emanação da liberdade da pessoa ou resultado do trabalho que a tese da desintegração da propriedade pareceria ter maior pregnância filosófica, em vez de se limitar a verificar a desadequação à realidade por parte da ideia de propriedade como domínio sobre os bens exteriores, mas é precisamente sob este aspecto que tal tese menos tem sido discutida. O que está aqui em causa não é apenas o corte da ligação entre a propriedade enquanto simples domínio e a complexa teia de títulos jurídicos que entretecem a estrutura da organização capitalista da economia; o que está em causa é a impossibilidade de manter, no contexto das economias capitalistas, uma justificação da propriedade unicamente baseada na liberdade da pessoa e no trabalho, ainda que a impossibilidade desta justificação e o corte daquela ligação não deixem de se encontrar intimamente relacionados no contexto de tais economias. Por outras palavras, não se trata apenas de salientar que a afirmação da propriedade liberal, resultante da convergência entre o modelo personalista e romanista,

---

[30] Assim, Richard Epstein, *Takings*, p. 23, afirma que "a definição de Blackstone não preclude, mas de facto facilita as formas económicas e sociais da propriedade do estado capitalista avançado" (visando sustentar a ilegitimidade do Estado social), presumivelmente com base em tal conexão. Epstein critica Locke afirmando que este teria alcançado a posição correcta, caso tivesse adoptado aquela que o autor considera "a perspectiva tradicional da *common law* sobre a posição original. Quer dizer, a posição à luz da qual cada indivíduo é dono do seu próprio trabalho; ninguém é dono das coisas exteriores do mundo até que o primeiro possuidor as adquiriu" (cfr. Epstein, *Takings*, p. 11). Do que se trata, como o próprio autor admite, é de corrigir a versão do estado de natureza de Locke, removendo dela todos os traços de domínio originário em comum, atribuídos a desvios teológicos do filósofo. Do que se trata, por outras palavras, é de uma caracterização (por vezes resvalando na caricaturização) do pensamento de Locke para efeitos políticos tidos em vista, que consistem na crítica do Estado social. Todas as questões relevantes tratadas por Locke (concorde-se ou não com as suas soluções) são excluídas daqueles que Epstein designa os "preliminares filosóficos" da sua teoria: as questões que relevam da justiça na aquisição inicial e da sua articulação com a justiça nas transferências subsequentes. A mesma conexão é ainda patente em Christman, *The Myth of Ownership*, p. 158, quanto à dimensão do direito de propriedade privada que ele designa por "direitos de controlo", ainda que com propósitos totalmente diversos daqueles que são assumidos por Epstein.

que constitui a base moral do capitalismo, é posta em causa pela lógica de evolução deste último; trata-se antes de mostrar em que medida a justificação da propriedade é *ab initio* contrária ao próprio princípio da organização capitalista de uma sociedade.

A este propósito ocorre, no entanto, estabelecer uma distinção fundamental entre as teorias relativas à propriedade privada de Locke, por um lado, e Hegel, por outro[31]. Aquando da crítica da teoria de Locke já se expôs como a sua própria lógica interna assenta na divergência entre apropriação e trabalho produtivo, ao mesmo tempo que pretende justificar aquela através deste[32]. Esta mesma dificuldade em assegurar uma correspondência efectiva entre a aquisição de propriedade e o desempenho de trabalho produtivo está na base da crítica desenvolvida por Marx à propriedade dos meios de produção como forma de expropriação do trabalho humano[33]. Locke, como se viu, limita o direito de apropriação através das condições da não deterioração e da suficiência[34], e esta determinação da propriedade

---

[31] Grey coloca a questão apenas no plano da desadequação da propriedade segundo o modelo personalista e romanista às condições das modernas economias capitalistas, ignorando o problema da contradição entre a justificação normativa da propriedade e o princípio do capitalismo, e só assim se compreende que ele coloque no mesmo plano a teoria de Locke e a por ele designada "concepção alemã idealista de Kant e Hegel, que vê a propriedade originária como resultando de um acto subjectivo de apropriação, o exercício da vontade individual sobre um pedaço da natureza não reclamada. Nesta perspectiva, a propriedade era uma extensão da personalidade. A propriedade expandia a esfera natural da liberdade do indivíduo para além do seu corpo em direcção a uma parte do mundo material" (cfr. "The Desintegration of Property", pp. 74 e 77). Ainda que se afigure correcta, no essencial, esta descrição da concepção "alemã idealista" da propriedade, ela ignora, por um lado, importantes diferenças entre Kant e Hegel. Por outro lado, são muito diversas as consequências de cada uma dessas teorias do ponto de vista da sua contradição com o capitalismo, como se diz no texto.

[32] Cfr. supra, Parte II, cap. 1, 1.5.1.

[33] Cfr. Karl Marx e F. Engels, *Manifesto do Partido Comunista*, p. 50: "O que distingue o comunismo não é a abolição da propriedade em geral, mas a abolição da propriedade burguesa (...) Têm-nos censurado, a nós, comunistas, de que quereríamos abolir a propriedade adquirida pessoalmente, fruto do trabalho próprio – a propriedade que formaria a base de toda a liberdade, actividade e autonomia pessoais. Propriedade fruto do trabalho, conseguida, ganha pelo próprio! Falais da propriedade pequeno-burguesa, pequeno--camponesa, que precedeu a propriedade burguesa? Não precisamos de a abolir, o desenvolvimento da indústria aboliu-a e abole-a diariamente".

[34] Cfr. supra, Parte II, cap. 1, ponto 1.4.5.

pela satisfação das necessidades pode tanto servir de fundamento à livre constituição da propriedade como pô-la em perigo, na medida em que essas necessidades funcionem como limites à propriedade, através das condições mencionadas. Um tal perigo é afastado por Locke, como se disse, com base na introdução do dinheiro e nas modificações que este acarreta na perspectiva dos limites à apropriação existentes antes desse momento[35]. Hegel, por seu turno, elimina à partida aquele mesmo perigo, através da exclusão do problema da satisfação das necessidades do âmbito da determinação da propriedade no plano do "direito abstracto"[36]. Assim, a fundação em certa medida instrumental da propriedade, tendo em vista a satisfação das necessidades da pessoa, presente em Locke e ausente em Hegel, revela, à partida, uma adequação tanto a programas capitalistas como socialistas. Esta mesma adequação encontra ainda apoio na dedução da propriedade a partir do trabalho, no sentido em que também aquela pode facilmente ser usada, não apenas a favor do sistema económico do liberalismo, mas também contra esta. Na verdade, se através do trabalho é a personalidade do trabalhador que se imiscui no objecto do trabalho, por que razão não adquire propriedade aquele que trabalha a terra em vez do proprietário fundiário? Se é no trabalho que reside o principal valor económico, por que razão não adquire o operário, em vez do empresário industrial? Já se viu como estas objecções são afastadas no contexto da teoria de Locke, mas o que aqui importa salientar é que elas indiciam, em si mesmas, a susceptibilidade de apropriação de aspectos dessa teoria pelas críticas socialistas à propriedade[37]. Na verdade, a partir dessa teoria seria fácil questionar como pode a diversidade das qualidades pessoais na base da propriedade – propriedade através do próprio trabalho, propriedade através do trabalho de outrem, propriedade como rendimento da terra ou do capital – não ter consequências na limitação e extensão do direito de propriedade. Também aqui diversamente se passam as coisas com Hegel. Para ele, a propriedade surge como objectivação da vontade livre da pessoa, não como resultado do trabalho produtivo.

---

[35] Cfr. supra, Parte II, cap. 1, ponto 1.4.7.
[36] Cfr. Dieter Schwab, "Arbeit und Eigentum", p. 519; cfr., ainda, supra, Parte II, cap. 3, pontos 3.3, 3.4 e 3.6.
[37] Cfr. supra, Parte II, cap. 1, ponto 1.2.

O trabalho, à semelhança do que sucede com as necessidades, não é encarado a propósito da determinação da propriedade, mas tratado no âmbito da sociedade civil. E, na verdade, ainda que a "elaboração" (*Formierung*), enquanto modalidade de apropriação, integre elementos de trabalho produtivo, não são esses elementos, em si mesmos, que explicam em tal caso a aquisição de propriedade, mas sim a circunstância de eles exprimirem a colocação da vontade na coisa[38]. Dieter Schwab sustenta que Hegel se baseia no modo de aquisição da ocupação do direito romano e desenvolve a partir daí uma filosofia da propriedade com a ajuda da qual um sistema capitalista pode ser justificado sem contradições, uma vez que o princípio pessoal da propriedade enquanto vontade da pessoa sobre a natureza pode, a partir da primeira e originária aquisição da propriedade, ser mantido em todas as posteriores aquisições. Exactamente o contrário, portanto, do que se passa com a teoria de Locke, que sofre uma alteração estrutural com a introdução do dinheiro e utiliza este facto histórico tendo em vista a resolução das dificuldades que a aplicação estrita da sua teoria, tal como configurada antes da sua ocorrência, poderia ocasionar depois dela. A questão não consiste todavia simplesmente em saber em que medida qual das duas teorias exprime com maior coerência os princípios de uma economia capitalista; colocada nestes termos a pergunta, a resposta, como se viu, não pode ser senão a de que ambas as teorias da propriedade exprimem e não exprimem, paradoxalmente, tais princípios[39]. A questão consiste antes em saber em que medida as duas teorias conservam a sua coerência normativa em face da organização de uma economia em termos capitalistas e para além dela.

Assim, para além da desintegração da propriedade sob o aspecto da desadequação do modelo romanista do domínio sobre a coisa às relações económicas no contexto de uma economia capitalista, a que já se fez referência, importa ainda abordar três aspectos à luz dos quais faz sentido a tese da desintegração, nesse mesmo contexto: (i) a erosão da justificação moral da propriedade como resultando do

---

[38] Cfr. Dieter Schwab, "Arbeit und Eigentum", pp. 523-524 e 526; cfr., ainda, supra, Parte II, cap. 3, ponto 3.2.

[39] Cfr. supra, Parte II, cap. 1, ponto 1.5.3.3, e cap. 3, pontos 3.6 e 3.7.

trabalho ou do desenvolvimento da personalidade; (ii) a incapacidade de as justificações modernas da propriedade privada articularem coerentemente as suas dimensões individual e comunitária; (iii) a autonomização dos direitos de personalidade e a falência da ideia de propriedade de si mesmo.

(i) É, antes de mais, a partir da justificação da propriedade com base no trabalho que os movimentos sociais do século dezanove põem em causa o direito de propriedade privada do liberalismo. E fazem-no essencialmente de duas maneiras: ou a propriedade decai como conceito de legitimação central, tornando-se um mero conceito histórico, como o feudo; ou a propriedade se conserva como conceito político no contexto dos novos sistemas sociais, o que pressupõe, todavia, a renovação do conceito, a procura da "verdadeira" propriedade, por oposição à propriedade liberal[40]. Por outras palavras, o trabalho pode ser usado como um correctivo da propriedade liberal, quer dizer, utilizando contra a concepção liberal o próprio argumento sobre o qual esta fazia assentar o direito de propriedade; de modo mais radical, pode igualmente ser usado para pura e simplesmente desalojar a propriedade como princípio de organização social. No pensamento de Proudhon parecem combinar-se, de forma aparentemente paradoxal, ambas as tendências: com efeito, ao mesmo tempo que proclama "A propriedade é o roubo!", afirma também que "a propriedade é a liberdade"[41]. Mas não é apenas a justificação da propriedade com base no trabalho a ser visada pela crítica de Proudhon. De modo mais radical, sustenta que "todos os argumentos imaginados para defender a propriedade, quaisquer que sejam, pressupõem sempre e necessariamente a igualdade, quer dizer, a negação da propriedade"[42].

---

[40] Cfr. Dieter Schwab, "Arbeit und Eigentum", p. 516.

[41] A primeira afirmação foi proclamada no famoso *Qu'est-ce que la Propriété?*, de 1840 (cfr. *O que é a Propriedade?*, pp. 11 e ss.), mas ambas as afirmações reproduzidas no texto estão contidas na obra *Les Confessions d'un Revolutionnaire*, p. 128, de 1850: "La propriété, c'est le vol; la propriété, c'est la liberté". Para uma contextualização histórica do pensamento de Proudhon, cfr. Donald R. Kelley e Bonnie Smith, "What Was Property? Legal Dimensions of the Social Question in France (1789-1848)", pp. 221 e ss.

[42] Cfr. Proudhon, *O que é a Propriedade?*, p. 32.

À semelhança do que faz em relação às justificações mais tradicionais da propriedade privada, como aquela que a funda na ocupação, Proudhon começa por criticar a ideia de que é o trabalho que faz a propriedade[43]. Contra essa ideia esgrime fundamentalmente dois argumentos, já anteriormente esboçados aquando da crítica da teoria de Locke. Em primeiro lugar, a propriedade sobre o produto do trabalho, ainda que seja concedida, não implica a propriedade sobre a matéria da produção, isto é, o solo[44]. Em segundo lugar, se se admitir que o trabalho faz surgir a propriedade sobre o produto do trabalho, então esse princípio deve valer para a massa de todos os trabalhadores, quando, na realidade, o salário destes não equivale ao valor do produto do respectivo trabalho, mas antes corresponde ao meramente necessário para a sua conservação[45]. Simplesmente, a crítica da teoria do trabalho como fundamento da propriedade é dirigida aos seus desenvolvimentos liberais, mas não, de um modo geral, contra a ideia da propriedade do trabalho[46]. Segundo Proudhon, "o trabalhador conserva, mesmo depois de ter recebido o salário, um direito natural de propriedade sobre a coisa que produziu". Trata-se de "um direito natural, necessário, inerente ao trabalho, inseparável da qualidade de produtor"[47]. Estas afirmações parecem indiciar a ideia de uma ordenação natural do valor criado pelo trabalho ao

---

[43] Cfr. *O que é a Propriedade?*, pp. 46 e ss. e 70, e 71 e ss.

[44] Cfr. Proudhon, *O que é a Propriedade?*, p. 95: alegadamente os homens, com o seu trabalho, "criam a propriedade completa; quer dizer que geram uma capacidade produtora que não existia antes; mas essa capacidade não pode ser criada sem uma matéria que seja o substrato. A substância do solo continua a mesma; só as qualidades foram modificadas. O homem criou tudo excepto a própria matéria. Ora é dessa matéria que eu admito não haver mais do que a posse e o uso, sob a condição permanente do trabalho, abandonando-lhe, por um momento, a propriedade das coisas que produziu."

[45] Cfr. Proudhon, *O que é a Propriedade?*, pp. 96 e 97: "Concordemos, porém, que o trabalho confira um direito de propriedade sobre a matéria: porque não é esse princípio universal? Porque é negado à massa dos trabalhadores o benefício dessa pretensa lei, restrita a um pequeno número? (...) Quem trabalha tornar-se-á proprietário: esse facto não pode ser negado nos princípios actuais da economia política e do direito. E, quando o chamo de proprietário, não o imagino apenas, como os nossos hipócritas economistas, proprietário dos seus soldos, salários e rendas; é proprietário do valor que criou e do qual só o dono beneficia.

[46] Como salienta Dieter Schwab, "Arbeit und Eigentum", p. 530.

[47] Cfr. Proudhon, *O que é a Propriedade?*, p. 98.

trabalhador e, com isso, um princípio de distribuição inerente à propriedade do trabalho[48]. Mas na realidade, como nota Dieter Schwab, o pensamento da igualdade sobrepõe-se, pelo menos no escrito *O que é a Propriedade?*, ao pensamento da propriedade individual do trabalho. O fundamental é o reconhecimento do carácter social de toda a produção, "a força imensa que resulta da união e da harmonia de todos os trabalhadores, da convergência e da conjugação de esforços", e, subsequentemente, o postulado da igualdade de todos os salários. O produtor só tem direito ao seu produto para uma fracção cujo denominador é igual ao número de indivíduos de que a sociedade se compõe. Na verdade, o trabalhador nem sequer é possuidor do seu produto; logo que o termina a sociedade reclama-o. Aquilo que é atribuído ao trabalhador em troca do seu produto, não lhe é dado como recompensa de um trabalho feito, mas como remuneração adiantada por um trabalho a executar: "Consumimos antes de produzir: o trabalhador, ao fim do dia, pode dizer: Paguei a minha despesa de ontem; amanhã pagarei a minha despesa de hoje"[49].

Em face destas considerações, não surge claro o significado que pode ter a posição de Proudhon ao defender um direito de posse individual assente no trabalho e, simultaneamente, rejeitar a propriedade[50]. Não se trata apenas de não esclarecer qual o conteúdo de um tal direito, enquanto distinto do direito de exclusivo sobre os solos a que se reconduziria a propriedade; trata-se verdadeiramente de Proudhon não retirar quaisquer consequências precisas do direito de propriedade do trabalhador sobre o valor do produto do seu trabalho, uma vez que a esse direito acaba por sobrepor-se o reconhecimento do carácter social da produção e do postulado da igualdade dos

---

[48] Cfr. Proudhon, *O que é a Propriedade?*, p. 103: se "o trabalhador é proprietário do valor que cria, segue-se: 1.º - Que o trabalhador adquire à custa do proprietário ocioso; 2.º - Que sendo necessariamente colectiva toda a produção, o operário tem direito à participação dos produtos e dos benefícios, na proporção do seu trabalho; 3.º - Que sendo propriedade social todo o capital acumulado, ninguém pode fazer dele propriedade exclusiva". Cfr., ainda, D. Schwab, "Arbeit und Eigentum", p. 530; António Zanfarino, "La Proprietà nel Pensiero di Proudhon", pp. 183-184.
[49] Cfr. Proudhon, *O que é a Propriedade?*, p. 129.
[50] Cfr. Proudhon, *O que é a Propriedade?*, p. 246.

salários[51]. Quando muito poder-se-ia retirar do seu pensamento o princípio de que só o trabalho proporciona uma quota-parte nos resultados do processo de criação social de bens[52].

Para além da justificação da propriedade com base no trabalho, Proudhon critica também a sua legitimação através do valor da personalidade humana[53]. Uma justificação da propriedade deste tipo, assente na personalidade, parece ser aflorada nestas afirmações: "não é verdade que (...) se a liberdade do homem é sagrada, é-o para todos os indivíduos igualmente; se ele tem necessidade de uma propriedade para agir, quer dizer para viver, essa apropriação de uma matéria é de uma igual necessidade para todos; se eu quero ser respeitado no meu direito de apropriação é preciso que eu respeite o dos outros: consequentemente que se, no campo do infinito, o poder de apropriação pode não encontrar limites senão em si próprio, na esfera do finito esse mesmo poder se limita segundo a relação matemática do número de liberdades no espaço que ocupam? Não se infere que se uma liberdade não pode impedir outra liberdade sua contemporânea, de se apropriar de uma matéria igual à sua, não pode também tirar essa faculdade às liberdades futuras, porque, enquanto o indivíduo passa, a universalidade persiste e a lei de um todo eterno não pode depender da sua parte fenomenal? E de tudo isso não se deve concluir que sempre que nasce uma pessoa dotada de liberdade é preciso que as outras se apertem (...)?"[54]. Tal como sucede com a

---

[51] Sobre o postulado da igualdade dos salários, cfr. Proudhon, *O que é a Propriedade?*, pp. 107-111; Marx afirmou que este postulado equivale a apreender a sociedade como um capitalista abstracto (cfr. *Manuscritos Económico-Filosóficos de 1844*, p. 72).

[52] Cfr., neste sentido, Dieter Schwab, "Arbeit und Eigentum", p. 531; como salienta o autor, este princípio deixaria ainda por explicar a participação das pessoas incapazes na distribuição do produto social.

[53] Cfr. António Zanfarino, "La Proprietà nel Pensiero di Proudhon", p. 182.

[54] Cfr. Proudhon, *O que é a Propriedade?*, pp. 56-57. O autor visado pela crítica citada é Victor Cousin. A argumentação neste âmbito desenvolvida por Proudhon é especialmente relevante na perspectiva da apresentação do direito de propriedade como um direito geral e necessário, na medida em que um aumento da população significará que a satisfação de um direito universal de propriedade exige a redução da quantidade de recursos atribuídos a cada indivíduos antes do aumento: neste sentido, cfr. Jeremy Waldron, *The Right to Private Property*, pp. 437-439 e 322 e ss., salientando a importância de Proudhon no desenvolvimento, efectuado por Waldron, da ideia da propriedade como um direito geral, cfr. Lawrence C. Becker, "Too Much Property", p. 203 e nota 9.

teoria que justifica a propriedade com base no trabalho, também aqui a argumentação de Proudhon procede através da extracção de todas as consequências decorrentes de se aceitar a justificação em causa[55].

A abordagem do pensamento de Proudhon que mencione apenas a sua crítica da propriedade é, no entanto, incompleta, na medida em que ignora o desenvolvimento da sua reflexão sobre o tema, em particular na *Théorie de la Propriété*. Nesta obra é afirmada a função essencial da propriedade numa sociedade livre e plural, no seio da qual surge encarada como contra-poder, como uma instituição que pode tender ao absolutismo e ao abuso, mas que pode também servir eficazmente como contrapeso ao poder do Estado[56]. Não é, pois, o grito "A propriedade é o roubo!" que melhor exprime o pensamento de Proudhon, mas a fórmula "A propriedade é o roubo; a propriedade é a liberdade". Por um lado, Proudhon delineia uma dúplice figura do proprietário, aquele que se fecha no exclusivismo e no singularismo, e aquele que faz da propriedade um exercício de responsabilidade moral[57]. Àquele que faz da propriedade um roubo é possível opor o que faz dela um exercício de liberdade. Por outro lado, mesmo enquanto roubo, isto é, na sua natureza egoísta e satânica, a propriedade é a liberdade, quer dizer, o meio mais eficiente de resistir ao despotismo[58].

A tensão entre o reconhecimento do direito de propriedade do trabalhador sobre a coisa que produziu e a afirmação do carácter social de todo o trabalho produtivo permanece no pensamento de Karl Marx, podendo talvez afirmar-se que os diferentes resultados a que conduziu a articulação destes dois aspectos no seu pensamento se devem, em relação a Proudhon, a diferentes pontos de partida filosóficos. Com efeito, ao hegelianismo de Marx deve contrapor-se a recusa da dialéctica de Hegel por parte de Proudhon e a sua substi-

---

[55] Numa obra posterior, Proudhon parece aceitar esta mesma justificação: "a propriedade, quanto ao seu princípio ou conteúdo, que é a personalidade humana, não deve jamais perecer..." (cfr. Proudhon, *Le Droit au Travail et le Droit de Propriété*, p. 230).

[56] Cfr. Proudhon, *Théorie de la Propriété*, pp. 136-137, 208 e ss.

[57] Cfr. Proudhon, *Théorie de la Propriété*, pp. 167 e ss. ; Antonio Zanfarino, "La Proprietà nel Pensiero di Proudhon", pp. 187 e ss.

[58] Cfr. Proudhon, *Théorie de la Propriété*, p.209; cfr., ainda, António Zanfarino, "La Proprietà nel Pensiero di Proudhon", pp. 184 e ss.; Hannah Arendt, *The Human Condition*, p. 67 ; Albert Hirschman, *The Passions and the Interests*, p. 128.

tuição por uma dialéctica da contradição, a qual não procura resolver a antinomia entre capital e trabalho, mas antes vê nela uma oscilação ou antagonismo apenas susceptíveis de equilíbrio[59]. Decididamente, Marx não procura já encontrar a "verdadeira" propriedade, com base na qual importa criticar e reformar a concepção liberal, mas condena a propriedade privada como categoria historicamente ultrapassada. Muito embora no pensamento de Marx a tensão entre o reconhecimento da propriedade do trabalhador sobre o produto do trabalho, desde muito cedo mobilizado na crítica da propriedade privada liberal[60], e a afirmação do carácter social da produção e do trabalho tenda a ser resolvida a favor deste último, não deixam de se verificar traços de ambos os aspectos no seu conceito de propriedade. E, na verdade, é necessário ter consciência da pluralidade de sentidos do conceito de propriedade segundo Marx, como adverte Dieter Schwab[61].

Assim, por um lado, a propriedade constitui expressão das relações de produção numa determinada sociedade. Sob esta perspectiva, "querer dar uma definição da propriedade como de uma relação independente, de uma categoria à parte, de uma ideia abstracta e perene, só pode ser uma ilusão de metafísica ou de jurisprudência"[62].

---

[59] Cfr. Proudhon, *De la Justice dans la Révolution et dans l'Église*, vol. I, p. 211; Antonio Zanfarino, "La Proprietà nel Pensiero di Proudhon", pp. 192-193. O próprio Marx não deixou de notar esta diferença, mesmo sem conhecer todos as suas manifestações na obra mais tardia de Proudhon: "Durante a minha estadia em Paris, em 1848, travei relações pessoais com Proudhon. (...) Durante longos debates, frequentemente pela noite dentro, infectei-o, para grande mal dele, com hegelianismo, que ele, contudo, pelo seu desconhecimento da língua alemã não podia estudar convenientemente"; "Proudhon pendia por natureza para a dialéctica. Mas, uma vez que ele nunca compreendeu a dialéctica realmente científica, apenas a reduziu a sofística. De facto, isso coincidia com o seu ponto de vista pequeno-burguês. O pequeno-burguês é tal como o historiador Raumer composto de «por um lado...» e de «por outro lado...». É assim nos seus interesses económicos e, portanto [também] na sua política, nas suas visões religiosas, científicas e artísticas. É assim na sua moral, e é assim *in everything*. Ele é a contradição viva" (cfr. K. Marx "Sobre Proudhon", pp. 172 e 177). Deve, no entanto, notar-se que é precisamente o domínio da "dialéctica científica", cujo desconhecimento Marx censura, de resto não sem algum pedantismo, a Proudhon, que se afigura mais problemático na apreciação actual do seu pensamento: ao mesmo tempo que constitui um poderoso instrumento de análise, é também responsável pela ideia da sociedade como uma totalidade cujo horizonte de evolução está à partida determinado.

[60] Cfr. Arnold Künzli, "Das Eigentum als eschatologische Potenz", p. 88.

[61] Cfr. D. Schwab, "Eigentum", p. 110; idem, "Arbeit und Eigentum", p. 538.

[62] Cfr. Karl Marx, *A Miséria da Filosofia*, p. 137.

A propriedade é apropriação, não tendo uma estrutura invariável nas sucessivas formas de apropriação historicamente ocorridas. Por outro lado, Marx aceita a existência de um conceito originário de propriedade, nas sociedades historicamente mais recuadas, que define como a relação do sujeito que trabalha e produz com as condições da sua produção ou reprodução enquanto suas, a qual é sempre mediada pela qualidade de membro de uma comunidade[63]. Neste contexto, Marx fala de uma propriedade sobre o próprio trabalho, mediada pela propriedade sobre as condições do trabalho e garantida pela qualidade

---

[63] Cfr. Marx, *Grundrisse der Kritik der politischen Ökonomie*, pp. 391 e 395: "Primitivamente, a propriedade não significa nada senão o comportamento do homem em face das condições naturais de produção como fazendo um todo com ele, como sendo suas, e tais que elas são dadas conjuntamente com a sua própria existência. Fundamentos naturais da sua própria pessoa, elas constituem por assim dizer o prolongamento do seu próprio corpo." Cfr., ainda, Marx, *Manuscritos Económico-Filosóficos de 1844*, p. 85: "A essência subjectiva da propriedade privada, a propriedade privada como actividade sendo para si, como sujeito, como pessoa, é o trabalho." Já num escrito de juventude, comentando uma lei sobre o furto de madeira nas florestas, aprovada na Renânia em 1842, Marx parece defender uma concepção de propriedade de acordo com a qual o trabalho fundamenta um direito sobre o respectivo produto. Marx efectua uma distinção entre a apropriação de madeira verde, que pressupõe que a mesma seja separada do respectivo suporte orgânico, e representa, por isso um atentado contra a árvore e o proprietário da árvore; o furto de madeira cortada, a qual é já madeira preparada (Marx usa a expressão *formiertes Holz*, em clara evocação da terminologia de Hegel), em que a relação natural da madeira verde com o proprietário da árvore é substituída por uma relação artificial, correspondente também a um furto da propriedade; e, finalmente, a apanha de lenha miúda, naturalmente destacada da árvore e da propriedade, a qual não pode corresponder a um furto, uma vez que o proprietário não o é senão da árvore e esta já não possui os ramos em questão. Face à recusa do legislador em distinguir estas diversas situações, Marx comenta: "Este modo de ver brutal que em actos diferentes retém apenas uma determinação comum e abstrai da sua diversidade, não se destrói ele mesmo? Se toda a violação da propriedade, sem distinção, nem determinação mais precisas, é designada como roubo, não será toda a propriedade privada um roubo? Através da minha propriedade privada não excluo eu todos os terceiros desta propriedade? Não os leso também eu no seu direito de propriedade?" (cfr. Marx, *Verhandlungen des 6. Rheinischen Landtags*, pp. 112-113). Marx estabelece depois uma diferença entre "o sentimento de justiça e de equidade para a protecção do interesse do proprietário das florestas" e o sentimento diametralmente oposto "de justiça e de equidade para a protecção do interesse do proprietário da vida, da liberdade, da pessoa e do Estado, do proprietário de nada senão da sua própria pessoa" (cfr. Marx, *ob. cit.*, p. 141). Estão já aqui presentes os temas da conexão entre propriedade e trabalho e da alienação que provoca a separação entre ambos (cfr. Arnold Künzli, "Das Eigentum als eschatologische Potenz", pp. 88-90).

que o proprietário tem de ser membro de uma comunidade[64]. Apesar de o modelo do proprietário que trabalha ou do trabalhador que é proprietário ser, como se disse, histórico, e descrever as relações de produção pré-capitalistas[65], isso não impede que sirva como crítica das relações de produção e propriedade modernas, isto é, inerentes às economias capitalistas, as quais, na sequência da separação entre propriedade e trabalho, surgem como negação ou expropriação da propriedade originária. Em lugar desta, surgem as relações de propriedade capitalistas, em que o trabalhador encontra perante si, e de si separadas, as condições objectivas do trabalho sob a forma de capital, assim como o capitalista se defronta com o trabalhador despojado de toda a propriedade, o trabalhador abstracto[66]. O modo de produção capitalista pressupõe o aniquilamento da propriedade originária, "a transformação dos meios de produção individuais e fragmentados em meios de produção socialmente concentrados, portanto, a transformação da propriedade anã de muitos na propriedade maciça de poucos"[67]. Neste contexto, "a propriedade privada adquirida pelo trabalho próprio, por assim dizer, assente na fusão do indivíduo trabalhador, singular, independente, com as suas condições de trabalho, foi suplantada pela propriedade privada capitalista, que assenta na exploração de trabalho alheio, mas formalmente livre"[68].

Ao mesmo tempo que constitui a negação da propriedade sobre o próprio trabalho, o capital implica também "a negação da propriedade fundiária ou do estado em que o indivíduo que trabalha se

---

[64] Cfr. Marx, *Grundrisse der Kritik der politischen Ökonomie*, p. 380: "A propriedade do próprio trabalho resulta da propriedade das condições do trabalho, a qual é garantida pela existência da comunidade; a qual é, por seu turno, garantida pelo excesso de trabalho dos membros da comunidade sob a forma de serviço militar, etc. O membro da comunidade reproduz-se não através da cooperação na criação de riquezas, mas cooperando em trabalhos de interesse comum (imaginário ou real) tendo em vista manter a associação no interior e face ao exterior. A propriedade é quiritária, romana. O proprietário privado não o é senão na sua qualidade de romano; mas, enquanto romano, ele é proprietário privado".

[65] Cfr. Marx, *Grundrisse der Kritik der politischen Ökonomie*, p. 395: "A propriedade significa portanto originariamente – e isso nas suas formas asiática, eslava, antiga e germânica – o comportamento do sujeito que trabalha (produz ou se reproduz) em relação às condições da sua produção ou reprodução, enquanto suas".

[66] Cfr. Marx, *Grundrisse der Kritik der politischen Ökonomie*, p. 388.
[67] Cfr. Marx, *O Capital*, Livro I, tomo III, p. 860.
[68] Cfr. Marx, *O Capital*, Livro I, tomo III, p. 861.

relaciona com a terra como com uma coisa que lhe pertence"[69]. Com efeito, não é possível comprar o trabalho livre senão quando este é destacado por um processo histórico das suas condições de existência objectivas[70]. No termo deste processo, os trabalhadores são livres "no duplo sentido de que nem eles próprios pertencem imediatamente aos meios de produção, como os escravos, servos, etc., nem também os meios de produção lhes pertencem, como no caso do camponês que trabalha para si, etc., antes estão livres, desembaraçados e libertos deles"[71]. A propriedade originária ou primitiva reveste assim um carácter normativo, não certamente no sentido de um regresso a relações de propriedade historicamente ultrapassadas[72], mas como fundamento para a desqualificação da propriedade contemporânea, isto é, da propriedade privada sobre o capital[73]. A dimensão da propriedade privada como expressão das relações de produção e a dimensão normativa da propriedade originária como propriedade sobre o próprio trabalho, explicam que a propriedade burguesa possa simultaneamente ser encarada como necessidade histórica e criticada como meio de expropriação e exploração dos trabalhadores. Ambas as dimensões se reúnem de facto na seguinte afirmação de Marx: a propriedade surge agora, do lado do capitalista, como o direito de se apropriar do trabalho alheio não pago ou do seu produto, e do lado do trabalhador como impossibilidade de se apropriar do seu próprio produto[74]. Se a propriedade do trabalhador sobre o seu trabalho se torna historicamente impossível, nas economias capitalistas, do que se trata agora é de abolir a propriedade privada sobre o capital[75].

---

[69] Cfr. Marx, *Grundrisse der Kritik der politischen Ökonomie*, p. 398; cfr., ainda, Marx, *Manuscritos Económico-Filosóficos de 1844*, p. 82 : "A propriedade fundiária, na sua diferença relativamente ao capital, é a propriedade privada, o capital ainda eivado de preconceitos locais e políticos, ainda não regressado a si do seu enredamento com o mundo, o capital ainda não consumado".

[70] Cfr. Marx, *Grundrisse der Kritik der politischen Ökonomie*, p. 404.

[71] Cfr. Marx, *O Capital*, Livro I, tomo III, p. 808.

[72] Que, aliás, Marx expressamente condena como reaccionárias: cfr. Marx / Engels, *Manifesto do Partido Comunista*, p. 46.

[73] Cfr. D. Schwab, "Arbeit und Eigentum", p. 539.

[74] Cfr. D. Schwab, "Arbeit und Eigentum", pp. 539-540; Marx, *O Capital*, Livro I, tomo III, p. 665.

[75] Cfr. Marx, *O Capital*, Livro I, tomo III, pp. 861-862.

Para além dos pressupostos questionáveis de filosofia da história, nos termos dos quais se explica o movimento conducente a uma tal abolição[76], ou das fragilidades da teoria nos termos da qual o trabalho aparece como fonte de todo o valor e da sua fraca capacidade explicativa nas condições actuais[77], surge como questionável nos dias de hoje a importância da análise de Marx na perspectiva da crítica da concepção liberal da propriedade, definida pela convergência dos modelos romanista e da explicação da origem da propriedade com base no trabalho. O sucesso daquela crítica no contexto do capitalismo social é também a chave do seu fracasso num contexto, como o actual, em que são decididamente postas em causa as premissas de que o proletariado constitui a maioria das sociedades em que vivemos, é responsável pela produção da riqueza que nelas existe, é a única classe objecto de exploração e identifica o universo de todos os que vivem uma situação de necessidade. Existem certamente pessoas responsáveis pela produção de riqueza, bem como pessoas economicamente exploradas e pessoas em situação de carência, mas estas deixaram de ser designações coincidentes do mesmo grupo social homogéneo[78].

---

[76] Cfr. Habermas, *Theorie und Praxis*, pp. 271-279; idem, *The Theory of Communicative Action*, vol. I, pp. 150 e 362-363; *ibidem*, vol. II, p. 332; idem, *Droit et Morale*, p. 38; idem, "Further Reflections on the Public Sphere", p. 435; no mesmo sentido, cfr. Miguel Nogueira de Brito, *A Constituição Constituinte*, pp. 377-382.

[77] E esta teoria pode ser questionada, não apenas sob o ponto de vista da teoria económica (quanto a este aspecto, cfr. Peter C. Dooley, "The Labour Theory of Value: Economics or Ethics?", pp. 19 e ss.), ou da sua capacidade explicativa num contexto em que adquirem enorme importância a ciência e a tecnologia enquanto forças produtivas (cfr. Habermas, *Theorie und Praxis*, pp. 257 e ss.; Sheldon Wolin, *Politics and Vision*, pp. 452-453; de resto, o próprio Marx não deixou de estar consciente dessa importância e do seu aproveitamento pelos capitalistas: cfr. *Grundrisse...*, p. 589), para além da intervenção do Estado no processo de reprodução capitalista, mas também, e decisivamente, na perspectiva de uma crítica da razão funcionalista. Na verdade, a teoria do valor explica a transformação do trabalho concreto, subordinado à produção de um valor de uso, em trabalho abstracto, visando apenas a criação de um valor de troca, com a consequente objectivação e instrumentalização das relações de trabalho, mas deixa naturalmente por explicar, a não ser com o apoio do recurso a um estado de coisas futuro, como pode a subordinação do trabalho humano a uma lógica de acção estratégica ser redimida, no contexto dos modernos modos de produção industrial, pela mera abolição da propriedade privada capitalista (cfr. Habermas, *The Theory of Communicative Action*, vol. 2, pp. 336 e 340).

[78] Cfr. G. A. Cohen, *If You Are an Egalitarian How Come You're So Rich?*, pp. 107-108.

A crítica de Marx à concepção liberal não se faz apenas com base na ideia de propriedade do trabalho; também a ideia da propriedade privada como realização da personalidade humana, principalmente desenvolvida por Hegel, é posta em causa. Para Marx, "o indivíduo é um ser social", a sua exteriorização de vida é uma exteriorização e confirmação da vida social; a natureza que devém no acto de surgimento da sociedade humana é a natureza real do homem[79]. Deste modo, como salienta Joachim Ritter, desaparece em Marx a determinação substancial do homem como subjectividade que caracteriza o pensamento de Hegel[80], ainda que o reconhecimento do momento de libertação presente no trabalho constitua um elo de ligação entre ambos[81]. Simplesmente, através da identificação do ser humano com o ser social, a propriedade privada, enquanto objectivação sensível do homem, é caracterizada pela alienação em que o homem se torna "um objecto estranho e inumano", cuja "exteriorização de vida é o seu desapossamento de vida, a sua realização é a sua desrealização, uma realidade estranha"[82]. Enquanto com a determinação da liberdade da pessoa a partir da subjectividade Hegel introduz na sua teoria da propriedade aquilo que não pode surgir do ser humano na sua dimensão social, em Marx a propriedade é concebida de um modo exclusivamente social, conforme o conceito de sociedade como verdadeira natureza do homem[83]. Daí que a supressão da propriedade privada corresponda, afinal, à "apropriação sensível da essência e vida humanas, do homem objectivo, da obra para e pelo homem"[84]. Não admira, pois, que em Marx a propriedade privada não corresponda à realização da personalidade mas à sua

---

[79] Cfr. Karl Marx, *Manuscritos Económico-Filosóficos de 1844*, pp. 95 e 100; idem, *Thesen über Feuerbach*, p. 140: "a essência humana não é qualquer abstracto inerente ao indivíduo singular. Na sua efectividade ela é o conjunto das relações sociais".
[80] Cfr. supra, Parte II, cap. 3, ponto 3.2.
[81] Marx afirma, com efeito, que "Hegel apreende a auto geração do homem como um processo, a objectivação como desobjectivação, como desapossamento, como supressão desse desapossamento; que ele, portanto, apreende a essência do trabalho e concebe o homem objectivo, verdadeiro, porque homem real, como resultado do seu próprio trabalho" (cfr. *Manuscritos Económico-Filosóficos de 1844*, p. 112).
[82] Cfr. Karl Marx, *Manuscritos Económico-Filosóficos de 1844*, p. 96.
[83] Cfr. Joachim Ritter, "Person und Eigentum", p. 279, nota 12.
[84] Cfr. Karl Marx, *Manuscritos Económico-Filosóficos de 1844*, p. 96.

negação, isto é, à alienação e não apenas para os que não têm propriedade, como também para os que a têm[85]. Nos *Manuscritos de 1844*, Marx argumenta, com efeito, que o dinheiro é o ser alienado do homem, já que ele reduz todas as qualidades humanas a valores quantitativos permutáveis destituídos de valor específico e induz ao ascetismo prático, isto é, à renúncia à vida[86]. Para os que o têm, o dinheiro é, pois, uma forma de renúncia ou, então, num outro extremo, um sucedâneo dos poderes humanos de que são desprovidos, isto é, um transformador de todas as impotências no seu contrário[87]. Para os que o não têm, inversamente, o dinheiro transforma as forças essenciais humanas em imperfeições[88]. Nesta perspectiva, a crítica de Marx não se dirige já a apontar as inconsistências da defesa da propriedade privada com base na sua presumida origem no trabalho, mas, de modo mais radical, a rejeitar a ideia de que ela possa realizar a liberdade humana na esfera económica em que as próprias concepções modernas da propriedade a situam[89]. Neste plano, a rejeição da propriedade privada é uma decorrência da rejeição marxiana da determinação substancial da essência humana como subjectividade, expressa também na sua crítica dos direitos humanos como meras liberdades do indivíduo egoísta independente e isolado da comunidade[90].

---

[85] Cfr. Shlomo Avineri, *O Pensamento Político e Social de Karl Marx*, p. 203.

[86] Depois de caracterizar a economia como "ciência da ascese", Marx afirma: "Quanto menos comeres, beberes, comprares livros, fores ao teatro, ao baile, ao restaurante, pensares, amares, teorizares, cantares, pintares, esgrimires, etc., tanto mais poupas, tanto maior se tornará o teu tesouro, que nem as traças nem o roubo corroem, o teu capital. Quanto menos tu fores, quanto menos exteriorizares a tua vida, tanto mais tens, tanto maior é a tua desapossada vida, tanto mais armazenas da tua essência alienada. Tudo o que o economista nacional te toma de vida e humanidade, tudo isso ele te restitui em dinheiro e riqueza. E tudo aquilo que tu não podes pode o teu dinheiro: ele pode comer, beber, ir ao baile, ao teatro; saber de arte, de erudição, de raridades históricas, de poder político; pode viajar; pode apropriar-se de tudo para ti; pode comprar tudo isso; ele é o verdadeiro poder. Mas ele, que é tudo isso, não pode senão criar-se a si próprio, comprar-se a si próprio, porque tudo o mais é já seu servo, e se eu tiver o senhor, tenho o servo e não preciso do seu servo. Todas as paixões e toda a actividade têm, portanto, de se afundar na cupidez. Ao operário só é lícito ter o suficiente para que queira viver, e só é lícito querer viver para ter" (cfr. *Manuscritos Económico-Filosóficos de 1844*, pp. 131-132).

[87] Cfr. Karl Marx, *Manuscritos Económico-Filosóficos de 1844*, p. 149.

[88] Cfr. Karl Marx, *Manuscritos Económico-Filosóficos de 1844*, p. 151.

[89] Cfr. Jeremy Waldron, *The Right to Private Property*, p. 426.

[90] Cfr. Karl Marx, *Para a Questão Judaica*, p. 86.

Enquanto no movimento de concretização dessa subjectividade no pensamento de Hegel não é redimida, através do reconhecimento de um princípio de intersubjectividade na acção humana, a promessa que a crítica do individualismo fazia antever[91], no caso de Marx são excluídos, à partida, quaisquer vestígios de intersubjectividade no desenvolvimento da prática entendida como automovimento da produção[92].

(ii) A tese da desintegração da concepção liberal da propriedade privada, definida pela convergência entre o modelo romanista e o entendimento personalista da propriedade, revela-se ainda no desaparecimento da respectiva dimensão comunitária. A análise de Marx proporciona também aqui um útil ponto de partida. Já anteriormente se mencionou o carácter normativo da propriedade primitiva ou originária na crítica da propriedade privada do capital. Estava então em causa a ideia da propriedade do próprio trabalho, que é necessariamente expropriada pela propriedade privada dos meios de produção. O que agora importa salientar é a ideia a ela associada de que a propriedade do próprio trabalho e das condições do trabalho é garantida pela pertença a uma comunidade. Tal ideia visa certamente demonstrar que as raízes da propriedade individual se encontram na propriedade comum, e que a propriedade não preexiste à sociedade, mas antes resulta dela[93]. Mas a exposição de Marx, particularmente nos *Grundrisse*, revela também que a dimensão comunitária é o lado reverso da dimensão individual no contexto da propriedade originária. Quanto a esta última, o indivíduo é, em relação a si próprio, o proprietário e senhor das condições da sua realidade; a mesma relação se

---

[91] Cfr. supra, Parte II, cap. 3, pontos 3.1, 3.3.3 e 3.5.3.

[92] Cfr. Habermas, "Trabalho e Interacção. Notas sobre a Filosofia do Espírito de Hegel em Iena", pp. 41-43. A esta questão regressar-se-á adiante.

[93] Cfr. Shlomo Avineri, *O Pensamento Político e Social de Karl Marx*, p. 208. É sintomático que a obra de Engels, *A Origem da Família, da Propriedade Privada e do Estado*, tenha por subtítulo *A Propósito das Investigações de Lewis H. Morgan*, as quais visavam justamente estabelecer a prioridade histórica da propriedade comum sobre a propriedade individual. Engels termina o seu livro com uma citação de Morgan, para quem um estádio futuro da civilização permitirá reviver, numa forma superior, a liberdade, igualdade e fraternidade das antigas gens... (cfr. Engels, *ob. cit.*, p. 216; cfr., ainda, P. Grossi, *An Alternative to Private Property*, p. 77).

verifica em relação a terceiros, na medida em que o indivíduo considera os outros como comproprietários ou proprietários independentes ao seu lado, quer dizer, como proprietários privados[94]. Abstraindo aqui das diferenças entre os diferentes modos de produção pré-capitalistas, e tomando como principal ponto de referência o sentido originário da propriedade na sua forma antiga, isto é, nas cidades gregas e romanas, parece possível dizer-se que aí a propriedade comum, que anteriormente absorvia todas as terras e dominava todas as pessoas, se apresenta como *ager publicus* distinto, ao lado das numerosas propriedades privadas. Em ambos os casos, os indivíduos não têm o carácter de trabalhadores, mas de proprietários. O seu trabalho tem como principal propósito a conservação de cada proprietário individual e da sua família, bem como a conservação da comunidade no seu conjunto, e não a criação de riqueza ou valor[95]. Precisamente por essa razão, a questão que preocupava os antigos não era a de saber qual a forma de propriedade mais potenciadora de riqueza, mas qual a criadora de melhores cidadãos[96]. Segundo Marx, a diferença entre o mundo pré-capitalista e o mundo burguês é a diferença entre o indivíduo como proprietário fundiário, qualidade que adquire enquanto membro da comunidade[97], e o indivíduo como trabalhador no estado de sujeito puro, desprovido de objecto, isto é, situado face às condições objectivas da produção enquanto a sua não propriedade, enquanto propriedade de outrem, enquanto valor para si, enquanto capital[98].

Pois bem, esta implicação necessária e recíproca entre as dimensões individual e comunitária da propriedade na cidade antiga não levam

---

[94] Cfr. Marx, *Grundrisse der Kritik der politischen Ökonomie*, p. 375.

[95] Cfr. Marx, *Grundrisse der Kritik der politischen Ökonomie*, p. 375.

[96] Cfr. Marx, *Grundrisse der Kritik der politischen Ökonomie*, p. 387.

[97] Apresenta-se aqui, uma vez mais, uma versão simplificada do modelo de propriedade originária pré-capitalista, assente na fusão entre o trabalhador e as condições objectivas do seu trabalho, uma vez que entre estas condições não se encontra apenas o solo, mas também o instrumento do trabalho, como sucede com os artesãos, e o próprio trabalhador, no caso da escravatura e da servidão, que Marx encara como "resultado necessário e tardio da propriedade fundada na comunidade e no trabalho na comunidade" (cfr. Marx, *Grundrisse der Kritik der politischen Ökonomie*, p. 395.

[98] Cfr. Marx, *Grundrisse der Kritik der politischen Ökonomie*, pp. 396 e 397.

Marx a idealizar uma recuperação do antigo republicanismo[99]. Pelo contrário, a sua análise, acentuando a condição histórica de todas as formas de propriedade, evidencia os limites da propriedade antiga: "todas as formas (mais ou menos naturais, mas ao mesmo tempo resultantes do processo histórico) nas quais a comunidade pressupõe sujeitos unidos objectivamente às suas condições de produção, ou nas quais uma existência subjectiva determinada pressupõe que as comunidades se contam elas próprias entre as condições de produção, correspondem necessariamente a um desenvolvimento essencialmente limitado das forças produtivas"[100]. Em todas as formas antigas, a propriedade fundiária e a agricultura constituem a base da ordem económica e, por conseguinte, o fim económico consiste na produção de valores de uso, a reprodução do indivíduo no seio da comunidade em que se insere[101]; o desenvolvimento da produção e, enquanto parte dela, da população estão, pelo contrário, associados a um fim económico que consiste na produção de valores de troca e, portanto,

---

[99] Cfr. Shlomo Avineri, *O Pensamento Político e Social de Marx*, p. 210. Segundo Marx, "a comuna, enquanto Estado, é a relação recíproca destes proprietários livres e iguais, a sua união face ao exterior e é, ao mesmo tempo, a garantia dessa união. A comunidade depende de os seus membros serem proprietários fundiários que trabalham, agricultores parcelares cuja independência reside nas suas relações recíprocas como membros da comunidade, na garantia do *ager publicus* em relação às necessidades comuns, a glória comum, etc. Pressuposto da apropriação do solo permanece aqui a pertença à comunidade; mas enquanto membro desta, o indivíduo é proprietário privado. A propriedade privada, para ele, é a sua terra, mas é também a sua existência enquanto membro da comunidade: conservando-se como tal, ele contribui para conservá-la, e inversamente, etc. (...) O pressuposto da persistência da comunidade é a manutenção da igualdade entre os seus agricultores livres e *self-sustaining* e o seu trabalho como condição da persistência da sua propriedade. Eles comportam-se como proprietários perante as condições naturais do trabalho, mas estas condições devem ser afirmadas sem cessar pelo trabalho pessoal, enquanto condições e elementos objectivos da personalidade individual" (cfr. Marx, *Grundrisse der Kritik der politischen Ökonomie*, p. 379). Para Marx, a propriedade antiga realiza, entre as formas pré-capitalistas de produção, uma separação, sem equivalente nas demais formas, entre as dimensões individual e comunitária: a propriedade fundiária do Estado e dos indivíduos privados são aí formas contrastantes (cfr. *ob. cit.*, p. 322). É precisamente este princípio de separação entre propriedade comum e propriedade individual na cidade antiga que está na base dos desenvolvimentos capitalistas a que se aludiu anteriormente (cfr. supra, Parte I, cap. 1, ponto 1.4), os quais, ainda que surjam à partida limitados, são, no entanto, como então se disse, rejeitados por Marx.
[100] Marx, *Grundrisse der Kritik der politischen Ökonomie*, p. 396.
[101] Marx, *Grundrisse der Kritik der politischen Ökonomie*, p. 384.

na produção de riqueza: a consequência é o desaparecimento da comunidade e, simultaneamente, das relações de propriedade sobre as quais ela se fundava[102].

(iii) Um último, e decisivo, aspecto importa ainda abordar na perspectiva da tese da desintegração da propriedade: trata-se da autonomização dos direitos de personalidade em relação ao tratamento da propriedade. Os pensamentos de Locke e Hegel, como se viu, caracterizam-se por um tratamento insuficientemente diferenciado da propriedade e da pessoa humana[103]. Essa diferenciação é atingida com absoluta clareza no pensamento de Kant, através da definição da liberdade como o "direito único, originário, que cabe a todo o homem em virtude da sua humanidade"[104] e da sua preocupação, não tanto em explicar e justificar a instituição da propriedade em si mesma, quanto em estabelecer as condições da sua legitimidade. Helmut Coing salienta a transformação decisiva que na sequência do pensamento de Kant adquire o conceito jurídico de pessoa, na medida em que a mera capacidade de ser titular de direitos se torna necessariamente atributo do ser humano enquanto pessoa moral[105]. No plano da diferenciação entre o tratamento filosófico da pessoa e da propriedade, a importância de Kant consiste em estabelecer a necessidade jurídica do Estado sobre uma fundação independente da propriedade e, na verdade, concorrente desta última[106]. Não se trata apenas, no pensamento de Kant, de afirmar a independência do Estado em relação à propriedade, em contraposição à afirmação lockeana da independência da propriedade em relação ao Estado, mas verdadeiramente de ser possível sustentar com base em tal pensamento que o Estado não é constituído para a propriedade ou como mera função da sua tutela jurídica. Em Kant são lançadas as bases para a ruptura com uma tendência para pensar o direito de propriedade como matriz dos

---

[102] Marx, *Grundrisse der Kritik der politischen Ökonomie*, pp. 386 e 403-404.

[103] Cfr. supra Parte II, cap. 1, ponto 1.5.2, quanto a Locke, e cap. 3, pontos 3.3.2 e 3.3.3, (i) e (iii), quanto a Hegel.

[104] Cfr. Kant, *Rechtslehre*, pp. 345 (cfr. *Metafísica dos Costumes, Parte I*, p. 44).

[105] Cfr. Helmut Coing, "Der Rechtsbegriff der menschlichen Person und die Theorien der Menschenrechte", p. 70.

[106] Cfr. supra, Parte II, cap. 2, ponto 2.5.2.

direitos humanos e para a respectiva teorização sobre o conceito básico de liberdade da pessoa humana.

1.3 Crítica do trabalho como categoria central da acção humana. Como se começou por dizer, os traços distintivos das concepções antigas e modernas da propriedade estruturam-se essencialmente em torno da subordinação daquelas ao problema do uso e da importância que nestas é dada à aquisição da riqueza. Subjacente a esta diferença está uma diversa atitude em relação ao trabalho humano. E, na verdade, as concepções modernas da propriedade estão associadas a uma glorificação sem precedentes do trabalho[107]. Ora, uma vez que nas economias capitalistas modernas a ligação entre o trabalho e a propriedade é posta em causa, essa ligação pode ser analisada na perspectiva da dissolução do conceito de propriedade, mas também na perspectiva da crítica do trabalho enquanto categoria específica das modernas sociedades capitalistas. Na primeira perspectiva, atrás esboçada, o que está em causa é a demonstração de que a conexão entre propriedade e trabalho se faz pressupondo um conceito de propriedade (fundiária) e de trabalho (pressupondo a apropriação directa das condições objectivas de trabalho pelo trabalhador e visando a reprodução deste, da sua família e a manutenção da comunidade em que se insere) desadequado das condições próprias de uma economia capitalista; ou ainda, que a propriedade como emanação da liberdade da pessoa coloca o problema da sua necessária difusão ou mesmo superação, pelo reconhecimento da impossibilidade ou inadequação dessa difusão. Na segunda, o que se pretende levar a cabo é uma crítica do trabalho tal como ele é conformado nas sociedades capitalistas[108].

1.3.1 Marx e o desapossamento do trabalho nas sociedades capitalistas. Nesta perspectiva, a importância de Marx consiste em ter revelado o processo ao longo do qual o trabalho humano, valorizado apenas na forma de trabalho abstracto, ou seja apenas como

---

[107] Cfr. Hannah Arendt, *The Human Condition*, p. 4.
[108] Ou seja, do que se trata é de uma crítica do trabalho no capitalismo, mais do que uma crítica do capitalismo na perspectiva do trabalho (cfr. Moishe Postone, *Time, Labor, and Social Domination*, pp. 16, 22, 29 e 388).

quantidade de tempo de produção, sem atentar no seu conteúdo e nas suas consequências, toma a forma de valor de uma mercadoria equivalente a uma soma em dinheiro[109]. O capitalismo é assim encarado, não apenas como uma relação de domínio entre proprietários de meios de produção e proletários, mas enquanto constituído por um sistema autómato e tautológico cujo único objectivo consiste em transformar o trabalho vivo, isto é, o trabalho no acto da sua execução, em trabalho morto, ou seja, o trabalho necessário para produzir uma mercadoria e que, uma vez levado a cabo, se encontra contido nela, como tempo de trabalho que exprime o seu valor[110]. Surge assim o feiticismo das mercadorias, em que os homens não controlam as suas relações de produção, mas são controlados por elas, uma vez que os produtos do seu trabalho assumem universalmente a forma-mercadoria[111]. E, na verdade, enquanto o valor de uso das coisas se realiza numa relação imediata entre o objecto e a pessoa, o seu valor de troca assenta num processo social; o primeiro é um atributo dos homens, enquanto o segundo pertence, por assim dizer, às próprias coisas[112]. Deste modo, se aos homens é reservado um papel activo no processo de trabalho quando o seu produto for encarado como um valor de uso, esse papel desaparece quando o produto do trabalho é encarado como valor de troca, pois nesse caso, as diversas formas concretas do trabalho humano já não se diferenciam, "antes se encontram reduzidas, no seu conjunto, a trabalho humano igual, trabalho humano em abstracto"[113].

---

[109] A distinção marxiana entre trabalho concreto e útil, que produz valor de uso, e trabalho humano abstracto, que forma o valor das mercadorias, não se refere a dois tipos de trabalho, mas a dois aspectos do mesmo trabalho na sociedade determinada pela mercadoria. Isto mesmo é expressamente afirmado na primeira edição de *O Capital* (1867): "a mercadoria não contém dois tipos diferentes de trabalho; o mesmo trabalho, todavia, é determinado diferentemente e como oposto a si mesmo, dependendo de ser relacionado com o valor de uso da mercadoria como seu produto ou com o valor-mercadoria enquanto sua mera expressão objectivada" [cfr. *Ware und Geld (Das Kapital, 1. Auflage 1867, 1. Buch Kapitel 1)*, p. 224; cfr., ainda, *O Capital*, Livro I, tomo I, pp. 55-56 e 58].

[110] Sobre a distinção entre trabalho vivo e trabalho morto, ou passado, cfr. Marx, *O Capital*, Livro I, tomo I, pp. 210-212.

[111] Cfr. Marx, *O Capital*, Livro I, tomo I, p. 111.

[112] Cfr. Marx, *O Capital*, Livro I, tomo I, pp. 99-100.

[113] Cfr. Marx, *O Capital*, Livro I, tomo I, p. 49.

Da análise que precede resulta que a categoria do valor, enquanto categoria básica das relações de produção capitalistas, constitui também a determinação inicial das estruturas sociais alienadas[114]. Sob este ponto de vista, a alienação presente nas relações de produção capitalistas, o trabalho desapossado, descrito por Marx nos *Manuscritos Económicos-Filosóficos de 1844*, não constitui um efeito da propriedade privada, mas antes esta é produto daquele e, simultaneamente, "o meio através do qual o trabalho se desapossa, a realização deste desapossamento"[115]. O trabalho alienado reveste três formas: a alienação do objecto do próprio trabalho; a alienação em relação à actividade do trabalho por parte daquele que o desempenha; a alienação do homem em relação ao seu corpo e à sua essência espiritual, o seu "ser genérico", e, consequentemente, dos homens uns em relação aos outros[116]. Se subjacente às duas primeiras formas de alienação está a crítica, a que se junta um elemento moral, do trabalho assalariado, com base na sua transformação do trabalho concreto em trabalho abstracto[117], a terceira forma de alienação assenta sobre a ideia de que é a vida produtiva que faz a essência do homem[118]. Não se pretende sequer discutir aqui o aspecto da análise marxiana relativo à possibilidade histórica de os homens poderem controlar aquilo que

---

[114] Cfr. Moishe Postone, *Time, Labor, and Social Domination*, p. 159.

[115] Cfr. Marx, *Manuscritos Económico-Filosóficos de 1844*, p. 71.

[116] Cfr. Marx, *Manuscritos Económico-Filosóficos de 1844*, pp. 65-69; James Grunebaum, *Private Ownership*, pp. 130 e ss.; Shlomo Avineri, *O Pensamento Político e Social de Karl Marx*, pp. 196 e 218.

[117] Cfr. Jürgen Habermas, *Der philosophische Diskurs der Moderne*, p. 81. O reconhecimento de um tal elemento moral não é, de resto, incompatível com o reconhecimento da alienação como parte inevitável da vida humana: Russell Muirhead, *Just Work*, p. 14.

[118] Ou, como afirma José Barata-Moura, *Prática*, p. 88, o "reconhecimento do papel central da prática na mediação histórica do ser pelas colectividades humanas" e, simultaneamente, a sua "compreensão essencial como actividade material de transformação". Partindo desta mesma indiferenciação entre actividade prática e actividade produtiva, Karl-Heinz Ilting salienta a sua inadequação à compreensão de instituições como a família e o Estado. Em relação a estas não pode certamente falar-se de uma alienação do homem no mesmo sentido que possivelmente ocorre aquando da transformação do mundo através do trabalho humano. Com efeito, tais instituições não são o resultado de uma actividade produtiva incidente sobre um material preexistente, mas antes o material a produzir seria, neste caso, o próprio homem. Assim, a realização consequente do pensamento de Marx conduz a uma incorrecta interpretação do surgimento das instituições sociais e do seu sentido normativo (cfr. "Technik und Praxis bei Heidegger und Marx", pp. 334-336).

eles mesmos constituíram socialmente de uma forma alienada, mas tão só salientar como em tal análise não há lugar para uma distinção entre actividade prática e produtiva, devendo esta última realizar a partir de si mesma o ideal de emancipação do homem[119]. E não deixa

[119] É neste ponto que o modo de ver adoptado no texto se aparta de interpretações mais recentes do pensamento de Marx, nos termos das quais este não se limita a encarar o capitalismo como assentando na contradição entre o modo de produção industrial, por um lado, e o mercado e a propriedade privada capitalista, por outro, isto é, como um problema de distribuição mais justa da produção industrial, mas repensa, verdadeiramente, o modo de produção específico das economias capitalistas (cfr. Moishe Postone, *Time, Labor, and Social Domination*, p. 23). Trata-se, por outras palavras, de pôr em causa o trabalho enquanto categoria específica do capitalismo, em vez de o aceitar como tal e pretender apenas uma distribuição mais justa do seu produto. A contradição inerente ao capitalismo não pode ser simplesmente identificada com a que se estabelece entre as forças de produção e as relações sociais capitalistas, mas com a que resulta da distinção entre a actualidade da forma de produção, constituída pelo valor, e o seu potencial, que abre a possibilidade de novas formas de produção, ou a contradição entre as concretas actividades e necessidades humanas e a sua constante transformação em categorias abstractas, como o trabalho, a mercadoria, o dinheiro, o valor. Estas interpretações do pensamento de Marx visam reagir àquilo que elas próprias designam, de modo algo indiferenciado, como "marxismo tradicional". Este último encararia Marx sobretudo como um pensador da luta de classes, nos termos da qual o proletariado deve organizar-se tendo em vista a tomada do poder e a reorganização socialista da sociedade. A negação histórica do capitalismo é vista, antes de mais, como uma sociedade em que o domínio e a exploração de uma classe por outra são superados. O socialismo é entendido como novo modo de administrar política e economicamente o mesmo modo industrial de produção a que o capitalismo deu origem (cfr. Moishe Postone, *Time, Labor, and Social Domination*, pp. 7 e ss.; Anselm Jappe, "Les Habits Neufs du Marxisme Traditionnel", pp. 11-12). Em alternativa a esta compreensão do "marxismo tradicional", as mencionadas interpretações do pensamento de Marx, surgidas em torno do Grupo Krisis (cfr. *Manifesto Contra o Trabalho*, pp. 11-12) contestam que a luta de classes ocupe nele o lugar central. Por outras palavras, o que estaria em causa seria uma tensão entre uma forma de vida social mediada pelo trabalho abstracto e a possibilidade historicamente emergente de uma forma de vida em que ele não desempenha um papel de mediação social (cfr. Moishe Postone, *Time, Labor, and Social Domination*, pp. 28 e 361). A grande questão consiste em realizar o potencial de valor de uso do trabalho e libertar este dos constrangimentos impostos pelo valor de troca (cfr. Moishe Postone, *Time, Labor, and Social Domination*, pp. 362-363 e 365). Mas em que condições se dá a realização de uma tal potencialidade? A compreensão da possibilidade de tal realização seria facilitada pela distinção entre trabalho vivo e trabalho morto, atrás aludida. Reagindo contra as interpretações de Marx que lhe atribuem a noção quase romântica de que superar o capitalismo implica a vitória do trabalho vivo sobre o trabalho morto, Moishe Postone sustenta que a análise de Marx implica, pelo contrário, que a possibilidade de uma sociedade futura qualitativamente diferente assenta no potencial do trabalho morto (cfr. Moishe Postone, *Time,*

de ser sintomático que na sua teoria do valor do trabalho e, em geral, na sua crítica da propriedade capitalista, Marx faça ainda uso de conceitos especificamente "proprietários": os trabalhadores são "donos" da sua força de trabalho e, através da sua transferência para o capitalista, são "expropriados" da mais valia que nela tem a sua origem[120]. Com o que acaba de ser dito não se pretende colocar Marx no mesmo plano dos fundadores da moderna economia política, de John Locke a Adam Smith, como fará Hannah Arendt[121]. Na esteira de

---

Labor, and Social Domination, p. 357, nota 122). Segundo Marx e Engels: "Na sociedade burguesa o trabalho vivo é apenas um meio para multiplicar o trabalho acumulado. Na sociedade comunista o trabalho acumulado é apenas um meio para ampliar, enriquecer, promover o processo de vida dos operários" (cfr. *Manifesto do Partido Comunista*, p. 51). A partir da contradição entre o potencial das capacidades acumuladas, sobretudo patente na sequência da terceira revolução industrial, e a sua forma existente e alienada no processo de trabalho subordinado ao valor, seria possível a superação do capitalismo (cfr. Moishe Postone, *Time, Labor, and Social Domination*, pp. 360-361; Grupo Krisis, *Manifesto Contra o Trabalho*, pp. 62-63). À pergunta pelos modos dessa realização, as propostas da corrente de interpretação do pensamento de Marx que tem vindo a ser abordada tornam-se mais vagas. No *Manifesto Contra o Trabalho* acredita-se na obsolescência natural, em resultado da crise da sociedade do trabalho, da propriedade privada e da propriedade estatal, uma vez que ambas pressupõem o mesmo processo de valorização do capital. Em alternativa, e à medida que os meios de produção anteriormente submetidos à propriedade deixam de ser mobilizados sob a forma de produção de mercadoria para mercados anónimos, ocorrerá a conquista desses meios de produção por "associações livres contra a administração coerciva estatal e jurídica" e a substituição do mercado e do Estado "por um sistema escalonado de conselhos, em que as associações livres, desde o nível do bairro até ao nível mundial, determinam o fluxo dos recursos de acordos com pontos de vista baseados numa racionalidade sensível, social e ecológica" (cfr. Grupo Krisis, *Manifesto Contra o Trabalho*, pp. 92-93). O ponto de partida parece ser o do "duplo carácter do trabalho", consoante ele se exprime em valor de uso ou em valor de troca e nos desenvolvimentos da sua dialéctica intrínseca (cfr. Moishe Postone, ob. cit., p. 55). Fica, no entanto, por responder a questão de saber como pode esse desenvolvimento ocorrer a partir das oposições entre trabalho vivo e trabalho morto, trabalho concreto e trabalho abstracto, por outras palavras, fica por responder o que pode esta interpretação contrapor à razão instrumental que domina o trabalho abstracto, quando ela se tem de entender a si própria, em termos materialistas, como parte integrante e resultado deste contexto objectivado. É esta a questão colocada por Habermas (cfr. *Der philosophische Diskurs der Moderne*, pp. 84-85), a que Moishe Postone não responde de modo satisfatório, não se lhe referindo sequer na sua extensa discussão da crítica de Habermas a Marx (cfr. *ob. cit.*, pp. 226-260).

[120] Cfr. J. W. Harris, *Property and Justice*, p. 192; admitindo uma certa ambivalência de Marx em relação ao trabalho, cfr. Anselm Jappe, *As Aventuras da Mercadoria*, p. 112.

[121] Cfr. infra, ponto 1.3.2.

Sheldon Wolin, poderá mesmo afirmar-se que o sujeito da economia política de Marx não é o *homo oeconomicus* da teoria económica; é antes a actividade económica que, nos termos em que a pensa, se encontra plena de significado político reprimido. Neste sentido, o pensamento de Marx aponta certamente para o inverso do homem político dos primórdios do liberalismo, cujas acções políticas são plenas de significado económico reprimido[122]. Isso não impede, todavia, que também para Marx a compreensão da prática como uma actividade de produção aponta para um futuro em que a política tende a ser substituída pela administração[123].

1.3.2 Hannah Arendt e tentativa de reintroduzir uma ordenação hierárquica nas faculdades da vida activa. É precisamente a possibilidade de uma distinção entre produção e acção que constitui o ponto de partida de Hannah Arendt em *The Human Condition*. Segundo afirma, "a idade moderna foi uma tentativa de excluir o homem político, quer dizer, o homem que actua e fala, da sua esfera pública, tal como a antiguidade foi uma tentativa de excluir o *homo faber*"[124]. Mas não é apenas esta exclusão recíproca da acção política e do trabalho (no sentido de obra) que melhor caracteriza a idade moderna e a antiguidade segundo Hannah Arendt. Para a autora, o que está sobretudo em causa é a diferente hierarquização, e os seus efeitos, das actividades humanas que compõem a "tríade conceptual" subjacente a *The Human Condition*: trabalho (*labor*), obra (*work*) e acção[125]. Cada uma destas actividades fundamentais "corresponde a uma das condições básicas sob as quais a vida na terra foi dada ao homem"[126]. Assim, o trabalho, ou labor, consiste na actividade correspondente ao processo biológico do corpo humano, isto é, à circunstância de a vida carecer de ser renovada, sustentada e cuidada. O trabalho seria, pois, a actividade destinada a manter, sob quaisquer condições sociais, o tratamento constante do corpo e do ambiente em que ele se insere. Estão, pois, aqui em causa as necessidades biológicas

---

[122] Cfr. *Politics and Vision*, p. 428.
[123] Cfr. Sheldon Wolin, *Politics and Vision*, pp. 432 e 438.
[124] Cfr. H. Arendt, *The Human Condition*, p. 159.
[125] Cfr. Hanna F. Pitkin, *The Attack of the Blob*, pp. 148-149, 165-168 e 175-176.
[126] Cfr. Hannah Arendt, *The Human Condition*, p. 7.

do corpo e os processos naturais a que está sujeito independentemente da vontade e daí a ligação do trabalho ao esforço do corpo e especificamente ao trabalho de parto da mulher. Esta comparação oferece também, ao mesmo tempo, a ideia de um crescimento ilimitado, sob a qual se estrutura, segundo Arendt, o moderno desenvolvimento económico e social. O trabalho está subordinado à ideia de esforço e sofrimento, mas também à ideia de libertação destes último e é por essa razão que só o *animal laborans*, e já não o artífice ou o homem de acção, exige a felicidade. Por seu turno, a obra corresponde ao aspecto não natural da existência humana e consiste na actividade que cria uma segunda natureza de coisas: edifícios, monumentos, artefactos. A obra enquanto actividade humana aponta para um resultado, um produto, um objecto duradouro criado pelo artifício humano e pela sua capacidade técnica. A acção, por último, é a actividade que corresponde à condição humana da pluralidade e esta, por seu turno, consiste na condição específica da vida política. A pluralidade implica igualdade e distinção: se os seres humanos não fossem iguais não poderiam chegar a compreender-se; se não fossem distintos, não precisariam do discurso e da acção para se relacionarem. A acção emprega a criatividade própria da obra de um modo adequado a relações entre seres livres e iguais. A acção não culmina, todavia, num produto tangível e se dela se pode dizer que produz algo, a sua produtividade específica consiste na capacidade para o estabelecimento de relações e narrativas. A acção corresponde assim à esfera da interacção e a realidade das relações que estabelece depende da presença constante dos outros. Para Arendt, esta é verdadeiramente a condição irredutível da vida humana: os homens podem forçar outros a trabalhar para eles e usar o mundo das coisas sem lhe acrescentarem qualquer objecto, mas uma vida sem discurso e acção não seria uma vida humana, por que não seria uma vida vivida entre os homens[127].

---

[127] Cfr. Hannah Arendt, *The Human Condition*, pp. 7, 9, 98, 134, 175-176, 183-184; Seyla Benhabib, *The Reluctant Modernism of Hannah Arendt*, pp. 108-109; Hanna Pitkin, *The Attack of the Blob*, pp. 132 e 146. Uma caracterização mais sistemática e detalhada das três actividades humanas segundo Arendt pode ser vista em Margaret Canovan, *Hannah Arendt*, pp. 122 e ss. A autora enuncia aí as seguintes características do trabalho ou labor como actividade: (1) o trabalho é natural, ao contrário da obra, e ditado pela condição

O aspecto mais polémico da tríade consiste, todavia, na distinção entre trabalho e obra, que Arendt introduz a partir da conhecida afirmação de John Locke, "*the labour of our body and the work of our hands*"[128]. Locke, aliás, é logo acusado de não ter tomado em devida consideração a sua própria distinção entre "o trabalho dos nossos corpos e a obra das nossas mãos"[129]. Como se viu, essa desconsideração poderá não ser inocente, atendendo à proporcionalidade inversa entre a produtividade do trabalho humano e a sua força apropriativa na teoria da propriedade de Locke[130]. A razão profunda da indistinção entre as duas realidades seria, no entanto, outra: tratar-se-ia do deslumbramento com a produtividade sem precedentes do Ocidente e da tendência quase irresistível daí adveniente para encarar todo o trabalho como obra e para falar do *animal laborans* em termos mais adequados ao *homo faber*[131]. O resultado é a inversão da ordem hierárquica própria da *vita activa* na idade moderna em relação à antiguidade, para além da inversão entre a prioridade antiga da vida contemplativa sobre a vida activa, quer dizer, da elevação da posição do homem criador à posição anteriormente ocupada pelo homem contemplativo. Esta inversão conduz, por um lado, a que a fabricação ocupe o lugar anteriormente detido pela acção política no

---

biológica do homem; (2) o trabalho é circular, faz parte do movimento circular da natureza de crescimento e decaímento; (3) o trabalho é árduo; (4) o trabalho é necessário, imposto aos seres humanos; (5) o trabalho é fértil, tal como a reprodução, e oferece assim a potencialidade de crescimento ilimitado, isto é, a libertação do processo da vida; (6) o trabalho é privado, uma vez que se concentra no suprimento das necessidades da vida, alheando-se do mundo comum da interacção. Por seu turno, no que toca à obra, Canovan, *ob. cit.*, p. 128, realça a importância que na análise de Arendt ocupa a ênfase na durabilidade das coisas que produz. A grande contraposição que há assim a fazer entre trabalho e obra é a que resulta do carácter de processo circular do primeiro e, pelo contrário, a durabilidade da obra. Por último, no que toca à acção, Canovan, *ob. cit.*, pp. 132-133, chama correctamente a atenção para a circunstância de não ser possível ler *The Human Condition* como um elogio irrestrito da acção, pois é aí posta em evidência a sua fragilidade.

[128] Cfr. Hannah Arendt, *The Human Condition*, pp. 79-80; quanto à frase de John Locke, cfr. *Second Treatise*, Cap. V, § 27, pp. 287-288 (cfr. *Ensaio sobre a Verdadeira Origem...*, p. 25-26, cuja tradução é, neste ponto, manifestamente inadequada: "O trabalho de seu corpo, e de suas mãos", embora confirme o sentido da tese de Arendt).

[129] Cfr. Hannah Arendt, *The Human Condition*, pp. 103-104.

[130] Cfr. supra, Parte II, cap. 1, pontos 1.5.1 e 1.5..3.1.

[131] Cfr. Hannah Arendt, *The Human Condition*, p. 87.

seio da cidade e, por outro lado, a que, no seio da fabricação, a ênfase seja colocada, já não no produto e no modelo do processo de fabrico, ou em saber o que é uma coisa e que tipo de coisa se produz, mas na questão de saber como e através de que meios e processos ela surgiu e pode ser reproduzida. O que carece de explicação não é, então, a estima moderna pelo *homo faber*, explicável, em última análise, pela descoberta do enorme potencial de actuação técnica sobre o mundo ensejado pela ciência moderna, mas o facto de esta estima ter sido tão rapidamente seguida pela elevação do labor, isto é, a manutenção da vida, à mais alta posição na ordem hierárquica da *vita activa*[132]. E não deixa de ser irónico, como bem salienta Arendt, que seja justamente numa sociedade em que o trabalho ocupa a posição mais alta entre as actividades humanas que finalmente se apresentam perspectivas, em resultado da racionalização do trabalho ensejada pelo progresso científico e os desenvolvimentos tecnológicos, para a sua eliminação. Vivemos assim ante a perspectiva de "uma sociedade de trabalhadores sem trabalho, quer dizer, sem a única actividade que lhes resta"[133].

A obsessão moderna com o labor ou trabalho, e a correspondente tendência para negligenciar a delimitação entre ele e a obra e a acção, alcança, para Arendt, a sua expressão máxima no pensamento de Marx. Assim, Marx definiu o trabalho como o metabolismo do homem com a natureza e nesse processo de metabolismo o material da natureza é adaptado por uma mudança de forma às necessidades do homem. O trabalho e o consumo são dois estádios do ciclo recorrente da vida biológica[134]. Porque que razão, interroga-se Arendt,

---

[132] Cfr. Hannah Arendt, *The Human Condition*, pp. 301, 304, 306 e 313.
[133] Cfr. Hannah Arendt, *The Human Condition*, p. 5.
[134] Cfr. Hannah Arendt, *The Human Condition*, pp. 98-99. Cfr. Karl Marx, *O Capital*, Livro I, tomo I, pp. 54, 205-206 e 212. A crítica de Marx levada a cabo por Arendt é certamente incorrecta, na medida em que pretenda atribuir-lhe uma indistinção entre trabalho, no sentido de labor, e obra (como por vezes parece suceder: cfr. *The Human Condition*, pp. 93 e 101). Marx estava certamente consciente da diferença entre ambos. O sentido profundo da crítica da Arendt não é, todavia, tanto o de uma acusação da mera incapacidade de distinguir os dois conceitos, quanto o de uma advertência para as consequências de se pretender submeter ambos ao mesmo tratamento. Por outras palavras, o sentido da sua crítica é o de que o fascínio com o poder criativo do homem, na medida em que leva a desalojar o lugar cimeiro da acção política na hierarquia das actividades da vida activa,

ter-se-ão Locke e todos os seus sucessores prendido tão obstinadamente ao trabalho como origem da propriedade (Locke), da riqueza (Adam Smith) e finalmente da mesma essência do homem (Marx)? A resposta, já atrás aludida, estaria na circunstância de o *homo faber* estar tão habituado a pensar em termos instrumentais que essa tendência é transposta para os objectos do mundo, os quais passam a ser encarados apenas como meios para outros fins. Uma das razões do triunfo dos valores do trabalho, ou labor, nos tempos modernos consiste assim na possibilidade de encarar o mundo da civilização, incluindo as obras de arte, em termos instrumentais, e compreendê-lo como um simples meio para satisfazer as necessidades humanas[135]. Esta compreensão manifesta-se na evolução do utilitarismo, enquanto traço característico do modo de pensamento do *homo faber*, até à formulação do princípio da "maior felicidade do maior número", no âmbito do qual o fim a que todos os meios se dirigem é a maximização dos prazeres e a minimização do sofrimento dos indivíduos, ou seja, as sensações subjectivas em que a vida biológica se torna o maior bem. Para além disso, a sobrevivência da crença fundamental do cristianismo no carácter sagrado da vida, mesmo depois da secularização, dá lugar a um novo tipo de imortalidade na imaginação dos homens, "o processo de vida possivelmente eterno da espécie humana"[136]. O que importa salientar é que todo este processo conducente à "vitória do *animal laborans*"[137], tem por base o surgimento da "sociedade", isto é, o advento da sociedade de massas e o desenvolvimento das relações

---

acabar por não fornecer também garantias no sentido de delimitar o âmbito da obra em relação ao domínio do trabalho, no sentido de labor. O que Arendt censura em Marx é, pois, o carácter equívoco da sua atitude em relação ao trabalho, categoria central do seu pensamento, revelado, desde logo, na circunstância de a essência humana ser identificada com a actividade produtiva, mas esta ser reconhecida como relevando ainda do império da necessidade (cfr. *Das Kapital, Buch III*, p. 828; Hannah Arendt, *The Human Condition*, pp. 104-105). Marx deixar-nos-ia, assim, com a alternativa deprimente da servidão produtiva e da liberdade não produtiva. É claro, no entanto, que ao pensamento de Arendt pode ser dirigida a crítica inversa, isto é, a sua desvalorização do sentido em que a fabricação, ou mesmo o trabalho no sentido de labor, podem ser fonte de auto-realização (cfr. Bikhu Parekh, "Hannah Arendt's Critique of Marx", p. 86).

[135] Cfr. Cfr. Hannah Arendt, *The Human Condition*, pp. 105-106 e 154-157; cfr., ainda, Margaret Canovan, *Hannah Arendt*, p. 129.

[136] Cfr. Hannah Arendt, *The Human Condition*, pp. 307-308, 313-314 e 320-321.

[137] Cfr. Hannah Arendt, *The Human Condition*, p. 320.

de troca de mercadorias numa economia capitalista. Neste ponto, é importante salientar que em *The Human Condition* sobrepõem-se, na verdade, duas tríades: labor, obra e acção, em que o terceiro termo é a alternativa desejável; e público, privado e social, em que o terceiro termo constitui a expressão do mal que ameaça as sociedades modernas[138]. A sobreposição das duas tríades revela os dois tipos de actividade que verdadeiramente preocupam Arendt: a acção, que ocupa "a mais alta posição na hierarquia da *vita activa*"[139]; o trabalho ou labor, que se eleva a essa posição na modernidade, desalojando a acção e transformando o homem num *animal laborans*. E, na verdade, a obra (*work*) ocupa um lugar ambíguo em relação aos outros dois tipos de actividade humana: por um lado, embora não seja uma actividade pública, a obra tem uma forte afinidade com a esfera pública, na medida em que as coisas que produz existem no mundo, na presença de todos[140]; por outro lado, como se apontou, o raciocínio puramente instrumental do *homo faber* tende a degradá-lo num *animal laborans*. A articulação dos conceitos integrados nas mencionadas tríades conduz, segundo Arendt, a dois arranjos possíveis: ou a acção ocupa o lugar mais elevado na hierarquia da *vita activa*, que por direito lhe pertence, identificando-se com a esfera pública, e o trabalho é relegado para o domínio privado, caso em que o "social" é pura e simplesmente eliminado; ou então, como tende a suceder nas sociedades modernas, o trabalho desaloja a acção da posição cimeira na hierarquia das actividades humanas e, ao mesmo tempo, a proeminência do "social" põe em causa a própria possibilidade de se distinguir as esferas do público e do privado. O sentido da análise de Arendt parece ser o seguinte: a euforia com o poder criativo e produtivo do homem, e o concomitante descuido do sentido da hierarquia antiga no seio da *vita activa* entre fabricação e acção, tem como consequência necessária o triunfo do *animal laborans*, uma vez que a actividade de produção não tem recursos para, por si só, subjugar o trabalho. Esses recursos podem apenas ser encontrados, no pensamento de Arendt, na concepção antiga da propriedade privada, tal como

---

[138] Cfr. Hanna Pitkin, *The Attack of the Blob*, p. 148.
[139] Cfr. Hannah Arendt, *The Human Condition*, p. 205.
[140] Cfr. Hannah Arendt, *The Human Condition*, p. 160; Margaret Canovan, *Hannah Arendt*, p. 129.

desenvolvida por Aristóteles. Nos termos de tal concepção, a propriedade é um instrumento de acção e não de produção[141]. Este modo de formular o princípio da propriedade parece, sem dúvida, apto a caracterizar o pensamento de Arendt, na medida em que se estrutura sobre uma hierarquia das actividades humanas próxima da que é por ela defendida. E, com efeito, assim desgarrada, a formulação de Aristóteles parece muito simplesmente exprimir a ideia de que a propriedade deve estar ordenada à acção do proprietário, e muito especialmente à acção política, e não ser encarada como mero instrumento de produção. Por outras palavras, a propriedade deve tornar possível o exercício da cidadania e não a acumulação de riqueza. Mas a formulação de Aristóteles corresponde, na verdade, a uma delimitação da sua admissão da escravatura: tal como o proprietário se dedica à acção, também assim deve acontecer com o seu escravo. Mesmo deixando de lado a escravatura, a concepção aristotélica da propriedade assenta na ideia de que o proprietário é o chefe da casa, entendida como unidade económica privada, estruturada sobre hierarquia sociais bem definidas, e só a abertura da propriedade à produção permitiu, historicamente, pô-la de lado. Este aspecto, no entanto, é sistematicamente ignorado por Arendt. Embora na sua hierarquia dos tipos de actividade humana, a produção surja situada acima do trabalho, e considerada como adjuvante da acção[142], não é, no entanto, claro, o lugar que lhe cabe entre a propriedade, esfera da necessidade e lugar próprio do labor, e a cidade, esfera da liberdade e lugar da acção. A tríade conceptual do labor, obra e acção não é acomodada de modo satisfatório num modelo dualista que opõe directamente a propriedade à cidade.

Muito se tem escrito sobre o carácter nostálgico deste modo de extremar os arranjos possíveis dos conceitos analisados em *The Human Condition*, sobre a perplexidade que causa na perspectiva

---

[141] Cfr. Aristóteles, *Política*, I.4, 1254a, 2-3, p. 59. Apesar desta distinção ser efectuada por Aristóteles no contexto da sua teoria da escravatura (cfr. supra, Parte I, cap. 2, ponto 2.2.1), a verdade é que o contraste entre propriedade, como esfera da necessidade, e acção política, como esfera da liberdade, é mais radical em Arendt do que no próprio Aristóteles, como aquando da exposição do pensamento deste último sobre a propriedade se procurou demonstrar (cfr. supra, Parte I, cap. 2, ponto 2.5).

[142] Cfr. Hannah Arendt, *The Human Condition*, pp. 134-135 e 173-174.

das teorias feministas contemporâneas[143], ou ainda sobre a dificuldade de o harmonizar com o reconhecimento, todavia assumido por Arendt, dos direitos humanos nas sociedades modernas[144]. Na perspectiva deste estudo, o que importa é sobretudo salientar o lugar central que à propriedade é atribuído por Arendt na preservação da correcta ordenação das actividades humanas, tal como a entende, e o papel activo que a transformação do mesmo conceito desempenhou na inversão moderna, ou mesmo subversão, da hierarquia dessas actividades. O entendimento que a este propósito se pretende veicular é o de que a sua preocupação com a manutenção da integridade da esfera pública, como reino da liberdade, e a sua compreensão à luz do modelo da cidade antiga, tem como contraponto indeclinável a ideia de propriedade que lhe estava infra-ordenada. Nesta perspectiva, *The Human Condition* pode ser lido, para além da sua análise inovadora das consequências negativas da sociedade moderna como uma sociedade do trabalho, tanto como uma apologia da recuperação do mundo político antigo, quanto como uma mal confessada incapacidade de superar o conceito de propriedade que lhe está subjacente.

Segundo Arendt, "parece estar na natureza da relação entre as esferas pública e privada que o estádio final do desaparecimento da esfera pública deva também ser acompanhado pela liquidação da esfera privada. Nem se pode considerar um mero acidente que toda a discussão se tenha tornado num argumento relativo ao carácter desejável ou indesejável da propriedade privada. Pois a palavra 'privado' em conexão com a propriedade, mesmo em termos do pensamento político antigo, perde imediatamente o seu carácter privativo e muita da sua oposição à esfera pública em geral; a propriedade encerra aparentemente certas características que apesar de se situarem na esfera privada, sempre foram pensadas como sendo de extrema importância para o corpo político"[145]. Originariamente, a propriedade equivale à segurança de um lugar "numa parte particular do mundo e, por isso, a pertencer ao corpo político, quer dizer, a ser chefe de uma das famílias que, em conjunto, constituem a esfera pública"[146].

---

[143] Cfr. Jean Bethke Elshtain, *Public Man, Private Woman*, pp. 53 e 346.
[144] Cfr. Seyla Benhabib, *The Reluctant Modernism of Hannah Arendt*, pp. 138 e ss.
[145] Cfr. Hannah Arendt, *The Human Condition*, pp. 60-61.
[146] Cfr. Hannah Arendt, *The Human Condition*, p. 61.

Mas esse significado originário parece ser também o que atribui à propriedade privada a sua justificação normativa mais plausível. Nos termos desta justificação existe uma profunda conexão entre público e privado, entre a *polis* e a propriedade privada, entre acção e trabalho ou labor[147]. O trabalho e o seu confinamento aos limites da sociedade doméstica constituem o reverso da discussão pública na arena política. A obscuridade da esfera privada do lar, enquanto "esfera da necessidade", constitui o contraponto necessário da *polis*, enquanto "esfera da liberdade". O domínio das necessidades da vida na casa é a condição da liberdade na *polis*[148]. Sem o domínio das necessidades na esfera doméstica não é possível a vida política na cidade, mas esta não existe para esse fim; pelo contrário, a vida doméstica existe tendo em vista a "vida boa" na cidade. Se o proprietário e dono da casa escolher alargar a sua propriedade, em vez de a usar tendo em vista a vida política, isso equivale a sacrificar a sua liberdade e a tornar-se voluntariamente aquilo que o escravo é contra a sua vontade, um servo da necessidade[149].

Em face deste entendimento da propriedade privada como condição da vida política em comum, Hannah Arendt destaca "a mais revolucionária contribuição moderna para o conceito de propriedade, de acordo com a qual a propriedade não era uma fixa e firmemente localizada parte do mundo adquirida pelo seu dono de um modo ou de outro, mas, pelo contrário, tinha a sua origem no próprio homem, na sua posse de um corpo e na sua propriedade indisputável da força desse corpo, que Marx chamava 'força de trabalho'"[150]. A autora,

---

[147] Não parece, assim, correcto afirmar, como faz Hauke Brunkhorst, "Equality and Elitism in Arendt", p. 183, que na *polis* a acção política se localizava na ágora e a obra na casa.

[148] Cfr. Hannah Arendt, *The Human Condition*, p. 30.

[149] Cfr. Hannah Arendt, *The Human Condition*, pp. 37 e 65. A descrição de Hannah Arendt é retomada por Jürgen Habermas quase nos mesmos termos: "O estatuto na *polis* era, pois, baseado sobre o estatuto como o senhor ilimitado de um *oikos*. A reprodução da vida, o trabalho dos escravos e o serviço das mulheres acontecia sob a égide do domínio do senhor; o nascimento e a morte tinham lugar na sua sombra; a esfera da necessidades e transitoriedade permaneciam imersas na obscuridade da esfera privada. Em contraste com ela estava, na auto-interpretação grega, a esfera pública como domínio da liberdade e da permanência. Apenas à luz da esfera pública aquilo que existia se tornava revelado, tudo se tornava visível a todos" (cfr. *The Structural Transformation of the Public Sphere*, pp. 3-4).

[150] Cfr. Hannah Arendt, *The Human Condition*, pp. 70 e 111.

tendo evidentemente em vista a concepção da propriedade de John Locke, salienta depois como com base nessa concepção se tende a assimilar a riqueza, gerada pelo trabalho, à propriedade. É neste ponto que localiza a emergência da sociedade, isto é, a deslocação do trabalho do interior da esfera doméstica para a luz da esfera pública e a consequente indefinição da clara delimitação entre privado e político. Ora, a riqueza, depois de se tornar uma preocupação pública, cresceu para proporções tais que se torna quase impossível submetê-la à propriedade privada. Com efeito, a "enorme e ainda em curso acumulação de riqueza na sociedade moderna, que se iniciou pela expropriação – a expropriação das classes camponesas que por seu turno foi a consequência quase acidental da expropriação da Igreja e da propriedade monástica depois da Reforma – nunca mostrou muita consideração pela propriedade privada, mas sacrificou-a sempre que ela entrou em conflito com a acumulação de riqueza"[151]. Neste contexto, a grande ameaça não consiste "na abolição da propriedade privada da riqueza, mas na abolição da propriedade privada, no sentido de um espaço próprio e tangível no mundo"[152]. São evidentes as afinidades deste modo de encarar a propriedade privada com as análises de Aristóteles, por um lado, e de Marx, por outro. A ideia da subordinação da propriedade à vida política constitui um dos aspectos centrais do pensamento de Aristóteles sobre o assunto, como se demonstrou[153]; a incomensurabilidade entre as concepções da propriedade como "lugar no mundo" e a propriedade como capital ou riqueza, enquanto assentes em diferentes modos de produção, e a alienação associada a esta última, são estabelecidas por Marx[154]. Mas Marx não demonstra apenas a incomensurabilidade dos dois paradigmas da propriedade; sustenta também, como se viu, a impossibilidade de transpor para as condições históricas actuais a concepção "originária" da propriedade privada. Pois bem, como se posiciona Arendt em relação a esta questão? Dificilmente se poderá aceitar, no contexto do seu pensamento, a recuperação da concepção antiga da

---

[151] Cfr. Hannah Arendt, *The Human Condition*, pp. 66-67.
[152] Cfr. Hannah Arendt, *The Human Condition*, p. 70; Jean Cohen e Andrew Arato, *Civil Society and Political Theory*, p. 189.
[153] Cfr. supra, Parte I, cap. 2, ponto 2.5.
[154] Cfr. Hanna Pitkin, *The Attack of the Blob*, pp. 127-144 e 177 e ss.

propriedade, destinada a esconder o processo de satisfação das necessidades do corpo, e no âmbito da qual, como reconhece, as mulheres se encontravam confinadas à esfera doméstica e a escravidão surgia como um fenómeno natural[155]. Ao mesmo tempo, Arendt não deixa de sustentar que a propriedade, no sentido da tradição pré--moderna, isto é, como "um lugar no mundo em que aquilo que é privado pode ser escondido e protegido da esfera pública" é a única forma de proteger a integridade, quer da esfera pública, quer da esfera privada, contra a riqueza e apropriação crescentes[156]. Segundo a autora, "a propriedade não reforça, mas antes mitiga o distanciamento do processo de trabalho em relação ao mundo, por causa da sua própria segurança mundana. Do mesmo modo, o carácter procedimental do trabalho, a persistência com a qual o trabalho é reclamado e conduzido pelo processo de vida, é controlado pela aquisição de propriedade. Numa sociedade de proprietários, enquanto distinta de uma sociedade de trabalhadores ou empregados, é ainda o mundo, e não a abundância natural ou a necessidade da vida, que se encontra no centro do cuidado e preocupação humanas"[157]. Esta é, no entanto, uma apologia da propriedade privada à qual, depois da análise de Marx, se torna difícil reconhecer relevância nas condições actuais.

Jean Cohen e Andrew Arato registam uma ambivalência no pensamento de Hannah Arendt entre o reconhecimento do "direito a ter direitos"[158], ligado ao acesso a uma esfera pública em que todos os

---

[155] Cfr. Hannah Arendt, *The Human Condition*, pp. 72 e 85. De qualquer modo, o elogio da política antiga, associado ao reconhecimento destas suas consequências, como seu contraponto necessário, não deixaram de suscitar a crítica de alguns autores e a perplexidade de outros (cfr. Seyla Benhabib, *The Reluctant Modernism of Hannah Arendt*, p. 138; Hanna Pitkin, *The Attack of the Blob*, pp. 165 e ss., esp. p. 168; cfr., ainda, supra, Parte I, cap. 4, ponto 4.3).

[156] Segundo ela própria afirma, "On Hannah Arendt", p. 320, "Aquilo que devemos encorajar em todo o lado é a propriedade – é claro, não a propriedade dos meios de produção, mas a propriedade privada em sentido estrito. E, acreditem, esta propriedade está seriamente em perigo, quer pela inflação, que é outro modo de expropriar um povo, quer através de impostos exorbitantes, que é também uma forma de expropriação. É o modo mais doce de expropriar – em vez de matar as pessoas. Estes processos de expropriação estão por todo o lado. Tornar disponível para toda a gente uma quantidade decente de propriedade – não expropriar, mas difundir a propriedade – então teremos algumas possibilidades de liberdade, mesmo sob as condições bastante inumanas da produção moderna".

[157] Cfr. Hannah Arendt, *The Human Condition*, pp. 115-116.

[158] Cfr. Hannah Arendt, *The Origins of Totalitarianism*, pp. 296-297.

direitos possam ser reclamados e defendidos, e o direito a constituir uma esfera privada ligada à propriedade privada, entendida, por sua vez, como o modelo de todos os direitos[159]. Assim, não é clara a resposta à questão de saber qual seja, para Arendt, a delimitação possível, no mundo moderno, entre as esferas da necessidade e da liberdade, da esfera privada e da esfera pública, em face quer da impossibilidade de recuperar o conceito "originário" de propriedade privada, quer da sua recusa do conceito de propriedade como capital, quer, sobretudo, da sua recusa de princípio em admitir uma politização das questões sociais[160]. A sua recusa do social equivale, na verdade, a uma recusa da sociedade civil como mediação entre o público e o privado[161].

A distinção de Arendt entre trabalho, labor e acção, bem como a sua teoria do espaço público, constitui uma das fontes teóricas da distinção efectuada por Habermas entre trabalho e interacção e, mais, tarde, entre acção estratégica e acção comunicativa, entre sistema e mundo da vida[162]. O diferente ponto de partida histórico de Habermas quanto à conceptualização da esfera pública, isto é, as novas formas de publicidade ocorridas no Iluminismo, e já não a experiência da cidade antiga, permitiram-lhe também não encarar a propriedade como única forma de mediação entre a esfera privada e a esfera

---

[159] Cfr. Jean Cohen e Andrew Arato, *Civil Society and Political Theory*, p. 198.

[160] Cfr., a este propósito, Hannah Arendt, *On Revolution*, pp. 109-114, bem como a crítica de Jean Cohen e Andrew Arato, *Civil Society and Political Theory*, p. 199. O carácter insustentável da separação entre o político e o social foi bem apontado por Mary MacCarthy quando observou que se todas as questões de economia, bem-estar, etc., devem ser excluídas da cena política, restam a guerra e os discursos, sendo que mesmo estes terão de versar sobre alguma coisa (cfr. Hannah Arendt, "On Hannah Arendt", p. 316). Tal carácter insustentável apenas desaparece se perspectivarmos a necessidade de separação à luz do caso extremo. A esta luz, o processo descrito por Arendt, no sentido de a vida biológica enquanto tal ocupar progressivamente o centro da cena política da modernidade, é também a descrição das condições sob as quais se torna possível ao poder político, já não proteger a vida, mas autorizar o seu holocausto (neste sentido, salientando a convergência entre a análise de Hannah Arendt e o conceito de biopolítica de Michel Foucault, cfr. Giorgio Agamben, *Homo Sacer*, pp. 11-12).

[161] E daí que assista alguma razão a Jean Cohen e Andrew Arato, *Civil Society and Political Theory*, p. 178, quando afirmam que o principal antagonista de Arendt é Hegel, ainda que este seja pouco mencionado na sua obra.

[162] Cfr. Seyla Benhabib, *The Reluctant Modernism of Hannah Arendt*, pp. 125 e 199.

pública. Pelo contrário, o papel de mediação entre essas esferas é assegurado pela sociedade civil, a qual deixou de ser concebida, em termos hegelianos, apenas como um "sistema de necessidades", isto é, um sistema de mercado envolvendo trabalho e troca de mercadorias, para ser encarada como abrangendo todos os processos sociais e culturais de associação, interacção e sociabilidade[163]. Mas nem por isso deixa de se poder também registar, no pensamento de Habermas, uma ambivalência em relação ao papel da propriedade privada no sistema dos direitos. Para Habermas, o direito de propriedade privada é entendido como uma especificação de um direito a iguais liberdades subjectivas, surgindo colocado no mesmo plano dos demais direitos liberais clássicos, isto é, os direitos de dignidade pessoal, direito à vida, liberdade e integridade física, liberdade de movimentos, liberdade de escolha de profissão, etc.[164]. Todavia, na sua discussão da estrutura da publicidade no âmbito da sociedade civil, e na enumeração dos direitos a ela associados, a propriedade não surge já mencionada[165]. De igual modo, não são discutidas por Habermas as questões dos limites da propriedade privada sobre bens economicamente relevantes ou da posição do direito de propriedade na relação entre liberdade e igualdade, como sucede com a discussão da propriedade de Kant, cujo pensamento constitui a inspiração assumida do modelo de direitos fundamentais de Habermas. A sua equiparação da soberania popular e da ideia de direitos humanos como fundamentos de uma democracia constitucional não é acompanhada por uma clarificação da sua relação em face de instituições ricas em tensões como a propriedade[166]. Assim, se a preocupação de Hannah Arendt com a propriedade se torna difícil de exprimir em termos de uma moderna visão dos direitos humanos, não deixa de pôr em evidência os problemas daquele que Kant designou como o princípio da independência dos cidadãos[167]. Pelo contrário, a caracterização do direito de propriedade como a especificação de um direito geral de liberdade

---

[163] Cfr. Habermas, *Between Facts and Norms*, pp. 366-367.
[164] Cfr. Habermas, *Between Facts and Norms*, pp. 125-126.
[165] Cfr. Habermas, *Between Facts and Norms*, p. 368.
[166] Cfr. Marcus Llanque, "Eigentum in der Kritischen Theorie", pp. 212-215.
[167] Sobre este, cfr. supra, Parte II, cap. 2, ponto 2.3.

não esclarece cabalmente a posição de Habermas em relação aos problemas subjacentes ao mencionado princípio.

1.3.3 A doutrina social da Igreja e as concepções modernas da propriedade. Muito embora defenda a ordenação da propriedade à vida política, revelando claras afinidades com o pensamento de Aristóteles, o certo é que Arendt nunca chega a discutir a concepção de propriedade privada deste último, designadamente a ideia do uso comum dos bens. A ideia do uso comum dos bens constitui, como se sabe, uma das bases da doutrina social da Igreja Católica[168]. A principal referência não é, neste contexto, o pensamento de Aristóteles, mas o de S. Tomás de Aquino, e se é indisputável a influência do primeiro sobre o segundo, especificamente em relação à questão do uso comum dos bens, não é menos verdade que o argumento de S. Tomás é, quanto a este ponto, mais teológico do que filosófico[169]. Não cabe aqui discutir em todos os seus aspectos a evolução do pensamento católico sobre a propriedade, no contexto da designada doutrina social da igreja[170], mas apenas discutir duas questões. A primeira prende-se com a questão de saber em que medida a concepção de propriedade subjacente à doutrina social da igreja se pode caracterizar, ainda hoje, como essencialmente tomista ou, pelo contrário, como sendo também influenciada pelas modernas teorias sobre o direito de propriedade privada; a segunda, respeita mais especificamente ao problema da relação entre propriedade e trabalho como ponto central daquela concepção.

Segundo Richard Schlatter, um dos últimos esteios da teoria do direito natural de propriedade assente no trabalho foi a Igreja de Roma. Afirma o mesmo autor: "Que a Igreja devesse aceitar uma doutrina nascida do Iluminismo e promulgada pela Revolução Francesa, é surpreendente. Mas aparentemente foi o medo do socialismo

---

[168] Cfr. António dos Reis Rodrigues, *Sobre o Uso da Riqueza*, pp. 16 e 136; Germain Grisez, *The Way of the Lord Jesus, Vol. 2 – Living a Christian Life*, pp. 753-754; Franz Klüber, *Eigentumstheorie und Eigentumspolitik*, pp. 80 e ss.

[169] Cfr. Germain Grisez, *The Way of the Lord Jesus, Vol. 2 – Living a Christian Life*, p. 792, nota 65.

[170] Cfr. Peter Stilwell (coord.), *Caminhos da Justiça e da Paz*; Matthew Habiger, *Papal Teaching on Private Property: 1891-1981*.

que levou Leão XIII a afirmar na famosa Encíclica *Rerum Novarum* (1891) que cada homem 'aplica, por assim dizer, a si mesmo a porção da natureza material que cultiva e deixa nela um certo cunho da sua pessoa, a ponto de, com toda a justiça, possuí-la de futuro como sua; e não é lícito a ninguém violar o seu direito de qualquer forma que seja'"[171]. Ao mesmo tempo, Leão XIII afirma a anterioridade do direito de propriedade privada em relação ao Estado[172]. Cem anos depois, João Paulo II apresenta igualmente o trabalho como fundamento do direito de propriedade: "a terra não dá os seus frutos, sem uma peculiar resposta do homem ao dom de Deus, isto é, sem o

---

[171] Cfr. Richard Schlatter, *Private Property*, p. 278; também Ernest L. Fortin se refere à "ancestralidade lockeana da visão da propriedade privada da encíclica", embora critique Schlatter pela "grosseria desnecessária" da afirmação transcrita, uma vez que nela a genuína preocupação de Leão XIII com a situação do trabalhador aparece subordinada à simples proclamação da propriedade privada (cfr. "Sacred and Inviolable: *Rerum Novarum* and Natural Rights", pp. 199 e 217, nota 30). No mesmo sentido, já Léon de Sousberghes, "Propriété de «droit naturel». Thèse Néo-scolastique et Tradition Scolastique", pp. 580 e ss., se havia referido à filiação lockeana da concepção de propriedade privada subjacente à *Rerum Novarum*; cfr., ainda, Franz Klüber, "Eigentum und Naturrecht", pp. 20 e ss. Quanto à passagem incluída no texto de Schlatter, cfr. *Rerum Novarum*, p. 103 [Peter Stilwell (coord.), *Caminhos da Justiça e da Paz*, p. 40]. Cfr., ainda, *Rerum Novarum*, p. 103 [Peter Stilwell (coord.), *ob. cit.*, pp. 40-41]: "Aqueles que negam esses direitos [de propriedade] não vêem que defraudam o homem em relação àquilo que o seu próprio trabalho produziu. Pois o campo que é cultivado muda completamente a sua condição: era selvagem, ei-lo arroteado; de infecundo tornou-se fértil; o que o tornou melhor está inerente ao solo e confunde-se de tal forma com ele, que em grande parte seria impossível separá-lo. Seria justo que o fruto do suor e trabalho de um homem fosse gozado por qualquer outro? Da mesma forma que o efeito segue a causa, assim é justo que o fruto do trabalho pertença ao trabalhador". Schlatter, *ob. cit.*, p. 279, afirma que "a doutrina lockeana, nesta sua forma mais simples, tinha pouca relação com os factos da vida económica em 1891 [o autor aludia certamente à circunstância de a encíclica se centrar excessivamente no problema da propriedade do solo], mas permaneceu como a doutrina oficial da Igreja até 1931". Segundo o mesmo autor, na Encíclica *Quadragesimo Anno*, de 1931, Pio XI omite qualquer referência ao argumento do direito natural e antes insiste no argumento de que o socialismo constitui uma ameaça à liberdade. Mas não é correcto este entendimento. Com efeito na Encíclica *Quadragesimo Anno* afirma-se claramente que o trabalho, a par da ocupação, constitui um dos títulos da aquisição da propriedade: "o trabalho que alguém exerce em nome próprio, e pelo qual as coisas se transformam ou aumentam de valor, dá-lhe direito sobre os produtos do seu trabalho" [cfr. *Quadragesimo Anno*, in *Acta Apostolicae Sedis*, 1931, vol. 23, p. 194; Peter Stilwell (coord.), *ob. cit.*, p. 87].

[172] Cfr. *Rerum Novarum*, p. 102 [Peter Stilwell (coord.), *Caminhos da Justiça e da Paz*, p. 40].

trabalho: é mediante o trabalho que o homem, usando da sua inteligência e liberdade, consegue dominá-la e estabelecer nela a sua digna morada. Deste modo, ele apropria-se de uma parte da terra, adquirida precisamente com o trabalho. Está aqui a origem da propriedade individual"[173]. A relação entre propriedade e trabalho constitui, efectivamente, um dos esteios da doutrina social da Igreja, ainda que não exclua a menção de outros fundamentos normativos da propriedade, no sentido de a justificar directamente como expressão da própria liberdade da pessoa humana[174].

---

[173] Cfr. João Paulo II, Encíclica *Centesimus Annus* (1991), n. 31, in Peter Stilwell (coord.), *Caminhos da Justiça e da Paz*, p. 688. No mesmo sentido, já na Encíclica *Laborem Exercens* (1981), n. 14, João Paulo II, havia afirmado que "a propriedade adquire-se primeiro que tudo pelo trabalho e para servir ao trabalho. E isto diz respeito de modo particular à propriedade dos meios de produção. Considerá-los isoladamente, como um conjunto à parte de propriedades, com o fim de os contrapor, sob a forma de «capital», ao «trabalho» e, mais ainda, com o fim de explorar o trabalho, é contrário à própria natureza de tais meios. Estes não podem ser possuídos contra o trabalho, como não podem ser possuídos para possuir, porque o único título legítimo para a sua posse – e isto tanto sob a forma da propriedade privada como sob a forma da propriedade pública ou colectiva – é que eles sirvam ao trabalho; e que, consequentemente, servindo ao trabalho, tornem possível a realização do primeiro princípio desta ordem, que é o destino universal dos bens e o direito ao seu uso comum" [cfr. Peter Stilwell (coord.), *Caminhos da Justiça e da Paz*, pp. 568-569]. Na *Centesimus Annus*, n. 43, é possível encontrar uma outra formulação, porventura menos "lockeana" e mais "hegeliana": "O homem realiza-se através da sua inteligência e da sua liberdade e, ao fazê-lo, assume como objecto e instrumento as coisas do mundo e delas se apropria. Neste seu agir, está o fundamento do direito à iniciativa e à propriedade individual" [cfr. Peter Stilwell (coord.), *ob. cit.*, p. 700].

[174] Cfr. a Encíclica *Mater et Magistra* (1961), n. 104-109, de João XXIII: "O direito de propriedade privada, mesmo sobre bens produtivos, tem valor permanente, pela simples razão de ser um direito natural fundado sobre a prioridade ontológica e teleológica de cada ser humano em relação à sociedade". No mesmo documento registam-se as evoluções do mundo económico que parecem pôr em causa o princípio da propriedade privada: "a separação entre a propriedade dos bens produtivos e as responsabilidades de direcção"; a existência de um cada vez maior número de pessoas que, inscritos em organismos de segurança social, olham com serenidade para o futuro: serenidade que, noutros tempos, se fundava sobre a posse de património, embora modesto"; a circunstância de que "nos nossos dias o homem aspira mais a conseguir habilitações profissionais do que a tornar-se proprietário de bens". Todos estes desenvolvimentos estão "em harmonia com a nobreza do trabalho como afirmação imediata da pessoa diante do capital, que é, por sua natureza, instrumento" [cfr. Peter Stilwell, (coord.), *Caminhos da Justiça e da Paz*, pp. 165-166]. Cfr., ainda, a Constituição Pastoral *Gaudium et Spes*, n. 71, aprovada no Concílio Vaticano II em 1965: "a propriedade e as demais formas do domínio privado dos bens externos contribuem para a

Alguns autores, reflectindo sobre os ensinamentos da Igreja sobre a propriedade privada, procuram isolá-los de qualquer influência das justificações filosóficas modernas da propriedade privada e encará-las apenas no âmbito da tradição tomista[175]. Mas os argumentos que utilizam para esse propósito, ou não são convincentes, ou, sobretudo, tomam como ponto de partida uma deficiente compreensão de tais justificações modernas. Quanto ao primeiro aspecto, o que está em causa não é evidentemente saber se os documentos da Igreja, adoptados sempre com a preocupação muitas vezes explícita de salientar a continuidade da sua doutrina, adoptam, ainda que implicitamente, alguma variante das concepções filosóficas modernas da propriedade privada[176]. O que importa verdadeiramente é determinar se a doutrina

---

expressão da pessoa ... A propriedade privada, ou um certo domínio sobre os bens externos, assegura a cada qual um meio absolutamente necessário para a autonomia pessoal e familiar e deve ser considerada como um prolongamento da liberdade humana" [cfr. Peter Stilwell, (coord.), *ob. cit.*, p. 347].

[175] Assim, cfr. Matthew Habiger, *Papal Teaching on Private Property: 1891 – 1981*, pp. 343 e ss., e, na sua esteira, Germain Grisez, *The Way of the Lord Jesus, Vol. 2 – Living a Christian Life*, p. 789, nota 57; Franz Klüber, *Eigentumstheorie und Eigentumspolitik*, pp. 70 e ss.; Peter Tischleder, *Die Staatslehre Leos XIII*, pp. 149 e ss.

[176] Matthew Habiger, Papal Teaching on Private Property: 1891 – 1981, p. 343, formula a questão nos seguintes moldes: "Was *Rerum Novarum* advocating a Lockean variety of private property?". Colocada nestes termos a resposta só pode ser negativa. Simplesmente, não é esta a pergunta relevante, como se diz no texto. Não se afigura igualmente relevante, ou pelo menos decisivo, como faz o mesmo autor, *ob. e loc. cit.*, responder à pergunta por ele formulada averiguando se os autores ligados, directa ou indirectamente, à redacção dos diversos documentos da Igreja fazem alguma referência directa à obra daqueles que estão na base da concepção moderna da propriedade privada, especialmente John Locke. Assim, Habiger, *ob. cit.*, p. 344, sustenta que Taparelli, um dos mencionados autores, não menciona John Locke na sua obra. Mas, em contrapartida, Habiger não se dá ao trabalho de comentar estas afirmações de Taparelli: "Se em vista da simples humanidade, eu não posso ser obrigado ao serviço de outrem (pois que entre iguais não existiria uma razão para determinar o servidor e o servido), é claro que aquilo que eu opero é do meu direito, sendo parte de mim porque meu efeito, e o efeito é parte da sua causa já que está contido na causa e é dela dependente. Assim, quem se prevalecesse do fruto das minhas fadigas, tirar-me-ia o meu (...) Ora, se o homem tem direito às próprias obras, a propriedade estende naturalmente os seus direitos sobre os fundos estáveis, já que naturalmente estes necessitam de cultura estável para prover ao género humano no estado de natural propagação" [cfr. Luigi Taparelli, *Saggio Teoretico di Dritto Naturale*, vol. I, p. 195; é patente a proximidade entre este entendimento e aquele que se acha formulado na *Rerum Novarum*, p. 103, na passagem citada supra: cfr., também neste sentido, Elisabeth

da propriedade privada desenvolvida pela Igreja a partir da Encíclica *Rerum Novarum* pode ser compreendida apenas à luz da concepção de S. Tomás. A este propósito, julga-se que as passagens atrás citadas são elucidativas, no sentido em que elas dificilmente se podem reconduzir a uma simples exposição do pensamento de S. Tomás sobre a propriedade, ainda que não sejam necessariamente inconsistentes com esse pensamento[177]. Quanto ao segundo aspecto, a discussão da

---

Keim, *Das Eigentum in der Naturrechtslehre Luigi Taparelli d'Azeglios*, pp. 149-150, nota 509, e 192]. Do mesmo modo, depois de enaltecer os créditos tomistas do Cardeal Zigliara, responsável pela redacção da segunda versão da *Rerum Novara*, Habiger, *ob. cit.*, p. 345, afirma: "É difícil conceber como podia John Locke penetrar o crivo de Zigliara!". Em alternativa, poder-se-ia dizer ser difícil conceber como podia Zigliara não penetrar o crivo dos tempos em que viveu... Sobre a passagem da obra de Taparelli atrás transcrita, cfr., ainda, Elisabeth Keim, *ob. cit.*, pp. 149-151. Segundo a autora, *ob. cit.*, p. 158, para Taparelli, e ao contrário de Locke, "o trabalho não tem por si nenhum carácter de fundação da propriedade. A propriedade surge primeiro no conhecimento da liberdade de trabalhar. O homem torna-se proprietário não com fundamento no trabalho, mas com fundamento na liberdade". Enquanto, para Locke, o motivo do trabalho seria o instinto de conservação do homem; para Taparelli tratar-se-ia do dever de conservação. Assim, ainda que o direito de propriedade se baseie em última análise, para Taparelli, também no trabalho, isso acontece não no sentido lockeano da propriedade da própria pessoa, mas na realização da ordem da criação (cfr. Keim, *ob. cit.*, pp. 134-135). Mas estas distinções são artificiosas e apenas podem ser compreendidas à luz de uma interpretação do pensamento de Locke que desvaloriza o seu fundamento teológico. Sob o aspecto em análise, isto é, a relação entre trabalho e propriedade, é evidente uma maior proximidade entre Taparelli e Locke do que entre aquele e a tradição tomista. Aliás, Taparelli, *ob. cit.*, pp. 194-195, não hesita mesmo em negar expressamente a comunidade originária dos bens, o que Locke não ousou fazer.

[177] Segundo Franz Klüber, *Eigentumstheorie und Eigentumspolitik*, p. 144, "Quando Leão XIII amplia a fundamentação tradicional da concepção escolástica da propriedade com a afirmação de que ao homem é dado prover ao seu futuro e, para além disso, que «o fruto do trabalho pertence ao trabalhador», não é essencial, para o valor destes dois argumentos, saber se eles são, ou não, alimentados pelo pensamento moderno, pela ideia da personalidade autónoma; decisivo é apenas que eles são correctos e se inserem organicamente no sistema da doutrina tomista da propriedade". Simplesmente, tal inserção apenas pode ser obtida à custa de leituras actualistas do pensamento de S. Tomás, no âmbito das quais se tende muitas vezes a esquecer um aspecto central da sua teoria: o papel central que ao proprietário cabe na distribuição dos seus bens e na delimitação dessa distribuição como objecto próprio das virtudes da caridade e da justiça. Não se trata apenas de afirmar, no âmbito da concepção de S. Tomás, o carácter subsidiário de quaisquer formas de socialização da propriedade em relação à propriedade privada, isto é, de afirmar a instituição da propriedade privada como forma primária de realização histórica do princípio do uso comum dos bens, ou de reconhecer que quaisquer formas de ordenação dos bens, incluindo

influência das concepções modernas da propriedade privada sobre o ensino da Igreja está associada a uma visão dessas concepções como advogando um liberalismo económico sem quaisquer restrições[178]. Tal visão necessita, no entanto, de ser superada. No caso de Locke, não é simplesmente correcto pretender que à sua teoria da propriedade sejam alheias a preocupação com a igualdade ou com a caridade, como acima se demonstrou[179]. No seu pensamento existe, sem dúvida, lugar para uma autonomização da esfera da economia em relação ao poder político, mas a sua teoria da propriedade não pode ser correctamente compreendida sem a consciência do respectivo fundamento teológico e as exigências de igualdade que nesse fundamento vão implicadas[180].

---

a propriedade privada, são sempre um meio ao serviço do princípio do uso comum e nunca um fim que possa ser equiparado a ele, como correctamente salienta Franz Klüber, *ob. cit.*, pp. 81, 116, 123-125 e 142. Trata-se de reconhecer que as exigências decorrentes da ordenação da propriedade privada ao uso comum transcendem quaisquer exigências que seja possível formular, num contexto jurídico, no âmbito da vinculação social da propriedade e é precisamente no espaço definido por essa transcendência que a concepção tomista da propriedade privada tem significado no contexto de uma doutrina social da Igreja.

[178] Tal visão é, aliás, partilhada, por alguns, quer daqueles que negam a influência de Locke sobre a concepção da propriedade privada subjacente à *Rerum Novarum*, quer dos que a afirmam: no primeiro caso, cfr. M. Habiger, *Papal Teaching on Private Property: 1891 – 1981*, pp. 345-346; no segundo, Ernest Fortin, "Sacred and Inviolable: Rerum Novarum and Natural Rights", p. 200. Em ambos os casos, a teoria de Locke é encarada do ponto de vista da sua análise segundo Leo Strauss (cfr. M. Habiger, *ob. cit.*, p. 346; Fortin, *ob. cit.*, p. 214, nota 18), a qual, como se procurou demonstrar, não constitui hoje uma leitura aceitável de tal teoria (cfr. supra, Parte II, cap. 1, pontos 1.2 e 1.4.8).

[179] Cfr. supra, Parte II, ap. 1, pontos 1.4.5 e 1.4.8.

[180] Cfr. supra, Parte II, cap. 1, pontos 1.5.3.3 e 1.5.3.4. A conexão entre essas exigências de igualdade e o fundamento teológico do pensamento de Locke reflecte-se na seguinte apreciação de Epstein: depois de afirmar que os limites da suficiência e da não deterioração relevam de "uma inexacta restrição sobre os direitos individuais de aquisição", a qual ignora "os ganhos que os direitos de propriedade sobre as coisas geram para os não proprietários", o autor afirma que "a posição adequada teria sido alcançada se Locke tivesse dispensado a ideia da justificação divina da propriedade" (cfr. *Takings*, p. 11). Não está agora em causa apreciar a errada apreciação do pensamento de Locke presente nestas observações, o que se fez já anteriormente, mas apenas salientar que ainda que sejamos incapazes de encontrar um substituto secular para a fundação teológica da exigência de igualdade subjacente à teoria de Locke, como parece suceder com Epstein, esta exigência constitui um limite inultrapassável de tal teoria. Caso se prescinda da fundação teológica, existem apenas duas estratégias possíveis na apreciação do pensamento de Locke: encontrar um sucedâneo

De qualquer modo, a concepção da propriedade privada no contexto da doutrina social da Igreja não seria correctamente compreendida se nela víssemos simplesmente uma combinação entre um fundamento lockeano da propriedade como direito natural inviolável e uma exigência tomista de uso comum. Na evolução da doutrina social da Igreja, as referências ao trabalho como fundamento de um direito natural de propriedade devem ser combinadas com uma justificação da propriedade privada como emanação da liberdade da pessoa[181]. A tensão entre a dimensão do reconhecimento do trabalho como justificação de uma primeira aquisição da propriedade, perdida no princípio dos tempos, que depois se autonomiza da sua base e deve ser respeitada em todas as transmissões posteriores e a dimensão da constante recondução da propriedade aos limites do trabalho humano é tendencialmente resolvida a favor desta última. Consequências de uma tal resolução são, por um lado, a ideia da difusão da propriedade privada entre todas as classes sociais[182] e, por outro, a admissão da

---

secular para ela; rejeitar esse pensamento. O que não se afigura admissível é amputar parte dele, aproveitando apenas a sua teorização das relações de propriedade no momento posterior à introdução do dinheiro (é esta, no fundo, a posição de Nozick, como se viu supra, Parte II, cap. 1, ponto 1.5.4, a qual constitui a matriz de todas posições libertárias, entre as quais se inclui Epstein).

[181] Sobre a evolução a que se refere o texto, isto é, a evolução ocorrida entre a *Rerum Novarum* e a *Centesimus Annus* no sentido da adopção de uma "metafísica personalística", cujo propósito é o de estabelecer os requisitos de uma vida humana justa e plena, através de uma análise fenomenológica, já não da natureza, mas da pessoa que age, cfr. Ernest Fortin, "From *Rerum Novarum* to *Centesimus Annus*: Continuity or Discontinuity?", p. 228.

[182] Cfr. *Rerum Novarum*, pp. 131-132 ("Importa, pois, que as leis favoreçam o espírito de propriedade, e o reanimem e desenvolvam, tanto quanto possível, entre as massas populares"); *Quadragesimo Anno*, in *Acta Apostolicae Sedis*, 1931, vol. 23, p. 198 ("É, pois, necessário empregar energicamente todos os esforços, para que, ao menos de futuro, as riquezas granjeadas só se acumulem na justa proporção nas mãos dos ricos, e se distribuam também, com suficiente largueza, pelos operários"); *Mater et Magistra*, n. 113-115 ("Não basta afirmar que o carácter natural do direito de propriedade privada se aplica também aos bens produtivos. É necessário ainda insistir para que ele se difunda efectivamente entre todas as classes sociais"); *Gaudium et Spes*, n. 71 ("é muito importante que se favoreça o acesso, tanto dos particulares, como das comunidades, a algum domínio sobre os bens exteriores"); *Laborem Exercens*, n. 15 ("é necessário frisar bem, desde já, que em geral o trabalhador deseja não só receber a remuneração devida ao seu trabalho, mas deseja também que seja tomada em consideração, no mesmo processo de produção, a possibilidade de que ele, ao trabalhar, ainda que seja em propriedade comum, se sinta consciente de trabalhar «por sua conta»"); *Centesimus Annus*, n. 31 ("Obviamente ele [o homem] tem

socialização de certos meios de produção, isto é, a coexistência entre a propriedade privada e a propriedade pública, bem como a admissão de formas de participação dos trabalhadores no capital[183]. Todavia, se é possível registar na evolução da doutrina social da Igreja uma progressiva afirmação da dimensão da propriedade como direito de acesso a ela, com as consequências que acabam de ser mencionadas, mantém-se constante a referência ao princípio do destino universal dos bens e à ideia de uso comum. É aqui que reside verdadeiramente o fundamento tomista da concepção de propriedade privada da Igreja e é ele que continua a exprimir, não tanto a compreensão da propriedade no mundo actual por parte da própria Igreja, mas a sua base teológica, e a constituir o princípio das obrigações morais, não jurídicas, nem necessariamente susceptíveis de serem juridicamente impostas, que decorrem para os cristãos das relações de propriedade[184].

---

também a responsabilidade de não impedir que os outros homens tenham igualmente a sua parte no dom de Deus; pelo contrário, deve cooperar com eles para conjuntamente dominarem toda a terra") [cfr. Peter Stilwell (coord.), *Caminhos da Justiça e da Paz*, pp. 59, 90, 167, 347, 571 e 688].

[183] Cfr. *Quadragesimo Anno*, in *Acta Apostolicae Sedis*, 1931, vol. 23, p. 214 ("Estes [aqueles que pretendem reformar a sociedade segundo princípios cristãos], com razão, pretendem que certos géneros de bens sejam reservados ao Estado quando o poderio que trazem consigo é tal que, sem perigo para o bem comum, não podem deixar-se em mãos dos particulares"); *Mater et Magistra*, n. 116-118 ("A época moderna tende para a expansão da propriedade pública: do Estado e doutras colectividades. O facto explica-se pelas funções, cada vez mais extensas, que o bem comum exige dos poderes públicos"); *Gaudium et Spes*, n. 71 ("a legitimidade do direito de propriedade privada não é incompatível com as diversas formas de propriedade públicas existentes, na condição, porém, de que a transferência dos bens para o domínio público seja efectuada pela autoridade competente, de acordo com as exigências do bem comum e dontro dos seus limites, e mediante justa compensação. Pertence à autoridade pública impedir que se abuse da propriedade privada contra o bem comum"); *Populorum Progressio* (1967), n. 23 ("Surgindo algum conflito «entre os direitos privados adquiridos e as exigências comunitárias primordiais», é ao poder público que pertence «resolvê-lo, com a participação activa das pessoas e dos grupos sociais»"); *Laborem Exercens*, n. 14 ("em consideração do trabalho humano e do acesso comum aos bens destinados ao homem, não é de excluir a socialização de certos meios de produção, contanto que se verifiquem as condições oportunas"); *Centesimus Annus*, n. 40 ("é tarefa do Estado prover à defesa e tutela de certos bens colectivos, como o ambiente natural e o ambiente humano, cuja salvaguarda não pode garantir-se por simples mecanismos de mercado") [cfr. Peter Stilwell (coord.), *Caminhos da Justiça e da Paz*, pp. 102, 167, 348, 377, 569 e 697].

[184] Para uma descrição exaustiva das responsabilidade morais respeitantes à propriedade, na perspectiva da doutrina da Igreja, cfr. Germain Grisez, *The Way of the Lord Jesus*, Vol. 2 – *Living a Christian Life*, p. 795-834.

Importa, com efeito, efectuar uma distinção entre o modo como a doutrina social da Igreja concebe a propriedade, que se apoia nas concepções modernas da propriedade (não apenas no pensamento de Locke) e não pode deixar de o fazer, e a afirmação permanente do princípio do uso comum, segundo a doutrina tomista. A concepção tomista da propriedade privada assenta na ideia de ordenação da propriedade à virtude, no contexto da qual é o proprietário individual o destinatário natural da obrigação de submeter o bem ao uso comum[185], e se este traço daquela concepção está na base da sua permanente actualidade, de um ponto de vista da sua justificação teológica[186], tal traço constitui também o respectivo limite enquanto fundamento actual de uma filosofia social da propriedade. Mas, ao mesmo tempo, uma filosofia social da propriedade que não reserve qualquer espaço para a mencionada responsabilidade individual na actuação quotidiana da justiça há-de considerar-se necessariamente insuficiente e incompleta[187].

É certo que o princípio do uso comum dos bens não é, hoje, entendido pela doutrina social da Igreja, como sendo apenas dirigido ao proprietário privado individual. Se assim fosse, seria, aliás, difícil distinguir o alcance desse princípio da ideia defendida pelos libertários, de acordo com a qual a sua defesa de um Estado minimalista exclui apenas as vias coercivas na distribuição da riqueza, não as voluntárias[188]. Pelo contrário, o princípio do uso comum deve ser entendido, não apenas enquanto simples "correctivo" da propriedade privada, mas antes como verdadeiro princípio regulativo para a conformação da ordem da propriedade privada[189]. Simplesmente, tal entendimento actualista não resulta (ou, talvez melhor, não pode resultar) unicamente da doutrina tomista, ele é também fruto da já apontada evolução de uma concepção da propriedade sobretudo assente no

---

[185] Cfr. supra, Parte I, cap. 3, ponto 3.5. As categorias de necessidade extrema, necessidade pessoal e de condição e ainda do supérfluo absoluto e relativo, a que então se fez alusão, e a impossibilidade de, com base nelas, se estabelecerem critérios objectivos de uso comum, reforça ainda mais a conclusão do texto.

[186] Tal como se manifesta com tada a clareza na Encíclica *Deus caritas est* do Papa Bento XVI, esp. pp. 35 e ss.

[187] Neste sentido, e numa pespectiva "post-marxista", cfr. G. A. Cohen, *If You're an Egalitarian, How Come You Are So Rich?*, pp. 117 e ss.

[188] Cfr. supra, Parte II, cap. 1, ponto 1.4.8.

[189] Cfr. Franz Klüber, *Eigentumstheorie und Eigentumspolitik*, p. 421.

trabalho objectivo, ainda muito presente na *Rerum Novarum*, em direcção a uma concepção da propriedade, a que dão progressivamente corpo as posteriores encíclicas sociais, baseada na própria pessoa do trabalhador e na sua liberdade[190].

Comentando o tratamento da propriedade privada na Encíclica *Rerum Novarum*, Ernest Fortin afirma não poder negar-se que "a primeira preocupação de Leão [XIII] foi com o trabalhador moderno, cuja sorte ele pretendia melhorar, mas não é também possível negar que a sua proclamação do carácter sagrado da propriedade privada beneficiou os ricos tanto quanto, senão mais do que, os pobres"[191]. Ao mesmo tempo que um documento da Igreja afirmava a inviolabilidade da propriedade privada, no seio dos movimentos socialistas proclamava-se, como se viu, que ela é o roubo. A verdade, porém, é que tal como no âmbito destes movimentos, a fundação da propriedade sobre o trabalho humano na doutrina social da Igreja não visa legitimar a divergência lockeana entre apropriação e trabalho produtivo, mas precisamente criticá-la, ou, pelo menos, minorá-la[192]. Assim como é possível falar de uma apropriação da concepção da propriedade fundada no trabalho pela crítica socialista da propriedade liberal e capitalista, é também possível registar uma certa convergência entre esta crítica e a doutrina social da Igreja, já não com vista a

---

[190] E é, sem dúvida, isso que explica que na *Rerum Novarum*, p. 114, o princípio do uso comum, entendido como o dever de partilhar o supérfluo com os pobres, seja associado à virtude cristã da caridade, não à justiça: "Non iustitiae, excepto in rebus extremis, officia ista sunt, sed caritatis christianae, quam profecto lege agendo petere ius non est" [cfr. Peter Stilwell (coord.), *Caminhos da Justiça e da Paz*, p. 47].

[191] Cfr. "Sacred and Inviolable: *Rerum Novarum* and Natural Rights", p. 200. Na versão original da Encíclica *Rerum Novarum* surge, com efeito, a expressão "sagrado" como qualificativa do direito de propriedade, que é assim caracterizado como *ius sanctum* (cfr. *Rerum Novarum*, p. 131; na versão inglesa disponível em www.vatican.org, n. 46, afirma-se que "private ownership must be held sacred and inviolable"). Em muitas traduções surge antes a afirmação da "inviolabilidade da propriedade privada" [é o caso da tradução portuguesa: cfr. Peter Stilwell (coord.), *Caminhos da Justiça e da Paz*, pp. 43 e 59; cfr., ainda, Fortin, *ob. cit.*, pp. 198 e 215, nota 22]. No mesmo sentido, afirma-se na *Quadragesimo Anno*, in *Acta Apostolicae Sedis*, 1931, vol. 23, p. 192, que a justiça comutativa obriga a conservar como sagrada a divisão dos bens [também aqui surge antes, na tradução portuguesa, a expressão "inviolável": cfr. Peter Stilwell (coord.), *Caminhos da Justiça e da Paz*, p. 85].

[192] Cfr. Franz Klüber, *Eigentumstheorie und Eigentumspolitik*, p. 145.

rejeitar pura e simplesmente a propriedade capitalista, mas a assegurar uma participação dos trabalhadores no seu desenvolvimento[193]. A estreita conexão estabelecida neste âmbito entre trabalho e propriedade é indissociável da clara afirmação do "princípio da prioridade do trabalho em confronto com o capital", no sentido em que este, enquanto conjunto de meios pelos quais o homem se apropria dos recursos da natureza é "fruto do património histórico do trabalho humano"[194]. Importa salientar que o princípio da prioridade do trabalho sobre o capital não significa, na visão da Encíclica *Laborem Exercens*, que o primeiro possa ser separado do segundo ou contraposto a ele[195]. Significa apenas, na sequência da distinção efectuada na mesma Encíclica entre trabalho em sentido objectivo, isto é, a técnica, entendida como conjunto de meios de que o homem se serve no próprio trabalho, e o trabalho em sentido subjectivo, isto é, o homem como pessoa, e da clara subordinação daquele a este segundo sentido, uma simples decorrência da ideia de que "a origem da dignidade do trabalho há-de ser procurada não tanto na sua dimensão objectiva, quanto na sua dimensão subjectiva"[196]. Por outras palavras, o princípio da prioridade do trabalho sobre o capital limita-se a exprimir "o primado da pessoa sobre as coisas"[197]. Daí que não faça também sentido, no discurso de João Paulo II, procurar estabelecer uma qualquer hierarquia entre labor, ou trabalho, e obra, ou fabricação, como faz Hannah Arendt; pelo contrário, "o valor do trabalho humano não é em primeiro lugar o género de trabalho realizado, mas o facto de que aquele que o executa ser uma pessoa"[198]. Ao contrário

---

[193] Cfr. Oswald von Nell-Breuning, "Der Lohn als Erwerbsmittel und Eigentumsquelle", pp. 53 e ss.; Franz Klüber, *Eigentumstheorie und Eigentumspolitik*, pp. 285 e ss.

[194] Cfr. *Laborem Exercens*, n. 12; Peter Stilwell (coord.), *Caminhos da Justiça e da Paz*, pp. 563-564.

[195] Cfr. *Laborem Exercens*, n. 13; Peter Stilwell (coord.), *Caminhos da Justiça e da Paz*, p. 566.

[196] Cfr. *Laborem Exercens*, n. 5-6; Peter Stilwell (coord.), *Caminhos da Justiça e da Paz*, p. 554.

[197] Cfr. *Laborem Exercens*, n. 13; Peter Stilwell (coord.), *Caminhos da Justiça e da Paz*, p. 568.

[198] Cfr. *Laborem Exercens*, n. 6; Peter Stilwell (coord.), *Caminhos da Justiça e da Paz*, p. 554.

da eleição marxiana da produção como paradigma da acção, e da tentativa, levada a cabo por Arendt, de estabelecer uma ordenação hierárquica entre as faculdades incluídas na vida activa, o que se procura é encontrar a dignidade de todo o trabalho humano, em sentido amplo, na sua manifestação mais distante de uma qualquer sua valorização e qualificação sob o ponto de vista objectivo[199].

A negação do princípio da prioridade do trabalho não pode resultar senão na alienação da pessoa humana. Isto mesmo é reconhecido com toda a coerência na Encíclica *Centesimus Annus*, ao dizer-se aí que quando a liberdade económica se torna autónoma, em vez de ser encarada como mais um elemento da liberdade humana, isto é, "quando o homem é visto mais como produtor ou consumidor de bens do que como sujeito que produz e consome para viver, então ela perde a sua necessária relação com a pessoa humana e acaba por aliená-la e oprimi-la"[200]. A proximidade e a distância entre este conceito de alienação e o propugnado pelo "marxismo" são claramente assumidas na mesma encíclica, nos seguintes termos: é errada a proposta "marxista" para a eliminação desta alienação, através da instituição de uma sociedade de tipo colectivista, como o demonstra a experiência histórica, assim como é errada a sua negação da legitimidade das relações de mercado, no âmbito que lhes é próprio; é igualmente errado restringir a causa da alienação apenas à esfera das relações de produção e propriedade; é, todavia, correcta a sua identificação de uma experiência real nas sociedades ocidentais, enquanto perda do sentido autêntico da existência[201].

---

[199] Cfr. *Laborem Exercens*, n. 6; Peter Stilwell (coord.), *Caminhos da Justiça e da Paz*, p. 554: "Em última análise, a finalidade do trabalho, de todo e qualquer trabalho realizado pelo homem – ainda que seja o trabalho do mais humilde «serviço» ou o mais monótono na escala comum de apreciação, ou o mais marginalizador – permanece sempre o próprio homem". É esta ideia de dignidade do trabalho humano que fundamenta a virtude da laboriosidade: cfr. *Laborem Exercens*, n. 9; Peter Stilwell (coord.), *ob. cit.*, pp. 59-60.

[200] Cfr. *Centesimus Annus*, n. 39; Peter Stilwell (coord.), *Caminhos da Justiça e da Paz*, p. 697. Sobre o conceito de alienação, enquanto característica do mundo contemporâneo de acordo com a qual o poder concedido ao homem de dominar o mundo se volta contra ele, cfr. as reflexões da Encíclica *Redemptor Hominis* (1979), n. 15; Peter Stilwell (coord.), *Caminhos da Justiça e da Paz*, pp. 515-517.

[201] Cfr. *Centesimus Annus*, n. 41; Peter Stilwell (coord.), *Caminhos da Justiça e da Paz*, p. 697.

A existência de "algum terreno comum"[202] entre a análise do Papa João Paulo II da pessoa humana como trabalhadora e a de Karl Marx não é de estranhar, se tivermos presente o carácter precursor do pensamento deste último na crítica do uso tantas vezes degradante e predatório do poder criativo do trabalho humano nas sociedades capitalistas. Por mais pertinente que se mostre ainda hoje tal crítica, a abolição da propriedade privada nela implicada excede claramente o limite de uma tal pertinência. Inversamente, a doutrina da Igreja sobre a propriedade privada, com a sua justificação teológica última no princípio da destinação universal dos bens, deve ser encarada como uma ponte entre razão e religião: à margem de um tal fundamento teológico, que aqui não está em causa, a justificação filosófica por ela proposta para a propriedade privada é também ela, como se procurou demonstrar, um produto da discussão moderna sobre o tema.

1.4 A teoria dos «property rights»: entre a "proprietarização" de todos os direitos e a supressão do proprietário. Foi atrás mencionada a tese de acordo com a qual a desmaterialização da propriedade nas economias modernas foi acompanhada pela substituição de uma concepção da propriedade assente no domínio da coisa, por uma concepção baseada na ideia de feixe de direitos (*bundle of rights*). Torna-se agora necessário saber – questão atrás deliberadamente deixada em aberto – em que medida esta concepção é susceptível de desempenhar em relação ao conceito de propriedade aquela função que vimos ser desempenhada pela ideia de domínio no contexto do liberalismo clássico. Importa a este propósito apreciar apenas, para já, uma manifestação possível da ideia do feixe de direitos, mais precisamente a sua adequação à teoria dos "*property rights*" ou, se se preferir, ao movimento da análise económica do direito[203]. Para

---

[202] A expressão é de Matthew Habiger, *Papal Teaching on Private Property: 1891 – 1981*, p. 320.

[203] Expressamente relacionando a ideia do feixe de direitos com o movimento *law and economics*, cfr. Ulrich Hösch, *Eigentum und Freiheit*, p. 118; Peter Häberle, "Vielfalt der Property Rights und der verfassungsrechtliche Eigentumsbegriff", pp. 64 e 70; H. Demsetz, "Property Rights", p. 145; Gregory Alexander, *Commodity and Propriety*, p. 381; J. W. Harris, *Property and Justice*, p. 146; Thomas W. Merrill e Henry E. Smith, "What Happened to Property in Law and Economics?", pp. 357-358 e 367; Markus Kobler, *Der Staat und die Eigentumsrechte*, p. 22; cfr., ainda, de modo mais vago, Steven Shavell, *Foundations of Economics Analysis of Law*, p. 27.

este, os direitos de propriedade constituem o pressuposto de um comportamento economicamente eficiente e racional dos indivíduos e consistem essencialmente em direitos de uso exclusivo de recursos escassos e direitos de transferir tais direitos de uso[204]. Três aspectos desta noção devem ser esclarecidos. (i) O propósito da aquisição dos direitos de propriedade consiste em facilitar o comportamento económico dos indivíduos, isto é, em diminuir os seus riscos de perda e melhorar as suas perspectivas de maximização de utilidades. A função primária dos direitos de propriedade consiste na "interiorização das exterioridades", isto é, no processo que torna relevantes para as pessoas que interagem, através da constituição ou modificação de direitos de propriedade, todos os custos e benefícios inerentes às relações de interdependência social[205]. Se admitirmos, em termos

---

[204] Cfr. Richard Posner, *Economic Analysis of Law*, pp. 35 e ss.; Steven Shavell, *Foudantions of Economics Analysis of Law*, pp. 9-11; Armen A. Aichian e Harold Demsetz, "The Property Right Paradigm", pp. 17-18. Harold Demsetz, "Property Rights", pp. 144-145, define os "property rights" como os usos socialmente aceitáveis aos quais o titular de tais direitos submete os recursos escassos a que eles se referem, o que pressupõe o respectivo exercício sem a interferência de terceiros. Os usos de recursos que não são legitimados pela titularidade de direitos de propriedade são ilegais ou inovadores, no sentido de que os direitos de propriedade existentes não foram ainda definidos de forma a prever tais usos. Demsetz distingue ainda entre a propriedade de um direito (de propriedade) e a propriedade de um recurso. A primeira pressupõe que o titular de um direito tenha as faculdades de (i) usar um recurso escasso e realizar rendimento com base nesse uso, de (ii) excluir outros do exercício, sem permissão, dessa faculdade de uso e de (iii) transferir o controlo deste feixe de direitos – composto pelos três elementos que acabam de ser mencionados – para outros potenciais donos. A propriedade de um recurso significa que o respectivo dono tem um feixe de direitos significativo sobre ele e ainda o controlo presuntivo de direitos sobre o mesmo recurso ainda não articulados juridicamente.

[205] Cfr. Harold Demsetz, "Towards a Theory of Property Rights", p. 348; Markus Kobler, *Der Staat und die Eigentumsrechte*, pp. 14-15. Segundo afirma Demsetz, *ob. e loc.cit.*, aquilo que converte um efeito benéfico ou nocivo numa "exterioridade" é a circunstância de o custo de tornar o efeito relevante para as decisões de uma ou mais das pessoas que interagem ser demasiado elevado para o assumir à partida. As "exterioridades" negativas consistem nos efeitos danosos causados pela actuação de um agente económico sobre outros. Assim, o problema das "exterioridades" é largamente o problema de saber se a respectiva "interiorização" exige a intervenção do governo ou antes decorre da definição dos direitos de propriedade enquanto parte do funcionamento do mercado. A primeira solução para o problema das "exterioridades" foi advogada por A. C. Pigou, a segunda por Ronald Coase e Harold Demsetz (sobre a distinção e limites das duas abordagens do problema, cfr. Bruce Yandle, "Property Rights or Externalities?", pp. 259 e ss.).

lockeanos, que a junção do trabalho a um recurso da natureza confere um direito de propriedade ao trabalhador sobre ele, podermos dizer que a propriedade "interioriza as exterioridades do trabalho", reservando o seu produto ao trabalhador, isto é, atribuindo-lhe todos os benefícios do seu trabalho, e fazendo-o sofrer as consequências da sua negligência[206]. (ii) Quanto ao conteúdo, parece claro que o conceito de *"property rights"* compreende quaisquer direitos de actuação sobre um recurso, no sentido em que não se limita à relação proprietário / objecto da propriedade / terceiros, mas faz de todas as possibilidades de actuação sobre um bem direitos de exclusivo. Por outras palavras, todos os direitos são direitos de propriedade. O que verdadeiramente importa é a repartição eficiente de recursos naturais, e é em vista dessa repartição que faz sentido a fixação vinculativa de direitos de actuação sobre eles, por forma a reduzir os custos de transacção relativos à sua aquisição e defesa e a permitir aos indivíduos um uso mais intensivo e efectivo dos recursos que lhes estão exclusivamente afectados do que seria o caso se eles estivessem sujeitos a um regime de uso comum. (iii) Finalmente, e decisivamente, a teoria dos *"property rights"* coloca a ênfase no uso racional do objecto da propriedade, em detrimento da figura do proprietário. A ordem da propriedade visa a manutenção dos *property rights* e a sua eficiente conformação, do ponto de vista do respectivo conteúdo, não pensando a propriedade em termos da pessoa[207]. A propriedade tutela um resultado economicamente eficiente, não o proprietário.

---

[206] Cfr. Carol M. Rose, "Evolution of Property Rights", pp. 93-94.

[207] Cfr. Ulrich Hösch, *Eigentum und Freiheit*, p. 96; J. W. Harris, *Property and Justice*, pp. 145-147. É particularmente nítido o contraste com formulação usual do direito fundamental de propriedade segundo a jurisprudência e doutrina constitucionais na Alemanha. Com efeito, o Tribunal Constitucional Federal já sustentou que ao direito fundamental de propriedade "corresponde a função, no sistema geral dos direitos fundamentais, de assegurar ao seu titular uma esfera de liberdade no domínio jurídico-patrimonial e, assim, possibilitar-lhe uma conformação auto-responsável da sua vida" (cfr. *Entscheidungen des Bundesverfassungsgerichts*, vol. 24, p. 389), ou ainda que protege "o artigo 14.º [da Lei Fundamental], enquanto direito fundamental [...] não a propriedade privada, mas a propriedade dos privados" (cfr. *Entscheidungen des Bundesverfassungsgerichts*, vol. 61, p. 82). De modo igualmente expressivo, afirma Klaus Vogel que o direito fundamental de propriedade "protege, não o objecto, mas a pessoa" (cfr. K. Vogel, "Die Steuergewalt und ihre Grenzen", p. 335; salientando também a especial conexão entre propriedade e liberdade da pessoa, cfr. O. Depenheuer, "Kommentierung zu Artikel 14", n.º 11 e ss., pp. 1636 e ss.).

Como afirma Richard Posner, "a eficiência requer um mecanismo através do qual [o dono actual] pode ser induzido a transferir a propriedade para alguém que o possa trabalhar mais produtivamente. Um tal mecanismo consiste num direito de propriedade transmissível"[208].

Uma vez exposta, ainda que muito sumariamente, a concepção da propriedade subjacente à abordagem da análise económica do direito, importa aqui, de modo especial, discutir três questões: (i) em primeiro lugar, a sua aparente exclusão do problema da justificação; (ii) em segundo lugar, o modo como esta concepção da propriedade ignora tendencialmente a natureza *in re* dos direitos de propriedade ou, como atrás se afirmou, a natureza especial da relação proprietário / objecto da propriedade / terceiros, e as consequências que daí advêm; (iii) por último, a supressão do proprietário, ou, melhor dito, da propriedade como manifestação da liberdade do proprietário. O primeiro e o terceiro aspectos situam-se num plano de análise filosófica. O primeiro revela que a análise económica do direito encara a propriedade como instrumento de eficiência: o que importa não é tanto a propriedade, quanto o uso eficiente da propriedade, tal como para Platão e Aristóteles importava não tanto a propriedade quanto o seu uso justo. Nesta medida, a concepção de propriedade subjacente à análise económica do direito é uma concepção teleológica. O terceiro aspecto evidencia as consequências de um tal modo de equacionar a propriedade. Essas consequências reconduzem-se à atitude consistente em, no plano analítico, se tender a ignorar a tradicional natureza *in re* dos direitos de propriedade.

(i) A propósito da questão da justificação, Steven Shavell coloca-a no plano de saber em que medida "a protecção de interesses possessórios sobre as coisas e a capacidade de os transferir promove o bem-estar social, concebido em termos amplos"[209]. Com esse objectivo, Shavell enuncia uma lista de factores sugerindo que a existência de direitos de propriedade promove o bem-estar social. a) Os direitos de propriedade constituem um incentivo ao trabalho, na medida em que,

---

[208] Cfr. Richard Posner, *Economic Analysis of Law*, p. 37.
[209] Cfr. Steven Shavell, *Foundations of Economic Analysis of Law*, p. 11.

numa situação em que não existem direitos de propriedade, os indivíduos tomarão em linha de conta que o produto do seu trabalho poder-lhes-á ser retirado. Deste modo, admitindo a possibilidade de determinar um nível de optimização social da quantidade de trabalho desempenhada (a partir do qual a utilidade retirada do produto do trabalho será inferior à desutilidade decorrente do trabalho desempenhado e, por isso, tenderá a diminuir o bem-estar social), a ausência de direitos de propriedade poderá contribuir para que um indivíduo decida trabalhar abaixo de tal nível, pois, se o não fizer, retirará uma menor utilidade da menor quantidade de produto que irá reter para o seu próprio uso[210]. b) Em segundo lugar, os direitos de propriedade estão associados a incentivos para manter e melhorar os bens duradouros sobre os quais incidem, uma vez que a possibilidade de os usar ou transferir no futuro depende desses melhoramento e manutenção. c) Em terceiro lugar, a existência de direitos de propriedade promove as transferências dos bens em termos vantajosos para os seus donos, uma vez que aumenta as utilidades daqueles que se envolvem em tais transferências. d) Os direitos de propriedade, em quarto lugar, evitam disputas e os esforços desenvolvidos para proteger ou tomar bens. e) Em quinto lugar, existência de um sistema de direitos de propriedade protege os indivíduos contra o risco. f) Por último, sob um regime que estabelece e protege direitos de propriedade, qualquer distribuição desejável da riqueza é, em princípio, susceptível de ser alcançada, uma vez que o Estado pode redistribuir a riqueza e a nova distribuição será mantida sob as condições daquele mesmo regime[211]. Shavell sustenta que os argumentos precedentes

---

[210] Cfr. Steven Shavell, *Foundations of Economic Analysis of Law*, pp. 11-16. Como o autor, *ob. cit.*, p. 14, admite, na ausência de direitos de propriedade é também possível que os indivíduos escolham trabalhar mais do que o número óptimo de horas, e não menos. Na verdade, atendendo a que ter uma certa quantidade mínima de produto para consumo próprio é importante para a sobrevivência, a garantia de atingir e manter esse mínimo, após ter sido despojado de parte do produto do seu trabalho por outros, poderá contribuir para que um indivíduo se incline a trabalhar mais do que faria em outras condições. Esta possibilidade não é, todavia, um argumento contra a existência de direitos de propriedade, pois quando os indivíduos trabalham mais, na ausência de tais direitos, o bem-estar social tenderá a ser menor do que na presença dos mesmos. Por um lado, as horas de trabalho extra, acima do nível óptimo, serão, em princípio, horas em que a desutilidade do trabalho é elevada; por outro lado, o produto extra pode ser desigualmente distribuído, contribuindo pouco para a utilidade de um indivíduo.

[211] Cfr. Steven Shavell, *Foundations of Economic Analysis of Law*, pp. 16-21.

favorecem a existência de alguma forma de direitos de propriedade, mas não fundamentam qualquer forma específica de tais direitos, designadamente um regime de propriedade privada em que os bens são, de um modo geral, pertença de particulares, enquanto pessoas opostas ao Estado[212]. Por outro lado, em relação à tradição filosófica moderna da justificação da propriedade privada, em que inclui nomes como Hobbes, Locke, Hume, Blackstone e Bentham, Shavell nota genericamente que estes autores afirmavam a importância da protecção dos direitos de propriedade para evitar disputas e incentivar ao trabalho, bem como as vantagens do comércio, embora as encarassem mais como uma consequência de tais direitos do que como um aspecto da respectiva justificação[213]. A conclusão geral é a de que hoje, em contraste com o pensamento de tais autores, "a maioria da literatura sobre direitos de propriedade preocupa-se, não com a sua justificação básica, mas com o seu carácter mais desejável"[214].

---

[212] A razão de ser desta restrição, nos termos da qual se pretende justificar a existência de direitos de propriedade individual, mas não um regime assente exclusivamente na propriedade privada, assenta possivelmente na crítica formulada por Frank Michelman, "Ethics, Economics, nad the Law of Property", p. 21, segundo a qual, partindo do pressuposto de facto de que as pessoas se caracterizam por maximizar racionalmente as suas satisfações individuais, não é possível deduzir que um regime assente na propriedade privada [nos termos do qual (i) se reconheça a uma pessoa a possibilidade de ter a plena propriedade de um objecto, no sentido de ser titular de direitos exclusivos sobre ele; (ii) se reconheça ainda que essa possibilidade se aplica ao corpo natural da pessoa, aos seus talentos e força de trabalho; (iii) se reconheça que o proprietário de um produto é o proprietário dos factores do produção a ele relativos; (iv) se reconheça, por último, uma plena liberdade de transferência dos direitos de propriedade] é o regime mais eficiente, isto é, aquele que é mais apto a satisfazer em maior grau as preferências ou satisfações dos indivíduos. A opção por um regime de propriedade privada só pode ser justificada fazendo apelo a argumentos morais que justamente a argumentação económica da eficiência pretende excluir (cfr. Michelman, *ob. cit.*, pp. 3, 32-34). Em resposta a esta crítica, Demsetz, "Professor Michelman's Unnecessary and Futile Search...", pp. 46-47, afirma que a rejeição da pretensão de derivar logicamente a propriedade privada como a ética adequada a pessoas racionais, não põe em causa as soluções práticas que uma tal instituição oferece para a solução de muitos problemas jurídicos do dia a dia.

[213] Cfr. Steven Shavell, *Foundations of Economic Analysis of Law*, pp. 21-22.

[214] Cfr. Steven Shavell, *Foundations of Economic Analysis of Law*, p. 23. No mesmo sentido, Edwin G. West, "Property Rights in the History of Economic Thought", p. 23, referindo-se a Locke, afirma enquanto este último coloca a discussão da propriedade num plano normativo, o interesse de grande parte da discussão moderna sobre o tema centra-se na "análise positiva, tal como a questão de saber como os direitos de propriedade emergem

O relativo desinteresse dos autores inseridos no movimento "law and economics" pelo problema da justificação da propriedade é bem sintetizado por Richard Posner quando afirma, tendo em vista a ideia de que a protecção jurídica dos direitos de propriedade cria incentivos para explorar os recursos eficientemente, que "tudo isto tem sido conhecido desde há séculos"[215]. Em contrapartida, só muito mais recentemente se iniciou a discussão analítica dos direitos de propriedade, sendo o impulso decisivo nesta matéria normalmente atribuído ao trabalho de Ronald Coase sobre o problema das exterioridades[216].

---

na prática, independentemente do raciocínio da filosofia moral". Mais radical é a posição de Itai Sened, *The Political Institution of Private Property*, pp. 178-179, para quem a teoria positiva da emergência dos direitos individuais de propriedade, não apenas não deve ser confundida com as teorias normativas, como correctamente asseveram os autores atrás citados, mas demonstra a vacuidade destas últimas. Em relação a este ponto de vista serve de epítome a seguinte afirmação de Sened, *ob. cit.*, p. 178: "Civilization did not start with moral codes, as so many philosophers, old and new, try to convince us".

[215] Cfr. Richard Posner, *Economic Analysis of Law*, p. 37.

[216] Cfr. Harold Demsetz, "Property Rights", p. 144. Sobre o teorema de Coase, cfr. Ronald H. Coase, "The Problem of Social Cost", pp. 200 e ss.; Harold Demsetz, *ob. cit.*, pp. 146-148; Markus Kobler, *Der Staat und die Eigentumsrechte*, pp. 41-43 e 86; Fernando Araújo, *Introdução à Economia*, p. 553. A ideia básica do teorema é a de que a estrutura das regras com base nas quais são inicialmente atribuídos os direitos de propriedade e a responsabilidade é indiferente desde que os custos de transacção sejam iguais a zero; a negociação entre os interessados terá um resultado eficiente independentemente de saber quem é o titular dos direitos de propriedade ou aquele sobre quem recai a responsabilidade. A conclusão a extrair é a de que a atribuição de direitos de propriedade e a imputação da responsabilidade deve ser decidida de forma a minimizar os custos de transacção, uma vez que isso promoverá resultados eficientes no processo de negociação entre os interessados. A compreensão do problema é ajudada através de um exemplo, adaptado a partir daqueles que são formulados pelo próprio Coase. Imagine-se que uma linha de comboio corre junto de uma quinta. Os comboios emitem faúlhas que causam danos nas colheitas da quinta. O que deve fazer-se? Segundo Coase, a resposta comporta duas dimensões. Em primeiro lugar, não interessa como são atribuídos os direitos de propriedade e imputada a responsabilidade pelos danos causados, desde que tais atribuição e imputação ocorram e que os custos de transacção sejam iguais a zero. Segundo Coase é incorrecto pensar na companhia ferroviária ou no agricultor como "agressor" e "vítima", respectivamente. Como afirma o autor, "A questão é comummente pensada em termos de saber se A provocou danos a B, devendo ser decidido como actuar sobre A. Mas isto é errado. Lidamos aqui com um problema de natureza recíproca. Para evitar os danos de B temos de infligir danos a A. A verdadeira questão a decidir é a de saber se deve ser permitido a A infligir danos a B, ou se deve ser permitido a este causar prejuízos àquele. O problema consiste em evitar o prejuízo mais grave". Para além disso, atendendo ao igual estatuto moral de A e B, para a questão da

Por outras palavras, os direitos de propriedade são encarados como um factor de dinamização da interacção entre agentes económicos,

---

atribuição de recursos económicos a um ou outro não interessa a quem tenham sido inicialmente atribuídos direitos de propriedade. Suponhamos que o custo de um aparelho que evita a emissão de faúlhas (AEF) é, para a companhia ferroviária, A, de 750, e o montante dos prejuízos sofridos pelo agricultor, B, é de 1000. Se A for considerada responsável pelos danos nas colheitas, deverá instalar um AEF ou cessar a sua exploração; se A não for considerada responsável, B pagar-lhe-á uma soma entre 750 e 1000 de forma a que A instale um AEF. Em ambos os casos o AEF é instalado. Imaginemos agora que ordem dos montantes é inversa: os danos na colheita são de 750 e o AEF custa 1000. Se A for responsabilizada pagará a B 750, mas não instalará um AEF. Se A não for considerada responsável, B não poderá pagar-lhe o suficiente para que A instale um AEF. Uma vez mais, ambos os cenários conduzem a um resultado igual: não será instalado um AEF. Assim, independentemente da atribuição inicial dos direitos de propriedade a repartição dos recursos económicos será a mesma. O segundo aspecto a considerar prende-se com a dimensão normativa da construção de Coase, para os casos mais realistas em que os custos de transacção são relevantes: os tribunais devem atribuir direitos de propriedade e imputar a responsabilidade entre partes em litígio de forma a maximizar a riqueza ou o valor da produção. Em relação ao caso considerado, isso significa que se o custo do AEF for menor do que valor dos danos na colheita, o tribunal deverá decidir a favor do agricultor contra a companhia ferroviária. Inversamente, se o custo do AEF for superior ao valor dos danos na colheita, o agricultor deverá ser responsabilizado. Do mesmo modo, o teorema sugere uma nova forma de compreender a emergência dos direitos de propriedade: estes tenderão a surgir mais cedo quando possam ser estabelecidos com custos relativamente baixos. Ou, como afirma Demsetz, "Towards a Theory of Property Rights", p. 354, os "direitos de propriedade surgem quando se torna económico, para os que são afectados por exterioridades, interiorizar os custos e benefícios"; criticando o pensamento de Demsetz, enquanto teoria da evolução dos direitos de propriedade, por não tomar em consideração o papel dos governos centrais e outras instituições políticas no processo, cfr. Itai Sened, *The Political Institution of Private Property*, pp. 34-36. Walter Block, "Ethics, Efficiency, Coasian Property Rights, and Phychic Income: A Reply to Demsetz", p. 65, formulou quatro críticas essenciais às ideias de Coase e Demsetz. (i) Mesmo assumindo nenhuns custos de transacção é relevante para efeitos de atribuição de recursos saber quem ganha um litígio relativo a direitos de propriedade, uma vez que não existe nenhuma garantia que o perdedor tenha os fundos necessários para "subornar" o vencedor, mesmo que valorize o feixe de direitos em litígio num mais alto grau do que este último. A suposição de que o pagamento ao vencedor pode ser financiado com base no maior valor atribuído ao feixe de direitos em causa não toma em consideração a possibilidade de este revestir um carácter psíquico (não pecuniário). (ii) é impossível para quem quer que seja, mesmo um magistrado, saber qual o utilizador mais eficiente de um recurso; impor ao sistema judicial esse encargo seria sobrecarregá-lo com uma tarefa semelhante à das entidades encarregadas do planeamento central nos países comunistas. (iii) É moralmente problemático subverter os direitos de propriedade, ainda que com o propósito de promover a utilidade, tal como é moralmente questionável adoptar decisões judiciais, não com base na justiça, mas na

no sentido em que estão subordinados a considerações de ordem económica. Esta transferência da discussão da propriedade do plano da justificação moral para o plano da explicação analítica da sua emergência e funcionamento é certamente consistente com o ponto de partida minimalista assumido pelos economistas em relação ao comportamento humano, assente no interesse próprio e egoísta de indivíduos que visam a maximização das respectivas utilidades[217].

A verdade, porém, é que a supressão mais ou menos generalizada da justificação no âmbito da concepção da propriedade de que nos ocupamos tem, para além das mencionadas, outras razões. Do enunciado de factores acima efectuado, na esteira de Steven Shavell, sugerindo que a existência de direitos de propriedade promove o bem--estar social, resulta, como se apontou, uma parcial convergência com ideias que remontam aos primórdios do pensamento político ocidental. As ideias de que a instituição de direitos de propriedade evita as disputas sobre a distribuição dos bens e constitui um incentivo para a sua manutenção e melhoramento encontram-se já presentes

---

maximização da riqueza. (iv) É errado partir do pressuposto de que não existem agressor e vítima num litígio: causa e efeito, não reciprocidade, constituem as únicas bases para resolver disputas sobre direitos pessoais ou reais.

[217] Importa ter presente a diferença entre a maximização da riqueza como critério de eficiência, subjacente à análise económica do direito, e o utilitarismo. Com efeito, pese a evidente proximidade entre os princípios da eficiência e da utilidade, ambos assentes na mesma intuição moral e na mesma concepção de pessoa (o bem-estar da pessoa é importante na medida em que maximiza o bem-estar da comunidade em que se integra, todos procuram maximizar o seu próprio bem-estar individual e nenhuma pessoa conta mais do que outra no que diz respeito ao modo de fazer resultar a maximização do bem-estar social a partir do bem-estar individual), o princípio da eficiência permite estabelecer um critério de escolha social assente sobre o bem-estar individual sem recorrer a comparações interpessoais de utilidade (cfr. Stephen Munzer, *A Theory of Property*, p. 198; Richard Posner, *The Problems of Jurisprudence*, pp. 376, 391). Isso acontece, é claro com a ideia de maximização de riqueza, mas já não, ou pelo menos muito duvidosamente, com os critérios de Pareto e de Kaldor-Hicks (cfr. Munzer, *ob. cit.*, pp. 200-202; Fernando Araújo, *Introdução à Economia*, p. 235-237; como é sabido, de acordo com o critério de Pareto, um sistema é mais eficiente do que outro se, e apenas se, no seu âmbito, aumentar o bem-estar de pelo menos um indivíduo e não diminuir o de qualquer outro; de acordo com o critério de Kaldor-Hicks, um sistema é mais eficiente do que outro se aqueles cujo bem-estar aumenta no seu âmbito puderem compensar plenamente aqueles cujo bem-estar diminui, com o objectivo de que pelo menos um indivíduo veja o seu bem-estar acrescido).

em Aristóteles[218]. E a verdade é que essas ideias desempenham, formalmente, uma função idêntica na estrutura do argumento deste último e no seio da teoria dos "*property rights*". Aristóteles conforma a ordem da propriedade tendo em vista a sua subordinação à ordem da política; a justificação da propriedade que propõe é meramente instrumental porque, no seu modo de ver, a propriedade encontra-se ordenada à virtude do cidadão. Não há lugar, no seu pensamento, para uma justificação da propriedade em si mesma, atendendo à importância de que ela se reveste como manifestação da liberdade do proprietário. De modo semelhante se passam as coisas na teoria dos "*property rights*". No seu seio, a propriedade justifica-se na medida em que promove o bem-estar social, tal como é entendido por esta teoria. A diferença reside na circunstância de num caso a propriedade estar ordenada à virtude política do cidadão, no outro à aquisição de riqueza.

Tudo passa, pois, por saber o que deve entender-se por bem-estar social. A solução para esse problema advogada pela teoria dos "property rights" parece ser a de que o bem-estar social é aquele que maximiza as utilidades dos indivíduos, cujo interesse próprio é assumido como modelo do comportamento económico utilizado na caracterização do mercado. Uma teoria que faz do interesse egoísta o próprio fundamento da propriedade é, como se sabe, a desenvolvida por David Hume. A concepção da propriedade por ele proposta não pretende averiguar em que medida terá sido justa uma aquisição inicial de propriedade, mas antes visa justificar directamente o actual estado de coisas quanto à sua distribuição e fá-lo usando a mesma linguagem da escolha racional que os economistas utilizam na descrição do funcionamento do mercado. Hume deixa de lado qualquer

---

[218] Como, de resto, H. Demsetz, "Property Rights", p. 144, e S. Shavell, *Foundations of Economic Analysis of Law*, p. 22, nota 12, não deixam de notar. Sobre a presença de tais ideias no pensamento de Aristóteles relativo à propriedade privada, cfr. supra, Cap. II, 2.2.2. H. Demsetz, "Ownership and the Externality Problem", p. 282, depois de citar a passagem da *Política* de Aristóteles em que é defendida a propriedade privada contra a propriedade comum, afirma: "The data to date support Aristotle's view. Economic systems based on the rule of law, private ownership, and free markets have been more effective at generating wealth and encouraging efficient resource use". Simplesmente, como se afirmou anteriormente, o argumento a favor da propriedade privada desenvolvido por Aristóteles nada tem a ver com a defesa de "mercados livres" e é até contrário a essa defesa.

preocupação com as características distributivas associadas à instituição inicial de um regime de propriedade privada, para pôr em evidência as vantagens que o facto da sua instituição, na medida em que promove a livre troca entre as pessoas, representa em relação à sua ausência[219]. A justificação da propriedade não exige, assim, relações morais mais robustas do que aquelas que assentam no critério de eficiência de Pareto e seus derivados. E repare-se que, ao contrário do que sucede com a teoria de Locke, após a introdução do dinheiro, e da versão "fraca" do limite da suficiência segundo Nozick[220], não se admite sequer a possibilidade de proceder à rectificação da configuração actual dos direitos de propriedade, caso se demonstre que alguma das transferências anteriores não respeitou o critério de Pareto[221]. O que importa é o facto, indesmentível, de essa configuração actual ser preferível ao conflito que existiria numa situação caracterizada pela pura e simples ausência de um regime de propriedade privada: "A propriedade deve ser estável e deve ser determinada por regras gerais. Embora, num caso, o público sofra, este mal momentâneo é amplamente compensado pela prossecução constante da regra e pela paz e ordem que esta estabelece na sociedade. E mesmo cada indivíduo acha-se a ganhar ao fazer o balanço da conta, visto que, sem justiça, a sociedade deve dissolver-se imediatamente e todos devem cair naquela condição selvagem e solitária, que é infinitamente pior do que a pior das situações que possa imaginar-se na sociedade. Portanto, quando os homens tiveram bastante experiência para observar que, quaisquer que fossem as consequências de cada acto isolado de justiça, realizado por uma só pessoa, o conjunto do sistema das acções concorrentes do conjunto da sociedade é infinitamente vantajoso para o conjunto e para cada uma das partes da sociedade, não tarda muito para que apareçam a justiça e a propriedade"[222]. A instituição da propriedade não desmente o comportamento individual

---

[219] Cfr. Hume, *Tratado da Natureza Humana*, Livro III, Parte II, Secção IV, pp. 594-595.

[220] Cfr. supra, Parte II, cap. 1, pontos 1.4.5, 1.4.7 e 1.5.4.

[221] Como salienta Jeremy Waldron, "The Advantages and Difficulties of the Humean Theory of Property", p. 91.

[222] Cfr. Hume, *Tratado da Natureza Humana*, Livro III, Parte II, Secção IV, pp. 573-574.

baseado no interesse egoísta, o qual constitui a base do seu sistema moral, à semelhança de Hobbes, mas antes assenta no interesse próprio esclarecido a longo prazo[223].

Existe, todavia, desde logo, um problema com esta teoria da propriedade. Em que medida faz sentido caracterizar como moral uma actuação segundo o interesse egoísta? A teoria de Hume pretende assumir-se como uma teoria dos direitos de propriedade e da justiça, mas, ao mesmo tempo, não atribui a estas noções nenhuma força crítica independente e apresenta-as como simples resultados de um *modus vivendi* baseado num equilíbrio de forças. Se o reconhecimento dos arranjos existentes em matéria de propriedade constitui uma pré-condição para o estabelecimento de princípios de justiça, como impedir que aqueles arranjos não sejam depois submetidos a um escrutínio com base em tais princípios[224]? A teoria dos "property rights" propõe-se resolver o problema fazendo coincidir a justiça, não apenas aquando da emergência de uma convenção relativa à distribuição dos direitos de propriedade, mas em todas as situações posteriores, com a maximização da riqueza social. Por outras palavras, na atribuição dos direitos de propriedade, não assiste necessariamente razão, *ex ante*, a uma das partes em conflito, importando antes averiguar, *ex post*, qual delas venceu a corrida da eficiência económica[225].

---

[223] Cfr. Reinhardt Brandt, *Eigentumstheorien von Grotius bis Kant*, pp. 107 e 108.

[224] Cfr. Jeremy Waldron, "The Advantages and Difficulties of the Humean Theory of Property", pp. 115-118; R. Brandt, *Eigentumstheorien von Grotius bis Kant*, p. 111. Segundo Hume, *Tratado da Natureza Humana*, Livro III, Secção III, pp. 581-582, "embora a regra da atribuição da propriedade ao actual possuidor seja natural e, por este meio, útil, contudo a sua utilidade não se estende para além da primeira formação da sociedade; e nada seria mais funesto do que a observância constante desta regra, que excluiria a restituição e recompensaria todas as injustiças. Devemos portanto procurar outra circunstância que possa originar a propriedade depois de instituída a sociedade; desta espécie encontro quatro muito importantes: a ocupação, a prescrição, a acessão e a sucessão". Como afirma Waldron, *ob. cit.*, p. 117, se estas regras são estabelecidas como critérios apropriados para ajuízar das aquisições da propriedade uma vez instituída a sociedade, elas não poderão também deixar de ser mobilizadas tendo em vista a própria origem da propriedade antes de instituída a sociedade. Caso contrário haverá uma incongruência entre as aquisições baseadas na *primeira* ocupação, depois de instituída a sociedade, e na *última* ocupação, antes dessa instituição.

[225] É precisamente esta circunstância que motiva a crítica à análise económica do direito levada a cabo pelos libertários de raíz lockeana. Para estes, a propriedade privada

(ii) Como atrás se afirmou, no âmbito da análise económica, todos os direitos tendem a ser concebidos como direitos de propriedade, no contexto de uma concepção que substitui a ideia de propriedade como direito absoluto de domínio sobre uma coisa pela concepção do feixe de direitos[226]. Esta substituição tem, no entanto, efeitos negativos. Como salientam Thomas Merril e Henry Smith, a concepção da propriedade como designando um feixe de direitos de uso pode explicar a composição de litígios que envolvem um número reduzido de partes, mas quando o número de partes se torna elevado, tal concepção não tem outra solução para o problema de coordenação senão a de apelar à regulação pública[227]. Nesta sequência, Merrill e

---

precede a economia, enquanto para aqueles estaria subordinada a considerações económicas, com o resultado de que não seria possível caracterizar *ex ante* uma acção como justa ou injusta, mas apenas *ex post*, depois de se determinar se ela conduziu, ou não, à maximização da riqueza (cfr. Hans-Hermann Poppe, "The Ethics and Economics of Private Property", p. 15; Walter Block, "Coase and Demsetz on Private Property Rights", pp. 114-115; idem, "Ethics, Efficiency, Coasian Property Rights, and Psychic Income: A Reply to Demsetz", p. 121; idem, "Private-Property Rights, Erroneous Interpretations, Morality, and Economics: Reply to Demsetz", pp. 67 e 73-75; Gary North, "Undermining Property Rights: Coase and Becker", pp. 84 e 90. Ainda que se concorde com o sentido desta crítica, como resulta do texto, isso não significa uma aceitação do entendimento dos libertários quanto ao direito de propriedade privada, que atrás foi já objecto de crítica (cfr. supra, Parte II, cap. 1, ponto 1.5.4). Na verdade, como se diz igualmente no texto, a diferença fundamental entre os partidários da teoria dos "property rights" e os libertários de raiz lockeana parece consistir na circunstância de os primeiros considerarem a eficiência e racionalidade económicas como critérios de aferição constante dos direitos de propriedade, enquanto os segundos admitirem esses critérios apenas aquando da primeira aquisição desses direitos. No primeiro caso, é proprietário quem actua de forma economicamente eficiente e na medida em que o faça; no segundo, é proprietário quem actuou dessa forma, aquando da aquisição originária (neste mesmo sentido, cfr. Ulrich Hösch, *Eigentum und Freiheit*, p. 97).

[226] Assim, por exemplo, Markus Kobler, *Der Staat und die Eigentumsrechte*, pp. 24 e ss. caracteriza como direitos de propriedade "absolutos" e "relativos" os direitos de propriedade e os direitos contratuais, respectivamente.

[227] Cfr. Thomas Merrill e Henry Smith, "What Happened to Property in Law and Economics?", p. 374, citando Ronald Coase, "The Federal Communications Commission", p. 29: "When large numbers of people are involved, the argument for the institution of property rights is weakened and that for general regulations becomes stronger. ... if many people are harmed and there are several sources of pollution, it is more difficult to reach a satisfactory solution through the market". O argumento de Merrill e Smith é o de que essa dificuldade é ainda maior se entre os níveis da negociação entre indivíduos e da regulação pelo poder político se não interpuser o plano da compreensão dos direitos de propriedade como direitos *in re* absolutos que afectam as pessoas na medida em que estas tenham uma certa relação com uma determinada coisa.

Smith identificam aqueles que designam como os "custos da propriedade segundo Coase". Em primeiro lugar, a dificuldade em compreender o princípio do *numerus clausus* dos direitos reais, explicitamente reconhecido nos sistemas do direito civil. Como afirmam Merrill e Smith, "a compreensão de que os direitos de propriedade são *in rem* permite-nos perceber um aspecto crítico dos direitos de propriedade – a padronização jurídica das formas da propriedade, ou *numerus clausus* – que permanece obscura enquanto a propriedade for encarada como um feixe de direitos *in personam*. A natureza *in rem* da propriedade também fornece uma explicação para esta característica, na forma dos custos de informação que os direitos *in rem* impõem a um grande e indefinido número de terceiros"[228]. Em segundo lugar, a circunstância de a emergência de direitos de propriedade ser mais facilmente explicada, com base em normas sociais que visam a resolução de um grande número de potenciais conflitos de uso, do que com base na análise do resultado eficiente da negociação das partes interessadas. Em terceiro lugar, a distorção inerente à perspectiva, assumida no teorema de Coase, de que não interessa saber quem são o agressor e a vítima numa disputa relativa a direitos de propriedade, uma vez que se compreenda que estes últimos são direitos *in re* cuja instituição visa, designadamente, reduzir os custos de comunicação dos direitos, no contexto real em que os custos de transacção não são nulos. Por último, a ausência de percepção da tensão entre os princípios inerentes, por um lado, a um sistema em que a propriedade é compreendida como um direito absoluto, no âmbito do qual o controlo de um recurso é confiado ao proprietário através do direito de exclusivo, e, por outro lado, a um sistema que pretende regular directamente usos permitidos e proibidos do mesmo recurso. Por outras palavras, a ausência da percepção de que muito embora nas sociedades modernas, em resultado do aumento da densidade populacional e da intensificação da actividade industrial, muitos usos possíveis de um recurso tenham de ser regulados autoritariamente, permanece sempre, como núcleo do direito de propriedade, um largo número de

---

[228] Cfr. Thomas Merrill e Henry Smith, "What Happened to Property in Law and Economics?", p. 388.

usos que pode "ser regulado a baixo custo utilizando o baixo custo de informação dos direitos *in rem*"[229].

A concepção de propriedade que está subjacente à análise económica é a de uma colecção estabelecida vinculativamente de direitos de uso relativamente a um recurso. Cada situação tem a sua lista de direitos de uso, com diferentes direitos de uso atribuídos a diferentes indivíduos, sendo a "propriedade" a lista correntemente reconhecida pelo direito[230]. No limite, nada diferencia intrinsecamente essa lista das que é possível elaborar para qualquer recurso.

(iii) A teoria dos "property rights" assenta no pressuposto da coincidência entre o interesse individual e a racionalidade e eficiência económicas. Isso significa, desde logo, que aqueles interesses podem ser considerados quando sejam racionais ou eficientes. E isso sucede mesmo que não seja clara, de antemão, a determinação, quanto ao respectivo conteúdo, dessas mesmas racionalidade e eficiência. A questão que então se coloca é a de saber em que medida devem ser efectuadas modificações da situação existente, desconsiderando a posição dos titulares actuais dos direitos de propriedade, apenas porque o novo ordenamento se afigura mais eficiente[231].

No contexto da análise económica do direito, a atribuição dos direitos de propriedade serve, em última análise, o propósito de um uso economicamente eficiente. Isso significa, por um lado, que o trabalho produtivo constitui o mais elevado dever da pessoa e, por outro lado, que a utilização eficiente dos recursos constitui o desígnio último da pessoa e da ordem jurídica. Os "property rights" transfor-

---

[229] Cfr. Thomas Merrill e Henry Smith, "What Happened to Property in Law and Economics?", p. 397.

[230] Cfr. Thomas Merrill e Henry Smith, "What Happened to Property in Law and Economics?", pp. 366 e 397.

[231] Cfr. Ulrich Hösch, *Eigentum und Freiheit*, p. 96. Richard Posner, *The Problems of Jurisprudence*, p. 390, admite, no entanto, a necessidade de sustentar o critério da maximização da riqueza com o peso ético do princípio de Pareto, através da existência de um esquema de seguros, privado ou social. Segundo ele, "uma vez assim sustentado, todavia, a maximização da riqueza constitui um guia eticamente adequado para as decisões do *common law* – na verdade, um guia superior a qualquer outro que tenha sido sugerido. E a adequação de mercados de seguro públicos e privados, de que depende esta conclusão, é um assunto empírico, susceptível de ser estudado".

mam-se em "property duties". Aquele que não utiliza um recurso de modo eficiente não deve de todo utilizá-lo, mas antes cedê-lo a quem o faça. Simplesmente, como salienta Ulrich Hösch, a teoria dos "property rights" não esclarece por que razão a autodeterminação das pessoas não tutela também a vontade deliberada de actuar de forma ineficiente[232]. Como afirma Reinhard Brandt, o "moderno direito da propriedade europeu concebe-se não apenas como forma de administração eficiente, que se distingue dos sistemas sociais das térmitas e dos castores somente através das formas de mediação e do grau de complexidade, mas procura integrar-se na filosofia da liberdade; a propriedade é assim, não apenas conciliável com a liberdade humana, mas parte irredutível dessa liberdade"[233]. A teoria dos "property rights" leva, pois, mais longe, e porventura longe demais, a tendência que se esboça já no pensamento de Locke, retomada mais recentemente por algumas correntes libertárias, no sentido de fazer do trabalho produtivo o modelo exclusivo da actividade humana. Por outro lado, para além da notada semelhança entre o propósito da análise económica do direito e a análise marxiana da transformação das relações de produção[234], também sob este aspecto ocorre registar uma proximidade entre ambas as correntes de pensamento. E esta visão da actividade humana centrada no trabalho produtivo não pode deixar de invocar a crítica desenvolvida por Hannah Arendt ao processo que conduz o *homo laborans* a ocupar progressivamente o centro da vida política moderna[235]. Com o que acaba de ser dito não

---

[232] Cfr. Ulrich Hösche, *Eigentum und Freiheit*, pp. 96-97. É esta redução do direito de propriedade a uma questão de eficiência que leva Thomas Grey, "The Disintegration of Property", p.71, a apontar a teoria dos "property rights" em abono da sua tese.

[233] Cfr. R. Brandt, "Vorwort", p. 10.

[234] Cfr. Gérard Gäfgen, "Entwicklung und Stand der Theorie der Property Rights", p. 46.

[235] Peter Häberle, "Vielfalt der *Property Rights* und der verfassungsrechtliche Eigentumsbegriff", p. 71, coloca a questão nos seguintes termos: "Em que medida não passa o *homo oeconomicus*, que seguramente procura a maximização de utilidades, e apesar de todo o potencial da concepção de maximização de utilidades, ao lado, contudo, das possibilidades identitárias das pessoas enquanto sujeitos de acção?". Häberle invoca depois os perigos da "luta de todos contra todos" de Thomas Hobbes; no mesmo sentido, também Ulrich Hösch, *Eigentum und Freiheit*, p. 96, nota 126, evoca na sua apreciação da teoria dos "property rights" o espectro de Hobbes, remetendo para a crítica de Hannah Arendt em *The Origins of Totalitarianism*, pp. 139 e ss. Segundo Arendt, Hobbes "is the only great philosopher to whom the bourgeoisie can rightly and exclusively lay claim, even if its

se pretende pôr em causa a importância da análise económica do direito para a fixação de determinadas soluções legislativas ou até orientações judiciais, mas apenas a sua inadequação como fundamento normativo último dessas soluções ou orientações[236].

1.5 As duas propriedades. A partir das críticas desenvolvidas por Proudhon e Marx à propriedade liberal, foi aberta a via para a reconceptualização da propriedade privada com base na distinção entre dois tipos de propriedade, com diferentes graus de legitimidade. Assim, distingue-se entre propriedade de meios de produção e propriedade para o uso pessoal, entre propriedade fundada no próprio trabalho e propriedade fundada no trabalho dos outros, ou ainda entre direito à propriedade e direito de propriedade, entre a proprie-

---

principles were not recognized by the bourgeois class for a long time ... Power, according to Hobbes, is the accumulated control that permits the individual to fix prices and regulate supply and demand in such a way that they contribute to his own advantage. The individual will consider his advantage in complete isolation ... Therefore, if man is actually driven by nothing but his individual interests, desire for power must be the fundamental passion of man". Para além de Hobbes, a que Häberle se refere como o filósofo do *homo oeconomicus*, é também apropriada a evocação de Locke, Adam Smith e Marx, os filósofos da definição do trabalho enquanto essência da vida humana, assim identificados em *The Human Condition*. Seja como for, as considerações tecidas no texto não pretendem pôr em causa a relevância da análise económica do direito, mas apenas questioná-la enquanto fundamento de uma teoria jurídico-constitucional da propriedade. A este propósito é oportuno o balanço custos-benefícios da teoria dos "property-rights" efectuado por Häberle. Entre as vantagens, cabe de um modo especial salientar a reconstrução económica dos fundamentos institucionais da garantia constitucional da propriedade, a consideração da perspectiva da eficiência nas relações jurídicas, a consciência de que não existe uma atribuição "natural" de custos, a superação do receio de colocar em perigo a identidade do conceito constitucional de propriedade, uma melhor compreensão dos custos económicos associados à adopção de normas jurídicas. Aspectos problemáticos, para além dos já considerados, são essencialmente os que se reconduzem às seguintes questões: em que medida pode a teoria dos "property rights", situada no plano micro-económico, abranger aqueles que na sociologia se designam como os efeitos agregados das relações humanas? Em que medida corresponde a racionalidade económica à racionalidade da Constituição? Podem as consequências a longo prazo da acção humana ser integradas num modelo satisfatório de racionalidade económica? Não passa a teoria dos "property rights" ao lado do velho problema da justa repartição da riqueza social? (cfr. Häberle, *ob. cit.*, pp. 69-71).

[236] Assim, por exemplo, na medida em que a instituição de um rendimento mínimo garantido vise a reinserção social e profissional dos seus destinatários, esse objectivo pode e deve ser aferido à luz de critérios de eficiência das medidas em causa.

dade como direito especial e contingente e direito geral e necessário, a que já se aludiu. Estas distinções, e outras próximas, estão na base das concepções dualistas da propriedade, a que adiante se fará uma referência crítica (1.5.2). Antes de o fazer, porém, importará analisar como evoluiu a compreensão constitucional da propriedade, fazendo apelo às experiências americana e alemã (1.5.1), na medida em que estas são especialmente relevantes como manifestações de duas atitudes teóricas diferentes, e muitas vezes até opostas, em relação à compreensão constitucional da propriedade.

1.5.1 As experiências constitucionais norte-americana e alemã. Como se afirmou anteriormente, é possível afirmar a existência de dois paradigmas da propriedade na idade moderna. De acordo com um deles, desenvolvido na Inglaterra e nos Estados Unidos, a propriedade seria encarada sobretudo no seu aspecto político e vista como direito constitucional; de acordo com o outro, difundido no direito civil continental, a propriedade seria encarada como um direito privado[237]. Para além disso, a dualidade de paradigmas relativos à propriedade reflectir-se-ia na circunstância de esta, enquanto direito constitucional, ser entendida como a manifestação de uma liberdade política, sendo perspectivada, enquanto direito privado, como uma liberdade económica.

a) A propriedade como manifestação apenas da liberdade económica. Tomando como ponto de partida este entendimento, J. W. G. van der Walt defende uma interpretação monista da evolução histórica dos modelos anglo-saxónico e continental da propriedade privada. Segundo este autor, a diferença inicialmente existente entre a compreensão constitucional do direito de propriedade, no pensamento jurídico do *Common law*, e a compreensão jusprivatista do direito de propriedade, no contexto dos países do Direito Civil, não mais se verifica. Os dois paradigmas do direito de propriedade, pelo menos no que às respectivas implicações sociais diz respeito, convergiriam no mesmo sentido no pensamento jurídico do século dezanove. O direito de propriedade é hoje, antes de mais, em relação

---

[237] Cfr. supra, Parte I, cap. 3, ponto 3.6.1.2.

a ambas as tradições de pensamento, uma expressão de liberdade económica. Neste contexto, a dimensão política do direito de propriedade deixa de constituir uma sua determinação inicial, associada ao reconhecimento da propriedade como base económica da independência do cidadão, para passar a ser a mera consequência de uma excessiva acumulação de riqueza. Aliás, só na medida em que a liberdade económica, manifestada em grandes acumulações de riqueza, pode dar origem a um considerável poder político não deve subestimar-se a natureza política de uma compreensão meramente privatista da propriedade. O que acaba de ser dito seria tanto mais verdade quanto é certo que as relações de poder subjacentes à propriedade privada não estão submetidas a um controlo político democrático, como sucede com as relações de poder político, abertamente reconhecidas enquanto tais no contexto de uma concepção política da propriedade, como era a concepção republicana da cidade antiga[238].

No caso da Alemanha, e ainda que os pandectistas não adoptassem necessariamente uma ideologia de mercado, ou o fizessem de forma consciente, o certo é que a *Wirkungsgeschichte* da pandectística evolui, no decurso do século dezanove, em sentido convergente com o do pensamento económico liberal clássico[239]. Além disso, muito embora a queda do império alemão em 1918, o aumento da influência dos movimentos socialistas e a adopção da Constituição de Weimar, cujo artigo 153.º sujeitava a garantia liberal da propriedade a importantes restrições, fizessem prever um empenho em legislação que actuasse sobre as premissas da ordem social, a verdade é que os juízes do Tribunal Supremo do Reich tomaram a seu cargo a defesa do *status quo* económico, interpretando nesse sentido a mencionada disposição constitucional[240]. Werner Böhmer fala a este propósito de

---

[238] Cfr. J. W. G. van der Walt, "The Critique of Subjectivism and its Implications for Property Law...", pp. 119-120.

[239] Cfr. J. W. G. van der Walt, "The Critique of Subjectivism and its Implications for Property Law...", p. 116, nota 3, e supra, Parte II, cap. 3, ponto 3.6.1.1.3.

[240] Cfr. J. W. G. van der Walt, "The Critique of Subjectivism and its Implications for Property Law...", p. 116, nota 3; Helmut Rittstieg, *Eigentum als Verfassungsproblem*, pp. 252-257; Werner Böhmer, "Eigentum aus verfassungsrechtlicher Sicht...", p. 73; Joachim Chlosta, *Der Wesensgehalt der Eigentumsgewährleistung*, pp. 133-134. Rittstieg, *ob. cit.*, pp. 256-257, dá notícia de dois casos decididos pelo *Reichsgericht* que podem ser considerados modelares. Através do primeiro, o Tribunal, de forma inovadora, considerou inconstitucional,

uma "aliança entre pandectística e doutrina do Estado" manifestada, por um lado, na afirmação de Otto Mayer de que "Uma vez que contra o Estado nada se consegue e perante o Fisco nada mais se pode fazer senão pagar, toda a liberdade civil (...) se reduz ao princípio suporta e liquida (*dulde und liquidiere*)" e, por outro, na circunstância de Savigny limitar o direito subjectivo aos direitos patrimoniais avaliáveis em dinheiro[241].

No que respeita à evolução da compreensão da propriedade na sequência da Revolução americana, é possível sustentar, no âmbito da interpretação monista mencionada, que a concepção política da propriedade foi desafiada, desde a redacção da Constituição de 1787, por uma compreensão meramente económica e privatista, inspirada pelo desejo de colocar barreiras a quaisquer intuitos de redistribuição, compreensão essa que teria triunfado logo na versão final da Constituição e lançado as bases para um desenvolvimento do direito constitucional de propriedade em termos apenas de liberdade económica[242].

---

por contrário ao artigo 153.º, § 2, segunda parte, da Constituição de Weimar ("Havendo litígio acerca do quantitativo da indemnização [devida pela expropriação], permite-se o recurso aos tribunais ordinários, salvo disposição de lei do Império em contrário.") a medida legislativa que previa a atribuição forçada, para o proprietário, de espaço de habitação, mediante o pagamento de uma quantia a este, por entender que tal medida consubstanciava uma expropriação sem indemnização adequada. No segundo caso, estava em causa a extinção, por via legislativa, do direito de uma linha colateral da casa de Lippe a uma determinada renda, que o mesmo tribunal considerou inconstitucional, por se tratar de uma medida expropriativa que não previa a discussão em juízo nem assegurava uma indemnização adequada. Segundo Rittstieg, *ob. cit.*, p. 257, a circunstância de, através desta decisão, o *Reichsgericht* "ter colocado um acordo feudal acima da lei com o apoio da garantia da propriedade burguesa, sem discutir de todo a qualidade do direito disputado, é sintomático quanto à sua rígida fixação no *status quo* pré-republicano"; uma referência aos dois casos, defendendo a solução para eles encontrada pelo Tribunal, pode ver-se em Martin Wolff, "Reichsverfassung und Eigentum", pp. 14-15, ao qual se deve, aliás, a teorização da posição do *Reichsgericht* e a cujo pensamento na matéria se regressará adiante.

[241] Cfr. Werner Böhmer, "Eigentum aus verfassungsrechtlicher Sicht", pp. 43-44; idem, "Grundfragen der verfassungsrechtlichen Gewährleistung des Eigentums in der Rechtsprechung des Bundesverfassungsgerichts", p. 2562.

[242] Cfr. J. W. G. van der Walt, "The Critique of Subjectivism and its Implications for Property Law...", pp. 119 e 129-130. O autor apoia-se no entendimento de J. Nedelsky, nos termos do qual a segurança da propriedade se tornou o ponto nodal da solução proposta pelos pais fundadores para o problema do governo republicano. Centrando-se no pensamento

As limitações deste tipo de interpretação monista são evidentes: por um lado, ignora a elaboração doutrinal e jurisprudencial do conceito constitucional de propriedade no âmbito da Lei Fundamental alemã de 1949; por outro, apoia-se numa visão demasiado unilateral da história constitucional americana.

b) A propriedade como expressão também da liberdade pessoal e política. Em alternativa a esta interpretação monista, é possível encarar a evolução do entendimento moderno da propriedade como revestindo um carácter dialéctico entre a sua compreensão enquanto expressão da liberdade política e enquanto expressão da liberdade económica. De acordo com este modo de ver, não existe uma tradição única de pensamento relativa à história moderna da propriedade; pelo contrário, essa história pode apenas ser cabalmente compreendida, desde o seu início até à actualidade, à luz de um movimento dialéctico entre a propriedade como expressão económica da satisfação individual de preferências através do mercado, e a propriedade como fundação material para a criação e manutenção de uma ordem social adequada, isto é, enquanto base privada individual do bem comum. À ideia de propriedade como mercadoria (*property-as--commodity*) opor-se-ia assim, dialecticamente, a ideia de propriedade como conveniência (*property-as-propriety*), com raízes que remontam ao pensamento de Aristóteles. Subjacente à primeira estaria a convicção de que o propósito da propriedade consiste na acumulação de riqueza; na base da segunda está o compromisso com uma visão normativa do modo como a sociedade e o seu governo político

---

de Madison, Nedelsky sustenta que o principal problema que a este se colocava consistia em encontrar uma adequada protecção para os direitos de propriedade, que estariam em risco se os não proprietários detivessem todo o poder, e os direitos das pessoas, que poderiam ser ameaçados se todo o poder se concentrasse nas mãos dos proprietários. O problema adquiria especial acuidade por causa dos direitos políticos: estes não poderiam ser consagrados de forma a pôr em causa a protecção da propriedade. A solução, consagrada na Constituição, consistiu "não em promover, mas em confinar e debilitar a participação política" (cfr. Nedelsky, "American Constitutionalism and the Paradox of Private Property", p. 245; idem, *Private Property and the Limits of American Constitutionalism*, pp. 63-66, 170 e ss., 203 e ss.).

devem ser estruturados[243]. A propriedade como direito constitucional serve assim duas funções diferentes e até opostas: uma função pessoal e privada assegurando uma zona de liberdade para o indivíduo na esfera da actividade económica[244]; uma função social e pública, no âmbito da qual, muito embora a propriedade seja individual e confira ao proprietário uma considerável discricionariedade no que respeita ao seu uso, ela é ordenada ao bem comum da sociedade que a reconhece[245]. Partindo destas distinções, Gregory Alexander procura perspectivar à luz da dialéctica entre função pessoal e privada, por um lado, e função social e pública, por outro, a evolução do direito

---

[243] Cfr., neste sentido, Gregory S. Alexander, *Commodity and Propriety*, pp. 1-17; Carol Rose, "Property as Wealth, Property as Propriety", pp. 225 e ss., 232 e ss. (como decorre do título do artigo de Rose, a expressão "propriedade como conveniência" é da sua autoria, o que não deixa de ser reconhecido por Alexander); Margaret Radin, *Reinterpreting Property*, p. 142. Uma distinção semelhante às efectuadas por G. Alexander e Carol Rose e Margaret Radin, antes dele, é a proposta por Frank Michelman, "Possession v. Distribution in the Constitutional Idea of Property", pp. 1319 e ss. Segundo o autor, *ob. è loc. cit.*, "The possessive conception predominates in the ordinary thought of American constitutional lawyers. When we speak of constitutional protection for property rights, we think first of keeping, not having – of negative claims against interference with holdings, not positive claims to endowments or shares. Thus, we primarily understand property in its constitutional sense as an antiredistributive principle, opposed to governmental interventions into the extant regime of holdings for the sake of distributive ends". Todavia, acrescenta Michelman, *ob. cit.*, p. 1320, "A distributive concern regarding property is plainly detectable in American constitutional origins and historic constitutional vision, along with the possessive one we find more legally familiar" (cfr., ainda, Frank Michelman, "Tutelary Jurisprudence and Constitutional Property", pp. 127 e ss.). Richard Epstein, um defensor da concepção possessiva, ou liberal (por oposição a republicana), da propriedade, define-a nos seguintes termos: "The liberal conception of property does not rest upon any vision of the common good which is independent of the welfare of the individuals within the society. There is no emergence of collective group rights which are not a direct summation of individual rights. It is just for this reason (...) that liberal thinkers are frequently drawn to the Paretian and Kaldor-Hicks criteria of social welfare whenever they think about their system in the round, for both these measures of welfare do not try to go behind the subjective utilities (or preferences) that individuals attach to things" (cfr. Epstein, "Takings: Of Maginot Lines and Constitutional Compromises", pp. 191-192).

[244] É este, segundo muitos autores, o único propósito constitucional da propriedade: cfr. James W. Ely, Jr., *The Guardian of Every Other Right*, p. 160; idem, "The Enigmatic Place of Property Rights in Modern Constitutional Thought", pp. 99-100; Edward J. Erler, "The Great Fence to Liberty: The Right to Property in the American Founding", pp. 43 e ss.

[245] Cfr. Gregory S. Alexander, "Constitutionalising Property: Two Experiences, Two Dilemmas", p. 89.

constitucional de propriedade, quer na América, desde a sua fundação constitucional, quer na Alemanha, desde o início de vigência da Lei Fundamental de 1949.

A construção de um paradigma republicano da propriedade, bem como o carácter dialéctico da evolução do pensamento jurídico a ela relativo, são largamente tributários dos trabalhos de Pocock sobre a existência de uma tradição de pensamento republicano unindo os revolucionários americanos aos Whigs ingleses do século dezassete e estes, por sua vez, ao ideal da república clássica reavivado por Maquiavel e outros pensadores da Itália renascentista[246]. Desde a adopção da Constituição americana, a afirmação da função social da propriedade encontrar-se-ia sempre presente no discurso jurídico--constitucional[247]. O lado reverso deste carácter dialéctico consiste, todavia, na ausência de uma definição explícita do propósito último, ou propósitos, em vista do qual é constitucionalmente protegida a propriedade privada. A consequência mais visível seria a incapacidade de traçar um rumo seguro na jurisprudência constitucional sobre a matéria, especialmente sobre as expropriações, e a sua oscilação entre os extremos representados pelos dois termos da dialéctica[248]. Assim, para uma concepção da propriedade centrada na sua função individual de satisfação de preferências, qualquer intervenção redistributiva dos poderes públicos que afecte o direito de propriedade contraria o propósito da instituição deste, isto é, a maximização das satisfações individuais, e deve ser encarada como uma expropriação, inconstitucional se não tiver como contrapartida uma compensação adequada[249].

---

[246] Cfr. Gregory S. Alexander, *Commodity and Propriety*, p. 13; Carol Rose, "Property as Wealth, Property as Propriety", pp. 235-237. Ambos os autores interpretam o pensamento de Thomas Jefferson à luz da ideia republicana de propriedade (cfr. G. Alexander, *ob. cit.*, pp. 26 e ss., 68-69; Carol Rose, *ob. cit.*, p. 236; sobre Jefferson, cfr., ainda, Jean Yarbrough, "Jefferson and Property Rights", pp. 65 e ss., procurando salientar que o republicanismo agrário de Jefferson era temperado pelos princípios da democracia liberal). Quanto à recuperação, efectuada por Pocock, de um pensamento republicano sobre a propriedade nos alvores da modernidade, cfr. supra, Parte I, cap. 4, ponto .

[247] Cfr. William Treanor, "The Origins and Original Significance of the Just Compensation Clause of the Fifth Amendment", pp. 695 e ss.; Gregory S. Alexander, "Constitutionalising Property: Two Experiences, Two Dilemmas", p. 92.

[248] Cfr. Gregory S. Alexander, "Constitutionalising Property: Two Experiences, Two Dilemmas", pp. 90 e 92-93.

[249] Cfr. Richard Epstein, *Takings*, pp. 3-6, e 107 e ss.

Diversamente, para uma concepção cívica de propriedade, as medidas dos poderes públicos que afectem os direitos de propriedade dos cidadãos podem ser encaradas como legítimas, desde que respeitem um nível de rendimento adequado proporcionado por esses direitos. O pressuposto é o de que o proprietário, em face da prossecução do bem comum, não necessita mais do que um rendimento decente ou adequado, por oposição à maximização do rendimento subjacente à concepção individualista da propriedade[250]. A divergência apontada adquire, naturalmente, relevância nos casos em que o particular é confrontado com um *"regulatory taking"*, isto é, uma medida legislativa que afecta os poderes do proprietário[251]. A jurisprudência tem recorrido a diversos critérios para decidir se uma restrição legislativa do uso da propriedade configura uma violação da proibição constitucional de expropriações sem indemnização[252]. De acordo com um desses critérios, a conformação legislativa do direito de propriedade configura uma expropriação quando implica uma invasão física da propriedade privada. Assim, no caso *Nollan v. California Coastal Commission*, de 1987[253], estava em causa uma medida condicionando

---

[250] Cfr. Carol Rose, "Property as Wealth, Property as Propriety", pp. 239-240.

[251] Como salienta Frank Michelman, "Construing Old Constitutional Texts: Regulation of Use as 'Taking' of Property in United States Constitutional Jurisprudence", p. 229, existem pelo menos três modos diferentes através dos quais o governo pode exercer os seus poderes coercivos, causando perdas aos proprietários privados. Em primeiro lugar, o governo pode expropriar formalmente o direito de propriedade, com base num exercício formal do poder de expropriação (*power of eminent domain*); em segundo lugar, a administração pode ordenar aos seus agentes a realização de actividades físicas que têm como consequência a afectação danosa do direito de propriedade (*injurious affection*, a qual pode tomar formas muito diversas, desde a construção de uma barragem com a consequente inundação da propriedade privada a montante, ao barulho e ondas de choque causados por exercícios militares, à construção de uma auto-estrada que desvia o comércio de locais, pertencentes a privados, adjacentes àquela que era anteriormente a principal via de comunicação); por último, o governo pode, sem fazer ele próprio qualquer entrada na propriedade ou submetê-la a um uso específico, adoptar medidas legislativas que restrigem os poderes e faculdades do proprietário. Ora, se nos dois primeiros casos, isto é, nos casos de expropriação formal e na maioria dos casos de *injurious affection*, ninguém disputa seriamente a obrigação de pagar uma indemnização, constitui objecto de controvérsia saber se a Constituição americana exige o pagamento de uma compensação nos casos de restrições normativas do uso da propriedade. É esta a questão designada pela expressão *"regulatory taking"*.

[252] Cfr. Frank Michelman, "Possession v. Distribution in the Constitutional Idea of Property", pp. 1339-1340.

[253] Cfr. *United States Reports*, vol. 483, pp. 825 e ss.

a autorização administrativa de construir em lotes ao longo da costa à aceitação, por parte dos interessados, da inclusão de um espaço para a passagem de pessoas, tendo em vista facilitar o trânsito pedonal entre duas áreas de praias públicas separadas por um lote privado. O Tribunal considerou que uma medida impondo uma "ocupação física permanente" de parte de uma parcela de terreno contra a vontade do proprietário configura uma expropriação[254]. De acordo com um outro

---

[254] Cfr. Frank Michelman, "Tutelary Jurisprudence and Constitutional Property", p. 141. Segundo a opinião do Tribunal, relatada pelo *Justice* Scalia, no caso Nollan, e na sequência da opinião emitida no caso *Loretto v. Teleprompter Manhattan CATV Corp.*, de 1982 (em que se discutia a constitucionalidade de uma medida impondo a colocação de antenas no telhado de um edifício particular: cfr. *United States Reports*, vol. 458, pp. 419 e ss.), estando em causa propriedade destinada pelo seu dono para o uso privado, "*the right to exclude others is one of the most essential sticks in the bundle of rights that are commonly characterized as property*". Nesta sequência, o Tribunal considerou que se uma acção dos poderes públicos tem como resultado uma "ocupação física permanente da propriedade privada", existe uma expropriação na medida dessa ocupação, independentemente de saber se a acção em causa se traduz num importante benefício público ou tem um impacto económico mínimo sobre o proprietário. Assim, o Tribunal entendeu existir uma "ocupação física permanente" no caso concreto, "*where individuals are given a permanent and continuous right to pass to and fro, so that the real property may continuously be traversed, even though no particular individual is permited to station himself upon the premises*" (cfr. *United States Reports*, vol. 483, pp. 831-832). Na sua declaração de voto, o *Justice* Brennan sustentou, pelo contrário, que o condicionamento da autorização para construir, nos termos expostos, "representa um exercício razoável do poder de polícia do Estado", não configurando uma expropriação (*United States Reports*, vol. 483, p. 861). No que respeita ao critério da "invasão física", Brennan sustentou que no caso concreto não pode partir-se do pressuposto de que os proprietários tivessem uma expectativa razoável, relativa ao uso da sua parcela de terreno, que o interesse público tivesse vindo ameaçar; a situação verificada seria antes a inversa, uma vez que a expectativa de acesso por parte do público, protegida pela Constituição da Califórnia, antecede em muito qualquer desenvolvimento privado da zona costeira. Em segundo lugar, Brennan considerou que a condição do acesso pedonal não era desproporcionada atendendo ao objectivo de dissipar a impressão de que as praias fronteiras ao muro de construções privadas ao longo da costa se destinam ao uso privado e que a invasão física representada por tal exigência é bem menor do que a resultante da exigência, comum no licenciamento de obras particulares, de destinação de um espaço para a construção de passeios públicos em frente de residências privadas. Decisiva parece ainda ser a consideração (procurando responder à estratégia argumentativa adoptada na opinião que fez maioria e de acordo com a qual a simples exigência de um acesso público pedonal constitui uma invasão física) de que a medida em causa não constitui uma acção unilateral dos poderes públicos, mas uma condição da autorização de um pedido de construção privada submetido pelos interessados. O Estado não interfere num interesse preexistente dos proprietários, mas responde a uma proposta de intensificação da construção junto à

critério, ocorre uma expropriação sempre que uma medida legislativa reduza drasticamente o valor de um imóvel ou prive totalmente o proprietário da possibilidade de qualquer uso economicamente proveitoso de uma parcela de terreno[255]. Para a concepção individualista da propriedade, estes critérios devem ser interpretados em termos maximalistas, conduzindo, em última análise, a um resultado indiferenciado, no sentido em que uma "invasão física" equivale a qualquer efeito adverso, para o proprietário, de uma medida legislativa e qualquer redução do aproveitamento económico de um bem configura tendencialmente uma expropriação. Richard Epstein exprime este ponto de vista quando afirma que "todas as regulações, todos os impostos e todas as modificações de regras de responsabilidade são expropriações da propriedade privada compensáveis *prima facie* pelo Estado"[256]. Esta regra admitiria apenas duas excepções: por um lado, algumas medidas legislativas que afectam os direitos de propriedade são justificadas pelo "poder de polícia", definido, no entanto, de modo restritivo, no sentido de ter como única função a protecção da liberdade individual e da propriedade privada contra todas as manifestações de força; por outro lado, algumas medidas legislativas são justificadas porque têm como contrapartida uma compensação implícita, isto é, a sua afectação do direito de propriedade é compensada pelas restrições impostas pela medida legislativa em causa nos direitos dos outros[257]. Diferentemente, a "invasão física" surge como

---

linha costeira. Por outro lado, no que diz respeito ao critério do aproveitamento económico do bem, Brennan sustentou que ele não seria significativamente afectado, atendendo a que a autorização de intensificação do índice de construção em troca da salvaguarda do acesso público ao mar constitui uma "instância clássica da acção dos poderes públicos que produz uma 'reciprocidade de vantagens'". Para além disso, o Tribunal teria sido insensível ao facto de a crescente urbanização de muitas áreas requerer um planeamento abrangente, considerando a interdependência dos usos dos solos e o impacto cumulativo do desenvolvimento urbano (cfr. *United States Reports*, vol. 483, pp. 847 e ss.). A opinião que fez vencimento no caso *Nollan* e a declaração de voto de Brennan exprimem bem a diferença entre a concepção individual e atomista da propriedade e a concepção cívica.
[255] Cfr. Frank Michelman, "Construing Old Constitutional Texts: Regulation of Use as 'Taking' of Property in United States Constitutional Jurisprudence", pp. 235-236 e 241, comentando o caso *Lucas v. South Carolina Coastal Council*, de 1992, em que estava em causa uma medida legislativa proibindo a construção dentro de uma certa distância da praia.
[256] Cfr. Epstein, *Takings*, p. 95.
[257] Cfr. Epstein, *Takings*, pp. 112 e 195-196. O segundo caso mencionado no texto é assim ilustrado por Epstein: "The question arises with countless forms of general

especialmente gravosa para a concepção cívica da propriedade, uma vez que afronta especialmente a pessoa do proprietário e a sua visão de uma sociedade bem ordenada. Já o critério da diminuição de valor ou do aproveitamento económico permite uma maior margem de manobra, no âmbito de tal concepção, na medida em que com base no direito de propriedade afectado seja ainda possível continuar a obter um rendimento razoável, após a adopção da medida restritiva[258]. A divergência entre as duas concepções existe, paradoxalmente, num contexto em que a tutela constitucional da propriedade privada significa uma protecção judicial dos direitos efectivamente existentes e não do instituto em si mesmo[259].

A apontada deficiência da experiência constitucional americana sobre a propriedade privada é superada, segundo Gregory Alexander, no caso alemão, pois aí a ordem constitucional expressamente reconhece que a propriedade serve mais do que um valor. A Lei Fundamental de 1949 não é, com efeito, um documento liberal clássico,

---

government action. Are the restrictions upon the rights of creditors to seize the assets of their debtors justified by the like restrictions imposed upon others? Are the restrictions upon the right of an ocupier to erect signs on his own property justified by the like restrictions imposed on others? These and countless other cases raise the question of benefits that are implicit under the general rule, because they involve neither a separate consideration that is transferred to the regulated parties nor the retention by the regulated party of some portion of what he originally owned."

[258] Cfr. Carol Rose, "Property as Wealth, Property as Propriety", pp. 239-240.

[259] Cfr. Frank Michelman, "Social-Political Functions of Constitutional Protection for Private Property Holdings...", p. 444: a garantia constitucional da propriedade significa *"judicial protection for private property in the holding sense, not the institution sense"* (cfr., no entanto, *ob. cit.*, p. 449). Por outro lado, a circunstância de a cultura jurídica americana distinguir entre os domínios do direito, por um lado, e da política e moral, por outro, e, nessa conformidade, restringir os *"law-courts to the business of vindicating legal rights while denying them that of jousting with the 'political' branches over the political-moral correctness of regime choices"*, não impediu o *Supreme Court* de, em algumas ocasiões, adoptar uma forma mais agressiva de garantia da propriedade, invalidando legislação com fundamento na sua desconformidade com um modelo judicialmente definido de um regime de propriedade privada. Isso aconteceu, por exemplo, como salienta Michelman, *ob. cit.*, pp. 443-444, nota 21, no caso *Dred Scott v. Stanford*, de 1857, em que foi invalidado um acto do Congresso que destituía os donos dos respectivos títulos sobre os escravos por eles voluntariamente "importados" para território livre (cfr. *United States Reports*, vol. 60, pp. 393 e ss.), e o caso *Truax v. Corrigan*, de 1921, em que foi invalidado uma lei do Estado do Arizona que reduzia as vias de recurso previstas na lei contra o estabelecimento de piquetes grevistas (cfr. *United States Reports*, vol. 257, pp. 312 e ss.).

mas um documento com claras preocupações sociais, e, nessa medida, é apenas natural que, ao lado da tradicional função individual da propriedade, seja também reconhecida a sua função social e a sua conexão com a liberdade da pessoa[260]. Neste contexto, a experiência alemã demonstraria, já não a incapacidade para definir os propósitos últimos que a propriedade deve servir, como no caso americano, mas a incapacidade para estabelecer uma hierarquia básica entre eles ou um método que permita chegar a essa hierarquização. Esta incapacidade alcança, segundo o autor, a sua expressão na existência de divergências entre as jurisprudências do Tribunal Constitucional Federal (*Bundesverfassungsgericht*) e do Supremo Tribunal Federal (*Bundesgerichtshof*) alemães, a primeira salientando a primazia da função social e a importância da propriedade como expressão da liberdade e a segunda, a da função individual da propriedade[261].

Em ambos os casos, americano e alemão, "o carácter pluralista e contestável da propriedade privada faz parecer altamente improvável que alguma vez tenha lugar uma concepção unitária, em que a propriedade é entendida como servindo um só propósito"[262]. A verdade, porém, é que surgem como questionáveis os pressupostos à luz dos quais Gregory Alexander distingue uma concepção individualista e uma concepção cívica da propriedade, no caso americano, ainda que se afigure correcta a existência, apontada pelo autor, de uma dissensão fundamental quanto ao propósito último da propriedade no direito constitucional americano. É, com efeito, duvidoso que se possa identificar, historicamente, as concepções liberais da propriedade com visões puramente individualistas, ainda que essa seja a interpretação actualmente dominante na jurisprudência constitucional.

O que acaba de ser dito pode ser confirmado por um exemplo que supostamente exprime a oposição entre uma concepção privada e uma concepção pública ou cívica da propriedade. Num ensaio de 1792 sobre a propriedade, James Madison sustentou a existência de

---

[260] Cfr. o artigo 14.º, n.º 2, da Lei Fundamental: "A propriedade obriga. O seu uso deve ao mesmo tempo servir o bem-estar geral".
[261] Cfr. Gregory S. Alexander, "Constitutionalising Property: Two Experiences, Two Dilemmas", pp. 93 e 102-108.
[262] Cfr. Gregory Alexander, "Constitutionalising Property: Two Experiences, Two Dilemas", p. 108.

dois sentidos do termo. Segundo Madison, "este termo na sua aplicação particular significa «aquele domínio que cada um pretende e exerce sobre as coisas externas do mundo, com exclusão de qualquer outro indivíduo»". Mas a este sentido estrito, apelando à conhecida definição de Blackstone, haveria que contrapor um outro: "No seu mais amplo e mais justo significado, ele abrange qualquer coisa em relação à qual um homem pode atribuir um valor e ter um direito; e que deixa a qualquer outro a mesma vantagem". No primeiro sentido, "a terra de um homem, ou mercadoria, ou dinheiro, é chamada a sua propriedade"; no segundo, "um homem tem uma propriedade nas suas opiniões e na livre comunicação delas", mas também nas suas "opiniões religiosas", na "segurança e liberdade da sua pessoa", "no uso livre das suas faculdades e na livre escolha dos objectos em que as aplique"[263]. Gregory Alexander admite que o segundo significado do termo "propriedade" abrange aqueles que hoje designamos como direitos civis, acrescentando, no entanto, que a qualificação desta segunda acepção, de acordo com a qual no seu âmbito se "deixa a qualquer outro a mesma vantagem", exprime "a cláusula lockeana relativa à extensão do direito de cada indivíduo de apropriar recursos no estado de natureza"[264]. Mas não faz sentido aplicar a cláusula da suficiência em relação ao sentido amplo da propriedade segundo Madison, e não a aplicar ao sentido estrito, muito menos se, afinal, naquele sentido amplo a propriedade se identifica com os direitos civis. A verdade é que os dois sentidos da propriedade não exprimem a contraposição entre uma concepção privada e uma concepção cívica, mas antes constituem uma mera réplica dos diversos usos da expressão "propriedade" segundo a teoria de John Locke[265]. No sentido amplo, segundo Madison, tal como para Locke, a "propriedade" designa direitos que deixam "a qualquer outro a mesma

---

[263] Cfr. James Madison, "Property", p. 266.
[264] Cfr. G. Alexander, *Commodity and Propriety*, pp. 68 e 405, nota 82. Procurando também, a partir da distinção madisoniana entre um sentido estrito e um sentido amplo do termo "propriedade", extrair consequências para o próprio conceito de propriedade (como direito sobre bens exteriores), argumentando que aquele sentido amplo pressupõe a consideração do interesse colectivo, e já não apenas individual, no seu âmbito, cfr. Laura Underkuffler, "On Property: An Essay", pp. 135 e ss.
[265] Cfr. supra, Parte II, cap. 1, pontos 1.3.2 e 1.3.5.

vantagem" porque precisamente a "propriedade" não visa aí direitos sobre bens exteriores, mas direitos sobre bens que constituem atributos da própria pessoa humana. A teoria da propriedade de Locke pode ser encarada como precisamente a tentativa (frustrada, como se viu) de construir a propriedade em sentido estrito em termos também de deixar "a qualquer outro a mesma vantagem". Acresce ainda que as duas concepções de propriedade que Gregory Alexander parece querer filiar em tradições de pensamento político radicalmente divergentes se encontram afinal no âmbito da mesma tradição liberal em que se enquadra a teoria da propriedade de Locke. Com o que acaba de dizer-se não se pretende pôr em causa a existência de uma dissensão fundamental, no direito constitucional americano, quanto ao propósito constitucional último da propriedade (a protecção da liberdade individual ou a condição de uma igual cidadania), nem sequer questionar a possibilidade histórica de uma interpretação republicana da propriedade privada nos alvores do constitucionalismo americano. Pretende-se apenas salientar que uma visão economicista e individualista do liberalismo, com múltiplos defensores na América de hoje, não equivale necessariamente à visão clássica do liberalismo e que esta contém mais pontos de contacto com os ideais republicanos do que por vezes os defensores actuais destes últimos se acham dispostos a aceitar.

Se a concepção privada, ou individualista, da propriedade é tendencialmente identificada com a noção de Blackstone como domínio de uma pessoa sobre uma coisa com exclusão de qualquer outra pessoa[266], ocorre perguntar qual é a noção de propriedade que subjaz à concepção cívica de propriedade privada. A resposta é simples: não existe nenhuma noção específica de propriedade privada subjacente a uma concepção republicana ou cívica[267]. Nos termos da história descrita por Gregory Alexander, a definição de propriedade segundo Blackstone foi substituída pela noção do "feixe de direitos" a partir do começo do século vinte[268]. A teoria de Hohfeld, caracterizando todos os direitos subjectivos como relações entre pessoas, conferia ao direito de propriedade um carácter eminentemente social,

---

[266] Cfr. G. Alexander, *Commodity and Propriety*, pp. 68 e 119-120.
[267] Cfr. supra, Parte I, cap. 4, ponto 4.6.
[268] Cfr. G. Alexander, *Commodity and Propriety*, p. 311.

ao contrário do modelo a-social, pressuposto por Blackstone, do proprietário como exercendo o domínio absoluto sobre uma coisa. Mas não existe nenhuma relação necessária entre a propriedade como direito de domínio e a concepção liberal-individualista da propriedade, tal como a concebe Alexander. Pelo contrário, parece existir, pelo menos numa perspectiva histórica, uma conexão natural entre uma concepção cívica da propriedade e o conceito da propriedade como domínio. Não porque através deste se pretendia salientar o carácter a-social da propriedade, como sucederia com Blackstone, mas precisamente porque se visava com ele exprimir a realidade social do homem como chefe da sociedade doméstica, qualidade que lhe dava acesso, com exclusão de todos os demais membros dessa sociedade, à esfera política. É certo que as actuais concepções republicanas ou cívicas da propriedade não se sustentam já sobre esta realidade social. Muito pelo contrário, é precisamente com base na sua consciência da superação do modelo dominial da propriedade na cultura jurídica moderna[269] que está sobretudo em causa, para os defensores de uma concepção republicana da propriedade, não o problema da definição da propriedade, matéria em que tendem a alinhar na ortodoxia da ideia do feixe de direitos[270], mas o da sua distribuição no sistema político, na medida em que ela se relaciona com a competência política democrática dos cidadãos[271], ou ainda o problema das exigências

---

[269] Cfr. Frank Michelman, "Tutelary Jurisprudence and Constitutional Property", p. 134.

[270] Cfr. Frank Michelman, "Social-Political Functions of Constitutional Protection for Private Property Holdings...", p. 443.

[271] Cfr. Frank Michelman, "Possession v. Distribution in the Constitutional Idea of Property", p. 1332. É esta "preocupação distributiva a respeito da propriedade", identificada como o cerne da sua concepção cívica, que justifica certamente que o autor se ocupe no artigo citado de casos "usualmente classificados como respeitantes à liberdade de expressão, mais do que à propriedade" (cfr. Michelman, *ob. cit.*, p. 1320 e nota 7). A este propósito, o autor discute, entre outros, o caso *Buckley v. Valeo*, de 1976 (cfr. *United States Reports*, vol. 424, pp. 1 e ss.) em que se decidiu violar o primeiro aditamento um acto legislativo fixando um limite máximo a despesas efectuadas por não candidatos tendo em vista a defesa da eleição ou derrota de um candidato determinado, um limite anual sobre despesas de campanha efectuadas por candidatos, pessoalmente ou através de fundos familiares, a cargos federais e um limite variável sobre o total das despesas de campanha, de quaisquer proveniências, de candidatos a cargos federais. O problema discutido por Michelman é o da reprodução das disparidades de riqueza em disparidades de acesso ou competência políticas (cfr. *ob. cit.*, pp. 1342 e ss.).

colocadas ao direito de propriedade privada pelo ideal de democracia económica[272].

As consequências de uma divergência fundamental, na jurisprudência constitucional americana, quanto aos propósitos últimos da garantia constitucional da propriedade privada, estão bem à vista numa recente decisão, obtida por cinco votos contra quatro, do *Supreme Court*. No caso *Kelo et al. v. City of London et al.*, decidido em 23 de Julho de 2005, o Tribunal decidiu ser legítimo, à luz da *Takings Clause* do Quinto Aditamento, a expropriação de propriedade privada para efeitos de um desenvolvimento urbanístico promovido por privados, projectado com vista a "criar um aumento do emprego correspondente a mais de mil postos de trabalho, aumentar os receitas de imposto e outras e revitalizar uma cidade com uma economia estagnada". Em voto discordante subscrito pela *Justice* O´Connor, a que se juntaram o *Chief Justice* Rehnquist e os *Justices* Scalia e Thomas, considerou-se que "sob a bandeira do desenvolvimento económico, toda a propriedade privada está agora sujeita a ser expropriada e transferida para um outro proprietário privado, desde que este possa explorá-la mais intensamente – *i.e.*, dada a um proprietário que a usará de um modo que o poder legislativo considere mais benéfico para o público. Argumentar, como faz o Tribunal, que benefícios públicos incidentais decorrentes do uso futuro da propriedade privada podem estar na base de uma expropriação para fins de utilidade pública equivale a eliminar qualquer distinção entre o uso público e privado da propriedade, e assim apagar as palavras «para o uso público» da *Takings Clause* do Quinto Aditamento". A importância desta decisão resulta de ser uma consequência directa da indefinição do propósito último da propriedade no constituciona-

---

[272] Cfr. William Simon, "Social-Republican Property", p. 1336; o autor procura conceptualizar exigências no âmbito daquela que designa como propriedade social-republicana, cuja característica distintiva consiste em se tratar de propriedade que é pertença de indivíduos privados "sujeita a dois tipos de condições – uma exigindo que o dono tenha uma relação de potencial participação activa num grupo ou comunidade constituído pela propriedade, e outro projectado para limitar desigualdades entre os membros do grupo ou comunidade. Entre as formas mais familiares de propriedade social-republicana contam-se interesses em certas cooperativas de produtores e cooperativas de habitação". William Simon, *ob. cit.*, p. 1337, apresenta a ideia de "propriedade social-republicana" como uma terceira via entre capitalismo e socialismo.

lismo norte-americano e assim consistir num resultado não presumivelmente desejado quer pelos partidários de uma concepção libertária, quer pelos partidários de uma concepção cívica da propriedade[273].

A oposição entre as funções individual e social da propriedade baseia-se, no caso americano, numa oposição entre liberalismo económico e republicanismo cívico que não tem paralelo no caso alemão ou, na verdade, na generalidade das experiências constitucionais europeias. O republicanismo cívico é uma tradição de pensamento que antecede o liberalismo e a limitação, nele implicada, de uma visão do proprietário exclusivamente determinado pela satisfação do seu interesse individual, com a qual é identificada a tradição liberal, assenta essencialmente na orientação para o ideal da participação política. Mas o extremar destas duas tradições de pensamento, ensejado pelo panorama intelectual histórico que rodeou a aprovação da Constituição americana e intensificado pelas posições radicais dos libertários e de alguns cultores da racionalidade económica do direito, não ocorreu no contexto cultural europeu. Aqui, pelo contrário, verifica-se uma integração das funções individual e social da propriedade no interior da própria tradição liberal[274]. Neste contexto, é possível

---

[273] Assim, Timothy Sandefur, "Mine and Thine Distinct: What *Kelo* Says About Our Path", pp. 73 e ss., afirma que a decisão citada exprime o debate, já não entre uma concepção liberal e uma concepção cívica da propriedade, mas entre uma concepção lockeana, que vê o Governo como um instrumento de protecção dos direitos individuais, e uma concepção hobbesiana, em que os direitos são criados pelo Governo por razões prudenciais e os tribunais não devem opor-se à sua eliminação quando as necessidades da sociedade assim o exijam. Os fautores de uma concepção cívica, segundo Gregory Alexander, alinham, para Sandefur, nas fileiras de uma concepção hobbesiana e, deste modo, a dissensão não ocorre apenas quanto aos propósitos últimos da garantia constitucional da propriedade, mas quanto à própria definição das concepções que se digladiam.

[274] Um exemplo dessa integração ocorre, desde logo, na complementaridade entre o § 903 do BGB ("O proprietário de uma coisa pode agir em relação a ela como entender e excluir todos os outros de qualquer interferência, desde que a tanto se não oponham a lei ou direitos de terceiros") e o artigo 14.º, n.º 2, da Lei Fundamental ("A propriedade obriga. O seu uso deve ao mesmo tempo servir o bem da comunidade"). É hoje afastada a ideia de que a primeira norma exprime uma concepção romanista da propriedade, enquanto a segunda tem por base uma concepção germanista. Com efeito, o conceito de propriedade dos primeiros germanistas não se distingue de um conceito romanista, admitindo-se ainda a existência de uma vinculação social da propriedade romana num grau bem maior do que tradicionalmente se tendia a aceitar (cfr. Theo Mayer-Maly, "Eigentum und Verfügungsrechte in der neueren deutschen Rechtsgeschichte", pp. 34-37; idem, "Das Eigentumsverständnis der

afirmar que a ideia de uma função social, ou pública, da propriedade, presente no artigo 14.º da Lei Fundamental alemã, integra as concepções liberais modernas da propriedade, na sequência da filosofia do idealismo alemão[275]. Por outras palavras, se na tradição americana é possível entrever uma dialéctica entre uma concepção "possessiva" da propriedade, que a pensa num plano puramente individual, e uma concepção "distributiva", que salienta a sua função social, na tradição europeia continental verifica-se uma articulação entre os dois momentos, individual e colectivo, do pensamento político e jurídico relativo à propriedade[276]. Essa integração manifesta-se na garantia da propriedade da Lei Fundamental alemã através de uma união e equilíbrio mútuo entre garantia liberal da propriedade e a possibilidade da sua ordenação e limitação social. Por um lado, estabelece-se uma estreita conexão entre liberdade individual e propriedade privada, entendendo-se que esta sustenta e assegura aquela; por outro lado, e simultaneamente, através da definição e limitação da propriedade pela lei, abre-se a possibilidade de tornar efectivo o princípio social

---

Gegenwart und die Rechtsgeschichte", pp. 145-146, 150-151; cfr., ainda, supra Parte I, cap. 1, ponto 1.3). De qualquer modo, pode dizer-se que o artigo 14.º, n.º 2, da Lei Fundamental (tal como anteriormente o artigo 153.º, n.º 3, da Constituião de Weimar) acrescenta o "nós" que a pandectística havia desterrado da sua concepção individualista da propriedade (cfr. Werner Böhmer, "Eigentum aus verfassungsrechtlicher Sicht", p. 72).

[275] Segundo Andreas Eckl, "Der Begriff des «Eigentums» in der Rechtsphilosophie Hegels", pp. 161-162, "o Tribunal Constitucional Federal enunciou, como linha de força para a aplicação do artigo 14.º da Lei Fundamental, relativo ao direito fundamental da garantia da propriedade, o seguinte princípio: «É determinante a estreita conexão interior entre propriedade e liberdade pessoal. Como esta «conexão interior» possa ser pensada e como seria ela fundamentada, não foi exposto pelo Tribunal. A filosofia do direito de Hegel parece poder dar uma resposta a esta questão". A influência de Kant e Hegel na importância atribuída pela Constituição alemã, bem como pela respectiva interpretação e desenvolvimento doutrinal e jurisprudencial, à propriedade na perspectiva do desenvolvimento da pessoa é reconhecida por G. Alexander, "Constitutionalising Property: Two Experiences, Two Dilemas", p. 95; idem, "Property as a Fundamental Constitutional Right? The German Example", p. 107.

[276] Nesta perspectiva, a propriedade surge como um caso especial, ainda que modelar, de uma divergência mais profunda entre o discurso filosófico-político europeu e o americano: sobre esta, cfr. Miguel Nogueira de Brito, "Autoridade e Argumentação numa Ordem Constitucional", pp. 374 e ss.

e assim adoptar medidas através das quais a propriedade se possa tornar instrumento para a consolidação da liberdade, não apenas de alguns, mas de todos[277].

Em face do que acaba de dizer-se é, porventura, correcto afirmar que a existência de tensões quanto ao conceito de propriedade na experiência constitucional alemã decorrem sobretudo da existência de duas tradições distintas, de direito público e de direito privado, quanto a esse conceito[278]. O que verdadeiramente importa, todavia,

---

[277] Cfr. Ernst-Wolfgang Böckenförde, "Eigentum, Sozialbildung des Eigentums, Enteignung", p. 320. Como o autor nota, as duas dimensões encontram guarida na jurisprudência do Tribunal Constitucional Federal: a primeira quando afirma que "a propriedade é um direito fundamental elementar, que apresenta uma íntima conexão com a garantia da liberdade pessoal. A ela cabe ... a tarefa de assegurar ao titular do direito fundamental uma esfera de liberdade no domínio jurídico-patrimonial e, desse modo, possibilitar-lhe uma formação responsável da sua vida" (cfr. *Entscheidungen des Bundesverfassungsgerichts*, vol. 24, p. 389); a segunda dimensão estaria igualmente presente ao afirmar-se que "o mandado de um aproveitamento socialmente justo é ... em primeira linha uma norma para o legislador, a fim de que este tenha em consideração o bem da comunidade aquando da regulação do conteúdo da propriedade. Daí resulta a proibição de uma ordem da propriedade em que o interesse individual tenha uma precedência incondicional sobre o interesse da comunidade" (cfr. *Entscheidungen des Bundesverfassungsgerichts*, vol. 21, p. 83). Para o contraste entre a visão constitucional americana da propriedade, na sua variante individual possessiva (em que são apontados, como especialmente infames, os casos *Dred Scott v. Stanford*, de 1857, e *Lochner v. New York*, de 1905), e a concepção subjacente à jurisprudência constitucional alemã, cfr. Martin Kriele, *Einführung in die Staatslehre*, pp. 165-176.

[278] Cfr. Gregory Alexander, "Constitutionalising Property: Two Experiences, Two Dilemas", p. 102. A medida dessa tensão encontra expressão adequada nas tomadas de posição que a seguir se enunciam. Assim, segundo Hans Heinrich Rupp, *Grundfragen des heutigen Verwaltungsrechtslehre*, pp. 123-124, "é simplesmente inadmissível aceitar que a 'propriedade' ou outras posições patrimoniais de direito privado sejam, *a priori*, na medida em que são protegidas e reforçadas com direitos através de determinadas normas de direito civil, bastiões individuais de contornos inalteráveis também no direito público, nas relações dos indivíduos com o poder executivo". Segundo o mesmo autor, uma tal interpretação exprime uma "insustentável ideia de base que, vinda do direito civil se estabeleceu também no direito público, mas aí causou tão persistentes estragos". Em sentido oposto, afirma Theo Mayer-Maly, "Das Eigentumsverständnis der Gegenwart und die Rechtsgeschichte", p. 158, o seguinte: "Certamente que não são inteiramente concordantes os conceitos de propriedade do § 903 do BGB e do artigo 14.º da Lei Fundamental. Mas a tarefa da interpretação não consiste em contrastar o mais drasticamente possível ambos os conceitos. A ideia de unidade da ordem jurídica exige, desde logo, uma actuação no sentido da maior convergência possível. A protecção constitucional da propriedade tem como ponto de partida e centro a propriedade das codificações de direito privado. Não se encontra qualquer

não é tanto assinalar a existência de uma natural divergência entre as doutrinas jusprivatista e juspublicista, ou entre as jurisprudências constitucional e comum, quanto ao conceito de propriedade e o alcance da respectiva tutela constitucional[279], mas a progressiva rejeição, no seio das doutrina e jurisprudência constitucionais, da ideia de uma acessoriedade do conceito jurídico-constitucional de propriedade em relação ao direito privado. Está aqui em causa o primado da Constituição, e portanto da propriedade em sentido constitucional, sobre a legislação de direito privado, e logo sobre a propriedade em sentido jurídico privado[280]. Uma viragem decisiva quanto a este aspecto deu-se com o caso *Nassauskiesung*, de 1981, em que o Tribunal Constitucional Federal afirmou que o "conceito de propriedade garantida pela Constituição deve resultar da própria Constituição. Este conceito de propriedade em sentido constitucional não pode ser derivado de normas jurídicas subordinadas à Constituição, nem pode o alcance da concreta garantia da propriedade ser determinado na base de regras de direito privado"[281].

---

acontecimento no desenvolvimento constitucional do qual resulte um afastamento da protecção constitucional da propriedade com fundamento no direito privado, dando lugar a uma noção de propriedade concebida em termos puramente jurídico-constitucionais".

[279] De resto, como assinala Oliver Lepsius, *Besitz und Sachherrschaft im öffentlichen Recht*, p. 44, nota 10, a circunstância de o Tribunal Constitucional Federal (*Bundesverfassungsgericht*) e de o Supremo Tribunal Federal (*Bundesgerichtshof*) terem desenvolvido jurisprudências próprias sobre o conceito de propriedade não se tem mostrado impeditiva do respeito mostrado por cada um desses tribunais em relação à compreensão da propriedade desenvolvida pelo outro. Pelo contrário, torna-se possível falar de um "diálogo salvaguardando as respectivas competências entre as duas compreensões da propriedade, que não têm a mesma extensão".

[280] Cfr. Oliver Lepsius, *Besitz und Sachherrschaft im öffentlichen Recht*, pp. 44-45; quanto à vinculação da legislação de direito privado aos direitos fundamentais, segundo o princípio da primazia da *lex superior*, cfr., ainda, Claus-Wilhelm Canaris, *Direitos Fundamentais e Direito Privado*, pp. 28-32; Paulo Mota Pinto, "O Direito ao Livre Desenvolvimento da Personalidade", pp. 227-228; Virgílio Afonso da Silva, *A Constitucionalização do Direito*, pp. 68-70, distinguindo claramente o problema dos efeitos dos direitos fundamentais na legislação de direito privado e o problema dos efeitos dos mesmos direitos nas relações entre particulares.

[281] Cfr. *Entscheidungen des Bundesvergassungsgerichts*, vol. 58, p. 335. Sobre o significado desta decisão, a que adiante se regressará, na dogmática da propriedade na jurisprudência constitucional alemã, cfr. Jochen Rozek, *Die Unterscheidung von Eigentumsbindung und Enteignung*, pp. 12 e ss.; Jürgen Eschenbach, *Der verfassungsrechtliche Schutz des Eigentums*, pp. 470 e ss.; Christoph Külpmann, *Enteignende Eingriffe?*, pp. 93 e ss.

c) **Contexto normativo da garantia da propriedade no constitucionalismo europeu.** Se se reivindica um conceito constitucional de propriedade privada, deve-se, no entanto, poder indicar um contexto normativo constitucional à luz do qual ele faça sentido. É precisamente neste plano que a experiência constitucional alemã, plasmada na Lei Fundamental de 1949, adquire sentido como matriz do constitucionalismo europeu e se distancia do conflito entre as concepções da propriedade assentes no liberalismo económico e no republicanismo cívico à luz do qual é possível caracterizar o constitucionalismo americano. Os aspectos mais relevantes do contexto normativo a que há pouco se aludia são (i) o princípio democrático, (ii) o princípio do Estado de Direito, (iii) o princípio do Estado Social, (iv) o princípio básico da dignidade da pessoa humana e ainda (v) o princípio da protecção do ambiente, a seguir abordados na perspectiva da sua relevância para a garantia constitucional da propriedade, sem esquecer que tais princípios integram também o direito constitucional português[282].

(i) De acordo com o princípio da soberania popular todo o poder político emana do povo e deve ser perante ele responsável. Na perspectiva da garantia constitucional da propriedade isso significa que a propriedade deve possibilitar um espaço livre de privacidade, mas não justifica o domínio sobre pessoas ou a atribuição de privilégios[283]. De acordo com uma formulação já várias vezes usada ao longo destas páginas, a propriedade deve permanecer como um poder das pessoas sobre coisas ou bens e não transformar-se num poder de pessoas sobre pessoas. A relevância do princípio democrático na perspectiva da garantia constitucional da propriedade privada manifesta-se ainda na existência dos direitos de propriedade apenas no quadro do exercício do poder legislativo democraticamente legitimado e na exclusão de quaisquer formas de dependência do exercício de direitos políticos de relações de propriedade, diferenciando o alcance do voto com base em níveis de riqueza (o que se manifesta, não apenas na exclusão do sufrágio censitário, mas também, e sobre-

---

[282] Cfr. os artigos 1.º, 20.º, 20.º-a e 38.º da Lei Fundamental alemã e artigos 1.º, 2.º, 3.º, 9.º, 10.º e 66.º da Constituição portuguesa.

[283] Cfr. Karl Albrecht Schachtschneider, "Das Recht am und das Recht auf Eigentum", pp. 744 e 750.

tudo, no problema do financiamento dos partidos políticos). Para além disso, coloca-se ainda o problema de saber em que medida o direito fundamental de propriedade é protegido em face do funcionamento do princípio maioritário. À total vinculação do poder político democrático pela norma do artigo 24.º, n.º 2, da Constituição ("Em caso algum haverá pena de morte") parece opor-se a ampla margem de liberdade de actuação desse mesmo poder no caso da propriedade, resultante dos artigos 62.º, n.ᵒˢ 1 e 2 (determinação do conteúdo da propriedade pelo legislador e expropriação por utilidade pública), 83.º (apropriação pública de meios de produção), 88.º (expropriação de meios de produção em abandono), 94.º (eliminação dos latifúndios), todos da Constituição. Em todo o caso, a protecção da confiança individual na garantia da propriedade exige pelo menos o afastamento da sua privação ou alteração de conteúdo arbitrárias[284], bem como a necessidade de as justificar à luz da Constituição[285].

(ii) O que acaba de ser dito dá já a medida da importância do princípio do Estado de Direito na perspectiva da garantia constitucional da propriedade privada: tal princípio faz da confiança individual nos direitos de propriedade existentes um critério de avaliação das alterações normativas desses mesmos direitos. Uma vez que a propriedade é definida pelo legislador, essa actividade de definição adquire especial relevo, na perspectiva do princípio do Estado de Direito, no que diz respeito à sua observância dos princípios da segurança jurídica e da protecção da confiança, e do princípio da proporcionalidade, ainda que ao legislador caiba neste âmbito uma assinalável margem de liberdade de conformação[286].

---

[284] Cfr. Karl Albrecht Schachtschneider, "Das Recht am und das Recht auf Eigentum", pp. 765-766, criticando correctamente a tese defendida por Walter Leisner, para quem não seria correcto sustentar que existe apenas "propriedade nos termos da lei" (cfr. Leisner, "Eigentum – Grunlage der Freiheit", pp. 25-26).

[285] Cfr. Ulrich Hösch, *Eigentum und Freiheit*, pp. 102-103.

[286] Cfr. Ulrich Hösch, *Eigentum und Freiheit*, p. 104; Ansgar Grochtmann, *Art. 14 GG*, pp. 25 e ss.; sobre os princípios mencionados no texto, cfr. Gomes Canotilho, *Direito Constitucional e Teoria da Constituição*, p. 257 e ss.; Jorge Reis Novais, *Os Princípios Constitucionais Estruturantes da República Portuguesa*, pp. 161 e ss., 261 e ss.; Maria Lúcia Amaral, *A Forma da República*, pp. 177 e ss.

(iii) O princípio do Estado Social ou princípio da socialidade aponta essencialmente para uma realização substancial ou material do Estado de Direito, no sentido de que não se basta com uma ideia de igualdade formal perante a lei, mas antes exige uma acção do Estado visando assegurar aos cidadãos uma esfera de actuação o mais ampla possível tendo em vista a realização da sua autonomia. O princípio da socialidade dirige-se, pois, à obtenção de justiça material através do reforço das possibilidades fácticas de os cidadãos gozarem efectivamente os seus direitos fundamentais. Nessa medida, pode dizer-se que o princípio da socialidade depende do desenvolvimento económico de uma determinada sociedade[287]. Na perspectiva da garantia constitucional da propriedade o princípio da socialidade adquire especial relevância, devendo a este propósito ser distinguidos pelo menos três aspectos. Em primeiro lugar, como se procurou demonstrar na Parte II deste trabalho, a mera possibilidade de justificação da propriedade privada como expressão de liberdade individual conduz ao reconhecimento do princípio social. Esta circunstância não pode deixar de ter consequências no plano da configuração dogmática da garantia constitucional da propriedade privada. Visa essa garantia proteger directamente um espaço de liberdade individual ou antes o reconhecimento de um espaço de liberdade individual fundamenta a tutela constitucional de uma posição jurídica nos termos em que ela haja sido criada pelo legislador? Decorre directamente da garantia constitucional da propriedade privada a protecção de um valor patrimonial, em si mesmo considerado, dos privados ou antes a protecção de situações jurídicas de valor patrimonial? Em segundo lugar, o princípio da socialidade manifesta a sua presença na designada vinculação social da propriedade, na medida em que a determinação do conteúdo e limites da propriedade seja desenvolvida pelo legislador com base em critérios sociais. Em terceiro lugar, o princípio social pode ainda estar subjacente à qualificação de determinadas prestações sociais como propriedade em sentido constitucional, como sucede no âmbito da "nova propriedade", a seguir discutida, ou mesmo à qualificação como propriedade em sentido constitucio-

---

[287] Cfr. Ulrich Hösch, *Eigentum und Freiheit*, p. 108, Jörg Neuner, *Privatrecht und Sozialstaat*, pp. 115-116.

nal de situações jurídicas que no seio do direito privado não recebem essa qualificação, como sucede, por exemplo, com a posição do inquilino no arrendamento habitacional que não pode ser livremente denunciado pelo senhorio[288]. Pelo contrário, perante a Constituição de 1976, com um extenso catálogo de direitos sociais, o problema básico do princípio da socialidade reconduz-se, não já à possibilidade da sua concretização através do conceito constitucional de propriedade, mas ao da natureza e eficácia daqueles direitos[289]. De qualquer modo, a autonomização dos direitos sociais no texto constitucional coloca o problema, na perspectiva da garantia constitucional da propriedade, dos conflitos entre tais direitos e o direito fundamental de propriedade privada. Assim, por exemplo, o Tribunal Constitucional decidiu já, a propósito da norma que limita o direito de denúncia do contrato de arrendamento urbano para habitação, quando o inquilino habite o locado há vinte anos ou mais, que a restrição do direito de propriedade do senhorio subjacente a tal norma encontra justificação no direito à habitação previsto no artigo 65° da Constituição[290]. De igual modo, a propósito das normas do Código de Processo Civil (artigos 821.° e 824°, n.ºˢ 1 e 2), na interpretação que admitia a penhora de quantias percebidas a título de pensões de montante não superior ao salário mínimo, o Tribunal considerou que tal interpretação violava "o princípio da dignidade humana, decorrente do princípio do Estado de Direito, constante das disposições conjugadas dos artigos 1.°, 59.°, n.° 2, alínea a) [salário mínimo] e 63.°, n.ºˢ 1 e 3 [segurança social]". Segundo o Tribunal, "o encurtamento através da penhora, mesmo de uma parte dessas pensões – parte essa que em outras circunstâncias seria perfeitamente razoável, como no caso de pensões de valor bem acima do salário mínimo nacional –, constitui um sacrifício excessivo e desproporcionado do direito do devedor e

---

[288] Sobre esta segunda questão, cfr. Jan-R. Sieckmann, *Modelle des Eigentumsschutzes*, pp. 156-166; Frank Martin Krauss, *Das Geteilte Eigentum im 19. und 20. Jahrhundert*, pp. 111-141; Ulrich Hösch, *Eigentum und Freiheit*, 190-194; Oliver Lepsius, *Besitz und Sachherrschaft im öffentlichen Recht*, pp. 81-100.

[289] Cfr. Jorge Reis Novais, *Os Princípios Constitucionais Estruturantes da República Portuguesa*, p. 292; Vieira de Andrade, *Os Direitos Fundamentais na Constituição de 1976*, pp. 377 e ss.

[290] Cfr. Acórdão n.° 425/87, in *Acórdãos do Tribunal Constitucional*, 10.° vol., pp. 460-461.

pensionista, na medida em que este vê o seu nível de subsistência básico descer abaixo do mínimo considerado necessário para uma existência com a dignidade humana que a Constituição garante"[291].

(iv) Como acaba de ver-se, o Tribunal Constitucional fundamentou a sua decisão no caso da penhora de quantias recebidas a título de pensões ou prestações de rendimento mínimo garantido, não apenas no direito à segurança social, mas também no princípio básico da dignidade humana, que assim assume o duplo carácter de princípio supremo do direito objectivo e fim do Estado, por um lado, e, por outro, de núcleo inspirador dos direitos fundamentais[292]. E, na verdade, pode-se afirmar que, faltando os pressupostos materiais da autonomia pessoal, o afectado perde aos olhos da sociedade a sua dignidade, a sua qualidade de pessoa, o que apenas não sucederá se, com base num princípio de solidariedade humana, a pessoa afectada puder pretender um auxílio capaz de o colocar na situação de se autodeterminar[293]. Ou, nas palavras de Kant antes reproduzidas, um auxílio capaz de o fazer passar da "condição passiva para a activa"[294]. Na perspectiva da garantia constitucional da propriedade privada, o princípio da dignidade da pessoa humana adquire, desde logo, relevância ao afastar a propriedade como modelo dos direitos fundamentais, como chegou a suceder historicamente, com a consagração do dogma do carácter inviolável do direito de propriedade no constitucionalismo do século dezanove, e pretendem hoje certas teorias libertárias, atrás discutidas[295]. Ulrich Hösch aponta ainda uma outra consequência do

---

[291] Cfr. Acórdão n.º 318/99, in *Acórdãos do Tribunal Constitucional*, 43.º vol., p. 646. Através do Acórdão n.º 62/02 estas mesmas considerações foram aplicadas, por igualdade ou mesmo maioria de razão, a um caso em que estava em causa a penhora de uma prestação de rendimento mínimo garantido (cfr. *Acórdãos do Tribunal Constitucional*, 52.º vol., p. 342; cfr., ainda o Acórdão n.º 349/91, in *Acórdãos do Tribunal Constitucional*, 19.º vol. pp. 507 e ss.).

[292] Cfr. Jorge Reis Novais, *Os Princípios Constitucionais Estruturantes da República Portuguesa*, pp. 52 e ss. e 291 e ss.; idem, "O Tribunal Constitucional e os Direitos Sociais – O Direito à Segurança Social", pp. 204 e ss.; Maria Lúcia Amaral, *A Forma da República*, pp. 162 e ss.; Ulrich Hösch, *Eigentum und Freiheit*, p. 117.

[293] Cfr. Ulrich Hösch, *Eigentum und Freiheit*, p. 116.

[294] Cfr. supra, Parte II, cap. 2, ponto 2.4, (iv).

[295] Cfr. supra, Parte II, cap. 1, ponto 1.5.4.

princípio da dignidade humana para a tutela constitucional da propriedade privada. Segundo o autor, o princípio da dignidade humana, entendido como direito de autodeterminação, exige, por um lado, que sejam proporcionadas ao indivíduo alternativas de acção e a possibilidade de ele se determinar a si próprio na respectiva escolha e, por outro, que possam aproveitar ao indivíduo as consequências das suas decisões. Esta determinação da dignidade da pessoa tem um paralelo em dois dos fundamentos da garantia da propriedade normalmente aduzidos pela doutrina e jurisprudência alemãs: a protecção do resultado das realizações próprias do indivíduo e a propriedade como fundamento de uma formação de vida responsável e protecção de um espaço de liberdade na esfera jurídico-patrimonial. Este paralelo indica, na verdade, que o princípio da ordenação do resultado das realizações próprias ao indivíduo não é um fundamento da garantia da propriedade, mas antes decorre directamente da dignidade da pessoa humana. Aquele princípio não exige a garantia de uma concreta forma de propriedade, mas apenas a possibilidade de aquisição de direitos subjectivos sobre bens exteriores. Do mesmo modo, a dignidade da pessoa humana exige que o Estado actue de forma a possibilitar uma base material para a autodeterminação da pessoa, conferindo aos indivíduos a pretensão (ainda que sujeita à reserva do possível) a um mínimo necessário para prover às necessidades da vida. Também aqui não está em causa um princípio relativo à propriedade em sentido constitucional, mas uma decorrência da dignidade da pessoa humana[296].

(v) Além dos princípios mencionados, é possível ainda apontar, no caso alemão, o princípio do Estado ambiental na sequência da introdução, em 1994, do artigo 20.º-a da Lei Fundamental ("Protecção das bases naturais da vida"), a que em 2002 foi acrescentada a protecção dos animais[297]. A Constituição portuguesa consagra, desde

---

[296] Cfr. Ulrich Hösch, *Eigentum und Freiheit*, pp. 118-119; em sentido contrário, Jan-R. Sieckmann, *Modelle des Eigentumsschutzes*, pp. 192 e ss. e 196 e ss.

[297] É o seguinte o texto em vigor do artigo 20.ºa da Lei Fundamental alemã: "O Estado protege, também na sua responsabilidade pelas gerações futuras, as bases naturais da vida e os animais no âmbito da ordem constitucional, através do poder legislativo e, em conformidade com a lei e o direito, através dos poderes executivo e judicial". Cfr., ainda, Ulrich Hösch, *Eigentum und Freiheit*, pp. 110 e ss.

a sua versão inicial, um direito de todos a um ambiente de vida humano, sadio e ecologicamente equilibrado e o dever de o defender (artigo 66.º). Para além disso, na Revisão Constitucional de 1982, foi aditado ao artigo 9.º a alínea e), que estabelece como tarefa fundamental do Estado "proteger e valorizar o património cultural do povo português, defender a natureza e o ambiente, preservar os recursos naturais e assegurar um correcto ordenamento do território". Depois, na Revisão de 1997, foi incluída na alínea d) do mesmo artigo 9.º uma referência aos direitos ambientais, a par da efectivação dos direitos económicos, sociais e culturais. Não parece, no entanto, que tenha sido posta em causa a dignidade da pessoa humana como "base fundacional da República"[298], ou mesmo a *summa divisio* da Constituição entre "direitos, liberdade e garantias" e "direitos económicos, sociais e culturais"[299]. É assim duvidoso que ao lado dos princípios anteriormente mencionados se possa falar de um princípio do Estado ambiental com relevância autónoma na conformação da propriedade, sem prejuízo da enorme, e crescente, relevância que as questões ambientais assumem na determinação do conteúdo e limites do direito de propriedade. Uma alteração do actual estado de coisas pressuporia uma tomada de posição na Constituição sobre o estatuto jurídico dos animais e a evolução desde uma tradição de protecção ambiental antropocêntrica, centrada na protecção das bases naturais da vida humana, em direcção a uma perspectiva ecocêntrica, assente no reconhecimento de um valor próprio do ambiente natural[300]. Seja como for, não é claro que uma adequada tutela jurídica do ambiente envolva o rompimento com os pressupostos de uma filosofia centrada no sujeito[301].

---

[298] Cfr. Gomes Canotilho, *Direito Constitucional e Teoria da Constituição*, p. 227.
[299] Cfr. J. Miranda, *Constituição Portuguesa Anotada*, tomo I, p. 683.
[300] Sobre estas questões, cfr. Malte-Christian Gruber, *Rechtsschutz für nichtmenschliches Leben*, pp. 18 e ss. e 189 e ss.; Koen Raes, "Individualist Subjectivism and the World as Property...", esp. pp. 108 e ss. Importa ainda notar que a adopção de uma perspectiva ecocêntrica sobre a protecção do ambiente não é necessariamente compatível com o reconhecimento dos direitos dos animais.
[301] Cfr. supra, Parte II, cap. 3, ponto 3.3.1.

d) Conclusão: a necessidade de tutela constitucional da propriedade. Alguns constitucionalistas norte-americanos que rejeitam a visão economicista e individualista da propriedade, sustentaram que os países em vias de adoptarem novas constituições deveriam excluir delas normas garantindo a propriedade privada[302]. Todavia, essa posição pode apenas fazer sentido à luz da concepção de que a garantia constitucional da propriedade "reforça a ideia de que a propriedade não é, em si mesma, uma criação jurídica do Estado, cujo conteúdo exige uma deliberação democrática" ou ainda à luz da concepção de que essa constitucionalização "transmite a ideia da propriedade como um direito essencialmente privado que requer isolamento da interferência e controlo públicos"[303]. Todavia, nada garante que através da deliberação democrática se chegue exactamente ao resultado que se pretende evitar, isto é, à ideia da propriedade como um reduto imune à interferência e controlo públicos.

Não é, pois, a ideia da tutela constitucional da propriedade, em si mesma, que deve ser questionada, mas o modo como essa tutela é consagrada na Constituição. Como acaba de ver-se, os receios atrás apontados têm apenas razão de ser no contexto americano; no âmbito do constitucionalismo europeu e do modo como nele é encarada a tutela constitucional da propriedade, os mesmos são infundados[304].

---

[302] Assim, cfr. Jennifer Nedelsky, "Should Property Be Constitutionalized? A Relational and Comparative Approach", pp. 417 e ss.; Frank Michelman, "Social-Political Functions of Constitutional Protection for Private Property Holdings (In Liberal Political Thought)", pp. 448 e ss., esp. p. 449, nota 34; em sentido contrário, cfr. Cass Sunstein, "On Property and Constitutionalism", pp 203 e ss. (segundo este último autor, *ob. cit.*, pp. 221-222, "with strong constitutional protection of private property and economic markets, nations in Eastern Europe can take an important step on the way to both economic growth and democratic self-government", acrescentando, no entanto, que "to say this is hardly to challenge programs that redistribute resources, training, or opportunities to the poor or that otherwise protect the vulnerable. The instrumental arguments that justify private property [isto é, a prosperidade económica e a democracia] call for efforts to ensure that everyone can have some of it. These arguments powerfully support government programs supplementing market arrangements"); A. J. van der Walt, "The Constitutional Property Clause: Striking a Balance Between Guarantee and Limitation", pp. 108 e ss., esp. 123 e ss.; Gregory Alexander, "Property as a Fundamental Right? The German Example", p. 51; idem, *The Global Debate Over Constitutional Property*, pp. 30 e ss.

[303] Cfr. Jennifer Nedelsky, "Should Property Be Constitutionalized? A Relational and Comparative Approach", p. 422.

[304] Neste sentido, cfr. Gregory Alexander, "Property as a Fundamental Constitutional Right? The German Example", p. 52.

Caso se pretendesse exprimir em poucas palavras a diferença essencial entre as compreensões da propriedade dominantes nas jurisprudências constitucionais americana e alemã, o mais acertado seria dizer que enquanto para esta a garantia constitucional da propriedade protege em primeira linha a propriedade como espaço de liberdade, isto é, protege a sua permanência nas mãos do proprietário sem perder de vista a liberdade do não proprietário, para aquela, o que está em causa é sobretudo impedir que a propriedade seja tomada pelos poderes públicos sem indemnização[305]. No primeiro caso pode, sem dúvida, afirmar-se que a tutela constitucional da propriedade é exigida pela necessidade de pôr termo a situações de arbitrariedade, discriminação ou lesão injustificada da autonomia e dignidade da pessoa[306].

As apontadas resistências à constitucionalização do direito de propriedade (isto é, o seu pretenso carácter não democrático, decorrente da remoção das questões relativas à propriedade, o seu uso e distribuição, do processo político democrático e a sua tendência para perpetuar as situações de desigualdade existentes, através de uma garantia do *status quo* económico) assentam numa crença muitas vezes injustificada da capacidade do processo democrático para, por si só, legitimar a ordem da propriedade e num receio igualmente injustificado de que os tribunais transformem a garantia da propriedade num factor de resistência a políticas distributivas. Se o que se pretende é, em última análise, impedir que os tribunais digam ao legislador o que a propriedade "realmente é", não é correcto afirmar,

---

[305] Esta prioridade da garantia de permanência sobre a pretensão de compensação foi, de resto, já expressamente afirmada, em relação à garantia do artigo 14.º da Lei Fundamental, pelo Tribunal Constitucional Federal: *Entscheidungen des Bundesverfassungsgerichts*, vol. 24, pp. 389 e 400.

[306] São estes, no entanto, os argumentos que levam J. Nedelsky, "Should Property Be Constitutionalized? A Relational and Comparative Approach", p. 432, a questionar a tutela constitucional da propriedade privada: na maior parte dos casos relativos a direitos de propriedade estão envolvidos conflitos relativos à questões de justiça distributiva que assim são removidos do seu âmbito próprio, o processo político democrático, em vez de se discutirem os valores da não discriminação, da igualdade, da não arbitrariedade, da autonomia. Ora, os tribunais deveriam apenas intervir quando o legislador põe em causa estes valores ao afectar os direitos de propriedade. Mas é precisamente esse o sentido da tutela constitucional da propriedade no contexto do constitucionalismo europeu, como se diz no texto.

sem mais, ser mais provável que isso aconteça se a propriedade for constitucionalizada[307]. Julga-se que o propósito da constitucionalização da propriedade pode precisamente consistir numa forma de responsabilizar o legislador pela conformação da ordem propriedade sem que isso envolva arrogarem-se os tribunais a pretensão de ditarem ao legislador a definição de propriedade. Simplesmente, o afastamento de uma tal pretensão é mais provável se a propriedade for envolvida num contexto normativo como o que anteriormente se descreveu do que numa ordem constitucional que não garanta a propriedade ou a garanta sem qualquer orientação quanto ao seu propósito último, como se viu suceder no caso da Constituição americana.

Nas páginas subsequentes procurar-se-á de um modo especial discutir dois aspectos que ilustram bem a especificidade dos problemas relativos à propriedade nas experiências constitucionais americana e alemã. Consistem eles na ideia de "nova propriedade", desenvolvida por Charles Reich, no direito constitucional americano, e no problema da concepção da garantia constitucional da propriedade como envolvendo, para além de uma garantia individual dos direitos de propriedade concretamente existentes, uma garantia de instituto. Ao contrário da *New Property*, que admite o tratamento dos direitos subjectivos públicos como propriedade com a máxima amplitude, a inclusão desses mesmo direitos no âmbito da garantia constitucional da propriedade no constitucionalismo continental é uma questão muito debatida[308]. Por seu turno, a dimensão da garantia da propriedade enquanto garantia de instituto é praticamente desconhecida do constitucionalismo americano. Curiosamente, e no seguimento das considerações anteriormente expendidas, é precisamente no constitucionalismo americano que o reconhecimento da *New Property* alterna com a recusa pura e simples da tutela constitucional dos direitos subjectivos públicos, seja a que título for, enquanto no constitucionalismo europeu essa tutela não é, em si, posta em causa, mas apenas o seu fundamento. Além disso, a admissão da figura da garantia de instituto no constitucionalismo europeu não conduziu a um activismo judicial na definição de um regime económico de propriedade privada,

---

[307] Nestes termos, J. Nedelsky, "Should Property Be Constitutionalized? A Relational and Comparative Approach", p. 431.

[308] Cfr. infra, cap. 2, pontos 2.4.1.2 e 2.4.1.3.

ao contrário do que sucedeu por vezes na jurisprudência constitucional americana, onde aquela figura não existe[309].

1.5.1.1 A Nova Propriedade. O aspecto central de uma concepção republicana da propriedade é o de que a principal função desta última consiste em providenciar uma base de independência pessoal que constitui uma condição indispensável do exercício da cidadania[310]. Essa base de independência pessoal consistiu, durante séculos, na qualidade de o proprietário ser simultaneamente a cabeça de uma sociedade doméstica, entendida como unidade económica primária. Ao mesmo tempo, a este papel da sociedade doméstica como condição de independência material para o exercício da cidadania estava também naturalmente associada a ideia de propriedade como domínio sobre coisas. Como é bom de ver, nenhuma destas condições se verifica hoje: não é hoje possível identificar o chefe da sociedade doméstica e o proprietário (no masculino); a sociedade doméstica deixou de ser a unidade económica primária, assente na produção agrícola ou artesanal; a propriedade não é já encarada, sem mais, como um direito de domínio sobre uma coisa. Ao mesmo tempo é sobre estes pressupostos, cuja completa desadequação às circunstâncias actuais não pode ser seriamente disputada, que se estrutura a possibilidade de uma independência económica efectiva exigida pelo republicanismo como condição da participação política. Na verdade, o facto de uma situação de independência ter de ser constituída pelo próprio Estado, em vez de ser meramente pressuposta como condição de acesso à arena política, muda radicalmente os termos do problema. O que acaba de dizer-se é ilustrado pela ideia de "nova propriedade", avançada por Charles Reich, num famoso artigo com o mesmo nome publicado em 1964, e larga medida coincidente com a redefinição do direito de propriedade como direito inclusivo a uma vida humana plena, segundo a tese de Macpherson anteriormente discutida[311].

---

[309] Segundo parece admitir Frank Michelman, como acima se disse. De resto, o autor, "Social-Political Functions of Constitutional Protection for Private Property Holdings...", p. 449, salienta o carácter indissociável da garantia individual e da garantia de instituto da propriedade privada, que designa pelas expressões "*holding sense*" e "*regime sense*".

[310] Cfr. Gregory Alexander, *Commodity and Propriety*, p. 337.

[311] Quanto à tese de Macpherson mencionada no texto e sua crítica, cfr. supra Parte I, cap. 4, pontos 4.3 e 4.4 e Parte II, cap. 1, pontos 1.3.3.1 e 1.3.3.2, parte final.

O propósito subjacente à ideia de "nova propriedade" consiste em reagir contra o excesso do poder discricionário, pondo em causa os princípios da *rule-of-law*, concentrado nas mãos da burocracia administrativa encarregada de levar a cabo as políticas do Estado Social, à semelhança das críticas mais liberais deste último. Todavia, ao contrário de tais críticas, a solução proposta por Charles Reich para a tensão existente entre o Estado Social e os princípios da *rule--of-law*, não consistia em desmantelar aquele, mas em reforçar estes, através da introdução e reforço de protecções procedimentais no âmbito da actuação administrativa[312]. A principal divergência entre a ideia de "nova propriedade" e as críticas liberais do Estado Social radicava, no entanto, na própria compreensão da noção de propriedade. O aspecto essencial da sua abordagem consiste em tratar como propriedade as prestações patrimoniais atribuídas pelo Estado. Como o próprio Reich reconhece, o principal obstáculo a este modo de proceder consiste no facto de aquelas prestações terem a sua origem no Estado e poderem, por essa razão, ser suprimidas. Mas, segundo ele afirma, "Isto não precisa de ser um obstáculo. A propriedade tradicional também decorre do Estado, e de modo muito semelhante. A terra, por exemplo, tem a sua origem em doações do soberano. Nos Estados Unidos, alguma foi doada pelo Rei de Inglaterra, outra pelo Rei de Espanha. O soberano extinguiu os títulos dos Índios por conquista, tornou-se o novo dono, e a seguir atribuiu títulos a indivíduos ou grupos privados. ... Na América, a terra e os recursos [naturais] foram todos originariamente doações do governo. Num sentido menos óbvio, a propriedade pessoal também decorre do governo. A propriedade pessoal é criada pelo direito; ela deve a sua origem e permanência a leis sustentadas pelo povo como um todo. Estas leis 'dão' a propriedade a quem executar certas acções. ...Assim, toda a propriedade pode ser descrita como doação do governo, dada sob condição e submetida à sua perda"[313]. Em oposição aos críticos libertários do Estado Social, não é relevante, para Reich, a origem da propriedade, mas o seu propósito: "Uma vez que a propriedade seja

---

[312] Cfr. Gregory Alexander, *Commodity and Propriety*, pp. 369-370; Richard Pipes, *Property and Freedom*, pp. 210 e 256-260.
[313] Cfr. Charles Reich, "The New Property", pp. 188-189.

vista, não como um direito natural, mas como uma construção criada para servir certas funções, a sua origem deixa de ser decisiva em determinar quanta regulação deve ser imposta. As condições que podem ser ligadas à recepção, propriedade e uso dependem, não de onde a propriedade vem, mas da função que é suposto ela desempenhar"[314]. Tornar-se-ia, assim, necessário reconhecer que "o conceito de 'privilégio' ou 'gratuitidade', aplicado à riqueza que tem a sua origem no governo, não é muito diferente do direito absoluto de propriedade que o capital privado antes invocava para justificar o poder arbitrário sobre os trabalhadores e o público"[315].

O problema, como se verá, é o de que afirmar a dependência da propriedade privada tradicional em relação ao poder político não significa atribuir consistência e estabilidade aos benefícios e atribuições do Estado Social. Para além disso, a posição de Reich conduz a um resultado certamente paradoxal, na medida em que pretende dotar as prestações do Estado Social da estabilidade da propriedade tradicional, ao mesmo tempo que afirma que também esta enferma da dependência do poder político que caracteriza aquelas[316]. Reich encontra no reconhecimento de que toda a propriedade assenta numa relação de poder entre pessoas, contrariando a ideia subjacente ao domínio de que este envolve apenas um poder sobre coisas, a base teórica para incluir na noção de propriedade todas as prestações do Estado Social[317]. Também nestes casos está em causa a necessidade de estabelecer uma fronteira entre o poder público e o poder privado, assumida como função central da propriedade, a qual surge definida como a "instituição jurídica cuja essência consiste na criação e protecção de certos direitos privados sobre uma riqueza de qualquer tipo"[318]. Tratar como propriedade as prestações do Estado Social significa pois, ao mesmo tempo, reconhecer, por um lado, que a riqueza de um número cada vez maior de pessoas depende de uma relação com o Estado, o que se manifesta em factos tão diversos

---

[314] Cfr. Charles Reich, "The New Property", p. 189.
[315] Cfr. Charles Reich, "The New Property", p. 198.
[316] Cfr. Michael B. Levy, "Illiberal Liberalism: The New Property as Strategy", p. 590.
[317] Cfr. Michael B. Levy, "Illiberal Liberalism: The New Property as Strategy", pp. 581-582.
[318] Cfr. Charles Reich, "The New Property", p. 180.

como a substituição das poupanças pessoais pelas prestações da segurança social, ou a substituição dos clientes e *goodwill* de uma empresa por um contrato com o Estado, e, por outro lado, dotar essa relação da estabilidade associada ao direito de propriedade.

No seio da "nova propriedade" são incluídas por Reich prestações de natureza muito diversa, sem que essa diversidade conduza aparentemente a um tratamento diferenciado. Assim, licenças profissionais, alvarás para a exploração de táxis, rendimentos de inserção social e prestações de reforma são encarados da mesma forma[319]. Como é evidente, a caracterização de cada uma destas prestações como envolvendo um direito de propriedade não envolve o mesmo afastamento em relação ao liberalismo clássico: se em relação às prestações de reforma se pode ainda discutir a sua adequação aos princípios da teoria liberal relativa aos meios legítimos para adquirir direitos de propriedade, uma vez que são adquiridas pelo trabalho próprio, o mesmo não acontece com as prestações recebidas apenas em virtude de uma situação de necessidade do beneficiário. Reich encara todas elas, todavia, como propriedade individual. Em relação a todas elas advoga a introdução de mecanismos procedimentais (fundamentação, audiência dos interessados, sindicabilidade contenciosa) aos quais se deve submeter a acção da Administração e, para além disso, prevê mesmo a possibilidade de uma indemnização em caso de revogação da prestação, não por culpa do beneficiário, mas por razões de interesse público[320]. Muito embora a tese da "nova propriedade" tenha conhecido uma rápida difusão nos casos judiciais relativos a direitos sociais, tendo mesmo logrado alguma aceitação pelo *Supreme Court* no caso *Goldberg v. Kelly*, de 1970[321], a sua

---

[319] Cfr. Charles Reich, "The New Property", pp. 183-187.

[320] Cfr. Charles Reich, "The New Property", pp. 194 e 196; Gregory Alexander, *Commodity and Propriety*, pp. 370-371; Jan-R. Sieckmann, *Zum verfassungsrechtlichen Eigentumsschutz im deutschen und britischen Recht*, p. 82.

[321] Cfr. *Goldberg, Commissioner of Social Services of the City of New York, v. Kelly et al.*, in *United States Reports*, vol. 397, pp. 254 e ss. O *Supreme Court* discutiu apenas a questão na sua dimensão procedimental: "The constitutional issue to be decided, therefore, is the narrow one whether the Due Process Clause requires that the recipient be afforded an evidentiary hearing before the termination of benefits" (p. 260). É neste contexto que se afirma que "[welfare] benefits are a matter of statutory entitlement for persons qualified to receive them. Their termination involves state action that adjudicates important rights. The

influência foi apenas temporária[322]. A razão da sua curta e escassa relevância prende-se com o mesmo conceito de propriedade que está na sua base. Na verdade, aceitar que os direitos sociais são protegidos como direitos de propriedade, implica também aceitar que as prestações àqueles correspondentes constituem atribuições afins da propriedade apenas quando o Estado escolha estruturá-las em tais termos. O uso da expressão "propriedade", com o qual se pretendia conferir estabilidade e segurança à posição jurídica dos beneficiários de prestações sociais, constituiu afinal a base retórica para retroceder em relação aos avanços feitos em nome dele. Nas palavras de Jennifer Nedelsky, "a mesma força da tradição da propriedade torna-a, em certo sentido, uma base precária para a inovação. Quando se escolhe usar a propriedade, redefinida, para fornecer novos tipos de protecção constitucional para direitos de autonomia, participação ou bem-estar material, corre-se o risco de avanços temporários não resistirem perante uma longa, e mais estrita, tradição"[323].

A objecção que acaba de ser mencionada tem subjacente uma outra, que se prende com o modo como a tese da "nova propriedade" se relaciona com o carácter dialéctico da tradição americana relativa ao direito constitucional de propriedade. A este propósito, Gregory Alexander procura averiguar se a teoria de Reich exprime uma compreensão meramente privada e individual da propriedade, ou, pelo contrário, reflecte também a perspectiva republicana. Tomando como ponto de partida a circunstância de a tese da "nova propriedade" assumir explicitamente os seus pressupostos individualistas[324], o autor

---

constitutional challenge cannot be answered by an argument that public assistance benefits are «a 'privilege' and not a 'right'»". Apenas em nota infrapaginal se acrescenta, citando Charles Reich: "it may be realistic today to regard welfare entitlements as more like 'property' than a 'gratuity'. Much of the existing wealth in this country takes the form of rights that do not fall within traditional common-law concepts of property".

[322] Cfr. James W. Ely, Jr., *The Guardian of Every Other Right*, p. 158; R. Shep Melnick, "The Politics of the New Property", pp. 216 e ss.

[323] Cfr. J. Nedelsky, "American Constitutionalism and the Paradox of Private Property", p. 258; Gregory Alexander, *Commodity and Propriety*, pp. 372-373. Esta crítica é também pertinente em relação à proposta, formulada por C. B. Macpherson, de redefinição do direito de propriedade como um direito inclusivo a uma vida humana plena, como Jennifer Nedelsky, *ob. cit.*, pp. 242 e 260, não deixa de salientar.

[324] Cfr. Charles Reich, "The New Property", pp. 180-181: "a propriedade desempenha a função de manter a independência, dignidade e pluralismo na sociedade através da

citado sustenta que ela contraria os seus propósitos. Na verdade, se a "nova propriedade" confere um título com a mesma estabilidade que se reconhece na "velha propriedade", apenas se diferenciando dela quanto à sua origem, isso significa que a legitimidade dos programas redistributivos do Estado Social é posta em causa. A redistribuição de riqueza tendo em vista a atribuição de benefícios sociais a alguns requer inevitavelmente a interferência nos direitos de propriedade de outros. O que sucede se, no entanto, em vez de se partir do pressuposto individualista, se ancorar a "nova propriedade" numa concepção cívica da propriedade? Por outras palavras, torna-se necessário averiguar da possibilidade de salvaguardar a coerência da teoria da "nova propriedade" num contexto em que esta é encarada à luz do princípio social e já não à luz do paradigma individual da propriedade, ou, para utilizar uma outra terminologia, num contexto em que esta é encarada como manifestação de uma concepção republicana, e já não possessiva, da propriedade[325]. Mas também sob esta perspectiva não parece possível eliminar os dilemas da "nova propriedade", na medida em que qualificar as prestações sociais existentes como um sistema de propriedade cívica, não cria ilusões quanto ao facto de estas prestações permanecerem na dependência directa dos seus beneficiários em relação ao Estado. É possível, sem dúvida, contrapor que nenhum tipo de propriedade, nas condições actuais, assegura uma

---

criação de zonas em que a maioria tem de render-se ao dono. Mania, capricho, irracionalidade e actividades 'anti-sociais' recebem a protecção do direito; o dono pode fazer aquilo que todos ou a maioria dos seus vizinhos vituperam. ... Os direitos políticos pressupõem que os indivíduos e grupos privados têm a vontade e os meios para actuar com independência. Mas, na medida em que os indidíduos são largamente motivados pelo interesse próprio, o seu bem-estar deve primeiro ser independente. As liberdades civis devem ter uma base na propriedade, ou as declarações de direitos não as preservarão".

[325] Neste sentido apontam, aliás, algumas afirmações do próprio Reich, "The New Property", pp. 196-197: "O propósito destes benefícios [isto é, subsídios de desemprego, assistência social, pensões de reforma e, de um modo geral, todas as prestações do Estado Social abrangidas na ideia de "nova propriedade"] é o de preservar a auto-suficiência do indivíduo, reabilitá-lo quando necessário e permitir-lhe ser um membro válido de uma família e de uma comunidade; em teoria eles representam parte da justa quota do indivíduo na comunidade. Apenas fazendo de tais benefícios direitos pode o Estado Social cumprir o seu objectivo de providenciar uma base mínima segura para o bem-estar e dignidade dos indivíduos numa sociedade em que cada homem não pode ser inteiramente senhor do seu destino".

completa independência em face do poder do Estado, ou ainda que a independência implicada na concepção republicana da propriedade se prende apenas com o próprio exercício da cidadania e não com a construção de uma esfera de segurança pessoal imune à intervenção do Estado[326]. Essas dificuldades não são, no entanto, superáveis através do conceito de uma "nova propriedade", mas antes exigem o repensar dos sistemas de segurança social actualmente em vigor[327].

1.5.1.2 A garantia constitucional da propriedade entre a protecção dos direitos individuais e a garantia de instituto.

1.5.1.2.1 À sombra de Weimar: Martin Wolff e Carl Schmitt.

A divergência, já antes apontada[328], entre a jurisprudência do Tribunal Constitucional Federal e do Supremo Tribunal Federal alemães tem subjacente, como se disse, a existência de duas disposições fundamentais no direito alemão sobre a propriedade: o § 903 do Código Civil e o artigo 14.º da Lei Fundamental[329]. O § 903, como se disse, determina que o proprietário pode agir em relação à coisa como entender e excluir outros de qualquer interferência, desde que a tanto se não oponham a lei e direitos de terceiros; o artigo 14.º da Lei Fundamental, por seu turno, garante a propriedade, estabelecendo que os respectivos conteúdo e limites são determinados pela lei. A última norma admite um conceito de propriedade mais amplo que a primeira. A existência de um conceito amplo de propriedade, mais extenso do que a propriedade do direito civil, é, de resto, uma conclusão que se impõe em face do artigo 14.º da Lei Fundamental, como se impunha já perante o artigo 153.º da Constituição de Weimar e das disposições garantindo a propriedade de constituições anteriores[330]. O que o trabalho de Martin Wolff atrás citado veio

---

[326] Cfr. Gregory Alexander, *Commodity and Propriety*, pp. 374-377.
[327] Cfr. infra, ponto 1.6.
[328] Cfr. supra, ponto 1.5.1.
[329] Cfr. Theo Mayer-Maly, "Das Eigentumsverständnis der Gegenwart und die Rechtsgeschichte", p. 147; Norbert Körsgen, "Eigentum als Grundrechte im Grundgesetz", pp. 246-247.
[330] Cfr. Gabriel Glos, *Der Schutz obligatorischer Rechte durch die Eigentumsgarantie*, pp. 23 e ss., 47 e ss. e 85 e ss.

esclarecer, em face da norma do artigo 153.º da Constituição de Weimar, foi o alcance da possibilidade de uma tutela constitucional de direitos patrimoniais privados, ao abrigo do conceito constitucional de propriedade. Na verdade, Wolff lançou as bases para a resolução do problema consistente em não poder a propriedade ser objecto de tutela constitucional nos mesmos termos dos demais direitos constitucionais clássicos, uma vez que existe na e pela ordem jurídica, não como qualidade da pessoa humana[331]. As respostas que encon-

---

[331] Muito embora não seja este o problema teórico para o qual o estudo de M. Wolff imediatamente procura uma resposta, como se verá, a verdade é que encarar a garantia constitucional da propriedade como garantia de instituto, para além da protecção dos concretos direitos de propriedade existentes, constitui um modo de salientar a particularidade da propriedade em face do objecto dos demais direitos constitucionais clássicos, consistente em ela, numa certa perspectiva, não existir senão como criação da ordem jurídica. Nas palavras de Gunther Schwerdtfeger, *Die Dogmatische Struktur der Eigentumsgarantie*, p. 13, "os bens protegidos pela maioria dos direitos fundamentais existem na natureza, sem mediação da ordem jurídica, tal como a crença, a consciência e o conhecimento, no quadro do artigo 4.º da Lei Fundamental, a opinião, a arte, a ciência, a investigação e o ensino, no quadro do artigo 5.º da Lei Fundamental, a possibilidade de se reunir, no quadro do artigo 8.º da Lei Fundamental, etc. A propriedade é uma criação da ordem jurídica. Sem mediação da ordem jurídica não existe propriedade. Se se encarar a propriedade como direito natural, trata-se apenas de um direito *à* propriedade. *Decisivo é também, agora*, saber como satisfez a ordem jurídica este «direito pré-estadual»". O mesmo problema é colocado nos seguintes termos por Pieroth e Schlinck, *Grundrechte Staatsrecht II*, n.º 894, p. 224: "O artigo 14.º coloca a dogmática perante a seguinte dificuldade: o n.º 1 garante a propriedade, mas, ao mesmo tempo, entrega ao legislador a determinação de conteúdo da propriedade. Como pode então o artigo 14.º proteger a propriedade em face do legislador, quando o seu conteúdo em geral é determinado através do legislador? Esta dificuldade não se deixa resolver pelo recurso a dados pré-jurídicos, naturais ou sociais. Com efeito, no seio dos domínios de protecção jurígenas, o domínio de protecção do artigo 14.º caracteriza-se por uma especial intensidade jurígena. Enquanto, por exemplo, a honra se pode em todo o caso definir como uma criação social sem recurso a normas, a propriedade determina-se apenas através da ordenação normativa de bens e direitos a pessoas". No mesmo sentido, cfr., ainda, Helmut Rittstieg, "Kommentierung zu Art. 14/15", n.º 45, p. 1050; Ulrich Ramsauer, *Die faktischen Beeinträchtigungen des Eigentums*, pp. 25-26; Rudolf Wendt, *Eigentum und Gesetzgebung*, pp. 13 (acentuando não ser a protecção constitucional da propriedade "exequível por si mesmo, quer dizer eficaz sem legislação") e 139; Jan-R. Sieckmann, *Modelle des Eigentumsschutzes*, pp. 135 e ss. e 222; Jochen Rozek, *Die Unterscheidung von Eigentumsbindung und Enteignung*, p. 26 ("Não existe, portanto, qualquer «propriedade natural»"); Ansgar Grochtmann, *Art. 14 GG*, pp. 105 e ss.; Markus Appel, *Entstehungsschwäche und Bestandsstärke des verfassungsrechtlichen Eigentums*, pp. 88 e ss.; Frank Raue, *Die Zwangsvollstreckung als Nagelprobe für den modernen Enteignungsbegriff*, p. 94. A este problema, já antes aflorado, ter-se-á ainda ocasião de regressar, criticamente.

trou passam pela figura da garantia de instituto e pela extensão do conceito de expropriação.

Sobre o alcance do conceito conceito constitucional de propriedade, Wolff sustentou que "a garantia da propriedade no artigo 153.º, n.º 1, [da Constituição de Weimar] significa uma protecção dos concretos direitos privados, existentes ou que venham a ser constituídos, de cada sujeito de direito"[332]. Neste sentido, afirmou o autor ser objecto de consenso que era assim protegida "não só a propriedade no sentido do actual direito civil, mas todo o direito privado patrimonial (créditos, acções, direitos reais, direitos de autor)"[333]. A este propósito, é usual falar-se de uma extensão do conceito constitucional de propriedade, ou de um conceito amplo de propriedade no direito constitucional, em relação ao conceito de propriedade do direito civil. Mas a realidade é porventura a inversa. As constituições do século dezanove tinham subjacente uma compreensão ampla da propriedade que as codificações do direito privado a partir do início do século vinte, sob a influência da pandectística, limitaram às coisas corpóreas[334]. Assim, a existência de um duplo conceito de propriedade é tanto um fruto da evolução do direito civil quanto do direito constitucional, ainda que em sentidos inversos.

---

[332] Cfr. Martin Wolff, "Reichsverfassung und Eigentum", p. 5. O artigo 153.º, n.º 1, da Constituição de Weimar dispõe que "A Constituição garante a propriedade. O seu conteúdo e limites serão fixados pelas leis". O artigo 14.º da Lei Fundamental dispõe, por seu turno, como segue: "A propriedade e o direito sucessório são garantidos. O seu conteúdo e limites são determinados por lei".

[333] Cfr. Martin Wolff, "Reichsverfassung und Eigentum", p. 3.

[334] Cfr. Werner Böhmer, "Eigentum aus verfassungsrechtlicher Sicht...", p. 57, nota 12; Rudolf Wendt, *Eigentum und Gesetzgebung*, pp. 20 e ss.; Gabriel Glos, *Der Schutz obligatorischer Rechte durch die Eigentumsgarantie*, p. 28; em sentido contrário, cfr. Ulrich Ramsauer, *Die faktischen Beeinträchtigungen des Eigentums*, p. 131. A afirmação é também válida em face do artigo 1302.º do Código Civil português, restringindo o direito de propriedade às coisas corpóreas, em face do artigo 2167.º do Código de Seabra, nos termos do qual "diz-se direito de propriedade a faculdade, que o homem tem, de aplicar à conservação da sua existência, e ao melhoramento da sua condição, tudo quanto para esse fim legitimamente adquiriu, e de que, portanto, pode dispor livremente". Criticando esta definição legal, Luiz da Cunha Gonçalves, *Tratado de Direito Civil em Comentário ao Código Civil Português*, vol. XI, p. 177, afirmou que "a propriedade não pode ter por objecto *tudo quanto se adquiriu*, pois já vimos que ela só pode recair em *coisas certas* e não em coisas indeterminadas, obrigações ou créditos" (itálico no original).

Quanto ao alcance da tutela constitucional, Wolff sustentou que a norma constitucional relativa à propriedade encerra ainda a garantia da permanência da propriedade como instituto jurídico. A fórmula da garantia da propriedade tem assim o sentido de garantia de instituto, não podendo ser interpretada no sentido da velha fórmula da "inviolabilidade da propriedade"[335]. Importava ainda dar resposta à questão de saber se a extensão da garantia de instituto coincidia com a da garantia individual da propriedade, ou seja, determinar "se a garantia da propriedade como instituto jurídico é para ser estendida a todo o tipo de direito patrimonial privado ou se se limita à propriedade em sentido técnico"[336]. Segundo Wolff, seria correcta esta última opção: para além de a propriedade intelectual e industrial serem tuteladas por outra norma constitucional, o artigo 153.º da Constituição de Weimar "acentua, contra ideias da esquerda radical, que deve permanecer possível um direito privado sobre bens corpóreos, que merece o nome de propriedade e em sede do qual constituem, portanto, excepção as limitações da vontade do dono". O sentido da norma constitucional não pode ser o da permanência de cada um dos actualmente existentes institutos jurídicos patrimoniais, sobretudo de cada tipo de direito real limitado: "a constituição do *Reich* (como qualquer outra) é indiferente face à técnica do direito privado". Por último, a garantia da propriedade existe não apenas em face da administração, mas também perante o legislador[337]. Aliás, seria precisa-

---

[335] Que a garantia da propriedade, em substituição da velha fórmula da inviolabilidade, tem o sentido de garantia de instituto, resulta, segundo Martin Wolff, da comparação com o artigo 154.º da Constituição do *Reich*, nos termos da qual se garante o direito sucessório, uma vez que em relação a este não faria qualquer sentido afirmar a respectiva inviolabilidade: "Reichsverfassung und Eigentum", pp. 5-6; cfr., ainda, Hans-Jürgen Papier, "Staatliche Eigentumsgarantie und die Sozialbildung des Eigentums", pp. 96-98; Maria Lúcia Amaral, *A Responsabilidade do Estado e o Dever de Indemnizar do Legislador*, pp. 112-113.

[336] Cfr. Martin Wolff, "Reichsverfassung und Eigentum", p. 6.

[337] Cfr. Martin Wolff, "Reichsverfassung und Eigentum", p. 6. A pregnância da fórmula reproduzida no texto manifesta-se na circunstância de ela encontrar eco na jurisprudência do próprio Tribunal Constitucional Federal, quando este afirmou, numa decisão de 1968, que "o artigo 14.º, n.º 1, 1ª parte, da Lei Fundamental garante a propriedade privada tanto como instituto jurídico, como também na sua concreta forma na mão do proprietário individual. (…) O direito fundamental pressupõe o instituto jurídico 'propriedade'; tal direito não seria eficazmente garantido se o legislador pudesse pôr no lugar da propriedade privada algo que não mais merecesse o nome 'propriedade'" (cfr. *Entscheidungen des Bundesverfassungsgerichts*, vol. 24, p. 389).

mente esse o seu sentido principal, atendendo à disponibilidade, no âmbito da Constituição de Weimar, dos direitos fundamentais nas mãos do legislador, acentuada por Carl Schmitt, como se verá. Com base na construção dogmática de Wolff sobre a garantia constitucional da propriedade na Constituição de Weimar, tornar-se-ia adquirida para a doutrina e jurisprudências constitucionais a distinção, no seio de tal garantia, entre garantia de instituto, por um lado, e garantia individual, por outro[338].

A afirmação de um conceito amplo de propriedade, de resto pacífica, foi acompanhada por uma extensão paralela do conceito de expropriação em sentido constitucional[339]. Esta é, na realidade, em paralelo com a introdução da figura da garantia de instituto, a grande novidade do escrito de Martin Wolff[340]. Assim, segundo o autor, a

---

[338] Cfr. Werner Weber, "Eigentum und Enteignung", pp. 355 e ss.; Hans-Jochen Vogel, "Kontinuität und Wandlungen der Eigentumsverfassung", pp. 10-11; Peter Badura, "Eigentum", n.ºs 32-34, pp. 345-347; Bodo Pieroth e Bernhard Schlinck, *Grundrechte Staatsrecht II*, n.ºs 896-897, p. 224; Helmut Rittstieg, "Kommentierung zu Art. 14/15", n.ºs 45-47, pp. 1049-1050; R. Wendt, "Kommentierung zu Artikel 14", n.ºs 10-12, p. 593; Otto Depenheuer, "Kommentierung zu Art. 14", n.ºs 86-92, pp. 1673-1675; Nüssgens/Boujong, *Eigentum, Sozialbildung, Enteignung*, pp. 3-7.

[339] Cfr. Martin Wolff, "Reichsverfassung und Eigentum", pp. 21 e ss.; Maria Lúcia Amaral, *Responsabilidade do Estado e Dever de Indemnizar do Legislador*, p. 115; Fernando Alves Correia, *As Garantias do Particular na Expropriação por Utilidade Pública*, pp. 37-38. Para além do conceito de expropriação em sentido constitucional, discutido no texto, Wolff alude também aos respectivos pressupostos: a) Em primeiro lugar, um fundamento legal. b) Depois, o interesse público, que Wolff, *ob. cit.*, pp. 14-15, entende como consistindo num empreendimento público em sentido objectivo, um projecto de utilidade pública, cujo titular não necessita de ser o beneficiado pela expropriação, isto é, aquele para cujo património passa o objecto expropriado. Assim, se o empreendimento estadual da libertação dos camponeses exige a eliminação das servidões, essa eliminação não implica a transmissão de qualquer património para o Estado «empreendedor»; do mesmo modo, o empreendimento da eliminação dos desalojados transmite direitos dos proprietários de habitações para os que nelas sejam alojados, não para o Estado. Segundo Wolff, quando se aceitam estas "expropriações a favor de privados", mas se recusa a sua previsão no artigo 153.º, n.º 2, da Constituição do *Reich*, porque não está em causa uma expropriação em sentido técnico, comete-se um erro decorrente de não se ter presente que a expropriação em sentido constitucional protege o cidadão não apenas contra a administração, mas também contra o legislador. c) Em terceiro lugar, é pressuposto da expropriação uma indemnização adequada, ou plena. d) Por último, o recurso à via judicial para a discussão do montante indemnizatório.

[340] Cfr. Gabriel Glos, *Der Schutz obligatorischer Rechte durch die Eigentumsgarantie*, p. 72.

expropriação à luz da Constituição não consiste apenas, em primeiro lugar, num acto ablativo da Administração, mas também na privação de um direito levada a cabo pelo legislador. Em segundo lugar, a expropriação não é apenas a privação de um direito a favor de uma entidade pública, ou, por outras palavras, para a questão de saber se uma expropriação é legítima não é relevante a qualidade da pessoa por ela favorecida. Em terceiro lugar, a expropriação não é apenas o acto de transmissão de um direito, mas a própria obrigação de transmissão. Dito de outro modo, é indiferente para o conceito constitucional de expropriação saber se esta substitui o acto de disposição que transmite o direito ou apenas a obrigação de o transmitir. Em quarto lugar, a propriedade não é apenas uma ablação da propriedade real, ou de quaisquer outros direitos reais, mas também de direitos patrimoniais de outro tipo. Como expressamente afirma Martin Wolff, "aquilo que acima expressamente se disse sobre a propriedade, vale também para o conceito de expropriação: a ofensa (*Eingriff*) de qualquer direito patrimonial privado é expropriação"[341]. Em quinto lugar, a expropriação não é apenas a completa privação de um direito existente, mas também a sua oneração, como, por exemplo, sucede com a imposição de um direito de superfície ou de servidões de qualquer tipo. Tradicionalmente, segundo Wolff, considerava-se existir uma expropriação no caso da imposição de uma servidão por acto administrativo, enquanto a oneração legislativa do proprietário era encarada como uma limitação de direito público da propriedade. Mas se a expropriação pode consistir num acto do legislador, coloca-se o problema de saber em que medida uma lei que limita a liberdade do proprietário implica uma expropriação. A este propósito, é necessário desde logo esclarecer que as leis que estabelecem limites à propriedade nas relações entre vizinhos não são de encarar como expropriação; antes se trata, em tais casos, de regular o conteúdo de dois direitos que colidem um com o outro através da distribuição mais apropriada. Em sexto e último lugar, pode apenas falar-se de expropriação se, aquando da privação de um direito privado, for adquirido por quem seja por ela beneficiado, um direito privado da mesma espécie.

---

[341] Cfr. Martin Wolff, "Reichsverfassung und Eigentum", p. 23.

O sentido da expropriação consiste, pois, na aquisição de um determinado direito, necessário para um certo fim. Em face disso, afirma Wolff, a privação do direito é apenas o "sacrifício indesejado, que ao titular tem de ser exigido, apenas o meio, tendo em vista a efectivação da aquisição, apenas a primeira parte da previsão da expropriação (em contraste com o confisco, a destruição de coisas perigosas, etc.)". O que acaba de ser dito poderia ser exprimido através da fórmula, cunhada por Anschütz, de acordo com a qual "a expropriação é transmissão"[342]. Nela podem ser abrangidos os casos em que ao beneficiário da expropriação é transmitido o direito existente do expropriado, com a sua configuração, ou em que a favor daquele, através da oneração de direitos, são constituídos novos direitos, ou ainda os casos em que à destruição de um direito corresponde a aquisição originária de um outro, os casos em que são expropriados a favor do proprietário, através da respectiva supressão, determinados encargos (como o direito de caça), ou, finalmente, os casos em que através da criação de novos direitos são afectados os existentes no seu valor (criação legislativa de acções com direito a dividendos a favor do Estado). Onde não existir uma semelhante transmissão, em sentido amplo, de direitos privados, não existe expropriação. É este, segundo Wolff, o princípio que preside à distinção entre uma expropriação, apenas admissível contra indemnização, e uma limitação de direito público da propriedade[343].

Um outro aspecto da visão da garantia da propriedade privada de Martin Wolff merece ser aqui apontado. Trata-se da sua leitura do artigo 153.º, n.º 2, da Constituição de Weimar, nos termos do qual "a propriedade obriga" e "o seu uso deve igualmente servir o bem comum". Segundo Wolff, esta norma não tem apenas como destinatário o legislador, como entende maioritariamente a doutrina em relação a norma semelhante da Lei Fundamental alemã de 1949, nem através dela resulta directamente para o proprietário um específico dever jurídico, como já havia quem sustentasse à luz da Constituição de Weimar[344]. Para além disso, a norma em causa estabelece para

---

[342] Cfr. Martin Wolff, "Reichsverfassung und Eigentum", p. 25.
[343] Cfr. Martin Wolff, "Reichsverfassung und Eigentum", p. 26.
[344] Cfr. infra, cap. 2, ponto 2.4.4.

cada direito patrimonial um duplo dever do respectivo titular: o dever de exercer o direito quando isso corresponda ao interesse público e o dever de o exercer no sentido que corresponda ao interesse público. Seria mesmo possível ir mais longe e ver na norma em causa não apenas a base de deveres do proprietário, mas o fundamento da ilegitimidade da sua actuação contrária a esses deveres, no mesmo sentido em que o § 226 do BGB proíbe o exercício abusivo de direitos.

Finalmente, a cláusula "a propriedade obriga", entendida no sentido de "o património obriga", exprimiria a transformação do dever ético-religioso dos ricos num dever jurídico; com a substituição da nobreza pela burguesia comercial e industrial, aquela cláusula seria o sucedâneo da máxima *noblesse oblige* (esta certamente com expressão apenas ética). Wolff reconhece que o princípio jurídico do "dever dos ricos" tem uma eficácia limitada, para além do apelo dirigido ao legislador[345]. O importante, no entanto, é o seu entendimento segundo o qual o significado da norma do artigo 153.º, n.º 2, consiste menos em ser uma instrução dirigida ao legislador, que dela não precisaria, do que um confortável apoio oferecido ao juiz[346]. É ao juiz que cabe avaliar da exigibilidade de um dever ao proprietário, assim também como é ao juiz que cabe decidir da verificação de uma expropriação em sentido constitucional. Naturalmente, quando o juiz entender que no caso concreto foi excedida pelo legislador a medida do dever exigível ao proprietário, tenderá a entender também que ocorreu uma expropriação.

O conceito de garantia de instituto foi aprofundado por Carl Schmitt, quer, em geral, como conceito da dogmática dos direitos fundamentais[347], quer, em particular, do ponto de vista da garantia

---

[345] Cfr. Martin Wolff, "Reichsverfassung und Eigentum", pp. 10-12. Wolff, *ob. cit.*, pp. 10 e 12, nota 2, menciona expressamente a influência das teses germanistas do direito e da Igreja Católica; os resultados desta última influência são postos em evidência por Peter Tischleder, *Die Staatslehre Leos XIII*, pp. 167 e ss.

[346] Cfr. Martin Wolff, "Reichsverfassung und Eigentum", p. 11.

[347] Sobre este aspecto, cfr. Bodo Pieroth e Bernhard Schlink, *Grundrechte Staatsrechte II*, n.ºs 70-72, pp. 19-20. Os autores referem-se, *ob. cit.*, n.º 57, pp. 16-17, à compreensão "clássica" de determinados direitos fundamentais enquanto garantias de instituto (*Einrichtungsgarantien*), a par da distinção de Georg Jellinek entre os conceitos *status negativus*, *status positivus* e *satutus activus*. Na esteira de Carl Schmitt, "Freiheitsrechte

constitucional da propriedade. Em relação a este último aspecto, Schmitt, depois de salientar o carácter pioneiro do estudo de Wolff na elaboração do conceito de garantia de instituto, em conexão com a tutela constitucional da propriedade, e o seu reconhecimento geral na doutrina subsequente, enuncia diversas questões ainda em aberto, não obstante tal reconhecimento. Tais questões consistiriam em saber, por um lado, se a instituição jurídica "propriedade" deve ser entendida em sentido individualista ou, pelo contrário, o seu conteúdo deve incluir uma ideia de vinculação social; por outro lado, tratar-se-ia de saber se com a garantia do instituto "propriedade" se deve garantir uma determinada extensão, talvez mesmo o conjunto dos bens que até ao momento eram susceptíveis de serem submetidos à propriedade privada. Quanto a este último aspecto, tratar-se-ia de saber, por outras palavras, se ocorre uma violação da garantia de instituto quando determinados bens ou direitos são excluídos da propriedade privada, especialmente quando é suprimida a propriedade privada sobre coisas imóveis ou sobre meios de produção. Assim, se a propriedade privada, de acordo com a proposta de Karl Renner atrás mencionada, incidir apenas sobre bens de consumo ou a habitação própria, poder-se-ia compatibilizar a garantia de instituto da propriedade privada com um regime do mais extremo comunismo[348]. Mas a análise de Schmitt põe antes de mais em evidência o contexto que deu origem ao conceito de garantia de instituto, como categoria geral da dogmática de direitos fundamentais: trata-se da alternativa entre ausência de significado e ineficácia perante a qual se encontravam os direitos fundamentais no âmbito de constituições, como a de Weimar, das quais se encon-

---

und institutionelle Garantien der Reichsverfassung", pp. 143 (cfr., ainda, do mesmo, "Grundrechte und Grundpflichten", pp. 213-216), é usual efectuar-se uma distinção entre as garantias de instituto, com carácter jurídico-privado (caso da propriedade), e as garantias institucionais, de direito público, pressupondo um determinado substracto organizacional (a autonomia local, por exemplo). Os mesmos autores questionam, todavia, o formalismo (e mesmo inadequação, em alguns casos, como sucede com a garantia da liberdade de imprensa, prevista no artigo 5.º da Lei Fundamental alemã e no artigo 38.º, n.º1, da Constituição portuguesa) da distinção entre garantia de instituto de direito privado e garantia de instituição de direito público (a imprensa livre não é um instituto de direito privado, nem uma instituição de direito público, mas um resultado social).

[348] Cfr. Carl Schmitt, "Freiheitsrechte und institutionelle Garantien der Reichsverfassung", pp. 161-162; sobre Karl Renner, cfr. supra, 1.2, p. 8.

trava ausente um princípio de aplicação directa das normas constitucionais a eles respeitantes[349]. A questão que então se coloca é a de saber que sentido atribuir ao conceito quando qualquer um dos termos daquela alternativa (entre ausência de significado e ineficácia) deixa de se verificar.

Para além de enunciar estas questões em aberto, são várias as críticas que Schmitt dirige ao tratamento dominante do artigo 153.º da Constituição de Weimar. Antes de mais, Schmitt aponta a divergência entre a extensão do conceito de propriedade subjacente ao artigo 153.º, abrangendo todos os direitos privados patrimoniais, e o conteúdo do instituto jurídico "propriedade", reportado ao § 903 do BGB. Nos termos desta norma, a propriedade significa a propriedade das coisas corpóreas, em contraste com outros institutos jurídico--patrimoniais. Além disso, a "esfera patrimonial privada" ou o "conjunto de todos os direitos patrimoniais" não designam qualquer instituto jurídico, e a sua garantia constitucional não consiste numa garantia de instituto, ainda que seja concebível noutros termos. Por outro lado, o conceito amplo de propriedade é acompanhado por uma extensão do conceito de expropriação, a qual passa a significar uma lesão individual da esfera patrimonial. Apesar dos esforços de Martin Wolff no sentido de enunciar as características do conceito constitucional ampliado de expropriação, com base na ideia de transmissão, que permitiriam fazê-la corresponder a um instituto jurídico, o certo é que a aplicação judicial deste "conceito de expropriação constitucionalmente adequado" se oporia ao instituto jurídico vigente "expropriação"[350].

---

[349] Cfr. Schmitt, "Freiheitsrechte und institutionelle Garantien der Reichsverfassung", pp. 140-141; Robert Alexy, *Theorie der Grundrechte*, p. 442.

[350] Com efeito, entre os traços da jurisprudência do *Reichsgericht* durante a vigência do artigo 153.º, no sentido de uma doutrina alargada da expropriação, conta-se o abandono dos requisitos anteriormente exigidos, relativos à transmissão da propriedade e a um determinado propósito público ou empreendimento. A simples lesão de um direito patrimonial pode, no contexto de tal jurisprudência, consistir na expropriação, ainda que na sua sequência não seja possível identificar um concreto beneficiário, diverso do bem comum (cfr. Ulrich Scheuner, "Die Garantie des Eigentums in der Geschicte der Grund- und Freiheitsrechte", p. 40). A extensão do conceito de expropriação à luz da Constituição coloca o problema da sua "liquidação", segundo Carl Schmitt, "Die Auflösung des Enteignungsbegriffs", pp. 110 e ss. Daí a necessidade de estabelecer limites à interpretação do conceito constitucional de expropriação, segundo o artigo 153.º (cfr. Schmitt, *ob.cit.*, pp. 115-118): (i) antes de mais, não se poderia prescindir de uma transmissão objectiva de um

Assim, a expropriação torna-se, de instituto jurídico, em intervenção individual do Estado, legislativa ou administrativa, lesiva do património, enquanto a propriedade permanece garantida como instituto. A conclusão de Schmitt é a de que a interpretação dominante do artigo 153.º conduz ao seguinte resultado: "a palavra 'propriedade' no artigo 153.º tem mais do que um sentido, na medida em que, por um lado, ela significa o instituto jurídico propriedade, que o legislador não pode eliminar, e, por outro lado, significa todos os direitos patrimoniais privados, em relação aos quais o legislador está vinculado pelas determinações da expropriação, prevista no n.º 2"[351]. Simplesmente, segundo Schmitt afirmou num posfácio de 1958 a um ensaio inicialmente publicado em 1929, não basta uma indemnização para compensar os estragos relacionados com a redução da propriedade a um direito patrimonial geral. Aquilo que é assim destruído "não é apenas a propriedade do solo e bens, mas a ideia de uma ligação espacial entre casa e habitação, e família, a união entre propriedade e herança"[352].

Por outro lado, segundo Carl Schmitt, quando a expropriação no sentido do artigo 153.º, n.º 2, da Constituição de Weimar, "perde o carácter de um instituto jurídico individualizável e exprime apenas o princípio geral da garantia de indemnização em caso de onerações especiais, através das quais é exigido a um indivíduo um sacrifício particular (...), no lugar de uma garantia de instituto é colocado um

---

direito, do património do expropriado para o do beneficiado, não sendo suficiente um mero enriquecimento económico deste último; (ii) em segundo lugar, a ideia de que a expropriação pode consistir num acto do legislador não vale em relação a disposições gerais e abstractas, mas apenas contra o mau uso da forma legislativa, através de actos concretos de expropriação; (iii) por último, a norma constitucional não pode ter o sentido de, com a ajuda de um conceito alargado de expropriação, submeter o legislador, politicamente responsável, ao controlo do juiz comum, independente, e fazer da protecção da propriedade um obstáculo à legislação, o que conduziria a um conflito entre política e justiça, nos termos do qual "a política não tem nada a ganhar e a justiça tem tudo a perder" (cfr. Schmitt, ob. cit., p. 118).

[351] Cfr. Carl Schmitt, "Freiheitsrechte und institutionelle Garantien der Reichsverfassung", p. 164. É o seguinte o texto do n.º 2 do artigo 153.º: "A expropriação tem de ser determinada pelo bem comum e dá-se em virtude de disposições legais e mediante justa indemnização, excepto nos casos declarados na lei. Havendo litígio acerca do quantitativo da indemnização, permite-se o recurso aos tribunais ordinários, salvo disposição de lei do Império em contrário".

[352] Cfr. Carl Schmitt, "Die Auflösung des Enteignungsbegriffs", p. 123; cfr., ainda, Helmut Rittstieg, "Kommentierung zu Art. 14/15", n.º 64, p. 1056.

princípio geral de justiça"³⁵³. Deste modo, antecipava Schmitt uma das principais críticas às tentativas de esboçar um conceito material de expropriação.

O fundamento da ideia de garantia de instituto é o de que para a garantia de qualquer dos direitos fundamentais clássicos, mesmo quando não está em causa a garantia de um instituto jurídico em sentido preciso, se pode encontrar uma "garantia do tradicional modo típico de uma norma". Assim, segundo Schmitt, "com a garantia da liberdade pessoal não é, naturalmente, garantido qualquer instituto, uma vez que a liberdade não é um instituto; apesar disso, não é o artigo [114.º] um mero programa sem significado, ou vazio em consequência da reserva de lei.... Esse artigo tem, pelo contrário, o sentido de garantir a medida típica e tradicional da intervenção na liberdade. Saber em que medida o legislador, através das normas de direito processual penal relativas à prisão, busca domiciliar, violação de segredo postal, etc., pode intervir nos direitos fundamentais constitucionalmente garantidos, é algo susceptível de abundantes modificações em matérias de pormenor; mas na medida em que existe ainda uma consciência civil e de Estado de Direito, pode reconhecer-se quando o legislador ultrapassou o máximo que lhe é concedido através da reserva de lei"³⁵⁴.

Na análise de Carl Schmitt contêm-se já, no essencial, as tensões inerentes à ideia de garantia de instituto, no caso da propriedade, que iriam dar azo às críticas e evoluções a que a mesma ideia tem vindo a ser sujeita na doutrina constitucional alemã posterior à adopção da Lei Fundamental de 1949. Logo em 1953, Günter Dürig questionou se a garantia de instituto da propriedade privada se encontra construída juridicamente de um modo tão sólido quanto nós, nesta matéria todos "epígonos de Martin Wolff", gostaríamos de acreditar, acabando

---

³⁵³ Cfr. Carl Schmitt, "Freiheitsrechte und institutionelle Garantien der Reichsverfassung", pp. 164-165.

³⁵⁴ Cfr. Carl Schmitt, "Freiheitsrechte und institutionelle Garantien der Reichsverfassung", p. 166; idem, "Grundrechten und Grundpflichten", pp. 209-210. O artigo 114.º da Constituição de Weimar estabelece: "A liberdade da pessoa é inviolável. Nenhuma restrição ou supressão da liberdade individual pela autoridade pública é admissível a não ser por lei" (n.º 1); "Qualquer pessoa privada da sua liberdade deve, o mais tardar no dia imediato, ser informada da autoridade e dos motivos que determinaram a privação; deve-lhe ser dada imediatamente a possibilidade de reclamar" (n.º 2).

por concluir, sem grandes repercussões no momento em que escreveu, que a construção da noção de garantia de instituto levada a cabo por Wolff consiste "não tanto num jurídico, mas antes num eminente feito político"[355]. Torna-se, com efeito, necessário pensar a propriedade, também no plano constitucional, "para além de Martin Wolff"[356]. Em relação ao juízo de Dürig, é, com efeito, patente a preocupação de Wolff em interpretar a garantia constitucional da propriedade de forma a afastar qualquer influência das ideias da "esquerda radical". A própria ideia de garantia de instituto obedece a essa preocupação, aliás expressamente assumida, como se viu. De resto, também o seu conceito de expropriação visa afastar tais ideias[357].

1.5.1.2.2 De Weimar à decisão Nassauskiesung. A compreensão da mais recente doutrina relativa à ideia de garantia de instituto obriga, todavia, a que se tenha presente a diferença entre o artigo 153.º da Constituição de Weimar e o artigo 14.º da Lei Fundamental, por um lado, e o sentido da evolução da jurisprudência do Tribunal Constitucional Federal, por outro. Quanto ao primeiro aspecto, a mera semelhança textual das garantias constitucionais contidas na Constituição de 1919 e na Lei Fundamental de 1949 não demonstra,

---

[355] Cfr. Günter Dürig, "Das Eigentum als Menschenrecht", p. 332; cfr., ainda, Ulrich Preuss, *Die Internalisierung des Subjekts*, pp. 141 e ss.; Alexander v. Brünneck, *Die Eigentumsgarantie des Grundgesetzes*, p. 315; Ulrich Hösch, *Eigentum und Freiheit*, pp. 60-61. O plural, na afirmação de que somos todos "epígonos de Martin Wolff", justifica-se não apenas no domínio estrito da cultura jurídica alemã. Efectivamente, como salienta Maria Lúcia Amaral, *Responsabilidade do Estado e dever de Indemnizar do Legislador*, p. 487, o êxito das teses de Wolff não se limitou a esse âmbito.

[356] Na expressão de Werner v. Simson, "Das Eigentum jenseits von Martin Wolff", p. 241.

[357] Assim, ao discutir o pressuposto da expropriação consistente na exigência de uma indemnização adequada, Wolff afasta a interpretação de que o *Reich* deixaria nas mãos dos legisladores dos *Landes* a decisão sobre o que seja uma indemnização adequada. Se assim fosse, "poderia um *Land* governado pela esquerda radical expropriar *nummo uno* e a garantia da propriedade do artigo 153.º, n.º 1, da Constituição do *Reich* seria posta em causa". Além disso, quando afirma que a expropriação consiste não só na transmissão do bem expropriado, mas abrange também a obrigação de efectuar essa transmissão, Wolff acrescenta que, de outro modo, "poderia o legislador de um *Land* de orientação comunista ver-se na situação de, com base num rodeio, através de uma exigência sem a correspondente indemnização, forçar o proprietário ao negócio jurídico de transmissão para o Estado" (cfr. Martin Wolff, "Reichsverfassung und Eigentum", pp. 6, 18 e 22).

ou justifica, uma continuidade do carácter acessório, em relação ao direito civil, da determinação do conceito jurídico-constitucional de propriedade, próprio do tempo de Weimar[358]. Separa os dois textos, desde logo, como ficou já dito, um diferente acesso à constituição ou a distância entre a aplicabilidade directa das normas de direitos fundamentais, vinculando todos os poderes do Estado, prevista no artigo 1.º, n.º 3, da Lei Fundamental e a interposição do legislador, no âmbito da Constituição de Weimar, com a submissão dos direitos fundamentais à reserva de lei[359]. Se nos termos do artigo 153.º, n.º 1, da Constituição de Weimar, "a propriedade não constituía qualquer limite do poder legislativo, antes, inversamente, encontrava a propriedade os seus limites nas previsões do poder legislativo", o n.º 2 do

---

[358] Cfr. Oliver Lepsius, *Besitz und Sachherrschaft im öffentlichen Recht*, p. 43; Werner Böhmer, "Die Rechtsgeschichtlichen Grundlagen der Abgrenzungsproblematik von Sozialbildung und Enteignung", pp. 165 e 169 e ss.; idem, "Grundfragen der verfassungsrechtlichen Gewährleistung des Eigentums...", pp. 2561-2562; idem, "Eigentum aus verfassungsrechtlicher Sicht", p. 41. Hans Peter Ipsen, "Enteignung und Sozialisierung", p. 73, salienta as diferenças entre duas normas (o artigo 14.º da Lei Fundamental reconhece a expropriação legal, exige o estabelecimento do modo e montante da indemnização na lei expropriatória e proíbe a exclusão de indemnização ou da sua discussão judicial), bem como a diferente compreensão da cláusula de vinculação social subjacente a cada uma delas (cfr. *ob. cit.*, pp. 83 e ss.). Em sentido diverso, sustentando que o entendimento da doutrina, pelo menos no período inicial de vigência da Lei Fundamental, era no sentido da continuidade entre as duas normas, cfr. Jürgen Eschenbach, *Die verfassungsrechtliche Schutz des Eigentums*, p. 103, nota 6; comentando criticamente esta posição inicial da doutrina, para a qual o artigo 14.º da Lei Fundamental seria pouco mais do que uma nova versão do artigo 153.º da Constituição de Weimar, cfr. Jochen Rozek, *Die Unterscheidung von Eigentumsbindung und Enteignung*, pp. 10-12. Para essa posição inicial é representativa a seguinte afirmação de Werner Weber, "Eigentum und Enteignung", p. 346, "Se o criador da Lei Fundamental tivesse querido desaprovar a aplicação dominante, no período de Weimar, da garantia da propriedade e da cláusula da expropriação, ele teria de se ter distanciado dela através de uma nova criação redaccional. Isso não aconteceu" (cfr., no mesmo sentido, R. Wendt, *Eigentum und Gesetzgebung*, p. 32). A posição dos autores inicialmente citados é, pelo contrário, a de que uma concordância textual não demonstra qualquer identidade substancial e que, sobretudo, o artigo 14.º da Lei Fundamental deve ser interpretado à luz de outras normas constitucionais que dão aos direitos fundamentais um alcance completamente diverso daquele que tinham no período de Weimar, como se diz no texto.

[359] Cfr. Carl Schmitt, "Freiheitsrechte und institutionelle Garantien der Reichsverfassung", pp. 140-143; W. Leisner, "Eigentum", n.º 15, p. 89; Ulrich Hösch, *Eigentum und Freiheit*, p. 73, nota 349; Jorge Reis Novais, *As Restrições aos Direitos Fundamentais Não Expressamente Autorizadas pela Constituição*, pp. 61, nota 58, e 779.

mesmo artigo depositava nas mãos do poder judicial a possibilidade de sindicar as medidas do legislador, através da sua caracterização como medidas expropriatórias, sujeitas ao pagamento de uma indemnização ao particular. Nessa medida, a norma de protecção da propriedade não era a garantia do artigo 153.º, n.º 1, mas a prescrição relativa à expropriação contida no artigo 153.º, n.º 2, da Constituição de Weimar[360]. Enquanto o *Reichsgericht* se debatia com a dificuldade de não poder controlar o efeito das leis que determinavam o conteúdo da propriedade sobre a esfera privada protegida, e assim, para superar essa limitação, era levado a estender o mais possível o conceito de expropriação, a Lei Fundamental abre aos cidadãos, com a garantia de acesso ao direito do artigo 19.º, n.º 3, e a queixa constitucional do artigo 93.º, n.º 1, 4a, a possibilidade de defesa contra a limitação da liberdade em si mesma, para além da exigência de uma indemnização pelo prejuízo dela decorrente, em caso de expropriação[361]. Uma diferente compreensão dos direitos fundamentais explicava o apelo da ideia de garantia de instituto no período de Weimar. A questão que se coloca é a de saber se no contexto da actual compreensão dos direitos fundamentais essa ideia mantém ainda alguma utilidade.

É necessário ainda ter presente, a fim de compreender a diversidade de entendimentos em relação à ideia de garantia de instituto, a evolução da jurisprudência constitucional em matéria de garantia da propriedade privada. Assim, num primeiro momento, como se disse, o conceito constitucional de propriedade, embora autonomizado do conceito de propriedade real do § 903 do BGB, permaneceu preso à

---

[360] Cfr. Gunther Schwerdtfeger, *Die Dogmatische Struktur der Eigentumsgarantie*, p. 8; a frase citada no texto é de Anschütz, *Die Verfassung des Deutschen Reichs*, citada em Schwerdtfeger, *ob. e loc. cit.*, nota 7; cfr., ainda, Böckenförde, "Eigentum, Sozialbildung des Eigentums, Enteignung", p. 321. Era o seguinte o texto do artigo 153.º, n.º 2, da Constituição de Weimar: "A expropriação tem de ser determinada pelo bem comum e dá-se em virtude de disposições legais e mediante justa indemnização, excepto nos casos declarados na lei. Havendo litígio acerca do quantitativo da indemnização, permite-se o recurso aos tribunais ordinários, salvo disposição de lei do Império em contrário".

[361] Cfr. Jürgen Eschenbach, *Die verfassungsrechtliche Schutz des Eigentums*, p. 478; Gunther Schwerdtfeger, *Die Dogmatische Struktur der Eigentumsgarantie*, p. 10; Jan-R. Sieckmann, *Modelle des Eigentumsschutzes*, p. 232. No mesmo sentido, cfr., ainda, a decisão do Tribunal Costitucional Federal de 18 de Dezembro de 1968, in *Entscheidungen des Bundesverfassungsgerichts*, vol. 24, p. 400.

protecção dos direitos patrimoniais privados. Só gradualmente um tal conceito se estendeu para além do círculo definido por esses direitos, passando a abranger para além de um âmbito mais restrito, incluindo os direitos de crédito, direitos de preferência legais e direitos de superfície, também as marcas, patentes, a propriedade intelectual, bem como direitos e expectativas de direito público preenchendo funções de liberdade equivalentes às dos direitos patrimoniais privados[362]. Por outro lado, ao mesmo tempo que procedia a uma extensão do conceito constitucional de propriedade, o Tribunal Constitucional Federal alterou também os termos do problema no que toca à autonomia do conceito constitucional de propriedade e à relação entre garantia da propriedade e expropriação. Assim, até 1981, no desenvolvimento de uma tendência iniciada com o alargamento do conceito de expropriação promovido por Martin Wolff, os casos de lesão do uso de objectos da propriedade eram tratados geralmente pela jurisprudência comum como expropriação, pelo menos quando excediam a medida admissível da vinculação social[363]. Entre tais lesões contavam-se as designadas como "intervenções equivalentes à expropriação" (*enteignungsgleichen Eingriffe*) e "intervenções expropriativas" (*enteignende Eingriffe*), dando origem a uma indemnização e sendo inicialmente concebidas como abrangidas pelo conceito amplo de expropriação[364]. Nos termos desta jurisprudência, o legislador deveria ainda introduzir cláusulas prevendo a possibilidade de indemnização, para fazer face a intervenções com efeitos expropriativos não previsíveis[365].

---

[362] Cfr. Oliver Lepsius, *Besitz und Sachherrschaft im öffentlichen Recht*, p. 46; Ulrich Hösch, *Eigentum und Freiheit*, pp.19-31; Jochen Rozek, *Die Unterscheidung von Eigentumsbindung und Enteignung*, pp. 42-54.

[363] Cfr. Rudolf Steinberg / Andreas Lubberger, *Aufopferung – Enteignung und Staatshaftung*, pp. 34 e ss.

[364] Cfr. Hartmut Maurer, *Allgemeines Verwaltungsrecht*, § 27, n.ºs 87 e ss. e 107 e ss., pp. 748 e ss. e 762 e ss.; Rudolf Steinberger / Andreas Lubberger, *Aufopferung – Enteignung und Staatshaftung*, pp. 241 e ss. e 327 e ss.; Friedrich Kreft, *Öffentlichrechtliche Ersatzleistungen*, pp. 52-53 e 88-89.

[365] Cfr. Jochen Rozek, *Die Unterscheidung von Eigentumsbindung und Enteignung*, p. 6; Christoph Külpmann, *Enteignende Eingriffe?*, pp. 70 e ss.; Ulrich Hösch, *Eigentum und Freiheit*, p. 7.

O Supremo Tribunal Federal começou por desenvolver o instituto da "agressão equivalente à expropriação", dando origem a uma pretensão indemnizatória. A figura em causa implica um prejuízo causado directamente por uma medida dos poderes públicos numa posição jurídica protegida pelo artigo 14.º da Lei Fundamental, sendo assim exigido ao respectivo titular um sacrifício especial, que não é suportado por outros, em prol do interesse geral. Através deste instituto de origem jurisprudencial, configurando uma responsabilidade do Estado por lesões ilícitas não culposas do direito de propriedade, seria preenchida uma lacuna no sistema de responsabilidade do Estado, a qual se situaria entre a expropriação lícita, prevista no artigo 14.º, n.º 3, da Lei Fundamental, e a responsabilidade dos agentes do Estado, pressupondo uma actuação ilícita e culposa de um funcionário, prevista no artigo 34.º da Lei Fundamental. Entre os grupos de casos de "agressão equivalente à expropriação" contam-se, por um lado, a execução ilegal de uma lei expropriativa, e, por outro, o acto lesivo da administração, ainda que conforme à lei, que concretiza a vinculação social da propriedade, para além dos limites da proporcionalidade, sem prever qualquer indemnização. Diversamente, a "agressão expropriativa" configura uma medida dos poderes públicos lícita que causa prejuízos – na sua maioria não previsíveis e atípicos – na posição jurídica proprietária de um indivíduo, que excedem o limiar da expropriação. Assim, quando a administração actuar dentro dos limites da lei e a privação ou restrição do direito constituir uma consequência imediata e imprevisível dessa actuação, estaremos perante uma "agressão expropriativa"; pelo contrário, se a administração actuar ilegalmente ou omitir uma acção contrariando um dever jurídico, existirá uma "agressão equivalente à expropriação". Características comuns às duas figuras são, pois: o carácter imediato, isto é, o constituirem elas uma consequência directa de uma determinada actuação dos poderes públicos; a exigência de um sacrifício especial; uma intensidade suficiente. Um exemplo que permite melhor diferenciar os dois conceitos consiste na realização de obras públicas numa rua que implique graves prejuízos para a actividade das empresas aí instaladas. Se os prejuízos resultarem da circunstância de a entidade pública que os realiza não as ter executado de acordo com as regras aplicáveis, ou respeitando os prazos previstos, existirá uma "agressão equivalente à expropriação"; se eles ocorrerem não obstante a entidade pública em causa ter actuado conforme lhe era exigível, estaremos perante uma "agressão expropriativa"[366].

O estado de coisas que muito sumariamente se acaba de descrever foi alterado com a decisão *Nassauskiesung* do Tribunal Constitucional Federal, de 1981, a qual encarou a distinção entre determinação do conteúdo e limites da propriedade, por um lado, e a expropriação, por outro, já não tanto como uma questão de grau, mas como uma questão qualitativa, advogando uma separação estrita entre ambas[367]. Em segundo lugar, a decisão em causa considerou ainda, como se disse, que o conceito de propriedade do artigo 14.º da Lei Fundamental pode apenas ser determinado com base na própria Constituição e não com base em normas de direito ordinário, sejam elas de

---

[366] Cfr. Nüssgens/Boujong, *Eigentums, Sozialblidung, Enteignung*, pp. 182-183 e 205; Friedrich Kreft, *Öffentlichrechtliche Ersatzleistungen*, pp. 88 e ss.; Külpmann, *Enteignende Eingriffe?*, pp. 13, 71; Papier, "Art. 14 GG", n.º 688-690, p. 355; Pieroth e Schlink, *Grundrechte Staatsrechts II*, n.º 926-927, pp. 230-231; Rudolf Steinberg e Andreas Lubberger, *Aufopferung – Enteignung und Staatshaftung*, pp. 241 e ss.; Hartmut Maurer, *Allgemeines Verwaltungsrecht*, § 27, n.ºs 20-25, 87 e ss., 107 e ss., pp. 707 e ss., 748 e ss., 762 e ss.

[367] Cfr. Jochen Rozek, *Die Unterscheidung von Eigentumsbindung und Enteignung*, pp. 20-25; Ulrich Hösch, *Eigentum und Freiheit*, p. 7; Jan-R. Sieckmann, *Modelle des Eigentumsschutzes*, p. 19; Joachim Lege, *Zwangskontrakt und Güterdefinition*, pp. 20 e ss.; Christoph Külpmann, *Enteignende Eingriffe?*, pp. 96-97. Quanto à tese da separação entre os institutos jurídicos da determinação de conteúdo e limites, de acordo com o artigo 14.º, n.º 1, 2ª parte, e a expropriação, prevista no artigo 14.º, n.º 3, da Lei Fundamental, sustentada na decisão do Tribunal Constitucional Federal mencionada no texto, cfr. *Entscheidungen des Bundesverfassungsgerichts*, vol. 58, p. 331. Nos termos desta tese, pode dizer-se da expropriação que "em face da determinação do conteúdo e limites da propriedade ela não é um mais ou um menos, mas um *aliud*" (cfr. Rittstieg, "Kommentierung zu Art. 14/15", n.º 182, p. 1094; idem, *Eigentum als Verfassungsproblem*, p. 411). Ainda que esta clarificação do conceito de expropriação não signifique um regresso ao pensamento clássico sobre a matéria, designadamente por nos seus termos a expropriação não ser necessariamente pensada como uma modalidade de aquisição forçada, sendo antes essencial a privação da propriedade e a consequente perda de um direito, o certo é que a expropriação surge caracterizada como privação concreto-individual de posições jurídicas, enquanto a determinação do conteúdo e limites consiste na fixação geral-abstracta de direitos e deveres do proprietário. Nessa medida, isto é, através do modelo da expropriação como intervenção concreto-individual de um poder público sob a forma de uma privação completa ou parcial de posições jurídico-proprietárias, é possível falar de uma parcial recondução ao modelo histórico da expropriação clássica (cfr. Jochen Rozek, *ob. cit.*, pp. 22-23). À questão regressar-se-á adiante.

direito público ou privado[368]. Em terceiro lugar, a mesma decisão estabeleceu que apenas poderia ser qualificada como expropriação uma medida preenchendo todos os pressupostos previstos no artigo 14.º, n.º 3, da Lei Fundamental, desenvolvendo, com base neste princípio da licitude da expropriação, o princípio da precedência da "garantia de permanência" sobre a "garantia de valor" da propriedade[369]. De acordo com este princípio, uma lesão ilícita da propriedade existente deve ser eliminada, não compensada: "A Constituição protege a concreta situação do proprietário individual. Este apenas tem de suportar uma privação da sua situação jurídica constitucionalmente protegida quando a lesão corresponder em todos os aspectos aos pressupostos estabelecidos no artigo 14.º, n.º 3, da Lei Fundamental. Em tal caso, o lugar da garantia de permanência dos direitos tutelados pela garantia da propriedade é ocupado por uma garantia de valor, que visa a concessão pelo legislador de uma indemnização a determinar. Pelo contrário, a Lei Fundamental prevê como consequência de uma «expropriação» inconstitucional a eliminação do acto lesivo"[370]. Do mesmo modo, também uma determinação do conteúdo e limites da propriedade contrária à Constituição deve ser eliminada, não compensada. Não é, pois, possível "salvar" uma medida legislativa materialmente expropriativa através do reconhecimento judicial de uma indemnização, quando essa indemnização não estiver expressamente prevista na medida legislativa em causa[371]. O particular não tem, assim, à sua disposição a possibilidade de escolha entre a eliminação da violação ilícita do seu direito de propriedade e

---

[368] Cfr. *Entscheidungen des Bundesvergassungsgerichts*, vol. 58, p. 335; Christoph Külpmann, Enteingnende Eingriffe?, p. 97.

[369] Sobre os conceitos de "garantia de permanência" (*Bestandsgarantie*) e "garantia de valor" (*Wertgarantie*), cfr. B. Pieroth e B. Schlink, *Grundrechte Staatsrecht II*, n.ºs 897 e 898, p. 224: a primeira exprime a protecção do indivíduo contra intervenções lesivas do Estado sobre os seus bens e direitos e, nessa medida, o artigo 14.º funciona como direito fundamental, isto é, como direito subjectivo público dos indivíduos; a segunda aponta para a possibilidade de expropriação contra o pagamento de indemnização. A distinção tem a sua origem no estudo de Martin Wolff, "Reichsverfassung und Eigentum", p. 13: "em caso de expropriação, a garantia da propriedade transforma-se numa garantia de valor da propriedade".

[370] Cfr. *Entscheidungen des Bundesvergassungsgerichts*, vol. 58, p. 323.

[371] Cfr. *Entscheidungen des Bundesvergassungsgerichts*, vol. 58, pp. 319 e 324; Christoph Külpmann, *Enteingnende Eingriffe?*, p. 97.

a exigência de uma indemnização. Em quarto lugar, e na sequência do que acaba de ser dito, a doutrina distingue entre protecção jurídica primária, relativa à impugnação do acto lesivo perante um tribunal administrativo, e a protecção jurídica secundária, respeitante à liquidação da indemnização perante os tribunais comuns[372].

A decisão no caso *Nassauskiesung* foi já qualificada como uma "revolução coperniciana" na compreensão da propriedade em sentido constitucional[373]. E, na verdade, aquela decisão do Tribunal Constitucional Federal alterou a compreensão constitucional da propriedade em quatro aspectos essenciais: (i) a relação dos tribunais, sobretudo dos tribunais comuns, com o legislador; (ii) a "divisão de trabalho" entre a jurisdição administrativa e a jurisdição comum; (iii) a afirmação e imposição do monopólio do Tribunal Constitucional na solução das questões de constitucionalidade relativas aos direitos de propriedade; (iv) a posição do cidadão em face do poder público[374]. As implicações

---

[372] Cfr. Andreas Lubberger, *Eigentumsdogmatik*, pp. 48 e 54-55; Jochen Rozek, *Die Unterscheidung von Eigentumsbindung und Enteignung*, pp. 71-76; Ulrich Hösch, *Eigentum und Freiheit*, p. 75; Jan-R. Sieckmann, *Modelle des Eigentumsschutzes*, pp. 19 e 473 e ss.; Nüssgens/Boujong, *Eigentum, Sozialbildung, Enteignung*, pp. 190-192; Fritz Ossenbühl, *Staatshaftungsrecht*, pp. 180-184; Christoph Külpmann, *Enteignende Eingriffe?*, p. 98.

[373] Cfr. Werner Böhmer, "Eigentum aus verfassungsrechtlicher Sicht", p. 41; idem, "Grundfragen der verfassungsrechtlichen Gewährleistung des Eigentums in der Rechtsprechung des Bundesverfassungsgerichts", p. 2561 (Böhmer esforça-se aqui por demonstrar que a expressão não pode ser tomada no sentido de a decisão *Nassauskiesung* trazer algo de radicalmente novo em relação à anterior jurisprudência do Tribunal Constitucional Federal, mas apenas no sentido de clarificar a diferença entre o artigo 14.º da Lei Fundamental e o seu precursor, o artigo 153.º da Constituição de Weimar; por outras palavras, a decisão em causa teria clarificado a existência de uma nova ordem da protecção constitucional da propriedade que a doutrina e a jurisprudência, sobretudo a comum, não haviam ainda reconhecido em toda a sua extensão); Jochen Rozek, *Die Unterscheidung von Eigentumsbindung und Enteignung*, p. 14; cfr., ainda, H. Maurer, *Allgemeines Verwaltungsrecht*, § 27, n.º 26, p. 711; Friedrich Kreft, *Öffentlichrechtliche Ersatzleistungen*, n.º 60, p. 51. Gregory Alexander, *The Global Debate Over Constitutional Property*, p. 139, refere-se-lhe como "possivelmente a mais famosa e extensamente discutida decisão do Tribunal Constitucional Federal sobre a protecção constitucional da propriedade". Em sentido contrário, mas sem deixar de reconhecer o alcance da mesma decisão na dogmática jusconstitucional da propriedade, Fritz Ossenbühl caracteriza-a como uma "tempestade num copo de água" (cit. em Wolfram Höfling, "Primär- und Sekundärrechtsschutz im Öffentlichen Recht", p. 278).

[374] Cfr. Christoph Külpmann, *Enteignende Eingriffe?*, p. 98.

destes aspectos são evidentes, atendendo à dogmática da garantia da propriedade subjacente à decisão *Nassauskiesung* que brevemente se descreveu. Assim, na sequência de tal decisão tornou-se claro que apenas ao legislador cabe determinar o que é determinação do conteúdo e limites da propriedade e o que é expropriação; apenas neste último caso, expressamente previsto pelo legislador, há lugar a uma indemnização pelo sacrifício da propriedade. Depois, quanto ao segundo aspecto, a distinção entre protecção jurídica primária e secundária acarreta também uma "divisão do trabalho" entre jurisdição administrativa e jurisdição comum. A imposição do Tribunal Constitucional como juiz das questões constitucionais relativas à propriedade decorre da rejeição da possibilidade de o cidadão escolher ser compensado pela violação do seu direito, quando seja possível eliminá-la. Por último, a garantia constitucional da propriedade não significa apenas um direito a uma compensação patrimonial, em caso de agressão da propriedade, mas um verdadeiro direito de defesa do proprietário perante as agressões dos poderes públicos ao seu direito. A protecção do valor da propriedade surge apenas quando o Estado deliberadamente supera a garantia da permanência da propriedade, em caso de expropriação, devendo pagar uma indemnização de acordo com o estabelecido na lei[375].

1.5.1.2.3 Entre a garantia de instituto, a garantia individual e o princípio da proporcionalidade. Tendo presente a elaboração jurisprudencial da garantia constitucional da propriedade que a traços largos se descreveu, é agora necessário indicar os diferentes modos de entender a ideia de garantia de instituto: a) originariamente, tal ideia foi entendida como exprimindo um dever do legislador manter o instituto da propriedade, tal como definido pelo direito civil; b) um outro entendimento possível consiste em identificar a garantia de

---

[375] Cfr. Christoph Külpmann, *Enteignende Eingriffe?*, p. 100; Werner Böhmer, "Grundfragen der verfassungsrechtlichen Gewährleistung des Eigentums in der Rechtsprechung des Bundesverfassungsgerichts", p. 2564; Rudolf Steinberg e Andreas Lubberger, *Aufopferung – Enteignung und Staatshaftung*, pp. 346 e ss.; Friedrich Kreft, *Öffentlichrechtliche Ersatzleistungen*, pp. 42 e ss.. e 116-117; Jochen Rozek, *Die Unterscheidung von Eigentumsbinding und Enteignung*, pp. 71 e ss. e 79-80; Ulrich Hösch, *Eigentum und Freiheit*, pp. 74-75.

instituto com a preservação da ordem da propriedade privada no domínio económico ou, pelo contrário, em ver nela uma exigência de reconfiguração do próprio instituto "propriedade"; c) para além disso, a ideia de garantia de instituto pode ainda ser entendida no sentido de uma dimensão objectiva do direito fundamental de propriedade, isto é, como uma protecção de direito objectivo, independente dos direitos de propriedade individuais existentes, determinada através de princípios relativos à propriedade; d) depois, a garantia de instituto pode ser encarada como "limite dos limites" do direito fundamental de propriedade; e) pode ainda considerar-se a garantia de instituto enquanto limite da liberdade protegida pelos direitos fundamentais; f) é ainda possível encarar a garantia de instituto como uma proibição, dirigida ao legislador, de retirar domínios da ordem do direito privado que integram partes elementares da actividade protegida em termos de direitos fundamentais; (g) por último, pode ainda entender-se que a realidade designada pela figura da garantia de instituto deve, no essencial, ser substituída por um direito subjectivo dos cidadãos à existência de instituições de direito privado.

De todas as interpretações enunciadas da figura da garantia de instituto se espera uma resposta quanto à tutela dos seguintes casos, não abrangidos pela garantia individual da propriedade: os casos em que o legislador não actua afectando posições jurídicas individuais merecedoras de tutela à luz desta última garantia, mas antes através da criação de novos direitos ou da exclusão para o futuro da constituição de direitos actualmente em vigor[376].

a) A garantia de instituto como dever do legislador preservar a propriedade do direito civil. A identificação da garantia de instituto com um determinado entendimento da propriedade "pré-constitucional", no caso o conceito de propriedade do § 903 do BGB, conduz a um círculo vicioso, porque se identifica de antemão a garantia constitucional com um entendimento de propriedade que deve depois ser aferido à luz daquela garantia[377]. Além disso, a identificação do con-

---

[376] Cfr. Markus Appel, *Entstehungsschwäche und Bestandsstärke des verfassungsrechtlichen Eigentums*, pp. 177 e ss.

[377] Cfr. Alexander v. Brünneck, *Die Eigentumsgarantie des Grundgesetzes*, p. 316; Ulrich Hösch, *Eigentum und Freiheit*, p. 60.

teúdo da garantia de instituto com um conceito tradicional de propriedade privada, subjacente ao § 903 do BGB, coloca ainda o problema da justificação de se privilegiar este modo de formação de um direito de exclusivo privado em face de outros possíveis direitos, sobretudo quando se admite, ao mesmo tempo, a extensão do conceito constitucional de propriedade, por forma a abranger todos os direitos patrimoniais privados. Ora, um tal privilégio a favor da propriedade real é apenas legítimo na medida em que este tipo de direito privado se mostre mais adequado do que outros tendo em vista a garantia de um determinado fim previsto na Constituição. Para o efeito, não parece ser suficiente afirmar que a propriedade do direito civil integra a tradição jurídica em que se insere o direito constitucional, pois isso conduz a que "o passado, apenas com o fundamento de ter primeiro existido, é protegido à conta do presente"[378]. Isso não significa, toda-

---

[378] Cfr. Ulrich Hösch, *Eigentum und Freiheit*, p. 62. Sustentando que a propriedade real se encontra no centro da garantia de instituto, cfr. Werner Weber, "Eigentum und Enteignung", p. 357; mais recentemente, a ideia de que a garantia de instituto, através de um "conteúdo orientado para a tradição", protege as formas e estruturas básicas tradicionais da propriedade em sentido jurídico-constitucional, foi defendida por Rudolf Wendt, "Kommentierung zu Artikel 14", n.º 11, p. 593; idem, *Eigentum und Gesetzgebung*, pp. 183 e ss., esp. pp. 190 e 194 e ss. O autor defende que a garantia de instituto tem ainda um "conteúdo orientado para a função", nos termos do qual o legislador, em domínios para os quais ainda não se tenham formado estruturas jurídico-patrimoniais típicas e tradicionalmente consolidadas, é obrigado a deixar subsistir ou a criar regras que assegurem, em tais domínios, uma capacidade funcional correspondente à esfera de liberdade específica das relações de propriedade (cfr. Wendt, *Eigentum und Gesetzgebung*, pp. 191 e 249 e ss.). A ideia de um "conteúdo orientado para a função" da garantia de instituto foi colhida por Wendt em Peter Badura, "Zur Lehre von der verfassungsrechtlichen Institutsgarantie des Eigentums...", p. 8. Segundo este último autor, "ao contrário da sua função de garantia de posição jurídica individual, o direito fundamental da liberdade de propriedade tem uma maior plasticidade na sua função de garantia de instituto". Para Badura, no âmbito da garantia de instituto, "a Constituição não protege a propriedade segundo o modelo do § 903 do Código Civil como direito abrangente, que deve ser concedido ou mantido para todas as faculdades de aproveitamento ou utilização pensáveis ou tecnicamente possíveis. O poder de conformação do legislador não é definido com recurso a um conceito ou critério normativo preexistentes, mas através da vinculação ao princípio constitucional da liberdade da propriedade" (cfr. *ob. cit.*, p. 9). Ao afirmar que a garantia de instituto permite maior amplitude na definição do conceito de propriedade do que a garantia individual, Badura transcende, decididamente, o horizonte em que Martin Wolff formulou a ideia de garantia de instituto. Quando acolhe o conceito de "conteúdo orientado para a função", junto do "conteúdo orientado para a tradição" da garantia de instituto, Wendt supera também a formulação de

via, que não se reconheça o papel paradigmático da propriedade real na conformação do objecto da garantia da propriedade, na sequência, aliás, do pensamento de Hegel sobre a propriedade privada[379].

b) A garantia de instituto como garantia do *status quo* económico ou da sua reconfiguração. Um outro entendimento consiste em sustentar que a ideia de garantia de instituto tem o propósito, sugerido por Schmitt, como se viu[380], de preservar a ordem da propriedade privada também no domínio económico. A garantia de instituto teria assim um sentido positivo na imposição de limites ao planeamento económico, à participação dos trabalhadores na gestão das empresas e ao carácter progressivo da tributação[381].

Contra este modo de ver, dir-se-ia que o mesmo parece ser incompatível com a neutralidade da Lei Fundamental em matéria de política económica, já afirmada pelo Tribunal Constitucional Federal[382]; por outro lado, uma tal compreensão da garantia de instituto seria ainda dificilmente conciliável com a possibilidade de nacionalização, prevista no artigo 15.º da Lei Fundamental; finalmente, a caracterização da propriedade levada a cabo pela jurisprudência do Tribunal Constitucional Federal, como visando "assegurar um espaço

---

Martim Wolff. A questão que então se coloca é a de saber se a extensão da garantia constitucional da propriedade a novas formas de aproveitamento e utilização de bens se deve fazer tomando como modelo a propriedade do direito civil ou os valores que justificam a protecção constitucional da propriedade. Como adiante se verá (cap. 2, ponto 2.4.1.1), as duas opções não se excluem: aquilo que justifica a protecção constitucional da propriedade, isto é, a existência de um espaço de liberdade na esfera jurídico-patrimonial, está presente na propriedade do direito civil e, por outro lado, no regime desta é possível identificar com clareza as características estruturais que permitem a extensão da propriedade constitucional a outros direitos.

[379] Cfr. supra, Parte II, cap. 3, pontos 3.2 e 3.3 e infra, cap. 2, ponto 2.4.1.1.
[380] Cfr. Supra, ponto 1.5.1.2.1.
[381] Cfr. Werner Weber, "Eigentum und Enteignung", pp. 359-361.
[382] Cfr. a decisão do Tribunal Constitucional Federal de 20 de Julho de 1954, in *Entscheidungen des Bundesvergassungsgerichts*, vol. 4, pp. 17-18: "A 'neutralidade político-económica' da Lei Fundamental reside apenas na circunstância de o legislador constituinte não se ter expressamente decidido por um determinado sistema económico. Isto permite ao legislador seguir em cada momento a política económica que lhe parecer conveniente, desde que observe o disposto na Constituição"; cfr., ainda, B. Pieroth e B. Schlink, *Grundrechte Staatsrecht II*, n.º 953, p. 238.

de liberdade no domínio jurídico-patrimonial e com isso possibilitar uma formação responsável da própria vida"[383], não permitiria identificar a ideia de garantia de instituto com uma determinada ordem económica[384].

Os argumentos apontados afiguram-se relevantes na perspectiva da recusa da configuração da garantia de instituto como uma mera garantia do *status quo* económico. O mesmo não se poderá já dizer, no entanto, em relação a uma concepção da garantia de instituto como garantia de uma economia substancialmente (ainda que não exclusivamente) assente na propriedade privada dos meios de produção. Nesta perspectiva, a neutralidade constitucional em matéria de política económica tem de ser conciliada com a, também proclamada pelo Tribunal Constitucional, "fundamental decisão de valor da Lei Fundamental a favor da propriedade privada"[385]. Uma tal conciliação passa, é claro, pela afirmação da propriedade como uma liberdade pessoal, e não meramente económica. Para além disso, a previsão constitucional da figura da nacionalização não é necessariamente um argumento contra a garantia de uma economia essencialmente assente na propriedade privada, como adiante se verá[386]. Finalmente, a caracterização substancial da propriedade como visando assegurar um espaço de liberdade na esfera jurídico-patrimonial não é incompatível com a presença necessária, e até mesmo preponderante, de um sector privado na economia. Em Portugal é certamente possível falar de uma garantia de instituto, em relação à propriedade privada, a propósito da delimitação constitucional de sectores de propriedade dos meios de produção, prevista no artigo 82.º da Constituição[387].

E se em vez de perpetuar o *status quo* económico, a garantia de instituto visasse a transformação da instituição "propriedade"? Assim,

---

[383] A frase citada é do Tribunal Constitucional Federal, na sua decisão de 18 de Dezembro de 1968 (cfr. *Entscheidungen des Bundesvergassungsgerichts*, vol. 24, p. 389).

[384] Cfr. Helmut Rittstieg, *Eigentum als Verfassungsproblem*, pp. 383-384; Ulrich Preuss, *Die Internalisierung des Subjekts*, pp. 145 e ss. e 190 e ss.

[385] Cfr. decisão de 14 de Fevereiro de 1967, in *Entscheidungen des Bundesvergassungsgerichts*, vol. 21, p. 155.

[386] Cfr. infra, cap. 2, ponto 2.4.4.

[387] Cfr. Sousa Franco e Oliveira Martins, *A Constituição Económica Portuguesa*, pp. 170-171; Gomes Canotilho e Vital Moreira, *Constituição da República Portuguesa Anotada*, vol. I, pp. 976-977.

afirma-se, se a garantia de instituto deve ter contornos normativos, ela não pode simplesmente corresponder à soma dos direitos protegidos pelo artigo 14.º[388]. Ora, a este propósito, as tomadas de posição do Tribunal Constitucional Federal sobre o alcance e fundamento da garantia da propriedade vêm introduzir maior complexidade à distinção entre a garantia de instituto e a protecção dos concretos direitos individuais de propriedade. Com efeito, o Tribunal Constitucional Federal, não prescinde de enunciar, ainda que de forma necessariamente casuística, as características que um objecto de propriedade deve preencher para poder ser incluído no âmbito da protecção constitucional da propriedade e esboçar os fundamentos que justificam a inclusão nesse âmbito de protecção. Entre esses fundamentos, a que já atrás se aludiu, e que em última análise se reconduzem à liberdade da pessoa, contam-se as ideias da protecção das realizações próprias da pessoa, da propriedade como base para a formação auto-responsável da vida e de segurança de um espaço de liberdade individual no âmbito jurídico-patrimonial. O problema que então se coloca é o de saber se estes fundamentos da propriedade, expressamente reconhecidos pela jurisprudência, para além do alargamento do conceito constitucional de propriedade em relação ao círculo definido pela propriedade do direito civil e mesmo ao círculo mais amplo dos direitos patrimoniais privados, não apontam antes para uma reconfiguração do instituto "propriedade" constitucionalmente garantido. Helmut Rittstieg sustenta, a este propósito, que, na medida em que os direitos fundamentais, e logo também a garantia da propriedade, dizem respeito ao desenvolvimento da sociedade, eles exigem o acesso, juridicamente estruturado, das massas às bases da subsistência e ao desenvolvimento pessoal. Neste contexto, segundo o autor, não são os privilégios de uma minoria, caucionados pelo direito civil, mas a protecção jurídica das bases da subsistência de todos, na medida em que para elas poderiam contribuir posições jurídicas individuais, que deveria constituir objecto de uma garantia de instituto. Por outras palavras, uma vez que a propriedade real do Código Civil se mostra cada vez menos adequada a desempenhar essa função nas modernas sociedades industriais, seria exigida a criação de uma Nova Propriedade,

---

[388] Cfr. Helmut Rittstieg, *Eigentum als Verfassungsproblem*, pp. 386-387.

apelando à inclusão de pretensões relativas à subsistência no âmbito da garantia da propriedade. O próprio autor adverte para a necessidade de a discussão de semelhantes concepções se proteger contra a "ilusão jurídica" de que com a mera criação de novas formas jurídicas se poderia alcançar o fim com elas visado.

c) A garantia de instituto como expressão de princípios constitucionais respeitantes à ordem da propriedade. Segundo Jan-Reinard Sieckmann[389], em analogia com a garantia de direitos individuais existentes com base em princípios relativos à propriedade, pode também pensar-se em princípios constitucionais impondo a manutenção da ordem da propriedade. Entre estes, contam-se princípios substanciais relativos à propriedade e a própria garantia da propriedade contida no artigo 14.º, n.º 1, 1ª parte, da Lei Fundamental. Princípios substanciais são, antes de mais, o princípio da protecção da liberdade e os princípios de direito objectivo consistentes na separação do poder social e na eficiência[390]. Simplesmente, como o autor

---

[389] Cfr. Jan-R. Sieckmann, *Modelle des Eigentumsschutzes*, p. 232; caracterizando também a garantia de instituto como forma jurídico-objectiva da tutela constitucional da propriedade, junto da forma jurídico-subjectiva da garantia de permanência dos direitos individuais de propriedade, cfr. Andreas Lubberger, *Eigentumsdogmatik*, pp. 29 e 242; Gunther Schwerdtfeger, *Die dogmatische Struktur der Eigentumsgarantie*, pp. 17-18. Para este autor existem condições institucionais jurídico-objectivas das quais depende o legislador quando cria um novo instituto da propriedade, ou quando regula para o futuro o conteúdo da propriedade, que actualmente ainda não existe. Nos termos desta dimensão objectiva, o artigo 14.º, n.º 1, 1ª parte, prescreve assim ao legislador determinados princípios estruturais à luz dos quais ele tem de conformar a propriedade: "O bem jurídico susceptível de ser submetido à propriedade deve ser juridicamente destinado ao titular competente. A propriedade deve ser conformada em termos de 'um aproveitamento privado' de forma a poder ser nas mãos do titular 'o fundamento de benefícios decorrentes de iniciativas privadas e do interesse privado de responsabilidade individual'. O proprietário deve manter o poder de disposição fundamental sobre o objecto da propriedade. – Com estas directivas de configuração para o legislador que determina o conteúdo da propriedade aparece sob nova roupagem – concretizada quanto ao conteúdo – a 'garantia de instituto' conhecida do período de Constituição de Weimar".

[390] Cfr. Jan-R. Sieckmann, *Modelle des Eigentumsschutzes*, p. 229. Sobre o princípio da protecção da liberdade, cfr. J.-R. Sieckmann, *ob. cit.*, pp. 196-197; quanto aos princípios objectivos da separação social do poder e da eficiência, cfr. Sieckmann, *ob. cit.*, pp. 197-201 (quanto a este último, cfr., ainda, Stephen Munzer, *A Theory of Property*, pp. 191 e ss., e supra, ponto 1.4,; no que respeita ao princípio da divisão social do poder, nos termos do

afirma, estes princípios não protegem necessariamente a ordem da propriedade existente, mas conduzem também à introdução de uma ordem da propriedade que sirva a sua mais completa realização. Princípio específico da protecção da ordem existente seria o princípio da segurança jurídica, perspectivado como objectivação do mandado da protecção da confiança. De acordo com tal interpretação, o princípio da segurança jurídica teria uma função para a garantia da ordem objectiva da propriedade correspondente àquela que o princípio da protecção da confiança desempenha para a garantia de posições proprietárias individuais. Assim como este exige regras de transição para os direitos já constituídos, também aquele exclui, por via de regra, a modificação do direito. A alteração da ordem da propriedade seria assim uma intervenção no domínio de protecção da garantia da propriedade enquanto garantia de instituto, carecendo, nessa medida, de uma justificação jurídico-constitucional. Simplesmente, uma vez que o princípio da segurança jurídica, assim interpretado, não deixa de consistir num princípio relativo à propriedade apenas em sentido amplo, isto é, um princípio que está subjacente não apenas à norma constitucional sobre a propriedade, mas também a outras normas constitucionais, como por exemplo o artigo 2.º, n.º 1, da Lei Fundamental[391], é mais plausível encará-lo como princípio autónomo e não como princípio subjacente ao artigo 14.º da Lei Fundamental. Como se disse, a interpretação da ideia de garantia de instituto enquanto princípio ou princípios que impõem a manutenção da ordem da propriedade existente pode também, segundo Sieckmann, assentar simplesmente na norma do artigo 14.º, n.º 1, 1ª parte, da Lei Fundamental, na medida em que esta estabelece que a propriedade é garantida[392]. Tal garantia abrangeria, assim, não apenas os concretos direitos indi-

---

qual deve existir uma repartição bem proporcionada do poder, não apenas político, mas também social, cfr. Jan Meyer-Abich, *Der Schutzzweck der Eigentumsgarantie*, pp. 115 e ss.).

[391] Sobre a distinção entre princípios relativos à propriedade em sentido restrito e em sentido amplo, cfr. Jan-R. Sieckmann, *Modelle des Eigentumsschutzes*, pp. 190-191. O artigo 2.º, n.º 1, da Lei Fundamental dispõe como segue: "Todos têm o direito ao livre desenvolvimento da personalidade, desde que não violem os direitos de outrem e não atentem contra a ordem constitucional ou a lei moral".

[392] Tratar-se-ia, para o autor, de uma fundamentação formal, isto é, por remissão para disposições de direito positivo, de um princípio relativo à propriedade: cfr. Sieckmann, *Modelle des Eigentumsschutzes*, pp. 188 e 23, nota 571.

viduais de propriedade, mas também o instituto jurídico da propriedade. Simplesmente, pelas razões já apontadas, esta não é uma interpretação convincente ou concludente. Os resultados da análise da ideia de garantia de instituto com base em princípios não são, pois, satisfatórios. A sua identificação com princípios relativos à propriedade de direito objectivo, independentes dos concretos direitos de propriedade existentes, não impõe uma específica garantia de conteúdo institucional[393].

d) **A garantia de instituto como "limites dos limites".** Como se apontou, a ideia de garantia de instituto pode ainda ser entendida como "limite dos limites" da garantia constitucional da propriedade. Neste sentido, uma tal garantia coloca limites à determinação do conteúdo e limites, a que se refere o artigo 14.º, n.º 1, 2ª parte, bem como à expropriação, prevista no artigo 14.º, n.º 3, da Lei Fundamental. É, todavia, diminuto o seu significado com este alcance na jurisprudência do Tribunal Constitucional Federal, uma vez que a rede das exigências jurídico-constitucionais aos limites à propriedade é já suficientemente espessa[394]. Esta conclusão resulta precisamente da análise da incidência dos restantes "limites dos limites" na tutela constitucional da propriedade privada. Deixando de lado os limites formais das restrições, como o carácter geral da lei restritiva, ou a obrigação de indicar o direito restringido, importa de modo especial analisar os limites materiais, isto é, a garantia do conteúdo essencial e o princípio da proporcionalidade[395].

Na Lei Fundamental alemã, o princípio da proporcionalidade resulta do respectivo artigo 1.º, n.º 3, sendo entendido como parte integrante do princípio do Estado de Direito[396]. Precisamente por esta

---

[393] Cfr. Jan-R. Sieckmann, *Modelle des Eigentumsschutzes*, pp. 229-232.

[394] Cfr. B. Pieroth e B. Schlink, *Grundrechte Staatsrecht II*, n.º 952, p. 238.

[395] Cfr. o artigo 19.º, n.º 1 (carácter geral da lei restritiva e citação do direito afectado) e n.º 2 (conteúdo essencial), e o artigo 1.º, n.º 3 (proporcionalidade) da Lei Fundamental; os limites materiais apontados estão também consagrados no direito constitucional português.

[396] Cfr. B. Pieroth e B. Schlink, *Grundrechte Staatsrecht II*, n.º 273, p. 64; Ulrich Hösch, *Eigentum und Freiheit*, p. 67. De modo semelhante, também em Portugal se considera o princípio da proporcionalidade como parte integrante do princípio do Estado de Direito, consagrado no artigo 2.º da Constituição de 1976: assim, cfr., por exemplo, o Acórdão n.º 491/02, in *Acórdãos do Tribunal Constitucional*, 54.º volume, p. 201;

razão, não parecem procedentes os argumentos que questionam a adopção do princípio da proporcionalidade como critério de apreciação da actividade do legislador em matéria de propriedade privada com base na ideia de que, pressupondo o exame da proporcionalidade uma representação da propriedade prévia à determinação de conteúdo legislativo, essa representação prévia não existe no caso do direito de propriedade. E, na verdade, este último difere dos demais direitos fundamentais, como se disse, precisamente por o seu objecto consistir numa criação da ordem jurídica. Esta dificuldade conduziu já alguns autores a excluir do artigo 14.º da Lei Fundamental o controlo da proporcionalidade[397]. Simplesmente, a circunstância de caber ao legislador a determinação do conteúdo e limites da propriedade, como resulta do artigo 14.º, n.º 1, 2ª parte, da Lei Fundamental, não constitui motivo para excluir a actividade do legislador no desempenho de tal tarefa constitucional das exigências substanciais a que a Constituição submete, no âmbito do princípio do Estado de Direito, toda a produção normativa e entre as quais se conta, em primeira linha, o princípio da proporcionalidade. Para além disso, pode até afirmar-se que o princípio da proporcionalidade decorre para o legislador, na sua tarefa de determinação do conteúdo da propriedade, da própria garantia constitucional desta última, na medida em que impõe que o desempenho de tal tarefa tenha em igual consideração o interesse do proprietário (artigo 14.º, n.º 1: a propriedade é garantida) e o interesse geral (artigo 14.º, n.º 2: a propriedade obriga; o seu uso deve também servir o bem comum)[398].

Jorge Reis Novais, *Os Princípios Constitucionais Estruturantes da República Portuguesa*, pp. 49-50 e ss.; Maria Lúcia Amaral, *A Forma da República*, pp. 184 e ss.; cfr., no entanto, Vitalino Canas, "Proporcionalidade", pp. 596 e ss.

[397] Cfr. Helmut Rittstieg, "Kommentierung zu Art. 14/15", n.º 166, p. 1089.

[398] Neste sentido, cfr. Nüssgens/Boujong, *Eigentum, Sozialbildung, Enteignung*, pp. 63-65. Rudolf Wendt questiona a relevância do princípio da proporcionalidade no âmbito do controlo da actividade do legislador na concretização do direito de propriedade com um fundamento diverso do que é alegado por Rittstieg. Este autor distingue entre a actividade do legislador na determinação do conteúdo da propriedade, por um lado, e na sua limitação, por outro, com base no disposto no artigo 14.º, n.º 1, 2.ª parte ("O seu conteúdo e limites são determinados por lei"). Ora, neste contexto, não seria possível controlar eficazmente a actividade do legislador na determinação do conteúdo da propriedade (enquanto distinta da actividade legislativa que a limita) com base no princípio da proporcionalidade, sendo para o efeito necessário recorrer ao conceito de garantia de instituto (cfr. Wendt, *Eigentum und*

No âmbito do princípio da proporcionalidade há a distinguir, por um lado, os requisitos da adequação, ou idoneidade, da exigibili-

---

Gesetzgebung, pp. 280 e ss.). Para Wendt, as dificuldades de submeter ao controlo do princípio da proporcionalidade a actividade do legislador na determinação do conteúdo da propriedade revelam-se no requisito da exigibilidade ou necessidade. Segundo o autor, no seu domínio clássico de aplicação, o domínio da actuação do Estado que afecta direitos fundamentais, o princípio da exigibilidade ou necessidade impõe ao Estado a escolha, de entre medidas igualmente adequadas na perspectiva da prossecução dos fins visados, daquela que defenda no maior grau possível as liberdades dos cidadãos. No entanto, estando em causa a actividade do legislador na determinação do conteúdo da propriedade, insusceptível de lesar posições individuais dos cidadãos protegidas em termos do direito fundamental de propriedade, pode dizer-se que apontam no mesmo sentido o interesse do legislador que desenvolve o conteúdo da propriedade e o interesse do potencial proprietário. Assim, neste âmbito, não é possível configurar o requisito da exegibilidade ou necessidade no sentido de respeitar o mais possível os interesses dos cidadãos; tal requisito teria de ser configurado no sentido de o direito a constituir ser configurado não apenas em termos de atribuir ao respectivo titular um nível razoável de faculdades, mas em termos de alcançar um nível óptimo na estruturação de tais faculdades. Em tal caso, não estaria já em causa a subordinação da medida legislativa a um princípio de necessidade, mas a subordinação do legislador à imposição de adoptar uma única medida. Ora, segundo Wendt, isso seria inconciliável com a circunstância de ao legislador caber uma larga margem de manobra na determinação do conteúdo da propriedade, em resultado da formulação abrangente da tarefa confiada que lhe é confiada pelo próprio artigo 14.º, n.º 1, 2.ª parte, da Lei Fundamental (cfr. Wendt, *ob. cit.*, p. 284). Afigura-se, todavia, questionável a distinção entre determinação legislativa do conteúdo da propriedade e restrição legislativa da propriedade nos termos em que é proposta pelo autor (cfr. Wendt, *ob. cit.*, pp. 147 e ss.). Com efeito, mesmo deixando de lado a circunstância de a distinção entre "determinação de conteúdo" e "limites" não ter reflexos na jurisprudência constitucional alemã (neste sentido, cfr. Jochen Rozek, *Die Unterscheidung von Eigentumsbindung und Enteignung*, pp. 55-56; Ansgar Grochtmann, *Art. 14 GG*, pp. 52, 87-88, nota 403, 105, nota 467; Markus Appel, *Entstehungsschwäche und Bestandsstärke des verfassungsrechtlichen Eigentums*, pp. 269-270), o certo é que a aceitação da distinção não arreda a possibilidade de uma ponderação objectiva dos requisitos da proporcionalidade, no âmbito da determinação do conteúdo da propriedade, independentemente de existir, no caso, uma afectação de concretas posições jurídicas protegidas em termos da garantia individual da propriedade. Na verdade, como se diz no texto, o princípio da proporcionalidade não decorre para a garantia constitucional da propriedade do princípio do Estado de Direito, mas da própria norma do artigo 14.º da Lei Fundamental, na medida em que esta estabelece directamente uma relação dialéctica entre o interesse do proprietário (artigo 14.º, n.º 1) e o interesse geral (artigo 14.º, n.º 2), isto é, a necessidade de ponderação entre ambos os interesses (cfr. Ansgar Grochtmann, *ob. cit.*, pp. 65-66 e 75 e ss.; Markus Appel, *ob. cit.*, pp. 209-210). Importa ainda esclarecer que se a doutrina mais recente tende a aceitar (com algumas reservas) a relevância dogmática da distinção entre actividade do legislador na determinação do conteúdo da propriedade, por um lado, e na sua limitação, por outro, não parece aceitável o critério proposto para o efeito por Rudolf Wendt. Segundo este

dade, ou necessidade, e da proporcionalidade em sentido estrito, ou não desrazoabilidade, da lei tendo em vista alcançar um fim legítimo à luz da Constituição. No plano do regime geral e abstracto da lei, a averiguação da proporcionalidade em sentido estrito, ou razoabilidade, pode não representar qualquer avanço em relação aos requisitos da adequação e da necessidade. Apenas no plano da aplicação concreta da medida legislativa pode aquela vir a revelar a existência de um encargo desproporcionado ou desrazoável para o indivíduo. Nestes termos, o exame da adequação individual, ou razoabilidade, permite estabelecer se pode ser exigida ao indivíduo a concreta lesão da sua liberdade, implicada pela medida legislativa em causa. Deste modo, aquelas medidas legislativas que, sendo em geral adequadas e exigíveis em vista de um fim constitucionalmente legítimo, se revelarem, contudo, desproporcionada ou desrazoavelmente lesivas dos direitos de um indivíduo, são contrárias ao direito. Por outras palavras, a adequação, a necessidade e a não desproporcionalidade de uma medida legislativa, em geral, não justificam o sacrifício arbitrário de direitos individuais. Se esta conclusão é justificada com base no papel central da pessoa humana na Lei Fundamental, ela não significa, todavia, uma atribuição da última palavra ao direito individual de propriedade no confronto com o interesse público. A pretensão de defesa do indivíduo pode ser substituída por uma pretensão de compensação. Por outras palavras, a partir da função de defesa do direito fundamental de propriedade desenvolve-se uma função de

---

autor, a determinação do conteúdo distingue-se das medidas limitativas ou restritivas quanto às respectivas funções e eficácia: numa perspectiva funcional, a primeira atribui poderes e faculdades, enquanto as segundas resolvem conflitos; numa perspectiva de eficácia, a primeira diz respeito à constituição de direitos de propriedade e as segundas à respectiva lesão (cfr. Wendt, *ob. cit.*, pp. 147 e ss., esp. p. 157). A tese de Wendt encontra a dificuldade de as mesmas normas poderem revestir carácter simultaneamente definidor de conteúdo e restritivo, sendo assim, em última análise, arbitrária (neste sentido, cfr. Rozek, *ob. cit.*, pp. 58-59). Em sentido diverso, algumas propostas mais recentes de distinção entre determinação de conteúdo e imposição de restrições assentam num critério temporal, em estreita conexão com a distinção entre garantia de instituto e garantia individual: a determinação do conteúdo regula os direitos e deveres do proprietário para o futuro, enquanto a limitação ou restrição afecta direitos de propriedade já existentes (cfr. Ulrich Ramsauer, *Die faktischen Beeinträchtigungen des Eigentums*, pp. 73 e ss.; Rozek, *ob. cit.*, pp. 59-61; Grochtmann, *ob. cit.*, pp. 281 e ss.; Appel, *ob. cit.*, pp. 177 e ss., 189 e ss., e 271). Ao assunto regressar-se-á adiante.

tratamento igual e de compensação. É precisamente isto o que sucede na protecção constitucional dos direitos de propriedade: o indivíduo tem de suportar a total privação do seu direito quando lhe seja posta à disposição uma compensação adequada, não lhe sendo possível questionar, em tal caso, medidas legislativas que conduzem a essa privação, mas cumprem os requisitos da adequação, ou idoneidade, e da necessidade[399].

A conclusão não parece ser muito diferente se tivermos presente a garantia de conteúdo essencial dos direitos fundamentais. Uma tal garantia tem o significado de que todos os direitos fundamentais incluem, no núcleo do domínio de liberdade por eles actualizado, uma garantia de autodeterminação, e que em todos os casos de restrições deve permanecer, para aqueles que são por elas afectados, a possibilidade de uma actividade no âmbito dessa autodeterminação. Ora, pese a discussão que se verifica na doutrina alemã, relativa à questão

---

[399] Cfr. Ulrich Hösch, *Eigentum und Freiheit*, pp. 68-70; cfr., ainda, Nüssgens/ Boujong, *Eigentum, Sozialbildung, Enteignung*, p. 65. Sobre o princípio da proporcionalidade, cfr. Luís Virgílio Afonso da Silva, "O Proporcional e o Razoável", pp. 34 e ss.; Reis Novais, *As Restrições aos Direitos Fundamentais...*, pp. 752 e ss. e 765 e ss.; idem, *Os Princípios Constitucionais Estruturantes da República Portuguesa*, pp. 178 e ss., 187 e ss. Segundo este último autor, haveria que fazer uma distinção entre proporcionalidade me sentido estrito, como a relação material entre o interesse subjacente à medida restritiva e o direito constitucional protegido, e a razoabilidade, enquanto avaliação orientada para a perspectiva das consequências da medida restritiva na esfera pessoal daquele que é desvantajosamente afectado. Não importa aqui tomar posição sobre a autonomia da razoabilidade em relação à proporcionalidade em sentido estrito, mas apenas salientar que à luz de ambas as avaliações, conduzidas em termos concretos e individuais, é possível estender o âmbito do controlo do princípio da proporcionalidade. Naturalmente, a circunstância de uma compensação adequada pela privação da propriedade excluir o funcionamento da proporcionalidade em sentido estrito ocorre também quanto ao teste da razoabilidade, caso este seja autonomizado em relação àquela. Significa isto que uma medida legislativa idónea e necessária que implique a perda do direito de propriedade não pode ser contestada com qualquer daqueles dois fundamentos, na medida em que preveja uma compensação adequada. Por outro lado, a afirmação de Reis Novais de que "a densidade de controlo subjacente à verificação jurisdicional da desproporcionalidade é variável" (cfr. *Os Princípios Constitucionais Estruturantes...*, p. 183; cfr., ainda, Vieira de Andrade, *Os Direitos Fundamentais na Constituição Portuguesa de 1976*, p. 300) vale, por maioria de razão, para o caso da garantia constitucional da propriedade. Essa variabilidade atingirá aqui o seu grau máximo, em função da diferenciação do tratamento dos diversos objectos da propriedade, consoante eles se limitem a exprimir a liberdade do proprietário ou possam afectar a liberdade de todos.

de saber se o conteúdo essencial consiste num núcleo intocável e determinável em abstracto ou se se reconduz ao princípio da proporcionalidade, não se afigura que essa divergência releve no caso que nos ocupa[400]. Com efeito, em relação ao direito de propriedade, as circunstâncias podem exigir que, num caso individual, não se verifique a permanência de uma actividade no âmbito da autodeterminação subjacente ao direito fundamental cujo objecto é alvo de uma restrição. Em tais circunstâncias, a eliminação do conteúdo essencial dá lugar a uma pretensão de compensação. No caso da propriedade, isso acontece, pelo menos, com a privação do direito de propriedade através da expropriação, ou mesmo com a possibilidade de supressão da propriedade privada para uma determinada categoria de bens, nos termos do artigo 15.º da Lei Fundamental. Daí resulta, como salienta Ulrich Hösch, que a garantia de conteúdo essencial não acarreta, para o artigo 14.º da Lei Fundamental, qualquer limite, na perspectiva da lesão realizada pelo Estado na liberdade jusfundamental, para além daquela que resulta do princípio da proporcionalidade, nos termos já expostos[401].

---

[400] Cfr., sobre esta discussão, J. C. Vieira de Andrade, *Os Direitos Fundamentais na Constituição de 1976*, p. 294; Robert Alexy, *Theorie der Grundrechte*, pp. 267-272. Segundo Alexy, *ob. cit.*, p. 272, "a garantia de um conteúdo essencial incluída no artigo 19.º, n.º 2, da Lei Fundamental não contém qualquer controlo sobre a possibilidade de limitar os direitos fundamentais para além daquele que está contido no princípio da proporcionalidade". É também esta a posição de Peter Häberle, *Die Wesensgehaltegarantie des art. 19 Abs. 2 Gundgesetz*, pp. 58 e ss. e 234 e ss., o qual extrai dela a conclusão de que o mencionado artigo 19.º, n.º 2, tem um efeito meramente declarativo.

[401] Cfr. Ulrich Hösch, *Eigentum und Freiheit*, p. 71. De modo diverso, Hans-Jochen Vogel, "Kontinuität und Wandlungen der Eigentumsverfassung", p. 11, afirma que "ambas as garantias da propriedade, a do direito subjectivo e a do instituto jurídico, são abrangidas pela garantia de conteúdo essencial do artigo 19.º, n.º 2, [da Lei Fundamental]". No mesmo sentido, Peter Badura, "Zur Lehre von der verfassungsrechtlichen Institutsgarantie des Eigentums...", p. 14, sustenta que "através da previsão da Lei Fundamental, de que em caso algum pode um direito fundamental ser afectado no seu conteúdo essencial (artigo 19.º, n.º 2, LF), obteve esta ideia [da garantia de instituto] um fundamento expresso no direito constitucional positivo". Repare-se que a posição de Hösch é apenas correcta se reportada ao objecto da garantia constitucional da propriedade, mas já não se entendida como respeitando ao próprio alcance e efeito do direito fundamental de propriedade. Assim, a função de defesa deste último não ser arbitrariamente transformada numa função de compensação e em relação a esta é certamente possível falar de uma restrição e de um conteúdo essencial.

Em relação ao princípio da proporcionalidade, a garantia de instituto teria apenas significado no plano equivalente aos requisitos da adequação e exigibilidade contidos naquele, uma vez que ela não visa proteger prioritariamente direitos individuais, mas o instituto jurídico no seu todo. Neste contexto, Ulrich Hösch sustenta mesmo que a ideia de garantia de instituto não encerra, em relação a tal princípio, qualquer protecção adicional da propriedade: as lesões da liberdade de propriedade constitucionalmente garantida efectuadas pelo Estado seriam assim de aferir exclusivamente à luz do princípio da proporcionalidade[402]. E, na verdade, se não é pensável uma determinação do conteúdo e limites da propriedade que seja conforme aos requisitos da proporcionalidade mas contrarie a garantia de instituto, esta construção parece perder a sua autonomia dogmática. Isso não significa, todavia, que a função por ela desempenhada, isto é, a limitação da actividade do legislador naqueles casos em que a sua intervenção respeite a garantia individual da propriedade, não possa ser recebida na estruturação do próprio controlo da proporcionalidade[403].

e) A garantia de instituto enquanto limite da liberdade protegida pelos direitos fundamentais. A ideia de garantia de instituto pode também ser encarada, como se disse, e em sentido contrário ao que acaba de ser apontado, como limitação da liberdade protegida pelos direitos fundamentais. Este tipo de interpretação encontra-se logo na afirmação de Carl Schmitt de que o privilegiar de direitos individualistas não pode ocorrer numa constituição democrática, antes podendo as garantias constitucionais dos direitos subjectivos individuais ser pensadas apenas no quadro e em obediência aos limites de garantias institucionais[404]. De acordo com esta interpretação, a ideia de garantia de instituto significa, não apenas uma limitação do legis-

---

[402] Cfr. Ulrich Hösch, *Eigentum und Freiheit*, p. 71; na prática é também este o resultado das considerações de Rudolf Steinberger e Andreas Lubberger, *Aufopferung – Enteignung und Staatshaftung*, pp. 226-227.

[403] Neste sentido, cfr. Ansgar Grochtmann, *Art. 14 GG*, p. 102.

[404] Cfr. Carl Schmitt, "Freiheitsrechte und institutionelle Garantien der Reichsverfassung", p. 160. A oposição radical entre pensamento institucional, por um lado, e direito individual e liberdade, por outro, é justamente criticada por P. Häberle, *Die Wesensgehaltgarantie des Art. 19 Abs. 2 Grundgesetz*, pp. 92 e ss.

lador, mas também uma tipificação das liberdades individuais garantidas pelo direito constitucional. Deste modo, as actuações que não se enquadrem numa das formas tipificadas podem ser excluídas do âmbito de protecção do correspondente direito fundamental[405]. Assim, a garantia de instituto, originariamente pensada como uma forma de reforçar a protecção da propriedade, tornar-se-ia entretanto um obstáculo a essa protecção, reduzindo-se o artigo 14.º da Lei Fundamental a um princípio geral de ordem[406]. Neste contexto, o instituto jurídico de direito civil "propriedade" seria objecto de uma especial protecção, através da ideia de garantia de instituto, no quadro da tutela constitucional da propriedade. As objecções a este entendimento foram já anteriormente afloradas: por um lado, é necessário justificar constitucionalmente o privilégio assim outorgado à propriedade real, em detrimento de outros valores patrimoniais; por outro, é necessário também justificar a prevalência das formas tradicionais sobre formas actuais de propriedade. A institucionalização da liberdade pode conduzir a um conflito com a liberdade não tipificada, isto é, com o direito geral de liberdade a que se refere o artigo 2.º, n.º 1, da Lei Fundamental. Tal como afirma Ulrich Hösch, a limitação da liberdade resultante da sua tipificação é estranha à essência evolucionária da liberdade[407]. O processo da liberdade é caracterizado por contínuas novas avaliações das relações existentes. Isto não significa uma incompatibilidade entre, por um lado, a liberdade e, por outro, a tipificação e institucionalização da acção, tendo em vista, desde logo, a sua tangibilidade jurídica; significa apenas que as acções institucionalizadas não se tornam, por isso, um valor constitucional. A institucionalização deve antes corresponder a um valor constitucional, que se possa retirar da Constituição[408].

---

[405] Cfr. Ulrich Hösch, *Eigentum und Freiheit*, p. 72.

[406] Cfr. W. Leisner, "Eigentum in engen Rechtsschranken des Umweltsschutzes", p. 420.

[407] A consciência disto mesmo parece, de resto, estar presente em Schmitt, "Freiheitsrechte und institutionelle Garantien der Reichsverfassung", pp. 167-169, quando afirma que as liberdades constitucionais de um Estado de Direito "são direitos gerais e iguais de liberdade, e não instituições ou institutos, e pretendem existir em rigoroso contraste com o conceito medieval de liberdade no sentido de isenções, imunidades e privilégios, no seio das quais uma liberdade pode ter carácter institucional" (cfr. Schmitt, *ob. cit.*, pp. 168-169).

[408] Cfr. Ulrich Hösch, *Eigentum und Freiheit*, pp. 72-73; em sentido semelhante, afirma Walter Leisner, "Eigentum", n.º 17, p. 90, que "a doutrina da garantia de instituto deve reforçar a liberdade – ela é legítima apenas e na medida em que não enterrar a liberdade sob as instituições".

f) A garantia de instituto como preservação de domínios da ordem do direito privado relevantes em termos de direitos fundamentais. Um outro modo de encarar o propósito da garantia de instituto poderia consistir na proibição, dirigida ao legislador, de retirar domínios da ordem do direito privado que integram partes elementares da actividade protegida em termos de direitos fundamentais no âmbito do direito patrimonial. A garantia de instituto visaria assim a protecção da ordem do direito privado, ou, pelo menos, de uma parte dela. Mas o significado da ordem do direito privado neste contexto pode apenas ser o de conferir aos privados a possibilidade de uma autodeterminação responsável e uma conformação individual da vida, ou seja, a ordem do direito privado surge aqui como sinónimo objectivo da possibilidade individual de uma autodeterminação subjectiva. Em tal caso, segundo Ulrich Hösch, aquilo que é protegido não decorre da propriedade, mas da dignidade humana, que a precede. Na verdade, este autor sustenta que na garantia constitucional da propriedade não existe pura e simplesmente lugar para uma garantia de instituto. No seu modo de ver, seria possível, sem dúvida, distinguir na garantia da propriedade uma perspectiva orientada para o passado, que atende aos direitos de propriedade já existentes; em segundo lugar, uma perspectiva orientada para o futuro, que visa a possibilidade de vir a subordinar determinados objectos à propriedade privada, em resultado do respeito pela autonomia da pessoa. Neste segundo caso, a garantia constitucional da propriedade resultaria imediatamente da dignidade da pessoa humana, sem necessidade de apelo a qualquer ideia de garantia de instituto[409]. Simplesmente, dir-se-á, a dignidade humana, como fundamento normativo último de todo o sistema de direitos fundamentais não exclui uma mais específica tutela constitucional da ordem do direito privado.

g) A garantia de instituto e o direito *à* propriedade. As dificuldades em atribuir um sentido preciso e claro à figura da garantia de instituto são reforçadas pela crescente complexidade da jurisprudência do Tribunal Constitucional Federal alemão sobre a matéria: a circunstância a propriedade para os efeitos do artigo 14.º da Lei

---

[409] Cfr. *Eigentum und Freiheit*, pp. 61 e 146-147.

Fundamental abranger objectos tão distintos como a propriedade das coisas do direito civil, o direito patrimonial privado, a propriedade económica do locatário financeiro no contrato de *leasing*, a propriedade intelectual e industrial, o direito do inquilino no arrendamento para habitação e direitos no âmbito da segurança social, demonstra bem a impossibilidade de identificar o seu conteúdo através de interpretações tradicionais[410]. O Tribunal Constitucional Federal abandonou, pois, a ideia de que a Constituição protege a propriedade na conformação que lhe dão o direito civil, enquanto instituto jurídico preciso, ou um determinado sistema económico, através da identificação entre propriedade e mercado. Assim, apesar da jurisprudência continuar a afirmar a ideia de garantia de instituto, não resulta claro qual possa ser a sua função na estrutura dogmática da garantia da propriedade, ou, em todo o caso, apenas de forma muito genérica e residual, enquanto adjuvante do controlo da proporcionalidade, ela é capaz de fornecer critérios para a determinação de conteúdo do objecto de protecção da norma do artigo 14.º, n.º1, 1ª parte, da Lei Fundamental[411].

A exposição que antecede não revelou apenas a problemática relevância prática actual da ideia de garantia de instituto; ela revelou também as enormes dificuldades que a mesma ideia coloca quando se pretende através dela subtrair uma determinada parte da ordem jurídico, isto é, um seu instituto na sua concreta conformação, à acção do legislador. As dificuldades resultam de se pretender autono-

---

[410] Cfr. Ulrich Hösch, *Eigentum und Freiheit*, p. 73.

[411] Esse parece ser o caso, por exemplo, das formulações, baseadas na jurisprudência, de Peter Badura e Jochen Rozek. Assim, para o primeiro, "a garantia de instituto proíbe que sejam suprimidos aqueles domínios da ordem jurídico-privada que pertencem a partes elementares da actividade no domínio jurídico-patrimonial protegida em termos de direitos fundamentais e, consequentemente, que seja suprimido ou essencialmente reduzido o domínio de liberdade protegido pelo direito fundamental". Todavia, esta garantia não seria posta em causa aquando da submissão a um regime de direito público, em vez de à ordem do direito privado, de bens necessários à vida da comunidade, tendo em vista a salvaguarda do bem comum ou a protecção de situações de perigo (cfr. Peter Badura, "Eigentum", n.º 33, p. 346). Por seu turno, Jochen Rozek afirma que a garantia de instituto assegura a existência de normas formando um instituto jurídico que mereça o nome de propriedade, "sem que isto obrigue à construção de uma garantia-*status-quo*, que exclua o desenvolvimento do direito privado" (cfr. Rozek, *Die Unterscheidung von Eigentumsbindung und Enteignung*, p. 29).

mizar a garantia de instituto da propriedade em relação aos direitos individuais tutelados pelo artigo 14.º da Lei Fundamental.

Ao mesmo tempo, se a necessidade da garantia de instituto, enquanto conceito dogmático autónomo, se afigura duvidosa, não se pode deixar de reconhecer que os direitos fundamentais pressupondo a existência de instituições de direito privado colocam problemas específicos, uma vez que as normas que integram tais instituições não protegem apenas as situações jurídicas criadas nos seus termos, mas também a respectiva criação[412]. Neste sentido, pode afirmar-se que se a Constituição garante "a propriedade", ela não garante apenas as posições jurídicas de direito privado actualmente existentes, mas também a possibilidade de aceder a elas, ainda que não exactamente nos mesmos termos. Existiria assim um direito subjectivo ao poder de adquirir propriedade, significando que a dimensão objectiva da garantia da propriedade é assegurada através de uma extensão da respectiva dimensão subjectiva[413]. Para além do direito fundamental de propriedade, no sentido de direito de defesa em face do Estado visando a manutenção das situações jurídicas criadas pelo legislador que possam ser qualificadas como propriedade em sentido constitucional, o poder de adquirir propriedade (isto é, o poder de aceder àquelas situações jurídicas), tal como o poder de casar, de formar associações ou fazer testamentos merece também tutela constitucional. A desnecessidade da garantia de instituto enquanto construção dogmática não significa que não exista uma garantia constitucional de institutos de direito privado. Essa garantia não envolve directamente apenas uma protecção objectiva, como sucede com a ideia de garantia de instituto, mas, como se disse, uma protecção subjectiva. Neste sentido, existe certamente um direito à propriedade, para além do direito de propriedade. Todavia, na estruturação jurídico-constitucional de um direito à propriedade é necessário ter presente que se trata de uma realidade diversa do direito de propriedade, configurado como um direito

---

[412] Cfr. Michael Kloepfer, *Grundrechte als Entstehenssicherung und Bestandsschutz*, pp. 24 e 47-48.

[413] Cfr. Robert Alexy, *Theorie der Grundrechte*, pp. 443-444; Frank Raue, *Die Zwangsvollstreckung als Nagelprobe für der modernen Enteignungsbegriff*, p. 104. Segundo Alexy, *ob. cit.*, p. 178, nota 70, estaria aqui em causa a possibilidade jurídica e não factual de adquirir propriedade.

subjectivo à manutenção de posições jurídicas subjectivas e pressuposto na designada garantia de permanência, como adiante se verá[414].

Torna-se agora necessário extrair as principais conclusões da exposição que antecede. Na medida em que se procure configurar a garantia de instituto como uma garantia do *status-quo*, na expressão de Jochen Rozek atrás citada, através da qual se procure proteger contra a actividade do legislador uma determinada parte da ordem jurídica, com um alcance presumivelmente menor do que aquele que se reconhece à extensão da garantia individual da propriedade, a figura em causa deve ser arredada. Todavia, se através da mesma figura se pretender designar uma extensão da tutela constitucional da propriedade naqueles casos em que a actuação do legislador deixe intocada a respectiva garantia individual, não existem razões para a excluir. Simplesmente, em tal caso importa deixar claro que se está em presença de uma alteração estrutural do conceito em relação à sua origem histórica na doutrina constitucional do período de Weimar. Garantia institucional significa agora a garantia constitucional da pro-

---

[414] Cfr. infra, Cap. 2, pontos 2.2.4 e 2.4.1.3. A este propósito, Markus Appel, *Entstehungsschwäche und Bestandsstärke des verfassungsrechtlichen Eigentums*, p. 218, critica a posição de Kloepfer por ela equivaler à inclusão da liberdade de aquisição da propriedade na garantia individual do artigo 14.º da Lei Fundamental. Esta inclusão seria vedada pela dependência da garantia individual em relação à actividade do legislador, no sentido em que apenas são abrangidas na garantia individual da propriedade aquelas faculdades e direitos que resultam da conformação do legislador ordinário. Assim, a protecção de uma tal liberdade de aquisição pode apenas resultar da garantia de instituto da propriedade, não da respectiva garantia individual. Neste último plano existem apenas expectativas e oportunidades de aquisição, insusceptíveis de serem caracterizadas como uma posição jurídica individual merecedora da tutela do artigo 14.º. Por outro lado, Appel, *ob. e loc. cit.*, rejeita também o entendimento segundo o qual a liberdade de aquisição de propriedade seria tutelada apenas pelo artigo 2.º, n.º 1, da Lei Fundamental (direito geral de liberdade), com exclusão do artigo 14.º. Segundo ele, o artigo 14.º contém uma tutela da liberdade de acção no domínio jurídico-patrimonial que o torna uma norma especial, ainda que apenas no plano da garantia de instituto, em relação ao artigo 2.º. Para o mesmo autor, *ob. e loc. cit.*, nota 355, à liberdade de aquisição de propriedade protegida pela garantia de instituto corresponde, no entanto, um direito subjectivo à aquisição de propriedade que, no plano processual, por via do recurso de amparo (artigo 93, n.º 1, 4ª, da Lei Fundamental), é feito valer através do direito geral de liberdade do artigo 2.º (cfr. *ob. cit.*, pp. 220-222 e 280). O entendimento de Appel demonstra, no entanto, a duvidosa autonomia dogmática da figura da garantia de instituto, a partir do momento em que através dela se prescinda de proteger um instituto concreto contra a actividade do legislador.

priedade que actua quando o legislador não afecta posições jurídicas individuais concretamente existentes merecedoras de tutela à luz dessa garantia, mas antes actua através da criação de novos direitos ou da exclusão para o futuro da constituição de direitos actualmente em vigor. Por outras palavras, em relação à garantia institucional acentua-se agora a sua dimensão impositiva e já não a sua dimensão proibitiva, como sucedia tradicionalmente[415].

O modo como opera essa garantia obedece, todavia, aos ditames do princípio da proporcionalidade, exigindo uma ponderação do interesse de liberdade do (potencial) proprietário, a que se refere a primeira parte do n.º 1 do artigo 14.º da Lei Fundamental, no confronto com o interesse geral mencionado no n.º 2 do mesmo artigo 14.º[416]. Ora, aceitar-se a existência de uma alteração estrutural do conceito de garantia de instituto em relação à sua origem histórica equivale também a admitir a sua perda de autonomia em relação ao controlo propiciado pelos princípios da proporcionalidade e protecção da confiança. Por outro lado, a autonomia dogmática do mesmo conceito é ainda posta em causa pela admissão de um direito subjectivo à existência de instituições de direito privado, incluído na garantia constitucional da propriedade privada, ainda que esse direito não possa ser configurado como um direito de defesa, à semelhança do que sucede com a designada garantia de permanência.

1.5.2 Teorias dualistas da propriedade. Como anteriormente se expôs, as críticas de Proudhon e Marx à propriedade privada têm subjacente a ideia de uma diversa relevância normativa da propriedade

---

[415] Cfr. Frank Raue, *Die Zwangsvollstreckung als Nagelprobe für der modernen Enteignungsbegriff*, p. 101, nota 365.

[416] Existe assim uma relação estreita entrre garantia de instituto e princípio da proporcionalidade, como salienta correctamente Markus Appel, *Entstehungsschwäche und Bestandsstärke des verfassungsrechtlichen Eigentums*, pp. 213-214. Este autor, *ob. e loc. cit.*, critica ainda o entendimento de Ansgar Grochtmann na medida em que este último se, por um lado, rejeitou justamente aquelas vozes que faziam depender o controlo do princípio da proporcionalidade da circunstância de uma medida legislativa atingir direitos de propriedade já existentes, por outro lado, descurou também a existência do reconhecimento de ligações, na doutrina e na jurisprudência constitucionais, entre a garantia de instituto e o controlo do princípio da proporcionalidade (cfr., por exemplo, Rozek, *Die Unterscheidung von Eigentumsbindung und Enteignung*, pp. 60-61).

para a acumulação e da propriedade para a autonomia pessoal[417]. É esta mesma intuição que está na base das teorias dualistas da propriedade, entre as quais se incluem as teorias defendidas por Margaret Radin, John Christman, Laura Underkuffler e Helmut Rittstieg.

1.5.2.1 A teoria da propriedade para a personalidade.

Margaret Radin estabeleceu uma dicotomia da personalidade no que diz respeito à protecção da propriedade. Segundo esta autora, uma justificação da propriedade em termos da respectiva relação com a personalidade passaria pela ideia de que os direitos de propriedade formam um contínuo desde um carácter fungível em direcção a um carácter pessoal. Nesta sequência, os direitos situados num dos extremos desse contínuo – os direitos de propriedade fungíveis – podem ser eliminados em alguns casos nos quais não o podem ser os direitos situados no outro extremo – os direitos de propriedade pessoais. Trata-se, simultaneamente, de um contínuo entre coisas indispensáveis para o próprio ser de uma pessoa e coisas inteiramente substituíveis pelo seu valor em dinheiro[418]. A teoria da propriedade para a personalidade assenta no carácter intuitivo da distinção entre os dois tipos de propriedade mencionados. Assim, por exemplo, se um anel de noivado for furtado de um ourives, este pode ser plenamente reembolsado pelo seguro, mas se for furtado a quem o usar, o valor de mercado pode não restaurar a situação inicial. Segundo Margaret Radin, "uma vez que admitamos que uma pessoa pode ligar-se a uma 'coisa' externa em algum sentido constitutivo, podemos sustentar que em virtude dessa ligação deve ser conferida à pessoa uma ampla liberdade no que respeita ao controlo sobre essa 'coisa'. (...) A personalidade, não a liberdade, surge como o conceito básico"[419]. Todavia, o carácter intuitivo deste tipo de ligação não implica que sempre que ele se verifique seja possível falar de uma propriedade pessoal. A propriedade pode ter um fundamento moral, assim como pode também relevar de uma relação fetichista com um objecto. São estes os pontos de partida para uma "perspectiva intuitiva da personalidade",

---

[417] Cfr. supra, ponto 1.2,
[418] Cfr. Margaret Radin, *Reinterpreting Property*, p. 53; idem, *Contested Commodities*, pp. 58-60.
[419] Cfr. Margaret Radin, *Reinterpreting Property*, p. 37.

segundo a expressão de Radin; é a partir das respostas às questões de saber, por um lado, em que medida ocorre uma ligação entre uma pessoa e uma "coisa" suficientemente forte, que permita dar origem a um direito de propriedade pessoal e, por outro lado, em que medida essa relação tem um cunho moral ou, pelo contrário, meramente fetichista, que a autora procura desenvolver a sua teoria dualista da propriedade. Para o fazer, recorre a diferentes teorias filosóficas da pessoa. Em primeiro lugar, para arredar o carácter meramente subjectivo do seu ponto de partida intuitivo, uma vez que reconhece variar a auto-identificação através de objectos de pessoa para pessoa, conducente a uma ordenação utilitária de preferências, Radin recorre a duas ideias lockeanas: a ideia de que todo o homem tem uma propriedade na sua pessoa e a ideia de pessoa como consciência reflexiva e memória. A primeira ideia serve para delimitar negativamente a tese da "propriedade para a personalidade": ainda que a ideia geral subjacente a esta tese seja a de que não existe uma fronteira nítida entre pessoas e coisas, "a ideia de propriedade parece exigir uma qualquer fronteira perceptível, pelo menos na medida em que a propriedade requer a noção de coisa, e a noção de coisa requer a separação do eu [self]"[420]. Por outras palavras, a autora admite que as partes do corpo não constituem propriedade enquanto forem órgãos ou tecidos inseridos no corpo humano e, inversamente, as próteses deixam de ser propriedade assim que forem nele inseridas. Por outro lado, quanto à ideia de pessoa como projecção da consciência no tempo passado, Radin observa que "muita da propriedade que consideramos pessoal sem hesitação [o termo vale talvez como sinónimo de "intuitivamente"] – por exemplo, álbuns de família, diários, fotografias, bens móveis herdados e a casa – está ligada à memória e à continuidade do eu através da memória".

É possível, como a autora admite, adoptar a concepção lockeana da pessoa como memória e ainda assim sustentar que a memória integra uma essência imaterial da pessoa sem conexão inerente com o mundo material. Simplesmente, numa "visão neo-lockeana que rejeite tal dualismo e atribua importância à autodiferenciação, parece que as relações com os objectos são necessárias e centrais para a constituição do eu"[421]. Uma ulterior determinação do carácter pessoal

---

[420] Cfr. Margaret Radin, *Reinterpreting Property*, p. 41.
[421] Cfr. Margaret Radin, *Reinterpreting Property*, p. 42.

de um objecto prender-se-ia com a sua importância para a execução de planos futuros da pessoa que o controla. Em segundo lugar, tendo em vista a distinção entre as relações com um objecto merecedoras de reconhecimento moral e protecção jurídica e as que o não são, Radin começa por apelar a um "consenso moral objectivo", com base no qual seria possível excluir do âmbito da propriedade para a personalidade a propriedade fetichista, relegada para o plano da propriedade fungível, para depois se deter na consideração do conceito marxiano de "feiticismo das mercadorias". Segundo ela existe um consenso moral objectivo nos termos do qual, muito embora o capitalista não possa exprimir a sua natureza sem o controlo sobre uma vasta quantidade de coisas e pessoas, esse controlo é destrutivo da personalidade[422]. Em terceiro lugar, Radin procura delimitar a sua "perspectiva intuitiva da personalidade" da teoria da propriedade de Hegel, afirmando que aquela incorpora atributos da personalidade que esta última exclui, pelo menos inicialmente, ao caracterizar o indivíduo proprietário como mera unidade abstracta de liberdade. Ainda assim, uma teoria da propriedade pessoal pode apoiar-se, segundo a autora, sobre alguns aspectos da concepção hegeliana: em primeiro lugar, a ideia de que através da propriedade a vontade se objectiva nas coisas, a qual constituiria mais um apoio para a sua justificação com base na relação íntima que estabelece entre a pessoa e certos objectos; em segundo lugar, a ideia de que a propriedade deve ser atribuída à unidade à qual se atribui autonomia, tendo em vista o desenvolvimento da autodeterminação e direitos dos grupos formados por certas comunidades culturais; por último, seria possível encontrar um eco da ideia de uma moral comunitária objectiva na intuição de que certos tipos de propriedade apresentam uma conexão estreita com a personalidade, sendo a casa um exemplo dessa conexão na nossa cultura particular[423].

---

[422] Cfr. Margaret Radin, *Reinterpreting Property*, p. 44.

[423] Cfr. Margaret Radin, *Reinterpreting Property*, pp. 47-48. O segundo aspecto mencionado por Radin constitui certamente uma distorção do pensamento de Hegel. Segundo a autora, "Hegel seems to make property 'private' on the same level as the unit of autonomy that is embodying its will by holding it. He argues that property is private to individuals when discussing it in the context of the autonomous individual will, and that it is essentially common within a family when discussing it in the context of the autonomous family unit. He does not make the leap to state property, however, even though his theory of

Com base nestes fundamentos teóricos, Radin sugere um conjunto de aplicações práticas da dicotomia entre propriedade pessoal e fungível. Na esteira de Charles Reich, a autora começa por sugerir que os direitos sociais, uma vez que garantam aos cidadãos prestações necessárias para a sua personalidade, devem ser concebidos em termos que permitam a constituição de direitos de propriedade pessoal. Neste contexto, uma teoria dos direitos sociais baseada na propriedade para a personalidade deve sugerir, não só a atribuição aos cidadãos de prestações que permitam a aquisição de propriedade, através da qual eles se possam constituir a si próprios como pessoas, mas também o arranjo das relações de propriedade por forma a impedir que a propriedade fungível de algumas pessoas seja um factor impeditivo das oportunidades de outras se constituírem a si próprias através da propriedade. Em segundo lugar, a autora admite considerar o locado habitacional como propriedade pessoal, o que permitiria condicionar o direito de resolução do arrendamento por parte do senhorio e imputar a este os custos de habitabilidade, sempre que os seus direitos de propriedade fungível sejam exercidos de forma a proibir os inquilinos de estabelecer ou manter uma relação pessoal com a sua casa. Em terceiro lugar, a autora considera que a teoria da propriedade para a personalidade permite esclarecer alguns aspectos da jurisprudência relativa às expropriações, como por exemplo a ideia de que a perda de uma coisa é mais importante do que a mera diminuição de riqueza (ou, por outras palavras, que entre os critérios da invasão física e da diminuição do valor económico, atrás aludidos, o primeiro é mais relevante do que o segundo), uma vez que aquela se encontra, de um modo geral, relacionada com a personalidade, o que não sucede com esta, ou ainda a ideia de que o carácter pessoal da propriedade deve ser entendido como um limite ao poder de expropriar[424].

---

the state might suggest it" (cfr. *ob. cit.*, p. 46; para a crítica deste modo de ver, cfr. supra, Parte II, cap. 3, pontos 3.4 e 3.5.1). Mas os outros dois aspectos mencionados por Radin não correspondem na verdade a pontos de apoio da sua teoria no pensamento de Hegel: por um lado, a ideia de que a vontade se objectiva nas coisas assenta na superioridade da vontade livre sobre as coisas não livres, ao contrário da identificação entre sujeito e objecto que certas coisas evidenciam, segundo a teoria de Radin; além disso, não se compreende o eco da "moral comunitária objectiva" na teoria da propriedade para a personalidade, a não ser enquanto apelo telúrico de ecos comunitaristas.

[424] Cfr. Margaret Radin, *Reinterpreting Property*, pp. 55 e ss., e pp. 154 e ss.

Na teoria dualista delineada por Radin o recurso a uma argumentação filosófica não se enquadra tanto na procura de um fundamento para a instituição jurídica da propriedade, quanto na de um critério directamente aferidor de concretas soluções jurídicas envolvendo tal instituição. Ora, o critério da personalidade, há-de convir-se, não apresenta a mesma consistência teórica, na perspectiva da solução de casos em que a propriedade é objecto de disputa, que o critério da eficiência económica, em relação ao qual, todavia, se procura constituir como alternativa ou, pelo menos, limite de aplicação. O que acaba de dizer-se é reforçado pela circunstância de a autora separar claramente a sua "perspectiva intuitiva da personalidade" das teorias da pessoa assentes na liberdade individual desenvolvidas por Locke, Kant e Hegel. No seu modo de ver não está em causa, na propriedade pessoal, a protecção da liberdade ou de um espaço de autonomia do sujeito individual em face das coisas, mas uma dimensão constitutiva do sujeito que é apenas possível encontrar em alguns tipos de objectos. O preço a pagar por esta delimitação consiste na total dependência da sua teoria da pessoa em relação a uma perspectiva meramente intuitiva, o que a torna incapaz de assumir relevância na construção de uma justificação da propriedade. A teoria da eficiência económica é substituída pela tirania da intuição da personalidade. Não parece, com efeito, que as pessoas incorporem em si mesmas as suas moradias ou os seus lares, a ponto de se tornarem indiferentes ao respectivo valor de mercado. Do mesmo modo, não parece que seja possível construir uma teoria da propriedade a partir de casos exemplificados por anéis de noivado, álbuns de fotografia ou diários pessoais. Ainda que seja possível sustentar que o carácter constitutivo desses objectos em relação à pessoa fundamenta o reconhecimento de um direito de propriedade sobre eles, justificando, por exemplo, a sua exclusão da aplicação de normas relativas à falência ou execução fiscal, sempre seria muito limitado o alcance de tais considerações. Por um lado, é problemática a sua delimitação em relação a argumentos baseados na privacidade ou dignidade da pessoa, por outro lado, não parecem frequentes os casos envolvendo direitos de propriedade pessoal nos termos descritos[425].

---

[425] Em sentido semelhante, cfr. J. W. Harris, *Property and Justice*, p. 223.

A opção de Radin, no sentido de explorar o tipo de propriedade que a própria crítica de Marx deixou mais ou menos incólume, encontra o seu limite na mesma razão que levou esta crítica a ignorá-la.

1.5.2.2 A propriedade enquanto controlo e enquanto rendimento.

Num sentido parcialmente convergente com a teoria da propriedade para a personalidade, John Christman sustentou que a propriedade deve ser desmembrada em dois conceitos distintos: propriedade enquanto controlo (*control ownership*) e propriedade enquanto rendimento (*income ownership*). À luz deste entendimento, as faculdades de usar e consumir a coisa, por um lado, e o poder de a trocar, por outro, são diferentes, quer na perspectiva dos interesses morais individuais que protegem, quer na perspectiva dos seus efeitos sobre terceiros. A propriedade enquanto controlo abrange os direitos de usar, modificar, alienar gratuitamente e destruir o objecto da propriedade; enquanto rendimento, a propriedade inclui os direitos de transferir a coisa e o direito de reter os bens recebidos em resultado do exercício do direito de transferir. A fronteira entre os dois conceitos de propriedade encontra-se na linha que separa a alienabilidade, entendida como doação, e a troca, entendida como transferência recíproca entre duas partes. No primeiro caso, a propriedade é justificada pela autonomia da pessoa, no segundo, as pretensões de rendimento decorrentes das actividades de troca servem uma função distributiva[426]. Isso significa que, ao contrário do que sucede com os direitos abrangidos na propriedade enquanto controlo, "as considerações que regulam a estrutura dos direitos de rendimento deveriam ser consequencialistas e, em particular, deveriam atender às consequências distributivas desses feixes de direitos"[427]. A relevância da bifurcação da propriedade, a qual se aplica a todos os seus objectos[428], decorre assim da conexão entre direitos de controlo e autonomia e, nessa medida, aquela bifurcação contribui para clarificar os princípios e

---

[426] Cfr. John Christman, *The Myth of Ownership*, pp. 127 e ss.
[427] Cfr. John Christman, *The Myth of Ownership*, p. 170.
[428] O que significa que sobre o mesmo objecto, por exemplo, uma casa, a mesma pessoa tem um direito de propriedade enquanto controlo, na medida em que a habite ou faça doação dela, e um direito de propriedade enquanto rendimento, na medida em que a dê em arrendamento ou a venda.

objectivos básicos de qualquer perspectiva sobre a política económica de uma sociedade que leve a sério a autonomia dos indivíduos, como sucede com o liberalismo do Estado Social. Neste contexto, uma vez que a autonomia deve consistir numa prioridade básica do Estado Social, e uma vez que os direitos de controlo se relacionam mais directamente com a autonomia do que os direitos de rendimento, segue-se que a atribuição de uma propriedade de controlo sobre os bens necessários a uma vida autónoma deve constituir uma prioridade das políticas económicas. Para além disso, é exigido pela justiça restringir os direitos de rendimento de alguns, através da tributação e outras medidas, tendo em vista a redistribuição de recursos, cujo controlo é necessário para assegurar autonomia de outros. Com base nestas considerações, John Christman adere à tese da "nova propriedade" de Reich, sustentando que a propriedade que deve ser associada à estrutura geral das prestações de bem-estar é aquela nos termos da qual sejam atribuídos aos respectivos beneficiários direitos de controlo universais e relativamente irrestritos sobre os bens básicos que constituem o objecto de tais prestações[429]. Para além disso, o mesmo autor propugna um modelo de socialismo de mercado, no âmbito do qual são abolidos os direitos de rendimento privados sobre os lucros das empresas e, na verdade, a própria ideia de um direito de rendimento privado sobre o capital produtivo, sendo, no entanto, mantidos os direitos de controlo privados individuais[430].

O problema com a distinção, estabelecida *a priori*, entre poderes de controlo e poderes relativos à obtenção de um rendimento no âmbito do direito de propriedade, reside, desde logo, na circunstância de através dessa distinção se pretender basear programas distributivos em manobras conceptuais abstractas. Com efeitos, o exercício de poderes de controlo unilaterais sobre algumas categorias de bens apresenta-se como mais problemático, do ponto de vista da justiça distributiva, do que o exercício dos mesmos poderes, ou até de poderes visando a obtenção de rendimento, sobre outras categorias (basta pensar na diferença, a este propósito, entre bens imóveis e móveis ou, no caso dos imóveis, na diferença entre eles quando encarados

---

[429] Cfr. John Christman, *The Myth of Ownership*, pp. 172-173.
[430] Cfr. John Christman, *The Myth of Ownership*, p. 180.

como meios de produção ou como simples base de uma economia doméstica). Por outro lado, quanto às respectivas implicações distributivas, a alienação por morte ou a doação entre familiares, aparentemente incluídas na alienação gratuita e, logo, nos poderes de controlo, é possivelmente tanto ou mais significativa do que a transferência através da compra e venda[431].

1.5.2.3 As concepções comum e operativa da propriedade.

Uma terceira teoria dualista da propriedade é a proposta por Laura Underkuffler. Segundo esta autora haveria que distinguir – e, em todo o caso, uma análise do direito positivo mostra-nos-ia a sua presença irredutível – entre uma concepção "comum" de propriedade e uma concepção "operativa". A primeira oferece uma elevada protecção perante os interesses públicos com ela concorrentes, mas que com ela (ou com os interesses que estão na base do seu reconhecimento) não apresentam qualquer relação; a propriedade representa aí interesses individuais definidos, que são protegidos enquanto direitos em face do poder colectivo. O princípio subjacente a esta concepção é o de que os direitos de propriedade são presuntivamente superiores aos interesses públicos que se lhes opõem. Considerando as situações em que a concepção comum da propriedade é usada no direito – por exemplo, a protecção da propriedade de imóveis contra as expropriações, ou a protecção das patentes e direitos de autor – poder-se-ia concluir tratar-se de situações em que os valores subjacentes aos direitos de propriedade em causa e os valores subjacentes aos interesses públicos que se lhes opõem são de natureza diversa. No âmbito da concepção operativa, são distintas a compreensão e protecção da propriedade. A propriedade, à luz desta concepção, descreve como foram resolvidas, num determinado momento, tensões entre o interesse individual e o colectivo, sem implicar que os direitos assim estabelecidos não possam ser restabelecidos em novos moldes, sem consequências jurídicas, se novas circunstâncias o justificarem. A propriedade carece aqui da força presuntiva contra o interesse público que a caracteriza no âmbito da concepção comum; pelo contrário, o poder colectivo de alterar os direitos de propriedade

---

[431] Cfr. J. W. Harris, *Property and Justice*, p. 275.

parece aqui fazer parte da mesma ideia de propriedade. Nos casos em que faz sentido falar de uma concepção operativa da propriedade – tais como aqueles que envolvem o planeamento urbanístico e os controlos ambientais – os valores que identificamos com a propriedade são também aqueles que se encontram subjacentes ao interesse público[432]. Assim, quando o pretenso direito de um industrial desenvolver actividades poluentes se opõe ao interesse público num ar puro; quando o pretenso direito do proprietário de um imóvel em construir se opõe ao interesso público da preservação do carácter cultural e histórico de uma comunidade; quando o pretenso direito de um proprietário de um imóvel destruir uma espécie natural se opõe ao interesse público da sua preservação – em todos estes casos, e outros semelhantes, o direito individual invocado e o interesse público que se lhe opõe podem ser fundamentados em preocupações, concorrentes entre si, assentes na propriedade. A pretensão do indivíduo a exercer o seu direito de propriedade segundo o seu arbítrio constitui, inevitável e necessariamente, a negação das pretensões relativas à propriedade de outros (em relação a um ar puro, à preservação histórico-cultural de um edifício ou conjunto de edifícios, a um ambiente ecológico saudável, à preservação das espécies). A superioridade normativa dos valores protegidos pelo direito de propriedade, em relação aos valores prosseguidos pelo interesse público, não existe nestes casos[433]. A relevância prática da distinção entre uma concepção comum e uma concepção operativa da propriedade consiste em fundamentar a distinção entre os casos de verdadeira expropriação, que ocorrem quando está em causa a primeira concepção, e os casos, relativos à segunda, em que está apenas em causa a conformação do direito de propriedade pela ordem jurídica[434].

O que significa, no entanto, dizer que o interesse individual subjacente ao direito de propriedade é de natureza diversa do interesse público que se lhe opõe, nos casos da concepção "comum", enquanto noutros casos, inseridos na concepção "operativa", essa diversidade não ocorre? Com efeito, se é fácil compreender a diversidade da

---

[432] Cfr. Laura Underkuffler, *The Idea of Property*, pp. 132-133.
[433] Cfr. Laura Underkuffler, *The Idea of Property*, p. 101.
[434] Cfr. Laura Underkuffler, *The Idea of Property*, p. 157.

natureza dos interesses público e privado nos primeiros casos[435], é mais difícil aceitar que ela não ocorra também nos segundos. Se pensarmos, por exemplo, na restrição do uso do direito de propriedade privada tendo em vista a preservação de um ecossistema natural ou de um conjunto monumental, surge, à primeira vista, como evidente aquela diversidade. Se o interesse público exige a preservação por razões estéticas, culturais, ambientais ou outras, parece claro que esses valores são diversos daqueles que geralmente surgem associados ao direito de propriedade privada. Segundo Laura Underkuffler, os valores que o interesse público afirma em tais casos devem, todavia, ser entendidos em termos amplos. As acções do proprietário vedadas ou restringidas por normas de direito do ambiente do ou património cultural não afectam apenas os seus interesses, mas também os de outros proprietários. Tais normas afectam interesses relativos à propriedade sobre bens imóveis que excedem a simples preocupação com a liberdade de usar o objecto do direito de cada um. Existe, pois, neste âmbito uma natureza interdependente dos interesses relativos à propriedade: o interesse do proprietário cujo direito é atingido e os interesses de outros proprietários que podem ser atingidos pela acção daquele. Seria esta a razão que explicaria a existência de casos em que o direito de propriedade carece de força presuntiva contra o interesse público. A autora não se limita, no entanto, a utilizar a distinção mencionada tendo em vista a delimitação entre expropriação e conformação do direito naqueles casos em que o direito de propriedade é restringido por normas relativas à protecção do ambiente ou do património cultural. Essa mesma distinção serve-lhe também para sustentar que os direitos de propriedade sobre o corpo ou partes do corpo, admitindo que eles existem, e ainda os direitos sobre informação pessoal integram necessariamente a concepção "comum" de propriedade, enquanto a redistribuição de propriedade levada a cabo pelo Estado se enquadra numa concepção "operativa". Nos primeiros casos, o interesse individual na autonomia

---

[435] Compreensão essa que não é prejudicada pela aceitação, por um lado, da ideia de que os direitos individuais promovem os interesses colectivos e vice-versa, e, por outro lado, de uma convergência, num nível adequado de abstracção, entre os valores subjacentes aos direitos individuais e aos interesses públicos (o bem-estar das pessoas, por exemplo): cfr. Laura Underkuffler, *The Idea of Property*, pp. 67 e 82.

e liberdade pessoais são de uma natureza radicalmente diversa dos interesses públicos que se lhe podem opor, sejam eles a saúde ou a segurança públicas. No segundo caso, existiria já uma interdependência entre os interesses individual e público em presença, cujo conteúdo é semelhante e consiste na satisfação do desejo humano de bens materiais[436].

A distinção entre uma concepção "comum" e "operativa" da propriedade suscita, desde logo, três tipos de críticas. Em primeiro lugar, a ideia de uma concepção "operativa" não parece adequada a cobrir uniformemente todos os casos por ela abrangidos. Mesmo aceitando que as restrições normativas ao direito de propriedade resultantes de imposições urbanísticas, ambientais ou culturais não consubstanciam uma expropriação, em sentido constitucional, mas uma redefinição do direito de propriedade, que em princípio pode não dar lugar a qualquer indemnização (posição que sempre se teria de caracterizar como incompleta, pelo menos), essa redefinição não ocorre, nos mesmos termos, no âmbito de programas de justiça redistributiva levados a cabo pelo Estado. No primeiro caso, sustenta Underkuffler, existe uma interdependência física ou uma interconexão de natureza ecológica, biológica, económica, ou outra, entre

---

[436] Cfr. Laura Underkuffler, *The Idea of Property*, pp. 105-106, 108-109 e 118. É patente a semelhança entre os critérios que presidem à distinção entre concepção comum e operativa e a proposta de Schuppert quanto à distinção entre os problemas de sindicabilidade colocados pelos direitos de defesa e pelos direitos a acções positivas dos poderes públicos. Assim, nos direitos de defesa estaria tipicamente em causa um problema unidimensional de liberdade, em que colidem um interesse individual protegido pela Constituição e um interesse público; nos direitos a acções positivas do Estado estaria antes em causa um problema pluridimensional de liberdade, caracterizado pela colisão das posições jurídicas de vários indivíduos ou grupos, todas elas protegidas em termos jurídico-constitucionais. Ao contrário do que sucede com as colisões unidimensionais, para as pluridimensionais não se encontra uma decisão na Constituição (cfr. Schuppert citado em Alexy, *Theorie der Grundrechte*, p. 424). Assim para além das críticas formuladas no texto, a concepção da autora sujeita-se também às críticas formuladas por Alexy à distinção entre problemas unidemensionais e pluridimensionais de liberdade. Na verdade, é possível justificar uma intervenção num direito de defesa, ou direitos negativo, com base na sua necessidade para a protecção de um outro direito constitucional e já não em resultado de um interesse comum (pense-se, por exemplo, na restrição do direito de propriedade do senhorio para a protecção do direito de habitação do inquilino). Por outro lado, também um direito a uma acção positiva do Estado pode deixar de receber adequada protecção não em função da necessidade de respeitar uma outra posição individual, mas em vista de um interesse comum.

os interesses protegidos pelo direito de propriedade e os interesses protegidos pelo interesse público que com ele concorre. No segundo caso, utilizando uma vez mais os termos da autora, existe uma competição respeitante ao mesmo recurso, por razões que são em si semelhantes, isto é, razões assentes numa pretensão relativa à propriedade. Nestes casos, a resolução do conflito teria "um aspecto aberta e inevitavelmente distributivo: a resolução do conflito de pretensões determina quem terá a 'propriedade', no final, do objecto ou recurso"[437]. Mas se assim é, existe uma diferença substancial entre os dois tipos de situações, mesmo aceitando como boa a configuração que deles dá a autora: no primeiro caso a redefinição ou conformação do direito de propriedade visa assegurar a convivência entre vários titulares de direitos de propriedade, de modo a que o respectivo exercício por parte de um dos titulares não afecte o exercício dos restantes; no segundo caso o que está em causa é a restrição de direitos *de* propriedade efectivamente existentes de forma a possibilitar o direito *à* propriedade de outras pessoas. Não é lícito encarar do mesmo modo uma situação de compatibilização de diferentes direitos de propriedade e uma situação definida pelo confronto entre a presença e ausência desses direitos. Em segundo lugar, não se afigura convincente a negação de força presuntiva ao interesse subjacente ao direito de propriedade, contra o interesse público que se lhe opõe, em função do critério da identidade da natureza desses mesmos interesses. A tese contrária defendida pela autora, ao assentar na circunstância de as acções do proprietário vedadas ou restringidas por normas de direito do ambiente ou património cultural não afectarem apenas os seus interesses, mas também os de outros proprietários, depende do facto contingente da existência de outros proprietários ou da circunstância de estes pretenderem exercer o seu direito no sentido preconizado pelas imposições ambientais ou outras. Deste modo confundem-se duas situações que devem ser mantidas claramente distintas: a limitação do conteúdo do direito de propriedade em obediência ao interesse geral da comunidade e a determinação do conteúdo da propriedade atendendo à relação entre o proprietário e outros privados, como sucede com a regulação legislativa de um conflito ou colisão entre

---

[437] Cfr. Laura Underkuffler, *The Idea of Property*, p. 123.

direitos de propriedade[438]. Por último, não parece legítima a argumentação da autora no sentido de que, a existirem direitos de propriedade sobre o corpo humano, ou partes dele, esses direitos integram uma concepção "comum" e não "operativa" de propriedade. Na verdade, o que está em causa é precisamente a discussão do pressuposto da existência de tais direitos de propriedade.

As teorias dualistas da propriedade, como as acima mencionadas, sustentam a ideia de que, em certos casos, algum tipo de propriedade é mais merecedor de tutela do que outro, quer porque revela uma especial ligação com a pessoa do proprietário (Radin), quer porque reflecte um espaço de autonomia e liberdade individual (Christman), ou ainda a ideia de que na configuração da propriedade, em algumas situações, entram considerações de interesse público o qual, em outras situações, surge apenas como oposto ao interesse individual protegido pelo direito de propriedade (Underkuffler). O objectivo, nas várias teorias consideradas, parece ser o de preservar a função filosófico-política do conceito de propriedade, ao mesmo tempo que se reconhecem os aspectos negativos que, do ponto de vista da justiça distributiva, lhe estão associados e se reage contra eles no seio da própria teoria da propriedade defendida. Todavia, o resultado acaba por ser idêntico, em parte, às tentativas de expansão do conceito de propriedade anteriormente aludidas[439], suscitando críticas também semelhantes, ou então conduz a uma injustificada cisão no conceito de propriedade. Em última análise, as teorias dualistas tendem a confundir a existência de argumentos para a redistribuição da propriedade, em determinados contextos, com a negação da sua existência ou irrelevância, antes dessa redistribuição.

1.5.2.4 A propriedade como expressão de liberdade pessoal e como poder económico. As teorias precedentemente discutidas assumem-se como expressamente dualistas, mas a distinção entre dois planos no conceito de propriedade, diversamente merecedores de

---

[438] Sobre isto, cfr. infra, cap. 2, ponto 2.6.1.
[439] Isto é, a teoria dos "property rights", a caracterização como propriedade de um direito inclusivo a uma vida plena, segundo C. B. Macpherson, a "nova propriedade" de Charles Reich (cfr. J. H. Harris, *Property and Justice*, pp. 145 e ss.; idem, "Is Property a Human Right?", pp. 72-74).

tutela, caracteriza outras tomadas de posição. Assim, Helmut Rittstieg analisa a jurisprudência do Tribunal Constitucional Federal alemão à luz da perspectiva do significado pessoal, como tal expressamente reconhecido, da garantia do direito de propriedade. Com tal análise, pretende o autor romper a abstracção do conceito de propriedade e examinar o uso da garantia constitucional em relação a determinados tipos de objectos da propriedade. A distinção entre os diferentes tipos de propriedade considerados assenta na função pessoal dos objectos da propriedade entre o domínio das coisas, o sustento da vida, o prestígio social e o poder social[440]. A conclusão que retira é a de que apenas parte das situações jurídicas incluídas no domínio de protecção do artigo 14.º da Lei Fundamental podem ser encaradas à luz de tal significado pessoal, enquanto outras colocam em primeiro plano o poder garantido pelo direito no confronto com os não proprietários. Segundo o autor, esta últimas situações jurídicas "possibilitam o controlo por parte do proprietário sobre terceiros; elas não servem de modo algum a protecção de uma relação entre pessoa e objecto. A sua justificação predominantemente utilitarista é objecto de teorias económicas controversas e está fora do pensamento dos direitos fundamentais"[441]. Quais são, pois, as situações jurídicas que assumem significado pessoal e quais aquelas que apenas visam o exercício de um poder social? A este propósito, Rittstieg considera sucessivamente diversos tipos de propriedade, desde a propriedade pessoal, a propriedade da casa e da terra, a propriedade de meios de produção e da empresa, a propriedade intelectual e industrial, os valores patrimoniais de direito público e o património[442].

---

[440] Cfr. Helmut Rittstieg, *Eigentum als Verfassungsproblem*, p. 315; para uma lista funcional equivalente, cfr. C. Edwin Baker, "Disaggregating the Concept of Property in Constitutional Law", pp. 52-58.

[441] Cfr. Helmut Rittstieg, *Eigentum als Verfassungsproblem*, p. 386. Subjacente à posição de Rittstieg parece estar, deste modo, a distinção entre a propriedade como fundamento de uma relação de poder entre as pessoas e as coisas e a propriedade como fundamento de uma relação de poder entre as pessoas, que se viu constituir o cerne da tese da desintegração da propriedade e ter a sua raiz no pensamento de Karl Renner (cfr. supra, ponto 1.2).

[442] Helmut Rittstieg, *Eigentum als Verfassungsproblem*, pp. 313 e ss.; idem, "Kommentierung zu Art. 14/15", n.º 75 e ss., pp. 1062 e ss.

(i) Admitindo a existência de uma esfera exterior de liberdade pessoal, a que Hegel alude, ela não se encontraria num qualquer objecto do direito de propriedade, mas apenas nos objectos de uma propriedade pessoal, independentemente do seu propósito produtivo ou de consumo. Seria deste âmbito que o Tribunal Constitucional Federal alemão retiraria o seu modo de ver, ao encarar a propriedade na sua referência pessoal ou ao defini-la como espaço livre para a actuação responsável. No âmbito da propriedade pessoal incluir-se--iam, todavia, para além dos bens corpóreos, também créditos e outros direitos patrimoniais, na medida em que estes se relacionem com os custos e o sustento da vida pessoal ou com a realização do próprio trabalho. Mas não é fácil, independentemente do que acaba de dizer--se, conceber o bem protegido essencial da garantia de propriedade em termos de uma relação entre pessoa e objecto, como parece pressupor a ideia de propriedade pessoal. Por um lado, os bens das modernas sociedades de consumo escapam, em virtude da sua alta tecnicidade, à apropriação pessoal. Dito de outro modo, não é possível, através da junção do trabalho com bens materiais, apropriar-se dos objectos nas modernas sociedades de consumo, tal como sucedia com o ponto de partida da justificação lockeana da propriedade, antes da introdução do dinheiro. Em contraste com o período inicial da doutrina liberal clássica da propriedade, os objectos da era industrial são caracterizados através da uniformidade, da produção em massa e da efemeridade, características essas que dificultam uma identificação pessoal. Para além disso, ao lado da função de uso, os modernos bens de consumo desempenham também uma função como símbolos de estatuto social. Neste contexto, na medida em que a aquisição de determinados bens de consumo se torna uma necessidade (consumismo), a propriedade transforma-se num instrumento de perda da liberdade. Os problemas essenciais relativos à mudança de trabalho, à doença, ao desemprego, ao trabalho efémero, à greve, não são já os relacionados com o custo de vida, mas com os pagamentos a prestações e o crédito ao consumo. De um ponto de vista jurídico, Rittstieg considera que a propriedade pessoal sobre objectos exteriores abrange a faculdade de uso, a protecção perante abusos de terceiros e a faculdade de alienação. Simplesmente, enquanto no período anterior à industrialização os instrumentos de trabalho constituíam os mais importantes objectos da propriedade pessoal, actualmente apenas o respectivo uso é atribuído ao trabalhador. A organização empresarial substitui a propriedade pessoal e um lugar nessa organização, acompanhado pela formação adequada, permite a realização da pessoa nos mesmos termos da propriedade civil. Considerando esta equivalência funcional entre a propriedade e a relação laboral (K. Renner), é possível concluir que em relação aos objectos de uso pessoal a propriedade do direito civil desempenha um papel de diminuta importância. Essa importância diminuta seria confirmada pela quase irrelevância da propriedade pessoal na jurisprudência do Tribunal Constitucional Federal alemão em matéria de garantia da propriedade, cujo significado potencial para a propriedade pessoal residiria sobretudo no âmbito das medidas de polícia[443].

ii) A propriedade imobiliária constitui, numa perspectiva histórica, o objecto originário da garantia da propriedade. Mas seria também neste âmbito, em sentido contrário ao apregoado na máxima geral da jurisprudência constitucional, no sentido de que a propriedade é garantida enquanto liberdade da pessoa, que se visa proteger de forma mais acentuada a dimensão do aproveitamento económico do proprietário fisicamente ausente, em vez da relação pessoa-objecto daquele que utiliza a coisa. E, no entanto, na jurisprudência do Tribunal Constitucional Federal relativa à propriedade imobiliária, o domínio da coisa surge colocado em primeiro plano, em face do valor patrimonial, como principal objecto de protecção do artigo 14.º da Lei Fundamental[444]. O princípio subjacente a uma tal jurisprudência

---

[443] Helmut Rittstieg, *Eigentum als Verfassungsproblem*, pp. 315 e 317-322; idem, "Kommentierung zu Art. 14/15", n.º 75-80, pp. 1062-1063. Entre as decisões do Tribunal Constitucional Federal que se ocuparam da propriedade pessoal, Rittstieg, *ult. ob. cit.*, n.º 79, p. 1063, aponta um caso em que uma norma de polícia sanitária, prevendo a execução de um cão raivoso, sem dar lugar a indemnização, foi considerada como uma determinação, conforme a constituição, do conteúdo e limites da propriedade (cfr. *Entscheidungen des Bundesverfassungsgerichts*, vol. 20, p. 356), bem como um caso em que se entendeu que a proibição, por razões de segurança, de alienar objectos pessoais (peças de vestuário) viola o direito fundamental de livre disposição da propriedade (cfr. *Entscheidungen des Bundesverfassungsgerichts*, vol. 42, p. 232).
[444] Cfr. Helmut Rittstieg, *Eigentum als Verfassungsproblem*, p. 339, citando a decisão do Tribunal Constitucional Federal no caso dos diques de Hamburgo (cfr. *Entscheidungen des Bundesverfassungsgerichts*, vol. 24, pp. 367, 389 e 400).

seria assim o do livre poder de disposição do proprietário, sendo certo que a supra-ordenação desta em relação a outras faculdades igualmente incluídas no direito de propriedade, não encontra qualquer base no texto da Lei Fundamental[445]. Por outro lado, segundo Rittstieg, no quadro da sua neutralidade em matéria de política económica, a Lei Fundamental não prevê a submissão do ordenamento do território a uma lógica de mercado. Pelo contrário, as funções desempenhadas pelos solos devem ser definidas e harmonizadas pelo legislador. Considerando a escassez dos solos e o esgotamento dos recursos naturais, o interesse económico do proprietário deve subordinar-se à função social do bem. Mas Rittstieg vai mais longe: para ele, a propriedade imobiliária que não é destinada ao uso habitacional ou usada pelo agricultor que trabalha o próprio terreno não reveste qualquer ligação com o domínio da coisa e torna-se um privilégio de uma minoria que enriquece à custa da maioria, à semelhança do que sucedia com os privilégios da nobreza no início da época moderna. No mesmo sentido, considerar a faculdade de alienação como um elemento fundamental da liberdade de acção no âmbito do ordenamento da propriedade equivale a identificar, abusivamente, a liberdade com a liberdade dos proprietários[446].

---

[445] Helmut Rittstieg, *Eigentum als Verfassungsproblem*, pp. 329-334 e 339-343; idem, "Kommentierung zu Art. 14/15", n.º 86-90, pp. 1065-1066. Rittstieg tem sobretudo em vista duas decisões do Tribunal Constitucional Federal de 1974 e de 1979. Através da primeira, o Tribunal anulou um conjunto de decisões das instâncias com fundamento na aplicação desproporcionada de uma norma de controlo das rendas para a habitação (cfr. *Entscheidungen des Bundesverfassungsgerichts*, vol. 37, p. 132); pela segunda, o Tribunal pronunciou-se pela inconstitucionalidade de uma norma que limitava o direito do proprietário a pôr termo ao arrendamento de pequenas parcelas de terreno destinadas a jardins, normalmente situadas em áreas suburbanas (cfr. *Entscheidungen des Bundesverfassungsgerichts*, vol. 52, pp. 30 e ss.). Segundo Rittstieg, o interesse do arrendatário foi apenas considerado no âmbito da função social da propriedade, quando é certo que o seu direito de uso integra o objecto de protecção da garantia constitucional da propriedade. A verdade, porém, é que esta última perspectiva foi acolhida pelo Tribunal, ao considerar, numa decisão de 1993, que o direito do inquilino no arrendamento habitacional constitui propriedade para os efeitos do artigo 14.º, n.º 1, da Lei Fundamental (cfr. *Entscheidungen des Bundesverfassungsgerichts*, vol. 89, pp. 1 e ss.).
[446] Cfr. Rittstieg, *Eigentum als Verfassungsproblem*, pp. 336 e 339-341.

iii) No domínio da actividade económica, isto é, no que respeita à empresa e meios de produção, importa salientar três aspectos. Em primeiro lugar, se se encararem os meios de produção sob o ponto de vista objectivo, não são de apontar quaisquer especificidades em matéria de expropriação. A protecção em face da expropriação serve a estabilização da ordem dos bens em face da comunidade política. Esta função abrange também a ordenação económica de bens, independentemente da forma jurídica do seu titular[447]. Em segundo lugar, coloca-se o problema do tratamento constitucional do direito sobre a "empresa instituída e em exercício"[448]. Segundo Rittstieg, se se tomar à letra a base pessoal da garantia da propriedade, não pode ser tratada como seu objecto de protecção uma organização cujo principal recurso, para além da mobilização de capital, consiste no trabalho profissional dos empregados e na direcção do negócio. A actividade profissional e a aquisição pertencem, para o empresário, direcção e trabalhador, ao domínio de aplicação da liberdade profissional. A isto mesmo corresponde a delimitação da jurisprudência constitucional entre o adquirido e a aquisição, de acordo com a qual aquilo que é adquirido, o resultado da actividade, é protegido nos termos do artigo 14.º, n.º 1, enquanto a aquisição, a actividade em si, é protegida pelo artigo 12.º, n.º 1, da Lei Fundamental[449]. A circunstância de a "empresa instituída e em exercício" representar um valor patrimonial e ser alienável não justificaria, por si só, a aplicação do artigo 14.º[450].

---

[447] Cfr. Rittstieg, "Kommentierung zu Art. 14/15", n.º 96, p. 1068.

[448] Isto é, do conjunto das possibilidades de actuação de uma empresa, encarado como caso especial de protecção do património: cfr. Ulrich Hösch, *Eigentum und Freiheit*, p. 31.

[449] Cfr. *Entscheidungen des Bundesverfassungsgerichts*, vol. 30, p. 334; ibidem, vol. 88, p. 377.

[450] Cfr. Rittstieg, "Kommentierung zu Art. 14/15", n.º 97-100, pp. 1068-1070; idem, *Eigentum als Verfassungsproblem*, pp. 359-360; Ulrich Hösch, *Eigentum und Freiheit*, pp. 36-39; Nüssgens/Boujong, *Eigentum, Sozialbildung, Enteinigung*, pp. 45-46; Peter Badura, "Eigentum", n.ºs 96 e 97, pp. 388-389; Oliver Lepsius, *Besitz und Sachherrschaft im öffentlichen Recht*, pp. 48-49; em sentido crítico, cfr. W. Leisner, "Folgerungen aus der höchstrichterlichen Rechtsprechung zur Gewährleistung des Eigentums", p. 228; idem, "Eigentumswende", p. 536; R. Wendt, *Eigentum und Gesetzgebung*, pp. 273-274. A jurisprudência constitucional tende a não encarar a "empresa instituída e em exercício" como objecto da garantia da propriedade. Com efeito, sob a protecção do artigo 14.º, n.º 1, da Lei Fundamental seria apenas possível colocar o resultado da actividade empresarial, mas não quaisquer aspectos da actividade considerada em si mesma, desde logo porque a obtenção

Em terceiro lugar, a jurisprudência considera ainda o domínio sobre a empresa como abrangido na garantia da propriedade. Isso é particularmente claro em relação às acções das sociedades anónimas, tanto no seu aspecto jurídico-patrimonial – alienabilidade e expectativa de dividendos – como no seu aspecto corporativo – influência nas decisões da empresa. Em relação a este último aspecto, o Tribunal Constitucional Federal entendeu já que o poder de direcção das empresas se encontra abrangido pela garantia da propriedade e, ao mesmo tempo, caracterizou como vinculação social constitucionalmente adequada do direito de propriedade a regulação desse poder de direcção, por forma a prever formas de participação dos trabalhadores na gestão da empresa, considerando ainda que os direitos fundamentais destes últimos são afectados pelo uso de tal forma de propriedade. A admissibilidade da co-gestão dos trabalhadores incide apenas sobre sociedades, em relação às quais, de acordo com o direito das sociedades vigente, não existe nenhum poder de disposição imediato do titular das partes do capital sobre a propriedade dos meios de produção e a respectiva responsabilidade se limita ao montante da sua participação. Segundo Rittstieg, esta circunstância, aliada à independência do controlo das empresas em face da dispersão do respectivo capital, posta em evidência pelo trabalho clássico de Berle e Means, teria sido determinante para a avaliação do Tribunal Constitucional Federal, de acordo com a qual a participação dos trabalhadores na gestão das empresas tem apenas como consequência uma limitação quantitativa dos direitos sociais, sem envolver qualquer alteração qualitativa dos mesmos. Nesta conformidade, para o mesmo autor, o Tribunal tomou como base para a sua aceitação da legitimidade constitucional da participação dos trabalhadores na gestão das empresas a forma jurídica das sociedades de capital e não as relações fácticas de domínio[451].

---

de oportunidades de venda para os produtos de uma empresa não é protegida constitucionalmente. Todavia, segundo W. Leisner, a exclusão da garantia da propriedade da possibilidade de obtenção de um ganho, por parte de uma empresa, não significa necessariamente a exclusão dessa garantia quanto à "empresa instituída e em exercício" no seu todo e a sua incidência apenas sobre as concretas situações jurídicas que o integram: cfr., do autor, "Eigentum – Grundlage der Freiheit", pp. 36-37; idem, "Eigentum", n.º 109-110, pp. 128-129.

[451] Cfr. Rittstieg, "Kommentierung zu Art. 14/15", n.º 103, p. 1071.

O excesso de poder das empresas em face dos trabalhadores constitui, segundo Rittstieg, uma função da sua dimensão e da estrutura do mercado de trabalho. Nesta medida, as grandes empresas podem ter um monopólio do mercado de trabalho local para determinadas profissões ou exercer um poder económico e social sobre as estruturas políticas locais e nacionais (agravado ainda mais pela internacionalização das grandes empresas) susceptível de fazer surgir como questionável a sua inclusão no âmbito da garantia da propriedade privada, ou justificando, em qualquer caso, a relevância pública das grandes empresas uma mais vasta esfera de conformação pelos poderes públicos. Todavia, é necessário ter presente, como o próprio autor admite, a impossibilidade de extrair do artigo 14.º da Lei Fundamental uma tarefa constitucional no sentido de excluir do âmbito da propriedade privada as empresas de uma determinada dimensão. Uma tal interpretação seria, também ela, contrária à neutralidade constitucional em matéria de política económica, ao pressupor, não uma simples autorização de socialização, mas uma verdadeira tarefa ou missão de socialização. Desde logo, um tal entendimento seria contrário à ideia constitucionalmente consagrada de vinculação social da propriedade, uma vez que a redução da garantia constitucional à tutela da propriedade pessoal em sentido estrito esvaziaria de conteúdo o dever de usar a propriedade em prol do bem comum. Ainda assim, sustenta Rittstieg, uma vez que a economia de mercado não integra o conteúdo da Constituição, está aberta ao legislador, para além da correcção das deficiências da concorrência, a via da alteração dos objectivos e condições da actividade económica. Neste âmbito estão em causa, não apenas alterações da estrutura interna das empresas, como sucede no caso da participação dos trabalhadores na gestão das empresas, mas a tomada de medidas pretendendo influenciar a configuração externa das mesmas, como sucede com a socialização de meios de produção prevista no artigo 15.º da Lei Fundamental[452].

Rittstieg apresenta a argumentação desenvolvida pelo Tribunal Constitucional Federal numa das suas primeiras decisões sobre a garantia da propriedade[453], como uma tentativa de adaptar a teoria da

---

[452] Cfr. Rittstieg, "Kommentierung zu Art. 14/15", n.ºs 107-109, pp. 1072-1073.
[453] Cfr. Rittstieg, *Eigentum als Verfassungsproblem*, pp. 356-357. A decisão em causa é a relativa ao caso *Schornsteinfeger*, de 30 de Abril de 1952, em que o Tribunal

propriedade de John Locke às condições da idade industrial: no lugar da terra, que se torna propriedade através do cultivo, entra a empresa comercial e industrial. O capital é o trabalho dos que são especialmente diligentes e poupados. Deste modo, a mobilização do capital e do trabalho justificam a consideração da empresa como propriedade. O pressuposto desta construção consistiria, à semelhança de Locke, numa dupla interpretação do trabalho: o trabalho autónomo, considerado como expressão da personalidade, justifica a reivindicação do respectivo produto; o trabalho dependente é tratado como mercadoria e, por isso, pertence a quem o adquire através do contrato de trabalho. Nas condições actuais, em que o trabalho assalariado superou amplamente a aquisição por conta própria e em que o desenvolvimento do contrato de trabalho já não permite a sua equiparação à alienação de mercadorias, não seria possível justificar a propriedade da empresa com base no pensamento de Locke. Pelo contrário, tal justificação é hoje apenas possível numa base utilitarista que a desloca do plano do direito constitucional para o da oportunidade social e da decisão política[454].

(iv) No domínio dos direitos sobre bens imateriais, abrangendo a propriedade intelectual e industrial, sustenta Rittstieg que a garantia de instituto obteve da jurisprudência um significado jurídico-constitucional autónomo. De acordo com o Tribunal Constitucional Federal, o autor tem, "de acordo com o conteúdo da garantia da propriedade fundamentalmente uma pretensão de lhe serem destinados os proveitos económicos do seu trabalho, desde que não ocorram fundamentos que estabelecem a prioridade do bem comum sobre os interesses do autor"[455]. Por outras palavras, e ao contrário do que

---

equiparou a universalidade de facto e direito, em que se objectiva a empresa, à propriedade real, fazendo-o todavia, segundo Rittstieg, com base em considerações com escassa validade nas condições actuais. Neste contexto, o Tribunal fala de uma empresa que "o titular criou através do próprio trabalho, as capacidades pessoais e sobretudo do emprego do próprio capital", o que corresponde "à interpretação, hoje dominante, que reconhece como propriedade do indivíduo aquilo que ele adquiriu através do próprio trabalho e do próprio emprego de capital" (cfr. *Entscheidungen des Bundesverfassungsgerichts*, vol. 1, p. 277).

[454] Cfr. Rittstieg, *Eigentum als Verfassungsproblem*, pp. 357-358; cfr., em sentido semelhante, C. Edwin Baker, "Disaggregating the Concept of Property in Constitutional Law", pp. 52-53.

[455] Cfr. *Entscheidungen des Bundesverfassungsgerichts*, vol. 31, p. 243.

sucede com a propriedade em geral, no domínio agora em causa a garantia constitucional "protege a aquisição e não apenas o já adquirido"[456]. A exigência de serem destinados ao autor os proveitos económicos do seu trabalho, evoca a justificação jusnatural da propriedade[457], colocando as questões de saber quais os critérios a que deve obedecer essa destinação e se o princípio jusnatural subjacente tem aplicação a outras actividades económicas.

(v) A questão da inclusão de benefícios de direito público com valor patrimonial na garantia da propriedade adquire especial significado uma vez que nesse âmbito são muitas vezes apenas considerados os direitos subjectivos patrimoniais adquiridos através de uma prestação própria. Segundo Rittstieg, quando o Tribunal Constitucional Federal faz resultar a aquisição de uma posição jurídico-pública de uma prestação do próprio titular ou de uma entrada de capital, toma como ponto de partida a justificação da propriedade de Locke, a qual se encontra já subjacente às suas decisões sobre o direito de autor e o direito das patentes[458]. A jurisprudência enuncia dois critérios tendo em vista a delimitação do domínio de aplicação do artigo 14.º da Lei Fundamental a direitos subjectivos públicos com expressão patrimonial. Por um lado, é necessário averiguar se num caso individual um direito subjectivo público proporciona ao titular uma posição

---

[456] Cfr. Rittstieg, "Kommentierung zu Art. 14/15", n.º 110ª, p. 1074; comentando a decisão do Tribunal Constitucional Federal citada no texto, cfr., ainda, do mesmo autor, *Eigentum als Verfassungsproblem*, p. 365: "A ênfase está claramente em outro lugar, em relação às decisões [do Tribunal Constitucional Federal] sobre a propriedade real: se aí o Tribunal acentua a segurança da 'capacidade de pertença pessoal' do objecto da propriedade enquanto propósito do artigo 14.º da Lei Fundamental, aqui o 'âmbito de protecção típico da garantia da propriedade do artigo 14.º da Lei Fundamental' consiste no 'aproveitamento económico' da obra".

[457] Cfr. Rittstieg, *Eigentum als Verfassungsproblem*, p. 366, considera estar aqui subjacente um recurso implícito a Locke e à sua fundação da propriedade sobre a junção do trabalho com as coisas externas (sobre a questão, cfr. Seana Valentine Shiffrin, "Lockean Arguments for Private Property", pp. 138 e ss.). Ulrich Hösch, *Eigentum und Freiheit*, p. 20, por seu turno, afirma que a "a protecção de direito da propriedade dos direitos sobre bens imateriais assenta de um modo especial no princípio da protecção do resultado do próprio trabalho" (no mesmo sentido, Jan-R. Sieckmann, *Modelle des Eigentumsschutzes*, pp. 155 e ss.).

[458] Cfr. Rittstieg, *Eigentum als Verfassungsproblem*, p. 372.

jurídica que corresponde à do proprietário ou se aproxima dela de tal modo que deve ter lugar a aplicação do artigo 14.º; complementarmente, é necessário ainda saber se a situação jurídico-pública é de tal modo forte que, de acordo com o princípio do Estado de Direito, se deva excluir que o Estado a possa eliminar sem compensação[459]. No domínio da segurança social constitui critério de delimitação decisivo saber se a situação jurídica é também determinada através de uma prestação do beneficiário e é na base deste princípio que se torna possível excluir da aplicação da garantia da propriedade as pretensões de ajuda social[460]. No que diz respeito à expectativa de recebimento de pensões sociais, a sua inclusão no âmbito de protecção da garantia constitucional da propriedade depende da respectiva realização, isto é, do cumprimento dos respectivos pressupostos, como o decurso do período de carência ou a ocorrência do risco seguro.

A protecção de licenças profissionais e industriais cai, em princípio, no âmbito de aplicação do artigo 12.º da Lei Fundamental, sobre liberdade de escolha da profissão. Mas o Tribunal Constitucional Federal considerou já a dupla autorização de uma caixa de previdência para o exercício de medicina e de medicina dentária à luz da garantia da propriedade. Este modo de ver deve ser sujeito à mesma apreciação que suscita a aplicação da garantia da propriedade à "empresa instituída e em exercício". Uma autorização para o exercício de uma profissão pode ter valor patrimonial, como sucede quando lhe está subjacente uma limitação do número de autorizações. Um tal valor patrimonial não é, de todo o modo, protegido através do artigo

---

[459] Cfr. Rittstieg, "Kommentierung zu Art. 14/15", n.º 113, p. 1075; Ulrich Hösch, *Eigentum und Freiheit*, p. 27; Nüssgens/Boujong, *Eigentum, Sozialbildung, Enteignung*, p. 56; R. Wendt, "Kommentierung zu Art. 14", n.º 28, p. 598; Peter Badura, "Eigentum", n.º 40, p. 349.

[460] Rittstieg, *Eigentum als Verfassungsproblem*, pp. 373-374, considera, no entanto, algo artificiosa a distinção, sob a perspectiva da vida da pessoa, entre direitos a prestações da segurança social e direitos a prestações de assistência pública. Rittstieg invoca a este propósito uma declaração de voto da juiz do Tribunal Constitucional Federal Rupp-von Brünneck, "se a tutela da propriedade compreende uma parte da tutela da liberdade, ao assegurar ao cidadão as condições económicas para a organização da sua existência de modo responsável, então aquela tutela deve estender-se também às prestações de direito público, das quais o cidadão depende cada vez mais na sua existência económica" (cfr. *Entscheidungen des Bundesverfassungsgerichts*, vol. 32, p. 142; Wiltraut Rupp-v. Brünneck, *Verfassung und Verantwortung*, p. 390). Ao assunto regressar-se-á adiante.

14.º, uma vez que esta norma constitucional não assegura uma protecção contra concorrentes. Se, de um modo geral, é de rejeitar a aplicação da garantia da propriedade às autorizações para o exercício de uma profissão ou actividade industrial, deve, no entanto, aceitar-se uma protecção das situações jurídicas existentes à luz do artigo 12.º, em conexão com o princípio da protecção da confiança. Rittstieg salienta a este propósito a importância do trabalho de Charles Reich quanto ao significado de que se reveste a protecção de situações jurídicas constituídas para a própria liberdade da pessoa[461].

Por último, a garantia de pretensões decorrentes do planeamento urbano não releva também do âmbito de aplicação da garantia constitucional da propriedade. A questão de saber se, e sob que pressupostos, os planos dão origem a direitos subjectivos que não são atingidos pelas respectivas alterações futuras, pode apenas ser resolvida com base nas normas que disciplinam o planeamento[462].

(vi) A fim de equacionar a questão de saber se o património, como soma de valores de troca de que uma pessoa pode dispor, e a expectativa de obter um ganho podem ser objecto da garantia constitucional da propriedade, é necessário ter presente o objecto de protecção dessa garantia. De acordo com uma formulação do Tribunal Constitucional Federal, o artigo 14.º protege em primeira linha a concreta propriedade existente e, apenas no caso de expropriação legítima, o respectivo valor[463]. De acordo com uma outra formulação, a que já se aludiu, o artigo 14.º, n.º 1, protege o adquirido, enquanto a aquisição e a actividade a ela subjacente são protegidas pelo artigo 12.º, n.º1, da Lei Fundamental[464]. Rittstieg sustenta, no entanto, que as formulações do objecto de protecção da garantia da propriedade mencionadas caracterizam apenas a sua dimensão de garantia individual ou da concreta situação jurídica. No âmbito da garantia de instituto, para além da relação de pertença, decorreria

---

[461] Cfr. Rittstieg, *Eigentum als Verfassungsproblem*, p. 375; idem, "Kommentierung zu Art. 14/15", n.º 122, p. 1078; sobre a "nova propriedade" de Charles Reich, cfr. supra, 1.5.1.1.

[462] Cfr. Rittstieg, "Kommentierung zu Art. 14/15", n.º 123, p. 1078; Peter Badura, "Eigentum", n.ºs 68-70, pp. 369-370.

[463] Cfr. *Entscheidungen des Bundesverfassungsgerichts*, vol. 24, p. 397.

[464] Cfr. *Entscheidungen des Bundesverfassungsgerichts*, vol. 30, p. 334 e ss.

também do artigo 14.º, segundo a jurisprudência do Tribunal Constitucional Federal, a tutela da pretensão da valorização económica da propriedade. De qualquer modo, mesmo neste âmbito, a tutela constitucional incide apenas sobre a possibilidade jurídica de um aproveitamento económico; para além disso, saber se, de facto, é obtido um rendimento é algo que depende do mercado. Consequentemente, aquilo que é protegido pelo artigo 14.º é a possibilidade jurídica de alienação de um bem, não o seu valor de troca[465]. Segundo Rittstieg, se a atribuição do valor de troca ao mercado equivalia à afirmação do ordenamento da propriedade civil, a tendência para incluir a soma dos valores de troca dos concretos direitos de propriedade, isto é, o património, no âmbito da garantia constitucional da propriedade, constitui, pelo contrário, um sinal da decadência daquele ordenamento. Incluir na garantia da propriedade uma protecção contra a redução do valor de troca, como resultado de acções do Estado ou de desenvolvimentos sociais que os poderes públicos não souberam contrabalançar, significa ainda considerar o Estado, não obstante a sua democratização, como uma agência dos proprietários, à qual cabe facilitar os ganhos destes e assumir as suas perdas[466]. Ainda para o mesmo autor, as teses de uma garantia constitucional de qualquer valor patrimonial e, em particular, do valor monetário, não carecem apenas de fundamento jurídico; elas são inconciliáveis com a dimensão social da Constituição[467].

Num primeiro momento, a jurisprudência do Tribunal Constitucional Federal tendeu, com efeito, a considerar que a função da garantia da propriedade consistia em proteger a existência dos direitos patrimoniais concretos e individuais, reconhecidos pela ordem jurídica, contra medidas ablativas dos poderes públicos, não protegendo o património em si mesmo. Este entendimento foi, no entanto, posto em causa com a decisão do Tribunal de 1995 relativa aos impostos sobre o rendimento e sobre as sucessões e doações. Através de tal decisão, sustentou-se que a tributação do Estado deve garantir a substância da propriedade e a destinação ao proprietário do valor patrimonial das suas posições jurídicas. Nestes termos, um imposto

---

[465] Cfr. Rittstieg, "Kommentierung zu Art. 14/15", n.ºs 124-125, pp. 1078-1079.
[466] Cfr. Rittstieg, *Eigentum als Verfassungsproblem*, pp. 377-378.
[467] Cfr. Rittstieg, *Eigentum als Verfassungsproblem*, p. 382.

sobre o rendimento que, em conjugação com outros encargos tributários, tivesse de ser pago, não a partir do rendimento, mas da substância mesma do património, constituiria um confisco[468].

---

[468] Cfr. *Entscheidungen des Bundesverfassungsgerichts*, vol. 93, p. 137 (*Einheitswertbeschluss*). O Tribunal considerou (com base na ideia de que, de acordo com o artigo 14.º, n.º 2, da Lei Fundamental, o uso da propriedade deve servir simultaneamente o aproveitamento privado e o bem comum) que à carga fiscal incidente sobre os cidadãos devem estes poder fazer face com base no rendimento dos bens económicos tributáveis, por forma a que pelo menos metade desse rendimento permaneça nas mãos do proprietário, para além da substância do património. Reconheceu, todavia, o Tribunal que a Constituição permite uma afectação da própria substância do património na vigência de um estado de excepção (cfr. *Entscheidungen*, cit., p. 138; cfr., ainda, Ulrich Hösch, *Eigentum und Freiheit*, pp. 32-33; W. Leisner, "Steuer- und Eigentumswende...", pp. 858 e ss.; Alexander v. Brünneck, *Die Eigentumsgarantie des Grundgesetzes*, pp. 360 e ss.). Florian Wässle, *Das Vermögen als Gegenstande der Eigentumsgarantie*, pp. 19-22, distingue duas fases na jurisprudência anterior à decisão de 1995: numa primeira fase, dominada por uma decisão do Tribunal de 1954 (*Investionshilfeurteil*), o património era pura e simplesmente excluído do âmbito de protecção da garantia constitucional da propriedade, não sendo as afectações patrimoniais resultantes da imposição de prestações pecuniárias consideradas relevantes para efeitos do artigo 14.º da Lei Fundamental; numa segunda fase, a partir de 1962, admitiu-se a inclusão da protecção do património na garantia da propriedade constitucional no caso de impostos abusivos, fórmula depois precisada através de critérios como o da "imposição de prestação pecuniária confiscatória", do "efeito sufocante" e da "afectação da substância da propriedade". Inserida nesta segunda fase, uma decisão do Tribunal de 1992 precisou o conceito de "efeito sufocante", afirmando que a propriedade, enquanto direito de liberdade, pode apenas ser limitada na medida em que deixe ao titular do direito fundamental um núcleo essencial de actuação própria no domínio económico, sob a forma do respeito dos princípios do aproveitamento privado de bens adquiridos e do poder de disposição sobre as posições jurídicas de valor patrimonial (cfr. Florian Wässle, *ob. cit.*, p. 22; sobre estas duas fases e as críticas suscitadas pela admissão, em alguns casos, da inclusão do património no âmbito de protecção da propriedade privada, cfr., ainda, José Casalta Nabais, *O Dever Fundamental de Pagar Impostos*, pp. 565-566; Paul Kirchhof, "Das Geldeigentum", p. 644). Finalmente, com a sua decisão de 22 de Junho de 1995, com uma declaração de voto de Ernst-Wolfgang Böckenförde, o Tribunal admitiu decididamente a ideia de que o património em si mesmo integra o objecto de protecção do artigo 14.º da Lei fundamental (cfr. Florian Wässle, *ob. cit.*, pp. 30-34). Segundo Jürgen Eschenbach, *Der verfassungsrechtliche Schutz des Eigentums*, p. 123, a jurisprudência constitucional encontra-se perante um dilema: manter-se fiel à concepção de que objecto de protecção da garantia constitucional são apenas concretas posições jurídicas com valor patrimonial, mas não esse valor em si mesmo; a necessidade de fechar o flanco aberto da liberdade de propriedade em face das investidas do legislador fiscal (alertando para esta necessidade, cfr. já Werner Weber, "Das Eigentum und seine Garantie in der Krise", pp. 335-336). É preciso, no entanto, salientar que aquela fidelidade tem subjacente um determinado compromisso social, justamente evidenciado na declaração de voto de Böckenförde atrás mencionada. Ao assunto voltar-se-á adiante.

A enunciação sumária dos diferentes tipos de propriedade abordados na jurisprudência do Tribunal Constitucional Federal alemão visou sobretudo expor a estratégia argumentativa de Rittstieg: demonstrar a incoerência entre os pressupostos da justificação constitucional da propriedade, com base na protecção da liberdade da pessoa ou do trabalho próprio, e a sua efectiva protecção sobretudo da dimensão económica, como sucede no caso da propriedade fundiária (ii) e do património (vi); sustentar a irrelevância daqueles pressupostos nas condições das sociedades actuais, como sucede nos casos da propriedade pessoal (i) e da propriedade das empresas (iii); salientar a coerência entre os mencionados pressupostos da justificação constitucional da propriedade e as bases de uma existência humana digna, no caso dos direitos subjectivos públicos (v), e a sua relevância actual, quanto aos direitos de autor e das patentes (iv). O seu propósito, como acima se mencionou, consiste em excluir do âmbito do direito constitucional as relações de propriedade com uma dimensão marcadamente económica (por outras palavras, a propriedade dos meios de produção), uma vez que a sua justificação se situa num plano utilitarista[469], e, consequentemente, extrair tais aspectos da garantia de instituto da propriedade. A sua exposição constitui assim o equivalente, no plano da construção jurídica, daquelas análises, atrás expostas[470], que aceitam os pressupostos das teorias modernas da propriedade tendo em vista a respectiva rejeição. A crítica deste modo de ver desdobra-se em dois planos. Em primeiro lugar, Rittstieg salienta correctamente a circunstância de a tutela constitucional da propriedade intelectual, ao contrário do que sucede com a da propriedade em geral, abranger a pretensão de um ganho económico, o que não o leva, no entanto, a excluí-la da garantia de instituto da propriedade. Todavia, não pode deixar de se notar que a propriedade intelectual constitui, hoje, em incomparavelmente maior medida do que a tradicional propriedade dos meios de produção, um importante instrumento de concentração de poder nas mãos das empresas multinacionais[471]. A isto não é certamente estranha a mencionada específica característica da sua tutela constitucional, justamente salientada por Rittstieg.

---

[469] Cfr. Rittstieg, *Eigentum als Verfassungsproblem*, pp. 358 e 386.
[470] Cfr. supra, ponto 1.2.
[471] Cfr. a análise de Jeremy Rifkin, *The Age of Access*, pp 71-72 e 137 e ss.

Em segundo lugar, o modo como Rittstieg apresenta a justificação filosófica, implícita na jurisprudência constitucional, e à luz da qual procura avaliar os resultados de tal jurisprudência, não é isento de críticas.

Na sua apreciação crítica da jurisprudência constitucional, Rittstieg procura pôr em evidência a estreita conexão entre propriedade e liberdade, por ela assumida, para questionar os seus resultados. No caso dos diques de Hamburgo, de 1968, seria particularmente clara a visão da propriedade na perspectiva da pessoa, como espaço de liberdade para uma actividade responsável[472]. Ora, segundo Rittstieg subjacente a esta visão está a caracterização do direito de propriedade como domínio sobre a coisa (*Sachherrschaft*) e não como relação entre pessoas[473]. Mesmo que segundo o seu modo de ver seja incorrecta, de um ponto de vista teórico, esta caracterização da propriedade, seria ainda assim possível encarar a função do direito de propriedade como a protecção de uma relação entre pessoa e objecto, quando não for socialmente relevante a exclusão de terceiros. Seria este, de resto, o contexto da teoria da propriedade de John Locke, cujo "modelo social é o dos produtores independentes da sociedade de mercado pré-industrial", mas também o de Hegel, cuja "justificação da propriedade chega apenas até ao ponto em que propriedade e uso coincidirem"[474]. Todavia, nas sociedades actuais, a hipótese do domínio limita-se apenas a parte dos direitos de propriedade, tornando-se insatisfatória quando o uso directo do objecto da propriedade está nas mãos

---

[472] Cfr. *Entscheidungen des Bundesverfassungsgerichts*, vol. 24, p. 400.

[473] Afirma-se, de facto, na mencionada decisão do Tribunal Constitucional Federal, que a "propriedade é uma forma de domínio sobre as coisas (*Sachherrschaft*) e assim o conceito abrangente para as múltiplas possíveis relações de direito das coisas. Este domínio sobre as coisas pode ser formado sob os mais diversos pontos de vista e opiniões. A propriedade do direito civil é caracterizada através do aproveitamento privado e da faculdade de disposição. Junto dela conhece, no entanto, a ordem jurídica em vigor domínios sobre as coisas de muitas variadas maneiras, os quais – ainda que caracterizados como propriedade – se orientam para uma utilização por terceiros e não para uma utilização privada" (cfr. *Entscheidungen des Bundesverfassungsgerichts*, vol. 24, pp. 389-390); sobre isto, cfr., ainda, Oliver Lepsius, *Besitz und Sachherrschaft im öffentlichen Recht*, p. 66-67, o qual sustenta que nesta decisão o Tribunal explicitamente afirmou que "o objectivo do artigo 14.º LF não é a protecção específica de uma forma de domínio sobre as coisas designada propriedade, mas antes está no seu centro a protecção de uma relação individual com a coisa".

[474] Cfr. H. Rittstieg, "Kommentierung zu Art. 14/15", n.ºs 68 e 71, pp. 1058 e 1060.

de terceiros, servindo a propriedade ao respectivo dono apenas para exercer um controlo sobre aquele uso, como sucede no caso do arrendamento urbano e, de um modo geral, da propriedade dos meios de produção[475]. Seria assim necessário proceder a uma diferenciação funcional do âmbito de aplicação do artigo 14.º da Lei Fundamental com base na função pessoal do direito de propriedade[476].

O que significa, todavia, uma função pessoal da propriedade? Quando é que a propriedade deixa de estar afectada a um uso meramente pessoal e passa a ser usada com fins produtivos? Não podem os mesmos bens ser aptos a realizar, alternativa ou até alternadamente, de acordo com a livre escolha do proprietário, funções pessoais e produtivas? Rittstieg procura dar substância a uma função pessoal através das teorias da propriedade de Locke e Hegel, usando para o efeito uma estratégia semelhante àquela que vimos estar subjacente, em geral, às teorias da desintegração da propriedade. A estratégia consiste, como se viu, em usar as principais justificações filosóficas da propriedade que estão na base do liberalismo clássico contra os resultados da sua evolução histórica. As críticas a que anteriormente se submeteu o pensamento de Locke sobre a justificação da propriedade tornam certamente problemático que com base nele se procure fundamentar, hoje, o direito de propriedade[477]. As críticas de Rittstieg não visam, no entanto, tanto os fundamentos da argumentação de Locke, em si mesmo considerados, quanto a sua inadequação às condições das sociedades actuais. Por outro lado, a visão que Rittstieg fornece da teoria de Hegel é certamente limitada, ao restringir a propriedade à sua conexão com o uso[478]. O principal motivo de crítica à sua análise reside, todavia, num outro aspecto: não existe uma função pessoal da propriedade para Locke ou Hegel, tal como, aliás, para Kant. Existe apenas, isso sim, uma função de liberdade da propriedade. Só na medida em que a liberdade é um atributo da pessoa no confronto com os bens exteriores, existe uma relação entre propriedade e personalidade. A diferença entre as duas perspectivas, isto é, entre aquela que salienta a função pessoal e a que assenta na

---

[475] Cfr. H. Rittstieg, *Eigentum als Verfassungsproblem*, p. 316.
[476] Cfr. H. Rittstieg, "Kommentierung zu Art. 14/15", n.º 74, p. 1061.
[477] Cfr. supra, Parte II, cap. 1, ponto 1.5.
[478] Cfr. supra, Parte II, cap. 3, ponto 3.3.3, (i).

propriedade como expressão de liberdade, ficou patente aquando da crítica da teoria de Margaret Radin relativa à propriedade para a personalidade. A principal consequência de tal diferença de perspectivas consiste no seguinte: a ideia de uma função pessoal da propriedade preconiza uma limitação *a priori* da propriedade, no sentido em que ela só será legítima se restrita a uma categoria de bens apta a satisfazer tal função (cuja delimitação se afigura, todavia, como se disse, problemática); no âmbito da visão da propriedade como expressão da liberdade, a respectiva limitação é, sem dúvida, possível, mas opera apenas *a posteriori*, quer dizer pela consideração ulterior da relevância social das relações de propriedade. Em face da impossibilidade de estabelecer critérios seguros para uma diferenciação funcional do âmbito de aplicação da garantia constitucional da propriedade, com base na sua invocada função pessoal, é necessário aceitar a possibilidade de estabelecer apenas uma diferenciação do tratamento dos diversos objectos da propriedade, consoante eles possam afectar a liberdade de todos, no âmbito de uma unidade da garantia da propriedade[479].

1.6 Recuperações (problemáticas) do conceito de propriedade.

1.6.1 John Rawls e a ideia de democracia de proprietários.

Thomas Grey ilustra a tese da desintegração da propriedade, resultante da substituição do modelo do domínio pelo modelo do feixe de direitos, através da obra de Rawls. Segundo aquele autor, o facto de a propriedade, em resultado de tal substituição, ter deixado de ser uma categoria importante na teoria política e na teoria do direito, seria confirmado pela escassa importância do respectivo conceito em *A Teoria da Justiça*[480]. Não só em *A Teoria da Justiça*, mas também na sua obra posterior, Rawls sustenta que apenas a propriedade pessoal, e já não a propriedade dos meios de produção, constitui uma liberdade básica, como tal abrangida pelo primeiro princípio da

---

[479] Cfr., a propósito, as considerações acima desenvolvidas na Parte II, cap. 2, ponto 2.4.

[480] Cfr. Thomas Grey, "The Disintegration of Property", p. 81. Um outro exemplo da marginalização da propriedade como categoria relevante da filosofia política é dado pelo pensamento de Dworkin, *Taking Rights Seriously*, pp. 277-278.

justiça[481]. No pensamento de Rawls parece combinar-se um reduto deontológico da propriedade, expresso no reconhecimento da importância de um mínimo de propriedade pessoal para a liberdade do indivíduo, com a afirmação da natureza convencional dos direitos de propriedade, cuja fixação, fora dos limites daquele reduto deontológico, fica dependente de abordagens consequencialistas[482]. A proximidade em relação às teorias dualistas acima abordadas é evidente. Tal como sucede com estas, também aqui se torna problemática a distinção entre propriedade produtiva e propriedade pessoal[483]. A razão

---

[481] Cfr. John Rawls, *Uma Teoria da Justiça*, pp. 68-69: depois de incluir a propriedade privada (pessoal) na lista das liberdades básicas, Rawls afirma: "É evidente que liberdades não compreendidas na lista, como, por exemplo, o direito de deter certas formas de propriedade (e. g. meios de produção) e a liberdade contratual nos termos em que é entendida pela doutrina do *laissez faire*, não são liberdades básicas; e assim não são protegidas pela prioridade do primeiro princípio". Em *O Liberalismo Político*, pp. 283-284, Rawls considera que "entre as liberdades básicas está o direito de manter propriedade pessoal e de ter o seu uso exclusivo. O papel desta liberdade é permitir uma suficiente base material para a formação de um sentido de independência pessoal e respeito próprio, sendo ambos essenciais para o desenvolvimento e exercício das faculdades morais. Há duas outras concepções mais amplas do direito de propriedade como uma liberdade básica que devem ser evitadas. Numa dessas concepções, este direito é alargado de forma a incluir certos direitos de aquisição e doação, bem como o direito de propriedade de meios de produção e recursos naturais. Na outra, o direito de propriedade inclui o igual direito de participação no controlo dos meios de produção e recursos naturais, sujeitos a apropriação colectiva. Estas concepções mais amplas não são admitidas porque, segundo creio, não podem ser consideradas como necessárias ao desenvolvimento e exercício das faculdades morais. Os méritos destas e de outras concepções do direito de propriedade são decididos e esclarecidos em fases ulteriores, quando houver muito mais informação disponível acerca das circunstâncias da sociedade e das tradições históricas". Ainda no mesmo sentido, cfr. Rawls, *The Law of Peoples*, p. 65; idem, *Justice as Fairness*, p. 114. Como correctamente nota Andrea Esser, "Faire Verteilung oder absoluter Schutz des Eigentums?", pp. 222-223, esta posição sobre o lugar do direito de propriedade no seio das liberdades básicas desmente as muitas críticas, especialmente de orientação marxista, que vêem no princípio da diferença uma justificação ideológica das desigualdades existentes nas relações de propriedade dos sistemas capitalistas; também reagindo a tais críticas, cfr. Richard Krouse e Michael McPherson, "Capitalism, 'Property-Owning Democracy', and the Welfare State", pp. 90 e 103; Philippe Van Parijs, *Sauver la Solidarité*, pp. 9-10 (o autor, *ob. cit.*, pp. 12 e ss., distingue, no entanto, entre um rawlsianismo de "esquerda" e de "direita").

[482] Uma interpretação deste tipo é também adoptada por Liam Murphy e Thomas Nagel, *The Myth of Ownership*, p. 45, cuja proximidade com o pensamento de Rawls é expressamente assumida por Thomas Nagel, "Comments: Individual versus Collective Responsibility", p. 2018.

[483] Cfr. James W. Nickel, "Economic Liberties", p. 166.

que justifica o seu destaque em relação a tais teorias prende-se com um outro desenvolvimento do pensamento de Rawls, isto é, a sua ideia de uma democracia de proprietários (*property-owning democracy*). Em a *Teoria da Justiça*, ao mesmo tempo que assume não abranger a sua teoria a resposta à questão de saber se as exigências da justiça são melhor respeitadas por um regime de propriedade privada ou por um regime socialista, uma vez que aquelas exigências dependem em larga medida das tradições, instituições e forças sociais de cada país, bem como das respectivas condições históricas, Rawls estabelece, no entanto, as linhas gerais de um sistema económico justo, que permita diferentes variantes. Pressupostos dessa tarefa são, por um lado, a circunstância de um tal sistema se basear em larga medida nas estruturas de mercado (uma vez que só assim se poderá tratar o problema da distribuição como um problema de justiça processual pura, para além dos benefícios decorrentes da eficiência e da protecção da liberdade de escolha de ocupação proporcionados por tais estruturas) e a sua correspondência a um "regime democrático em que a propriedade privada está distribuída, ou democracia de proprietários"[484].

A ideia de uma "democracia de proprietários" foi primeiramente avançada por James Meade e com base nela Rawls procura descrever um sistema ideal, no âmbito do qual "a terra e o capital estão distribuídos de forma ampla, ainda que presumivelmente não igual. A sociedade está dividida de forma a não permitir que um pequeno sector controle de maneira preponderante os recursos produtivos"[485].

---

[484] Cfr. John Rawls, *Uma Teoria da Justiça*, p. 220. Os benefícios, associados por Rawls ao sistema de mercado, da eficiência e da liberdade de escolha de ocupação são analisados criticamente por Charles E. Lindblom, *The Market System*, pp. 147 e ss. e 180 e ss.

[485] Cfr. John Rawls, *Uma Teoria da Justiça*, p. 224. A descrição de uma democracia de proprietários efectuada por Meade é ainda mais sugestiva: "Let us now suppose that by the wave of some magic wand ... the ownership of property could be equally distributed over all the citizens in the community. What a wonderful culture could now result from our future automoted economy! Imagine a world in which no citizen owns an excessively large or an unduly small proportion of the total of private property. Each citizen will now be receiving a large part of his income from property. ... The essential feature of this society would be that work had become rather more a matter of personal choice. The unpleasant work that had to be done would have to be very highly paid to attract to it those whose tastes led them to wish to supplement considerably their incomes from property. At the other extreme those who wished to devote themselves to quite uncommercial activities would be able to do so with a reduced standard of living, but without starving in a garret.

O conceito de democracia de proprietários pretende descrever um sistema social que realiza todos os principais valores políticos expressos pelos dois princípios da justiça de John Rawls[486], em contraste com um capitalismo de Estado Social, que se mostra incapaz dessa realização[487], para já não falar dos sistemas correspondentes ao capitalismo de *laissez faire* e ao socialismo de Estado. Estes últimos violam claramente os dois princípios da justiça: o capitalismo de *laissez faire*, ou sistema de liberdade natural, na medida em que assegura apenas uma igualdade formal e rejeita, por isso, o valor justo das iguais liberdades políticas, especificadas pelo primeiro princípio[488], e uma justa igualdade de oportunidades, abrangida pelo segundo princípio; o socialismo de Estado, com uma economia centralizada e supervisionada por um regime de partido único, viola quer as liberdades e

---

Above all labour-intensive services would flourish of a kind which (unlike old-fashioned domestic service) might be produced by one man for another man of equal income and status. Play-acting, ballet-dancing, painting, writing, sporting activities and all such 'unproductive' work as Adam Smith would have called it would flourish on a semi-professional semi-amateur basis; and those who produced such services would no longer be degraded as the poor sycophants of immoderately rich patrons" (cfr. J. E. Meade, *Efficiency, Equality and the Ownership of Property*, pp. 40-41).

[486] Os dois princípios da justiça, importará recordar, constituem a base da teoria de Rawls. De acordo com o primeiro, é garantido a cada pessoa o mesmo esquema de iguais liberdades básicas que é compatível com a garantia de um mesmo esquema para todos. Nos termos do segundo, as desigualdades económicas e sociais devem satisfazer duas condições: primeiro, elas devem resultar de cargos e posições abertos a todos sob condições de uma justa igualdade de oportunidades; segundo, elas devem beneficiar o mais possível os menos beneficiados membros de uma sociedade (princípio da diferença). O primeiro princípio tem prioridade sobre o segundo e, no âmbito deste, a justa igualdade de oportunidades tem prioridade sobre o princípio da diferença (cfr. a formulação de Rawls em *Justice as Fairness*, pp. 42-43).

[487] Cfr. John Rawls, *Justice as Fairness*, p. 135.

[488] O requisito do "valor justo" das liberdades políticas visa afastar que "aqueles com maiores meios se possam unir e excluir aqueles que têm menos". Rawls admite que o princípio da diferença não seja suficiente para impedir isto mesmo, em vista da maior susceptibilidade de as liberdades políticas, em comparação com as demais liberdades básicas, serem influenciadas pela posição social e meios económicos dos cidadãos. A ideia do "valor justo" das liberdades políticas significa assim que, independentemente da respectiva posição económica ou social, todos os cidadãos devem ter uma oportunidade justa de exercer cargos públicos e influenciar o resultado das eleições, em paralelo com a ideia de igualdade justa de oportunidades do segundo princípio (cfr. Rawls, *Justice as Fairness*, pp. 149-150).

direitos básicos, quer o seu "justo valor"[489]. Os contrastes mais relevantes a efectuar são, pois, os que se estabelecem entre o capitalismo de Estado Social, a democracia de proprietários e o socialismo liberal[490]. Muito embora só estes dois últimos sistemas sejam capazes de satisfazer os dois princípios da justiça, uma democracia de proprietários partilha uma importante característica com o capitalismo de Estado Social: ambos admitem a propriedade privada de meios de produção. Simplesmente, enquanto este permite uma forte concentração, próxima do monopólio, dos meios de produção, aquela, através das suas instituições próprias, visa dispersar a propriedade da riqueza e do capital, impedindo uma pequena parte da sociedade de controlar a economia e, indirectamente, a vida política. Assim, ainda que o capitalismo do Estado Social assegure prestações de bem-estar e providencie mesmo, possivelmente, um mínimo social generoso, ele não reconhece um princípio de reciprocidade na regulação das desigualdades económicas e sociais. Entre o capitalismo de Estado Social e a democracia de proprietários estabelece-se, pois, uma diferença fundamental entre duas estratégias para lidar com a justiça na economia política: no primeiro caso aceita-se uma desigualdade substancial adquirida na distribuição inicial da propriedade e dos talentos naturais, procurando reagir a ela através de uma redistribuição *ex post* do rendimento; no segundo caso, visa-se atingir uma maior e mais substancial igualdade na distribuição *ex ante* da propriedade e dos talentos naturais, com menos ênfase nas medidas redistributivas subsequentes[491]. Pelo contrário, entre o socialismo liberal e a democracia de proprietários, as diferenças prendem-se sobretudo com "as circunstâncias históricas de uma sociedade, com as suas tradições de prática e pensamento políticos"[492]. Em última análise, através da ideia de uma democracia de proprietários, Rawls visa pensar as condições sob as quais não

---

[489] Cfr. Rawls, *Uma Teoria da Justiça*, p. 76; idem, *Justice as Fairness*, pp. 137-138.

[490] No socialismo liberal, embora os meios de produção sejam socializados, existe um multipartidarismo democrático e o poder económico encontra-se disperso entre várias empresas, cujas direcções respondem perante os respectivos trabalhadores. Tais empresas desenvolvem as suas actividades em mercados livres e competitivos, sendo igualmente assegurada a liberdade de escolha de profissão (cfr. Rawls, *Justice as Fairness*, p. 138).

[491] Cfr. Richard Krouse e Michael McPherson, "Capitalism, 'Property-Owning Democracy', and the Welfare State", p. 84.

[492] Cfr. Rawls, *Justice as Fairness*, p. 139.

existiria uma "plebe", que Hegel tão bem soube identificar como uma das características marcantes das sociedades modernas[493].

A democracia de proprietários designa assim as condições ideais de uma economia de mercado assente na propriedade privada e constitui-se como alternativa ao sistema capitalista combinado com um Estado Social. Ocorre, no entanto, perguntar em que medida a democracia de proprietários assenta verdadeiramente no princípio do reconhecimento da propriedade privada, uma vez que se aceita que o capitalismo de Estado Social, claramente reconhecendo a propriedade privada, é incapaz de satisfazer os dois princípios da justiça, e que a democracia de proprietários se distingue do socialismo liberal, que rejeita a propriedade privada dos meios de produção, por razões sobretudo conjunturais. As razões que explicariam o fracasso do capitalismo de Estado Social na satisfação dos dois princípios da justiça prende-se precisamente com o ambiente hostil em que aí operam o valor justo das liberdades políticas, uma justa igualdade de oportunidades e o princípio da diferença. Se o Estado depende, com efeito, quanto à obtenção dos rendimentos de imposto e quanto à sua viabilidade política geral, de um sistema de acumulação de riqueza e capital e, logo, das decisões de investimento privado daqueles que detêm e controlam os recursos produtivos, essa dependência coloca necessariamente entraves à respectiva capacidade para manter o justo valor das liberdades políticas e promover a justiça distributiva. As enormes desigualdades económicas e sociais admitidas em qualquer sistema capitalista colocam um limite estrutural à possibilidade de actuar sobre elas através de políticas redistributivas. A ideia de uma democracia de proprietários não visa, pois, simplesmente reagir contra os efeitos de tais desigualdades, mas eliminar as suas causas. O objectivo consiste em actuar sobre as formas de contingência social e natural, de modo a mitigar a sua arbitrariedade moral[494]. Como afirma

---

[493] Cfr. Rawls, *Justice as Fairness*, p. 140; sobre o conceito de plebe em Hegel, cfr. supra, Parte II, cap. 3, pontos 3.4 e 3.6.

[494] Rawls distingue quatro principais formas de contingência, igualmente arbitrárias de um ponto de vista moral: talentos naturais, atribuições iniciais de propriedade ou capital físico, atribuições iniciais de capital humano (decorrentes da educação recebida) e sorte (cfr. Rawls, *Uma Teoria da Justiça*, p. 76; Krouse e McPherson, "Capitalism, 'Property-Owning Democracy', and the Welfare State", p. 95).

Rawls, "o propósito não é simplesmente o de assistir àqueles que perdem por acidente ou infortúnio (embora isso deva ser feito), mas antes pôr todos os cidadãos em posição de gerirem os seus próprios assuntos na base de um grau adequado de igualdade económica e social"[495]. No contexto de uma democracia de proprietários, em que as pessoas retiram parte do seu rendimento da propriedade e é garantido um mínimo social apropriado, não existiria uma classe de trabalhadores forçados a vender a sua força de trabalho para sobreviver, sendo removidos os piores aspectos da "escravatura salarial"[496]. As instituições que permitiriam alcançar e manter um tal regime seriam, segundo Rawls, a tributação das heranças e doações numa base progressiva, um imposto sobre o consumo a uma taxa marginal constante, a atribuição de um mínimo social, cobrindo pelo menos as necessidades sociais básicas, e um sistema de educação igualitário[497].

Através da ideia de uma democracia de proprietários, a estratégia de Rawls é, pois, a de difundir e dividir a propriedade entre o maior número possível de membros de uma determinada comunidade. Deste modo, Rawls pretende simultaneamente obviar ao fenómeno da exclusão social que atribui ao funcionamento do sistema da liberdade natural, ou capitalismo do *laissez faire*, e ao fenómeno da dependência dos excluídos em relação ao poder público no sistema capitalista de Estado Social. Mas o próprio conceito de democracia de proprietários significa um anacronismo, na melhor das hipóteses, e um contra-senso, na pior.

Se com a democracia de proprietários se pretender recuperar a ideia de independência dos membros da cidade antiga, não se pode deixar de ter presente que essa independência assentava numa ideia de propriedade identificada com uma comunidade natural que precedia a cidade, isto é, a sociedade doméstica. Na medida em que a cidade intervinha activamente na difusão da propriedade entre os seus membros, fazia-o através da guerra de conquista. Nas sociedades modernas, em que essa opção está aparentemente excluída, é

---

[495] Cfr. Rawls, *Justice as Fairness*, p. 139.
[496] Cfr. J. E. Meade, Efficiency, *Equality and the Ownership of Property*, p. 39; R. Krouse e Michael McPherson, "Capitalism, 'Property-Owning Democracy', and the Welfare State", p. 91; Rawls, *Uma Teoria da Justiça*, p. 225.
[497] Cfr. Rawls, *Justice as Fairness*, pp. 160-162 e 173.

difícil conceber uma distribuição inicial de recursos entre os membros de uma comunidade como alternativa à redistribuição da riqueza resultante da acumulação privada. A ideia de uma democracia de proprietários é, pois, essencialmente incompatível com as concepções modernas de propriedade, orientadas para os problemas da aquisição, e já não, como na cidade antiga, para os problemas do uso de bens cuja destinação assenta numa hierarquia natural.

A ideia de uma democracia de proprietários será, por outro lado, um contra-senso se se pensar que a condição de proprietário nela implicada não pode deixar de assentar na redistribuição de riqueza, sendo nessa medida essencialmente uma criação do Estado. Rawls, pelo contrário, acredita que através das propostas institucionais atrás mencionadas, assentes num princípio de poupança entre gerações, seria possível proceder a uma distribuição inicial de recursos e, assim, evitar a concentração da riqueza. Mas há razões para duvidar que tais propostas, ainda que sejam capazes de atenuar as desigualdades arbitrárias entre pessoas no que diz respeito à distribuição de capital físico e humano, possam actuar eficazmente em relação às outras duas fontes de contingência natural e social apontadas por Rawls, isto é, a diversidade de talentos naturais e a sorte[498]. O que acaba de ser dito não pretende ser um argumento contra as políticas de redistribuição por parte do Estado, mas visa apenas questionar que alguma alternativa a tais políticas possa, nas condições actuais, conduzir a uma "democracia de proprietários".

Na verdade, em resposta à questão que há pouco se colocou, quanto a saber se a democracia de proprietários assenta verdadeira-

---

[498] Segundo R. Krouse e M. McPherson, "Capitalism, 'Property-Owning Democracy', and the Welfare State", p. 94 e ss., as propostas de Rawls relativas às instituições aptas ao desenvolvimento de uma democracia de proprietários colocam uma ênfase excessiva na abordagem da igualização dos dotes iniciais. Ou seja, longe de assentar predominantemente na tributação redistributiva e nos programas de transferência do Estado Social, como pretendem alguns críticos, a proposta de Rawls seria insuficientemente redistributiva, não conferindo, desse modo, adequada justificação a algumas formas legítimas de intervenção social. Neste contexto, em face da intuição central subjacente à proposta de um sistema social justo de Rawls, isto é, a eliminação de factores resultantes de formas de contingência social e natural, não seriam justificadas a sua tendencial exclusão da tributação progressiva sobre o rendimento, bem como a ausência de provisões adequadas para pessoas com necessidades especiais.

mente no princípio da propriedade privada, deve mesmo afirmar-se a incompatibilidade entre o reconhecimento da propriedade privada, enquanto liberdade básica, e as consequências que Rawls pretende extrair da intuição central da sua teoria, isto é, a crença de que os talentos e capacidades naturais são arbitrários de um ponto de vista moral. De facto, ainda que se aceite essa arbitrariedade, e se rejeite a tese que ela visa pôr em causa, isto é, a ideia de "propriedade de si mesmo" como fundamento da propriedade privada, isso não significa que seja aceitável a tese oposta, defendida por Rawls, de acordo com a qual a distribuição dos talentos naturais de cada um deve ser encarada como um "bem comum", como acima se disse[499]. Não é, com efeito, de admirar que, em resposta à crítica de Marx ao liberalismo, sublinhando o carácter meramente formal das liberdades básicas, Rawls reafirme que, no âmbito de uma democracia de proprietários, "se é permitido um direito de propriedade sobre bens produtivos, tal direito não é um direito básico, mas antes sujeito ao requisito de ser, nas condições actuais, o meio mais eficaz de realizar os princípios da justiça"[500]. Na sequência da sua convicção de que uma economia de mercado é mais eficaz a gerir riqueza do que uma economia centralizada, Rawls pretende, assim, preservar a função do capital, prescindindo do capitalista, difundir a propriedade, sem reconhecer a liberdade do proprietário. Não é, pois, fácil traçar a fronteira entre uma democracia de proprietários e um sistema socialista liberal. Se este último provar ser mais eficiente na realização dos dois princípios da justiça, será possível defendê-lo como relevante na perspectiva da "justiça como equidade". Rawls adverte, todavia, para a necessidade de cautela, no sentido de se "não comparar o ideal de uma concepção com a efectividade da outra, mas antes comparar efectividade com efectividade, e nas nossas circunstâncias históricas particulares"[501].

---

[499] Cfr. Rawls, *Uma Teoria da Justiça*, p. 96: "... o princípio da diferença representa, na verdade, um acordo para encarar a distribuição de talentos naturais como, sob certos aspectos, um bem comum ... Os naturalmente beneficiados não devem ganhar apenas porque são mais bem dotados, mas apenas para cobrir os custos de treino e educação e para usar os seus dotes de formas que ajudem também os menos afortunados. Ninguém merece a sua maior capacidade natural nem merece um ponto de partida mais favorável na sociedade".
[500] Cfr. Rawls, *Justice as Fairness*, p. 177.
[501] Cfr. Rawls, *Justice as Fairness*, p. 178.

Ora, a verdade é que, quer quanto à "democracia de proprietários", quer quanto ao socialismo liberal, existem apenas ideais para comparar. A ideia de "democracia de proprietários", se procura explorar o capital histórico da expressão, como se viu suceder com as propostas de Macpherson, assenta num reconhecimento incerto do direito de propriedade. A tentativa de pôr em prática um tal sistema económico ideal oscilaria, certamente, entre uma evolução realista para um capitalismo de Estado Social e a convergência teórica com um modelo de socialismo liberal. Em última análise, a indecisão de Rawls quanto ao problema de saber que ordem da propriedade é favorecida pela sua teoria da justiça, leva mesmo a colocar a questão de saber se é possível a uma tal teoria prescindir sobre uma clara tomada de posição sobre o tema[502].

Quando se afirmou que o tratamento dos talentos naturais de cada um como um bem comum é incompatível com o direito de propriedade privada, isso não significa, é claro, como também se disse, que se admita a ideia de uma "propriedade de si mesmo", interpretada no sentido de um direito de propriedade sobre o próprio corpo, como base daquele direito, à semelhança do que defendem alguns autores libertários[503]. Significa apenas o reconhecimento de uma conexão entre o direito de propriedade e a liberdade pessoal[504]. Essa conexão é, todavia, suficientemente forte para pôr em causa a justificação meramente consequencialista do direito de propriedade privada. Repare-se, aliás, ser duvidoso que a tentativa de reagir contra uma garantia meramente formal das liberdades básicas e uma igualdade de oportunidades vazia de conteúdo através da intervenção do Estado, por via do sistema fiscal, tenha uma relação necessária com aquela abordagem consequencialista. A perspectiva contrária foi recentemente adoptada por Liam Murphy e Thomas Nagel. Segundo estes autores, "não existem direitos de propriedade antecedendo a estrutura de impostos. Os direitos propriedade são o produto de um conjunto de normas e convenções das quais faz parte o sistema de impostos. O rendimento anterior à tributação, em particular, não tem

---

[502] Cfr. Andrea Esser, "Faire Verteilung oder absoluter Schutz des Eigentums?", p. 226.
[503] Cfr. supra, Parte II, cap. 1, ponto 1.5.4.
[504] Cfr. supra, Parte II, cap. 1, ponto 1.5.2; cap. 2, ponto 2.2.1; cap. 3, ponto 3.3.2.

significado moral autónomo. Um tal rendimento não define algo a que o contribuinte tenha um direito natural ou pré-político, e de que o indivíduo é expropriado pelo governo quando levanta impostos sobre ele". A razão de ser desta tomada de posição radical é logo a seguir desvendada: "as pessoas têm um direito ao seu rendimento, mas a sua relevância moral depende do contexto de procedimentos e instituições no quadro das quais elas adquiriram um tal rendimento – procedimentos que são apenas justos se incluírem uma tributação que sustente várias formas de igualdade de oportunidade, bens públicos, justiça distributiva, etc. Uma vez que o rendimento dá lugar a um título moral evidente apenas se for justo o sistema sob o qual foi ganho, incluindo os impostos, então o direito ao rendimento não pode ser usado para avaliar a justiça do sistema de impostos"[505]. Os autores fazem assim depender a proposição de que o direito de propriedade privada é justo apenas na medida em que o seja o sistema, incluindo os impostos, de que faz parte, da negação, a esse direito, de uma justificação deontológica ou assente no direito natural. O argumento é, no entanto, obviamente improcedente, no sentido em que a aceitação daquela proposição não assenta necessariamente na negação de uma justificação metapositiva do direito de propriedade[506]. Isso acontece, desde logo, na justificação kantiana da propriedade, com a afirmação do carácter meramente provisório de uma aquisição natural, ou pré-política, do direito de propriedade[507]. Mas a mesma ausência de conexão necessária entre as duas proposições formuladas por Murphy e Nagel é válida para as justificações da propriedade desenvolvidas por Locke e Hegel: no primeiro caso, ainda que limitadamente, porque o direito de propriedade formado no estado de natureza não é totalmente imune a alterações no seio do estado civil[508]; no segundo, porque a propriedade, enquanto "direito abstracto" constitui apenas um momento na realização da liberdade, que deve ser ainda completado pela respectiva integração nas esferas

---

[505] Cfr. Liam Murphy e Thomas Nagel, *The Myth of Ownership*, p. 74; cfr., ainda, Dworkin, *Is Democracy Possible Here?*, pp. 123 e ss.
[506] Neste sentido, cfr., tanbém, Andrei Marmor, "On the Right to Private Property and Entitlement to One's Income", p. 8.
[507] Cfr. supra, Parte II, cap. 2, ponto 2.2.3.
[508] Cfr. supra, Parte II, cap. 1, pontos 1.3.3.2 e 1.4.8.

éticas da sociedade civil e do Estado[509]. A afirmação da natureza puramente convencional do direito de propriedade privada encontrará, porventura, a sua explicação na necessidade de reagir contra a excessiva e injustificada importância que os libertários atribuem àquele direito. Trata-se, no entanto, de uma reacção igualmente excessiva. De resto, a desnecessidade de negar uma justificação deontológica da propriedade privada para aceitar a legitimidade do Estado em promover a igualdade de oportunidades e a justiça distributiva ou, por outras palavras, a afirmação da compatibilidade entre os dois aspectos parece ser reconhecida pelos próprios Murphy e Nagel, quando dizem que "enquanto a protecção de alguma forma de propriedade privada é essencial para a liberdade humana, a estrutura geral do sistema de direitos de propriedade deveria ser largamente determinada noutras bases"[510]. Mas esta afirmação revela ainda, apesar de tudo, uma divergência fundamental com a concepção que aqui se pretende defender. Com efeito, a estrutura geral do sistema de direitos de propriedade não deve ser "largamente determinada noutras bases", diversas daquelas sobre que assenta o reconhecimento da propriedade privada. É a mesma a base sobre que assenta o reconhecimento da propriedade privada e a estrutura geral do sistema de direitos de propriedade, isto é, a liberdade humana. Simplesmente essa liberdade não é apenas a do proprietário, mas também a liberdade do não-proprietário. É este necessariamente o resultado de uma compreensão kantiana do direito da propriedade que substitua o entendimento do princípio da independência do estado civil, no sentido de excluir da participação política todos aqueles que não têm propriedade, por um outro, no âmbito do qual o que está em causa é o potencial da propriedade para afectar todos. Aqui reside, com efeito, o ponto fulcral de toda a teoria da propriedade de Kant, pelo menos na interpretação aqui adoptada: o direito inato de liberdade de cada um é afectado pelas pretensões de propriedade e, por essa razão, deve ser reconhecida a igual participação de todos na legislação pública que concretiza o direito de propriedade; ao mesmo tempo, a independência consiste numa certa articulação entre os princípios da

---

[509] Cfr. supra, Parte II, cap. 3, ponto 3.4.
[510] Cfr. Liam Murphy e Thomas Nagel, *The Myth of Ownership*, p. 45.

liberdade e da igualdade, no sentido em que o exercício da liberdade pressupõe um certo nível de igualdade, na perspectiva da propriedade, entre os membros do corpo político[511]. Ao contrário da teoria de Rawls e da tese defendida por Murphy e Nagel, que assentam num reconhecimento limitado do princípio da propriedade privada, a ideia de uma unidade da garantia constitucional da propriedade procede, partindo do pleno reconhecimento daquele princípio, através da limitação das formas concretas de propriedade que se mostrem contrários à independência de todos os membros de uma comunidade política.

A ideia de uma democracia de proprietários defendida por Rawls suscita ainda uma outra crítica. No seu contexto, a propriedade não é tanto um direito do indivíduo quanto um atributo do sistema político. Ao mesmo tempo, essa característica do modo de pensar a propriedade tem o seu complemento necessário na circunstância de, no âmbito da concepção liberal de Rawls, não existirem exigências dirigidas ao indivíduo na perspectiva da realização da justiça, essas exigências são antes assumidas como um problema das instituições de uma democracia constitucional. Dito de outro modo, os princípios fundamentais da justiça aplicam-se às regras da estrutura básica de uma sociedade, não às escolhas que as pessoas fazem no âmbito dessa estrutura, e, na verdade, para além das suas escolhas relativas à questão da promoção, apoio e cumprimento das regras de uma estrutura básica justa. Nestas condições, é possível ao liberal, segundo a concepção defendida por Ralws, ser ao mesmo tempo igualitário e rico, e não ter qualquer preocupação com o estatuto moral da sua riqueza[512].

1.6.2 O rendimento básico universal. As reflexões de Rawls sugerem, no entanto, um outro desenvolvimento que sendo porventura pouco realista, por depender da vontade política, se apresenta como mais apto a conciliar o reconhecimento da propriedade privada e a eliminação da dependência dos mais desfavorecidos da burocracia do Estado de Bem-Estar. Trata-se das propostas, formula-

---

[511] Cfr. supra, Parte II, cap. 2, ponto 2.3.
[512] Cfr. G. A. Cohen, *If You Are an Egalitarian How Come You're So Rich?*, pp. 148 e ss.

das por autores como Claus Offe, Philippe Van Parijs e Bruce Ackerman e Anne Alstott, no sentido de substituir as actuais prestações sociais do Estado, assentes numa complexa burocracia administrativa, por um sistema mais simples que atribui a todos os cidadãos maiores, independentemente da respectiva situação económica, um rendimento básico igual e de forma incondicional, para ser gasto de acordo com a vontade de cada um[513]. O apelo de tais propostas, para além daquele que resulta da necessidade de fazer face às dificuldades crescentes dos sistemas de segurança social e às formas de desemprego estrutural que caracterizam as sociedades actuais[514], prende-se ainda com a prometida coerência da sua justificação moral, quando comparada com aquelas que subjazem aos restantes modelos de segurança social. Com efeito, a ideia de um rendimento básico universal não assenta já na transferência de recursos dos mais beneficiados para os que o são menos, com base na ideia de que aqueles poderão um dia vir a encontrar-se na situação destes (justificação com base na ideia de previdência), nem tão pouco com base na consideração de que poderiam ser os mais beneficiados a estar na situação dos que se encontram na pior situação (justificação em termos de solidariedade ou sistema de segurança através do véu de ignorância). O que está em causa é simplesmente a preocupação de assegurar a todos os

---

[513] Cfr. Claus Offe, *Modernity and the State*, pp. 201 e ss.; Claus Offe, "A Non-Productivist Design for Social Policies", pp. 61 e ss.; Philippe Van Parijs, "Competing Justifications of Basic Income", pp. 3 e ss.; idem, *Refonder la Solidarité*, pp. 29 e ss.; idem, "Basic Income: A Simple and Powerful Idea for the Twenty-First Century", pp. 3 e ss.; Yannick Vanderborght e Philipp Van Parijs, *L'Allocation Universelle*, pp. 26 e ss.; Bruce Ackerman e Anne Alstott, *The Stakeholder Society*, esp. pp. 4 e ss.; idem, "Why Stakeholding?", pp. 43 e ss. Ao contrário dos restantes autores mencionados, que têm essencialmente em vista um rendimento básico a a pagar periodicamente, Bruce Ackerman e Anne Alstott propõem o pagamento de uma só quantia, no valor de oitenta mil dólares, a todos os cidadãos que tenham completado o equivalente ao ensino secundário e não pratiquem qualquer crime. A tese de Macpherson do direito de propriedade como direito de acesso a uma vida humana plena tem alguns pontos de contacto com as propostas dos autores mencionados (cfr. Parte I, cap. 4, ponto 4.4). A principal diferença em relação a tais proposta consiste no facto de estas se assumirem claramente como susceptíveis de serem introduzidas no contexto de economias capitalistas desenvolvidas.

[514] Cfr. Michael Stolleis, *Die unvollendete Gerechtigkeit das Projekt Sozialstaat und seine Zukunft*, p. 6; Anne Lenze, *Staatsbürgerversicherung und Verfassung*, pp. 1-4; Fernando Ribeiro Mendes, *Conspiração Grisalha*, pp. 15 e ss. 274 e ss.

membros de uma comunidade uma parte igual do respectivo património comum, isto é, dos seus recursos externos[515]. Com este tipo de justificação, recuperando um dos principais *topoi* da reflexão pré-moderna sobre a propriedade, as propostas em causa não se situam apenas no plano da segurança social ou da assistência social, mas incluem-se decididamente no âmbito de uma reflexão sobre a propriedade. Naturalmente, tais propostas não excluem a possibilidade, ou mesmo necessidade, de conjugação entre os princípios subjacentes aos diferentes modelos mencionados e exigem, além disso, a respectiva articulação com determinadas políticas fiscais e de emprego[516]. Mas o que aqui importa especialmente reter é a circunstância de essas propostas recuperarem um aspecto que toda a reflexão moderna sobre a propriedade, ao privilegiar sobretudo a relação entre esta e a produção, tende a desvalorizar, isto é, a relação entre propriedade e cidadania. O seu propósito consiste, na verdade, em "libertar a segurança social do posto de trabalho"[517], mas também, ao mesmo tempo,

---

[515] Cfr. Philippe Van Parijs, *Refonder la Solidarité*, pp. 41-44 ; idem, , "Competing Justifications of Basic Income", pp. 9 e ss.; idem e Yannick Vanderborght, *L'Allocation Universelle*, pp. 68 e ss.; Bruce Ackerman e Anne Alstott, "Why Stakeholding ?", p. 45. A origem da ideia de um rendimento básico na preocupação de assegurar a cada um a sua parte justa na propriedade comum da humanidade remonta a Thomas Paine, que a exprimiu num escrito dirigido à Legislatura e ao Directório franceses em 1797 (cfr. *Agrarian Justice*, p. 325).

[516] Cfr. Bruce Ackerman e Anne Alstott, *The Stakeholder Society*, pp. 77 e ss., 94 e ss.; idem, "Why Stakeholding?", pp. 45 e 56; Philipp Van Parijs, *Real Freedom for All*, pp. 100-102, 113-119. Bruce Ackermann e Anne Alstott propõem-se financiar, a curto prazo, o seu esquema através de um imposto com uma taxa de 2% sobre a riqueza de cada indivíduo que exceda o montante de duzentos e trinta mil dólares, prevendo, a longo prazo, o pagamento com juros de todos os beneficiaram com sucesso do seu esquema; Van Parijs propõe que o financiamento do rendimento básico se faça através de um imposto sobre o rendimento e um imposto sucessório.

[517] Cfr. Bruce Ackerman e Anne Alstott, *The Stakeholder Society*, p. 130; cfr., ainda, Robert E. Goodin, "Towards a Minimally Presumptuous Social Welfare Policy", pp. 198 e ss. António da Silva Leal, "O Direito à Segurança Social", pp. 364 e ss., sustenta, em relação à versão originária do artigo 63.º da Constituição portuguesa de 1976, que, apesar da universalidade aparente do direito à segurança social, se verifica, na prática o predomínio da concepção laboralista do mesmo. Mesmo a admissão do direito a uma existência condigna (cfr. Acórdão do Tribunal Constitucional n.º 509/02, in *Acórdãos do Tribunal Constitucional*, 54.º vol., pp. 19 e ss.) não satisfaz necessariamente os requisitos da universalidade do direito à segurança social, tal como o autor a entende, isto é, como envolvendo a respectiva compreensão enquanto um "direito a um mínimo vital ou social, definido nacionalmente e

em reaproximar propriedade e cidadania. As justificações filosóficas modernas sobre a propriedade privada apelam necessariamente a um princípio de solidariedade social, como se disse, na medida em que essa justificação parte de um modelo da actividade humana centrado na produção, no confronto do indivíduo livre que aplica as suas faculdades aos recursos da natureza, e não é simplesmente possível assegurar que esse confronto assegure a todos o acesso à propriedade. O princípio da solidariedade social é objecto de um reconhecimento *ex post* no contexto de tais justificações, o que é sobretudo evidente nas teorias da propriedade desenvolvidas por Locke e Hegel. Pelo contrário, a conexão das propostas de introdução de esquemas de um rendimento mínimo universal com o ideal republicano de liberdade é assumida expressamente pelos seus proponentes. Não se trata, é claro, de pretender que a atribuição de um rendimento mínimo aos membros activos de uma comunidade constitua um incentivo para que eles enverguem as suas togas à maneira dos antigos patrícios da cidade antiga. Como notam Bruce Ackerman e Anne Alstott, os cidadãos das repúblicas clássicas sustentavam-se no trabalho dos seus escravos e outros membros das suas casas para poderem tomar a palavra na praça pública e combater ao serviço da *polis*. Mais modestamente, o que está em causa é "criar um certo espaço para a reflexão cívica em milhões de vidas actualmente dominadas pela ansiedade económica"[518]. Muito embora mesmo estas perspectivas mais modestas sejam porventura excessivamente optimistas[519], o

---

assegurado a todos os cidadãos ou a todos os residentes em cada país, independentemente da sua vinculação a uma actividade laboral e da sua situação económica" (cfr. António da Silva Leal, *ob. cit.*, p. 347; no sentido de um compromisso entre as concepções universalista, laboralista e assitencial, cfr. Ilídio das Neves, *Direito da Segurança Social*, p. 120; em sentido divergente, Jorge Miranda, "Pensões no Sector Bancário e Segurança Social", p. 13, pronuncia-se pelo cunho universalista do direito à segurança social no texto constitucional, pelo menos a partir de 1982).

[518] Cfr. Bruce Ackerman e Anne Alstott, *The Stakeholder Society*, p. 185.
[519] Assim, André Gorz, "The Difference between Society and Community...", pp. 180 e 183, chama a atenção para o facto de o rendimento básico não deixar de ser uma instituição do Estado Social que não implica em si mesmo qualquer vínculo comunitário, cooperação voluntária, participação ou partilha. Trata-se essencialmente de uma instituição que visa compensar as pessoas da dissolução dos vínculos micro-sociais, como a família e as comunidades locais, e da ruptura do mercado de trabalho como sistema efectivo de atribuir trabalho socialmente necessário e distribuir riqueza. Assim, segundo o autor, o

que aqui imorta salientar é o novo horizonte que assim se abre para pensar a propriedade como categoria relevante na filosofia política. Um tal horizonte não deixa, no entanto, de estar ensombrado pelas dificuldades de superar a justificação moderna da propriedade: quando se pretende estruturar novamente a propriedade sobre as categorias do uso e da distribuição, em vez de o fazer sobre o conceito de aquisição, nem por isso se ilude a circunstância de aquelas categorias, ao contrário deste conceito, não serem auto-sustentáveis. Enquanto a propriedade moderna se legitima pela redistribuição posterior, a propriedade como direito a uma determinada condição de vida carece de ser financiada previamente.

---

rendimento básico necessita de ser completado pelos seguintes aspectos: (i) redução do tempo de trabalho, devendo a perda consequente de rendimento ser compensada pelo rendimento básico; (ii) aumento do número de empregos através da redução das horas de trabalho, tornando possível a sua extensão a um maior número de pessoas, em conjugação com políticas de educação e formação profissional; (iii) promoção de trabalho comunitário e cooperativo não remunerado, atribuindo-lhe reconhecimento social.

CAPÍTULO 2
A compreensão da propriedade como direito fundamental

2.1 Introdução: o lastro da reflexão filosófica. A discussão conduzida no capítulo anterior parece produzir resultados pouco animadores: se a "questão social" obriga a repensar o alcance da propriedade privada como liberdade individual, parecem votadas ao insucesso as tentativas de incluir na própria definição da propriedade os critérios da sua função social. A reflexão filosófica demonstra que em vez de integrar o princípio social no seio da própria definição da propriedade, mais vale pensar esta última numa tensão constante com aquele princípio. Nesta perspectiva, são sem dúvida ilusórias (e votadas ao insucesso) as tentativas de encontrar uma "propriedade social", quer no horizonte longíquo da história, através da miragem da "propriedade germânica"[1], quer no horizonte mais próximo daquelas construções que procuram isolar tipos de propriedade com diferente relevância constitucional.

Ao mesmo tempo, se é inquestionável a conexão entre propriedade e liberdade, afigura-se, todavia, impossível afirmar simplesmente que a propriedade é liberdade, uma vez que essa afirmação ignora a singularidade do lugar da propriedade no sistema dos direitos fundamentais. Esta mesma singularidade decorre, desde logo, das dificuldades que encontramos quando pretendemos qualificar a propriedade como um direito geral, ou pelo contrário, como um direito especial. Ao contrário do que sucede com outros direitos fundamentais, cuja caracterização como direitos gerais não suscita quaisquer problemas (basta pensar nas liberdades de expressão e de culto), a reflexão

---

[1] Cfr. supra, Parte I, cap. 3, pontos 3.6.1.1.1 a 3.6.1.1.3, e infra, ponto 2.4.3, alínea a).

filosófica sobre a propriedade depara com a necessidade de articular argumentos nos termos dos quais a propriedade se configura como um direito geral (a propriedade é essencial ao exercício da liberadade individual) com argumentos que a apresentam como um direito especial (apenas é proprietário quem se tiver legitimamente apropriado de um bem), argumentos esses que, aliás, surgem muitas vezes insuficientemente diferenciados no pensamento dos autores, como vimos suceder com Locke e, em certa medida, também com Hegel[2]. Acresce ainda que a reflexão filosófica moderna sobre a propriedade, nos termos da qual esta se configura fundamentalmente como uma manifestação de liberdade individual de apropriação, conduz inevitavelmente à autonomização de um direito a um mínimo social, como aspecto ineliminavelmente presente em qualquer regime de propriedade privada que se pretenda justificado. Aquele direito a um mínimo social, por seu turno, não pode deixar de ser configurado como geral e necessário. Deste modo, a oposição fundamental que importa estabelecer no âmbito das justificações filosóficas da propriedade privada é aquela que aparta a propriedade considerada sob a perspectiva do uso e a propriedade vista como manifestação da liberdade de aquisição, acima tematizada a propósito do confronto entre o pensamento de S. Tomás e o de Ockham. Essa é também uma oposição entre uma concepção que vê o indivíduo proprietário como o principal garante da função social da propriedade e uma concepção em que essa função transcende o indivíduo.

Do necessário cruzamento de argumentos que tendem a caracterizar a propriedade como direito geral e como direito especial, por um lado, e do não menos necessário reconhecimento do princípio social como parte da justificação da propriedade privada, resulta a especificidade da propriedade no contexto das demais liberdades. Não se trata apenas de a propriedade ser uma criação do direito[3], característica que partilha com outros direitos fundamentais, mas de

---

[2] Cfr. supra, Parte II, cap. 1, ponto 1.5.1, e cap. 3, pontos 3.3.3 e 3.7.

[3] Repare-se que a necessidade de conformação jurídica não visa apenas, no caso da propriedade, assegurar um problema de praticabilidade do direito fundamental, mas resolver o problema da própria existência do bem constitucionalmente protegido (cfr. Frank Raue, *Die Zwangsvollstreckung als Nagelprobe für den modernen Enteignungsbegriff*, p. 94).

ser uma criação do direito que envolve forçosamente a diminuição das liberdades naturais dos não proprietários[4].

A conclusão que parece impor-se, e que o pensamento de Kant sobre a propriedade privada ilustra de forma cabal[5], é a de que não existe uma "propriedade natural"[6]. Simplesmente, esta conclusão, tal como se não revelou pacífica no plano da reflexão filosófica, não o é também no plano da dogmática constitucional sobre a garantia da propriedade privada.

Antes, porém, de se dar conta das divergências que ocorrem a este propósito importa ter presente que a consciência de ser a propriedade um produto do direito, enquanto objecto de um direito fundamental, nessa medida se diferenciando dos objectos da generalidade dos demais direitos fundamentais, configuráveis como liberdades naturais, não deve ser tomada como ponto de partida para obnubilar determinadas distinções que se torna necessário efectuar no âmbito da garantia constitucional da propriedade. Assim, importa, em primeiro lugar, ter a clara consciência de que, mesmo admitindo que a propriedade é produto da ordem jurídica infra-constitucional, isso não equivale a admitir que o seja também o alcance e o efeito jurídico do direito fundamental de propriedade. Por outras palavras, importa diferenciar entre o objecto e o efeito do direito fundamental de propriedade, no sentido em que ao legislador cabe certamente determinar o conteúdo daquele objecto, mas não definir o alcance deste direito. A dependência de lei que caracteriza a propriedade não pode transformar-se em dependência de lei da própria protecção constitucional da propriedade[7]. Aceitar o contrário corresponderia a inverter

---

[4] Como correctamente salienta Otto Depenheuer, "Entwicklungslinien des verfassungsrechtlichen Eigentumsschutzes in Deutschland 1949-2001", p. 157: "cada direito de propriedade não traz apenas liberdade para o seu titular, mas também sempre uma não-liberdade para os excluídos do uso do objecto".

[5] Cfr. supra, Parte II, cap. 2.

[6] Cfr. Jochen Rozek, *Die Unterscheidung von Eigentumsbindung und Enteignung*, p. 26; Otto Depenheuer, "Entwicklungslinien des verfassungsrechtlichen Eigentumsschutzes in Deutschland 1949-2001", pp. 157-158.

[7] Cfr. Frank Raue, *Die Zwangsvollstreckung als Nagelprobe für der modernen Enteignungsbegriff*, pp. 78 e ss., 92 e ss., 117 e ss., 150, 162, 274 e 288. Werner Böhmer, "Grundfragen der verfassungsrechtlichen Gewährleistung des Eigentums...", p. 2563, menciona a necessidade de não confundir entre a garantia e o seu objecto. O mesmo autor, "Die

o sentido da relação entre Constituição e lei, na medida em que esta deixaria de se subordinar àquela, sendo antes a Constituição a depender da lei[8]. Pode assim dizer-se que se o conteúdo da propriedade resulta da lei, o seu conceito tem de ser encontrado na própria Constituição[9].

Em segundo lugar, e directamente relacionado com o que acaba de ser dito, é ainda necessário confrontar a característica própria da garantia constitucional da propriedade, que consiste em esta ser um produto da ordem jurídica, com a distinção entre determinação de conteúdo, ou conformação, da propriedade, por um lado, e restrição do direito fundamental de propriedade, por outro[10]. Significará a rejeição de uma "propriedade natural" que todas as intervenções do legislador em matéria de propriedade são simples determinações do seu conteúdo sem nunca se constituirem em verdadeiras restrições, e como tais sujeitas a um regime mais exigente dos "limites dos limites"? Torna-se, pois, necessário apurar qual o sentido da própria distinção entre determinação de conteúdo e restrição em face da garantia constitucional da propriedade.

---

rechtsgeschichtlichen Grundlagen...", p. 157, salienta que a garantia da propriedade se encontra retirada da disposição do legislador ordinário; cfr., ainda, Andreas Lubberger, *Eigentumsdogmatik*, p. 248; Jan-Reinard Sieckmann, *Modelle des Eigentumsschutzes*, pp. 116 e ss.; José de Melo Alexandrino, *A Estruturação do Sistema de Direitos, Liberdades e Garantias...*, vol. II, pp. 665-666.

[8] Cfr. Otto Depenheuer, "Entwicklungslinien des verfassungsrechtlichen Eigentumsschutzes in Deutschland 1949-2001", p. 159.

[9] Cfr. Ulrich Ramsauer, *Die faktischen Beeinträchtigungen des Eigentums*, pp. 130 e 191.

[10] Sobre os vários tipos de normas de desenvolvimento dos direitos fundamentais, cfr. J. Reis Novais, *As Restrições aos Direitos Fundamentais...*, pp. 180 e ss. Como o autor correctamente observa, *ob. cit.*, pp. 180-181, o direito de propriedade é um direito criado ou produzido juridicamente, ao lado dos direitos à capacidade civil e à cidadania (artigo 26.º, n.º 1), o direito a contrair casamento (artigo 36.º, n.ºs 1 e 2), a garantia de adopção (artigo 36.º, n.º 7) e os direitos processuais. É importante, no entanto, salientar que a "artificialidade jurídica" característica da propriedade é diversa, como se diz no texto, da dos demais direitos produzidos juridicamente, uma vez que o reconhecimento da propriedade limita de um modo especial a liberdade dos não proprietários. De qualquer modo, na linha do que é defendido pelo autor citado, *ob. cit.*, pp. 190-191, julga-se que os requisitos materiais do Estado de Direito se aplicam a todos aqueles tipos, ao contrário do que sucederá com os limites de natureza predominantemente formal ou orgânica a que alude o artigo 18.º da Constituição.

Em terceiro lugar, o carácter "artificial" da propriedade coloca o problema da "transformação"[11] das normas do direito civil que regulam a propriedade tendo em vista a relação entre cidadão e Estado. Não está em causa, no caso da propriedade, como sucede usualmente, saber em que medida podem ser feitos valer entre particulares direitos pensados originariamente para relações entre os indivíduos e o Estado; pelo contrário, o que está em causa são direitos que originariamente estruturam as relações entre privados e só depois são feitos valer em relação ao Estado. Esta especificidade levou Heinrich Rupp a afirmar que "tal como o artigo 14.º da Lei Fundamental não fornece o fundamento para uma *rei vindicatio* ou uma *actio negatoria* nas relações entre os particulares, assim também, inversamente, não podem as disposições dos §§ 903 e seguintes do BGB ter validade directa ou indirecta para as relações jurídicas Estado – cidadão. Assim como não existe uma eficácia perante terceiros de direitos públicos, tão pouco existe uma eficácia perante terceiros dos direitos privados!"[12]. Nesta conformidade, Rupp sustentou que a propriedade, ou uma posição comparável à propriedade do direito civil, apenas existe numa relação do indivíduo com o poder público na medida em que o direito público haja moldado essa relação através de um *status*[13]. Ainda que esta perspectiva não tenha sido completamente explorada, a mesma coloca um problema real: como pode uma posição jurídica de direito privado ser transplantada para uma relação jurídico-pública entre o Estado e o cidadão? Em resposta a esta questão Rudolf Wendt sustenta que o direito subjectivo público que o artigo 14.º da Lei Fundamental atribui ao proprietário não tem o efeito de transferir os deveres potenciais da situação jurídica de direito privado que é constitucionalmente garantida para um plano de direito público; o que se passa é que a posição jurídica de direito privado reveste-se de um mero efeito de previsão no que diz respeito à tutela jurídico--pública do proprietário à luz da garantia constitucional da propriedade. Assim, não é porque o titular de um direito de crédito é protegido, nos termos da garantia constitucional da propriedade, num plano

---

[11] A expressão é de Ulrich Ramsauer, *Die faktischen Beeinträchtigungen des Eigentums*, p. 146.
[12] Cfr. Rupp, *Grundfragen der heutigen Verwaltungsrechtslehre*, p. 238.
[13] Cfr. Rupp, *Grundfragen der heutigen Verwaltungsrechtslehre*, p. 240.

vertical, em face dos poderes públicos, que estes se tornam devedores de um direito de crédito; os poderes públicos estão apenas obrigados a respeitar o direito de crédito na sua configuração jurídica própria, oriunda do direito privado, e a não o lesar. O direito de crédito, por exemplo, na sua configuração jurídico-privada é um pressuposto de facto na perspectiva desta consequência jurídica. Não existe assim uma eficácia externa do direito civil no direito público; a garantia constitucional da propriedade significa apenas que a uma posição jurídica de direito privado é associado um direito subjectivo público de defesa ou manutenção dessa posição[14]. Para uma correcta percepção da garantia da propriedade importa ter presente que ela se estrutura sobre uma "divisão de trabalho" entre o plano do direito ordinário e o plano dos direitos fundamentais. No plano do direito ordinário situa-se a destinação de um bem com valor patrimonial a um proprietário em face de outros privados; ao conjunto de situações jurídicas activas nas mãos do proprietário individual é depois associado, no plano dos direitos fundamentais, uma pretensão de defesa perante os poderes públicos[15]. Isso não significa, é claro, que esse direito de defesa possa ser novamente projectado para o plano das relações entre particulares e prevalecer sobre a regulação jurídico-privada que originariamente as estrutura. O que acaba de dizer-se conduz, à rejeição, também neste âmbito, e até por maioria de razão, da tese da aplicabilidade directa dos direitos fundamentais nas relações entre particulares[16].

Feitas estas considerações prévias, importa agora analisar sucessivamente o entendimento que aceita o carácter artificial da propriedade mas nega, com base nele, a existência de um direito fundamental de

---

[14] Cfr. Wendt, *Eigentum und Gesetzgebung*, pp. 134-135; cfr., ainda, Ulrich Ramsauer, *Die faktischen Beeinträchtigungen des Eigentums*, p. 147. Segundo este autor, a transformação a que se alude no texto tem o efeito de fazer dos poderes públicos terceiros, por assim dizer, com o dever de não perturbarem as posições jurídicas de direito privado do proprietário.

[15] Cfr. Raue, *Die Zwangsvollstreckung als Nagelprobe für der modernen Enteignungsbegriff*, p. 119.

[16] Neste sentido, cfr., em termos gerais, Claus-Wilhelm Canaris, *Direitos Fundamentais e Direito Privado*, pp. 53 e ss.; Jorge Reis Novais, "Os Direitos Fundamentais nas Relações Jurídicas entre Particulares", pp. 77 e ss.; cfr., ainda, para o caso do direito fundamental de propriedade, H.-J. Papier, "Art. 14 GG", n.ºs 219-220, pp. 128-129.

propriedade (2.2), bem como as posições dos autores que procuram, pelo contrário, demonstrar a existência de um propriedade natural ou, pelo menos, a presença de liberdades naturais no seio da garantia constitucional da propriedade (2.3). Uma vez rejeitadas estas posições extremas, discutir-se-á o problema da natureza e alcance de um conceito de propriedade directamente resultante da constituição, sem pôr em causa que o conteúdo do direito de propriedade é um produto da ordem jurídica (2.4). Posteriormente, apresentar-se-á um modelo da garantia constitucional da propriedade como garantia concretas de posições jurídicas definidas pelo legislador, discutindo em especial o estatuto do *ius aedificandi* no seio de tal modelo (2.5). Em seguida, procurará debater-se o estatuto da propriedade privada como direito fundamental (2.6). Discutir-se-á depois o conceito constitucional de expropriação e o seu estatuto no contexto da respectiva diferenciação da determinação do conteúdo da propriedade pelo legislador (2.7). Por último, tecer-se-ão algumas considerações sobre o conceito de nacionalização (2.8).

2.2 A negação de um direito fundamental de propriedade privada. Uma posição relativamente isolada quanto à natureza das posições jurídico-constitucionais decorrentes do artigo 62.º da Constituição é a defendida por Maria Lúcia Amaral. Segundo esta autora, na Constituição portuguesa, "tal norma [relativa à garantia da propriedade privada] possui um duplo sentido: integra por um lado uma garantia objectiva que cobre todos os direitos patrimoniais privados – e não apenas certos direitos reais – e que se traduz na garantia de instituto do n.º 1 do artigo 62.º; e integra por outro lado um verdadeiro *direito subjectivo*, um direito fundamental do tipo *direito, liberdade e garantia*, e que consiste no direito à justa indemnização que se encontra consagrado no n.º 2 do mesmo artigo"[17]. Este último direito, apelando a um conceito alargado e constitucional de expropriação, difundido em toda a Europa a partir da sua elaboração pela doutrina e jurisprudência alemãs do primeiro pós-guerra, prender-se-ia com a indemnização devida pelo Estado a título de intervenção lícita no património

---

[17] Cfr. Maria Lúcia Amaral, *Responsabilidade do Estado e Dever de Indemnizar do Legislador*, p. 570.

privado, distinta da indemnização devida pelo Estado a título de responsabilidade civil, prevista no artigo 22.º da Constituição[18].

Assim, o único direito fundamental de natureza análoga aos direitos, liberdades e garantias, incluído na garantia constitucional da propriedade seria o previsto no n.º 2 do artigo 62.º. Trata-se do direito subjectivo público, de que são titulares os particulares, ao pagamento de uma justa indemnização em caso de sacrifícios graves e especiais que lhes tenham sido impostos por lei em nome da prossecução do bem comum. Tal direito, assente no conceito alargado e constitucional de expropriação com origem na Alemanha, assentaria no seguinte princípio, válido para Portugal, para as experiências constitucionais que nos são mais próximas e para os Estados Unidos: "toda a lei que impõe a um privado um encargo patrimonial grave e especial e que não contém ela própria uma cláusula indemnizatória conjunta, destinada a compensar o prejuízo que causou, é lei expropriatória inconstitucional e como tal deve ser julgada"[19]. A referência a um encargo "grave e especial" visa traçar as "fronteiras entre a noção de lei expropriatória e a noção de lei de conformação social da propriedade, (...) entre o conceito de lei de imposição de sacrifício especial e o de lei de imposição de encargo geral, justificado em nome da cláusula da função social da propriedade"[20]. O direito fundamental de natureza análoga previsto no n.º 2 do artigo 62.º teria de ser lido em conjunto com a garantia de instituto consagrada no n.º 1 do mesmo artigo da Constituição. A norma do n.º 1 pretenderia "apenas fixar um *indirizzo* legislativo, (...) visa tão somente conferir orientações para a criação de todo aquele direito objectivo infraconstitucional que vier a modelar o conteúdo concreto dos diversos direitos subjectivos de 'propriedade' que se constituirão na esfera jurídica dos particulares por efeito e autoridade da lei ordinária. Tais direitos não têm assim, em si mesmo considerados, estatuto de direitos fundamentais. E não o têm porque a instância adequada para a sua

---

[18] Cfr. Maria Lúcia Amaral, *Responsabilidade do Estado e Dever de Indemnizar do Legislador*, p. 574.

[19] Cfr. Maria Lúcia Amaral, *Responsabilidade do Estado e Dever de Indemnizar dos Legislador*, p. 581.

[20] Cfr. Maria Lúcia Amaral, *Responsabilidade do Estado e Dever de Indemnizar dos Legislador*, p. 583.

criação é a instância da legalidade e não a instância da supralegalidade. Em relação a eles, porém, a Constituição trata de garantir duas coisas: primeiro, assegura a sua existência enquanto elementos de um instituto que integra necessariamente a ordem do direito infraconstitucional português; segundo, assegura que a sua conformação por lei ordinária se há-de sempre fazer em obediência a todos aqueles valores que ela própria inscreve 'nos [seus] termos'. Num caso como noutro, a locução 'propriedade' possui sempre o mesmo significado. Com ela pretende a CRP designar todo o património privado em geral e não certo ou certos direitos reais em especial"[21]. Assim como a formulação do direito fundamental previsto no n.º 2 do artigo 62.º, assenta no conceito alargado e constitucional de expropriação, também a garantia de instituto decorrente do n.º 1 do mesmo artigo se baseia no conceito alargado de propriedade. O propósito desta construção, inovadora no contexto do direito constitucional português, consiste em reagir, em primeiro lugar, contra os "resultados perfeitamente absurdos" resultantes da tese que estende a todos os direitos patrimoniais privados, incluídos no âmbito da designada "garantia individual", o carácter de direitos fundamentais análogos aos direitos, liberdades e garantias. A admitir uma tal extensão, "toda aquela vastíssima zona que engloba o chamado direito patrimonial privado – e que é por natureza zona móvel, dinâmica, sensível ao tempo e aberta à capacidade inovadora do legislador – ver-se-ia petrificada no domínio da supralegalidade e como tal subtraída à necessária acção conformadora da lei ordinária". Em segundo lugar, a mesma tese reage contra a ideia de que o direito análogo seria afinal apenas o direito real de propriedade, uma vez que este é tanto uma criação da lei "quanto o são os direitos emergentes das acções, das patentes, dos salários ou de todas as outras situações jurídicas subjectivas de índole patrimonial". Em terceiro lugar, haveria uma impossibilidade lógica: "como pode ser expropriável um direito que é um direito, liberdade e garantia?". Todas estas críticas encontrariam a sua comprovação nos resultados paradoxais a que conduziria a aplicação do regime específico dos direitos, liberdades e garantias, previsto no

---

[21] Cfr. Maria Lúcia Amaral, *Responsabilidade do Estado e Dever de Indemnizar dos Legislador*, pp. 558-559.

artigo 18.º da Constituição, a estes inúmeros direitos subjectivos de índole patrimonial: na verdade, não se descortina como pode o direito real de propriedade, por exemplo, regulado no Código Civil, vincular directamente o legislador se o seu conteúdo é inteiramente determinado pela lei[22].

As críticas enunciadas têm na sua base, julga-se, a correcta formulação do problema teórico que está na base de qualquer conceptualização da garantia constitucional da propriedade: a circunstância de esta ser uma criação da ordem jurídica, e se distinguir dos bens protegidos pela maioria dos direitos fundamentais por estes existirem como atributos da pessoa, sem mediação da ordem jurídica, tal como sucede com a crença, a consciência, etc. A verdade, porém, é que este ponto de partida, inquestionável, não justifica a restrição da garantia individual da tutela constitucional da propriedade privada a um suposto direito fundamental previsto no n.º 2 do artigo 62.º da Constituição. Contra um tal entendimento é possível apontar três ordens de razões.

Em primeiro lugar, a construção agora em análise não capta o significado que a generalidade das pessoas atribui, em grande número de casos discutidos em tribunal, à protecção constitucional da propriedade, como expressão de liberdade individual. Assim, o senhorio que invoca a violação do seu direito de propriedade pela normas que limitam o respectivo direito de denúncia de um contrato de arrendamento para habitação, impõem a renovação forçada destes ou fixam limites às rendas não equaciona a sua pretensão, em termos jurídico-constitucionais, como visando, em primeira linha, a compensação com base na alegada inconstitucionalidade da limitação em causa, mas como dirigida simplesmente à sua eliminação[23]. O mesmo suce-

---

[22] Cfr. Maria Lúcia Amaral, *Responsabilidade do Estado e Dever de Indemnizar dos Legislador*, pp. 548-552. Num sentido semelhante, considerando a propriedade como um "conceito conforme à legislação ordinária", cfr. Papier, "Art. 14 GG", n.º 38, p. 42; sobre a tese de que a própria ideia de um conceito constitucional de propriedade assenta num círculo vicioso, uma vez que cabe ao legislador definir o seu conteúdo e limites, cfr., em sentido crítico, Ansgar Grochtmann, *Art. 14 GG*, pp. 256 e ss.

[23] Cfr., sobre a questão, os Acórdãos n.º 425/87 (in *Acórdãos do Tribunal Constitucional*, 10.º vol., pp. 451 e ss.); n.º 151/92 (in *Ac. do Trib. Const.*, 21.º vol., pp. 647 e ss.); n.º 311/93 (in *Ac. Trib. Const.*, 24.º vol., pp. 207 e ss.); n.º 4/96 (in *Ac. Trib. Const.*, 33.º vol.,

de, por exemplo, com o credor particular que, pretendendo satisfazer o seu crédito, é impedido de o fazer pela norma nos termos da qual, uma vez penhorados por uma repartição de finanças certos bens do executado, enquanto esta penhora se mantiver, tornam-se eles absolutamente inapreensíveis em qualquer execução que corra termos em qualquer outro tribunal (não tributário)[24]. Um tal particular pretende, ao recorrer a juízo, eliminar a violação do seu direito constitucional de propriedade e não, antes de mais, obter uma compensação em resultado de tal violação. Ao que acaba de dizer-se acresce ainda a dificuldade de equacionar a compensação no caso em análise, em que a norma limitativa do direito de propriedade constitucional do credor não impede, em si mesma, a possibilidade de este satisfazer o seu crédito, impossibilidade essa que, a verificar-se, decorre antes da circunstância de os créditos por que pode promover-se execução fiscal gozarem de preferência sobre o credor comum[25]. Dir-se-á, todavia, que o entendimento comum do que é um direito fundamental não constitui critério de correcção dogmática. E isto introduz a segunda ordem de objecções.

O entendimento de que o artigo 62.º da Constituição conjuga uma garantia institucional da ordem patrimonial privada e um direito fundamental, de natureza análoga, à justa indemnização em caso de sacrifícios graves e especiais que tenham sido impostos aos particula-

---

pp. 109 e ss.); n.º 263/00 (in *Ac. Trib. Const.*, 47.º vol., pp. 363 e ss.). Em todos estes casos se entendeu que as limitações do direito de propriedade do senhorio encontravam a sua justificação na protecção constitucional do direito à habitação do inquilino, mas em todos eles o senhorio equacionava a garantia da propriedade como protegendo o seu direito fundamental de propriedade, a cuja violação pretendia pôr termo através do recurso de constitucionalidade.

[24] Cfr. Acórdão n.º 494/94 (in *Acórdãos do Tribunal Constitucional*, 28.º vol., pp. 435-436); no mesmo sentido, cfr., ainda, os Acórdãos n.º 516/94 e n.º 578/94 (in *Acórdãos do Tribunal Constitucional*, 29.º vol., pp. 15 e ss., 129 e ss.).

[25] Como não deixa de reconhecer-se no citado Acórdão n.º 494/94, procedendo-se depois a uma ponderação, com base no princípio da proporcionalidade previsto no artigo 18.º, n.º 2, da Constituição, entre o interesse do fisco em satisfazer o seu crédito sem perturbações no foro fiscal e o interesse do credor em assegurar o seu direito. A conclusão foi a de que a norma em causa, constante do artigo 300.º, n.º 1, do Código de Processo Tributário, viola os artigos 62.º, n.º 1, e 18.º, n.º 2, da Constituição. A não ser tal norma, o credor que tenha penhorado o bem poderia, sustada a execução, reclamar o seu crédito na execução fiscal e, aí, obter satisfação do mesmo.

res por lei em nome da prossecução do bem comum, parece exprimir um contexto normativo como o vigente na Alemanha no período de Weimar. Em tal contexto não era dado aos tribunais controlar o efeito das leis que determinam o conteúdo da propriedade sobre a esfera privada protegida, e assim, para superar essa limitação, procurava-se estender o mais possível o conceito de expropriação[26]. Mas não é esse, seguramente, o caso da Alemanha depois da Lei Fundamental de 1949, nem tão pouco, julga-se, o caso de Portugal na vigência da Constituição de 1976. No contexto em que Martin Wolff formulou o conceito de garantia de instituto, o seu propósito, com um confessado cunho político, era o de indicar ao legislador, no seu poder de delimitação do conteúdo da propriedade constitucional, um núcleo que devia permanecer intocável, identificado com a propriedade real. A garantia de instituto pôde já ser caracterizada, nesse contexto, como um "eminente feito político", como se disse, na medida em que através dela não se obtinha verdadeiramente uma vinculação jurídica do legislador[27]. Poderá ser também esse o sentido da garantia de instituto no contexto do artigo 62.º da Constituição?

A aplicação do regime do artigo 18.º à garantia constitucional da propriedade, prevista no artigo 62.º, n.º 1, da Constituição coloca dificuldades inquestionáveis. Se cabe à lei modelar o conteúdo da propriedade, não parece, com efeito, fazer muito sentido sustentar, neste âmbito, que "a lei só pode restringir [o direito de propriedade] nos casos expressamente previstos na Constituição", como exige o n.º 2 do artigo 18.º. Mas esta dificuldade não necessita de ser ultrapassada à custa da eliminação do direito de propriedade como direito fundamental subjectivo. Os direitos de conteúdo patrimonial adquiridos com base na lei são protegidos contra posteriores lesões pelo poder público do Estado, efectuadas designadamente através da lei, sem que isso envolva qualquer resultado paradoxal[28]. Enquanto direito fundamental, isto é, direito subjectivo dos indivíduos, o artigo 62.º, n.º 1, garante a estes a existência de bens e direitos em face do poder do Estado, nos termos em que eles foram adquiridos, em con-

---

[26] Cfr. supra, cap. 1, ponto 1.5.1.2.2.
[27] Cfr. supra, cap. 1, ponto 1.5.1.2.1.
[28] Cfr. Ansgar Grochtmann, *Art. 14 GG*, pp. 261-262 e 382-383.

formidade com as normas vigentes no momento relevante. Por outras palavras, "a garantia da propriedade significa que o adquirido se mantém"[29]. Isto significa, certamente, que os privados não podem, sem indmenização, ser privados dos seus direitos, mas não envolve, todavia, uma petrificação dos mesmos, atendendo precisamente à mencionada característica da propriedade – ao contrário do direito fundamental que a tem por objecto –, de ser uma criação da ordem jurídica. Com efeito, o legislador, no âmbito da determinação do conteúdo e limites da propriedade, não pode apenas visar a definição ou conformação de situações jurídicas futuras; ele pode também modificar normas em vigor e desse modo afectar situações jurídicas constituídas com base no direito anterior, transformando o seu conteúdo. Deste modo, a garantia de um concreto direito de propriedade à luz do artigo 62.º, n.º 1, da Constituição, não exclui a alteração do respectivo conteúdo. Ao mesmo tempo, a possibilidade que assiste ao legislador de atribuir uma nova conformação aos direitos adquiridos, abrangidos pela "garantia individual" ou "garantia de permanência" do artigo 62.º, n.º 1, não é ilimitada, na medida em que está, desde logo, vinculada aos princípios da proporcionalidade e da chamada protecção da confiança[30]. Enquanto através deste último princípio se estabelece uma clara conexão entre a "garantia de permanência" da propriedade e o problema da retroactividade constitucionalmente admissível das leis, o primeiro exclui ainda que a conformação da propriedade se encontre na disposição arbitrária do legislador. Com efeito, o artigo 62.º, n.º 1, não concede ao legislador um poder irrestrito de determinação do conteúdo e limites da propriedade, mas antes deve conter o critério para a ordem da propriedade desenvolvida pelo direito ordinário e, nessa medida, estabelecer os fundamentos jurídico-constitucionais do conceito de propriedade. É a esta dimensão da tutela constitucional da propriedade que a ideia de garantia de instituto visa também exprimir.

Pode questionar-se, como acima se fez, se, em face do princípio da proporcionalidade, conjugado com uma definição substancial do

---

[29] Cfr. Ulrich Hösch, *Eigentum und Freiheit*, pp. 148-149 e 134-135.

[30] Cfr. Ansgar Grochtmann, *Art. 14 GG*, pp. 25 e ss., 34 e ss. e 43 e ss.; Nüssgens/ Boujong, *Eigentum, Sozialbildung, Enteingnung*, p. 66-68; Helmut Rittstieg, "Kommentierung zu Art. 14/15", n.ºs 175-177, pp. 1091-1092.

fundamento da garantia da propriedade, e da própria subjectivação daquela garantia, como uma modalidade dos direitos a organização e procedimentos, o conceito de garantia de instituto conserva algum sentido útil[31]. O que já parece mais difícil questionar, no âmbito da garantia constitucional da propriedade privada, é o carácter *acessório* da protecção objectiva proporcionada pela garantia de instituto em relação à garantia do direito de liberdade pessoal[32]. Neste sentido, a garantia do instituto não pode deixar de pressupor o direito fundamental de propriedade, tal como este necessita da existência de propriedade, enquanto instituto, na ordem jurídica. Em sentido contrário, o sentido da garantia de instituto no âmbito do entendimento agora em análise parece ser o de indicar ao legislador um limite ao seu poder de determinação do conteúdo da propriedade, para além do qual existe um direito do particular afectado a uma justa indemnização pela lesão do seu direito. Isso significa que o particular não tem o direito fundamental de conservar o seu direito de propriedade, nem sequer *prima facie*, mas apenas o direito de ser compensado pela lesão do mesmo. Em última análise torna-se, deste modo, difícil manter a distinção, essencial para a dogmática jurídico-constitucional da propriedade e a que já várias vezes se aludiu, entre garantia de permanência e garantia de valor no âmbito da tutela constitucional de propriedade privada, na sua vertente de garantia individual. Oliveira Ascensão exprimiu esta mesma distinção através do desdobramento da garantia constitucional da propriedade num "efeito primário" e num "efeito subsidiário": o primeiro consiste na defesa da propriedade "contra agressões que não sejam justificadas pela necessidade de afectação dos bens a uma função socialmente mais elevada"; o segundo, "consiste na garantia de uma justa indemnização para o caso de essa eventualidade se verificar"[33]. Esta distinção entre um efeito primário e um efeito subsidiário, ou secundário, da garantia individual da propriedade privada tem evidentes afinidades com a distinção entre protecção jurídica primária e protecção jurídica secundária

---

[31] Cfr. supra, cap. 1, ponto 1.5.1.2.3, e infra, ponto 2.4.1.5.

[32] Cfr. Peter Badura, "Eigentum", n.º 34, p. 346; Rudolf Wendt, "Kommentierung zu Art. 14", n.º 12, pp. 593-594.

[33] Cfr. Oliveira Ascensão, "A Violação da Garantia Constitucional da Propriedade por Disposição Retroactiva", p. 349.

efectuada pela jurisprudência e doutrina constitucionais alemãs, a que atrás se aludiu[34]. Com efeito, apenas faz sentido falar de uma protecção jurídica primária e da sua primazia sobre a protecção jurídica secundária na medida em que se atribua também, no âmbito da garantia constitucional da propriedade, a primazia da função primária de defesa, ou da garantia de permanência, sobre a função secundária de compensação, ou a garantia de valor. Com esta observação passamos já à terceira, e decisiva, ordem de razões.

De facto, a principal crítica que à tese agora em análise se pode fazer situa-se no plano da fundamentação da garantia constitucional da propriedade. Segundo Oliveira Ascensão, limitar a garantia constitucional da propriedade a uma "garantia do valor dos bens" equivale a uma "consideração meramente capitalística", "impotente para nos desvelar o espírito da nossa Constituição", que "pretende justamente favorecer a propriedade e desfavorecer o capitalismo". É a este propósito que o autor desenvolve o por si designado "efeito primário da garantia constitucional da propriedade": nos seus termos, é, antes de mais, reconhecida à propriedade uma função pessoal no âmbito da qual "ela surge como uma garantia de estabilidade perante os outros sujeitos e perante os próprios órgãos públicos". Assim, "é a propriedade do bem em si que é efectivamente garantida e defendida de agressões que liquidariam a sua função de anteparo da liberdade individual – e que só cede se essas agressões forem justificadas por uma função mais alta". A garantia constitucional não incide, pois, apenas sobre a propriedade, como instituto jurídico, mas sobre "cada propriedade"[35]. A mesma ideia é também expressivamente adoptada numa formulação do Tribunal Constitucional alemão, a que já diversas vezes se aludiu. Com efeito, na sua importante decisão de 18 de Dezembro de 1968, sobre o caso dos diques de Hamburgo, o Tribunal afirmou que "a propriedade é um direito fundamental elementar, que tem uma ligação intrínseca com a liberdade pessoal. A ela cabe no conjunto do sistema dos direitos fundamentais a tarefa de assegurar ao titular dos direitos fundamentais um espaço de liberdade na esfera jurídico-patrimonial e, assim, possibilitar-lhe uma formação

---

[34] Cfr. supra, ponto 1.5.1.2.2.
[35] Cfr. Oliveira Ascensão, "A Violação da Garantia Constitucional da Propriedade por Disposição Retroactiva", p. 347.

responsável da vida". Mais adiante, no contexto de uma comparação entre a garantia da propriedade do artigo 14.º da Lei Fundamental com a do artigo 153.º da Constituição de Weimar, afirma-se na mesma decisão que aquela "não tem em primeira linha a tarefa (...) de impedir a tomada de propriedade sem indemnização, mas a de assegurar a permanência da propriedade nas mãos do proprietário"[36]. Semelhante entendimento pode ainda ser atribuído ao Tribunal Constitucional português, ao definir, no Acórdão n.º 329/99, o direito de propriedade privada, que reveste natureza análoga aos direitos, liberdades e garantias, como "o direito de cada um a não ser privado da sua propriedade, salvo por razões de utilidade pública – e, ainda assim, tão-só mediante o pagamento de justa indemnização (artigo 62.º, n.ºs 1 e 2, da Constituição)". Por outras palavras, enquanto do n.º 1 do artigo 62.º se pode extrair a ideia do direito fundamental de propriedade como direito de defesa, ou "direito de cada um a não ser privado da sua propriedade", do n.º 2 retira-se o direito à justa indemnização em caso de privação da propriedade por razões de interesse público. O Tribunal acrescentou ainda que, do ponto de vista da questão de saber quais as "faculdades que façam sempre parte da *essência* do direito de propriedade, tal como ele é garantido pela Constituição", importará determinar quais as que "são *essenciais* à realização do Homem como pessoa"[37]. A ideia da subordinação da função de compensação à função de defesa da propriedade constitui igualmente a base da reflexão filosófica moderna sobre a propriedade privada, entendida como expressão de liberdade individual, abordada na Parte II do presente trabalho. O que está em causa é, antes de mais, assegurar a liberdade do proprietário, mantendo essa sua qualidade, não o valor da sua propriedade, que não implica necessariamente aquela permanência.

2.3 Tentativas de encarar a garantia constitucional da propriedade como uma tutela de liberdades naturais. Ao longo da Parte II esteve sempre presente a tensão entre a propriedade como domínio sobre os bens exteriores e a propriedade como relação

---

[36] Cfr. *Entscheidungen des Bundesverfassungsgerichts*, vol. 24, pp. 389 e 400.
[37] Cfr. Acórdão n.º 329/99, in *Acórdãos do Tribunal Constitucional*, vol. 44, p. 150.

interpessoal, que faz decorrer o domínio de um bem da exclusão de terceiros em relação ao seu uso. Também no plano da garantia constitucional da propriedade é possível encontrar teorias que encaram a propriedade privada sob a perspectiva da relação entre sujeitos ou, pelo contrário, sob o ponto de vista da relação entre sujeito e objecto. Exemplo da primeira é a teoria da proibição jurídica (*Verbotsrechtstheorie*), defendida por Ulrich Hösch e, em termos algo diversos, por Frank Raue; pelo contrário, Oliver Lepsius procura configurar a garantia constitucional da propriedade do artigo 14.º da Lei Fundamental alemã à luz de um modelo de domínio (*Sachherrschaftsmodells*). Em ambos os casos se procura configurar a garantia constitucional da propriedade em termos análogos aos das restantes liberdades constitucionais pré-jurídicas. Simplesmente, enquanto Ulrich Hösch tenta alcançar esse objectivo concebendo a propriedade como a relação entre o proprietário e os não proprietários e separando dela os direitos de uso do proprietário, concebidos como manifestações da sua liberdade de acção, Lepsius encara a a relação fáctica entre uma pessoa e uma coisa como a realidade primordialmente tutelada pela garantia constitucional da propriedade, realidade essa que seria anterior ao direito, à semelhança do que sucede com a liberdade de expressão ou a liberdade de consciência.

2.3.1 A teoria da proibição jurídica.

2.3.1.1. Exposição. Segundo Ulrich Hösch, "propriedade, no sentido do artigo 14.º, n.º 1, primeira parte, da Lei Fundamental, são os direitos de propriedade do direito ordinário, que destinam um objecto de propriedade ao proprietário e lhe conferem o direito de proibir a actuação de terceiros sobre esse objecto de propriedade. Garantidos são portanto a destinação do bem e o direito de proibir e não, em princípio, o uso do objecto da propriedade, porque em relação a este está em causa a defesa de uma possibilidade de actuação e, logo, da liberdade"[38]. Segundo o mesmo autor, esta possibilidade de actuação é consequência da limitação da liberdade dos outros,

---

[38] Cfr. Ulrich Hösch, *Eigentum und Freiheit*, p. 136.

decorrente do direito de propriedade. Ora, da limitação da liberdade dos outros resulta apenas, precisamente, uma possibilidade de actuação para o proprietário. Através daquela limitação nada se estabelece quanto à admissibilidade desta possibilidade. Assim, por exemplo, através do estabelecimento de um limite de velocidade seria restringida a liberdade de actuação do proprietário do veículo, mas não o seu direito de propriedade.

A fim de se compreender o exacto alcance da garantia constitucional da propriedade à luz da teoria da proibição jurídica é necessário ter presentes dois pontos essenciais na argumentação desenvolvida por Ulrich Hösch: i) em primeiro lugar, a ligação entre propriedade e liberdade; ii) em segundo lugar, a discussão relativa à questão de saber em que medida faz sentido caracterizar a propriedade e a sua garantia constitucional como um direito humano.

A argumentação de Hösch assenta numa particularidade, já várias vezes mencionada, do direito de propriedade quando comparado com a maioria dos direitos de liberdade previstos na Lei Fundamental alemã: enquanto estes têm como objecto de protecção "partes" da própria pessoa, o direito de propriedade protege a destinação de um bem a uma pessoa. Assim, o artigo 2.º, n.º 2, da Lei Fundamental alemã protege o corpo da pessoa, a sua saúde e a sua vida; o artigo 12.º, n.º 1, protege a força de trabalho da pessoa contra o trabalho forçado; os artigos 4.º e 5.º protegem a liberdade espiritual da pessoa. Quaisquer lesões destes direitos atingem directamente possibilidades de actuação inerentes à pessoa do titular do direito fundamental em causa. Pelo contrário, o direito de propriedade estende o número de possibilidades de actuação de uma pessoa em relação às demais, na medida em que destina a alguém bens exteriores e limita, consequentemente, as possibilidades de actuação sobre eles por parte dos restantes. Deste modo, a garantia constitucional da propriedade abrange o direito garantido e definido pelo Estado de poder proibir a outros o uso concorrente de um bem objecto de propriedade. Pelo contrário, o uso próprio do objecto de propriedade não cai, em princípio, no âmbito de aplicação da garantia constitucional da propriedade, contida no artigo 14.º, n.º 1, primeira parte, da Lei Fundamental. A admissibilidade de um tal uso próprio deve ser determinada, independentemente da pessoa do agente, considerando a lesão dos bens jurídicos de terceiros. Assim, tal admissibilidade reconduz-se sobretudo ao âmbito de aplicação dos artigos 2.º, n.º 1 (direitos e liberdades pessoais gerais), 4.º (liberdade de crença, de culto e consciência), 5.º, n.ᵒˢ 1 e 3 (liberdade de expressão; liberdade de criação artística e científica), ou 12.º, n.º 1 (liberdade de escolha de profissão), da Lei Fundamental[39]. Assim, enquanto a existência de direitos de propriedade é impensável, nos termos apontados, sem uma intervenção do legislador, já a liberdade de acção do proprietário não carece dessa intervenção[40].

A qualificação da propriedade como direito humano é questionada por Hösch. Segundo ele, o alcance de um direito humano em qualquer forma de Estado existente é independente de concretas conformações jurídico-constitucionais, sendo concebível com fundamento na própria pessoa. Direitos humanos são assim a vida, a integridade física e a autonomia, uma vez que são "direitos inatos" e exprimem o "ser de uma pessoa". Ora, é duvidoso que esta qualificação como direito humano seja extensível à propriedade, entendida como o direito de alguém ter objectos de propriedade, junto com o poder de proibir a actuação sobre esses objectos por parte de quaisquer outros. Enquanto a vida, a integridade física e a autonomia antecedem necessariamente a fundação do Estado e podem ser postas em perigo por ele, isso não acontece com a propriedade. Esta é antes o resultado da actuação autónoma de pessoas e da ordenação de bens dela resultante. Na medida em que a Constituição protege as relações de propriedade surgidas antes da sua entrada em vigor, ela implica uma decisão contra a sua redistribuição. A garantia da propriedade protege o proprietário contra alterações arbitrárias do seu direito pelos poderes públicos; ao mesmo tempo, o poder do proprietário, de proibir o uso e aproveitamento de um objecto submetido à sua propriedade por parte de terceiros, carece de ser configurado pela lei. Por outras palavras, a propriedade não é um direito humano anterior ao Estado, antes pressupõe a actuação deste na sua configuração. Todavia, a propriedade, se não é um direito humano, orienta-se, quanto à determinação do seu conteúdo pelos poderes públicos, por critérios próprios dos direitos humanos. Se a garantia da propriedade

---

[39] Cfr. Ulrich Hösch, *Eigentum und Freiheit*, pp. 141-142.
[40] Cfr. Ulrich Hösch, *Eigentum und Freiheit*, pp. 233 e 270.

significa que o adquirido se mantém, a permanência dos direitos de propriedade existentes relaciona-se com um princípio de estabilidade, de acordo com o qual o indivíduo exerce a sua autonomia nos termos das possibilidades do ordenamento preexistente. Isso não significa que a ordem da propriedade se tenha de manter tal como o indivíduo a encontrou, mas que a sua alteração, e logo a alteração do conteúdo e modalidades do direito de propriedade, é possível desde que ela respeite a confiança, ou uma confiança possível e desejável, do indivíduo na sua permanência. Os critérios próprios dos direitos humanos na garantia da propriedade resultam da resposta à questão de saber por que razão deve a propriedade existente ser protegida[41]. Ora, quanto a essa resposta, pode dizer-se que "os direitos de propriedade abrem ao indivíduo a possibilidade de personalização. A presença de dimensões próprias dos direitos humanos pelas quais a garantia da propriedade se tem de orientar encontra-se nos seguintes aspectos: a ideia da prestação própria; a aceitação de responsabilidade pela formação da própria vida, a possibilidade de se individualizar. A possibilidade de adquirir propriedade apresenta uma íntima conexão com a '*pursuit of happiness*' dos direitos humanos"[42].

Quais as consequências, em termos de regime, do modo de conceber a garantia constitucional da propriedade que sumariamente se acaba de descrever? A tese em causa, recordemo-lo, sustenta que o artigo 14.º, n.º 1, primeira parte, da Lei Fundamental, que estabelece que a propriedade é garantida, sendo o seu conteúdo e limites determinados por lei, "tutela os direitos de propriedade formados pelo direito ordinário. A garantia estende-se ao direito de proibir, ao seu exercício e à substância do objecto da propriedade. Pelo contrário, o aproveitamento próprio do objecto da propriedade pelo proprietário não é, em princípio, objecto da garantia constitucional da propriedade. O direito de propriedade não autoriza o proprietário a actuar sobre a esfera de outros sujeitos de direito através do aproveitamento do objecto da propriedade, mas apenas a proibir que beneficiem desse aproveitamento"[43]. A partir desta distinção de princípio

---

[41] Cfr. Ulrich Hösch, *Eigentum und Freiheit*, pp. 146-149.
[42] Cfr. Ulrich Hösch, *Eigentum und Freiheit*, p. 155.
[43] Cfr. Ulrich Hösch, *Eigentum und Freiheit*, p. 167.

entre o plano da utilização do bem pelo seu proprietário, situado no âmbito de aplicação dos direitos de liberdade, e o plano da proibição da utilização do mesmo bem pelos não proprietários, situado no campo de aplicação da garantia constitucional da propriedade, Ulrich Hösch extrai um conjunto de consequências quanto ao regime dessa mesma garantia. Antes de mais, o autor identifica um conjunto de aspectos que devem ser excluídos da garantia da propriedade. Isso acontece, desde logo, com o património, considerado, não como soma dos direitos de valor patrimonial, mas como soma das possibilidades de actuação de uma pessoa num determinado momento. Os componentes individuais do património assim definido são avaliáveis em dinheiro e garantem aos indivíduos possibilidades de troca. Nestes termos, a imposição de prestações pecuniárias deve ser avaliada, em princípio, à luz do direito geral de liberdade, previsto no artigo 2.º, n.º 1, da Lei Fundamental[44]. Ainda de acordo com o mesmo entendimento, como se disse, a protecção, e possibilidades de limitação, do aproveitamento ou exploração de objectos da propriedade prende-se com os direitos de liberdade que estejam em causa, principalmente os previstos no artigo 2.º, n.º 1 (direito geral de liberdade), e no artigo 12.º, n.º 1 (liberdade de escolha de profissão), todos da Lei Fundamental alemã. Do mesmo modo que não são abrangidos na garantia do artigo 14.º, n.º 1, da Lei Fundamental, os usos possíveis dos objectos do direito de propriedade não se encontram também submetidos à cláusula de vinculação social do n.º 2 do mesmo artigo. Assim, por exemplo, a proibição de concentração de empresas, ou a recusa de autorização para o exercício de uma actividade industrial susceptível de causar danos ao meio ambiente, não constituem limitações da propriedade, mas regras relativas ao exercício de uma actividade ou profissão. A recusa de uma licença de construção não lesa, de igual modo, a garantia da propriedade, mas sim a "liberdade de construção", incluída no âmbito de protecção do artigo 2.º, n.º 1, ou do artigo 12.º, n.º 1, da Lei Fundamental[45]. Por último, à semelhança do que sucede com as limitações do uso do objecto da propriedade, também a imposição legislativa ao proprietário de deveres de conduta

---

[44] Cfr. Ulrich Hösch, *Eigentum und Freiheit*, pp. 142-143.
[45] Cfr. Ulrich Hösch, *Eigentum und Freiheit*, p. 185.

(por exemplo, os deveres que recaem sobre os proprietários de bens culturais, a responsabilidade do proprietário pela condição do imóvel, por forma a que este não constitua fonte de perigos), ainda que tenha o seu fundamento no artigo 14.º, n.º 2, primeira parte, da Lei Fundamental[46], não implica qualquer violação da garantia da propriedade, prevista no n.º 1 do mesmo artigo, mas sim uma lesão do seu património[47].

Se a intervenção do legislador ao abrigo da primeira parte do n.º 2 do artigo 14.º da Lei Fundamental alemã ("A propriedade obriga") não consubstancia, em princípio, uma violação da garantia constitucional da propriedade, prevista no n.º 1 do mesmo artigo, o mesmo não sucederá já com a segunda parte do mencionado n.º 2 ("O seu uso deve ao mesmo tempo servir o bem comum"). Ao abrigo desta norma, está o legislador obrigado a conformar o direito do proprietário de proibir a actuação de terceiros sobre o objecto da propriedade através da consideração de exigências sociais, tendo em vista o bem comum. A jurisprudência constitucional alemã trata dois casos, a legislação relativa ao arrendamento para a habitação e a legislação relativa à participação dos trabalhadores na gestão das empresas, que são especialmente relevantes na perspectiva da função social da propriedade privada. Esta função encontra expressão, de um modo especial, na dependência de determinados grupos de pessoas em relação ao uso dos objectos da propriedade em causa, na perspectiva da formação das suas vidas. Segundo Hösch, a posição do Tribunal Constitucional Federal alemão oscila, no modo como encara a concretização da função social nos casos mencionados, entre o reconhecimento de um direito próprio do não proprietário, para além da simples limitação do direito de proibir do proprietário, e a afirmação de que do artigo 14.º, n.º 2, da Lei Fundamental não resulta qualquer direito fundamental subjectivo, mas apenas um critério normativo para o legislador[48]. A comparação do tratamento destes casos à luz

---

[46] É o seguinte o texto do artigo 14.º, n.º 2, da Lei Fundamental: "A propriedade obriga. O seu uso deve ao mesmo tempo servir o bem-estar geral".

[47] Cfr. Ulrich Hösch, *Eigentum und Freiheit*, pp. 186-188.

[48] Assim, na decisão do Tribunal Constitucional alemão de 26 de Maio de 1993, afirma-se, por um lado, que a disposição do artigo 14.º, n.º 2, da Lei Fundamental "é apenas critério normativo e limite para a tarefa de direito objectivo que incumbe ao legislador, no

da garantia constitucional da propriedade do artigo 14.º com outras disposições constitucionais, que expressamente prevêem, por exemplo, um direito fundamental ao desfrute da natureza com eficácia imediata perante terceiros, permitiria concluir que a cláusula de vinculação social se dirige apenas ao legislador, não resultando dela quaisquer concretos deveres do proprietário em face de terceiros[49].

À semelhança do que sucede com a construção de Ulrich Hösch, também Frank Raue procura resolver alguns dos problemas que se colocam à garantia constitucional da propriedade através da distinção entre elementos protegidos pelo artigo 14.º da Lei Fundamental que integrariam a liberdade natural de acção do proprietário e elementos protegidos pela mesma norma constitucional que pressupõem a compreensão da propriedade como um produto do direito[50]. Simplesmente, este autor não pretende através da mencionada distinção retirar do âmbito de protecção da norma do artigo 14.º da Lei Fundamental os aspectos que integram a liberdade natural de acção do proprietário[51]. Em vez disso, a sua tese é a de que a garantia constitucional da

---

sentido de determinar o conteúdo e limites da propriedade (artigo 14.º, n.º 1, segunda parte)", exprimindo-se, ao mesmo tempo, o "reconhecimento do direito de posse do inquilino como propriedade no sentido do artigo 14.º, n.º 1, primeira parte" (cfr. *Entscheidungen des Bundesverfassungsgerichts*, vol. 89, pp. 5, 7 e 8). O problema, como afirma Hösch, reside na curta distância entre o reconhecimento do direito do inquilino enquanto propriedade, em face do Estado, à luz do artigo 14.º, n.º 1, e a utilização do artigo 14.º, n.º 2, conjugado com aquele reconhecimento, como base de um direito fundamental com eficácia imediata perante terceiros – os senhorios (cfr. U. Hösch, *Eigentum und Freiheit*, pp. 193-194). Este exemplo mostra que o problema da eficácia dos direitos fundamentais nas relações entre particulares assume, no caso do direito de propriedade, contornos específicos, atendendo sobretudo à extensão do conceito constitucional de propriedade.

[49] Cfr. U. Hösch, *Eigentum und Freiheit*, pp. 198-199. A disposição constitucional tida em mente por U. Hösch é o artigo 141.º, n.º 3, 1.ª parte da Constituição da Baviera, que consagra um direito ao gozo da natureza.

[50] Reconhecendo esta mesma proximidade, cfr. Frank Raue, *Die Zwangsvollstreckung als Nagelprobe für den modernen Enteignungsbegriff*, p. 107, nota 407.

[51] Desde logo, levantar-se-iam dificuldades a essa retirada decorrentes do próprio artigo 14.º, n.º 2, da Lei Fundamental, quando aí se estabelece que "A propriedade obriga. O seu uso deve igualmente servir o bem comum". Significaria isto que também o uso da propriedade integra o domínio de protecção do artigo 14.º, n.º 1, da Lei Fundamental, não podendo ser configurado como uma manifestação da liberdade de acção: neste sentido, cfr. Frank Raue, *Die Zwangsvollstreckung als Nagelprobe für den modernen Enteignungsbegriff*, p. 96, nota 335.

propriedade integra simultaneamente dimensões que respeitam à liberdade natural do proprietário e dimensões relativas à propriedade como instituição jurídica.

Antes de mais, quais são os problemas, na perspectiva de Frank Raue, que a distinção em causa permitiria resolver? Segundo o autor, apenas a distinção mencionada permitiria pôr termo às incertezas da jurisprudência constitucional, quanto a tratar a liberdade de acção do proprietário como um produto do direito, objecto da determinação de conteúdo da propriedade cometida ao legislador, ou a encarar as normas que dispõem sobre essa mesma liberdade de acção como restrições a uma realidade que precede o legislador. No primeiro caso, a actividade do legislador na determinação do conteúdo da propriedade estária sujeita ao crivo do princípio da proporcionalidade decorrente da necessidade de considerar igualmente o interesse do proprietário (artigo 14.º, n.º 1: "a propriedade é garantida") e o interesse geral (artigo 14.º, n.º 2: "a propriedade obriga. O seu uso deve ao mesmo tempo servir o bem comum"); no segundo caso, a simples existência de uma restrição à liberdade carece de justificação à luz do princípio da proporcionalidade.

Haveria assim, segundo Frank Raue, que diferenciar: a propriedade em sentido próprio, isto é, os poderes jurídicos sobre outros que se referem a um determinado valor patrimonial, assim como o elemento de liberdade de acção artificial (poder de disposição) que cai sob a protecção do artigo 14.º, n.º 1, 1.ª parte, da Lei Fundamental, têm de ser constituídos através das leis ordinárias; pelo contrário, os elementos de liberdade de acção natural (por exemplo, construir ou demolir uma casa, dragar cascalho, cultivar vinho, criar cães) que caiem sob a protecção daquela mesma norma constitucional não carecem de uma tal constituição. Em relação a tais liberdades de acção naturais o artigo 14.º da Lei Fundamental seria um direito de liberdade "normal". Significa isso, segundo Raue, que as acções em causa são em princípio permitidas, podendo o legislador restringir essa permissão de acordo com os princípios vigentes para os restantes direitos de liberdade, especialmente o princípio da proporcionalidade[52].

---

[52] Cfr. Frank Raue, *Die Zwangsvollstreckung als Nagelprobe für den modernen Enteignungsbegriff*, pp. 109-110.

2.3.1.2. Crítica. Antes de mais, a proposta de Frank Raue permite afastar uma evidente dificuldade da construção de Ulrich Hösch. O ponto de partida desta última, como se viu, consiste na distinção entre o direito de excluir terceiros do uso de um objecto da propriedade e o uso desse objecto pelo proprietário, para concluir que só o primeiro aspecto relevaria da tutela constitucional da propriedade, prendendo-se o segundo com os direitos de liberdade. O que acontece, no entanto, aos poderes de disposição do proprietário, mais directamente relacionados com a dimensão institucional da propriedade? Se é importante distinguir entre a liberdade de usar e o poder de dispor, já parece difícil admitir que essa distinção possa pôr em causa a integração de ambas as faculdades no direito de propriedade. Na teoria da proibição jurídica parece, no entanto, ser precisamente isto o que sucede. O poder de disposição do proprietário não é assimilável à liberdade de usar para efeitos da sua recondução aos direitos constitucionais de liberdade, uma vez que é diversa a respectiva natureza, desde logo porque aquele poder é indissociável da estrutura institucional da propriedade. Ao mesmo tempo, o poder de disposição do proprietário não é a mesma realidade que o direito de excluir terceiros do uso da coisa.

Para além deste aspecto, a verdade é que a teoria de Raue incorre nas mesmas dificuldades que é possível levantar à "teoria da proibição jurídica", defendida por Ulrich Hösch[53]. Como decorre do exposto, esta teoria merece certamente ser apoiada ao diferenciar a propriedade dos demais direitos de liberdade, em virtude de aquela, ao contrário destes, surgir como uma criação da ordem jurídica, e ao configurar (em resultado da mencionada diferenciação) a garantia constitucional da propriedade como uma garantia da continuidade e permanência de situações jurídicas concretas. Que dizer, no entanto, da distinção fundamental efectuada por Hösch entre o direito de proibir a actuação

---

[53] Por outro lado, a tese de Raue incorre numa dificuldade de que a teoria de Hösch, por seu turno, parece estar isenta. Na verdade, se as liberdades de usar o objecto da propriedade se integram no conceito de propriedade, mas não carecem de constituição pelo direito, como distingui-las das liberdades de usar protegidas por outros direitos de liberdade? Raue, *Die Zwangsvollstreckung als Nagelprobe für den modernen Enteignungsbegriff*, p. 96 e nota 334, parece dar-se conta da dificuldade, mas não fornece qualquer solução para a mesma.

de terceiros sobre um objecto de propriedade e as possibilidades de uso desse mesmo objecto por parte do proprietário? Como se afirmou, segundo o autor apenas o direito de proibir integra o âmbito de protecção da garantia constitucional da propriedade privada, relevando as possibilidades de uso do objecto da propriedade pelo proprietário do direito geral de liberdade ou da liberdade de profissão. Para Hösch, a protecção da substância da propriedade significa a proibição da actuação de terceiros sobre o estado do objecto da propriedade, conduzindo à sua danificação ou destruição, ou à alteração do seu estado. Pelo contrário, o aproveitamento das possibilidades de acção em relação ao objecto da propriedade através do proprietário constitui o exercício de uma possibilidade de acção que lhe está reservada, ou seja, a liberdade do uso. Assim, o "direito de propriedade consiste no direito de proibir a outros a utilização de bens ordenados. A utilização do objecto da propriedade através do proprietário não constitui, todavia, uma questão do direito de propriedade, mas o aproveitamento das possibilidades de acção que decorrem do direito de proibir, ou seja, o exercício de liberdade. O proprietário de uma casa de habitação pode proibir a qualquer outro a sua utilização (nisto consistiria o direito de propriedade). Se ele próprio utiliza a casa, deve orientar essa utilização, como qualquer outro que utilize uma casa de habitação, de acordo com as leis gerais e regras privadas, observando as determinações quanto a emissões, construção, etc. (nisto consistiria o uso do objecto da propriedade, relevando dos direitos gerais de liberdade). O arrendamento da casa é uma possibilidade de utilização que apenas assiste ao proprietário, que pode proibir outros de a arrendar (direito de propriedade). O arrendamento da casa por ele próprio consiste no aproveitamento de uma possibilidade de acção e está sujeito às leis gerais (utilização do objecto da propriedade)". Assim, a liberdade significaria "aproveitar as possibilidades de acção existentes no quadro legislativo", enquanto a propriedade consistiria no "direito de proibir a outros o aproveitamento de determinadas possibilidades de acção, ligadas a objectos de propriedade juridicamente ordenados"[54]. Importa, desde logo, salientar que a teoria da proibição parece, à primeira vista, divergir das teorias que encaram o direito de

---

[54] Cfr. Ulrich Hösch, *Eigentum und Freiheit*, p. 140.

propriedade como mero reflexo da exclusão de terceiros, na medida em que não concebe os poderes e faculdades do proprietário como aspectos estranhos ao direito, mas antes como possibilidades de acção que relevam de direitos de liberdade *diversos* da propriedade. Por outro lado, a distinção de Hösch parece evocar a distinção kantiana entre posse sensível e posse inteligível, na medida em que a violação da primeira afecta o meu interior, a minha liberdade inata, mas só a segunda põe em causa o meu exterior, portanto o direito de propriedade[55]. Segundo Kant, "o não atender a ou o omitir (abstracção) estas condições sensíveis da posse, enquanto condições de uma relação da pessoa a objectos que carecem de qualquer vinculação, não é senão a relação de pessoas com pessoas, que consiste em obrigar a todas elas, no que se refere ao uso das coisas, mediante a vontade da primeira"[56]. Do mesmo modo, dir-se-á, quando usa um objecto de propriedade, o respectivo proprietário exerce a sua liberdade inata ou interior e só quando proíbe a terceiros esse uso exerce o seu direito de propriedade, ou liberdade exterior. Mas é precisamente este cotejo com Kant que determina, como se verá, a rejeição da teoria da proibição jurídica.

Através da distinção entre os planos do direito de excluir terceiros do uso de um objecto da propriedade e do uso desse mesmo objecto por parte do proprietário, o primeiro relevando da garantia constitucional da propriedade e o segundo dos direitos de liberdade, não se pretende obter um critério para a distinção entre os casos de expropriação e os casos de determinação do conteúdo e limites do direito de propriedade. Existe em ambos uma afectação, em sentido amplo, do direito que assiste ao proprietário de proibir a terceiros o uso de um bem. Mas precisamente, ao contrário da afectação de concretas posições jurídicas inerente à expropriação ou à determinação do conteúdo e limites da propriedade, a liberdade do proprietário quanto ao uso de um objecto de propriedade não precisaria de fundamento normativo. Segundo Hösch, "diferentemente da propriedade, a liberdade não carece de qualquer fundamentação normativa. A liberdade distingue-se precisamente pela admissibilidade das possibi-

---

[55] Cfr. Kant, *Rechtslehre*, § 6, p. 358 (*Metafísica dos Costumes*, p. 75).
[56] Cfr. Kant, *Rechtslehre*, § 17, pp. 379-380 (*Metafísica dos Costumes*, p. 105).

lidades de acção que não são proibidas. Não é a liberdade, mas a sua limitação que carece de fundamento legal"[57]. Assim, de acordo com este entendimento, enquanto a garantia constitucional da propriedade envolve uma tarefa de conformação por parte do legislador, a limitação da liberdade de o proprietário usar um objecto da propriedade implica uma reserva de lei.

Nos termos em que Hösch a estabelece, a distinção entre o direito de proibir terceiros de usar um objecto de propriedade e a liberdade de o proprietário usar o seu bem surge como artificial. Não está em causa que, de um ponto de vista analítico, estas duas faculdades do proprietário tenham uma estrutura diversa, como de resto foi posto em evidência por Hohfeld[58]. Mas, precisamente, ambos os poderes integram o conteúdo do direito de propriedade e nada justifica – ou pelo menos não o justifica a simples diversidade de estrutura – que lhes seja atribuído um regime jurídico-constitucional diverso. É possível reforçar este entendimento com diversos argumentos.

(i) Em primeiro lugar, são de certo modo surpreendentes os termos em que Hösch estabelece a contraposição entre a liberdade de usar do proprietário, por um lado, e o seu direito de proibir, por outro. O fundamento que invoca é o pensamento de Carl Schmitt, quando este afirma que "a esfera de liberdade do indivíduo pressupõe-se como um dado anterior ao Estado, sendo a liberdade do indivíduo em princípio ilimitada, enquanto a competência do Estado para intervir em tal esfera é limitada por princípio"[59]. Mas justamente, as

---

[57] Cfr. Ulrich Hösch, *Eigentum und Freiheit*, p. 233. Hösch, *ob. cit.*, pp. 270-271, formula ainda a mesma ideia nos seguintes termos: "o direito de propriedade disciplina aquilo que o não-proprietário não pode fazer em relação a um determinado objecto de propriedade e atribui ao proprietário o poder de impor esta proibição"; já "a liberdade não é, pelo contrário, dependente de normas jurídicas. Fundamentalmente, é permitida toda a acção (utilização) que não seja proibida. A actividade legislativa é assim, diferentemente do que sucede com a determinação do conteúdo do direito de propriedade, não dirigida à fundação da liberdade, mas à sua limitação".

[58] Cfr. infra, ponto 2.3.2.

[59] Cfr. Carl Schmitt, *Verfassungslehre*, p. 126; cfr., ainda, Hösch, *Eigentum und Freiheit*, p. 272, nota 26. A tese de Schmitt foi objecto de crítica decisiva por parte de Peter Häberle, *Die Wesensgehaltgarantie des Artikel 19 Abs. 2 Grundgesetz*, pp. 92 e ss. As teses de Schmitt envolvem ainda uma inadmissível recuperação da concepção hobbesiana da liberdade negativa (sobre estas, cfr. supra, Parte I, cap. 4, ponto 4.5).

manifestações de uma liberdade de usar, anterior ao Estado, sem o direito de proibir são necessariamente diversas das manifestações dessa mesma liberdade quando assistida por este direito[60]. Pretender, não obstante, separar as duas realidades não se afigura razoável, sobretudo se se considerar que o significado para o indivíduo da propriedade como direito fundamental se manifesta sobretudo nas possibilidades de uso de um bem[61]. Segundo Hösch, a particularidade das possibilidades de acção que assistem ao proprietário consiste em ninguém as poder aproveitar, para além do proprietário ou daquele a quem ele tenha consentido o uso do objecto da propriedade. É, no entanto, essa particularidade que afasta a distinção entre as faculdades de usar e de proibir nos termos propugnados por Hösch. Ao mesmo tempo, parece algo excessivo afirmar, como faz o autor, que o privilégio outorgado ao proprietário pela particularidade assinalada tem o seu contraponto na discriminação consistente em ele ser especialmente atingido pela proibição do aproveitamento de possibilidades de acção relacionadas com um objecto de propriedade, não obstante elas serem igualmente válidas para todos[62]. Com esta afirmação, prescinde-se de distinguir entre limitações da liberdade geral de acção que são válidas para todos e as limitações das liberdades de usar que assistem ao proprietário. Mas é esse, afinal, o sentido da distinção de Kant entre "posse sensível" e "posse inteligível": a primeira não pode ser caracterizada como propriedade porque a relação de um sujeito com um objecto é meramente ocasional. Ora, a liberdade de usar do proprietário não pode certamente ser caracterizada como algo ocasional.

A este propósito é especialmente esclarecedora a argumentação de Frank Raue, visando defender, como se disse, a inclusão de aspectos de liberdade natural na tutela constitucional da propriedade. Segundo este autor, aquilo que determina a dependência existencial da propriedade em face do direito não é uma reserva ideológica da Constituição contra a propriedade, mas antes os especiais perigos a que o gozo dos objectos da propriedade está exposto, quando compa-

---

[60] Neste sentido, distinguindo entre liberdade de usar não exclusiva e liberdade de uso exclusivo, cfr. Jan-R. Sieckmann, *Modelle des Eigentumsschutzes*, p. 90.
[61] Neste sentido, cfr. Ansgar Grochtmann, *Art. 14 GG*, pp. 115-116, nota 508.
[62] Cfr. Hösch, *Eigentum und Freiheit*, p. 233.

rado com o gozo dos outros tipos de bens que todos os indivíduos possuem. O ponto de partida filosófico de Raue consiste aqui na trilogia alma-corpo-bens exteriores e, mais especificamente, no uso que dela faz David Hume, aspectos a que já anteriormente foram feitas algumas referências[63]. Neste contexto, a dependência existencial da propriedade em relação ao direito seria uma decorrência de uma característica própria do gozo dos bens exteriores no confronto com o gozo dos bens da alma e do corpo. Nas palavras de Hume: "há três espécies de bens que possuímos: a satisfação interior do espírito, as vantagens exteriores do corpo e o gozo dos bens que adquirimos pelo nosso trabalho e boa sorte. Estamos perfeitamente seguros do desfrutar a primeira. As segundas podem ser-nos arrebatadas, mas não podem dar nenhuma vantagem a quem no-las tira. Só as últimas tanto podem estar expostas à violência dos outros, como podem transferir-se sem sofrer perda nem alteração; e, ao mesmo tempo, não há um número suficiente delas para corresponder aos desejos e necessidades de cada um. Portanto, assim como a melhoria destes bens é a principal vantagem da sociedade, assim também a *instabilidade* da sua posse, juntamente com a sua *escassez*, é o principal obstáculo"[64]. Este défice na protecção natural dos bens exteriores teria de ser compensado através de uma protecção artificial, isto é, produto da intervenção humana; em tal caso, afirma Hume, "o remédio não se tira da natureza, mas do artifício"[65].

Esta observação de Hume não seria já aplicável, todavia, no caso das possibilidades de acção naturais, por exemplo o cultivo de um terreno. Nas palavras de Frank Raue: "a faculdade de cultivar um terreno não é um produto do direito, mas – nas palavras de Hume – uma vantagem exterior do nosso corpo"[66]. Aliás, o entendimento contrário conduziria a resultados grotescos: na medida em que o

---

[63] Cfr. supra, Parte II, cap. 1, ponto 1.3.5.
[64] Cfr. David Hume, *Tratado da Natureza Humana*, Livro III, Parte II, Secção II, pp. 562-563.
[65] Cfr. David Hume, *Tratado da Natureza Humana*, Livro III, Parte II, Secção II, p. 564; Frank Raue, *Die Zwangsvollstreckung als Nagelprobe für den modernen Enteignungsbegriff*, p. 95.
[66] Cfr. Frank Raue, *Die Zwangsvollstreckung als Nagelprobe für den modernen Enteignungsbegriff*, p. 97.

direito ordinário nada dispusesse sobre o cultivo de terrenos, poderia qualquer um proceder a esse cultivo, em terrenos sem dono, com base no direito geral de liberdade de acção previsto no artigo 2.º, n.º 1, da Lei Fundamental; pelo contrário, o proprietário do terreno, cujas acções não são abrangidas pelo citado artigo 2.º, n.º 1, mas pelo artigo 14.º da Lei Fundamental, só poderia cultivar com base em expressa previsão da lei[67].

Os argumentos de Raue não são convincentes e o uso que faz do pensamento de Hume é sintomático. Esse uso consiste em argumentar nos seguintes moldes: só na medida em que o proprietário carece da protecção "artificial" da ordem jurídica é que o seu direito se deve considerar como dependente da lei. Pelo contrário, em todos aqueles casos em que o proprietário pode fazer uso dos seus poderes individualmente, sem necessitar da intervenção do direito, deve entender-se que esses poderes integram aspectos da sua liberdade natural, reconduzindo-se a "vantagens exteriores do corpo". O proprietário não pode, no entanto, escolher ignorar a sua qualidade consoante lhe convenha: as "liberdades naturais" que pode exercer em relação ao objecto da sua propriedade são indissociáveis daquela qualidade. Na verdade, o exercício de tais liberdades pressupõe a qualidade de proprietário ou, quando assim não seja, é constitutivo de tal qualidade, como sucede com os modos de aquisição originária da propriedade. Para além disso, não existe a situação em que o direito ordinário nada dispõe sobre o exercício de uma "liberdade natural" sobre um possível objecto da propriedade. O que se passa é que o direito dispõe sobre tais liberdades enquanto liberdades do proprietário.

O que acaba de ser dito não significa que não haja liberdades que o proprietário não possa exercer sobre o bem de que é proprietário com abstracção daquela qualidade. Significa apenas que todas as liberdades exercidas sobre um bem que não pressuponham uma ligação meramente ocasional com esse bem, isto é, a ligação implicada naquilo que Kant designa por "posse sensível", mas que pretendam estabelecer uma ligação duradoura com esse mesmo bem, na base da por Kant designada "posse inteligível", pressupõem a instituição de

---

[67] Cfr. Frank Raue, *Die Zwangsvollstreckung als Nagelprobe für den modernen Enteignungsbegriff*, p. 108.

uma ordem da propriedade[68]. Todas as "liberdades naturais" exercidas pelo proprietário sobre um bem, que pressuponham esta ligação duradoura, ou cujo exercício seja susceptível de afectar a própria substância ou existência do bem, são indissociáveis da instituição "propriedade", entendida como um produto do direito. E são-no, desde logo, na medida em que são impensáveis sem a existência de um direito de excluir terceiros do uso de um objecto da propriedade.

(ii) Em segundo lugar, não se vê como possa a distinção entre direito de usar e direito de proibir do proprietário ser mantida nos casos em que ao proprietário são vedadas todas as possibilidades relevantes de uso de um bem, em virtude de normas emitidas no âmbito do direito ambiental ou do património cultural. Pode, naturalmente, discutir-se se tais casos configuram uma limitação do direito de propriedade ou, pelo contrário, uma expropriação[69]; o que se afigura mais problemático é sustentar que não existiria aí uma afectação do direito de propriedade, mas apenas da liberdade de usar do proprietário[70].

(iii) Em terceiro lugar, não se chega a compreender por que razão a vinculação social da propriedade haveria apenas de ser levada a cabo pelo legislador através da exclusão ou limitação do direito de proibir a terceiros o uso da propriedade, e não também através da limitação do direito de usar do proprietário. Pense-se, por exemplo, na hipótese em que o legislador restringe os usos que o proprietário de um imóvel classificado como de interesse cultural ou ambiental pode levar a cabo e, simultaneamente, restringe também o direito de proibir terceiros dos usos possíveis desse imóvel, permitindo, por exemplo, o trânsito de pessoas pelos jardins de um palácio classificado

---

[68] Sobre estes conceitos, cfr. supra, Parte II, cap. 2, pontos 2.2.2 e 2.2.3.

[69] No primeiro sentido, cfr. Lege, *Zwangskontrakt und Güterdefinition*, pp. 115-116; Rozek, *Die Unterscheidung von Eigentumsbindung und Enteignung*, pp. 181 e 219; no segundo, cfr. Fritz Ossenbühl, "Eigentumsschutz gegen Nutzungsbeschränkungen", pp. 690 e 698 e ss. Regressar-se-á adiante à questão.

[70] Hösch, *Eigentum und Freiheit*, pp. 230-232, afasta estes casos do conceito de expropriação sem, no entanto, justificar a sua não qualificação como determinações do conteúdo e limites da propriedade.

como monumento. Deveremos considerar que a legislação em causa exprime e não exprime, ao mesmo tempo, a concretização da função social da propriedade? Por outro lado, parece mais lógico aferir o grau admissível da vinculação social da propriedade levada a cabo pelo legislador em função dos usos possíveis de um objecto da propriedade pelo seu dono. Quanto mais um imóvel for apto a um uso meramente pessoal pelo seu proprietário menor será o grau admissível de vinculação social a que estará sujeito e maior a limitação do legislador a esse respeito. Por último, a autonomização das possibilidades de aproveitamento de um bem pelo respectivo proprietário como relevando de uma liberdade geral de acção não permite uma clara distinção entre estas e aquelas possibilidades de aproveitamento que relevam de acções genericamente proibidas, independentemente da sua conexão com a propriedade, como o exercício de actividades industriais perigosas ou determinadas actividades nocturnas, e que afectam o proprietário, não obstante se encontrarem excluídas do âmbito de protecção da garantia constitucional da propriedade[71].

2.3.2 O modelo do domínio. Situado nas antípodas do entendimento que se acaba de sumariar, encontra-se a concepção da garantia constitucional da propriedade à luz do modelo do domínio, desenvolvida por Oliver Lepsius. Nesta perspectiva, o artigo 14.º da Lei Fundamental é encarado como a expressão jurídico-constitucional do domínio sobre as coisas.

2.3.2.1 Exposição. Lepsius estabelece, antes de mais, uma distinção entre domínio fáctico e domínio normativamente caracterizado.

O domínio fáctico, tutelado pelo artigo 14.º, n.º 1, primeira parte, da Lei Fundamental, consiste numa relação fáctica entre uma pessoa e uma coisa. Nesta dimensão – e apenas nela –, o domínio é anterior ao direito, exactamente nos mesmos termos em que o são outras acções constitucionalmente protegidas, como a liberdade de expressão, a liberdade de reunião ou a liberdade de crença. Com base na ideia de que o bem protegido pelo artigo 14.º, n.º 1, primeira

---

[71] Cfr. Badura, "Eigentum", p. 348; Pieroth e Schlink, *Grundrechte Staatsrecht II*, n.º 914, p. 228.

parte, consiste no domínio fáctico, torna-se possível enquadrar o direito fundamental deste artigo da Constituição, como direito de liberdade individual, no sistema dos direitos fundamentais. Enquanto direito de liberdade individual, o artigo 14.º, n.º 1, primeira parte, protege uma esfera de domínio que é deixada ao indivíduo para a sua disponibilidade e aproveitamento[72]. A caracterização do conceito jurídico-constitucional de propriedade como domínio permitiria assim resolver um dos problemas básicos da garantia constitucional da propriedade, a que já várias vezes se aludiu. Trata-se da especificidade dessa garantia, em relação aos demais direitos fundamentais, consistente em a propriedade ser uma realidade jurídica, uma criação da ordem jurídica. Ora, se não existe uma propriedade prévia ao direito, a esfera de protecção da garantia da propriedade e a propriedade garantida ameaçam convergir, ficando na disponibilidade do legislador ordinário. Todavia, deve existir uma diferença entre uma genuína esfera de protecção, no plano jurídico-constitucional, da garantia da propriedade e a sua determinação no plano do direito ordinário. Uma tal diferença, que especifica o bem protegido, prévio à lei, pela garantia da propriedade, não pode ser encarada em termos dogmáticos através do conceito de propriedade, ainda que a Constituição tenha escolhido esse termo. Neste contexto, surge como razoável caracterizar o conceito constitucional de propriedade como domínio (*Sachherrschaft*): se se conceber a garantia da propriedade como uma garantia de domínio, pode ser estabelecido um bem de protecção cuja formação não depende da respectiva caracterização através da ordem jurídica, mas precede-a[73]. O objectivo consiste, pois, em libertar o bem protegido pela garantia constitucional da propriedade do direito civil, uma vez que este se situa já no plano da ordem jurídica, e equipará-lo aos bens protegidos por outros direitos fundamentais, como a liberdade de expressão ou a liberdade de associação. Qual é, no entanto, a substância do bem protegido pela garantia da propriedade que surge identificado com o domínio? Sem prejuízo de a esta questão se regressar adiante, numa perspectiva crítica, pode adiantar-se, desde já, que não são abundantes as explicações avançadas por

---

[72] Cfr. Oliver Lepsius, *Besitz und Sachherrschaft im öffentlichen Recht*, pp. 17-19 e 100.
[73] Cfr. Oliver Lepsius, *Besitz und Sachherrschaft im öffentlichen Recht*, p. 17.

Oliver Lepsius: "este plano fáctico, que preexiste à caracterização normativa, não deve nem precisa de ser aqui determinado em pormenor. Uma tal tarefa constitui um desiderato geral da teoria da propriedade e ultrapassa o alcance jurídico-dogmático desta investigação. Na exposição subsequente, o plano do domínio fáctico não será objecto de maiores determinações, no que toca ao respectivo conteúdo. Far-se-á apenas referência à liberdade individual do domínio fáctico. É, contudo, inevitável aludir à existência deste plano, uma vez que o direito constitucional (...) o pressupõe"[74]. Em resposta à questão de saber quais as características do conceito jurídico-constitucional de propriedade, isto é, o domínio fáctico, que justificam a sua protecção como um bem constitucional, Lepsius sustenta que a garantia da propriedade não deve proteger um específico instituto jurídico, mas a ordenação pessoal de bens a indivíduos, tendo em vista a sua liberdade. Segundo ele, como se disse, o modelo do domínio é, no essencial, o adoptado pela decisão do Tribunal Constitucional alemão sobre o caso dos diques de Hamburgo, ao afirmar que a "propriedade é uma forma de domínio sobre as coisas (*Sachherrschaft*) e assim o conceito abrangente para as múltiplas possíveis relações de direito das coisas. Este domínio sobre as coisas pode ser formado sob os mais diversos pontos de vista e opiniões. A propriedade do direito civil é caracterizada através do aproveitamento privado e da faculdade de disposição. Junto dela conhece, no entanto, a ordem jurídica em vigor domínios sobre as coisas de muitas variadas maneiras, os quais – ainda que caracterizados como propriedade – se orientam para uma utilização por terceiros e não para uma utilização privada". Objecto de protecção da garantia da propriedade é, pois, o domínio, como relação entre uma pessoa e uma coisa, que visa a liberdade individual com o propósito de uma formação responsável da vida[75].

A distinção entre domínio fáctico e domínio normativamente caracterizado retoma a distinção entre as componentes objectiva e interpessoal da propriedade e possibilita a sua formulação dogmática enquanto distinção entre os planos do bem constitucionalmente pro-

---

[74] Cfr. Oliver Lepsius, *Besitz und Sachherrschaft im öffentlichen Recht*, pp. 19-20.

[75] Cfr. *Entscheidungen des Bundesverfassungsgerichts*, vol. 24, pp. 389-390; Oliver Lepsius, *Besitz und Sachherrschaft im öffentlichen Recht*, p. 67.

tegido – isto é, o domínio fáctico, como expressão de liberdade individual – e o plano da sua conformação pelo legislador. Só o conceito de domínio fáctico, como relação entre um sujeito e um objecto, pode desempenhar adequadamente a função clássica de defesa dos direitos fundamentais, porque só assim entendido o direito fundamental de propriedade precede a ordem jurídica e pode ser directamente dirigido contra o Estado e, logo, a ordem jurídica. Pelo contrário, se se colocar a ênfase, quanto à determinação do bem protegido pela garantia constitucional da propriedade, na eficácia intersubjectiva, o direito de propriedade perde o seu carácter específico. O direito de propriedade não se distingue de outros direitos quanto à sua eficácia intersubjectiva, salvo quanto ao efeito exclusivo em face de qualquer pessoa. O carácter específico da propriedade não decorre, todavia, em tal caso, da relação interpessoal, mas do efeito exclusivo, e este, por seu turno, assenta unicamente na relação de domínio entre uma pessoa e uma coisa. Manifesta-se aqui de um modo especial, segundo o autor, o perigo de associar de forma constitutiva aspectos pré-jurídicos (a relação entre pessoa e coisa) com aspectos especificamente jurídicos (a relação entre pessoas). Se, pelo contrário, se tiver presente a distinção entre os dois planos, a fundamentação interpessoal do direito de propriedade não é suficiente para nela se basear a respectiva tutela jurídico-constitucional, "porque desse modo se perderia a protecção privilegiada do direito de propriedade em face de outros direitos"[76].

A diferenciação entre domínio fáctico e domínio normativamente caracterizado possibilita a separação entre a "teoria da propriedade pré-jurídica" e a "dogmática da propriedade especificamente jurídica"[77]. Se no plano pré-jurídico está em causa qualquer relação de domínio fáctico, isso permite também no plano da conformação jurídica, levada a cabo pelo direito ordinário, não restringir a garantia da propriedade ao conceito de propriedade do direito civil. A categoria do domínio normativamente caracterizado situa-se apenas no plano do direito ordinário. A determinação do conteúdo e limites da propriedade, a que alude a segunda parte no n.º 1 do artigo 14.º da Lei

---

[76] Cfr.Oliver Lepsius, *Besitz und Sachherrschaft im öffentlichen Recht*, p. 27.
[77] Cfr.Oliver Lepsius, *Besitz und Sachherrschaft im öffentlichen Recht*, p. 29.

Fundamental, refere-se precisamente às características normativas constitutivas do domínio sobre as coisas. Segundo Lepsius, "todas as relações de domínio sobre as coisas que sejam constitucionalmente protegidas, devem ser normativamente caracterizadas. A compreensão fáctica e pré-jurídica do domínio sobre as coisas do n.º 1, primeira parte, exige apenas que a ordem jurídica de um modo geral reconheça (garantia de instituto) e proteja (garantia de permanência) o domínio sobre as coisas. Saber quais as espécies de relações de domínio sobre as coisas, pode apenas resultar da sua criação através da caracterização normativa". Nos termos da concepção em análise, as caracterizações normativas da faculdade de disposição, por um lado, e do uso ou aproveitamento, por outro, são estruturadas em termos fundamentalmente diversos. A primeira é estruturada em termos puramente normativos; diversamente da disposição, o uso é um fenómeno estruturado, tanto em termos de facto, como de direito. A faculdade de disposição exige que o direito de domínio individual sobre a coisa subsista e possa ser transmitido a outros indivíduos. A caracterização normativa do poder de disposição é levada a cabo pela ordem jurídica através do instituto da propriedade privada. Enquanto a faculdade de disposição pode ser completamente exercida através de meios jurídicos, o uso pressupõe um direito, mas também a possibilidade fáctica de o exercer. Por outro lado, o uso dirige-se sempre à alteração da condição fáctica do bem; a faculdade de disposição visa a modificação da condição jurídica do bem. Consequência desta distinta estrutura decorrente da caracterização normativa de ambas as faculdades contidas numa relação de domínio sobre a coisa, é, desde logo, a circunstância de apenas a privação da faculdade de disposição ser designada pela Lei Fundamental como expropriação. Na verdade, se através da privação do poder de disposição nada resta desta forma de domínio jurídico, em caso de limitação da faculdade de uso e aproveitamento do bem, podem ainda permanecer outras possibilidades de uso abrangidas nos domínios fáctico ou normativo. Assim, se o poder jurídico de disposição de um bem não for suprimido, mas apenas afectadas as faculdades de uso do bem, não existe uma expropriação, mas apenas uma vinculação da propriedade[78].

---

[78] Cfr. Oliver Lepsius, *Besitz und Sachherrschaft im öffentlichen Recht*, pp. 70-75, 78 e 100.

Para além de distinguir entre domínio sobre a coisa fáctico e normativamente caracterizado, Lepsius distingue ainda, no âmbito deste último, entre domínio jurídico e de facto. O domínio jurídico abrange diversos direitos de domínio, entre os quais a propriedade do direito civil, o direito à posse, bem como permissões e licenças jurídico-públicas que fundamentam o domínio jurídico sobre uma coisa. O domínio de facto, que não deve ser confundido com o domínio fáctico a que se refere a primeira parte do n.º 1 do artigo 14.º, resulta também de uma caracterização normativa. As mais relevantes relações de domínio de facto são a posse do direito civil e a responsabilidade do detentor do poder de facto no direito de polícia. Assim, segundo Lepsius, a posse apresenta-se tanto como uma forma jurídica da caracterização normativa do domínio, quanto como uma forma de facto dessa mesma caracterização, "a primeira na sua posição jurídica obrigacional, a segunda na sua dimensão de direito de defesa fundado na facticidade"[79].

À configuração da garantia constitucional à luz do modelo do domínio estariam associadas diversas vantagens. Em primeiro lugar, o modelo do domínio permite manter separados dois planos que a compreensão tradicional do conceito constitucional de propriedade tende a confundir, isto é, o plano do domínio fáctico, ou da relação entre uma pessoa e uma coisa, e o plano do domínio normativamente caracterizado, ou da relação entre pessoas a respeito de uma coisa. A separação dos dois planos inerente ao modelo do domínio permitiria realçar o carácter de defesa da garantia constitucional da propriedade. O carácter de defesa em face de terceiros, ou, em termos jurídico-civis, a eficácia absoluta, não teria a sua base na relação interpessoal, mas na componente objectiva. Esta não seria, porém, um elemento da propriedade, mas do domínio. Pelo contrário, o conceito tradicional de propriedade, ao pretender considerar unitariamente as suas componentes objectiva e interpessoal, tende a transformar a garantia constitucional da propriedade numa protecção constitucional da liberdade contratual ou mesmo do direito privado. Assim, o modelo

---

[79] Cfr. Oliver Lepsius, *Besitz und Sachherrschaft im öffentlichen Recht*, pp. 86 e 101. Como exemplo de direito à posse, isto é, como exemplo de posse fundada numa relação jurídica obrigacional, menciona Lepsius o caso da posse do arrendatário, nos termos dos §§ 535 e 536 do BGB.

do domínio permite uma clara identificação do fundamento da garantia constitucional, isto é, a existência de uma relação de domínio, reservando o conceito de propriedade, incluindo a relação interpessoal, para o plano do direito ordinário. De modo diferente, uma característica marcante da dogmática tradicional consistiria na sua indefinição conceptual entre os planos conceptual e legislativo, de que constitui um exemplo o entendimento de que a garantia de instituto da garantia constitucional da propriedade visa a permanência do instituto jurídico-civil da propriedade. Em segundo lugar, o modelo do domínio fornece uma base clara para a extensão da protecção da garantia da propriedade a outras posições jurídicas. Tendo em vista essa extensão o que importa determinar é se essas posições podem, do ponto de vista do respectivo significado para a liberdade do indivíduo, ser equiparadas ao domínio. Por outras palavras, trata-se de saber se na sociedade industrial o lugar do domínio sobre as coisas corpóreas é tomado por outras posições, tão importantes como ele para o livre desenvolvimento do indivíduo[80].

2.3.2.2. Crítica. A compreensão da garantia constitucional da propriedade à luz do modelo do domínio não pode ser aceite.

a) O lugar dos direitos de crédito. A crítica evidente que suscita consiste, em primeiro lugar, na respectiva inadequação à extensão do conceito constitucional de propriedade, reconhecida pela generalidade das jurisprudências constitucionais europeias. O modelo do domínio conduz logicamente à exclusão do âmbito de protecção da garantia constitucional da propriedade de todas as posições jurídicas em que não esteja em causa a relação entre uma pessoa e um bem determinado, à semelhança do que sucede com a posição de Larenz, atrás mencionada. Oliver Lepsius não ignora a objecção. Seria a partir de uma analogia com a liberdade propiciada pela relação entre uma pessoa e um objecto, característica do domínio fáctico, que outras posições jurídicas poderiam ser incluídas no âmbito de protecção da garantia constitucional da propriedade. Assim, a extensão, de um modo especial, da garantia constitucional aos direitos de crédito deve

---

[80] Cfr. Oliver Lepsius, *Besitz und Sachherrschaft im öffentlichen Recht*, pp. 26-27 e 35.

ter por fundamento uma analogia com o carácter objectivo do domínio, e não a circunstância de estar aí em causa um direito de valor patrimonial. A diversidade da estrutura dos direitos obrigacionais em relação ao direito de propriedade teria como consequência que "é de duvidar se os direitos de crédito pertencem à esfera de protecção da garantia da propriedade"[81]. Atenta a importância relativa dos direitos de crédito e dos direitos de propriedade nas sociedades actuais a conclusão é simplesmente inaceitável. Não se trata apenas de uma tal conclusão dever ser acompanhada por uma indicação quanto à possibilidade de obter, por outra via, uma adequada tutela constitucional dos direitos de crédito; trata-se sobretudo de não se compreender o privilégio atribuído pela Constituição às posições jurídicas estruturadas sobre uma relação de domínio, que se tornaria injustificável.

b) O bem constitucional protegido. A equiparação do conceito constitucional da propriedade ao domínio fáctico suscita ainda, em segundo lugar, a crítica consistente em não ser correcta a identificação que através dela se procura fazer do bem jurídico, prévio ao direito, protegido por aquela garantia. À luz do modelo do domínio sobre as coisas seria possível identificar um objecto de protecção que não consiste numa simples criação da ordem jurídica. Assim, o domínio seria anterior ao direito, exactamente nos mesmos termos em que o são outras acções constitucionalmente protegidas, como a liberdade de expressão, a liberdade de reunião ou a liberdade de crença. Mas esta equiparação não se afigura correcta, ao colocar no mesmo plano acções e uma relação com um objecto em cujos termos se predica a pertença deste a um sujeito[82]. Com efeito, não é o domínio, sem mais, que pode ser equiparado às demais liberdades constitucionais, mas apenas a liberdade de apropriar-se ou a liberdade de usar, e,

---

[81] Cfr. Oliver Lepsius, *Besitz und Sachherrschaft im öffentlichen Recht*, p. 35.

[82] Cfr. supra, Parte II, cap. 1, ponto 1.5.1. Aliás, Lepsius não é absolutamente coerente a este propósito. Assim, afirma, por um lado, que "um efeito de exclusão absoluta em face de outras pessoas não pode ser parte de um domínio puramente fáctico" (cfr. *Besitz und Sachherrschaft im öffentlichen Recht*, p. 22). Por outro lado, sustenta, todavia, que "a especificidade da propriedade funda-se, portanto, não na sua natureza de relação entre duas pessoas, mas no seu efeito de exclusão em face de todos. Em compensação, este efeito depende exclusivamente da relação de domínio objectivo" (cfr. Lepsius, *ob. cit.*, p. 27).

em rigor, apenas a liberdade de usar pelo período estritamente necessário aos fins visados pelo uso. Ora estas relevam já de outros direitos fundamentais, como o direito geral de liberdade, na medida em que seja reconhecido pela ordem constitucional, a liberdade de escolha de profissão ou a liberdade de iniciativa privada. A categoria do domínio fáctico é redundante, do ponto de vista da identificação do bem constitucional por ela pretensamente protegido, na medida em que não inclua o direito de excluir terceiros mesmo para além dos momentos de apropriação física de um bem. Na medida em que o inclua, já não pode, todavia, ser situada num plano pré-jurídico.

c) **A articulação entre a relação fáctica e a relação interpessoal.** Em terceiro lugar, Lepsius apresenta como vantagem do modelo do domínio sobre a coisa a clara distinção entre dois planos que surgiriam confundidos na dogmática tradicional: o plano da relação entre uma pessoa e uma coisa, isto é, o plano do domínio fáctico, e o plano da relação interpessoal a propósito de uma coisa, em que se situaria, designadamente, a propriedade do direito civil. O conceito tradicional de propriedade, pelo contrário, teria uma posição dupla, ao caracterizar tanto a relação entre pessoas, como a relação entre a pessoa e a coisa. Num tipo de argumentação que não deixa de apresentar algumas afinidades com as teses de Savigny sobre a posse, Lepsius entende que a categoria do domínio fáctico não representa um conceito jurídico, mas antes uma categoria juridicamente relevante: "aquilo que é o domínio fáctico não é susceptível de ser juridicamente fundado. Não obstante, a ordem jurídica extrai consequências jurídicas do domínio fáctico. Ela vincula pessoas, por exemplo, a suportar o domínio sobre as coisas de outros e designa essa vinculação como propriedade". Nesta sequência, Lepsius parece atribuir ao conceito de domínio fáctico a tarefa de justificar filosoficamente o conceito jurídico de propriedade, renunciando, todavia, a essa tarefa: "questões filosóficas disputadas acerca da fundamentação da propriedade não precisam de ser aqui decididas. A elas deve de todo o modo ser atribuído um lugar no modelo do domínio. Para isso serve a categoria do domínio fáctico sobre as coisas"[83]. Ainda que não decida tais

---

[83] Cfr. Lepsius, *Besitz und Sachherrschaft im öffentlichen Recht*, p. 24.

questões, Lepsius não se coíbe de retirar consequências práticas da categoria do domínio fáctico. Com efeito, através dela é definido, como se disse, o bem protegido pela garantia constitucional da propriedade. O que importa agora discutir, todavia, é a questão de saber em que medida se deve adoptar como base da estrutura da garantia constitucional da propriedade a distinção entre um plano pré-jurídico da relação entre uma pessoa e uma coisa e o plano jurídico da relação interpessoal. Uma das principais influências teóricas subjacentes a esta distinção no modelo do domínio desenvolvido por Lepsius parece ser o trabalho de Damian Hecker[84], já várias vezes citado, sobre as origens filosóficas do conceito de domínio sobre as coisas. O ponto de partida da investigação de Hecker reside no carácter singular da propriedade, consistente em esta desempenhar um papel significativo não apenas nas relações interpessoais, o que representaria o respectivo "referente social", mas abranger também aquele que se poderia designar o "referente real" da propriedade, isto é, a relação entre o proprietário e o objecto da propriedade, o que em conjunto conduz à relação triangular pessoa-objecto-pessoa. A tese defendida por Hecker é a de que o direito de propriedade "é não mais, mas também não menos, do que a delimitação jurídica de esferas e competências do indivíduo em face dos outros a respeito de uma 'coisa' [*Sache*], por outras palavras um direito 'relacional' ou de 'ordenação'". Segundo o mesmo autor, a propriedade "como direito de domínio sobre as coisas não pode ser fundamentada numa perspectiva jurídica, mas apenas definida filosoficamente. A propriedade enquanto 'direito' não pode conter qualquer declaração positiva sobre um direito de domínio sobre a coisa sem recorrer a pressupostos filosóficos, especialmente ontológicos, sobre a relação entre homem e natureza. Com base nisso, deve delimitar-se aquilo que a propriedade pode ser juridicamente: um direito de ordenação ou exclusão, e apenas isso, sem tomada de posição sobre a relação com as 'coisas' [*Dingen*]"[85]. A respeito do carácter singular da propriedade, atrás mencionado, Hecker propõe uma divisão do trabalho entre filosofia e

---

[84] Cfr. Lepsius, *Besitz und Sachherrschaft im öffentlichen Recht*, pp. 19, nota 9, 20, nota 10, 22, nota 20, 23, nota 23, 24, notas 26 e 27, e 27, nota 30.

[85] Cfr. Damian Hecker, *Eigentum als Sachherrschaft*, pp. 260 e 264-265.

direito: à primeira cumpre justificar a relação entre sujeito e objecto; ao segundo compete conformar a relação jurídica interpessoal que tem por base a propriedade. Os fundamentos históricos desta proposta de divisão do trabalho são questionáveis, como se verá a seguir. Para já, importa salientar que, ao adoptá-la como base da estrutura dogmática da garantia constitucional da propriedade privada, Lepsius sustenta toda a sua construção sobre uma distinção que é em si mesma questionável. Com efeito, não se trata de pôr em causa a necessidade de articular, no entendimento da propriedade, os planos da relação entre a pessoa e o bem objecto da propriedade e da relação intersubjectiva, mas sim de questionar que a distinção entre esses dois planos se deva reconduzir a uma caracterização da primeira relação como relevando do puro facto, reservando para a segunda um específico carácter jurídico.

(i) A oposição entre Blackstone e Hohfeld. A fim de equacionar correctamente a articulação, a propósito da propriedade, dos planos da relação sujeito / objecto e da relação intersubjectiva, é conveniente ter presente a discussão dessa articulação no contexto anglo-saxónico, por um lado, e continental, por outro. No contexto anglo-saxónico é usual estabelecer-se o contraponto histórico entre a velha concepção da propriedade como domínio, presente na conhecida definição de Blackstone, já diversas vezes citada[86], e a definição da propriedade como "feixe de direitos", difundida a partir da análise de Hohfeld. Esse contraponto foi posteriormente reinterpretado como exprimindo a diferença entre uma concepção ingénua, ou comum, da propriedade, enquanto relação entre uma pessoa e uma coisa, e a sua concepção científica, enquanto relação entre pessoas acerca do uso de coisas[87].

---

[86] Cfr. Blackstone, *Commentaries on the Laws of England*, vol. 2, 1766, pp. 37-38: a propriedade é "aquele único e despótico domínio que um homem afirma e exerce sobre as coisas exteriores do mundo, com a total exclusão do direito de qualquer outro indivíduo no universo".

[87] Cfr. Bruce Ackerman, *Private Property and the Constitution*, pp. 26-27; Thomas C. Grey, "The Desintegration of Property", pp. 69-71; Stephen R. Munzer, *A Theory of Property*, pp. 15-17; Gregory Alexander, *Commodity and Propriety*, p. 321; e ainda, criticamente, J. Harris, *Property and Justice*, p. 119; Markus Stepanians, "Die angelsächsische Diskussion: Eigentum zwischen «Ding» und «Bündel»", pp. 232-233.

Segundo Hohfeld, todas as relações jurídicas complexas, incluindo a propriedade, reconduzem-se a quatro tipos de relações entre duas pessoas: o direito (*claim right*) de uma pessoa a que outra pratique uma determinada acção, a que corresponde o dever de praticá-la por parte desta última; o privilégio (*privilege*) de uma pessoa praticar uma acção em face de outra, a que corresponde, por parte dessa outra pessoa, a ausência de um direito a que o agente deixe de praticar a acção em causa; o poder (*power*) de uma pessoa alterar a situação jurídica de outra através de uma determinada acção, a que corresponde a sujeição dessa outra pessoa à prática da acção em causa; a imunidade (*immunity*) de uma pessoa à tentativa de uma outra alterar a sua situação jurídica através de uma acção, a que corresponde a ausência de um poder dessa outra pessoa tendo em vista a alteração em causa[88]. Uma vez que todas as posições jurídicas mencionadas são usualmente designadas por direitos em sentido amplo, embora apenas o sejam, em sentido estrito, para Hohfeld, as pretensões a que corresponde um dever. De qualquer forma, a concepção da propriedade como feixe de direitos tem em vista o conceito amplo mencionado. Hohfeld criticou expressamente algumas interpretações da tradicional distinção entre direitos *in rem* e direitos *in personam*, com base nas quais se estabelece a especificidade dos direitos de propriedade. De acordo com uma dessas interpretações, os direitos *in rem* seriam direitos sobre as coisas, enquanto os direitos *in personam* seriam direitos em face de pessoas. Mas esta seria uma interpretação errada: "uma pessoa pode manter relações físicas estreitas e benéficas com uma coisa física: ela pode controlar e usar fisicamente uma coisa, e pode fisicamente excluir outros de um semelhante controlo ou gozo. Mas obviamente, tais relações puramente físicas poderiam também existir à margem do direito de uma sociedade organizada, ou mesmo apesar dele: as relações físicas são inteiramente distintas das relações jurídicas. Estas tiram o seu significado do direito; uma vez que o propósito do direito consiste em regular a

---

[88] Cfr. Hohfeld, *Fundamental Legal Conceptions*, pp. 36 e ss. É necessário ter presente que no texto se contrapõem os designados "correlativos jurídicos" (*jural correlatives*), não os "opostos jurídicos" (*jural opposites*): cfr. Hohfeld, *ob. cit.*, pp. 36 e 65. Assim, ao direito corresponde um dever, mas ao direito opõe-se um não-direito, enquanto ao dever se opõe um privilégio.

conduta dos seres humanos, todas as relações jurídicas devem, para serem claras e directas no seu sentido, ser predicadas de tais seres humanos"[89]. Assim, todos os direitos *in rem* são direitos em face de pessoas. Uma segunda interpretação, igualmente errada, da distinção em análise consistiria em afirmar que o critério que a ela preside reside no número e indeterminação das pessoas visadas pelos direitos e deveres em causa. Assim, um direito *in rem* existiria indeterminadamente em face de todas as pessoas. Contra este modo de ver, afirma Hohfeld que "em vez de existir um único direito com um único dever correlativo impendendo sobre todas as pessoas contra as quais o direito se faz valer, existem muitos separados e distintos direitos, efectivos e potenciais, cada um dos quais tem um dever correlativo impendendo sobre uma pessoa"[90]. O entendimento correcto da distinção seria o de a reconduzir à distinção entre *paucital* e *multital rights*: "uma pretensão ou direito paucital (direito *in personam*) é ou um direito único de uma pessoa (ou grupo de pessoas) que se faz valer contra uma única pessoa (ou um único grupo de pessoas), ou então é um de poucos direitos, fundamentalmente semelhantes mas separados, que se fazem valer sobre algumas pessoas definidas. Uma pretensão ou direito multital (direito *in rem*) é sempre um entre uma grande classe de direitos fundamentalmente semelhantes, mas separados, de que é titular uma pessoa única (ou um único grupo de pessoas), mas que é feito valer respectivamente contra pessoas constituindo uma grande e indefinida classe"[91]. Segundo Hohfeld, nem sempre os *multital rights* são direitos respeitantes a coisas corpóreas. Eles abrangem ainda direitos respeitantes, nem a coisas corpóreas, nem a pessoas, como as patentes; direitos respeitantes à própria pessoa do titular, como o direito à integridade física; direitos respeitantes a outra pessoa, diversa do titular, como o direito de um dos cônjuges à integridade física do outro; direitos que não respeitam directamente a uma pessoa ou a uma coisa corpórea, como o direito à reserva de intimidade[92].

---

[89] Cfr. Hohfeld, *Fundamental Legal Conceptions*, p. 75. É de questionar se a passagem transcrita não exprime um *non sequitur*: de o direito regular as condutas dos seres humanos não se segue que todo o direito se exprima em relações estabelecidas entre seres humanos.
[90] Cfr. Hohfeld, *Fundamental Legal Conceptions*, pp. 92 e 95.
[91] Cfr. Hohfeld, *Fundamental Legal Conceptions*, p. 72.
[92] Cfr. Hohfeld, *Fundamental Legal Conceptions*, p. 85.

Com base na consideração dos diversos aspectos mencionados, seria possível ter uma "visão analítica adequada da propriedade" enquanto agregado complexo de direitos (ou pretensões), liberdades, poderes e imunidades. Assim, para que se possa falar de propriedade imobiliária deve existir, antes de mais, um direito multital a que outros, respectivamente, não entrem no imóvel, não lhe causem danos físicos, etc., sendo que sobre esses outros impendem os correlativos deveres. Em segundo lugar, o dono deve ter um número infinito de privilégios de entrar no imóvel, usá-lo, causar-lhe danos, etc.; quer dizer dentro dos limites fixados pela lei na base de políticas económicas e sociais, o dono tem as liberdades de actuar no e com o imóvel de acordo com a sua vontade, sendo correlativos a todas esses privilégios os respectivos não-direitos das outras pessoas. Em terceiro lugar, o dono tem o poder de alienar o seu "interesse jurídico" a outrem, isto é, de extinguir o seu agregado complexo de relações jurídicas e criar um agregado novo e similar em outra pessoa, bem como o poder de criar a favor de outra pessoa uma liberdade de entrar no seu imóvel, e assim indefinidamente. Posições correlativas a todos esses poderes são as sujeições de outras pessoas, submetidas *nolens volens* às modificações de relações jurídicas envolvidas no exercício dos poderes do dono. Em quarto lugar, o dono tem um número indefinido de imunidades, no sentido de não-sujeição a um poder de outra pessoa. Assim, o dono tem a imunidade consistente em nenhum terceiro poder alienar o seu imóvel ou extinguir as suas liberdades de o usar. Correlativas a essas imunidades são as respectivas ausências de poder das outras pessoas em geral[93]. Como resulta do exposto, a coisa, que se encontra no centro da definição de propriedade de Blackstone, ou na respectiva concepção vulgar, surge apenas em terceiro lugar na compreensão interpessoal da propriedade de Hohfeld, depois das pessoas e das acções[94].

A concepção interpessoal da propriedade tornou-se largamente dominante no contexto anglo-saxónico[95]. O apelo evidente de uma

---

[93] Cfr. Hohfeld, *Fundamental Legal Conceptions*, pp. 96-97.
[94] Cfr. Markus Stepanians, "Die angelsächsische Diskussion: Eigentum zwischen «Ding» und Bündel»", pp. 238-239.
[95] A hegemonia do modelo do *bundle of rights* nos direitos americano e inglês é posta em evidência por Markus Stepanians, "Die angelsächsische Diskussion: Eigentum zwischen «Ding» und Bündel»", pp. 239-240.

tal concepção reside na observação de Hohfeld de que os direitos (tal como as normas, poderia acrescentar-se) operam apenas entre pessoas[96]. Esta observação evidente, já formulada muito antes de Hohfeld por Kant[97], não impediu, no entanto, que à concepção defendida por aquele se tenham levantado críticas. Essas críticas têm o seu fundamento no seguinte: da observação evidente de que o direito opera apenas entre pessoas não se segue que todos os seus conceitos se manifestem em "relações jurídicas" entre pessoas. Assim, segundo J. E. Penner, desenvolvendo uma linha crítica semelhante à que Oliveira Ascensão articulou muito antes no contexto continental, se a descrição dos direitos *in rem* de Hohfeld for correcta, isso significa que a transmissão da propriedade implica a substituição de um dever por outro para todas as pessoas no mundo. Uma vez que os direitos têm deveres como correlativos, quando uma pessoa vende um prédio a outra, isso significa que todas as pessoas que previamente tinham um dever para com o vendedor passam a tê-lo para com o comprador, pois este passa a ter o feixe de direitos associados ao prédio. A concepção alternativa é a de que apenas os direitos e deveres dos intervenientes no negócio se alteraram. Todas as outras pessoas mantêm exactamente o mesmo dever geral de respeito, que consiste em não interferir no uso e controlo do direito de propriedade em causa. A única relação que estabelecem com o titular do direito de propriedade efectiva-se através do respectivo objecto. Os direitos reais exprimem práticas impessoais e gerais sobre as quais assenta o reconhecimento da propriedade e de que dependem as sociedades modernas. Devemos, pois, segundo Penner, reconhecer o erro de tratar a prática impessoal da propriedade como um conjunto de interacções pessoais com outros, presentes em todos os momentos das nossas vidas. A único caso em que seria admissível conceber uma relação real como uma relação *in personam* seria o de todas as coisas no universo terem apenas um dono. As considerações que precedem seriam também válidas para aqueles direitos *in rem* distintos do direito de propriedade, como o direito à vida e à integridade física. Se considerarmos estes direitos como *in rem*, ou direitos absolutos, deveríamos também con-

---

[96] Cfr. J. E. Penner, *The Idea of Property in Law*, p. 30.
[97] Cfr. supra, Parte II, cap. 2, ponto 2.2.3.

siderar o dever correlativo como um dever único que é aplicável a todos as outras pessoas, uma vez que o seu conteúdo é igual ao dever único de respeitar a propriedade. A formulação apropriada seria, também neste contexto, a de que existe um único dever *in rem* de respeitar as vidas dos outros, não uma série de deveres de respeitar as vidas de cada um em particular. Duas razões justificam esta formulação de Penner: em primeiro lugar, os deveres correlativos aos direitos da pessoa existem em virtude do conhecimento geral do que é uma pessoa e do que significa infligir-lhe sofrimento, sem que seja necessário o conhecimento de características particulares de qualquer indivíduo; em segundo lugar, os direitos da pessoa humana em causa têm como correlativos deveres negativos, não implicando deveres de agir cujo cumprimento exija uma relação pessoal com outros. Com estas observações, Penner pretende defender exactamente aquela que no contraste há pouco estabelecido se rotulou a "concepção vulgar" ou "comum" da propriedade, isto é, o seu entendimento como um direito sobre uma coisa[98].

A crítica de Penner acaba por extremar em demasia o contraste entre a concepção tradicional de Blackstone e a concepção de Hohfeld. Ora, a verdade é que para a definição do primeiro, orientada para a relação sujeito-objecto, era ainda essencial o poder de exclusão "de qualquer outro indivíduo no universo", orientado para a relação interpessoal; do mesmo modo, também para a definição de Hohfeld os elementos do feixe de direitos em que se analisa a propriedade têm sempre as coisas como ponto de referência[99]. Em relação ao contraste entre as concepções "vulgar" e "científica" da propriedade, não se trata tanto de optar por um dos dois, mas de reconhecer que é falso o contraste. Todas as regras e estruturas jurídicas contidas na instituição "propriedade" dão origem a relações entre pessoas e pressupõem relações entre pessoas e coisas[100]. Na verdade, o poder

---

[98] Cfr. J. E. Penner, *The Idea of Property in Law*, pp. 2 e 23-31; o segundo argumento aduzido por Penner não considera os deveres de auxílio (cfr. Miguel Galvão Teles, "Direitos Absolutos e Relativos", p. 654). Criticando também o modelo do feixe de direitos, cfr., ainda, Michael A. Heller, "The Boundaries of Private Property", pp. 1202 e ss.; idem, "The Dynamics Analytics of Property Law", pp. 92-94.

[99] Cfr. Markus Stepanians, "Die angelsächsische Diskussion: Eigentum zwischen «Ding» und Bündel»", p. 243.

[100] Cfr. J. W. Harris, *Property and Justice*, p. 119.

de excluir outros, isto é, a relação interpessoal, visa proteger a liberdade do proprietário no uso e aproveitamento da coisa, isto é, a relação sujeito-objecto[101].

(ii) A oposição entre domínio e relação interpessoal no direito continental. Também no direito continental se operou o contraste entre a compreensão da propriedade como um direito sobre uma coisa e como um direito assentando numa relação entre pessoas[102], aliás antes e independentemente dos estudos de Hohfeld. Em Portugal, Guilherme Moreira concebia a propriedade, no princípio do século passado, por influência da pandectística alemã, como um direito de domínio sobre uma coisa. Segundo este autor, "nos direitos reais há dois elementos essenciais: a pessoa e a coisa. A obrigação de respeitar esses direitos é de carácter negativo e geral, consistindo em não perturbar o seu exercício. É neste sentido que se diz que os direitos reais são absolutos, por não se referirem a uma pessoa determinada, mas a todas, em virtude da obrigação que têm de os não lesar, obrigação que resulta da própria natureza da relação entre a pessoa e a coisa, e que por isso não é necessário especificar"[103]. Desta posição divergia, na mesma época, José Caeiro da Matta, para quem "o vínculo entre a pessoa e a cousa é um facto económico e social, que só se torna jurídico pelos efeitos que o direito lhe garante: esses efeitos compendiam-se na possibilidade de relações para com todos. Nisto consiste a característica diferencial dos direitos reais e pessoais. Como estes, os direitos reais resolvem-se em uma relação entre sujeitos". A sua posição afastava-se expressamente da defendida

---

[101] Cfr. Menezes Cordeiro, *Direitos Reais*, p. 221. Tony Honoré, "Property and Onwership: Marginal Comments", p. 131, afirma que "a relação do titular do direito com outras pessoas, embora seja um elemento necessário numa relação de propriedade, é secundário no sentido de que pressupõe e serve para proteger a relação do dono com a coisa".

[102] António Gambaro e Barbara Pozzo, *Property – Propriété – Eigentum*, pp. 151 e 322 e ss., salientam a influência sobre Hohfeld das obras de Bierling, *Zur Kritik der juristischen Grundbegriffe*, de 1877, e Roguin, *Le Règle de Droit. Étude de Science Juridique Pure*, de 1889. O primeiro sustentou que a relação que vincula todos os membros de uma comunidade a um determinado sujeito, titular de um direito real, é decomponível numa série de relações parciais; o segundo, influenciado também por aquele, concebeu o direito real como envolvendo um "faisceau de devoirs passifs".

[103] Cfr. Guilherme Moreira, *Instituições do Direito Civil Português*, vol. I, pp. 123-124.

por Guilherme Moreira, com base na consideração de que "nenhuma relação jurídica pode derivar da simples relação do homem com as coisas, nem é possível abstrair do elemento pessoal, da coexistência do sujeito activo e de outra pessoa que seja obrigada a respeitar, como um poder legítimo, aquela relação". Caeiro da Matta admitia, contudo, que quando "o objecto do direito seja a própria coisa, entre esta e o sujeito do direito estabelece-se uma relação imediata, pela qual se deve caracterizar o direito real". Ao caracterizar a relação interpessoal presente no direito de propriedade, o autor menciona o entendimento de Roguin, de que os direitos reais são formados por um *"faisceau de devoirs passifs"*, mas acaba por reconduzir o elemento pessoal à "abstenção geral imposta a outrem"[104]. O contraste que se acaba de exprimir não é certamente exclusivo da ciência jurídica nacional. Mas como interpretá-lo?

(iii) Falso contraste entre propriedade como relação sujeito / objecto e relação entre sujeitos. Antes de mais, importa esclarecer que nenhuma das duas posições em confronto encara necessariamente a propriedade, ou, em geral, o conceito de direito real, como exprimindo apenas uma relação entre sujeito e objecto, ou apenas uma relação entre sujeitos. Assim interpretado, no entanto, o confronto entre as duas posições exprimiria, certamente, uma contraposição falsa, na medida em que seriam falsas as duas posições contrapostas.

---

[104] Cfr. José Caeiro da Matta, *O Direito de Propriedade e a Utilidade Pública*, pp. 33-36. Guilherme Moreira, *Instituições...*, cit., p. 124, nota 1, interpreta a divergência entre o seu entendimento e o de Caeiro da Matta como relevando de uma diferente concepção do direito subjectivo: quem considerar o direito subjectivo como uma faculdade de proceder reconhecida pela lei, identificando esse direito com a vontade lícita, chegará à conclusão de que existindo a vontade apenas nas pessoas, não pode estabelecer-se uma relação entre uma pessoa e uma coisa. Pelo contrário, considerando-se "o direito subjectivo como um interesse tutelado pela lei, vê-se que as coisas podem constituir objecto do direito, não sendo assim o direito real uma relação de conteúdo puramente negativo, que se deve definir ou caracterizar pela obrigação geral de abstenção de qualquer acto sobre a coisa por parte de todas as pessoas, exceptuando o titular do direito". Assim interpretado, pelo próprio Guilherme Moreira, o contraste entre a sua posição e a defendida por Caeiro da Matta, são certamente de rejeitar as posições defendidas por ambos os autores: cfr. Menezes Cordeiro, *Direitos Reais*, pp. 224 e ss. (sobre a concepção do direito real como poder directo e imediato sobre uma coisa) e pp. 231 e ss. (sobre a concepção do direito real como um poder absoluto, na base da técnica da relação jurídica).

Devem, na verdade, ser afastadas aquelas concepções que procedem à identificação da propriedade com um direito subjectivo ou relação jurídica no sentido de uma relação com a coisa[105]. A razão desse afastamento foi claramente formulada por Kant: "Quem quer que pense o seu direito como ligado não directamente a pessoas mas a coisas terá decerto que representar-se o seguinte (pese embora apenas de um modo obscuro): que dado que ao direito de uma parte corresponde o dever da outra, a coisa exterior, mesmo que tenha saído das mãos do primeiro possuidor, permanece sempre apesar de tudo a ele vinculada, quer dizer, nega-se a qualquer outro presumível possuidor, uma vez que está já àquele vinculada; e assim, o meu direito, à semelhança de um génio que acompanha a coisa e a preserva de qualquer ataque estranho, remeter-me-ia sempre todo o possuidor estranho. É, portanto, absurdo imaginar a vinculação de uma pessoa em relação a coisas e vice-versa, mesmo que, em bom rigor, seja permitido mediante uma tal imagem tornar sensível a relação jurídica e expressar-se assim"[106]. Kant não exprime apenas, no entanto, a necessidade de uma formulação correcta da linguagem jurídica; muito mais do isso, visa também, através das ideias da posse comum originária, da vontade reunida *a priori* de todos e da permissão normativa[107], construir o sujeito jurídico que é titular do direito de propriedade, não primariamente a partir da relação com a matéria, mas a partir de uma comunidade de pessoas livres. Do que se trata é, pois, de evitar conceptualizações susceptíveis de conduzir a posições extremas, como a formulada por Wieacker, para quem "a terra é perene em face do direito (...) Não é uma pessoa a ter a terra, como tem uma coisa móvel (...); é antes a terra que tem um proprietário"[108].

---

[105] Cfr. Larenz / Wolf, *Allgemeiner Teil*, § 13, n.º 11, p. 228.
[106] Cfr. Kant, *Rechtslehre*, § 11, pp. 369-371 (cfr. *Metafísica dos Costumes*, pp. 91-92).
[107] Cfr. supra, Parte II, cap. 2, ponto 2.2.2.
[108] Cfr. F. Wieacker, *Wandlungen der Eigentumsverfassung*, p. 46. Cfr., ainda, Günter Dürig, "Das Eigentum als Menschenrecht", pp. 346-348; Hans Heinrich Rupp, *Grundfragen der heutigen Verwaltungslehre*, pp. 167-168. Segundo Rupp, *ob. cit.*, p. 167, a posição expressa por Wieacker integra-se num modo de pensar o direito de acordo com o qual "não é a pessoa individual que se encontra no centro de todo o direito, mas é antes a própria coisa que faz o verdadeiro pólo e símbolo do direito de propriedade; ela não se deixa dominar pelo sujeito de direito, mas, inversamente, a coisa apenas aloja o respectivo proprietário no correr do tempo e substitui-o".

Devem, também, no entanto, ser igualmente afastadas aquelas posições, situadas no extremo oposto da que se acabou de considerar e que, portanto, atendem apenas ao aspecto da relação interpessoal, para as quais o direito de propriedade é concebido como um mero direito de exclusão. Assim, por exemplo, Josef Aicher define o direito de propriedade como sendo, "juridicamente, apenas um reflexo da exclusão dos outros"[109]. A questão que imediatamente se coloca é a de saber se não exerce o seu direito o proprietário que pratica actos de facto, como o uso, na sua coisa. De acordo com a teoria em apreço tais actos são apenas "não proibidos". Que o proprietário os "possa" praticar, é algo que não encerra em si qualquer sentido normativo, uma vez que as normas, nos termos da concepção em análise, apenas proíbem ou impõem, de forma imperativa[110]. Para além de assentar numa teoria das normas pelo menos questionável, ao excluir as permissões e as normas de competência, a visão do direito de propriedade como mero reflexo da exclusão dos não proprietários atribui uma primazia não justificada, em face do direito positivo, ao direito de excluir sobre os poderes de uso e disposição da coisa. Na verdade, poderá argumentar-se que é antes o poder de excluir que decorre da delimitação do conteúdo positivo da propriedade, o que se tornaria particularmente claro no caso dos direitos reais menores[111].

(iv) A propriedade como direito subjectivo e como relação jurídica. A contraposição de que se partiu pode, no entanto, ser interpretada de outro modo. Em vez da oposição entre concepções

---

[109] Cfr. J. Aicher, *Das Eigentum als subjektives Recht*, p. 14. Segundo o autor, *ob. cit.*, p. 67, os poderes de uso e disposição da coisa são normativamente irrelevantes, apenas adquirindo significado numa perspectiva teleológica. A ideia do direito de propriedade como um direito reflexo de uma pluralidade de deveres de um número indeterminado de indivíduos em face de um e o mesmo indivíduo com referência a uma e a mesma coisa é também defendida por Kelsen, *Teoria Pura do Direito*, 2.ª ed., I vol., p. 255.
[110] Cfr. Karl Larenz, "Zur struktur 'subjektiver rechte'", p. 137. Para uma crítica da teoria imperativa das normas subjacente à construção de Aicher, cfr. Larenz, *ob. cit.*, pp. 137-138.
[111] Cfr. Jochen Lehmann, *Sachherrschaft und Sozialbildung?*, pp. 55-56. cfr., ainda, a exposição do mesmo autor sobre a história das concepções do direito de propriedade como mero direito de exclusão, *ob. cit.*, pp. 51 e ss.

da propriedade como relação entre sujeito e objecto ou apenas como relação intersubjectiva, ela é ainda susceptível de ser interpretada como exprimindo a oposição entre a compreensão da propriedade como um direito subjectivo independente de uma relação jurídica ou integrado nela. Esta oposição deve, antes de mais, ser situada ao nível da própria compreensão civilista da propriedade. Não cabe, naturalmente, nos limites do presente trabalho tomar posição sobre ela; importa apenas apreender o seu sentido. Também aqui é possível encontrar diversos entendimentos. Assim, Oliveira Ascensão, ao definir o direito real como o direito absoluto inerente a uma coisa e funcionalmente dirigido a afectar vantagens intrínsecas destas ao seu titular[112], tem em vista um conceito de propriedade como direito subjectivo alheio a uma relação interpessoal. Enquanto direito absoluto, não corresponde directamente ao direito de propriedade nenhum dever. Criticando a tese da relação jurídica universal, Oliveira Ascensão alcança, por vias independentes, um resultado próximo do que vimos ser defendido por J. E. Penner na sua crítica da concepção do feixe de direitos. Para aquele autor, "não há nenhuma relação entre o titular dum direito geral e os terceiros, todos ou cada um, por força da qual o titular do direito possa exigir a abstenção destes. Há apenas um dever genérico de cada um respeitar a esfera jurídica alheia – simples emanação do *neminem laedere*"[113].

A tese da relação jurídica universal foi também objecto da crítica de Manuel Gomes da Silva, para quem "pretender que todo o homem está vinculado por um número infinito de relações, tantas quantas os membros da humanidade inteira, é levar a fantasia jurídica muito além do que a razão pode sofrer"[114]. Mas Gomes da Silva afasta também a ideia de um dever geral de respeito. A posição por si defendida parece ser a de que nos direitos absolutos o encontro entre o direito subjectivo e a relação jurídica é meramente ocasional e transitório[115]. Assim, em lugar do dever geral de respeito, alheio a qualquer relação jurídica, o princípio do *neminem laedere* imporia

---

[112] Cfr. Oliveira Ascensão, *Direito Civil – Reais*, p. 619.
[113] Cfr. Oliveira Ascensão, *As Relações Jurídicas Reais*, p. 81.
[114] Cfr. Manuel Gomes da Silva, *O Dever de Prestar e o Dever de Indemnizar*, pp. 30-31.
[115] Cfr. Manuel Gomes da Silva, *O Dever de Prestar e o Dever de Indemnizar*, pp. 30-31 e 55.

a cada homem o dever de não violar os direitos que ele realmente possa ofender[116]. Para aqueles que em concreto estejam em condições de perturbar o gozo do titular do direito absoluto resulta o dever de não o fazer, mas a relação jurídica que assim se estabelece não pertence necessariamente ao conteúdo do direito absoluto. Miguel Galvão Teles criticou a tese de Oliveira Ascensão com base nos seguintes argumentos: em primeiro lugar, não seria certo que em relação aos direitos absolutos funcionasse apenas um dever geral de abstenção, verificando-se o contrário no caso do dever de auxílio a pessoas em perigo; em segundo lugar, são diversos os deveres de terceiros em face de cada tipo de direito absoluto, como decorre do facto de, no que toca a alguns direitos, aqueles deveres poderem ser limitados ou suprimidos, mas não no que respeita a outros direitos, ditos indisponíveis e irrenunciáveis; em terceiro lugar, diversos direitos de personalidade são impensáveis sem os deveres de terceiros de os respeitarem, sendo certo que, na própria propriedade, a *exclusividade* que lhe é característica representa apenas a expressão dos deveres de terceiros de não utilizarem a coisa; finalmente, o dever genérico de respeito situa-se no mero plano da formulação normativa, sendo certo que essa formulação genérica se concretiza necessariamente em deveres particulares[117]. Nenhum dos argumentos aduzidos prova a tese da relação absoluta, ou da infinidade de relações jurídicas simples, mas o autor questiona à partida que a admissão de um direito absoluto conduza a resulta muito diversos daqueles que se pretendem criticar. Parece, para além disso, que a substituição da tese da existência de um único direito, com um único dever correlativo impendendo sobre todas as pessoas contra as quais o direito se faz valer, pela tese, advogada por Hohfeld, da existência de muitos separados e distintos direitos, efectivos e potenciais, cada um dos quais tem um dever correlativo impendendo sobre uma pessoa, não é necessariamente incompatível com a ideia de um convívio ocasional entre o direito absoluto e a relação jurídica, sugerida por Gomes da Silva. Construção próxima desta última é ainda a defendida por Larenz / Wolf, preconizando a distinção, no seio das relações jurídicas, entre "rela-

---

[116] Cfr. Manuel Gomes da Silva, *O Dever de Prestar e o Dever de Indemnizar*, p. 32.
[117] Cfr. Galvão Teles, "Direitos Absolutos e Relativos", pp. 654-656.

ções especiais" (*Sonderbeziehungen*) e relações "latentes" (*latenten Rechtsverhältnissen*). Assim, as relações especiais, como as obrigacionais, são aquelas em que apenas participam duas ou poucas pessoas individualmente determinadas; relações jurídicas latentes são aquelas em que se integram os direitos de personalidade e a propriedade, ou seja, os direitos absolutos. O núcleo de tais direitos consiste num espaço de liberdade que a ordem jurídica garante a uma determinada pessoa, ao excluir dele todas as outras. Todas as outras pessoas têm, pois, o dever de respeitar este direito e de não o violar. Segundo os autores, este dever é inicialmente apenas um dever de carácter geral, não conferindo ao titular do direito correlativo qualquer competência concreta contra uma pessoa determinada. Nessa medida, pode falar--se de uma relação jurídica latente. Apenas quando alguém viola o direito ou ameaça violá-lo, assistem ao respectivo titular determinadas pretensões[118]. Mas, se assim é, a natureza do convívio entre o direito e a relação jurídica depende da natureza do bem objecto de afectação jurídica pelo direito em causa[119]. É por no direito real se assistir à afectação jurídica de uma coisa corpórea que aquele convívio surge como meramente ocasional.

(v) **Conceito e conteúdo da propriedade.** Existe ainda uma outra forma de conceber a oposição entre propriedade como relação sujeito / objecto e propriedade como relação interpessoal. Está aqui em causa a distinção entre pensar o direito de propriedade, na sua máxima extensão, como conceito abstracto, ou atender ao respectivo conteúdo, com as limitações que em cada caso lhe sejam aplicáveis. Surge assim novamente a distinção entre conceito e conteúdo da propriedade, a que já se aludiu na Introdução e a propósito da caracterização da propriedade no direito romano[120]. Através da referência ao conteúdo da propriedade pretende-se, sem pôr em causa o respectivo

---

[118] Cfr. Larenz / Wolf, *Allgemeiner Teil*, § 13, n.ºs 8-10, p. 228.
[119] Cfr. Menezes Cordeiro, *Direitos Reais*, p. 342.
[120] Cfr. supra, Parte I, cap. 1, ponto 1.3. Para além da rejeição de qualquer contacto entre o direito real, como direito absoluto, e o conceito de relação jurídica, nos termos expostos, Oliveira Ascensão, *Direito Civil – Reais*, pp. 210-212, parece também rejeitar a distinção entre conceito e conteúdo da propriedade. Pelo contrário, esta mesma distinção parece estar presente na análise de Menezes Cordeiro, *Direitos Reais*, pp. 626-627 e 630.

conceito, adaptá-la às exigências do bem comum e à evolução das relações sociais[121]. Nos seus termos, o conceito descreve a propriedade de forma a resistir ao caso individual e às suas particularidades, mas ao mesmo tempo não fornece qualquer informação sobre o alcance dos poderes do proprietário num caso individual. Pelo contrário, o conteúdo da propriedade molda os poderes do proprietário, tal como descritos no § 903 do BGB ou no artigo 1305.º do Código Civil, designadamente os de uso, fruição e disposição da coisa, a que acresce o direito de exclusão, dentro dos limites da lei.

A caracterização da autonomia do conceito de propriedade como abstracção em face dos concretos poderes do proprietário remonta à pandectística alemã e mais precisamente ao conceito de propriedade formulado por Eduard Böcking, em obra publicada em 1855. Segundo este, "a natureza e a essência da propriedade reside na abstracção e na indeterminação capaz das mais diversas determinações do domínio privado do sujeito sobre uma coisa corpórea enquanto desnudo e total objecto da vontade daquele". É certo que o autor acrescenta: "o lado positivo do conceito é o domínio da totalidade da coisa através do proprietário, o qual, por essa razão, pode também exercê-lo concedendo direitos sobre a coisa a não proprietários; o lado negativo é que apenas ele, não outros, domina a coisa, tem o direito de excluir outros de um tal domínio, motivo pelo qual pode também exercer o seu direito de modo a não excluir outros, não proprietários"[122]. Aquilo que à primeira vista poderia parecer uma integração do conteúdo da propriedade no respectivo conceito não o é, de facto, uma vez que a preocupação não reside em descrever os poderes do proprietário, mas apenas a sua amplitude. A abstracção da propriedade funda-se na oposição, já várias vezes mencionada, entre as coisas carecidas de vontade e a capacidade das pessoas para a formação autónoma da vontade, acentuada pela filosofia idealista alemã[123]. Assim o conceito

---

[121] Cfr. Apostoulos Georgiades, "Eigentumsbegriff und Eigentumsverhältnis, p. 150; Sontis, "Strukturelle Betrachtungen zum Eigentumsbegriff", pp. 981 e 992-993; Damian Hecker, *Eigentum als Sachherrschaft*, pp. 245-246; Hermann Eichler, *Die Rechtsidee des Eigentums*, p. 16; Jochen Lehmann, *Sachherrschaft und sozialbildung?*, pp. 35-38.
[122] Cfr. E. Böcking, *Pandekten*, pp. 9-10.
[123] Cfr. Kant, *Rechtslehre*, § 17, pp. 381 (cfr. *Metafísica dos Costumes*, p. 107); Hegel, *Grundlinien der Philosophie des Rechts*, § 44, p. 106. De resto, esta fundação

da propriedade permanece intocado, apesar de todas as limitações decorrentes da lei ou dos direitos de terceiros, porque a perda dos poderes ou faculdades do proprietário daí resultantes actua apenas no plano do conteúdo da propriedade. O conceito abstracto de propriedade permanece inalterado sob as mais diversas e mutáveis condições sociais. É neste contexto, quer dizer, como conceito e não como conteúdo, que deve ser entendida a definição clássica de Windscheid da propriedade como sendo "enquanto tal ilimitada" e, na verdade, "a negação da limitação"[124].

Pois bem, tendo presente esta distinção entre conceito e conteúdo da propriedade, faz sentido defini-la como o direito mais amplo sobre uma coisa corpórea conhecido pela ordem jurídica. A esta definição está subjacente a ideia de que ao proprietário cabe a liberdade de decidir, no âmbito do mais amplo domínio sobre a coisa, quanto ao seu uso, ou não uso. Essa definição como o direito mais amplo manifesta-se, certamente, na circunstância de nenhum terceiro poder fixar ao proprietário um determinado uso da coisa. Mas não está aqui em causa nada de semelhante à tese que reduz a propriedade ao mero direito de excluir: é a partir da ideia do direito mais amplo que se retira a não interferência de terceiros na decisão relativa aos destinos da coisa e não, inversamente, a partir de um direito de excluir que se abre um espaço para os poderes e faculdades sobre a coisa. Por outro lado, a estreita conexão entre a ideia de direito mais amplo sobre a coisa e a exclusão de terceiros não significa também qualquer projecção do conceito de propriedade sobre o respectivo conteúdo, pois está aqui em causa apenas uma consequência lógica do conceito, sem atender à concreta conformação do conteúdo

---

filosófica encontra expressão exacta na definição da propriedade avançada por Böcking, *Pandekten*, p. 6: "Com a propriedade começa o direito privado: é a relação mais simples e imediata da pessoa dotada de vontade sobre as coisas corpóreas dela desprovidas, através da qual aquele, apenas enquanto sujeito, dotado de vontade, da coisa e esta, apenas enquanto objecto da vontade daquele, valem em face de todas e cada uma das pessoas". Cfr. ainda, Wolfgang Wiegand, "Zur theorethischen Begündung der Bodenmobilisierung in der Rechtswissenschaft: der Abstrakte Eigentumsbegriff, pp. 146-147; Jochen Lehmann, *Sachherrschaft und Sozialbildung?*, p. 36. Sobre a distinção entre função positiva e negativa da propriedade, cfr. ainda, Larenz / Wolf, *Allgemeiner Teil*, § 13, n.º 11, p. 229; Damian Hecker, *Eigentum als Sachherrschaft*, p. 247.

[124] Cfr. Windscheid, *Lehrbuch des Pandektenrechts*, I, § 167, p. 857 e nota 3.

de direito de propriedade pelo direito positivo. De acordo com este ponto de vista, a definição da propriedade como o direito mais amplo sobre uma coisa corpórea conhecido pela ordem jurídica leva a cabo duas importantes tarefas: por um lado, reserva ao proprietário uma esfera de liberdade protegida para o desenvolvimento da sua autonomia; por outro, fornece um critério estrutural de delimitação entre a propriedade e os direitos reais menores, que protegem apenas um domínio limitado[125].

Surge como igualmente possível, no entanto, localizar o conceito de propriedade não no plano do direito subjectivo, mas no do conteúdo da concreta situação jurídica, em que aquele direito surge afectado por limitações de diversa ordem. Nesta perspectiva não seria supérfluo ou errado definir a propriedade como um direito subjectivo, mas apenas incompleto. A grande vantagem deste modo de ver consistiria, pois, em evidenciar os deveres do proprietário, salientando assim a conexão entre os poderes do proprietário e os limites que a eles se levantam[126]. Todavia, isso não significa a necessidade de renunciar à distinção entre conceito e conteúdo da propriedade. O conceito de propriedade caracteriza o domínio abstracto do proprietário sobre a coisa e através dele está em causa a ordenação da coisa a um proprietário; pelo contrário, o conteúdo da propriedade resulta de uma concreta situação jurídica[127].

As considerações que precedem visam sobretudo criticar o entendimento, defendido por Lepsius, nos termos do qual a melhor leitura da garantia constitucional da propriedade é aquela que estabelece uma separação entre o "domínio fáctico", ou plano da relação entre a pessoa e a coisa, como expressão de liberdade, e o "domínio normativamente caracterizado", ou plano da relação intersubjectiva, que abrange o direito de excluir outros e onde se projecta a função social da propriedade. De acordo com este entendimento, Lepsius parece aproximar-se da tese defendida por Damian Hecker, segundo a qual o direito de o proprietário actuar em relação à coisa como entender, enquanto expressão da liberdade natural, não poderia ser retirado do direito, enquanto disciplina da vida em comum dos ho-

---

[125] Cfr. Jochen Lehmann, *Sachherrschaft und Sozialbildung?*, pp. 45 e ss., esp. p. 50.
[126] Cfr. Georgiades, "Eigentumsbegriff und Eigentumsverhältnis", pp. 163-166.
[127] Cfr. Georgiades, "Eigentumsbegriff und Eigentumsverhältnis", p. 162.

mens, porque excede o plano das relações sociais em que este se situa[128]. Com este modo de ver, Hecker pretendia criticar a ideia de que a propriedade exprime "a relatividade ou elasticidade da liberdade natural no seio da ordem jurídica"[129]. Pelo contrário, Hecker e, na sua esteira, Lepsius vêem a liberdade natural como pura manifestação da relação entre a pessoa e a coisa, prévia ao direito. Simplesmente, essa liberdade *é jurídica*, correspondendo a uma permissão normativa. A distinção cortante, pressuposta na construção de Lepsius e também na conceptualização do domínio levada a cabo por Damian Hecker, entre o plano da relação sujeito-objecto e plano da relação intersubjectiva esquece a importância que na justificação e conceptualização do direito de propriedade adquirem as permissões normativas[130]. Remeter para o plano do puro facto a liberdade da pessoa no confronto da coisa subjacente à propriedade, reservando para a sua dimensão especificamente jurídica apenas o direito de excluir terceiros do acesso à coisa, equivale a conceber juridicamente a substância da propriedade como mero reflexo da exclusão de terceiros, deixando de fora os poderes que se exercem sobre a propriedade. Mas equivale também a conceber a coisa como o receptáculo da liberdade da pessoa. Em última análise, uma tal concepção da propriedade estaria próxima daquela que foi defendida por Nicolai Hartmann. Para este autor, quando dizemos que uma coisa pertence a alguém, "não queremos com isso significar uma relação jurídica de posse. O direito aparece aqui só posteriormente e sanciona ou protege uma relação de origem natural, interior. Não se trata de saber se uma pessoa tem um direito de disposição sobre uma coisa, mas antes de saber se a coisa é efectivamente própria dele, se é efectivamente propriedade dela. A propriedade em sentido estrito não é aquilo que se pode adquirir ou alienar. A autêntica propriedade é inalienável, porque a coisa é apenas o que é para uma pessoa determinada"[131].

---

[128] Cfr. Damian Hecker, *Eigentum als Sachherrschaft*, pp. 20 e 247-248.

[129] Cfr. Sontis, "Strukturelle Betrachtungen zum Eigentumsbegriff", p. 990.

[130] A este propósito é especialmente esclarecedora a análise de Menezes Cordeiro, *Direitos Reais*, p. 219-223. De resto, a própria ideia de liberdade natural que Sontis identifica com o conceito de propriedade, surge por ele justamente associada à máxima de acordo com a qual aquilo que não é proibido é juridicamente permitido: cfr. Sontis, "Strukturelle Betrachtungen zum Eigentumsbegriff", p. 990.

[131] Cfr. Nicolai Hartmann, *Das Problem des geistigen Seins*, p. 122.

A concepção de Hartmann representa o caso extremo em que faz sentido pensar a propriedade de um homem isolado. Mesmo nas teorias de Locke e Hegel, em que faz sentido pensar a possilidade da propriedade no caso de existir uma única pessoa no mundo, o isolamento do proprietário é apenas uma condição inicial, necessariamente superada, e que visa apenas estabelecer o carácter individual e privado da propriedade[132].

A construção de Lepsius não distorce apenas o modo como na propriedade se combinam indissoluvelmente a delimitação das esferas patrimoniais das pessoas, do *meu* e do *teu*, com a atribuição de poderes sobre a coisa. Pretendendo ver no "domínio fáctico", no *meu*, a base da tutela constitucional da propriedade como direito fundamental, o autor parece desvalorizar a dimensão do *teu*, exprimindo a delimitação de esferas patrimoniais, e do *nós*, respeitante à relação com a comunidade. Todavia, nas palavras de Werner Böhmer, "*meu – teu* e *nós* são os três elementos que constituem o conceito de propriedade e exigem determinações sobre o conteúdo e limites da propriedade*"*[133]. Nenhum destes três elementos tem uma precedência absoluta na estruturação da propriedade enquanto objecto de tutela constitucional.

d) A perspectiva histórica da compreensão filosófica da propriedade. A quarta objecção à dicotomia com base na qual Lepsius estrutura a garantia constitucional da propriedade privada visa os fundamentos históricos em que se apoia essa dicotomia, desenvolvidos, como se disse, por Damian Hecker. Para este, a grande contraposição que há a fazer, numa perspectiva histórica, na filosofia da propriedade, estabelece-se entre a sua compreensão, por um lado, enquanto resultado de um direito natural de usar os recursos exteriores que cabe a todos os homens por igual e, por outro, enquanto resultado de um domínio da vontade livre do homem individualmente considerado sobre os recursos da natureza não livre. Já anteriormente se levantaram várias críticas a este entendimento: a fim de obter uma

---

[132] Cfr. supra, Parte II, cap. 1, pontos 1.4.3 e 1.5.3.2, e cap. 3, ponto 3.3.1.
[133] Cfr. Werner Böhmer, "Grundfragen der verfassungsrechtlichen Gewährleistung des Eigentums...", p. 2568; idem, "Eigentum aus verfassungsrechtlicher Sicht", p. 62.

identidade temporal entre a compreensão filosófica e jurídica da propriedade como domínio (a primeira situada no pensamento de Hegel, a segunda na pandectística), Hecker distorce o pensamento de autores situados antes dessa constelação filosófico-jurídica, como S. Tomás, Locke e Kant, procurando interpretá-los como se fizessem uma rigorosa dedução da propriedade privada a partir de um direito natural de usar em comum os recursos da terra, e ignora o pensamento de autores que anteciparam em aspectos importantes o pensamento moderno da propriedade, como Ockham. E, na verdade, este último, em sentido contrário ao da interpretação histórica desenvolvida por Hecker, distingue radicalmente entre o direito de propriedade e o direito natural de usar as coisas em comum. Por outro lado, é sem dúvida verdade que para Hegel a propriedade privada não é apenas uma instituição permitida e sob certas circunstâncias conveniente, mas também uma instituição eticamente exigida, uma vez que ela constitui pressuposto da existência pessoal dos indivíduos[134]. Simplesmente, em Locke e Kant encontra-se também este pensamento. Acresce ainda que o entendimento de Hecker relativo à evolução da compreensão filosófica da propriedade, ao procurar perspectivá-la à luz de determinadas concepções teológicas e científicas, ignora a continuidade da questão da propriedade como problema político e a importância que o pensamento de Aristóteles adquire, até aos dias de hoje, na discussão dessa mesma questão. Por último, a distinção à luz da qual Hecker estrutura a sua compreensão histórica da propriedade, identificando liberdade natural com o domínio de facto da pessoa sobre a coisa e restringindo a relação interpessoal ao problema da exclusão, marginaliza a importante conexão entre o tema das permissões normativas e o direito de propriedade, bem visível desde Francisco Suárez até Kant, passando por Achenwall.

e) A extensão do conceito de propriedade em sentido constitucional. A quinta e última objecção que suscita a construção dogmática de Lepsius prende-se com a já notada excessiva limitação do conceito de propriedade em sentido constitucional nela implicada. Importa aqui realçar um aspecto autónomo dessa limitação: trata-se

---

[134] Cfr. Larenz, "Die rechtsphilosophische Problematik des Eigentums", p. 34.

do seu afastamento em relação a um ponto central do pensamento constitucional ocidental, isto é, o conceito amplo de propriedade identificado com o *suum* e expresso por Locke na trilogia *"life, liberty and estate"*[135]. O *suum* da propriedade é hoje constituído por todos os direitos incluídos na esfera patrimonial dos indivíduos, mas mantém a analogia com os bens da vida e da liberdade que justifica a sua consideração como direito fundamental[136]. A crítica que se pode dirigir à construção dogmática de Lepsius é a de configurar o conceito constitucional de propriedade em termos que se acham demasiado presos a objectivos precisos. O que se pretende, através das categorias do domínio fáctico e do domínio normativamente caracterizado é interpretar a garantia constitucional da propriedade tendo em vista a análise dos conceitos de posse e domínio no direito público[137]. Não deve, todavia, ser esse objectivo preciso a ditar a configuração do conceito constitucional de propriedade. Só o pode fazer uma reflexão sobre as razões que poderão levar a incluir, ainda hoje, a propriedade na trilogia clássica da *"life, liberty and estate"*. Essas razões não passam decerto pela consideração do domínio como única ou privilegiada base da garantia constitucional.

---

[135] Cfr. supra, Parte II, cap. 1, pontos 1.3.1, 1.3.2 e 1.3.5; cfr., ainda, Peter Häberle, "Vielfalt des Property Rights und der verfassungsrechtliche Eigentumsbegriff", pp. 78 e 101.

[136] Cfr. Jan-Reinard Sieckmann, *Modelle des Eigentumsschutzes*, pp. 83 e 485. Ao contrário do que se viu ser sustentado por Lepsius, a analogia não se efectua a partir do domínio, mas da liberdade.

[137] Como, de resto, afirma Lepsius, *Besitz und Sachherrschaft im öffentlichen Recht*, p. 29: "com a categoria do domínio da coisa normativamente caracterizado devem, tanto a caracterização normativa resultante do artigo 14.º, n.º 2, da Lei Fundamental, como também a conformação legislativa de direitos de domínio sobre a coisa, ser levadas a cabo para além da propriedade do direito civil. Analisar a «Posse e domínio da coisa no direito público» pressupõe assim uma nova categoria que possibilita a distinção tipológica entre o estatuto jurídico-constitucional de tais relações de domínio sobre a coisa nas dimensões dos direitos e deveres a elas associados e o conceito de propriedade, ao mesmo tempo que os situa numa sistemática jurídico-constitucional comum. A categoria do domínio sobre a coisa normativamente caracterizado serve este propósito. Nela consiste o domínio central desta investigação". Não se põe, obviamente, em causa um tal propósito, mas apenas que em vista dele, com o seu âmbito necessariamente limitado, se haja de repensar toda a garantia constitucional da propriedade.

2.4 O conceito constitucional de propriedade. Na crítica das duas concepções acima expostas, isto é, a teoria da proibição jurídica e o modelo do domínio, começou por dizer-se que a principal oposição entre elas consistiria na identificação do bem jurídico-constitucional protegido. Assim, enquanto a primeira concepção encara a propriedade como uma criação da ordem jurídica, a segunda procura identificar no domínio fáctico o bem protegido pela garantia constitucional da propriedade. Mas esta divergência aparente esconde, na verdade, uma afinidade substancial, que consiste em fazer do uso dos bens objecto de propriedade o aspecto central da tutela constitucional desta última. Apenas as vias para se alcançar este resultado são diferentes: a teoria da proibição jurídica alcança aquele resultado subtraindo artificialmente o uso ao direito fundamental de propriedade e encarando-o como manifestação dos direitos de liberdade; o modelo do domínio persegue esse mesmo objectivo através da categoria do domínio fáctico. Estas diferentes perspectivas colocam assim no centro das respectivas construções dogmáticas o problema do uso. A sua preocupação consiste em identificar na garantia constitucional da propriedade um bem jurídico protegido que seja anterior ao direito e, nessa medida, subtraído à disponibilidade do legislador.

Julga-se ter ficado demonstrado o insucesso de ambas as tentativas de definir o objecto da tutela constitucional da propriedade. Persiste, todavia, o problema que tais teorias procuravam resolver: a definição de um conceito de propriedade nos termos da própria Constituição. Na verdade, admitir que a propriedade é um produto do direito parece equivaler a aceitar a impossibilidade de retirar da Constituição o próprio conceito de propriedade. Será assim?

A garantia da propriedade assume, em relação aos direitos, liberdade e garantias, três particularidades: em primeiro lugar, a propriedade é uma criação da ordem jurídica, não uma "dimensão" ou "parte" da pessoa humana; em segundo lugar, a garantia de direitos de propriedade implica também, sempre, a redução de direitos de outros; por último, esta redução, junta com a complexidade crescente das relações de propriedade nas modernas sociedades, exige a legitimação da definição e limites da propriedade privada através do legislador democraticamente eleito[138]. Aliás, poderá mesmo sustentar-se que a competência do legislador na conformação da garantia da propriedade decorre imediatamente da ordem democrática da Constituição, independentemente do conteúdo de uma norma constitucional cometendo-lhe a determinação do conteúdo e limites da propriedade[139]. Ela decorre ainda do princípio kantiano de que não é possível instituir uma ordem da propriedade sem envolver a possibilidade de consentimento de todos os membros da comunidade por ela afectados[140]. Os três aspectos mencionados, bem como a necessidade de mediação do legislador que deles directamente decorre, colocam uma evidente dificuldade à existência de um conceito independente de propriedade constitucional destinado a servir de parâmetro às normas do legislador determinando o seu conteúdo e limites[141].

A circunstância de ao legislador caber, inquestionavelmente, a determinação do conteúdo e limites da propriedade privada não constitui obstáculo à existência de características estruturais da propriedade em sentido constitucional às quais o mesmo legislador se acha vinculado na execução de tal tarefa. Pretender o contrário equivaleria a admitir, por exemplo, que a atribuição ao legislador do poder de rever a Constituição pudesse ser entendida à margem de quaisquer limites substanciais, independentemente da existência de

---

[138] Estes três aspectos foram já mencionados diversas vezes; cfr., no entanto, Markus Appel, *Entstehungsschwäche und Bestandsstärke des verfassungsrechtlichen Eigentums*, pp. 91-93, 273-274.

[139] Neste sentido, cfr. Werner Böhmer, "Grundfragen der verfassungsrechtlichen Gewährleistung des Eigentums in der Rechtsprechung des Bunderverfassungsgerichts", p. 2573. O mesmo autor, *ob. e loc. cit.*, nota 85, acrescenta ser elucidativo que nenhuma das constituições dos demais Estados membros da União Europeia contenha uma norma comparável à do artigo 14.º, n.º 1, 2.ª parte, da Lei Fundamental ("O seu conteúdo e limites [da propriedade] são determinados por lei"; o artigo 62.º da Constituição portuguesa confirma, naturalmente, esta observação), o que, acrescenta o autor, manifestamente se explica por se ter por evidente que cabe ao legislador estabelecer normas relativas ao direito de propriedade e às exigências que para este direito resultam da vida da comunidade.

[140] Cfr. supra, Parte II, cap. 2, ponto 2.2.

[141] Os autores falam mesmo de um "círculo vicioso" inerente à ideia de um conceito de propriedade constitucional ou de "resultados paradoxais" da sua consideração como direito directamente aplicável: no primeiro sentido, cfr. F. Baur, "Die «Nassauskiesung» oder wohin treibt der Eigentumsschutz?", p. 1735; no segundo, cfr. Maria Lúcia Amaral, *Responsabilidade do Estado e Dever de Indemnizar do Legislador*, p. 551.

uma cláusula de limites expressos[142]. Quais são, pois, as mencionadas características estruturais?

2.4.1 Elementos estruturais do conceito constitucional de propriedade.

2.4.1.1 Utilização privada e poder de disposição. Antes de mais, dir-se-ia, a existência de uma conexão entre propriedade e liberdade individual só justificaria a existência de direitos de propriedade necessários e adequados a um uso pessoal, como pretendem as designadas teorias dualistas, acima tratadas[143], não podendo dar conta da actual extensão da garantia constitucional da propriedade. Mas a objecção esquece que a justificação da propriedade a partir da sua conexão com a liberdade é indiferente à questão da quantidade da propriedade, bem como às consequências da sua existência e acumulação. Para aquela conexão, apenas importa que a propriedade é uma manifestação da liberdade, porque através dela é conferido ao indivíduo um conjunto indefinido de poderes e faculdades, incluindo poderes de transmissão, que aumentam as suas possibilidades de acção. Não é, pois, aceitável a instrumentalização da garantia da propriedade a uma garantia da base material da liberdade (a qual, de resto, teria hoje escasso significado prático, atendendo a que aquela base material é hoje muitas vezes assegurada por esquemas de segurança social), antes se devendo reconhecer a proximidade entre a garantia da propriedade e outros direitos fundamentais que tutelam a autonomia privada, no sentido de livre determinação da vontade individual, como a liberdade de escolha de profissão, a liberdade de associação e a liberdade de iniciativa privada e a inegável dimensão económica daquela garantia[144]. O merecimento de tutela jurídico-constitucional de direitos privados patrimoniais não se perde apenas porque esses direitos têm também um especial significado social e económico,

---

[142] Cfr. Miguel Nogueira de Brito, *A Constituição Constituinte*, pp. 387 e ss.
[143] Cfr. supra, cap. 1, ponto 1.5.2.
[144] Cfr. H.-J. Papier, "Staatliche Eigentumsgarantie und die Sozialbildung des Eigentums", pp. 93-94.

como sucede, por exemplo, com o arrendamento para habitação ou com as grandes empresas[145].

Além disso, como a exposição de Hegel claramente evidencia, a *proprietas rerum* como expressão de liberdade pessoal constitui apenas o ponto de partida no movimento de realização da liberdade. Ora, a expressão através da qual a jurisprudência constitucional alemã assinala ao direito de propriedade uma função de preservação da liberdade – o direito de propriedade assegura uma esfera de liberdade no domínio jurídico-patrimonial[146] – tem uma clara proximidade com a conhecida fórmula de Hegel: "A pessoa deve dar-se uma esfera exterior da sua liberdade, para poder ser como Ideia"[147]. Neste contexto, todas as situações jurídicas patrimoniais que aumentam as possibilidades de acção do respectivo titular são susceptíveis de inclusão na garantia da propriedade. Nas palavras de J. W. Harris, "o mesmo argumento de liberdade que justifica a incorporação numa instituição de propriedade de um poder de transmitir direitos de propriedade sobre coisas em troca de direitos de propriedade sobre outras coisas ou do seu equivalente monetário é também suficiente, *prima facie*, para sustentar a liberdade de contratar em relação a bens ou dinheiro no futuro. Assim, seguindo o mesmo princípio, a instituição da propriedade pode justificadamente incorporar o direito de exigir o cumprimento de um contrato, tal como a dívida devida por um banco, como sendo ele próprio um item susceptível de troca. Tais direitos realizáveis em dinheiro não conferem privilégios de uso nem poderes de controlo sobre coisas tangíveis na medida em que subsistam como meros direitos; mas têm o potencial de serem transmudados, no seio de uma instituição de propriedade, em privilégios e poderes de propriedade, ou em dinheiro que pode ele próprio ser assim transmudado"[148]. No mesmo sentido afirma Rudolf Wendt que toda a posição jurídica fundada no direito privado de uma pessoa em relação a um objecto patrimonial, ou qualquer liberdade no domínio do direito

---

[145] Cfr. R. Wendt, *Eigentum und Gesetzgebung*, p. 106.

[146] Cfr., por exemplo, *Entscheidungen des Bundesverfassungsgerichts*, vol. 24, p. 389.

[147] Cfr. Hegel, *Grundlininen der Philosophie des Rechts*, § 41, p. 102; neste sentido, cfr. J. Lege, *Zwangskontrakt und Güterdefinition*, p. 64.

[148] Cfr. J. W. Harris, *Property and Justice*, p. 245; cfr., ainda, supra, Parte II, cap. 3, pontos 3.2 e 3.3.3, (ii).

privado com expressão patrimonial, é susceptível de ser abrangida pela garantia constitucional da propriedade, não sendo admissível excluir *a limine* dessa garantia uma determinada categoria dessas posições jurídicas, ou liberdades[149].

É consequente com estas considerações a circunstância de o Tribunal Constitucional alemão entender, como se disse, que à garantia constitucional da propriedade cabe, no conjunto dos direitos fundamentais, a tarefa de assegurar ao respectivo titular um espaço de liberdade na esfera jurídico-patrimonial e, em conformidade, estender essa garantia a todos os direitos subjectivos de conteúdo patrimonial que são destinados pela ordem jurídica ao respectivo titular, numa base exclusiva, para o seu aproveitamento privado e disposição[150]. A selecção destas duas características estruturais – aproveitamento ou utilização privada e poder de disposição – como base da função de garantia da liberdade da propriedade revela sem dúvida que a propriedade do direito civil assume um papel paradigmático na identificação de posições jurídicas merecedoras de tutela constitucional[151]. Simplesmente, esse recurso à propriedade do direito civil não equivale a uma "petrificação" do direito de propriedade existente no momento da entrada em vigor da Constituição, mas apenas ao reconhecimento de que em tal direito se revelam claramente as características estruturais que integram o conceito de propriedade em sentido constitucional, num sentido coincidente com aquele que resulta da consideração da função da propriedade como espaço de liberdade na esfera jurídico-patrimonial[152].

2.4.1.2 O problema da extensão do conceito constitucional de propriedade aos direitos subjectivos públicos. Para além da utilização privada e do poder de disposição, é possível apontar na jurisprudência

---

[149] Cfr. R. Wendt, *Eigentum und Gestzgebung*, pp. 97-98.

[150] Cfr. Jochen Rozek, *Die Unterscheidung von Eigentumsbindung und Enteignung*, p. 42.

[151] Cfr. Menezes Cordeiro, *Tratado de Direito Civil Português, I – Parte Geral*, tomo I, p. 222.

[152] Cfr. Markus Appel, *Entstehungsschwäche und Bestandsstärke des verfassungsrechtlichen Eigentums*, pp. 47-49. A propriedade do direito civil funcionaria assim como um "arquétipo" das posições jurídicas abrangidas pela garantia constitucional da propriedade (cfr. R. Wendt, *Eigentum und Gesetzgebung*, p. 193).

constitucional outras determinações da função de garantia da liberdade capazes de justificar a tutela constitucional da propriedade. Uma delas consiste na ideia, já mencionada, da realização de uma prestação própria como base da inclusão na garantia constitucional da propriedade de certas posições de direito público, por exemplo no âmbito da segurança social. Discute-se também uma função de salvaguarda da existência de certas prestações de assistência social, igualmente susceptível de justificar a respectiva inclusão naquela garantia[153]. Mas afigura-se duvidoso, desde logo, o bem fundado da tentativa de estender a garantia constitucional da propriedade à tutela de prestações próprias do Estado social. Tal tentativa implica uma "privatização" do princípio da socialidade que é em si mesma questionável[154].

Ao mesmo tempo, dir-se-á, o propósito de assegurar ao indivíduo um espaço de liberdade na esfera jurídico-patrimonial e assim possibilitar-lhe uma realização responsável da sua vida, apontado como função da garantia constitucional da propriedade, não é compatível com a exclusão pura e simples dos direitos subjectivos públicos com expressão patrimonial do âmbito daquela garantia. Com efeito, se na configuração da extensão de tal garantia se deve adoptar uma perspectiva interpretativa funcional e teleológica – com base na qual se superou a respectiva identificação com a propriedade do direito civil – surge de imediato a questão: porque não hão-de ser as posições jurídicas, concretas e objectivas, do direito público, tão adequadas, desde que tenham um conteúdo patrimonial, como os direitos patrimoniais do direito privado, a proporcionar aos respectivos titulares um espaço de liberdade material?[155]

Na resposta a esta questão, deve ter-se presente a necessidade de delimitar a garantia constitucional da propriedade em face de domínios de protecção que relevam de normas constitucionais distintas daquela que tutela o direito de propriedade. E, na verdade, as posições jurídicas de direito público cuja inclusão no âmbito da tutela

---

[153] Cfr. M. Appel, *Entstehungsschwäche und Bestandsstärke des verfassungsrechtlichen Eigentums*, pp. 60-62; Oliver Lepsius, *Besitz und Sachherrschaft im öffentlichen Recht*, pp. 49 e ss.; Anne Lenze, *Staatsbürgerversicherung und Verfassung*, pp. 18 e ss., 31 e ss., 65 e ss.

[154] Quanto ao sentido desta crítica, cfr. supra, cap. 1, ponto 1.5.1.1.

[155] Cfr. R. Wendt, *Eigentum und Gesetzgebung*, p. 107.

constitucional da propriedade se discute estão intimamente relacionadas, por um lado, com a protecção de um direito geral de liberdade (quando este seja admitido), da iniciativa privada e da liberdade de escolha de profissão e, por outro lado, com os princípios da igualdade, da dignidade da pessoa humana e do Estado social. No primeiro caso, contam-se sobretudo aquelas posições jurídicas de direito público decorrentes de licenças para o exercício de determinadas actividade profissionais e industriais; no segundo caso, incluem-se as pensões de reforma e outras prestações da segurança social, bem como prestações próprias do Estado social, tais como as que dizem respeito ao rendimento mínimo de inserção social.

A discussão sobre a inclusão de posições jurídicas de direito público no âmbito da garantia constitucional da propriedade começou por ser feita em relação ao primeiro grupo de casos atrás mencionado. Neste contexto, e ainda sob a forte influência da propriedade do direito civil na configuração do conceito constitucional de propriedade, o Tribunal Constitucional alemão sustentou, como acima mencionado[156], que um estabelecimento empresarial não podia ser considerado propriedade no sentido do artigo 14.º da Lei Fundamental porque o acto administrativo de concessão de uma determinada circunscrição para o exercício da actividade em causa não pressupunha qualquer mobilização de capital ou trabalho por parte do beneficiário[157]. Posteriormente, o Tribunal, objectando embora que a extensão do domínio de protecção do artigo 14.º às posições jurídicas subjectivas de direito público teria o efeito de bloquear o legislador ordinário, colocado assim na posição de apenas poder melhorar para o futuro as posições em causa, sem as poder enfraquecer com exclusão de uma compensação, deixou, no entanto, em aberto a possibilidade de serem concebíveis direitos subjectivos públicos caracterizados por uma proximidade do direito privado capaz de justificar a sua inclusão no âmbito da garantia constitucional da propriedade[158]. No mesmo

---

[156] Cfr. supra, cap. 1, ponto 1.5.2.4.
[157] Cfr. decisão de 30 de Abril de 1953, in *Entscheidungen des Bundesverfassungsgerichts*, vol. 1, p. 278.
[158] Cfr. Anne Lenze, *Staatsbürgerversicherung und Verfassung*, p. 11; J. Meyer-Abich, *Der Schutzzweck der Eigentumsgarantie*, pp. 44-45; Dietrich Katzenstein, "Der gegenwärtige Stand der Rechtsprechung des Bundesverfassungsgerichts zum Eigentumsschutz sozialrechtlicher Positionen", p. 67.

contexto, também as primeiras vozes da doutrina a advogar a extensão do âmbito da garantia constitucional da propriedade aos direitos subjectivos públicos tinham sobretudo em vista as autorizações administrativas para o exercício de determinadas profissões. Essa extensão justificar-se-ia pela circunstância de estarem também aí em causa aspectos relativos a uma realização própria, ao reconhecimento de um poder de livre disposição em vista das reais possibilidades económicas ou ainda à segurança de condições materiais de existência[159]. No entanto, a própria justificação da extensão da garantia constitucional da propriedade, acompanhada por um progressivo afastamento da sua compreensão à luz dos quadros da propriedade do direito civil, levava também naturalmente a colocar o problema da inclusão nessa garantia das pensões de reforma, pelo menos na medida em que o direito a estas pensões fosse adquirido através das próprias contribuições dos beneficiários. A grande distinção que neste domínio haveria a fazer consistiria, com efeito, em saber se a posição jurídica decorre da assistência social do Estado ou assenta numa prestação própria do beneficiário[160].

A fundamentação teórica da inclusão dos direitos subjectivos públicos com expressão patrimonial na garantia constitucional da propriedade foi primeiramente desenvolvida por Günter Dürig, num estudo publicado em 1958[161]. Segundo Dürig, enquanto os partidários da extensão da garantia da propriedade a certos direitos subjectivos públicos argumentam simplesmente com a necessidade de tutela desses direitos, os que se opõem a essa mesma extensão fazem-no a partir da respectiva recusa de um Estado intervencionista. Pretendendo reagir simultaneamente a estas posições opostas, Dürig propõe-se funda-

---

[159] Cfr. Werner Weber, "Eigentum und Enteignung", p. 354; Ulrich Scheuner, "Grundlagen und Art der Enteignungentschädigung", pp. 96-98; Anne Lenze, *Staatsbürgerversicherung und Verfassung*, p. 14.

[160] Cfr. Anne Lenze, *Staatsbürgerversicherung und Verfassung*, p. 12; Dietrich Katzenstein, "Der gegenwärtige Stand der Rechtsprechung des Bundesverfassungsgerichts zum Eigentumsschutz sozialrechtlicher Positionen", pp. 68 e 69; idem, "Aspekte einer zukünftigen Rechtsprechung des Bundesverfassungsgerichts zum Eigentumsschutz sozialrechtlicher Positionen", p. 658; Wilhelm Wertenbruch, "Eigentum und Verfassungsrecht", p. 59.

[161] Cfr. J. Meyer-Abich, *Der Schutzzweck der Eigentumsgarantie*, pp. 50, nota 148, e 55; Anne Lenze, *Staatsbürgerversicherung und Verfassung*, pp. 15-16.

mentar a extensão da garantia da propriedade a posições jurídicas de direito público através de uma dedução estrita (e em certa medida escolástica, segundo o próprio autor) dos princípios normativos constitucionais[162]. A sua argumentação desdobra-se em três planos.

(i) Num primeiro plano, Dürig aponta o artigo 1.º, n.º 1, da Lei Fundamental alemã, enquanto fundamento da ordem jurídica, e sustenta que o conceito de dignidade humana tem também substância económica, abrangendo, nessa medida, a existência inviolável de bens materiais e condições de vida exteriores. O fundamento da protecção jurídico-constitucional de tais bens materiais e condições de vida consiste na pessoa e uma vez que nem esta, nem a sua dignidade, são divisíveis, deve também ser garantida a protecção de todas as categorias de bens exteriores, quer se trate de coisas ou pretensões, contra terceiros ou o Estado, sem que a este propósito seja relevante a distinção entre a proveniência jurídico-privada ou jurídico-pública dos bens patrimoniais. Seria apenas determinante, segundo Dürig, a existência de uma relação material suficientemente estreita entre os bens em causa e a pessoa[163]. Apenas na pessoa e na sua conduta se pode procurar a causa da protecção jurídicio-constitucional dos bens patrimoniais e apenas a partir do reconhecimento disto mesmo é possível encontrar soluções jurídico-constitucionais diferenciadas para os problemas colocados por aquela protecção. Ao mesmo tempo, no artigo 1.º, n.º 1, da Lei Fundamental não se contém um critério de decisão sobre os bens patrimoniais que o Estado deve proporcionar aos indivíduos, nem tão pouco sobre aqueles cuja existência autónoma o Estado deve garantir.

(ii) Nesta conformidade Dürig aponta, num segundo plano, dois princípios fundamentais susceptíveis de concretizar tal critério de decisão constitucional (e, ao mesmo tempo, o critério capaz de esclarecer o que seja uma relação material suficientemente estreita entre uma pessoa e um bem) a partir da dignidade da pessoa humana.

---

[162] Cfr. Günter Dürig, "Der Staat und die Vermögenswerten öffentlich-rechtlichen Berechtigungen seiner Bürger", p. 24.

[163] Cfr. Günter Dürig, "Der Staat und die Vermögenswerten öffentlich-rechtlichen Berechtigungen seiner Bürger", pp. 24-26.

Trata-se, por um lado, da liberdade de desenvolvimento da pessoa, garantida no artigo 2.º, n.º 1, da Lei Fundamental, que protege a actividade própria responsável e também o seu resultado; por outro lado, o princípio da igualdade consagrado no artigo 3.º, de que resulta a protecção constitucional de direitos patrimoniais destinados a compensar um especial sacrifício da pessoa. Com base nestas duas concretizações da incidência da dignidade da pessoa humana no plano dos bens exteriores, Dürig extrai ainda das diversas normas constitucionais consideradas a seguinte consequência negativa: os direitos de conteúdo patrimonial que não são adquiridos através de uma realização própria responsável ou em resultado de um especial sacrifício são direitos outorgados pelo Estado. A sua causa não consiste já numa realização do indivíduo, nem num sacrifício que lhe é especialmente imposto, mas na circunstância de os direitos em causa resultarem de uma concessão do Estado na sua tarefa de conformação social[164]. Aqui residiria a razão da exclusão das prestações próprias do Estado social do âmbito da garantia da propriedade[165].

(iii) Finalmente, num terceiro plano, Dürig procura averiguar qual o direito fundamental que, no contexto do sistema normativo constitucional, vincula o Estado a respeitar os bens exteriores adquiridos pelas pessoas através de uma realização própria responsável, ou como compensação por um sacrifício especial, e o mais amplo poder de disposição sobre tais bens. Para o autor, o direito fundamental relevante para o efeito é o direito constitucional de propriedade, caracterizado como a manifestação no plano jurídico-constitucional da liberdade objectivada nos bens exteriores com valor patrimonial[166]. A liberdade no domínio da vida que respeita aos bens exteriores é tipicamente protegida pelo direito fundamental de propriedade. Ao mesmo tempo, esse específico domínio da vida encontra-se nas sociedades modernas industrializadas ameaçado por específicas situa-

---

[164] Cfr. Günter Dürig, "Der Staat und die Vermögenswerten öffentlich-rechtlichen Berechtigungen seiner Bürger", pp. 27-30.
[165] Cfr. Günter Dürig, "Der Staat und die Vermögenswerten öffentlich-rechtlichen Berechtigungen seiner Bürger", p. 53.
[166] Cfr. Günter Dürig, "Der Staat und die Vermögenswerten öffentlich-rechtlichen Berechtigungen seiner Bürger", p. 31.

ções de perigo, decorrentes da circunstância de, nas suas condições, a objectivação da liberdade apenas em escassa medida se efectuar sob a forma da propriedade real. Daí a presença simultânea, e a inerente complexidade, de elementos jurídico-privados e jurídico--públicos na aquisição de património. Dois fenómenos típicos ilustrariam o que acaba de ser dito. Em primeiro lugar, o trabalhador estaria hoje, no que diz respeito à segurança da sua própria existência e da sua família, dependente de situações jurídicas de direito público e atribuiria assim, aos direitos adquiridos com base em tais situações, o mesmo significado que os seus antepassados viam na propriedade das coisas e em outros direitos reais. Característica deste grupo de casos seria a circunstância de o resultado patrimonial de uma realização do próprio indivíduo, através da sua inserção em esquemas contributivos de segurança social, consistir em situações jurídicas de direito público. A segunda manifestação típica a que se aludiu ocorre no domínio do direito económico e apresenta-se, em certa medida, nos termos inversos dos que acabam de ser descritos. As situações jurídicas de direito público são agora o pressuposto – e já não o resultado – da mobilização de capital ou trabalho dos indivíduos, como sucede nas licenças e autorizações administrativas para o exercício de determinadas profissões ou actividades industriais. Uma vez que tais situações jurídicas originadas no direito público se consolidem nas esferas jurídicas dos indivíduos deixaria de se poder destrinçar nestas os aspectos jurídico-públicos e os jurídico-privados. Daí a conclusão de Dürig: os direitos subjectivos, privados ou públicos com conteúdo patrimonial, partilham, uma vez adquiridos, o mesmo destino e devem ser subordinados ao conceito constitucional de propriedade. Para este conceito surge como indiferente a categoria ténico-jurídica no âmbito da qual são levadas a cabo a realização individual e o sacrifício especial com incidências jurídico-patrimoniais[167].

A construção de Günter Dürig, mesmo sem discutir, para já, a questão substancial da justificação da extensão da garantia da propriedade aos direitos subjectivos públicos com conteúdo patrimonial,

---

[167] Cfr. Günter Dürig, "Der Staat und die Vermögenswerten öffentlich-rechtlichen Berechtigungen seiner Bürger", pp. 36-37.

bem como a questão da conexão entre propriedade constitucional e compensação por sacrifício[168], apresenta fragilidades internas evidentes. Em poucas palavras, poder-se-ia dizer: essa construção ignora as dificuldades do pensamento de Locke sobre a propriedade e, por essa simples razão, está destinada a fracassar. Situando, todavia, a discussão na dimensão jurídico-constitucional, dir-se-á, por um lado, que ao pretender justificar a extensão da garantia constitucional da propriedade a situações jurídicas de direito público acaba por descurar a respectiva adequação ao domínio de protecção que parece ser o seu em primeira linha, isto é, o domínio do direito patrimonial privado. Por outro lado, o movimento de extensão que protagoniza acaba por deter-se algo injustificadamente, ao excluir do âmbito da garantia constitucional da propriedade as prestações do Estado no desempenho das suas tarefas de conformação social.

Começando pelo primeiro aspecto, parece evidente que a garantia da propriedade inclui no seu domínio genuíno de protecção, isto é, o domínio dos direitos sujectivos patrimoniais privados, uma posição jurídica não em função de esta se fundar num modo de aquisição que pressupõe uma actividade ou realização própria do seu titular. A protecção da propriedade intervém sem consideração do modo de aquisição, mas porque alguém tem, aqui e agora, um bem patrimonial constituído segundo o direito privado que potencia a sua liberdade. Com este ponto de partida, que se partilha inteiramente, Rudolf Wendt procura isolar um critério capaz de identificar as posições jurídicas de direito público susceptíveis de serem abrangidas pela garantia da propriedade em conformidade com "o postulado jurídico-constitucional de um mínimo de homogeneidade estrutural entre os direitos patrimoniais protegidos pela propriedade de proveniência jurídico-pública e jurídico-privada"[159]. O objectivo é o de justificar a

---

[168] Sobre a primeira dessas questões, cfr. infra, pontos 2.4.1.3 e 2.4.1.4; sobre a segunda, cfr. infra, ponto 2.7.

[169] Cfr. Rudolf Wendt, *Eigentum und Gesetzgebung*, pp. 120-121; a mesma rejeição da tese da justificação da propriedade constitucional com base na ideia de trabalho próprio é partilhada por Jann Meyer-Abich, *Der Schutzzweck der Eigentumsgarantie*, p. 44: "A concepção segundo a qual o Estado não pode atentar contra o trabalho próprio não é susceptível por conseguinte de ser uma justificação da garantia da propriedade no seu todo; é, portanto, inapropriada para uma definição teleológica do conceito jurídico-constitucional

extensão do conceito constitucional de propriedade a alguns direitos subjectivos públicos sem pôr em causa a capacidade explicativa do

de propriedade". O próprio Dürig antecipa de algum modo a objecção em causa no texto quando, admitindo a existência de direitos subjectivos privados patrimoniais em que faltam as características da realização ou prestação e do sacrifício especial, como sucede nos casos de ocupação de coisas sem dono e das aquisições por doação, sustenta todavia que estes casos não têm o efeito de relativizar as causas típicas da propriedade constitucional. Segundo o autor, a própria garantia do direito sucessório atesta suficientemente que não são afectados os fundamentos da garantia constitucional da propriedade ou alterado o respectivo conceito (cfr. Dürig, "Der Staat und die Vermögenswerten öffentlich-rechtlichen Berechtigungen seiner Bürger", pp. 31-32; no mesmo sentido, Wendt, *ob. cit.*, p. 119, reconhece ser possível argumentar que é precisamente a circunstância de a garantia da propriedade proteger apenas o adquirido através de uma realização própria que justifica a autonomização da garantia da transmissão sucessória no artigo 14.º da Lei Fundamental, sem deixar de acrescentar que esse argumento não é, no entanto, válido em relação a outros casos). Surge, no entanto, como evidente o completo desajustamento das considerações de Dürig à magnitude das objecções que se colocam à tese que pretende ver na realização ou trabalho próprio o fundamento de liberdade que justifica a protecção constitucional da propriedade. Tais objecções são, no contexto jurídico-constitucional, convenientemente enunciadas por Jann Meyer-Abich, *Der Schutzzweck der Eigentumsgarantie*, pp. 35-44, e foram já anteriormente esboçadas, em parte, aquando da crítica do pensamento de Locke (cfr. supra, Parte II, cap. 1., pontos 1.4.3, 1.5.1 e 1.5.2). Desde logo, ao contrário do que Dürig parece crer, não estão apenas em causa transmissões gratuitas de propriedade; mais importante do que isso, a tese do trabalho como justificação da propriedade constitucional é incapaz de dar conta de outros aspectos. Assim, i) quando estejam em causa os objectos da natureza como factores produtivos, a teoria em causa é incapaz de fundamentar – como já Kant deixou claro – qualquer aquisição originária, uma vez que a propriedade adquirida através do trabalho pressupõe já a propriedade das matérias primas a que o mesmo trabalho seja aplicado; esta mesma dificuldade vale para todos aqueles casos em que a natureza é usada gratuitamente. ii) Para além disso, a teoria em causa esquece que a contribuição do trabalho para a constituição da propriedade não ocorre num espaço vazio, mas no quadro de uma conexão de eficácia social; a presença destes factores sociais, sem contribuição de relevo do trabalho, ocorre de um modo especial na sequência do funcionamento de um mercado, com os ganhos especulativos imobiliários e financeiros, mas também no contexto do princípio da divisão do trabalho em que a posição jurídica do proprietário de uma empresa assenta menos no trabalho próprio do que no de terceiros. iii) Finalmente, não deve esquecer-se a importância do Estado como factor de produção, em todos aqueles casos em que a sua actividade dá origem ao enriquecimento privado, que não é adquirido através de um trabalho. Assim, acontece com o desempenho das funções clássicas do Estado, de cuja qualidade depende decididamente o rendimento que podem ter o trabalho individual ou social; assim acontece, também, com aqueles domínios económicos (fornecimento de água ou electricidade) que o Estado subtrai a uma pura lógica de funcionamento de mercado, proporcionando de facto uma garantia de existência.

conceito de propriedade constitucional em relação aos direitos patrimoniais privados. Segundo Wendt, o critério capaz de revelar a homogeneidade estrutural dos direitos patrimoniais de direito privado e de direito público abrangidos pela garantia constitucional da propriedade consiste na "pertença normativa qualificada". Enquanto para os direitos patrimoniais jurídico-privados esta pertença decorre, sem mais, da própria especificidade do direito privado, na medida em que este permite a aquisição de bens num domínio que é deixado à autodeterminação dos indivíduos, para o direito público torna-se necessário demonstrar aquela mesma pertença. O critério é preenchido, segundo o autor, quando o Estado, através da atribuição de um direito subjectivo público, o destina tão estreitamente ao indivíduo que lhe confere o domínio de disposição e uso próprios de um direito privado, subtraindo-o, do mesmo passo, ao domínio de disposição do Estado. Seria, assim, de aceitar a inclusão de uma posição de direito público na garantia da propriedade quando o Estado, com o objectivo de compensar uma prestação do indivíduo lhe atribui duradouramente um direito e o seu conteúdo patrimonial, como sucede com as pensões e o direito às pensões no âmbito da segurança social[170]. Deste modo, o critério da realização ou prestação própria, que havia sido expulso pela porta, acaba por ser admitido pela janela. Para Wendt, a aquisição jurídico-privada de património concebe-se fundamentalmente como aquisição onerosa, que opera através da permuta de prestações, podendo estas consistir na mobilização de trabalho, serviços, capital ou outros bens. A gratuidade pura jaz fora do comércio jurídico-privado e da vida económica não desempenhando, por isso, qualquer papel significativo na determinação da essência de um sistema jurídico-privado e de uma sociedade económica como as actuais. Seria o reconhecimento desta mesma "essência" que permitiria captar nas situações jurídico-públicas com expressão patrimonial os casos de "pertença normativa qualificada" susceptíveis de operar uma extensão do conceito constitucional de propriedade para lá do direito patrimonial privado. Nestes termos, Wendt reconhece que a concepção por si defendida conduz aos mesmos resultados da teoria da realização ou prestação próprias desenvolvida por Günter Dürig

---

[170] Cfr. Rudolf Wendt, *Eigentum und Gesetzgebung*, p. 131.

no que toca ao modo como esta delimita os direitos subjectivos públicos incluídos na tutela constitucional da propriedade em relação àqueles que são desta excluídos. A sua vantagem consistiria em fazer da característica da realização ou prestação próprias um simples indício da qualificação de um direito subjectivo público como propriedade em sentido constitucional. Com efeito, o aspecto central residiria antes, de acordo com Wendt, no fim de protecção da lei que concede o direito: tratar-se da contrapartida da imposição aos cidadãos de um dever de contribuição não fiscal, como sucede com as pensões de reforma, ou tratar-se de uma compensação pela imposição simultânea de um dever ou encargo patrimoniais de um novo tipo, como sucede com as restrições ou prejuízos causados pelo Estado a um património existente, integrado no designado "comércio instituído e em exercício"[171].

Mas consubstanciarão verdadeiramente estas posições jurídicas de direito público casos de "pertença normativa qualificada"? Ao assunto regressar-se-á adiante (nos pontos 2.4.1.3 e 2.4.1.4). Para já, importa apenas salientar que o principal propósito da tese que pretende estender o conceito constitucional de propriedade com base na ideia de "prestação própria" – isto é, proceder a uma inclusão selectiva das posições jurídicas de direito público no seio da tutela constitucional da propriedade – parece falhar também em relação aos direitos subjectivos públicos que admite justificarem essa extensão. Assim, no que respeita às pretensões relativas à segurança social a tese da "prestação própria" não permitiria enquadrar na propriedade em sentido constitucional, por exemplo, as contribuições do empregador, a consideração dos períodos de baixa, os abonos de família, os subsídios por doença e as pensões de sobrevivência[172]. Para além disso, a ideia de "prestação própria" como fundamento do carácter proprietário das pretensões relacionadas com a segurança social surge como totalmente desajustada do funcionamento do contrato generacional que lhe subjaz e especialmente da circunstância de as pensões de reforma por velhice dependerem não tanto de uma prestação própria,

---

[171] Cfr. Rudolf Wendt, *Eigentum und Gesetzgebung*, pp. 125-126.
[172] Cfr. Jann Meyer-Abich, *Der Schutzzweck der Eigentumsgarantie*, pp. 50-51; Anne Lenze, *Staatsbürgerversicherung und Verfassung*, pp. 49-50; Walter Leistung, "Eigentum als Existenzsicherung?...", p. 55.

mas essencialmente das condições demográficas e do destino da natalidade[173].

Por outro lado, se não parece adequada a exprimir o sentido da garantia da propriedade em relação aos direitos patrimoniais de direito privado, a construção de Dürig acaba por excluir determinadas posições jurídicas de direito público de forma algo arbitrária, como se disse, daquela garantia. A função de realização própria permite diferenciar o direito a uma pensão da segurança social, resultante de uma carreira contributiva do futuro pensionista, de uma prestação social de auxílio, para efeitos de incluir a aquela, mas não esta, no domínio da garantia constitucional da propriedade. A essa função é, no entanto, possível opor uma outra, que se prende com a segurança da existência da pessoa decorrente da atribuição de posições subjectivas de direito público. No âmbito da função de segurança da existência a mencionada diferenciação torna-se problemática.

Dir-se-á que o principal mérito da tese de Dürig consiste precisamente em superar o dogma do carácter puramente jurídico-privado da propriedade em sentido constitucional sem estender demasiado, para além do que seria comportável, o âmbito de aplicação da respectiva garantia. Como afirma Meyer-Abich, referindo-se à *New Property* de Charles Reich[174], a tese da realização ou prestação própria admite que o titular da "nova propriedade" seja proprietário em sentido constitucional, impedindo, ao mesmo tempo, que este "novo" proprietário surja, numa espécie de "hipertrofia do Estado Social", como o único proprietário legítimo do futuro. Nessa medida, o conceito de realização ou prestação própria, ou, pelo menos, de uma "prestação própria não insignificante", tornou-se a categoria central para o reconhecimento da garantia da propriedade quanto às posições jurídicas de direito público, ainda que alguns autores pre-

---

[173] Cfr. Anne Lenze, *Staatsbürgerversicherung und Verfassung*, p. 51. Isso apenas assim não sucederia se o sistema de segurança social assentasse num princípio de gestão financeira de pura capitalização, nos termos do qual os benefícios garantidos estão directamente relacionados com as contribuições feitas durante determinados períodos pelos interessados e os rendimentos das aplicações dos activos assim gerados (cfr. Ilídio das Neves, *Dicionário Técnico e Jurídico de Protecção Social*, p. 140). Mas não é essa a realidade da generalidade dos sistemas de segurança social.

[174] Sobre esta, cfr. supra, cap. 1, ponto 1.5.1.1.

tendam atribuir-lhe apenas a função auxiliar (mas nem por isso menos indispensável) de identificar, de entre essas posições jurídicas, aquelas que seriam "merecidas"[175]. Simplesmente, a teoria do trabalho como fundamento da propriedade surge, especialmente na sua variante jurídico-constitucional, como uma "redução e encurtamento inadmissíveis do conceito de liberdade individual, como uma amputação do conceito de liberdade jurídico-constitucional, tanto menos aceitável quanto mais o indivíduo se encontra exposto às pressões de sucesso e adaptação das sociedades industrializadas"[176].

A tese da realização ou prestação próprias enquanto fundamento da propriedade constitucional pretende apresentar-se, segundo se viu, como uma interpretação "pessoal" da garantia da propriedade. Mas se é uma interpretação "pessoal" dessa garantia que está em causa, surge como arbitrária a sua concretização através da categoria do "trabalho" em face da categoria do "mínimo de existência". Com efeito, se através da garantia da propriedade se pretende assegurar a base material do livre desenvolvimento individual não se vê como possam ser excluídos do âmbito de protecção daquela garantia posições jurídicas destinadas a assegurar, mesmo na ausência de qualquer actividade ou prestação do beneficiário, essas bases de existência material, quando estas estão muito vezes mais ameaçadas na sequência da eliminação de tais posições do que naqueles casos em que são afectadas pelo legislador posições jurídicas como as pensões de reforma ou direitos com elas relacionados[177]. É este, julga-se, o sentido da muito discutida declaração de voto da juíza do Tribunal Constitucional alemão Wiltraut Rupp-von Brünneck quando afirmou que "se a tutela da propriedade compreende uma parte da tutela da liberdade, ao assegurar ao cidadão as condições económicas para a organização da sua existência de modo responsável, então aquela tutela deve estender-se também às prestações de direito público, das quais o cidadão depende cada vez mais na sua existência económica"[178].

---

[175] Cfr. Fritz Ossenbühl, "Eigentumsschutz sozialrechtlicher Positionen...", pp. 631-632.

[176] Cfr. Jann Meyer-Abich, *Der Schutzzweck der Eigentumsgarantie*, p. 56.

[177] Cfr. Jann Meyer-Abich, *Der Schutzzweck der Eigentumsgarantie*, pp. 55-56; Wertenbruch, "Eigentum und Verfassungsrecht", pp. 61-62; H.-J. Papier, "Staatliche Eigentumsgarantie und die Sozialbildung des Eigentums", p. 99.

[178] Cfr. Wiltraut Rupp-von Brünneck, *Verfassung und Verantwortung*, p. 390.

Este entendimento é, aliás, adoptado na sequência da afirmação da necessidade de submeter a revisão a jurisprudência constitucional segundo a qual a "valorização de um direito subjectivo público como propriedade resulta da resposta à questão de saber se a posição jurídica garantida se mostra como equivalente de uma prestação própria ou se a prestação do indivíduo a justificar à luz da garantia da propriedade consiste ainda numa concessão unilateral da parte do Estado"[179]. Em causa estaria, pois, a necessidade de abandonar a diferenciação entre prestação própria e mera concessão do Estado, para passar a ver na função de segurança da existência individual dos direitos subjectivos públicos o fundamento da respectiva inclusão no âmbito de protecção da garantia constitucional da propriedade[180]. O receio de que uma interpretação tão ampla do conceito de propriedade constitucional possa bloquear o legislador ou impedir uma adaptação do direito, necessária na perspectiva do Estado Social, por causa dos riscos de uma indemnização, seria infundado. Com efeito, o artigo 14.º da Lei Fundamental deixa espaço suficiente para a consideração de exigências sociais. Com este fundamento, poder-se-iam desenvolver, segundo Rupp-von Brünneck, gradações no seio da garantia da propriedade visando estabelecer se uma pretensão depende total ou parcialmente de uma concessão do Estado, em que medida esta é exigida, ou simplesmente permitida, pelo princípio do Estado social e se respeita a um encargo duradouro ou a uma prestação única[181].

---

[179] Cfr. Wiltraut Rupp-von Brünneck, *Verfassung und Verantwortung*, p. 389.

[180] Neste sentido, cfr. Anne Lenze, *Staatsbürgerversicherung und Verfassung*, p. 43; Dietrich Katzenstein, "Der gegenwärtige Stand der Rechtsprechung des Bundesverfassungsgerichts zum Eigentumsschutz sozialrechtlicher Positionen", p. 69. Fritz Ossenbühl, "Der Eigentumsschutz sozialrechtlicher Positionen in der Rechtsprechung des Bundesverfassungsgerichts", pp. 633-634, sustenta que o critério da segurança da existência de uma posição jurídica de direito público é um critério meramente negativo, visando apenas a limitação da protecção em termos de garantia constitucional da propriedade de posições jurídicas de direito social. Esta protecção deve resultar do preenchimento dos critérios positivos consistentes na existência de uma "posição jurídica de conteúdo patrimonial destinada a um uso privado" e a presenção de "uma prestação própria não insignificante" (neste sentido, cfr., também, Walter Leisner, "Eigentum als Existenzsicherung?...", pp. 59-60). O autor procura ainda sustentar que a declaração de voto de Rupp-von Brünneck deve ser interpretada à luz desta distinção, o que parece ser questionável, como resulta do que se diz no texto.

[181] Cfr., em sentido crítico, Walter Leisner, "Eigentum als Existenzsicherung?...", pp. 56-57. Segundo este autor, o conceito de segurança da existência releva do domínio da

2.4.1.3 Continuação: entre a garantia da propriedade e os princípios constitucionais relativos ao Estado Social. Até agora procurou demonstrar-se que a tese do trabalho ou realização própria não é particularmente feliz a dar conta da extensão da garantia da propriedade. Mas importa ainda resolver a questão substancial de saber se, independentemente de tal tese, a que a jurisprudência constitucional alemã e boa parte da doutrina acabam por aderir tendo em vista controlar o alargamento da garantia da propriedade, se justifica incluir no âmbito de tal garantia as posições jurídicas subjectivas de direito público com conteúdo patrimonial relacionadas com a segurança social ou com a assistência do Estado no desempenho das suas tarefas constitucionais de conformação social. No fundo trata-se de decidir se a tutela constitucional de tais situações jurídicas deve procurar-se na garantia da propriedade ou, pelo contrário, nos princípios da igualdade, da dignidade da pessoa humana e do Estado social. A resposta à questão formulada aponta para a segunda alternativa, devendo a tutela constitucional das situações jurídicas em causa procurar-se nestes últimos princípios, sem esquecer que a Constituição portuguesa, para além de reconhecer esses mesmos princípios, nos artigos 2.º e 13.º, reconhece expressamente um direito à segurança social, no artigo 63.º. Para o efeito concorrem três ordens de argumentos: argumentos que visam criticar a conexão entre propriedade e liberdade à luz da qual faria sentido a inclusão das posições jurídicas em causa no âmbito da protecção constitucional da propriedade; argumentos que se prendem com a diversidade dos fundamentos normativos da propriedade, por um lado, e da protecção social, por outro; argumentos, por último, que respeitam à diferença da realidade social que subjaz à protecção da propriedade e à segurança social.

(i) Começando pelo primeiro aspecto, importa aqui retomar as teses de Dürig atrás discutidas. Não quanto à sua procura do fundamento da garantia da propriedade na ideia de realização ou prestação própria, aspecto já suficientemente criticado. Trata-se agora de avaliar a conexão estabelecida pelo autor entre liberdade e propriedade.

---

política social e não é adequado a servir de base à distinção entre distintos graus de intensidade da prestação jus-fundamental.

Segundo Dürig, recordêmo-lo, o direito fundamental complexo de liberdade, tal como se manifesta no direito geral liberdade, desdobra-se depois em diversos direitos de liberdade individuais. Entre estes, é protegido pelo direito fundamental de propriedade a liberdade no domínio da vida que respeita aos bens exteriores. A "propriedade é liberdade. É a manifestação jurídico-constitucional da liberdade que se 'objectivou' (em sentido literal) nos bens exteriores com valor patrimonial"[182]. Ora, este modo de estabelecer uma conexão directa entre propriedade e liberdade surge, pelo menos, como equívoco. Por um lado, entre o direito geral de liberdade, como expressão da liberdade do meu interior, e o direito de propriedade, como expressão da liberdade do meu exterior, para usar as expressões de Kant, existe uma diferença substancial. Trata-se da diferença que se estabelece entre o direito de usar os bens exteriores pelo tempo necessário à satisfação de uma necessidade e o direito do proprietário de usar um bem, com exclusão de todos os outros, em vista de um fim permitido por lei e por tempo indeterminado. Por outro lado, é condição de legitimidade da instituição da propriedade o nela confluírem a liberdade do proprietário e a do não proprietário. Nestes termos, a justificação da propriedade com base na liberdade individual tem apenas um valor *prima facie*. É precisamente este o sentido da construção de Hegel, ao situar essa justificação no momento do "direito abstracto" e ao admitir a possibilidade de ela ser superada por outras razões relevantes nos momentos da "moralidade" e da "vida ética"[183]. Por outras palavras, do que se trata é de superar a abstracção do conceito de propriedade através da consideração das relações reais da sociedade. Mas esta ideia não pode ser interpretada no sentido de atribuir ao direito de propriedade do "direito abstracto" um valor *prima facie* nos mesmos termos que algumas teorias dos direitos fundamentais atribuem aos direitos constitucionais em geral. Isso significaria uma "constitucionalização" do "direito abstracto", quando o que aqui está em causa é a ideia de que os momentos da "moralidade" e "vida

---

[182] Cfr. Günter Dürig, "Der Staat und die Vermögenswerten öffentlich-rechtlichen Berechtigungen seiner Bürger", p. 31.

[183] Cfr. J. W. Harris, *Property and Justice*, p. 247; Andreas Eckl, "Der Begriff des «Eigentums» in der Rechtsphilosophie Hegels", pp. 170-174; cfr., ainda, supra, Parte II, cap. 3, pontos 3.3.1 e 3.3.3 (i).

ética" são igualmente relevantes na conformação da ideia constitucional de propriedade. Neste âmbito há a considerar, por um lado, a conformação do regime do direito de propriedade privada pelo legislador, aí incluindo naturalmente a concretização do princípio social. Por outro lado – e este é, sem dúvida, um aspecto essencial – apenas se pode considerar justificada a instituição da propriedade privada numa sociedade em que sejam assumidos os encargos de satisfazer as necessidades básicas de todos os cidadãos[184].

A estreita ligação entre a justificação da propriedade privada e o reconhecimento do princípio do Estado social é uma característica presente na argumentação de todos os principais pensadores que viram na propriedade privada uma das instituições centrais de um Estado constitucional[185]. Na medida em que tais pensadores se podem reclamar do liberalismo clássico, são certamente de lamentar as auto-representações daqueles autores libertários, ou próximos, abrangendo sob aquela designação a ideia de uma estreita conexão entre o reconhecimento da propriedade privada e a recusa do Estado Social[186]. A ideia de uma conexão necessária entre a justificação da propriedade privada numa ordem constitucional e o princípio do Estado Social não é, no entanto, imediata. Ela não pressupõe, certamente, a inclusão no âmbito da garantia constitucional da propriedade de todas as prestações sociais no âmbito do Estado de bem-estar, como advoga a tese da "Nova Propriedade", atrás já submetida a crítica. Uma tal inclusão poria necessariamente em causa a caracterização do direito fundamental de propriedade privada como um direito de defesa em face de lesões do Estado, sem nada avançar quanto à estabilidade das posições

---

[184] Apenas neste contexto se pode considerar superada a objecção que vê na conexão entre propriedade e liberdade a expressão de uma perspectiva "androcêntrica". Anne Lenze critica a este propósito a tese de Dürig, uma vez que esta revelaria, no modo como articula propriedade e liberdade, traços de androcentrismo, isto é, uma determinada representação da pessoa (masculina) que coloca como absoluta a respectiva autonomia e vontade jurídica. A liberdade é protegida como expressão de um arbítrio individual e de um domínio sobre um mundo inanimado, surgindo o interesse da comunidade e dos restantes indivíduos pensados como simples limites exteriores (cfr. Anne Lenze, *Staatsbürgerversicherung und Verfassung*, pp. 21-22).

[185] Cfr. supra, Parte II, cap. 1, ponto 1.4.8; cap. 2, ponto 2.4; cap. 3, ponto 3.6.

[186] Cfr., por exemplo, Richard A. Epstein, *Skepticism and Freedom: A Modern Case for Classical Liberalism*, pp. 6-8.

jurídicas em causa. Por outras palavras, declarar que as prestações sociais são propriedade não equivale a transformá-las em tal[187]. Isso não significa, no entanto, negar a influência do reconhecimento do princípio do Estado Social na configuração da garantia constitucional da propriedade, na medida em que se exclui do seu âmbito de protecção o património em si mesmo considerado e se entende que a mesma não protege os particulares, em princípio, contra a imposição de deveres de prestação pecuniária. Com efeito, é sobre o cumprimento desses deveres que se estrutura a própria possibilidade de existência de políticas sociais[188]. Nesta medida, pode afirmar-se que a propriedade privada financia o princípio social e, por essa razão, não faz sentido submeter ao mesmo tipo de protecção constitucional as pretensões relativas àquela e a este.

(ii) As considerações que precedem introduzem já o segundo nível de argumentação. A relação entre propriedade e liberdade releva da ordem da aquisição individual e, por essa razão, a garantia da propriedade caracteriza-se essencialmente como um direito de defesa do indivíduo perante as agressões do Estado. Pelo contrário, a relação entre liberdade e as prestações da segurança social e do Estado de bem-estar relevam da ordem do uso, na medida em que se pretenda assegurar a cada um as bases materiais da respectiva existência, e por isso a respectiva tutela constitucional tende a ser configurada como um direito de participação num património comum a várias gerações[189]. Com o que acaba de dizer-se reconhece-se também ser

---

[187] Cfr. supra, ponto 1.5.1.1; cfr. ainda, Markus Appel, *Entstehungsschwäche und Bestandsstärke des verfassungsrechtlichen Eigentums*, pp. 51-52.

[188] Foi esta, no essencial, a posição defendida por Böckenförde na sua declaração de voto à decisão acima mencionada do Tribunal Constitucional alemão de 22 de Junho de 1995, relativa ao imposto sobre o património. Segundo Böckenförde, "a Lei Fundamental não estabelece como é que o legislador define a política social de que está encarregado e que política tributária ele adopta. ... Ao legislador é antes deixada uma larga margem de actuação no domínio do direito tributário. Apenas deste modo poderá também a longo prazo ser bem sucedido o equilíbrio dos diversos interesses na 'democracia social' enquanto pressuposto necessário das modernas sociedades, como pela primeira vez reconheceu Lorenz von Stein" (cfr. *Entscheidungen des Bundesverfassungsgerichts*, vol. 93, pp. 164-165).

[189] Cfr. Anne Lenze, *Staatsbürgerversicherung und Verfassung*, pp. 27-28.

inevitável a tentação de configurar as pretensões relativas à segurança social como relevando da garantia da propriedade. Simplesmente, essa tentação não pode ignorar a diversidade estrutural dos paradigmas de propriedade a que se reconduzem os direitos subjectivos patrimoniais de direito privado, por um lado, e os direitos subjectivos públicos relativos à protecção social, por outro: no primeiro caso avulta a categoria da apropriação individual, no segundo a da comunidade dos bens. Ora, no âmbito da reflexão filosófica moderna sobre a propriedade privada a categoria do uso surge marginalizada e, em qualquer caso, a configuração jurídico-constitucional da garantia da propriedade não foi historicamente pensada para a abranger[190]. Neste contexto o que importa salientar não é apenas a circunstância de a extensão da garantia da propriedade aos direitos subjectivos públicos em causa implicar o risco de a mesma garantia perder a estrutura de um direito de defesa e se tornar, pelo menos parcialmente, num direito de participação, em que se atenuam as características da vinculatividade e da aplicabilidade directa[191]. O risco que interessa sublinhar é, em certa medida, o inverso: aquela extensão tem como efeito reduzir o número de posições jurídicas de direito público no domínio da protecção social merecedoras de tutela em termos de direitos fundamentais, através do recurso à categoria dúbia da "prestação própria" e, ao mesmo tempo, conceber essa tutela em termos do paradigma da apropriação individual e já não à luz do modelo da comunidade dos bens. Por outras palavras, o risco que se corre é o de promover uma compreensão possessivo-individualista das pretensões sociais, minando assim a sua dimensão solidária[192]. Subsumir uma instituição do Estado social – as pensões e outras prestações do sistema de segurança social – à propriedade significa interpretá-la como um direito de liberdade do indivíduo isolado e não como um

---

[190] Sobre estas categorias como modelos de justificação filosófica da propriedade privada, cfr. supra, cap. 1, ponto 1.1.

[191] Cfr. H.-J. Papier, "Staatliche Eigentumsgarantie und die Sozialbildung des Eigentums", p. 99; Otto Depenheuer, "Entwicklungslinien des verfassungsrechtlichen Eigentumsschutzes in Deutschland 1949 – 2001", p. 176.

[192] Em sentido semelhante, cfr. Anne Lenze, *Staatsbürgerversicherung und Verfassung*, pp. 56 e ss.

direito de liberdade do indivíduo em associação com outros indivíduos[193]. O que está em causa, na segurança social e outros esquemas de protecção social, é, no entanto, antes de mais, uma protecção colectiva que se subtrai a concepções meramente jurídico-privadas, especialmente a um mero *do ut des* ou à ideia de uma simples segurança individual, e que, além disso, não obtém qualquer garantia satisfatória apenas no plano da sociedade civil[194]. O que acaba de ser dito encontra adequada expressão nos princípios do sistema de segurança social consagrados no artigo 63.º da Constituição e nos artigos 6.º e seguintes da Lei n.º 32/2002, de 20 de Dezembro, sobre as bases da segurança social, designadamente os princípios da universalidade, da solidariedade, da equidade social e do primado da responsabilidade pública[195].

Assim, segundo afirma Anne Lenze, o direito fundamental de propriedade, na medida em que protege o adquirido no passado contra a acção futura do legislador, surge como problemático na perspectiva do direito da segurança social, que exige estruturas jurídico-constitucionais flexíveis e não se adequa a qualquer petrificação "proprietária" de uma tradição. Neste contexto, o economista e teólogo Oswald von Nell-Breuning questiona-se como pode ser abrangida pela protecção constitucional da propriedade uma pretensão que não se destina a aumentar o património das gerações vindouras, mas antes se dirige contra ele[196]. As considerações que precedem não conduzem necessariamente a configurar a diversidade de fundamentos normativos da garantia da propriedade e a questão da tutela constitucional das pretensões de protecção social em termos de negar a estas últimas qualquer conexão com a ideia de propriedade. Simplesmente, como se viu já, essa conexão manifesta-se através do recurso a um modelo de propriedade completamente diverso daquele subjaz à garantia constitucional da propriedade. Trata-se do modelo que assenta no reconhecimento de um património comum dos bens e se

---

[193] Cfr. Anne Lenze, *Staatsbürgerversicherung*, p. 75.
[194] Cfr. Wilhelm Wertenbruch, "Eigentum und Verfassungsrecht", pp. 59-60.
[195] Cfr. Gomes Canotilho e Vital Moreira, *Constituição da República Portuguesa Anotada*, vol. I, pp. 814 e ss.; Rui Medeiros, *Constituição Portuguesa Anotada*, tomo I, pp. 633 e ss.; Ilídio das Neves, *Lei de Bases da Segurança Social Comentada e Anotada*, pp. 35 e ss.
[196] Cfr. Anne Lenze, *Staatsbürgerversicherung*, p. 28.

caracteriza pelo carácter prévio do direito de usar esses mesmos bens em relação aos concretos direitos de propriedade que sobre eles venham a ser constituídos, por um lado, e pela subordinação da ideia da expropriação à ideia do domínio eminente do soberano sobre todos os bens[197].

(iii) Finalmente, uma terceira ordem de objecções à extensão da garantia da propriedade às posições jurídicas de direito público prende-se, como se disse, com o desajustamento dessa extensão à própria realidade. Desde logo, em relação às pensões de reforma, o aspecto central da argumentação aqui tida em vista é assim formulado por Anne Lenze: "enquanto de facto o proprietário clássico podia ainda possuir e viver do seu património na velhice, aqueles que dependem do seu trabalho têm, com fundamento nas contribuições por si pagas, 'apenas' uma pretensão em face da geração ainda activa ao pagamento de uma pensão vitalícia"[198]. Com base neste facto, Anne Lenze aduz um conjunto de argumentos contra a extensão da garantia da propriedade às prestações sociais, tendo em vista sobretudo as pretensões relativas à segurança social, mas que se mostram também válidos, com as devidas adaptações, em relação a outras pretensões a prestações do Estado social.

Antes de mais, a extensão em causa é muitas vezes defendida com base na consideração histórica segundo a qual nas sociedades actuais a grande maioria dos cidadãos assegura a base económica da sua existência cada vez menos através da propriedade real e cada vez mais com base no rendimento do trabalho e nos esquemas de protecção social a ele associados. A verdade, porém, é que a função da propriedade, de assegurar a base material da existência, nunca existiu para a grande maioria da população. Pelo contrário, o número daqueles que são capazes de viver da sua propriedade é hoje presumivelmente muito superior àquele que terá sido em qualquer época histórica anterior[199]. Seja como for, nada parece ter mudado, no essencial, quanto ao facto de a grande maioria das pessoas retirar

---

[197] Cfr. supra, Parte II, cap. 1, ponto 1.3.4, (ii).
[198] Cfr. Anne Lenze, *Staatsbürgerversicherung und Verfassung*, p. 66.
[199] Cfr. Jann Meyer-Abich, *Der Schutzzweck der Eigentumsgarantie*, p. 72; Anne Lenze, *Staatsbürgerversicherung und Verfassung*, p. 67.

as bases da respectiva existência, não da propriedade, mas da sua força de trabalho. O argumento que vê na propriedade um sucedâneo da segurança social nas sociedades pré-industriais é infirmado pelo facto historicamente estabelecido da pobreza extrema como fenómeno de massa desde a Idade Média até ao final do século dezoito. Aquilo que importa realçar não é, pois, uma pretensa analogia histórica, quanto à função de protecção das bases materiais da existência, entre as prestações próprias do actual Estado social e a propriedade em sentido clássico, uma vez que o círculo de pessoas que hoje beneficia daquelas prestações muito dificilmente poderia encontrar segurança, através do direito de propriedade, nas sociedades pré-industriais. O que sobressai é antes a circunstância de os esquemas de protecção social serem algo historicamente novo: através deles a comunidade política decide assumir a responsabilidade por certos riscos da sociedade industrial, pondo-os a cargo do Estado e permitindo assim, pela primeira vez, que as pessoas se sustentem na velhice (e em outras situações de risco) independentemente da família. Uma vez que se reconheça a novidade histórica dos esquemas de protecção social, impõe-se também o reconhecimento de que o fundamento jurídico-constitucional adequado para a sua tutela não é a garantia constitucional da propriedade, mas sim a dignidade da pessoa humana e uma participação socialmente justa nos recursos da comunidade[200]. É esta, decididamente, a perspectiva em que se coloca a Constituição portuguesa ao consagrar um direito à segurança social no seu artigo 63.º. Colocado no âmbito dos direitos económicos, sociais e culturais não está todavia excluída a possibilidade de algumas das suas dimensões revestirem uma estrutura análoga aos direitos, liberdades e garantias[201].

Acresce ainda que, no quadro dos esquemas de protecção do Estado social, o Estado surge, em última análise, a um só tempo, como garante do cumprimento e destinatário das pretensões sociais, o que parece ser dificilmente conciliável com a estrutura do conceito constitucional de propriedade. Parece difícil, com efeito, encontrar naquelas pretensões as características essenciais do uso privado de

---

[200] Cfr. Anne Lenze, *Staatsbürgerversicherung und Verfassung*, p. 68.
[201] Cfr. Rui Medeiros, *Constituição Portuguesa Anotada*, tomo I, p. 634.

um bem e de um poder de disposição sobre o objecto da propriedade, a que atrás se aludiu. Por um lado, o direito a uma pensão não se encontra certamente no poder de disposição do respectivo titular; por outro lado, ainda que as pensões se destinem ao gozo dos seus beneficiários, isso acontece certamente com todas as pretensões com expressão patrimonial. Por último, pode afirmar-se que a oscilação da própria jurisprudência constitucional alemã, em fundamentar a extensão da garantia constitucional às pretensões relativas à segurança social com base no conceito de "realização própria" ou no de "garantia da existência", demonstra o reconhecimento de que a segurança social revela uma afinidade com as prestações sociais atribuídas pelo Estado no desempenho da sua função de promover a justiça social. Ora esta afinidade é posta em causa pelas tentativas de delimitar as prestações sociais que devem ser abrangidas pela garantia constitucional da propriedade, em face da manifesta impossibilidade de as incluir todas nesse domínio de protecção constitucional. Um resultado possível dessa quebra de afinidade, que não pode ser ignorado, consiste na garantia de permanência apenas para determinadas prestações sociais, em detrimento de outras, admitindo-se assim uma certa desigualdade social. Pelo contrário, a mesma afinidade é salvaguardada através da recondução de todas prestações sociais ao domínio de protecção constitucional definido pelos princípios da dignidade da pessoa humana, da igualdade e do Estado social, princípios esses que surgem concretizados no direito à segurança social do artigo 63.º da Constituição portuguesa. Essa recondução permite, ao mesmo tempo, obter um equilíbrio entre os princípios mencionados que é posto em causa pela inclusão de um número limitado de posições jurídicas de conteúdo social na garantia constitucional da propriedade. Por último, não existe, nem pode existir, qualquer equivalência individual entre contribuições para a segurança social e pensões no sentido de substanciar uma correspondência relevante entre as prestações do beneficiário e do Estado, uma vez que as pensões não são, em princípio, proporcionais às contribuições pagas ao longo da carreira contributiva, mas ao nível dos rendimentos do trabalho dos beneficiários[202]. O direito à pensão não visa tanto garantir ao

---

[202] Cfr. Fernando Ribeiro Mendes, *Conspiração Grisalha*, p. 244; Ilídio das Neves, *Lei de Bases da Segurança Social Comentada e Anotada*, pp. 59 e 77.

beneficiário o equivalente às suas contribuições, quanto a uma pensão correspondente ao seu padrão de vida[203].

2.4.1.4 Continuação: entre a garantia da propriedade e os princípios constitucionais relativos à liberdade de aquisição.

O que dizer, no entanto, daquelas posições jurídicas de direito público, como as licenças para o exercício de uma determinada profissão ou actividade profissional, que revelam uma estreita conexão com a protecção de um direito geral de liberdade, da iniciativa privada ou da liberdade de escolha de profissão? Justificar-se-á a respectiva inclusão no âmbito de protecção da garantia da propriedade ou, pelo contrário, deverá a sua tutela constitucional relevar daqueles outros princípios e direitos constitucionais? Para além disso, como deve delimitar-se o âmbito de aplicação da garantia da propriedade e de tais outros princípios e direitos constitucionais? A resposta a estas questões prende-se com o problema do estatuto constitucional da liberdade de aquisição de propriedade.

Com base no reconhecimento inequívoco do poder de disposição como característica estrutural da propriedade em sentido constitucional, seria também irrecusável a protecção da liberdade de aquisição através da garantia constitucional da propriedade. Segundo Michael Kloepfer, a liberdade de disposição e a liberdade de aquisição são direitos complementares que asseguram em termos unitários o fenómeno interpessoal da transmissão da propriedade, isto é, da aquisição derivada de propriedade, e não, podem, por essa razão, ser separados no plano jurídico-constitucional. Não seria, assim, correcto perspectivar a liberdade de aquisição à luz de um direito geral de liberdade, mas apenas à luz da tutela constitucional da propriedade[204]. Contra este modo de ver, Robert Alexy sustenta não ser convincente a dedução, a partir de uma indubitável protecção jurídico-constitucional subjectiva do poder de disposição, de uma correspondente protecção subjectiva do poder de aquisição. Seriam perfeitamente conciliáveis a protecção subjectiva da alienação e a protecção meramente objectiva, através

---

[203] Cfr. Anne Lenze, *Staatsbürgerversicherung und Verfassung*, pp. 70-73.
[204] Cfr. Michael Kloepfer, *Grundrechte als Entstehenssicherung und Bestandschutz*, p. 47; cfr., ainda, supra, cap. 1, ponto 1.5.1.2.3.

da garantia de instituto, da aquisição. Para Alexy, o argumento decisivo a favor da subjectivação da liberdade de aquisição reside no conceito de procedimento: "Na medida em que os direitos fundamentais tutelam institutos jurídicos de direito privado, tutelam também procedimentos relativos à conformação, em termos de autonomia privada, de relações jurídicas num plano de igualdade. Tanto a ideia de *fairness* do procedimento, como o da liberdade individual na esfera jurídico-patrimonial exigem que, não só as posições de direito privado já existentes, mas também a possibilidade jurídica de as obter, gozem de uma protecção completa em termos de direitos fundamentais. O artigo 14.º da Lei Fundamental é assim de interpretar no sentido de abranger um direito subjectivo à competência de adquirir propriedade"[205].

Pode entender-se que a argumentação de Alexy não responde à objecção fundamental que é suscitada pelo entendimento de Kloepfer e parece, além disso, não superar o *non sequitur* já presente em tal entendimento: da exigência de submeter à tutela dos direitos fundamentais a liberdade de aquisição não se segue que essa tutela deva ser necessariamente feita através da garantia constitucional da propriedade. Aquela objecção fundamental, por seu turno, consistiria no seguinte: a tutela da liberdade de disposição e transmissão da propriedade decorre da garantia constitucional da propriedade existente; por outras palavras, decorre da garantia individual de permanência da propriedade, tal como foi configurada pelo legislador. O mesmo não se pode, no entanto, afirmar em relação à liberdade de aquisição, no que toca ao adquirente. Consequentemente, dir-se-á, a liberdade de aquisição poderá ser objecto de uma tutela constitucional autónoma, mas não beneficia da garantia constitucional da propriedade[206]. Hans-Jürgen Papier ilustra o que acaba de ser dito através do seguinte exemplo: uma medida legislativa que limite fortemente, ou mesmo exclua, em certas condições, o poder de disposição do proprietário, sem afectar a própria existência da posição jurídica qualificada como propriedade em sentido constitucional, deve ser avaliada à luz da respectiva garantia, em termos de apurar se a medida em causa se

---

[205] Assim, cfr. R. Alexy, *Theorie der Grundrechte*, p. 443.
[206] Cfr. H.-J. Papier, "Art. 14 GG", n.º 224, p. 131.

pode ainda configurar como uma determinação do conteúdo e limites da propriedade constitucionalmente admissível; pelo contrário, uma medida que envolva semelhantes restrições para o adquirente tem de ser encarada, no limite, como uma privação total da sua liberdade de aquisição. Quanto à pessoa do potencial adquirente, não é simplesmente possível colocar a restrição em causa no plano da "determinação do conteúdo e limites" do direito de propriedade, pela simples razão de não ser desse modo afectada qualquer posição jurídica de que aquele seja titular; uma privação total da liberdade de aquisição deveria antes ser configurada, em tais casos, como uma expropriação. Todavia, nos casos de privação total do poder de aquisição não encontramos qualquer posição jurídica de conteúdo patrimonial efectivamente existente que seja passível de expropriação e, por essa razão, não existe também qualquer dever de indemnizar em virtude de uma expropriação[207]. Assim, conclui Papier, a liberdade de aquisição de terceiros, isto é, daqueles que não são ainda titulares de qualquer posição jurídica protegida em termos da garantia constitucional da propriedade, não é tutelada no direito alemão pelo artigo 14.º da Lei Fundamental alemã, mas sim pelo direito geral de liberdade previsto no artigo 2.º[208]. Igualmente com base na dependência em relação à lei da garantia individual da propriedade, Markus Appel sustentou que a liberdade de aquisição de propriedade, quando não existe afectação de qualquer posição jurídica constituída com base na lei, é tutelada pela garantia de instituto do artigo 14.º da Lei Fundamental, mas que o potencial novo proprietário, lesado por uma medida legislativa que restringe a liberdade de aquisição, pode invocar processualmente uma violação do artigo 2.º, n.º 1, da Lei Fundamental, que estabelece

---

[207] Cfr. H.-J. Papier, "Art. 14 GG", n.º 224, p. 131. Isto mesmo é reconhecido por Michael Kloepfer, *Grundrechte als Entstehenssicherung und Bestandschutz*, pp. 48-49. O autor começa por afirmar que se a liberdade de aquisição se subordina à garantia da propriedade, subordina-se também ao sistema de determinação de conteúdo e limites do artigo 14.º da Lei Fundamental, à semelhança do que sucede com a garantia de existência dos direitos de propriedade. Reconhece, no entanto, que ao dever de indmenização previsto no artigo 14.º, n.º 3, em caso de privação da propriedade existente, "não é atribuído qualquer papel central, uma vez que as meras hipóteses de aquisição em regra não representam qualquer valor patrimonial reconhecido pela ordem jurídica ou pelo menos qualquer posição mensurável, cuja privação possa provocar um dever de indemnizar".

[208] Cfr. H.-J. Papier, "Art. 14 GG", n.º 225, p. 132.

um direito geral de liberdade, com o fundamento de que a medida legislativa em causa viola a garantia de instituto do artigo 14.º, n.º 1, 1.ª parte, e não é, nessa medida, parte da "ordem constitucional" no sentido do citado artigo 2.º, n.º 1[209].

A argumentação exposta começa, desde logo, por ser questionável em face da Constituição portuguesa. Esta última garante, no artigo 62.º, n.º 1, "o direito à propriedade privada e à sua transmissão em vida ou por morte, nos termos da Constituição". Deixando de lado, por agora, a questão da transmissão por morte, parece ser o próprio texto constitucional a assumir explicitamente a ligação indissociável defendida por Michael Kloepfer e Robert Alexy entre poder de aquisição, enquanto "direito à propriedade", e o poder de disposição, enquanto direito à "sua transmissão em vida". É certo que um argumento literal, assim entendido, levaria longe de mais: com base nele tornar-se-ia incerto o estatuto do direito *de* propriedade, estabelecido pelo legislador "nos termos da Constituição". De qualquer modo, resulta do texto constitucional a indicação de que a garantia da propriedade abrange o poder fundamental de disposição, cuja conformação legislativa pressupõe a concreta existência de uma posição jurídica de conteúdo patrimonial, mas também a liberdade de aquisição[210], cuja restrição ocorre sem que seja posto em causa a

---

[209] Markus Appel, *Entstehungsschwäche und Bestandsstärke des verfassungsrechtlichen Eigentums*, pp. 218, 220-222, 266 e ss., e 280.

[210] Neste sentido, cfr. Sousa Franco e Oliveira Martins, *A Constituição Económica Portuguesa*, pp. 168 e ss., para os quais, no plano constitucional, o direito de propriedade é consagrado e disciplinado de duas formas: em primeiro lugar, "como direito fundamental de apropriação de bens de qualquer natureza (desde que apropriáveis...), tanto de produção como de consumo: é o direito fundamental (*lato sensu*) do artigo 62.º CRP, que traduz a base do regime geral de propriedade privada"; em segundo lugar, "como direito institucional de propriedade, pública, cooperativa e social, ou privada, sendo definida, então, como elemento integrante da organização económica, no artigo 82.º CRP" (cfr. *ob. cit.*, pp. 170-171). No primeiro caso teríamos a garantia individual da propriedade privada, abrangendo o "património ou o conjunto dos direitos patrimoniais", o "conjunto dos direitos reais" e o direito de propriedade como "direito real específico" (cfr. *ob. cit.*, p. 189-190); no segundo a garantia institucional, conceito aqui especificamente entendido no âmbito da delimitação constitucional de sectores da propriedade dos meios de produção (cfr. *ob. cit.*, pp. 170-171). No âmbito objectivo do direito de propriedade privada, os autores incluem, como momentos de uma consideração dinâmica do mesmo, o *"direito à propriedade"*, isto é, o direito de apropriação de todos os bens a tal aptos, natural ou culturalmente, pelas formas legítimas de

dimensão essencial da garantia da propriedade que acaba de ser mencionada, isto é, a sua dimensão de garantia de permanência de direitos de propriedade concretamente existentes.

A necessidade de conjugação destas duas dimensões da garantia constitucional da propriedade pode ainda ser confirmada através da comparação entre esta garantia e a da transmissão sucessória dos bens. A norma da Constituição que garante a propriedade, garante também a trasmissão *mortis causa* dos bens. Ora, não faz sentido deixar de abranger simultaneamente nesta última garantia a posição do transmitente e a do transmissário e daí que a mesma inclua, como posição jusfundamental subjectiva, tanto a liberdade do autor da herança de deixar os seus bens, como a liberdade de herdar dos seus herdeiros[211]. Assim, pode legitimamente perguntar-se porque não há-de o mesmo princípio ser válido para a garantia da propriedade.

Na exposição que antecede é necessário destrinçar dois aspectos, igualmente relevantes quando se fala de "liberdade de aquisição de propriedade", mas que surgem por vezes misturados. Por um lado, a "liberdade de aquisição" é, sem dúvida, afectada quando se proíbe a propriedade sobre determinados bens, como sucede com as farmácias, ou quando se restringe o acesso a uma determinada profissão. Por outro lado, é ainda possível falar de liberdade de aquisição – e é esse o sentido fundamentalmente tido em vista por Kloepfer e Alexy – quando esteja em causa a existência de certas instituições de direito privado, como a propriedade e o casamento, cuja existência habilita os indivíduos ao exercício da sua autonomia privada. Parece inquestionável com efeito, que o legislador violaria um direito constitucional dos indivíduos caso abolisse o direito patrimonial privado, o casamento ou mesmo as normas de direito civil relativas às associações.

---

apropriação (aquisição originária ou derivada)"; o "*direito de transmissão da propriedade por vida ou por morte*"; o "*direito de propriedade*, isto é, a titularidade e uso dos bens apropriáveis conforme a respectiva função" (cfr. *ob. cit.*, p. 168). Neste mesmo sentido, cfr., já anteriormente, L. Sousa Franco, *Noções de Direito da Economia*, vol. I, p. 208; cfr., ainda, Jorge Miranda, Manual de Direito Constitucional, tomo IV, pp. 526-527; Gomes Canotilho e Vital Moreira, Constituição da República Portuguesa Anotada, vol. I, p. 803; José de Melo Alexandrino, *A Estruturação do Sistema de Direitos, Liberdades e Garantias...*, vol. II, p. 672.

[211] Cfr. H.-J. Papier, "Art. 14 GG", n.º 227, p. 132; cfr., ainda, Kloepfer, *Grundrechte als Entstehenssicherung und Bestandschutz*, p. 45.

No primeiro caso, tem-se em vista a liberdade de aquisição de uma específica categoria de bens, ou a liberdade de aquisição que resultaria do exercício de uma determinada actividade; no segundo caso, está em causa a extensão do direito patrimonial privado a novos domínios ou ainda a eliminação da possibilidade de aquisição, para o futuro, de certos tipos de direitos. Papier parece ter em vista os dois tipos de casos na delimitação que propõe entre o âmbito de aplicação do direito geral de liberdade e a garantia da propriedade: para ambos os tipos de casos estaria em causa aquele direito, mas já não esta garantia. Markus Appel, pelo contrário, tem apenas em mente o segundo tipo de casos, que entende serem abrangidos pela garantia de instituto da tutela constitucional da propriedade[212]. Estão aqui em causa, por um lado, a introdução de novos direitos, por exemplo, certo tipo de direitos de autor, que o legislador se encontra obrigado a regular em termos de tornar juridicamente possível a respectiva aquisição por forma a que a tais direitos se torne extensível a garantia individual de existência da propriedade em sentido constitucional; por outro lado, está igualmente em causa a eliminação para o futuro da constituição de direitos patrimoniais privados cuja aquisição fosse possível de acordo com o direito anteriormente vigente, sendo as posições jurídicas decorrentes dessa aquisição tuteladas pela garantia individual da propriedade.

Pois bem, deve entender-se que o primeiro grupo de casos, atrás mencionado, não releva, com efeito, da garantia constitucional da propriedade, ao contrário do que sucede com o segundo grupo de casos. Nesta conformidade, a proibição da aquisição de certas categorias de bens [fora dos casos previstos no artigo 165.º, n.º 1, alínea j), da Constituição] ou a afectação da liberdade de aquisição decorrente da restrição do exercício de certa actividade ou profissão não afectam a garantia constitucional da propriedade, mas antes se prendem com o domínio de aplicação da liberdade de escolha de profissão e da garantia da iniciativa privada, previstas nos artigos 47.º e 61.º. Para além disso, poderia ainda ser relevante o direito geral de liberdade, resultante, a admitir-se, da conjugação dos artigos 26.º, n.º 1, e

---

[212] Cfr. Markus Appel, *Entstehungsschwäche und Bestandsstärke des verfassungsrechtlichen Eigentums*, p. 216 e ss.

27.º, n.º 1, da Constituição[213]. Com a liberdade de aquisição pode, no entanto, ter-se em vista a introdução de novas categorias de direitos patrimoniais privados, que seriam de qualificar como propriedade em sentido constitucional mas cuja disciplina legal torne impossível a extensão, em relação às posições jurídicas dela resultantes, da garantia individual de existência do artigo 62.º, n.º 1, da Constituição, ou ainda a eliminação, para o futuro, de categorias de direitos ao abrigo dos quais tivessem sido constituídas, no passado, situações jurídicas merecedoras de tutela no plano da garantia constitucional da propriedade. Este segundo grupo de casos encontra-se claramente no domínio de aplicação do artigo 62.º da Constituição. Não está aqui em causa a garantia individual de permanência de concretos direitos de propriedade, porque simplesmente não são afectadas posições jurídicas constituídas com base na lei. Ao mesmo tempo, não parece também fazer muito sentido considerar aqui aplicável, como faz Markus Appel, a garantia de instituto e pretender, ao mesmo tempo, que a tutela subjectiva destes casos se faz valer, no plano processual, pela invocação do direito geral de liberdade. Na verdade, se se invoca a garantia de instituto não pode desconhecer-se a subjectivação da mesma, segundo a construção de Alexy. O que verdadeiramente está em causa é, pois, um direito constitucional individual a uma acção positiva do Estado, no sentido de criar e manter em vigor normas de direito patrimonial privado nos termos das quais possam ser constituídas concretas posições jurídicas susceptíveis, por seu turno, de serem abrangidas pela garantia individual da propriedade.

---

[213] Segundo um entendimento possível, a partir do direito ao desenvolvimento da personalidade, previsto no artigo 26.º, n.º 1, e do direito à liberdade, tutelado na norma do artigo 27.º, n.º 1, "conclui-se pelo reconhecimento, também na nossa lei fundamental, de uma liberdade geral de acção, integrante, no respectivo domínio de protecção, da actividade humana em geral" (cfr. Paulo Mota Pinto, "O Direito ao Livre Desenvolvimento da Personalidade", p. 199). Em sentido contrário, cfr. Gomes Canotilho e Vital Moreira, *Constituição da República Portuguesa Anotada*, vol. I, pp. 463 e 478; José de Melo Alexandrino, *A Estruturação do Sistema de Direitos, Liberdade e Garantias...*, vol. II, pp. 492 e ss., entendem não estar consagrado um direito geral de liberdade no ordenamento jurídico-constitucional português. Esta é uma questão que não precisa de ser aqui decidida. Dir-se-á, apenas, que no plano da justificação filosófica a propriedade constitui a manifestação da liberdade na esfera jurídico-patrimonial. Neste sentido, a propriedade pressupõe a liberdade e não deixa de ser sintomático que as teorias dos direitos centradas na categoria da igualdade, em vez da liberdade, não tenham lugar para um direito de propriedade (cfr. Ronald Dworkin, *Taking Rights Seriously*, pp. 272 e 277-278).

O que se acaba de dizer não significa que não se reconheça a existência de uma estreita conexão entre liberdade e poder, no sentido em que a liberdade de acção do indivíduo é aumentada pela concessão de poderes jurídicos associados a institutos de direito privado como a propriedade. Nas palavras de Georg Jellinek, "a ordem jurídica pode também acrescentar algo às capacidades de actuação do indivíduo, algo que ele não possui por natureza. Pode designadamente a ordem jurídica conceder ao indivíduo a pretensão de que certas acções suas sejam reconhecidas como direito vigente e desse modo beneficiem da protecção do Estado"[214]. Neste sentido, a não-concessão, ou a eliminação, do poder de aquisição de propriedade é, sem dúvida, um impedimento da liberdade. Simplesmente, uma tal conexão não nos deve fazer esquecer que o direito geral de liberdade – mesmo deixando de parte a discussão em torno da sua consagração na ordem constitucional portuguesa –, que tem como uma das suas fundações o princípio formal da liberdade negativa, não é adequado a exprimir a realidade que agora temos em vista: isto é, a realidade formada por aqueles casos em que a ordem jurídica não actua através da limitação da liberdade natural do indivíduo, mas através da criação de instituições que potenciam aquela liberdade.

2.4.1.5 O poder de aquisição como elemento do conceito constitucional de propriedade. A ideia de que no âmbito de protecção da garantia constitucional da propriedade privada se encontra o direito *à* propriedade, no sentido de direito de apropriação, ou faculdade de acesso à propriedade de bens, ao lado do direito *de* propriedade, foi abordada pelo Tribunal Constitucional, na sua primeira decisão relativa ao regime da propriedade das farmácias, de 1985. Afirmou então o Tribunal que "na perspectiva do direito à propriedade, exige-se do Estado uma actividade, *uma acção*, contrariamente ao que sucede no plano do direito de propriedade *stricto sensu*, onde se evidencia a estrutura própria dos direitos, liberdades e garantias, postulando a respectiva norma preceptiva, sobretudo uma *omissão* por parte dos órgãos do poder". Assim, na visão do Tribunal, "contrariamente ao

---

[214] Cfr. Georg Jellinek, *System der subjektiven öffentlichen Rechte*, p. 47; Alexy, *Theorie der Grundrechte*, pp. 221-222.

que se poderia concluir de uma simples visão literal, o artigo 62.º da Constituição não consagra apenas um *direito à propriedade* (como no seu texto se contém), mas também um *direito de propriedade*, com todas as implicações já assinaladas". A distinção não serviu, no entanto para fundamentar a decisão da questão de constitucionalidade em apreciação, relativa à conformidade das restrições em matéria da propriedade das farmácias com o artigo 62.º, n.º 1, da Constituição, a qual acabou por ser resolvida apenas na base da consideração da função social do direito de propriedade[215]. Na segunda decisão do Tribunal Constitucional sobre a questão da propriedade das farmácias, proferida em 2001, o Tribunal entendeu que "a dimensão do direito de propriedade privada em causa no presente processo é a da faculdade de *acesso* à propriedade do bem «farmácia» (aquisição originária ou derivada) – o direito *à* propriedade (de apropriação)". O Tribunal considerou que "pode admitir-se que no âmbito protegido pela garantia constitucional do direito à propriedade privada se encontra igualmente o direito de apropriação – que (...) apresenta, pelo menos no caso da apropriação de meios de produção, estreitas conexões com a liberdade de iniciativa económica privada, constituindo uma das formas

---

[215] Cfr. Acórdão n.º 76/85, in *Acórdãos do Tribunal Constitucional*, 5.º volume, pp. 213-214 (a mesma distinção é utilizada no Acórdão n.º 257/92, in *Acórdãos do Tribunal Constitucional*, 22.º volume, p. 753, em que se julgou não inconstitucional uma norma consentindo a conversão de créditos em capital, envolvendo uma alteração da estrutura accionista das empresas intervencionadas, sem conferir direito a indemnização aos antigos accionistas). No Acórdão n.º 76/85 Tribunal acabou por não explorar esta linha de argumentação na decisão da questão de constitucionalidade submetida à sua apreciação, que se traduzia em saber se a reserva do acesso à propriedade das farmácias para os farmacêuticos e o princípio da indivisibilidade da propriedade e da direcção técnica da farmácia afrontavam, designadamente, a garantia constitucional da propriedade privada. Com base no disposto no artigo 64.º, n.ºˢ 1 e 3, alíneas c) e e), da Constituição, a pergunta que o Tribunal colocou foi a seguinte: "ao disciplinar e controlar a comercialização e o uso dos produtos farmacêuticos, com meio de assegurar o direito à protecção da saúde [previsto no citado artigo 64.º], está vedado à lei ordinária pelos artigos 61.º, n.º 1 [liberdade de iniciativa privada], e 62.º, n.º 1, da Constituição, estabelecer as limitações que constam da Lei n.º 2125, em matéria de acesso à propriedade das farmácias?" (cfr. *Acórdãos do Tribunal Constitucional*, 5.º vol., p. 222). A resposta foi negativa, com base na função social subjacente à saúde e medicina, revelada no citado artigo 63.º da Constituição, e sem prejuízo "de se considerar o direito de propriedade privada e a liberdade de iniciativa privada como direitos fundamentais de natureza análoga beneficiando do regime dos direitos, liberdades e garantias".

do exercício desta". Depois de afirmar que o direito de propriedade, garantido pela Constituição, é um direito de natureza análoga aos direitos liberdades e garantias, o Tribunal considerou poder duvidar--se que tal natureza análoga "seja ainda de reconhecer a um genérico direito de apropriação – enquanto direito de acesso à propriedade – de todos os bens, incluindo empresas e outros meios de produção, tendo em conta, além do mais, que a constituição e aquisição de empresas representa fundamentalmente um exercício da liberdade de iniciativa económica privada". O "regime de tal liberdade não pode ser confundido com o direito de propriedade – mesmo enquanto este inclui uma dimensão de acesso à propriedade". O Tribunal entendeu que "o artigo 62.º da Constituição não é, pois, obstáculo a restrições legais ao acesso ao direito de propriedade, salvaguardado o mínimo de conteúdo útil da liberdade de iniciativa económica privada, se existir norma constitucional que dê cobertura suficiente a tais limitações". O Tribunal passou, depois, a averiguar se as limitações fundadas no mencionado artigo 64.º da Constituição dariam cobertura ao regime da propriedade das farmácias, à luz do princípio da proporcionalidade, sem se preocupar "com eventuais sentidos diversos do princípio, consoante esteja em causa a aferição da legitimidade constitucional de restrições a direitos, liberdades e garantias ou apenas a limitação a direitos económicos". A conclusão alcançada foi a de que um tal regime se não mostrava violador "do direito de propriedade, tal como constitucionalmente consagrado, não implicando, designadamente, restrições ao direito de acesso à propriedade que não sejam adequadas, necessárias e proporcionais aos objectivos – com acolhimento constitucional – que o legislador visa prosseguir"[216]. A mesma orientação foi seguida pelo Acórdão n.º 139/2004, que, admitindo a possibilidade de abranger a possibilidade de constituição da firma ou denominação social na tutela constitucional do direito de propriedade, recusou, todavia, que um direito de aquisição da firma pudesse ter natureza análoga aos direitos, liberdades e garantias[217].

Assim, enquanto o Acórdão n.º 76/85 considerou o direito *à* propriedade como um direito económico, na sua vertente de difusão

---

[216] Cfr. Acórdão n.º 187/01, in *Acórdãos do Tribunal Constitucional*, 50.º vol., pp. 50, 51, 54, 57, 58 e 78.

[217] Cfr. Acórdão n.º 139/2004, in *Diário da República*, II Série, de 16 de abril de 2004.

do acesso à propriedade, os Acórdãos n.º 187/01 e n.º 139/2004 encararam o direito *à* propriedade sobretudo na sua dimensão de direito de apropriação de todos os bens, incluindo empresas e outros meios de produção, em estreita conexão com a liberdade de iniciativa económica, propendendo, em princípio, a negar a sua natureza análoga aos direitos, liberdades e garantias[218]. No primeiro caso, o direito de acesso à propriedade é interpretado na sua função social de abertura da propriedade ao maior número de pessoas; no segundo, ele é interpretado na sua função individual de liberdade de apropriar-se[219]. São, pois, opostas as razões que podem levar a excluir ambas as interpretações do âmbito dos direitos de natureza análoga dos direitos, liberdades e garantias. No primeiro caso, essa exclusão funda-se na circunstância de se estar, assumidamente, perante um direito económico e social; no segundo caso, a rejeição da natureza análoga a um genérico direito de apropriação decorre, para além da exclusão de certos tipos de bens da apropriação privada pela própria Constituição (os bens do domínio público, de acordo com o artigo 84.º da Constituição), da sua possível afectação por outros princípios constitucionais.

Neste contexto, é necessário efectuar distinções. Antes de mais, na sequência do que se disse no ponto anterior (2.4.1.4), é de excluir do âmbito de protecção da garantia constitucional da propriedade privada o direito genérico de apropriação, na sua função de liberdade individual. Com efeito, deve entender-se que a protecção constitucional da propriedade incide sobre as situações jurídicas subjectivas concretas, já existentes na esfera jurídica de uma pessoa, não abrangendo expectativas futuras ou possibilidades de obter um ganho patrimonial. À luz deste modo de ver, dir-se-á que a garantia constitucional da propriedade protege o "adquirido", o resultado de uma actividade, sendo a "aquisição", isto é, a actividade em si, incluída

---

[218] Neste mesmo sentido, também Gomes Canotilho e Vital Moreira, *Constituição da República Portuguesa Anotada*, vol. I, p. 803, afirmam que o direito à propriedade, enquanto "direito de acesso a ela (i. é, de não ser impedido de adquiri-la)", não implica que "todos os bens devam ser susceptíveis de apropriação privada".

[219] Na formulação do Acórdão n.º 257/92, "uma coisa é a promoção do acesso de todas as pessoas à propriedade, outra o acesso de todos a todos os bens ou a qualquer extensão de bens" (cfr. *Acórdãos do Tribunal Constitucional*, 22.º vol., p. 754).

no âmbito de protecção da liberdade profissional e da liberdade de iniciativa privada[220].

Para além disso, é certamente de admitir, como igualmente se disse no ponto anterior, um direito subjectivo constitucional ao poder de adquirir propriedade, entendido como possibilidade jurídica, mas ele corresponde ao direito constitucional ao poder de adquirir uma posição jurídica com o conteúdo típico do direito patrimonial privado, não a um direito de adquirir um específico bem[221]. Existe, com efeito, um direito constitucional a poderes ou competências de direito privado que não pode, evidentemente, ser confundido com o direito constitucional à manutenção de concretas posições jurídicas incluído na designada garantia de permanência.

Antes de mais, cabe questionar porque razão não há-de o direito constitucional à existência de poderes de direito patrimonial privado ser também configurado como um direito de defesa perante os poderes públicos do Estado. Trata-se de saber se faz sentido uma verdadeira subjectivação da garantia institucional, construindo a partir dela um direito de defesa. Com efeito, se a garantia de permanência envolve

---

[220] O que se diz no texto baseia-se na fórmula do Tribunal Constitucional alemão, de acordo com a qual o artigo 14.º da Lei Fundamental protege o adquirido, o resultado de uma actividade, enquanto o artigo 12.º da Lei Fundamental protege a aquisição, a própria actividade (cfr. *Entscheidungen des Bundesverfassungsgerichts*, vol. 88, p. 377; Pieroth e Schlink, *Grundrechte Staatsrecht II*, n.º 912, p. 227). De resto, no Acórdão n.º 187/01 é patente a aproximação entre um genérico direito de apropriação e a liberdade de iniciativa económica privada (cfr. *Acórdãos do Tribunal Constitucional*, 50.º volume, pp. 54 e 57). A confusão entre propriedade como "aquisição" e como "adquirido", entre liberdade geral de apropriar e direito especial sobre bens adquiridos tem, como se viu, a sua origem no arquétipo da concepção moderna da propriedade, isto é, no pensamento de John Locke (cfr. supra, Parte II, cap. 1, ponto 1.5). A fórmula mencionada serve igualmente o propósito de excluir as meras expectativas de obtenção de um ganho ou ainda os interesses legítimos de natureza patrimonial do âmbito da tutela da garantia constitucional da propriedade (cfr. Pieroth e Schlink, *Grundrechte Staatsrecht II*, n.º 912, p. 227; sobre a exclusão destas figuras, cfr., ainda, Rui Medeiros, *Ensaio sobre a Responsabilidade Civil...*, pp. 257 e ss.)

[221] Cfr. supra, cap. 1, ponto 1.5.1.2.3. O que está aqui em causa é, pois, a subjectivação da própria garantia institucional, entendida como um direito a organizações e procedimentos. Sobre este, cfr. Robert Alexy, *Theorie der Grundrechte*, pp. 428 e ss.; Jorge Miranda, *Manual de Direito Constitucional*, tomo IV, pp. 93 e ss.; Gomes Canotilho, "Constituição e Défice Procedimental", pp. 67 e ss.; Vieira de Andrade, *Os Direitos Fundamentais na Constituição Portuguesa de 1976*, pp. 145 e ss; Reis Novais, *As Restrições aos Direitos Fundamentais...*, pp. 82 e ss.

um direito à existência de posições jurídicas concretas, que sejam de qualificar como propriedade em sentido constitucional, poder-se-ia dizer que o direito à propriedade agora em causa seria um direito subjectivo à manutenção da ordem patrimonial jurídico-privada, nas suas linhas gerais. Estaria, assim, também aqui em causa um direito de defesa, isto é, um direito a que o Estado se abstenha de fazer algo. E tal como sucede com o direito fundamental *de* propriedade incluído na garantia de permanência, também o direito *à* propriedade, no sentido agora discutido, integraria o *status negativus* em sentido amplo, de acordo com o conceito de Jellinek, reformulado por Robert Alexy[222]. Este último autor avança no entanto dois argumentos com base nos quais se torna necessário considerar um direito constitucional como o direito à propriedade enquanto direito a uma acção positiva do Estado e, por essa razão, enquanto parte do *status positivus* em sentido restrito. Por um lado, a extensão do direito patrimonial privado a novos objectos teria sempre de ser tratada no contexto do *status positivus*. Por outro lado, numa consideração teórica dos direitos constitucionais a organizações e procedimentos em geral, a existência dessas mesmas organizações e procedimentos na ordem jurídica é uma questão contingente em relação ao dever de o Estado adoptar as medidas legislativas necessárias para o efeito[223]. No caso do direito patrimonial privado, cuja antecedência em relação à própria Constituição não pode ser questionada, deve mesmo dizer-se que a integração no *status negativus* de um direito constitucional à propriedade, nos termos agora em causa, é grande medida consumida pela garantia individual da propriedade. O problema coloca-se sobretudo em relação aos *newcomers* e quanto a estes, que não são titulares de qualquer concreta posição jurídica de direito patrimonial privado, afigura-se pouco razoável afirmar um direito individual à manutenção da ordem jurídica, em sentido objectivo, atendendo, desde logo, à consideração dinâmica necessariamente introduzida pelas exigências da conformação legislativa da vinculação social da propriedade. Deste modo, os direitos constitucionais a organizações e procedimento, entre os quais se inclui o direito constitucional à existência de deter-

---

[222] Cfr. Robert Alexy, *Theorie der Grundrechte*, p. 241.
[223] Cfr. Robert Alexy, *Theorie der Grundrechte*, pp. 435-436.

minadas instituições de direito privado, embora com fortes raízes na compreensão liberal individualista dos direitos constitucionais[224], acabam por se assemelhar estruturalmente aos direitos sociais, no sentido de serem ambos direitos a uma actuação positiva do Estado. No âmbito desta compreensão de um direito à propriedade o que está em causa é, pois, uma subjectivação da garantia institucional cujo sentido primário deixa assim de consistir numa proibição dirigida ao legislador, para passar a consistir numa imposição.

Para além deste último caso, é ainda certamente possível falar de um direito *à* propriedade, com o sentido tido em vista pelo Acórdão n.º 76/85, atrás mencionado, no âmbito da garantia da propriedade do artigo 62.º. Maria Lúcia Amaral utiliza a distinção entre *direito à propriedade* e *direito de propriedade* como base de um possível critério de delimitação entre as dimensões da garantia constitucional de propriedade que revestem natureza análoga e aquelas que dessa natureza se acham excluídas[225]. Nestes termos, o "direito *à* propriedade – ou seja, o direito de apropriação dos bens para tal aptos – é o direito fundamental de carácter económico". Através dele, "a ideia de exclusão transmuda-se em ideia de acessibilidade: importa muito

---

[224] Como expressivamente afirma, a este propósito, Alexy, *Theorie der Grundrechte*, pp. 414-415 impõe-se, desde logo, a fundamentação dos direitos a organizações e procedimentos, enquanto direitos a uma protecção do Estado, no quadro de uma compreensão do Estado assente no modelo do contrato social. A renúncia ao direito de auto-defesa na passagem do estado de natureza para o estado civil encontra a sua justificação racional na circunstância de o Estado compensar aquela renúncia através de uma efectiva protecção, designadamente pela criação de instituições de direito privado. No mesmo sentido, cfr. Gomes Canotilho, "Tomemos a Sério os Direitos Económicos, Sociais e Culturais", p. 51.

[225] Cfr. Maria Lúcia Amaral, *Responsabilidade do Estado e Dever de Indemnizar do Legislador*, p. 544. Como se viu, a posição adoptada pela autora sobre a garantia constitucional da propriedade não se estrutura sobre a distinção referida no texto, antes se distancia criticamente dela, sendo tal posição atribuída a L. Sousa Franco e G. d'Oliveira Martins, *A Constituição Económica Portuguesa*, pp. 168 e ss. Seja como for, é certamente possível usar a distinção entre direito *à* propriedade e direito *de* propriedade como critério do grau de jusfundamentalidade da garantia constitucional da propriedade. A distinção entre direito *à* propriedade e direito *de* propriedade surge expressamente adoptada num projecto de Constituição de 1975, da autoria de Jorge Miranda. O artigo 87.º, n.º 1, sob a epígrafe *Direito à propriedade*, estabelece que "todos têm direito à propriedade para conservação e melhoramento da sua existência e da sua família"; o artigo 86.º, n.º 1, sob a epígrafe *Garantia da propriedade*, preceitua que "o proprietário goza dos direitos de uso fruição e disposição em vida e por morte" (cfr. J. Miranda, *Um Projecto de Constituição*, pp. 49-50).

mais garantir a todos o direito a não ser excluído do que conferir apenas a alguns o direito de excluir. É esse o sentido profundo da chamada 'constituição económica' e é esse também o sentido profundo de algumas das mais importantes 'tarefas fundamentais do Estado' (artigo 9.º)". Já o direito *de* propriedade, pelo contrário, "é o direito de natureza análoga aos *direitos, liberdades e garantias*"[226].

É duvidoso, no entanto, que se possa admitir que o direito à propriedade, entendido como um direito de acesso aos recursos materiais, integre sequer a garantia constitucional de propriedade do artigo 62.º da Constituição. Não faz simplesmente sentido pretender abranger na mesma norma constitucional a tutela de um direito de excluir e de um direito de não ser excluído. As razões contra tal pretensão foram já suficientemente expendidas aquando da discussão da *Nova Propriedade* e do problema da extensão da garantia da propriedade aos direitos sociais[227]. Mas isto não equivale a aceitar a afirmação de Walter Leisner, de que "A Lei Fundamental protege o 'direito de propriedade', não o 'direito à propriedade'"[228]. Simplesmente a recusa de uma tal afirmação não significa que a tutela constitucional de um direito à propriedade, entendido como direito social de partilhar os recursos da comunidade, se retire da norma constitucional que garante a propriedade; uma tal tutela decorre de outros princípios entre os quais avulta o princípio da dignidade humana[229]. A objecção evidente que pode mover-se contra um tal entendimento consiste em explicar a inclusão do artigo 62.º da Constituição no âmbito dos direitos económicos, sociais e culturais, uma vez que dele

---

[226] Cfr. Maria Lúcia Amaral, *Responsabilidade do Estado e Dever de Indemnizar do Legislador*, p. 545. Mencionando também um direito à propriedade, com este sentido, cfr. Oliveira Ascensão, *Reordenamento Agrário e Propriedade Privada*, p. 6; Menezes Cordeiro, "A Constituição Patrimonial Privada", p. 393; Jorge Miranda, *Manual de Direito Constitucional*, tomo IV, pp. 528-529; Gomes Canotilho e Vital Moreira, *Constituição da República Portuguesa Anotada*, vol. I, p. 803.

[227] Cfr. supra, ponto 2.4.1.3 e cap. 1, ponto 1.5.1.1.

[228] Cfr. Walter Leisner, "Eigentum", n.º 6, p. 83.

[229] De resto, tal afirmação não só não vale no direito constitucional português, como é duvidoso que seja válida no direito constitucional alemão: cfr. Karl Albrecht Schachtschneider, "Das Recht am und das Recht auf Eigentum", pp. 756 e ss.; sobre a proximidade entre o direito à propriedade e o princípio da dignidade da pessoa, cfr. supra, cap. 1, ponto 1.5.1, c), (iv).

se exclua o direito de acesso à propriedade. Sem prejuízo de à questão se regressar adiante[230], sempre se dirá que, em qualquer caso, o direito à propriedade, no sentido agora em causa, delimita negativamente a garantia constitucional da propriedade, uma vez que a difusão do acesso à propriedade deve ser tida em conta pelo legislador na conformação da ordem da propriedade.

Em suma, quando se fala de direito à propriedade pode ter-se em vista três realidades distintas. Em primeiro lugar, a liberdade individual de aquisição; depois o direito ao poder de adquirir propriedade, enquanto instituição jurídica; finalmente, o direito de acesso à propriedade, isto é, o direito de não ser excluído dos recursos materiais existentes numa comunidade[231]. Destas três realidades, apenas a segunda integra, nos termos apontados, a garantia constitucional da propriedade entendida como direito fundamental. Diversamente, a tutela constitucional da liberdade geral de aquisição não releva da garantia constitucional da propriedade, mas de outros princípios constitucionais, como a liberdade de escolha de profissão e a liberdade de iniciativa privada. Por seu turno, o direito de acesso à propriedade é também objecto de protecção de outros princípios constitucionais, designadamente os relativos à igualdade e à dignidade humana.

2.4.1.6 Unidade da garantia constitucional da propriedade privada.
Um outro aspecto a considerar a propósito da conexão entre propriedade e liberdade consiste no problema da unidade da garantia constitucional da primeira. Essa unidade foi já anteriormente afirmada: não é simplesmente possível ou justificado efectuar, à partida, distinções entre tipos ou categorias de propriedade para, depois, lhes aplicar regimes distintos de protecção jurídico-constitucional. O que poderá variar é a intensidade da intervenção do legislador, para diversos tipos ou categorias de propriedade, na conformação da respectiva disciplina normativa. Esta intervenção constitui uma consequência dos princípios kantianos da sociedade civil, na versão que deles se formulou acima: a liberdade, a igualdade e a independência, interpretada como o potencial da propriedade para afectar todos.

---

[230] Cfr. infra, ponto 2.6.
[231] Distinguindo também estas três realidades, cfr. Gomes Canotilho e Vital Moreira, *Constituição da República Portuguesa Anotada*, vol. I, p. 803.

O reconhecimento deste potencial constitui, como então se disse, um dos pontos centrais de toda a teoria da propriedade de Kant. O direito inato de liberdade de cada um é afectado pelas pretensões de propriedade e, por essa razão, deve ser reconhecida a igual participação de todos na legislação pública que concretiza o direito de propriedade[232].

Importa, no entanto, considerar uma outra objecção a este princípio de unidade da garantia constitucional da propriedade. Consiste ela em afirmar que, sendo diversos os fins da garantia da propriedade em função dos seus objectos, estaria irremediavelmente comprometido o mencionado princípio de unidade. Assim, de acordo com esta objecção, os direitos privados de conteúdo patrimonial são protegidos pela garantia da propriedade porque protegem a liberdade individual da pessoa; os direitos subjectivos públicos são incluídos na mesma garantia porque, pelo menos de acordo com a opinião dominante na doutrina e jurisprudência alemãs, reflectem o rendimento do trabalho dos indivíduos; a propriedade dos meios de produção e das grandes empresas é protegida porque promove a liberdade através da divisão do poder entre Estado e os privados. Simplesmente, se a intervenção do Estado na propriedade pessoal carece tanto mais de justificação quanto maior for a proximidade entre o objecto da propriedade e a pessoa, esse requisito de proximidade tornaria problemática a propriedade das grandes empresas; do mesmo modo, esta última seria difícil de estabelecer caso se adoptasse como ponto de partida o trabalho do proprietário. Por outro lado, fazer depender a qualificação de uma posição jurídica subjectiva como propriedade em sentido constitucional da presença de um trabalho conduziria à exclusão de um grande número de direitos patrimoniais privados do âmbito da respectiva garantia constitucional. Finalmente, prescindir do critério do trabalho ou prestação própria na delimitação das posições jurídicas de direito público merecedoras de inclusão na garantia da propriedade impossibilitaria, na prática, a extensão desta última para além do direito patrimonial privado[233]. É precisamente essa diversidade de fins da garantia da propriedade que tem vindo a ser questionada; ela torna-se desajustada quando os direitos sociais e os problemas específicos da

---

[232] Cfr. supra, Parte II, cap. 2, ponto 2.3.
[233] Cfr. Jann Meyer-Abich, *Der Schutzzweck der Eigentumsgarantie*, pp. 156 e ss.

propriedade das grandes empresas recebem um tratamento específico, como sucede no texto constitucional português.

2.4.2 Conceito e conteúdo da propriedade em sentido constitucional: a identificação dos objectos da propriedade em sentido constitucional como um problema de qualificação. Já anteriormente se identificaram as características estruturais do conceito de propriedade constitucional. Quais são, no entanto, o sentido de que se revestem e as funções que desempenham na garantia constitucional da propriedade? Antes de mais, importa salientar que a Constituição não contém uma definição do conceito de propriedade, nem ela faria qualquer sentido. Trata-se, com efeito, de uma tarefa do intérprete, não do legislador[234]. A partir desta base consensual, no entanto, as divergências multiplicam-se. Afigura-se, no entanto, possível pensar em dois modelos para responder às questões formuladas. Em ambos se estabelece uma certa relação entre as noções de conceito e conteúdo da propriedade, já anteriormente abordadas[235].

De acordo com o primeiro desses modelos, ao determinar o conteúdo da propriedade, o legislador estaria necessariamente a restringir o conteúdo do direito de propriedade segundo o direito civil, isto é, segundo as determinações de normas como o § 903 do BGB e o artigo 1305.º do Código Civil. Muito embora, nos termos de um tal modelo, nada pudesse impedir o legislador de estabelecer esses limites (ou talvez melhor, precisamente porque nada impede o legislador de os estabelecer), deveriam estes dar lugar, em certas condições, a uma compensação financeira de acordo com o critério do juiz[236]. E não deixa de ser sintomático que, como se disse, Martin Wolff considerasse, em relação ao princípio "a propriedade obriga", que "o seu significado reside talvez menos em ser uma instrução dirigida ao legislador (que dela não precisa) do que em ser um confortável apoio

---

[234] Cfr. Jochen Rozek, *Die Unterscheidung von Eigentumsbindung und Enteignung*, p. 42; Markus Appel, *Entstehungsschwäche und Bestandsstärke des verfassungsrechtlichen Eigentums*, pp. 35-36; Nüssgens/Boujong, *Eigentum, Sozialbildung, Enteignung*, n.º 27, p. 16; Maria Lúcia Amaral, *Responsabilidade do Estado e Dever de Indemnizar do Legislador*, p. 547.

[235] Cfr. supra, ponto 2.3.2.2, c) e Introdução, ponto 3.

[236] Cfr. Werner Böhmer, "Eigentum aus verfassungsrechtlicher Sicht", p. 73.

oferecido ao juiz"[237]. O direito constitucional limitar-se-ia, assim, a receber no seu seio o conteúdo do direito de propriedade, tal como o direito civil o densifica.

De acordo com um segundo modelo, os deveres impostos ao proprietário no interesse social estariam incluídos no conteúdo do direito de propriedade em sentido constitucional, sendo elementos da posição jurídica protegida em termos de direitos fundamentais. Para este modelo, as normas do direito civil e do direito público definiriam, sem qualquer relação de precedência entre si (para além da precedência temporal), a propriedade objecto de garantia constitucional, em vez de se partir da ideia de uma posição jurídica de direito privado sujeita a ulteriores limitações de direito público[238]. De resto, se, de acordo com a dogmática civilista, as situações jurídicas passivas que impendem sobre o proprietário em nome do interesse público se incluem na "substância" ou no "conteúdo" da propriedade, sendo-lhe "imanentes"[239], do que se trata é apenas de extrair as necessárias consequências dessa asserção. Isso significa que da aplicação das normas prevendo tais situações passivas não resultaria necessariamente qualquer intervenção num direito cujo conteúdo é, em si mesmo, necessariamente mais extenso[240].

Não é difícil fazer corresponder os dois modelos identificados às compreensões dominantes da propriedade nos períodos anterior e posterior, respectivamente, à decisão *Nassauskiesung* do Tribunal Constitucional alemão, a que atrás se aludiu. Estes dois modelos têm evidentes implicações, igualmente já mencionadas, na distinção entre determinação dos limites da propriedade e expropriação. A essas implicações retornar-se-á adiante[241]. Para já importa analisar os dois modelos na perspectiva da configuração do próprio objecto da garantia constitucional da propriedade. Para o primeiro modelo, objecto da garantia da propriedade é, directamente, o conteúdo do direito de

---

[237] Cfr. Martin Wolff, "Reichsverfassung und Eigentum", p. 11.
[238] Cfr. Werner Böhmer, "Die rechtsgeschichtlichen Grundlagen der Abgrenzungsproblematik von Sozialbildung und Enteignung", p. 198.
[239] Sobre as teorias da "imanência" dos limites à propriedade, cfr. Jochen Lehmann, *Sachherrschaft und Sozialbindung?*, pp. 100 e ss.
[240] Cfr. Werner Böhmer, "Eigentum aus verfassungsrechtlicher Sicht", p. 70.
[241] Cfr. infra, ponto 2.7.

propriedade do direito civil, sobre o qual é modelado o conceito constitucional[242]. Para um tal modelo a ideia de uma função social da propriedade, como tarefa do legislador, implica em princípio uma restrição do conceito constitucional de propriedade. Todavia, a justificação do direito de propriedade não pode deixar de implicar a existência de limitações a um conteúdo do direito de propriedade válido no âmbito do direito civil, o que é necessariamente relevante no plano do seu regime constitucional[243]. Diversamente, para o segundo modelo, objecto da garantia constitucional da propriedade é uma concreta posição jurídica definida pelo legislador, através da atribuição ao proprietário de um feixe de poderes e deveres[244], na medida em que essa posição seja adequada a satisfazer as características estruturais da propriedade directamente resultantes da Constituição, quando "garante a propriedade". É esse o ponto de partida do intérprete quando averigua se uma medida legislativa viola a garantia constitucional da propriedade e é também esta configuração do respectivo objecto que permite caracterizar o direito fundamental de propriedade previsto no artigo 62.º, n.º 1, da Constituição como um tipo de direito a uma acção negativa por parte do Estado, consistente num "direito à não eliminação de posições jurídicas"[245]. Com base na apontada conexão entre propriedade e liberdade, a garantia constitucional da propriedade há-de estruturar-se, pois, entre o respectivo fundamento na ideia de liberdade e respectivas determinações ou características estruturais directamente resultantes da Constituição, por um lado, e a sua conformação pelo legislador, através da criação de concretas posições jurídicas, por outro. Assim, pode falar-se numa tensão entre a consideração da propriedade como emanação da liberdade individual, que justifica a respectiva tutela constitucional, e a

---

[242] Para uma concepção deste tipo, cfr. Otto Depenheuer, "Artikel 14", n.ºs 33, 46, 61 e 64 e ss., pp. 1650, 1657 e 1662 e ss.; cfr., ainda, idem, "Zwischen Verfassung und Gesetz", pp. 284 e ss., 292 e 297 e ss.; idem, "Entwicklungslinien des verfassungsrechtlichen Eigentumsschutzes in Deutschland 1949-2001", pp. 158 e ss.; cfr., ainda, Rudolf Wendt, *Eigentum und Gesetzgebung*, pp. 151-152.

[243] Cfr. Santiago Nino, *Fundamentos de Derecho Constitucional*, p. 364.

[244] Cfr. H. Rittstieg, "Kommentierung zu Art. 14/15", n.º 92, p. 1067 ("feixe de direitos do proprietário"); Markus Appel, *Entstehungsschwäche und Bestandsstärke des verfassungsrechtlichen Eigentums*, p. 101 ("feixe de competências").

[245] Cfr. R. Alexy, *Theorie der Grundrechte*, p. 177.

sua definição pelo legislador, que delimita essa tutela. E essa tensão, por seu turno não consiste senão na expressão da relação dialéctica, inerente a normas como as dos artigos 62.º, n.º 1, da Constituição portuguesa e 14.º, n.ºˢ 1 e 2, da Lei Fundamental alemã, entre liberdade individual e uma ordem da propriedade socialmente orientada, as quais importa ter em conta em igual medida[246].

Já anteriormente se aludiu às características estruturais da compreensão da propriedade, no plano jurídico-constitucional, como emanação da ideia de liberdade. Entre as funções da identificação dessas características avulta a qualificação das posições jurídicas por ele criadas como objecto da garantia constitucional da propriedade. Por outras palavras, ainda que a Constituição não possa ela própria determinar que bens se encontram submetidos à propriedade privada e quais as situações jurídicas activas que incidem sobre tais bens, dependendo quanto a essas tarefas do legislador ordinário, só a ela cabe, no entanto, determinar em que medida as posições jurídicas criadas pelo legislador relevam da propriedade em sentido constitucional. A existência de um objecto da propriedade em sentido constitucional configura-se, nessa medida, como um problema de qualificação[247]. Além disso, a identificação das citadas características estruturais situa-se no plano da justificação da afectação de posições jurídicas individuais. Do que se trata é de saber se um novo regime legal estabelece um equilíbrio, de acordo com os ditames da proporcionalidade, entre os interesses da liberdade do proprietário e da função social da propriedade[248].

Assim, pode afirmar-se que o conceito de propriedade em sentido constitucional se esgota na identificação das características estruturais que, em função de um interesse de liberdade individual na esfera patrimonial reconhecido pela Constituição, justificam a tutela de certas posições jurídicas criadas pelo legislador[249]. Para além disso, não é

---

[246] Cfr. Werner Böhmer, "Eigentum aus verfassungsrechtlicher Sicht", p. 81.

[247] Cfr. Ulrich Ramsauer, *Die faktische Beeinträchtigungen des Eigentums*, pp. 130-131; Jochen Rozek, *Die Unterscheidung von Eigentumsbindung und Enteignung*, pp. 27 e 45; Ansgar Grochtmann, *Art. 14 GG*, p. 122; Markus Appel, *Entstehungsschwäche und Bestandsstärke des verfassungsrechtlichen Eigentums*, pp. 64 e 80-81.

[248] Cfr. Ansgar Grochtmann, *Art. 14 GG*, p. 225 e ss.; Markus Appel, *Entstehungsschwäche und Bestandsstärke des verfassungsrechtlichen Eigentums*, pp. 70 e ss.

[249] Cfr. C. Timm, *Eigentumsgarantie und Zeitablauf*, p. 24.

possível retirar directamente da Constituição o conteúdo do direito fundamental de propriedade, mas apenas a orientação que o legislador deve observar no estabelecimento desse conteúdo. Uma tal orientação consiste, como já se disse, numa directiva de ponderação entre a liberdade individual do proprietário e o bem comum.

2.4.3 Implicações do reconhecimento de uma função de qualificação do conceito constitucional da propriedade. A aceitação de que o conceito constitucional de propriedade serve uma função de qualificação das posições jurídicas subjectivas criadas pelo legislador que devem ser protegidas nos termos do direito fundamental de propriedade implica uma série de consequências. Antes de mais, a) está em causa a rejeição de uma contraposição entre propriedade individual e propriedade social e, em vez disso, a adopção de uma perspectiva nos termos da qual a modelação normativa da propriedade deve sempre ter em conta, em igual medida, os interesses contrastantes da liberdade individual e do interesse geral. Em segundo lugar, b) não existe uma garantia de uso dos objectos da propriedade directamente decorrente da Constituição. Por outro lado, e como contraponto, c) não existem também deveres especificamente jurídicos directamente resultantes para o proprietário da garantia constitucional da propriedade. Por último, d) a rejeição de uma concepção de propriedade individual, pretensamente consagrada na Constituição, tem também implicações quanto à mutabilidade do conceito constitucional de propriedade.

a) Superação da oposição entre propriedade individual e propriedade social. No ponto anterior estabeleceu-se uma contraposição entre dois modelos da garantia constitucional da propriedade. Para um deles, o conceito constitucional de propriedade identifica-se tendencialmente com o conteúdo da propriedade do direito civil, assumido como paradigmático enquanto tal, e em relação a esse conceito a função social da propriedade reconduz-se a limitações e restrições estabelecidas pelo legislador. Para o segundo modelo, pelo contrário, o conceito constitucional de propriedade reconduz-se à identificação de certas características estruturais de posições jurídicas criadas pelo legislador que promovem a liberdade individual na esfera patrimonial. Com base neste conceito não é possível extrair directamente da Constituição um conteúdo do direito fundamental de propriedade, mas apenas os critérios que o legislador deve observar na conformação da propriedade, para além dos que advêm do princípio da socialidade.

O primeiro dos modelos apontados assenta no pressuposto da existência de uma fundamental oposição entre uma concepção individualista e uma concepção social de propriedade, entre a propriedade da tradição jurídica romanista e a da tradição germânica, entre um conceito abstracto de propriedade e um conceito concreto de propriedade, em que os direitos do proprietário surgem delimitados e acompanhados pelos respectivos deveres, entre a tradição do liberalismo político e os vários romantismos e comunitarismos que se assumem como críticos das Luzes. Uma concepção desse tipo é a defendida por Otto Depenheuer. Segundo o autor, o § 903 do BGB seria "a *magna charta* do direito fundamental de propriedade"[250]. Ao conceito abstracto de propriedade na tradição do direito romano subjacente ao BGB opor-se-ia o conceito germânico de propriedade, formulado por Otto von Gierke e cujo representante actual seria Werner Böhmer, um dos obreiros da decisão *Nassauskiesung*[251]. A interpretação do artigo 14.º da Lei Fundamental à luz deste conceito conduziria, no entanto, a uma situação em que não existe nenhuma liberdade para além do dever e a uma "dogmática sufocante para a liberdade"[252].

Compreende-se a estratégia argumentativa subjacente à construção de uma distinção talhante entre propriedade individual e propriedade social: uma tal distinção permite conciliar a admissão de que a propriedade é um produto do direito e, ao mesmo tempo, o reconhecimento de que a definição da propriedade, para efeitos da sua tutela

---

[250] Cfr. Otto Depenheuer, "Zwischen Verfassung und Gesetz", p. 292; idem, "Entwicklungslinien des verfassungsrechtlichen Eigentumsschutzes in Deutschland 1949-2001", p. 167.

[251] Cfr. Depenheuer, "Artikel 14", n.ºs 33 e 38, pp. 1650 e 1653; idem, "Entwicklungslinien des verfassungsrechtlichen Eigentumsschutzes in Deutschland 1949-2001", pp. 161-162; sobre a evolução do conceito germânico de propriedade desde von Gierke até aos nossos dias, cfr. Jochen Lehmann, *Sachherrschaft und Sozialbildung?*, pp. 214 e ss.

[252] Cfr. Depenheuer, "Artikel 14", n.ºs 37 e 44, pp. 1652 e 1656; idem, "Zwischen Verfassung und Gesetz", pp. 289-290; idem, "Entwicklungslinien des verfassungsrechtlichen Eigentumsschutzes in Deutschland 1949-2001", p. 165.

constitucional, não pode ficar nas mãos do legislador. A opção pela propriedade individual e liberal situa-se ao nível da Constituição e é essa opção que permite ver na definição de propriedade de normas como o § 903 do BGB, ou o artigo 1305.º do Código Civil, a concretização normativa da estrutura jurídico-constitucional da propriedade, com a qual devem ser compatíveis novos tipos de posições jurídicas com conteúdo patrimonial para poderem ser protegidas pela tutela constitucional da propriedade.

Sucede, porém, que a oposição entre concepção individualista e concepção social de propriedade não é, tal como Depenheuer a estabelece, admissível. Não é correcto o estabelecimento de uma oposição irredutível entre uma concepção de propriedade assente na liberdade e uma concepção de propriedade assente no dever para com a comunidade. Pelo contrário, a propriedade é sempre a tensão entre a liberdade do indivíduo, como ponto de partida, e a obrigação para com a comunidade. O problema não é tanto o de reconhecer que a maioria das interpretações da Constituição não se baseia já sobre uma compreensão estritamente liberal da propriedade privada[253], quanto o de reconhecer que não é correcta a leitura dessa compreensão liberal feita por Depenheuer.

Com efeito, é historicamente falsa, antes de mais, a contraposição entre uma concepção romanista e uma concepção germânica da propriedade, nos termos em que Depenheuer a entende, na medida em que, não só nunca existiu um "direito germânico" comparável ao sistema do direito romano, como ainda porque também no âmbito deste último não era desconhecida a ideia de vinculação social da propriedade[254].

O argumento decisivo que, todavia, se deve opor ao entendimento de Depenheuer é o seguinte: não só não existe, historicamente, nenhuma concepção "social" de propriedade em termos minimamente

---

[253] Cfr., neste sentido, Ansgar Grochtmann, *Art. 14 GG*, p. 269 e, ainda, supra, cap. 1, ponto 1.5.1.
[254] Cfr. R. Feenstra "Les Origines du Dominium Utile chez les Glossateurs…", pp. 222-223 ; Karl Kroeschell, "Zu Lehre vom 'germanischen' Eigentumsbegriff", p. 279; Theo Mayer-Maly, "Das Eigentumsverständnis der Gegenwart und die Rechtsgeschichte", pp. 149-151. Sobre a vinculação social da propriedade no direito romano, cfr., ainda, supra, Parte I, cap. 1, ponto 1.3.

estruturados, susceptíveis de comparação com o modelo da propriedade do direito romano, como uma tal concepção é filosoficamente insustentável. O que existe é, pois, apenas a contraposição entre a propriedade, como expressão da liberdade do proprietário, e o princípio social, como expressão da liberdade do não proprietário. Essa contraposição está presente no pensamento dos mais importantes autores incluídos na tradição filosófica liberal, como Locke, Kant e Hegel, que reflectiram sobre a justificação da propriedade privada nas condições da modernidade. Não existe uma concepção social da propriedade, mas apenas uma concepção social que limita a propriedade[255], e, simultaneamente, uma concepção da propriedade que reclama o princípio social. A propriedade privada é sempre individualista ou não chega a ser propriedade; ao mesmo tempo, a justificação da propriedade privada apela necessariamente ao princípio social.

b) Rejeição de uma garantia de uso dos objectos da propriedade directamente decorrente da Constituição. Não é raro encontrar-se expressa a ideia de que no âmbito de protecção da garantia da propriedade se encontra também abrangida a utilização e aproveitamento da propriedade[256]. O que significa, no entanto, afirmar que a garantia da propriedade envolve também uma "garantia de uso"? Significará essa afirmação que a garantia constitucional da propriedade envolve uma protecção directa e imediata do uso da propriedade? Ou significará, pelo contrário, que a protecção do uso existe apenas na medida em que ele seja configurado pelo legislador no desempenho da sua tarefa de determinação do conteúdo e limites da propriedade? Por outras palavras, do que se trata é de saber se a garantia do uso da propriedade decorre imediatamente da Constituição ou é antes mediada pelo legislador. Respondendo claramente pela afirmativa à segunda interrogação, Andreas Lubberger afirma a existência de um princípio de protecção constitucional imediata da propriedade. O autor reconhece que um tal princípio contraria a formulação do artigo 14.º, n.º 1, segunda parte, da Lei Fundamental alemã, mas corresponde,

---

[255] Cfr. Otto Kirchheimer, "Die Grenzen der Enteignung...", p. 263.
[256] Assim, por exemplo, cfr. Pieroth e Schlink, *Grundrechte Staatsrecht II*, n.º 914, p. 228; para mais indicações cfr. Ansgar Grochtmann, *Art. 14 GG*, p. 130.

no entanto, à função da garantia constitucional da propriedade tal como ela é concebida em jurisprudência constante do Tribunal Constitucional alemão. De acordo com tal jurisprudência, cabe antes de mais ao direito de propriedade no sistema da Constituição, como já diversas vezes se mencionou, "a tarefa de garantir ao titular do direito fundamental um espaço de liberdade na esfera jurídico-patrimonial, através da atribuição e protecção de direitos de aproveitamento e disposição, e com isso possibilitar àquele titular o desenvolvimento e a formação responsável da sua vida; nessa medida o direito de propriedade existe em estreita conexão com a garantia da liberdade pessoal"[257]. Assim, afirma Lubberger, a garantia individual da propriedade tem uma eficácia imediatamente resultante da Constituição, na medida em que esta confere aos direitos de disposição, utilização e domínio previstos na lei ordinária uma qualidade defensiva adicional. Para o mesmo autor, "se a protecção da propriedade no âmbito jurídico-patrimonial fosse dependente da circunstância de serem fixadas pelo legislador possíveis posições jurídicas em termos de direitos de domínio, utilização e disposição, não seria protegida uma esfera de liberdade no âmbito jurídico-patrimonial, mas apenas um feixe de direitos estabelecidos pela lei ordinária". Em tal caso, "o alcance jurídico da protecção constitucional da propriedade ficaria na dependência do alcance jurídico da conformação da ordem da propriedade pelo legislador ordinário"[258]. Lubberger aponta a existência de uma contradição, na medida em que se pretenda definir a função da garantia da propriedade no sentido da teoria dos direitos fundamentais liberal clássica e, ao mesmo tempo, partir de uma compreensão institucional dos direitos fundamentais quanto à dogmática dessa garantia. Ao contrário da interpretação da garantia de instituto desenvolvida por Martin Wolff e Carl Schmitt[259], a competência do legislador na conformação da ordem da propriedade não deveria determinar a estrutura da protecção da propriedade como direito fundamental na medida em que se pretenda ainda configurá-la em termos de uma protecção defensiva perante as agressões dos poderes públicos. Não bastaria, pois, afirmar que a garantia da propriedade envolve uma garantia de

---

[257] Cfr., por exemplo, *Entscheidungen des Bundesverfassungsgerichts*, vol. 31, p. 239.
[258] Cfr. Andreas Lubberger, *Eigentumsdogmatik*, p. 253.
[259] Sobre esta cfr. supra, ponto 1.5.1.2.1.

permanência das posições jurídicas em face de agressões do Estado; tal garantia exige também, quando a conformação legislativa dessas posições seja obscura ou lacunar, que a respectiva protecção seja imediatamente fundada na Constituição[260].

A crítica da concepção que acaba de ser exposta deve ser feita em dois planos: por um lado, quanto ao problema da conexão entre as dimensões institucional e individual da garantia da propriedade; por outro, no que diz respeito às consequências que se pretendem retirar de uma alegada protecção imediatamente resultante da Constituição quanto às possibilidades de uso da propriedade.

Quanto ao primeiro aspecto, cabe apenas salientar que uma adequada compreensão da natureza institucional da propriedade não põe em causa a compreensão da garantia individual da propriedade como direito de defesa perante o Estado. Isso apenas aconteceria se a concepção nos termos da qual os direitos de uso integram a propriedade em sentido constitucional, apenas na medida em que a ordem jurídica desenvolvida pelo legislador assim o preveja, implicasse como seu pressuposto a livre disposição desses direitos de uso por parte do legislador. Esse é, todavia, como já por diversas se salientou, um pressuposto que se não verifica[261]. Por outro lado, a tese de Lubberger não significa outra coisa que não a rejeição da competência do legislador na conformação da ordem da propriedade, estabelecida pela Constituição, em face da última definição da função da garantia da propriedade estabelecida pelo Tribunal Constitucional. Tal tese encontra-se, pois, na disponibilidade deste último. Mas ao mesmo tempo, a definição jurisprudencial da função de tal garantia assenta na existência de direitos de domínio, utilização e disposição no seio da ordem jurídica. Por outras palavras, a tese em análise baseia-se numa argumentação circular.

Quanto ao segundo aspecto mencionado, é duvidoso que a conformação legislativa da ordem da propriedade se possa considerar deficitária, na perspectiva das possibilidades de uso que assistem ao proprietário. O entendimento contrário não só não considera devidamente a circunstância de o livre aproveitamento dos bens se encon-

---

[260] Cfr. Andreas Lubberger, *Eigentumsdogmatik*, p. 254.
[261] Cfr. Ansgar Grochtmann, *Art. 14 GG*, p. 118.

trar estabelecido no direito ordinário de modo abrangente, através das normas de direito privado, como ainda parece ignorar que a eficácia dos direitos fundamentais é assegurada por mecanismos imanentes ao sistema, através do funcionamento do princípio da constitucionalidade[262].

A preocupação em fundar directamente na garantia constitucional da propriedade as possibilidades de uso de um objecto da propriedade resulta ainda da consciência de que a mera permanência de uma posição jurídica que seja de qualificar como propriedade pode coexistir com o completo esvaziamento das possibilidades de aproveitamento e uso a ela inerentes. Trata-se do problema do *nudum ius* ou "redução a nada" do uso da propriedade. É possível, a este propósito, distinguir várias hipóteses: a) a privação total das possibilidade de uso estabelecida em termos gerais pelo próprio legislador, como sucederá, por exemplo, com a paralisação de centrais de energia eléctrica, verificados certos pressupostos; b) a limitação dos direitos de uso que assistem ao proprietários no âmbito do direito do património cultural ou do direito do ambiente que, conduzindo, em regra geral, apenas a uma limitação parcial desses direitos, sem afectar uma possibilidade de utilização razoável, é susceptível, todavia, de conduzir em casos individuais a uma total privação da utilização habitualmente dada ao bem; c) a nova definição dos usos dos solos por instrumentos de ordenamento do território, susceptível de conduzir à completa privação de um uso relevante por parte de antigos proprietários[263]. Nestes casos, dir-se-á, admitir que a redução, por medida legislativa, das possibilidades de uso da propriedade "a zero" é ainda de configurar como uma determinação do conteúdo da propriedade, e já não como uma expropriação, equivale a perder de vista a relação da dogmática com as realidades da vida e a entendê-la como uma mera protecção de categorias jurídicas, mas já não da liberdade real[264]. Assim, segundo Fritz Ossenbühl, a "a garantia de uso tem, junto com a garantia de permanência, a mesma dignidade e o mesmo significado de protecção. O artigo 14.º da Lei Fundamental não protege apenas

---

[262] Cfr. Ansgar Grochtmann, *Art. 14 GG*, pp. 136-138.
[263] Cfr. Fritz Ossenbühl, "Eigentumsschutz gegen Nutzungsbeschränkungen", pp. 701-702.
[264] Cfr. Fritz Ossenbühl, "Eigentumsschutz gegen Nutzungsbeschränkungen", p. 690.

perante a privação, mas também perante a desvalorização da propriedade. Mais ainda, o artigo 14.º da Lei Fundamental protege perante a privação para conservar o uso ao proprietário"[265].

A correcção desta última proposição não pode ser posta em causa. Por um lado, é verdade que as limitações das possibilidades de uso de um bem, como sucede no âmbito do direito do ordenamento do território ou do direito do património cultural, se situam no plano da concretização ou determinação do conteúdo da propriedade, ao contrário do que é possível sustentar em relação à privação parcial de um objecto da propriedade (expropriação parcelar) ou à privação de partes juridicamente autonomizáveis da propriedade enquanto posição jurídica protegida, como sucederá, por exemplo, com a imposição de servidões administrativas. Nestes últimos grupos de casos é ainda possível falar de privação do direito, próxima da expropriação[266], enquanto nos primeiros haveria que falar, quando muito, na determinação de conteúdo da propriedade envolvendo um dever de compensação (*ausgleichspflichtigen Inhaltsbestimmung*), conceito a que adiante se retornará[267]. A privação do direito subjacente à expropriação tem que ver com a titularidade formal do direito e com a sua destinação jurídica e já não com as competências e faculdades materiais do proprietário, isto é, com as respectivas possibilidades de uso. No primeiro caso falaríamos de um desmembramento da posição jurídica enquanto no segundo estaria em causa o seu esvaziamento. Mas, por outro lado, não deixa de fazer sentido equiparar o esvaziamento total dessas possibilidades à privação do direito, abrindo assim caminho à respectiva caracterização como expropriação. Exemplos de tal esvaziamento são os casos em que as restrições ao uso da propriedade no âmbito do direito do âmbito do património cultural conduzam, em concreto, a uma completa privação das possi-

---

[265] Cfr. Fritz Ossenbühl, "Eigentumsschutz gegen Nutzungsbeschränkungen", p. 691.

[266] Hartmut Maurer, *Allgemeines Verwaltungsrecht*, § 27, n.º 47, p. 723, enquadra a constituição de servidões como um caso de expropriação; no contexto do direito português, Bernardo de Azevedo, *Servidão de Direito Público*, pp. 29 e ss., sustenta a autonomia dogmática da servidão administrativa em relação à expropriação, sem pôr em causa que aquela releva de um "princípio de onerosidade da aquisição de direitos reais", segundo a fórmula M. S. Giannini que emprega (cfr. *ob. cit.*, p. 45).

[267] Cfr. Hartmut Maurer, *Allgemeines Verwaltungsrecht*, § 27, n.º 47, pp. 723-724.

bilidades de uso do bem cultural[268]. Todavia, pretender aqui sustentar que uma afectação quantitativa dos poderes e faculdades materiais do proprietário pode ser transformada numa afectação qualitativa desses mesmos poderes e faculdades, correspondente à respectiva subtracção[269], equivale a desconhecer que a eventual inconstitucionalidade, em tais casos, da conformação legislativa do conteúdo da propriedade não equivale a dar por verificados os pressupostos da expropriação[270]. O que acaba de ser dito não impede, todavia, que os complexos problemas que a intervenção do legislador coloca ao uso da propriedade possam, em todos os casos, ser resolvidos pela simples configuração da garantia constitucional da propriedade como uma garantia de permanência de posições jurídicas definidas pelo legislador; na verdade, essa garantia arriscar-se-ia a ser, por vezes, uma tutela de posições jurídicas vazias. Simplesmente, a recusa de enquadrar esses casos num conceito amplo de expropriação não equivale a aceitar que os mesmos não possam dar origem a uma pretensão indemnizatória do particular, como adiante se diz.

c) Rejeição da existência de deveres directamente resultantes para o proprietário da garantia constitucional da propriedade. Se os direitos e faculdades de uso do proprietário não podem ser retirados directamente da garantia constitucional da propriedade, o mesmo sucede com os deveres. O que acaba de ser dito é válido mesmo em relação a normas, como o artigo 153.º, n.º 3, da Constituição de Weimar, ou o artigo 14.º, n.º 2, da Lei Fundamental alemã, que

---

[268] Cfr. Fritz Ossenbühl, "Eigentumsschutz gegen Nutzungsbeschränkungen", p. 699; Walter Leisner, *Sozialbildung des Eigentums*, pp. 201 e ss. O artigo 20.º da Lei n.º 107/2001, de 8 de Setembro, sobre o regime jurídico do património cultural em Portugal, prevê o direito do proprietário, possuidor e titulares de direitos reais sobre bens culturais a uma indemnização, sempre que do acto de classificação resultar uma proibição ou uma restrição grave à utilização habitualmente dada a um bem, bem como o direito de requerer a expropriação. Está em causa a determinação do conteúdo da propriedade envolvendo um dever de compensação, a que atrás se aludiu, mas também, através do direito de requerer a expropriação, a transformação pura e simples da garantia de permanência numa garantia de valor.

[269] Cfr. Hartmut Maurer, *Allgemeines Verwaltungsrecht*, § 27, n.º 48, p. 724; Pieroth / Schlink, *Grundrechte Staatsrecht II*, n.º 923, p. 230.

[270] Cfr. J. Rozek, *Die Unterscheidung von Eigentumsbindung und Enteignung*, pp. 181, 207 e ss., 219.

estabelecem, em termos quase idênticos, que "a propriedade obriga" e que "o seu uso deve simultaneamente servir o bem comum". Assim, em relação à primeira das mencionadas normas, afirmava com razão Otto Kirchheimer que "Esta concepção, que não contém qualquer vinculação jurídica para o proprietário, mas apenas uma exortação moral a todo o proprietário, no sentido de observar um resultado moralmente defensável na concreta utilização da propriedade, aponta para a influência das concepções germanistas do direito e católica"[271]. De resto, como o mesmo autor salienta, a articulação entre o princípio social e a propriedade privada nos dias hoje não se centra já no uso dos bens, mas na sua distribuição; nesta medida, a concepção da propriedade subjacente ao princípio "a propriedade obriga" está intimamente associada ao mundo social do período medieval[272]. Por outro lado, em relação à idêntica disposição da Lei Fundamental alemã de 1949, a doutrina entende maioritariamente que o respectivo destinatário não é o proprietário, mas o legislador[273].

São fáceis de compreender as razões que sustentam uma tal conclusão. Em primeiro lugar, a admissão de uma vinculação social da propriedade imanente à respectiva garantia constitucional conduz a uma injustificada preponderância do juiz sobre o legislador na determinação do conteúdo e limites da propriedade. Na verdade, tal admissão equivale a um "resto da dogmática tradicional da propriedade", na expressão de Markus Appel, ao permitir aos aplicadores do direito, com a ajuda de *topoi* como os da "*situationsgebundenheit*", concretizar directamente o grau de vinculação admissível dos objectos da propriedade[274]. Neste contexto, não é também para admirar que

---

[271] Cfr. Otto Kirchheimer, "Eigentumsgarantie in Reichsverfassung und Rechtsprechung", p. 9; no mesmo sentido, quanto ao artigo 14.º da Lei Fundamental, cfr. O. Depenheuer, "Entwicklungslinien des verfassungsrechtlichen Eigentumsschutzes in Deutschland 1949-2001", p. 190.

[272] Cfr. Otto Kirchheimer, "Eigentumsgarantie in Reichsverfassung und Rechtsprechung", p. 11.

[273] Cfr. H. P. Ipsen, "Enteigung und Sozialisierung", p. 85; A. v. Brünneck, *Die Eigentumsgarantie des Grundgesetzes*, p. 394; Rudolf Wendt, *Eigentum und Gesetzgebung*, pp. 299 e ss.; Ulrich Hösch, *Eigentum und Freiheit*, p. 199; Markus Appel, *Entstehungsschwäche und Bestandsstärke des verfassungsrechtlichen Eigentums*, pp. 233 e 238-239. Em sentido contrário, cfr. Nüssgens / Boujong, *Eigentum, Sozialbildung, Enteignung*, pp. 68-69.

[274] Cfr. Markus Appel, *Entstehungsschwäche und Bestandsstärke des verfassungsrechtlichen Eigentums*, p. 237.

Martin Wolff, como acima se disse, interpretasse a cláusula "a propriedade obriga" como "um confortável apoio oferecido ao juiz"[275]. Por outro lado, é impossível encontrar directamente na Constituição as bases de uma decisão para todos os casos de vinculação social admissível da propriedade. A complexidade de uma tal tarefa pode apenas ser alcançada no quadro de um processo decisório político e pertence à esfera do legislador democraticamente legitimado[276]. Por último, não podem afastar-se, com a aceitação de uma vinculação social imanente, os perigos de uma hierarquização normativa entre o interesse do proprietário e o interesse geral, contrária à ideia de uma igual ponderação de ambos os interesses na determinação do conteúdo e limites da propriedade pelo legislador[277]. Naturalmente, os argumentos que acabam de ser enunciados valem também, até por maioria de razões, em face da Constituição portuguesa, em que não foi consagrada qualquer cláusula do tipo "a propriedade obriga", mas antes se estabelece que a propriedade é "garantida nos termos da Constituição".

d) A questão da variabilidade do conceito constitucional de propriedade. Vários autores sustentam o carácter essencialmente mutável do conceito constitucional de propriedade, com base, desde logo, na já diversas vezes apontada dependência da propriedade em face do legislador[278]. Torna-se, no entanto, necessário distinguir duas realidades distintas. Por um lado, o carácter mutável do conceito de propriedade pode ser atribuído, como acaba de ver-se, à necessária conformação legislativa da propriedade. Por outro lado, pode entender-se que o conceito constitucional de propriedade está sujeito a uma evolução no tempo, como o demonstra, desde logo, a discussão em torno da questão de saber se a tutela constitucional da proprieda-

---

[275] Cfr. M. Wolff, "Reichsverfassung und Eigentum", p. 11.
[276] Cfr. Schwerdtfeger, *Die dogmatische Struktur der Eigentumsgarantie*, p. 16; Markus Appel, *Entstehungsschwäche und Bestandsstärke des verfassungsrechtlichen Eigentums*, p. 235.
[277] Cfr. Markus Appel, *Entstehungsschwäche und Bestandsstärke des verfassungsrechtlichen Eigentums*, p. 236.
[278] Cfr. Ulrich Hösch, *Eigentum und Freiheit*, p. 8, nota 50; Pieroth e Schlink, *Grundrechte Staatsrecht II*, n.º 899, p. 225

de pode ser estendida a posições jurídicas de direito público e em que medida[279].

Quanto ao primeiro aspecto, parece poder afirmar-se que a alteração de concretos direitos de propriedade pelo legislador não conduz, por si só, a uma alteração do conceito constitucional de propriedade. Ao legislador cabe, sem dúvida, alterar o conteúdo da propriedade, sem que isso implique uma alteração do conceito de propriedade em sentido constitucional. Este último conceito é independente do direito ordinário, precisamente nos termos em que desempenha uma função de qualificação das posições jurídicas dele resultantes como propriedade em sentido constitucional[280].

Pelo contrário, em relação ao segundo aspecto, não está já em causa uma simples alteração do conteúdo da propriedade, incapaz de afectar o conceito constitucional de propriedade, mas sim uma alteração da própria Constituição que implica também, necessariamente, uma variação do conceito constitucional de propriedade[281]. Com efeito, se às características estruturais que integram o conceito de propriedade em sentido constitucional – utilização privada e poder de disposição – em função da sua conexão com a protecção de uma esfera de liberdade no domínio patrimonial, se acrescentarem, em função de uma

---

[279] Distinguindo estes dois problemas, cfr. Ansgar Grochtmann, *Art. 14 GG*, p. 253; Markus Appel, *Entstehungsschwäche und Bestandsstärke des verfassungsrechtlichen Eigentums*, p. 87.

[280] Cfr. Ansgar Grochtmann, *Art. 14 GG*, p. 252; Markus Appel, *Entstehungsschwäche und Bestandsstärke des verfassungsrechtlichen Eigentums*, p. 87; Gabriel Glos, *Der Schutz obligatorischer Rechte durch die Eigentumsgarantie*, p. 102; Konrad Hesse, *Grundzüge des Verfassungsrechts der Bundesrepublik Deutschland*, n.º 442, p. 181.

[281] Sobre o conceito de alteração constitucional aqui tido em vista, cfr. E.-W. Böckenförde, "Anmerkungen zum Begriff Verfassungswandel", pp. 141-142; o autor, *ob. cit.*, pp. 146-147, afasta expressamente do conceito de alteração constitucional os casos de normas constitucionais que admitem configurações diversas, dentro de certos limites, dos bens constitucionais por elas protegidos, apontando como exemplo a garantia da propriedade do artigo 14.º da Lei Fundamental. O legislador, de acordo com a sua orientação política, pode levar a cabo uma alteração da ordem da propriedade, sem que isso signifique uma alteração da garantia constitucional da propriedade, aliás aberta àquelas alterações. Mas está aqui em causa apenas uma conformação mais "liberal", ou mais "social", da ordem da propriedade, sem alteração dos elementos estruturais do conceito constitucional de propriedade, como se pressupõe no texto.

mais ampla interpretação desta conexão e da interpretação de outros princípios e normas constitucionais, características – como as ideias de realização ou prestação própria e de salvaguarda da existência – que permitam a inclusão de posições jurídicas de direito público no âmbito de protecção da garantia constitucional da propriedade, a conclusão não poderá deixar de ser a de que foi alterado o próprio conceito constitucional de propriedade[282].

2.5 A garantia constitucional da propriedade como garantia de concretas posições jurídicas definidas pelo legislador. A circunstância de se atender à posição jurídica complexa de um sujeito enquanto objecto da qualificação como propriedade em sentido constitucional e, em caso afirmativo, como objecto da garantia constitucional da propriedade, implica algumas consequências. Desde logo, para se saber se uma determinada faculdade de uso ou disposição de um bem é objecto da garantia constitucional da propriedade, ela não pode ser tomada isoladamente, mas no contexto da concreta posição jurídica em que se insere[283]. Esta perspectiva não suscita dificuldades de maior quando a faculdade individualmente considerada tem a sua origem no mesmo campo do direito do qual retira a sua conformação a posição jurídica complexa em que ele se insere. Assim, o direito a uma determinada prestação da segurança social, por exemplo, integra-se numa posição jurídica exclusivamente situada no campo do direito público. Pelo contrário, a posição do promitente--comprador de um imóvel integra o direito privado. Que dizer, no entanto, daquelas relações jurídicas que têm um carácter marcadamente pluridimensional? A este propósito é paradigmático o caso da propriedade de imóveis. Para além das numerosas normas de direito civil que regulam a posição do proprietário, existem também normas de direito público, respeitantes ao urbanismo, ao ambiente, ao património cultural, que disciplinam o direitos e poderes do proprietário. A posição jurídica global que resulta da constituição de uma relação de propriedade, decorrente da aquisição da propriedade de um imóvel,

---

[282] Neste mesmo sentido, cfr. Markus Appel, *Entstehungsschwäche und Bestandsstärke des verfassungsrechtlichen Eigentums*, p. 87; em sentido contrário, cfr. Ansgar Grochtmann, *Art. 14 GG*, pp. 253-254.

[283] Cfr. Ansgar Grochtmann, *Art. 14 GG*, p. 142.

nos termos dos artigos 1316.º e seguintes do Código Civil, é, pois caracterizada por ser uma posição comum aos direitos público e privado. Pois bem, tratando-se do problema de saber se um determinado direito ou faculdade de usar do proprietário constitui objecto da garantia constitucional de propriedade privada, deverá o mesmo resolver-se com base no reconhecimento do carácter pluridimensional da situação jurídica em causa.

No âmbito de tal construção, o primeiro passo consiste em repudiar, como fez a jurisprudência constitucional alemã, sobretudo na sequência do caso *Nassauskiesung*, a ideia de uma precedência dos direitos e faculdades do proprietário tal como regulados pelo direito privado. As disposições de direito público, na maior parte dos casos surgidas mais tarde do que a regulação privada, ainda que condicionando determinados direitos do proprietário, como o de construir, seriam concebidas como limites a um direito de uso abrangente, destinado com antecedência pelo direito civil. Simplesmente, uma vez que a realização de tarefas visando o bem comum resulta, senão exclusiva pelo menos tipicamente, de normas de direito público, estas não devem ser desligadas da determinação do concreto alcance jurídico da garantia de permanência decorrente do artigo 14.º, n.º 1, da Lei Fundamental. Pelo contrário, tais normas revestem-se, a esse propósito, da mesma relevância que as disposições de direito civil. Por outras palavras, uma norma de direito público restringindo o direito de usar do proprietário, em sentido contrário àquele que resultaria das normas gerais do direito privado[284], é determinante na configuração da posição jurídica objecto da garantia constitucional da propriedade e não um mero limite a ela, embora, claro, tenha também esta função de limite. É assim de afastar a ideia de uma precedência das normas de direito civil, no sentido de que nos casos de situações jurídicas pluridimensionais o alcance da garantia de permanência decorrente do artigo 14.º, n.º 1, da Lei Fundamental resultaria exclusivamente dos direitos de uso previstos no direito civil, em relação aos quais as normas de direito público seriam encaradas como intervenções posteriores.

---

[284] Integrando o direito de construir no conteúdo das normas gerais do direito civil, cfr. W. Leisner, "Baufreiheit oder staatliche Baurechtsverleihung?", p. 334 (com referência aos §§ 903 e 946 do BGB); Fernando Alves Correia, *O Plano Urbanístico e o Princípio da Igualdade*, pp. 372-374 (apontando os artigos 1305.º e 1344.º, n.º 1, do Código Civil).

Todavia, ainda que se afaste a ideia de precedência do direito privado sobre o direito público na configuração da garantia de permanência, numa consideração isolada de direitos e faculdades de uso do proprietário, é possível retomá-la quando reportada à caracterização global da posição jurídica complexa do proprietário. Esta posição jurídica, no caso do proprietário fundiário, revela, não obstante o seu carácter pluridimensional, uma "conexão de regime funcional" das disposições de direito público e privado que concorrem na respectiva caracterização[285].

2.5.1 Em especial o problema do *ius aedificandi*. É possível avaliar, com base na respectiva aptidão a preservar esta "conexão de regime funcional", as principais teorias relativas à natureza do direito de construir: a teoria jurídico-privada da liberdade de construir e a teoria jurídico-pública da concessão do *ius aedificandi*[286]. A teoria jurídico-privada da liberdade de construir adequa-se à "conexão de regime funcional" entre direito público e privado, pois o direito de construir, ainda que disciplinado pelas normas jurídico-públicas dos direitos do urbanismo e do planeamento, estaria indissoluvelmente ligado a uma relação de propriedade regulada pelo direito civil. Uma vez que esta relação se encontra indiscutivelmente sob a alçada da

---

[285] A expressão "conexão de regime funcional" é da decisão do Tribunal Constitucional alemão de 1 de Julho de 1981 (cfr. *Entscheidungen des Bundesverfassungsgerichts*, vol. 58, p.109); cfr., ainda, Markus Appel, *Entstehungsschwäche und Bestandsstärke des verfassungsrechtlichen Eigentums*, pp. 123 e ss.

[286] Sobre estas, cfr., em geral, Walter Leisner, "Baufreiheit oder staatliche Baurechtsverleihung?", pp. 325 e ss.; Ansgar Grochtmann, *Art. 14 GG*, pp. 145 e ss.; Fernando Alves Correia, *O Plano Urbanístico e o Princípio da Igualdade*, pp. 348 e ss. Defendendo a integração do *ius aedificandi* no conteúdo do direito de propriedade, cfr. Oliveira Ascensão, "O Urbanismo e o Direito de Propriedade", p. 322; Freitas do Amaral, "Apreciação da Dissertação de Doutoramento do Licenciado Fernando Alves Correia...", pp. 99-100; Fausto de Quadros, *A Protecção da Propriedade Privada pelo Direito Internacional Público*, pp. 494, 557 e 566, nota 1849; Rui Medeiros, *Ensaio Sobre a Responsabilidade do Estado por Actos Legislativos*, p. 267; idem, *Constituição Portuguesa Anotada*, tomo I, p. 679; cfr., ainda, embora fora do âmbito da designada tese privatista, Jorge Reis Novais, "Ainda sobre o *Jus aedificandi*...", pp. 117 e ss.; em sentido contrário, sustentando a natureza jurídico-pública do direito de construir, cfr. Rogério Soares, *Direito Administrativo*, pp. 116-117; Alves Correia, *O Plano Urbanístico e o Princípio da Igualdade*, pp. 376-377.

protecção da garantia de permanência do artigo 14.º, n.º 1, da Lei Fundamental, assim aconteceria também com o direito de construir. Pelo contrário, as teses do direito de construir como uma concessão jurídico-pública negam uma "conexão de regime funcional" entre as disposições de direito público e de direito privado relativas à liberdade de construir. Nos seus termos, o direito de construir é encarado isoladamente, separado da situação de propriedade privada reconhecida pelo direito civil. A questão que então se coloca é a de saber se faz sentido negar genericamente a conexão entre as disposições de direito privado e de direito público sobre a matéria. Caso se conclua, justificadamente, que as normas de direito público não impõem a separação do direito de construir das demais faculdades do proprietário, deve aceitar-se que o direito de construir tem a sua origem na propriedade de imóveis do direito civil, razão pela qual, a respeito da questão da qualificação, deve ser encarado como relevando de uma situação jurídico-privada. Uma vez que a propriedade privada de imóveis preenche inquestionavelmente as características estruturais consideradas na Constituição em vista da protecção de posições jurídicas de direito privado, deverá o direito de construir concedido ao abrigo de normas de direito público ser abrangido, em princípio, pela protecção da garantia de permanência[287].

A tese que, nas suas linhas gerais, se acaba de expor toma como objecto da garantia constitucional da propriedade uma concreta posição jurídica na sua complexidade, em cuja configuração estão presentes normas de direito público e direito privado. Mas a construção tem também interesse por implicar uma tomada de posição relativamente às diversas teorias sobre a natureza do direito de construção na perspectiva da liberdade do proprietário. Na realidade, as teses da natureza jurídico-pública do direito de construir, ao negarem a conexão entre as normas de direito público que o regulam e as normas do direito privado que o admitem em termos gerais, teriam subjacente um modo de ver de acordo com o qual a progressiva (e inquestionável) limitação da liberdade de construir poderia legitimamente conduzir à sua transformação numa concessão dos poderes

---

[287] Cfr. Ansgar Grochtmann, *Art. 14 GG*, pp. 177-179; Markus Appel, *Entstehungsschwäche und Bestandsstärke des verfassungsrechtlichen Eigentums*, pp. 133-139; cfr., ainda, R. Wendt, *Eigentum und Gesetzgebung*, pp. 175-176.

públicos. Ora, na expressão de Leisner, "da intensidade da limitação de um direito fundamental não se pode por nenhuma via chegar à mutação do conceito da liberdade limitada"[288]. Não se questiona, pois, a possibilidade de limitar a liberdade no que toca ao direito de construir, mas que dessa possibilidade se siga a supressão pura e simples da liberdade em causa[289]. Ao mesmo tempo, a tese que acaba de ser exposta não equivale à defesa de um direito de construir resultante para o proprietário directamente do artigo 62.º, n.º 1, primeira parte da Constituição ("A todos é garantido o direito à propriedade privada"), atendendo, desde logo, à circunstância de o objecto da garantia constitucional da propriedade serem posições jurídicas criadas pelo legislador[290]. Da garantia constitucional da propriedade não resultam directamente quaisquer direitos de uso para o proprietário, mas apenas a identificação, levada a cabo pelo intérprete, de determinadas características estruturais que os concretos direitos de propriedade devem preencher, a fim de serem por ela abrangidos. Por outras palavras, esta garantia protege apenas aquelas possibilidades de uso que sejam concretamente atribuídas ao titular de um direito subjectivo e na medida em que elas sejam aptas a perseguir alguma das determinações da conexão entre propriedade e liberdade que justificam a respectiva tutela constitucional.

A principal conclusão que se pode extrair desta exposição é a seguinte: na medida em que a posição jurídica de um proprietário é determinada pelas normas do direito civil, que integram no conteúdo do direito de propriedade o direito de construir (artigos 1305.º,

---

[288] Cfr. W. Leisner, "Baufreiheit oder staatliche Baurechtsverleihung?", p. 339; Ansgar Grochtmann, *Art. 14 GG*, p. 176.

[289] De resto, o próprio Tribunal Constitucional, embora considerando que o direito de edificar não é abrangido na dimensão essencial do direito de propriedade que tem natureza análoga aos direitos, liberdades e garantias, mostrou-se avesso a tal supressão. Com efeito, entendeu o Tribunal, no seu Acórdão n.º 329/99 (cfr. *Acórdãos do Tribunal Constitucional*, vol. 44, p. 150), em relação aos direitos de urbanizar, lotear e edificar que "ainda quando estes direitos assumam a natureza de faculdades inerentes ao direito de propriedade do solo, não se trata de faculdades que façam sempre parte da *essência* do direito de propriedade, tal como ele é garantido pela Constituição: é que essas faculdades, salvo, porventura, quando esteja em causa a salvaguarda do direito a habitação própria, já não são *essenciais* à realização do Homem como pessoa".

[290] Cfr. Markus Appel, *Entstehungsschwäche und Bestandsstärke des verfassungsrechtlichen Eigentums*, pp. 132-133 e 139-151.

1339.º e 1344.º, n.º 1, do Código Civil), e pelas normas de direito público que condicionam o exercício daquele direito, a liberdade de construir é incluída no âmbito de protecção da garantia constitucional da propriedade. Assim, a liberdade de construir segue a qualificação da relação de propriedade privada como objecto da garantia constitucional. Mas esta é uma conclusão só com validade genérica, que não exclui a possibilidade de separar do conteúdo de um direito de propriedade determinados direitos de uso, que integrem de um modo geral o conteúdo do direito de propriedade regulado pelo direito civil, excluindo-os, do mesmo passo, do âmbito de protecção da garantia constitucional da propriedade[291]. Basta pensar a este propósito na decisão *Nassauskiesung* do Tribunal Constitucional alemão. Sustentou-se aí que o direito de usar e aproveitar as águas subterrâneas não integra o conteúdo do direito de propriedade privada, sendo a esse propósito determinantes as normas de direito público que condicionam, em termos apertados, o respectivo aproveitamento, exigindo uma licença atribuída por períodos de tempo limitados e restringindo os usos susceptíveis de afectar a quantidade ou qualidade das mesmas águas. Uma vez que, de acordo com tais normas, resulta apenas para o proprietário uma pretensão a uma decisão assente em pressupostos correctos, mas nenhuma posição susceptível

---

[291] Jorge Reis Novais, "Ainda sobre o *Jus aedificandi*...", p. 135, nota 103, critica a tese privatista afirmando que "enquanto esta procurava deduzir do direito ordinário a conclusão de que o *jus aedificandi* integra o direito de propriedade, o nosso percurso é exactamente o inverso. (...) é porque no plano constitucional já existe o direito que a lei ordinária o deve reflectir, sob pena de inadequação ou eventualmente inconstitucionalidade, e não o inverso. De outro modo, como pretendem contraditoriamente os *privatistas*, chegaríamos à conclusão precária que o *jus aedificandi* integra hoje, o direito de propriedade à luz do actual direito ordinário, mas que, amanhã, tal pode deixar de acontecer em função da alteração desse mesmo direito ordinário, ou seja, a alteração das normas ordinárias em questão produziria uma alteração da Constituição...". A alteração das normas ordinárias tem precisamente o efeito de produzir uma alteração do objecto de protecção da garantia constitucional da propriedade, sem que isso envolva todavia, qualquer alteração do conceito constitucional de propriedade e, por essa razão, qualquer alteração da Constituição [cfr. supra, ponto 2.4.3, d)]. A variabilidade do objecto de protecção da garantia constitucional da propriedade releva do seu carácter específico enquanto garantia de posições jurídicas criadas pelo legislador. Assim, este último não está inibido de subtrair a faculdade de construir ao direito de propriedade privada, desde que o faça justificadamente e assegurando, quando for o caso, as compensações adequadas.

de ser caracterizada como propriedade, não chega também a integrar a respectiva posição jurídica um direito de uso das águas subterrâneas, permitido em termos gerais pelo direito privado[292]. Consequentemente, o direito de uso em causa não é também objecto de protecção da garantia constitucional da propriedade. Todavia, como resulta dos próprios termos da intervenção legislativa, separando o direito de usar as águas subterrâneas do conteúdo típico do direito de propriedade, previsto no direito civil, esta separação encontra uma justificação que a distingue claramente do caso do direito de construir. Por um lado, no que diz respeito às águas subterrâneas, o interesse do proprietário está sujeito a maiores restrições, em comparação com o licenciamento de obras municipal, sendo inquestionável o seu maior significado para o bem-estar da população. Por outro lado, a possibilidade de efectuar um aproveitamento económico razoável de um imóvel não depende, em regra, da extracção das águas subterrâneas nele existentes[293]. Assim, a separação de um determinado direito de uso do conteúdo do direito de propriedade carece em si mesma de justificação, à luz da ideia de vinculação social da propriedade[294]. Ao mesmo tempo, o legislador, aquando da adopção de uma nova disciplina jurídica, não se encontra perante a alternativa de conservar as posições jurídicas já constituídas ou apenas privar delas os respectivos titulares mediante uma indemnização; no âmbito da sua tarefa de determinação do conteúdo e limites da propriedade, pode modificar, através de um regime transitório adequado, posições jurídicas individuais, quando existam razões assentes no bem comum que devem

---

[292] Cfr. *Entscheidungen des Bundesverfassungsgerichts*, vol. 58, p. 337.

[293] Cfr. *Entscheidungen des Bundesverfassungsgerichts*, vol. 58, pp. 341-345; cfr., ainda, Markus Appel, *Entstehungsschwäche und Bestandsstärke des verfassungsrechtlichen Eigentums*, p. 137; W. Leisner, "Baufreiheit oder staatliche Baurechtsverleihung?", p. 335.

[294] Preconizando uma semelhante necessidade de justificação do "vínculo de inedificabilidade" em face do caso concreto, embora não para efeitos de admitir a inclusão, *prima facie*, do *ius aedificandi* na garantia constitucional da propriedade, mas para efeitos de retirar uma protecção ressarcitória dessa garantia quando as restrições do direito de construir configurem "medidas substancialmente expropriatórias que, não operando embora um efeito translativo do domínio, originam uma penetrante incidência no *Kerngehalt* dum bem constitucionalmente protegido", cfr. Gomes Canotilho, *O Problema da Responsabilidade do Estado por Actos Lícitos*, pp. 298-300.

prevalecer sobre a legítima (e protegida pela garantia de permanência) confiança na estabilidade dos direitos adquiridos[295].

2.5.2 Alcance da garantia das possibilidades de uso previstas pelo legislador.

Questão diversa das tratadas até agora consiste em saber em que medida são protegidas pela garantia constitucional da propriedade as possibilidades de uso inerentes a uma posição jurídica qualificada como propriedade, mas que ainda não tenham sido realizadas. Foi já expresso o entendimento de que apenas são protegidos pela garantia constitucional da propriedade os direitos de uso atribuídos pela lei, não podendo derivar-se directamente de tal garantia, pela simples identificação de um direito de propriedade, quaisquer direitos de uso[296]. É, no entanto, suficiente que o legislador preveja uma possibilidade de uso para um objecto de propriedade, sendo irrelevante, em princípio, a questão de saber se essa possibilidade de uso foi, ou não, efectivamente realizada. Walter Leisner acentua a este propósito a existência de uma "liberdade de propriedade negativa", isto é, um direito de não fazer qualquer uso de esta ou aquela possibilidade de uso de um bem: ainda que a propriedade não seja um *ius utendi et abutendi*, deve, no entanto, permanecer como *ius utendi et non utendi*. A ideia de um "activismo da propriedade" é contrária à Constituição, atendendo justamente à conexão que nela se estabelece entre propriedade e liberdade[297]. Com base nesta conexão, são também de incluir na esfera de protecção da garantia da propriedade as possibilidades de uso inerentes a uma posição jurídica qualificada como propriedade em sentido constitucional mas ainda não realizadas. Assim, por um lado, o aproveitamento de um bem pelo respectivo proprietário, nos termos das normas em vigor, goza da estabilidade inerente à garantia da propriedade. Mas, por outro lado,

---

[295] Cfr. *Entscheidungen des Bundesverfassungsgerichts*, vol. 58, p. 351.

[296] Sobre isto, cfr. supra, ponto 2.3.3, parte final.

[297] Cfr. W. Leisner, "Eigentumsschutz von Nutzungsmöglichkeiten", p. 308; no mesmo sentido, cfr. Jochen Rozek, *Die Unterscheidung von Eigentumsbindung und Enteignung*, pp. 267-268; Markus Appel, *Entstehungsschwäche und Bestandsstärke des verfassungsrechtlichen Eigentums*, p. 141; Pieroth e Schlink, *Grundrechte Staatsrecht II*, n.º 914, p. 228. Cfr., ainda, Fritz Ossenbühl, "Eigentumsschutz gegen Nutzungsbeschränjungen", pp. 703-704.

o aproveitamento já efectuado de um bem é talvez menos significativo para o proprietário, atendendo àquela mesma conexão, do que uma possibilidade de usar o bem ainda não realizada. Neste contexto, o que se afigura decisivo não é o aproveitamento efectivo da possibilidade de uso, mas antes a confiança ou, pelo menos, possibilidade de confiança merecedora de tutela do proprietário na respectiva estabilidade. Os princípios da protecção da confiança e da proporcionalidade fornecem também aqui os critérios à luz dos quais deve ser avaliada uma medida restritiva da propriedade[298].

---

[298] Cfr. J. Rozek, *Die Unterscheidung von Eigentumsbindung und Enteignung*, p. 268. O entendimento expresso no texto carece de ser confrontado com o disposto no artigo 88.º da Constituição portuguesa, sobre meios de produção em abandono. Segundo Gomes Canotilho e Vital Moreira, *Constituição da República Portuguesa Anotada*, vol. I, p. 1026, "estabelece-se aqui, implicitamente, um *dever de exploração*. O princípio da plena utilização das forças produtivas (art. 81.º/c) implica designadamente que o direito de propriedade de meios de produção não abrange a liberdade de os não utilizar economicamente (cfr. nota ao art. 62.º)". Ainda segundo os mesmos autores, esta exclusão da liberdade de não utilizar economicamente os meios de produção submetidos à propriedade, bem como a não protecção, à luz do artigo 61.º, da liberdade de não iniciativa, são uma clara expressão da função social da propriedade dos meios de produção e da liberdade de iniciativa económica (cfr. *ob. e loc. cit.*). Por seu turno, Rui Medeiros, *Constituição Portuguesa Anotada*, tomo II, p. 121, salienta, na sequência do Acórdão do Tribunal Constitucional n.º 240/91 (in *Acórdãos do Tribunal Constitucional*, 19.º vol., pp. 7 e ss.), que "o princípio plasmado no artigo 88.º – que, pela inserção sistemática e pela referência genérica aos meios de produção, é aplicável, não apenas às terras, mas também às próprias empresas – não tem em vista apenas o sector privado dos meios de produção", sendo também aplicável no domínio da propriedade social, designadamente em relação aos baldios. O mesmo autor sustenta ainda que a situação para que aponta o artigo 88.º, apesar da designação aí utilizada, "aproxima-se mais das hipóteses de extinção de direitos reais por não uso, isto é, pelo não exercício reiterado do direito, tanto mais que, na base deste instituto, está justamente o reconhecimento da função social da propriedade". Com efeito, no artigo 298.º, n.º 3, do Código Civil prevê-se que os direitos de propriedade, usufruto, uso e habitação, superfície e servidão não prescrevem, mas podem extinguir-se pelo não uso nos casos previstos na lei, sendo aplicáveis nesses casos, na falta de disposição em contrário, as regras da caducidade [cfr. os artigos 1476.º, n.º 1, alínea e), quanto ao usufruto; 1536.º, n.º 1, alínea a), quanto ao direito de superfície; e 1569.º, n.º 1, alínea b), quanto às servidões]. No artigo 88.º, todavia, admite-se que o não uso de um meio de produção possa conduzir à respectiva expropriação, presumivelmente mesmo antes de se verificarem as condições previstas no direito civil para a extinção de certos direitos reais pelo não uso, sendo certo, aliás, que a previsão destes casos de extinção visa sobretudo a resolução de conflitos de direitos. Gomes Canotilho e Vital Moreira, *ob. cit.*, p. 1027, admitem que os critérios legalmente estabelecidos para o cálculo da indemnização devida pela expropriação agora em causa "não têm de coincidir com o critério geral da «justa

2.5.3 A garantia constitucional da propriedade privada como garantia de posições jurídicas com valor patrimonial, não como garantia de valores patrimoniais. Sem prejuízo da autoridade de todas estas vozes, afirmando a prioridade da função de defesa da garantia individual da propriedade sobre a função de compensação, não pode deixar de se reconhecer algum desconforto no articulação da extensão, pacificamente admitida, da garantia da propriedade a todos os direitos patrimoniais, incluindo os direitos de crédito, e a defesa da prioridade mencionada, à qual está subjacente a ideia da conexão entre propriedade e liberdade pessoal. Como já antes várias vezes se afirmou, a ideia de uma conexão especial entre a garantia da propriedade e a liberdade pessoal parece assentar na existência de uma relação especial entre sujeito e objecto, que justamente a extensão daquela garantia aos direitos de crédito, já para não falar do próprio dinheiro, torna problemática. Karl Larenz assumiu expressamente aquele desconforto, ao tomar posição sobre os diversos planos que devem ser considerados na problemática actual da propriedade e da sua garantia constitucional. Segundo o autor, seriam de separar do conceito de propriedade em sentido constitucional, não só os créditos,

---

indemnização» por expropriação por utilidade pública, mas sim com os critérios específicos da expropriação de meios de produção". Rui Medeiros, *ob. cit.*, p. 123, sustenta, em sentido contrário, ser aplicável neste âmbito o princípio geral consagrado no artigo 62.º, n.º 2, "embora não se impeça, obviamente, que, no cálculo do valor justo da propriedade, se atenda, nos termos gerais, ao estado de abandono em que ela se encontra". É esta última a posição que se julga correcta, em função, aliás, da posição tomada quanto à unidade de critérios do cálculo de indemnização nos diversos casos de expropriação/nacionalização previstos na Constituição (cfr. infra, ponto 2.8). Naturalmente, o entendimento adoptado no texto pode e deve ser compatibilizado com a aplicação das normas previstas no direito civil para a extinção de certos direitos reais pelo não uso e com as normas previstas na Constituição para os casos de abandono de meios de produção. Tal entendimento visa sobretudo justificar a adopção do critério do "valor real e corrente do bem de acordo com o destino efectivo ou *possível* numa utilização económica normal" (itálico acrescentado), previsto no artigo 23.º, n.º 1, do Código das Expropriações de 1999, como base da justa indmenização. Mas esse entendimento visa ainda servir de base à avaliação da legitimidade constitucional da lei que venha a regular a expropriação, bem como o arrendamento ou concessão de exploração compulsivos, previstos no artigo 88.º. Sempre que esta lei utilize como critério do dever de exploração dos meios de produção o uso eficiente da propriedade, à luz dos ditames da eficiência económica que vimos estarem subjacentes à teoria dos "*proprerty rights*", com a consequente eliminação da liberdade do proprietário (cfr. supra, cap. 1, ponto 1.4), ela será inconstitucional por violação da garantia da propriedade do artigo 62.º.

mas também o dinheiro, pela seguinte razão: "a justificação da propriedade, que nos é dada a conhecer, decorre toda ela da circunstância de a propriedade tratar de um poder de disposição exclusivo de uma pessoa sobre um bem completamente determinado. O 'bem' pode ser, como se disse, uma coisa individual, uma coisa composta, uma empresa ou uma obra do espírito. Mas trata-se sempre de um bem determinado e concreto, e conforme o tipo de tal bem – seja um imóvel, seja mercadoria, um bem de consumo, meios de produção, etc. – são também possíveis certas diferenciações do direito de uso e da 'vinculação social'. Mas, no caso do dinheiro, como no caso dos créditos de valor patrimonial, não se trata de um bem determinado, mas de um poder de disposição económico". Larenz reconhece que numa economia desenvolvida a propriedade é convertível em dinheiro e, por isso, é também potencialmente um poder de disposição económico abstracto. No entanto, torna-se necessário esclarecer, segundo o autor, que não é esse o sentido originário e primário da propriedade, que se prende antes com a relação duradoura de uma pessoa com um bem determinado. A possibilidade de fazer dinheiro de toda a propriedade, pela primeira vez existente nas economias modernas, constituiria assim uma "problemática adicional da propriedade". Seria, nesta conformidade, necessário distinguir a "propriedade", significando um específico problema jurídico, do conceito, originariamente económico, de "património", sem perder de vista, ao mesmo tempo, a estreita conexão entre ambos. Deste modo, se o conceito de propriedade do direito civil, com a sua restrição às coisas corpóreas, surge como demasiado restrito numa perspectiva jurídico-filosófica e jurídico-constitucional, seria também demasiado ampla a equiparação da propriedade a qualquer direito patrimonial. Qual é, pois, a conexão que se estabelece entre os conceitos de propriedade e de património? A resposta prende-se com o necessário reconhecimento de que a propriedade, na ordem económica actual, é sempre também património, porque é convertível em dinheiro e, por meio do dinheiro, em outros bens[299]. Todavia, a mais difícil problemática social da propriedade resulta hoje, reconhece Larenz, não de ser apenas um direito sobre um concreto bem corpóreo ou económico,

---

[299] Cfr. Karl Larenz, "Die rechtsphilosophische Problematik des Eigentums", p. 24.

mas de a sua convertibilidade num valor em dinheiro, nas economias desenvolvidas, tornar possível ao mesmo tempo um potencial poder de disposição económico. Esse poder económico pode incidir sobre meios de produção e conduzir mesmo a uma posição de domínio do mercado. Por outras palavras, aquele que o detiver pode, "através do dinheiro, obter poder sobre as pessoas e sobre as instituições. Um tal poder, com as suas raízes na liberdade, torna-se finalmente uma ameaça para a liberdade". O problema da propriedade transcenderia aqui o domínio do direito, para se colocar já no plano da política económica e social[300].

A distinção da problemática da propriedade consoante ela exprima um poder da pessoa sobre um bem determinado ou, através do dinheiro, um poder exercido sobre outras pessoas, evoca a distinção fundamental na justificação da propriedade segundo John Locke, separando os momentos anterior e posterior à introdução do dinheiro[301]. À semelhança do que vimos suceder com os diversos entendimentos sobre o alcance do direito de propriedade sumariados no capítulo anterior[302], também Larenz procura restringir a extensão da respectiva garantia ao conceito de propriedade como domínio sobre as coisas externas, remetendo a problemática da propriedade como expressão de poder económico para o plano da política económico--social. É neste contexto que se compreende a sua exclusão dos direitos de crédito do conceito constitucional de propriedade. A linha que traça entre o que é abrangido na garantia da propriedade e aquilo que já não poderá sê-lo, antes pertencendo ao domínio do relevo económico e social da propriedade e devendo assim ser determinado pelo jogo das forças políticas, no respeito das formas de controlo das modernas democracias, passa pela possibilidade de isolar uma relação duradoura entre uma pessoa e um bem determinado. O carácter abstracto do poder de disposição económico propiciado pelo dinheiro e a estrutura do direito de crédito, fundamentalmente diversa da propriedade, justificam a respectiva exclusão da garantia desta. Todavia, com base na pacífica inclusão dos direitos de crédito no conceito constitucional de propriedade, admitida por todas as jurispru-

---

[300] Cfr. Karl Larenz, "Die rechtsphilosophische Problematik des Eigentums", pp. 40-41.
[301] Cfr. supra, Parte II, cap. 1, ponto 1.4.7.
[302] Cfr. supra, cap. 1, ponto 1.5.2.

dências constitucionais, parece que a linha de fronteira deverá ser traçada num outro ponto que pode, aliás, ser expresso com base numa formulação do próprio Larenz: se não pode deixar de se admitir que toda a propriedade, nas economias actuais, é sempre também património, então todas as situações jurídicas constituídas que exprimem valores patrimoniais devem ser objecto da tutela constitucional da propriedade. A linha de fronteira deve, pois, ser traçada entre os valores patrimoniais com expressão numa situação jurídica consolidada e o património em si mesmo considerado. Por outras palavras, a propriedade em sentido constitucional não consiste no património dos cidadãos, mas nas suas posições jurídicas com valor patrimonial[303]. Importa especialmente testar esta linha de fronteira em dois casos: por um lado, a propósito do significado da "garantia de valor" da tutela constitucional da propriedade; por outro, a propósito da relação da propriedade com a liberdade pessoal, assumida como fundamento da respectiva tutela constitucional.

A distinção entre uma função primária, ou de defesa, e uma função secundária, ou de compensação, da garantia da propriedade, corresponde à ideia de que essa garantia não consiste, em primeira linha, numa "garantia de valor", mas sim numa "garantia de permanência", como se mencionou[304]. Isso significa também, como igualmente se disse, que a transformação da "garantia de permanência" numa "garantia de valor" apenas ocorre quando se verifiquem os pressupostos de uma expropriação legítima ou de um legítimo acto de nacionalização ou socialização de meios de produção. Mais ainda, as duas dimensões da garantia individual da propriedade e a relação de prioridade que entre elas se estabelece, conduzem a uma distinção entre garantia de valor de uso e garantia de valor de troca. A garantia de permanência é uma garantia de valor de uso dos concretos direitos de propriedade, tal como eles existem na ordem jurídica; pelo contrário, apenas em caso de expropriação ou nacionalização, em que a garantia de permanência dá lugar a uma garantia de valor, é assegurado ao proprietário o valor de troca (ou valor de mercado) do bem expropriado ou nacionalizado. Assim, no âmbito da sua tarefa

---

[303] Cfr. Papier, "Art. 14 GG", n.º 160, p. 102.
[304] Cfr. supra, cap. 1, pontos 1.5.1.2.2 e 1.5.1.2.3.

de determinação do conteúdo e limites da propriedade, o legislador está obrigado a preservar o valor de uso dos bens objecto da propriedade, nos termos em que eles são configurados num caso concreto, e só num caso de afectação de tais bens que reúna os pressupostos de uma expropriação ou nacionalização se pode falar numa garantia do valor de troca[305].

A combinação, nos termos expostos, dos vários planos em que se estrutura a garantia individual da propriedade, tem como consequência a possibilidade de ocorrer uma diminuição do valor de troca, ou de mercado, de um bem objecto de propriedade sem que seja afectado o âmbito de protecção jurídico-constitucional deste último. Imagine-se, por exemplo, a construção de uma rua que desvie o tráfego da única rua previamente existente. Todos os proprietários de imóveis confinantes com a rua primitiva, por onde deixa de circular o tráfego principal, podem sofrer uma considerável diminuição do valor de troca nas suas propriedades. Falta, no entanto, a afectação da garantia primária ou garantia de permanência, e, por essa razão, falta também a violação do direito de propriedade[306]. Pois bem, caso se prescinda da distinção entre função primária e função secundária da garantia individual da propriedade, ou entre as suas garantia de permanência e garantia de valor, ou ainda entre as respectivas função de defesa e função de compensação, entendidas como distinções equivalentes, tal garantia individual da propriedade será tendencial e unitariamente encarada como protegendo o valor de troca da posição jurídica do proprietário. Quando assim fosse, a interpretação da garantia de valor como uma garantia de valor de troca, associada a um conceito amplo de expropriação, conduziria a que se considerasse como expropriação toda a determinação legislativa do conteúdo e limites da propriedade que afectasse o valor de troca de um bem. Importa, pois, salientar a importância da distinção entre as funções primária e secundária da garantia constitucional individual da propriedade e os resultados insustentáveis de uma concepção que faça corresponder a esta última apenas uma função secundária ou de

---

[305] Cfr. Florian Wässle, *Das Vermögen als Gegenstand der Eigentumsgarantie*, pp. 118 e ss.

[306] Cfr. Papier, "Art. 14 GG", n.º 164, p. 104; Thomas Weikart, *Geldwert und Eigentumsgarantie*, p. 223.

compensação. A questão da delimitação entre a limitação e determinação do conteúdo da propriedade pelo legislador e o conceito de expropriação será abordada adiante.

A ideia de uma complementaridade entre propriedade e liberdade pessoal não deve ser distorcida através da redução *a priori* da garantia da propriedade a uma mera garantia da base material do livre desenvolvimento da pessoa, tornando-a desadequada à partida da tutela de tudo o que exceda o "mínimo" inerente à liberdade pessoal[307]. Uma tal configuração da garantia da propriedade seria, desde logo, incompatível com a afirmação da respectiva função social, bem como com a própria previsão constitucional da socialização de meios de produção. Isso não significa, no entanto, que seja irrelevante a justificação da propriedade como direito de liberdade pessoal, como se verá. Sem dúvida, deve ter-se hoje por limitada a perspectiva de acordo com a qual apenas seriam abrangidos na propriedade em sentido constitucional os direitos que exprimissem uma relação entre uma pessoa e um bem determinado. Ao mesmo tempo, se se incluem os direitos de crédito no âmbito de protecção constitucional da propriedade pode razoavelmente questionar-se por que razão se não procede do mesmo modo com o dinheiro e com o património em si mesmo considerado[308]. Contra uma tal exclusão dir-se-á que "a

---

[307] Cfr. Papier, "Art. 14 GG", n.º 2, p. 24.

[308] Quando adiante se fala em património tem-se em vista um ou mais, em simultâneo, dos seguintes três tipos de conceito: o conceito de património orientado para o objecto, isto é, o património como um conjunto de bens no seu todo, bens esses que surgem considerados não na perspectiva da natureza das posições jurídicas que sobre eles incidem, que podem ser as mais diversas, mas na perspectiva da sua destinação a uma pessoa; o conceito de património orientado para o valor, que tem exclusivamente em vista o valor dos bens abrangidos; o conceito de património orientado para a pessoa, que diz respeito às possibilidades de actuação resultantes do valor patrimonial dos bens para o titular das posições jurídicas que sobre eles incidem e assim define o património como o poder de disposição económico de uma pessoa sobre diversas posições jurídicas. O conceito de património orientado para o objecto prende-se com a "garantia de permanência" do direito constitucional de propriedade, enquanto o conceito orientado para o valor diz respeito à "garantia de valor". Por seu turno, o conceito de património orientado para a pessoa exprime a função da garantia constitucional da propriedade como direito de liberdade (cfr. Florian Wässle, *Das Vermögen als Gegenstand der Eigentumsgarantie*, pp. 71-73). Por outro lado, quando nas páginas subsequentes se fala em dinheiro não se tem em vista o dinheiro como direito de propriedade sobre moedas e notas, nem tão pouco o dinheiro como crédito, mas apenas o sentido geral de dinheiro como valor (cfr. Oliver Lepsius, "Geld als Schutzgut der Eigentumsgarantie", p. 314).

limitação da protecção da propriedade a valores objectivamente identificáveis permanece, de um ponto de vista conceptual, numa fase anterior à introdução da moderna economia financeira"[309]. No mesmo sentido, dir-se-á ainda, "a protecção jurídico-constitucional da propriedade não pode parar diante da função económica do dinheiro como instrumento de poder de compra e orientar-se exclusivamente pela representação civilista do dinheiro como coisa móvel e objecto da ordem dos direitos reais. (...) A inclusão do dinheiro na garantia da propriedade prende-se com a correcta apreensão de que sob as modernas condições sociais e económicas adquirem significado existencial para o desenvolvimento individual economicamente seguro, não só, e não principalmente, os valores objectivados em coisas, mas os valores em dinheiro"[310]. Neste contexto, faria sentido incluir uma garantia de valor de troca do dinheiro, em si mesmo desprovido de valor de uso[311], na garantia da propriedade e assim considerar uma diminuição do valor de troca do dinheiro ou do poder de compra como uma violação da garantia da propriedade, pelo menos na sua dimensão objectiva[312]. Por último, poder-se-ia argumentar que a inclusão do património e do dinheiro como valor de troca no âmbito de protecção da garantia constitucional da propriedade consistiria apenas no culminar natural de uma longa evolução do conceito jurídico-constitucional de propriedade, desde a sua identificação com a propriedade do direito civil, passando pelo respectivo alargamento a todas os direitos subjectivos privados de conteúdo patrimonial até à inclusão de determinadas posições jurídicas de direito público. Este último passo no desenvolvimento de um tal conceito seria também o contraponto natural do moderno Estado social e de bem-estar que afecta por diversas formas o património dos indivíduos[313].

É possível, na verdade, identificar uma tensão entre, por um lado, o reconhecimento de que a garantia constitucional da proprie-

---

[309] Cfr. Matthias Herdegen, "Garantie von Eigentum und Erbrecht", p. 275.
[310] Cfr. Papier, "Art. 14 GG", n.º 186, p. 115; cfr., ainda, Paul Kichhof, "Das Geldeigentum", p. 639.
[311] Cfr. Paul Kirchhof, "Das Geldeigentum", p. 641; Thomas Weikart, *Geldwert und Eigentumsgarantie*, p. 224.
[312] Cfr. Paul Kirchhof, "Das Geldeigentum", p. 653.
[313] Cfr. Thomas Weikart, *Geldwert und Eigentumsgarantie*, pp. 228-229.

dade protege apenas posições jurídicas com valor patrimonial, mas não o valor patrimonial em si mesmo, e, por outro lado, a ideia de que o sentido e fundamento daquela garantia, isto é, a protecção de um espaço de liberdade na esfera jurídico-patrimonial e uma formação de vida responsável e autónoma, não pode, nas condições actuais, deixar de conduzir a uma inclusão do património no seu seio. Se nos ativermos ao primeiro pólo da tensão, isto é, à consideração de que objecto da garantia constitucional da propriedade são apenas situações jurídicas e não o valor pecuniário a elas subjacente, tenderemos a encarar o dinheiro, enquanto medida da procura e oferta de bens no mercado, como algo que pode aumentar as possibilidades de actuação dos indivíduos, quer no consumo, quer na poupança, e o património como soma das possibilidades de actuação, existentes num determinado momento, ensejadas pelo valor pecuniário das diversas situações jurídicas que o integram. Neste contexto, uma lesão do património poderia consubstanciar uma lesão do direito geral de liberdade e nunca da garantia da propriedade, se a lesão não atingir um concreto bem jurídico protegido por essa garantia[314]. A inclusão do património na garantia constitucional da propriedade não significa o último passo na evolução do conceito constitucional de propriedade, porque não existe continuidade nessa evolução sob um aspecto decisivo: enquanto a Constituição de Weimar encarava a tutela da propriedade como uma garantia de valor, a Lei Fundamental perspectiva-a em primeira linha como uma garantia de titularidade de posições jurídicas[315]. Pelo contrário, quem se ativer ao segundo pólo da mencionada tensão tenderá, partindo das mesmas considerações, a encarar a própria garantia da propriedade como uma liberdade geral de acção na esfera jurídico-patrimonial. A liberdade deixa de constituir apenas um fundamento da garantia da propriedade, passando esta a ser directamente encarada também como um caso especial do direito geral de liberdade e, logo, como uma base para a protecção do património em termos de direitos fundamentais[316]. Algumas formulações recentes do Tribunal Constitucional alemão parecem apontar nesse sentido.

---

[314] Cfr. Ulrich Hösch, *Eigentum und Freiheit*, p. 143; Papier, "Art. 14 GG", n.º 161, p. 103.
[315] Cfr. Thomas Weikart, *Geldwert und Eigentumsgarantie*, p. 229.
[316] Cfr. Florian Wässle, *Das Vermögen als Gegenstand der Eigentumsgarantie*, p. 136.

Assim, na sua já mencionada decisão de 22 de Junho de 1995, o Tribunal afirmou que o imposto sobre o património "intervém na liberdade geral de acção (artigo 2.º, n.º 1, da Lei Fundamental) consubstanciada no poder de disposição e na faculdade de uso de um património, precisamente na sua manifestação enquanto desenvolvimento pessoal na esfera jurídico-patrimonial"[317]. Numa decisão mais recente sobre o Euro, de 31 de Março de 1998, o Tribunal entendeu que "o dinheiro é liberdade cunhada; pode ser livremente trocado por objectos"[318]. O problema destas formulações e da ideia a elas subjacente, da propriedade como caso especial da liberdade geral de acção, consiste na já por diversas vezes mencionada característica específica do direito de propriedade, no conjunto dos direitos fundamentais, como direito cujo conteúdo é determinado pelo legislador. Na verdade, se ao legislador cabe concretizar o conteúdo da propriedade e estabelecer os bens que são objecto da garantia constitucional, isso significa que a Constituição não escolheu a liberdade fáctica de tomar posições patrimoniais como ponto de partida da protecção jurídico-constitucional, mas antes o campo de acção definido pela ordem jurídica[319]. Ora, o valor do dinheiro, o poder de compra ou o valor de troca não são, em si mesmos, posições jurídicas. Nesta perspectiva, a garantia da propriedade e a liberdade não são, no plano constitucional, idênticas, mas apenas complementares: a propriedade visa a liberdade e esta, por seu turno aspira à propriedade e precisa dela[320]. A liberdade pessoal na esfera jurídico-patrimonial consubstancia, pois, o fundamento da garantia constitucional da pro-

---

[317] Cfr. *Entscheidungen des Bundesverfassungsgerichts*, vol. 93, p. 137.

[318] Cfr. *Entscheidungen des Bundesverfassungsgerichts*, vol. 97, p. 371. A frase "o dinheiro é liberdade cunhada" parece ter a sua origem em Dostoiévski, *Cadernos da Casa Morta*, Primeira Parte, Cap. 1, p. 24: "O dinheiro é liberdade cunhada, por isso, para uma pessoa privada da liberdade por completo, é dez vezes mais precioso" (sobre a questão, cfr. Oliver Lepsius, "Geld als Schutzgut der Eigentumsgarantie", p. 314, nota 7). Como resulta da citação completa, aqui transcrita, o contexto não é o mais auspicioso, ao associar a consideração do dinheiro como liberdade à falta de liberdade...

[319] Cfr. Florian Wässle, *Das Vermögen als Gegenstand der Eigentumsgarantie*, p. 139; Thomas Weikart, *Geldwert und Eigentumsgarantie*, p. 227; Hans-Jürgen Papier, "Staatliche Eigentumsgarantie und die Sozialbildung des Eigentums", p. 101.

[320] Cfr. O. Depenheuer, "Kommentierung zu Artikel 14", n.º 11, pp. 1639-1640; Florian Wässle, *Das Vermögen als Gegenstand der Eigentumsgarantie*, p. 144.

priedade, não o seu objecto. A inclusão do património no domínio de protecção do artigo 14.º da Lei Fundamental equivaleria a admitir duas classes de propriedade, para efeitos dessa mesma disposição constitucional: os direitos subjectivos, para os quais faz sentido a garantia individual ou de permanência, e o património, em relação ao qual aquela mesma disposição constitucional não pode ser configurada como algo mais que a garantia da liberdade geral de acção. Nesta sequência, afirma Papier, a garantia da propriedade seria configurada como análoga à liberdade geral de acção no domínio jurídico-patrimonial e através dela nada mais, nem menos, seria garantido do que a liberdade geral de acção do artigo 2.º, n.º 1, da Lei Fundamental alemã, isto é, a liberdade em face de imposições jurídico-públicas de deveres pecuniários e outros sacrifícios patrimoniais sem base na lei e na Constituição[321].

Acresce ainda que considerar o dinheiro ou o valor patrimonial como objecto da garantia constitucional da propriedade não permite estabelecer a prioridade da garantia de permanência sobre a garantia de valor subjacente à própria estrutura da tutela constitucional da propriedade. Com efeito, de acordo com a interpretação dominante, a garantia de permanência do direito de propriedade apenas dá lugar a uma garantia de valor no caso de se verificar uma expropriação. A protecção do valor tem, pois, como pressuposto constitutivo que a propriedade em sentido constitucional possa ser protegida na sua permanência. Ora, este pressuposto não existe no caso do dinheiro; em relação a este não é possível distinguir significativamente entre permanência, valor de uso e valor de troca. Pelo contrário, a garantia de valor prevista para os casos de expropriação está necessariamente ligada à existência de um direito subjectivo patrimonial, não existindo lugar para uma garantia de valor de troca ou uma garantia de valor patrimonial separada de um concreto direito de propriedade[322].

Para além das considerações resultantes da estrutura dogmática da garantia constitucional da propriedade, também a concepção de liberdade que fundamenta essa garantia conduz à exclusão do dinheiro, no sentido de valor, do seu âmbito de protecção. Com efeito,

---

[321] Cfr. Papier, "Staatliche Eigentumsgarantie und die Sozialbildung des Eigentums", pp. 101-102.
[322] Cfr. Oliver Lepsius, "Geld als Schutzgut der Eigentumsgarantie", p. 315.

de acordo com o entendimento tradicional na jurisprudência constitucional alemã, o direito fundamental de propriedade protege uma esfera de liberdade individual no âmbito jurídico-patrimonial de que o indivíduo carece para a autodeterminação da sua vida, sem perder de vista, em última análise, a possibilidade de exercer o seu direito de cidadania. Ora, como salienta correctamente Oliver Lepsius, a nova orientação jurisprudencial do Tribunal Constitucional Federal desvia-se desta ligação entre propriedade e liberdade pessoal e fixa um novo propósito à liberdade subjacente à propriedade: em primeiro plano deixa de estar a autodeterminação responsável, mas a protecção de um fundamento económico de disposição privada da liberdade individual. A liberdade em causa não é já a do cidadão, mas a do consumidor. Deste modo, insinuar-se-ia na jurisprudência o conceito de liberdade do liberalismo económico. Consequência directa de uma tal orientação seria ainda a abandono da tese da neutralidade económica da Lei Fundamental[323]. Não se vêem, deste modo, razões que levem a um abandono da tese tradicional, ainda dominante[324], de

---

[323] Cfr. Oliver Lepsius, "Geld als Schutzgut der Eigentumsgarantie", pp. 318-319.

[324] Cfr. O. Depenheuer, "Kommentierung zu Artikel 14", n.º 161 e ss., pp. 1704 e ss.; Joachim Wieland, "Artikel 14", n.º 45 e ss., pp. 860-864; Rittstieg, *Eigentum als Verfassungsproblem*, pp. 380-383; Olivier Lepsius, *Besitz und Sachherrschaft im öffentlichen Recht*, pp. 47 e 382-383; idem, "Geld als Schutzgut der Eigentumsgarantie", pp. 313 e ss.; Papier, "Art. 14 GG", n.º 160 e ss., pp. 102 e ss.; Ulrich Hösch, *Eigentum und Freiheit*, pp. 31-32, 35-36, 53-54, 91-94, 142-143; Nüssgens/Boujong, *Eigentum, Sozialbildung, Enteignung*, pp. 20-21; R. Wendt, "Kommentierung zu Artikel 14", n.ᵒˢ 38-40, pp. 599-600; idem, *Eigentum und Gesetzgebung*, pp. 37 e ss.; Andreas Lubberger, *Eigentumsdogmatik*, p. 109; Thomas Weikart, *Geldwert und Eigentumsgarantie*, pp. 229-230 e 237-238; Florian Wässle, *Das Vermögen als Gegenstand der Eigentumsgarantie*, p. 175; Ulrich Ramsauer, *Die faktischen Beeinträchtigungen des Eigentums*, pp. 133 e ss. De modo não totalmente coerente com a sua posição tendente a afastar o património da garantia constitucional da propriedade, Papier parece admitir a inclusão na garantia institucional da propriedade uma protecção contra a desvalorização monetária, na sequência da decisão do Tribunal Constitucional alemão sobre o Euro, atrás referida. Segundo este autor, a garantia de instituto da propriedade obriga o legislador a renunciar ou pelo menos a quebrar o princípio nominal, quando o prejuízo para a estabilidade monetária atinja uma tal medida quanto à sua duração e intensidade que, de facto e por tempo indeterminado, seja excluída a manutenção e utilidade do valor do dinheiro na base do princípio Euro = Euro (cfr. Papier, *ob. cit.*, n.º 195, p. 118). A ambiguidade da posição do autor é expressamente assumida num outro escrito em que afirma, em relação à protecção do património através da garantia constitucional da propriedade, que esta, por um lado, visa domesticar a proliferação de

que a garantia constitucional da propriedade protege concretos direitos de propriedade e não o património em si mesmo[325]. Os mesmos argumentos são válidos, até, por maioria de razão, em face da Constituição portuguesa. Em face do seu artigo 82.º não é apenas possível falar, negativamente, de uma neutralidade em matéria económica, mas, positivamente, de uma coexistência de sectores da propriedade de meios de produção[326].

---

tributos do Estado moderno e, por outro lado, não deixa de pôr em causa a conformação constitucional daquela garantia como uma garantia da existência de posições jurídicas nas mãos do proprietário (cfr. Papier, "Staatliche Eigentumsgarantie und die Sozialbildung des Eigentums", pp. 100-101; cfr., ainda, a posição dúbia de Jan-Reinard Sieckmann, *Modelle des Eigentumsschutz*, p. 218; idem, *Zum verfassungsrechtlichen Eigentumsschutz...*, p. 35).

[325] A atitude inversa, isto é, aquela que coloca a instituição do dinheiro no centro da garantia da propriedade é defendida por Niklas Luhmann, embora fora de um âmbito jurídico-constitucional e certamente à margem de uma concepção que entende a garantia da propriedade como uma garantia de valor. Assim, Luhmann, *Grundrechte als Institution*, p. 120, sustenta que o sentido da garantia constitucional da propriedade consiste em proteger "o direito de disposição individual sobre o dinheiro e sobre bens avaliáveis em dinheiro no seu valor pecuniário e, ao mesmo tempo, a base de confiança no sistema monetário em face de intervenções do Estado". Luhmann, *ob. cit.*, p. 127, afirma ainda que o "artigo 14.º da Lei Fundamental garante portanto, não a manutenção de uma concreta permanência de coisas ou direitos no poder de disposição do proprietário, e também não, como é por vezes aceite, um valor do património constante, mas sim apenas as hipóteses de comunicação simbolizadas no dinheiro, ou em direitos expressos em dinheiro, de acordo com as respectivas condições de mercado. A constituição não confere qualquer protecção de valor, mas apenas uma protecção de função". Segundo Lepsius, a orientação da protecção da liberdade para uma protecção do sistema económico, no sentido da teoria dos sistemas, parece prometer uma aproximação da esfera de protecção dos direitos fundamentais às realidades sociais. Essa conclusão seria, para o mesmo autor, apressada: o que está em causa é uma substituição da perspectiva jurídico-normativa pela perspectiva autopoiética da teoria dos sistemas. Essas perspectivas partem de premissas distintas, sendo certo que a deslocação da perspectiva da ciência jurídica para a da teoria dos sistemas não é possível sem que, com essa deslocação, se leve a cabo também o abandono da força normativa da Constituição e a perda da autonomia da ciência jurídica (cfr. Lepsius, "Geld als Schutzgut der Eigentumsgarantie", p. 320).

[326] Perante isto, pode dizer-se que o conceito de garantia institucional adquire um específico sentido positivo à luz do direito constitucional português (cfr. Sousa Franco e Oliveira Martins, *A Constituição Económica Portuguesa*, pp. 170-171; Gomes Canotilho e Vital Moreira, *Constituição da República Portuguesa Anotada*, vol. 1, pp. 976 e 986; em sentido algo diverso, Rui Medeiros, *Constituição Portuguesa Anotada*, tomo II, pp. 43 e ss., sustenta que esse entendimento não põe em causa, designadamente, uma actuação segundo o direito privado das empresas do sector público; cfr., ainda, os Acórdãos n.º 325/89 e n.º 240/91, in *Acórdãos do Tribunal Constitucional*, 13.º e 19.º vol., pp. 87 e ss. e 7 e ss., ambos sobre o regime dos baldios).

2.6 A garantia da propriedade como direito fundamental.

Com base na conexão entre propriedade e liberdade, pode caracterizar-se a garantia da propriedade privada como um direito de liberdade. Isso não significa, todavia, que seja possível identificar um concreto conceito de liberdade quanto à garantia constitucional de propriedade, através da ideia de domínio (Lepsius), ou autonomizar, no plano dogmático, a protecção da liberdade a partir da garantia da propriedade (Hösch, Raue). Ao mesmo tempo, também não é correcto pretender configurar a garantia constitucional da propriedade como um caso especial do direito geral de liberdade na esfera económica: o objecto da garantia da propriedade não consiste na liberdade fáctica de tomar posições patrimoniais, mas antes em posições jurídicas definidas pelo legislador[327]. A garantia constitucional da propriedade integra, sem dúvida, elementos da liberdade geral de acção e existe assim em estreita conexão com a liberdade pessoal, incluindo a livre actividade económica[328]. Mas, excluídas as possíveis formas dessa conexão acima mencionadas, como deve ela entender-se? Na medida em que o grau de afectação da liberdade dos outros decorrente da instituição de direitos de propriedade é necessariamente maior do que o resultante de um direito geral de liberdade, entendido como liberdade negativa enquanto expressão da tutela da dignidade humana[329], isso não pode deixar de se reflectir na tutela constitucional do direito de propriedade. Um tal diferente grau de afectação encontra expressão adequada na distinção de Kant entre os dois argumentos relativos ao dever de fundação do Estado, o primeiro assente no direito inato de liberdade (argumento da positivação), o segundo no reconhecimento do direito de propriedade (argumento da validade)[330]. Atendendo à precedência sistemática do "meu interior" perante o "meu exterior", da pessoa perante as relações jurídicas de propriedade, estabelece-se também a precedência sistemática do dever de fundar o Estado assente sobre o direito inato de liberdade. Assim, no contexto do argumento da positivação, a permissão normativa de adquirir pro-

---

[327] Cfr. infra, ponto 2.5.3.
[328] Cfr. Jochen Rozek, *Die Unterscheidung von Eigentumsbidung und Enteignung*, p. 43.
[329] Cfr. Robert Alexy, *Theorie der Grundrechte*, pp. 321-326; Paulo Mota Pinto, "O Direito ao Livre Desenvolvimento da Personalidade", pp. 203-205.
[330] Cfr. supra, Parte II, cap. 2, ponto 2.5.2.

priedade, obrigando os outros a respeitá-la no âmbito de uma condição jurídica, surge como um caso especial da permissão de obrigar os outros a entrarem num estado civil tendo em vista a superação do estado de incerteza quanto à determinação dos limites toleráveis de violação do direito inato de liberdade. Mas o que está em causa na relação entre propriedade e Estado que constitui o cerne da filosofia kantiana do direito é precisamente a discussão das próprias condições de possibilidade do direito de propriedade, tarefa que o direito inato evidentemente dispensa. Ao contrário do que sucede com o direito inato de liberdade (e também com o direito geral de liberdade), a simples existência da propriedade depende do acesso à condição civil. Por outras palavras, a legitimidade da propriedade decorre da sua existência na e pela ordem jurídica. Deste modo, ao contrário das indicadas formas possíveis de conceptualizar a conexão entre propriedade e liberdade – manifestação específica da liberdade individual, sob a forma de domínio, ou autonomização da liberdade do proprietário quanto ao uso do bem, caso especial da liberdade geral de acção – só a respectiva conceptualização em termos de as relações de propriedade serem necessariamente conformadas pelo legislador exprime em termos aceitáveis uma tal conexão. Isso significa que a conexão entre propriedade e liberdade, ao mesmo tempo que justifica a consideração da garantia da propriedade como um direito humano, exige também que o regime da propriedade seja determinado pelo legislador. Assim, a necessária intervenção do legislador democrático na disciplina da propriedade não visa tanto rodear de maiores garantias a limitação de um direito preexistente, directamente resultante da Constituição, quanto assegurar legitimidade a um direito que se mostra, sem essa intervenção, dela carecido.

Em conclusão, a conexão entre propriedade e liberdade, manifestada no aumento de possibilidades de acção que o direito de propriedade abre ao respectivo titular, justifica a sua consideração como direito de liberdade[331]. Ao mesmo tempo, a colocação sistemática da

---

[331] Cfr. J. W. Harris, "Is Property a Human Right?", p. 87: "property, in the scale of human well being, ranks below life, but alongside liberty". José de Melo Alexandrino, *A Estruturação do Sistema de Direitos, Liberdade e Garantias...*, vol. II, p. 676, nota 670, observa judiciosamente que "no direito fundamental de propriedade, a pessoa está primeiro e a propriedade está no fim".

garantia da propriedade, no âmbito dos direitos económicos, sociais e culturais, justifica-se por dois motivos. Em primeiro lugar, essa colocação resulta da função social presente na própria configuração do que seja a propriedade em sentido constitucional. Com efeito, deve entender-se que a colocação sistemática do direito constitucional de propriedade no âmbito dos direitos económicos, sociais e culturais, e a sua protecção "nos termos da Constituição", acompanhada pela figura da natureza análoga, equivale à sua inserção no âmbito indiferenciado dos direitos fundamentais, seguida pela generalidade das constituições europeias, mas nelas submetida a uma específica previsão da respectiva vinculação social[332], ausente na Constituição portuguesa. Em segundo lugar, a garantia da propriedade não envolve apenas uma garantia de permanência de concretas posições jurídicas, mas também, como se disse, um direito constitucional individual a uma acção positiva do Estado, no sentido de criar e manter em vigor normas de direito patrimonial privado nos termos das quais possam ser constituídas concretas posições jurídicas susceptíveis, por seu turno, de serem abrangidas por aquela garantia de permanência. A qualificação deste último direito como sendo "de natureza análoga" suscita problemas semelhantes aos da generalidade

---

[332] Cfr. Artigo 14.º, n.º 2, da Lei Fundamental alemã; artigo 42.º, § 2.º, da Constituição italiana de 1947; artigo 33.º, n.º 2, da Constituição espanhola de 1978. Neste mesmo sentido afirma Maria Lúcia Amaral, *Responsabilidade do Estado e Dever de Indemnizar do Legislador*, p. 558, que "a expressão *nos termos da Constituição* ocupa, no nosso ordenamento, precisamente o mesmo lugar que a chamada *cláusula da função social da propriedade* ocupa noutros". Em sentido semelhante, cfr. Jorge Miranda, *Manual de Direito Constitucional*, tomo IV, p. 529; Fernando Alves Correia, *O Plano Urbanístico e o Princípio da Igualdade*, pp. 311 e 315-316. A equiparação entre a função social da propriedade e a sua protecção "nos termos da Constituição" é constante na jurisprudência do Tribunal Constitucional: cfr. Acórdãos n.º 14/84 (direito de remição no regime da colonia; *Acórdãos do Tribunal Constitucional*, 2.º vol., pp. 339 e ss.); n.º 236/86 (apreensão de bens e dever de pagar impostos; *Acórdãos do Tribunal Constitucional* 8.º vol., pp. 135 e ss.); n.º 340/87 (perda de objectos e prática de crime; *Acórdãos do Tribunal Constitucional*, 10.º vol., pp. 317 e ss.); n.º 866/96 (regime da caça; *Acórdãos do Tribunal Constitucional*, 34.º vol. pp. 53 e ss.); n.º 187/01 (propriedade das farmácias; *Acórdãos do Tribunal Constitucional*, 50.º vol. pp. 29 e ss.); n.º 471/01 (modificação unilateral de contratos bilaterais deliberada pela assembleia de credores em processo de recuperação de empresa; *Acórdãos do Tribunal Constitucional*, 51.º vol. pp. 359 e ss.); n.º 391/02 (alienação de participações no âmbito de processo de recuperação de empresas; *Acórdãos do Tribunal Constitucional*, 54.º vol. pp. 323 e ss.).

dos direitos sociais. Tais problemas não significam, todavia, o afastamento de tal qualificação, tanto mais que é aqui evidente a interpenetração entre direitos positivos e direitos negativos.

2.6.1 Diferenciação de níveis de desenvolvimento da propriedade.
Pode questionar-se a aplicação à garantia constitucional da propriedade das normas do artigo 18.º da Constituição relativas à restrição de direitos. No que diz respeito à propriedade, não estaria em causa uma restrição de direitos, mas uma determinação do próprio conteúdo e limites do direito de propriedade, sobre a qual se estrutura a respectiva garantia constitucional[333]. Ao mesmo tempo, poder-se-ia também dizer, a actividade do legislador na determinação do conteúdo e limites da propriedade privada encontra-se submetida, por força do próprio artigo 62.º, quando a garante a propriedade "nos termos da Constituição", a limites semelhantes àqueles que resultam dos n.os 2 e 3 do artigo 18.º e que, em última análise, decorrem para o legislador da respectiva subordinação aos princípios da proporcionalidade e da protecção da confiança.

Sem prejuízo da tendência para uma flexibilização da distinção entre os casos de restrições e os casos de desenvolvimento dos direitos fundamentais, para efeitos de aplicação do regime dos limites previsto no artigo 18.º[334], não pode deixar-se de equacionar a possibilidade de um diferente grau de aplicação dos requisitos materiais daquele regime com base, precisamente, na mencionada distinção.

A este propósito, ocorre recordar aqui as precauções que de início se fez quanto à consideração da propriedade como um produto do direito ordinário. A aceitação da dependência do conteúdo da propriedade em relação à lei não equivale a aceitar que sejam também

---

[333] Assim também, cfr. Hans-Jürgen Papier, "Art. 14 GG", n.º 337, p. 183; Nüssgens/Boujong, *Eigentum, Sozialbildung, Enteignung*, p. 66, o primeiro quanto ao n.º 1 do artigo 19.º da Lei Fundamental alemã, os segundos quanto ao n.º 2 do mesmo artigo (o artigo 19.º, n.º 1, da Lei Fundamental dispõe que "Quando, segundo esta Lei Fundamental, um direito fundamental puder ser restringido por lei ou com base numa lei, essa lei deverá ter carácter geral e não ser limitada a um caso particular. Além disso, a lei terá de citar o direito fundamental em questão, indicando o artigo correspondente"; por seu turno, o n.º 2 estabelece que "Em caso algum pode um direito fundamental ser afectado no seu conteúdo essencial").

[334] Cfr. Reis Novais, *As Restrições aos Direitos Fundamentais...*, pp. 189-190.

dependentes da lei o alcance e o efeito do direito fundamental de propriedade[335]. O reconhecimento, por seu turno, da necessidade de efectuar uma distinção entre estas duas realidades conduz inevitavelmente a considerar a necessidade de diferenciar diferentes graus de desenvolvimento da propriedade. Por outras palavras, a separação entre propriedade como objecto do direito fundamental e o direito fundamental de propriedade conduz necessariamente à separação entre a determinação do conteúdo da propriedade e a restrição do direito fundamental de propriedade. Uma evidente dificuldade se apresenta, todavia, quanto a esta diferenciação. Uma vez que os elementos do conceito constitucional de propriedade desempenham apenas uma função de qualificação das posições jurídicas criadas pelo legislador e que só através destas se manifestam, não só o objecto da garantia da propriedade, mas a garantia em si mesma, torna-se necessário encontrar critérios que nos permitam destrinçar aqueles casos em que estamos perante a simples conformação da propriedade pelo direito ordinário dos casos que configuram intervenções do legislador no próprio alcance e efeito do direito fundamental.

Frank Raue formula para este efeito, a partir da "divisão de trabalho" entre direito ordinário e direitos fundamentais na estruturação da garantia constitucional da propriedade a que atrás se aludiu[336], uma interessante proposta. Segundo este autor, as normas de direito ordinário que suspendem o dever de omissão do Estado, para este resultante da pretensão de defesa do proprietário, isto é, do direito do proprietário à manutenção de posições jurídicas qualificadas como propriedade em sentido constitucional, não podem ser consideradas como simples determinações do conteúdo da propriedade na medida

---

[335] Com razão observa José de Melo Alexandrino, *A Estruturação do Sistema de Direitos, Liberdades e Garantias...*, vol. II, p. 667, serem absolutamente distintas as características do direito de propriedade como objecto da garantia constitucional e do direito fundamental de propriedade: no primeiro caso temos "o *carácter patrimonial*, a *disponibilidade*, a *transmissibilidade*, a *renunciabilidade*, a *restringibilidade* (de que constitui componente a função social) e a própria *sobrevivência* desses direitos «à vida dos seus titulares»; por outro, e em total contraponto, os aspectos marcantes do direito fundamental de propriedade são, além da *universalidade*, o *carácter pessoal*, a *indisponibilidade*, a *intransmissibilidade*, a *irrenunciabilidade*, a *restringibilidade excepcional* e a *extinção automática com a morte* do respectivo titular".

[336] Cfr. supra, ponto 2.1.

em que abrem ao Estado o acesso a bens de valor patrimonial dos particulares. Tais normas teriam de ser consideradas como verdadeiras restrições do direito fundamental de propriedade. Pelo contrário, as normas que constituem os direitos e poderes que assistem ao proprietário na relação com outros privados e com o próprio bem objecto da propriedade devem ser entendidas como determinações do conteúdo da propriedade[337].

De acordo com a proposta que acaba de esboçar-se, integrar-se-iam no âmbito da actividade de determinação do conteúdo da propriedade pelo legislador, por exemplo, as normas que estabelecem, ou suspendem, direitos do proprietário em relação a outros privados (por exemplo os artigos 1311.º, 1340.º e 1550.º do Código Civil[338]), normas que dispõem sobre o poder de disposição do proprietário (artigos 408.º, 409.º e 1317.º do Código Civil) ou o afectam (artigo 280.º, n.º 2, do Código Civil) ou ainda normas que estabelecem os poderes e faculdades de uso do proprietário em relação à coisa (artigo 1305.º do Código Civil) ou os limitam[339]. Pelo contrário, seriam nor-

---

[337] Cfr. Frank Raue, *Die Zwangsvollstreckung als Nagelprobe für der modernen Enteignungsbegriff*, p. 120. É necessário salientar que a distinção em causa não identifica a linha de fronteira entre determinação de conteúdo e restrição com a divisão entre direito privado e direito público, como sucede com outras propostas: assim, cfr. J. Chlosta, *Der Wesensgehalt der Eigentumsgewährleistung*, pp. 31 e ss.; Charlotte Timm, *Eigentumsgarantie und Zeitablauf*, p. 48.

[338] Assim, através do seu Acórdão n.º 205/00, o Tribunal Constitucional considerou que a acessão, prevista n.º artigo 1340.º do Código Civil, não consubstancia um acto de expropriação, para efeitos do artigo 62º, n.º 2, da Constituição, uma vez que a sua razão determinante não é o interesse do sujeito a favor do qual se verifica a aquisição do direito, o qual não é objecto de qualquer avaliação concreta, mas sim o interesse abstracto da ordem jurídica na prevenção ou resolução de um conflito entre direitos de propriedade e o interesse, subjacente ao princípio da tipicidade dos direitos reais, que exige que não permaneçam duas propriedade sobrepostas fora dos casos previstos na lei. O Tribunal considerou ainda que a acessão também não deve, a nenhum outro título, ser qualificada como uma restrição do direito de propriedade, subsumível ao n.º 2 do artigo 18.º da Constituição, uma vez que "estão em jogo dois direitos de igual natureza, que não podem coexistir na mesma situação concreta, sem que a protecção de um deles importe a supressão ou oneração do outro" (cfr. *Acórdãos do Tribunal Constitucional*, 47.º vol., pp. 124, 126 e 127).

[339] Cfr. Frank Raue, *Die Zwangsvollstreckung als Nagelprobe für der modernen Enteignungsbegriff*, p. 152. Ao contrário do que sucede no texto, o autor inclui a intervenção do legislador nos elementos de liberdade de acção natural do proprietário no âmbito das normas restritivas. Este entendimento foi já sujeito a crítica (cfr. supra, ponto 2.3.1.2).

mas restritivas do direito fundamental de propriedade aquelas que são susceptíveis de afectar a proibição dirigida aos poderes públicos associada à pretensão de defesa inerente àquele direito fundamental. Assim sucede com as normas que conduzem directamente à privação de uma posição jurídica (por exemplo, a expropriação com base na lei) e as normas que conferem ao Estado o poder de levar a cabo essa mesma privação (por exemplo, a expropriação administrativa)[340].

A distinção que acaba de ser efectuada carece, todavia, de ser completada através de um critério temporal[341]. Com efeito, podem combinar-se na mesma norma aspectos que relevam da determinação de conteúdo da propriedade e aspectos que deverão ser considerados como restritivos, nos termos apontados. Assim, a norma que altera o regime de um direito privado patrimonial pode afectar posições jurídicas constituídas ao abrigo do regime anterior. Nessa medida, tal norma deverá ser caracterizada como uma norma restritiva do direito fundamental de propriedade. A mesma norma incidirá também, com toda a probabilidade, sobre posições jurídicas que venham a ser constituídas ao abrigo do novo regime, bem como sobre o exercício futuro das posições jurídicas anteriormente constituídas[342]. Assim, as medidas legislativas que dispõem sobre o uso ou o poder de disposição dos bens objecto da propriedade incluem-se nas normas respeitantes à determinação do conteúdo e limites da propriedade, quanto às posições jurídicas ainda não constituídas ou o exercício futuro das posições jurídicas anteriores, devendo, no entanto, ser consideradas como restrições no que diz respeito à afectação imediata das posições jurídicas constituídas ao abrigo do regime anterior.

Assim, as normas que de acordo com o critério material atrás enunciado seriam sempre normas relativas à determinação do con-

---

[340] Segundo Frank Raue, *Die Zwangsvollstreckung als Nagelprobe für der modernen Enteignungsbegriff*, pp. 152-153, a norma que disciplina a expropriação administrativa é uma norma que determina o conteúdo da propriedade na medida em que onera as posições jurídicas com o risco de eliminação; por outro lado seria uma norma restritiva na medida em que habilita os poderes públicos a efectivar este risco.

[341] A ideia de distinguir entre determinação do conteúdo da propriedade e restrição do direito fundamental de propriedade deve-se a Ulrich Ramsauer, *Die faktischen Beeinträchtigungen des Eigentums*, pp. 73 e ss.

[342] Cfr. Frank Raue, *Die Zwangsvollstreckung als Nagelprobe für der modernen Enteignungsbegriff*, p. 153.

teúdo da propriedade (isto é, normas respeitantes aos direitos e poderes do proprietário no confronto com outros privados e na relação com o objecto da propriedade) podem ainda ser caracterizadas, de acordo com um critério temporal, como normas restritivas do direito fundamental de propriedade.

Quais as vantagens das distinções a que acaba de aludir-se? Será a distinção, nas linhas traçadas, entre determinação do conteúdo e limites da propriedade e restrição do direito fundamental de propriedade meramente formal ou poder-se-á, pelo contrário, atribuir-se-lhe relevo jurídico-dogmático substancial? Sem prejuízo de, em grande número de casos, as mesmas normas serem simultaneamente conformadoras do conteúdo da propriedade e restritivas do direito fundamental, há que admitir a possibilidade da existência de normas que apenas reformam a ordem da propriedade para o futuro, sem atingir as posições existentes, e, inversamente, de normas que apenas atingem as posições existentes, sem reformar a ordem da propriedade. Para além disso, uma primeira grande vantagem da distinção em causa é a clarificação que dela resulta em relação ao problema da extensão da garantia constitucional da propriedade aos direitos subjectivos públicos e o apoio que nela encontra a resposta negativa, em princípio, que para esse problema se encontrou[343]. Com efeito, se, em relação aos direitos patrimoniais privados, se considera que não integra a "propriedade", objecto de garantia constitucional, a relação entre o proprietário e o Estado, resulta também claro que as posições jurídicas com conteúdo patrimonial das quais decorre exclusivamente uma pretensão jurídica dirigida ao Estado não poderão ser "propriedade". Pelo contrário, como com razão salienta Frank Raue, se se entender que em relação aos direitos patrimoniais privados integram o conteúdo da "propriedade" não apenas os direitos e poderes jurídicos do proprietário na relação com outros privados, mas também o poder do proprietário em face do Estado, torna-se difícil compreender por que razão deverão apenas sob certos pressupostos ser caracterizados como "propriedade" em sentido constitucional os direitos subjectivos públicos com conteúdo patrimonial[344].

---

[343] Cfr. supra, pontos 2.4.1.2 a 2.4.1.4.
[344] Cfr. Frank Raue, *Die Zwangsvollstreckung als Nagelprobe für der modernen Enteignungsbegriff*, pp. 125-126.

Um outro aspecto que a distinção proposta permite esclarecer é o do diverso alcance do princípio da proporcionalidade no controlo das medidas legislativas que apenas determinam o conteúdo da propriedade e daquelas que restringem o direito fundamental de propriedade. Uma norma que seja de caraterizar como uma pura determinação do conteúdo da propriedade poderá estar sujeita a um controlo menos exigente segundo o princípio da proporcionalidade do que uma norma que restringe o direito fundamental de propriedade. Desde logo, neste último caso a posição jurídica afectada deve ser tida em conta, autonomamente, no exame da proporcionalidade, enquanto no primeiro caso esse exame é levado a cabo considerando essencialmente o equilíbrio entre o interesse de liberdade individual e o interesse geral na modelação das situações jurídicas criadas pelo legislador.

Finalmente, a separação entre determinação do conteúdo da propriedade e restrição do direito fundamental de propriedade pode ser relevante a propósito do princípio da reserva de lei. Quanto mais evidente se tornar que uma medida legislativa não se limita a determinar o conteúdo da propriedade, mas antes o próprio alcance e efeito do direito fundamental de propriedade, mais exigente deve ser aquele princípio. Ao assunto regressar-se-á no ponto subsequente.

2.6.2 Alcance da reserva de lei quanto à garantia constitucional da propriedade. A circunstância de a garantia da propriedade depender das posições jurídicas criadas pelo legislador, nos termos expostos, tem consequências assinaláveis quanto ao alcance da reserva de lei.

Coloca-se, com efeito, a questão de saber se se aplica em tal âmbito a reserva de lei parlamentar, prevista no artigo 165.º, n.º 1, alínea b), da Constituição. Atendendo precisamente à circunstância de o objecto da garantia constitucional da propriedade serem posições jurídicas criadas pelo legislador, poder-se-ia entender que submeter a respectiva actuação à exigência de reserva parlamentar equivaleria a estender esta muito para além do que é razoável. Isso resulta, desde logo, da indeterminação da classe de posições jurídicas susceptíveis de serem qualificadas como objecto daquela garantia. Assim, seria possível sustentar não existirem especiais exigências, numa perspectiva formal, incidindo sobre uma lei que determine o conteúdo e limites da propriedade: para além da lei parlamentar deveriam também ser tomadas em consideração todas as leis em sentido material. Por outras palavras, deveria entender-se por lei que determina o conteúdo e limites da propriedade todo o acto jurídico normativo, com exclusão, pois, do direito consuetudinário. Na verdade, só ao legislador, enquanto legítimo representante do povo, caberia definir o alcance da propriedade[345]. Mas, precisamente, esta ordem de razões leva a questionar também o ponto de partida da argumentação adoptada e a restringir o seu âmbito de aplicação. Na verdade, estando em causa a nova disciplina de uma posição jurídica que seja de qualificar como propriedade em sentido constitucional, eliminando ou restringindo fortemente um direito de uso nela anteriormente contido, ou, de um modo geral, quando for restringido o alcance e efeito do direito fundamental de porpriedade, deve entender-se que as medidas em causa exigem uma reserva de lei formal. Com efeito, tais medidas devem ser apenas consideradas constitucionalmente justificadas quando todas as questões relevantes de um ponto de vista de direitos fundamentais sejam objecto de uma lei em sentido formal[346].

2.7 O conceito constitucional de expropriação. Quando anteriormente se expôs o conceito de propriedade em sentido constitucional advertiu-se para a necessidade de ter presente a distinção entre

---

[345] Cfr. Wieland, "artikel 14", n.º 78, pp. 878-879; Pieroth e Schlinck, *Grundrechte Staatsrecht II*, n.º 928, p. 231; Hans-Jürgen Papier, "Art. 14 GG", n.º 339, p. 184 (este último admitindo, no entanto, a possibilidade de a determinação do conteúdo e limites da propriedade ser levada a cabo pelo direito consuetudinário, embora sem grandes desenvolvimentos).

[346] Cfr. Jochen Rozek, *Die Unterscheidung von Eigentumsbindung und Enteignung*, pp. 131-132; Thomas Schönfeld, *Die Eigentumsgarantie und Nutzungsbeschränkungen des Grundeigentums*, pp. 80 e ss.; Christoph Külpmann, *Enteignende Eingriffe?*, p. 216. Sobre o alcance da reserva de lei aqui pressuposto, cfr., com as devidas adaptações, Reis Novais, *As Restrições aos Direitos Fundamentais...*, pp. 856 e ss. (quanto ao domínio das relações entre legislação e administração) e 872 e ss. (sobre as relações entre Parlamento e Governo). Em ambos os casos, o autor, *ob. cit.*, pp. 852 e ss., recorre à chamada *teoria da essencialidade* na determinação das exigências de densificação normativa subjacentes ao princípio da reserva de lei. Como o mesmo autor salienta, *ob. cit.*, p. 854, o que se pretende é "atender às circunstâncias relevantes da situação concreta numa avaliação em que não são as definições talhantes e abstractas, mas as questões de grau e de justificação que são determinantes, no sentido de que as exigências de legitimação democrática da decisão e de selecção da forma qualificada que ela deve revestir variam, à luz daquelas razões, em função da relevância do âmbito do direito fundamental afectado e da natureza, gravidade, intensidade e extensão das intervenções restritivas nele admitidas".

dependência da propriedade em relação à lei e independência do direito fundamental de propriedade em relação à mesma lei. Pois bem, esta é uma advertência que não vale para o conceito de expropriação em sentido constitucional. Ao contrário do que sucede com a propriedade, não existe qualquer reserva de determinação do conteúdo da expropriação a favor do legislador[347]. Toda a norma que disciplina a expropriação deve ser entendida como uma norma restritiva do direito fundamental de propriedade. Neste sentido, o artigo 62.º, n.º 2, da Constituição não exprime uma determinação do direito fundamental de propriedade privada. Não está em causa ver em tal disposição, como parece sustentar o Tribunal Constitucional, um "aspecto verdadeiramente significativo do direito de propriedade e determinante da sua caracterização também como garantia constitucional – a garantia contra a privação –, autonomizada no n.º 2 do artigo 62.º"[348]. O direito a não ser privado da propriedade é o direito fundamental de propriedade consagrado no artigo 62.º, n.º 1, da Constituição; a expropriação por utilidade pública e a requisição, previstas no n.º 2 do mesmo artigo, são apenas casos de restrição daquele direito fundamental, não integrando o seu conceito.

Importa, com efeito, ter presente três aspectos de suma importância na caracterização do conceito constitucional de expropriação. Por um lado, a expropriação e a requisição (a que também se refere o artigo 62.º, n.º 2) não são os únicos casos de sacrifício de direitos patrimoniais privados, conceptualmente distintos dos casos de responsabilidade civil extracontratual do Estado, que dão azo a um dever de indemnização com fundamento na garantia constitucional

---

[347] Cfr. Frank Raue, *Die Zwangsvollstreckung als Nagelprobe für den modernen Enteignungsbegriff*, p. 215.

[348] Cfr. Acórdão n.º 187/01, in *Acórdãos do Tribunal Constitucional*, 50.º vol., p. 54. Cfr., ainda, os Acórdãos n.º 341/86 (valor dos terrenos situados fora dos aglomerados urbanos para efeitos de expropriação, in *Ac. Trib. Const.*, 8.º vol., pp. 507 e ss.); n.º 404/87 (remição da colonia, in *Ac. Trib. Const.*, 10.º vol., pp. 391 e ss.); n.º 115/88 (pagamento em prestações de indemnização devida por expropriação, in *Ac. Trib. Const.*, 11.º vol., pp. 887 e ss.); n.º 131/88 (valor dos terrenos situados fora dos aglomerados urbanos para efeitos de expropriação, in *Ac. Trib. Const.*, 11.º vol., pp. 465 e ss.); n.º 431/94 (expropriações, in *Ac. Trib. Const.*, 28.º vol., pp. 7 e ss.); n.º 267/95 (denúncia de contratos de arrendamento pelo Estado, relativamente a prédios de que seja proprietário, in *Ac. Trib. Const.*, 31.º vol., pp. 305 e ss.).

da propriedade privada[349]. Por outro lado, e em consequência directa do que acaba de ser dito, não é correcto entender a expropriação, em sentido constitucional, como uma designação de conjunto para todos os casos de intervenção indemnizável na propriedade privada[350]. Dito de outro modo, o legislador não tem como única alternativa escolher entre a determinação não indemnizável do conteúdo da propriedade e a expropriação, nem o dever de indemnizar o proprietário pelo sacrifício do seu direito tem como pressuposto necessário a expropriação. Se é certo que a expropriação constitui uma manifestação, expressamente prevista na Constituição, do princípio da igualdade dos cidadãos perante os encargos públicos, fundado no princípio do Estado de Direito (artigo 2.º da Constituição) e no princípio da igualdade (artigo 13.º), nem por isso se deve entender que ela consiste na única manifestação daquele princípio[351]. Por último, são realidades distintas a extensão do conceito de propriedade em sentido constitucional, por forma a abranger todos os direitos patrimoniais, e a adopção de uma concepção material de expropriação, na medida em que o reconhecimento daquela extensão não impõe necessariamente a adopção desta concepção, uma vez que se admita a existência de outros casos de sacrifício indemnizável de direitos patrimoniais privados[352]. Além disso, sustentar, como aqui se tem feito, que o objecto da garantia constitucional da propriedade são concretas posições jurídicas definidas pelo legislador não equivale a excluir uma tutela ressarcitória dessas posições jurídicas enquanto dimensão própria daquela garantia constitucional.

---

[349] Neste mesmo sentido, cfr. Hartmut Maurer, *Allgemeines Verwaltungsrecht*, § 27, n.º 1, p. 699; Marcelo Rebelo de Sousa e André Salgado de Matos, *Direito Administrativo Geral*, Tomo III, § 23, n.ºs 101 e ss., pp. 448 e ss.

[350] Cfr. Frank Raue, *Die Zwangsvollstreckung als Nagelprobe für den modernen Enteignungsbegriff*, pp. 285 e 288.

[351] Cfr. Marcelo Rebelo de Sousa e André Salgado de Matos, *Direito Administrativo Geral*, Tomo III, § 23, n.ºs 67 e 106, pp. 436 e 451.

[352] Deve, pois, ser encarada com cautela a afirmação peremptória de Ulrich Scheuner, "Grundlagen und Art der Enteignungsentschädigung", p. 80, de que não existe nenhuma representação dogmática autónoma do conceito de expropriação em face da teoria da propriedade. É interessante salientar que idêntico entendimento se pode colher num autor situado num campo político oposto. Assim, Otto Kirchheimer, "Die Grenzen der Enteignung", p. 242, afirma que o conceito de expropriação do Estado de Direito burguês tem como pressuposto a ordem da propriedade burguesa.

Na exposição que segue não se pretende expor em toda a sua complexidade os problemas relativos ao conceito de expropriação em sentido constitucional, mas tão só sustentar que é falsa a contraposição entre expropriação clássica e expropriação de sacrifício, no sentido em que o conceito constitucional de expropriação deva necessariamente alinhar por uma destas duas alternativas. Com efeito, se a adopção pura e simples de uma concepção clássica de expropriação se mostra desajustada da realidade actual, a opção por uma concepção material de expropriação é susceptível de desvirtuar a visão da garantia da propriedade como garantia de permanência da propriedade nas mãos do proprietário e a própria conexão entre propriedade e liberdade da pessoa.

2.7.1 Três concepções de expropriação. É possível distinguir, por ordem cronológica do respectivo surgimento, três concepções de expropriação, essencialmente fruto da elaboração doutrinal e jurisprudencial alemã, mas com repercussões em praticamente todos os países da Europa.

27.1.1 A expropriação clássica. Em primeiro lugar, importa considerar a concepção clássica de expropriação, em que esta surge essencialmente encarada como uma modalidade de alienação forçada de bens imóveis. De acordo com tal conceito, a expropriação é encarada como um caso de aquisição de bens, reconduzindo-se à privação e transmissão da propriedade sobre imóveis através de um acto administrativo fundado na lei e tendo em vista um determinado fim de interesse público. Elementos de um tal conceito são, pois, (i) a restrição do objecto da expropriação aos bens imóveis, (ii) a transferência da coisa imóvel expropriada para um novo sujeito de direito, (iii) o acto administrativo como forma jurídica, (iv) a exigência de um concreto fim de interesse público[353]. Como se notará, os elemen-

---

[353] Cfr. Jochen Rozek, *Die Untersheidung von Eigentumsbindung und Enteignung*, p. 96, nota 60; Ulrich Hösch, *Eigentum und Freiheit*, p. 208; Christoph Külpmann, *Enteignende Eingriffe?*, pp. 16-17; Nüssgens/Boujong, *Eigentum, Sozialbildung, Enteignung*, n.º 331, p. 146; Gunther Schwerdtfeger, *Die dogmatische Struktur der Eigentumsgarantie*, p. 25; Werner Böhmer, "Die Rechtsgeschichtlichen Grundlagen der Abgrenzungsproblematik von Sozialbildung und Enteignung", pp. 169 e ss.; Werner Weber,

tos do conceito clássico assim identificados constituem precisamente alguns dos pontos de partida adoptados por Martin Wolff para, contrariando-os, proceder à extensão do conceito de expropriação em sentido constitucional[354].

A própria designação desta concepção de expropriação, dominante no século dezanove, como "clássica" é, todavia, controversa, indiciando as disputas em torno do tema. Assim, Ulrich Scheuner considera estar antes em causa o "conceito técnico de expropriação do século dezanove tardio", limitado aos mais importantes casos de privação, isto é, aos direitos reais sobre imóveis, e visando apenas a sua efectivação através de um acto administrativo. Um tal conceito não seria clássico, no sentido de ter uma validade geral, sendo apenas uma configuração técnica e especial para um determinado período de tempo, um mero correlato da doutrina da propriedade do direito civil dessa mesma época. Ao seu lado permaneceria válido o pensamento jurídico – esse sim dotado de validade genérica – relativo à compensação por sacrifícios especiais. Os §§ 74 e 75 da Introdução ao *Allgemeines Landrecht* prussiano de 1794 teriam mantido a sua vigência mesmo após a Constituição de Weimar, dando continuidade a uma tradição jusnaturalista com raízes no pensamento de autores como Fernando Vazquez de Menchaca, Gottfried Achenwall e Vattel[355].

"Eigentum und Enteignung", p. 349; Konrad Hesse, *Grundzüge des Verfassungsrechts der Bundesrepublik Deutschland*, n.º 450, p. 184; Ulrich Scheuner, "Grundlagen und Art der Enteignungsentschädigung", pp. 85-86; Walter Leisner, *Sozialbildung des Eigentums*, pp. 17-18; Fernando Alves Correia, *As Garantias do Particular na Expropriação por Utilidade Pública*, pp. 77 e ss.; idem, *Plano Urbanístico e o Princípio da Igualdade*, pp. 473-474. Traços desse conceito clássico encontram-se também em José Caeiro da Matta, *O Direito de Propriedade e a Utilidade Pública*, pp. 246 e 296. À expropriação clássica corresponde o conceito de expropriação do direito administrativo: cfr. Marcello Caetano, *Manual de Direito Administrativo*, vol. II, pp. 1020 e ss.; Fausto de Quadros, "Expropriação por Utilidade Pública", pp. 307 e ss.; Osvaldo Gomes, *Expropriações por Utilidade Pública*, pp. 12 e ss. É este, *grosso modo*, o conceito de expropriação usado na jurisprudência do Tribunal Constitucional: cfr. Acórdãos n.º 452/95 e n.º 205/00, in *Acórdãos do Tribunal Constitucional*, 31.º vol., pp. 164-166, e 47.º vol., pp. 124-125.

[354] Cfr. supra, ponto 1.5.1.2.1.

[355] É o seguinte o texto das disposições em causa: "§ 74. Os direitos e interesses individuais dos cidadãos cedem, em caso de colisão, perante os direitos e deveres necessários à promoção do bem comum"; "§ 75. Como consequência, o Estado é obrigado a indemnizar aqueles cujos direitos e interesses tenha sido necessário sacrificar em vista do bem comum" (cit. em H. Maurer, *Allgemeines Verwaltungsrecht*, § 27, n.º 4, p. 701).

Nesta conformidade, o dever de indemnizar do Estado surge na sequência da ideia da responsabilidade da comunidade pelos sacrifícios especiais impostos aos indivíduos e da igualdade de encargos a suportar por estes em resultado dos gastos públicos e do carácter excepcional das prestações que lhes tenham sido impostas. Com base nas citadas disposições do *Allgemeines Landrecht* prussiano, transformadas depois em direito consuetudinário por via jurisprudencial, ter-se-ia implantado no direito alemão a doutrina da igualdade de encargos dos cidadãos perante os sacrifícios especiais impostos aos direitos de propriedade de cada um deles[356].

Seria este, pois, o horizonte em se inscreveria, já no período de Weimar, o processo de alargamento do conceito de expropriação, nos termos adiante expostos (ponto 2.7.1.2), e a superação do seu "designado conceito 'clássico'". Contrariamente às críticas dirigidas a este processo, designadamente por Carl Schmitt e Otto Kirchheimer, não estaria aqui em causa o amolecimento do conceito técnico-jurídico de expropriação, mas o lado reverso da transformação do conceito de propriedade e da alteração da actuação do Estado em face das relações patrimoniais privadas. Com efeito, o artigo 153.º da Constituição de Weimar reflectiria essas mudanças no modo como acentua, sem precedentes nas constituições anteriores, os limites sociais da propriedade. Por outro lado, em substituição da independência proporcionada pela propriedade imobiliária, a grande maioria das pessoas estaria cada vez mais dependente da aquisição. A isso acresce a importância cada vez maior das grandes empresas e também do Estado, na sua actividade de prestação nos mais diversos domínios da vida económica e social[357]. Assim, a uma maior intervenção do Estado deveria corresponder uma extensão da garantia da propriedade e um alargamento do conceito de expropriação.

Já anteriormente se mencionaram as críticas de Carl Schmitt ao alargamento do conceito de expropriação, essencialmente dirigidas a sustentar que esse alargamento provocou uma desestruturação da expropriação como instituto jurídico[358]. O verdadeiro contraponto à

---

[356] Cfr. Ulrich Scheuner, "Grundlagen und Art der Enteignungsentschädigung", pp. 80-84.
[357] Cfr. Ulrich Scheuner, "Grundlagen und Art der Enteignungsentschädigung", pp. 87-89.
[358] Cfr. supra, cap. 1, ponto 1.5.1.2.1.

interpretação oferecida por Scheuner quanto ao relevo da expropriação clássica é oferecido por Kirchheimer, num escrito de 1930. Enquanto o primeiro coloca a expropriação clássica ao lado da ideia de sacrifício indemnizável e da igualdade de repartição de encargos entre os cidadãos, o segundo expõe a sua articulação com a supressão das relações de propriedade do regime feudal. A duplicidade de tratamento, sensivelmente na mesma época, da supressão de direitos adquiridos nas relações de propriedade feudal e da expropriação, a primeira não envolvendo necessariamente uma indemnização, ao contrário da segunda, visava preservar esta como expressão de uma ordem jurídica burguesa perfeita[359]. Assim, na perspectiva de Kirchheimer, o que importa não é salientar que a expropriação em sentido técnico, adaptada ao período de maturação da propriedade da pandectística, é um simples caso especial da ideia, com um âmbito de aplicação mais vasto e uma vigência temporal mais ampla, da igualdade de repartição dos encargos públicos entre os cidadãos. Pelo contrário, o que interessa é antes mostrar como a expropriação em sentido técnico, tal como não obstou à liquidação da ordem feudal, não deveria também agora levantar obstáculos, na vigência da Constituição de Weimar, à actuação do Estado Social.

Não admira, pois, que onde Scheuner vê um alargamento do conceito de expropriação, incluindo designadamente a possibilidade de esta ser levada a cabo directamente por lei, justificado pela própria evolução constitucional e social, Kirchheimer veja um facto consumado que inverte todo o modelo do artigo 153.º da Constituição de Weimar. A conformação e limitação da propriedade pelo legislador aí expressamente reconhecidas são transformadas no seu contrário, através da admissão da possibilidade de caracterizar como expropriação uma intervenção do legislador na propriedade. Uma tal manobra teria apenas uma justificação política, enquanto expressão da alteração das relações de poder parlamentar na sequência do primeiro pós-guerra: o receio da burguesia em relação a um parlamento potencialmente contrário aos seus interesses. Em tal contexto, seria possível

---

[359] Cfr. O. Kirchheimer, "Die Grenzen der Enteignung", p. 242. É possível também encontrar traços desta duplicidade em relação à propriedade em Portugal, no século dezanove: cfr. António Manuel Hespanha, *Guiando a Mão Invisível*, pp. 473-475.

depositar uma maior confiança no juiz, enquanto guardião da propriedade, usando como arma precisamente o conceito alargado de expropriação[360]. Neste ponto a argumentação de Kirchheimer encontra apoio na concepção de democracia de Carl Schmitt. Na esteira deste último, afirma aquele que a democracia não está obrigada a adoptar apenas leis gerais, uma vez que essa generalidade não seria necessária como factor de segurança, suficientemente garantida pelo assentimento da maioria do povo. Assim, uma lei concreta e individual não poderia configurar uma expropriação, uma vez que o propósito do legislador ao afectar uma posição individual sem qualquer indemnização, se for o caso, constitui expressão da vontade geral. A diferença em relação à expropriação reside na ausência do momento de casualidade, que caracteriza esta última[361].

De igual modo, também a tentativa de superação do requisito da aplicação do bem expropriado num concreto fim de interesse público se mostra, na opinião de Kirchheimer, desajustada. Uma vez mais, estaria em causa a tentativa de contrariar e enfraquecer os efeitos da actuação do legislador sobre a ordem da propriedade. Mas também aqui se pode afirmar que, enquanto uma lei que vise fazer face à falta de habitação, impondo ao proprietário, em certas condições, o arrendamento para habitação mediante o pagamento de uma renda condicionada, é adoptada pelo legislador conforme um determinado programa, a expropriação de um imóvel para construção de um edifício público apenas fortuitamente atinge esse mesmo imóvel e o seu proprietário. Ora, se uma lei como a que foi mencionada pudesse configurar uma expropriação[362], por que não haveriam de ser também como tal consideradas as leis sobre paralização de certas actividades industriais ou mesmo as leis que limitam o horário de trabalho, de que resulta certamente uma restrição dos direitos de propriedade sobre as empresas?[363]

---

[360] Cfr. O. Kirchheimer, "Die Grenzen der Enteignung", pp. 268-269.

[361] Cfr. O. Kirchheimer, "Die Grenzen der Enteignung", pp. 270-271. A ideia de democracia subjacente a este modo de ver é, claro, insustentável: cfr. Miguel Nogueira de Brito, *A Constituição Constituinte*, pp. 131 e ss.

[362] E assim o entenderam o *Reichsgericht*, na vigência da Constituição de Weimar, e também Martin Wolff, "Reichsverfassung und Eigentum", p. 14, sensivelmente na mesma altura em que se introduzia em Portugal o arrendamento vinculístico.

[363] Cfr. O. Kirchheimer, "Die Grenzen der Enteignung", pp. 272-273.

Finalmente, a tentativa de superação do requisito da transmissão do imóvel para um novo sujeito visaria abranger no conceito de expropriação as simples transferências de vantagens patrimoniais, sem qualquer transmissão de uma situação jurídica. Com este modo de ver seria possível, em última análise, considerar como expropriativas as leis tributárias que alteram a carga fiscal dos contribuintes ou as leis de política económica que afectam interesses de determinados grupos económicos.

Em suma, a extensão da expropriação corresponderia a uma garantia do *status quo* económico. Em sentido contrário, Kirchheimer defende que a transformação do conceito de propriedade numa economia capitalista não deve conduzir a uma mais ampla protecção da propriedade em face das intervenções do Estado, mas precisamente à manutenção da concepção clássica da expropriação. Em causa não estaria a igualdade dos cidadãos perante os sacrifícios impostos pelos poderes públicos, mas a promoção da igualdade material dos cidadãos[364]. Em função do que acaba de ser dito não causa também espanto que Kirchheimer adopte um entendimento diverso, em relação àquele que é adoptado por Scheuner, quanto aos §§ 74 e 75 da Introdução ao *Allgemeines Landrecht*. Se o proprietário de espaços verdes é impedido por lei de construir não poderia aí perspectivar-se um sacrifício especial, indemnizável nos termos das disposições citadas. Por um lado, não existiria aí um sacrifício especial imposto pelos poderes públicos, mas uma medida dirigida por igual a todos os proprietários nas mesmas condições. Por outro lado, as disposições dos §§ 74 e 75 citados, que de resto não constituiriam um princípio constitucional e poderiam ser revogadas por simples leis ordinárias, têm em vista a imposição de sacrifícios pela administração e já não pela lei. Criticando uma tendência que começava a esboçar-se na época em que escrevia, Kirchheimer sustentou que o progressivo esbatimento da distinção entre restrições jurídico-públicas da propriedade e expropriação conduzia também à impossibilidade de diferenciar a norma constitucional que garante a propriedade (atribuindo ao legislador competência para determinar o seu conteúdo) e a norma que prevê a expropriação[365].

---

[364] Cfr. O. Kirchheimer, "Die Grenzen der Enteignung", pp. 276, 279 e 257-258.

[365] Cfr. O. Kirchheimer, "Die Grenzen der Enteignung", pp. 289-290. Kirchheimer argumenta ainda com a *Kabinettsordre* prussiana de 4 de Dezembro de 1831, excluindo da

2.7.1.2 A expropriação material. O trabalho de Wolff e ainda a necessidade sentida, no âmbito de vigência da Constituição de Weimar, de compensar através da protecção indemnizatória a impossibilidade de controlar judicialmente o efeito das leis sobre a propriedade privada, foram as principais bases para a elaboração do conceito amplo de expropriação. Através dessa elaboração, o conceito de expropriação foi, num momento inicial, alargado em três direcções principais: em primeiro lugar, passou a admitir-se como objecto de expropriação não apenas a propriedade de imóveis, mas todos os direitos privados de valor patrimonial; em segundo lugar, admitiu-se também que a expropriação poderia efectuar-se directamente pela lei e já não apenas através de um acto administrativo; por último, deixou de exigir-se o requisito da transmissão de um direito, mesmo no sentido amplo em que Wolff a entendia, para passar a considerar-se suficiente a mera privação de um direito. Posteriormente, já no âmbito de vigência da Lei Fundamental de Bona, e acompanhando a tendência para a extensão do conceito constitucional de propriedade ao conjunto da esfera patrimonial do particular, passou mesmo a admitir-se que a expropriação abrangia, não apenas as intervenções do Estado implicando a perda da titularidade de um direito, mas "a própria privação de alguns direitos inerentes à qualidade de proprietário ou de algumas "faculdades" ou "irradiações" da propriedade"[366]. Por outras palavras, enquanto o conceito clássico de expropriação não abrangia a diminuição da aproveitabilidade de um objecto da propriedade, para o conceito amplo de expropriação todas as possibilidades de uso ou aproveitamento desse mesmo objecto integram o direito de propriedade e, por essa razão, a sua restrição ou proibição é susceptível de configurar uma expropriação, sujeita a indemnização. Nesta conformidade, os critérios formais avançados para separar

---

indemnização prevista nas disposições da Introdução ao *Allgemeines Landrecht* as intervenções na propriedade resultantes de lei geral, uma vez que aí o próprio legislador decidiria sobre a indemnização. U. Scheuner, "Grundlagen und Art der Enteignungsenschädigung", p. 83, vê aí, pelo contrário, a origem da designada concepção clássica da expropriação, com um âmbito de aplicação mais restrito.

[366] Cfr. Ulrich Scheuner, "Grundlagen und Art der Enteignungsentschädigung", pp. 87 e 94 e ss.; Fernando Alves Correia, *As Garantias do Particular na Expropriação por Utilidade Pública*, p. 80; Ulrich Hösch, *Eigentum und Freiheit*, p. 208.

a expropriação da determinação do conteúdo e limites da propriedade, tendem a ser substituídos por critérios materiais[367]. Subjacentes a estes últimos está, em última análise, a ideia de que a adopção de normas que delimitem o conteúdo da propriedade em termos de colocarem ao proprietário entraves no interesse do bem comum, mas que sejam considerados como "excessivos", "desrazoáveis" ou "gravosos", têm o efeito de transformar a vinculação social da propriedade numa expropriação ou, por outras palavras, de superar o limite da expropriação. Daí que se caracterize o conceito amplo de expropriação como fundado em "teorias da transformação", "teorias dos limites da expropriação", ou, ainda, num "modelo dos limites"[368].

Enquanto a necessidade de superação do conceito clássico de expropriação se prendeu com a excessiva dependência do direito fundamental de propriedade em relação à lei e com o limitado acesso dos tribunais ao respectivo controlo, as deficiências do conceito amplo de expropriação resultam do problema oposto. Esse problema foi logo posto em evidência por Carl Schmitt, quando sustentou que a liquidação do conceito clássico de expropriação conduziria a um conflito entre política e justiça, nos termos do qual "a política não tem nada a ganhar e a justiça tem tudo a perder"[369]. Com efeito, constitui um traço comum a todas as "teorias da transformação" não ser determinante, para a resposta à questão de saber se uma dada medida consubstancia uma expropriação, ou uma vinculação social

---

[367] Quanto a uns e outros, cfr. Fernando Alves Correia, *As Garantias do Particular na Expropriação por Utilidade Pública*, pp. 80-86; Gonçalo Capitão, *Expropriação e Ambiente*, pp. 107 e ss. Cfr., ainda, as indicações, relativamente aos critérios materiais, fornecidas por Ulrich Hösch, *Eigentum und Freiheit*, pp. 207-208, nota 5; Walter Leisner, *Sozialbildung des Eigentums*, pp. 21 e ss., 132 e ss., 151 e ss., 171 e ss. Em relação aos designados critérios materiais, Fernando Alves Correia, *ob. cit.*, p. 85, formula a crítica decisiva, comum a todos eles, e que subjaz às considerações adiante expendidas no texto: "trata-se de formulações pouco precisas, que recorrem a verdadeiras fórmulas em branco, de tal modo que não conduzem a um resultado previsível com suficiente segurança, nem podem trazer por si sós nenhuma resposta para os casos concretos". Para propostas mais recentes dos designados critérios materiais, cfr. Jochen Rozek, *Die Unterscheidung von Eigentumsbindung und Enteignung*, pp. 164 e ss.

[368] Assim, cfr. Werner Böhmer, "Die Rechtsgeschichtlichen Grundlagen der Abgrenzungsproblematik von Sozialbildung und Enteignung", pp. 158-159; Joachim Lege, *Zwangskontrat und Güterdefinition*, p. 18; Christoph Külpmann, *Enteignende Eingriffe?*, p. 16.

[369] Cfr. supra, ponto 1.5.1.2.1.

da propriedade, ter essa medida o seu fundamento numa lei parlamentar, com a legitimidade própria que lhe assiste. Pelo contrário, de acordo com tais teorias, é ao juiz, confrontado com a pretensão indemnizatória de um particular, que cabe determinar se foi ultrapassado o limite do sacrifício exigível ou atingido o limiar da expropriação e, consequentemente, decidir da existência de uma expropriação, dando lugar à respectiva indemnização[370]. Neste contexto, "a expropriação não resulta da aplicação de uma lei concedendo poderes para o efeito, mas da ulterior avaliação de uma situação de facto pelo juiz"[371].

Além disso, importa reconhecer que o conceito amplo de expropriação põe em causa as funções desempenhadas pela cláusula da indemnização conjunta, prevista no artigo 14.º, n.º 3, da Lei Fundamental alemã, ou no artigo 62.º, n.º 2, da nossa Constituição[372]. Antes de mais, é posta em causa a função de assegurar a consciência do legislador parlamentar, destinatário das disposições constitucionais citadas, de que a expropriação constitui uma agressão de um direito fundamental. Por outras palavras, a cláusula de indemnização

---

[370] Neste contexto são ainda de enquadrar as figuras, desenvolvidas pelos tribunais, de "dependência da situação" (*Situationsgebundenheit*) e de "razão económica do proprietário" (*wirtschaftlichen Vernunft des Eigentümers*), de acordo com as quais seria possível retirar da especial situação de um objecto de propriedade limites imanentes do direito do respectivo proprietário (cfr. Nüssgens / Boujong, *Eigentum, Sozialbildung, Enteignung*, pp. 92 e ss.). Tais figuras assentam, no entanto, em bases dogmáticas frágeis. Por um lado, trata-se de conceitos que conferem aos tribunais uma considerável margem de livre apreciação dos casos concretos sem lograrem, todavia, garantir ao proprietário as necessárias previsibilidade e segurança; por outro lado, são figuras que dificilmente podem justificar a limitação da propriedade, uma vez que a liberdade da propriedade inclui também o seu uso irracional (cfr., neste sentido, Jochen Rozek, *Die Unterscheidung von Eigentumsbindung und Enteignung*, pp. 269-270; W. Leisner, "Situationsgebundenheit des Eigentums – eine überholte Rechtssituation?", p. 219; M. Appel, *Entstehungsschwäche und Bestandsstärke...*, p. 113; cfr., ainda, Schönfeld, *Die Eigentumsgarantie und Nutzungsbeschränkungen des Grundeigentums*, pp. 23-31).

[371] Cfr. Werner Böhmer, "Die Rechtsgeschichtlichen Grundlagen der Abgrenzungsproblematik von Sozialbildung und Enteignung", p. 160-161. O mesmo autor, "Die rechtsgeschichtlichen Grundlagen...", p. 194 sustenta que o juiz pode apenas atribuir uma indemnização se a respectiva pretensão tiver fundamento na lei.

[372] Sobre esta matéria, cfr. Jochen Rozek, *Die Unterscheidung von Eigentumsbindung und Enteignung*, pp. 87-91, sobre o qual se baseia a exposição do texto; cfr., ainda, Nüssgens/Boujong, *Eigentum, Sozialbildung, Enteignung*, p. 166.

conjunta confirma a importância da reserva parlamentar para as decisões relevantes em matéria de direitos fundamentais, ou, se se preferir, as decisões relativas à trilogia clássica da *"life, liberty and estates"*, que Locke designava sob o termo genérico de propriedade[373]. Em segundo lugar, a cláusula de indemnização conjunta desempenha também a função de assegurar a prioridade da competência decisória do legislador, no sentido de que apenas a ele, e não a uma qualquer autoridade administrativa ou a um tribunal, cabe fixar os pressupostos da expropriação e disciplinar a indemnização a que dá lugar. Neste sentido, é particularmente importante salientar que a cláusula de indemnização conjunta visa proteger a prerrogativa orçamental do legislador, isto é, proteger o legislador contra consequências involuntárias que uma lei pode ter em relação ao orçamento. Em terceiro lugar, a cláusula de indemnização conjunta desempenha uma importante função de aviso para os potenciais visados. A tendência inerente ao conceito amplo de expropriação para qualificar *ex post* como tal toda a intervenção na propriedade que exceda a medida constitucionalmente adequada da vinculação social, contraria, na verdade, a função de avaliação objectiva *ex ante* tida em vista pela exigência de uma cláusula de indemnização conjunta. Por último, a cláusula de indemnização conjunta desempenha uma função de ligação entre expropriação e indemnização, no sentido em que uma lei expropriativa que não abranja o regime da indemnização não pode, quanto a esta matéria, ser suprida pelos tribunais. Ao contrário do que parece ser pressuposto pela exigência da cláusula em análise apenas para os casos de expropriação, e não também para os casos de determinação do conteúdo e limites da propriedade, a existência de uma expropriação torna-se, no âmbito do respectivo conceito amplo, apenas função da necessidade de uma indemnização[374].

---

[373] Quanto à reserva de lei como reserva de decisão do legislador sobre matérias de direitos fundamentais, cfr. K. Hesse, *Grundzüge des Verfassungsrechts der Bundesrepublik Deutschland*, n.º 509, p. 208; Pieroth e Schlink, *Grundrechte Staatsrecht II*, n.º 252 e ss., pp. 60 e ss.

[374] Cfr. Jochen Rozek, *Die Unterscheidung von Eigentumsbindung und Enteignung*, pp. 86-87.

2.7.1.3 A expropriação formal. Em larga medida como reacção ao estado de coisas que muito sumariamente se descreveu, deve ainda mencionar-se um conceito formal de expropriação, desenvolvido pela jurisprudência constitucional alemã e em que ocupa lugar de destaque o caso *Nassauskiesung*, já várias vezes mencionado[375]. Na verdade, na medida em que o artigo 14.º, n.º 3, da Lei Fundamental alemã (em larga medida equivalente ao artigo 62.º, n.º 2, da Constituição portuguesa) visa a segurança jurídica, o proprietário deve de antemão poder identificar uma medida do Estado como expropriação; por outras palavras, a existência desta deve poder ser identificada com base em critérios formais.

Através de um conceito formal de expropriação, a jurisprudência do Tribunal Constitucional alemão faz, como antes se afirmou, uma separação estrita entre expropriação e determinação do conteúdo e limites da propriedade, como duas figuras distintas. A expropriação implica a privação de um concreto objecto de propriedade. Através

---

[375] Antes dessa decisão, várias vozes se levantaram contra o conceito amplo de expropriação. Assim, num escrito de 1954, Günter Dürig, "Zurück zum klassischen Enteignungsbegriff", p. 8, propôs um conceito formal de expropriação, que designou por "conceito de expropriação clássica modificado", através do qual pretendia salvaguardar a função de segurança jurídica desempenhada pela norma constitucional prevendo a expropriação. Por seu turno, também Helmut Rittstieg, numa obra de 1975, recusava o conceito amplo de expropriação e procurava recuperar as ideias de alienação forçada (*Zwangskauf*) e de aquisição de bens (*Güterbeschaffung*), salientando que uma determinação do conteúdo e limites da propriedade que exceda os limites do princípio da proporcionalidade conduz à respectiva inconstitucionalidade, mas não a uma expropriação (cfr. Rittstieg, *Eigentum als Verfassungsproblem*, pp. 411-415; as ideias de Rittstieg foram depois retomadas por Lege, *Zwangskontrakt und Güterdefinition*, p. 59). Como salienta Rozek, *Die Unterscheidung von Eigentumsbindung und Enteignung*, p. 99, o conceito formal de expropriação do Tribunal Constitucional alemão aproxima-se, no essencial, das posições defendidas por Dürig. Com efeito, já Dürig se distanciava do conceito clássico em relação aos seguintes aspectos: (i) para ele, o objecto da expropriação não são imóveis e outras coisas, mas todos os direitos subjectivos com valor patrimonial; (ii) a expropriação pode consistir na mera privação da propriedade, não sendo necessária a sua transmissão para um novo proprietário; (iii) a expropriação pode ser levada a cabo directamente pela lei e já não apenas por um acto jurídico concreto; (iv) deixa de ser necessária a afectação do bem expropriado a um concreto empreendimento. Admitindo a possibilidade, em face do direito português, de se expropriarem, para além de coisas imóveis, "patentes de invenção, direitos de autor ou direitos fraccionários da propriedade a que já não corresponde a translação de coisas", cfr. Marcello Caetano, "Em Torno do Conceito de Expropriação por Utilidade Pública", pp. 173 e ss.; idem, *Manual de Direito Administrativo*, vol. II, pp. 1020-1021, nota 2.

dela, o proprietário é privado de uma concreta posição jurídica, garantida pela Constituição, com base no pressuposto de que a expropriação serve o interesse público e é necessária à realização de um fim de interesse público determinado. Por outro lado, no plano do direito objectivo, a expropriação não representa a restrição genérica de um direito fundamental, mas antes a limitação do âmbito de validade de um direito fundamental a propósito de um seu objecto concreto; nessa medida, não pode falar-se de expropriação quando está em causa uma modificação geral do direito objectivo. Pelo contrário, a determinação do conteúdo e limites da propriedade significa a fixação em termos gerais e abstractos dos direitos e deveres do proprietário. Uma afectação excessiva da posição do proprietário através de tais normas não se transforma por isso numa expropriação, antes conduzindo à inconstitucionalidade da determinação do conteúdo e limites em causa. Finalmente, o legislador pode estar obrigado, em determinados casos, à previsão de deveres de compensação, de forma a suavizar encargos excessivos estabelecidos sobre o proprietário. Mas enquanto a expropriação consiste numa verdadeira intervenção no objecto do direito fundamental de propriedade, a determinação do conteúdo e limites da propriedade conforme à Constituição forma apenas o conteúdo da garantia da propriedade, sem configurar qualquer intervenção no objecto do direito fundamental.

O conceito de expropriação assim delineado é formal, visto que se caracteriza pela perda de um direito do proprietário, resultante de um acto do poder público (lei ou acto administrativo) orientado para esse fim e praticado por um motivo de interesse público determinado[376].

---

[376] Importa aqui salientar que algumas críticas da concepção formal de expropriação não põem em causa os critérios formais mencionados no texto, designadamente o da privação, total ou parcial, de um direito patrimonial privado, mas a necessidade da sua complementação por um critério material, respeitante à intensidade da lesão no direito fundamental de propriedade. Reconhece-se, assim, que se a expropriação não fornece a designação de conjunto para todos os casos de sacrifício de direitos patrimoniais privados, ela apenas existe quando a privação de um direito patrimonial privado representaria, sem indemnização, um encargo contrário aos princípios da proporcionalidade e da igualdade. Esta correcção substancial da concepção formal a que alude o texto seria sobretudo válida para os casos de privação parcial do direito (cfr. Frank Raue, *Die Zwangsvollstreckung als Nagelprobe für die modernen Eigentumsbegriff*, pp. 263-264 e 285-286). O autor tem sobretudo em vista os casos de constituição de servidões de direito público, comummente

Para além da distinção formal quanto aos pressupostos da expropriação (acto do poder público visando a privação de uma concreta posição jurídica) e da determinação do conteúdo e limites da propriedade (definição normativa dos direitos e deveres do proprietário), há ainda a distinção também formal quanto às consequências da verificação de uma ou outra situação. Temos assim, por um lado, o dever de indemnização, que existe no caso de expropriação, mas não, em princípio, na determinação do conteúdo e limites da propriedade. Por outro lado, há uma distinção relativa aos meios contenciosos disponíveis. Enquanto o expropriado recorre aos tribunais comuns para fazer valer o seu direito de indemnização, aquele que se considerar afectado por uma (re)definição normativa do seu direito de propriedade contrária aos princípios da proporcionalidade e da igualdade deve recorrer aos tribunais administrativos com vista a eliminar a violação do seu direito, impugnando as normas que repute inconstitucionais por violação da garantia constitucional da propriedade. O afectado não pode retirar imediatamente, da inconstitucionalidade da lesão do seu direito, a pretensão a uma indemnização por expropriação, nem tão pouco optar entre recorrer aos tribunais para eliminar a lesão do seu direito ou para obter uma indemnização[377]. Sob este aspecto existe, pois, uma radical inversão de perspectiva em relação à jurisprudência do Supremo Tribunal Federal alemão, em que se descurava por completo a protecção jurídica primária e se aceitava que ao interessado cabia um direito de escolha entre aquela e a protecção jurídica secundária, subordinada ao lema "suporta e liquida" (*"dulde und liquidiere"*)[378].

---

abrangidos pela concepção formal de expropriação segundo a doutrina alemã. Não pode deixar-se de notar que semelhante correcção substancial aos casos de privação parcial do direito de propriedade parece estar subjacente ao regime previsto no artigo 8.º do Código das Expropriações, aprovado pela Lei n.º 168/99, de 18 de Setembro, para a indemnização devida pela constituição de servidões de direito público.

[377] Para a exposição que antecede, com referências à jurisprudência constitucional, cfr. Ulrich Hösch, *Eigentum und Freiheit*, pp. 212-213; Christoph Külpmann, *Enteignende Eingriffe?*, pp. 100 e ss.

[378] Cfr. Jochen Rozek, *Die Unterscheidung von Eigentumsbindung und Enteignung*, p. 71; Jan-R. Sieckmann, *Modelle des Eigentumsschutzes*, p. 29.

2.7.2 A figura da determinação de conteúdo envolvendo um dever de compensação.

Seria errado pensar-se, hoje, que o recurso a um conceito formal de expropriação consegue vazar por completo, nos moldes da distinção entre expropriação e determinação do conteúdo e limites, os casos de intervenção no direito de propriedade sujeita a indemnização e os casos em que esta sujeição se não verifica.

Logo em 1951 Hans Peter Ipsen formulou em termos incisivos os termos da decisão que no futuro haveria que tomar sobre a interpretação do artigo 14.º da Lei Fundamental alemã: recuperação dogmática do conceito de expropriação no sentido restrito, e com isso distinção entre determinação legislativa do conteúdo da propriedade, por um lado, e, por outro, restrição da propriedade sem preencher os requisitos daquele conceito que seria, no entanto, de indemnizar nos casos de sacrifício especial de acordo com os pressupostos do § 75 da Introdução ao *Allgemeines Landrecht*; em alternativa, insistência na aplicação do conceito amplo de expropriação, a distinguir da determinação do conteúdo e limites da propriedade, não sujeita a indemnização, nos termos das teorias do acto individual e da dignidade da protecção[379].

Foi, no entanto, através da decisão do Tribunal Constitucional alemão sobre o depósito legal de livros, de 14 de Julho de 1981, que o primeiro caminho começou a ser trilhado. Através daquela decisão considerou-se violar a garantia constitucional da propriedade uma norma impondo ao editor o dever de fornecer gratuitamente a uma biblioteca pública um exemplar de cada obra impressa, no caso de uma impressão de reduzida tiragem envolvendo grandes despesas[380]. O Tribunal entendeu que, não obstante estivesse em causa a obrigação de entrega de um único exemplar em cada edição, não se podia falar de uma expropriação, uma vez que a norma não concede qualquer poder à Administração para, através de um acto individual,

---

[379] Cfr. H. P. Ipsen, "Enteignung und Sozialisierung", pp. 93-94. No mesmo sentido, cfr. Dürig, "Zurück zum klassischen Enteignungsbegriff", pp. 4 e ss.

[380] Cfr. *Entscheidungen des Bundesverfassungsgerichts*, vol. 58, pp. 137 e ss.; Rudolf Steinberg / Andreas Lubberger, *Aufopferung – Enteignung und Staatshaftung*, pp. 153 e ss.; Christoph Külpmann, *Enteignende Eingriffe?*, pp. 120-123; Jochen Rozek, *Die Unterscheidung von Eigentumsbindung und Enteignung*, pp. 76-79; Schönfeld, *Die Eigentumsgarantie und Nutzungsbeschränkungen des Grundeigentums*, pp. 34-35.

lançar mão de um objecto de propriedade necessário à prossecução de um determinado fim. Pelo contrário, a norma prevê, em termos gerais e abstractos, uma obrigação de prestação de uma coisa (a entrega de um exemplar de cada edição de um livro) e, nessa medida, integra o direito objectivo, ao determinar o conteúdo da propriedade da obra editada enquanto universalidade de todos os exemplares que a compõem[381]. Ao mesmo tempo, entendeu o Tribunal que a ponderação entre a intensidade da imposição legislativa e o peso da sua justificação, o interesse cultural da colectividade, em especial o interesse das gerações futuras no conhecimento da produção cultural de cada época, tem como resultado que, tratando-se de obras com elevados custos de impressão e tiragens reduzidas, a obrigação de entrega de um exemplar ultrapassa os limites impostos pela proporcionalidade e razoabilidade à fixação do conteúdo da propriedade do editor. Assim, a norma em causa violaria o princípio da igualdade que deve ser tomado em consideração na fixação do conteúdo e limites da propriedade, ao abrigo do disposto no artigo 14.º, n.º 1, 2ª parte, da Lei Fundamental. Um dever geral de entrega com exclusão de compensação conduz, na sua aplicação concreta e considerando a diversidade da actividade editorial, a intervenções na propriedade de intensidade consideravelmente diversa. Uma tal diversidade de efeitos deve também ser tomada em consideração no âmbito de medidas legislativas adoptadas nos termos do citado artigo da Lei Fundamental[382]. Com base, designadamente, nesta decisão desenvolveu-se o conceito de "determinação de conteúdo envolvendo um dever de compensação" (*ausgleichspflichtige Inhaltsbestimmung*), que não é, no entanto, nela empregado[383]. A questão então suscitada é a de saber se, com base em tal conceito, não se acaba por aceitar a impossibilidade de delimitar num plano meramente formal os conceitos de determinação de conteúdo e expropriação[384]. Por outras palavras, o

---

[381] Cfr. *Entscheidungen des Bundesverfassungsgerichts*, vol. 58, pp. 144-145.

[382] Cfr. *Entscheidungen des Bundesverfassungsgerichts*, vol. 58, pp. 150-151.

[383] A figura faz sentido em outros contextos de vinculação social da propriedade, designadamente por motivos ecológicos: cfr. Gomes Canotilho, *Protecção do Ambiente e Direito de Propriedade*, pp. 96-97.

[384] Cfr. Ulrich Hösch, *Eigentum und Freiheit*, p. 214; Eschenbach, *Der verfassungsrechtliche Schutz des Eigentums*, pp. 538 e ss.; Schönfeld, *Die Eigentumsgarantie und Nutzungsbeschränkungen des Grundeigentums*, pp. 56 e 71.

conceito de "determinação de conteúdo envolvendo um dever de compensação" acabaria por implicar também o recurso a critérios materiais próximos da ideia de sacrifício especial, subjacente ao conceito amplo de expropriação[385]. Tal conceito equivaleria afinal à recuperação da ideia de "intervenção expropriativa" subjacente àquele conceito amplo.

A verdade é que as dúvidas assim suscitadas não têm razão de ser. Na realidade, pode mesmo afirmar-se que a decisão sobre o depósito legal de livros é sobretudo relevante ao pôr em causa a "teoria da transformação": a classificação de uma norma como determinação do conteúdo e limites da propriedade conduz forçosamente, segundo essa teoria, à negação de uma compensação financeira, pois só aí, como se disse, é precisamente a necessidade, ou não, de indemnização que determina a classificação dogmática[386]. A inversa não é, todavia, verdadeira: a circunstância de a expropriação pressupor, necessariamente, uma indemnização não a reduz a um dever de indemnizar na sequência de uma intervenção no direito de propriedade, nem exclui a possibilidade de a determinação do conteúdo e limites da propriedade ser acompanhada de uma compensação, financeira ou de outro tipo. A "determinação de conteúdo e limites envolvendo um dever de compensação" é, sempre, uma determinação de conteúdo e limites da propriedade e, como tal, abrangida, pela previsão do artigo 14.º, n.º 1, 2ª parte, da Lei Fundamental. Nada impede que a determinação de conteúdo e limites da propriedade inclua mecanismos de compensação, tendo em vista assegurar a respectiva conformidade com os princípios da proporcionalidade e razoabilidade, assim como nada impõe que esses mecanismos se traduzam numa compensação financeira[387]. A figura "determinação de conteúdo e limites envolvendo um dever de compensação" não seria assim um *tertium genus* entre a expropriação e a determinação do

---

[385] Cfr. Ulrich Hösch, *Eigentum und Freiheit*, p. 215; Rudolf Reinhardt, "Wo liegen für die Gesetzgeber die Grenzen...?", pp. 6-7 e nota 3a; sobre a ideia de sacrifício especial, cfr., ainda, Fernando Alves Correia, *As Garantias do Particular na Expropriação por Utilidade Pública*, p. 86; Maria Lúcia Amaral, *Responsabilidade do Estado e Responsabilidade do Legislador*, p. 577.

[386] Cfr. Christoph Külpmann, *Enteignende Eingriffe?*, pp. 122-123.

[387] Cfr. Gomes Canotilho, *Protecção do Ambiente e Direito de Propriedade*, pp. 97-98; Osvaldo Gomes, *Expropriações por Utilidade Pública*, pp. 34-36 e nota 109.

conteúdo da propriedade, mas uma mera configuração especial desta última visando assegurar a respectiva conformidade constitucional.

Não parece, assim, acertado criticar a figura em análise com base na distinção entre o âmbito de aplicação do artigo 14.º, n.º 1, relativo à garantia de permanência, e o artigo 14.º, n.º 3, da Lei Fundamental, relativo à garantia de valor (a questão colocar-se-ia, aliás, precisamente nos mesmos termos em relação aos números 1, prevendo a designada garantia de permanência, e 2, respeitante à garantia de valor, do artigo 62.º da Constituição portuguesa). Ora, dir-se-á, na medida em que a determinação de conteúdo através de uma compensação confere ao Estado a possibilidade de transformar a garantia de permanência numa garantia de valor, sem que exista qualquer expropriação, isso significa também que a figura em causa corresponde a uma liquidação dos critérios dogmáticos existentes até ao momento, sem quaisquer vantagens aparentes na perspectiva de uma maior clareza sistemática[388]. Todavia, se o que está em causa são preocupações de clareza sistemática é forçoso reconhecer que as mesmas foram, antes de mais, postas decididamente em causa através da extensão do conceito de expropriação. Se o objectivo precípuo de toda a conformação legislativa da propriedade é alcançar soluções simultaneamente conformes ao interesse geral e respeitadoras do interesse do proprietário, o que se afigura decisivo é que a inclusão de um dever de compensação naquela conformação é susceptível de ser menos lesiva deste último interesse do que a exclusão desse mesmo dever.

Pode ainda objectar-se à figura da determinação do conteúdo e limites envolvendo um dever de compensação que a mesma significa, na prática, a atribuição ao Estado de um poder de "comprar" ao cidadão a vinculação social da sua propriedade. Uma tal atribuição é, em última análise, inadmissível porque, na expressão de Hans Peter Ipsen, "a conformação social não pode ser comprada"[389]. A objecção desconhece, todavia, que o objecto da garantia constitucional são as posições jurídicas definidas pelo próprio legislador: não pode ser "comprado" ao cidadão pelo legislador um direito que é por ele

---

[388] Cfr. Andreas Lubberger, *Eigentumsdogmatik*, pp. 216-218.
[389] Cfr. Hans Peter Ipsen, "Enteignung und Sozialisierung", p. 93.

definido[390]. Pelo contrário, é antes a extensão do conceito de expropriação – através da imposição judicial do dever de indemnizar a toda a vinculação social da propriedade que exceda aquilo que, na opinião do tribunal, pode ser tolerado –, que distorce a perspectiva de acordo com a qual a determinação do conteúdo e limites da propriedade constitui uma expressão da autodeterminação legislativa e força o legislador a adquirir, *ex post facto*, a vinculação social da ordem da propriedade.

Não vale, igualmente, esgrimir, contra a figura da "determinação de conteúdo e limites envolvendo um dever de compensação", com a diminuição do espaço de manobra do legislador na vinculação social da propriedade, na base do receio de um grande número de exigências de compensação, que não seriam consideradas de acordo com a concepção anterior, nos termos da qual a vinculação social nunca dava origem a uma indemnização[391]. Desde logo, importa salientar que a concepção anterior também pressupunha uma compensação, embora imposta pelo juiz. Aliás, a partir do momento em que a possibilidade da atribuição de uma compensação passou a depender da previsão de uma cláusula de indemnização conjunta[392], deixa de ser possível imputar exclusivamente à figura em análise o receio de uma paralização do legislador. Vários factores permitem, de qualquer modo, excluir esse receio. Entre eles, contam-se a circunstância de a garantia constitucional da propriedade não envolver uma protecção do património em si mesmo considerado, como se sustentou anteriormente, o recurso a um controlo adequado com base nos princípios da proporcionalidade e da igualdade, bem como (e decisivamente) o carácter geral e abstracto das normas que integram a determinação do conteúdo e limites da propriedade[393]. Um argumento oposto àquele que acaba de ser mencionado consiste em afirmar que a figura em causa visa apenas compensar uma intervenção do legislador desproporcionada e desrazoável. Simplesmente, dir-se-ia,

---

[390] Cfr. Christoph Külpmann, *Enteignende Eingriffe?*, p. 128.
[391] Cfr. R. Steinberg / A. Lubberger, *Aufopferung – Enteignung und Staatshaftung*, pp. 152-153.
[392] Cfr. R. Steinberg / A. Lubberger, *Aufopferung – Enteignung und Staatshaftung*, pp. 145 e ss.
[393] Cfr. Christoph Külpmann, *Enteignende Eingriffe?*, pp. 129-130.

um controlo nos termos do princípio da proporcionalidade deixa ainda uma larga margem de actuação ao legislador. Para além disso, a "determinação de conteúdo e limites envolvendo um dever de compensação" admite, como se disse, compensações de natureza não financeira. Ora, saber em que medida um sucedâneo da indemnização alcança o nível necessário e adequado de compensação é algo que permanece incerto. A figura em causa seria assim pouco segura quanto aos seus pressupostos e alcance e, consequentemente, a protecção por ela conferida, nos termos do artigo 14.º, n.º 1, da Lei Fundamental, seria consideravelmente menor do que a resultante de uma expropriação ao abrigo do disposto no n.º 3 do mesmo artigo[394]. Simplesmente, nada permite atribuir ao legislador, por comparação com o juiz, um maior grau de incerteza quanto à obtenção de um nível adequado de compensação. De resto, se ao legislador for atribuída, em primeira mão, a tarefa de alcançar um nível adequado de compensação pela determinação do conteúdo e limites da propriedade, os resultados obtidos poderão sempre ser depois controlados pelo juiz. O que está em causa é, pois, encontrar um modelo que envolva simultaneamente o legislador e o juiz[395].

Resulta, assim, do exposto que a "determinação de conteúdo envolvendo um dever de compensação" consiste também, tal como a expropriação, numa manifestação do princípio da igualdade dos cidadãos perante os encargos públicos em resultado do sacrifício de direitos patrimoniais privados[396]. No seu âmbito de aplicação incluem-se os casos de emissão de ruídos, fumos, cheiros, e outros factos semelhantes, a partir de instalações públicas, bem como de limitação das possibilidades de uso do proprietário no domínio da protecção do

---

[394] Cfr. Fritz Ossenbühl, "Eigentumsschutz gegen Nutzungsbeschränkungen", p. 697.

[395] Ossenbühl parece, no entanto, descrer das possibilidades de um tal modelo de envolvimento mútuo, como o atesta o seu comentário final sobre a situação da responsabilidade do Estado na Alemanha: "Permanece assim o desenvolvimento da responsabilidade do Estado nas mãos da justiça. Talvez esteja aí em melhores mãos do que nas da política" (cfr. "Die Haftung des Staates für hoheitliche Akte der Legislative, Administrative und Judikative", p. 181).

[396] Para além do acima exposto, cfr. Hartmut Maurer, *Allgemeines Verwaltungsrecht*, §27, n.º 79, p. 743.

património cultural e da natureza[397]. Um tal grupo de casos mostra bem como a figura em análise implica uma transferência do problema da necessidade de compensar os sacrifícios especiais impostos aos proprietários do âmbito da expropriação para o âmbito da determinação do conteúdo e limites da propriedade, envolvendo também uma determinação do alcance e efeito do direito fundamental de propriedade. Por outras palavras, uma transferência do problema em causa do âmbito do n.º 2 do artigo 62.º para o n.º 1 do mesmo artigo[398]. A questão que então muito directamente importa colocar é a de saber o que se ganha com tal transferência. Na verdade, o que está em causa é saber se a intensidade, gravidade e duração de uma intervenção legislativa deve ser suportada pelo proprietário, atendendo, desde logo, a uma comparação com os casos tipicamente tidos em vista pelo legislador e apelando, desse modo, ao princípio da igualdade. Simplesmente, se é verdade que desse modo se recuperam de algum modo os critérios materiais do "sacrifício especial" subjacente à distinção entre expropriação alargada e vinculação social, também é certo que a necessidade de compensação é agora assumida e tratada no plano da lei. Enquanto a "dependência da situação" (*Situationsgebundenheit*) do imóvel era anteriormente deduzida do caso concreto, ela deve agora resultar da própria disciplina legislativa. Caso o não seja, não podem os tribunais garantir imediatamente uma indemnização, mas

---

[397] Cfr. Hartmut Maurer, *Allgemeines Verwaltungsrecht*, §27, n.º 82, p. 745. Como salienta o autor, no caso das emissões, existe norma do direito privado que pode fornecer o critério da exigibilidade de compensação (o § 906 do BGB; os artigos 1346.º e 1347.º do Código Civil).

[398] Sem mencionar expressamente a figura analisada no texto, Oliveira Ascensão sustenta que "O legislador ordinário pode impor as restrições que forem necessárias, à luz do princípio da função social. Se o fizer, porém, de modo a esvaziar o conteúdo da propriedade sem contrapartida em justa indemnização, incorre em inconstitucionalidade" (cfr. "A Caducidade da Expropriação no Âmbito da Reforma Agrária", pp. 64-65; idem, "Expropriação e Direitos Privados", p. 36; idem, *Direito Civil – Reais*, p. 230). Sustenta ainda que, em tais casos, "o fundamento da indemnização não se encontra na identificação ou equiparação à expropriação, mas na própria garantia da propriedade privada" (cfr. Oliveira Ascensão, "O Urbanismo e o Direito de Propriedade", p. 327). Se o legislador conforma o conteúdo da propriedade sem prever a necessária indemnização, nos casos a que a ela haja lugar, há sempre violação da garantia da propriedade do n.º 1 do artigo 62.º; todavia, a previsão da indemnização dá-se sempre também por equiparação ao princípio da justa distribuição dos encargos públicos, subjacente ao artigo 62.º, n.º 2.

julgar inconstitucional a disciplina da lei[399]. Assim, se de acordo com a figura da determinação de conteúdo envolvendo um dever de compensação se adquire definitivamente a ideia de que a indemnização é devida como condição da justificação constitucional da medida legislativa em causa, não podendo ser excluída por lei, não é menos verdade que a garantia da propriedade não constitui, em si mesma, em princípio, o fundamento imediato para uma imediata pretensão indemnizatória, necessitando de uma disciplina legislativa que a preveja[400].

2.7.3 A expropriação como um caso de sacrifício indemnizável de direitos patrimoniais privados. Na exposição que antecede procurou evidenciar-se que o debate entre a concepção clássica e uma concepção ampla de expropriação deve hoje considerar-se ultrapassado pela introdução do conceito de "determinação do conteúdo envolvendo um dever de compensação". Com efeito, a admissão desta última pressupõe necessariamente a recuperação da possibilidade de identificar os casos de expropriação com base em requisitos formais, ainda que não necessariamente nos mesmos termos da concepção clássica. Mas, ao mesmo tempo, coloca-se o problema de saber se aquela figura esgota todos os casos em que existe um dever de indemnização dos poderes públicos pelo sacrifício de direito patrimoniais privados. Só quando se admita a relevância de tais casos se pode também admitir a afirmação inicial, relativa à superação do debate entre concepção clássica e conccepção ampla de expropriação. Deixando de lado os casos de intersecção entre expropriação e determinação de conteúdo envolvendo um dever de compensação[401], torna-se ainda necessário apurar quais os efeitos da admissão desta última figura em relação aos casos imprevisíveis e atípicos de sacrifício de direitos patrimonais privados susceptíveis de resultarem da

---

[399] Cfr. Hartmut Maurer, *Allgemeines Verwaltungsrecht*, §27, n.º 81, p. 744.
[400] Cfr. R. Steinberg / A. Lubberger, *Aufopferung – Enteignung und Staatshaftung*, p. 237.
[401] Cfr. R. Steinberg / A. Lubberger, *Aufopferung – Enteignung und Staatshaftung*, pp. 157 e ss.; como indicam os autores, a nova disciplina jurídica de um determinado direito pode simultaneamente implicar a eliminação de posições jurídicas existentes: pense-se, por hipótese, nos efeitos da redução do período de protecção de um direito intelectual ou industrial em relação aos direitos já constituídos.

actuação dos poderes públicos, como sucede com os casos tratados pela jurisprudência e doutrina alemãs sob a designação de "intervenção expropriativa"[402]. Seja como for, o certo é que a superação de um conceito amplo de expropriação não se prende com uma menor consideração das pretensões de indemnização com base em sacrifícios especiais de direitos patrimoniais privados e do princípio, que lhe subjaz, da justa distribuição de encargos entre os cidadãos. Pelo contrário, a recusa de um conceito amplo de expropriação pode e deve coexistir com a admissão de todas as pretensões susceptíveis de serem concebidas ao abrigo de um tal princípio. Simplesmente, o quadro conceptual em que as mesmas se integram surge distorcido no horizonte de um conceito amplo de expropriação em sentido constitucional. O que acaba de ser dito pode ser confirmado no plano da articulação entre as garantias de permanência e valor incluídas na tutela constitucional da propriedade (2.7.3.1), no plano da correcta perspectivação do papel do legislador e do juiz quanto à efectivação dessa mesma tutela (2.7.3.2), no plano de um adequado entendimento das protecções primária e secundária do direito fundamental de propriedade (2.7.3.3) e no plano da relação entre a garantia de instituto e a garantia individual da propriedade (2.7.3.4).

2.7.3.1 Garantia de permanência e garantia de valor. A compreensão da garantia constitucional da propriedade, prevista no artigo 62.º, n.º 1, da Constituição, como uma garantia de concretas posições jurídicas definidas pelo legislador tem como resultado que a intervenção deste último, na determinação do conteúdo e limites da propriedade, se situa, sempre, simultaneamente a montante e a jusante do direito fundamental de propriedade. A montante, na medida em

---

[402] Assim, R. Steinberg / A. Lubberger, *Aufopferung – Enteignung und Staatshaftung*, pp. 237-238, sustentam que a "determinação de conteúdo envolvendo um dever de compensação" não é susceptível de abranger os casos a que se referem as figuras mencionadas no texto; em sentido contrário, em relação à "intervenção expropriativa", sustenta Christoph Külpmann, *Enteignende Eingriff?...*, p. 259, ser já tempo de a despedir; questionando também a impossibilidade de fazer abranger pela figura da "determinação de conteúdo envolvendo um dever de comensação" grande parte dos casos actualmente tratados no âmbito da figura da "agressão expropriativa", cfr. Hartmut Maurer, *Allgemeines Verwaltungsrecht*, § 27, n.º 108, p. 763. Sobre ambas as figuras, cfr. supra, cap. 1, ponto 1.5.1.2.2.

que é ao legislador que cabe definir as posições jurídicas susceptíveis de serem qualificadas como propriedade em sentido constitucional; a jusante, porquanto, uma vez qualificada uma certa posição jurídica como propriedade nesse sentido, não é livre ao legislador a sua redefinição, nos termos já expostos. Pelo contrário, a expropriação, efectuada por lei ou com base na lei, a que se refere o artigo 62.º, n.º 2, da Constituição, é sempre uma intervenção apenas a jusante do direito fundamental de propriedade, isto é, sobre uma posição jurídica definida pelo legislador, e por ele já socialmente vinculada, na medida em que o seja, qualificada como propriedade em sentido constitucional. Neste sentido, a expropriação consiste na eliminação de um objecto do direito fundamental de propriedade e não na restrição deste último, enquanto a determinação do conteúdo e limites se integra no processo que conduz à definição da posição jurídica a cuja manutenção o respectivo titular tem um direito fundamental. É claro que esse processo pode ter um resultado restritivo do direito fundamental de propriedade e não meramente conformador do seu objecto, como se viu.

De qualquer modo, o conceito de expropriação em sentido constitucional deve ser adequado a preservar a possibilidade de definir a garantia da propriedade como uma garantia de permanência de posições jurídicas e não como uma simples garantia de valor. Os argumentos contra uma concepção da garantia da propriedade enquanto simples garantia de valor foram já anteriormente expostos[403]. O que aqui importa agora salientar é a dificuldade de através de uma concepção ampla de expropriação preservar a definição da propriedade em sentido constitucional como desempenhando uma função de proteger a liberdade individual do proprietário. Com efeito, através de uma tal concepção, toda a vinculação social da propriedade é susceptível de ser transformada pelo juiz numa garantia de valor da mesma propriedade. Pelo contrário, uma concepção formal de expropriação, construída sobre a privação de um direito patrimonial privado, é mais adequada a preservar aquela mesma definição, sem pôr necessariamente em causa, como se verá, a transformação da garantia de permanência em garantia de valor, quando aquela não seja apta a proteger a posição do indivíduo.

---

[403] Cfr. supra, ponto 2.5.3.

2.7.3.2 Legislador e juiz na efectivação da tutela constitucional da propriedade.

Já anteriormente, aquando da crítica da concepção ampla de expropriação (supra, 2.7.1.2) e da análise da figura da "determinação de conteúdo envolvendo um dever de compensação" (supra, 2.7.2), se expuseram os riscos de uma hipertrofia do papel dos tribunais na delimitação do sacrifício indemnizável por intervenções do legislador em direitos patrimoniais privados. Importa agora de um modo especial salientar que os pressupostos apontados por alguma doutrina como justificando, ou mesmo impondo, uma extensão do conceito de expropriação, embora possam ser aceites não conduzem necessariamente a um tal resultado. Assim, Ulrich Scheuner sustentava que a circunstância de a propriedade estar hoje subtraída à livre disposição do legislador e constitucionalmente garantida implicava de igual modo que o conceito de expropriação não deve apenas vincular a Administração, mas também o legislador. Consequentemente, deveria ser afastada a expropriação clássica e, em sua substituição, adoptada uma concepção de expropriação como sacrifício, em obediência às seguintes linhas: a) a expropriação deve ser feita em vista do interesse público; b) o seu objecto devem ser quaisquer posições jurídicas com conteúdo patrimonial; c) à definição da expropriação deixa de pertencer o requisito da transmissão da propriedade para outras mãos, passando aquela a integrar, não apenas também a privação ou subtracção de um direito, mas até a simples oneração ou imposição de deveres, na medida em que estes impliquem uma especial exigência sobre indivíduos ou pequenos grupos em violação do princípio da igualdade; d) por último, na sequência do que acaba de ser dito, uma medida expropriativa passa a ser definida com base em critérios materiais, sendo indiferente a forma do acto que a exprime[404].

Como resulta da exposição antecedente, concorda-se com esta tomada de posição, no sentido em que a subtracção da propriedade à livre disposição do legislador implica também a vinculação deste, e já não apenas da Administração, pelo conceito de expropriação. Nesta conformidade, é também verdade que daí resulta a rejeição da identificação entre o conceito constitucional de expropriação e a concepção

---

[404] Cfr. Ulrich Scheuner, "Grundlagen und Arten der Enteignungsentschädigung", pp. 93-99.

clássica, uma vez que a expropriação constitucional passa necessariamente a abranger, como objecto, quaisquer direitos patrimoniais privados (mas não direitos subjectivos públicos), e já não só direitos reais, pressupõe simplesmente a privação desses direitos, e já não só a respectiva transmissão para os poderes públicos, e passa a poder ser levada a cabo directamente pelo legislador, e já não só pela Administração. Todavia, da vinculação do legislador atrás mencionada também não resulta, como sua consequência necessária, a revisão do conceito constitucional de expropriação de acordo com as restantes linhas atrás apontadas. Pelo contrário, na medida em que a propriedade é subtraída à disposição do legislador isso significa que sobre este recai o dever de conformar a ordem da propriedade em termos de a respectiva disciplina normativa não implicar a sujeição de indivíduos ou grupos de indivíduos a especiais sacrifícios, que não atingem a generalidade das pessoas, ou, pelo menos, no caso de tal não ser possível, o dever de conformar a ordem da propriedade em termos de atribuir a tais indivíduos e pequenos grupos as compensações adequadas. É precisamente este o pressuposto do desenvolvimento da figura da "determinação de conteúdo envolvendo um dever de compensação".

Na medida em que a concepção clássica de expropriação pretenda ser a única manifestação do princípio da igualdade de encargos dos cidadãos perante os poderes públicos, situando-se a actuação do legislador necessariamente à margem de tal princípio, como sucedia "classicamente" e pretendia Otto Kirchheimer já no contexto do Estado Social, essa concepção deve considerar-se definitivamente afastada. De resto, Kirchheimer, como se viu, baseava o seu modo de ver numa concepção identitária de democracia, de inspiração schmittiana, desmentida pelo próprio Rousseau, o seu suposto fundador. Para Rousseau, ao contrário do que parece, por vezes, fazer crer Carl Schmitt, a vontade geral "não tem nunca o direito de fazer pesar encargos sobre um sujeito mais do que sobre um outro, já que a questão tornando-se particular, está fora da competência do seu poder"[405]. Ainda que hoje esta delimitação de competência da vontade geral não seja já viável, no sentido em que a observância do princípio

---

[405] Cfr. Rousseau, *Du Contrat Social*, Livro II, Cap. IV, p. 197.

da igualdade de encargos é susceptível de ser garantido no plano da disciplina geral e abstracta de um determinado direito (como o demonstra a figura da "determinação de conteúdo envolvendo um dever de compensação") essa é apenas mais uma razão para subordinar a actuação do legislador ao princípio da justiça na distribuição dos encargos públicos, bem como aos demais princípios materiais do Estado de Direito. Ao mesmo tempo, essa subordinação não pode ter o efeito de considerar como sinónimo de expropriação qualquer sacrifício indemnizável dos direitos patrimoniais privados imposto pelos poderes públicos. Com uma tal sinonímia perde-se clareza no recorte conceptual de realidades distintas[406], sem nada se ganhar na perspectiva de uma mais efectiva tutela constitucional da propriedade.

2.7.3.3 Subsidiariedade da protecção secundária em relação à primária. Nos termos da delimitação, com base em critérios formais, entre expropriação e determinação do conteúdo e limites quando esta última exceder os limites dos princípios que enformam a actividade do legislador nesse âmbito, isto é, os princípios da proporcionalidade, da protecção da confiança e da igualdade, haverá apenas inconstitucionalidade, não expropriação, nem a indemnização consequente. Isto significa também que ao particular está apenas aberta a via da protecção jurídica primária, através da qual ele deve procurar eliminar a violação do seu direito. Por outras palavras, o interessado deve, em termos ofensivos, afastar a lesão da sua propriedade contrária ao direito e não, em termos defensivos, aceitar a sua perda e recorrer ao direito de liquidação[407]. A decisão *Nassauskiesung* é, como se disse, elucidativa a este propósito: "se o cidadão considerar existir na medida que o atinge uma expropriação, ele poderá apenas pretender uma indemnização quando exista fundamento legal para o efeito. Na falta deste, terá de tentar obter junto da jurisdição administrativa a anulação do acto lesivo. Não pode o cidadão, todavia, renunciando a tal

---

[406] Neste sentido, quanto à distinção entre expropriação e imposição de servidões de direito público, cfr. Bernardo Azevedo, *Servidão de Direito Público*, pp. 36 e ss., sendo, no entanto, necessário acentuar que os autores que rejeitam o conceito amplo de expropriação não advogam nunca um regresso puro e simples ao conceito clássico de expropriação, mas antes propõem uma concepção formal de expropriação.

[407] Cfr. Jochen Rozek, *Die Unterscheidung von Eigentumsbindung und Enteignung*, p. 71.

impugnação, exigir uma indemnização não aprovada pela lei; na falta de fundamento legal não pode também o juiz atribuir uma indemnização". Para o Tribunal Constitucional alemão, "o interessado não tem, portanto, qualquer direito de escolha, quanto a defender-se contra uma 'expropriação' contrária ao direito com base na falta de indemnização legal ou a exigir imediatamente uma indemnização. Caso ele não impugne o acto lesivo, isso terá como consequência a rejeição do seu pedido de indemnização. Aquele que não fizer qualquer uso das possibilidades que lhe são concedidas pela Lei Fundamental, no sentido de defender o seu direito à criação de uma situação conforme com a Constituição, não pode, por causa de uma perda imputável a si próprio, exigir dos poderes públicos uma indemnização em dinheiro". Acresce ainda, continua o Tribunal, que "a remissão para a impugnação do acto administrativo não representa para o interessado qualquer encargo excessivo. A decisão de recorrer a esta protecção jurídica não é mais difícil de tomar do que a relativa a um pedido indemnizatório. Tal decisão apenas pressupõe que se estabeleça se a lei prevê uma indemnização"[408]. A tese assim formulada não vale apenas para a expropriação no sentido do artigo 14.º, n.º 3, da Lei Fundamental, mas antes postula um princípio geral, de acordo com o qual intervenções contrárias à Constituição no direito de propriedade dão lugar a uma defesa primária, isto é, a fazer valer "o direito à criação de uma situação conforme à Constituição", e os casos de "perda imputável" ao próprio interessado deste último direito dão também lugar à exclusão de uma pretensão indemnizatória[409]. Werner Böhmer interpreta esta jurisprudência como significando a superação do princípio *"dulde und liquidiere"*, e sua substituição pelo princípio de acordo com o qual a pretensão indemnizatória do proprietário surge sempre subordinada à questão de saber se uma intervenção no direito de propriedade é legítima, à luz da Constituição, e tem, consequentemente, de ser suportada[410]. De acordo com este modo de ver, a que já várias vezes se aludiu, uma pretensão indemnizatória não é um direito de defesa, na medida em que não se

---

[408] Cfr. *Entscheidungen des Bundesverfassungsgerichts*, vol. 58, p. 324.
[409] Cfr. Jochen Rozek, *Die Unterscheidung von Eigentumsbindung und Enteignung*, p. 75.
[410] Cfr. Werner Böhmer, "Grundfragen der verfassungsrechtlichen Gewährleistung des Eigentums...", p. 2563.

mostra adequada a eliminar uma violação do lado pessoal da garantia de permanência, isto é, da garantia de permanência como tutela da liberdade pessoal do proprietário. À garantia constitucional da propriedade como direito de defesa corresponderia assim um "ónus de impugnação" do acto lesivo junto da jurisdição administrativa[411].

Partindo da consideração de que a garantia da propriedade incide sobre posições jurídicas produto da ordem jurídica, Ansgar Grochtmann critica este modo de ver na medida em que através dele se pretenda retirar directamente do conteúdo da garantia constitucional da propriedade um "ónus de impugnação" em desfavor do proprietário. Um tal "ónus de impugnação" apenas poderá resultar para os indivíduos, na perspectiva da defesa da sua propriedade, quando o legislador, a quem cabe, à luz da Constituição, determinar o conteúdo e limites da propriedade, o estabeleça em termos constitucionalmente adequados[412]. É sem dúvida correcto o pressuposto de que parte esta observação, no sentido em que a existência de um "ónus de impugnação" não resulta directamente da Constituição. Mas essa é uma conclusão que, em todo o caso, não afecta necessariamente a ideia de uma prioridade da protecção jurídica primária sobre a protecção jurídica secundária, sob pena de subverter a própria justificação da protecção constitucional da propriedade e a clara distinção que ela opera entre garantia de permanência e garantia de valor. A propriedade em sentido constitucional é, antes de mais, um direito pessoal sobre um bem patrimonial; trata-se do direito de ter esse bem como próprio, de o usar e de poder dispor dele[413]. Pode mesmo afirmar-se, com efeito, que o propósito da propriedade como direito fundamental não é apenas económico, mas também moral e político: trata-se de assegurar à pessoa a possibilidade de uma vida autónoma[414].

Em face deste entendimento adoptado pela jurisprudência do Tribunal Constitucional alemão, parte da doutrina qualificou como ultrapassadas as figuras das "agressões equivalentes à expropriação" (*enteignungsgleichen Eingriffe*) e "agressões expropriativas"

---

[411] Cfr. Werner Böhmer, "Grundfragen der verfassungsrechtlichen Gewährleistung des Eigentums...", p. 2564.
[412] Cfr. Ansgar Grochtmann, *Art. 14 GG*, p. 214.
[413] Cfr. Werner Böhmer, "Eigentum aus verfassungsrechtlicher Sicht...", p. 43.
[414] Cfr. Gregory Alexander, "Constitutionalising Property...", p. 100.

(*enteignende Eingriffe*)[415], enquanto outra parte, maioritária, procura mantê-las, com o argumento de que o Tribunal Constitucional Federal não se pronunciou expressamente sobre elas. Para esta doutrina, bem como para a jurisprudência do Supremo Tribunal Federal, aquelas figuras exprimem, como se disse, um princípio, existente em paralelo ao expresso no artigo 14.º, n.º 3, da Lei Fundamental, de que a imposição de sacrifícios especiais a direitos patrimoniais dos cidadãos pelos poderes públicos implica um dever de indemnizar, princípio esse que, outrora positivado nos §§ 74 e 75 da Introdução ao *Allgemeines Landrecht* prussiano, teria depois sido desenvolvido pela jurisprudência e finalmente reconhecido como direito consuetudinário[416]. Ainda de acordo com a jurisprudência do Supremo Tribunal Federal, a falta de impugnação da medida expropriativa é encarada como um caso de culpa do lesado, por analogia com o § 254 do BGB, e exclui a pretensão indemnizatória em relação àqueles prejuízos que o interessado poderia ter evitado através da impugnação contenciosa do acto lesivo, ficando assim excluído um direito de escolha entre aquela pretensão e esta impugnação[417].

Em que medida se pode, todavia, admitir a ideia de um carácter subsidiário da protecção secundária em relação à primária no âmbito da garantia constitucional da propriedade? Na medida em que à concepção ampla de expropriação está associado um direito de escolha, atribuído àquele que é lesado na sua propriedade, entre a defesa do seu direito e a exigência de uma indemnização, pode sem dúvida concluir-se que essa concepção não exprime adequadamente a

---

[415] Sobre estas, cfr. supra, ponto 1.5.1.2.2.

[416] Cfr. Pieroth e Schlink, *Grundrechte Staatsrecht II*, n.ºs 947 e 948, p. 236; Papier, "Art. 14 GG", n.º 681 e ss., pp. 351 e ss.; Nüssgens/Boujong, *Eigentum, Sozialbildung, Enteignung*, p. 193; Ulrich Scheuner, "Grundlagen und Art der Enteignungsentschädigung", pp. 104 e ss.; R. Steinberg / Andreas Lubberger, *Aufopferung – Enteignung und Staatshaftung*, pp. 336 e ss.; Friedrich Kreft, *Öffentlichrechtliche Ersatzleistungen*, pp. 89 e ss.; Fritz Ossenbühl, "Die Haftung des Staates für hoheitliche Akte der Legislative, Administrative und Judikative", pp. 171 e 177-178; Hartmut Maurer, *Allgemeines Verwaltungsrecht*, § 27, n.ºs 12-36, pp. 704-716.

[417] Cfr. Pieroth e Schlink, *Grundrechte Staatsrecht II*, n.º 948, p. 237; Nüssgens/Boujong, *Eigentum, Sozialbildung, Enteignung*, pp. 196-198; R. Steinberg / Andreas Lubberger, *Aufopferung – Enteignung und Staatshaftung*, p. 347; Friedrich Kreft, *Öffentlichrechtliche Ersatzleistungen*, pp. 100-101; Ossenbühl, *Staatshaftungsrecht*, pp. 184-185; Hartmut Maurer, *Allgemeines Verwaltungsrecht*, § 27, n.º 36, p. 717.

subsidariedade da protecção secundária em relação à protecção primária. Torna-se, então, necessário apurar o que justifica esta subsidariedade.

De acordo com um modo de ver, o carácter subsidiário da protecção secundária encontraria a sua justificação na maior eficácia da protecção jurídica primária: esta permite a defesa perante a agressão ou o restabelecimento da situação violada, enquanto aquela dá apenas lugar à compensação pela diminuição ou perda do direito, por outras palavras dá apenas lugar a uma compensação pecuniária. Assim, quando um dano possa ser repelido através de meios processuais integrados na protecção jurídica primária não existe qualquer motivo para uma construção baseada na aceitação do dano cumulada com uma pretensão indemnizatória. Seria esta a razão de ser da norma do § 839, n.º 3, do BGB, enquanto expressão de um princípio geral[418]. Segundo esta disposição, sobre responsabilidade por violação de deveres públicos, não há lugar a compensação quando o lesado tenha omitido, com dolo ou negligência, evitar o dano através de um meio processual disponível. O mesmo princípio está subjacente ao artigo 7.º do Decreto-Lei n.º 48.051, de 21 de Novembro de 1967, segundo o qual "O dever de indemnizar, por parte do Estado e demais pessoas colectivas públicas, dos titulares dos seus órgãos e dos seus agentes, não depende do exercício pelos lesados do seu direito de recorrer dos actos causadores do dano; mas o direito destes à reparação só subsistirá na medida em que tal dano se não possa imputar à falta de interposição de recurso ou a negligente conduta processual da sua parte no recurso interposto"[419]. Todavia, se se baseia a subsidariedade da protecção secundária na maior eficácia da protecção primária, é necessário demonstrar esta em cada caso.

---

[418] Cfr.Wilfried Erbguth, "Primär- und Sekundärrechtsschutz im Öffentlichen Recht", p. 229.

[419] Cfr., ainda, o artigo 4.º da Proposta de Lei n.º 95/VIII, sobre regime da responsabilidade civil extracontratual do Estado, publicado no *Diário da Assembleia da República*, II Série-A, de 18 de Julho de 2001, que, visando revogar o Decreto-Lei n.º 48.051, não chegou, no entanto, a ser aprovada: "Quando o comportamento culposo do lesado tenha concorrido para a produção ou agravamento de danos causados, designadamente por não ter utilizado a via processual adequada à eliminação do acto jurídico lesivo, cabe ao tribunal determinar, com base na gravidade das culpas de ambas as partes e nas consequências que delas tenham resultado, se a indemnização deve ser totalmente concedida, reduzida ou mesmo excluída".

Independentemente do que acaba de ser dito, o tipo de fundamentação aduzida não permitiria sustentar uma regra de precedência estrita da protecção primária sobre a protecção secundária. Na verdade, falta a essa fundamentação a justificação no plano jurídico-constitucional que seria susceptível de a legitimar. Em tal contexto, e considerando que a garantia de acesso à justiça contida no artigo 19.º, n.º 4, da Lei Fundamental alemã inclui a compensação pecuniária como elemento da estrutura própria de defesa dos direitos fundamentais, não só não seria possível sustentar naquela norma a precedência da protecção primária, como até a sua concretização carece, em face dela, de justificação. O já citado § 839, n.º 3, do BGB constituiria uma manifestação de um princípio de precedência da protecção primária no âmbito da responsabilidade da Administração; dele não resultaria, todavia, uma regra de precedência estrita da protecção primária, mas apenas uma subsidiariedade parcial da protecção secundária[420].

Por último, e na sequência do que já anteriormente se disse, a prioridade da protecção primária pode encontrar apoio no reconhecimento de que o propósito da propriedade como direito fundamental não é apenas económico, mas também moral e político. Neste sentido, pode dizer-se que cada cidadão, enquanto cidadão da república, tem o dever de assegurar a realização dos direitos fundamentais. O seu direito ao Direito decorre do princípio do Estado de Direito, em estreita conexão com o princípio da liberdade e com os direitos fundamentais[421]. A mesma ideia encontra também apoio no modo como o artigo 20.º, n.º 5, da Constituição portuguesa garante o acesso ao direito, ao estabelecer que "Para defesa dos direitos, liberdades e garantias pessoais, a lei assegura aos cidadãos procedimentos judiciais caracterizados pela celeridade e prioridade, de modo a obter tutela efectiva e em tempo útil contra ameaças ou violações desses direitos".

Conjugando as várias linhas de argumentação expendidas, deve, antes de mais, excluir-se um princípio de estrita precedência da protecção primária sobre a protecção secundária. Mas deve, também,

---

[420] Cfr.Wolfram Höfling, "Primär- und Sekundärrechtsschutz im Öffentlichen Recht", pp. 279-280.

[421] No mesmo sentido, cfr. a intervenção de Schachtschneider, *Veröffentlichungen der Vereinigung der Deutschen Staatsrechtslehrer*, Band 61, 2002, p. 439.

rejeitar-se o princípio oposto de uma escolha arbitrária entre os dois tipos de protecção. A solução mais equilibrada consiste porventura em reconhecer que sob a aparente dicotomia das protecções primária e secundária é possível sistematizar os mecanismos de defesa dos direitos, liberdades e garantias de acordo com um esquema tripartido. Assim, os direitos, liberdades e garantias seriam primariamente direitos de defesa. Quando a pretensão de defesa não esteja disponível, ou deixe de o estar, surge, num segundo plano, uma pretensão de eliminação da lesão do direito fundamental e de reintegração da situação violada. Finalmente, uma pretensão indemnizatória terá lugar quando a lesão do direito fundamental e as suas consequências não sejam já passíveis de correcção[422]. O que é importante salientar é que em todos estes diferentes graus de protecção está sempre em causa a tutela do direito fundamental de propriedade. Nessa medida, afigura-se censurável a jurisprudência do Supremo Tribunal Federal alemão, atrás mencionada, no sentido de, na sequência da decisão *Nassauskiesung*, procurar para as figuras das "agressões equivalentes

---

[422] Repare-se que esta afirmação tem de ser entendida no sentido de não excluir uma continuação, ou recuperação, da protecção primária, e dos problemas que esta visa resolver, num período em que já operou a protecção secundária. Assim acontece com a reversão. Na verdade, o direito de reversão, no caso dos bens expropriados não servirem os fins de interesse público que justificaram a expropriação, é uma consequência directa da "garantia de permanência", prevista no artigo 62.º, n.º 1, da Constituição. Na sua ausência, assistiria ao Estado um direito de expropriar os bens dos particulares dos tendo em vista quaisquer fins. As mesmas razões que justificam, nos termos explanados no texto, a prioridade da protecção primária sobre a secundária permitem também concluir pela decorrência directa do direito de reversão da norma do artigo 62.º, n.º 1, da Constituição [cfr. Gomes Canotilho, "Tópicos de um Curso de Mestrado sobre Direitos Fundamentais, Procedimento, Processo e Organização", pp. 183-184; Marcelo Rebelo de Sousa, *Privatizações e Constituição*, p. 25 ("se desaparece a utilidade pública concreta exigida pela Constituição, cessa a possibilidade de aplicar o n.º 2 do artigo 62.º. Renasce, em plenitude, a tutela do n.º 1 do artigo 62.º"); Jochen Rozek, *Die Unterscheidung von Eigentumsbindung und Enteignung*, p. 26, nota 36; Ossenbühl, *Staatshaftungsrecht*, pp. 252 e ss.; Nüssgens/Boujong, *Eigentum, Sozialbildung, Enteignung*, p. 165]. À luz do exposto afigura-se dificilmente sustentável a posição defendida pelo Tribunal Constitucional no seu Acórdão n.º 29/01, ao considerar não inconstitucional a norma que permite que a parte sobrante de um prédio expropriado seja afectada a outro fim de utilidade pública, mesmo que deva ser perseguido por diversa entidade, mediante a devida compensação em dinheiro ou espécie (cfr. *Acórdãos do Tribunal Constitucional*, 49.º vol. pp. 159 e ss. cfr., ainda, Fernando Alves Correia, *As Garantias do Particular...*, pp. 168-169; Osvaldo Gomes, *Expropriações por Utilidade Pública*, p. 412).

à expropriação" (*enteignungsgleichen Eingriffe*) e "agressões expropriativas" (*enteignende Eingriffe*) um fundamento normativo diverso do proporcionado pelo artigo 14.º, n.º 1, da Lei Fundamental[423]. Por outras palavras, aceitar uma relativa precedência da protecção primária sobre a protecção secundária não significa que esta última protecção não tenha também o seu fundamento na garantia constitucional da propriedade privada[424]. Não é, pois, correcto afirmar, sem mais, que a garantia constitucional da propriedade prevista no artigo 14.º, n.º 1, da Lei Fundamental, tal como a garantia da propriedade do artigo 62.º, n.º 1, da Constituição portuguesa, não é um instituto de responsabilidade[425]. Não o será em primeira linha, mas não o poderá deixar de ser, no sentido de responsabilidade pelo sacrifício, quando os anteriores graus de protecção se revelarem desajustados ou não estiverem disponíveis. O que acaba de ser dito não equivale, todavia, a aceitar que as pretensões indemnizatórias de direito público resultantes de especiais sacrifícios na vida, saúde, liberdade ou propriedade dos cidadãos sejam também propriedade no sentido constitucional, como chegou a sustentar Günter Dürig[426]. Tais pretensões não são propriedade em sentido constitucional, antes pressupõem a sua lesão.

Existem casos, com efeito, relativamente aos quais não se equaciona, sequer, a possibilidade de optar entre a impugnação do acto lesivo do direito de propriedade e o pedido indemnizatório. Assim, por um lado, há a apontar aqueles casos de lesões do direito de propriedade causados por actos materiais dos poderes públicos; por outro lado, ocorrem ainda os casos de retenção ilegal de licenças

---

[423] Neste sentido, falando de um "sistema de sanções triádico" ou de uma "teoria de três graus" de protecção dos direitos fundamentais, cfr., respectivamente, Wolfram Höfling, "Primär- und Sekundärrechtsschutz im Öffentlichen Recht", p. 274, e H. Maurer, *Allgemeines Verwaltungsrecht*, § 27, n.º 87, pp. 748-749; cfr., ainda, a intervenção deste último autor, *Veröffentlichungen der Vereinigung der Deutschen Staatsrechtslehrer*, Band 61, 2002, p. 436; Wolff / Bachof / Stober, *Verwaltungsrecht*, Band 2, § 72, n.º 63, p. 632.

[424] Em sentido próximo, para o direito português, cfr. Oliveira Ascensão, "O Urbanismo e o Direito de Propriedade", p. 327. No nosso ordenamento, alguns dos casos apontados parecem encontrar previsão na norma do artigo 9.º do Decreto-Lei n.º 48.051, de 21 de Novembro de 1967 (cfr. Rui Medeiros, *Ensaio sobre a Responsabilidade Civil do Estado por Actos Lícitos*, p. 308; Osvaldo Gomes, *Expropriações por Utilidade Pública*, p. 35).

[425] Cfr. Werner Böhmer, "Eigentum aus verfassungsrechtlicher Sicht...", p. 47.

[426] Cfr. Günter Dürig, "Der Staat und die Vermögenswerten öffentlich-rechtlichen Berechtigungen seiner Bürger", p. 48.

e autorizações administrativas (por exemplo, licenças de construção) relevantes na perspectiva do direito de propriedade, com os inevitáveis prejuízos causados ao respectivo titular em resultado da demora[427]. Nestes casos, e outros semelhantes, não existe sequer a alternativa entre protecção jurídica primária e secundária. Além disso, não pode deixar também de se admitir a existência de situações em que a protecção jurídica primária, embora disponível, não se mostre apta a eliminar todos os prejuízos causados na esfera jurídica do particular. Torna-se ainda necessário averiguar se o recurso a meios de defesa integrados na protecção primária é objectivamente exigível ao interessado, atendendo designadamente aos riscos associados ao tempo e eficácia dessa protecção. Por exemplo, se a impugnação do acto lesivo da propriedade junto dos tribunais administrativos não for apta a suspender a eficácia do mesmo, isso inviabilizará a prioridade da protecção primária[428]. Por último, importa apurar se o não recurso a tais meios pode ser imputado ao lesado[429]. Ora, quando não seja possível, ou exigível, a eliminação da lesão do direito através da protecção jurídica primária, coloca-se o problema de saber em que medida se justifica, com base na Constituição, assegurar ao proprietário a protecção jurídica secundária perante os tribunais administrativos, sob a forma de uma pretensão indemnizatória. Não admitir a disponibilidade de uma tal pretensão significaria, importa reconhecê-lo, transformar a garantia da propriedade no seu contrário[430]. Ao reconhecimento de uma tal pretensão não pode sequer opor-se a reserva de lei prevista no artigo 62.º, n.º 2, da Constituição, pois esta vale apenas para o caso da indemnização decorrente da expropriação, não excluindo pretensões indemnizatórias com outros fundamentos[431].

---

[427] Cfr. Nüssgens/Boujong, *Eigentum, Sozialbildung, Enteignung*, pp. 195-196.
[428] Cfr. Ansgar Grochtmann, *Art. 14 GG*, pp. 215-216.
[429] Sobre as condições de realização da prioridade da protecção jurídica primária descritas no texto, cfr. H. Maurer, *Allgemeines Verwaltungsrecht*, § 27, n.º 99, p. 757.
[430] Cfr. Nüssgens/Boujong, *Eigentum, Sozialbildung, Enteignung*, p. 196. Segundo afirma Walter Leisner, importaria assegurar que a superação do princípio *"dulde und liquidiere"* não se faça através da sua substituição pelo princípio *"dulde, ohne zu liquidieren"* (cfr. W. Leisner, "Eigtentumsschutz von Nutzungsmöglichkeiten", p. 295).
[431] Neste sentido, para a norma semelhante do artigo 14.º, n.º 3, da Lei Fundamental alemã, cfr. H. Maurer, *Allgemeines Verwaltungsrecht*, § 27, n.º 96, p. 755.

2.7.3.4 Direitos a acções positivas e direitos de defesa na realização da ordem da propriedade. Para além do reconhecimento de que o direito fundamental de propriedade tem associados diferentes graus de protecção, entre os quais se inclui também a pretensão indemnizatória por sacrifício, a inclusão na garantia da propriedade privada dos casos de "agressão expropriativa" e de "agressão equivalente à expropriação" acima mencionados pode retirar-se da jurisprudência constitucional que concluiu que a determinação normativa do conteúdo e limites da propriedade é por vezes apenas legitimada através da previsão de uma indemnização financeira. Neste sentido, pode até questionar-se se os casos de "agressão expropriativa" não deverão considerar-se abrangidos pela figura da "determinação de conteúdo envolvendo um dever de compensação". Com efeito, em ambas as situações deparamos com agressões à propriedade normalmente decorrentes de limitações ao seu conteúdo que não dão lugar a uma indemnização, mas que excepcionalmente podem conduzir a encargos excessivos exigindo um dever de compensação pelos poderes públicos. Assim, muitos dos casos tratados pela jurisprudência como "agressões expropriativas", como por exemplo os prejuízos causados nos prédios adjacentes por obras em vias de comunicação, constituem também casos típicos da "determinação de conteúdo envolvendo um dever de compensação". A tese segundo a qual os casos de "agressão expropriativa" correspondem a lesões da propriedade não previsíveis e, nessa medida, insusceptíveis de disciplina jurídica é desmentida pela progressiva adopção de regimes legais que enquadram tais casos numa disciplina geral e abstracta, prevendo para os mesmos as compensações adequadas[432]. Neste contexto, Maurer admite a hipótese de os casos de "agressão expropriativa" passarem a constituir um "domínio residual", isto é, o domínio dos casos ainda não abrangidos pelas pretensões de compensação previstas pelo legislador. Um tal domínio seria definido pelos casos de sacrifício da propriedade situados fora do âmbito de desenvolvimentos típicos e que, por essa razão, se podem considerar de facto

---

[432] Cfr. H. Maurer, *Allgemeines Verwaltungsrecht*, § 27, n.º 108, p. 763; Christoph Külpmann, *Enteignende Eingriffe?*, pp. 202 e ss.; Wolff / Bachof / Stober, *Verwaltungsrecht*, Band 2, § 72, n.ºs 21-22 e 26 e ss., pp. 616-619.

imprevisíveis. Como tal não se podem considerar, por exemplo, os prejuízos causados a um estabelecimento comercial pela realização de trabalhos na via pública, uma vez que aqueles, ainda que ocorram excepcionalmente, são ainda consequências típicas de tais trabalhos[433].

Pode, sem dúvida, afirmar-se que a ordem jurídica apenas se pode considerar justificada, de um ponto de vista constitucional, quando preveja mecanismos de defesa eficientes do direito fundamental de propriedade. Mas, precisamente, é ao legislador que cabe estabelecer os contornos de tais mecanismos, na sua tarefa de concretização do direito fundamental de propriedade. Ainda que em resultado da sua intervenção sejam criadas posições jurídicas objecto, elas próprias, da garantia constitucional da propriedade privada, é duvidoso que, sem essa intervenção, se possa retirar imediatamente da Constituição o regime mais adequado de protecção para todos os casos acima mencionados. Melhor dito: ainda que se possa retirar da garantia constitucional da propriedade uma protecção para tais casos, a mesma prende-se com um direito constitucional à existência de normas de direito ordinário capazes de proteger eficazmente as posições jurídicas de direito privado patrimonial em face das agressões dos poderes públicos. Mas este, tal como sucede com o direito à existência de uma ordem patrimonial privada identificado por Alexy, de que é, aliás, um simples desdobramento, deve também ser configurado como um direito a uma acção positiva do Estado. Com base em tal direito, directamente resultante do artigo 62.º, n.º 1, da Constituição, pode, sem dúvida, retirar-se da garantia constitucional da propriedade a pretensão dos particulares a um esquema completo de responsabilidade dos poderes públicos por sacrifícios dos direitos patrimoniais privados. Na medida, todavia, em que um tal esquema não tenha ainda sido aprovado pelo legislador, não pode deixar-se de reconhecer que o direito fundamental de propriedade inclui também, na sua dimensão de direito de defesa, pretensões indemnizatórias pelo sacrifício de posições jurídicas protegidas, nos termos anteriormente expostos. A rejeição de um direito de escolha do particular, no âmbito de uma concepção formal de expropriação, entre a reacção à lesão do seu direito fundamental de propriedade através de meios de

---

[433] Cfr. H. Maurer, *Allgemeines Verwaltungsrecht*, § 27, n.º 109, p. 763-764.

protecção primária ou o recurso a pretensões indemnizatórias, e a adopção de um princípio de subsidariedade parcial da protecção secundária em relação à primária, conjugado com uma concepção formal de expropriação e o reconhecimento de outras pretensões indemnizatórias dos particulares pelo sacrifício dos seus direitos patrimoniais privados, acaba por se basear numa visão da garantia constitucional da propriedade que não se quer alheada da realização adequada da ordem da propriedade, para além da satisfação do interesse individual do proprietário.

2.8 O conceito constitucional de nacionalização. Importa tratar um último ponto, o de saber como se diferencia a expropriação da nacionalização e em que medida esta se relaciona com a garantia constitucional da propriedade. Nas próximas páginas procurar-se-á, antes de mais, delimitar os conceitos de expropriação e nacionalização para seguidamente se determinar a função constitucional desta última, sobretudo na perspectiva da garantia constitucional da propriedade, e, por último, com base em tal determinação, averiguar em que medida o dever de indemnização decorrente de nacionalização se diferencia daquele que resulta de uma expropriação, de acordo com o artigo 62.º, n.º 2, da Constituição.

2.8.1 Expropriação e nacionalização. Nos termos do artigo 80.º, alínea d), da Constituição, um dos princípios em que assenta a organização económico-social consiste na "propriedade pública dos recursos naturais e de meios de produção de acordo com o interesse colectivo". O artigo 83.º, por seu turno, relativo aos requisitos de apropriação pública, estabelece que "a lei determina os meios e as formas de intervenção e de apropriação pública dos meios de produção, bem como os critérios de fixação da correspondente indemnização". O artigo 86.º prevê a intervenção do Estado na gestão das empresas privadas, apenas admissível "a título transitório, nos casos expressamente previstos na lei e, em regra, mediante prévia decisão judicial". O artigo 88.º, n.º 1, prevê a expropriação dos meios de produção em abandono, em condições a fixar pela lei, estabelecendo o n.º 2 do mesmo artigo que os meios de produção em abandono injustificado podem ser objecto do arrendamento ou de concessão de exploração compulsivos, em condições a fixar por lei. O artigo 94.º, n.º 1, admite a expropriação no âmbito da "eliminação dos latifúndios", devendo a lei prever o direito do proprietário à correspondente indemnização e à reserva de área suficiente para a viabilidade e a racionalidade da sua própria exploração. Finalmente, o artigo 165.º, n.º 1, alínea l), integra na reserva relativa de competência legislativa da Assembleia da República a matéria dos meios e formas de intervenção, expropriação, nacionalização e privatização dos meios de produção e solos por motivo de interesse público, bem como critérios de fixação, naqueles casos, de indemnizações.

De entre as diversas figuras que as disposições mencionadas visam, importa aqui mencionar sobretudo a expropriação no âmbito da reforma agrária e a nacionalização de meios de produção, na medida em que questionam especialmente o pressuposto da garantia constitucional da propriedade. Esta última, com efeito, tendo por objecto os direitos de propriedade concretamente existentes na ordem jurídica, protege também a distribuição de bens a eles subjacente. Pelo contrário, a nacionalização visa a subtracção de uma determinada categoria de bens, de entre os "meios de produção"[434], ao direito de propriedade privada e a sua transferência para a propriedade do Estado[435], enquanto a expropriação no âmbito da reforma agrária

---

[434] Importa distinguir entre meios de produção e factores de produção. Estes últimos abrangem trabalho, terra e capital; os primeiros reconduzem-se ao capital, que surge em resultado da mobilização do trabalho e da terra. Em sentido estrito, os meios de produção reconduzem-se ao capital físico, incluindo máquinas e instrumentos, criados através da aplicação do trabalho aos recursos naturais com vista à conformação eficiente do processo e rendimento do trabalho. Em sentido amplo, são meios de produção todos aqueles de que depende a vida dos indivíduos, aí se incluindo os postos de trabalho. Assim, são meios de produção todos aqueles onde se realiza o trabalho individual, o que significa também as empresas como lugares de trabalho e produção. À luz deste entendimento, torna-se indiferente saber se o trabalho é prestado nos sectores produtivos ou no sector dos serviços (sobre esta discussão, cfr. U. Hösch, *Eigentum und Freiheit*, pp. 252-253, nota 26).

[435] Propriedade pública não é, porém, incompatível com a integração dos meios de produção apropriados no sector cooperativo e social, a que alude o artigo 82.º da Constituição. Na verdade, como afirmam Jorge Miranda e Rui Medeiros, "o que caracteriza o sector cooperativo e social e o unifica é, não já a natureza da propriedade dos meios de produção, mas sim o modo como os meios de produção se organizam e são geridos" (cfr. J. Miranda e Rui Medeiros, *Constituição Portuguesa Anotada*, tomo II, p. 61). A questão que então se coloca é a de saber em que medida, não sendo a apropriação pública incompatível com a integração dos meios de produção no sector cooperativo e social, essa integração é todavia

visa a redistribuição do direito de propriedade privada sobre os solos, na linha da velha noção romana da *lex agraria*[436]. Neste sentido, pode sem dúvida afirmar-se que a nacionalização e a expropriação agrária não se traduzem em simples quebras da ordem da propriedade, como sucede com a expropriação por utilidade pública do artigo 62.º, n.º 2, da Constituição, mas antes visam uma nova constituição da propriedade[437]. Enquanto na expropriação por utilidade pública se quer destinar um bem determinado, eliminando os direitos de propriedade sobre ele constituídos, a um aproveitamento concreto de interesse público para o qual o bem é necessário, a nacionalização e a expropriação no âmbito da reforma agrária permitem eliminar todos os direitos de propriedade privada sobre uma determinada categoria de bens[438]. No caso da nacionalização, essa eliminação é uma verdadeira subtracção dos bens em causa ao regime da propriedade privada, acompanhada da respectiva transferência para uma ordem económica em que deixa de estar em causa a obtenção de um ganho, mas apenas a satisfação de necessidades[439]; no caso da expropriação no âmbito da reforma agrária não ocorre semelhante subtracção, mas antes se visa efectivar o direito de acesso à propriedade privada,

---

exigida como fim da própria apropriação pública. Atendendo a que a nacionalização implica a gestão de um meio de produção sem a respectiva subordinação ao objectivo da obtenção de lucros, mas apenas com o propósito da satisfação de necessidades, deve, desde logo, entender-se que ela é incompatível, pelo menos, com a integração do bem nacionalizado no sector privado do Estado.

[436] Estabelecendo uma semelhante distinção, aliás conforme ao disposto no artigo 94, n.º 2, da Constituição, entre nacionalização e expropriação no âmbito da reforma agrária cfr. Ulrich Hösch, *Eigentum und Freiheit*, pp. 256-257.

[437] Cfr. Hans Peter Ipsen, "Enteignung und Sozialisierung", p. 105.

[438] Oliveira Ascensão, "Expropriação e Direitos Privados", pp. 51-53, salienta que, se a nacionalização incide sobre coisas, aí abrangendo os estabelecimentos como universalidades de facto, implica uma aquisição originária (tal como sucede com a expropriação por utilidade pública). Pelo contrário, quando a nacionalização recai sobre uma empresa, haverá também a nacionalização de um património, o que significa que todos os direitos e obrigações que pertenciam ao titular privado passam a pertencer ao ente público. A manutenção dos direitos, obrigações e posições contratuais só é possível havendo, em tais casos, uma aquisição derivada. A expropriação no âmbito da reforma agrária aponta também para uma aquisição originária, mas o mesmo não sucederá, obrigatoriamente, com a expropriação de meios de produção em abandono, prevista no artigo 88.º.

[439] Cfr. Joachim Wieland, "Artikel 15", n.º 24, p. 924.

anteriormente aludido. Por outras palavras, a nacionalização põe em causa o direito *de* e *à* propriedade privada; a expropriação no âmbito da reforma agrária afecta aquele apenas para promover este.

Se, de um ponto de vista material, a grande linha divisória é que se estabelece entre a expropriação por utilidade pública, a que se refere o artigo 62.º, n.º 2, da Constituição, por um lado, e a nacionalização e a expropriação no âmbito da reforma agrária, surgindo a intervenção pública e a expropriação de meios de produção em abandono como figuras relativamente marginais[440], numa perspectiva formal não há razões para autonomizar, no quadro constitucional vigente, o tratamento das diversas figuras. Tal como sucede com o regime da expropriação por utilidade pública, também os regimes da nacionalização, da expropriação no âmbito da reforma agrária e da expropriação dos meios de produção em abandono devem constar de lei em sentido formal e material, prévia ao acto individual de apropriação ou expropriação. Coloca-se, no entanto, a questão de saber se a nacionalização se faz por efeito directo da lei. A este propósito, atendendo, por um lado, ao próprio conceito de nacionalização como uma apropriação pública de "meios de produção", consistindo não numa quebra pontual da ordem da propriedade, mas uma nova constituição da propriedade, e, por outro lado, à circunstância de a nacionalização representar uma restrição a um direito análogo, sujeita ao regime do artigo 18.º, n.º 3, da Constituição, entende-se que a apropriação pública dos meios de produção deve decorrer directamente da lei[441]. Não é, com efeito, a simples circunstância de a nacionalização implicar uma restrição de um direito análogo que leva a concluir

---

[440] Como indicia, aliás, o artigo 165.º, n.º 1, ao apartar o "regime geral da requisição e da expropriação por utilidade pública", previsto na alínea e), dos "meios e formas de intervenção, expropriação, nacionalização e privatização dos meios de produção e solos por motivos de interesse público, bem como critérios de fixação, naqueles casos, de indemnizações", previsto na alínea l).

[441] Neste sentido, cfr. Rui Medeiros, *Ensaio sobre a Responsabilidade Civil do Estado por Actos Legislativos*, pp. 294 e ss.; Jorge Miranda e Rui Medeiros, *Constituição da República Portuguesa Anotada*, tomo II, p. 64; Paulo Otero, *Vinculação e Liberdade de Conformação Jurídica do Sector Empresarial do Estado*, pp. 192 e ss. Sufragando, no essencial, o mesmo entendimento em relação ao artigo 15.º da Lei Fundamental alemã, cfr. Hans Peter Ipsen, "Enteignung und Sozialisierung", pp. 117-118, admitindo, no entanto, uma excepção para o caso da nacionalização de uma empresa que abranja em regime de monopólio uma esfera singular de meios de produção.

pela exigência de ela operar através de lei material, para além de lei formal. Também a expropriação restringe um direito análogo, sem que se formule em tal caso semelhante exigência, bastando que o respectivo regime conste de lei com carácter geral e abstracto[442]. Afigura-se decisivo é que através da expropriação não se procede a uma nova formação da ordem da propriedade, mas sim a uma quebra excepcional de uma ordem que permanece fundamentalmente idêntica[443]. Com a nacionalização, pelo contrário, não há uma simples quebra pontual da ordem da propriedade, mas antes se procura uma ordem nova. Por essa razão, uma lei que estabelecesse o regime geral em termos de aí prever, não só regras de procedimento e critérios de fixação de indemnização, mas também as categorias de meios de produção sujeitas a nacionalização, sem realizar esta última, mas antes remetendo-a para um facto futuro incerto, seria incompatível com a garantia constitucional da propriedade. Com efeito, a "hipoteca social" da propriedade, na expressão de Brunstäd, decorrente de não ser possível numa sociedade conferir propriedade a todos de forma a que todos possam libertar-se da dependência económica, e fazendo com que aqueles que possuem tenham de responder pela segurança de vida dos que não possuem[444], exprime-se, sem dúvida, na possibilidade de o legislador alterar o conteúdo do direito de propriedade em atenção à sua vinculação social, bem como na susceptibilidade de expropriação. O perigo de uma tal "hipoteca", como o autor mencionado não deixa de advertir, consiste em ela se tornar de tal modo pesada que seja impossível uma aplicação produtiva da propriedade. Ora, esse seria certamente o caso em face de uma lei sujeitando uma determinada categoria de meios de produção a uma previsível nacionalização. Com o que se acaba de dizer afasta-se também a ideia de que a nacionalização deve ser encarada apenas como um caso especial da expropriação[445]. Ainda que em ambos os

---

[442] Cfr. Rui Medeiros, *Ensaio sobre a Responsabilidade Civil do Estado por Actos Legislativos*, pp. 283-284.

[443] Cfr. Ansgar Grochtmann, *Art. 14 GG*, p. 275; Jochen Rozek, *Die Unterscheidung von Eigentumsbindung und Enteignung*, pp. 224 e 246 e ss.

[444] Cfr. Brunstäd, "Das Eigentum und seine Ordnung", cit. em Larenz, "Die rechtsphilosophische Problematik des Eigentums", p. 35.

[445] Cfr. F. Alves Correia, *As Garantias do Particular na Expropriação por Utilidade Pública*, p. 58; cfr., ainda, Fausto de Quadros, "Expropriação por Utilidade Pública", p. 311.

casos esteja em causa a restrição de um direito fundamental, a conexão sistemática com a garantia da propriedade faz-se, não só pela via do artigo 62.º, n.º 2, mas também pela do n.º 1 desse mesmo artigo, uma vez que a nacionalização desvincula o legislador da definição do conteúdo da propriedade privada, bem como da observância do princípio da proporcionalidade em relação à sua actuação sobre a ordem da propriedade vigente[446].

2.8.2 A função da nacionalização numa ordem constitucional.

Qual a função hoje desempenhada pela previsão constitucional da nacionalização? Duas interpretações devem, a este propósito, ser desde logo arredadas. Por um lado, aquela que vê na nacionalização uma tarefa constitucionalmente imposta ao legislador, em vez de uma opção livre deste último na conformação da ordem económica[447]. Por

---

[446] Cfr. Rittstieg, "Kommentierung zu Art. 14/15", n.º 230, p. 1109; Pieroth e Schlink, *Grundrechte Staatsrecht II*, n.º 255, p. 238.

[447] A ideia de uma imposição constitucional de nacionalização chegou a poder retirar-se do texto inicial da Constituição, designadamente dos seus artigos 80.º ("A organização económico-social da República Portuguesa assenta no desenvolvimento das relações de produção socialistas, mediante a apropriação colectiva dos principais meios de produção e solos, bem como dos recursos naturais, e o exercício do poder democrático das classes trabalhadoras"); 81.º, alíneas l) e n) (inclusão, entre as incumbências prioritárias do Estado no âmbito da organização económica da criação das "estruturas jurídicas e técnicas necessárias à instauração de um sistema de planeamento democrático da economia", e do impulsionamento do "desenvolvimento das relações de produção capitalistas"); 83.º (irreversibilidade das nacionalizações); 290.º, alíneas f) e g) (inclusão, entre os limites materiais de revisão constitucional, do "princípio da apropriação colectiva dos principais meios de produção e solos, bem como dos recursos naturais, e a eliminação dos monopólios e latifúndios" e da "planificação democrática da economia"). Após a revisão de 1982, permaneceram a referência, no artigo 80.º, alínea c), à "apropriação colectiva dos principais meios de produção e solos, bem como dos recursos naturais", o princípio da irreversibilidade das nacionalizações, bem como a elevação do princípio da apropriação colectiva a limite material de revisão constitucional. Estes indícios de uma imposição constitucional do princípio da apropriação colectiva dos meios de produção foram eliminados na revisão constitucional de 1989. Sobre a questão, cfr. Jorge Miranda e Rui Medeiros, *Constituição Portuguesa Anotada*, tomo II, pp. 56-57. A ideia de liberdade do legislador quanto à nacionalização caracteriza também a interpretação das normas que as prevêem na generalidade das Constituições europeias: cfr. W. Leisner, "Der Sozialisierungsartikel als Eigentumsgarantie", pp. 247-248; U. Hösch, *Eigentum und Freiheit*, p. 259; Hans Peter Ipsen, "Enteignung und Sozialisierung", p. 104; Helmut Ridder, "Enteignung und Sozialisierung", p. 146; Rittstieg, "Kommentierung zu Art. 14/15", n.º 229, p. 1108;

outro lado, deve também ter-se por excluída a interpretação que sustenta deverem ter-se por obsoletas, atendendo ao seu não uso, as normas constitucionais relativas à apropriação colectiva dos meios de produção, bem como as respeitantes às expropriações no âmbito da reforma agrária[448].

Excluídas estas opções extremas, permanecem, no entanto, duas outras entre as quais parece tornar-se necessário optar. Assim, de acordo com uma dessas opções, as normas relativas à apropriação colectiva dos meios de produção, embora enfraquecendo o direito de propriedade ao permitirem a respectiva privação em termos mais amplos dos que os admitidos pela expropriação por utilidade pública, funcionariam também, simultaneamente, como garantia da propriedade privada, uma vez que apenas legitimam essa apropriação sob certos pressupostos. Adoptando este modo de ver, Walter Leisner sustenta que uma mais próxima consideração das conexões com a dogmática da garantia da propriedade revela diversos efeitos de protecção da cláusula de socialização do artigo 15.º da Lei Fundamental alemã na perspectiva da propriedade privada[449]. De acordo com um outro ponto de vista, a particularidade da previsão constitucional da apropriação pública dos meios de produção não é correctamente equacionada através da sua redução a uma função meramente defensiva perante actos do poder público, instrumental em relação à garantia da propriedade, antes apontando para uma nova constituição da ordem da propriedade, visando uma alteração do *status quo* através da sua abertura àqueles grupos, especialmente os que intervêm no processo de produção, cuja participação na ordem da propriedade colectivizada é admitida e se mostra ausente da ordem vigente. Nesta perspectiva, a cláusula de nacionalização não integra o *status negativus* dos cidadãos, constituindo-se, pelo contrário, como uma forma reflexiva, pelo menos, de um *status socialis positivus* daqueles

---

[448] Cfr. Helmut Ridder, "Enteignung und Sozialisierung", p. 147, em relação ao artigo 15.º da Lei Fundamental alemã. A este propósito, ocorre lembrar que as disposições da Constituição portuguesa relativas às nacionalizações e expropriações no âmbito da reforma agrária tiveram sobretudo aplicação em relação a actos ocorridos anteriormente à data da sua entrada em vigor (cfr. Oliveira Ascensão, "Nacionalizações e Inconstitucionalidade", p. 230; idem, "A Atribuição pelos Tribunais de Indemnizações por Nacionalização ainda Não Satisfeitas", pp. 186-187).

[449] Cfr. W. Leisner, "Der Sozialisierungsartikel als Eigentumsgarantie", p. 234.

grupos sociais[450]. A diferença em relação à perspectiva que aponta a apropriação pública dos meios de produção como uma imposição constitucional dirigida ao legislador decorre de a eficácia das normas relativas à apropriação pública dos meios de produção surgir agora encarada como condicional: na medida em que o legislador pretenda introduzir uma nova ordem da propriedade em relação aos bens susceptíveis de apropriação pública, deve seguir as vias apontadas pela cláusula da nacionalização.

Assim, à visão das normas constitucionais relativas à apropriação pública dos meios de produção como integrando a garantia constitucional da propriedade privada opõe-se a visão das mesmas normas como estabelecendo pelo menos uma protecção reflexa dos grupos sociais excluídos da ordem da propriedade anteriormente vigente. Julga-se, no entanto, que também são de rejeitar ambos os termos desta alternativa. Qualquer um deles visa uma "apropriação" das normas constitucionais relativas à nacionalização por parte de um determinado grupo social – num caso, o dos proprietários privados, no outro, o dos não proprietários – a cujos interesses elas poderiam ser, depois, funcionalizadas. Assim, nos termos da primeira alternativa, a propriedade privada numa economia de mercado seria a regra, e a apropriação pública dos meios de produção, a excepção, a que haveria que recorrer apenas em situações de necessidade ou em períodos de crise[451]. Pelo contrário, para a segunda alternativa, pode surgir como irresistível a tentação de encarar a constituição de uma nova ordem da propriedade como um estádio superior no desenvolvimento das relações de produção, imune a críticas na perspectiva não só da respectiva eficiência, mas também da liberdade que assegura aos respectivos participantes. É este último, afinal, o ponto de vista que deve prevalecer na determinação da função da previsão constitucional da apropriação pública dos meios de produção. Na linha de considerações desenvolvidas anteriormente, dir-se-á que a questão crítica suscitada pelos modelos de propriedade colectiva é a de saber em que medida eles não se limitam a tomar a liberdade do proprietário para a restituírem como "liberdade" de todos vinculada e doseada quanto ao seu conteúdo[452]. Assim, a nacionalização não suscita

---

[450] Cfr. Hans Peter Ipsen, "Enteignung und Sozialisierung", p. 103.
[451] Cfr. Helmut Rittstieg, "Kommentierung zu Art. 14/15", n.º 229, p. 1109.
[452] Cfr. supra, Parte II, cap. 2, ponto 2.4, (vii).

problemas apenas à garantia constitucional da propriedade, mas também, e sobretudo, aos direitos de liberdade e à dignidade da pessoa, na medida em que substitua um sistema de trocas livres numa sociedade de mercado (sem prejuízo de todos os controlos públicos a que esse sistema careça de estar sujeito) pela dependência das possibilidades de actuação dos indivíduos em relação a autorizações administrativas[453]. O motivo para a adopção de medidas conducentes a formas de apropriação pública de meios de produção pode apenas consistir na falha ou insuficiência da autodeterminação individual no seio da ordem económica vigente. O aspecto central não consiste, pois, na tutela da propriedade, mas na conservação e difusão da possibilidade de uma formação autónoma da vida individual. Essa possibilidade pode ser ameaçada por três perigos distintos: em primeiro lugar, por uma situação de escassez de recursos naturais necessários à satisfação das necessidades; em segundo lugar, pela transformação do poder económico em poder político; por último, pelos eventuais resultados ineficientes do sistema económico descentralizado, susceptíveis de porem em risco a satisfação das necessidades[454]. São estes os motivos que podem justificar a substituição – apenas concebível em termos parciais, sem descurar a garantia de coexistência de sectores de propriedade de meios de produção – de um sistema económico descentralizado, assente no funcionamento do mercado, por um sistema centralizado de gestão dos meios de produção, isto é, de um sistema assente nas decisões individuais por um sistema assente na decisão colectiva[455]. É, pois, na perspectiva, não tanto da liberdade

---

[453] Em sentido semelhante, cfr. Ulrich Hösch, *Eigentum und Freiheit*, p. 260. A perspectiva aqui adoptada diverge, no entanto, da de Ulrich Hösch na medida em que este autor encara, como se viu, as possibilidades de uso abertas ao proprietário como relevando das liberdades de acção. Assim, segundo autor, *ob. cit.*, p. 265, "a nacionalização encontra os seus limites não na garantia da propriedade do artigo 14.º, n.º 1, 1ª parte, da Lei Fundamental, mas nos direitos de acção, especialmente nos artigos 2.º, n.º 1 [livre desenvolvimento da personalidade], 9.º, n.º 1 [liberdade de associação], 11.º, n.º 1 [liberdade de movimentos], e 12.º, n.º 1 [liberdade de escolha de profissão], os quais exigem uma ordenação do Estado nos termos da qual o indivíduo deve fundamentalmente ter a possibilidade de uma formação independente da sua vida e a responsabilidade daí decorrente". Se com esta afirmação se tomar em consideração não apenas a liberdade do proprietário, mas também a liberdade do não proprietário, nada se tem a objectar.

[454] Cfr. Charles Lindblom, *The Market System*, pp. 123 e ss., 178 e ss.

[455] Cfr. Ulrich Hösch, *Eigentum und Freiheit*, pp. 261-262.

do proprietário, quanto na do exercício dos direitos de liberdade em geral que devem ser pensados os limites à nacionalização. Entre esses limites devem contar-se a necessidade de assegurar uma indemnização em resultado do acto de nacionalização em termos semelhantes aos da expropriação por utilidade pública, evitando assim a equiparação daquela a um confisco; a proibição de substituir a prática de um acto formal de apropriação pública de meios de produção, dando lugar à correspondente indemnização, por agressões à propriedade, através da respectiva determinação de conteúdo e limites pelo legislador, cujo intensidade seja todavia equivalente à daquele acto; a interdição de recorrer à apropriação pública como forma de transferir meios de produção para o sector privado do Estado ou em obediência a objectivos meramente financeiros; a proibição de uma nacionalização com fins distributivos, visando apenas a mera distribuição da propriedade privada existente; o carácter essencialmente não irreversível das formas de apropriação pública dos meios de produção[456].

O limite do recurso à nacionalização reside, afinal, na seguinte ideia: o planeamento da economia pelo Estado é conforme à Constituição, a economia de planeamento central não é apenas inconstitucional, é simplesmente impossível num Estado constitucional[457].

2.8.3 O problema da indemnização por actos de nacionalização.

O primeiro dos limites atrás mencionados – a necessidade de assegurar uma indemnização por actos de nacionalização nos mesmos termos dos que decorrem da expropriação por utilidade pública – merece especial desenvolvimento, uma vez que foi expressamente afastado pela jurisprudência do Tribunal Constitucional. E foi afastado, note-se desde já, quer num contexto em que fazia sentido interpretar os textos constitucionais sobre nacionalizações como uma verdadeira imposição para o legislador, quer num contexto, sobretudo na sequência da revisão constitucional de 1989, em que essa interpretação deixou de ser possível. Situada naquele primeiro contexto, e depois de se pronunciar sobre diversos aspectos do regime constitucional

---

[456] Cfr. W.Leisner, "Der Sozialisierungsartikel als Eigentumsgarantie", pp. 237, 239 e 241-242; U. Hösch, *Eigentum und Freiheit*, p. 264.

[457] Cfr. Martin Kriele, *Einführung in die Staatslehre*, p. 155.

das nacionalizações e da reforma agrária[458], a Comissão Constitucional, através dos seus Pareceres n.ºs 23/77 e 24/77, teve ocasião de apreciar, em sede de fiscalização preventiva da constitucionalidade, os projectos dos diplomas relativos às indemnizações aos ex-titulares de direitos sobre bens nacionalizados ou expropriados e às bases gerais da reforma agrária, respectivamente. Foram estes diplomas, promulgados como Lei n.º 80/77, de 26 de Outubro, sobre as indemnizações aos ex-titulares de direitos sobre bens nacionalizados ou expropriados, e como Lei n.º 77/77, de 29 de Setembro, sobre as bases gerais da reforma agrária, que estiveram na base da jurisprudência constitucional subsequente.

Assim, no Parecer n.º 23/77, depois de se fazer um historial da consagração do direito de propriedade e da proibição do confisco desde a Declaração dos Direitos do Homem e do Cidadão de 1789, passando pelo Código de Napoleão de 1804, pelos Códigos Civis portugueses de 1867 e 1967 e pelas sucessivas constituições portuguesas, até à Constituição de 1933, passa-se directamente à análise

---

[458] Assim, a Comissão, através do seu Parecer n.º 8/77 e fazendo uso do mecanismo da fiscalização da inconstitucionalidade por omissão, prevista nos artigos 279.º e 284.º, alínea b), da Constituição, na sua versão inicial, considerou não existirem mecanismos adequados que genericamente assegurassem a participação das pessoas e grupos referidos no artigo 104.º, igualmente na sua versão inicial, na definição e execução da reforma agrária (cfr. *Pareceres da Comissão Constitucional*, 1.º vol., pp. 145 e ss.). A Comissão afirmou ainda, através do seu Parecer n.º 13/77, o princípio da irreversibilidade das nacionalizações consagrado no artigo 83.º da versão original da Constituição (cfr. *Pareceres da Comissão Constitucional*, 2.º vol., pp. 43 e ss.; o mesmo princípio foi, no entanto, entendido de forma mitigada pelo Parecer n.º 15/77, in *Pareceres da Comissão Constitucional*, 2.º vol., pp. 67 e ss., através do qual a Comissão entendeu, se bem que com quatro votos de vencido, não violar o artigo 83.º a atribuição, em certas condições, da gestão e exploração das empresas nacionalizadas a entidades privadas; um entendimento mitigado daquele princípio veio ainda, de algum modo, a ser adoptado pelo Tribunal Constitucional no seu Acórdão n.º 11/84, in *Acórdãos do Tribunal Constitucional*, 2.º vol., pp. 99 e ss., em que se considerou não atentar contra o mesmo a extinção de uma empresa nacionalizada (em sentido semelhante, cfr. o Acórdão n.º 26/85, in *Acórdãos do Tribunal Constitucional*, 5.º vol., pp. 23 e ss.), mas já não no Acórdão n.º 102/87, in *Acórdãos do Tribunal Constitucional*, 9.º vol., p. 78, em que se afirmou que o artigo 83.º operou "um efeito sanatório relativamente a qualquer eventual vício jurídico que houvesse afectado os mesmos actos nacionalizatórios", curiosamente num momento em que se perfilava já no horizonte a segunda revisão constitucional, formalmente iniciada no início de 1988, na sequência da qual viria a ser eliminado o princípio da irreversibilidade das nacionalizações).

das providências legislativas concernentes a nacionalizações e expropriações adoptadas após a revolução de Abril de 1974 e das disposições da Constituição de 1976 sobre a matéria. Ora, neste contexto a preocupação do parecer não é, manifestamente, a de saber se o regime das indemnizações aos ex-titulares de bens nacionalizados e expropriados se adequa, e em que moldes, à previsão constitucional do direito à propriedade privada, mas antes a de averiguar se aquele regime se coaduna com as restrições do direito de indemnização previstas nos artigos 82.º, n.º 2, 87.º, n.º 2, e 88.º, n.º 2, da Constituição, na sua versão inicial. O entendimento adoptado no parecer foi o de que o regime das indemnizações aos ex-titulares de bens nacionalizados e expropriados dava "cumprimento às normas imperativas constantes dos n.ºˢ dos artigos 87.º e 88.º da Constituição"[459], tendo no entanto o legislador ordinário optado por não usar da "faculdade que lhe foi concedida pelo n.º 2 do artigo 82.º da Constituição, isto é, não retirou a nenhum latifundiário ou grande proprietário nem tão pouco a nenhum empresário ou accionista o direito a indemnização". Segundo se explica no parecer, "Como lhe foi dada uma alternativa, o legislador ordinário, seguramente por razões de natureza económica, social e política, entendeu não usar da faculdade constitucional"[460].

No Parecer n.º 24/77, em que se considerou o diploma que viria a ser promulgado como Lei n.º 77/77, de 29 de Setembro, a preocupação da Comissão Constitucional foi, uma vez mais, a de avaliar o regime da reforma agrária à luz da constituição económica e não a de curar de saber se esse regime se mostrava atentatório da tutela constitucional da propriedade privada. Aliás, a grande preocupação subjacente ao parecer, tirado com três votos de vencido, foi precisamente a de demonstrar que o regime da reforma agrária submetido à sua apreciação não se mostrava excessivamente generoso no reconheci-

---

[459] O n.º 2 do artigo 87.º estabelecia que "No caso de abandono injustificado, a expropriação não confere direito a indemnização"; por seu turno, o n.º 2 do artigo 88.º dispunha que "As sanções [por actividades delituosas contra a economia nacional] poderão incluir, como efeito da pena, a perda dos bens, directa ou indirectamente obtidos com a actividade criminosa e sem que ao infractor caiba qualquer indemnização". O artigo 88.º foi eliminado na segunda revisão constitucional, ocasião em que foi também profundamente alterado o artigo 87.º (que passou a corresponder ao artigo 89.º) deixando a Constituição de prever que no caso de abandono injustificado a expropriação não confere direito a indemnização.

[460] Cfr. *Pareceres da Comissão Constitucional*, 3.º vol., pp. 49 e ss. (pp. 61-62).

mento da propriedade privada propiciado pela consagração do direito de reserva previsto nos artigos 25.º e seguintes do Decreto n.º 96/ I, de 10 de Agosto de 1977, que viria a ser promulgado como Lei n.º 77/77. O artigo 25.º do diploma atribuía aos proprietários dos prédios expropriados nos termos do respectivo artigo 23.º o direito de reservar a propriedade de uma área determinada de acordo com os artigos seguintes", direito esse cujo exercício não era impedido pelo facto de os prédios se encontrarem já expropriados e entregues para exploração, nos termos previstos no artigo 36.º. Não obstante o carácter hesitante da argumentação do Parecer n.º 24/77, o certo é que dela se pode retirar uma interpretação do artigo 83.º da Constituição, na versão então vigente, no sentido de não estarem abarcadas no seu âmbito as nacionalizações dos solos. Ao mesmo tempo, essa interpretação restritiva do princípio da irreversibilidade das nacionalizações não era, no entanto, acompanhada por um inequívoco reconhecimento do direito de reserva como expressão da tutela da propriedade privada[461].

---

[461] Cfr. *Pareceres da Comissão Constitucional*, 3.º vol., pp. 85 e ss. Neste parecer afirma-se que "A Constituição não contempla directamente o direito e reserva a conferir a titulares de prédios expropriados ou nacionalizados. A legislação anterior à Constituição previu-o, porém, e não tem sido seriamente impugnada a sua constitucionalidade, quer ele se fundamente na não nacionalização integral do solo, com eliminação apenas dos latifúndios e das grandes explorações capitalistas, quer na directiva constitucional de que a reforma agrária se efectuará salvaguardando os interesses dos que não tenham outros modos de subsistência, quer na garantia da propriedade privada da terra dos médios agricultores (artigos 62.º e 99.º, n.º 1), cuja extensão máxima é determinada pela lei 8artigo 99.º, n.º 2); esta garantia liga-se ao princípio da pluralidade dos sectores de propriedade dos meios de produção (artigos 89.º e 90.º), válido também para a agricultura e também para a zona de intervenção" (cfr. *ob. cit.*, p. 99). Sobre a evolução da Constituição no que se refere à reforma agrária, tem interesse o Acórdão n.º 225/95, o qual, pronunciando-se sobre diversas normas da Lei n.º 109/88, de 26 de Setembro, e da Lei n.º 46/90, de 22 de Agosto, diplomas que alteraram significativamente o regime constante da Lei n.º 77/77, afirmou que ao "Estado continuam a impor-se incumbências significativas especialmente em sede de ordenamento e reconversão agrária (cfr. o n.º 2 do artigo 96.º da Constituição), mas os instrumentos de que pode servir-se o legislador estão direccionados para objectivos que, se não são radicalmente dissemelhantes, passam, pelo menos, pelo reconhecimento de valores que antes se encontravam subalternizados, designadamente a coexistência dos vários sectores de propriedade e a titularidade da propriedade privada" (cfr. *Acórdãos do Tribunal Constitucional*, 31.º vol., p. 63).

Como seria natural esperar-se, a questão da tutela constitucional da propriedade privada apenas se colocou com acuidade à jurisprudência constitucional em matéria de nacionalizações e expropriações após a revisão constitucional de 1982. Seria, pois, ao Tribunal Constitucional que viria a caber a tarefa de articular a garantia constitucional da propriedade privada com o reconhecimento constitucional das nacionalizações, a propósito da apreciação do regime das indemnizações devidas ao ex-proprietários de bens nacionalizados, contido na Lei n.º 80/77, de 26 de Outubro. E o Tribunal fê-lo, através do Acórdão n.º 39/88, com base nos diferentes modos como o artigo 62.º, n.º 2, por um lado, e os artigos 82.º, na versão introduzida pela revisão de 1982[462], e 87.º da Constituição, por outro lado, previam o princípio da indemnização. Essas diferenças levaram o acórdão a distinguir entre a expropriação por utilidade pública, prevista no n.º 2 do artigo 62.º, e a nacionalização, prevista no artigo 82.º, enquanto actos ablativos da propriedade privada com um regime constitucional totalmente diverso no plano da indemnização a atribuir aos proprietários.

Deste modo, e em primeiro lugar, enquanto a expropriação por utilidade pública daria sempre lugar ao pagamento de "justa indemnização", a *nacionalização*, porém, quando tenha por objecto «meios de produção em abandono» e esse abandono seja injustificado, não confere direito a qualquer indemnização"[463]. Em segundo lugar, refere-se no acórdão que "se, por justa indemnização, deve entender-se «indemnização completa», «equilibrada compensação», «entrega de equivalência», «substituição de valor patrimonial», etc. (expressões todas a significar *indemnização total*) (...), então é seguro que essa regra só vale para a clássica expropriação por utilidade pública (e, naturalmente, para a requisição), mas não também para a nacionalização de bens económicos". Assim, para o Acórdão n.º 39/88, o artigo 62.º, n.º 2, da Constituição, que exige o pagamento de uma "justa indemnização", não se aplicaria à nacionalização de bens económicos, que seria regida pelo artigo 82.º, "que permite à lei

---

[462] Nos termos da qual "A lei determinará os meios e as formas de intervenção e de nacionalização e socialização de meios de produção, bem como os critérios de fixação de indemnizações".

[463] Cfr. *Acórdãos do Tribunal Constitucional*, 11.º vol., p. 256.

definir «*critérios* de fixação de indemnizações»"[464]. Por último, em terceiro lugar, o Acórdão n.º 39/88 entendeu que se por justa indemnização deve entender-se indemnização prévia, "então essa regra decerto que não vale para as nacionalizações". Neste contexto, "o Estado não tem por que proceder ao desembolso efectivo do preço antes de entrar na posse dos bens nacionalizados («pronta compensação»). O Princípio da justiça, que deve reger o dever de indemnizar, é perfeitamente compatível com formas de pagamento diferido, como, por exemplo, a entrega de títulos de dívida pública livremente negociáveis e amortizáveis em prazos razoáveis"[465]. O Tribunal concluiu, pois, que o fundamento do direito à indemnização por nacionalização se encontra no artigo 82.º da Constituição, na versão da revisão de 1982, e não no artigo 62.º, n.º 2.

Aqui chegado, o Tribunal, reconhecendo embora que o valor de cotação dos títulos nacionalizados se apura tomando por base um período de tempo muito longo e que, na determinação dos montantes das indemnizações a pagar, não foi tomado em consideração o valor do "avviamento" das empresas, arredou estas objecções afirmando que "aqui não vale o princípio da indemnização total ou integral (*full composition*). O artigo 82.º basta-se com o que se trate de uma indemnização razoável ou aceitável que cumpra as exigências mínimas de justiça que vão implicadas na ideia de Estado de direito"[466].

A questão das indemnizações devidas aos proprietários dos bens nacionalizados foi retomada pelo Tribunal Constitucional no Acórdão n.º 452/95. Neste Acórdão, o Tribunal indicou "algumas *notas características* da nacionalização, que demarcam, em termos globais, este acto ablativo da expropriação". Assim, em primeiro lugar, enquanto a expropriação tem, em regra, como objecto um bem singular, "a nacionalização incide sobre empresas ou estabelecimentos, entendidos como uma *universitas* (constituída por bens imóveis, móveis, direitos incorpóreos, etc.)". Em segundo lugar, sob o ponto de vista teleológico, "enquanto a expropriação tem como finalidade afectar um bem a um *fim específico* de utilidade pública, de utilidade geral ou de interesse público (*v. g.* a expropriação de um terreno para

---

[464] Cfr. *Acórdãos do Tribunal Constitucional*, 11.º vol., p. 256.
[465] Cfr. *Acórdãos do Tribunal Constitucional*, 11.º vol., p. 257.
[466] Cfr. *Acórdãos do Tribunal Constitucional*, 11.º vol., p. 269.

a construção de uma obra pública), produzindo apenas uma alteração no domínio das situações jurídicas singulares, a nacionalização tem como objectivo transferir para o sector público uma ou várias empresas, de modo a que estas continuem a exercer as suas actividades comerciais ou industriais, não já ao serviço do interesse privado dos seus antigos proprietários, mas ao serviço do interesse geral da colectividade, dando assim aos poderes públicos um instrumento de direcção e coordenação da economia". Em terceiro lugar, enquanto o procedimento da expropriação "é de carácter geral e está tipificado numa lei geral ou mesmo num Código", a nacionalização "obedecerá a procedimentos definidos especificamente para cada caso". Por último, "a nacionalização é um acto político, juridicamente expresso, quase sempre, num diploma formalmente legislativo, ao passo que a expropriação é, em si mesma, um acto administrativo, ainda que a declaração de utilidade pública, contendo a indicação do fim concreto da expropriação e a individualização dos bens a expropriar, conste de um acto legislativo ou de um regulamento"[467].

Mais interessantes, porém, na perspectiva agora em análise, são as considerações de direito comparado expendidas na decisão do Tribunal. Depois de afirmar que tanto a nacionalização como a expropriação devem ser acompanhadas de indemnização, o Acórdão n.º 452/95 sustenta que "as características desta última não têm que ser necessariamente as mesmas nos dois casos". Segundo a argumentação do acórdão, a Constituição pode consentir que a indemnização devida pela nacionalização e a indemnização devida pela expropriação sejam diferentes "no que respeita à sua *extensão*, ao seu *valor* ou ao seu *quantum*, ao *momento* em que uma e outra devem ser postas à disposição do sujeito que delas beneficia e ainda à *forma* ou *formas* do seu pagamento". Essa diferença é excluída por alguns ordenamentos constitucionais, como o da República Federal da Alemanha e o da França. Assim, o artigo 15.º da Lei Fundamental alemã prevê a socialização, isto é, a transferência do solo, riquezas naturais e meios de produção para a propriedade colectiva ou para outras formas de economia colectiva, mas acrescenta que à indemnização devida em tal hipótese se aplica por analogia o artigo 14.º, n.os 3 e 4, respeitantes

---

[467] Cfr. *Acórdãos dos Tribunal Constitucional*, 31.º vol., pp. 164-166.

à expropriação. Em sentido semelhante, em França o Conselho Constitucional entendeu já que o artigo 17.º da Declaração dos Direitos do Homem e do Cidadão de 1789 (de acordo com a qual ninguém pode ser privado da sua propriedade sem justa indemnização) "se aplica tanto às expropriações como às nacionalizações". Simplesmente, no entendimento do acórdão em análise, "uma exigência idêntica à prevista nos ordenamentos constitucionais alemão e francês de similitude de regime jurídico da indemnização por expropriação e por nacionalização não se encontra, porém, na Constituição portuguesa". A justificação desta afirmação resulta, na linha do que já havia sido decidido pelo Acórdão n.º 39/88, dos diferentes modos como o artigo 62.º, n.º 2, por um lado, e o artigo 82.º, na versão introduzida pela revisão de 1982 (correspondente ao artigo 83.º depois da revisão de 1989), estabelecem o princípio da indemnização. Segundo o aresto que tem vindo a ser citado, a Constituição seria menos exigente no que respeita à indemnização por nacionalização dos meios de produção e solos, pois "é o próprio preceito constitucional a remeter para a lei a definição dos «critérios de fixação da correspondente indemnização», não definindo ele mesmo um conceito constitucionalmente adequado de indemnização". No entender do acórdão isso não significa, no entanto, que a indemnização por nacionalização, prevista no artigo 83.º, não tenha de ser justa; significa apenas que "há dois critérios constitucionais de *justiça da indemnização*: um, para efeitos de expropriação, mais exigente, no sentido de que impõe uma indemnização *total ou integral* do dano suportado pelo particular; outro para efeitos de nacionalização, menos exigente, que se basta com uma indemnização *razoável ou aceitável* dos prejuízos infligidos ao proprietários dos bens nacionalizados"[468].

---

[468] Cfr. *Acórdãos dos Tribunal Constitucional*, 31.º vol., pp. 166-170. Com a última passagem citada no texto procurava o Acórdão n.º 452/95 responder às várias críticas com que havia sido "fustigado" o Acórdão n.º 39/88, críticas essas de que o próprio Acórdão dá notícia (cfr. *ob. cit.*, pp. 155-156). O Tribunal confirmou o sentido da sua jurisprudência nos seus Acórdãos n.º 85/03 e n.º 148/04 (cfr. *Acórdãos do Tribunal Constitucional*, 55.º vol., pp. 503 e ss., e 58.º vol., pp. 731 e ss., respectivamente). Ao Acórdão n.º 39/88 foi aposta uma declaração de voto de vencido; os Acórdãos n.º 85/03 e 148/04 contam, cada um deles, cinco declarações de voto de vencido. Em todas elas se expende a argumentação de que as normas da Lei n.º 80/77 que determinaram o pagamento das indemnizações por nacionalizações através da entrega de títulos de dívida pública com regimes diferenciados e

Esta distinção entre "dois critérios de justiça" surge como completamente infundada e parece legitimar uma preferência, injustificável, pelo capitalismo imobiliário da construção civil e das obras públicas, em relação ao capitalismo industrial e financeiro. Mas para além de não serem avançadas razões substanciais que permitam compreender, no contexto constitucional actual, uma afirmação de tão extraordinário alcance como a da existência de "dois critérios constitucionais de justiça", essa afirmação é logo infirmada pelos argumentos de direito comparado em que procura sustentar-se. Na verdade, no que toca ao direito alemão, a jurisprudência e a doutrina admitem genericamente a possibilidade de o legislador limitar a indemnização devida em casos de expropriação por motivo de utilidade pública. Assim, o artigo 14.º, n.º 3, da Lei Fundamental impõe que a indemnização devida por expropriação seja determinada através de uma "justa ponderação dos interesses gerais e dos das pessoas afectadas". Se esta justa ponderação não permite uma indemnização meramente nominal, ela não exige também, à partida, uma indemnização equivalente ao valor de mercado[469]. São precisamente estes limites, que resultam igualmente do conceito de "justa indemnização" contido no artigo 62.º, n.º 2, da Constituição, que não podem também deixar de valer para a indemnização devida por nacionalização. A ideia de "dois critérios de justiça" equivale, na prática, através

---

com taxas de juro fixas, várias vezes abaixo dos valores da inflação e da desvalorização da moeda, conduziram a indemnizações de valor manifestamente desproporcionado ou irrisório. A ideia de uma diferença qualitativa entre indemnizações devidas por nacionalizações e expropriações no âmbito da reforma agrária, por um lado, e, por outro, indemnizações devidas por expropriações por motivo de utilidade pública, previstas no artigo 62.º, n.º 2, da Constituição, foi defendida por Jorge Miranda, *Direito da Economia*, pp. 304 e ss.; Gomes Canotilho e Vital Moreira, *Constituição da República Portuguesa Anotada*, vol. I, pp. 996-997; Maria Lúcia Amaral, *Responsabilidade do Estado e Dever de Indemnizar do Legislador*, pp. 607-617. A crítica de uma tal ideia foi feita em termos convincentes por Oliveira Ascensão, "Nacionalizações e Inconstitucionalidade", pp. 236 e ss.; idem, "A Atribuição pelos Tribunais de Indemnizações por Nacionalização ainda Não Satisfeitas", pp. 194-204; Diogo Freitas do Amaral, "Indemnização Justa ou Irrisória?", pp. 61 e ss.; Rui Medeiros, *Ensaio sobre a Responsabilidade Civil do Estado por Actos Legislativos*, pp. 288-290 e 346.

[469] Cfr. Konrad Hesse, *Grundzüge des Verfassungsrechts der Bundesrepublik Deutschland*, n.º 456, p. 187; Pieroth e Schlink, *Grundrechte Staatsrecht II*, n.º 944, p. 235; Nüssgens / Boujong, *Eigentum, Sozialbildung, Enteignung*, pp. 172-173; Rittstieg, "Kommentierung zu Art. 14/15", n.º 246, p. 1113.

de uma manobra meramente conceptualista, a arredar as exigências da ponderação subjacentes ao conceito de "justa indemnização" do artigo 62.º, n.º 2, da Constituição ou, talvez melhor, à sua satisfação apriorística, reservando a indemnização pelo valor de mercado à expropriação por utilidade pública e atribuindo a indemnização por valor nominal aos casos de nacionalização. Com o que se acaba de dizer, não se pretende, no entanto, esquecer as especificidades do processo de nacionalizações, ocorrido no período revolucionário anterior à vigência da Constituição de 1976, especificidades essas que permitem a comparação do problema respeitante às respectivas indemnizações com o problema das indemnizações devidas aos anteriores proprietários de bens colectivizados pelos países da Europa de Leste. Em ambos os casos existem certamente argumentos de ordem consequencialista que não podem deixar de ser levados em consideração[470]. Simplesmente, em Portugal, a recusa de estabelecer qualquer ligação relevante entre o problema das indemnizações e o das reprivatizações conduziu a uma situação caracterizada pela ausência pura e simples de qualquer argumentação normativa, tudo se resumindo, de facto, à lógica de curto prazo do encaixe financeiro do Estado.

---

[470] Cfr. Claus Offe, *Varieties of Transition*, p. 127: "Restitution implies either the giving away of potential sources of state revenue (restitution in kind, restitution by vouchers) or extra public expenditure (compensation in cash). In both cases it aggravates the notorious fiscal problems of post-Communist states (...) and causes deadweight losses because of the need for higher taxes".

REFLEXÕES FINAIS

1. A extensão da exposição que antecede impõe uma síntese das principais conclusões que foram sendo alcançadas. Em vez, no entanto, de se estruturar essas conclusões com base na sistematização que foi adoptada, procurar-se-á fazê-lo através da distinção entre dois modelos de justificação filosófica da propriedade privada, por um lado, e, por outro, entre dois modelos possíveis da respectiva garantia constitucional. Muito embora a distinção quer de uns, quer de outros, pressuponha uma certa evolução histórica, ambos os tipos de modelos concorrem entre si na perspectiva da justificação actual da propriedade, no primeiro caso, e da estruturação dogmática da sua tutela constitucional, no segundo.

No âmbito da reflexão filosófica moderna sobre a propriedade é possível apontar uma justificação economicista, quer na variante libertária que vê na propriedade o modelo de todos os direitos[1], quer na perspectiva da eficiência económica, à qual é sacrificada a liberdade pessoal do proprietário[2]. A inspiração da variante libertária é dada pelo pensamento de Locke. Todavia, na medida em que rejeita a fundação igualitária do pensamento de Locke, o libertarismo apresenta-se como uma justificação filosófica deficiente da propriedade, limitando-se a reproduzir as dificuldades da argumentação lockeana. Por seu turno, as raízes da perspectiva da eficiência económica encontram-se, em parte, nas correntes do pensamento utilitário. Mas, em boa verdade, a perspectiva da eficiência não se assume como uma justificação filosófica da propriedade, antes pretende considerar superado o estádio de reflexão sobre a propriedade em que à especulação filosófica é reservado algum lugar.

---

[1] Cfr. supra, Parte II, cap. 1, ponto 1.5.4.
[2] Cfr. supra, Parte III, cap. 1, ponto 1.4.

O segundo modelo de justificação da propriedade encontra a sua base na filosofia do idealismo alemão, em particular no pensamento de Kant e Hegel[3]. Nos termos deste modelo a propriedade tem o seu fundamento na liberdade da pessoa e é essencialmente nele que assenta a justificação da propriedade desenvolvida nas páginas que antecedem[4]. Neste contexto, a justificação da propriedade privada tem como contraponto necessário o reconhecimento do princípio social[5], o que encontra expressão adequada no constitucionalismo europeu através da consagração do princípio da vinculação social da propriedade[6].

Aos dois modelos mencionados acresce uma interrogação. Através dela procura pôr-se em causa a conexão, estabelecida na reflexão filosófica moderna sobre a propriedade, a partir de Locke, entre a respectiva justificação e a visão da acção humana centrada na produção. Em vez disso, surgem propostas que pretendem restabelecer a ligação entre propriedade e cidadania, embora em moldes diversos daqueles que se achavam presentes na cidade antiga[7]. A via para um tal restabelecimento passará, sem dúvida, pela completa reestruturação das prestações de Estado Social actualmente existentes, ainda assentes no trabalho. Do que se trata é de procurar fazer da propriedade uma base material que torne possível a criação de um espaço de reflexão cívica, ou seja, estabelecer uma conexão interna entre propriedade e cidadania[8]. Se, como se disse, a justificação da propriedade privada aqui desenvolvida assenta essencialmente no segundo modelo identificado, que se considera nas condições actuais o mais adequado à conformação das relações de propriedade existentes numa democracia constitucional, as propostas mencionadas, desenvolvidas em torno da ideia de um rendimento básico único, permitem acrescentar à reflexão expendida uma perspectiva crítica. Com essa perspectiva, não se pretende esboçar um novo modelo filosófico da propriedade privada, ainda incipiente na perspectiva da sua utilidade

---

[3] Cfr. supra, Parte II, caps. 2 e 3.
[4] Cfr. Parte III, caps. 1, pontos 1.5.1 e 1.5.2, e 2, pontos 2.2.5 e 2.4.1.
[5] Cfr. Parte II, caps. 2, pontos 2.3 e 2.4, e 3, pontos 3.6 e 3.7.
[6] Cfr. Parte III, caps. 1, ponto 1.5.1, e 2, ponto 2.2.1.
[7] Sobre essa ligação entre propriedade e cidadania na *polis* antiga, cfr. Parte I, caps. 2 e 4.
[8] Cfr. Parte III, cap. 1, ponto 1.6.

para a justificação constitucional da propriedade como direito fundamental, mas tão só indicar alguns desafios que a ele se irão necessariamente colocar. Entre esses desafios, coloca-se o problema de saber como encarar o problema da unidade da garantia constitucional da propriedade, uma vez que seja estabelecida uma conexão próxima entre propriedade e cidadania. A premência de resolver esse mesmo problema seria ainda agravada pela necessária convergência, após séculos de separação, das questões da aquisição e do uso na compreensão da propriedade.

Com o propósito de esclarecer a origem dos modelos de justificação apontados, inseridos no âmbito de uma reflexão filosófica moderna sobre a propriedade, procurou-se previamente evidenciar as raízes desta no pensamento medieval[9]. Por outro lado, através da alusão ao modo como no direito romano se equacionavam os problemas relativos à propriedade privada e da análise do pensamento de Aristóteles sobre o tema[10], tentou-se pôr a descoberto o travejamento da reflexão política e jurídica posterior e, paradoxalmente, enunciar as condições que tornam impossível a sua repetição. A impossibilidade de repetição resulta, muito simplesmente, da identificação da propriedade com o poder do chefe da família sobre a sociedade doméstica e da consideração desta última qualidade como requisito de acesso à arena política[11]. Os termos em que Aristóteles estrutura a propriedade privada, em estreita conexão com o problema da cidadania, são postos em causa, logo a partir da Idade Média, por um tipo de reflexão que visa justificar a propriedade em si mesma, como manifestação da liberdade individual. Isso é já patente no pensamento de Ockham sobre a propriedade privada. Mas se a tradição aristotélica apenas consegue subordinar a propriedade ao poder político através de uma concepção da comunidade política não inclusiva, assente na exclusão dos escravos e das mulheres, nem por isso a justificação da propriedade nos seus próprios termos, como manifestação da liberdade individual, é apta a promover, na prática, o acesso à propriedade que parece prometer, na teoria. É esse, em larga medida, o sentido da crítica da propriedade no seio da designada questão social e sobretudo

---

[9] Cfr. Parte I, cap. 3.
[10] Cfr. Parte I, caps. 1 e 2.
[11] Cfr. Parte I, cap. 4.

no pensamento de Marx[12]. Na sequência dele, a crítica da propriedade apresenta uma estreita conexão com a crítica do trabalho humano[13], que Locke, como se disse, tentou colocar no centro da justificação da propriedade. Um dos resultados dessa crítica, no plano da teorização da propriedade e até no da construção dogmática jurídico-constitucional, consiste na tentativa de diferenciar, à partida, dois tipos de propriedade[14]. Essa diferenciação apresenta-se, no entanto, necessariamente imprecisa e deve ser afastada. Por um lado, ela opera através da extensão do conceito de propriedade a realidades que dificilmente nele se enquadram, como sucede com o conceito de "Nova Propriedade"[15], e da tendencial exclusão do seu âmbito de aplicação de realidades por ele essencialmente visadas, isto é, os meios de produção. Por outro lado, os critérios avançados para diferenciar dois tipos de propriedade são imprecisos e equívocos. Decisiva é, todavia, a circunstância de através destas manobras de diferenciação conceptual se proceder a uma "privatização" do princípio social, necessariamente presente nas modernas democracias constitucionais, nos termos da qual nada se ganha quanto ao esclarecimento do conceito de propriedade nos planos da filosofia política e da teoria do direito constitucional e muito se perde na perspectiva da solidariedade subjacente àquele princípio.

2. Aos dois modelos de justificação da propriedade privada enunciados é possível, como se disse, contrapor dois modelos da respectiva garantia constitucional. Interessa aqui sobretudo pensá-los como modos possíveis de estruturação da tutela constitucional da propriedade privada. Assim, o primeiro modelo concebe a garantia constitucional da propriedade essencialmente como uma forma de responsabilidade dos poderes públicos por sacrifícios especiais de direitos patrimoniais privados. Todos os actos dos poderes públicos que intervenham na propriedade excedendo a medida tolerável da vinculação social da propriedade, segundo critérios reconhecidamente difíceis de conceptualizar, configuram uma expropriação e como tal

---

[12] Cfr. Parte III, cap. 1, pontos 1.2 e 1.3.1.
[13] Cfr. Parte III, cap. 1, ponto 1.3.
[14] Cfr. Parte III, cap. 1, ponto 1.5.2.
[15] Cfr. Parte III, cap. 1, ponto 1.5.1.1.

devem dar lugar à correspondente indemnização. Ao particular não cabe questionar a intervenção no seu direito, mas exigir a correspondente compensação. Este é o modo de conceber a garantia da propriedade dominante na experiência constitucional americana[16], mas também na Alemanha, durante o período de Weimar e os primeiros anos de vigência da Lei Fundamental de 1949[17].

Se o primeiro modelo concebe a garantia da propriedade como uma garantia de valor, o segundo encara-a, em primeira linha, como uma garantia de permanência dos direitos de propriedade, que em princípio apenas dá lugar àquela no pressuposto de se verificar uma expropriação. Esta por seu turno, não surge já definida, substancialmente, como medida de intervenção no direito de propriedade que excede a medida tolerável da vinculação social, mas como um conceito formalmente distinto da conformação legislativa do direito de propriedade. Os traços principais deste modelo são os seguintes: em primeiro lugar, a existência, no seu contexto, de um conceito formal de expropriação visa preservar o papel do legislador na vinculação social da propriedade em face de uma injustificada intervenção dos tribunais na modelação do conceito amplo de expropriação; em segundo lugar, a garantia da propriedade é, antes de mais, uma garantia da permanência da propriedade nas mãos do proprietário e implica que a este não cabe aceitar passivamente a lesão do seu direito em troca de uma compensação adequada, mas antes reagir activamente contra essa lesão, eliminando-a, quando for possível; por último, e na sequência do que se disse, a garantia da propriedade não se apresenta como uma garantia de valores patrimoniais, nem como uma garantia de faculdades de uso directamente retiradas da tutela constitucional da propriedade, mas como uma garantia de concretas posições jurídicas com a configuração que delas resulta da ordem jurídica em vigor, que em razão da sua conexão com um interesse de liberdade do respectivo titular, fundamentalmente definida pela disponibilidade e pelo uso, devem ser qualificadas como propriedade em sentido

---

[16] Não existe, na realidade, na Constituição americana qualquer garantia de permanência, mas apenas a *takings clause* do Quinto Aditamento (cfr. Gregory Alexander, "Constitutionalising Property..., p. 100).

[17] Cfr. Parte III, caps. 1, pontos 1.5.1, 1.5.1.2.1 e 1.5.1.2.2, e 2, ponto 2.4.3.

constitucional[18]. Todavia, se se rejeita a redução da garantia da propriedade a uma garantia de valor, isso não significa que não se reconheça a complexidade dos problemas respeitantes à propriedade na tripla perspectiva da sua permanência, do seu uso e do seu valor e a dificuldade de articular estas perspectivas numa construção coerente da garantia constitucional. Do mesmo modo, reconhece-se também que a expropriação não esgota os casos de pretensão indemnizatória dos particulares pelo sacrifício dos seus direitos de propriedade. Em qualquer caso, a construção da garantia constitucional da propriedade deverá ter presente que a justificação do seu reconhecimento numa democracia constitucional não é apenas económico, mas político e moral. Trata-se de assegurar as bases materiais da cidadania. No âmbito deste modelo é ainda essencial a ligação entre princípio da propriedade privada e princípio do Estado Social.

A opção entre os dois modelos não deve ser feita com base no presumível interesse do proprietário, encarado como agente económico, em perspectivar a sua defesa em face das intervenções dos poderes públicos à luz do modelo que vê na garantia da propriedade uma garantia de valor. Ou, antes, essa opção é já também uma opção pelo primeiro dos dois modelos de justificação filosófica anteriormente mencionados. Mas a justificação economicista que assim se adopta é deficiente. Esta é, no entanto, uma perspectiva que raras vezes se tem em conta quando se afirma que, nas condições das sociedades actuais, a protecção constitucional da propriedade não pode deixar de ser uma protecção de valores patrimoniais e mesmo do valor do dinheiro[19].

---

[18] Cfr. Parte III, cap. 2, ponto 2.4.2.

[19] Assim, Matthias Herdegen, "Garantie von Eigentum und Erbrecht", pp. 273-275 e 291-292, sustenta tal entendimento e, ao mesmo tempo, ilustra a necessidade de renovação da dogmática constitucional através da análise de Jeremy Rifkin relativa às transformações actuais do capitalismo, salientando o ciclo de vida cada vez mais curto dos produtos, o que daria origem ao aumento da importância relativa de direitos de estrutura obrigacional em prejuízo da propriedade. Neste contexto, o acesso toma o lugar da propriedade nas economias modernas, com o desalojamento do mercado e as tradicionais relações de compra e venda de bens pelas redes de utilizadores de serviços e experiências. Mas a análise de Rifkin visa sobretudo demonstrar os perigos inerentes a tais transformações, como sucede quando afirma que "When virtually every aspect of our being becomes a paid-for activity, human life itself becomes the ultimate commercial product, and the commercial sphere becomes the final arbiter of our personal and collective existence" (cfr. Rifkin, *The Age of Access*, p. 113).

E com estas considerações somos já conduzidos à interrogação sobre a evolução futura da garantia constitucional da propriedade, paralela à interrogação sobre a evolução do papel da propriedade privada na filosofia política e do direito. Em face da crescente desmaterialização da propriedade, da evolução de um capitalismo industrial em direcção a um capitalismo cultural, da ruptura dos mercados de trabalho e dos riscos de desagregação dos actuais sistemas do Estado Social, são cada vez maiores as pressões para incluir no objecto de protecção da garantia constitucional da propriedade o valor patrimonial. A questão que então se coloca é a de saber se a resposta a essas pressões passa pela adopção pura e simples do primeiro modelo de garantia constitucional atrás identificado ou, pelo contrário, exige uma reelaboração do segundo modelo no sentido de tornar mais estreita a conexão entre propriedade e cidadania, no âmbito da qual seja possível, designadamente, ver a uma nova luz a questão do património como objecto da garantia da propriedade. No caminho dessa reelaboração a interrogação sobre o futuro da garantia constitucional da propriedade encontra as interrogações que a sua justificação coloca à filosofia política actual.

BIBLIOGRAFIA

ABENSOUR, Miguel – *La Démocratie contre l'État, Marx et le Moment Machiavélien*, PUF, Paris, 1997.
ACHENWALL, Gottfried e PÜTTER, Johann Stephen – *Anfangsgründe des Naturrechts (Elementa iuris naturae)*, edição e tradução de Jan Schröder, Insel Verlag, Frankfurt am Main, 1995 (1750).
ACKERMAN, Bruce A. – *Private Property and the Constitution*, Yale University Press, New Haven e Londres, 1977.
ACKERMAN, Bruce A. e ALSTOTT, Anne – *The Stakeholder Society*, Yale University Press, New Haven e Londres, 1999.
ACKERMAN, Bruce A. e ALSTOTT, Anne – "Why Stakeholding?, in Erik Olin Wright (ed.), *Redesigning Distribution: Basic Income and Stakeholder Grants as Cornerstones for an Egalitarian Capitalism*, Verso, Londres e Nova Iorque, 2006, pp. 43-65.
ADAMS, Marilyn McCord – "The Structure of Ockham's Moral Theory", in *Franciscan Studies*, Vol. 46, Ano XXIV, 1986, pp. 1-35.
ADAMS, Marilyn McCord – *William Ockham*, vols. 1 e 2, University of Notre Dame Press, Notre Dame, Indiana, 1989.
ADAMS, Marilyn McCord – "Ockham on Will, Nature, and Morality", in Paul Vincent Spade (ed.), *The Cambridge Companion to Ockham*, Cambridge University Press, Cambridge, 1999, pp. 245-272.
AGAMBEN, Giorgio – *Homo Sacer. I: Le Pouvoir Souverain et la Vie Nue* (tradução do original italiano), Seuil, Paris, 1997.
AICHER, Josef – *Das Eigentum als subjektives Recht. Zugleich ein Beitrag zur Theorie des subjektiven Rechts*, Duncker & Humblot, Berlim, 1975.
AICHIAN, Armen A. e DEMSETZ, Harold – "The Property Rights Paradigm", in *The Journal of Economic History*, Volume 33, n.º 1, Março de 1973, pp. 16-27.
ALBUQERQUE, Martim de – *Jean Bodin na Península Ibérica, Ensaio de História das Ideias Políticas e de Direito Público*, Fundação Calouste Gulbenkian – Centro Cultural Português, Paris, 1978.
ALBUQUERQUE, Martim de – *Estudos de Cultura Portuguesa*, 1.º volume, Imprensa Nacional – Casa da Moeda, s. l., 1984.
ALEXANDER, Gregory S. – *Commodity and Propriety: Competing Visions of Property in American Legal Thought, 1776 – 1970*, The University of Chicago Press, Chicago e Londres, 1997.
ALEXANDER, Gregory S. – "Constitutionalising Property: Two Experiences, Two Dilemmas", in Janet McLean (ed.), *Property and the Constitution*, Hart Publishing, Oxford e Portland, Oregon, 1999, pp. 88-108.

ALEXANDER, Gregory S. – "Property as a Fundamental Right? The German Example", in *Cornell Law Review*, Vol. 88, 2003, pp. 101-144.

ALEXANDER, Gregory S. – *The Global Debate Over Constitutional Property: Lessons for American Takings Jurisprudence*, The University of Chicago Press, Chicago e Londres, 2006.

ALEXANDRINO, José de Melo – *A Estruturação do sistema de Direitos, Liberdades e Garantias na Constituição Portuguesa, Volume II – A Construção Dogmática*, Almedina, Coimbra, 2006.

ALEXY, Robert – *Theorie der Grundrechte*, Suhrkamp, 1994.

ALVES, João Lopes – *O Estado da Razão: Da Ideia Hegeliana de Estado ao Estado segundo a Ideia Hegeliana (Sobre os Princípios de Filosofia do Direito de Hegel)*, Edições Colibri, Lisboa, 2004.

AMARAL, Diogo Freitas do – "Indemnização Justa ou Irrisória?", in *Direito e Justiça*, vol. V, 1991, pp. 61-70.

AMARAL, Diogo Freitas do – "Apreciação da Dissertação de Doutoramento do Licenciado Fernando Alves Correia: «O Plano Urbanístico e o Princípio da Igualdade»", in *Revista da Faculdade de Direito da Universidade de Lisboa*, vol. XXXII, 1991, pp. 91-105.

AMARAL, Diogo Freitas do – "Nota sobre o Conceito de Propriedade em Locke", in António Menezes Cordeiro, Luís Meneses Leitão e Januário da Costa Gomes (orgs.), *Estudos em Homenagem ao Prof. Doutor Inocêncio Galvão Teles*, vol. I, Almedina, Coimbra, 2002, pp. 795-799.

AMARAL, Diogo Freitas do e ANDRADE, José Robin de – "As Indemnizações por Nacionalizações em Portugal", in *Revista da Ordem dos Advogados*, Ano 49, Abril de 1989, I, pp. 5-84.

AMARAL, Diogo Freitas do e OTERO, Paulo – "Nacionalização, Reprivatização e Direito de Reversão", in *O Direito*, Ano 124º, 1992, I-II (Janeiro-Junho), pp. 289-321.

AMARAL, Maria Lúcia – *Responsabilidade do Estado e Dever de Indemnizar do Legislador*, Coimbra Editora, Coimbra, 1998.

AMARAL, Maria Lúcia – *A Forma da República: Uma Introdução ao Estudo do Direito Constitucional*, Coimbra Editora, Coimbra, 2005.

ANNAS, Julia – "Cicero on Stoic Moral Philosophy and Private Property", in Miriam Griffin e Jonathan Barnes (eds.), *Philosophia Togata I: Essays on Philosophy and Roman Society*, Clarendon Press, Oxford, 1989, pp. 151-173.

ANNAS, Julia – "Comments on J. Cooper", in Günther Patzig (ed.), *Aristoteles' 'Politik', Akten des XI. Symposium Aristotelicum Friedrichshafen /Bodensee 25.8-3.9.87*, Vandenhoeck & Ruprecht, Göttingen, 1990, pp. 242-248.

ANDRADE, José Carlos Vieira de – *Os Direitos Fundamentais na Constituição Portuguesa de 1976*, 2ª edição, Almedina, Coimbra, 2001.

APPEL, Markus – *Entstehungsschwäche und Bestandsstärke des verfassungsrechtlichen Eigentums. Eine Untersuchung des Spannungsverhältnisses zwischen Art. 14 Abs. 1 Satz 1 GG und Art. 14 Abs. 1 Satz 2 GG auf Basis der Eigentumsrechtsprechung des Bundesverfassungsgerichts*, Duncker & Humblot, Berlim, 2004.

APPLEBY, Joyce – *Economic Thought and Ideology in Seventeenth-Century England*, Princeton University Press, Princeton, 1978.

APPLEBY, Joyce – *Liberalism and Republicanism in the Historical Imagination*, Harvard University Press, Cambridge, Massachusetts, 1992.

AQUINO, S. Tomás de – *Summa Theologiae, Pars Prima et Prima Secundae*, Cura et studio Sac. Petri Caramello, cum textu ex recensione leonina, Marietti, Turim, 1952.
AQUINO, S. Tomás de – *Summa Theologiae, Pars Secunda Secundae*, Cura et studio Sac. Petri Caramello, cum textu ex recensione leonina, Marietti, Turim, 1952.
AQUINO, S. Tomás de – *Summa Theologiae, Tertia Pars et Supplementum*, Cura et studio Sac. Petri Caramello, Marietti, Turim, 1956.
AQUINO, S. Tomás de – *Liber de Veritate Catholicae Fidei contra errores Infidelium seu «Summa contra gentiles»*, vol. II, Cura et studio Ceslai Pera, Petro Marc, Petro Caramello, Marietti, Taurini / Romae, 1961.
AQUINO, S. Tomás de – *Quaestiones disputatae*, vol. II, Cura et studio P. Bazzi – M. Calcaterra –S. Centi – E. Odetto – P. M. Pession, Editio X, Marietti, Taurini / Romae, 1965.
AQUINO, S. Tomás de – *In Octo Libros Politicorum Aristotelis Expositio*, cura et studio Raymundi M. Spiazzi, Marietti, Taurini / Romae, 1966.
AQUINO, S. Tomás de – *Suma de Teología*, Edición dirigida por los Regentes de Estudios de las Provincias Dominicanas en España, vols. I-V, Biblioteca de Autores Cristianos, Madrid, 1988.
ARAÚJO, Fernando – *Introdução à Economia*, 3.ª ed., Almedina, Coimbra, 2005.
ARENDT, Hannah – *The Human Condition*, The University of Chicago Press, Chicago e Londres, 1958.
ARENDT, Hannah – *On Revolution*, Penguin Books, Londres, 1973 (1965).
ARENDT, Hannah – *The Origins of Totalitarianism*, Harcourt Brace & Company, San Diego / Nova Iorque / Londres, 1973.
ARENDT, Hannah – "On Hannah Arendt", in Melvyn A. Hill (ed.), *Hannah Arendt: The Recovery of the Public World*, St. Martin's Press, Nova Iorque, 1979, pp. 301-339.
ARENDT, Hannah – *Denktagebuch. 1950 bis 1973*, volumes primeiro e segundo, editado por Ursula Ludz e Ingeborg Nordmann, Piper, Munique / Zurique, 2002.
ARISTÓTELES – *Retórica*, introdução de Manuel Alexandre Júnior, tradução e notas de Manuel Alexandre Júnior, Paulo Farmhouse Alberto e Abel do Nascimento Pena, Imprensa Nacional-Casa da Moeda, Lisboa, 1998.
ARISTÓTELES – *L'Éthique à Nicomaque*, introdução, tradução e comentário por René Antoine Gauthier e Jean Yves Jolif, Éditions Peters, Louvain-la-Neuve, 2002 (reimpressão da 2.ª edição, de 1968).
ARISTÓTELES – *A Constituição dos Atenienses*, introdução, tradução do original grego e notas de Delfim Ferreira Leão, Fundação Calouste Gulbenkian, Lisboa, 2003.
ARISTÓTELES – *Politik, Buch I*, traduzido e comentado por Eckart Schütrumpf; *Politik, Buch II-III*, traduzido e comentado por Eckart Schütrumpf; *Politik, Buch IV-VI*, tradução e introdução de Eckart Schütrumpf, comentado por Eckart Shütrumpf e Hans-Joachim Gehke, Akademie Verlag, Berlim, 1991-1996.
ARISTÓTELES – *Politics, Books I and II*, traduzido com um comentário por Trevor J. Saunders, Clarendon Press, Oxford, 1995.
ARISTÓTELES – *Politics, Books VII and VIII*, traduzido com um comentário por Richard Kraut, Clarendon Press, Oxford, 1997.
ARISTÓTELES – *Política*, edição bilingue, tradução e notas de António Campelo Amaral e Carlos de Carvalho Gomes, introdução e revisão científica de Mendo Castro Henriques, Vega, Lisboa, 1998.

ARNAUD, André-Jean – *Les Origines Doctrinales du Code Civil Français*, Librairie Générale de Droit et de Jurisprudence, Paris, 1969.

ASCENSÃO, José de Oliveira – *As Relações Jurídicas Reais*, Livraria Morais Editora, Lisboa, 1962.

ASCENSÃO, José de Oliveira – *Reordenamento Agrário e Propriedade Privada. Conferência proferida no Curso de Direito e Economia Agrários promovido em Março e Abril de 1964 pela Faculdade de Direito de Lisboa com a colaboração da Junta de Colonização Interna*, Separata do Suplemento da Revista da Faculdade de Direito Dedicado ao Curso de Direito e Economia Agrários, Lisboa, 1965.

ASCENSÃO, José de Oliveira – "A Violação da Garantia Constitucional da Propriedade por Disposição Retroactiva", in *Revista dos Tribunais*, Ano 91, n.ºs 1883, 1884 e 1885, Julho, Outubro e Novembro de 1973, pp. 291-304, 339-353 e 387-398.

ASCENSÃO, José de Oliveira – "O Urbanismo e o Direito de Propriedade", in Diogo Freitas do Amaral (coord.), *Direito do Urbanismo*, INA, Oeiras, 1989, pp. 319-344.

ASCENSÃO, José de Oliveira – "Expropriação e Direitos Privados", in *Estudos sobre Expropriações e Nacionalizações*, Imprensa Nacional-Casa da Moeda, 1989, pp. 33-53.

ASCENSÃO, José de Oliveira – "A Caducidade da Expropriação no Âmbito da Reforma Agrária", in *Estudos sobre Expropriações e Nacionalizações*, Imprensa Nacional-Casa da Moeda, 1989, pp. 55-106.

ASCENSÃO, José de Oliveira – "A Atribuição pelos Tribunais de Indemnizações por Nacionalização ainda Não Satisfeitas – Parecer", in *Estudos sobre Expropriações e Nacionalizações*, Imprensa Nacional-Casa da Moeda, 1989, pp. 183-226.

ASCENSÃO, José de Oliveira – "Nacionalizações e Inconstitucionalidade", in *Estudos sobre Expropriações e Nacionalizações*, Imprensa Nacional-Casa da Moeda, 1989, pp. 227-263.

ASCENSÃO, José de Oliveira – *Direito Civil – Reais*, 5.ª ed., Coimbra Editora, Coimbra, 1993.

ASHCRAFT, Richard – *Revolutionary Politics and Locke's Two Treatises of Government*, Princeton University Press, Princeton, New Jersey, 1986.

ASHCRAFT, Richard – *Locke's Two Treatises of Government*, Allen and Unwin, Londres, 1987.

ASHCRAFT, Richard – "The Politics of Locke's *Two Treatises of Government*", in Edward J. Harpham (ed.), *John Locke's* Two Treatises of Government*: New Interpretations*, University Press of Kansas, Lawrence, Kansas, 1992, pp. 14-49.

ASHCRAFT, Richard – "Lockean Ideas, Poverty, and the Development of Liberal Political Theory", in John Brewer and Susan Staves (eds.), *Early Modern Conceptions of Property*, Routledge, Londres e Nova Iorque, 1996, pp. 43-61.

ATTAS, Daniel – *Liberty, Property, and Markets: A Critique of Libertarianism*, Ashgate, Aldershot, 2005.

ATTALI, Jacques – *Au Propre et au Figuré. Une Histoire de la Propriété*, Fayard, Paris, 1988.

AUBERT, Jean-Marie – *Le Droit Romain dans l'Oeuvre de Saint Thomas*, Librairie Philosophique J. Vrin, Paris, 1955.

AVILA, Charles – *Ownership: Early Christian Teaching*, Orbis Books, Nova Iorque, 1983.

AVINERI, Shlomo – *Hegel's Theory of the Modern State*, Cambridge University Press, Cambridge, 1972.

AVINERI, Shlomo – *O Pensamento Político e Social de Karl Marx* (tradução do original inglês), Coimbra Editora, Coimbra, 1978.

AZEVEDO, Bernardo – *Servidão de Direito Público: Contributo para o seu Estudo*, Coimbra Editora, Coimbra, 2005.

BACHOFEN, Blaise – *La Condition de la Liberté: Rousseau, Critique des Raisons Politiques*, Éditions Payot & Rivages, Paris, 2002.

BACON, Francis – *The Great Instauration (Instauratio Magna)*, in *The Philosophical Works of Francis Bacon*, Reprinted from the texts and translations, with the notes and prefaces, of Ellis and Spedding, Edited with an introduction by John M. Robertson, George Routledge and Sons, Londres, 1905, pp. 241-255.

BACON, Francis – *The Second Part of the Work which is Called the New Organon, or True Directions Concerning the Interpretation of Nature (Novum Organum, 1620)*, in *The Philosophical Works of Francis Bacon*, cit., pp. 256-387.

BADURA, Peter – "Zur Lehre von der verfassungsrechtlichen Institutsgarantie des Eigentums, betrachtet am Beispiel des 'geistigen Eigentums'", in Peter Lerche, Hans Zacher e Peter Badura (eds.), *Festschrift für Theodor Maunz zum 80. Geburtstag am 1. September 1981*, C. H. Beck'sche Verlagsbuchhandlung, Munique, 1981, pp. 1-16.

BADURA, Peter – "Eigentum", in Ernst Benda, Werner Maihofer e Hans-Jochen Vogel (eds.), *Handbuch des Verfassungsrechts der Bundesrepublik Deutschland*, 2.ª edição, Walter de Gruyter, Berlim / Nova Iorque, 1994, pp. 327-390.

BAECK, Louis – *The Mediterranean Tradition in Economic Thought*, Routledge, Londres e Nova Iorque, 1994.

BAKER, C. Edwin – "Disaggregating the Concetp of Property in Constitutional Law", in Nicholas Mercuro e Warren J. Samuels (eds.), *The Fundamental Interrelationships Between Government and Property*, JAI Press Inc., Stamford, Connecticut, 1999, pp. 47-62.

BALIBAR, Étienne – "Le Renversement de l'Individualisme Possessif", in Hervé Guineret e Arnaud Milanese (eds.), *La Propriété: Le Propre, l'Appropriation*, Ellipses, Paris, 2004, pp. 9-30.

BARATA-MOURA, José – *Marx e a Crítica da «Escola Histórica do Direito»*, Caminho, Lisboa, 1994.

BARATA-MOURA, José – *Prática. Para uma Aclaração do seu Sentido como Categoria Filosófica*, Edições Colibri, Lisboa, 1994.

BARNES, Jonathan – "Aristotle and Political Liberty", in Günther Patzig (ed.), *Aristoteles' 'Politik', Akten des XI. Symposium Aristotelicum Friedrichshafen /Bodensee 25.8- 3.9.87*, Vandenhoeck & Ruprecht, Göttingen, 1990, pp. 249-263.

BARRY, Brian – "Warrender and its Critics", in Jack Lively e Andrew Reeve (eds.), *Modern Political Theory from Hobbes to Marx: Key Debates*, Routledge, Londres, 1989.

BARROS, Henrique da Gama – *História da Administração Pública em Portugal nos Séculos XII a XV*, 2.ª edição dirigida por Torquato de Sousa Soares, tomo I, Livraria Sá da Costa – Editora, Lisboa, 1945.

BASTIT, Michel – "Michel Villey et les Ambiguïtés d'Occam" , in AA. VV., *Droit, Nature, Histoire. Ivéme Colloque de l'Association Française de Philosophie du Droit (Université de Paris II – 23-24 Novembre 1984) – Michel Villey, Philosophe du Droit*, Presses Universitaires d'Aix-Marseille, s. l., 1985, pp. 65-72.

BASTIT, Michel – *Naissance de la Loi Moderne, La Pensée de la Loi de Saint Thomas à Suarez*, Presses Universitaires de France, Paris, 1990.

BASTIT, Michel – "La Diversidad en las Instituciones de Gayo", in *Anales de la Fundación Francisco Elías de Tejada*, Ano VI/2000, pp.17-26.

BAUR, Fritz – "Die 'Nassauskiesung' – oder wohin treibt der Eigentumsschutz", in *Neue Juristischen Wochenschrift*, 1982, pp. 1734-1736.

BAYNES, Kenneth – "Kant on Property Rights and the Social Contract", in *The Monist*, Julho, 1989, volume 72, n.º 3, pp. 433-453.

BEAUD, Olivier – "Savigny et le Droit Public. Palidoyer pour une Lecture Politique de l'Oeuvre de Savigny", in Jean-François Kervégan e Heinz Mhonhaupt (eds.), *Recht zwischen Natur und Geschichte / Le Droit entre Nature et Histoire, Deuschfranzösisches Symposion vom 24. bis 26. November 1994 an der Universität Cergy-Pontoise*, Vittorio Klostermann, Frankfurt am Main, 1997, pp. 167-221.

BEAUD, Olivier – "Le Cas Savigny ou un Constitutionnalisme Allemand sans l'État de Droit", in Olivier Jouanjan (ed.), *Figures de l'État de Droit, Le Rechtsstaat dans l'Histoire Intelectuele et Constitutionnelle de l'Allemagne*, Presses Universitaires de Strasbourg, Estrasburgo, 2001, pp. 149-176.

BÉCHILLON, Denys de – "Retour sur la Nature. Critique d'une Idée Classique du Droit Naturel", in J.-F. Niort e G. Vannier (eds.), *Michel Villey et le Droit Naturel en Question*, Éditions L'Harmattan, Paris, 1994.

BECKER, Lawrence C. – *Property Rights: Philosophic Foundations*, Routledge & Kegan Paul, Londres, 1977.

BECKER, Lawrence C. – "Too Much Property", in *Philosophy and Public Affairs*, 1992, vol. 21, n.º 2, pp. 196-206.

BENHABIB, Seyla – "Obligation, Contract and Exchange: On the Significance of Hegel's Abstract Right", in Z. A. Pelczynski (ed.), *The State and Civil Society: Studies in Hegel's Political Philosophy*, Cambridge University Press, Cambridge, 1984, pp. 159-177.

BENHABIB, Seyla – *The Reluctant Modernism of Hannah Arendt*, Sage Publications, Thousand Oakes – Londres – Nova Deli, 1996.

BENSON, Peter – "The Priority of Abstract Right and Constructivism in Hegel's Legal Philosophy", in Drucilla Cornell, Michel Rosenfeld e David Gray Carlson (eds.), *Hegel and Legal Theory*, Routledge, Nova Iorque e Londres, 1991, pp. 174-204.

BENTHAM, Jeremy – *Rights, Representation and Reform: Nonsense Upon Stilts and Other Writings on the French Revolution*, editado por Philip Schofield, Catherine Pease-Watkin e Cyprian Blamires, Clarendon Press, Oxford, 2002.

BERLE, Adolf A. e MEANS, Gardiner C. – *The Modern Corporation and Private Property*, Macmillan, Nova Iorque, 1932.

BERLIN, Isaiah – *Liberty, incorporating Four Essays on Liberty*, editado por Henry Hardy, com um ensaio *Berlin and His Critics* por Ian Harris, Oxford University Press, Oxford, 2002.

BERLIN, Isaiah – "Locke and Professor Macpherson", in Jack Lively e Andrew Reeve (eds.), *Modern Political Theory from Hobbes to Marx: Key Debates*, Routledge, 1989.

BERMAN, Harold J. – *Law and Revolution: The Formation of the Western Legal Tradition*, Harvard University Press, Cambridge (Mass.) e Londres, 1983.

BERTELLONI, Francisco – "El Tránsito de la Sociedad a la Politicidad en la *Summa Theologiae* de Tomás de Aquino", in António Manuel Martins (coord.), *Sociedade Civil. Entre Miragem e Oportunidade*, Faculdade de Letras, Coimbra, 2003, pp. 253-268.

BERTRAM, Karsten – *Die Gesetzgebung zur Neuregelung des Grundeigentums in der ersten Phase der Französischen Revolution (bis 1793) und deren Bedeutung für die deutsche Eigentumsdogmatik der Gegenwart*, Peter Lang, Frankfurt am Main, 2000.

BETTI, Emilio – "Falsa Impostazione della Questione Storica, Dipendente da Erronea Diagnosi Giuridica", in *Diritto Metodo Ermeneutica. Scritti Scelti*, edição de Giuliano Crifò, Giuffrè Editore, Milão, 1991 (originalmente publicado em *Studi in Onore di Vincenzo Arangio-Ruiz nel XLV Anno del Suo Insegnamento*, vol. IV, Nápoles, 1952, pp. 80 e ss.).

BEUDANT, Robert – *Droit Romain: Le Jus Italicum – Droit Français: La Transformation Juridique de la Propriété Foncière dans le Droit Intermédiaire, Thèse pour le Doctorat*, L. Larose et Forcel, Paris, 1889.

BEZEMER, Kees – *What Jacques Saw: Thirteenth Century France through the Eyes of Jacques de Revigny, Professor of Law at Orleans*, Vittorio Klostermann, Frankfurt am Main, 1997.

BIRKS, Peter – "The Roman Law Concept of Dominium and the Idea of Absolute Ownership", in *Acta Juridica*, 1985.

BLASCHE, Siegfried – "Natürliche Sittlichkeit und bürgerliche Gesellschaft. Hegels Konstruktion der Familie als sittliche Intimität im entsittlichten Leben", in Manfred Riedel (ed.), *Materialien zu Hegels Rechtsphilosophie*, Band 2, Suhrkamp, Frankfurt am Main, 1975, pp. 312-337.

BLACKSTONE, William – *Commentaries on the Laws of England*, vol. II (excerto da primeira edição, de 1766), in Robert C. Ellikson, Carol M. Rose e Bruce A. Ackerman (eds.), *Perspectives on Property Law*, 2ª ed., Aspen Law and Business, s. n., 1995, pp. 37-44.

BLACKSTONE, William – *Commentaries on the Laws of England*, reimpressão da edição de St. George Tucker de 1803, vol. II, Rothman Reprints, South Hackensack, New Jersey / Augustus M. Kelley, Nova Iorque, 1969.

BLOCH, Marc – *Les Caractères Originaux de l'Histoire Rurale Française*, tomos primeiro e segundo, Librairie Armand Colin, Paris, 1955-56.

BLOCH, Marc – *A Sociedade Feudal* (tradução do original *La Société Féodal*), 2.ª ed., Edições 70, Lisboa, 1998.

BLOCK, Walter – "Ethics, Efficiency, Coasian Property Rights, and Psychic Income: A Reply to Demsetz", in *The Review of Austrian Economics*, vol. 8, n.º 2, 1995, pp. 65-125.

BLOCK, Walter – "Coase and Demsetz on Private Property Rights", in *Journal of Libertarian Studies*, vol. 1, n.º 2, 1977, pp. 111-115.

BLOCK, Walter – "Private-Property Rights, Erroneous Interpretations, Morality, and Economics: Reply to Demsetz", in *The Quarterly Journal of Austrian Economics*, vol. 3, n.º 1, Primavera de 2000, pp. 63-78.

BLUMENBERG, Hans – *The Legitimacy of the Modern Age* [tradução por Robert M. Wallace do original alemão *Die Legitimität der Neuzeit (erweiterte und überarbeitete neuausgabe)*, de 1976], The MIT Press, Cambridge, Mass., e Londres, 1985.

BOBBIO, Norberto – *Diritto e Stato nel Pensiero di Emanuele Kant*, 2.ª ed., G. Giappichelli Editore, Turim, 1969.

BOBBIO, Norberto – "Hegel e il Giusnaturalismo", in idem, *Studi Hegeliani*, Einaudi, Turim, 1981, pp. 3-33.

BOBBIO, Norberto – "La Filosofia Giuridica di Hegel nel Decennio 1960-70", in idem, *Studi Hegeliani*, Einaudi, Turim, 1981, pp. 159-192.

BOBBIO, Norberto – *Thomas Hobbes and the Natural Law Tradition* (tradução do original italiano *Thomas Hobbes*), The University of Chicago Press, Chicago e Londres, 1993.

BÖCKENFÖRDE, Ernst-Wolfgang – *La Storiografia Costituzionale Tedesca nel Secolo Decimonono. Problematica e Modelli dell'Epoca* (tradução do original *Die deutsche verfassungsgeschichtliche Forschung im 19. Jahrhundert. Zeitgebundene Fragestellungen und Leitbilder*, 1961), tradução e introdução de Pierangelo Schiera, Giuffrè, Milão, 1970.

BÖCKENFÖRDE, Ernst-Wolfgang – "Lorenz von Stein als Theoretiker der Bewegung von Staat und Gesellschaft zum Sozialstaat", in *Staat, Gesellschaft, Freiheit. Studien zur Staatstheorie und zum Verfassungsrecht*, Suhrkamp Verlag, Frankfurt am Main, 1976, pp. 146-184.

BÖCKENFÖRDE, Ernst-Wolfgang – "Die Bedeutung der Unterscheidung von Staat und Gesellschaft im demokratischen Sozialstaat der Gegenwart", in *Staat, Gesellschaft, Freiheit. Studien zur Staatstheorie und zum Verfassungsrecht*, Suhrkamp Verlag, Frankfurt am Main, 1976, pp. 185-220.

BÖCKENFÖRDE, Ernst-Wolfgang – "Eigentum, Sozialbildung des Eigentums, Enteignung", in *Staat, Gesellschaft, Freiheit. Studien zur Staatstheorie und zum Verfassungsrecht*, Suhrkamp Verlag, Frankfurt am Main, 1976, pp. 318-335.

BÖCKENFÖRDE, Ernst-Wolfgang – "Freiheitssicherung gegenüber gesellschaftlicher Macht. Aufriss eines Problems", in *Staat, Gesellschaft, Freiheit. Studien zur Staatstheorie und zum Verfassungsrecht*, Suhrkamp Verlag, Frankfurt am Main, 1976, pp. 336-348.

BÖCKENFÖRDE, Ernst-Wolfgang – "Die sozialen und politischen Ordnungsideen der Französischen Revolution", in *Staat, Nation, Europa: Studien zur Staatslehre, Verfassungstheorie und Rechtsphilosophie*, Suhrkamp, Frankfurt am Main, 1999, pp. 11-24.

BÖCKENFÖRDE, Ernst-Wolfgang – "Anmerkungen zum Begriff Verfassungswandel", in *Staat, Nation, Europa: Studien zur Staatslehre, Verfassungstheorie und Rechtsphilosophie*, Suhrkamp, Frankfurt am Main, 1999, pp. 141-156.

BÖCKING, Eduard – *Pandekten des römischen Privatrechts aus dem Standpuncte unseres heutigen Rechtssytem oder Institutionen des gemein deutschen Civilrechts*, Zweiten Bandes erste Lieferung, §§. 133...171, *Die Lehre von Eigenthum und den grössten Theil der von den Servituten enthaltend*, Verlag von S. Hirzel, Leipzig, 1855.

BODÉÜS, Richard – "Savoir Politique et savoir Philosophique", in Günther Patzig (ed.), *Aristoteles' 'Politik', Akten des XI. Symposium Aristotelicum Friedrichshafen / Bodensee 25.8-3.9.87*, Vandenhoeck & Ruprecht, Göttingen, 1990, pp. 101-123.

BOEHNER, Philotheus – *Collected Articles on Ockham*, ed. de Eligius M. Buytaert, The Franciscan Institute, St. Bonaventure, Nova Iorque, 1958.

BÖHMER, Werner – "Die rechtsgeschichtlichen Grundlagen der Abgrenzungproblematik von Sozialbildung und Enteignung", in *Der Staat*, 24, 1985, pp. 157-199.

BÖHMER, Werner – "Grundfragen der verfassungsrechtlichen Gewährleistung des Eigentums in der Rechtsprechung des Bundesverfassungsgerichts", in *Neue Juristische Wochenschrift*, 1988, pp. 2561-2574.

BÖHMER, Werner – "Eigentum aus verfassungsrechtlicher Sicht : Grundfragen der verfassungsrechtlichen Gewährleistung des Eigentums in der Rechtsprechung des Bundesverfassungsgerichts", in J. F. Baur (ed.), *Das Eigentum*, Vandenhoeck & Ruprecht, Göttingen, 1989, pp. 39-82.

BONFANTE, Pietro – "Forme Primitive ed Evoluzione della Proprietà Romana (*res mancipi* e *nec mancipi*)", in *Scritti Giuridici Varii*, II, Unione Tipografico-Editrice Torinense, 1926, pp. 1-326.
BONI, Luis Alberto de – "A Sociedade Civil em Guilherme de Ockham" , in António Manuel Martins (coord.), *Sociedade Civil. Entre Miragem e Oportunidade*, Faculdade de Letras, Coimbra, 2003, pp. 269-295.
BOOTH, William James – "The New Household Economy", in *American Political Science Review*, vol. 85, n.º 1, Março de 1991, pp. 59-75.
BOOTH, William James – "Household and Market: On the Origins of Moral Economic Philosophy" , in *The Review of Politics*, vol. 56, Primavera de 1994, n.º 2, pp. 207-235
BOURGEOIS, Bernard – *Le Droit Naturel de Hegel (1802-1803). Commentaire. Contribution à l'Étude de la Genése de la Spéculation Hégélienne à Iéna*, Vrin, Paris, 1986.
BOUTRUCHE, Robert – *Seigneurie et Féodalité, I – Le Premier Âge des Liens d'Homme à Homme, II – L'Apogée (XIe – XIIe Siècles)*, Aubier, Paris, 1959 e 1970.
BOYLE, Joseph – "Fairness in Holdings: A Natural Law Account of Property and Welfare Rights", in Ellen Frankel Paul, Fred Miller, Jr., e Jeffrey Paul (eds.), *Natural Law and Modern Moral Philosophy*, Cambridge University Press, Cambridge, 2001, pp. 206-226.
BRANDT, Reinhard – "Zu Lockes Lehre vom Privateigentum", in *Kant-Studien*, Ano 63, vol. 4, 1972, pp. 426-435.
BRANDT, Reinhard – *Eigentumstheorien von Grotius bis Kant*, Frommann-Holzboog, Stuttgart, 1974.
BRANDT, Reinhard – "Menschenrechte und Güterlehre", in idem (ed.), *Rechtsphilosophie der Aufklärung, Symposium Wolfenbüttel 1981*, Walter de Gruyter, Berlim – Nova Iorque, 1982, pp. 79-106.
BRANDT, Reinhard – "Das Erlaubnisgesetz, oder: Vernunft und Geschichte in Kants Rechtslehre", in idem (ed.), *Rechtsphilosophie der Aufklärung, Symposium Wolfenbüttel 1981*, Walter de Gruyter, Berlim – Nova Iorque, 1982, pp. 233-285.
BRANDT, Reinhard – "Menschenrechte und Güterlehre. Zur Geschichte und Begründung des Rechts auf Leben, Freiheit und Eigentum" , in Johannes Schwartländer e Dietmar Willoweit (eds.), *Das Recht des Menschen auf Eigentum*, N. P. Verlag, Kehl am Rhein / Strassburg, 1983, pp. 19-31.
BRANDT, Reinhard – "Rousseau und Kant", in Jean-François Kervégan e Heinz Mohnhaupt (eds.), *Wechselseitige Beeinflussungen und Rezeptionen von Recht und Philosophie in Deutschland und Frankreich / Influences et Réceptions Mutuelles du droit et de la Philosophie en France et en Allemagne. Drittes deutsch-französisches Symposion vom 16. Bis 18. September 1999 in La Bussière / Dijon*, Vittorio Klostermann, Frankfurt am Main, 2001, pp. 91-118.
BRANDT, Reinhard – "Vorwort", in Andreas Eckl e Bernd Ludwig (eds.), *Was ist Eigentum? Philosophische Positionem von Platon bis Habermas*, Verlag C.H. Beck, Munique, 2005, pp. 7-11.
BRETONE, Mario – *I Fondamenti del Diritto Romano. Le Cose e la Natura*, Gius. Laterza & Figli, Roma e Bari, 2001 (1998).
BRETT, Annabel S. – *Liberty, Right and Nature: Individual Rights in Later Scholastic Thought*, Cambridge University Press, Cambridge, 1997.

Brito, Miguel Nogueira de – *A Constituição Constituinte: Ensaio sobre o Poder de Revisão da Constituição*, Coimbra Editora, Coimbra, 2000.

Brito, Miguel Nogueira de – "O Patriotismo como Civilidade: Egas Moniz, Maquiavel e as Nações Europeias", in *Revista da Faculdade de Direito da Universidade de Lisboa*, 2001, vol. XLII, n.º 2.

Brito, Miguel Nogueira de – "Autoridade e Argumentação numa Ordem Constitucional", in AA. VV., *Estudos em Homenagem ao Conselheiro José Cardoso da Costa*, Vol. I, Coimbra Editora, Coimbra, 2003, pp. 339-401.

Brocker, Manfred – *Kants Besitzlehre. Zur Problematik einer transzendentalphilosophischen Eigentumslehre*, Königshausen und Neumann, Würzburg, 1987.

Brocker, Manfred – *Arbeit und Eigentum: Der Paradigmenwechsel in der neuzeitlichen Eigentumstheorie*, Wissenschaftliche Buchgesellschaft, Darmstadt, 1992.

Brocker, Manfred – *Kant über Rechtsstaat und Demokratie*, VS Verlag für Sozialwissenschaften, Wiesbaden, 2006.

Brudner, Alan – *The Unity of Common Law: Studies in Hegelian Jurisprudence*, Uiniversity of California Press, Berkeley / Los Angeles / Londres, 1995.

Brufau-Prats, Jaime – "La Noción Analógica del *Dominium* en Santo Tomás, Francisco de Vitoria y Domingo de Soto", in *Salmanticensis*, vol. 4, 1957, pp. 96-136.

Brunkhorst, Hauke – "Equality and Elitism in Arendt", in Dana Villa (ed.), *The Cambridge Companion to Hannah Arendt*, Cambridge University Press, Cambridge, 2000, pp. 178-198.

Brünneck, Alexander v. – *Die Eigentumsgarantie des Grundgesetzes*, Nomos Verlagsgesellschaft, Baden-Baden, 1984.

Brunner, Heinrich / von Schwerin, Claudius – *Historia del Derecho Germánico*, tradução de José Luis Álvarez López segundo a 8.ª ed. alemã, Editorial Labor, Barcelona, 1936.

Brunner, Otto – "Moderner Verfassungsbegriff und mittelalterliche Verfassungsgeschichte", in Helmutt Kämpf (ed.), *Herrschaft und Staat in Mittelalter*, Wissenschaftliche Buchgesellschaft, Darmstadt, 1964, pp. 1-19.

Brunner, Otto – *Land und Herrschaft: Grundfragen der territorialen Verfassungsgeschichte Österreichs im Mittelalter*, Wissensschaftliche Buchgesellschaft, Darmstadt, 1981 (reimpressão da 5.ª ed., 1965).

Brunner, Otto – *Neue Wege der Verfassungs- und Sozialgeschichte*, 2ª ed., Vandenhoeck & Ruprecht, Göttingen, 1968.

Brutti, Massimo – "L'Intuizione della Proprietà nel Sistema di Savigny", in *Itinerari Moderni della Proprietà*, tomo I, *Quaderni Fiorentini per la Storia del Pensiero Giuridico Moderno*, 5/6 (1976-1977), pp. 41-103.

Buckle, Stephen – *Natural Law and the Theory of Property: Grotius to Hume*, Clarendon Press, Oxford, 1991.

Burdese, Alberto – "*«Res Incorporales»* quale Fondamento Culturale del Diritto Romano", in *Labeo*, 45 (1999), 1, pp. 98-110.

Burr, David – *Olivi and Franciscan Poverty: The Origins of the* Usus Pauper *Controversy*, University of Pennsylvania Press, Filadélfia, 1989.

Caetano, Marcello – *Manual de Direito Administrativo*, vol. II, 9.ª ed. (reimpressão), Almedina, Coimbra, 1980.

CAETANO, Marcello – "Em Torno do Conceito de Expropriação por Utilidade Pública", in *Estudos de Direito Administrativo*, Edições Ática, Lisboa, 1974, pp. 159-192.
CAIRNS, John W. – "Craig, Cujas, and the Definition of Feudum: Is Feu a Usufruct?", in Peter Birks (ed.), *New Perspectives in the Roman Law of Property. Essays for Barry Nicholas*, Clarendon Press, Oxford, 1989, pp. 75-84.
CANARIS, Claus-Wilhelm – *Direitos Fundamentais e Direito Privado*, tradução do original alemão de Ingo Wolfgang Sarlet e Paulo Mota Pinto, Almedina, Coimbra, 2003.
CANAS, Vitalino – "Proporcionalidade (Princípio da)", in José Pedro Fernandes (dir.), *Dicionário Jurídico da Administração Pública*, vol. VI, Lisboa, 1994, pp. 591-649
CANDIAN, Albina / GAMBARO, Antonio / POZZO, Barbara – *Property - Propriété – Eigentum. Corso di Diritto Privato Comparato*, CEDAM, Milão, 1992.
CANNING, Joseph – *A History of Medieval Political Thought 300-1450*, Routledge, Londres e Nova Iorque, 1996.
CANOTILHO, José Joaquim Gomes – *O Problema da Responsabilidade do Estado por Actos Lícitos*, Livraria Almedina, Coimbra, 1974.
CANOTILHO, J. J. Gomes – "O Círculo e a Linha: Da «Liberdade dos Antigos» à «Liberdade dos Modernos» na Teoria Republicana dos Direitos Fundamentais (I Parte)", in *Revista de História das Ideias*, vol. 9, 1987, pp. 733-758.
CANOTILHO, J. J. Gomes – *Protecção do Ambiente e Direito de Propriedade (Crítica de Jurisprudência Ambiental)*, Coimbra Editora, Coimbra, 1995.
CANOTILHO, J. J. Gomes – "A Teoria da Constituição e as Insinuações do Hegelianismo Democrático", in J. A. Pinto Ribeiro, (coord.), *O Homem e o Tempo. Liber Amicorum para Miguel Baptista Pereira*, Fundação Eng. António de Almeida, Porto, 1999, pp. 413-422.
CANOTILHO, J. J. Gomes – "Tomemos a Sério os Direitos Económicos, Sociais e Culturais", in *Estudos sobre Direitos Fundamentais*, Coimbra Editora, Coimbra, 2004, pp. 35-68.
CANOTILHO, J. J. Gomes – "Constituição e Défice Procedimental", in *Estudos sobre Direitos Fundamentais*, Coimbra Editora, Coimbra, 2004, pp. 69-84.
CANOTILHO, J. J. Gomes – *Direito Constitucional e Teoria da Constituição*, 7ª ed., Almedina, Coimbra, 2003.
CANOTILHO, J. J. Gomes e MOREIRA, Vital – *Constituição da República Portuguesa Anotada*, vol. I, 4.ª edição revista, Coimbra Editora, Coimbra, 2007.
CANOVAN, Margaret – *Hannah Arendt: A Reinterpretation of Her Political Thought*, Cambridge University Press, Cambridge, 1994.
CAPITÃO, Gonçalo – *Expropriação e Ambiente*, Universidade Lusíada Editora, Lisboa, 2004.
CARLYLE, R. W. e A. J. – *A History of Mediaeval Political Theory in the West*, vols. I-VI, William Blackwood & Sons, Edinburgo e Londres, 1962 (1903-1936).
CARLYLE, A. J. – "The Theory of Property in Mediaeval Theology", in AA. VV., *Property: Its Duties and Rights, Historically, Philosophically and Religiously Regarded*, with an introduction by the Bishop of Oxford, new edition with an added essay, The Macmillan Company, Nova Iorque, 1922, pp. 123-139.
CARTER, Ian – *A Measure of Freedom*, Oxford University Press, Oxford, 1999.
CAVELL, Stanley – *Cities of Words: Pedagogical Letters on a Register of the Moral Life*, The Belknap Press of Harvard University Press, Cambridge, Mass., 2004.

CHAMLEY, Paul – "La Doctrine Économique de Hegel d'aprés les Notes de Cours de Berlin", in Dieter Henrich e Rolf-Peter Horstmann (eds.), *Hegels Philosophie des Rechts. Die Theorie der Rechtsformen und ihre Logik*, Klett-Cotta, Stuttgart, 1982, pp. 132-138.

CHLOSTA, Joachim – *Die Wesensgehalt der Eigentumsgewährleistung. Unter besonderer Berücksichtigung der Mitbestimmungsproblematik*, Duncker & Humblot, Berlim, 1975.

CHRISTMAN, John – *The Myth of Property: Toward an Egalitarian Theory of Ownership*, Oxford University Press, Nova Iorque e Oxford, 1994.

CÍCERO – *Des Termes Extrêmes des Biens et des Maux (De Finibus)*, tomos I e II, texto estabelecido e traduzido por Jules Martha, Les Belles Lettres, Paris, 1928-1930.

CÍCERO – *De Inventione. De Optimo Genere Oratorum. Topica*, com uma tradução em inglês de H. M. Hubbell, Harvard University Press, Cambridge, Mass., e Londres, 1993 (1949).

CÍCERO – *Dos Deveres (De Officiis)*, tradução, introdução e notas de Carlos Humberto Gomes, Edições 70, Lisboa, 2000.

CLARK, David W. – "Ockham on Human and Divine Freedom", in *Franciscan Studies*, Vol. 38, Ano XVI, 1978, pp. 122-160.

COASE, Ronald – "The Problem of Social Cost", in Robert C. Ellikson, Carol M. Rose e Bruce A. Ackerman (eds.), *Perspectives on Property Law*, 2.ª ed., Aspen Law and Business, s. n., 1995, pp. 200-.

COHEN, G. A. – "Self-Ownership, World-onwership, and Equality, in *Self-Ownership, Freedom, and Equality*, Cambridge University Press, Cambridge, 1995, pp. 67-91.

COHEN, G. A. – "Marx and Locke on Land and Labour", in *Self-Ownership, Freedom, and Equality*, Cambridge University Press, Cambridge, 1995, pp. 165-194.

COHEN, G. A. – "Self-Ownership: Assessing the Thesis", in *Self-Ownership, Freedom, and Equality*, Cambridge University Press, Cambridge, 1995, pp. 229-244.

COHEN, G. A. – *If You Are an Egalitarian, How Come You're So Rich?*, Harvard University Press, Cambridge, Mass, e Londres, 2000.

COHEN, Morris – "Property and Sovereignty", in C. B. Macpherson (ed.), *Property: Mainstream and Critical Positions*, University of Toronto Press, Toronto, 1978, pp. 153-175.

COHEN, Jean L. e ARATO, Andrew – *Civil Society and Political Theory*, The MIT Press, Cambridge, Mass., e Londres, 1995.

COING, Helmut – "Zur Eigentumslehre des Bartolus", in *Zeitschrift der Savigny-Stifung für Rechtsgeschichte (Römische Abteilung)*, 70, 1953, pp. 348-371.

COING, Helmut – "Zur Geschichte des Begriffs 'subjektives Recht'", in Helmut Coing, Frederick H. Lawson e Kurt Grönfors, *Das Subjektive Recht und der Rechtsschutz der Persönlichkeit*, Alfred Metzner Verlag, Frankfurt/M. e Berlim, 1959, pp. 7-23 (também publicado em Helmut Coing, *Zur Geschichte des Privatrechtssystems*, pp. 38 e ss.).

COING, Helmut – "Der Rechtsbegriff der menschlichen Person und die Theorie der Menschenrechte", in *Zur Geschichte des Privatrechtsystems*, Vittorio Klostermann, Frankfurt am Main, 1962, pp. 56-76.

COING, Helmut – *Derecho Privado Europeo, I – Derecho Común Más Antiguo (1500-1800)* [tradução do original *Europäiches Privatrecht. I – Älteres Gemeines Recht (1500 bis 1800)*], Fundación Cultural del Notariado, Madrid, 1996.

COLEMAN, Janet – "Medieval Discussions of Property: *Ratio* and *dominium* According to John of Paris and Marsilius of Padua*"*, in *History of Political Thought*, vol. IV, n.º 2, Verão de 1983, pp. 209-228.

COLEMAN, Janet – "*Dominium* in Thirteenth and Fourteenth-Century Political Thought and its Seventeenth-Century Heirs: John of Paris and John Locke", in *Political Studies*, vol. XXXIII, n.º 1, Março de 1985, pp. 73-100.

COLEMAN, Janet – "Property and Poverty", in J. H. Burns, *The Cambridge History of Medieval Political Thought: c. 350-c. 1450*, Cambridge University Press, Cambridge, 1988, pp. 607-648.

COLEMAN, Janet – "The Relation Between Ockham's Intuitive Cognition and His Political Science", in AA. VV., *Théologie et Droit dans la Science Politique de l'État Moderne, Actes de la Table Ronde Organisée par l'École Française de Rome avec le Concours du CNRS, Rome, 12-14 novembre 1987*, École Française de Rome, Palais Farnèse, 1991, pp. 71-88.

COLEMAN, Janet – "Ockham's Right Reason and the Genesis of the Political as 'Absolutist'", in *History of Political Thought*, vol. XX, n.º 1, Primavera de 1999, pp. 34-64.

COLEMAN, Janet – *A History of Political Thought, From the Middle Ages to the Renaissance*, Blackwell, Oxford, 2000.

COLOGNESI, Luigi Capogrossi – *La Struttura della Proprietà e la Formazione dei «Iura Praediorum» nell'Età Repubblicana*, I, Giuffrè, Milão, 1969.

COLOGNESI, Luigi Capogrossi – "«Dominium» e «Possessio» nell'Italia Romana", in Ennio Cortese (ed.), *La Proprietà e le Proprietà – Pontignano, 30 settembre - 3 ottobre 1985*, Giuffrè, Milão 1988, pp. 141-182.

COLOGNESI, Luigi Capogrossi – "Proprietà (Diritto Romano)", in *Enciclopedia del Diritto*, vol. XXXVII, Giuffrè Editore, s. l., 1988, pp. 160-225.

COLOGNESI, Luigi Capogrossi – *Proprietà e Signoria in Roma Antica*, I, 2ª ed., La Sapienza Editrice, Roma, 1994.

COLOGNESI, Luigi Capogrossi – *Proprietà e Diritti Reali. Usi e Tutela della Proprietà Fondiaria nel Diritto Romano*, Il Cigno Galileo Galilei, Roma, 1999.

COLOGNESI, Luigi Capogrossi – *Max Weber e le Economie del Mondo Antico*, Editori Laterza, Roma-Bari, 1999.

CONSTANT, Benjamin – *A Liberdade dos Antigos Comparada à Liberdade dos Modernos*, introdução, tradução e notas de António de Araújo, Tenacitas, Coimbra, 2001.

COOPER, John M. – "Political Animals and Civic Friendship, in Günther Patzig (ed.), *Aristoteles' 'Politik', Akten des XI. Symposium Aristotelicum Friedrichshafen / Bodensee 25.8-3.9.87*, Vandenhoeck & Ruprecht, Göttingen, 1990, pp. 220-241.

COOPER, Laurence D. – *Rousseau, Nature, and the Problem of the Good Life*, The Pennsylvania State University Press, University Park, Pennsylvania, 1999.

COPLESTON, Frederick – *A History of Philosophy, Vol. III: Ockham to Suárez*, 6ª impressão, Search Press Limited, Inglaterra, e Paulist Press, Nova Iorque, 1983 (1953).

CORDEIRO, António Menezes – "A Constituição Patrimonial Privada", in Jorge Miranda (coord.), *Estudos sobre a Constituição*, vol. 3, Livraria Petrony, Lisboa, 1979, pp. 365-437.

CORDEIRO, António Menezes – *Direitos Reais*, reimpressão da edição de 1979, Lex – Edições Jurídicas, Lisboa, 1993.

CORDEIRO, António Menezes – *Tratado de Direito Civil Português, I – Parte Geral*, tomo I, Livraria Almedina, Coimbra, 1999.

CORDEIRO, António Menezes – *A Posse: Perspectivas Dogmáticas Actuais*, 3ª ed. actualizada, Almedina, Coimbra, 2000.

CORREIA, Fernando Alves – *As Garantias do Particular na Expropriação por Utilidade Pública*, Separata do volume XXIII do *Suplemento ao Boletim da Faculdade de Direito da Universidade de Coimbra*, Coimbra, 1982.

CORREIA, Fernando Alves – *O Plano Urbanístico e o Princípio da Igualdade*, Almedina, Coimbra, 1989.

CORREIA, Fernando Alves – "Regime Urbanístico da Propriedade do Solo", in AA. VV., *Estudos em Homenagem ao Conselheiro José Cardoso da Costa*, Vol. I, Coimbra Editora, Coimbra, 2003, pp. 499-544.

COSTA, Mário Júlio de Almeida – *Temas de História do Direito*, Separata do vol. XLIV (1968) do Boletim da Faculdade de Direito da Universidade de Coimbra, Coimbra, 1970.

COSTA, Pietro – *Iurisdictio. Semantica del Potere Politico nella Pubblicistica Medievale (1100-1433)*, Giuffrè, Milão, 1969.

COURTENAY, William J. – "Nominalism and Late Medieval Thought: A Bibliographical Essay", in Theological Studies, 33, 1972, pp. 716-734 (também publicado em *Covenant and Causality in Medieval Thought, Studies in Philosophy, Theology and Economic Practice*, Variorum Reprints, Londres, 1984).

COURTENAY, William J. – "Nominalism and Late Medieval Religion", in Cjharles Trinkaus e Heiko A. Oberman (eds.), *The Pursuit of Holiness in Late Medieval Religion. Papers from the University of Michigan Conference*, Brill, Leiden, 1974, pp. 26-59 (também publicado em *Covenant and Causality in Medieval Thought, Studies in Philosophy, Theology and Economic Practice*, Variorum Reprints, Londres, 1984).

COURTENAY, William J. – "Late Medieval Nominalism Revisited: 1972-1982", in *Journal of the History of Ideas*, vol. 44, n.º 1, Janeiro-Março de 1983, pp. 159-164.

COURTENAY, William J. – "The Dialetic of Divine Omnipotence", in *Covenant and Causality in Medieval Thought, Studies in Philosophy, Theology and Economic Practice*, Variorum Reprints, Londres, 1984.

COURTENAY, William J. – *Capacity and Volition, A History of the Distinction of Absolute and Ordained Power*, Pierluigi Lubrina Editore, Bergamo, 1990.

COURTINE, Jean-François – *Nature et Empire de la Loi. Études Suaréziennes*, Librairie Philosophique J. Vrin, 1999.

COUVREUR, Gilles – *Les Pauvres Ont-Ils des Droits? Recherches sur le Vol en Cas d'Extrême Necessité depuis la Concordia de gratien (1140) jusqu'à Guillaume d'Auxerre*, Editrice Università Gregoriana, Roma, 1961.

CROPSEY, Joseph – *Polity and Economy, With further Thoughts on the Principles of Adam Smith*, St. Augustine's Press, South Bend, Indiana, 2001.

CURA, António A. Vieira – "*Fiducia cum Creditore* (Aspectos Gerais)", in *Boletim da Faculdade de Direito da Universidade de Coimbra*, suplemento ao vol. XXXIV, Coimbra, 1991, pp. 1-285.

CURA, António A. Vieira – "O Fundamento Romanístico da Eficácia Obrigacional e da Eficácia Real da Compra e Venda nos Códigos Civis Espanhol e Português", in AA. VV., *Jornadas Romanísticas*, Coimbra Editora, Coimbra, 2003, pp. 33-108.

Cura, António A. Vieira – "Transmissão da Propriedade e Aquisição de Outros Direitos Reais (Algumas Considerações sobre a História do «Sistema do Título e do Modo»)", in AA. VV., *Estudos em Homenagem ao Prof. Doutor Raúl Ventura*, Volume I – Direito Romano, História do Direito, Faculdade de Direito da Universidade de Lisboa, 2003, pp. 373-400.

Damiata, Marino – *Guglielmo d'Ockham: Povertà e Potere*, vols. I e II, Edizioni «Studi Francescani», Florença, 1978 e 1979.

Daube, David – "Fashions and Idiosyncracies in the Exposition of the Roman Law of Property", in Anthony Parel e Thomas Flanagan (eds.), *Theories of Property: Aristotle to the Present*, Wilfrid Laurier University Press, Waterloo, Ontario, 1979, pp. 35-50.

Deggau, Hans-Georg – *Die Aporien der Rechtslehre Kants*, Frommann-Holzboog, Stutgart – Bad Cannstatt, 1983.

Dempf, Alois – *Sacrum Imperium. Geschichts- und Staatsphilosophie des Mittelalters und der politischen Renaissance*, Zweite unveränderte Auflage, Wissenschaftliche Buchgesellschaft, Dramstadt, 1954 (1929).

Demsetz, Harold – "Towards a Theory of Property Rights", in *The American Economic Review*, Volume 57, Issue 2, May, 1967, pp. 347-359.

Demsetz, Harold – "Professor Michelman's Unnecessary and Futile Search for the Philosophers Touchstone", in J. Roland Pennock e John W. Chapman (eds.), *Ethics, Economics, and the Law*, NOMOS XXIV, New York University Press, Nova Iorque, 1982, pp. 41-47 [também publicado em Elizabeth Mensch e Alan Freeman (eds.), *Property Law*, vol. I, Dartmouth, Aldershot, 1992, pp. 465-471].

Demsetz, Harold – "Property Rights", in Peter Newman (ed.), *The New Palgrave Dictionary of Economics and the Law*, vol. I, Macmillan, Londres, 1998, pp. 144-155.

Demsetz, Harold – "Ownership and the Externality Problem", in Terry L. Anderson e Fred S. McChesney (eds.), *Property Rights: Cooperation, Conflict, and Law*, Princeton University Press, Princeton e Oxford, 2003, pp. 282-300.

Depenheuer, Otto – "Zwischen Verfassung und Gesetz. Die rechtsstaatliche Struktur der grundgesetzlichen Eigentumsgarantie", in Josef Isensee e Helmut Lecheler (eds.), *Freiheit und Eigentum, Festschrift für Walter Leisner zum 70. Geburtstag*, Duncker & Humblot, Berlim, 1999, pp. 277-300.

Depenheuer, Otto – "Kommentierung zu Artikel 14", in v. Mangoldt / Klein / Starck (eds.), *Das Bonner Grundgesetz, Band 1 – Präambel / Art. 1-19*, 4ª edição, Verlag Franz Vahlen, München, 1999, pp. 1629-1862.

Depenheuer, Otto – "Entwicklungslinien des verfassungsrechtlichen Eigentumsschutzes in Deutschland 1949-2001", in Thomas von Danwitz, Otto Depenheuer e Cristoph Engel, *Bericht zur Lage des Eigentums*, Springer Verlag, Berlin / Heidelberg, 2002, pp. 111-213.

Derathé, Robert – *Jean-Jacques Rousseau et la Science Politique de son Temps*, 2ª ed. actualizada, Vrin, Paris, 1992.

Dickey, Laurence – *Hegel : Religion, Economics, and the Politics of Spirit, 1770-1807*, Cambridge University Press, Cambridge, 1987.

Dietze, Gottfried – *Magna Carta and Property*, The University Press of Virginia, Charlottesville, 1965.

Dooley, Peter C. – "The Labour Theory of Value: Economics or Ethics?", Discussion Paper 2002-2, September 2002, ISSN O831-439X, Department of Economics, University of Saskatchewan, disponível em http://www.compilerpress.atfreeweb.com.

DOSTOIÉVSKI, Fiódor – *Cadernos da Casa Morta*, tradução do russo de Nina Guerra e Filipe Guerra, Editorial Presença, Lisboa, 2003.
DREIER, Ralf – "Eigentum in rechtsphilosophischer Sicht", in *Archiv für Rechts- und Sozialphilosophie*, vol. LXXIII/2, 1987, pp. 159-178.
DRURY, S. B. – "Locke and Nozick on Property", in Richard Ashcraft (ed.), *John Locke: Critical Assessments*, vol. III, Routledge, Londres e Nova Iorque, 1991, pp. 495-510.
DUCHROW, Ulrich e HINKELAMMERT, Franz J. – *Property for People, Not for Profit: Alternatives do the Global Tyranny of Capital* (tradução do original alemão), ZED Books, Londres e Nova Iorque, 2004.
DUMONT, Louis – *Homo Aequalis, I – Genèse et Épanouissement de l'Idéologie Économique*, Édtions Gallimard, 1985.
DUMONT, Louis – *Ensaios sobre o Individualismo, Uma Perspectiva Antropológica sobre a Ideologia Moderna* (tradução do original francês), Publicações Dom Quixote, Lisboa, 1992.
DUNN, John – "From Applied Theology to Social Analysis: The Break Between John Locke and the Scottish Enlightenment", in Istvan Hont e Michael Ignatieff (eds.), *Wealth and Virtue, The Shaping of Political Economy in the Scottish Enlightenment*, Cambridge University Press, Cambridge, 1985, pp.119-135.
DUNN, John – "Justice and the Interpretation of Locke's Political Theory", in Richard Ashcraft (ed.), *John Locke: Critical Assessments*, vol. III, Routledge, Londres e Nova Iorque, 1991, pp. 43-63.
DUNN, John – *La Pensée Politique de John Locke. Une Présentation Historique de la Thése Exposée dans les «Deux Traités du Gouvernement»* (tradução do original intitulado *The Political Thought of John Locke: An Historical Account of the Argument of the «Two Treatises of Government»*, de 1969), Presses Universitaires de France, Paris, 1991.
DUNN, John – "What is Living and What is Dead in the Political theory of John Locke?", in *Interpreting Political Responsibility: Essays 1981-1989*, Princeton University Press, Princeton, New Jersey, 1990, pp. 9-25.
DUNN, John – *Political Obligation in its Historical Context, Essays in Political Theory*, Cambridge University Press, Cambridge, 2002 (1980).
DÜRIG, Günter – "Das Eigentum als Menschenrecht", in *Zeitschrift für die gesamt Staatswissenschaft*, 109, 1953, pp. 326-350.
DÜRIG, Günter – "Der Staat und die Vermögenswerten öffentlich-rechtlichen Berechtigungen seiner Bürger (Subjektive öffentliche Rechte als Eigentum im Sinne des Art. 14 GG)", in Theodor Maunz, Hans Nawiasky e Johannes Heckel (eds.), *Staat und Bürger. Festschrift für Willibalt Apelt zum 80. Geburtstag*, C. H. Beck'sche Verlagsbuchhandlung, Munique e Berli, 1958, pp. 13-56.
DWORKIN, Ronald – *Taking Rights Seriously*, Duckworth, Londres, 1978.
DWORKIN, Ronald – *Law's Empire*, The Belknap Press of Havard University Press, Cambridge, Massachusetts, 1986.
DWORKIN, Ronald – *Sovereign Virtue: The Theory and Practice of Equality*, Harvard University Press, Cambridge, Mass., 2000.
DWORKIN, Ronald – *Is Democracy Possible Here? Principles for a New Political Debate*, Princeton University Press, Princeton e Oxford, 2006.
DYCK, Andrew R. – *A Commentary on Cicero,* De Officiis, The University of Michigan Press, Ann Arbor, 1996.

EBBINGHAUS, Julius – "Kant und das 20. Jahrhundert", in *Gesammelte Aufsätze, Vorträge und Rede*, Georg Olms Verlagsbuchhandlung, Hildesheim, 1968, pp. 97-119.
EBBINGHAUS, Julius – "Das Kantische System der Rechte des Menschen und Bürgers in seiner geschichtlichen und aktuellen Bedeutung", in *Gesammelte Aufsätze, Vorträge und Rede*, Georg Olms Verlagsbuchhandlung, Hildesheim, 1968, pp. 161-193.
EBBINGHAUS, Julius – "Die Idee des Rechts", in *Gesammelte Aufsätze, Vorträge und Rede*, Georg Olms Verlagsbuchhandlung, Hildesheim, 1968, pp. 274-331.
ECKL, Andreas – "Der Begriff des «Eigentums» in der Rechtsphilosophie Hegels", in Andreas Eckl e Bernd Ludwig (eds.), *Was ist Eigentum? Philosophische Positionem von Platon bis Habermas*, Verlag C.H. Beck, Munique, 2005, pp. 161-175.
EICHLER, Hermann – *Die Rechtsidee des Eigentums. Eine rechtsdogmatische und rechtspolitische Betrachtung*, Duncker & Humblot, Berlim, 1994.
ELLIS, Elisabeth – *Kant's Politics: Provisional Theory for an Uncertain World*, Yale University Press, New Haven e Londres, 2005.
ELSHTAIN, Jean Bethke – *Public Man, Private Woman: Women in Social and Political Thought*, 2ª ed., Princeton University Press, Princeton, New Jersey, 1993.
ELY, Jr., James W. – "The Enigmatic Place of Property Rights in Modern Constitutional Thought", in David J. Bodenhamer e James W. Ely, Jr (eds.), *The Bill of rights in Modern America: After 200 Years*, Indiana University ress, Bloomington e Indianapolis, 1993, pp. 87-100.
ELY, Jr., James W. – *The Guardian of Every Other Right: A Constitutional History of Property Rights*, 2ª edição, Oxford University Press, Nova Iorque, 1998.
ENGELS, Friedrich – *A Origem da Família, da Propriedade Privada e do Estado*, tradução de João Pedro Gomes, 2ª ed., Editorial «Avante!» - Edições Progresso, Lisboa-Moscovo, 2002.
D'ENTRÈVES, Alexander Passerin – *Natural Law: An Introduction to Legal Philosophy*, Transaction Publishers, New Brunswick, 1994 (1951).
EPSTEIN, Richard A. – *Takings: Private Property and the Power of Eminent Domain*, Harvard University Press, Cambridge, Mass., e Londres, 1985.
EPSTEIN, Richard A. – "Takings: Of Maginot Lines and Constitutional Compromises", in Ellen Frankel Paul e Howard Dickman (eds.), *Liberty, Property, and the Future of Constitutional Development*, State University of New York Press, Albany, 1990, pp. 173-198.
ERBGUTH, Wilfried – "Primär- und Sekundärrechtsschutz im Öffentlichen Recht", in *Veröffentlichungen der Vereinigung der Deutschen Staatsrechtlehrer*, Band 61, 2002, pp. 221-259.
ERLER, Edward J. – "The Great Fence to Liberty: The Right to Property in the American Founding", in Ellen Frankel Paul e Howard Dickman (eds.), *Liberty, Property, and the Foundations of the American Constitution*, State University of New York Press, Albany, 1989, pp. 43-63.
ESCHENBACH, Jürgen – *Der verfassungsrechtliche Schutz des Eigentums*, Duncker & Humblot, Berlim, 1996.
ESPINOSA, Bento – *Tratado Político (Tractatus Politicus)*, 2ª ed., tradução de Manuel de Castro, Editorial Estampa, Lisboa, s. d. (1977).

Esser, Andrea – "Faire Verteilung oder absoluter Schutz des Eigentums? Eine klassische Alternative in der neueren Diskussion: John Rawls und Robert Nozick", in Andreas Eckl e Bernd Ludwig (eds.), *Was ist Eigentum? Philosophische Positionem von Platon bis Habermas*, Verlag C.H. Beck, Munique, 2005, pp. 217-231.

Fantin-Desodoards, Antoine – *Histoire Philosophique de la Révolution en France, Depuis la Première Assemblée Nationale jusqu'a la Paix de Presbourg*, tome second, cinquième édition, revue et corrigèe par l'auteur, De l'Imprimerie des FF. Mame, Paris, 1807.

Feenstra, Robert – "Les Origines du *dominium utile* chez les Glossateurs (Avec un Appendice concernant l'Opinion des Ultramontani)", in *Fata Iuris Romani, Études d'Histoire du Droit*, Presse Universitaire de Leyde, Leyde, 1974, pp. 215-259.

Feenstra, Robert – "Der Eigentumsbegriff beu Hugo Grotius im Licht einiger mittelalterlicher und spätscholastischer Quellen", in Okko Behrends, Malte Diesselhorst, Hermann Lange, Detlef Liebs, Joseph Georg Wolfe Christian Wollschläger (eds.), *Festschrift für Franz Wieacker zum 70. Geburtstag*, Vandenhoeck e Ruprecht, Göttingen, 1978, pp. 209-234.

Feenstra, Robert – "*Dominium* and *ius in re aliena*: The Origins of a Civil Law Distinction", in Peter Birks (ed.), *New Perspectives in the Roman Law of Property. Essays for Barry Nicholas*, Clarendon Press, Oxford, 1989, pp. 111-122.

Feenstra, Robert – "*Dominium utile est chimaera*: Nouvelles Réflexions sur le Concept de Propriété dnas le Droit Savant (à Propos d'un Ouvrage Récent)", in *Tijdschrift voor Rechtsgeschiedenis*, vol. LXVI, 1998, n.ºs 3-4, pp. 381-397.

Ferreiro, Antonio – "La Naturaleza de la Propiedad Privada en las Doctrinas de Suárez", in *Pensamiento*, vol. 4, 1948, pp. 449-492.

Ferry, Luc e Renaut, Alain – *Philosophie Politique, 3 – Des Droits de l'Homme à l'Idée Républicaine*, 3ª ed., Presses Universitaires de France, Paris, 1992.

Fichte, J. G. – *Grundlage des Naturrechts nach Prinzipien der Wissenschaftslehre*, in *Gesamtausgabe der Bayerischen Akademie der Wissenschaften*, vol. I, tomos 3 e 4, edição de Reinhard Lauth e Hans Gliwitzky, Frommann-Holzboog, Stuttgart / Bad Cannstatt, 1966 e 1970.

Filmer, Sir Robert – *Patriarcha and Other Writings*, editado por Johann P. Sommerville, Cambridge University Press, Cambridge, 1991.

Finer, S. E. – *The History of Government From the Earliest Times, Volume II – The Intermediate Ages*, Oxford University Press, Oxford, 1999.

Finley, M. I. – *A Economia Antiga* (tradução do original *Ancient Economy*, de 1973), Afrontamento, Porto, 1980.

Finnis, John – *Aquinas: Moral, Political and Legal Theory*, Oxford University Press, Oxford, 1998.

Foisneau, Luc – *Hobbes et la Toute-Puissance de Dieu*, Presses Universitaires de France, Paris, 2000.

Folgado, Avelino – "La Controversia Sobre la Pobreza Franciscana bajo el Pontificado de Juan XXII y el Concepto de Derecho Subjetivo", in *Pax Iuris, Escurialensium Utriusque Studiorum Excerpta*, I, Universidad «María Cristina», Real Monasterio de El Escorial, 1959, pp. 73-133.

FORTIN, Ernest L. – "Natural Law and Social Justice", in *Collected Essays, Volume 2: Classical Christianity and the Political Order, Reflections on the Theological-Political Problem*, edição de J. Brian Benestad, Rowman and Littlefield, Lanham, Maryland, e Londres, 1996, pp. .

FORTIN, Ernest L. – "On the Presumed Medieval Origin of Individual Rights", in *Collected Essays, Volume 2 – Classical Christianity and the Political Order: Reflections on the Theological-Political Problem*, editado por J. Brian Benestad, Rowman and Littlefield, Lanham, Maryland, e Londres, 1996, pp. .

FORTIN, Ernest L. – "Sacred and Inviolable: *Rerum Novarum* and Natural Rights", in *Collected Essays, Volume 3 – Human Rights, Virtue, and the Common Good: Untimely Meditations on religion and Politics*, editado por J. Brian Benestad, Rowman and Littlefield, Lanham, Maryland, e Londres, 1996, pp. 191-222.

FORTIN, Ernest L. – "From *Rerum Novarum* to *Centesimus Annus*: Continuity or Discontinuity?", in *Collected Essays, Volume 3 – Human Rights, Virtue, and the Common Good: Untimely Meditations on religion and Politics*, editado por J. Brian Benestad, Rowman and Littlefield, Lanham, Maryland, e Londres, 1996, pp. 223-229.

FRANCO, Paul – *Hegel's Philosophy of Freedom*, Yale University Press, New Haven e Londres, 1999.

FRANCO, Luciano Sousa – *Noções de Direito da Economia*, vol. I, Edições AAFDL, Lisboa, 1982-1983.

FRANCO, Luciano Sousa e MARTINS, Guilherme d'Oliveira – *A Constituição Económica Portuguesa: Ensaio Interpretativo*, Almedina, Coimbra, 1993.

FRANK, Jill – "Integrating Public Good and Private Right: The Virtue of Property", in Aristide Tessitore (ed.), *Aristotle and Modern Politics: The Persistence of Political Philosophy*, University of Notre Dame Press, Notre Dame, Indiana, 2002, pp. 258-277.

FRIED, Barbara H. – "Left-Libertarianism: A Review Essay", in *Philosophy and Public Affairs*, 32, n.º 1, 2004, pp. 66-92.

FRIEDMAN, David – *The Machinery of Freedom: Guide to a Radical Capitalism*, 2ª edição, Open Court, Chicago, 1978.

FRIEDRICH, Rainer – *Eigentum und Staatsbegründung in Kants* Metaphysik der Sitten, Walter de Gruyter, Berlim e Nova Iorque, 2004.

FURET, François – "Noite de 4 de Agosto", in François Furet e Mona Ozouf (eds.), *Dicionário Crítico da Revolução Francesa* (tradução do original françês), Nova Fronteira, Rio de Janeiro, 1989, pp. 128-135.

GÄFGEN, Gérard – "Entwicklung und Stand der Theorie der Property Rights : Eine kritische Bestandaufnahme", in Manfred Neumann (ed.), *Ansprüche, Eigentums- und Verfügunsrechte: Arbeitstagung des Vereins für Socialpolitik, Gesellschaft für Wirtschafts- und Sozialwissenschaften in Basel vom 26.-28. September 1983*, Duncker & Humblot, Berlin, 1984, pp. 43-62.

GAGNÉR, Sten – "Vorbemerkungen zum Thema '*Dominium*' bei Ockham", in *Miscellanea Mediavalia, Veröffentlichungen des Thomas-Instituts der Univerität zu Koln*, Band 9 – Antiqui und Moderni: Traditionsbewusstsein und Fortschrittsbewusstsein im späten Mittelalter, Walter de Gruyter, Berlim – Nova Iorque, 1974, pp. 293-327.

GAIO – *The Institutes of Gaius*, tradução e introdução de W. M. Gordon and O. F. Robinson, com o texto latino fixado por Seckel and Kuebler, Duckworth, Londres, 1988.

GANNETT JR., Robert – *Tocqueville Unveiled: The Historian and His Sources for* The Old Regime and the Revolution, The University of Chicago Press, Chicago e Londres, 2003.

GANSHOF, F. L. – *Que é o Feudalismo?*, tradução do original em língua francesa por Jorge Borges de Macedo, Publicações Europa-América, Lisboa, 1959.

GARAUD, Marcel – *Histoire Générale du Droit Privé Français (de 1789 à 1804). La Révolution et la Propriété Foncière*, Recueil Sirey, Paris, 1958.

GARCÍA DE ENTERRÍA, Eduardo – *La Lengua de los Derechos: La Formación del Derecho Público Europeo tras la Revolución Francesa*, Alianza Editorial, Mardid, 1994.

GAUDEMET, Jean – "*Dominium-Imperium*. Les Deux Pouvoirs dans la Rome Ancienne", in *Droits, Revue Française de Théorie Juridique*, n.º 22, 1995.

GEHLEN, Arnold – "Soziologische Aspekte des Eigentumsproblems in der Industrie-Gesellschaft", in AA. VV., *Eigentum und Eigentümer in unserer Gesellschaftsordnung*, Veröffentlichungen der Walter-Raymond-Stiftung, Band 1, Westdeutscher Verlag, Köln und Oplanden, 1960, pp. 164-184.

GEORGIADES, Apostoulos – "Eigentumsbegriff und Eigentumsverhältnis", in Fritz Baur et al. (eds.), *Beiträge zur europäischen Rechtsgeschichte und zum geltenden Zivilrecht. Festgabe für Johannes Sontis*, Munique, 1977, pp. 149-166.

GEWIRTH, Alan – *Marsilius of Padua, Volume I: Marsilius of Padua and Medieval Political Philosophy*, Columbia University Press, Nova Iorque e Londres, 1951.

GHISALBERTI, Alessandro – "Omnipotenza Divina e Contingenza del Mondo in Guglielmo di Ockham", in AA. VV., *Sopra la Volta del Mondo, Omnipotenza e Potenza Absoluta di Dio tra Medioevo e Età Moderna*, Pierluigi Lubrina Editore, Bergamo, 1986, pp. 33-55.

GIERKE, Otto – *Natural Law and the Theory of Society, 1500 to 1800*, tradução e introdução de Ernest Barker, vols. I e II, Cambridge, at the University Press, 1934.

GIERKE, Otto – *Political Theories of the Middle Age* (trad. do original *Die publicistischen Lehren des Mittelalters*), tradução e introdução de Frederic William Maitland, Cambridge University Press, Cambridge, 1987 (1900).

GILBY, Thomas – *Principality and Polity: Aquinas and the Raise of State Theory in the West*, Longmans, Green and Co., Londres, 1958.

GIOFFREDI, Carlo – "Osservazioni sul Problema del Diritto Soggettivo nel Diritto Romano", in *Bullettino dell'Istituto di Diritto Romano*, 3ª Série, vol. IX, 1967, pp. 227-238.

GLOS, Gabriel – *Der Schutz obligatorischer Rechte durch die Eigentumsgarantie – Ein Beitrag zur Geschichte und dogmatischen Struktur des Eigentumsgrundrechts*, Berlin Verlag, Berlim, 1998.

GNUSE, Robert – *You Shall Not Steal: Community and Property in the Biblical Tradition*, Orbis Books, Nova Iorque, 1985.

GOBETTI, Daniela – *Private and Public: Individuals, Households, and Body Politic in Locke and Hutcheson*, Routledge, Londres e Nova Iorque, 1992.

GOMES, Osvaldo – *Expropriações por Utilidade Pública*, Texto Editora, Lisboa, 1997.

GONÇALVES, Luiz da Cunha – *Tratado de Direito Civil em Comentário ao Código Civil Português*, Volume XI, Coimbra Editora, Coimbra, 1936.

GOODIN, Robert E. – "Towards a Minimally Presumptuous Social Welfare Policy", in Philippe Van Parijs (ed.), *Arguing for Basic Income: Ethical Foundations for a Radical Reform*, Verso, Londres e Nova Iorque, 1992, pp. 195-214.

GORZ, André – "On the Difference between Society and Community, and Why Basic Income Cannot by Itself Confer Full Membership of Either", in Philippe Van Parijs (ed.), *Arguing for Basic Income: Ethical Foundations for a Radical Reform*, Verso, Londres e Nova Iorque, 1992, pp. 178-184.

GOULDNER, Alvin W. – *The Two Marxisms: Contradictions and Anomalies in the Development of Theory*, Oxford University Press, Nova Iorque, 1980.

GOYARD-FABRE, Simone – *La Philosophie du Droit de Kant*, Vrin, Paris, 1996.

GOYARD-FABRE, Simone – *Les Principes Philosophiques du Droit Politique Moderne*, Presses Universitaires de France, Paris, 1997.

GREGOR, Mary – "Kant's Theory of Property", *The Review of Metaphysics*, Junho de 1988, vol. XLI, n.º 4, issue n.º 164, pp. 757-787.

GREY, Thomas C. – "The Disintegration of Property", in J. Roland Pennock e John W. Chapman (eds.), *Property*, NOMOS XXII, New York University Press, Nova Iorque, 1980, pp. 69-85.

GRISEZ, Germain – *The Way of the Lord Jesus, vol. 2 – Living a Christian Life*, Franciscan Press, Quincy (Ill.), 1993.

GROCHTMANN, Ansgar – *Art. 14 GG – Rechtsfragen der Eigentumsdogmatik*, Waxmann Verlag, Münster / New York / München / Berlin, 2000.

GRÓCIO, Hugo – *The Freedom of the Seas or the Right Which Belongs to the Dutch to Take Part in the East Indian Trade* (*Mare Liberum*), tradução com uma revisão do texto latino de 1633 por Ralph van Deman Magoffin, edição e nota introdutória de James Brown Scott, Oxford University Press, Nova Iorque, 1916.

GRÓCIO, Hugo – *The Jurisprudence of Holland* (tradução do original *Inleiding tot de Hollandsche Rechts-geleertheyd*), tradução, notas e comentário de Robert Warden Lee, vols. I (reimpressão da 2ª ed. de Oxford, 1953) e II (reimpressão da edição de Oxford, 1936), Scientia Verlag, Aalen, 1977.

GRÓCIO, Hugo – *Le Droit de la Guerre et de la Paix* [tradução do original *De jure belli ac pacis* (1625)], tradução de P. Pradier-Fodéré, edição de D. Alland e S. Goyard-Fabre, Presses Universitaires de France, Paris, 1999.

GROSSI, Paolo – *Le Situazione Reali nell'Esperienza Giuridica Medievale, Corso di Storia del Diritto*, CEDAM, Pádua, 1968.

GROSSI, Paolo (ed.) – *La Seconda Scolastica nella Formazione del Diritto Privato Moderno, Incontro di Studio – Firenze, 16-19 ottobre 1972*, Giuffrè, Milão, 1973.

GROSSI, Paolo – *An Alternative to Private Property: Collective Property in the Juridical Cousciouness of the Nineteenth Century*, The University of Chicago Press, Chicago e Londres, 1981.

GROSSI, Paolo – "La Proprietà e le Proprietà nell'Oficina dello Storico", in Ennio Cortese (ed.), *La Proprietà e le Proprietà – Pontignano, 30 settembre - 3 ottobre 1985*, Giuffrè, Milão, 1988, pp. 205-272.

GROSSI, Paolo – *Il Dominio e le Cose, Percezione Medievale e Moderne dei Diritti Reale*, Giuffrè, Milão, 1992.

GROSSI, Paolo – *L'Ordine Giuridico Medievale*, Editori Laterza, Roma-Bari, 1996.

GRUBER, Malte-Christian – *Rechtsschutz für nichtmenschliches Leben. Der moralische Status des Lebendigen und seine Implementierung in Tierschutz-, Naturschutz- und Umweltrecht*, Nomos, Baden-Baden, 2006.

GRUNEBAUM, James O. – *Private Ownership*, Routledge & Kegan Paul, Londres e Nova Iorque, 1987.
GUYER, Paul – *Kant on Freedom, Law, and Happiness*, Cambridge University Press, Cambridge, 2000.
HAAKONSSEN, Knud – *Natural Law and Moral Philosophy: From Grotius to the Scottish Enlightenment*, Cambridge University Press, Cambridge, 1996.
HÄBERLE, Peter – *Die Wesensgehaltegarantie des Art. 19 Abs. 2 Grundgesetz: Zugleich ein Beitrag zum institutionellen Verständnis der Grunderechte und zur Lehre vom Gesetzvorbehalt*, 3ª edição aumentada, C. F. Müller Juristicher Verlag, Heidelberga, 1983.
HÄBERLE, Peter – "Vielfalt der *Property Rights* und der verfassungsrechtliche Eigentumsbegriff", in Manfred Neumann (ed.), *Ansprüche, Eigentums- und Verfügunsrechte: Arbeitstagung des Vereins für Socialpolitik, Gesellschaft für Wirtschafts- und Sozialwissenschaften in Basel vom 26.-28. September 1983*, Duncker & Humblot, Berlin, 1984, pp. 63-104.
HABERMAS, Jürgen – "Publizität als Prinzip der Vermittlung von Politik und Moral (Kant)", in Zwi Batscha (ed.), *Materialien zu Kants Rechtsphilosophie*, Suhrkamp, Frankfurt am Main, 1976, pp. 175-190.
HABERMAS, Jürgen – *Theorie und Praxis. Sozialphilosophische Studien*, Suhrkamp, Frankfurt am Main, 1978.
HABERMAS, Jürgen – *The Theory of Communicative Action, Volume 1 – Reason and the Rationalization of Society* (tradução do original *Theorie des Kommunikativen Handelns, Band I: Handlungsrationalitat und gesellschaftliche Rationalisierung*, 1981), Beacon Press, Boston, 1984.
HABERMAS, Jürgen – *The Theory of Communicative Action, Volume 2 – The Critique of Functionalist Reason* (tradução do original *Theorie des Kommunikativen Handelns, Band 2: Zur Kritik der funktionalistischen Vernunft*, 1981), Polity Press, Cambridge, 1987.
HABERMAS, Jürgen – *Der philosophische Diskurs der Moderne. Zwölf Vorlesungen*, Suhrkamp Verlag, Frankfurt am Main, 1983.
HABERMAS, Jürgen – "Trabalho e Interacção. Notas sobre a Filosofia do Espírito de Hegel em Iena", in *Técnica e Ciência como «Ideologia»* (tradução do original alemão *Technik und Wissenschaft als «Ideologie»*), Edições 70, Lisboa, 2001, pp. 11-43.
HABERMAS, Jürgen – *The Structural Transformation of the Public Sphere: An Enquiry into a Category of Bourgeois Society* (tradução do original *Strukturwandel der Öffentlichkeit*, 1962), The MIT Press, Cambridge, Mass., e Londres, 1989.
HABERMAS, Jürgen – "Further Reflections on the Public Sphere", in Craig Calhoun (ed.), *Habermas and the Public Sphere*, The MIT Press, Cambridge, Mass., e Londres, 1992, pp. 421-461.
HABERMAS, Jürgen – *Between Facts and Norms: Contributions to a Discourse Theory of Law and Democracy* (tradução do original *Faktizität und Geltung. Beiträge zur Diskurstheorie des Rechts und des demokratischen Rechtsstaats*), The MIT Press, Cambridge, Mass., 1996.
HABERMAS, Jürgen – *Droit et Moral, Tanner Lectures (1986)* [tradução do original *Recht und Moral (Tanner Lectures, 1986)*], Éditions du Seuil, Paris, 1997.

HABERMAS, Jürgen – *Zwischen Naturalismus und Religion. Philosophische Aufsätze*, Suhrkamp, Frankfurt am Main, 2005.
HABIGER, Matthew – *Papal Teaching on Private Property: 1891 – 1981*, University Press of America, Lanham / Nova Iorque / Londres, 1990.
HAGGENMACHER, Peter – "Droist Subjectifs et Système Juridique chez Grotius", in Luc Foisneau (ed.), *Politique, Droit et Théologie chez Bodin, Grotius et Hobbes*, Éditions Kimé, Paris, 1997, pp. 73-130.
HAMPSHER-MONK, Iain – "From Virtue to Politeness", in Martin van Gelderen e Quentin Skinner (eds.) – *Republicanism: A Shared European Heritage, Volume II – The Values of Republicanism in Early Modern Europe*, Cambridge University Press, Cambridge, 2002, pp. 85-105.
HANSEN, Mogens Herman – *The Athenian Democracy in the Age of Demosthenes: Structure, Principles and Ideology*, Blackwell, Oxford, 1991.
HARRIS, J. W. – *Property and Justice*, Oxford University Press, Oxford, 1996
HARRIS, J. W. – "Is Property a Human Right?", in Jant McLean (ed.), *Property and the Constitution*, Hart Publishing, Oxford e Portland, Oregon, 1999, pp. 64-87.
HARRISON, A. R. W. – *The Law of Athens*, Vol. I – The Family and Property, 2.ª edição, prefácio e bibliografia por D. M. MacDowell, Duckworth, Londres, 1998.
HART, H. L. A. – *Essays on Bentham: Studies in Jurisprudence and Political Theory*, Clarendon Press, Oxford, 1982.
HART, H. L. A. – "Are There Any Natural Rights?", in Jeremy Waldron (ed.), *Theories of Rights*, Oxford University Press, Oxford, 1984, pp. 77-90.
HARTMANN, Klaus – "Towards a New Systematic Reading of Hegel's Philosophy of Right", in Z. A. Pelczynski (ed.), *The State and Civil Society: Studies in Hegel's Political Philosophy*, Cambridge University Press, Cambridge, 1984, pp. 114-136.
HARTMANN, Nicolai – *Das Problem das geistigen Seins. Untersuchungen zur Grundlegung der Geschichtsphilosophie und der Geisteswissenschaften*, Walter de Gruyter, Berlim e Leipzig, 1933.
HECKER, Damian – *Eigentum als Sachherrschaft: Zur Genese und Kritik eines besonderen Herrschaftsanspruchs*, Ferdinand Schöningh, Paderborn – München – Wien – Zürich, 1990.
HEGEL, Georg Wilhelm Friedrich – *Über die wissenschaftlichen Behandlungsarten des Naturrechts, seine Stelle in der praktischen Philosophie, und sein Verhältnis zu den positiven Rechtswissenschaften* (1802-1803), in *Frühe politische Systeme*, editado e comentado por Gerhard Göhler, Ullstein, Frankfurt/M- Berlin-Wien, 1974, pp. 105-199.
HEGEL, Georg Wilhelm Friedrich – *System der Sittlichkeit* (1802), in *Frühe politische Systeme*, editado e comentado por Gerhard Göhler, Ullstein, Frankfurt/M- Berlin-Wien, 1974, pp. 15-102.
HEGEL, Georg Wilhelm Friedrich – *Jenaer Realphilosophie. Die Vorlesungen von 1805/06. Philosophie des Geistes*, in *Frühe politische Systeme*, editado e comentado por Gerhard Göhler, Ullstein, Frankfurt/M- Berlin-Wien, 1974, pp. 201-289.
HEGEL, Georg Wilhelm Friedrich – *Anhang zur Jenaer Realphilosophie. Ausarbeitungen zur Geistesphilosophie von 1803/04*, in *Frühe politische Systeme*, editado e comentado por Gerhard Göhler, Ullstein, Frankfurt/M- Berlin-Wien, 1974, pp. 293-335.

HEGEL, *Georg Wilhelm Friedrich* – Verhandlung in der Versammlung der Landstände des Königreichs Württemberg im Jahre 1815 und 1816 *(1817)*, in Schriften zur Politik und Rechtsphilosophie, *editado por Georg Lasson, Verlag von Felix Meiner, Leipzig, 1913, pp. 157-281*.

HEGEL, Georg Wilhelm Friedrich – *Grunlinien der Philosophie des Rechts oder Naturrecht und Staatswissenschaft im Grundrisse, mit Hegels eigenhändingen Notizen und mündlichen Zusätzen* (1821), in *Werke in zwanzig Bänden*, Auf der Grundlage der Werke von 1832-1845 neu edierte Ausgabe von Eva Moldenhauer und Karl Markus Michel, Band 7, Frankfurt am Main, Suhrkamp Verlag, 1986 (1970).

HEGEL, Georg Wilhelm Friedrich – *Enzyklopädie der philosophischen Wissenschaften* (1830), I-III, in *Werke in zwanzig Bänden*, Auf der Grundlage der Werke von 1832-1845 neu edierte Ausgabe von Eva Moldenhauer und Karl Markus Michel, Bänder 8-10, Frankfurt am Main, Suhrkamp Verlag, 1986 (1970).

HEGEL, Georg Wilhelm Friedrich – *Enciclopédia das Ciências Filosóficas em Epítome*, vols. I-III, tradução do original alemão de Artur Morão, Edições 70, Lisboa, 1988-1992.

HELLER, Michael A. – "The Boundaries of Private Property", in *Yale Law Journal*, vol. 108, 1999, pp. 1163-1223.

HELLER, Michael A. – "The Dynamic Analytics of Property Law, in *Theorethical Inquiries in Law*, vol. 2, Janeiro de 2001, n.º 1, pp. 79-95.

HERCULANO, Alexandre – "Da Existência ou Não-Existência do Feudalismo nos Reinos de Leão, Castela e Portugal (1875-1877)", in *Opúsculos*, Vol. IV, edição crítica, organização, introdução e notas de Jorge Custódio e José Manuel Garcia, Editorial Presença, s. l., 1985.

HERDEGEN, Matthias – "Garantie von Eigentum und Erbrecht", in Peter Badura e Horst Dreier (eds.), *Festschrift 50 Jahre Bundesverfassungsgericht, Zweiter Band – Klärung und Fortbildung des Verfassungsrechts*, Mohr Siebeck, Tübingen, 2001, pp. 273-292.

HESPANHA, António Manuel – "O Jurista e o Legislador na Construção da Propriedade Burguesa Liberal em Portugal", in *Análise Social*, vol. XVI (61-62), 1980, 1º-2º, pp. 211-236.

HESPANHA, António Manuel – *Guiando a Mão Invisível: Direitos, Estado e Lei no Liberalismo Monárquico Português*, Almedian, Coimbra, 2004.

HESSE, Konrad – *Grundzüge des Verfassungsrechts der Bundesrepublik Deutschland*, 19., uberarbeitete Auflage, C. F. Müller Juristischer Verlag, Heidelberg, 1993.

HILL, Christopher – *Change and Continuity in Seventeenth-Century England*, Weidenfeld and Nicolson, Londres, 1974.

HINRICHS, Ernst – "Die Ablösung von Eigentumsrechten. Zur Diskussion über die *droits féodaux* in Frankreich am Ende des Ancien Régime und in der Revolution", in Rudolf Vierhaus (ed.), *Eigentum und Verfassung. Zur Eigentumsdikussion im ausgehenden 18. Jahrhundert*, Vandenhoeck & Ruprecht, Göttingen, 1972, pp. 112-178.

HIRSCHMAN, Albert O. – *The Passions and the Interests: Political Arguments for Capitalism before its Triumph*, edição do vigésimo aniversário com palavras prévias de Amartya Sen e novo prefácio do autor, Princeton University Press, Princeton, 1997.

HOBBES, Thomas – *Leviatã, ou Matéria, Forma e Poder de um Estado Eclesiástico e Civil*, tradução de João Paulo Monteiro e Maria Beatriz Nizza da Silva, prefácio e revisão geral de João Paulo Monteiro, Imprensa Nacional-Casa da Moeda, Lisboa, 1995.

HOBBES, Thomas – *Leviathan*, edição de Richard Tuck, Cambridge University Press, Cambridge, 1991.
HOBBES, Thomas – *On the Citizen* (tradução do original *Elementa Philosophica de Cive*, 1642/1647), edição e tradução de Richard Tuck e Michael Silverthorne, Cambridge University Press, Cambridge, 1998.
HÖFFE, Otfried – "Die Menschenrechte als Legitimation und kritischer Masstab der Demokratie", in Johannes Schwartländer (ed.), *Menschenrechte und Demokratie*, N. P. Engel Verlag, Kehl am Rein / Strassburg, 1981, pp. 241-274.
HÖFFE, Otfried – *Introduction à la Philosophie Pratique de Kant: La Morale, le Droit et la Religion* (tradução do original alemão), 2ª ed. aumentada, Vrin, Paris, 1993.
HÖFFE, Otfried – "Aristoteles' *Politik*: Vorgriff auf eine liberale Demokratie?", in idem (ed.), *Aristotles: Politik*, Akademie Verlag, Berlim, 2001, pp. 187-204.
HÖFFE, Otfried – *Aristotle* (tradução do original alemão, *Aristoteles*), State University of New York Press, Albany, 2003.
HÖFLING, Wolfram – "Primär- und Sekundärrechtsschutz im Öffentlichen Recht", in *Veröffentlichungen der Vereinigung der Deutschen Staatsrechtlehrer*, Band 61, 2002, pp. 260-299.
HOHFELD, Wesley Newcomb – *Fundamental Legal Conceptions as Applied in Judicial Reasoning*, editado por Walter Wheeler Cook, Greenwood Press, Westport, Connecticut, 1978 (1919).
HOLOPAINEN, Taina M. – *William Ockham's Theory of the Foundation of Ethics*, Publications of Luther-Agricola-Society, Helsinki, 1991.
HOLZHEY, Helmut – "Lockes Begründung des Privateigentums in der Arbeit", in idem e Georg Kohler (eds.), *Eigentum und seine Gründe. Ein philosophischer Beitrag aus Anlass der schweizerischen Verfassungsdiskussion* (Studia Philosophica Supplementum 12/1983), Verlag Paul Haupt, Berna e Estugarda, 1983, pp. 19-34.
HONNETH, Axel – *The Struggle for Recognition: The Moral Grammar of Social Conflicts* (tradução do original alemão com o título *Kampf um Anerkennung*), Polity Press, Cambridge, 1995.
HONNETH, Axel – *Leiden an Unbestimmtheit. Eine Reaktualisierung der Hegelschen Rechtsphilosophie*, Philipp Reclam jun., Stuttgart, 2001.
HONOHAN, Iseult – *Civic Republicanism*, Routledge, Londres e Nova Iorque, 2002.
HONORÉ, Tony – *Making Law Bind*, Clarendon Press, Oxford, 1987.
HONORÉ, Tony – *Ulpian: Pioneer of Human Rights*, Oxford University Press, Oxford, 2002.
HONORÉ, Tony – "Property and Onwership: Marginal Comments", in Timothy Endicott, Joshua Getzler e Edwin Peel (eds.), *Properties of Law: Essays in Honour of Jim Harris*, Oxford University Press, Oxofrd, 2006, pp. 129-137.
HONT, Istvan e IGNATIEFF, Michael – "Needs and Justice in the *Wealth of Nations*: An Introductory Essay" , in Istvan Hont e Michael Ignatieff (eds.), *Wealth and Virtue, The Shaping of Political Economy in the Scottish Enlightenment*, Cambridge University Press, Cambridge, 1985, pp. 1-44.
HONT, Istvan – "The Language of Sociability and Commerce: Samuel Pufendorf and the Theoretical Foundations of the 'Four Stages Theory'", in Anthony Pagden (ed.), *The Languages of Political Theory in Early Modern Europe*, Cambridge University Press, Cambridge, 1990.

HOPPE, Hans-Hermann – "Introduction", in Murray N. Rothbard, *The Ethics of Liberty*, introdução de Hans-Hermann Hope, New York University Press, Nova Iorque, 2002, pp. xi-xlvi.

HOPPE, Hans-Hermann – "The Ethics and Economics of Private Property", in Enrico Colombatto (ed.), *Companion to the Economics of Private Property*, Edward Elgar, Londres, 2004, pp. 1-15.

HORNE, Thomas A. – *Property Rights & Poverty: Political Argument in Britain, 1605-1834*, The University of North Carolina Press, Chapel Hill, 1990.

HORSTMANN, Rolf-Peter – "Über die Rolle der bürgerliche Gesellschaft in Hegels politischer Philosophie", in Manfred Riedel (ed.), *Materialien zu Hegels Rechtsphilosophie*, Band 2, Suhrkamp, Frankfurt am Main, 1975, pp. 276-311.

HORSTMANN, Rolf-Peter – "Hegels Theorie der bürgerlichen Gesellschaft (§§ 158-256)", in Ludwig Siep (ed.), *G. W. F. Hegel, Grundlinien der Philosophie des Rechts*, Akademie Verlag, Berlim, 1997, pp. 193-216.

HÖSCH, Ulrich – *Eigentum und Freiheit: ein Beitrag zur inhaltlichen Bestimmung der Gewährleistung des Eigentums durch Art. 14 Abs. 1 Satz 1 GG*, Tübingen, Mohr Siebeck, 2000.

HÖSLE, Vittorio – *Hegels System. Der Idealismus der Subjektivität und das Problem der Intersubjektivität*, 2ª ed., Felix Meiner Verlag, Hamburgo, 1998.

HRUSCHKA, Joachim – "The Permissive Law of Practical Reason in Kant's *Metaphysics of Morals*", in *Law and Philosophy*, Volume 23, n.º 1, Janeiro de 2004, pp. 45-72.

HUME, David – *Tratado da Natureza Humana*, tradução de Serafim da Silva Fontes, prefácio e revisão técnica da tradução de João Paulo Monteiro, Fundação Calouste Gulbenkian, Lisboa, 2001.

HUNDERT, E. J. – "The Making of *Homo Faber*: John Locke between Ideology and History", in Richard Ashcraft (ed.), *John Locke: Critical Assessments*, vol. III, Routledge, Londres e Nova Iorque, 1991, pp. 438-456.

ILTING, Karl-Heinz – "The Structure of Hegel's 'Philosophy of Right'", in Z. A. Pelczynski (ed.), *Hegel's Political Philosophy: Problems and Perspectives. A Collection of New Essays*, Cambridge, At the University Press, 1971, pp. 90-110.

ILTING, Karl-Heinz – "Hegels Auseinandersetzung mit der aristotelischen Politik", in G. W. F. Hegel, *Frühe politische Systeme*, editado e comentado por Gerhard Göhler, Ullstein, Frankfurt/M- Berlin-Wien, 1974, pp. 759-785.

ILTING, Karl-Heinz – "Rechtsphilosophie als Phänomenologie des Bewusstseins der Freiheit", in Dieter Henrich e Rolf-Peter Horstmann (eds.), *Hegels Philosophie des Rechts. Die Theorie der Rechtsformen und ihre Logik*, Klett-Cotta, Stuttgart, 1982, pp. 225-254.

ILTING, Karl-Heinz – "Hegel's Concept of the State and Marx's Early Critique", in Z. A. Pelczynski (ed.), *The State and Civil Society: Studies in Hegel's Political Philosophy*, Cambridge University Press, Cambridge, 1984, pp. 93-113.

ILTING, Karl-Heinz – "The Dialectic of Civil Society", in Z. A. Pelczynski (ed.), *The State and Civil Society: Studies in Hegel's Political Philosophy*, Cambridge University Press, Cambridge, 1984, pp. 211-226.

ILTING, Karl-Heinz – "Technik und Praxis bei Heidegger und Marx", in *Grundfragen der praktischen Philosophie*, editado e com um posfácio de Paolo Becchi e Hansgeorg Hoppe, Suhrkamp Verlag, Frankfurt am Main, 1994, pp. 326-336.

IPSEN, Hans Peter – "Enteignung und Sozialisierung", in *Veröffentlichungen der Vereinigung der deutschen Staatsrechtslehrer*, Heft 10, 1952, pp. 74-123.

IRWIN, T. H. – "Aristotle's Defense of Private Property", in David Keyt e Fred D. Miller, Jr. (eds.), *A Companion to Aristotle's Politics*, Blackwell, Oxford, 1991, pp. 200-225.

JAPPE, Anselm – "Les Habits Neufs du Marxisme Traditionnel », in idem e Robert Kurz, *Les Habits Neufs de l'Empire. Remarques sur Negri, Hardt et Rufin*, Lignes / Éditions Léo Scheer, 2003, pp. 7-51.

JAPPE, Anselm – *As Aventuras da Mercadoria: Para Uma Nova Crítica do Valor*, tradução do original francês de José Miranda Justo, Antígona, Lisboa, 2006.

JELLINEK, Georg – *System der subjektiven öffentlichen Rechte* (reimpressão da segunda edição, de 1905), Wissenschaftliche Buchgesellschaft, Darmstadt, 1963.

JOLOWICZ, H. F. – *Roman Foundations of Modern Law*, Clarendon Press, Oxford, 1957.

JUSTO, A. Santos – *Direito Privado Romano – III (Direitos Reais)*, Coimbra Editora, Coimbra, 1997.

JUSTO, A. Santos – "Propriedade no Direito Romano. Reflexos no Direito Português", in *Boletim da Faculdade de Direito da Universidade de Coimbra*, vol. LXXV, 1999.

KAHN, Charles H. – "The Normative Structure of Aristotle's 'Politics'", in Günther Patzig (ed.), *Aristoteles' 'Politik', Akten des XI. Symposium Aristotelicum Friedrichshafen/ Bodensee 25.8.-3.9.87*, pp. 369-384.

KANT, Immanuel – *Vorarbeiten zu Die Metaphysik der Sitten. Erster Teil Metaphysische Anfangsgründe der Rechtslehre*, in *Kant's gesammelte Schriften*, herausgegeben von der Deutschen Akademie der Wissenschaften zu Berlin, Band XXIII, Walter de Gruyter, 1955, Berlin, pp. 207-370.

KANT, Immanuel – *Kritik der reinen Vernunft* (1781/1787), in *Werke in Zehn Bänden*, Herausgegeben von Wilhelm Weischedel, Band 3/Band 4, Wissenschaftliche Buchgesellschaft, Darmstadt, 1968.

KANT, Immanuel – *Grundlegung zur Metaphysik der Sitten* (1786), in *Werke in Zehn Bänden*, Herausgegeben von Wilhelm Weischedel, Band 6, Wissenschaftliche Buchgesellschaft, Darmstadt, 1968, pp. 11-102.

KANT, Immanuel – *Kritik der praktischen Vernunft* (1788), in *Werke in Zehn Bänden*, Herausgegeben von Wilhelm Weischedel, Band 6, Wissenschaftliche Buchgesellschaft, Darmstadt, 1968, pp. 107-302.

KANT, Immanuel – *Kritik der Urteilskraft* (1790), in *Werke in Zehn Bänden*, Herausgegeben von Wilhelm Weischedel, Band 8, Wissenschaftliche Buchgesellschaft, Darmstadt, 1968.

KANT, Immanuel – *Über den Gemeinspruch: Das mag in der Theorie richtig sein, taugt aber nicht für die Praxis* (1793), in *Werke in Zehn Bänden*, Herausgegeben von Wilhelm Weischedel, Band 9, Wissenschaftliche Buchgesellschaft, Darmstadt, 1968, pp. 127-172.

KANT, Immanuel – *Zum ewigen Frieden. Ein philosophischer Entwurf* (1795/1796), in *Werke in Zehn Bänden*, Herausgegeben von Wilhelm Weischedel, Band 9, Wissenschaftliche Buchgesellschaft, Darmstadt, 1968, pp. 195-251.

KANT, Immanuel – *Die Metaphysik der Sitten* (1797/1798), in *Werke in Zehn Bänden*, Herausgegeben von Wilhelm Weischedel, Band 7, Wissenschaftliche Buchgesellschaft, Darmstadt, 1968, pp. 309-634.

KANT, Immanuel – *Der Streit der Fakultäten* (1798), in *Werke in Zehn Bänden*, Herausgegeben von Wilhelm Weischedel, Band 9, Wissenschaftliche Buchgesellschaft, Darmstadt, 1968, pp. 265-393.

KANT, Immanuel – *Fundamentação da Metafísica dos Costumes*, tradução de Paulo Quintela, Atlântida, Coimbra, 1960.

KANT, Immanuel – *Crítica da Razão Prática*, tradução de Artur Morão, Edições 70, Lisboa, 1984.

KANT, Immanuel – *Sobre a Expressão Corrente: Isto Pode Ser Correcto mas Nada Vale na Prática*, in *A Paz Perpétua e outros Opúsculos*, tradução de Artur Morão, Edições 70, Lisboa, 1990, pp. 57-102.

KANT, Immanuel – *A Paz Perpétua. Um Projecto Filosófico*, in *A Paz Perpétua e outros Opúsculos*, tradução de Artur Morão, Edições 70, Lisboa, 1990, pp. 119-171.

KANT, Immanuel – *Crítica da Faculdade do Juízo*, tradução e notas de António Marques e Valério Rohden, Imprensa Nacional – Casa da Moeda, Lisboa, 1992.

KANT, Immanuel – *O Conflito das Faculdades*, tradução de Artur Morão, Edições 70, Lisboa, 1993.

KANT, Immanuel – *Crítica da Razão Pura*, 3ª ed., tradução de Manuela Pinto dos Santos e Alexandre Fradique Morujão, introdução e notas de Alexandre Fradique Morujão, Fundação Calouste Gulbenkian, Lisboa, 1994.

KANT, Immanuel – *Metafísica dos Costumes*, tradução, apresentação e notas de José Lamego, Fundação Calouste Gulbenkian, Lisboa, 2005.

KASER, Max – *Eigentum und Besitz im älteren römischen Recht*, 2. Auflage mit Nachträgen, Böhlau-Verlag, Köln / Graz, 1956.

KASER, Max – "Über 'relatives Eigentum' im altrömischen Recht", in *Zeitschrift der Savigny-Stiftung für Rechtsgeschichte, Romanistiche Abteilung*, vol. 102, 1985, pp. 1-39.

KASER, Max – *Direito Privado Romano* (tradução do original *Römisches Privatrecht*), Fundação Calouste Gulbenkian, Lisboa, 1999 (1992).

KATZ, Claudio – "The Socialist Polis: Antiquity and Socialism in Marx's Thought", in *The Review of Politics*, vol. 56, Primavera de 1994, n.º 2, pp. 237-260.

KATZENSTEIN, Dietrich – "Der gegenwärtige Stand der Rechtsprechung des Bundesverfassungsgerichts zum Eigentumsschutz sozialrechtlicher Positionen", in Günter Püttner et al. (eds.), *Festschrift für Otto Bachof zum 70. Geburtstag am 6. März 1984*, C. H. Beck'sche Verlag Buchhanlung, München, 1984, pp. 63-76.

KATZENSTEIN, Dietrich – "Aspekte eine zukünftigen Rechtsprechung des Bundesverfassungsgerichts zum Eigentumsschutz sozialrechtlicher Positionen", in Walther Fürst, Roman Herzog e Dieter C. Umbach (eds.), *Festschrift für Wolfgang Zeidler*, vol. 1, Walter de Gruyter, Berlim / Nova Iorque, 1987, pp. 645-671.

KAUFMAN, Alexander – *Welfare in the Kantian State*, Oxford University Press, Oxford, 1999.

KEIM, Elisabeth – *Das Eigentum in der Naturrechtslehre Luigi Taparelli d'Azeglios*, EOS Verlag, St. Ottilien, 1998.

KELLEY, Donald R. e SMITH, Bonnie G. – "What Was Property? Legal Dimensions of the Social Question in France (1789-1848)", in *Proceedings of the American Philosophical Society*, vol. 128, n.º 3, 1984, pp. 200-230.

KELLEY, Donald R. – *The Human Measure: Social Thought in the Western Legal Tradition*, Harvard University Press, Cambridge, Mass., e Londres, 1990.

KELSEN, Hans – *Teoria Pura do Direito*, 2ª edição, vol. I, tradução de João Baptista Machado, Arménio amado, Coimbra, 1962.
KENNINGTON, Richard – "Strauss's Natural right and History", in *The Review of Metaphysics*, Setembro de 1981, vol. XXXV, n.º 1, issue n.º 137, pp. 57-86.
KERSTING, Wolfgang – "Transzendentalphilosophiche und naturrechtliche Eigentumsbegründung", in *Archiv für Rechts- und Sozialphilosophie*, Vol. LXVII/2, 1981, pp. 157-175.
KERSTING, Wolfgang – *Wohlgeordnete Freiheit. Immanuel Kants Rechts- und Staatsphilosophie*, Walter de Gruyter, Berlim e Nova Iorque, 1984.
KERSTING, Wolfgang – "Eigentum, Vertrag und Staat bei Kant und Locke" , in Martyn Thompson (ed.), *John Locke und/and Immanuel Kant, Historische Rezeption un gegenwärtige Relevanz / Historical Reception and Contemporary Relevance*, Duncker & Humblot, Berlim, 1991, pp. 109-143.
KERSTING, Wolfgang – "Kant's Concept of the State", in Howard Lloyd Williams (ed.), *Essays on Kant's Political Philosophy*, The University of Chicago Press, Chicago, 1992, pp. 143-165.
KERSTING, Wolfgang – "Politics, Freedom, and Order: Kant's Political Philosophy", in Paul Guyer (ed.), *The Cambridge Companion to Kant*, Cambridge University Press, Cambridge, 1992, pp. 342-366.
KERSTING, Wolfgang – "Der Sozialstaat im Spannungsfeld zwischen Freiheit und Gleichheit", in idem, *Kritik der Gleichheit. Über die Grenzen der Gerechtigkeit und der Moral*, Velbrück Wissenschaft, Weilerswist, 2002, pp. 23-95.
KERSTING, Wolfgang – *Kant über Recht*, Mentis, Paderborn, 2004.
KIEFNER, Hans – "Der Einfluss Kants auf Theorie und Praxis des Zivilrechts im 19. Jahrhundert", in idem, *Ideal wird, was Natur war. Abhandlungen zur Privatrechtsgeschichte des späten 18. und 19. Jahrhunderts*, Keip Verlag, Goldbach, 1997, pp. 59-81.
KILCULLEN, John – "The Political Writings", in Paul Vincent Spade (ed.), *The Cambridge Companion to Ockham*, Cambridge University Press, Cambridge, 1999, pp. 302-325.
KILCULLEN, John – "Natural Law and Will in Ockham", in William of Ockham, *A Translation of Ockham's Work of Ninety Days*, vol. 2, traduzido por John Kilcullen e John Scott, The Edwin Mellen Press, Lewiston-Queenston-Lampeter, 2001, pp. 851-882 (= *History of Philosophy Yearbook*, vol. 1, ed. Knud Haakonssen e Udo Thiel, Australasian Society for the History of Philosophy, Canberra, 1993, pp. 1-25).
KIMLICKA, Will – *Contemporary Political Philosophy: An Introduction*, Clarendon Press, Oxford, 1990.
KING, Peter – "Ockham's Ethical Theory", in Paul Vincent Spade (ed.), *The Cambridge Companion to Ockham*, Cambridge University Press, Cambridge, 1999, pp. 227-244.
KIRCHHEIMER, Otto – "Eigentumsgarantie in Reichsverfassung und Rechtsprechung", in *Funktionen des Staats und der Verfassung. Zehn Analysen*, Suhrkamp Verlag, Frankfurt am Main, 1972, pp. 7-27.
KIRCHHEIMER, Otto – "Die Grenzen der Enteignung. Ein Beitrag zur Entwicklungsgeschichte des Enteignungsinstituts und zur Auslegung des Art. 153 der Weimarer Verfassung", in *Funktionen des Staats und der Verfassung. Zehn Analysen*, Suhrkamp Verlag, Frankfurt am Main, 1972, pp. 223-295.

Kirchhof, Paul – "Das Geldeigentum", in Josef Isensee e Helmut Lecheler (eds.), *Freiheit und Eigentum, Festschrift für Walter Leisner zum 70. Geburtstag*, Duncker & Humblot, Berlim, 1999, pp. 635-656.

Kitching, Gavin – *Marxism and Science, Analysis of an Obsession*, The Pennsylvania State University Press, University Park, Pennsylvania, 1994.

Kloepfer, Michael – *Grundrechte als Entstehenssicherung und Bestandsschutz*, C. H. Beck'sche Verlagsbuchhandlung, Munique, 1970.

Klüber, Franz – *Eigentumstheorie und Eigentumspolitik. Begründung und Gestaltung des Privateigentums nach katholischer Gesellschaftslehre*, Veralg A. Fromm, Osnabrück, 1963.

Knowles, Dudley – *Hegel and the Philosophy of Right*, Routledge, Londres, 2002.

Knysh, George – *Political Ockhamism*, WCU Council of Learned Societies, Winnipeg, 1996.

Kobler, Markus – *Der Staat und die Eigentumsrechte: Institutionelle Qualität und wirtschaftliche Entwicklung*, Mohr Siebeck, Tübingen, 2000.

Köhler, Michael – "Dimensionen rechtlicher Solidarität", in Diethelm Klesczwski, Steffi Müller e Frank Neuhaus (eds.), *Kants Lehre vom richtigen Recht. Aufklärung der Menschheitsfragen der gegenwärtigen Jurisprudenz?*, Mentis, Paderborn, 2005, pp. 123-139.

Kölmel, Wilhelm – "'Freiheit – Gleichheit – Unfreiheit' in der sozialen Theorie des späten Mittelalters", in Albert Zimmermann (ed.), *Soziale Ordnungen im Selbstverständnis des Mittelalters, Miscellanea Mediaevalia*, 12/2, Walter de Gruyter, Berlim – Nova Iorque, 1980, pp. 389-407.

Körsgen, Norbert – "Eigentum als Grundrecht im Grundgesetz", in Andreas Eckl e Bernd Ludwig (eds.), *Was ist Eigentum? Philosophische Positionem von Platon bis Habermas*, Verlag C.H. Beck, Munique, 2005, pp. 246-261.

Kortian, Garbis – "Subjectivity and Civil Society", in Z. A. Pelczynski (ed.), *The State and Civil Society: Studies in Hegel's Political Philosophy*, Cambridge University Press, Cambridge, 1984, pp. 197-210.

Koslowski, Stefan – *Die Geburt des Sozialstaats aus dem Geist des Deutschen Idealismus. Person und Gemeinschaft bei Lorenz von Stein*, VCH Acta Humaniora, Weinheim, 1989.

Kramer, Matthew H. – *John Locke and the Origins of Private Property: Philosophical Explorations of Individualism, Community, and Equality*, Cambridge University Press, Cambridge, 1997.

Kramer, Matthew H. – "Locke on Private Property: A Reply to Sreenivasan", *The Locke Newsletter*, 31, 2000, pp. 179-194.

Kramer, Matthew H. – *The Quality of Freedom*, Oxford University Press, Oxford, 2003.

Krauss, Frank Martin – *Das geteilte Eigentum im 19. und 20. Jahrhundert*, Peter Lang, Frankfurt am Main, 1999.

Kraut, Richard – *Aristotle: Political Philosophy*, Oxford University Press, Oxford, 2002.

Kreft, Friedrich – *Öffentlicherechtliche Ersatzleistungen*, 2., neubearbeitete Auflage, Walter de Gruyter, Berlim – Nova Iorque, 1998.

Kriechbaum, Maximiliane – *Actio, ius und dominium in den Rechtslehre des 13. und 14. Jahrhunderts*, Aktiv Druck & Verlag GmbH, Ebelsbach, 1996.

Kriegel, Blandine – *Philosophie de la République*, Plon, 1998.

KRIELE, Martin – *Einführung in die Staatslehre: Die geschichtlichen Legitimitätsgrundlagen des demokratischen Verfassungstaates*, 6., überarbeitete und erweiterte Auflage, Kohlhammer Verlag, s. l., 2003.

KRISIS, GRUPO – *Manifesto Contra o Trabalho*, tradução de João Paulo Vaz, revista por José M. Justo, do original alemão *Manifesten gegen die Arbeit*, Edições Antígona, Lisboa, 2003.

KROESCHELL, Karl – "Zielsetzung und Arbeitsweise der Wissenschaft vom gemeinen deutschen Privatrecht", in Helmut Coing e Walter Wilhelm (eds.), *Wissenschaft und Kodifikation des Privatrechts im 19. Jahrhundert*, Vittorio Klostermann, Frankfurt am Main, 1974, pp. 249-276.

KROESCHELL, Karl – "Zur Lehre vom 'germanischen' Eigentumsbegriff", in *Rechtshistorische Studien Hans Thieme zum 70. Geburtstag zugeeignet von seinen Schülern*, Böhlau Verlag, Colónia – Viena, 1977, pp. 34-71.

KROUSE, Richard e MCPHERSON, Michael – "Capitalism, 'Property-Owning Democracy, and the Welfare State", in Amy Gutmann (ed.), *Democracy and the Welfare State*, Princeton University Press, Princton, New Jersey, 1988, pp. 79-105.

KÜBLER, Karl Friedrich – "'Eigentum verpflichtet' – eine zivilrechtliche Generalklausel", in *Archiv der civilistischen Praxis*, 159, 1960/1961, pp. 236 e ss.

KUHEN, Thomas – "Conceptions (Ambiguities) of Property in Early Renaissance Florence", in *Quaderni Fiorentini per la Storia del Pensiero Giuridico Moderno*, 30, 2001, tomo II, pp. 585-609.

KÜHL, Kristian – *Eigentumsordnung als Freiheitsordnung. Zur Aktualität der Kantischen Rechts- und Eigentumslehre*, Verlag Karl Alber, Freiburg – München, 1984.

KÜHL, Kristian – "Von der Art, etwas Äusseres zu erwerben, insbesondere vom Sachenrecht" (§§ 10-17)", in Otfried Höffe (ed.), *Immanuel Kant, Metaphysische Anfangsgründe der Rechtslehre*, Akademie Verlag, Berlim, 1999, pp. 117-132.

KUHN, Thomas – *The Structure of Scientific Revolutions*, Second Edition, Enlarged, The University of Chicago Press, Chicago, 1970.

KÜLPMANN, Christoph – *Enteignende Eingriffe? Das Entschädigunsinstitut des enteignenden Eingriffs und die neuere verfassungsrechtliche Dogmatik der Eigentumsgarantie*, Duncker & Humblot, Berlim, 2000.

KÜNZLI, Arnold – "Das Eigentum als eschatologishce Potenz. Zur Eigentumskonzeption von Karl Marx (Mit einem Anhang: Sozialismus und Eigentum heute)", in Helmut Holzhey e Georg Kohler (eds.), *Eigentum und seine Gründe. Ein philosophischer Beitrag aus Anlass der schweizerischen Verfassungsdiskussion* (Studia Philosophica Supplementum 12/1983), Verlag Paul Haupt, Berna e Estugarda, 1983, pp. 87-128.

LAGARDE, Georges de – *La Naissance de l'Esprit Laïque au Déclin du Moyen Age, VI – Ockham: La Morale et le Droit*, Éditions E. Nauwelaerts / Béatrice-Nauwelaerts, Lovaina / Paris, 1946.

LAGARDE, Georges de – *La Naissance de l'Esprit Laïque au Déclin du Moyen Age*, 5 vols., nova edição refundida e completada, Éditions E. Nauwelaerts / Béatrice-Nauwelaerts, Lovaina / Paris, 1956-1963.

LAMBERT, M. D. – "The Franciscan Crisis under John XXII", in *Franciscan Studies*, vol. 32, Ano X, 1972, pp. 123-143.

LAMBERT, Malcolm D. – *Franciscan Poverty. The Doctrine of the Absolute Poverty of Christ and the Apostles in the Franciscan Order 1210-1323*, Revised and Expanded Edition, The Franciscan Institute, St. Bonaventure, 1998.

LAMBERTINI, Roberto – *"Usus* and *usura*: Poverty and Usury in the Franciscans' Responses to John XXII's *Quia vir reprobus"*, in *Franciscan Studies*, vol. 54, 1994-1997, pp. 185-210.
LAMOINE, Georges – "Quelques Réflexions sur la Notion de Propriété dans l'Oeuvre de James Harrington", in Luc Borot (ed.), *James Harrington and the Notion of Commonwealth*, Publications de l'Université Paul-Valéry – Montpellier III, 1998.
LANDAU, Peter – "Hegels Begründung des Vertragsrechtes", in Manfred Riedel (ed.), *Materialien zu Hegels Rechtsphilosophie*, Band 2, Suhrkamp, Frankfurt am Main, 1975, pp. 176-197.
LANDSBERG, Ernst – *Die Glosse des Accursius und ihre Lehre vom Eigenthum. Rechts- und dogmengeschichtliche Untersuchung*, F. A. Brockhaus, Leipzig, 1883.
LANGHOLM, Odd – *Economics in the Medieval Schools. Wealth, Exchange, Value, Money and Usury according to the Paris Theological Tradition*, 1200-1350, Brill, Leiden-Nova Iorque-Colónia, 1992.
LANGHOLM, Odd – "The Medieval Schoolmen (1200-1400)", in S. Todd Lowry e Barry Gordon (eds.), *Ancient and Medieval Economic Ideas and Concepts of Social Justice*, Brill, Leiden-Nova Iorque-Colónia, 1998, pp. 439-501.
LANGHOLM, Odd – *The Legacy of Scholasticism in Economic Thought: Antecedents of Choice and Power*, Cambridge University Press, Cambridge, 1998.
LARENZ, Karl – "Die rechtsphilosophische Problematik des Eigentums", in Theodor Heckel (ed.), *Eigentum und Eigentumsverteilung als theologisches, rechtsphilosophisches und ökonomisches Problem*, Munique, 1962, pp.21-41.
LARENZ, Karl – "Zur struktur 'subjektiver Rechte'", in Fritz Baur et al. (eds.), *Beiträge zur europäischen Rechtsgeschichte und zum geltenden Zivilrecht. Festgabe für Johannes Sontis*, Munique, 1977, pp. 129-148.
LARENZ, Karl / WOLF, Manfred – *Allgemeiner Teil des Bürgerlichen Rechts*, 9.ª ed., Verlag C. H. Beck, Munique, 2004.
LARKIN, Paschal – *Property in the Eighteenth Century with Special Reference to England and Locke*, com um prefácio de J. L. Stocks, reimpressão da primeira edição de 1930, Kennikat Press, Port Washington, Nova Iorque / Londres, 1969.
LARMORE, Charles – *The Morals of Modernity*, Cambridge University Press, Cambridge, 1996.
LASALLE RUIZ, José María – *John Locke y los Fundamentos Modernos de la Propiedad*, Dykinson, Madrid, 2001.
LASLETT, Peter – "Introduction", in John Locke, *Two Treatises of Government*, edição de Peter Laslett, Cambridge University Press, Cambridge, 1992 (1988), pp. 3-126.
LASSALLE, Ferdinand – *Das System der erworbenen Rechte. Eine Versöhnung des positiven Rechts und der Rechtsphilosophie, Erster Teil: Die Theorie der erworbenen Rechte und der Collision der Gesetze. Unter besonderer Berücksichtigung des römischen, französischen und preussischen Rechts dargestellt*, herausgegeben von Erich Blum (*Ferdinand Lassalle's Gesamtwerke, vierter Band*), Verlag von Karl Fr. Psau, Leipzig, s. d.
LA TORRE, Massimo – *Disaventure del Diritto Soggettivo. Una Vicenda Teorica*, Giuffrè, Milão, 1996.
LEAL, António da Silva – "O Direito à Segurança Social", in Jorge Miranda (coord.), *Estudos sobre a Constituição*, 2.º vol., Livraria Petrony, Lisboa, 1978, pp. 335-372.

LEÃO XIII – *Litterae Encyclicae «Rerum Novarum» die 15 Maii* [1891] ; *de conditione opificum*, in *Corpus Actorum RR. Pontificium, Leonis XIII Pontificis Maximi Acta*, vol. XI-XII, Akademische Druck- u. Verlaganstalt, Graz – Austria, 1971, pp. 97-144.

LE BRAS, Gabriel, LEFEBVRE, Ch. e RAMBAUD, J. – *Histoire du Droit et des Institutions de l'Église en Occident, Tome VII – L'Âge Classique 1140-1378. Sources et Théorie du Droit*, Sirey, Paris, 1965.

LEFORT, Claude – *Les Formes de l'Histoire. Essais d'Anthropologie Politique*, Gallimard, 2000 (1978).

LEGE, Joachim – *Zwangskontrakt und Güterdefinition. Zur Klärung der Begriffe "Enteignung" und "Inhalts- und Schrankenbestimmung des Eigentums"*, Duncker & Humblot, Berlim, 1995.

LEHMANN, Jochen – *Sachherrschaft und Sozialbildung? Ein Beitrag zu Gegenwart und Geschichte des zivilrechtlichen Eigentumsbegriffs*, Duncker & Humblot, Berlim, 2004.

LEISNER, Walter – *Sozialbildung des Eigentums*, Duncker & Humblot, Berlim, 1972.

LEISNER, Walter – "Eigentum – Grundlage der Freiheit", in idem, *Eigentum: Schriften zu Eigentumsgrundrecht und Wirtschaftsverfassungs 1970-1996*, editado por Josef Isensee, 2.ª edição, Duncker & Humblot, Berlim, 1998, pp. 21-51.

LEISNER, Walter – "Eigentum als Existenzsicherung? Das 'soziale Eigentum' in der Rechtsprechung des Bundesverfassungsgerichts", in idem, *Eigentum: Schriften zu Eigentumsgrundrecht und Wirtschaftsverfassungs 1970-1996*, editado por Josef Isensee, 2.ª edição, Duncker & Humblot, Berlim, 1998, pp. 52-60.

LEISNER, Walter – "Eigentum", in idem, *Eigentum: Schriften zu Eigentumsgrundrecht und Wirtschaftsverfassungs 1970-1996*, editado por Josef Isensee, 2.ª edição, Duncker & Humblot, Berlim, 1998, pp. 81-164.

LEISNER, Walter – "Folgerungen aus der höchstrichterlichen Rechtsprechung zur Gewährleistung des Eigentums", in idem, *Eigentum: Schriften zu Eigentumsgrundrecht und Wirtschaftsverfassungs 1970-1996*, editado por Josef Isensee, 2.ª edição, Duncker & Humblot, Berlim, 1998, pp. 223-232.

LEISNER, Walter – "Die Sozialisierungsartikel als Eigentumsgarantie", in idem, *Eigentum: Schriften zu Eigentumsgrundrecht und Wirtschaftsverfassungs 1970-1996*, editado por Josef Isensee, 2.ª edição, Duncker & Humblot, Berlim, 1998, pp. 233-249.

LEISNER, Walter – "Eigentumsschutz von Nutzungsmöglichkeiten. Aufopferungsentschädigung für nicht realisierte Nutzungen in der Marktwirtschaft", in idem, *Eigentum: Schriften zu Eigentumsgrundrecht und Wirtschaftsverfassungs 1970-1996*, editado por Josef Isensee, 2.ª edição, Duncker & Humblot, Berlim, 1998, pp. 291-309.

LEISNER, Walter – "Baufreiheit oder staatliche Baurechtsverleihung?", in idem, *Eigentum: Schriften zu Eigentumsgrundrecht und Wirtschaftsverfassungs 1970-1996*, editado por Josef Isensee, 2.ª edição, Duncker & Humblot, Berlim, 1998, pp. 325-344.

LEISNER, Walter – "Eigentum in engen Rechtsschranken des Umweltschutzes", in idem, *Eigentum: Schriften zu Eigentumsgrundrecht und Wirtschaftsverfassungs 1970-1996*, editado por Josef Isensee, 2.ª edição, Duncker & Humblot, Berlim, 1998, pp. 414-440.

LEISNER, Walter – "Steuer- und Eigentumswende – die Einheitswert-Beschlüsse des Bundesverfassungsgerichts", in idem, *Eigentum: Schriften zu Eigentumsgrundrecht und Wirtschaftsverfassungs 1970-1996*, editado por Josef Isensee, 2.ª edição, Duncker & Humblot, Berlim, 1998, pp. 858-875.

LEMOS, Ramon M. – "Locke's Theory of Property", in Richard Ashcraft (ed.), *John Locke: Critical Assessments*, vol. III, Routledge, Londres e Nova Iorque, 1991, pp. 343-361.

LENZE, Anne – *Staatsbürgeversicherung und Verfassung. Rentenreform zwischen Eigentumschutz, Gleichheitssatz und europäischer Integration*, Mohr Siebeck, Tübingen, 2005.

LEPPIN, Volker – "Does Ockham's Concept of Divine Power Threaten Man's Certainty in His Knowledge of the World?", in *Franciscan Studies*, 55, 1998, pp. 169-180.

LEPSIUS, Oliver – *Besitz und Sachherrschaft im öffentlichen Recht*, Mohr siebeck, Tübingen, 2002.

LEPSIUS, Oliver – "Geld als Shutzgut der Eigentumsgarantie", in *Juristenzeitung*, 57. Jahrgang, 7, 2002, pp. 313-321.

LEVY, Ernst – *West Roman Vulgar Law. The Law of Property*, American Philosophical Society, Filadélfia, 1951.

LEVY, Jacob T. – *The Multiculturalism of Fear*, Oxford University Press, Oxford, 2000.

LEVY, Michael B. – "Illiberal Liberalism: The New Property as Strategy", in *The Review of Politics*, vol. 45, 1983, pp. 576-594 [também publicado em Elizabeth Mensch e Alan Freeman (eds.), *Property Law*, vol. I, Dartmouth, Aldershot, 1992, pp. 183-201].

LEYDEN, W. von – *Hobbes and Locke: The Politics of Freedom and Obligation*, Macmillan, Londres, 1981.

LEYTE, Guillaume – *Domaine et Domanialité Publique dans la France Médiévale (XIIe – Xve Siècles)*, Presses Universitaires de Strasbourg, Strasbourg, 1996.

LINDBLOM, Charles E. – *The Market System : What It Is, How It Works, and What To Make of It*, Yale University Press, New Haven e Londres, 2001.

LINDEN, Harry van der – *Kantian Ethics and Socialism*, Hackett Publishing Company, Indianapolis e Cambridge, 1988.

LISSKA, Anthony J. – *Aquinas' Theory of Natural Law: An Analytic Reconstruction*, Clarendon Press, Oxford, 1997.

LITTLE, David – *Religion, Order, and Law: A Study in Pre-Revolutionary England*, Harper & Row, Nova Iorque, 1970.

LITTLE, Lester K. – *Religious Poverty and the Profit Economy in Medieval Europe*, Cornell University Press, Ithaca, 1978.

LLANQUE, Marcus – "Eigentum in der Kritischen Theorie", in Andreas Eckl e Bernd Ludwig (eds.), *Was ist Eigentum? Philosophische Positionem von Platon bis Habermas*, Verlag C.H. Beck, Munique, 2005, pp. 205-216.

LOCKE, John – *Two Treatises of Government*, edição de Peter Laslett, Cambridge University Press, Cambridge, 1992 (1988).

LOCKE, John – *Ensáio sobre a Verdadeira Origem, Extensão e Fim do Gôverno Civil*, traduzido por João Oliveira de Carvalho, Offerecido aos Constitucionaes Portuguezes, como Principios Fundamentaes para a Consolidação da Carta Constitucional, datada em 29 de Abril de 1826, Impresso por Ricardo Taylor, Londres, 1833.

LOCKE, John – *Dois Tratados do Governo Civil*, tradução e introdução de Miguel Morgado, Edições 70, Lisboa, 2006.

LOCKE, John – *Essays on the Law of Nature* (1663-4), in *Political Essays*, edição de Mark Goldie, Cambridge University Press, Cambridge, 1997, pp. 79-133.

LOCKE, John – "Morality" (1677-8), in *Political Essays*, edição de Mark Goldie, Cambridge University Press, Cambridge, 1997, pp. 267-269.

LOCKE, John – "Venditio" (1695), in *Political Essays*, edição de Mark Goldie, Cambridge University Press, Cambridge, 1997, pp. 339-343.
LOCKE, John – *An Essay on the Poor Law* (1697), in *Political Essays*, edição de Mark Goldie, Cambridge University Press, Cambridge, 1997, pp. 182-198.
LOCKE, John – *Ensaio sobre o Entendimento Humano*, Vols. I e II, introdução, notas e coordenação da tradução de Eduardo Abranches Soveral, revisão da tradução Gualter Cunha e Ana Luísa Amaral, Fundação Calouste Gulbenkian, Lisboa, 1999.
LOCKE, John – "The Reasonableness of Christianity as Delivered in the Scriptures", in *Writings on Religion*, edição de Victor Nuovo, Clarendon Press, Oxford, 2002, pp. 85-210.
LOCKE, John – *Some Considerations of the Consequences of the Lowering of Interest and the raising the Value of Money* (1691), disponível em http://socserv2.socsci.mcmaster.ca/~econ/ugcm/3113/locke/consid.txt
LONG, A. A. – "Stoic Philosophers on Persons, Property-ownership and Community", in Richard Sorabji (ed.), *Aristotle and After*, Institute of Classical Studies, School of Advanced Study, University of London, Londres, 1997, pp. 13-31.
LONG, A. A. – "Cicero's Politics in *De officiis*", in André Laks e Malcolm Schofield (eds.), *Justice and Generosity: Studies in Hellenistic Social and Political Philosophy: Proceedings of the Sixth Symposium Hellenisticum*, Cambridge University Press, Cambridge, 1995, pp. 213-240.
LONG, Douglas G. – *Bentham on Liberty: Jeremy Bentham's Idea of Liberty in Relation to His Utilitarianism*, University of Toronto Press, Toronto e Buffalo, 1977.
LONG, Roderick T. – "Aristotle's Conception of Freedom" , in Richard O. Brooks e James Bernard Murphy (eds.), *Aristotle and Modern Law*, Ashgate / Dartmouth, Aldershot, 2003, pp. 383-410 (também publicado em *The Review of Metaphysics*, 49, Junho de 1996, pp. 775-802).
LORETO, Luigi – "Proprietà della Terra, Costituzione ed Esercito a Roma: James Harrington e la Fine della Repubblica nella Prima Metà del II sec. a. C.", in *Bullettino dell'Istituto di Diritto Romano*, Terza Serie – Vol. XXXV-XXXVI, 1993-1994, pp. 395-454.
LÖWITH, Karl – *From Hegel to Nietzsche: The Revolution in Nineteenth-Century Thought* (tradução do original alemão *Von Hegel zu Nietzsche: Der revolutionäre Bruch im Denken des neunzehnten Jahrhunderts*), Columbia University Press, Nova Iorque, 1991.
LOWRY, S. Todd – *The Archaeology of Economic Ideas: The Classical Greek Tradition*, Duke University Press, Durham, 1987.
LOYSEAU, Charles – *Les Oeuvres de Maistre ... Avocat en Parlement. Contenant les Cinq Livres du Droit des Offices, les Traitez des Seigneuries, des Ordres & simples Dignitez, du Déguerpissement & Délaissement par Hypotheque, de la Garantie des Rentes, & des Abus des Justices de Village*. Derniere Edition, plus exacte que les precedents. A Lyon, Par la Compagnie des Libraires, 1701.
LUBBERGER, Andreas – *Eigentumsdogmatik: Gegenwärtige Probleme der Systembildung und Rechtsanwendung, dargestellt am Beispiel des Denkmalschutzrechts*, Nomos Veralgsgesellschaft, Baden-Baden, 1995.
LUDWIG, Bernd – "Der Platz des rechtlichen Postulats der praktischen Vernunft innerhalb der Paragraphen 1-6 der kantischen Rechtslehre", in R. Brandt (ed.), *Rechtsphilosophie der Aufklärung, Symposium Wolfenbüttel 1981*, Walter de Gruyter, Berlim – Nova Iorque, 1982, pp. 218-232.
LUDWIG, Bernd – *Kants Rechtslehre*, Felix Meiner Verlag, Hamburgo, 1988.

Luf, Gerhard – *Freiheit und Gleichheit. Die Aktualität im politischen Denken Kants*, Springer-Verlag, Viena – Nova Iorque, 1978.
Luhmann, Niklas – *La Differenziazione del Diritto. Contributi alla Sociologia e alla Teoria del Diritto* (tradução por Raffaele De Giorgi e Michele Silbernagl do original alemão, de 1981, intitulado *Aussdifferenzierung des Rechts. Beiträge zur Rechtssoziologie und Rechtstheorie*), Il Mulino, 1990.
Luhmann, Niklas – *Gesellschaftsstruktur und Semantik: Studien zur Wissenssoziologie der modernen Gesellschaft*, vol. 3, 2.ª ed., Suhrkamp Verlag, Frankfurt am Main, 1998.
Luhmann, Niklas – "*Quod Omnes Tangit*: Remarks on Jürgen Habermas Legal Theory", in Michel Rosenfeld e Andrew Arato (eds.), *Habermas on Law and Democracy: Critical Exchanges*, University of California Press, Berkeley e Londres, 1998, pp. 157-172.
Lukács, Georg – *Der junge Hegel. Über die Beziehungen von Dialektik und Ökonomie*, 3.ª ed., Luchterhand, Neuwied e Berlim, 1967.
Mackie, J. L. – *Ethics: Inventing Right and Wrong*, Penguin Books, Londres, 1990 (1970).
Macpherson, C. B. – *The Political Theory of Possessive Individualism – Hobbes to Locke*, Oxford University Press, Oxford, 1964.
MacPherson, C. B. – *Democratic Theory, Essays in Retrieval*, Clarendon Press, Oxford, 1973.
MacPherson, C. B. – "Harrington's 'Oportunity State'" e "Harrington as Realist: A Rejoinder", in Charles Webster (ed.), *The Intelectual Revolution of the Seventeenth Century*, Routledge & Kegan Paul, Londres e Boston, 1974, pp. 23-53 e 62-66.
MacPherson, C. B. – "Capitalism and the Changing Concept of Property", in Eugene Kamenka e R. S. Neale (eds.), *Feudalism, Capitalism and Beyond*, Edward Arnold, Londres, 1975, pp. 104-124.
MacPherson, C. B. – "The Meaning of Property", in idem (ed.), *Property: Mainstream and Critical Positions*, University of Toronto Press, Toronto, 1978, pp. 1-13.
MacPherson, C. B. – "Liberal-Democracy and Property", in idem (ed.), *Property: Mainstream and Critical Positions*, University of Toronto Press, Toronto, 1978, pp. 199-207.
MacPherson, C. B. – "Human Rights as Property Rights", in *The Rise and Fall of Economic Justice and Other Essays*, Oxford University Press, Oxford, 1985, pp. 76-85.
MacPherson, C. B. – "Locke on Capitalist Appropriation", in Richard Ashcraft (ed.), *John Locke: Critical Assessments*, vol. III, Routledge, Londres e Nova Iorque, 1991, pp. 267-284.
MacPherson, C. B. – "The Social Bearing of Locke's Political Theory", in Richard Ashcraft (ed.), *John Locke: Critical Assessments*, vol. III, Routledge, Londres e Nova Iorque, 1991, pp. 285-307.
Madison, James – "Property" (1792), in *The Papers of James Madison*, editados por William T. Hutchinson e William M. E. Rachel, vol. 14, University Press of Virginia, Charlottesville, 1983, p. 266 (também disponível em *The Founders's Constitution*, Volume 1, Chapter 16, Document 23, http://press-pubs.uchicago.edu/founders/documents/v1ch16s23.html, The University of Chicago Press).
Maihofer, Werner – "Prinzipien freiheitlicher Demokratie", in Ernst Benda, Werner Maihofer, Hans-Jochen Vogel, Konrad Hesse e Wolfgang Heyde (eds.), *Handbuch des Verfassungsrechts des Bundesrepublik Deutschland*, 2.ª ed., Walter de Gruyter, Berlim e Nova Iorque, 1994, pp. 427-536.

MÄKINEN, Virpi – "Inidividual Natural Rights in the Discussion on Franciscan Poverty", in *Studia Theologica*, vol. 53, 1999, pp. 50-57.

MÄKINEN, Virpi – *Property Rights in the Late Medieval Discussion on Franciscan Poverty*, Peeters, Leuven, 2001.

MANENT, Pierre – *Histoire Intelectuelle du Libéralisme: Dix Leçons*, Calmann-Lévy, Paris, 1987.

MARAVALL, José Antonio – *Teoria Española del Estado en el Siglo XVII*, Instituto de Estudios Politicos, Mardid, 1944.

MARMOR, Andrei – "On the Right to Private Property and Entitlement to One's Income", USC Public Policy Research Paper No. 04-15, University of Southern California Law School, Los Angeles, http://ssrn.com/abstract=567784.

MARONGIU, Antonio – "Il Principio della Democrazia e del Consenso (Quod omnes tangit, ab omnibus approbari debet) nel XIV Secolo", in *Studia Gratiana*, VIII, 1962, pp. 553-575.

MARRA, Realino – *Capitalismo e Anticapitalismo in Max Weber: Storia di Roma e Sociologia del Diritto nella Genesi dell'Opera Weberiana*, Il Mulino, Bolonha, 2002.

MARSHALL, Gordon – "The Weber Thesis and the Development of Capitalism in Scotland", in Peter Hamilton (ed.), *Max Weber: Critical Assessments 1*, vol. II, Routledge, Londres e Nova Iorque, 1991.

MARSHALL, John – *John Locke: Resistance, Religion and Responsibility*, Cambridge University Press, Cambridge, 1994.

MARTINS, António Manuel – "A Sociedade Civil na «Política» de Aristóteles", in idem (coord.), *Sociedade Civil. Entre Miragem e Oportunidade*, Faculdade de Letras, Coimbra, 2003, pp. 233-252.

MARX, Karl – *Grundrisse der Kritik der politischen Ökonomie (Rohentwurf) 1857-1858. Anhang 1850-1859*, Dietz Verlag, Berlim, 1953.

MARX, Karl – *Thesen über Feuerbach*, in Marx-Engels, *Studienausgabe in 4 Bänden*, Band I – Philosophie, herausgegeben von Iring Fetscher, Fischer Taschenbuch Verlag, Frankfurt am Main, 1966, pp. 139-141.

MARX, Karl – *Ware und Geld (Das Kapital, 1. Auflage 1867, 1. Buch Kapitel 1)*, in Marx-Engels, *Studienausgabe in 4 Bänden*, Band II – Politische Ökonomie, herausgegeben von Iring Fetscher, Fischer Taschenbuch Verlag, Frankfurt am Main, 1966, pp. 216-246.

MARX, Karl – *Das Kapital. Kritik der politischen Ökonomie. Dritter Band – Buch III: Der Gesamtprozess der kapitalistichen Produktion, Herausgegeben von Friedrich Engels*, in Karl Marx / Friedrich Engels, *Werke*, Band 25, Dietz Verlag, Berlin, 1969.

MARX, Karl – *Verhandlungen des 6. rheinischen Landtags. Von einem Rheinländer. Dritter Artikel: Debatten über das Holzdiebstahlsgesetz*, in Karl Marx / Friedrich Engels, *Werke*, Band I, Dietz Verlag, Berlin, 1970, pp. 109-147.

MARX, Karl – *Zur Kritik der Hegelschen Rechtsphilosophie. Kritik des Hegelschen Staatsrechts (§§ 261-313)*, in Karl Marx / Friedrich Engels, *Werke*, Band I, Dietz Verlag, Berlin, 1970, pp. 201-333.

MARX, Karl – *O 18 de Brumário de Louis Bonaparte*, tradução de José Barata-Moura e Eduardo Chitas, Edições Progresso, Lisboa e Moscovo, 1982.

MARX, Karl – *A Guerra Civil em França*, in Marx / Engels, *Obras Escolhidas em Três Tomos*, Tomo II, tradução de Eduardo Chitas, Editorial «Avante!» / Edições Progresso, Lisboa e Moscovo, 1983.

MARX, Karl – *O Capital, Crise da Economia Política*, Livro Primeiro, Tomos I-III, edição dirigida por José Barata-Moura e Francisco Melo, Editorial «Avante!» / Edições Progresso, Lisboa e Moscovo, 1990, 1992 e 1997.

MARX, Karl – *Miséria da Filosofia. Resposta à Filosofia da Miséria do Sr. Proudhon*, edição dirigida por José Barata-Moura, Zeferino Coelho e Francisco Melo, Editorial «Avante!», Lisboa, 1991.

MARX, Karl – "Sobre Proudhon (carta de Marx a J. B. Schweitzer)", in Karl Marx, *Miséria da Filosofia. Resposta à Filosofia da Miséria do Sr. Proudhon*, edição dirigida por José Barata-Moura, Zeferino Coelho e Francisco Melo, Editorial «Avante!», Lisboa, 1991, pp. 169-178.

MARX, Karl – *Manuscritos Económico-Filosóficos de 1844*, edição dirigida por José Barata-Moura e Francisco Melo, tradução de Maria Antónia Pacheco, Editorial «Avante!», Lisboa, 1993.

MARX, Karl – *Para a Questão Judaica*, introdução e notas de José Barata-Moura, Editorial «Avante!», Lisboa, 1997.

MARX, Karl / ENGELS, Friedrich – *Manifesto do Partido Comunista*, edição dirigida por José Barata-Moura e Francisco Melo, 4.ª ed., Editorial «Avante!», Lisboa, 2004.

MASON, John Hope – "'Forced to Be Free'", in Robert Wokler (ed.), *Rousseau and Liberty*, Manchester University Press, Manchester e Nova Iorque, 1995, pp. 121-138.

MATHIE, William – "Property in the Political Science of Aristotle", in Anthony Parel e Thomas Flanagan (eds.), *Theories of Property: Aristotle to the Present*, Wilfrid Laurier University Press, Waterloo, Ontario, 1979, pp. 13-29.

MATSUO, Hiroshi – "Historical and Theoretical Intimacy Between the Concepts of Rights and Property", in *Archiv für Rechts- und Sozialphilosophie*, vol. 67, 1997, pp. 72-79.

MATTA, José Caeiro da – *O Direito de Propriedade e a Utilidade Pública. Das Expropriações*, I, Imprensa da Universidade, Coimbra, 1906.

MATTOSO, José – *Identificação de Um País, Ensaio sobre as Origens de Portugal, 1096-1325, I – Oposição*, 5.ª ed., Editorial Estampa, Lisboa, 1995.

MAYER-MALY, Theo – "Eigentum und Verfügungsrechte in der neueren deutschen Rechtsgeschichte", in Manfred Neumann (ed.), *Ansprüche, Eigentums- und Verfügunsrechte: Arbeitstagung des Vereins für Socialpolitik, Gesellschaft für Wirtschafts- und Sozialwissenschaften in Basel vom 26.-28. September 1983*, Duncker & Humblot, Berlin, 1984, pp. 25-40.

MAYER-MALY, Theo – "Das Eigentumsverständnis der Gegenwart und die Rechtsgeschichte", in Gottfried Baumgärtel, Ernst Klingmüller, Hans-Jürgen Becker e Andreas Wacke (eds.), *Festschrift für Heinz Hübner zum 70. Geburtstag am 7. November 1984*, Walter de Gruyter, Berlim – Nova Iorque, 1984, pp. 145-158.

MAYHEW, Robert – "Aristotle on Property", in *The Review of Metaphysics*, June 1993, vol. XLVI, n.º 4, Issue n.º 184, pp. 803-831.

MAYHEW, Robert – *Aristotle's Criticism of Plato's Republic*, Rowman & Litlefield, Lanham, Maryland, 1997.

MCDONNELL, Kevin – "Does William of Ockham Have a Theory of Natural Law?", in *Franciscan Studies*, Vol. 34, Ano XII, 1974, pp. 383-392.

MCGRADE, Arthur Stephen – "Ockham and the Birth of Individual rights", in Brian Tierney e Peter Linehan (eds.), *Authority and Power: Studies on Medieval Law and Government Presented to Walter Ullmann on His Seventieth Birthday*, Cambridge University Press, Cambridge, 1980, pp. 149-165.

MCGRADE, Arthur Stephen – "Natural Law and Moral Omnipotence", in Paul Vincent Spade (ed.), *The Cambridge Companion to Ockham*, Cambridge University Press, Cambridge, 1999, pp. 272-301.
MCGRADE, Arthur Stephen – *The Political Thought of William of Ockham. Personal and Institutional Principles*, Cambridge University Press, Cambridge, 2002 (1974).
MCGRATH, Alister E. – *Iustitia Dei, A Histoty of the Chirstian Doctrine of Justification*, 2.ª ed., Cambridge University Press, Cambridge, 1998.
MCKEON, Richard – "The Development of the Concept of Property in Political Philosophy: A Study of the Background of the Constitution", in *Ethics*, Abril de 1938, pp. 297-366.
MCNALLY, David – "Locke, Levellers and Liberty: Property and Democracy in the Thought of the First Whigs", in *History of Political Thought*, vol. X, n.º 1, Primavera 1989, pp. 17-40.
MEADE, J. E. – *Efficiency, Equality and the Ownership of Property*, Harvard University Press, Cambridge, Massachusetts, 1965.
MEDEIROS, Rui – *Ensaio sobre a Responsabilidade Civil do Estado por Actos Legislativos*, Almedina, Coimbra, 1992.
MEDEIROS, Rui – "A Responsabilidade Civil pelo Ilícito Legislativo no Quadro da Reforma do Decreto-Lei n.º 48.051", in AA. VV., *A Responsabilidade Civil Extracontratual do Estado. Trabalhos Preparatórios da Reforma*, Coimbra Editora, Coimbra, 2002, pp. 193-215.
MEIKLE, S. – "Aristotle and Exchange Value" , in David Keyt e Fred D. Miller, Jr. (eds.), *A Companion to Aristotle's Politics*, Blackwell, Oxford, 1991, pp. 156-181.
MELNICK, R. Shep – "The Politics of the New Property: Welfare Rights in Congress and the Courts", in Ellen Frankel Paul e Howard Dickman (eds.), *Liberty, Property, and the Future of Constitutional Development*, State University of New York Press, Albany, 1990, pp. 199-240.
MENDES, Fernando Ribeiro – *Conspiração Grisalha: Segurança Social, Competitividade e Gerações*, Celta Editora, Oeiras, 2005.
MERÊA, Paulo – *Introdução ao Problema do Feudalismo em Portugal: Origens do Feudalismo e Caracterização deste Regime em Portugal*, F. França Amado, Coimbra, 1912.
MERÊA, Paulo – *Exposição Sucinta da História do Direito Português Segundo as Prelecções do Exmo. Sr. Doutor Paulo Merêa ao Curso de 1921-1922*, notas coligidas por Adelino Marques e Constantino Cardoso, Coimbra, 1922.
MERÊA, Paulo – *O Poder Real e as Cortes*, Coimbra, 1923.
MERÊA, Paulo – *Suárez, Grócio, Hobbes*, (1941), in *Sobre a Origem do Poder Civil: Estudos sobre o Pensamento Político e Jurídico dos Séculos XVI e XVII*, Tenacitas, Coimbra, 2003.
MERRIL, Clark A. – "Leo Strauss's Indictment of Christian Philosophy", in *The Review of Politics*, vol. 62, Inverno de 2001, n.º 1.
MERRILL, Thomas W. e SMITH Henry E. – "What Happened to Property in Law and Economics?", in *The Yale Law Journal*, vol. 111, Novembro de 2001, n.º 2, pp. 357-398.
MESQUITA, Manuel Henrique – *Obrigações Reais e Ónus Reais*, Almedina, Coimbra, 1990.
MEYER, Rudolf W. – "Das Verhältnis von «Person» und «Eigentum» in Hegels Philosophie des Rechts", in Helmut Holzhey e Georg Kohler (eds.), *Eigentum und seine Gründe. Ein philosophischer Beitrag aus Anlass der schweizerischen Verfassungsdiskussion* (Studia Philosophica Supplementum 12/1983), Verlag Paul Haupt, Berna e Estugarda, 1983, pp. 69-86.

MEYNIAL, Edouard – "Notes sur la Formation du Domaine Divise (Domaine Direct et Domaine Utile) du XIIe au XIVe Siècles dans les Romanistes, Étude de Dogmatique Juridique", in *Mélanges Fitting*, tomo II, Société Anonyme de l'Imprimerie Générale du Midi, Montpellier, 1908, pp. 411-461.

MICHELMAN, Frank I. – "Ethics, Economics, and the Law of Property", in J. Roland Pennock e John W. Chapman (eds.), *Ethics, Economics, and the Law*, NOMOS XXIV, New York University Press, Nova Iorque, 1982, pp. 3-40 [também publicado em Elizabeth Mensch e Alan Freeman (eds.), *Property Law*, vol. I, Dartmouth, Aldershot, 1992, pp. 427-464].

MICHELMAN, Frank I. – "Possession v. Distribution in the Constitutional Idea of Property", in *Iowa Law Review*, vol. 72, n.º 5, Julho de 1987, pp. 1319-1350.

MICHELMAN, Frank I. – "Tutelary Jurisprudence and Constitutional Property", in Ellen Frankel Paul e Howard Dickman (eds.), *Liberty, Property, and the Future of Constitutional Development*, State University of New York Press, Albany, 1990, pp. 127-171.

MICHELMAN, Frank I. – "Construing Old Constitutional Texts: Regulation of Use as 'Taking' of Property in United States Constitutional Jurisprudence", in Eivind Smith (ed.), *Constitutional Justice under Old Constitutions*, Kluwer Law International, Haia, 1995, pp. 227-250.

MICHELMAN, Frank I. – "Socio-Political Functions of Constitutional Protection for Private Property Holdings (In Liberal Political Thought)", in G. E. van Maanen e A. J. van der Walt, (eds.), *Property Law on the Threshold of the 21st Century. Proceedings of the International Colloquium, 28-30 August 1995*, Maastricht, Maklu, Antuérpia, 1996, pp. 433-450.

MIETHKE, Jürgen – *Ockhams Weg zur Sozialphilosophie*, Walter de Gruyter, Berlim, 1969.

MIETHKE, Jürgen – "The Concept of Liberty in William of Ockham", in AA. VV., *Théologie et Droit dans la Science Politique de l'État Moderne, Actes de la Table Ronde Organisée par l'École Française de Rome avec le Concours du CNRS, Rome, 12-14 novembre 1987*, École Française de Rome, Palais Farnèse, 1991, pp. 89-100.

MIETHKE, Jürgen – "Ockhams politische Theorie", in Wilhelm von Ockham, *Dialogus, Auszüge zur politischen Theorie*, Ausgewählt, übersetzt un mit einem Nachwort versehen von Jürgen Miethke, Wissenschaftliche Buchgesellschaft, Darmstadt, 1992, pp. 209-242.

MIETHKE, Jürgen – "La Théorie Politique de Guillaume d'Ockham", in Alain Renaut (dir.), *Histoire de la Philosophie Politique, vol. II – Naissances de la Modernité*, Calmann-Lévy, 1999, pp. 87-125.

MILBANK, John – *Theology and Social Theory. Beyond Secular Reason*, Oxford, Reino Unido, e Cambridge, Estados Unidos da América, 1990.

MILLER, Jr., Fred D. – *Nature, Justice, and Rights in Aristotle's* Politics, Clarendon Press, Oxford, 1997.

MILLER, Jr., Fred D. – "The Natural Right to Private Property", in Tibor R. Machan (ed.), *The Libertarian Reader*, Rowman and Littlefield, Totowa, New Jersey, 1982, pp. 275-287 [= Svetozar Pejovich (ed.), *The Economics of Property Rights, Volume I: Cultural, Legal and Philosophical Issues*, Edward Elgar Publishing, Cheltenham, 2001, pp. 55-67].

MILLER, Jr., Fred D. – "Aristotle's Theory of Political Rights", in Richard O. Brooks e James Bernard Murphy (eds.), *Aristotle and Modern Law*, Ashgate / Dartmouth, Aldershot, 2003, pp. 309-350.

MILLER, Jr., Fred. D. – "Naturalism", in Christopher Rowe e Malcolm Schofield (eds.), *The Cambridge History of Greek and Roman Political Thought*, Cambridge University Press, Cambridge, 2005, pp. 321-343.

MILSOM, S. F. C. – *The Legal Framework of English Feudalism. The Maitland Lectures Given in 1972*, Cambridge University Press, Cambridge, 1976.

MIRANDA, Jorge – *Um Projecto de Constituição*, Edição do autor, Braga, 1975.

MIRANDA, Jorge – *Direito da Economia*, Faculdade de Ciências Humanas da Universidade Católica Portuguesa, policopiado, Lisboa, 1982-1983.

MIRANDA, Jorge – *Manual de Direito Constitucional, Tomo IV – Direitos Fundamentais*, 3.ª edição, Coimbra Editora, Coimbra, 2000.

MIRANDA, Jorge – *O Constitucionalismo Liberal Luso-Brasileiro*, Comissão Nacional para a Comemoração dos Descobrimentos Portugueses, Lisboa, 2001.

MIRANDA, Jorge – "Pensões no Sector Bancário e Direito à Segurança Social", in *Jurisprudência Constitucional*, n.º 7, Julho-Setembro de 2005, pp. 3-20.

MIRANDA, Jorge e MEDEIROS, Rui – *Constituição Portuguesa Anotada*, Tomos I e II, Coimbra Editora, Coimbra, 2005/2006.

MOMMSEN, Theodor – *Histoire Romaine* (tradução do original *Römische Geschichte*), nouvelle édition, traduite par De Guerle, tomo primeiro, Ernest Flamarion, Paris, s. d.

MONAHAN, Arthur P. – *From Personal Duties towards Personal Rights: Late Medieval and Early Modern Political Thought*, 1300-1600, McGill-Queen's University Press, Montreal, 1994.

MONCADA, L. Cabral de – *Subsídios para uma História da Filosofia do Direito em Portugal (1772-1911)*, 2.ª ed., Coimbra Editora, Coimbra, 1938.

MONCADA, L. Cabral de – *Filosofia do Direito e do Estado*, Vol. I – Parte Histórica, 2.ª edição revista e acrescentada, Arménio Amado, Coimbra, 1955.

MONIER, Raymond – "La date d'Apparition du *Dominium* et de la Distinction Juridique des *Res* en *Corporales* et *Incorporales*", in AA. VV., *Studi in Onore di Siro Solazzi*, Casa Editrice Dott. Eugenio Jovene, Nápoles, 1948.

MONOD, Jean-Claude – *La Querelle de la Sécularisation. Théologie Politique et Philophies de l'Histoire de Hegel à Blumenberg*, Vrin, Paris, 2002.

MONTESQUIEU, Charles Louis de Secondat, Baron de – *De l'Esprit des Lois*, tomo II, introdução, cronologia, bibliografia, fixação de variantes e notas de Robert Derathé, Bordas, Paris, 1990.

MOREIRA, Guilherme Alves – *Instituições do Direito Civil Português*, Volume I – Parte Geral, Coimbra, Imprensa da Universidade, 1907.

MORIYA, Kenichi – *Savignys Gedanke im Recht des Besitzes* (Savignyana, Texte und Studien, 6), Vittorio Klostermann, Frankfurt am Main, 2003.

MOUNIER, Emmanuel – *De la Propriété Capitaliste à la Propriété Humaine* (1934), in *Refaire la Renaissance*, Éditions du Seuil, Paris, 2000, pp. 359-437.

MUIRHEAD, Russell – *Just Work*, Harvard University Press, Cambridge, Mass., e Londres, 2004.

MULLER, Jerry Z. – *The Mind and the Market: Capitalism in Modern European Thought*, Anchor Books, Nova Iorque, 2002.

MUNZER, Stephen R. – *A Theory of Property*, Cambridge University Press, Cambridge, 1990.

DE MURALT, André – *L'Unité de la Philosophie Politique de Scot, Occam et Suárez au Libéralisme Contemporain*, Vrin, Paris, 2002.

MURPHY, Liam e NAGEL, Thomas – *The Myth of Ownership : Taxes and Justice*, Oxford University Press, Oxford e Nova Iorque, 2002.

NABAIS, José Casalta – *O Dever Fundamental de Pagar Impostos. Contributo para uma Compreensão Constitucional do Estado Fiscal Contemporâneo*, Almedina, Coimbra, 1998.

NADON, Christopher – "Aristotle and the Republican Paradigm: A Reconsideration of Pocock's *Machiavellian Moment*", in *The Review of Politics*, vol. 58, Outono de 1996, n.º 4, pp. 677-698.

NAGEL, Thomas – "Comments: Individual versus Collective Responsibility", in *Fordham Law Review*, vol. LXXII, Abril de 2004, n.º 5, pp. 2015-2020.

NATALI, Carlo – "Aristote et la Chrématistique", in Günther Patzig (ed.), *Aristoteles' 'Politik', Akten des XI. Symposium Aristotelicum Friedrichshafen /Bodensee 25.8-3.9.87*, Vandenhoeck & Ruprecht, Göttingen, 1990, pp. 296-324.

NEDELSKI, Jennifer – *Private Property and the Limits of American Constitutionalism: The Madisonian Framework and its Legacy*, The University of Chicago Press, Chicago e Londres, 1990.

NEDELSKI, Jennifer – "American Constitutionalism and the Paradox of Private Property", in Jon Elster e Rune Slagstad (eds.), *Constitutionalism and Democracy*, Cambridge University Press, Cambridge, 1993, pp. 241-273.

NEDELSKI, Jennifer – "Should Property Be Constitutionalized? A Relational and Comparative Approach", in G. E. van Maanen e A. J. van der Walt, (eds.), *Property Law on the Threshold of the 21st Century. Proceedings of the International Colloquium, 28-30 August 1995*, Maastricht, Maklu, Antuérpia, 1996, pp. 417-432.

NEGRO, Franco – *La Storia Economica e Sociale della Proprietà (Crisi o evoluzione del diritto di Proprietà?)*, 4.ª ed., Forni Editore, Bolonha, 1970.

NELL-BREUNING, Oswald von – "Der Lohn als Erwerbsmittel und Eigentumsquelle", in AA. VV., *Eigentum und Eigentümer in unserer Gesellschaftsordnung*, Veröffentlichungen der Walter-Raymond-Stiftung, Band 1, Westdeutscher Verlag, Köln und Opladen, 1960, pp. 51-72.

NEUNER, Jörg – *Privatrecht und Sozialstaat*, C. H. Beck'sche Verlagsbuchhandlung, Munique, 1999.

NEVES, A. Castanheira – *Digesta, Escritos Acerca do Direito, do Pensamento Jurídico, da sua Metodologia e Outros*, vol. 2, Coimbra Editora, Coimbra, 1995.

NEVES, Ilídio das – *Direito da Segurança Social: Princípios Fundamentais numa Análise Prospectiva*, Coimbra Editora, Coimbra, 1996.

NEVES, Ilídio das – *Dicionário Técnico e Jurídico de Protecção Social*, Coimbra Editora, Coimbra, 2001.

NEVES, Ilídio das – *Lei de Bases da Segurança Social Comentada e Anotada*, Coimbra Editora, Coimbra, 2003.

NEW, John F. H. – "Harrington, a Realist'" e "The Meaning of Harrington's Agrarian", in Charles Webster (ed.), *The Intelectual Revolution of the Seventeenth Century*, Routledge & Kegan Paul, Londres e Boston, 1974, pp. 54-61 e 67-69.

NEWMAN, W. L. – *The Politics of Aristotle*, com uma introdução, dois ensaios preparatórios e notas críticas e explanatórias, 4 vols., Clarendon Press, Oxford, 1887-1902 (reimpressão de 2000).
NICHOLAS, Barry – *An Introduction to Roman Law*, 3.ª ed., Clarendon Press, Oxford, 1987.
NICKEL, James W. – "Economic Liberties", in Victoria Davion e Clark Wolf (eds.), *The Idea of a Political Liberalism: Essays on Rawls*, Rowman & Littlefield Publishers, Inc., Lanham / Boulder / Nova Iorque / Oxford, 2000, pp. 155-175.
NICOLINI, Ugo – *La Proprietà, il Principe e l'Espropriazione per Pubblica Utilità: Studi sulla Dottrina Giuridica Intermedia*, Giuffrè, Milão, 1940.
NINO, Carlos Santiago – *Fundamentos de Derecho Constitucional: Análises Filosófico, Jurídico y Politológico de la Práctica Constitucional*, Editorial Astrea, Buenos Aires, 1992.
NIORT, J.-F. e VANNIER, G. (eds.) – *Michel Villey et le Droit Naturel en Question*, Éditions L'Harmattan, Paris, 1994.
NIPPEL, Wilfried – "*Homo Politicus* and *Homo Oeconomicus*: The European Citizen According to Max Weber", in Anthony Pagden (ed.), *The Idea of Europe: From Antiquity to the European Union*, Woodrow Wilson Center Press e Cambridge University Press, Cambridge, 2002.
NÖRR, Knut Wolfgang – *Eher Hegel als Kant: Zum Privatrechtsverständnis im 19. Jahrhundert*, Ferdinand Schöningh, Paderborn-München-Wien-Zürich, 1991.
NÖRR, Knut Wolfgang – "Zur Frage des subjektiven Rechts in der mittelalterlichen Rechtswissenschaft", in Dieter Medicus, Hans-Joachim Mertens, Knut Wolfgang Nörr, Wolfgang Zöllner (eds.), *Festschrift für Hermann Lange zum 70. Geburtstag am 24. Januar 1992*, Verlag W. Kohlhammer, Estugarda-Berlim-Colónia, 1992, pp. 193-204.
NORTH, Gary – "Undermining Property Rights: Coase and Becker", in *Journal of Libertarian Studies*, vol. 16, n.º 4, 2002, pp. 75-100.
NOVAIS, Jorge Reis – *As Restrições aos Direitos Fundamentais Não Expressamente Previstas na Constituição*, Coimbra Editora, Coimbra, 2003.
NOVAIS, Jorge Reis – *Os Princípios Constitucionais Estruturantes da República Portuguesa*, Coimbra Editora, Coimbra, 2004.
NOVAIS, Jorge Reis – "Os Direitos Fundamentais nas Relações Jurídicas entre Particulares", in *Direitos Fundamentais: Trunfos contra a Maioria*, Coimbra Editora, Coimbra, 2006, pp. 69-116.
NOVAIS, Jorge Reis – "Ainda sobre o *Jus aedificandi* (...mas agora como Problema de Direitos Fundamentais)", in *Direitos Fundamentais: Trunfos contra a Maioria*, Coimbra Editora, Coimbra, 2006, pp. 117-153.
NOZICK, Robert – *Anarchy, State, and Utopia*, Basil Blackwell, Oxford, 1991 (1974).
NUSSBAUM, Martha – "Aristotelian Social Democracy", in R. Bruce Douglass, Gerald M. Mara e Henry S. richardson (eds.), *Liberalism and the Good*, Routledge, Nova Iorque e Londres, 1990, pp. 203-252 [também publicado, com um pós-escrito, em Aristide Tessitore (ed.), *Aristotle and Modern Politics: The Persistence of Political Philosophy*, University of Notre Dame Press, Notre Dame, Indiana, 2002, pp. 47-104].
NÜßGENS, Karl / BOUJONG, Karlheinz – *Eigentum, Sozialbildung, Enteignung*, Verlag C. H. Beck, Munique, 1987.
OAKLEY, Francis – *Los Siglos Decisivos – La Experiencia Medieval* (tradução do original *The Crucial Centuries – The Mediaeval Experience*), Alianza Editorial, Madrid, 1980.

OAKLEY, Francis – "Medieval Theories of Natural Law: William of Ockham and the Significance of the Voluntarist Tradition", in *Natural Law Forum*, VI, 1961, pp. 65-83 (também publicado em *Natural Law, Conciliarism and Consent in the Late Middle Ages: Studies in Ecclesiastical and Intellectual History*, Variorum Reprints, Londres, 1984).

OAKLEY, Francis – *The Political Thought of Pierre d'Ailly, The Voluntarist Tradition*, Yale University Press, New Haven e Londres, 1964.

OAKLEY, Francis – *Omnipotence, Covenant and Order, An Excursion in the History of Ideas from Abelard to Leibniz*, Cornell University Press, Ithaca e Londres, 1984.

OAKLEY, Francis – *Politics and Eternity, Studies in the History of Medieval and Early Modern Political Thought*, Brill, Leiden-Boston-Colónia, 1999.

OAKLEY, Francis – "La Puissance Absolue et Ordonnée de Dieu et du Roi aux XVIème et XVIIème Siécles", in Guido Canziani, Miguel A. Granada e Yves Charles Zarka (eds.), *Potentia Dei, L'Omnipotenza Divina nel Pensiero dei Secoli XVI e XVII*, Francoangeli, Milão, 2000, pp. 667-679.

OBER, Josiah – *The Athenian Revolution: Essays on Ancient Greek Democracy and Political Theory*, Princeton University Press, Princeton, New Jersey, 1996.

OBERMAN, Heiko Augustinus – *The Harvest of Medieval Theology: Gabriel Biel and Late Medieval Nominalism*, Baker Academic, Grand Rapids, 2000 (reimpressão da 3.ª ed., de 1983)

OCKHAM, Guilherme de – *Dialogus de imperio et pontificia potestate*, in *Opera Plurima*, Lyon, 1494-1496, reimpressão em fac-símile com um quadro de abreviaturas, Gregg Press, Farnborough, 1962.

OCKHAM, Guilherme de – *Breviloquium de principatu tyrannico*, in Richard Scholz, *Wilhelm von Ockham als politischer Denker und sein Breviloquium de principatu tyrannico*, Anton Hiersemann, Stuttgart, 1952 (reimpressão da edição de 1944).

OCKHAM, Guilherme de – *Opera Politica*, vol. I (inclui: *Octo quaestiones de potestate papae*; *An princeps*; *Consultatio de causa matrimoniali*; *Opus nonaginta dierum*, capitula 1-6), edição de H. S. Offler, 2.ª ed. completamente revista, The University Press, Manchester, 1974.

OCKHAM, Guilherme de – *Opera Politica*, vol. II (inclui: *Opus nonaginta dierum*, capitula 7-124), edição de R. F. Bennett e H. S. Offler, The University Press, Manchester, 1963.

OCKHAM, Guilherme de – *Opera Politica*, vol. III (inclui: *Epistola ad fratres minores*; *Tratactatus contra Ioannem*; *Tractatus contra Benedictum*), edição de H. S. Offler, The University Press, Manchester, 1956.

OCKHAM, Guilherme de – *Opera Theologica*, in *Guillelmi de Ockham opera philosophica et theologica*, editada por Gedeon Gál et al., 17 volumes, The Franciscan Institute, St. Bonaventure, 1967-1988.

OCKHAM, Guilherme de – *Quodlibetal Questions, Volumes 1 and 2, Quodlibets 1-7*, tradução de Alfred J. Freddoso e Francis E. Kelley, Yale University Press, New Haven e Londres, 1991.

OCKHAM, Guilherme de – *A Short discourse on the Tyrannical Government Over Things Divine and Human, but Especially Over the Empire, Usurped by Some Who Are Called Highest Pontiffs* (tradução do original *Breviloquium de principatu tyrannico*), ed. por Arthur Stephen McGrade e traduzido por John Kilculen, Cambridge University Press, Cambridge, 1992.

OCKHAM, Guilherme de – *A Letter to the Friars Minor and Other Writings* (inclui traduções dos seguintes originais: *Epistola ad Fratres Minores*; *Opus nonaginta dierum*, capitulos 2, 26-28, 65, 88 e 93; *Dialogus*, Parte III, Tratado I, Livro 2, Livro 3, capítulos 8-11, Livro 4, capítulos 8-11 e 22; *Dialogus*, Parte III, Tratado II, Prólogo, Livro 1, capítulos 1-17, Livro 3, capítulos 5-7; *Octo quaestiones de potestate papae*, Questão III), editado por Arthur Stephen McGrade e John Kilcullen e traduzido por John Kilcullen, Cambridge University Press, Cambridge, 1995.

OCKHAM, Guilherme de – *Dialogus, Auszüge zur politischen Theorie* (inclui tradução para alemão dos seguintes originais: *Epistola ad Fratres Minores*; *Dialogus*, Parte I, Prólogo, Livro II, caps. 18-19, Livro V, caps. 1-5, Livro VI, caps. 37-39 e 99-100, Livro VII, caps. 47 e 72-73; *Dialogus*, Parte III, Tratado I, Livro I, caps. 1, 5-7 e 16-17, Livro II, caps. 3-8, 15 e 20; Tratado II, Prólogo, Livro I, caps. 14-17, 18, 20-23, 26-27, 29-31, Livro II, caps. 20-28, Livro III, cap. 6), Ausgewählt, übersetzt un mit einem Nachwort versehen von Jürgen Miethke, Wissenschaftliche Buchgesellschaft, Darmstadt, 1992.

OCKHAM, Guilherme de – *Court Traité du Pouvoir Tyrannique sur les Choses Divines et Humaines – et Tout Spécialment sur l'Empire et sur Ceux que Sont Assujettis à l'Empire – Usurpé par Ceux que Certains Appellent «Souverains Pontifes»*, tradução do original *Breviloquium de principatu tyrannico*, introdução e biobliografia de Jean-Fabien Spitz, Presses Universitaires de France, Paris, 1999.

OCKHAM, Guilherme de – *A Translation of William of Ockham's Work of Ninety Days*, vols. 1 e 2, tradução do original *Opus nonaginta dierum* por John Kilcullen e John Scott com um prefácio de A. S. McGrade, The Edwin Mellen Press, Lewiston-Queenston-Lampeter, 2001.

OFFE, Claus – "A Non-Productivist Design for Social Policies", in Philippe Van Parijs (ed.), *Arguing for Basic Income: Ethical Foundations for a Radical Reform*, Verso, Londres e Nova Iorque, 1992, pp. 61-78.

OFFE, Claus – *Varieties of Transition: The East European and East German Experience*, Polity Press, Cambridge, 1996.

OFFE, Claus – *Modernity and the State. East, West*, Polity Press, Cambridge, 1996.

OFFLER, H. S. – "The Three Modes of Natural Law in Ockham: A Revision of the Text", in *Franciscan Studies*, Vol. 37, Ano XV, 1977, pp. 207-218.

OLIVECRONA, Karl – "The Term 'Property' in Locke's Two Treatises", in *Archiv für Rechts- und Sozialphilosophie*, Vol. LXI/1, 1975, pp. 109-115.

OLIVECRONA, Karl – "Appropriation in the State of Nature: Locke on the Origin of Property", in Richard Ashcraft (ed.), *John Locke: Critical Assessments*, vol. III, Routledge, Londres e Nova Iorque, 1991, pp. 308-326.

OLIVECRONA, Karl – "Locke's Theory of Appropriation", in Richard Ashcraft (ed.), *John Locke: Critical Assessments*, vol. III, Routledge, Londres e Nova Iorque, 1991, pp. 327-342.

OLIVI, Petrus Ioanis – *De Usu Paupere. The Quaestio and the Tractatus*, edição de David Burr, Leo S. Olschki Editore, Florença, 1992.

D'ORS, Alvaro – "Aspectos Objetivos y Subjetivos del Concepto de «*Ius*»", in AA. VV., *Studi in Memoria di Emilio Albertario*, vol. II, Giuffrè, Milão, 1953, pp. 279-299.

D'ORS, Alvaro – *Derecho Privado Romano*, 8.ª ed., Ediciones Universidad de Navarra, Plampona, 1991.

OSSENBÜHL, Fritz – "Die Eigentumsschutz sozialrechtlicher Positionen in der Rechtsprechung des Bundesverfassungsgerichts", in Walther Fürst, Roman Herzog e Dieter C. Umbach (eds.), *Festschrift für Wolfgang Zeidler*, vol. 1, Walter de Gruyter, Berlim / Nova Iorque, 1987, pp. 625-644.
OSSENBÜHL, Fritz – *Staatshaftungsrecht*, 4.ª edição completamente refundida e aumentada, C. H. Beck'sche Verlagsbuchhandlung, Munique, 1991.
OSSENBÜHL, Fritz – "Eigentumsschutz gegen Nutzungsbeschränkungen", in Josef Isensee e Helmut Lecheler (eds.), *Freiheit und Eigentum, Festschrift für Walter Leisner zum 70. Geburtstag*, Duncker & Humblot, Berlim, 1999, pp. 689-705.
OSSENBÜHL, Fritz – "Die Haftung des Staates für hoheitliche Akte der Legislative, Administrative und Judikative", in AA. VV., *A Responsabilidade Civil Extracontratual do Estado. Trabalhos Preparatórios da Reforma*, Coimbra Editora, Coimbra, 2002, pp. 169-181.
OTERO, Paulo – *Vinculação e Liberdade de Conformação Jurídica do Sector Empresarial do Estado*, Coimbra Editora, Coimbra, 1998.
OTSUKA, Michael – "Self-Ownership and Equality: A Lockean Reconciliation", in Peter Vallentyne e Hillel Steiner (eds.), *Left-Libertarianism and Its Critics: The Contemporary Debate*, Palgrave, Houndmills e Nova Iorque, 2000, pp. 149-173.
PADUA, Marsilius de – *Defensor Pacis*, tradução e introdução de Alan Gewirth, posfácio e bibliografia de Cary J. Nederman, Columbia University Press, Nova Iorque, 2001.
PAINE, Thomas – "Agrarian Justice (1797)", in *Political Writings*, ed. por Bruce Kuklick, Cambridge University Press, Cambridge, 2000, pp. 319-338.
PAIS, Álvaro – *Estado e Pranto da Igreja (Status et Planctus Ecclesiae)*, vols. VI e VII, estabelecimento do texto e tradução de Miguel Pinto de Meneses, Junta Nacional de Investigação Científica e Tecnológica, Lisboa, 1996 e 1997.
PALACZ, Ryszard – "Libertas als eine Grundkategorie der gesellschaftlichen Philosophie bei Ockham", in Albert Zimmermann (ed.), *Soziale Ordnungen im Selbstverständnis des Mittelalters, Miscellanea Mediaevalia*, 12/2, Walter de Gruyter, Berlim – Nova Iorque, 1980, pp. 408-426.
PANGLE, Thomas L. – *The Spirit of Modern Republicanism: The Moral Vision of the American Founders and the Philosophy of Locke*, The University of Chicago Press, Chicago, 1988.
PAPIER, Hans-Jürgen – "Staatliche Eigentumsgarantie und die Sozialbildung des Eigentums", in Werner Dichmann e Gerhard Fels (eds.), *Gesellschaftliche und ökonomische Funktionen des Privateigentums*, Deutscher-Instituts-Verlag, Colónia, 1993, pp. 92-113.
PAPIER, Hans-Jürgen – "Art. 14 GG", in MAUNZ, Theodor / DÜRIG, Günther, *Grundgesetz, Kommentar*, Band 2, Verlag C. H. Beck, München, Stand 2002.
PARADISI, Bruno – *Studi sul Medioevo Giuridico*, vols. I e II, Istituto Storico Italiano per il Medio Evo, Roma, 1987.
PAREKH, Bikhu – "Hannah Arendt's Critique of Marx", in Melvyn A. Hill (ed.), *Hannah Arendt: The Recovery of the Public World*, St. Martin's Press, Nova Iorque, 1979, pp. 67-100.
PAREL, Anthony – "Aquinas's Theory of Property", in Anthony Parel e Thomas Flanagan (eds.), *Theories of Property: Aristotle to the Present*, Wilfrid Laurier University Press, Waterloo, Ontario, 1979, pp. 89-111.

PARIS, João de – *On Royal and Papal Power* (tradução do original *De potestate regia et papali*, 1302-1303), tradução e introdução de J. A. Watt, The Pontifical Institute of Mediaeval Studies, Toronto, 1971.
PARISOLI, Luca – *Volontarismo e Diritto Soggettivo, La Nascita Medievale di una Teoria dei Diritti nella Scolastica Francescana*, Istituto Storico dei Cappuccini, Roma, 1999.
PARSONS, Talcott – *Action Theory and the Human Condition*, The Free Press, Nova Iorque, 1978.
PARSONS, Talcott – "Christianity and Modern Industrial Societies", in Bryan S. Turner (ed.), *The Talcott Parsons Reader*, Blackwell, Oxford, 1999.
PASNAU, Robert – *Thomas Aquinas on Human Nature, A Philosophical Study of* Summa Theologiae *Ia 75-89*, Cambridge University Press, Cambridge, 2002.
PASQUINO, Pasquale – "Thomas Hobbes: La Condition Naturelle de l'Humanité", in *Revue Française de Science Politique*, vol. 44, n.º 2, Abril de 1994, pp. 294-307.
PASTORI, Franco – "Il Doppio Dominio dei Glossatori e la Tradizione Romanistica", in AA. VV., *Studi in Onore di Giuseppe Grosso*, vol. VI, G. Giappichelli, Turim, 1974, pp. 307-331.
PATTEN, Alan – *Hegel's Idea of Freedom*, Oxford University Press, Oxford, 1999.
PELLEGRIN, Pierre – "Hausverwaltung und Sklaverei (I.3-13)", in Otfried Höffe (ed.), *Aristoteles: Politik*, Akademie Verlag, Berlim, 2001, pp. 37-57.
PENNER, J. E. – *The Idea of Property in Law*, Oxford University Press, Oxford, 1999.
PEREIRA, Miguel Baptista – *Modernidade e Secularização*, Livraria Almedina, Coimbra, 1990.
PETTIT, Philip – *Republicanism, A Theory of Freedom and Government*, Clarendon Press, Oxford, 1999 (1997).
PETTIT, Philip – "Republican Freedom and Contestatotry Democratization", in Ian Shapiro e Casiano Hacker-Córdon (eds.), *Democracy's Value*, Cambridge University Press, Cambridge, 1999.
PETTIT, Philip – *A Theory of Freedom: From the Psychology to the Politics of Agency*, Oxford University Press, Nova Iorque, 2001.
PICCINELLI, Ferdinandi – *Studî e Ricerche Intorno alla Definizione* Dominium est ius utendi et abutendi re sua quatenus iuris ratio patitur, reimpressão da edição de 1886, com uma nota de leitura de Luigi Capogrossi Colognesi, Jovene Editore, Nápoles, 1980.
PIEROTH, Bodo e SCHLINK, Bernhard – *Grundrechte Staatsrecht II*, 18., neubearbeitete Auflage, C. F. Müller Verlag, Heidelberg, 2002.
PINTO, Paulo Mota – "O Direito ao Livre Desenvolvimento da Personalidade", in AA. VV., *Portugal-Brasil Ano 2000: Tema Direito*, Coimbra Editora, Coimbra, 1999, pp. 149-246.
PIO XI – *Litterae Encyclicae «Quadragesimo Anno» - Ad venerabiles fratres Patriarchas, Primates, Archiepiscopos, Episcopos aliosque locorum Ordinarios, pacem et communionem cum Apostolica Sede habentes itemque ad Christifideles Catholici Orbis Universos: De ordine sociali instaurando et ad evangelicae legis normam perficiendo, in annum XL post editas Leonis XIII Litteras encyclicas «Rerum novarum» - 15 Maii 1931*, in *Acta Apostolicae Sedis*, Annus XXIII, Vol. XXIII, 1 Junii 1931, Num. 6, pp. 177-228.
PIPES, Richard – *Property and Freedom*, Alfred A. Knopf, Nova Iorque, 1999.
PIPPIN, Robert B. – *Idealism as Modernism, Hegelian Variations*, Cambridge University Press, Cambridge, 1997.

PIPPIN, Robert – "Hegel, Freedom, The Will. *The Philosophy of Right* (§§ 1-33)", in Ludwig Siep (ed.), *G. W. F. Hegel, Griundlinien der Philosophie des Rechts*, Akademie Verlag, Berlim, 1997, pp. 31-53.

PIPPIN, Robert B. – *Modernism as a Philosophical Problem, On the Dissatisfactions of European High Culture*, 2.ª ed., Blackwell, Oxford, 1999.

PIRES, Edmundo Balsemão – "Entre o Facto da Separação e a Exigência da Unidade: A Sociedade Civil Hegeliana", in António Manuel Martins (coord.), *Sociedade Civil. Entre Miragem e Oportunidade*, Faculdade de Letras, Coimbra, 2003, pp. 145-189.

PIRES, Edmundo Balsemão – *Povo, Eticidade e Razão: Contributos para o Estudo da Filosofia Política de Hegel*, vols. I e II, Imprensa Nacional-Casa da Moeda, Lisboa, 2006.

PIRET, Armand – *La Rencontre chez Pothier des Conceptions Romaine et Féodal de la Propriété Foncière*, Recueil Sirey, Paris, 1937.

PITKIN, Hanna – *The Attack of the Blob : Hannah Arendt's Concept of the Social*, The University of Chicago Press, Chicago e Londres, 1998.

PLAMENATZ, John – *Man and Society: Political and Social Theories from Machiavelli to Marx*, vol. I, noda edição revista por M. E. Plamenatz e Robert Wokler, Longman, Londres e Nova Iorque, 1992.

PLANT, Raymond – "Economic and Social Integration in Hegel's Political Philosophy", in Donald Phillip Verene (ed.), *Hegel's Social and Political Thought. The Philosophy of Objective Spirit*, Humanities Press, New Jersey, 1980, pp. 59-90.

PLANT, Raymond – "Hegel on Identity and Legitimation", in Z. A. Pelczynski (ed.), *The State and Civil Society: Studies in Hegel's Political Philosophy*, Cambridge University Press, Cambridge, 1984, pp. 227-243.

PLATÃO – *Êutifron, Apologia de Sócrates, Críton*, tradução, introdução e notas de José Trindade dos Santos, 4.ª ed., Imprensa Nacional-Casa da Moeda, 1993.

PLATÃO – *Górgias*, introdução, tradução do grego e notas de Manuel de Oliveira Pulquério, 4ª ed., Edições 70, Lisboa 2000.

POCOCK, J. G. A. – "Early Modern Capitalism – The Augustan Perception", in Eugene Kamenka e R. S. Neale (eds.), *Feudalism, Capitalism and Beyond*, Edward Arnold, Londres, 1975, pp. 62-83.

POCOCK, J. G. A. (ed. e introdução) – *The Political Works of James Harrington*, Cambridge University Press, Cambridge, 1977.

POCOCK, J. G. A. – "Cambridge Paradigms and Scotch Philosophers: A Study of the Relations between the Civic Humanist and the Civil Jurisprudential Interpretation of Eighteenth-Century Political Thought", in Istvan Hont e Michael Ignatieff (eds.), *Wealth and Virtue, The Shaping of Political Economy in the Scottish Enlightenment*, Cambridge University Press, Cambridge, 1985, pp. 235-252.

POCOCK, J. G. A. – *Virtue, Commerce, and History. Essays on Political Thought and History, Chiefly in the Eighteenth Century*, Cambridge University Press, Cambridge, 1985.

POCOCK, J. G. A. – *The Acient Constitution and the Feudal Law: A Study of English Historical Thought in the Seventeenth Century, A Reissue with a Retrospect*, Cambridge University Press, Cambridge, 1987.

POCOCK, J. G. A. – *Politics, Language, and Time: Essays on Political Thought and History*, The University of Chicago Press, Chicago e Londres, 1989 (1971).

POCOCK, J. G. A. – "Edward Gibbon in History: Aspects of the Text in *The History of the Decline and Fall of the Roman Empire*", in Grethe B. Peterson (ed.), *The Tanner Lectures on Human Values*, IX, 1990, University of Utah Press, Salt Lake City, 1990.

POCOCK, J. G. A. – "Negative and Positive Aspects of Locke's Place in Eighteenth-Century Discourse", in Martyn Thompson (ed.), *John Locke und/and Immanuel Kant, Historische Rezeption un gegenwärtige Relevanz / Historical Reception and Contemporary Relevance*, Duncker & Humblot, Berlim, 1991, pp. 45-61.

POCOCK, J. G. A. – "The Political Limits to Premodern Economics", in John Dunn (ed.), *The Economic Limits to Modern Politics*, Cambridge University Press, Cambridge, 1992.

POCOCK, J. G. A. – "Introduction", in James Harrington, *The Commonwealth of Oceana* and *A System of Politics*, edição de J. G. A. Pocock, Cambridge University Press, Cambridge, 1992.

POCOCK, J. G. A. – *The Machiavellian Moment, Florentine Political Thought and the Atlantic Republican Tradition*, second paperback edition with a new afterword, Princeton University Press, Princeton e Oxford, 2003 (1975).

POLANYI, Karl – "Aristote Découvre l'Économie", in K. Polanyi e C. Arensberg (eds.), *Les Systémes Économiques dans l'Histoire et dans la Théorie* (tradução do original americano), Librairie Larousse, Paris, 1975 (1957), pp. 93-117.

POLLOCK, Sir Frederick e MAITLAND, Frederic William – *The History of English Law before the Time of Edward I*, 2.ª ed, com nova introdução e bibliografia seleccionada por S. F. C. Milsom, vol. II, Cambridge University Press, Cambridge, 1968.

POSNER, Richard A. – *The Problems of Jurisprudence*, Harvard University Press, Cambridge, Massachusetts, e Londres, 1990.

POSNER, Richard A. – *Economic Analysis of Law*, Aspen Publishers, Inc., Nova Iorque, 1998.

POST, Gaines – "A Romano-Canonical Maxim, *Quod omnes tangit*, in Bracton and in Early Parliaments", in idem, *Studies in Medieval Legal Thought: Public Law and the State, 1100-1322*, Princeton University Press, Princeton, New Jersey, 1964.

POSTONE, Moishe – *Time, Labor and Social Domination: A Reinterpretation of Marx's Critical Theory*, Cambridge University Press, Cambridge, 2003.

POTHIER, Robert-Joseph – *Traité du Droit de Domaine de Propriété*, in M. Dupin Ainé, *Oeuvres de R.-J. Pothier Contenant les Traités du Droit Français*, tomo 5.º, H. Tarlier, Bruxelas, 1831.

POTHIER, Robert-Joseph – *Traité des Fiefs*, in M. Dupin Ainé, *Oeuvres de R.-J. Pothier Contenant les Traités du Droit Français*, tomo 6.º, H. Tarlier, Bruxelas, 1832.

PREUSS, Ulrich K. – *Die Internalisierung des Subjekts : Zur Kritik der Funktionsweise des subjektiven Rechts*, Suhrkamp Verlag, Frankfurt am Main, 1979.

PROUDHON, Pierre-Joseph – *Le Droit au Travail et le Droit de Propriété*, in *Œuvres Complètes de P.-J. Proudhon*, tome VII, A. Lacroix, Verboeckhoven & Ce., Éditeurs, Paris, 1868, pp. 191-239.

PROUDHON, Pierre-Joseph – *Les Confessions d'un Révolutionnaire pour Sérvir a l'Histoire de la Révolution de Février*, in *Œuvres Complètes de P.-J. Proudhon*, tome IX, A. Lacroix, Verboeckhoven & Ce., Éditeurs, Paris, 1868.

PROUDHON, Pierre-Jospeh – *Théorie de la Propriété, Suivie d'un Nouveau Plan d'Exposition Perpétuelle*, A. Lacroix, Verboeckhoven & Ce., Éditeurs, Paris, 1871.

PROUDHON, Pierre-Joseph – *O que é a Propriedade?* (tradução do original *Qu'est-ce que la Propriété? Ou Recherches sur le Principe du Droit et du Gouvernement. Ier Mémoire, 1840*), tradução de Marília Caeiro, 3.ª edição, Editorial Estampa, Lisboa, 1997.

PUFENDORF, Samuel – *De jure naturae et gentium libri octo*, Volume Two, The Translation of the Edition of 1688, por C. H. Oldfather e W. A. Oldfather, Clarendon Press, Oxford, 1934.

PUFENDORF, Samuel – *On the Duty of Mann and Citizen According to Natural Law* (tradução do original *De officio hominis et civis juxta legem naturalem libri duo*, 1673), edição de James Tully, tradução de Michael Silverthorne, Cambridge University Press, Cambridge, 1991.

PUGLIESE, Giovanni – "«*Res Corporales*», «*Res Incorporales*» e il Problema del Diritto Soggettivo", in *Rivista Italiana per le Scienze Giuridiche*, Serie III, Ano V, 1951, vol. V, Fasc. 1-4, pp. 237-274 (= *Studi in Onore di Vincenzo Arangio-Ruiz nel XLV Anno del Suo Insegnamento*, vol. III, Editore Jovene, Nápoles, 1953, pp. 223-260).

PUGLIESE, Giovanni – "Dalle «res incorporales» del Diritto Romano ai Beni Immateriali di Alcuni Sistema Giuridici Odierni", in *Rivista Trimestrale di Diritto e Procedura Civile*, Ano XXXVI, n.º 4, 1982, pp. 1137-1198.

PUGLIESE, Giovanni – "Appunti per una Storia della Protezione dei Diritti Umani", in *Rivista Trimestrale di Diritto e Procedura Civile*, Setembro de 1989, Ano XLIII, n.º 3, pp. 619-659.

QUADROS, Fausto de – "Expropriação por Utilidade Pública", in José Pedro Fernandes (dir.), *Dicionário Jurídico da Administração Pública*, vol. IV, Lisboa, 1991, pp. 306-314.

QUADROS, Fausto de – *A Protecção da Propriedade Privada pelo Direito Internacional Público*, Livraria Almedina, Coimbra, 1998.

QUILLET, Jeannine – *La Philosophie Politique de Marsile de Padoue*, Vrin, Paris, 1970.

QUILLET, Jeannine – "Un Exemple de Nominalisme Politique de la Scolastique Tardive: les Doctrines de Guillaume d'Ockham", in Yves Charles Zarka (ed.), *Aspects de la Pensée Médiévale dans la Philosophie Politique Moderne*, Presses Universitaires de France, Paris, 1999, pp. 61-66.

RABBI-BALDI, Renato Cabanillas – *La Filosofia Juridica de Michel Villey*, Ediciones Universidad de Navarra, Pamplona, 1990.

RADIN, Margaret Jane – *Reinterpreting Property*, The University of Chicago Press, Chicago e Londres, 1993.

RADIN, Margaret Jane – *Contested Commodities: The Trouble with Trade in Sex, Children, Body Parts, and Other Things*, Harvard University Press, Cambridge, Mass., e Londres, 1996.

RAES, Koen – "Individualist Subjectivism and the World as Property; On the Interrelations Between Concepts of Value and Concepts of Ownership", in G. E. van Maanen e A. J. van der Walt, (eds.), *Property Law on the Threshold of the 21st Century. Proceedings of the International Colloquium, 28-30 August 1995*, Maastricht, Maklu, Antuérpia, 1996, pp. 91-114.

RAMSAUER, Ulrich – *Die faktischen Beeinträchtigungen des Eigentums*, Duncker & Humblot, Berlim, 1980.

RAND, Ayn – "Man's Rights", in *The Virtue of Selfishness*, New American Library, Nova Iorque, 1964, pp. 108-117.

RANDI, Eugenio – "*Lex est in potestate agentis*. Note per una Storia della Idea Scotista di *potentia absoluta*", in AA. VV., *Sopra la Volta del Mondo, Omnipotenza e Potenza Absoluta di Dio tra Medioevo e Età Moderna*, Pierluigi Lubrina Editore, Bergamo, 1986, pp. 129-138.

RANDI, Eugenio – "Ockham, John XXII and the Absolute Power of God", in *Franciscan Studies*, vol. 46, Ano XXIV, 1986, pp. 205-216.

RANDI, Eugenio – *Il Sovrano e l'Orologiaio. Due Immagini di Dio nel Dibattito sulla «Potentia Absoluta» fra XIII e XIV Secolo*, La Nuova Italia Editrice, Florença, 1987.

RAUE, Frank – *Die Zwangsvollstreckung als Nagelprobe für den modernen Enteignungsbegriff. Die enteignungsdefinition des Bundesverfassungsgerichts, kritisch hinterfragt anhand der Eigentumsübertragung nach § 817 Abs. 2 ZPO – Ein Beitrag zur Auslegung des Art. 14 GG*, Duncker & Humblot, Berlin, 2006.

RAWLS, John – *Uma Teoria da Justiça*, tradução de Carlos Pinto Correia, Editorial Presença, Lisboa, 1993.

RAWLS, John – *O Liberalismo Político*, tradução de João Sedas Nunes, Editorial Presença, Lisboa, 1997.

RAWLS, John – *The Law of Peoples, with "The Idea of Public Reason Revisited"*, Harvard University Press, Cambridge, Massachusetts, e Londres, 1999.

RAWLS, John – *Lectures on the History of Moral Philosophy*, editado por Barbara Herman, Harvard University Press, Cambridge, Mass., e Londres, 2000.

RAWLS, John – *Justice as Fairness, A Restatment*, editado por Erin Kelly, The Belkanp Press of Harvard University Press, Cambridge, Mass., e Londres, 2001.

RAWLS, John – *Lectures on the History of Political Philosophy*, editado por Samuel Freeman, The Belknap Press of Harvard University Press, Cambridge, Mass., e Londres, 2007.

REEVE, Andrew – *Property*, Humanities Press International, Inc., Atlantic Highlands, 1986, pp. 91-114.

REEVE, Andrew – "The Theory of Property: Beyond Private *versus* Common Property", in David Held (ed.), *Political Theory Today*, Polity Press, 1991.

REICH, Charles A. – "The New Property", in C. B. Macpherson (ed.), *Property: Mainstream and Critical Positions*, University of Toronto Press, Toronto, 1978, pp. 179-198.

REINHARDT, Rudolf – "Wo liegen für den Gesetzgeber die Grenzen, gemäss Art. 14 des Bonner Grundgesetzes über Inhalt und Schranken des Eigentums zu bestimmen?" in idem e Ulrich Scheuner, *Verfassungsschutz des Eigentums. Zwei Abhandlungen*, J. C. B. Mohr (Paul Siebeck), Tübingen, 1954, pp. 1-62.

RENAUT, Alain – *Kant Aujourd'hui*, Flammarion, Paris, 1999.

RENNER, Karl – *The Institutions of Private Law and their Social Functions*, editado, com uma introdução e notas, por O. Kahn-Freund, traduzido por Agnes Schwarzschild, Routledge & Kegan Paul, Londres, 1949.

RENOUX-ZAGAMÉ, Marie-France – *Origines Théologiques du Concept Moderne de Propriété*, Librairie Droz, Genebra, 1987.

RENOUX-ZAGAMÉ, Marie-France – "Propriété", in Philippe Raynaud e Stéphane Rials (eds.), *Dictionnaire de Philosophie Politique*, Presses Universitaires de France, Paris, 1996.

RIALS, Stéphane (apresentação) – *La Déclaration des Droits de l'Homme et du Citoyen*, Hachette, Paris, 1988.

RIALS, Stéphane – "Villey et les Idoles, Petite Introduction à la Lecture de Michel Villey, in *Droits, Revue Française de Théorie, de Philosophie et de Culture Juridiques*, n.º 29, 1999.
RIBEIRO, Joaquim de Sousa – *O Problema do Contrato. As Cláusulas Contratuais Gerais e o Princípio da Liberdade Contratual*, Almedina, Coimbra, 1999.
RIDDER, Helmut K. J. – "Enteignung und Sozialisierung", in *Veröffentlichungen der Vereinigung der deutschen Staatsrechtslehrer*, Heft 10, 1952, pp. 124-149.
RIEDEL, Manfred – "Hegels Kritik des Naturrechts", in *Studien zu Hegels Rechtsphilosophie*, Suhrkamp Verlag, Frankfurt am Main, 1969, pp. 42-74.
RIEDEL, Manfred – "Die Rezeption der Nationalökonomie", in *Studien zu Hegels Rechtsphilosophie*, Suhrkamp Verlag, Frankfurt am Main, 1969, pp. 75-99.
RIEDEL, Manfred – "Tradition und Revolution in Hegels «Philosophie des Rechts»", in *Studien zu Hegels Rechtsphilosophie*, Suhrkamp Verlag, Frankfurt am Main, 1969, pp. 100-134.
RIEDEL, Manfred – "Der Begriff der «Bürgerlichen Gesellschaft» und das Problem seines geschichtlichen Ursprungs", in *Studien zu Hegels Rechtsphilosophie*, Suhrkamp Verlag, Frankfurt am Main, 1969, pp. 135-166.
RIEDEL, Manfred – *Bürgerliche Gesellschaft und Staat bei Hegel. Grundproblem und Struktur der Hegelschen Rechtsphilosophie*, Luchterhand, Neuwied e Berlim, 1970.
RIEDEL, Manfred – "Nature and Freedom in Hegel's *Philosophy of Right*", in Z. A. Pelczynski (ed.), *Hegel's Political Philosophy: Problems and Perspectives. A Collection of New Essays*, Cambridge, At the University Press, 1971, pp. 136-150.
RIEDEL, Manfred – *Metaphysik und Metapolitik: Studien zu Aristoteles und zur politischen Sprache der neuzeitlichen Philosophie*, Suhrkamp, Verlag, Frankfurt am Main, 1975.
RIEDEL, Manfred – "Herrschaft und Gesellschaft. Zum Legitimationsproblem des Politischen in der Philosophie", in Zwi Batscha (ed.), *Materialien zu Kants Rechtsphilosophie*, Suhrkamp, Frankfurt am Main, 1976, pp. 125-148 (= Manfred Riedel, *Metaphysik und Metapolitik: Studien zu Aristoteles und zur politischen Sprache der neuzeitlichen Philosophie*, pp. 254-277).
RIFKIN, Jeremy – *The Age of Access: The New Culture of Hypercapitalism, Where All of Life is a Paid-for Experience*, Jeremy P. Tarcher/Putnam, Nova Iorque, 2001.
RITTER, Joachim – "'Naturrecht' bei Aristoteles. Zum Problem einer Erneuerung des Naturrechts", in idem, *Metaphysik und Politik. Studien zu Aristoteles und Hegel*, nova edição aumentada, com um posfácio de Odo Marquard, Suhrkamp, s. l., 2003, pp. 133-179.
RITTER, Joachim – "Hegel und die französische Revolution", in idem, *Metaphysik und Politik. Studien zu Aristoteles und Hegel*, nova edição aumentada, com um posfácio de Odo Marquard, Suhrkamp, s. l., 2003, pp. 183-255.
RITTER, Joachim – "Person und Eigentum. Zu Hegels *Grundlinien der Philosophie des Rechts* (§§ 34-81)", in idem, *Metaphysik und Politik. Studien zu Aristoteles und Hegel*, nova edição aumentada, com um posfácio de Odo Marquard, Suhrkamp, s. l., 2003, pp. 256-280 [=Ludwig Siep (ed.), *G. W. F. Hegel, Grundlinien der Philosophie des Rechts*, Akademie Verlag, Berlin, 1997, pp. 55-72].
RITTSTIEG, Helmut – *Eigentum als Verfassungsproblem. Zu Geschichte und Gegenwart des Bürgerlichen Verfassungsstaates*, Wissenschaftliche Buchgesellschaft, Darmstadt, 1975.

RITTSTIEG, Helmut – "Zur Entwicklung des Grundeigentums", in *Juristenzeitung*, 11. März 1983, Nr. 5/6, pp. 161-167.
RITTSTIEG, Helmut – "Kommentierung zu Art. 14/15", in AA. VV., *Kommentar zum Grundgesetz fur die Bundesrepublik Deutschland*, Band 1, Luchterland, Neuwied, 1984, pp. 1028-1061.
ROBERTSON, H. M. – *Aspects of the Rise of Economic Individualism: A Criticism of Max Weber and his School*, Cambridge, at the University Press, 1935.
ROBLEDA, S. J., Olís – "El Derecho Subjetivo en Gayo", in AA. VV., *Studi in Onore di Gaetano Scherillo*, I, Istituto Editoriale Cisalpino – La Goliardica, Milão, 1972, pp. 7-17.
ROBLEDA, S. J., Olís – "La Idea del Derecho Subjetivo en el Ordenamiento Romano Clasico", in *Bullettino dell'Istituto di Diritto Romano*, 3.ª Série, vol. XIX, 1977, pp. 23-41.
RODOTÀ, Stefano – *Il Terribile Diritto. Studi sulla Proprietà Privata*, 2.ª ed., Il Mulino, Bolonha, 1990.
RODRIGUES, António dos Reis – *Sobre o Uso da Riqueza – O Destino Universal dos Bens*, Principia, S. João do Estoril, 2005.
ROEMER, John – "A Challenge to NeoLockeanism", in *Egalitarian Perspectives: Essays in Philosophical Economics*, Cambridge University Press, Cambridge, 1994, pp. 219-230.
ROGERS, G. A. J. – "John Locke, God and the Law of Nature" , in Guido Canziani, Miguel A. Granada e Yves Charles Zarka (eds.), *Potentia Dei, L'Omnipotenza Divina nel Pensiero dei Secoli XVI e XVII*, Francoangeli, Milão, 2000, pp. 549-559.
ROLDÁN, Concha – "Acerca del Derecho Personal de Carácter Real. Implicaciones Éticas", in Julián Carvajal Cordón (coord.), *Moral, Derecho y Política en Immanuel Kant*, Ediciones de la Universidad de Castilla – La Mancha, Cuenca, 1999, pp. 209-226.
ROOS, Nikolas H. M. – "On Property without Properties. An Enquiry into the Metaphysical Foundations and the Coherence of Property Law", in G. E. van Maanen e A. J. van der Walt (eds.), *Property Law on the Threshold of the 21st Century. Proceedings of the International Colloquium, 28-30 August 1995*, Maastricht, Maklu, Antuérpia, 1996, pp. 161-212.
ROSE, Carol M. – "Property as Wealth, Property as Propriety", in John W. Chapman (ed.), *Compensatory Justice*, NOMOS XXXIII, New York University Press, Nova Iorque e Londres, 1991, pp. 223-247.
ROSE, Carol M. – "Evolution of Property Rights", in Peter Newman (ed.), *The New Palgrave Dictionary of Economics and the Law*, vol. I, Macmillan, Londres, 1998, pp. 93-98.
ROSEN, Allen D. – *Kant's Theory of Justice*, Cornell University Press, Ithaca e Londres, 1993.
Ross, Alf – "Tû-Tû", in *Harvard Law Review*, vol. 70, 1956-1957, pp. 812-825.
ROSTOVSTEFF, M. I. – *Histoire Économique et Sociale de l'Empire Romain*, tradução do original inglês por Odile Demange (2.ª ed., 1957), introdução, cronologia e bibliografia estabelecida por Jean Andreau, Robert Laffont, Paris, 1988.
ROTHBARD, Murray N. – *The Ethics of Liberty*, introdução de Hans-Hermann Hoppe, New York University Press, Nova Iorque, 2002.
ROUSSEAU, Jean-Jacques – *Du Contrat Social, précédé de Discours sur l'Économie Politique et Du Contrat Social, Première Version, et suivie de Fragments Politiques*, texto estabelecido, apresentado e anotado por Robert Derathé, Gallimard, 1964.

ROUSSEAU, Jean-Jacques – *Discours sur l'Origine et les Fondements de l'Inegalité parmi les Hommes*, texto estabelecido, anotado e apresentado por Jean Starobinski, Gallimard, 1965.
ROUSSEAU, Jean-Jacques – *Émile ou de l'Éducation*, texto estabelecido por Charles Wirz, apresentado e anotado por Pierre Burgelin, Gallimard, 1969.
ROZEK, Jochen – *Die Unterscheidung von Eigentumsbindung und Enteignung: Eine Bestandaufnahme zur dogmatischen Struktur des Art. 14 GG nach 15 Jahren «Nassauskiesung»*, Mohr Siebeck, Tübingen, 1998.
RUPP, Hans Heinrich – *Grundfragen der heutigen Verwaltungsrechtslehre: Verwaltungsnorm und Verwaltungsrechtsverhältnis*, 2.ª ed., J. C. B. Mohr (Paul Siebeck), Tübingen, 1991.
RUPP-V. BRÜNNECK, Wiltraut – *Verfassung und Verantwortung. Gesammelte Schriften und Sondervoten*, ed. de Hans-Peter Schneider, Nomos Verlagsgesellschaft, Baden-Baden, 1983.
RUSCONI, Gian Enrico – *Come se Dio non ci Fosse: I Laici, i Cattolici e la Democrazia*, Einaudi, Turim, 2000.
RYAN, Alan – *Property and Political Theory*, Basil Balckwell, Oxford, 1984.
RYAN, Alan – *Property*, University of Minnesota Press, Minneapolis, 1987.
RYAN, Alan – "Locke and the Dictatorship of the Bourgeoisie" , in Richard Ashcraft (ed.), *John Locke: Critical Assessments*, vol. III, Routledge, Londres e Nova Iorque, 1991, pp. 419-437.
RYAN, Alan – "Self-Ownership, Autonomy, and Property Rights", in Elle Frankel Paul, Fred D. Miller, Jr, e Jeffrey Paul (eds.), *Property Rights*, Cambridge University Press, Cambridge, 1994, pp. 241-258.
RYFFEL, Hans – "Eigentum und Ungleichheit. Rousseaus Eigentumslehre", in Helmut Holzhey e Georg Kohler (eds.), *Eigentum und seine Gründe. Ein philosophischer Beitrag aus Anlass der schweizerischen Verfassungsdiskussion* (Studia Philosophica Supplementum 12/1983), Verlag Paul Haupt, Berna e Estugarda, 1983, pp. 35-46.
SAAGE, Richard – *Eigentum, Staat und Gesellschaft bei Immanuel Kant*, Verlag W. Kohlhammer, Stuttgart, 1973.
SAGNAC, Ph. – "La Propriété Foncière et les Paysans pendant la Révolution (1789-1793)", in AA. VV., *L'Oeuvre Sociale de la Révolution Française*, Librairie Albert Fontemoing, Paris, s.d., pp. 217-271.
SAMUELS, Warren J. – "The Physiocratic Theory of Property and State", in *Quarterly Journal of Economics*, 75 (1), Fevereiro de 1961, pp. 96-111.
SANCTIS, Francesco de – "Proprietà Privata e Società Moderna: Hegel e Stein", in *Itinerari Moderni della Proprietà*, tomo I, *Quaderni Fiorentini per la Storia del Pensiero Giuridico Moderno*, 5/6 (1976-1977), pp. 105-163.
SANDEFUR, Timothy – "Mine & Thine Distinct: What Kelo Says About Our Path", Chapman Law Review, vol. 9, 2006, disponível em http://papers.ssrn.com/sol3/papers.cfm?abstract_id=900421.
SANTOS, Maria Helena Carvalho dos – "«A maior felicidade do maior número.» Bentham e a Constituição Portuguesa de 1822", Miriam Halpern Pereira, Maria de Fátima Sá e Melo Ferreira e João B. Serra (eds.), *O Liberalismo na Península Ibérica na Primeira Metade do Século XIX*, 1º vol., Sá da Costa Editora, Lisboa, 1982.

SAVIGNY, Friedrich Carl von – *Das Recht des Besitzes, Eine civilistische Abhandlung*, reimpressão da 7.ª ed. (1864), Wissenschaftliche Buchgesellschatf, Darmstadt, 1967.
SAVIGNY, Friedrich Carl von – *System des heutigen römischen Rechts*, vols. 1-8 (segunda reimpressão da edição de Berlim, 1840), Scientia Verlag, Aalen, 1981.
SCANLON, Thomas – "Nozick on Rights, Liberty, and Property", in *Philosophy and Public Affairs*, Outono de 1976, vol. 6, n.º 1, pp. 3-25.
SCATTOLA, Merio – "Models in History of Natural Law", in *Ius Commune, Zeitschrift für Europäische Rechtsgeschichte*, XXVIII, Vittorio Klostermann, Frankfurt am Main, 2001.
SCHACHTSCHNEIDER, Karl Albrecht – "Das Recht am und das Recht auf Eigentum. Aspekte freiheitlicher Eigentumsgewährleistung", in Josef Isensee e Helmut Lecheler (eds.), *Freiheit und Eigentum, Festschrift für Walter Leisner zum 70. Geburtstag*, Duncker & Humblot, Berlin, 1999, pp. 743-796.
SCHEUNER, Ulrich – "Grundlagen und Art der Enteignungsentschädigung", in Rudolf Reinhardt e idem, *Verfassungsschutz des Eigentums. Zwei Abhandlungen*, J. C. B. Mohr (Paul Siebeck), Tübingen, 1954, pp. 63-156.
SCHEUNER, Ulrich – "Die Garantie des Eigentums in der Geschichte der Grund- und Freiheitsrechte", in idem e Emil Küng, *Der Schutz des Eigentums. Untersuchungen zu Artikel 14 des Grundgesetzes für die Bundesrepublik Deutschland*, Hannover, 1966, pp. 7-47.
SCHEUERMAN, William E. – *Between the Norm and the Exception: The Frankfurt School and the Rule of Law*, The MIT Press, Cambridge, Mass., e Londres, 1997.
SCHILD, Wolfgang – "Freiheit – Gleichheit – 'Selbständigkeit' (Kant): Strukturmomente der Freiheit", in Johannes Schwartländer (ed.), *Menschenrechte und Demokratie*, N. P. Verlag, Kehl am Rhein / Strassburg, 1981, pp. 135-176.
SCHILD, Wolfgang – "Begründungen des Eigentums in der Politischen Philosophie des Bürgertums. Locke – Kant – Hegel", in Johannes Schwartländer e Dietmar Willoweit (eds.), *Das Recht des Menschen auf Eigentum*, N. P. Verlag, Kehl am Rhein / Strassburg, 1983, pp. 33-60.
SCHLATTER, Richard – *Private Property, The History of an Idea*, George Allen & Unwin, Londres, 1951.
SCHLESINGER, Walter – "Herrschaft und Gefolgeschaft in der germanisch-deutschen Verfassungsgeschichte", in Helmutt Kämpf (ed.), *Herrschaft und Staat in Mittelalter*, Wissenschaftliche Buchgesellschaft, Darmstadt, 1964, pp. 135-190.
SCHLINK, Bernhard – "The Inherent Rationality of the State in Hegel's *Philosophy of Right*", in Drucilla Cornell, Michel Rosenfeld e David Gray Carlson (eds.), *Hegel and Legal Theory*, Routledge, Nova Iorque e Londres, 1991, pp. 347-354.
SCHLUCHTER, Wolfgang – "'Wie Ideen in der Geschichte wirken': Exemplarisches in der Studie über den asketischen Protestantimus", in idem e Friedrich Wilhelm Graf (eds.), *Asketischer Protestantismus und der 'Geist' des modernen Kapitalismus: Max Weber und Ernst Troeltsch*, Mohr Siebeck, Tübingen, 2005, pp. 49-73.
SCHMIDLIN, Bruno – "Eigentum und Teilungsvertrag. Zu Kants Begründung des Eigentumsrechts", in Helmut Holzhey e Georg Kohler (eds.), *Eigentum und seine Gründe. Ein philosophischer Beitrag aus Anlass der schweizerischen Verfassungsdiskussion* (Studia Philosophica Supplementum 12/1983), Verlag Paul Haupt, Berna e Estugarda, 1983, pp. 47-67.

Schmitt, Carl – "Die Auflösung des Enteignungsbegriffs (1929)", in idem, *Verfassungsrechtliche Aufsätze aus den Jahren 1924-1954: Materialien zu einer Verfassungslehre*, Dritte Auflage, Duncker & Humblot, Berlin, 1958, pp. 110-123.
Schmitt, Carl – "Freiheitsrechte und institutionelle Garantie der Reichsverfassung (1931)", in idem, *Verfassungsrechtliche Aufsätze aus den Jahren 1924-1954: Materialien zu einer Verfassungslehre*, Dritte Auflage, Duncker & Humblot, Berlin, 1958, pp. 140-173.
Schmitt, Carl – "Grundrechte und Grundpflichten (1932)", in idem, *Verfassungsrechtliche Aufsätze aus den Jahren 1924-1954: Materialien zu einer Verfassungslehre*, Dritte Auflage, Duncker & Humblot, Berlin, 1958, pp. 181-231.
Schmitt, Carl – *Verfassungslehre*, 5.ª edição, inalterada, Duncker & Humblot, Berlim, 1970.
Schmitz, Heinz-Gerd – "...Created Equal: Lockes negativ Argument zur Begründung der Menschenrechte", in *Archiv für Rechts- und Sozialphilosophie*, vol. 86, 2000, pp. 29-47.
Schmutz, Jacob – "Toute-Puissance Divine et Loi Permissive. Enquête sur un Paradigme Théologico-Juridique Oublié", in Guido Canziani, Miguel A. Granada e Yves Charles Zarka (eds.), *Potentia Dei, L'Omnipotenza Divina nel Pensiero dei Secoli XVI e XVII*, Francoangeli, Milão, 2000.
Schneewind, J. B. – *The Invention of Autonomy: A History of Modern Moral Philosophy*, Cambridge University Press, Cambridge, 1998.
Schofield, Malcolm – "Sharing in the Constitution", in Richard O. Brooks e James Bernard Murphy (eds.), *Aristotle and Modern Law*, Ashgate / Dartmouth, Aldershot, 2003, pp. 353-380 (também publicado em *The Review of Metaphysics*, 49, Junho de 1996, pp. 831-858).
Scholtens, J. E. – "Bartolus and his Doctrine of Subjective Rights", in *Acta Juridica*, Successor to Butterworths South African Law Review, 1958, pp. 163-169.
Scholz, Johannes-Michael – "Eigentumstheorie als Strategie portugiesischen Bürgertums von 1850", in *Itinerari Moderni della Proprietà*, tomo I, *Quaderni Fiorentini per la Storia del Pensiero Giuridico Moderno*, 5/6 (1976-1977), pp. 338-461.
Schönfeld, Thomas – *Die Eigentumsgarantie und Nutzungsbeschränkungen des Grundeigentums: Ungelöste Fragen in der Dogmatik von Art. 14 GG*, Pro Universitate Verlag, Sinzheim, 1996.
Schrage, E. J. H. – "*Ius in re corporali perfecte disponendi*: Property from Bartolus to the New Dutch Civil Code of 1992", in G. E. van Maanen e A. J. van der Walt, (eds.), *Property Law on the Threshold of the 21st Century. Proceedings of the International Colloquium, 28-30 August 1995*, Maastricht, Maklu, Antuérpia, 1996, pp. 35-67.
Schulz, Fritz – *Principios del Derecho Romano* (tradução do original alemão *Prinzipien des römischen Rechts*, de 1934), 2.ª ed., Civitas, Madrid, 2000.
Schumpeter, Joseph A. – *History of Economic Analysis*, edição a partir do manuscrito de Elizabeth Boody Schumpeter, George Allen & Unwin Ltd., Londres, 1972.
Schwab, Dieter – "Arbeit und Eigentum. Zur Theorie ökonomischer Grundrechte im 19. Jahrhundert", in *Quaderni Fiorentini per la Storia del Pensiero Giuridico Moderno*, 3-4, 1974-75, Il "Socialismo Giuridico", Ipotese e letture, tomo I, pp. 509-556.
Schwab, Dieter – "Eigentum", in Otto Brunner, Werner Conze e Reinhart Koselleck (eds.), *Geschichtliche Grundbegriffe. Historisches Lexikon zur politisch-sozialen Sprache in Deutschland*, vol. 2, Klett-Cotta, stuttgart, 1975, pp. 65-115.
Schwerdtfeger, Gunther – *Die dogmatische Struktur der Eigentumsgarantie*, Walter de Gruyter, Berlim / Nova Iorque, 1983.

SCIALOJA, Vittorio – *Teoria della Proprietà nel Diritto Romano*, Lezione ordinate curate edite da Pietro Bonfante, Volume primo, Attilio Sampolesi – Editore, Roma, 1928.
SCOTT, Jonathan – "The Rapture of Motion: James Harrington's Republicanism", in Nicholas Phillipson e Quentin Skinner (eds.), *Political Discourse in Early Modern Britain*, Cambridge University Press, Cambridge, 1993, pp. 139-163.
SEABRA, Antonio Luiz de – *A Propriedade. Philosophia do Direito, para servir de introducção ao Commentario sobre a Lei dos Foraes*, Vol. I – Parte I, Coimbra, na Imprensa da Universidade, 1850.
SEELMANN, Kurt – *Die Lehre des Fernando Vazquez de Menchaca vom Dominium*, Carl Heymanns Verlag KG, Colónia-Berlim-Bona-Munique, 1979.
SÉNECA – *Des Bienfaits (De beneficiis)*, tomos I e II, texto estabelecido e traduzido por François Préchac, Les Belles Lettres, Paris, 1961.
SENED, Itai – *The Political Institution of Private Property*, Cambridge University Press, Cambridge, 1997.
SENNETT, Richard – *The Culture of the New Capitalism*, Yale University Press, New Haven e Londres, 2006.
SERRA, Adriano Paes da Silva Vaz – *A Enfiteuse no Direito Romano, Peninsular e Português*, I, Coimbra Editora, Coimbra, 1925.
SHAPIRO, Ian – *The Evolution of Rights in Liberal Theory*, Cambridge University Press, Cambridge, 1986.
SHAPIRO, Ian – *Political Criticism*, University of California Press, Berkeley e Los Angeles, 1992.
SHAPIRO, Ian – "Resources, Capacities, and Ownership. The Workmanship Ideal and Distributive Justice", in John Brewer and Susan Staves (eds.), *Early Modern Conceptions of Property*, Routledge, Londres e Nova Iorque, 1996, pp. 21-42.
SHAVELL, Steven – *Foundations of Economics Analysis of Law*, The Belknap Press of Harvard University Press, Cambridge, Massachusetts, e Londres, Inglaterra, 2004.
SHELL, Susan Meld – *The Rights of Reason: A Study of Kant's Philosophy and Politics*, University Of Toronto Press, Toronto, 1980.
SHEPARD, Max A. – "William of Occam and the Higher Law", in *The American Political Science Review*, vol. XXVI, n.º 6, Dezembro, 1932, pp. 1005-1023.
SHEPARD, Max A. – "William of Occam and the Higher Law II", in *The American Political Science Review*, vol. XXVII, n.º 1, Fevereiro, 1933, pp. 24-38.
SHIFFRIN, Seana Valentine – "Lockean Arguments for Private Intellectual Property", in Stephen R. Munzer, *New Essays in the Legal and Political Theory of Property*, Cambridge University Press, Cambridge, 2001,pp. 138-167
SHIMOKAWA, Kiyoshi – "Locke's Concept of Property", in *Archiv für Rechts und Sozialphilosophie*, vol. 60, 1995, pp. 15-22.
SIECKMANN, Jan-R. – *Modelle des Eigentumsschutzes: Eine Untersuchung zur Eigentumsgarantie des Art. 14 GG*, Nomos Verlagsgesellschaft, Baden-Baden, 1998.
SIECKMANN, Jan-Reinard – *Zum verfassungsrechtlichen Eigentumsschutz im deutschen und britischen Recht: Eine rechtsvergleichende Untersuchung zu Modellen des Eigentumsschutzes*, Nomos Verlagsgesellschaft, Baden-Baden, 1999.
SIEP, Ludwig – "Intersubjektivität, Recht und Staat in Hegels «Grundlinien der Philosophie des Rechts»", in Dieter Henrich e Rolf-Peter Horstmann (eds.), *Hegels Philosophie des Rechts. Die Theorie der Rechtsformen und ihre Logik*, Klett-Cotta, Stuttgart, 1982, pp. 255-276.

SIEP, Ludwig – "Constitution, Fundamental Rights, and Social Welfare in Hegel's Philosophy of Right", in Robert Pippin e Otfried Höffe (eds.), *Hegel on Ethics and Politics*, Cambridge University Press, Cambridge, 2004, pp. 268-290.

SIGMUND, Paul E. – *Natural Law in Political Thought*, University Press of America, Lanham, Nova Iorque e Londres, 1971.

SILBERT, Albert – *Do Portugal do Antigo Regime ao Portugal Oitocentista*, Livros Horizonte, Lisboa, 1972.

SILVA, Manuel Gomes da – *O Dever de Prestar e o Dever de Indemnizar*, Volume I, Lisboa, 1944.

SILVA, Luís Virgílio Afonso da – "O Proporcional e o Razoável", in *Revista dos Tribunais*, Ano 91, 798, Abril 2002, pp. 23-50.

SILVA, Luís Virgílio Afonso da – *A Constitucionalização do Direito: Os Direitos Fundamentais nas Relações entre Particulares*, Malheiros Editores, São Paulo, 2005.

SIMMONS, A. John – *The Lockean Theory of Rights*, Princeton University Press, Princeton, New Jersey, 1992.

SIMMONS, A. John – *On the Edge of Anarchy: Locke, Consent, and the Limits of Society*, Princeton University Press, Princeton, New Jersey, 1993.

SIMMONS, A. John – "Original-Acquisition Justifications of Private Property", in Elle Frankel Paul, Fred D. Miller, Jr, e Jeffrey Paul (eds.), *Property Rights*, Cambridge University Press, Cambridge, 1994, pp.63-84.

SIMON, William H. – "Social-Republican Property", in *UCLA Law Review*, vol. 38, 1991, pp. 1335-1413 [também publicado em Elizabeth Mensch e Alan Freeman (eds.), *Property Law*, vol. I, Dartmouth, Aldershot, 1992, pp. 252-296].

SIMSHÄUSER, Wilhelm – "Sozialbindungen des spätrepublicanisch-klassischen römischen Privateigentums", in Norbert Horn, Klaus Luig e Alfred Söllner (eds.), *Europäisches Rechtsdenken in Geschichte und Gegenwart, Festschrift für Helmut Coing zum 70. Geburtstag*, vol. I, C. H. Beck'sche Verlagsbuchhandlung, Munique, 1982, pp. 329-361.

SIMSON, Werner v. – "Das Eigentum jenseits von Martin Wolff", in Hans Claudius Ficker et al. (eds.), *Festschrift für Ernst Caemmerer zum 70. Geburtstag*, J. C. B. Mohr (Paul Siebeck), Tübingen, 1978, pp. 241-254.

SKINNER, Quentin – *The Foundations of Modern Political Thought, Volume Two: The Age of Reformation*, Cambridge University Press, Cambridge, 1978.

SKINNER, Quentin – "The Republican Ideal of Political Liberty", in Gisela Bock, Quentin Skinner e Maurizio Viroli (eds.), *Machiavelli and Republicanism*, Cambridge University Press, Cambridge, 1993.

SKINNER, Quentin – *Liberty Before Liberalism*, Cambridge University Press, Cambridge, 1998.

SKINNER, Quentin – *Visions of Politics, Volume 2: Renaissance Virtues*, Cambridge University Press, Cambridge, 2002.

SKINNER, Quentin – *Visions of Politics, Volume 3: Hobbes and Civil Science*, Cambridge University Press, Cambridge, 2002.

SKINNER, Quentin – "Un Troisième Concept de Liberté Audelà d'Isaiah Berlin et du Libéralisme Anglais", in *Actuel Marx*, n.º 32, segundo semestre de 2002, *Les Libéralismes au Regard de l'Histoire*, pp. 15-49.

SKINNER, Quentin – "Classical Liberty and the Coming of the English Civil War", in Martin van Gelderen e Quentin Skinner (eds.) – *Republicanism: A Shared European Heritage, Volume II – The Values of Republicanism in Early Modern Europe*, Cambridge University Press, Cambridge, 2002, pp. 9-28.

SMITH, Adam – *An Inquiry into the Nature and Causes of the Wealth of Nations*, vols. I e II, editado por R. H. Campbell e A. S. Skinner, editor textual W. B. Todd, (The Glasgow Edition of the Works and Correspondence of Adam Smith, II), Liberty Fund, Indianapolis, 1981.

SMITH, Adam – *Lectures on Jurisprudence*, editado por R. L. Meek, D. D. Raphael e P. G. Stein (The Glasgow Edition of the Works and Correspondence of Adam Smith, V), Liberty Fund, Indianapolis, 1982.

SOARES, Rogério Ehrhardt – *Direito Público e Sociedade Técnica*, Atlândida Editora, Coimbra, 1969.

SOARES, Rogério Ehrhardt – *Direito Administrativo*, Lições ao Curso Complementar de Ciências Jurídico-Políticas da Faculdade de Direito de Coimbra no Ano Lectivo de 1977/1978.

SOMBART, Werner – *Le Bourgeois, Contribution a l'Histoire Morale et Intelectuelle de l'Homme Économique Moderne* (tradução do original *Der Bürger*), Payot, Paris, 1966.

SONTIS, Johannes M. – "Strukturelle Betrachtungen zum Eigentumsbegriff", in Gotthard Paulus, Uwe Diederichsen e Claus-Wilhelm Canaris (eds.), *Festschrift für Karl Larenz zum 70. Geburtstag*, C. H. Beck'sche Verlagsbuchhandlung, Munique, 1973, pp. 981-1002.

SOROMENHO-MARQUES, Viriato – *Razão e Progresso na Filosofia de Kant*, Edições Colibri, Lisboa, 1998.

SOUSA, Marcelo Rebelo de – *Privatizações e Constituição*, Lisboa, 1991.

SOUSA, Marcelo Rebelo de / MATOS, André Salgado de – *Direito Administrativo Geral, Tomo III – Actividade Administrativa*, Dom Quixote, Lisboa, 2007.

SOUZA, Marnoco e – *Constituição Política da República Portuguesa, Comentário*, F. França Amado, Coimbra, 1913.

SPADE, Paul Vincent – "Ockham's Nominalist Metaphysics: Some Main Themes", in idem (ed.), *The Cambridge Companion to Ockham*, Cambridge University Press, Cambridge, 1999, pp. 100-117.

SPITZ, Jean-Fabien – "*Imperium* et *Dominium* chez Locke", in *Droits, Revue Française de Théorie Juridique*, n.º 22, 1995.

SPITZ, Jean-Fabien – *La Liberté Politique, Essai de Généalogie Conceptuelle*, PUF, Paris, 1995.

SPITZ, Jean-Fabien – *John Locke et les Fondements de la Liberté Moderne*, Presses Universitaires de France, Paris, 2001.

SPRINGBORG, Patricia – "Republicanism, Freedom from Domination, and the Cambridge Contextual Historians", in *Political Studies*, Dezembro de 2001, vol. 49, n.º 5, pp. 851-876.

SREENIVASAN, Gopal – *The Limits of Lockean Rights in Property*, Oxford University Press, Oxford, 1995.

SREENIVASAN, Gopal – "Review of M. H. Kramer, *John Locke and the Origins of Private Property*", *The Locke Newsletter*, 30, 1999, pp. 129-144.

STAROBINSKI, Jean – *Jean-Jacques Rousseau: La Transparence et l'Obstacle, Suivi de Sept Essais sur Rousseau*, Gallimard, 1971.

STEIN, Lorenz von – *Geschichte der sozialen Bewegung in Frankreich von 1789 bis auf unsere Tage*, Bänden I-III, unveränderter photomechanischer Nachdruck der von Gottfried Salomon im Drei Masken Verlag München herausgegebenen Ausgabe von 1921, Georg Olms Verlagsbuchhandlung, Hildesheim, 1959.

STEINBERG, Rudolf e LUBBERGER, Andreas – *Aufopferung – Enteignung und Staatshaftung*, Nomos Verlagsgesellschaft, Baden-Baden, 1991.

STEPANIANS, Markus – "Die angelsächische Diskussion: Eigentum zwischen «Ding» und «Bündel»", in Andreas Eckl e Bernd Ludwig (eds.), *Was ist Eigentum? Philosophische Positionem von Platon bis Habermas*, Verlag C.H. Beck, Munique, 2005, pp. 232-245.

STILLMAN, Peter G. – "Person, Property, and Civil Society in the *Philosophy of Right*", in Donald Phillip Verene (ed.), *Hegel's Social and Political Thought. The Philosophy of Objective Spirit*, Humanities Press, New Jersey, 1980, pp. 103-117.

STILLMAN, Peter G. – "Property, Freedom and Individuality in Hegel's and Marx's Political Thought,"in J. Roland Pennock e John W. Chapman (eds.), *Property*, NOMOS XXII, New York University Press, Nova Iorque, 1980, pp. 130-167.

STILLMAN, Peter G. – "Property, Contract, and Ethical Life in Hegel's *Philosophy of Right*", in Drucilla Cornell, Michel Rosenfeld e David Gray Carlson (eds.), *Hegel and Legal Theory*, Routledge, Nova Iorque e Londres, 1991, pp. 205-227.

STILWELL, Peter (coord.) – *Caminhos da Justiça e da Paz: Doutrina Social da Igreja. Documentos de 1891 a 1991*, prefácio do Cardeal Patriarca de Lisboa, introdução de Micheal Walsh e de Peter Stilwell, 3.ª ed., Rei dos Livros, Lisboa, 1993.

STOLLEIS, Michael – *Die unvollendete Gerechtigkeit das Projekt Sozialstaat und seine Zukunft*, Franz Steiner Verlag, Estugarda, 2005.

STRAUCH, Dieter – "Das geteilte Eigentum in Geschichte und Gegenwart" , in Gottfried Baumgärtel, Ernst Klingmüller, Hans-Jürgen Becker e Andreas Wacke (eds.), *Festschrift für Heinz Hübner zum 70. Geburtstag am 7. November 1984*, Walter de Gruyter, Berlim – Nova Iorque, 1984, pp. 273-293.

STRAUSS, Leo – *Natural Right and History*, The University of Chicago Press, Chicago e Londres, 1965.

SUÁREZ, Francisco – *Tratado de las Leyes y de Dios Legislador en Diez Libros* (*De Legibus ac Deo Legislatore in decem Libros distributus*), Reproducción anastática de la edición príncipe de Coimbra 1612, Versión Española por José Ramón Eguillor Muniozguren, S. I., con una introducción general por Luis Vela Sánchez, S. I., Vols. I-VI, Instituto de Estudios Políticos, Madrid, 1967.

SUÁREZ, Francisco – *De opere sex dierum*, in R. P. Francisci Suarez e Societate Jesu, *Opera Omnia*, Editio nova, A D. M. André, Canonico Rupellensi, Tomus tertius, Parisiis, Apud Ludovicum Vivès, Bibliopolam Editorem, MDCCCLVI.

SUNSTEIN, Cass – "On Property and Constitucionalism", in idem, *Free Markets and Social Justice*, Oxford University Press, Nova Iorque e Oxford, 1997, pp. 203-222.

SWANSON, Judith A. – *The Public and the Private in Aristotle's Political Philosophy*, Cornell University Press, Ithaca e Londres, 1992.

TALAMANCA, Mario – "Diatribes e Paralipomeni", in *Bullettino dell'Istituto di Diritto Romano*, 3.ª Série, Vol. XXXV-XXXVI, 1993-1994, pp. 652-687.

TAPARELLI, Luigi – *Saggio Teoretico di Dritto Naturale Appoggiato sul Fatto*, vols. I e II, Roma, coi tipi della Civiltà Cattolica, 1855.

TARELLO, Giovanni – "Profili Giuridici della questione della Povertà nel Francescanesimo Prima di Ockham", in *Scritti in Memoria di Antonio Falchi. Annali della Facoltà di Giurisprudenza della Università di Genova*, 3, 1964, pp. 338-448.

TAYLOR, Charles – "What's Wrong with Negative Liberty'", in David Miller (ed.), *Liberty*, Oxford University Press, Oxford, 1991.

TAYLOR, Charles – "Hegel's Ambiguous Legacy for Modern Liberalism", in Drucilla Cornell, Michel Rosenfeld e David Gray Carlson (eds.), *Hegel and Legal Theory*, Routledge, Nova Iorque e Londres, 1991, pp. 64-77.

TAYLOR, Charles – *Modern Social Imaginaries*, Duke University Press, Durham e Londres, 2004.

TELES, Miguel Galvão – "State of Nature, Pure Republic and Legal Duty of Obedience (Somes Reflections Regarding Kant's Legal and Political Philosophy", in João Lopes Alves (coord.), *A Ética e o Futuro da Democracia*, Edições Colibri, Lisboa, 1998, pp. 161-180.

TELES, Miguel Galvão – "Direitos Absolutos e Relativos", in AA. VV., *Estudos em Homenagem ao Prof. Doutor Joaquim Moreira da Silva Cunha*, Coimbra Editora, 2005, pp. 649-676.

THEUNISSEN, Michael – "Die verdrängte Intersubjektivität in Hegels Philosophie des Rechts", in Dieter Henrich e Rolf-Peter Horstmann (eds.), *Hegels Philosophie des Rechts. Die Theorie der Rechtsformen und ihre Logik*, Klett-Cotta, Stuttgart, 1982, pp. 317-381.

THIBAUT, Anton Friedrich Justus – "Über *dominium directum* und *utile*", in *Versuche über einzelne Teile der Theorie des Rechts*, Scientia Verlag, 1970 (reimpressão da segunda edição, de 1817).

THIEL, Udo – "Locke's Concept of Person", in Reinhard Brandt, *John Locke: Symposium Wolfenbüttel 1979*, Walter de Gruyter, Berlim – Nova Iorque, 1981, pp. 181-192.

THOMAS, Yan – "*Res*, Chose et Patrimoine (Note sur le Rapport Sujet-Objet en Droit Romain)", in *Archives de Philosophie du Droit*, tomo 25, 1980, pp. 413-426.

THOMAS, Yan – "Michel Villey, la Romanistique et le Droit Romain", in AA. VV., *Droit, Nature, Histoire. Ivéme Colloque de l'Association Française de Philosophie du Droit (Université de Paris II – 23-24 Novembre 1984) – Michel Villey, Philosophe du Droit*, Presses Universitaires d'Aix-Marseille, s. l., 1985, pp. 31-41.

THOMAS, Yan – "Le Sujet de Droit, la Personne et la Nature. Sur la Critique Contemporaine du Sujet de Droit", in *Le Débat*, Maio-Agosto de 1998, n.º 100, pp. 85-107.

TIERNEY, Brian – "Ockham, the Conciliar Theory, and the Canonists", in *Journal of the History of Ideas*, vol. XV, 1954, pp. 40-70 (também publicado em Brian Tierney, *Church Law and Constitutional Thought in the Middle Ages*, Variorum Reprints, Londres, 1979).

TIERNEY, Brian – "Natural Law and Canon Law in Ockham's *Dialogus*", in J. G. Rowe (ed.), *Aspects of Late Medieval Government and Society: Essays Presented to J. R. Lander*, University of Toronto Press, 1968, pp. 3-24 (também publicado em Brian Tierney, *Rights, Laws and Infallibility in Medieval Thought*, Variorum, Aldershot, 1997).

TIERNEY, Brian – "Public Expediency and Natural Law: A Fourteenth-Century Discussion on the Origins of Government and Property", in Brian Tierney e Peter Linehan (eds.), *Authority and Power: Studies on Medieval Law and Government Presented to Walter Ullmann on His Seventieth Birthday*, Cambridge University Press, Cambridge, 1980, pp. 167-182 (também publicado em Brian Tierney, *Rights, Laws and Infallibility in Medieval Thought*, Variorum, Aldershot, 1997).

TIERNEY, Brian – "Villey, Ockham and the Origin of Individual Rights", in John Witte, Jr., e Frank S. Alexander (eds.), *The Weightier Matters of the Law, Essays on Law and Religion*, Scholars Press, Atlanta, Georgia, 1988 (também publicado, com alterações, em Brian Tierney, *The Idea of Natural Rights*, pp. 13 e ss.).

TIERNEY, Brian – *Religion et Droit dans le Développement de la Pensée Constitutionnelle (1150-1650)* [tradução do original *Religion, Law and the Growth of Constitutional Thought (1150-1650)*], Presses Universitarires de France, Paris, 1993.

TIERNEY, Brian – *The Idea of Natural Rights. Studies on Natural Rights, Natural Law and Church Law, 1150-1625*, Scholars Press, Atlanta, Georgia, 1997.

TIERNEY, Brian – "Permissive Natural Law and Property: Gratian to Kant", in *Journal of the History of Ideas*, Julho 2001, vol. 62, n.º 3, pp. 381-399.

TIERNEY, Brian – "Natural Law and Natural Rights: Old Problems and Recent Approaches", in *The Review of Politics*, vol. 64, Verão de 2002, n.º 3, pp. 389-406.

TIMM, Charlotte – *Eigentumsgarantie und Zeitablauf*, Nomos Verlagsgesellschaft, Baden-Baden, 1977.

TISCHLEDER, Peter – *Die Staatslehre Leos XIII*, Volksvereins Verlag, Colónia, 1925.

TOCQUEVILLE, Alexis de – *L'Ancien Régime et la Révolution*, prefácio, notas, bibliografia e cronologia por Françoise Mélonio, Flammarion, Paris, 1988.

TREANOR, William – "The Origins and Original Significance of the Just Compensation Clause of the Fifth Amendment", in *The Yale Law Journal*, vol. 94, 1985, pp. 694 e ss.

TUCK, Richard – *Natural Rights Theories. Their Origin and Development*, Cambridge University Press, Cambridge, 1979.

TULLY, James – *Locke. Droit Naturel et Propriété* (tradução do original *A Discourse on Property: John Locke and his Adversaries*, 1980), Presses Universitaires de France, Paris, 1992.

TULLY, James – "After the Macperson Thesis", in *An Approach to Political Philosophy: Locke in Contexts*, Cambridge University Press, Cambridge, 1993, pp. 71-95.

TULLY, James – "The Framework of Natural Rights in Locke's Analysis of Property", in *An Approach to Political Philosophy: Locke in Contexts*, Cambridge University Press, Cambridge, 1993, pp. 96-117.

TULLY, James – "Differences of Interpretation of Locke on Property", in *An Approach to Political Philosophy: Locke in Contexts*, Cambridge University Press, Cambridge, 1993, pp. 118-136.

TULLY, James – "Rediscovering America: The *Two Treatises* and Aboriginal Rights", in *An Approach to Political Philosophy: Locke in Contexts*, Cambridge University Press, Cambridge, 1993, pp. 137-178.

TULLY, James – "Placing the Two Treatises", in Nicholas Phillipson e Quentin Skinner (eds.), *Political Discourse in Early Modern Britain*, Cambridge University Press, Cambridge, 1993, pp. 253-280.

TULLY, James – "Aboriginal Property and Western Theory: Recovering a Middle Ground", in Elle Frankel Paul, Fred D. Miller, Jr, e Jeffrey Paul (eds.), *Property Rights*, Cambridge University Press, Cambridge, 1994, pp. 153-180.

ULLMANN, Walter – *Historia del Pensamiento Político en la Edad Media* (trad. do original inglês *A History of Political Thought: The Middle Ages*, 1965), Ariel Barcelona, 1997.

ULLMANN, Walter – *Principles of Government and Politics in the Middle Ages*, 2.ª ed., Methuen & Co, Londres, 1966.

ULMSCHNEIDER, Christoph – *Eigentum und Naturrecht im Deutschland des beginnenden 19. Jahrhunderts*, Duncker & Humblot, Berlim, 2003.
UNDERKUFFLER, Laura S. – "On Property: An Essay", in *The Yale Law Journal*, vol. 100, 1990, pp. 127-148 [também publicado em Elizabeth Mensch e Alan Freeman (eds.), *Property Law*, vol. I, Dartmouth, Aldershot, 1992, pp. 403-424].
UNDERKUFFLER, Laura S. – *The Idea of Property: It's Meaning and Power*, Oxford University Press, Oxford, 2003.
UNRUH, Peter – "Die vernunftrechtliche Eigentumsbregründung bei Kant", in Andreas Eckl e Bernd Ludwig (eds.), *Was ist Eigentum? Philosophische Positionem von Platon bis Habermas*, Verlag C.H. Beck, Munique, 2005, pp. 133-147.
URBAN, Linwood – "William of Ockham's Theological Ethics", in *Franciscan Studies*, Vol. 33, Ano XI, 1973, pp. 310-350.
VALLENTYNE, Peter / STEINER, Hillel / OTSUKA, Michael – "Why Left-Libertarianism Is Not Incoherent, Indeterminate or Irrelevant: A Reply to Fried", in *Philosophy and Public Affairs*, 2005.
Van der WALT, André – "The Constitutional Property Clause: Striking a Balance Between Guarantee and Limitation", in Janet McLean (ed.), *Property and the Constitution*, Hart Publishing, Oxford e Portland, Oregon, 1999, pp. 109-146.
Van der WALT, J. W. G. – "The Critique of Subjectivism and its Implications for Property Law – Towards a Deconstructive Republican Theory of Property", in G. E. van Maanen e A. J. van der Walt (eds.), *Property Law on the Threshold of the 21st Century. Proceedings of the International Colloquium, 28-30 August 1995*, Maastricht, Maklu, Antuérpia, 1996, pp. 115-159.
Van PARIJS, Philippe – "Competing Justifications of Basic Income", in Philippe Van Parijs (ed.), *Arguing for Basic Income: Ethical Foundations for a Radical Reform*, Verso, Londres e Nova Iorque, 1992, pp. 3-43.
Van PARIJS, Philippe – *Sauver la Solidarité*, Les Éditions du CERF, Paris, 1996.
Van PARIJS, Philippe – *Refonder la Solidarité*, Les Éditions du CERF, Paris, 1996.
Van PARIJS, Philippe – "Real-Libertarianism", in Peter Vallentyne e Hillel Steiner (eds.), *Left-Libertarianism and Its Critics: The Contemporary Debate*, Palgrave, Houndmills e Nova Iorque, 2000, pp. 122-148.
Van PARIJS, Philippe e VANDERBORGHT, Yannick – *L'Allocation Universelle*, La Découverte, Paris, 2005.
VAUGHN, Karen Iversen – "The Economic Background to Locke's Two Treatises", in Edward J. Harpham (ed.), *John Locke's Two Treatises of Government: New Interpretations*, University Press of Kansas, Lawrence, Kansas, 1992, pp. 118-147.
VEGA, Judith A. – "Feminist Republicanism and the Political Perception of Gender", in Martin van Gelderen e Quentin Skinner (eds.) – *Republicanism: A Shared European Heritage, Volume II – The Values of Republicanism in Early Modern Europe*, Cambridge University Press, Cambridge, 2002, pp. 157-174.
VEYNE, Paul – *L'Empire Greco-Romain*, Éditions du Seuil, Prais, 2005.
VIGNAUX, Paul – *O Pensar na Idade-Média*, Arménio Amado, Coimbra, 1941.
VIGNAUX, Paul – *Nominalisme au XIVe Siècle*, Inst. D'Études Médiévales, Montréal, e Librairie J. Vrin, Paris, 1948.
VILLEY, Michel – "L'Idée du Droit Subjectif et les Systèmes Juridiques Romains", in *Revue Historique de Droit Français et Étranger*, 4.ª série, 24.º e 25.º anos, 1946-1947, pp. 201-227.

VILLEY, Michel – "Le «jus in re» du Droit Romain Classique au Droit Moderne, Suivie des Fragments pour un dictionnaire du Langage des Glossateurs", in *Conférences Faites à l'Institut de Droit Romain en 1947*, Paris, 1950, pp. 187-225.

VILLEY, Michel – "Du Sens de l'Expression *Jus in Re* en Droit Romain Classique", in *Mélanges Fernand De Visscher, II – Revue Internationale des Droits de l'Antiquité*, 2.º ano, tomo 3º, 1949, pp. 417 e ss.

VILLEY, Michel – *Leçons d'Histoire de la Philosophie du Droit*, nova edição, Dalloz, Paris, 1962.

VILLEY, Michel – "La Genèse du Droit Subjectif chez Guillaume d'Occam", in *Archives de Philosophie du Droit*, n.º 9, 1964, pp. 97-127 (também publicado em *Seize Essais de Philosophie du Droit, Dont Un sur la Crise Universitaire*, pp. 140-178).

VILLEY, Michel – *Seize Essais de Philosophie du Droit, Dont Un sur la Crise Universitaire*, Dalloz, Paris, 1969.

VILLEY, Michel – "La Promotion de la Loi et du Droit Subjectif dans la Seconde Scolastique", in Paolo Grossi (ed.) – *La Seconda Scolastica nella Formazione del Diritto Privato Moderno, Incontro di Studio – Firenze, 16-19 ottobre 1972*, Giuffrè, Milão, 1973.

VILLEY, Michel – "Das römische Recht in Hegels Rechtsphilosophie", in Manfred Riedel (ed.), *Materialien zu Hegels Rechtsphilosophie*, Band 2, Suhrkamp, Frankfurt am Main, 1975, pp. 131-151.

VILLEY, Michel – *Le Droit et les Droits de l'Homme*, 3.ª ed., Presses Universitaires de France, Paris, 1988.

VILLEY, Michel – *La Formation de la Pensée Juridique Moderne*, texto estabelecido, revisto e apresentado por Stéphane Rials, notas revistas por Eric Desmons, Presses Universitaires de France, Paris, 2003.

VIROLI, Maurizio – "Machiavelli and the Republican Idea of Politics", in Gisela Bock, Quentin Skinner e Maurizio Viroli (eds.), *Machiavelli and Republicanism*, Cambridge University Press, Cambridge, 1993 (1990).

VIROLI, Maurizio – *Repubblicanesimo*, Editori Laterza, Roma-Bari, 1999.

DE VISSCHER, Fernand – "*Mancipium* et *res mancipi*", in *Studia et Documenta Historiae et Juris*, Ano II, 1936, pp. 263-324.

VISSER, D. P. – "The 'Absolutness' of Ownership: The South African Common Law in Perspective"" in *Acta Juridica*, 1985, pp. 39-52.

VOGEL, Paul – *Hegelsgesellschaftsbegriff und seine geschichtliche Fortbildung durch Lorenz von Stein, Marx, Engels und Lassalle*, Pan Verlag Rolf Heise, Berlim, 1925.

VOGEL, Klaus – "Die Steuergewalt und ihre Grenzen", in Peter Badura e Horst Dreier (eds.), *Festschrift 50 Jahre Bundesverfassungsgericht, Zweiter Band – Klärung und Fortbildung des Verfassungsrechts*, Mohr Siebeck, Tübingen, 2001, pp. 527-558.

WAGNER, Heinz – *Das geteilte Eigentum im Naturrechte und Positivismus*, Verlag Gerh. Märtin, Breslau, 1938.

WALDRON, Jeremy – "Locke, Tully, and the Regulation of Property", *Political Studies*, 32, 1984, pp. 98-106.

WALDRON, Jeremy – *The Right to Private Property*, Clarendon Press, Oxford, 1988.

WALDRON, Jeremy – "Welfare and the Images of Charity", in *Liberal Rights: Collected Papers, 1981-1991*, Cambridge University Press, Cambridge, 1993, 225-249.

WALDRON, Jeremy – "The Advantages and Difficulties of the Humean Theory of Property", in Ellen Frankel Paul, Fred D. Miller, Jr., e Jeffrey Paul (eds.), *Property Rights*, Cambridge University Press, Cambridge, 1994, pp. 85-123.

WALDRON, Jeremy – *The Dignity of Legislation*, Cambridge University Press, Cambridge, 1999.

WALDRON, Jeremy – *God, Locke, and Equality: Christian Foundations in Locke's Political Thought*, Cambridge University Press, Cambridge, 2002.

WÄSSLE, Florian – *Das Vermögen als Gegenstand der Eigentumsgarantie: Zugleich eine Untersuchung der Eigentumsdogmatik des Bundesverfassungsgerichts*, Logos Verlag, Berlim, 2000.

WASZEK, Norbert – "L'État de Droit Social chez Lorenz von Stein", in Olivier Jouanjan (ed.), *Figures de l'État de Droit, Le Rechtsstaat dans l'Histoire Intelectuele et Constitutionnelle de l'Allemagne*, Presses Universitaires de Strasbourg, Estrasburgo, 2001, pp. 193-217.

WATSON, Alan – *The Law of Property in the Later Roman Republic*, Scientia Verlag, Aalen, 1984 (1968).

WATSON, Alan (ed.) – *The Digest of Justinian*, tradução inglesa revista, University of Pennsylvania Press, Philadelphia, 1998.

WEBER, Dominique – "Propriété Commune Primitive, Appropriation Exclusive Naturelle et Propriété Privée Instituée dans la Pensée de John Locke", in Hervé Guineret e Arnaud Milanese (eds.), *La Propriété: Le Propre, l'Appropriation*, Ellipses, Paris, 2004, pp. 133-154.

WEBER, Max – *Die Römische Agrargeschichte in ihrer Bedeutung für das Staats- und Privatrecht*, edição de Jürgen Deininger (volume 2 da parte I da *Max Weber Gesamtausgabe*, editada por Horst Baier, M. Rainer Lepsius, Wolfgang J. Mommsen, Wolfgang Schluchter e Johannes Winckelmann), J. C. B. Mohr (Paul Siebeck), Tübingen, 1986 (1891).

WEBER, Max – *Economie et Société dans l'Antiquité précédé de Les Causes Sociales du Déclin de la Civilisation Antique* [tradução dos originais *Agrarverhältnisse im Altertum* (1909) e *Die sozialen Gründe des Untergangs der antiken Kultur* (1896), respectivamente], introdução de Hinnerk Bruhns, La Découverte, Paris, 2001.

WEBER, Werner – "Eigentum und Enteignung", in Franz L. Neumann, Hans Carl Nipperdey e Ulrich Scheuner (eds.), *Die Grundrechte: Handbuch der Theorie und Praxis der Grundrechte*, 2.ª edição inalterada, volume 2, Duncker & Humblot, Berlim, 1968, pp. 331-399.

WEBER, Werner – "Das Eigentum und seine Garantie in der Krise", in *Festschrift für Karl Michaelis*, Vandenhoeck & Ruprecht, Göttingen, 1972, pp. 316-336.

WEIKART, Thomas – *Geldwert und Eigentumsgarantie. Grundrechtsschutz in Währungswesen*, Nomos Verlagsgesellschaft, Baden-Baden, 1993.

WELLMER, Albrecht – "Arendt on Revolution", in Dana Villa (ed.), *The Cambridge Companion to Hannah Arendt*, Cambridge University Press, Cambridge, 2000.

WENAR, Leif – "Original Acquisition of Private Property", in *Mind*, vol. 107, n.º 428, Outubro de 1998, pp. 799-819.

WENDT, Rudolf – *Eigentum und Gesetzgebung*, Joachim Heitmann Verlag, Hamburgo, 1985.

WENDT, Rudolf – "Kommentierung zu Artikel 14", in Michael Sachs (ed.), *Gundgesetz Kommentar*, 2.ª edição, C. H. Beck'sche Verlagsbuchhandlung, Munique, 1999, pp. 588-639.

WERTENBRUCH, Wilhelm – "Eigentum und Verfassungsrecht", in AA. VV., *Eigentumsordnung und katholische Soziallehre*, J. P. Bachem Verlag, Colónia, 1970, pp. 43-72.

WEST, Edwin G. – "Property Rights in the History of Economic Thought: From Locke to J. S. Mill", in Terry L. Anderson e Fred S. McChesney (eds.), *Property Rights: Cooperation, Conflict, and Law*, Princeton University Press, Princeton e Oxford, 2003, pp. 20-42.

WHITMAN, James Q. – *The Legacy of Roman Law in the German Romantic Era: Historical Vision and Legal Change*, Princeton University Press, Princeton, New Jersey, 1990.

WHITMAN, James Q. – "«Les Seigneurs Descendent au Rang de Simples Créanciers»: Droit Romain, Droit Féodal et Révolution", in *Droits, Revue Française de Théorie Juridique*, n.º 17, 1993, pp. 19-32.

WIEACKER, Franz – *Wandlungen der Eigentumsverfassung*, Hanseatische Verlagsanstalt, Hamburgo, 1935.

WIEACKER, Franz – "Entwicklungsstufen des römischen Eigentums", in idem, *Vom römischen Recht, Zehn Versuche*, Zweite, neubearbeitete und erweiterte Auflage, K. F. Koehler Verlag, Stuttgart, 1961, pp. 187-221.

WIEACKER, Franz – "Wandlungen der Eigentumsverfassung Revisited", in *Quaderni Fiorentini per la Storia del Pensiero Giuridico Moderno*, 5-6, 1976-77, tomo II, pp. 841-859.

WIEACKER, Franz – *História do Direito Privado Moderno*, Fundação Calouste Gulbenkian, Lisboa, 1980.

WIEGAND, Wolfgang – "Zur theoretischen Begründung der Bodenmobilisierung in der Rechtswissenschaft: der abstrakte Eigentumsbegriff", in Helmut Coing e Walter Wihelm (eds.), *Wissenschaft und Kodifikation des Privatrechts im 19. Jahrhundert*, III, Vittorio Klostermann, Frankfurt am Main, 1976, pp. 118-155.

WIELAND, Joachim – "Artikel 14", in Horst Dreier (ed.), *Grundgesetz-Kommentar*, Band 1, Mohr Siebeck, Tübingen, 1996, pp. 831-914.

WIELAND, Joachim – "Artikel 15", in Horst Dreier (ed.), *Grundgesetz-Kommentar*, Band 1, Mohr Siebeck, Tübingen, 1996, pp. 915-925.

WILLIAMS, Bernard – *Shame and Necessity*, University of California Press, Berkeley, 1993.

WILLIAMS, Howard – *Kant's Political Philosophy*, Basil Blackwell, Oxford, 1983.

WILLOWEIT, Dietmar – "*Dominium* und *Proprietas*. Zur Entwicklung des Eigentumsbegriffs in der mittelalterlichen und neuzeitlichen Rechtswissenschaft", in *Historisches Jahrbuch*, 94. Jahrgang, 1974, pp. 131-156.

WILLOWEIT, Dietmar – "Geschichtliche Wandlungen der Eigentumsordnung und ihre Bedeutung für die Menschenrechtsdiskussion", in Johannes Schwartländer e Dietmar Willoweit (eds.), *Das Recht des Menschen auf Eigentum*, N. P. Engel Verlag, Kehl am Rhein – Strassburg, 1983, pp. 7-18.

WINDSCHEID, Bernhard – *Lehrbuch des Pandektrechts*, 9. Auflage, unter vergleichender Darstellung des deutschen bürgerlichen Rechts bearbeitet von Theodor Kipp, Band 1, Scientia Verlag, Aalen, 1963 (1906).

WINFREY, John C. – "Charity versus Justice in Locke's Theory of Property", in Richard Ashcraft (ed.), *John Locke: Critical Assessments*, vol. III, Routledge, Londres e Nova Iorque, 1991, pp. 385-401.
WOLFF, Hans / BACHOF, Otto / STOBER, Rolf – *Verwaltungsrecht*, Band 2, sexta edição aumentada, Verlag C. H. Beck, Munique, 2000.
WOLFF, Jonathan – *Robert Nozick: Property, Justice, and the Minimal State*, Polity Press, Cambridge, 1991.
WOLFF, Martin – "Reichsverfassung und Eigentum", in *Festgabe der Berliner Juristischen Fakultät für Whilhelm Kahl*, Tübingen, 1923, Secção IV, pp. 1-30.
WOLIN, Sheldon – *Politics and Vision: Continuity and Innovation in Western Political Thought*, expanded edition, Princeton University Press, Princeton e Oxford, 2004.
WOLTER, Allan B. (selecção, tradução e introdução) – *Duns Scotus on the Will and Morality*, The Catholic University of America Press, Washington, D. C., 1997.
WOLTER, Allan B. (tradução, introdução e notas) – *John Duns Scotus' Political and Economic Philosophy*, The Franciscan Institute, St.Bonaventure, Nova Iorque, 2001.
WOOD, Allen W. – *Hegel's Ethical Thought*, Cambridge University Press, Cambridge, 1990.
WOOD, Allen W. – "Kant's Doctrine of Right: Introduction", in Otfried Höffe (ed.), *Immanuel Kant, Metaphysische Anfangsgründe der Rechtslehre*, Akademie Verlag, Berlim, 1999, pp. 19-39.
WOOD, Ellen Meiksins – *The Origin of Capitalism. A Longer View*, Verso, Londres, 2002.
WOOD, Ellen Meiksins e WOOD, Neal – *A Trumpet of Sedition: Political Theory and the Rise of Capitalism, 1509-1688*, Pluto Press, Londres, 1997.
WOOD, Neal – *John Locke and Agrarian Capitalism*, University of California Press, Berkeley, 1984.
WOOD, Rega – *Ockham on the Virtues*, Purdue University Press, West Lafayette, Indiana, 1997.
WOOTTON, David – "Introduction: The Republican Tradition: From Commonwealth to Common Sense", in idem (ed.), *Republicanism, Liberty, and Commercial Society, 1649-1776*, Stanford University Press, Stanford, California, 1994.
WORDEN, Blair – "English Republicanism", in J. H. Burns, *The Cambridge History of Political Thought, 1450-1700*, Cambridge University Press, Cambridge, 1991.
WORDEN, Blair – "James Harrington and 'The Commonwealth of Oceana', 1656", in David Wootton (ed.), *Republicanism, Liberty, and Commercial Society, 1649-1776*, Stanford University Press, Stanford, California, 1994.
WULF, Maurice de – *Histoire de la Philosophie Médiévale*, Tome troisième: Après le treizième siècle, Sixième édition, entièrement refondue, Louvain: Institut Supérieur de Philosophie, Paris: Librairie philosophique J. Vrin, 1947.
XIFARAS, Mikhaïl – *La Propriété: Étude de Philosophie du Droit*, Presses Universitaires de France, Paris, 2004.
YANDLE, Bruce – "Property Rights or Externalities?", in Terry L. Anderson e Fred S. McChesney (eds.), *Property Rights: Cooperation, Conflict, and Law*, Princeton University Press, Princeton e Oxford, 2003, pp. 259-281.
YARBROUGH, Jean – "Jefferson and Property Rights", in Ellen Frankel Paul e Howard Dickman (eds.), *Liberty, Property, and the Foundations of the American Constitution*, State University of New York Press, Albany, 1989, pp. 65-83.

ZANFARINO, Antonio – "La Proprietà nel Pensiero di Proudhon", in *Itinerari Moderni della Proprietà*, tomo I, *Quaderni Fiorentini per la Storia del Pensiero Giuridico Moderno*, 5/6 (1976-1977), pp. 165- 200.

ZARKA, Yves Charles – *Philosophie et Politique à l'Âge Classique*, Presses Universitaires de France, Paris, 1998.

ZOTTA, Franco – *Immanuel Kant. Legitimität und Recht: Einer Kritik seiner Eigentumslehre, Staatslehre und seiner Geschichtsphilosophie*, Verlag Karl Alber, Freiburg / München, 2000.

ZUCKERT, Michael P. – "'Bringing Philosophy Down from the Heavens': Natural Right in the Roman Law", in *The Review of Politics*, vol. 51, Inverno de 1989, n.º 1, pp. 70-85.

ZUCKERT, Michael P. – *Natural Rights and the New Republicanism*, Princeton University Press, Pinceton, New Jersey, 1994.

ÍNDICE GERAL

Introdução 7

PARTE I
Propriedade e individualismo antes da época moderna

Capítulo 1 – Individualismo proprietário na Roma antiga 29

   1.1 Introdução 29
   1.2 *Dominium* e *proprietas* na linguagem do direito romano 29
   1.3 Um conceito absoluto de propriedade? 49
   1.4 Um capitalismo antigo? 53

Capítulo 2 – A concepção aristotélica da propriedade privada 63

   2.1 Introdução: entre Aristóteles e Savigny 63
   2.2 A justificação aristotélica da propriedade 69
      2.2.1 A propriedade e a casa 69
      2.2.2 A propriedade e a cidade; em especial, o argumento da generosidade 72
      2.2.3 O âmbito subjectivo da propriedade 76
   2.3 O conceito de propriedade segundo Aristóteles 77
   2.4 A dimensão económica da propriedade 84
   2.5 O sentido da análise de Aristóteles: a subordinação da ordem da propriedade
       à ordem da política 88

Capítulo 3 – Guilherme de Ockham e S. Tomás de Aquino: entre as concepções
antiga e moderna da propriedade privada 93

   3.1 O momento ockhamiano 93
   3.2 O paralelismo entre propriedade e poder político no discurso filosófico-político
       medieval 118
   3.3 Nominalismo, voluntarismo e filosofia política 126
   3.4 Ockham e o direito natural 142

3.5 A propriedade privada em Ockham e S. Tomás 161
3.6 Significado do contraste entre as concepções de Ockham e S. Tomás
     sobre a propriedade privada 191
     3.6.1 Propriedade e origem histórica do direito subjectivo 191
            3.6.1.1 O contributo de Ockham e dos franciscanos, e o dos juristas 194
                     3.6.1.1.1 *Dominum directum* e *dominium utile* 195
                     3.6.1.1.2 A evolução em França até às vésperas da Revolução 206
                     3.6.1.1.3 A evolução na Alemanha: Thibaut e Savigny 213
            3.6.1.2 Entre o direito subjectivo como categoria dogmática e o
                     conceito filosófico de direitos naturais individuais 223
     3.6.2 Propriedade e individualismo 228
     3.6.3 Ockham e S. Tomás: dois modelos para encarar a propriedade
            em termos filosófico-políticos 238

Capítulo 4 – A propriedade entre o republicanismo e o liberalismo como linguagens
políticas distintas nos alvores da modernidade 253

4.1 O debate entre uma concepção imobiliária e uma concepção mobiliária da
     propriedade na linguagem política do século dezassete 253
4.2 O individualismo possessivo e a oposição entre uma linguagem republicana
     e uma linguagem dos direitos como chaves para a compreensão do
     pensamento político do século dezassete em diante 259
4.3 Afinidades e distâncias entre a linguagem republicana da política e a tese do
     individualismo possessivo 271
4.4 A linguagem republicana da política como crítica e como alternativa
     ao liberalismo 280
4.5 O conceito republicano de liberdade entre a liberdade positiva
     e a liberdade negativa 291
4.6 A liberdade republicana e a propriedade privada 311

PARTE II
Comunidade e propriedade na idade moderna

Capítulo 1 – Locke e o despertar da visão economicista da propriedade 319

1.1 Contextos do argumento de John Locke e o problema a que visa responder 319
1.2 Leituras de Locke 324
1.3 Os conceitos de propriedade e comunidade originária dos bens em Locke 330
     1.3.1 Ambiguidades da expressão "*property*" no *Second Treatise* 330
     1.3.2 A teoria dos dois sentidos e a propriedade como *suum* 332
     1.3.3 Dois erros de interpretação 336
            1.3.3.1 Macpherson e a tese da propriedade burguesa 336
            1.3.3.2 James Tully e a negação do carácter natural da propriedade
                     privada em Locke 339

1.3.4 O conceito de comunidade originária dos bens	354
1.3.5 A trilogia *"lives, liberties and estates"*	368
1.4 O argumento do Cap. V do *Second Treatise*	374
1.4.1 A estrutura do argumento	374
1.4.2 Preservação e trabalho	376
1.4.3 A junção do trabalho aos recursos da natureza	381
1.4.4 O valor do trabalho	398
1.4.5 Os limites da deterioração e da suficiência	403
1.4.6 A relação entre o patrão e o empregado	419
1.4.7 A introdução do dinheiro	425
1.4.8 Caridade	434
1.5 Crítica do argumento de Locke relativo à propriedade privada	441
1.5.1 A propriedade entre a liberdade de se apropriar e o direito sobre o objecto apropriado	442
1.5.2 A propriedade e o trabalho entre o sujeito e o objecto	449
1.5.3 Ambiguidades da argumentação de Locke	452
1.5.3.1 A inalienabilidade dos direitos	452
1.5.3.2 A propriedade entre o contrato e o domínio fáctico de uma coisa	455
1.5.3.3 Locke e o capitalismo	458
1.5.3.4 O fundamento teológico	463
1.5.3.5 A tragédia da *tragedy of the commons*	466
1.5.4 O legado de Locke	467

Capítulo 2 – A recuperação das ideias de comunidade de bens e consentimento no pensamento de Kant 481

2.1 Introdução	481
2.2 O argumento de Kant	486
2.2.1 O direito inato de liberdade	486
2.2.2 A possibilidade da propriedade privada	489
2.2.3 A aquisição originária	494
2.3 Princípios do estado civil	498
2.4 Kant e os problemas do bem-estar social e da propriedade dos meios de produção	505
2.5 Duas divergências de interpretação	531
2.5.1 O sentido da comunidade originária dos bens	532
2.5.2 A propriedade na fundamentação do Estado em Kant	539

Capítulo 3 – Hegel e a recuperação do ideal clássico da relação entre a ordem da propriedade e a ordem da política no horizonte das economias nacionais 547

3.1 Introdução	547
3.2 A propriedade no "direito abstracto": a exposição de Hegel nos §§ 41 a 71 das *Grundlinien der Philosophie des Rechts*	559

3.3 Sentido da propriedade no "direito abstracto" 566
    3.3.1 A propriedade como domínio ou soberania sobre a coisa 566
    3.3.2 Propriedade de si mesmo 568
    3.3.3 Apreciação crítica 570
3.4 Propriedade e sociedade civil 592
3.5 Sociedade civil e Estado 600
    3.5.1 A novidade do conceito hegeliano de sociedade civil e a tradição
         política europeia 601
    3.5.2 A tensão entre liberdade individual e substância ética nos escritos
         do jovem Hegel 614
    3.5.3 Diferença e mediação entre sociedade civil e Estado na filosofia
         do direito de 1821 617
3.6 Hegel e o princípio do Estado Social 622
3.7 O legado de Hegel para a compreensão filosófica actual da propriedade
    privada 631

PARTE III
A propriedade como problema constitucional

Capítulo 1 – A liquidação da propriedade privada como conceito significativo
da filosofia jurídico-política e a sua recuperação 641

1.1 Introdução; a convergência entre a concepção da propriedade como domínio
    absoluto sobre a coisa e o princípio da propriedade de si mesmo 641
1.2 A contradição entre a concepção moderna da propriedade e a lógica
    de desenvolvimento do capitalismo 644
1.3 Crítica do trabalho como categoria central da acção humana 672
    1.3.1 Marx e o desapossamento do trabalho nas sociedades capitalistas 672
    1.3.2 Hannah Arendt e tentativa de reintroduzir uma ordenação hierárquica
         nas faculdades da vida activa 677
    1.3.3 A doutrina social da Igreja e as concepções modernas da propriedade 690
1.4 A teoria dos «*property rights*»: entre a «proprietarização» de todos os direitos
    e a supressão do proprietário 702
1.5 As duas propriedades 718
    1.5.1 As experiências constitucionais norte-americana e alemã 719
        a) A propriedade como manifestação apenas de liberdade económica 719
        b) A propriedade como expressão também de liberdade pessoal
           e política 722
        c) Contexto normativo da garantia da propriedade no constitucionalismo
           europeu 738
        d) Conclusão: a necessidade da tutela constitucional da propriedade
           privada 745
        1.5.1.1 A Nova Propriedade 748

1.5.1.2 A garantia constitucional da propriedade entre a protecção
dos direitos individuais e a garantia de instituto 754
    1.5.1.2.1 À sombra de Weimar: Martin Wolff e Carl Schmitt 754
    1.5.1.2.2 De Weimar à decisão *Nassauskiesung* 766
    1.5.1.2.3 Entre a garantia de instituto, a garantia individual
        e o princípio da proporcionalidade 774
        a) A garantia de instituto como dever do legislador
           preservar a propriedade do direito civil 775
        b) A garantia de instituto como garantia do *status quo*
           económico ou da sua reconfiguração 777
        c) A garantia de instituto como expressão de princípios
           constitucionais respeitantesà ordem
           da propriedade 780
        d) A garantia de instituto como "limites dos limites" .. 782
        e) A garantia de instituto enquanto limite da liberdade
           protegida pelos direitos fundamentais 788
        f) A garantia de instituto como preservação de domínios
           da ordem do direito privado relevantes em termos
           de direitos fundamentais 790
        g) A garantia de instituto e direito *à* propriedade 790
  1.5.2 Teorias dualistas da propriedade 794
    1.5.2.1 A teoria da propriedade para a personalidade 795
    1.5.2.2 A propriedade enquanto controlo e enquanto rendimento 800
    1.5.2.3 As concepções comum e operativa da propriedade 802
    1.5.2.4 A propriedade como expressão de liberdade pessoal e como
        poder económico 807
1.6 Recuperações (problemáticas) do conceito de propriedade 824
  1.6.1 John Rawls e a ideia de democracia de proprietários 824
  1.6.2 O rendimento básico universal 836

Capítulo 2 – A compreensão da propriedade como direito fundamental 841

2.1 Introdução: o lastro da reflexão filosófica 841
2.2 A negação de um direito fundamental de propriedade privada 847
2.3 Tentativas de encarar a garantia constitucional da propriedade como uma
    tutela de liberdades naturais 856
  2.3.1 A teoria da proibição jurídica 857
    2.3.1.1 Exposição 857
    2.3.1.2 Crítica 865
  2.3.2 O modelo do domínio 873
    2.3.2.1 Exposição 873
    2.3.2.2 Crítica 879
        a) O lugar dos direitos de crédito 879
        b) O bem constitucional protegido 880

  c) A articulação entre a relação fáctica e a relação pessoal 881
   (i) A oposição entre Blackstone e Hohfeld 883
   (ii) A oposição entre domínio e relação interpessoal no direito
    continental 889
   (iii) Falso contraste entre propriedade como relação
    sujeito/objecto e relação entre sujeitos 890
   (iv) A propriedade como direito subjectivo e como relação
    jurídica 892
   (v) Conceito e conteúdo da propriedade 895
  d) A perspectiva histórica da compreensão filosófica
   da propriedade 900
  e) A extensão do conceito de propriedade em sentido
   constitucional 901
2.4 O conceito constitucional de propriedade 903
 2.4.1 Elementos estruturais do conceito de propriedade 905
  2.4.1.1 Utilização privada e poder de disposição 905
  2.4.1.2 O problema da extensão do conceito constitucional de propriedade
   aos direitos subjectivos públicos 907
  2.4.1.3 Continuação: entre a garantia da propriedade e os princípios
   constitucionais relativos ao Estado Social 921
  2.4.1.4 Continuação: entre a garantia da propriedade e os princípios
   constitucionais relativos à liberdade de aquisição 930
  2.4.1.5 O poder de aquisição como elemento do conceito constitucional
   de propriedade 937
  2.4.1.6 Unidade da garantia constitucional da propriedade privada ... 945
 2.4.2 Conceito e conteúdo da propriedade em sentido constitucional:
  a identificação dos objectos da propriedade em sentido constitucional
  como um problema de qualificação 947
 2.4.3 Implicações do reconhecimento de uma função de qualificação do conceito
  constitucional de propriedade 951
  a) Superação da oposição entre propriedade individual e propriedade
   social 951
  b) Rejeição de uma garantia de uso dos objectos da propriedade
   directamente resultante da Constituição 954
  c) Rejeição da existência de deveres directamente resultantes para
   o proprietário da garantia constitucional da propriedade 959
  d) A questão da variabilidade do conceito constitucional
   de propriedade 961
2.5 A garantia constitucional da propriedade como garantia de concretas posições
 jurídicas definidas pelo legislador 963
 2.5.1 Em especial o problema do *ius aedificandi* 965
 2.5.2 Alcance da garantia das possibilidades de uso previstas pelo legislador 970
 2.5.3 A garantia da propriedade privada como garantia de posições jurídicas
  com valor patrimonial, não do património 972

2.6 A garantia da propriedade como direito fundamental	984
2.6.1 Diferenciação de níveis de desenvolvimento da propriedade	987
2.6.2 Alcance da reserva de lei quanto à garantia constitucional da propriedade	992
2.7 O conceito constitucional de expropriação	993
2.7.1 Três concepções de expropriação	996
2.7.1.1 A expropriação clássica	996
2.7.1.2 A expropriação material	1002
2.7.1.3 A expropriação formal	1006
2.7.2 A figura da determinação de conteúdo envolvendo um dever de compensação	1009
2.7.3 A expropriação como um caso de sacrifício indemnizável de direitos patrimoniais privados	1016
2.7.3.1 Garantia de permanência e garantia de valor	1017
2.7.3.2 Legislador e juiz na efectivação da tutela constitucional da propriedade	1019
2.7.3.3 Precedência da protecção primária sobre a protecção secundária ...	1021
2.7.3.4 Direitos a acções positivas e direitos de defesa na realização da ordem da propriedade	1030
2.8 O conceito constitucional de nacionalização	1032
2.8.1 Expropriação e nacionalização	1032
2.8.2 A função da nacionalização numa ordem constitucional	1037
2.8.3 O problema da indemnização por actos de nacionalização	1041
Reflexões finais	1051
Bibliografia	1059
Índice Geral	1127